NORBERT-BERTRAND
BARBE
Membre honoraire de l'Académie Nicaraguayenne de la Langue

Le présent ouvrage a été publié
avec le soutien de
l'Académie Nicaraguayenne de la Langue
ANL

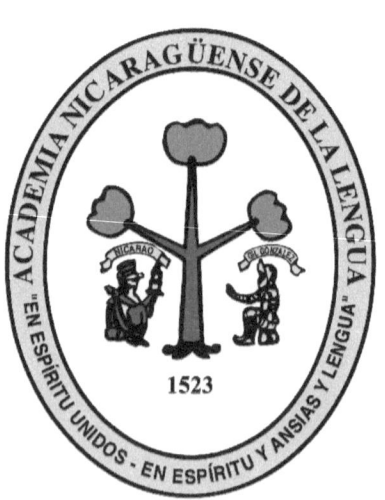

"En espiritu unido, en espiritu y ansias y lengua."

Histoire des mentalités de la modernité

L'Ordre du L'Ordre Religieux, du Laïque

Vers un ressurgissement de l'iconologie panofskienne

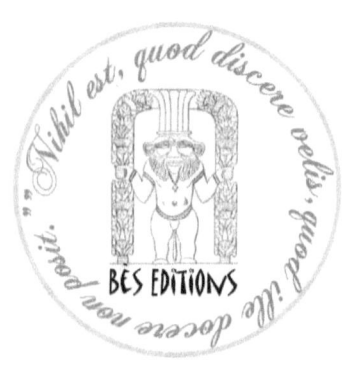

ISBN: 978-2-35424-188-9

Collection "*La Pensée de l'Image*"

ISSN: 1629-7113

© 2019, Bès Editions

Toute reproduction intégrale ou partielle du présent ouvrage, faite par quelque procédé que ce soit, sans le consentement de l'auteur ou de ses ayants cause, est illicite et constitue une contrefaçon sanctionnée par les articles L.335-2 et suivants du Code de la propriété intellectuelle.

HISTOIRE DES MENTALITÉS DE LA MODERNITÉ : L'ORDRE DU RELIGIEUX, L'ORDRE DU LAÏQUE VERS UN RESSURGISSEMENT DE L'ICONOLOGIE PANOFSKIENNE

INTRODUCTION GÉNÉRALE AU VOLUME EN FORME D'APHORISMES   3

PREMIER LIVRE: Le Religieux   7
Première partie: La religion et l'héritage antique   9
I - La *Crucifixion*: événement cosmique ou voyage de l'âme?   11
II - Isis au Moyen Âge - Mutations, permutations - Essai sur le syncrétisme dans la mythologie de la renaissance   18
III - La question iconographique de *La Vierge* à l'oeuf chez Piero della Francesca   39
Deuxième partie: Théologisation et dichotomies dans la religion   87
IV - Introduction a l'étude des *Tentations de Saint Antoine*   89
V - Le parcours de l'humanité dans l'oeuvre de Jérôme Bosch; de l'eschatologie au Péché originel: l'exemple du C*hariot de foin*   106
VI - *La chute d'Icare* de Bruegel l'Ancien: une allégorie du péché originel?   111

SECOND LIVRE: Le Laïque   131
Troisième partie: Mythologisation et apparition de l'ordre laïque   133
VII - *La Dame à la Licorne* lue dans son époque: Expression morale de l'amour d'après le symbolisme mystique des sens dans les *Bestiaires*, les contes populaires et *Le marchand de Venise* de Shakespeare   135
VIII - Complément anthropologique du texte de Freud sur "*le thème des trois coffrets*"   141
IX - Michel-Ange: Adam et le Christ dans la Chapelle Sixtine - Éléments de compréhension   161
X - De Giotto à Dürer et l'émergence des Renaissances en Europe: le cas paradigmatique de la gravure *Der traum des doktors* (1498) - Une réinterprétation iconologique   194
Quatrième partie: le quotidien comme assomption de l'individu   317
XI - "*Être ou ne pas être, telle est la question*"   319
XII - François Boucher   321
XIII - Greuze   324
XIV - *La Jeune fille qui pleure son oiseau mort*   326
XV - Marquis de Sade   329
XVI - Gervaise   331
XVII - *Voltaire Nu*   334
XVIII - Turner   337
XIX - Caspar David Friedrich   341
Cinquième partie: L'ordre laïque et la politisation de l'ordre civil   343
XX - La critique de la religion dans la première version du *Faust* de Goethe   345
XXI - *La mort de Marat* de David: une inflexion vers la création d'un discours national dans le cadre révolutionnaire   355
XXII - *Le Cuirassier blessé, quittant le feu* et l'apologie patriotique chez Géricault   373

INTRODUCTION GÉNÉRALE AU VOLUME EN FORME D'APHORISMES

> "*Now we have seen that even the selection of the material for observation and examination is predetermined, to some extent, by a theory, or by a general historical conception. This is even more evident in the procedure itself, as every step made towards the system that 'makes sense' presupposes not only the preceding but also the succeeding ones.*
> *A work of art is not always created exclusively for the purpose of being enjoyed, or, to use a more scholarly expression, of being experienced aesthetically. ...But a work of art always has aesthetic significance (not to be confused with aesthetic value): whether or not it serves some practical purpose, and whether it is good or bad, it demands to be experienced aesthetically.*
> *Only he who simply and wholly abandons himself to the object of his perception will experience it aesthetically.*
> *A man-made object, however, either demands or does not demand to be so experienced, for it has what the scholastics call an 'intention.'*
> *Where the sphere of practical objects ends, and that of 'art' begins, depends then, on the 'intentions' of the creators.*"
> (Erwin Panofsky, "*The History of Art as a Humanistic Discipline*", 1940[1])

1. Orientation et méthodologie
1.a. Le cadre général du débat et l'idéologie de l'ensemble

La période moderne se définit comme l'exemple par excellence de symbolisme artistique, on le voit dans les livres d'emblèmes, mais aussi, ce dont ils sont la conséquence, dans la résurgence des figures, souvent typologisées, de la mythologie classique dans le panthéon de la Renaissance.

Cette constatation, a le double avantage de répondre à la question, souvent posée, de la pertinence de la méthode panofskienne, laquelle par ce que nous venons de dire ce justifie pleinement, et d'affirmer, en même temps, ce qui justifie l'application aux oeuvres d'art de l'histoire des mentalités, le caractère intellectuel des oeuvres en général, dans la période, mais au long de l'histoire. On s'en convaincra facilement en rappelant, fait suffisant, que Michel-Ange fut disciple de Politien.

1.b. Le rôle central de l'ordre du religieux

> "*De tout temps la science et la raison n'ont joué qu'un rôle secondaire dans la vie des peuples, et il en sera ainsi jusqu'à la fin des siècles. Les nations se forment et se meuvent en vertu d'une force maîtresse dont l'origine est inconnue et inexplicable. Cette force est le désir insatiable d'arriver au terme, et en même temps elle nie le terme. C'est chez un peuple l'affirmation constante infatigable de son existence et la négation de la mort. «L'esprit de vie», comme dit l'Écriture, les «courants d'eau vive» dont l'Apocalypse prophétise le dessèchement, le principe esthétique ou moral des philosophes, la «recherche de Dieu», pour employer le mot le plus simple. Chez chaque peuple, à chaque période de son existence, le but de tout le mouvement national est seulement la recherche de Dieu, d'un Dieu à lui, à qui il croie comme au seul véritable. Dieu est la personnalité synthétique de tout un peuple, considéré depuis ses origines jusqu'à sa fin. On n'a pas encore vu tous les peuples ou beaucoup d'entre eux se réunir dans l'adoration commune d'un même Dieu, toujours chacun a eu sa divinité propre.*"
> (Dostoïevski, *Les Possédés*, Deuxième Partie, Chapitre Premier "*La nuit*", VIII[2])

D'autre part, cette constatation de l'origine littéraire (mythologique) des représentations visuelles présuppose encore deux phénomènes: leur origine essentiellement religieux (puisque c'est dans le domaine

---
[1] http://blog.escdotdot.com/2006/03/30/erwin-panofsky-1892%E2%80%931968%E2%80%94selected-quotations-part-2/
[2] Fiodor Dostoïevski, *Les Possédés*, Deuxième Partie, Chapitre Premier "*La nuit*", VIII, trad. de Victor Derély, http://beq.ebooksgratuits.com/vents-xpdf/Dostoievski-possedes-1.pdf, pp. 524-525.

de l'élaboration d'une théologisation visuelle que sont repris et réinterprétées les figures classiques), et un synchronisme de l'histoire des mentalités, qui, encore une fois, s'oppose à la conception habituelle, et justifie, de nouveau, la méthode panofskienne.

Si l'époque nous enseigne que l'ordre du religieux est au centre de l'activité humaine, ce qu'on montrés les travaux structuralistes, de Philippe Ariès ou de Michel Vovelle, voire les obsessions d'un Maurice Blanchot, elle devra donc être vue dans cette perspective. C'est bien le moment du bas Moyen Âge et de la Renaissance celui, historique, de l'implantation réelle de l'Église (auparavant les dieux antiques restaient plus présents dans l'esprit du peuple que les saints chrétiens), et, parallèlement des réponses et dissensions qui en son sein naquirent. Nous avons plusieurs fois, notamment dans notre travail sur *Una historia de la arquitectura moderna - Siglos XII-XVIII* (UNI, 2006), noté que ces dissensions apparaissent depuis cinq positions sociales: l'interculturelle, avec les Croisades contre les Maures et les disputes et poursuites contre les juifs d'Europe; la religieuse, plus généralement, avec les nouveaux ordres mendiants (dans le débat qui commence, notamment, avec Suger et Saint Bernard), Luther et Calvin; la politique, avec l'opposition entre les Papes et les pouvoirs terrestres, d'Henri VIII aux sacs de Rome; la populaire, avec la sorcellerie, expression religieuse pour désigner, dans le fond et dans les formes, la permanence des croyances païennes (au sens étymologique du terme, donc) aux dieux antiques; et la cultivée, avec le néoplatonisme et les nouvelles typologies, de Boccace, de Ficin et Pic de la Mirandole, ou des peintres, entre la mythologie et le christianisme, ce qui provoque l'importation des figures antiques dans le panthéon, les cycles iconographiques et les évocations littéraires.

C'est donc à ces problèmes que nous dédierons le Premier Livre du présent ouvrage, c'est-à-dire aux phénomènes de l'ordre du religieux dans l'évolution des mentalités, problèmes que nous divisons, comme conséquence de ce que nous venons d'exposer, comme suit: l'importance de l'héritage antique dans les représentations basses-médiévales et modernes; puis les dichotomies religieuses, que nous venons d'évoquer.

1.c. Les dérivations laïques de l'ordre du religieux et leurs exemplifications dans le Second Livre du présent volume - Réflexions générales

> "Les Juifs n'ont vécu que pour attendre le vrai Dieu, et ils ont laissé le vrai Dieu au monde. Les Grecs ont divinisé la nature, et ils ont légué au monde leur religion, c'est-à-dire la philosophie de l'art. Rome a divinisé le peuple dans l'État, et elle a légué l'État aux nations modernes. La France, dans le cours de sa longue histoire, n'a fait qu'incarner et développer en elle l'idée de son dieu romain; si à la fin elle a précipité dans l'abîme son dieu romain, si elle a versé dans l'athéisme qui s'appelle actuellement chez elle le socialisme, c'est seulement parce que, après tout, l'athéisme est encore plus sain que le catholicisme de Rome."
> (Dostoïevski, *Les Possédés*, Deuxième Partie, Chapitre Premier "*La nuit*", VIII[3])

De là, cependant, nous scindons l'ouvrage en Second Livre, qui, partant de l'ordre du religieux, débouche sur les conséquences laïques que produit la lecture non religieuse du patrimoine antique et chrétien, avec ainsi le cas du néoplatonisme à Rome, concrètement dans la Sixtine de Michel-Ange, mais aussi dans la compréhension dialectisée, chez Giotto et le Corrège, deux artistes dont nous comparons avec attention les oeuvres, ou dans *La Dame à la Licorne*, comme point de départ aux questions féministes et du Moi qui deviendra romantique à l'époque suivante, comme l'a étudié Walter Benjamin, nous y reviendrons, mais avant tout qui définira une opposition entre l'individu et le monde, entre le Saint et la société (dans les *Tentations de Saint Antoine*, significativement aux centres encore des préoccupations contemporaines, de Flaubert à Dalí), puis, par dérivation, entre l'individu et le groupe (notamment chez Hegel, dans *Croire et Savoir*), et, en art, chez Turner et les romantiques, mais avant chez les phénoménistes, tel Hume, entre la

---
[3] Fiodor Dostoïevski, *Les Possédés*, Deuxième Partie, Chapitre Premier "*La nuit*", VIII, trad. de Victor Derély, http://beq.ebooksgratuits.com/vents-xpdf/Dostoievski-possedes-1.pdf, pp. 527-528.

perception et le monde perçu, qui aura des conséquences, aussi bien esthétiques que phénoménologiques, de la naissance de l'art contemporain, que nous venons de citer, chez Turner ou Friedrich, ou dans le Sturm und Drang, chez Marx et chez Husserl.

C'est ce que, Quatrième Partie du volume, nous étudieront dans l'apparition du quotidien, non pas conçu, comme Todorov dans *L'éloge du quotidien*, comme une apologie vide des activités simples, mais comme moralisation, laïque, notamment éducative (dans la relation Greuze-Rousseau) et philosophique (chez Sade et l'Illustration), des vertus traditionnelles de l'ordre religieux.

C'est cette dérivation qui, après l'étude du *Voltaire Nu* qui l'introduit, occupera notre Cinquième et dernière Partie, sur la politisation de la période, de la critique de la religion, chez le grand Goethe, jusqu'à l'héroïsation des personnages contemporains chez David, conséquence de la dispute des Antiques et des Modernes, et de la position d'un Perrault, mais aussi transformation de la peinture d'histoire et des paysages historiés (représentations mythologiques et religieuses) en geste militaire et politique, par typologie, selon le principe théologique hérité du judéo-christianisme médiéval, de la Révolution à Napoléon chez David toujours, mais encore entre la correspondance que celui-ci crée entre le mythe (*Le Serment des Horaces*) et le contemporain (*Le Serment du Jeu de Paume*), technique que reproduiront Géricault, comme nous l'avons montré dans nos études sur le peintre, Courbet ou Manet, notamment dans *Le Déjeuner sur l'herbe*, et la transformation des figures antiques et, est-il besoin d'y insister de nouveau, mythologiques du *Jugement de Pâris* en simple partie carrée contemporaine de l'époque du peintre.

2. Aphorismes méthodologiques

> "Tous les Siecles ont donné de grands Hommes, mais tous les siecles n'en ont pas esté également prodigues. Il semble que la Nature prenne plaisir de temps en temps à montrer fa puissance dans la. richesse des talens qu'elle répand sur ceux qu'elle aime, & qu'ensuite elle s'arreste comme épuisée par la grandeur & par le nombre de ses profusions."
> (Charles Perrault, *Les hommes illustres qui ont paru en France pendant le XVII. siècle*[4])

De ce que nous venons de préciser, se comprendra donc facilement que notre propos implique une vision qui prétend:

1. Élever, comme le fait l'époque (Bosch, Brueghel, Dürer), le médiéval et le proverbial à un rang de théologisation;
2. Présenter la modernité comme le moment symbolique par excellence, comme le prouvent les livres d'emblèmes, la mythologisation du *corpus* de la Renaissance, notamment italienne, dans ses représentations, ou la gravure par nous étudiée de Dürer, selon la lecture que nous en proposons;
3. Comprendre la permanence des termes et des références dans les processus de transitions entre les périodes;
4. La comprendre, en outre, plus précisément encore, non comme un phénomène secondaire ou dérivé, mais, au contraire, comme central dans la modernité, en tant, de nouveau, qu'époque paradigmatique pour comprendre et aborder ce processus, propre en général de l'évolution humaine;
5. La religion étant le centre névralgique de ce moment, dans le sens d'imposition symbolique (si les thèmes chrétiens se forment, notamment, dans l'iconographie byzantine, aussi bien pour les épisodes de la vie du Christ que pour les représentations des figures de la divinité en général, du Christ Pantocrator à la Vierge, jusque dans sa définition symbolique, par les épiclèses littéraires, entre autres, de l'*Hymne akathiste*, qui aura des conséquences dans les images de la Vierge comme jardin clos du bas Moyen Âge et de la Renaissance, et encore dans les scènes des vies des Saints propres des narthex complexes des églises byzantines et de leurs iconostases, c'est au bas Moyen Âge et dans

---
[4] Charles Perrault, *Les hommes illustres qui ont paru en France pendant le XVII. siècle*, Paris, Chez Antoine Dezallier, 1701, T. I, p. III.

la Renaissance de l'Europe occidentale que s'établissent les éléments de typologie, d'association avec l'antique, et de démultiplication visuelle, en littérature et en arts, des *Actes des Apôtres*, de l'intégration, notamment dans les cas de l'enfance de Jésus et de sa descente aux Limbes, des *Évangiles apocryphes* comme information représentative, et de *La Légende dorée* de Voragine, en outre de la vie des Saints notables de l'époque, notamment Saint François, qui, aussi bien par Giotto, que par dichotomie, voir notre étude sur les *Tentations de Saint Antoine* dans le présent volume, ouvre le discours théologique, intellectuel et iconographique moderne, qu'étudiera Benjamin, et qu'illustrera, on l'a dit, un Flaubert, et finalement, comme pour la *Divine Comédie*, ou, dans le domaine laïque, les morales dérivées du discours théologique sur la relation matrimoniale en particulier comme dans les représentations du *Décaméron*, V-8, par Botticelli, comme pour la *Comédie* dantesque, disions-nous, et ses origines dans les *Songes d'Enfer* médiévaux, l'organisation et la hiérarchisation des Péchés, leurs punitions, et même du nouvellement créé purgatoire et des formes légales, d'un point de vue moral et religieux, en particulier de mourir, de l'*Ars moriendi* aux *Danses macabres*, et donc à la pensée sur le corps - de la Mort avec sa faux, que l'on retrouve encore face au bûcheron chez La Fontaine, jusqu'aux morts comme squelettes et le *memento mori* des *Vanités* du XVIIème siècle, dont nous aborderons les conséquences idéologiques dans le discours laïcisé de Shakespeare et de Calderón de la Barca, par dérivation du discours religieux des Grands Mystiques, ou d'une Sainte Thérèse d'Ávila -), c'est pour cela que sera le point névralgique, là encore (nous reprenons le terme), de notre propos l'analyse des formes qu'y recouvrira ce discours, nous venons de la dire, théologique (des primitifs italiens et flamands au Caravage et à Bernini, en passant par Giotto, père de la première Renaissance, ou par Dante, qui en est l'autre fondateur, littéraire);

6. Définir ainsi les mouvements de la modernité comme prédéterminant pour l'époque, et ainsi pareillement la relation humaine et sociale à la religion, et leur modification vers la contemporanéité illustrée, notamment dans le central, en ce sens aussi, *Faust* de Goethe;
7. Comprendre donc le moment historique comme la permanente réinterprétation et réintégration de symboles et de leurs dérivations; comme une ligne de temps qui s'agite sur un diagramme, plus que comme un phénomène cyclique (de reproductions inchangées) ou d'évolution linéaire (d'une droite vers l'avant, sans traces antérieures, tel le fleuve d'Héraclite); pour en faire une métaphore entre les sciences, on pourrait représenter notre conception du temps historique dans ses évolutions iconographiques et littéraires, donc symboliques en général, comme cette toile élastique invisible sur laquelle roulerait l'univers selon la théorie d'Einstein;
8. Comprendre alors l'histoire, selon le modèle, pour faire une autre métaphore, naturelle cette fois, les espèces se reproduisant plus rapidement, et avec une plus grande diversité d'espèces réapparaissant en un mouvement infini, sans l'intervention humaine après un incendie (comme on l'a vu dans le cas d'u parc naturel allemand à la fin du XXème siècle), comme un organisme vivant se construisant par accumulation plus que par perte.

PREMIER LIVRE:
Le Religieux

Première partie:

La religion et l'héritage antique

I - LA *CRUCIFIXION*: EVENEMENT COSMIQUE OU VOYAGE DE L'AME?

"L'âme est une étincelle d'essence stellaire"
Héraclite

De tous temps, la *Crucifixion* a été au centre des préoccupations théologiques de la Chrétienté. Les croyants et les interprètes y voient l'annonce de la Résurrection du Christ. L'iconographie s'en est donc tout naturellement emparée. On rencontre déjà le symbole de la Croix dans les plus anciennes oeuvres paléochrétiennes. Nombreux sont les sarcophages et les stèles nous portant témoignage de cette foi vertueuse des premiers Chrétiens envers Jésus. Les Pères de l'Eglise eux-mêmes ont basé leur existence sur l'imitation dévote de sa Vie. Et il n'est pas de manifestations plus touchantes que les premières mosaïques byzantines où la Croix est associée à l'image de l'agneau, parfois porté par son berger. On sait que l'Agneau Mystique est lui-même le symbole de la Passion, comme le montre le célèbre retable du même nom des frères Van Eyck, inauguré en 1532 à Gand.

Ainsi, bien avant que soient mises en place les représentations souvent compliquées et chargées de signification des siècles postérieurs, l'unique symbole de la Croix apparaissait aux yeux des fidèles comme l'image emblématique de la souffrance de Jésus pour les hommes, mais aussi de sa Résurrection salvatrice.

La présence d'un ou deux crânes au pied de la Croix[1] dans les *Crucifixions* de la fin du Moyen Age et de la Renaissance rappelle qu'Adam et Eve ont été purifiés par le sang du Christ. On peut en citer plusieurs exemples, tels que la *Crucifixion* de l'église de Marville dans la Meuse[2], le *Retable du Parlement de Paris*[3] de 1453-1455, attribué à Louis Le Duc, et conservé au Louvre, une *Copie du Retable de la Cour des Comptes*[4] du début du XVIème siècle, conservée aux Archives Nationales à Paris, ainsi que plusieurs oeuvres du Maître de la Chasse à la licorne (la xylographie coloriée de la *Grande Passion*[5], conservée au Cabinet des Estampes de la Bibliothèque Nationale, le folio 53 des *Heures Séguier* du musée Condé à Chantilly, ou bien encore le folio 48 des *Très Petites Heures d'Anne de Bretagne*[6], également conservé à la Bibliothèque Nationale).

Pourtant, après la période paléochrétienne où les images, bien que cryptées, sont facilement décodables pour un homme du XXème siècle (les premiers Chrétiens utilisaient des images cabalistiques comprises d'eux seuls, telles que la Croix ou le poisson, aussi symbole du Christ, pour défier le pouvoir Romain), une autre ère s'ouvrit, où le nouveau culte, maintenant reconnu, voulut colporter son message à travers tous les pays du bassin méditerranéen. Or, comment mieux faire passer une doctrine que par l'image dans ces époques reculées où la plus grande partie de la population était illettrée?

Les théologiens et les artistes décidèrent donc d'illustrer la vie du Christ à travers une série de scènes représentatives. Dès le IXème siècle notamment, les Byzantins utilisèrent le plan carré de leurs églises pour instituer un système de représentations bien précises, qui seraient toujours les mêmes. Le cycle christologique ainsi défini comprenait douze scènes, qui allaient de l'Annonciation (1ère scène) à la Dormition de la Vierge (12ème scène), qui elle-même se situait après la Nativité (2ème scène), la Présentation de Jésus au temple (3ème scène), le Baptême de Jésus par saint Jean-Baptiste dans le Jourdain (4ème scène), la Transfiguration (5ème scène), le Miracle de Lazare (6ème scène), les Rameaux, c'est-à-dire l'Entrée du Christ à Jérusalem (7ème scène), la Crucifixion (8ème scène), la Résurrection (9ème scène),

---

[1] Dans les *Evangiles*, il est rappelé que Golgotha signifie "*le Lieu du Crâne*". Peut-être est-il possible de voir dans ce supplice divin associé à l'exposition des crânes, qu'il va revivifier par son sang, l'image chrétienne inversée de rites païens similaires, dans lesquels les têtes coupées sont censées favoriser la germination, ainsi que du dieu pendu à un arbre, martyrisé et dépecé (pensons à l'importance du porte-éponge et du porte-lance), dont la peau est un "*véhicule de résurrection*" (outre la Descente aux Limbes, on peut penser à l'exposition de trois jours du corps christique aussi bien qu'à l'importance mystique du Saint-Suaire), cf. James George Frazer, *Le Rameau d'Or*, Paris, Robert Laffont, 1981 et 1983-1984, t. II, pp. 396 à 400.

[2] Fig. 117 p. 77 de Philippe Ariès, *Images de l'Homme devant la mort*, Paris, Seuil, 1983.

[3] Charles Sterling, *La peinture médiévale à Paris 1300-1500*, Paris, Fondation Wildenstein, 1990, t. II, fig. 10 p. 36.

[4] *Ibid.*, fig. 18 p. 45.

[5] *Ibid.*, fig. 360 p. 402.

[6] *Ibid.*, fig. 375 et 376 p. 410.

souvent symbolisée par la Descente aux Limbes, l'Ascension (10ème scène), et la Pentecôte (11ème scène).

Là encore, la *Crucifixion* occupait une place centrale. C'est à cette époque carolingienne (vers le IXème siècle)[7], que le thème s'en développa sur toute sorte de supports (bois, ivoire, etc.). Les différentes *Crucifixions* montraient le Christ en Croix, entouré de la Vierge et de Saint Jean l'Evangéliste, ou du porte-éponge et du porte-lance (les soldats qui le supplicièrent). On y voyait aussi, invariablement, les personnifications du Soleil et de la Lune, et parfois même celles de la Terre et de l'Océan (indifféremment représenté sous les traits de Neptune ou d'une Sirène).

Le Soleil et la Lune entourent par exemple le Christ dans les *Crucifixions* de la couverture en ivoire d'un manuscrit de la Bibliothèque Nationale, d'un triptyque constantinopolitain de la 2ème moitié du Xème siècle, conservé au cabinet des médailles, du *Missel de Jean Rolin* (vers 1460)[8], et de la gravure du *Missel de Verdun* (1481) du Maître de la Chasse à la licorne[9]. La célèbre couverture en ivoire du Codex latin 4452 de la Bayerische Staatsbibliothek de Munich[10] montre même les personnifications du Soleil et de la Lune dans des quadriges.

Jusqu'ici, les experts ont toujours interprété ces allégories comme l'expression de l'aspect cosmique de la *Crucifixion*, conformément aux *Evangiles* de Matthieu (XXVII, 57), Marc (XV, 33) et Luc (XXIII, 44). Ce dernier, qui est le plus explicite, écrit: "*C'était environ la sixième heure quand, le soleil s'éclipsant, l'obscurité se fit sur la terre entière*"[11].

Pourtant, dans la *Crucifixion* de Munich par exemple, les chars ne sont pas là pour représenter les mouvements du Soleil et de la Lune, mais s'inspirent de l'iconographie antique[12], notamment funéraire[13], du char de la Lune et du "*quadriga solis*"[14] d'Apollon qui, associé à Eridan (le dieu fleuve dans lequel Phaëton fit choir le char du Soleil), symbolisait la mort, "*interruption brutale de toute vie*"[15]. D'ailleurs, la figure d'Océan dans les *Crucifixions* rappelle traits pour traits celle de l'Eridan antique[16]. D'autre part, certains auteurs ont vu dans la présence de la Terre et de la Sirène[17] au pied de la Croix[18] sur de nombreuses *Crucifixions* de la période romane les symboles de "*la fécondité tellurique*" à laquelle succède "*l'abondance et la félicité de la Nouvelle Terre restaurée par le Christ*", "*la fécondité charnelle*" à laquelle se substitue

---

[7] Erwin Panofsky et Fritz Saxl, *La mythologie classique dans l'art médiéval*, Brionne, Gérard Monfort, 1990, pp. 62ss.

[8] Sterling, fig. 178 p. 178.

[9] *Ibid.*, fig. 361 p. 403.

[10] Fig. 1 pl. I de Jacqueline Leclercq-Kadaner, "*De la Terre-Mère à la Luxure - A propos de "La migration des symboles"*", pp. 37 à 43 des *Cahiers de Civ. Méd. Xème-XIIème s.*, janv.-mars 1975.

[11] Cité d'après l'éd. de *La Bible de Jérusalem*, Paris, Desclée de Brouwer, 1975, p. 1837.

[12] Cf. Panofsky et Saxl, pp. 62 à 71.

[13] Cf. Jean Prieur, *La mort dans l'antiquité romaine*, Ouest-France université, 1986, p. 106ss.

[14] Panofsky et Saxl, p. 71.

[15] Prieur, pp. 106-107. Franz Cumont, *Recherches sur le symbolisme funéraire des Romains*, Paris, Librairie Orientaliste Paul Geuthner, 1966, p. 166, parle plus précisément de "*la conflagration finale de l'univers*", on retrouve donc bien là le thème apocalyptique présent dans la *Crucifixion*, qui marque le début des mille ans avant l'avènement du Démiurge selon *L'Apocalypse de Saint Jean*, ce qui donna par contrecoup naissance aux peurs de l'an mil, cf. par ex. *Les Malheurs des temps - Histoire des fléaux et des calamités en France*, ouvrage collectif sous la dir. de Jean Delumeau et Yves Lequin, Paris, Larousse, 1987, p. 27ss. Nous aurions ainsi tendance à préférer la définition de Cumont et à modérer le point de vue de Prieur, pp. 106-107, puisqu'il parle d'une "*interruption brutale de toute vie, sans allusion à une survie*", alors que le motif du char peut tout aussi bien renvoyer à l'idée de "*L'immortalité terrestre*", *ibid.*, p. 111ss., voire à celle d'immortalité tout court, comme on va essayer de le montrer, cf. notamment Cumont, par ex. pp. 53 et 78ss. Le Soleil ponant, qui accompagne les morts dans l'hémisphère souterrain de l'Hadès, *ibid.*, pp. 165 et 175, peut en effet évoquer l'idée de sa Résurrection au matin, mais également celle, implicite, de Résurrection. D'autre part, Cumont, *ibid.*, pp. 165 et 175, montre que la Lune et le Soleil associés représentent la "*lumière éthérée*", où les morts viennent vivre en compagnie des "*héros*" (le système représentatif des médaillons et du quadrige solaire servant à signifier cette héroïsation des défunts, *ibid.*, pp. 175-176).

[16] Cf. Panofsky et Saxl, p. 62.

[17] Rappelons que la Sirène, parèdre des Muses sur les sarcophages romains, y rempli son rôle habituel de psychopompe. En effet, dans la mythologie classique comme sur les sarcophages, les Sirènes (à l'instar des Tritons soufflant dans des cornes) symbolisent les Vents qui conduisent l'âme des morts vers les sphères célestes, cf. Cumont, pp. 329ss., alors que les Muses, qu'elles peuvent remplacer, représentent quant à elles les musiciennes de l'Hadès, elles sont en effet l'emblème de la musique céleste et évoquent ainsi la joie éternelle des morts dans l'Au-delà, une fois débarrassés des affres de la vie, *ibid.*, pp. 290ss. De fait, Muses et Sirènes, dans leurs similitudes au sein de l'iconographie mortuaire antique, symbolisent les "*Vents psychopompes*" du Voyage des âmes, *ibid.*, pp. 305-306ss.

[18] Leclercq-Kadaner, pp. 37-38.

~ 12 ~

"*une maternité spirituelle*"[19]. Déjà dans son *Pange Lingua*, Venance Fortunat écrivait que toute la Nature ("*Terra - Pontus - Astra - Mundu*") avait été purifiée par la Crucifixion[20]. De même dans les *Actes de Pilate*[21], la Descente aux Limbes (dont Jésus sauvera Adam et Eve, ainsi que leur descendance) suit directement la condamnation et la mort du Christ[22].

De telles *Crucifixions* avec le Soleil et la Lune enfermés dans un cercle (c'est ce qu'on appelle une "*imago clipeata*") font donc penser aux représentations antiques du Voyage des âmes, comme on en voit sur plusieurs sarcophages du musée du Vatican[23], et notamment un sarcophage à strigiles du musée des Thermes à Rome[24]. Il faut savoir que le thème platonicien du Voyage de l'âme a été repris par beaucoup d'auteurs, de l'Antiquité jusqu'à la Renaissance[25] (Plotin, Porphyre, Proclus, Macrobe, Avicenne, Caccia da Castello, Albert le Grand, Francesco Cavalcanti, Dante, Marsile Ficin[26]). Les pythagoriciens, influencés par le mazdéisme des mages iraniens, répandirent dans l'Empire romain l'idée que l'âme avait la même complexion que les astres. Cette doctrine, basée sur l'"*immortalité aérienne des âmes*"[27], se retrouve chez Cicéron (*La*

---

[19] *Ibid.*, p. 38.

[20] *Ibid.*, note 18 p. 38.

[21] Comme dans les représentations des huitième et neuvième fêtes byzantines qui s'en inspirent.

[22] *Evangiles apocryphes*, éd. de France Quéré, Paris, Seuil, 1983, pp. 127 à 159.

[23] Cf. Cumont, pl. XXII bis 1 et 2, l'image XXII bis 1 montre même le Soleil recevant une âme de la Lune.

[24] Reproduit dans Prieur, p. 135.

[25] Voir Robert Klein, "*Spirito Peregrino*", art. reproduit pp. 31 à 64 de *La forme et l'intelligible*, Paris, Gallimard, 1970. Notons d'ailleurs que Ch. F. Dupuis, *Abrégé de l'origine de tous les cultes*, Paris, Etienne Ledoux, 1821, par ex. pp. 259 à 371 et 428 à 512, montre parfaitement que le culte christique, basé sur ceux de Mithra, Hercule, Osiris ou Dionysos, en fait un dieu solaire, lié au cycle de la végétation, base pour les principes de divination liés aux planètes et aux signes du zodiaques. Il précise cependant qu'à la différence de Lucien qui opère la division en fonction des planètes, Jean préfère celle, plus traditionnelle, par rapport aux signes du zodiaque. Inspiré de l'astrologie orientale, également utilisée par les Manichéens, le livre de l'*Apocalypse* reproduit donc intégralement le parcours des âmes à travers les astres jusqu'à leur retour "*à l'air parfait et à la colonne de lumière*" que ceux-ci "*figuraient par douze vases attachés à une roue qui, en circulant, élevait les âmes des bienheureux vers le foyer de la lumière éternelle*"; c'est ce que les Hébreux nomment la "*roue des signes*", *ibid.*, pp. 526-527. Nous serions néanmoins tentés de préciser que l'*Apocalypse* prend son sens dans la hiérogamie classique, aboutie par le combat entre le dieu Ciel et le dieu-serpent de la Terre, identifiable à Typhon. Ainsi, si l'on veut bien réajuster la fable de l'*Apocalypse* en rapport avec le livre qu'elle clôt, à savoir la Bible, et par conséquent la mettre à l'épreuve dans un cadre linguistique, c'est-à-dire par rapport à la *Genèse* qui ouvre la *Bible*, il est évident que les cycles de l'alternance entre le règne de Satan et ceux de Yahvé, donnés en milliers d'années, correspondent en fait à ceux de l'année zodiacale, *ibid.*, pp. 281ss. Le Christ apparaît alors comme le Soleil renaissant après l'hiver, ce qui est la coutume dans les rites du combat entre le Serpent et son parèdre, le Cavalier, qui au bout d'un certain temps fini d'ailleurs par s'identifier au Serpent lorsqu'il devient trop vieux. Comme l'a en effet montré Frazer, notamment t. IV, la mise à mort du dieu Soleil lors des fêtes solsticiales d'hiver ou de printemps navre à revivifier le dieu astral, représenté par un roi-prêtre, avant qu'il ne s'affaiblisse jamais. Ainsi donc, le Christ né de la Vierge au moment où Osiris donne la fécondité à la Lune, et comme Osiris ou Bacchus déchiré par les Titans, il subit un certain nombre d'avatars jusqu'au moment de l'équinoxe du printemps (Pâques), où le Soleil, qu'il représente, atteint son apogée; Jésus est alors fêté comme l'était par ex. Apollon vainqueur de Python, cf. Dupuis, pp. 291 et 297ss. C'est ce Christ équinoxal des *Evangiles* que l'on retrouve dans l'*Apocalypse*, *ibid.*, pp. 307ss. Cédrénus rapporte parfaitement cette relation saisonnière entre les deux parousies christiques: "*C'est en ce même jour (25 mars) que notre dieu sauveur, après avoir terminé sa carrière, ressuscita d'entre les morts; ce que nos anciens pères ont appelé "la pâque" ou le passage du seigneur. C'est à ce même jour que nos anciens théologiens fixent aussi son retour ou second avènement, le nouveau siècle devant courir de cette époque, parce que c'est à ce même jour que l'univers*"; comme l'écrit Dupuis, *ibid.*, p. 299: "*Ceci s'accorde bien avec le dernier chapitre de l'Apocalypse, qui fait partir du trône de l'agneau équinoxial le nouveau temps qui va régler les destinées du monde de lumière et des amis d'Ormusd*". On pourrait encore multiplier les correspondances. Il semble cependant assez clair à présent que, bien qu'il s'agisse de la mise en scène du combat entre l'hiver et l'été et de la hiérogamie saisonnière entre le Soleil et la Lune, la vie et l'allégorie christique, basées sur les mouvements du ciel zodiacal, attestent, notamment dans l'*Apocalypse*, la croyance au rapport entre l'âme et les planètes dans l'évocation des aventures des dieux (Bacchus, Osiris, ou Visnu-Krsna dont la vie de Jésus tire la plupart de ses traits, *ibid.*, pp. 293ss.), qui ne sont rien d'autre que des figures planétaires et astrologiques.

[26] Cités dans Klein, pp. 31 à 64.

[27] Prieur, p. 132. On connaît le rapport étroit entre les cultes tels que le mazdéisme, l'orphisme, le dionysisme, le mithraïsme, l'amidisme et le christianisme. Sur le symbolisme divin du voyage de l'âme dans le monde gréco-romain, cf. aussi, entre autres, Jean Bayet, *Les origines de l'Hercule romain*, Paris, E. De Boccard, 1926, p. 423. Or ce symbolisme est en tous points similaire à celui de la résurrection du Christ, comme le montre notamment Dupuis, à comparer à Bayet, *ibid.*, par ex. p. 410. On notera aussi la pérennité de la théorie avicennienne des Sphères (médiums entre le Mobile primordial, auxquelles elles s'identifient plus ou moins, et les hommes), inspirée de celle d'Aristote (comme celles par ex. de Sénèque ou de Ptolémée, lui-même influencé, ainsi que beaucoup d'auteurs chrétiens, par les théories orientales, cf. aussi les disputations de Pierre Bayle), et qui fonda la théologie musulmane, met en place l'idée de l'aspiration des âmes à se refondre en l'Un primordial. En outre, les quatre corps fondamentaux platoniciens, associés dès l'origine aux quatre éléments, sont récurrents dans l'alchimie européenne, elle-même directement inspirée du alchimie (au sens du chimie des corps célestes) asiatico-musulmane (sur les origines astrologico-ontologiques des dieux, qui prend sa source à la jonction entre le polythéisme et la naissance du monothéisme, cf. Joseph Bidez et Cumont, *Les mages hellénisés*, Paris, Belles Lettres, 1973, 2 vol., *Encyclopediae Universalis*, éd. de 1968, t. 2, art. "*Astrologie*", pp. 668 à 679, et *Le monothéisme - Mythes et Traditions*, ouvrage collectif sous la dir. d'André Akoun, Paris, Brepols, 1990, pp. 15 à 56). Ce n'est donc pas par hasard si, d'une part, le shî'isme duodécimain (dans lequel on notera le caractère zodiacal du chiffre douze, compris comme un cycle) considère le douzième Imâm comme l'incarnation de l'interprétation exotérique du message symbolique et ésotérique du Prophète, en même temps que comme médium entre le croyant, Mahommet et Dieu - c'est-à-dire comme une figure parousique dont la nouvelle venue est attendue à l'instar de celle du Christ chez les chrétiens -, et que d'autre part, toute la théorie politique européenne (Machiavel, Thomas Hobbes, Montaigne, Jean-Jacques Rousseau, Johann Gottlieb Fichte, Friedrich Hegel, etc.) se ressent de cette prégnance platonico-aristotélicienne (reprise par Averroès et Avicenne) de la valeur temporelle de l'imâmat philosophique, dont la qualité prééminente - comme celle des souverains-philosophes (ou des philosophes souverains), guides des âmes

République, VI, 15), Pline (*Histoire Naturelle*, II, 26), Ovide (*Les Métamorphoses*, XV, 843-851), ou Dion Cassius (*Histoire romaine*, LXIX, 1)[28]. La doctrine la plus communément admise voulait que les âmes des morts voyagent à travers les astres (Cicéron, *Rép.*, VI, 26; Pline le Jeune, *Panégyrique de Trajan*, 89, 2; Lucain, *Guerre civile*, IX, 1-15)[29]. Les symboles astraux et les signes du zodiaque, fréquents dans l'art funéraire de Mésopotamie, d'Anatolie et d'Afrique sémitique, se rencontrent aussi dans les pays celtiques (l'Espagne, la Gaule, la Bretagne et les provinces danubiennes)[30]. Cette résurgence, antérieure à l'implantation romaine, atteste l'influence du pythagorisme sur les croyances druidiques. Il est donc intéressant de noter que la zone de propagation de ces cultes correspond à celle des *Crucifixions* avec le Soleil et la Lune, c'est-à-dire à Constantinople et à la partie occidentale du bassin méditerranéen.

Le passage et la perpétuation de la croyance au Voyage des âmes dans la chrétienté s'opère, très vraisemblablement, comme beaucoup d'autres éléments du culte et de la liturgie, par le biais de l'héritage mithriaque: le prêtre est appelé Père[31], et le culte tourne autour de la Cène de Mithra entouré des douze signes du Zodiaque[32]. Mithra est parfois représenté nimbé de son épée[33] (comme le Christ). Il s'associe à la figure de Anahitâ, l'Immaculée[34]. Les mystères de Mithra se célèbrent dans une grotte sur le plafond et les parois de laquelle sont représentés les six planètes et le soleil[35]. L'autel porte des stèles qui racontent les différents épisodes de la vie du dieu, la partie qui dans la liturgie chrétienne se nommera prédelle développant dans plusieurs scènes le thème de l'image centrale[36]. Tout à fait symptomatique pour nous dans ce cadre, le fait que l'iconographie pariétale de la grotte du culte (évocation de celle du Mon Mérou, l'utérus de la Terre-Mère[37]), allégorisait pour les fidèles "*Le chemin de la salvation* (qui) *doit amener de ce monde, symbolisé par les six planètes des murs latéraux, à la lumière du soleil au centre*"[38].

De plus comme on l'a dit, les premières représentations de la *Crucifixion* (exemplaires cités de Munich et de la BN) représentent l'Océan (sous les traits de Neptune-Eridan) et la Terre, respectivement à gauche et à droite de la Croix. Or l'iconographie des sarcophages antiques montre déjà ces deux divinités païennes allongées, "*le fleuve Océan*" à gauche qui, dans la mythologie grecque, représente traditionnellement "*la limite de l'univers organisé aussi bien qu'une séparation entre morts et vivants,* (qui) *voit vivre sur ses bords des Bienheureux, proches des dieux, au sort enviable, et des peuples misérables dont la vie est déjà comme une préfiguration de l'outre-tombe*"[39], et la Terre à droite, le plus souvent

---
dans les systèmes politiques chrétiens - vient directement de son investiture divine, puisqu'il permet aux hommes d'atteindre à la connaissance vraie, pour que leurs âmes retournent et puissent à nouveau enfin se confondre avec les Sphères (soit par cycle soit définitivement, selon qu'il s'agit des théories soufiste ou sunniste et shî'ite).

[28] Cités dans Prieur, pp. 133-134.

[29] *Ibid.*, pp. 134-135.

[30] *Ibid.*, p. 138.

[31] Saxl, *La vida de las imágenes*, Madrid, Alianza, 1989, p. 34.

[32] Cf. Cumont, *Les mystères de Mithra*, 1913, réed. Paris, Ed. D'Aujourd'hui, 1985.

[33] Saxl, p. 30.

[34] *Ibid.*, p. 31.

[35] *Ibid.*, p. 35.

[36] *Ibid.*, pp. 38-39.

[37] *Ibid.*, p. 34.

[38] *Ibid.*, p. 35, à propos du Mithraeum d'Ostie (la traduction de l'extrait cité de l'espagnol au français est de nous). Ce qui confirme et s'explique par le caractère solaire, et par suite cyclique, de Mithra et de sa parèdre qu'est le Christ, cf. aussi note 25 *supra*.

[39] A. Ballabriga, "*Le malheur des nains - Quelques aspects du combat des grues contre les pygmées dans la littérature grecque*", *Revue des Etudes Anciennes - Annales de l'Université de Bordeaux III*, t. LXXXIII, n° 1-2, 1981, p. 58. L'auteur, citant Hérodote III, 37, précise en outre que les Kabires étaient considérés comme les fils contrefaits du chthonien Héphaïstos, "*représenté sous une forme qui évoque à la fois celle d'un foetus et d'un nain difforme à la tête trop grosse, au ventre proéminent, aux bras courts, aux jambes fléchissantes*", leur représentation s'inspirant de celle du dieu "*patèque*" des orfèvres Ptah et de "*ses acolytes*", *ibid.*, pp. 59-60. C'est peut-être ce qui explique, du moins en partie, cf. note 42 *infra*, la présence auprès de l'Océan et de la Terre sur les sarcophages que nous citons des Dioscures-Kabires qui, en tant que dieux cosmiques, s'identifient à Horus et Harpocrate, et, en tant que divinités solaires, *ibid.*, pp. 58 à 60, à Neptune, Mars, Osiris, Sérapis, Héraklès, Hermès ou encore Mithra, cf. Maurice Albert, *Le culte de Castor et Pollux en Italie*, coll. "*Bibliothèque des Ecoles françaises d'Athènes et de Rome*", Paris, Ernest Thorin, 1883, chap. V à IX, pp. 54 à 115, Fernand Chapouthier, *Les Dioscures au service d'une déesse*, coll. "*Bibliothèque des Ecoles françaises d'Athènes et de Rome*", Paris, E. De Boccard, 1936, pp. 234, 279 et 339 à 342, et Robert Schilling, "*Les "Castores" romains à la lumière des traditions indo-européennes*", *Hommages à Georges Dumézil*, *Revue d'Etudes Latines*, Bruxelles-Berchem, Latomus, 1960, p. 183. De fait, la présence des Dioscures sur ces sarcophages peut parfaitement être interprétée comme une allégorie de la course du Soleil, symbolique, comme on le sait, du voyage des âmes à travers les sphères célestes, cf. par ex. note suivante. Il est ainsi très intéressant qu'un exercice romain traditionnel des jeux équestres leur fut consacré en

accompagnés d'Eros et des Dioscures (comme sur le sarcophage trouvé sur la Via Appia du Musée des Thermes, ou sur le fragment de sarcophage de l'escalier du palais Mattei à Rome)[40]. Le plus remarquable est que le symbolisme de ces oeuvres renvoie à l'idée d'immortalité, c'est-à-dire de renaissance dans l'Au-delà (c'est ce qui explique que le décor des sarcophages représente souvent Diane et Endymion, Ganymède, l'enlèvement des Leucippides[41] et les Dioscures, "*dieux sauveurs*"[42], Bacchus et son cortège, parfois avec Ariane[43], ou encore Koré qui "*sera donc l'essence divine qui s'abaisse ici-bas et s'enferme dans le corps, mais qui, libérée de cette captivité, retourne vers les hauteurs resplendissantes de l'éther*"[44]).

Ainsi, la représentation du défunt dans une *imago clipeata*, qui "*évoque sa divinisation dans la sphère céleste*"[45], l'identifie aux dieux par ses vertus (Tertullien, *Aux Nations*, I, 10 et *Apologétique*, XIII, 7)[46]. De telles scènes sont donc de véritables apothéoses[47]. Cette mythologie aboutira aux théories néoplatoniciennes comme la *Théologie platonicienne de l'immortalité des âmes* de 1482 de Ficin ou le *Commento* de 1486, dans lequel Jean Pic de la Mirandole écrit, en parlant de "*l'âme universelle*" (I-12): "*Le sommet de cette partie intellectuelle, les Platoniciens l'appellent l'unité de l'âme et ils veulent que ce soit par elle que l'homme s'unisse immédiatement et s'apparente à Dieu, comme il s'apparente aux plantes par son être végétatif. Proclus et Porphyre croient que la part rationnelle de l'homme est seule immortelle. Tandis que Xénocrate et Speusippe étendent l'immortalité à la part sensitive. Numénius et Plotin y ajoutant encore la part végétative concluent à l'immortalité de toutes les âmes*"[48].

Finalement, puisque la Passion du Christ fait homme rapproche les croyants de Dieu (*Jean*, XV-XVI; et *Apocalypse*, VI-VII), on peut raisonnablement penser que, comme dans la représentation antique du mort "*divinisé*"[49] (dont l'iconographie dans une *imago clipeata* avec l'Océan et la Terre à ses pieds, est attestée sur

---

[39] particulier. Il s'agissait pour le *desultor*, qui se mettait sous la garde des *Castores* dont il portait le nom, de sauter d'un cheval sur un autre, rappelant ainsi "*la légende* (selon laquelle les Dioscures, "*héros solaires*", Albert, p. 93) *tour à tour* (montaient) *au ciel et tour à tour* (descendaient) *aux enfers*", Albert, pp. 84-85. A noter, toujours en référence à cette double origine cosmique et indo-européenne des Dioscures-Asvins, les Grecs identifièrent la constellation des Gémeaux aux Dioscures alors que les Egyptiens l'identifièrent à Horus et Harpocrate, *ibid.*, p. 91. D'autre part, nés d'un oeuf, symbole du monde comme le rappelle Albert, à l'instar de leur soeur Hélène et de Mithra, et par ailleurs associés, comme on l'a dit, à Harpocrate, Osiris et Sérapis (équivalent égyptien du Christ, cf. par ex. Gerard Mussies, "*The interpretatio judaica of Sarapis*", *Studies in Hellenistic Religions - Etudes préliminaires aux religions orientales dans l'Empire romain*, éd. par Marteen J. Vermaseren, Leyde, E.J. Brill, 1979, t. 68, pp. 189 à 214), les Dioscures s'identifient par là même clairement, on l'a vu, à des dieux solaires, cf. Chapouthier, par ex. p. 55. Or comme Chapouthier, p. 301, le rappelle encore, l'iconographie et le mythe des Dioscures dérive directement de ceux d'Hespéros et Phosphoros, c'est-à-dire encore de Jupiter et Mercure (selon Nigidius Figulus), ou du Ciel et de la Terre (selon Varron). De plus, on sait parfaitement le rapport filial qui unit Mercure à Jupiter dans la triade héliopolitaine. Ainsi donc, en tant que divinités cosmiques (identifiés à la constellation des Gémeaux), cf. Chapouthier, *ibid.*, par ex. pp. 257 et 271-272, les Dioscures représentent chacun une stase de l'évolution de l'astre solaire, des enfers au ciel (comme le faisait le *desultor* dans les courses de chevaux). C'est pourquoi l'oeuf, dont on a vu qu'il leur était associé, symbolise, par chacun de ses hémisphères, auquel s'associe l'un des Dioscures en particulier, le mouvement du jour et de la nuit et, par là même, l'emprise totale de Némésis sur le monde et sur l'univers, *ibid.*, pp. 307-308. D'ailleurs, il y a, encore, rappelant le profond rapport qui existe entre les Dioscures-Kabires et les Asvins, Chapouthier, *ibid.*, pp. 315 et 339 à 342, l'étend aux divinités similaires tels que Héraklès et Iphiklès, Amphion et Zéthos, les Dioscures s'identifiant alors explicitement, selon Chapouthier et l'on ne peut qu'abonder dans son sens, aux fils de Dyaus (le Ciel). On retrouve donc bien, dans cette dyade cosmique (qui rappelle encore celle de Civa et Visnu), la figure double du guerrier et du civilisateur, de Rémus et Romulus (cf. Chapouthier, *ibid.*, p. 244, et Albert), d'Héraklès et d'Hermès (auprès des statues équestres desquels, à Vienne, un bas-relief représente les Dioscures debout à côté de Mithra, cf. par ex. Albert, *ibid.*, p. 51), Hermès et Héraklès que l'on retrouve dans l'association de Mercure (manifestation physique du dieu solaire Jupiter) et de Bacchus (qui, sous toute réserve, serait une stase de Mercure, cf. Henri Seyrig, "*La triade héliopolitaine et les temples de Baalbek*", *Syria*, 1929, pp. 314 à 356) dans la triade héliopolitaine (cf. Seyrig, *ibid.*).

[40] Cumont, *Recherches sur le symbolisme funéraire des Romains*, chap. I, pp. 34 à 103, et fig. 9 et pl. VI, voir aussi par ex. pl. III. Cumont, *ibid.*, chap. II et III, pp. 104 à 252, comme Prieur, qui s'en inspire, montre également très bien quel sens prend dans le symbolisme funéraire le voyage des âmes à travers les sphères célestes, la Lune et le Soleil.

[41] Cumont, *Recherches sur le symbolisme funéraire des Romains*, pp. 97ss. et 245ss.

[42] *Ibid.*, p. 101.

[43] Sur le symbolisme de la renaissance du mythe de Bacchus et Ariane dans l'art funéraire antique, cf. notamment Robert Turcan, *Les sarcophages romains à représentations dionysiaques - Essai de chronologie et d'histoire religieuse*, Paris, E. de Boccard, 1966.

[44] Cumont, *Recherches sur le symbolisme funéraire des Romains*, pp. 96-97.

[45] Prieur, p. 139.

[46] *Ibid.*, pp. 139 à 142; et Cumont, *Recherches sur le symbolisme funéraire des Romains*, pp. 100ss.

[47] Prieur, p. 139.

[48] Pic de la Mirandole, *Commento*, Lausanne, L'Age d'Homme, 1989, p. 101. On notera en outre que Pic associe le thème de la division des âmes aux figures du Soleil, de la Lune, de la Terre, pp. 90-91 et 97ss., et des Muses, livre I, chap. 11, pp. 99-100. Or d'une part, lorsqu'il parle de la division de l'âme humaine, il ne fait que reprendre à rebours la dialectique antique du trajet des âmes de la Terre jusqu'aux sphères célestes, cf. note 27 *supra*, et d'autre part, les Muses dans l'antiquité contribuaient directement à l'immortalité terrestre des âmes ("*Dignum laude virum Musa velat mori. Caelo Musa beat*", cf. Cumont, *Recherches sur le symbolisme funéraire des Romains*, chap. IV, pp. 252 à 350.

[49] Cf. Cumont, *ibid.*, p. 470.

les premiers sarcophages chrétiens[50]), le Soleil et la Lune n'illustrent pas dans les *Crucifixions* l'aspect cosmique de l'événement. Mais qu'au contraire, leur présence symbolise l'essence divine du Christ (*Luc*, 23, 46), ainsi que la promesse de sa Résurrection, et par suite de la Rédemption des âmes[51] grâce à son sacrifice[52], selon le même principe cyclique (de l'Enfer au Paradis) que pour l'antique Voyage des morts[53].

Ainsi en 1600-1601, dans la première scène de *Hamlet*, lors de la conversation entre Marcellus, Horacio et Bernardo, Shakespeare associait encore le cycle du jour et de la nuit à ce Voyage des âmes, à l'univers cosmique traditionnel (l'eau, l'air, la terre et le feu), et à la venue rédemptrice du Christ sur terre:

"- *Marcellus: Il* (le fantôme du roi) *est parti. Nous avons tort, devant cette Majesté, de l'attaquer par la violence... car il est, comme l'air, invulnérable, et nos coups inutiles ne sont qu'un méchant sacrilège.*
- Bernardo: Il allait parler quand le coq a chanté.
- Horatio: Et alors, comme une âme coupable qui s'entend rappeler par une voix effrayante, il a tressailli. On m'a dit que le coq, trompette du matin, avec sa voix haute et perçante, réveille le dieu de la Lumière[54], et qu'à son appel, qu'ils soient dans la mer ou dans le feu, dans la terre ou dans l'air, les esprits échappés, qui errent par le monde, s'enfuient vers leurs cachots de l'enfer[55], et la vérité de ces dires, nous venons d'en faire la preuve.
- Marcellus: Il s'est évanoui au chant du coq. Il y a des gens qui disent que, juste avant le temps où l'on célèbre la naissance du Sauveur, l'oiseau de l'aurore chante toute la nuit; et alors, dit-on, aucun esprit n'ose prendre le large... Les nuits sont pures, les planètes ne sont pas maléfiques; aucun mauvais sort ne prend, ni des mauvaises fées, ni des sorciers, parce que cette saison est sanctifiée et que c'est la saison de la grâce.

---

[50] *Ibid.*, pp. 487ss.
[51] Identifiable à l'"*anabase*" de la mythologie classique.
[52] Les preuves en sont l'inscription rajoutée au XVIème siècle au revers de la plaque centrale de la fig. 2 *infra*, "*Domine ne in furore tuo arguas me*" (*Ps.* VI, 1), cf. p. 236 de *Byzance - L'art byzantin dans les coll. publiques fr.*, catal. de l'expo. du Louvre (3 nov. 1992-1er fév. 1993), Paris, Réunion des Musées Nationaux et BN, 1992, et la présence de la Lune et du Soleil de chaque côté de saint Jean Baptiste sur un ivoire byzantin de la 2ème moitié du VIème s. représentant *Le baptême du Christ*, fig. 25 p. 72 de *Byzance, ibid.* (on connaît le symbolisme baptismal, eucharistique, rédempteur *et* purificateur du baptême de Jourdain).
[53] Ainsi, les chars de la *Crucifixion* de Munich font penser à celui d'Elie (cf. André-Marie Gerard, Andrée Nordon-Gerard, et P. Tollu, *Dictionnaire de la Bible*, Paris, Laffont, 1989, art. "Elie", p. 313) dont Jésus sur la croix semble invoquer le nom (*Matthieu*, XXVII, 46-47; *Marc*, XV, 34-35). Pseudo-Denys l'Aréopagyte écrit d'ailleurs: "*Les chars figurent l'égalité harmonique qui unit les esprit d'un même ordre*", cité par Jean Chevalier et Alain Gheerbrant, *Dictionnaire des symboles*, Paris, Laffont/Jupiter, 1988, art. "*Char*", p.209. On relèvera que les passages de *Matthieu* et *Marc* précédent ceux où les évangélistes parlent de l'éclipse solaire; Chevalier et Gheerbrant, *ibid.*, précisent d'ailleurs que le char solaire figure plus les caprices du Destin que l'équité divine, ce qui permet de mieux comprendre l'importance de la symbolique de l'anabase dans l'éclipse relatée par les *Evangiles* et de son interprétation par l'iconographie. De plus, comme nous l'avons relevé notes 25 et 27 et texte correspondant *supra*, notre interprétation est confirmée par l'origine mithriaque, et plus généralement solaire, du cycle de la vie et de la mort du Christ, cf. notamment à ce sujet l'indispensable ouvrage de Dupuis, et surtout *Origine de tous les cultes ou Religion universelle*, Paris, Librairie Etienne Ledoux, 1835, 10 vol. Nous souhaitons insister sur ce fait.
[54] Apollon, comme on l'a dit.
[55] On notera la nature antique de cet Enfer, lieu de *tous* les morts bien qu'il soit identifié à un lieu de souffrances (en effet, le texte ne fait aucune référence au paradis, et même si le fantôme du roi est une âme en peine, il est difficilement crédible qu'il soit puni de fautes imputables à son frère, d'autant qu'il est décrit comme un homme plein de vertus). Bien sûr, cette vision antiquisante de l'Enfer s'accompagne de références païennes explicites aux cortèges nocturnes des morts, cf. par ex. Michel Vovelle, *La mort et l'Occident de 1300 à nos jours*, Paris, Gallimard et Pantheon Books, 1983, pp. 7 à 175. Ces thèmes du folklore populaire, ainsi que celui du cycle du jour et de la nuit, de la nuit, ont été, de manière fort intéressante, liés dans *Hamlet*. De plus, on voit que, de manière fort intéressante, cette conception de l'Enfer comme lieu de passage, temporel donc, soutenue sans doute par l'émergence du purgatoire au XIIIème siècle, cf. Jacques Le Goff, *La naissance du purgatoire*, Paris, Gallimard, 1981, est à l'origine de toute une littérature du "*Songe d'Enfer*", qui va de Raoul de Houdenc à l'*Hypnerotomachia Poliphili*, attribuée à Francesco Colonna, en passant par la *Divine Comédie* de Dante, dont les héros s'acheminent vers une rédemption initiatique, par ailleurs très nettement teintée de mariolâtrie (notamment chez Dante et Colonna), à travers leur pérégrination, qu'ils effectuent, implicitement, à l'image du Christ, dont la venue est justement paradigmatique du voyage (à la fois du jour et du calvaire et que retour) de l'âme dans toute civilisation, cf. aussi note 58 *infra*. Plus profondément encore, leur périple dans le monde des morts nous renvoie au rite du passage de la montagne sacrée des mythes premiers, cf. Marius Schneider, *El origen musical de los animales-simbolos en la mitología y la escultura antiguas - Ensayo histórico-etnográfico sobre la subestructura totemística y megalítica de las altas culturas y su supervivencia en el folklore español*, 1946, réed. Madrid, Siruela, 1998 (rite dont on retrouve encore une variante à l'époque moderne dans la figure alchimique - et, pour nous, synthétique, du point de vue mythanalytique - du pèlerin dans le labyrinthe de la vie, cf. Alexander Roob, *Le Musée hermétique - Alchimie & Mystique*, Cologne, Taschen, 1997, pp. 692-702, ainsi que notre article, "*Le parcours de l'humanité dans l'œuvre de Jérôme Bosch; de l'eschatologie au péché originel: l'exemple du "Chariot de foin"*", en voie de publication dans *Le Bulletin de l'Association des Danses Macabres d'Europe*).

- *Horacio: On me l'a dit, et vraiment, j'y crois un peu...*"[56]

Plus tard, Paul Cézanne lui-même compara les hommes à des "*restes de soleil*"[57]. On comprend donc mieux qu'au-delà de l'événement lui-même, la *Crucifixion* ait pris une telle importance dans l'iconographie, comme promesse d'une nouvelle vie après la mort et du Salut des Justes lors du Jugement Dernier[58].

---

[56] Nous citons ici la trad. de Marcel Pagnol, *OEuvres complètes*, Paris, Club de l'Honnête Homme, 1977, t. 8, p. 51. Le texte original est: "*Mar.: 'Tis gone!/ We do it wrong, being so majestical,/ To offer it the show of violence;/ For it is, as the air, invulnerable,/ And our vain blows malicious mockery./ Ber.: It was about to speak when the cock crew./ Hor.: And then it started like a guilty thing/ Upon a fearful summons. I have heard,/ The cock, that is the trumpet to the morn,/ Doth with his lofty and shrill-sounding throat/ Awake the god of day; and, at his warning,/ Wether in sea of fire, in earth or air,/ The extravagant and erring spirit hies/ To his confine; and of the truth herein/ This present object made probation./ Mar.: It faded on the crowing of the cock./ Some say that ever'gainst that season comes/ Wherein our Saviour's birth is celebrated,/ And then, they say, no spirit can walk abroad;/ The nights are wholesome; then no planets strike,/ No fairy takes, nor witch hath power to charm,/ So hallow'd and so gracious is the time./ Hor.: So have I heard and do im part believe it*", The Complete Works of William Shakespeare, Londres, Murrays Sales & Service Co, 1978, pp. 847-848. On notera aussi, quoi que cela soit plus attendu, que l'on retrouve notamment cette vision cosmologique du ciel dans les recueils d'emblèmes, tels que *Les Images des Dieux* Cartari ou les *Mythologies* de Natale Conti.

[57] Citons encore, par exemple, pour l'époque contemporaine, la nouvelle de H.G. Wells, "*Bajo el Bisturí*", trad. pour l'édition espagnole de Isaac Asimov, *Historias de lo oculto*, Barcelone, Plaza & Janés, 1993, pp. 9 à 21, ou le film *Contact* (1997). Ce qui atteste, là encore, clairement la survivance de la croyance au Voyage des âmes dans le monde moderne.

[58] Cette thématique est tellement importante que, non seulement les images du *Jugement Dernier* se multiplient sur les tympans des églises romanes, sur les iconostases byzantines (cf. par ex. *Hommage au Millénaire du Bapt. de la Russie - Icônes et Merveilles - Mille ans de trad. chrét. - Coll. fr. et europ.*, catal. de l'expo. du Musée Cernuschi, 26 Nov. 1988-19 Fév. 1989, Paris, Les Presses Artistiques et Musée Cernuschi, 1989, pp. 77 à 80) et dans l'iconographie de la Renaissance (le plus souvent sous la forme simplifiée de *L'Enfer* seul), mais qu'en plus la Descente du Christ aux Limbes pour sauver les Protoplastes et tous leurs enfants est au centre du célèbre récit médiéval de la naissance de Merlin l'Enchanteur (cf. *Merlin et Arthur: Le Graal et le Royaume*, éd. d'Emmanuelle Baumgartner, dans *La Légende arthurienne - Le Graal et la Table Ronde*, éd. établie sous la dir. de Danielle Régnier-Bohler, Paris, Robert Laffont, 1989, pp. 319 à 342, et Claude Gaignebet et Jean-Dominique Lajoux, *Art profane et religion populaire au Moyen Age*, Paris, PUF, 1985, pp. 290 à 294), ainsi que, comme on l'a dit, de l'Evangile apocryphe des *Actes de Pilate*, cf. Quéré, pp. 152 à 159, cf. note 22 supra. En dernière lecture, la reprise du thème et de l'iconographie du *Songe de l'Arbre abattu de Nabuchodonosor* par Dante dans *La Divine comédie* (vers 1307-1321) à propos des âmes transformées en oiseaux, (comparer Gaston Duchet-Suchaux et Michel Pastoureau, *La Bible et ses saints - Guide iconographique*, Paris, Flammarion, 1990, p. 237 et couverture de Jacqueline Risset, *Dante écrivain ou l'Intelletto d'amore*, Paris, Seuil, 1985), confirme cette contamination de la croyance antique au voyage des âmes dans la religion chrétienne.

II - ISIS AU MOYEN AGE - MUTATIONS, PERMUTATIONS - ESSAI SUR LE SYNCRETISME DANS LA MYTHOLOGIE DE LA RENAISSANCE

I - ISIS ET ESPERANCE, LES DEUX VISAGES DU BONUS EVENTUS
A) Isis et Spes, deux images, une source

Il existe une similitude troublante entre le vitrail de l'*Espérance* de 1519, conservé au musée Royal des Beaux-Arts de Belgique, et l'*Isis* de l'ambon de la cathédrale d'Aix-la-Chapelle. En effet, les attributs pour chacun des deux personnages sont à peu près les mêmes. Il s'agit d'un vaisseau et d'une cage ou une ruche[1]. Dès l'abord, le lien de cette image de l'Espérance avec les divinités de la fécondité se trouve confirmé par une série d'au moins deux statuettes gallo-romaines de femmes nues, tenant d'une main une serpe et de l'autre un panier de fruit[2]. Mais ce lien n'apparaît que conjoncturel et demande à être vérifié.

La première représentation connue de l'Espérance tenant un vaisseau et une bêche est celle du fol. 17 v. du ms. 927 (bibliothèque municipale de Rouen) des *Ethiques, Politiques et Economiques* d'Aristote dans la traduction de Nicole Oresme[3]. Cette enluminure illustrant le traité d'*Ethique*, représente les quatre Vertus cardinales, décrites par Aristote, mais aussi les trois Vertus théologales (la Foi, l'Espérance et la Charité), dont il ne fait aucune mention, puisqu'elles sont chrétiennes[4]. En plus du vaisseau, de la ruche et de la bêche, l'*Espérance* tient une cage.

B) Origines de Spes au vaisseau et à la bêche: de la triade Fides-Spes-Fortune à l'image ambiguë de la *Fides* civilisatrice
1) Les premières interprétations de l'"Ethique" d'Aristote

Dans son *Art religieux de la fin du Moyen Age*[5] (1908), Emile Mâle, repris par Emile Van Moé[6] (1930), voit dans les attributs de l'Espérance de l'*Ethique* l'image de l'espérance du paysan (pour la bêche, les faucilles et la ruche), qui "*bêche parce qu'il espère moissonner*" et "*prépare la ruche parce qu'il espère y cueillir le miel*", et du marin pour le bateau. Ces attributs sont donc selon lui des symboles de la Bonne Fortune, et il conclut que "*Le chrétien aussi espère récolter ce qu'il a semé. Et cette récompense, il l'aura le jour où il entrera dans sa patrie, comme le navire entre au port. Le jour où son âme abandonnera sa prison, comme l'oiseau s'envole de sa cage*"[7].

Cette interprétation, confirmée par le type bien particulier du bateau de pêche et de la barque derrière l'Espérance du vitrail de Bruxelles[8], ainsi que par le témoignage postérieur de Cesare Ripa qui, dans la première partie de son *Iconologie* de 1643, donne à l'allégorie de l'*Agriculture* une robe de couleur verte (car, écrit-il, par elle "*est signifiée l'Espérance, sans laquelle il ne se trouveroit iamais personne qui voulust s'employer à labourer ny à cultiver la terre*"[9]), l'est encore par le texte joint à la représentation de

---

[1] Par ailleurs, l'Espérance tenant un vaisseau du vitrail de Bruxelles rappelle la gravure de Mars tenant un filet de la série symbolique des mois, conservée au château de Vaux-Le-Vicomte. Cf. *infra* sur les thèmes de l'agriculture et de l'élément marin liés au destin des hommes, et sur la correspondance entre la Sirène et la Terre-Mère.

[2] Cf. Salomon Reinach, *Description raisonnée du Musée de Saint-Germain-en-Laye*, Paris, Firmin-Didot et C°, t. II "*Bronzes figurés de la Gaule romaine*", 1889, fig. 98 p. 102 et légende.

[3] Cf. Dora et Erwin Panofsky, *La boîte de Pandore*, Paris, Hazan, 1990, note 55 pp. 137-138.

[4] Emile Van Moé, "*Les Ethiques, Politiques et Economiques d'Aristote traduits par Nicole Oresme*", p. 9 du t. III, fasc. 9 à 12 de *Les Trésors des bibliothèques de France*, Paris, G. Van Ouest, 1930.

[5] Emile Mâle, *L'art religieux de la fin du Moyen Age en France - Etude sur l'iconographie du Moyen Age et de ses sources d'inspiration*, Paris, Armand Colin, 1908, pp. 331 à 352.

[6] Van moé.

[7] Mâle, p. 335.

[8] On notera d'autre part que dans des oeuvres tardives, comme celles de d'Otto Van Veen, *Amorum Emblemata Figuris AEneis Incisa Studio Othonis Vaeni Batavo-Lugdunensis*, 1608, rééd. Lille, Bibliothèque Interuniversitaire, et Paris, Aux Amateurs de Livres et Klincksieck, 1989, l'Amour est sans cesse associé à la Fortune, et la mer à la terre. Ainsi, la vision cosmogonique du pouvoir d'Amour, identifié à celui de Fortune, se dévoile par la topologie à la fois marine et terrestre de la suite des gravures.

[9] Cesare Ripa, *Iconologie ou les principales choses qui peuvent tomber dans la pensée touchant les Vices et les Vertus, sont représentées sous diverses figures*,

l'*Espérance* du ms. fr. 9186 de la BN: "*Discrétion est ou gredier/ Quant du grain retrait le paillier./ Ce n'est que peine et décevance/ D'amasser planté de chevance*"[10].

Pourtant, elle ne suffit pas tout à fait à comprendre dans l'iconographie de l'Espérance de la traduction d'Oresme l'irruption soudaine d'attributs aussi bizarres que la ruche ou la bêche, qui jusque-là n'avait eu aucun attribut spécifique[11]. Certes, le manuscrit de la bibliothèque de Rouen pare aussi les autres Vertus d'attributs inédits[12].

Pourtant, lorsque Mâle écrit que "*Le chrétien aussi espère récolter ce qu'il a semé. Et cette récompense, il l'aura le jour où il entrera dans sa patrie, comme le navire entre au port. Le jour où son âme abandonnera sa prison, comme l'oiseau s'envole de sa cage*", il montre sa compréhension innée de l'image de l'*Ethique*. Il fait du navire le symbole de la "*patrie*", et de l'"*oiseau en cage*" celui de l'Espérance. Nous reviendrons sur le thème de la "*patrie*". En ce qui concerne la cage, nous savons que, selon Hésiode dans *Les Travaux et les Jours*, lorsque Pandore ouvre le dolium contenant les maux de la terre, il ne reste plus au fond que l'Espérance. Elle est souvent représentée comme une corneille, par exemple dans l'emblème *Simulacrum Spei* des 2ème et 3ème éditions des *Emblemata* d'Andrea Alciati[13] (Augsbourg, 1534, et Paris, 1536).

2) Liens entre Isis, Spes et Fortune depuis l'Antiquité jusqu'au Moyen Age

Lorsque l'Espérance a pour attribut un oiseau en cage, elle s'identifie donc au Bonus Eventus (la Bonne Fortune), auquel elle est associée dans les *Emblemata*. D'autre part, l'Espérance avec la cage rappelle Isis tenant Horus en cage[14] de l'ambon d'Aix, qui fait sans doute référence à l'épiclèse astrologique d'Isis "*habitation terrestre d'Horus*"[15].

Comme le note Mâle[16], le livre d'*Ethique* ne fournit pas de raison précise aux attributs de chaque Vertu. Van Moé date l'enluminure du fol. 17 v. (qui débute le livre II[17]) des environs de 1450[18] et rappelle qu'Oresme, qui naquit en Allemagne - zone de l'*Isis* d'Aix, selon toute probabilité, Charles V fit enluminer le manuscrit par des peintres flamands[19] -, est encore célèbre comme spécialiste de l'Antiquité et notamment pour son *De origine, natura et mutatione monetarum*, qu'il traduisit en français sous le titre de *Traicté de la première invention des monnoies*[20]. Bien qu'il soit mort en 1392 et n'ait vraisemblablement pas concouru à l'élaboration de l'illustration de sa traduction d'Aristote, le roi Charles V, qui fut son élève attentionné, connaissait parfaitement les mythes antiques.

Or l'origine du lien entre Spes et Isis semble venir de leur nature commune de "*Bonus Eventus*" ou "*Bonne Fortune*". Ainsi, derrière l'*Espérance* de Bruxelles, il y a deux chemins, qui symbolisent les deux voies qui s'offrent au chrétien, et plus généralement la Bonne et la Mauvaise Fortune (la double nature de la Fortune est souvent rappelée, notamment lorsque les artistes la peignent avec un visage double[21]). D'autre

---

gravures Jacques De Bie, explications I. Baudoin, Paris, 1643, rééd. Lille, Bibliothèque Interuniversitaire, et Paris, Aux Amateurs de Livres et Klincksieck, 1989, 1ère partie, p. 14, à propos de la fig. VIII p. 12.

[10] Mâle, p. 338.
[11] *Ibid.*, pp. 332-333.
[12] *Ibid.*, p. 334.
[13] Panofsky, pp. 31ss.
[14] Jurgis Baltrusaitis, *La Quête d'Isis*, Paris, Flammarion, 1985, p. 125.
[15] Cf. Françoise Dunand, *Le culte d'Isis dans le bassin central de la méditerranée*, Leyde, Brill, 1973, t. I, p. 106.
[16] Mâle, note 5 p. 334.
[17] Van Moé, p. 9.
[18] *Ibid.*; en cela encore, Van Moé suit Mâle, p. 334.
[19] Van Moé, pp. 7 à 9.
[20] *Ibid.*, p. 5.
[21] Cf. par ex. Boèce, *Consolation de la Philosophie*, Paris, Rivages, 1989, I, 7, p. 52; Champeaux, t. II, pp. 91ss.; et Van Marle, pp. 182ss. Le motif des deux voies s'offrant au voyageur, récurrent dans les "*road movies*", réapparaît en 2001 dans une des publicités du cycle Opel, et à la fin du film *Seul au monde* de Robert Zemeckis, avec Tom Hanks.

part, de nombreuses Isis antiques sont identiques à la Fortune reine des ondes[22]. Cette iconographie bien spécifique de la Fortune-Isis se rencontre encore à la fin du Moyen Age (aussi bien pour Isis que Fortune), comme l'attestent, par exemple, *Les Images des Dieux* de Vincent Cartari[23]. C'est sans doute pour cela que la *Fortune* de van Orley tient un vaisseau, ce qui la rapproche du type iconographique de l'Isis d'Aix ou du vitrail de l'Espérance.

Dans l'Antiquité romaine déjà, Isis était confondue avec la Bonne Fortune[24]. L'inscription de L. Sariolenus parle d'une statue d'"*Apollonis Isityche Spei*"[25] ; Tite-Live mentionne à Capoue en 209 et 208 des "*magistri Spei Fidei Fortunae*", dont l'existence est avérée jusqu'en 110[26]. A Antium, la Fortune était vénérée en tant que déesse de la mer[27]. Dans son *Ode I*, 35, Horace fait de la Fortune une divinité universelle, maîtresse des ondes et de la terre, que prient à la fois "*le pauvre paysan*" et "*l'aventureux marin*" : "*te pauper ambit sollicita prece/ ruris colonus, te dominam aequoris/ quicumque Bithyna lacessit/ Carpathium pelagus carina*"[28]. Pour Cicéron (*Marcell.*, 7), la Fortune est "*rerum humanarum domina*"[29]. Elle s'identifie donc à Isis[30], "*Déesse de la fertilité des champs*"[31], "*Dame de la mer*"[32], "*Celle qui accorde la Vie*"[33].

Les épiclèses antiques de Spes (l'Espérance), Fortune et Isis, confondent donc les trois déesses. Sous l'Empire romain, de nombreuses statues votives et dédicaces de "*dieux ou déesses (...) qui exercent des fonctions ou incarnent des notions voisines des siennes, et qui aboutissent à créer autour d'elle une ample société divine*"[34] sont offertes à la Fortune prénestine. Parmi ces parèdres, on trouve l'Isityché, qui est son double hellénistico-romain, et Spes, que l'*Ode I*, 35, d'Horace lui donne pour compagne[35].

Une inscription de Délos, dédiée à la Fortune d'Eleusis, se justifie précisément par son assimilation à Déméter-Isis[36]. De nombreux temples sont dédiés à Spes, Cérès, Fortuna, Vénus, Isis, etc., en tant que divinités associées[37]. Ainsi à Ostie, le temple de la Fors Fortuna (ou Fortuna Virilis, liée à l'idée de procréation et donc de fertilité) était dans la même *aera* que ceux de Vénus, Spes et Cérès, celle-ci étant tout à la fois une divinité marine et agraire[38].

Enfin, l'*aedes Spei Fortunae* à Capoue ne prend de sens que par rapport à la triade Spes-Fides-

---

[22] En ce qui concerne le rapport iconographique entre Fortune et Isis, comparer par ex. Jacqueline Champeaux, *Le culte de la Fortune à Rome et dans le monde romain*, Palais Farnèse, Ecole Française de Rome, Rome, "L'Erma" di Bretschneider, Paris, De Boccard, 1982, t. I, t. I, pl. VI, IX, et t. II, pl. IV, à Dunand, t. I, pp. XXVI à XXX. t. II. pl. XXXVII-XXXVIII, XLV, t. III, pl. XIV à XVII et XXXI à XXXIII.

[23] Cf. par ex. Baltrusaitis, fig. 11 p. 16 (*Isis avec le vaisseau*, Cartari, éd. de 1615); et Raimond Van Marle, *Iconographie de l'art profane au Moyen Age et à la Renaissance*, t. II *Allégories et symboles*, La Haye, Martinus Nijhoff, 1932, pp. 177ss., et fig. 202 p. 377, 204 p. 179, 205 p. 180, 213 p. 188, 214 p. 189, 215 p. 190, et 216 p. 191.

[24] Cf. par ex. le texte du chap. XI de *La Métamorphose* d'Apulée sur lequel on reviendra, pp. 405-406 de Pétrone, Apulée, Aulu-Gelle, *o. c.*, Paris, J. J. Dubochet et C°, 1843

[25] Champeaux, note 38 p. 11.

[26] *Ibid.*, p. 188.

[27] *Ibid.*, p. 167.

[28] Cité *in ibid.*, p. 151.

[29] *Ibid.*, p. 168.

[30] *Ibid.*

[31] Cf. Dunand, t. I, p. 98.

[32] *Ibid.*, t. II, p. 118 et t. III, pp. 110, 116 et 256.

[33] *Ibid.*, t. I, p. 102.

[34] *Ibid.*, p. 155.

[35] *Ibid.*, note 42 p. 155.

[36] *Ibid.*, p. 130 et note 576.

[37] Champeaux, pp. 185, 205, 210, et 230. Le lien entre toutes ces divinités est avéré, cf. ex. Jean Chevalier et Alain Gheerbrant, *Dictionnaire des symboles*, Paris, Laffont/Jupiter, 1988, art. "*Artèmis*", pp. 77-78, art. "*Cybèle*", pp. 330-331, "*Isis*", p. 524, "*Vesta (Hestia)*", p. 1007, et "*Vierge (23 août-22 septembre)*", pp. 1011-1012; Paul Friedländer, *Documents of dying paganism*, Berkeley et Los Angeles, University of California Press, 1945; et les notes 97, 252, 255, et 262-263 *infra*.

[38] Champeaux, note 163 p. 230.

~ 20 ~

Fortuna[39]. On voit ainsi que la vertu chrétienne d'Espérance, *"fille de Ste Sagesse* (et) *(...) compagne de martyre, à Rome, de ses deux soeurs, Ste Foi et Ste Charité"*[40], trouve l'origine de son culte dans le paganisme.

Déjà dans *Mythe et Epopée III*[41] (1973), Georges Dumézil notait la relation entre les déesses de la victoire guerrière, de la paix et de la prospérité civil (Fortuna, Fides, Justice, Bellona,...) et celles de la fécondité maternelle et de la fertilité agricole (Mater Matuta, Cérès, "Ino-Leucothé",...), qui offraient à la nation romaine et à ses dirigeants à la fois *"pitié, tendresse, fidélité et protection"*[42].

3) Le texte d'Aristote et son origine dans la mythologie des déesses de l'agriculture et de la navigation
Comme on l'a dit, le texte d'Aristote n'offre pas de raison directe à l'assimilation entre Spes et Isis. Il ne s'intéresse pas seulement aux Vertus cardinales; il traite de la Justice (1183b), de la Prudence (1184a), de la Tempérance (1191a), de la Mansuétude (1191b), etc.[43] Cette multiplication des Vertus n'a pu qu'inciter à intégrer les Vertus théologales, puisque le texte n'est pas restrictif en lui-même.

Aristote parle de *"l'arbre* (qui) *naît à partir de la semence, comme la vertu"*[44]. Il compare le pilote au médecin, et définit plus loin la République par les liens qui, selon lui, unissent le constructeur à l'agriculteur; celui-ci donnant à manger au premier en échange d'une maison (1193b [10] [11]). (Nous verrons l'importance de cette notion de "lien").

En fait, il prend comme exemples le navigateur et l'agriculteur. Comme l'écrit Jacqueline Champeaux (1982) à propos de la Fortune d'Antium, *"l'association antithétique du paysan et du marin h...) n'est qu'un application particulière du thème classique des "genres de vie"; l'un appelle nécessairement l'autre et, à eux deux, ils incarnent l'infinie variété des activités humaines, de même que les deux champs de leur action, la terre et la mer, représentent les deux moitiés complémentaires de l'univers"*[45].

Cartari lui-même dans les *Images des Dieux* rappelle qu'Isis est la déesse lunaire de la végétation, des moissons et des navigateurs[46] (la serpe est ainsi l'un des attributs isiaques des panthées[47]). Il cite Lactance, Apulée[48], Ovide[49], Virgile[50], Macrobe et Marcellin[51] à propos de son attribut, le navire. Alexandre le Napolitain[52] et Valère Francque[53] disent que les Allemands adorent le navire d'Isis[54].

Dans les recueils d'emblèmes des XVIIème-XVIIIème siècles[55], Spes, qui reste une figure peu

---

[39] *Ibid.*, t. II, p. 209.
[40] *Catholicisme - Hier - Aujourd'hui - Demain*, sous la dir. de G. Jacquemet, Paris, Letouzey et Ané, 1986, vol. 7, art. *"Espérance"*, pp. 459.
[41] Georges Dumézil, *Mythe et Epopée I -II - III*, Paris, Gallimard, 1995, cf. notamment cap. 2-3 *"Mater Matuta et Fortuna"* et 2-4 *"La morale de Mater Matuta"*, pp. 1192-1203.
[42] *Ibidem*, p. 1203.
[43] Il reprend le même développement dans *Les Politiques*, Paris, GF, 1990; cf. aussi *Ethique à Nicomaque*, Paris, Hatier, 1988, p. 44; *Rhétorique des passions*, Paris et Marseille, Rivages, 1989; et *L'Homme de génie et la Mélancolie*, Paris et Marseille, Rivages, 1988.
[44] Aristote, *Les Grands Livres d'Ethique (La Grande Morale)*, Paris, Arléa-le Seuil, 1992, pp. 64ss.
[45] Champeaux, t. I p. 168. On retrouve en outre p. 403 de Pétrone, Apulée, Aulu-Gelle,, la référence précise au pêcheur, et une autre, plus implicite cette fois, à l'homme de la terre, dans l'évocation d'Isis: *"Il y avait un oiseleur avec ses gluaux, un pêcheur avec son hameçon"*. Ainsi, Isis est bien à la fois une divinité agraire *et* marine.
[46] Vincent Cartari, *Les Images des Dieux*, Lyon, Paul Frellon, 1629, pp. 136 à 140.
[47] Baltrusaitis, fig. 52 p. 87 et 54 p. 88.
[48] Cartari, p. 138.
[49] *Ibid.*, p. 140.
[50] *Ibid.*, p. 142.
[51] *Ibid.*, p. 137.
[52] *Ibid.*, p. 138.
[53] *Ibid.*, p. 140.
[54] Cf. Baltrusaitis.
[55] Cf. par ex. Pedro Bivero, *Sacre oratorium piarum imaginum immaculatae mariae et animae crentae ac baptismo, poenitentia, et eucharistia innovatae: Ars bene vivendi et moriendi*, Anvers, Balthasaris Moreti, 1684, p. 191; Gravelot et Cochin, *Iconologie ou traité des Emblèmes*, Paris et Bordeaux, Lattré, IV t.; *Le livre de*

représentée, n'a presque jamais de vaisseau, ni de ruche, ni de bêche comme attributs, mais tient souvent l'ancre. Elle peut quand même avoir pour compagne la corneille. La brièveté de l'iconographie de Spes au vaisseau confirme donc son origine ponctuelle.

Dans ces recueils, la ruche et le bateau représentent l'Espérance chrétienne, et plus généralement le combat entre la tentation et l'abnégation qui amène le chrétien "à bon port". Dans l'*Hymne a tres illust. Princesse de Valois reine de France* de 1597 du chanoine Papon, Spes est figurée avant Foi et après Charité (dont on a vu qu'elle était la "soeur"). Comme chez Gravelot et Cochin, ses attributs sont l'ancre, l'oiseau, et derrière elle, les navires. Le vaisseau en mer, symbole connu du destin des hommes (comme dans la *Narrenschiff* de Sebastien Brant) est indifféremment attribué à Fortune (notamment dans *Le Livre de Fortune* de Jean Cousin) ou à Spes (dans les *Devises et Emblèmes* de Daniel de La Feuille). Ce dernier écrit: "*Un vaisseau en Mer qui arrive à pleines voiles dans le Port, Spes proxima. Son désir est sur le point d'être accompli*"[56], et "*Un vaisseau est soumis à la Fortune par son adresse*"[57]. "*Une ruche avec des mouches à miel. Elles ne travaillent qu'à la même chose*"[58] et "*Le roi des abeilles et son Essaim. Il les anime et les mène au combat*"[59] (on se souvient que la ruche est un attribut commun à l'*Espérance* du vitrail de Bruxelles et à l'Isis d'Aix). Avec à peu près les mêmes termes que ceux qui définissent Isis chez Cartari, Gravelot et Cochin écrivent qu'"*On donne aussi une ancre de navire pour symbole à l'Espérance, parce qu'elle soutient & console dans le danger et le péril*"[60]. Le cyprès, qui selon eux, est l'attribut du Désespoir[61], est celui d'Isis selon Cartari[62].

Les termes qui désignent l'Espérance à cette période sont donc sensiblement les mêmes que ceux qui définissaient Isis dans l'Antiquité et son lien à Fortune, qui reste souveraine des ondes et déesse Nature[63]. Cette filiation n'est pas étonnante quand on sait que dans l'Antiquité, la *Spes Populi Romani*, qui possédait les attributs de la Fortune (le globe, le gouvernail, et la corne d'abondance notamment), relevait "*son vêtement d'un manière caractéristique*"[64], comme les Isis-Aphrodite *anasyrméné*[65].

4) Spes-Isis-Fortuna, les déesses mères, et la Fides civilisatrice
Mais la "qualité" de *Spes Populi Romani* de l'Espérance antique semble nous inviter à chercher son unité sémantique et iconographique avec Foi, Fortune ou Isis plus profondément encore dans le substrat culturel antique. Nous avons déjà noté l'importance de la triade Fides-Spes-Fortune.

A l'instar de Fortune, Isis ou Spes, la *Fides* romaine faisait, selon la tradition, "*intervenir dans les choses de la terre la volonté du ciel*"[66]. A cette époque, elle apparaît comme le symbole du lien pouvant unir

---

[55] *Fortune* de Jean Cousin, Paris, Jacques Kervet, 1568, Paris et Londres, Librairie de l'art, 1883; Gilles Corrozet, *Hécatomgraphie*, Paris, Denys Tanot, 1540, Champion, 1905, pp. 24-25, cf. Cousin, p. 145, et Corrozet pp. 96 à 99, cf. Cousin, p. 41; F.L., *Emblemes sacrez sur le tres-saint et tres adorable sacrement de l'Eucharistie*, Paris, Florentin Lambert, 1667, fig. XXXXV, LXVIII et LXXXI, et pp. 62-63; Galacteros de Boissier, "Images emblématiques de la Fortune", pp. 109-110ss. de *L'Emblème à la Renaissance*, Paris, Soc. d'Enseignement Supérieur, 1982, reproduisant qq. emblèmes de la *Morosophie* de Guillaume de la Perrière et du *Livre de Fortune* de Cousin; *Hieroglyphica*, 1737; Daniel de La Feuille, *Devises et Emblèmes Anciens et Modernes*, Amsterdam, 1700, fig. 3 p. 3, 8-9-11 p. 23, 10 p. 30, 2-12 p. 34, 5-15 p. 40, et 13 p. 35; John Landwehr, *Dutch Emblem books - A bibliography*, Utrecht, Dekker & Gumbert (DG), 1962; John Landwehr, *French, Italian, Spanish and Portugese books of devices and emblems 1534-1827 - A bibliography*, DG, 1976; OEuvres du chanoine Loys Papon, Lyon, Louis Perrin, 1857-1860, p. 9; Ernst Friedrich von Monroy, *Embleme und Emblememübvher in der Nierderlanden 1560-1630*, DG, 1964, pp. X, 25, 48, 85, etc.
[56] La Feuille, fig. 3 p. 3.
[57] *Ibid.*, fig. 10 p. 30.
[58] *Ibid.*, fig. 11 p. 23.
[59] *Ibid.*, fig. 2 p. 34.
[60] Gravelot et Cochin, t. IV, p. 17, cf. t. III, p. 77.
[61] *Ibid.*, t. IV, p. 17-18.
[62] Cartari, p. 138.
[63] Cf. par ex. G. Molinié, "*Fortune et liberté: Images du destin dans la tradition grecque du roman à l'âge baroque*", pp. 205 à 213 de *Visages du destin dans les mythologies - Mélanges Jacqueline Duchemin*, Paris, Les Belles Lettres, 1983.
[64] Champeaux, t. II, p. 212.
[65] Cf. par ex. pl. XX à XXIII du t. I de Dunand.
[66] Pierre Boyancé, *Etudes sur la religion romaine*, ""Fides" et le Serment", p. 98. Jean Baudoin, *Recueil d'emblèmes divers avec des discours moraux, philosophiques, et politiques, tirez de divers Autheurs, Anciens & Modernes*, Paris, Jacques Villery, 1659, réed. Lille, Bibliothèque Interuniversitaire, et Paris, Aux Amateurs de Livres et Klincksieck, 1989, t. I, p. 72, identifiant la Paix à l'Abondance, écrit de même qu'elle est descendue "*du Ciel en terre*". Jean Rudhardt, *Le rôle d'Eros et d'Aphrodite dans les cosmogonies grecques*, Paris, PUF, 1986, p. 15, reprenant la théorie de Jean-Pierre Vernant, écrit de même à propos du mythe

durablement les pays entre eux. Souvent représentée sur les monnaies par deux mains s'enserrant, elle marque le pacte ou le traité.

Il semble même que l'iconographie de ces deux mains jointes dérive du thème du vaincu enchaîné, qui *"tend ses mains pour se mettre à la discrétion du vainqueur"*[67]. Seule la *"dextera"* (la main droite) sert à illustrer cette alliance tacite de la *Fides*. Et *"Cicéron (...) nous montre, tendues à un personnage qui gît sur le sol terrassé par son malheur (c'est lui-même), "sa "fides" et sa droite consulaire"*. Ailleurs, il dit: *"De sa main droite victorieuse il tendit sa "fides" et fit luire l'espoir du salut"*[68]. La *Fides* antique (qui, notons-le, apparaît donc comme une Vertu terrassante, à l'instar de l'*Espérance* du vitrail bruxellois) n'est autre que la garante de *"l'Ordre du monde", "qui assure la liaison de la religion, de la politique et même de la morale"*. Elle est *"un gage assuré de salut"*[69], comme l'écrit Valère-Maxime[70]. Elle figure donc sur le monnayage romain à côté de Piété, Paix, Félicité et Concorde. On notera ainsi que Caiatinus, qui lui éleva un temple, en érigea également un à Spes[71].

La *Fides publica* est représentée sur les monnaies impériales avec dans la main droite des épis dirigés vers le sol et dans la gauche un plateau de fruit (sur les monnaies de Commode, elle tient une corne d'abondance et un étendard[72]). Elle se définit donc comme une *"divinité de la fécondité et de la prospérité (...) qui préside à toute la vie de la société"*[73]. Souvent confondue avec Pietas et Concordia[74], elle peut également être accompagnée de Mercure, ou simplement symbolisée par des épis, un aigle, le caducée et des mains jointes[75]. Pan (allégorie connue de la Nature et du Monde en général) lui est aussi associé[76]. De même, les déesses de la fécondité antiques telle qu'Atargatis, dont la figure se confond avec celles d'Isis et de Livie, ou la Fortune, lèvent toujours la main droite[77], pour bénir les fidèles (on sait que ce geste bien spécifique était réservé aux déesses[78]). Ainsi, Ba'al-shâmin (épiclèse d'Atargatis-Ishtar) est symbolisé sur un petit monument palmyrien par une main tenant trois épis[79].

On retrouve ce symbolisme encore présent dans les livres d'emblèmes des XVIème et XVIIème siècles. Ainsi dans son célèbre recueil, Jean Baudoin (1659) lui-même associe la corne d'Amalthée au caducée mercurien, tous deux réunis symbolisant *"une Ville bien policée, & qui est fleurissante en bonnes Loix, par le moyen desquelles ceux qui l'habitent sont civilisez, les Sciences cultivees, les Vertus cheries, &*

---

de la castration d'Ouranos et donc de la naissance de Vénus qu'elle marque *"la séparation du Ciel et de la Terre"*.

[67] Boyancé, *"La Main de "Fides""*, pp. 124-125.

[68] *Ibid.*, p. 125.

[69] *Ibid.*, *"Les Romains, peuple de la "Fides""*, pp. 146-147. Le pied de Némésis, divinité vengeresse et terrassante, est un thème qu'on retrouve toujours à l'époque contemporaine, dans la nouvelle de Stephen King, *"Brume"*, Brume - Paranoïa, Paris, J'ai Lu-Albin Michel S.A., 1987, et antérieurement dans l'identification entre la police (la Pandore du langage populaire) et la *"providence au petit pied"* dans *L'Affaire Lerouge* (1866), Maxi-Livres, 2001, pp. 47-48 (comparer aussi à ses évocations pp. 62, 65 - par référence au harnais, bride du cheval fougueux de la Justice que symbolise l'emportement du fils iniquement déchu, cf. nos travaux sur Géricault -, 94, et, ironiquement et par opposition, 75), premier roman où apparaît l'inspecteur Lecoq (figure inspirée, comme nombre d'autres du XIXème siècle, de Vidocq), héros du fondateur du genre policier français: Emile Gaboriau.

[70] Cité in Boyancé, p. 123.

[71] *Ibid.*, p. 150.

[72] *Ibid.*, note 5 p. 129.

[73] *Ibid.*, p. 127.

[74] *Ibid.*, pp. 127 à 131ss.

[75] *Ibid.*, pp. 127 à 129.

[76] *Ibid.*, p. 129.

[77] Jacqueline Pirenne, *"Notes d'archéologie sud-arabe"*, Syria, Paris, Librairie Orientaliste Paul Geuthner, 1960, XXXVII, fasc. 3-4, pp. 326 à 347, et *ibid.*, 1962, III, t. XXXIX, fasc. 3-4, pp. 257 à 262. La Nature de la tapisserie de l'*Allégorie de la Vie humaine* (vers 1520), fig. 183 p. 158 de Van Marle, en compagnie ici du chien symbole de la Jeunesse, et ouvrant la main gauche et pointant l'index de sa main droite dans une attitude d'orateur, rappelle un peu ce geste de bénissement (cf. aussi notes 124, 149 et 206 *infra* sur le rapport entre la Vie humaine - et par conséquent la Nature, comme le montre le programme de la tapisserie, *"C'est surtout une mise en évidence de la Vanité de la Vie, représentée par une femme, laquelle porte dans les différentes pièces les noms de Nature, Ignorance, Maladie et Vieillesse, et suit toujours avec un chien - Jeunesse, Ennui, Souci - un cerf qui essaie de se sauver"*, écrit Van Marle, *ibid.*, p. 155 -, la Fortune, Vénus et Isis; sur le lien entre les fig. du cerf et de l'amour, cf. notamment Maurice Scève, *Délie - Objet de plus haute vertu*, Paris, GAllimard, 1984, éd. avec emblèmes, et sur l'identité à la fois maléfique et bénéfique des figures féminines à la Renaissance, cf. Sara F. Matthews Grieco, *Ange ou Diablesse - La représentation de la femme au XVIème siècle*, Paris, Flammarion, 1991, citée notes 82-83, 98, 140 à 148, 145 à 153, 155, et 158 *infra*).

[78] Pirenne, p. 335.

[79] *Ibid.*, p. 333.

les sources de l'Indigence, qui sont la Mollesse, & la Faineantise, tout à fait taries"[80], et dans son *Livre d'armoiries en signe de fraternité* de 1619, Georgette de Montenay combine explicitement les notions de Charité, de liens et de Paix[81]. De même dans une gravure d'Etienne Delaune (Strasbourg, 1575), Abondance conserve pour attribut les épis renversés et la *cornucopia*. Elle y est une image de Cérès, déesse de la fertilité et de l'agriculture, le thème de la *"femme d'abondance"* se développant dans le milieu de l'estampe à partir de 1540[82]. Adrien le Jeune réutilisera cette image de l'*"Abondance des choses"* en l'identifiant explicitement à *"la Paix attique"*[83].

La figure d'Abondance a aussi pour attribut un vase renversé, assez similaire à ceux que tiennent les premières Isis égyptiennes, et qui est facilement assimilable au situle comme à la *pyxis* de Psyché ou de Pandore (nous y reviendrons). Sur le revers de la médaille de Bartolommeo Melioli pour la guérison de François II de Gonzague, Psyché est une parèdre de la Santé, elle-même confondue avec la Nature, dont les attributs sont justement les épis et un panier de remèdes, portant l'inscription *"cautius"*[84]. Les épis et le vase plein d'eau, qui symbolise probablement la fécondité tellurique, comme le situle selon Kircher[85], et qui était déjà aux mains de l'allégorie de l'Abondance par Delaune, se retrouvent comme attributs de Bonus Eventus, compagnon de Spes dans les 2ème et 3ème éditions d'Alciati[86] (déjà citée).

Mais attardons-nous un instant sur la médaille de Melioli. Probablement exécutée pour commémorer la guérison de Francesco, elle porte à l'avers l'inscription: *"D. FRANCISCUS. GON(zaga) D. FRED(erici). III. M(archio). MANTVAE. F(ilius). SPES. PUB(lica). SALUSQV. P(ublica). REDIVI(va)"*. Francesco est ainsi salué comme *"l'espoir revivifié et la sauvegarde de l'Etat"*. Les attributs de la personnification de la Santé du revers se retrouvent en outre sur le décor de bronze d'un mortier exécuté vers 1535-1559 pour la faculté de médecine du Studio Ferrarese et conservé à la National Gallery de Washington.

Son programme iconographique nous montre un aigle, d'habitude associé aux figures de Vénus et d'Isis en tant que divinités de la Nature; la Terre est d'ailleurs symbolisée sur la médaille de Melioli par la figure de l'Air[87], or selon l'*Iconologie* de Ripa[88], l'aigle symbolise la *"Salubrité"* et la *"Pureté de l'Air"*. La

---

[80]Baudoin, t. II, p. 456.

[81]Georgette de Montenay, *Livre d'armoiries en signe de fraternité*, 1619, rééd. Lille, Bibliothèque Interuniversitaire, et Paris, Aux Amateurs de Livres et Klincksieck, 1989, fig. XXXII p. 158.

[82]Grieco, p. 167 et fig. 34.

[83]*Ibid.*, p. 168.

[84]Panofsky, p. 24 et fig. 5 à 7 pp 24-25.

[85]Baltrusaitis, fig. 11 p. 16. Ripa, 2ème partie, pp. 148-149, oppose d'ailleurs dans l'allégorie de la *Contrariété* ce même type de vase renversé (que l'on rencontre très couramment associé aux figures des divinités féminines de la Nature, cf. par ex. notes 140 à 158 *infra*) - symbole de l'eau - et le flambeau - symbole du feu -. Pareillement, Albert Flamen, *Devises et Emblesmes d'Amour moralisez*, Paris, Estienne Loyson, 1672, rééd. Lille, Bibliothèque Interuniversitaire, et Paris, Aux Amateurs de Livres et Klincksieck, 1989, par ex. pp. 2 et 6, associe à l'Amour les symboles de l'eau et du feu, et Montenay, fig. LXXXI p. 354, utilise l'image du vase qui lave et purifie, ce symbolisme se retrouvant, fig. LXXXVI p. 374 associé plus précisément encore au thème pandorique, représenté par deux coupes à boire. L'aspect fortement religieux et chrétien du vase et de la coupe chez Flamen et Montenay se développe enfin chez Baudoin, t. I, pp. 60 à 69. Cf. aussi *ibid.*, p. 494. C'est néanmoins Van Veen, pp. 12-13, qui nous permet un peu plus tard de supplémenter dans la comparaison, puisqu'il reconnaît dans le vase qu'il attribue à Fortune un *"hanap"* contenant aussi bien le *"miel"* que le *"fiel"* de la vie. On voit donc bien ici combien, sous la diversité des formes, le symbolisme reste identique.

[86]Panofsky, fig. 13 p. 32.

[87]*Ibid.*, note 47 p. 137. On notera que le mortier en bronze représente aussi un Serpent, symbole ici du Mal que le médecin doit vaincre, mais qui est aussi un attribut isiaque (et des divinités telluriques, il peut alors être associé aux épis, cf. notes 97 et 231 *infra*. A ce propos, Mercure et le caducée sont associés aussi bien aux figures de Psyché ou de Pandore, cf. Panofsky, que de Vénus, Trottein, pp. 78-79 et 144-145ss. Comme on l'a dit, Baudoin, t. II, p. 454, lui-même associe la corne d'Amalthée au caducée mercurien, cf. note 80 *supra*.

[88]Une étude de l'ouvrage de Ripa, demanderait un ordre méticuleux et la comparaison systématique des attributs et de leurs récurrences selon le type et le thème de chaque figure. Cependant, un relevé succinct permet de confirmer une certaine unité entre les différentes figures évoquées (comme nous ne prétendons donner ici qu'un relevé, nous nous contenterons d'utiliser l'ordre d'apparition des images dans le texte). Dans le première partie, *Aurore*, fig. XVII p. 22, tient le flambeau et jette des fleurs à terre (on a vu que les épis renversés étaient attribués à *Fides*, car elle *"réjouie la terre et ses plantes, qu'elle arrose de ses larmes"*, *ibid.*, p. 25. *Confiance*, fig. XXVIII p. 36, tient le vaisseau; *Egalité*, fig. XLVIII p. 54, tient la balance et un nid d'hirondelles, dont le symbolisme de Charité et de partage (les oiseaux nourrissant leurs petits) rejoint celui de la balance, comme Ripa l'écrit p. 58. *Spes*, fig. LII p. 59, allaite Eros (on reconnaît donc facilement en elle une figure de la Charité). Ripa, p. 63, rappelle que les Athéniens la comparaient à l'Aurore, et l'assimile lui-même à l'Amour et à la Nature, pp. 62-63. *Faveur*, fig. LVII p. 66, est elle-même assimilée à Terre, à la Providence divine et à la prospérité agricole, p. 68. *Fécondité* avec un nid de chardonnerets, fig. LIX pp. 69 à 71, se définit elle-même comme une image ambiguë de la Vierge. La *Grâce de Dieu*, fig. LXXI p. 79, tient le vase d'abondance, on voit donc bien comment encore au XVIIème siècle s'organise le lien entre le symbolisme virginal et le thème de la Nature. Artémis d'Ephèse est ainsi explicitement identifiée à la Nature, p. 96 à propos de la fig. LXXXIV. *l'Oubli d'amour*, fig. CXIV p. 129, rappelle insensiblement les images de l'Harpocrate égyptien, cf. Dunand, t. I, fig. XXXI, ou de la fontaine de Vénus de l'iconographie médiévale, cf. Gwendolyn Trottein, *Les Enfants de Vénus - Art et astrologie à la Renaissance*, Paris, Ed. de la Lagune, 1993.

troisième figure du mortier en bronze est une femme nue (*"personnification des forces bénéfiques et salutaires de la nature"*[89] selon Ripa), opposée à un homme assis essayant de briser une énorme chaîne, et qui personnifie la Folie furieuse. Mais ne peut-on reconnaître dans l'affrontement de ces figures celles de la *Fides* civilisatrice et du lien qui unit le vaincu à son vainqueur[90]?

B) L'Isis à la bêche et au vaisseau: image de la Terre virginale

Si nous revenons maintenant à la statue d'Isis de l'ambon d'Aix, nous nous apercevons qu'elle n'est pas une représentation isolée. En 1882, une statue du même type, actuellement conservée au Römisch-Germanischer Museum de la même ville (n° 29. 309 de l'Inventaire)[91], se trouvait dans la nef de Sainte-Ursule à Cologne, construite aux XIème-XIIème siècles; elle était identifiée par l'inscription "*Iside Invicti*". La comparant à l'Isis d'Aix, Jurgis Baltrusaitis (1985) indique que Lersch a voulu rapprocher "*le navigium Isidis apparaissant aux yeux de tous dans l'ancienne chapelle palatine* (d'Aix au XIIème siècle) *et le bateau sur roues que l'on a promené dans la même ville en 1132*"[92].

Le vaisseau est l'attribut caractéristique d'Isis-Io[93], et fut repris par la ville de Paris. Il symbolise les vertus civilisatrices de la déesse[94]. La légende d'Io et son interprétation étaient connues et répandues au XVème siècle. C'est ce qu'attestent *La Généalogie des Dieux* et les *Dames de Renom* de Boccace, dont les

---

Paix, fig. CXV pp. 138-139 de Ripa, avec les épis et la *cornucopia* est identifiée au Printemps et à la culture, car "*l'Olivier et les Espics sont les vrays symboles de la Paix; la Terre ne produisant abondamment des olives ny des grains, qu'aux lieux où cette déesse* (Paix) *permet aux hommes de la cultiver*". (Baudoin, t. I, pp. 70 à 72ss., reprend la même idée). Elle est aussi plus ou moins identifiée à la Terre (ou du moins à son activité), Ripa, p. 140, et Ripa lui donne explicitement pour parèdre Spes. On retrouve le symbole du Serpent (symbole de la Guerre selon Ripa) associé à Paix. *Piété*, fig. CXXVI pp. 150-151, tient la corne d'abondance et porte des ailes car, écrit Ripa, "*elle ne cesse de voler de Dieu à la Patrie, de la Patrie aux parents, et des parents à nous-mêmes*", on reconnaît donc là encore le double thème de la Patrie et du partage que Boyancé, pp. 135 à 152, attribue à *Fides*. *Santé*, fig. CXLVII p. 172 de Ripa, tient un coq et le caducée. *Soing*, fig. CLVI p. 178, tient la balance. *Vérité*, fig. CLXVI p. 192, tient la palme et le soleil à la main droite, et pose son pied sur le globe terrestre, comme on verra que Vénus le fait dans l'iconographie du bas Moyen Age. Dans la 2ème partie, *Eté*, p. 11, qui tient le flambeau et les épis, est identifié à Cérès. *Automne* et l'*Equinoxe d'Automne* tiennent tous deux la balance, pp. 25 et 34. *Age d'or*, p. 40, tient la ruche (symbole de la douceur de la vie, que nous étudions *infra*). *Concorde pacifique* tient le flambeau, la *cornucopia* et l'olivier, symbole attribué entre autres à *Paix* dans la première partie. *Vie active*, pp. 86-87, est représentée par un homme tenant une bêche, symbole des occupations humaines. Et *Vie humaine*, pp. 86 à 89, tient une coupe dont elle fait boire un enfant. Elle se compare par ce geste à la Charité et aux divinités mères telle qu'Isis ou Vénus. *Ausmone*, p. 105, fait de même. *Miséricorde*, qui est donc une parèdre des deux images précédentes, tient le coeur brûlant de la Charité, p. 112. *Chasteté*, p. 114, tient les tourterelles et le sceptre, et a la tête cachée sous un voile, comme *Fides*, cf. note 90 *infra* (néanmoins, d'autres figures de Ripa, qui n'ont aucun lien de sens avec *Fides*, sont voilées). On retrouve *Concorde*, p. 116-117, portant un plateau de coeurs et les épis, car elle provoque l'Abondance. *Foy, Gouvernement de la République et Grâce divine*, pp. 124-125, pour attributs la houpe, la flèche, le coeur, la coupe, et l'oiseau du Saint Esprit. *Substance* enfin, montrant ses seins et tenant les épis et les pampres, s'identifie à la "*fécondité de la Terre*", pp. 144-145. Nous accorderons une mention toute particulière à l'allégorie de l'*Agriculture*, qui a pour attributs le lion, car il est "*consacré à la déesse Cybèle*", le taureau - animal comme nous le verrons récurrent du culte des déesses-mères, cf. notes 103 et 133 *infra* -, est qualifié d'"*infatigable*" pour les travaux des champs, la couronne d'épis, pour montrer que l'Agriculture fait "*multiplier les grains*" (à l'instar de Vénus dont les enfants sont aussi nombreux que les grains de la grenade), les très caractéristiques signes du Zodiaque, qui représentent les différentes Saisons (et que nous retrouverons étroitement liés au mythe de Vénus à la Renaissance), l'"*Arbre fleuri*" (dans lequel on a aussi pu reconnaître un arbre de Mai, nous reviendrons sur ce motif précis) qui représente l'Amour du paysan pour les plantes, son attente et son Espoir, cf. note 9 *supra*. Van Veen, pp. 58-59, attribue la même curieuse petite fleur à "*L'Espoir* (qui) *est de l'Amour la nourrice meilleure*". On peut en outre relever que le Soleil lui-même, probablement suite à son identification avec Apollon, revêt des attributs liés à Vénus ou à ses parèdres telle qu'Isis, à savoir la balance, le glaive, le lion, le sceptre et le globe, cf. par ex. Panofsky, *L'OEuvre d'art et ses significations - Essai sur les "arts visuels"*, Paris, Gallimard, 1969, fig. 88 et 90. Il va de soi que les correspondances entre ces diverses figures se retrouvent dans les autres ouvrages d'emblèmes. Par ex., Flamen, en reprend la plupart, notamment pp. 14 et 18, où il reprend ceux de *Fides* et de *L'Espérance du beau temps*, c'est-à-dire de Spes et de l'Aurore (on peut aussi bien peine y voir plus-tendue la référence aux travaux agricoles). Baudoin, t. I, pp. 640 à 651, associe quant à lui les images de la ruche et des abeilles au thème de la *Concorde* (identifiée avec l'*Union mutuelle*) et de l'Etat. Il associe également, *ibid.*, t. II, pp. 170ss., les symboles de Spes et du navire sur les flots (qui représente les *aleas* de la vie, cf. *infra*). Cf. aussi notes 81, 85 et 103 *infra*.

[89] Pour tout ce passage, cf. *ibid.*, note 47 pp. 136-137.

[90] Est-il possible d'aller plus loin en comparant les loups des cortèges de sorcellerie médiévale, qui se définissaient eux-mêmes comme les "*chiens de Dieu*", cf. Carlo Ginzburg, *Le sabbat des sorcières*, Paris, Gallimard, 1992, p. 149, et étaient considérés comme des hors-la-loi (dans l'ancien droit germanique les proscrits étaient appelés "*wargr*" ou "*vargus*", c'est-à-dire "*loup*", *ibid.*, p. 156), et qui se cachaient le visage sous un linge blanc, *ibid.* p. 186, aux guerriers-chiens eurasiatiques, dont le mythe est attesté dans l'Antiquité, cf. Askold Ivancik, "Les guerriers-chiens", pp. 305 à 330 de la *Revue de l'Histoire des Religions*, Juil.-Sept. 1993, dont les groupes furent considérés comme des hors-la-loi, *ibid.* p. 313, et dont le nom à donné celui, repris du "loup", de la folie furieuse, *ibid.*, pp. 325ss., ainsi qu'aux représentations de la *Fides* romaine, la main voilée du manipule, cf. Boyancé, pp. 141ss. Les rites de passages sont en effet les mêmes, ceux de la rivière, de la hutte de branches, de la nudité, de la bataille entre clans, l'élection, et d'une fureur presque *panique* (ou *bachique*) liée au symbolisme d'Hadès, cf. par ex. Daniel Bernard et Daniel Dubois, *L'homme et le loup*, Paris, Berger-Levrault, 1981, pp. 84 et 165 à 196, Claude Gaignebet, *Le folklore obscène des enfants*, Paris, G. Maisonneuve et Larose, 1974, Ière partie, pp. 17 à 167ss., Ginzburg, pp. 154-155ss., 162, 169, 177ss., et Louis Gernet, *Anthropologie de la Grèce ancienne*, Paris, François Maspero, 1968, 160-161 et 165ss. Les principale figures sont exactement les mêmes: l'ours, le cerf, le loup, etc., et l'origine eurasiatique du mythe aussi (chez les Cimmériens) cf. par ex. Ginzburg, pp. 155 à 212, et Ivancik, 316 et 325.

[91] Reproduite in Baltrusaitis, fig. 86 p. 125.

[92] *Ibid.*, p. 125.

[93] Cf. Dunand, cf. index, t. III, p.366.

[94] Cf. Baltrusaitis, pp. 62ss.

éditions françaises datent de 1493, 1498 et 1551[95]. Christine de Pisan (*Les cent hystoires de Troye et Lepistre de Othea, deesse de la Prudence envoyee a lesprit chevalereux Hectore*, Paris, 1522) va même jusqu'à confondre Isis avec la Vierge Marie, et fait de la divinité agraire le symbole de la semence spirituelle, qui conduit le chrétien vers Dieu. Elle écrit:

"Toutes vertus entes et plantes
En toy comme Ysis faict les plantes
Et tous les grains fructifler:
Ainsi doibs tu edifier"[96].

Et encore:

"Ysis dient aussi estre deesse des plantes
et de cultiveure qui leur a donné
vigueur et croissance de multiplier...
La ou il dit que a isys qui est plantureuse doibt ressembler, povons entendre la benoiste conception de Jesuscrist par le sainct esperit en la benoiste Vierge marie mere de toute grace... Laquelle digne conception doit le bon esperit avoir entee en soy et tenir fermement le digne article si comme le dit sainct Jacques le Grand
Qui conceptus est
de spiritu sancto
natus a Maria"[97].

Conformément à Macrobe et Isidore de Séville, qui eux-mêmes se sont inspirés de Servius, Plutarque et Varron[98], Christine de Pisan arrive à identifier Isis à la Terre, "*déesse cultivatrice préfigurant l'Immaculée Conception*"[99], comme l'écrit Baltrusaitis. En 1460, Jean Méliot est arrivé à la même conclusion à propos de l'idole parisienne[100]. On sait aussi que le culte d'Isis a été assimilé à celui d'Ishtar, déesse de l'Amour et de la fécondité. Baltrusaitis rappelle que l'Isis d'Aix "*figure sur le même rang que l'image du Sauveur entouré d'évangélistes dont elle dépasse sensiblement les dimensions*"[101].

Ainsi, Christine de Pisan, dans son *Allégorie de l'immaculée conception* (fol. 28 v., ms. 9392 de la bibliothèque royale de Bruxelles) donne comme attribut à Isis une bêche, une pioche, et les abeilles qui, associées dans tous les recueils d'emblèmes[102] au symbolisme de la ruche, le sont également au mythe d'Isis[103].

h) Spes et Isis ou l'"Isityche Spei"

---

[95] *Ibid.*, note 25 p. 62.
[96] Cité in *ibid.*, p. 65.
[97] Cité in *ibid.*, p. 66. De même, on retrouve cette conception virginale de la déesse chez Clément Marot. En effet, dans sa préface du *Roman de la Rose* de 1527, o. c., Paris, E. Picard, 1868, t. IV et dernier, p. 185, il écrit que "*Ceste manière de rose spirituelle, tant bien spirant et refragant, pouvons aux roses figurer par la vertu desquelles retourna en sa première forme le grant Apulée, selon qu'il est escript au livre de l'Asne d'or, eut trouvé le chappelet de fleurs de rosier pendant au sistre de Cerès, deesse des bledz. Car tout ainsi que ledict Apulée, qui avoit esté transmué en asne, retrouva sa première figure d'homme sensé et raisonnable, pareillement le pecheur humain faict et converty en beste brute par irraisonnable similitude, reprent son estat premier d'innocence par la grace de Dieu qui lui est conferée, lorsqu'il trouve le chappelet ou couronne de roses, c'est asçavoir l'estat de penitence pendu au doulx sistre de Cerès, c'est à la douceur de la misericorde divine*". On notera que l'amalgame que fait Marot est incité par la confusion entre les différentes figures-mères, et notamment par l'identification entre la Vierge (dont on retrouve clairement le symbolisme dans les termes comme "*rose*" ou "*misericorde*") et les déesses de la fertilité, dans leurs office tutélaire (on retrouve donc là aussi la rhétorique présentée par ex. dans l'oeuvre de Christine de Pisan, cf. notes 94 à 100 *supra*. Sans toutefois méconnaître l'anachronisme de ce texte, on notera qu'il nous ramène bien à la problématique d'Isis-Spes, déesses agraires et marines (à ce propos, cf. aussi par ex. Pseudo-Denys l'Aréopagite, *o. c.*, Paris, Aubier, 1943, p. 313ss., et au sujet de la double fonction de déesses agraires et marines d'Isis et Spes, cf. par ex. la présence de Neptune à côté d'une divinité agraire allongée auprès d'un serpent et d'une gerbe de blés, en bas à droite d'un plat en argent provenant de Parabiagio, pl. 15, p. 63 de Friedländer. - mettre en rapport avec Leclercq-Kadaner. -), et qu'il correspond bien à la notion de *Caritas* liée à la présence de la coupe en forme de mamelle dans les mains de la figure féminine de Cluny.
[98] Cf. Baltrusaitis, p. 65. A noter qu'au XVIème siècle encore, la femme, en tant que divinité maternelle et de Nature, était confondue avec la Vierge, cf. notamment Grieco, pp. 165 à 211.
[99] Baltrusaitis,, p. 67.
[100] *Ibid.*
[101] *Ibid.*, p. 125.
[102] Cf. note 55 *supra*.
[103] En tant qu'"*apis*", liées au culte d'Apis-taureau, cf. Baltrusaitis, pp. 89ss., et notamment pp. 90 à 92. De plus probablement lié au culte royal d'Isis, le motif des abeilles est celui des eaux de Cologne Guerlain depuis 1853 (les abeilles étaient le symbole de l'Empereur et le Second Empire fut instauré en 1852, de plus, les recherches sur les apis d'Isis ont été menées du XVIème au début du XIXème siècle, cf. Baltrusaitis, *ibid.*, pp. 79 à 106).

L'iconographie, très ponctuelle, de l'Espérance au vaisseau, à la ruche et à la bêche, reprend donc celle de l'Isis médiévale, notamment germanique, et se base sur l'identification antique de la triade Fides-Spes-Fortune. Cela n'a rien d'étonnant en considérant qu'Oresme, en quelque sorte instigateur de cette fugace tradition, venait d'un milieu cultivé, allemand et porté sur les thèmes antiques (on se rappelle son ouvrage sur la numismatique antique). S'il est vrai que la conception de l'Espérance chrétienne[104] est proche de la définition du "*vrai*" courage, gratuit et quasiment mystique[105], donnée par Aristote. Le substrat religieux de cette nouvelle image de l'Espérance correspond malgré tout à la "casuistique" propre à Isis. C'est-à-dire que l'Espérance, en tant que personnification de l'attitude du bon chrétien (du "*fidè*-le"), représente en fait le champ fertile, la vraie connaissance, auxquels Mâle faisait allusion.

En cela, on ne peut rester indifférent à la ressemblance entre la définition de l'Espérance du ms. fr. 9186 de la BN ("*Discrétion est ou gredier/ Quant du grain retrait le paillier./ Ce n'est que peine et décevance/ D'amasser planté de chevance*"[106]) et celle d'Isis par Christine de Pisan ("*Toutes vertus entes et plantes/ En toy comme Ysis faict les plantes/ Et tous les grains fructifier:/ Ainsi doibs tu edifier*"[107]).

II - FORTUNE, ISIS ET VENUS, LES TROIS MAITRESSES DU MONDE
A) La Fortune de Turin, une Vénus planétaire

Raimond Van Marle (1932) a identifié un dessin du XVème siècle de l'Ecole de Padoue, conservé à Turin, comme étant peut-être une allégorie de la Fortune[108]. Pour cela, il se base notamment sur le fait que la figure principale, couronnée par un *putto*, tient à la main un flambeau et repose sur une sphère. Dans ses *Essais d'iconologie* de 1939, Erwin Panofsky écrit en effet que Cupidon et Fortune peuvent porter un flambeau (Fortune peut parfois même en porter deux)[109]. On sait aussi que, comme dans l'oeuvre de Giovanni Bellini, la Fortune est souvent représentée accompagnée de *putti*.

Pourtant, cela n'explique pas la présence énigmatique d'un bovin en haut à gauche du dessin, dont la forme et les cornes en croissant de lune rappellent l'iconographie traditionnelle d'Io (Pieter Lastman, *Junon découvrant Jupiter avec Isis-Io*, National Gallery, Londres, ou le *Trésor de Childéric: Apis, idole du roi et ses abeilles* d'après J. J. Chiflet, 1655)[110], ou même celle de *L'Adoration du veau d'or*[111] (vers 1490, National Gallery, Londres) de Filippino Lippi, dans laquelle Baltrusaitis[112] voit la fête en l'honneur d'Isis décrite par Apulée[113] (*Métamorphose*, XI).

On reconnaît tout de suite dans cet animal le taureau de l'iconographie médiévale de la planète Vénus[114]. On le rencontre trait pour trait sur la fresque d'*Avril* du Salon des Mois de 1469-1470 de Francesco

---

[104] Cf. Jacquemet, p. 451.

[105] Aristote, *Les Grands Livres d'Ethique*, 1191a, pp. 91ss. On notera en effet que sa définition du courage rappelle celle de la Droiture (ne pas craindre le danger et oser l'affronter quand il se présente, parce que cela est juste et "*beau*"); en d'autres termes, sans vouloir paraître trop positiviste, la vision du courage par Aristote nous semble renvoyer à la thématique de *Fides* (et par extension de la Foi, au sens chrétien).

[106] Mâle, p. 338; cf. aussi par ex. Gravelot et Cochin, t. IV, p. 17, ou La Feuille, fig. 3 p. 3 et 10 p. 30.

[107] Cité in Baltrusaitis, p. 65; cf. aussi par ex. Servius, Macrobe, Isidore de Séville, Plutarque, Varron ou Jean Méliot, cités pp. 65 à 67 *in ibid*. Confirmant notre interprétation, dans la chanson de la jeune Shirel "*Le Dilemme*" de la comédie musicale de 2000-2001 *Les Dix Commandements* (avec significativement donc échos de la musique de la chanson féministe "*Eve lève-toi*" de 1984 de Julie Petrie), sont explicitement opposés "*l'espérance*" donnée par Moïse à "*l'empire*" du Pharaon, ce qui, outre représenter la foi chrétienne comme promesse apocalyptique, nous renvoie aussi à la parallèle annonce de la chute des cultes païens, dont on sait que l'iconographie moderne la reprendra souvent, cf. notamment Jean-Claude Lebensztejn, "*François de Nomé dans sa culture*", pp. 219 à 221 de *L'Information d'Histoire de l'Art*, n° 5 de nov.-déc. 1965.

[108] Van Marle, pp. 185-186, et fig. 212 p. 187.

[109] Erwin Panofsky, *Essais d'iconologie*, Paris, Gallimard, 1957, pp. 151ss.; de même, certains vases antiques, illustrant l'*Hymne à Pan* d'Homère, donnent à Déméter (et à sa parèdre Hécate) deux torches comme attributs, cf. J. de la Genière, "*Un skyphos inédit du musée de Laon*", pp. 291 à 300 de la *Revue archéologique*, 1972, fasc. 2. On notera aussi que dans Van Veen, p. 225, Fortune armée du gouvernail tente de retirer le flambeau à Cupidon. Le groupe est assez proche de celui de notre fig. 7 *infra*. Or nous avons vu que l'Amour y était confondu avec Fortune, cf. note 8 *supra*.

[110] Cf. Baltrusaitis, pl. IV, pp. 72-73, et fig. 55 p. 91, ou cf. aussi fig. 90 p. 135.

[111] *Ibid.*, pl. VII p. 136-137

[112] *Ibid.*, p. 134.

[113] Pour confirmation, on peut comparer la scène à celle peinte par Moreau le Jeune d'après A. Lenoir en 1812, conformément à la description d'Apulée, cf. *ibid.*, fig. 32 pp. 48-49. De plus, Grégoire de Tours décrivant le culte isiaque cite explicitement le veau d'or, *ibid.*, p. 90.

[114] D'autant qu'il se trouve sur les petits nuages, traditionnellement combinés à l'iconographie vénusienne, cf. par ex. Trottein, fig. 16 à 19 pp. 43 à 48, et 22 à 26 pp.

Cossa au palais de Schifanoia à Ferrare[115] ainsi que dans les représentations de *Vénus et ses enfants* (notamment les gravures de 1568 d'Herman Müller et de 1596 de Jan Saenredam d'après Hendrick Goltzius[116]). Les colombes aussi sont les compagnons habituels de Vénus. Le *De Deorum Imaginibus* les lui attribue, ce que Fulgence expliquait par la "*manière férocement lubrique*" dont ces oiseaux font l'amour[117]. Le diadème que le *putto* dépose sur la tête de la "Fortune" peut sans doute être rapproché de la traditionnelle couronne de fleurs du printemps[118]. L'étoile, qui d'ordinaire cache le sexe de la déesse, la définit d'emblée comme une allégorie zodiacale[119].

On retrouve très souvent ces différents éléments dans l'iconographie vénusienne. C'est le cas dans les fresques du Palazzo della Ragione de 1424-1440 de Padoue par Zuan Miretto (aidé sans doute d'un artiste ferrarais), où la déesse, printanière et céleste, se confond avec la Madonne[120]. Il est alors remarquable que, comme dans la gravure de Turin, Vénus, que l'étoile auréole par derrière, tient l'enfant dans ses bras.

On note cependant à Ferrare, comme dans les croyances classiques[121], que la figure du bovin peut être associée indifféremment, voire parallèlement, soit à Vénus en tant que divinité de l'Amour, soit à des divinités agraires de la Terre, comme Isis ou Cybèle, voire, comme nous venons de le dire, à la Vierge[122]. Ce qui, nous semble-t-il, nous invite à nous interroger une nouvelle fois sur le syncrétisme de ces figures. D'autant que l'interprétation de Van Marle, pour fausse qu'elle puisse sembler au départ, n'en revêt pas un moins un fond de réalité, si l'on se reporte à l'iconographie de la gravure de *Vénus* des alentours de 1512 de Niklaus Manuel Deutsch, dans laquelle la déesse, surmontée d'un *putto* tirant ses flèches, démêle les nombreux rênes qu'elle porte entre les mains, pendant que ses deux pieds reposent sur un globe[123], à l'image donc de la célèbre *Das Grosse Glück* d'Albrecht Dürer.

De fait, nombreuses sont les images similaires en tous points à la gravure de Turin. Citons *La Planète Vénus* du Pérugin (fresque du plafond de la Sala d'Udienza, vers 1500, Collegio del Cambio de Pérouse)[124]. Cependant, c'est la tradition germanique des années 1475 à 1550, reprise dans les Flandres et en Hollande entre 1550 et 1600, qui fournit le lieu privilégié de l'expansion de cette iconographie d'une Vénus-Fortune[125]. L'influence italianisante inaugurée par Dürer se faisant alors énormément sentir, c'est dans le Nord de l'Europe que se créa véritablement cette nouvelle image de la déesse. La *Vénus* gravée en 1510 par Hans Burgkmair en fut à l'origine[126]. Les xylographies du *Nyge Kalendar* de 1519 de Lübeck, publié par l'artiste Stephan Arndes, ou de Johann Ladenspelder (vers 1550) ne font que l'imiter en développant le thème[127]. Elles représentent Vénus qui soutient un *putto* aux yeux bandés, et dont les pieds reposent sur une boule. Dans un coin du cadre se tient le taureau, le plus souvent au-dessus du groupe. La déesse est en outre armée d'une grande flèche qu'elle tient contre le corps comme la "Fortune" de Turin porte le flambeau. On

---

56 à 65. On notera que les symboles qui servaient dans l'Antiquité à représenter les Planètes étaient "*soit les éléments dont elles sont formées, soit les sacrifices qu'on leur offrait*", Franz Cumont, *Les mystères de Mithra*, Plan-de-la-Tour, Ed. d'Aujourd'hui, 1985, reprod. de l'éd. de 1913, pp. 121-122.

[115] Reproduite dans Trottein, pp. 118ss.
[116] *Ibid.*, fig. 85 p. 188 et 90 p. 196.
[117] *Ibid.*, p. 130.
[118] *Ibid.*, pp. 56 à 81.
[119] *Ibid.*, par ex. pp. 164ss.
[120] Reproduit *in ibid.*, pp. 26-27. Alors que la Vénus terrestre de Septembre symbolise l'Amour humain, *ibid.*, p. 30.
[121] Cf. Trottein.; ainsi que Aby Warburg, *Essais florentins*, Paris, Klincksieck, 1990, pp. 199-220; et Fritz Saxl, *La vida de las imágenes*, Madrid, Alianza, 1989, pp. 27-30ss.
[122] Cf. Baltrusaitis, *La Quête d'Isis*, ainsi, bien sûr, que l'iconographie de la *Nativité*.
[123] Reproduite dans Paul H. Boerlin, *Venus und Amor im Kunstmuseum Basel*, Bâles, Wiese, 1993, pp. 104-105.
[124] Trottein, fig. 43 p. 97.
[125] *Ibid.*, chap. V et VI, pp. 149 à 206.
[126] *Ibid.*, par ex. pp. 164ss. On notera ainsi qu'une gravure du Maître de 1515, Van Marle, fig. 216 p. 191, montre la Fortune, dérivée de cette iconographie de la Vénus antique (ainsi que de la Fortune de Dürer), qui, les pieds sur un globe ailé (qui remplace les oiseaux autour de la sphère du monde) avance sur l'eau en se regardant dans un miroir, parfaitement identique à ceux de l'imagerie médiévale de la planète Vénus, cf. Trottein, notamment fig. 66 p. 160, et plus généralement, comparer Van Marle, pp. 155 à 202 à Trottein, pp. 164 à 169, cf. aussi notes 149 et 206 *infra*.
[127] Trottein, fig. 71 p. 167 et 73 p. 168.

lui voit parfois porter le flambeau, comme c'est le cas au folio 270 recto du ms Md. 2 de l'Universitätsbibliothek de Tübingen ou au 62 recto du ms alld. 106 de la Bibliothèque Nationale de Paris[128].

B) Les origines iconographiques de la Vénus de Turin et ses rapports avec Isis
1) Ebauche d'un corpus des représentations similaires de la féminité au Moyen Age et à la Renaissance
  Plus intéressant sans doute est la sculpture en bois de la façade de la taverne du Junkernhaus à Göttingen[129]. Vénus, toujours en compagnie de Cupidon et du taureau, tient cette fois en main un hanap qui, bien que fermé, n'est pas sans évoquer le situle isiaque que l'on trouve notamment présent près du sistre sur une stèle funéraire de Syros, datant de l'époque romaine[130]. Cette ressemblance, si elle reste épidermique, rappelle qu'à l'origine, le situle était un simple vase à boire, comme l'attestent par exemple l'*Isis ailée* du tombeau de Séthi Ier de la XIXème dynastie égyptienne, et *L'union d'Isis et d'Osiris sous forme de serpent* d'une tunique de Saqqarah du IIème siècle avant J.-C., ou *Les images des dieux* de Cartari[131].

De même, l'iconographie d'Atargatis au visage ceint par le disque solaire s'inspire directement de l'imagerie d'Hadad-Apollon, dont Atargatis (qui s'identifie avec Astarté, Artémis, Déméter et Ishtar)[132] représente l'aspect nocturne. L'aigle y est le symbole du Ciel, qui règne sur le Soleil et la Lune (respectivement représentés par Hadad et Atargatis)[133] ; le taureau apparaît aussi associé à Hadad et régulièrement à la déesse Atargatis[134], sans doute comme animal sacrificiel[135]. Les fleurs qui passeront dans l'imagerie de Vénus, en référence aux fêtes du printemps, se trouvent d'abord dans celle d'Atagatis[136], qui donnera par ailleurs l'iconographie de la Vierge[137]. Le coussin que sur lequel sont parfois assises les Vénus médiévales (et qui se transforme en trône ou plutôt en autel dans *Le Triomphe de Vénus* du palais Schifanoia par Cossa), devenu symbole de Luxure[138], semble clairement s'inspirer du bât de procession dans lequel étaient promenées les effigies d'Atargatis ou de Fortune[139]. La plupart de ses figures tiennent à la main un objet (palme, corne d'abondance, etc.) qui marque leur rôle de déesses-mères. La particularité de *"Lady Bar'at"* est sans doute d'avoir tenu dans sa main un objet filiforme (palme, flèche, sceptre?), aujourd'hui disparu, mais qui retombait sur son épaule[140], exactement comme les flèches ou les flambeaux portés par les Vénus médiévales et plus particulièrement celle de Turin.

Il semblerait donc que l'origine iconographique de la gravure de Turin soit ancienne. La figure

---

[128] *Ibid.*, fig. 33 p. 75 et 66 p. 160.
[129] *Ibid.*, fig. 72 p. 168.
[130] Dunand, t. II, pl. XL. On notera néanmoins que ce hanap, que Vénus, à l'inverse d'Isis, cf. par ex. Baltrusaitis, fig. 10 p. 16, ne tient pas par une anse, mais porte *posé* sur sa main, et que l'on retrouve sur d'autres images, comme la gravure *Vénus et Cupidon* de 1533 de Heinrich Aldegrever (reproduite dans Trottein, fig. 74 p. 169), a pour but évident de relever l'aspect néfaste et pandorique de Vénus-Fortune, comparer Trottein, *ibid.*, pp. 164 et 168-169 et Panofsky, *La boîte de Pandore*.
[131] Comparer Dunand, t. I, pl. II et VII, Pirenne, "*La déesse sur des reliefs sabéens*", 1965, IV, t. XLII, fasc. 1-2 p. 126, et Cartari, fig. de la p. 139. Il serait sans doute abusif de comparer ce vase à celui de Psyché-Pandore, dont l'unité sémantique a été relevée par Véronique Gély-Ghédira, "*Pandore et Psyché: sources néo-platoniciennes de la rencontre des deux mythes dans l'art de la Renaissance*", pp. 21 à 32 de la *Revue de Littérature Comparée*, n° 1, Janv.-Mars 1991. Il faut cependant bien reconnaître que le "*cautius*" et les épis de blés des fig. 5 à 7 de Panofsky, *La boîte de Pandore*, pp. 24-25, se retrouvent attribués à Bonus Eventus, compagnon de Spes chez Alciati, fig. 13 p. 32 in *ibid.* Or le situle symbolise, selon A. Kircher, reproduit dans Baltrusaitis, fig. 10 p. 16, la fécondité de la terre irriguée, cf. aussi notes 80-81ss. et texte correspondant *supra*. D'autre part, les hymnes à Vénus, déesse associée aux mythes génésiaques dans la tradition grecque, cf. par ex. Rudhardt, qui insistent sur son rôle de créatrice de pluie, *ibid.*, pp. 25 et 38, rappellent aussi bien le texte de Ripa, p. 25, sur l'*Aurore* que ceux Joachim du Bellay, Pierre de Ronsard, Maurice Scève ou Milton sur Pandore, cités dans Panofsky, *La boîte de Pandore*, pp. 47 à 65ss. L'influence de Vénus sur l'ordre du monde, pour lequel on a vu que Spes et Isis étaient des divinités importantes, apparaît alors primordial, cf. Rudhardt, pp. 31-32 et 36-37 (aux côtés des Vertus directement liées au mythe de Spes, cf. *ibid.*, p. 32, cf. aussi Panofsky, *La boîte de Pandore*, par ex. 72ss., et note 88 *supra*). Elle préside aux vents et aux flots, Rudhardt, p. 37, ce dont rendra notamment l'ouvrage de Van Veen.
[132] Cf. Cumont, "*Deux autels de Phénicie*", *Syria*, 1927, pp. 163 à 168; et Pirenne, 1960, p. 334. Cf. aussi par ex. Dunand, t. I, pp. 70, 85 et 103ss.
[133] Cumont, *ibid.*, pp. 164ss.
[134] *Ibid.*, p. 166; et Pirenne, p. 333.
[135] Cumont, *ibid.*, pp. 166 à 168.
[136] Cf. Pirenne, 1960, p. 342, et *ibid.*, IV, t. XLII, 1965, fasc. 1-2, pp. 121 à 129, c'est très net fig. 2 p. 122. En outre, cette imagerie d'Atargatis se rapproche de celle de déesses guerrières comme Allat; on a vu que Vénus, comme les déesses celtes était aussi guerrière, cf. *ibid.*, p. 121, et note 195 *infra*.
[137] Pirenne, *ibid.*, p. 129.
[138] Trottein, pp. 80-81.
[139] Comparer Pirenne, 1965, p. 125 à 136, et *ibid.*, 1960, pp. 336ss., à Trottein, fig. 33 p. 75 et fig. 52 et 53 pp. 125 et 128-129.
[140] Cf. Pirenne, *ibid.*, 1962, p. 264.

principale, parfaitement inscrite dans le style et l'époque de sa réalisation, trahit néanmoins son type antique, par sa chevelure longue et son visage oblong aux cernes nettement marquées sous les yeux, tout à fait caractéristique de nombreuses représentations antiques d'Isis et d'Atargatis[141]. Tout d'abord, force est de constater que les allégories de même espèce et de la même époque que la "Vénus" de Turin en font une véritable image de la Femme de la Renaissance.

On rencontre des portraits de la *Vérité* avec l'oiseau, symbole du Saint Esprit[142], le flambeau et le coeur brûlant (également porté par la *Vénus* de Saenredam, déjà citée, mais les différents manuscrits de l'*Epître d'Othéa* de Christine de Pisan, comme le décor d'un coffret conservé à Berlin et représentant *Frau Minne entre deux amants*, ou *Le Livre de Cuer d'Amours Espris* du roi René d'Anjou[143], montrent l'offrande du coeur à la déesse) ou l'étoile solaire à la main[144]. On rencontre également des images de la *Paix* en bergère, portant le flambeau et une branche, rappelant ainsi qu'elle favorise l'agriculture et l'élevage[145], de la *Vierge de l'Apocalypse* couronnée, tenant l'enfant d'une main et de l'autre la corne d'abondance (car elle est la "*Déesse de l'Abondance*"[146]), les pieds sur le soleil[147], ou bien encore de la *Justice* (qui est dans certaines gravures mise en correspondance avec le Christ, en tant qu'image de la Justice divine[148]), armée de l'épée et de la balance, les pieds sur le globe terrestre et auréolée du disque solaire[149]. Dans son *Théâtre des bons engins* (Paris, 1539), Guillaume de La Perrière n'hésite pas à attribuer la balance à la femme, pour symboliser sa versatilité[150], et dans sa célèbre *Hecatomgraphie* (Paris, 1540), Gilles Corrozet donne le fuseau[151] et la pantoufle[152] de Vénus à la Femme[153]. Alciati (*Emblemata*, éd. de Paris, 1536) et Adrien Le Jeune (*Emblèmes*, Anvers, 1567) aussi lui prêtent les attributs propres à la déesse[154]. Alciati dans l'emblème "*La renommée plus que la beaulté de femme est de pris*" donne non seulement à la femme les deux tourterelles, équivalent des colombes et symbole de l'"*amour constant*"[155], mais aussi la tortue, un des principaux symboles isiaques, puisqu'elle incarne "*le silence sacré du mystère*"[156]. Or, la légende de l'emblème d'Alciati dit de "*La tortue* (qu'elle) *garde son hostel* (celui de "*Venus*")/ *Pour faire voix ne ouvrant la bouche./ Et tost a teste & pieds boute/ En sa maison des quon la touche*"[157]. Cette inscription s'inspire de celle de la statue de *Vénus* par Phidias, qui marqua énormément le XVIème siècle[158]. De fait, on rencontre des images de la déesse *Ops* ou *Nature*[159], en tant que "*mère universelle*"[160] surplombant les têtes

---

[141] Cf. Dunand, t. I, pl. VIII et XVI à XLIV, t. II, fig. X-2 et pl. XXII-XXIII et XLII, t. III, fig. XIII-2 et pl. XII, XIV à XVII et XXXVI; et Pirenne, 1960, pp. 328ss.
[142] Grieco, p. 134.
[143] Trottein, pp. 39 à 51 et fig. 16 à 21 pp. 44 à 50.
[144] Grieco, fig. 21 p. 135 et 22 p. 137.
[145] *Ibid.*, p. 168 et fig. 35 p. 169.
[146] *Ibid.*, p. 202.
[147] *Ibid.*, fig. 50 p. 203.
[148] *Ibid.*, fig. 71 p. 260.
[149] *Ibid.*, fig. 68 p. 254. Comparer aussi avec la fig. 69 p. 255, cf. note précédente.
[150] *Ibid.*, p. 368 et fig. 112 p. 369.
[151] Qui, probablement en référence au jugement de Pâris (cf. par ex. Jean Coman, *L'idée de la Némésis chez Eschyle*, Paris, Félix Alcan, 1931, pp. 16 à 35ss. et 80 à 85ss., et Hubert Damisch, *Le Jugement de Pâris*, Paris, Flammarion, 1992, confond la Vénus charnelle au "Destin" des hommes en ce qu'il a de néfaste, cf. Giovanni Pico della Mirandola, *Commento* précédé de Stéphane Toussaint, *Les Formes de l'invisible*, Lausanne, L'Age d'Homme, 1989, pp. 130-131; et Trottein, par ex. pp. 74ss. et fig. 33 p. 75, 34 p. 78.
[152] Cf. Reinach, 1897-1910, par ex. pp. 230-231.
[153] Grieco, fig. 59 p. 225. On notera à ce propos que si Aphrodite à la Renaissance semble être la divinité tutélaire des femmes mariés, elle se partageait depuis l'Antiquité grecque (on voit par ex. Artémis en déesse matrimoniale à côté d'Apollon sur la frise Est du Parthénon, représentant la procession des Panathénées) ce rôle avec ses parèdres Artémis et Héra (Artémis protégeait les vierges, Aphrodite les femmes à marier, et Héra les femmes dont le mariage avait été consommé).
[154] Grieco, *ibid.*, fig. 57 p. 222 et fig. 60 p. 228.
[155] Cf. *ibid.*, p. 221 et Chevalier et Gheerbrant, art. "*Colombe*" et "*Tourterelle*", pp. 269 et 961.
[156] Cf. Baltrusaitis, p. 87 et fig. 52.
[157] Grieco, p. 221.
[158] *Ibid.*
[159] *Ibid.*, fig. 39 p. 177 et surtout 38 p. 174, et texte correspondant, pp. 173 à 182ss.; et Molinié.
[160] Grieco, *ibid.*, p. 179.

des animaux qui forment celle d'Isis chez Cartari[161]. La déesse Nature est aussi associée à l'oiseau, au flambeau, à la bêche (que l'on a rencontré attribué à Isis), aux fruits vénusiens de la fécondité et à une plante, attribut habituel des divinités de la végétation telle qu'Isis[162], qui en général rappelle le "*Maibaüme*" ou arbre de Mai des fêtes printanières liées à Vénus[163], mais dont la forme fait plus particulièrement penser ici aux bouquets tenus par Vénus ou l'"*amant*" dans le *Livre des planètes* de 1430-1440 (Bibliothek Otto Schäfer de Schweinfurt) ou *Le Mois d'Avril* du *Kalendrier des Bergiers*, publié en 1493 à Paris par Guy Marchand[164].

Hérodote confirmait déjà l'identification entre Isis-Aphrodite et Artémis-Boubastis[165], et en 1652 encore, A. Kircher donne comme homonymes d'Isis les noms de Cérès, Lune, Hécate, Démon Polymorphe, Proserpine, Terre, Junon, Minerve, Bellone, Diane, ou bien encore Vénus[166]. Ainsi, de nombreuses Isis-Tyché ou Isis-Déméter antiques tiennent la torche[167]. Et c'est sous la forme de Déméter qu'Isis est représentée, la tête entourée des images des astres, et nimbée d'une coiffure étoilée comme la "Fortune" de Turin.

2) Approche iconographique du rapport entre Vénus, Fortune et Isis

En fait, tous les attributs de la "Fortune" de Turin sont aussi bien ceux de Vénus que d'Isis ou de Fortune. Sur l'autel du temple d'Isis d'Aquilée fut découverte en 1875 une Fortune (?) debout sur un globe et tenant un gouvernail de la main droite[168]. La sphère revient souvent dans l'iconographie d'Isis[169] (comme image du soleil surplombant sa coiffure, ou pour marquer sa fonction de "*maîtresse du monde*"[170]). La *Victoire* du panneau d'un meuble du XVIème siècle conservé au musée de Cluny[171] repose sur un globe. Elle est couronnée par des *putti* et représentée sous la forme d'une *Ptonia Thêron* - donc assimilable aux Isis-Nature du type, par exemple, de celle d'A. Kircher[172] (1652) d'après la description d'Apulée -. Quant aux oiseaux autour de la sphère sur la gravure de Turin, on peut les rapprocher des symboles isiaques[173], présents aussi sur certaines panthées comme la main hiéroglyphique de Tournay du Cabinet des Médailles, où ils sont réduits à des serres[174]. Les oiseaux de proies, ainsi que le coq, le paon et le héron devinrent les emblèmes de l'iconographie de la planète Vénus[175], alors que l'aigle, le vautour et le héron sont à l'origine des symboles d'Isis[176]. D'ailleurs, la plupart des emblèmes traditionnellement attribués à Vénus se retrouve antérieurement

---

[161] Cartari, pp. 134 à 136. On notera par ailleurs que les déesses-mères celtiques peuvent être représentées avec trois têtes d'animaux à la place du visage. Les animaux qui leurs sont associés sont la jumperta, la vache et la louve. Autre correspondance frappante, elles sont associées à Mars ou Apollon, et leurs attributs sont la corne d'abondance et le panier de fruits, et celui du dieu-père Sucellos (identifié avec Dispater) est la coupe ou le vase, symbole d'abondance. Cf. Marie-Louise Sjoestedt, *Dieux et Héros des Celtes*, Rennes, Terre de Brumes, 1993, pp. 35 à 37ss. et chap. III, pp. 43 à 52 cf. aussi notes 85, 128 et 198 *infra*.

[162] Cf. par ex. Baltrusaitis, fig. 11 p. 16.

[163] Cf. par ex. Trottein, pp. 74ss.

[164] *Ibid.*, fig. 24 p. 62 et 32 p. 77.

[165] Dunand, t. I, pp. 70 et 85.

[166] Baltrusaitis, fig. 10 p. 16.

[167] Dunand, t. I, pl. XXIII et XXIX.

[168] Champeaux, t. I, p. 210 et note 57.

[169] Cf. par ex. Baltrusaitis, pp. 14ss. et fig. 84 pp. 122-123.

[170] Cf. Dunand, t. I pp. 26, 101 et 149, t. III, note 1 p. 110, et pp. 245, et 270-271; de plus, Cartari, p. 549, fait du "*monde*" le domaine exclusif d'Isis.

[171] Van Marle, fig. 201 p. 176.

[172] Baltrusaitis, fig. 10 p. 16, comparer à la fig. 11 et par ex. aux pl. VI-VII, t. I de Dunand.

[173] Cf. par ex. Dunand, t. I, pl. XXXIX.

[174] Cf. par ex. Baltrusaitis, fig. 52 p. 87 et 54 p. 88.

[175] Trottein, pp. 75 à 81, 144ss., et 162-163.

[176] Cf. par ex. Dunand, t. I., pl. II et VII (on notera que le héron d'Isis de la pl. VII a le col et la tête ceints des rayons solaires). Cartari, qui attribue l'épervier et le vautour à Isis (il précise qu'on couronnait même la déesse avec leurs plumes), p. 230, fait également de ce dernier le compagnon de Mars, dieu qu'il associe à Vénus pour les fêtes de la nouvelle année, pp. 517ss. Pour Ripa, cet oiseau, qu'il associe indifféremment à la Nature et à *Compassion*, respectivement 1ère partie, pp. 124-125, et 2ème partie, pp. 116-117, symbolise dans un cas l'aspect "*passif*" et néfaste de la Nature (la Mort) - il s'oppose dans ce cas aux symbolisme des seins de la déesse Nature, qui eux représentent (le don de) la Vie -, et dans l'autre la Charité (le vautour, nous dit Ripa, se sacrifie pour nourrir ses enfants). Cependant, malgré toutes ces corrélations, il faut remarquer que l'espèce d'oiseaux attribuée à chaque divinité semble moins important que le fait même de les leur associer. Ainsi, dans *L'Air* (galerie Doria Pamphili à Rome), Jan Bruegel de Velours représente une divinité de la Nature (ou une Nymphe?) au milieu des volatiles, et Baudoin, pp. 226 à 228ss. attribue la bergeronnette à Vénus. En d'autres termes (bien que le symbole de la bergeronnette peut être rapproché de celui du chardonneret, cf. *infra*), la présence d'oiseaux sert plus à marquer sa qualité de déesse-mère qu'à personnifier véritablement chaque divinité.

dans l'iconographie isiaque (et plus particulièrement parfois dans celle d'Atargatis), c'est le cas du serpent-dragon, du chameau[177], des signes du zodiaque - lorsque Isis est confondue avec la Vierge[178] -, des pinces, de la balance, du phallus - représentant sous l'aspect du coq l'amour charnel dans l'iconographie vénusienne[179] -, du taureau Apis et de l'aigle qui lui est associé[180], de la serpe[181], que nous avons déjà rencontré dans l'iconographie de *Spes*, etc.[182].

3) *Les cultes d'Isis et de Vénus dans l'Antiquité: un syncrétisme astrologique*

Certaines Isis-Aphrodite de la période romaine font d'ailleurs penser à la planète Vénus médiévale[193]. Au-delà du fait que le taureau, lié aux rites omophagiques d'Atys-Cybèle et de Mithra, l'est aussi à ceux de Vénus et d'Isis[184] (qui, avec Harpocrate, est coiffée parfois du *basileion* ou bonnet phrygien mithriaque[185]), l'association ou l'identification entre ces deux dernières, bien que moins fréquente dans l'art du IIème siècle après J.-C. qu'au temps de l'Egypte Ptolémaïque, restait usuelle[186].

Plus significatif certainement en ce qui nous concerne est l'identification dans la Grèce hellénistique et romaine entre "*Isis "grande déesse" en Arabie et la déesse Allat, incarnation de la planète Vénus*"[187] comme tend à le démontrer la découverte de la fameuse statue "*Lady Bar'at*" de Timna'[188], d'autant que, comme l'a montré Aby Warburg dans son allocution romaine de 1912 à propos des fresques de Schifanoia, le programme de Pelligrino Prisciani s'inspirait directement de l'*Introductorium magnum* (IXème siècle) de l'érudit arabe Albumasar[189].

La vénération de la planète Vénus par les anciens Arabes sous le nom de "*Kabîr*" ("*la Grande*")[190] suffirait à l'identifier à une divinité agraire (d'autant que le parangon de Vénus est la divinité étrusque Turan, dont le nom signifie "*la Souveraine*" ou "*la Généreuse*"[191]). Mais la comparaison peut encore être approfondie. Franz Cumont (1927) écrit de Vénus qu'"*En Phénicie elle est Astarté, à Hiérapolis Atargatis, à Suse Nanaïa, en Perse Anaïtis*"[192]. Cette dernière, "*déesse des eaux fécondantes*", était d'ailleurs assimilée à

---

[177] Pour ces deux premiers ex. cf. Pirenne, 1960, p. 338 à 340, et *ibid.*, 1965, pp. 133 à 136. Le décor de marge d'une enluminure de "*La Roue de la Fortune*" (XVème s., Musée Condé, Chantilly) représente un dragon, reproduit dans Van Marle, fig. 223 p. 198. Le chameau est associé à l'iconographie d'*Avril* de Zuan Miretto (peut-être en collaboration avec un artiste ferrarais), Salone, Palazzo della Ragione, Padoue, reproduit dans Trottein, fig. 8 p. 26.

[178] Baltrusaitis, pp. 21 à 40.

[179] Trottein, pp. 162-163.

[180] Comme les cornes en forme de croissant de lune, cf. Baltrusaitis, pp. 20, 135, 151 et 199.

[181] La serpe, en tant que symbole saturnien dérivé, se rencontre aussi p. 237 de Van Veen. (les autres symboles vénusiens, tel que le lièvre, sont bien sûr disséminés dans tout l'ouvrage).

[182] *Ibid.*, par ex. pp. 9, 14-15, 21 à 40, et 86 à 89ss.

[193] Comparer Dunand, t. II, pl. XLII et t. I, pl. XII, avec Trottein, fig. 64 p. 155 et 72 p. 168, déjà citée. Les Vénus médiévales, comme les Isis-Aphrodite antiques, s'inspirent visiblement directement des groupes sculptés antiques d'Aphrodite et Cupidon, dans lesquels la déesse peut tenir indifféremment l'enfant, une pomme ou une grenade, comparer à Reinach, *Répertoire de la statuaire grecque et romaine*, Paris, Ernest Leroux, 1897-1910, t. IV, p. 231. Cf. aussi Trottein, fig. 8-9 pp. 26-27, déjà citée, et 50 à 55 pp. 124 à 136.

[184] Dunand, *ibid.*, t. III, p. 209 et note 1.

[185] Cf. par ex. *ibid.*, t. II, fig. XIII-2, et t. III, fig. III-3.

[186] *Ibid.*, t. III, pp. 262-263.

[187] *Ibid.*, p. 135.

[188] *Ibid.*

[189] Cf. par ex. Trottein, p. 120.

[190] Cumont, "*Le culte de Vénus chez les Arabes au Ier siècle*", p. 368 de *Syria*, 1927.

[191] Robert Schilling, *La religion romaine de Vénus depuis les origines jusqu'au temps d'Auguste*, Paris, E. De Boccard, 1954, p. 161. Ainsi, suivant le principe des *Triomphes*, cf. note 207 *infra*, l'atelier d'Agostino di Duccio (vers 1454, Tempio Malatestiano, Rimini), Trottein, fig. 41 p. 94, représente une Vénus sur un char, sortant nue de l'eau et brandissant un coquillage bivalve, symbole du vagin, et donc du coït, *ibid.*, note 124 p. 217. Il est donc intéressant que l'on trouve des oreilles collées offertes en *ex-voto* à Isis, déesse de la fécondité par excellence, cf. Dunand, t. III, pl. X. Il faut sans doute y voir le même symbole, puisque l'oreille, réceptacle de la foi ("*fides*") grâce à l'écoute selon Saint Paul, a un rôle de "*matrice, ou du moins de canal de la vie spirituelle*", cf. Chevalier et Gheerbrant, art. "*Oreille*", p. 710.

[192] Cumont, *Syria.*; sur le rapport entre les cultes romains de la *Magna Mater* de Pessinonte, d'Isis et Sérapis (qui, nous dit Cumont, "*comptaient une foule d'adorateurs en Italie*"), de l'Astarté carthaginoise, de la Bellone de Capadoce, de la *Dea Syria* d'Hiérapolis, et de Mithra, ainsi que sur la séparation entre les cultes iraniens et ceux d'Isis, à cause de la "*vieille hostilité religieuse entre les Perses et les Egyptiens* (qui) *subsista même dans la Rome des Empereurs*", cf. aussi *Les mystères de Mithra*, pp. 33-34 et 187-188ss.

Vénus et à Cybèle[193].

Dans l'ouvrage qu'il a consacré à *La religion romaine de Vénus* (1954), Robert Schilling montre que la colombe, encore associée à Vénus au Moyen Age, l'est à la déesses de la fécondité dans le monde égéen, à la *Dea Syria* d'Hiérapolis (d'où est aussi originaire le culte d'Atargatis[194]) et à Astarté en Phénicie. La ville africaine de Sicca Veneria honorait Astarté, confondue avec la Vénus Erycine. Et c'est par le biais de cette identification à une déesse-mère que le culte de la Vénus Erycine a pu se développé dès le Vème siècle dans une grande partie du monde antique[195]. Non seulement Vénus s'identifie à *Fides* dans son office juridique (par le pacte par exemple entre la déesse et ses fidèles, ce qui ne prend de sens que dans le modèle spécifique du "*gouvernement théocratique*" de l'Empire romain, basé sur le modèle égyptien, où l'âme des pharaons était considérée comme un "*double détaché du Soleil-Horus*", et dont "*Les prêtres d'Isis (...) furent en Italie les missionnaires écoutés*"[196]), mais le couple Jupiter-Vénus se calque sur le modèle de celui de Jupiter-*Fides*[197] (de même, le couple Mercure-Vénus fait écho au couple Mercure-Cérès[198]). Les trois fêtes instaurées en l'honneur de Vénus (les *Robigalia*, les *Floralia* et les *Vinalia*), destinées à préserver les récoltes aux trois époques critiques de l'année (Pline, *Histoire Naturelle*, XVIII, 284) désignent encore Vénus comme une déesse agricole[199].

4) La Vénus antique, déesse de la fécondité et de la Bonne Fortune
Les *Vinalia* en font même explicitement une déesse du vin[200]. Virgile fait du "*couple agraire*" (comme le dénomme Schilling) Jupiter-Vénus le symbole de la renaissance printanière de la Nature, par le mariage de l'Ether (Jupiter) et de la Terre (Vénus)[201]. Euripide écrit: "*Sans vin, il n'y a plus de Cypris*" (qui est un autre nom de Vénus)"; Térence: "*Verbum hercle hoc uerum erit: sine Cerere et Libero friget Venus*". Ovide, Aristote, Caton, Festus, Plutarque, ou bien encore Verrius Flaccus relatent la légende des vendanges (à laquelle fait allusion Panyasis lorsqu'il propose de porter un toast au couple Aphrodite-Dionysos), présidée par les figures de Jupiter et de Vénus, et qui met en scène le thème de la Piété et de l'Impiété. Le vin devient un objet cultuel pour s'accorder les faveurs de Jupiter, c'est le sens des *Vinalia*[202].

Nombreuses sont les peintures pompéiennes qui montrent Vénus tenant à la main le gouvernail et un sceptre ou une palme, et couronnée par un *putto* (comme dans la figure de Turin), c'est le cas des fresques d'une boutique et de l'atelier de M. Vecilius Verencundus, toutes deux sur la Via dell'Abbondanza. Ailleurs encore, Vénus, couronnée par des *putti* et montée à dos d'éléphants, est entourée du *Genius publicus* de Pompéi, qui tient une patère et une corne d'abondance, et de la Fortune, qui tient le gouvernail et aussi une corne d'abondance[203]. Lorsqu'elle porte un rameau d'olivier et un gouvernail à la main, Vénus prend les traits de *Felicitas*, qui symbolise à la fois la fertilité des champs et la réussite personnelle[204], c'est-à-dire la Bonne Fortune. Le thème de Vénus couronnée par des *putti* correspond d'ailleurs à l'accaparement politique de son mythe par les Julii pour en faire le symbole de leurs conquêtes; elle s'identifie alors à la Victoire (Tyché),

---

[193] Cumont, *Les mystères de Mithra*, *ibid.*, p. 111.
[194] *Ibid.*, p. 34.
[195] Schilling, pp. 237 à 239ss.
[196] Cf. *ibid.*, pp. 54-55ss. et 112 à 137ss., et Cumont, *Les Mystères de Mithra*, p. 92.
[197] Schilling, *ibid.* Ce genre de couples, Vénus est aussi associée à Mars et Mercure, *ibid.*, référence p. 416, ainsi que la qualité guerrière de Vénus, *ibid.*, pp. 292ss., en font nettement une parèdre des déesses-mères celtes, également associées à des divinités masculines, tel que Hermès-Mercure notamment, et qui ont aussi ce double aspect maternel et combattant (voire destructeur), cf. Sjoestedt. On connaît en effet parfaitement le rôle qu'a joué la mythologie celte et étrusque sur la construction de la romaine, cf. Raymond Bloch, "*Traditions étrusques et traditions celtiques dans l'histoire des premiers siècles de Rome*", Académie des Inscriptions, Juil.-Déc. 1964, pp. 388 à 400, et Schilling, pp. 13 à 89.
[198] Schilling, note 2 p. 207 et note 1 p. 223.
[199] *Ibid.*, pp. 111.
[200] *Ibid.*, pp. 137ss.
[201] *Ibid.*, p. 123.
[202] *Ibid.*, pp. 136 à 155.
[203] *Ibid.*, pp. 285-286.
[204] *Ibid.*, p. 287.

dont l'image parfois peut même aller jusqu'à la remplacer[205]. On notera en outre que les représentations de la Fortune médiévale (celle de Dürer par exemple) ont "*le ventre, large et adipeux*" des antiques divinités de la fécondité[206].

5) *Vénus, la Bonne Fortune, et le culte impérial du Soleil*

Or les Achaménides et les Chaldéens croyaient que c'est la Fortune elle-même, sous l'égide de l'astre Solaire, confondu avec Mithra, qui accorde et reprend le pouvoir royal[207]. Ainsi, confirmant le lien cultuel qui existait dans l'Antiquité entre la Justice, la Victoire, Isis, la planète Vénus et le Soleil, Cumont (1899) nous informe encore que:

> "*La théologie savante et systématique des Chaldéens s'imposa au mazdéisme primitif, qui était un ensemble de traditions plutôt qu'un corps de doctrines bien définies. Les légendes des deux religions furent rapprochées, leurs divinités identifiées, et l'astrolâtrie sémitique, fruit monstrueux de longues observations scientifiques, vint se superposer aux mythes naturalistes des iraniens. Ahura-Mazda fut confondu avec Bêl, qui règne sur le ciel, Anâhita fut assimilée à Ishtar, qui préside à la planète Vénus, et Mithra devint le Soleil, Shamash. Celui-ci est en Babylonie, comme Mithra en Perse, le dieu de la justice, comme lui il apparaît à l'Orient, sur le sommet des montagnes, et accomplit sa course quotidienne sur un char resplendissant, comme lui enfin, il donne la victoire aux guerriers et est le protecteur des rois*"[208].

Jacqueline Pirenne (1960) propose une intéressante interprétation du lien iconographique qu'elle a pu observer entre la déesses syncrétique Dhât Himyam (qui apparaît sous les traits d'Atargatis ou d'Isis-Euthénia) et Vénus. Comme son nom la désigne sous le vocable d'"*incandescente*", "*celle qui darde ses rayons*" (ce qui fait aussi bien référence au rayons du soleil de l'été qu'à "*la chaleur de l'affection, de la sollicitude.../... conception qui convient on ne peut mieux à Isis, la déesse à la sollicitude protectrice, à Euthénia, Abondance liée au pouvoir impérial, ou à Atargatis bénissante*" - on retrouve donc bien ici aussi le thème de *Fides* -), mais qu'elle n'a pu s'identifier en Arabie du Sud au Soleil lui-même, qui correspond au couple Vénus-'Athtar, et comme on rencontre aussi sur le socle de "*Lady Bar'at*" l'inscription "*Dhât Hamîm 'Athtar Yaghoul*" (c'est-à-dire dédiée à la fois à la déesse et à "'*Athtar le Vengeur*"), Pirenne écrit: "*Elle n'était pas Vénus, puisque cet astre était 'Athtar, mais elle était la sollicitude protectrice du dieu 'Athtar-Vénus, ce qui permettait son assimilation, plus ou moins exacte, avec les grandes déesses syriennes, perse et égyptienne.../...* (elle était) *la grande déesses bienfaisante et la Fortune du Dieu Vénus-'Athtar*"[209]. Cette complémentarité dans le couple Soleil-déesse de la fertilité est aussi confirmé par l'épiclèse d'Isis, "*habitation terrestre d'Horus*" (déjà citée).

Plus qu'une image de Fortune ou Isis, voire d'Isis-Déméter - ce qui n'aurait guère de sens si l'on compare le dessin de Turin à l'iconographie habituelle de la Fortune médiévale[210] à laquelle il emprunte la façon d'avancer dans l'espace -, nous proposerions donc plutôt de voir dans le dessin de Turin l'image d'une Isityché, "*grande déesse*", ou plutôt "*grande mère*" vénusienne comme "*Lady Bar'at*", protectrice et créatrice de l'humanité[211] (Apulée, *Mét.*, XI, 5, 2, et Censorinus, 4, 5)[212].

III - A PROPOS DE LA PSEUDO-ARIANE DE CLUNY

---

[205] *Ibid.*, pp. 271.

[206] Cf. Pirenne, 1960, p. 333, et notes 126 et 151 *supra*.

[207] Cumont, *Les mystères de Mithra*, pp. 95-96. On connaît la valeur de jugement moral et théologique que représente au Moyen Age la roue de la Fortune (aussi bien peut-elle être considérée comme une roue qui tourne au hasard, aux mains de la Fortune aveugle, aussi bien, soupesant la vie humaine, peut-elle faire le tri des Justes et des Méchants, au même titre que la balance des *Jugements Derniers* des tympans romans, cf. par ex. Boèce, et Van Marle, pp. 155ss. et 189 à 202). On notera en outre que ce lien entre le pouvoir royal et Vénus est encore attesté à la Renaissance, cf. Trottein, pp. 94ss.

[208] Cumont, *Les mystères de Mithra*, p. 11.

[209] Pirenne, 1960, pp. 344 à 347.

[210] Cf. par ex. Van Marle, fig. 208 p. 183 (*Die Grosse Fortuna* de 1501-1503 d'Albert Dürer), 209 p. 184, 215 p. 190, 226 p. 200, et 228 p. 201.

[211] Cf. Champeaux, p. 30. Il faut cependant considérer que le Moyen Age et la Renaissance a eu, comme l'Antiquité, une position ambiguë dans sa conception des dieux; ainsi, a-t-on ici à faire à une figure maternelle au sens propre ou à une figure simplement apotropaïque, il nous semble pouvoir y reconnaître les deux, mais toutefois, Pico della Mirandola, pp. 92 à 103, dont la pensée néo-platonicienne est on ne peut plus caractéristique de son époque, opère la même division que les Anciens dans l'ordre de la Création du monde; ainsi si Vénus est-elle créée et est la fille du Chaos, d'où naquit le Ciel, qui a engendré Saturne, qui engendra Jupiter, qui donna naissance aux quatre éléments, dont vinrent les Muses, les Ames des huit corps célestes, et enfin l'Ame du Monde. Cependant bien qu'antérieure à tous les dieux puisque née comme on l'a dit au sein du Chaos, *ibid.*, p. 121, Vénus, née de la castration de Célus par Saturne, *ibid.*, pp. 125ss., fut engendrée, telle une moderne Eve, de l'union de Poros, fils de la Sagesse, *ibid.*, pp. 119 et 128, et de Pénia dans le Jardin de Jupiter, *ibid.*, pp. 119 à 121, mais ce n'est pas le lieu de démêler ici ces noeuds théologiques, en bonne partie basés sur la question du rapport entre l'essence et l'existence, *ibid.*, p. 129.

[212] Cités dans Champeaux, p. 30.

Comme la "Fortune" de Turin, l'Ariane (vers 500) du musée de Cluny est couronnée par des *putti*. Elle porte l'habit traditionnel d'Isis. Sa ressemblance avec l'Isis d'Aix a été plusieurs fois notée[213]. Cela signifie soit qu'il y a un lien entre les mythologies d'Isis et d'Ariane - ce qui ne serait pas exact -, soit que l'artiste a trouvé un sens commun aux deux figures - ce qui est peu probable -, soit enfin que le hasard a fait que les deux figures se ressemblent à s'y méprendre - ce qui est tout aussi improbable -.

Une dernière solution consiste à penser que l'une des deux figures a été mal identifiée.

A) Isis ou Ariane à Aix?

Les personnages secondaires de l'Isis d'Aix ont des attributs purement isiaques (comme l'oiseau-autruche décrit par Apulée, et représenté par P. Valeriano dans un *Emblème hiéroglyphique* de 1561[214]); presque tous portent en effet un attribut décrit par Apulée dans *La Métamorphose*, XI[215]. Quant au serpent qui s'enroule le long du bras du satyre, il est l'attribut caractéristique par excellence d'Isis[216]; on le retrouve sur les panthées.

Pour aussi curieuse qu'elle soit, la présence du satyre se comprend en référence à la double nature d'Isis, qui a certes été identifiée à la Vierge, mais reste quand même une divinité païenne. Cette opposition que marque le satyre se retrouve dans l'*Emblème* de Valeriano, qui illustre la devise "*Pietas Impieta ti praeferenda*" ("*La piété est préférable à l'impiété*")[217].

B) Isis ou Ariane à Cluny?

Voir dans l'Ariane de Cluny une représentation idéalisée de la reine byzantine Ariadné, comme cela a souvent été fait[218], est pour le moins hasardeux. Les attributs traditionnels d'Ariane ne sont pas ceux d'Ariadné, et mis à part un certain hiératisme des figures, les iconographies de l'Ariane mythologique et de l'Ariane historique ne se ressemblent pas[219].

Les "éléments-clés" de l'identification de la figure de Cluny comme Ariane sont le thyrse dionysiaque, la couronne (boréale?), et la présence du satyre.

C'est ce dernier qui plaide le plus en sa faveur. En effet, les oeuvres antiques montrent souvent Ariane avec un satyre[220]. C'est le cas d'une mosaïque antique du Proche-Orient représentant les noces de Dionysos et Ariane entre Eros, Marôn tenant le thyrse, et le satyre jouant de la flûte[221].

A notre connaissance, les attributs officiels d'Ariane sont le glaive et la boule de fil[222]. La présence du satyre et de la ménade (compagnons attitrés de Dionysos) dans l'ivoire de Cluny ne suffit pas à identifier Ariane, puisqu'ils se trouvent aussi aux pieds de l'Isis d'Aix qui, identique à celle de Sainte-Ursule dont le nom est inscrit en toutes lettres sur le socle, ne peut être qu'une Isis - ce qui interdit toute identification par correspondance des figures -. Plus significatif encore, le Satyre et les Nymphes se retrouvent sur un relief

---

[213] Cf. indic. bibl. dans *Byzance - L'art byzantin dans les collections publiques françaises*, Paris, Réunion des Musées Nationaux, 1992, pp. 66-67.

[214] Baltrusaitis, fig. 7 p. 13.

[215] Pétrone, Apulée, Aulu-Gelle, pp. 400 à 414.

[216] Cf. par ex. Baltrusaitis, pp. 33ss.

[217] *Ibid.*, fig. 7 p. 13.

[218] Cf. par ex. *Byzance*, pp. 66-67; et Jean-Pierre Caillet, *L'antiquité classique - Le Haut Moyen Age et Byzance au musée de Cluny*, Paris, Réunion des Musées Nationaux, 1985, pp. 110-111.

[219] Comparer les représentations d'Ariane, citées note 230 *infra*, et celle supposée, fig. 21 p. 67 de *Byzance*, avec celles de la reine Ariadné, par ex. fig. 253 p. 226, et 318 p. 277 d'André Grabar, *L'âge d'or de Justinien: de la mort de Théodose à l'Islam*, L'Univers des Formes, Paris, Gallimard, 1966.

[220] Cf. note 245 *infra*.

[221] Cf. Pierre Canivet et Jean-Pierre Darmon, "*Dionysos et Ariane - Deux nouveaux chefs-d'oeuvre inédits en mosaïque, dont un signé, au Proche-Orient ancien (IIIème-IVème siècle ap. J.-C.)*", Monuments Eugène Piot - Monuments et Mémoires, t. 70, Paris, PUF, 1989, p. 5.

[222] Cf. par ex. Commelin, *Mythologie grecque et romaine*, Paris, France-Loisirs, 1986, pp. 300-301; et le sarcophage romain de la fin du règne d'Adrien (vers 125-138 ap. J.-C.), conservé au Metropolitan Museum of Arts de New York, fig. 101 p. 123 de *La Grèce et Rome*, Paris, Gründ, 1987.

antique représentant Aphrodite[223]. Il faut rappeler qu'au Ier siècle avant J.-C. un sanctuaire à Isis et un autre à Aphrodite étaient jumelés sur le versant Sud de l'Acropole, et qu'une inscription y associait Isis, Aphrodite, Pan, Hermès et les Nymphes[224]. On a vu le rapport étroit qui existait entre Aphrodite ("*la première des Nymphes*") et Isis[225]. Aphrodite était aussi associée à Héra, et Isis considérée comme la fille ou l'élève d'Hermès[226]. Pan lui-même recevait un culte peut-être associé à celui des Nymphes, au Nord-Ouest de l'Acropole[227].

Le satyre de Cluny doit donc être interprété comme celui d'Aix, c'est-à-dire comme révélateur de la double nature de la figure (comme les deux têtes de lions en cristal qui auraient orné le siège[228]). Jean Chevalier et Alain Gheerbrant (1988), en parlant des animaux antithétiques de l'art, écrivent en effet qu'ils ne sont pas là par "*simple souci d'ornementation*", mais "*ont tous une double polarité symbolique, bénéfique et maléfique, qui est ici précisée par leur notice respective*"[229]. On pourrait ainsi citer les crocodiles affrontés[230], ou le double serpent[231] (comme par exemple sur la stèle d'*Horus sur les crocodiles* de Mit Rahineh, conservée au musée du Caire, ou l'*Isis foulant aux pieds le crocodile* d'époque romaine de Ras el Soda, du musée d'Alexandrie), que l'on retrouve souvent aux pieds des représentations égyptiennes d'Isis.

A notre connaissance, aucune tradition[232] n'atteste particulièrement la représentation d'Ariane[233] selon le canon de Cluny. En effet, elle ne tient que très épisodiquement le thyrse, et se rencontre encore plus rarement debout, sauf lorsqu'elle est sur le char de Dionysos, en compagnie du dieu. Elle est d'ailleurs le plus souvent représentée allongée[234], comme le confirme par exemple la description de Philostrate[235]. Cette iconographie se base sur le très émouvant passage des *Dionysiaques*, LXVII, 265 à 300ss., de Nonnos[236].

Plus qu'une Ariane antique, c'est l'Arcadie du tableau intitulé *Hercule découvre Télèphe* (pl. XLVIII in Karl Schefold, 1972)[237] qui semble la plus proche de celle de Cluny, et ce bien que là non plus, rien ne lie les deux cultes. Arcadie tient une sorte de thyrse et représente, selon Curtius, l'"*essence intemporelle et*

---

[223] Reproduit dans Reinach, 1897-1910, fig. 2-3 p. 230.
[224] Dunand, t. II, p. 13.
[225] *Ibid.*, et note 4.
[226] *Ibid.*
[227] *Ibid.*, note 6.
[228] Signalées par Caillet, pp. 72-73. Cf. aussi le crocodile, l'aigle, le félin et la sauterelle de la décoration de 1760 du cabinet Inglese du cabinet des estampes à Paris par Jean-Baptiste Piranèse, reproduit *in* Baltrusaitis, fig. 90 p. 135. On notera en outre que si Isis est une divinité double, il en va de même pour sa parèdre, Aphrodite, symbole à la fois de l'*Amor ferinus* et de l'*Amor dei*, et ce jusqu'à la Renaissance, comme en atteste notamment l'oeuvre du Titien, cf. Panofsky, *Le Titien - Questions d'iconologie*, Paris, Hazan, 1989, pp. 163 à 199, et Trottein, pp. 164ss.
[229] Chevalier et Gheerbrant, art. "*Double*", p. 364.
[230] Cf. par ex. Baltrusaitis, fig. 90 p. 135; et Dunand, t. I, pl VI et XI-1.
[231] Cf. Baltrusaitis.; cette iconographie d'Isis aux serpents - la déesse peut avoir le serpent comme coiffe et une double queue de serpent (cf. par ex. Dunand, t. I, pl. XXVII-XXVIII, ce type de queue bifide, repris par l'iconographie médiévale, a été popularisée par l'art romano-étrusque, cf. Vic de Donder, *Le chant de la sirène*, Paris, Gallimard, 1992, p. 51) -, comme la liaison, précédemment étudiée, de la déesse à l'élément marin donnèrent naissance, par le biais de la figure de la Terra-Mater, à l'iconographie médiévale de la Luxure, les seins mangés par des crapauds et le sexe par un serpent (ou les seins rongés par deux serpents, cf. Baltrusaitis, *ibid.*, fig. 22 B p. 36, comparer à la pl. VI t. I de Dunand), cf. Jacqueline Leclercq-Kadaner, "*De la Terre-Mère à la Luxure - A propos de "La migration des symboles"*", pp. 37 à 43 des *Cahiers de civilisation médiévale Xème-XIIème siècle*, n° 1, 69, de janv.-mars 1975.
[232] Cf. Canivet et Darmon.; Philostrate, *La galerie de tableau*, Paris, Les Belles Lettres, 1991, I, 15, pp. 34-35; et Karl Schefold, *La peinture pompéienne - Essai sur l'évolution de sa signification*, Bruxelles, Latomus, 1972; et dans la coll. *Univers des Formes* de Gallimard: Ranuccio Bianchi Bandinelli, *Rome - La fin de l'art antique*, 1970, fig. 37 p. 43, 44 p. 51, 186 p. 195, 315 p. 335; Jean Charbonneau, Roland Martin et François Villard, *Grèce classique*, 1969, fig. 262 p. 234, 349 p. 303, 377 p. 324; Charbonneau, Martin et Villard, *Grèce hellénistique*, 1970, fig. 147 p. 148, 148 p. 149, 345 p. 315; et André Grabar, *Le premier art chrétien*, 1966, fig. 125 p. 125.
[233] La représentation d'Ariane est par ailleurs tellement secondaire dans la tradition iconographique antique qu'Ariane n'est citée qu'une seule fois par Cartari, p. 373, et encore ce n'est pas en référence à un culte propre, mais à propos du mythe de Thésée.
[234] Cf. *L'Univers des Formes*. note 233 *supra*.
[235] Philostrate, pp. 34-35, on reconnaîtra que ce documentaire décrit l'iconographie typique de l'Ariane antique.
[236] Nonnos, *Les Dionysiaques ou Bacchus*, Paris, Firmin Didot Frères, 1856, p. 394.
[237] Schefold, pl. XLVIII et comm. pp. 261-262; la base ornée d'une niké avec putto de l'arc de Constantin, fig. 74 p. 82, et les tychés du type de celle de Tomes de la fin du IIème siècle ou du début du IIIème siècle du musée archéologique de Constance, fig. 304 p. 325, de Bianchi Bandinelli, offrent aussi une certaine similitude, bien que moins frappante au niveau des attributs, avec la figure de la reine Ariadné à Ravennes et celle de l'Ariane de Cluny. En bref, ceci impose nettement, comme on va le voir, de ré-identifier la figure de Cluny par rapport au mythe d'Isis et/ou d'Isityché.

~ 36 ~

maternelle du monde, connaissant l'avenir"[238], "*en qui l'"on reconnaît la Grande Déesse-Mère*" ajoute Schefold[239].

L'Ariane de Cluny se fait couronnée par deux putti, comme l'Isityché de Turin ou la *Victoire* du XVIème siècle, mais surtout comme l'Isis Aphrodite de Memphis du musée d'Alexandrie. La coiffure d'Isis est indifférente, et peut être un diadème comme celui de l'"Ariane" de Cluny[240]. De fait, Isis, en tant que déesse souveraine de la terre, est décrite par les textes ptolémaïques comme étant la "*Vénérable, puissante, maîtresse de la vaste terre, reine de l'horizon solaire, excellente soeur d'Osiris, diadème de la grande Ennéade*"[241]. C'est ce qui justifie l'iconographie de l'Isis de Memphis.

En outre, le thyrse est l'un des attributs les plus courants des Isis antiques. Le fait qu'Ariane fut l'épouse de Dionysos[242] n'apparaît donc plus suffisant pour l'identifier, d'autant que, comme nous l'avons signalé, même dans ses représentations antiques, elle ne tient que rarement le thyrse[243].

La coupe que l'"Ariane" de Cluny tient à la main fait par ailleurs plus penser à celle décrite par Apulée qu'à la traditionnelle patère: "*Ce dernier* (un des quatre pontifes) *portait aussi du lait dans un petit vase d'or arrondi en forme de mamelle, et il en faisait des libations*"[244].

Malgré l'opinion communément admise, il ne semble pas que la présence du satyre et de la ménade[245], qui s'identifie par les cymbales godronnées[246], implique forcément qu'on soit en face d'une Ariane. En effet, non seulement les cultes d'Isis et de Dionysos étaient liés dans les cultes orphiques, et plus généralement dans ceux de la Renaissance[247], mais à l'époque impériale, les instruments dionysiaques pouvaient servir aux adorateurs de la déesse lors de leurs fêtes[248]. En outre, les hymnes en l'honneur d'Osiris, de Carpocrate et de Sarapis en faisaient les compagnons des Bacchants et des Bacchantes[249].

---

[238] Cité *in* Schefold, *ibid.*, p. 205.
[239] *Ibid.*
[240] Cf. Baltrusaitis.; et Dunand, pl.
[241] Cité *in* Dunand, t. I, note 5 p. 225.
[242] Cf. par ex. *Byzance*, pp. 60-61; et Michael Grant et John Hazel, *Dictionnaire de la Mythologie*, Paris, Seghers, 1975, art. "*Ariane*", p. 50.
[243] Cf. Canivet et Darmon.; et Schefold.
[244] Pétrone, Apulée, Aulu-Gelle, pp. 404-405; cf. aussi par ex., en ce qui concerne l'offrande et les libations de lait, Dunand, t. I, pp. 160ss. On trouve aussi des Isis allaitant Harpocrate, *ibid.*, t. III, pl. X. La coupe sur la main gauche reproduite fig. 52, p. 87 de Baltrusaitis. (En outre, on voit bien le lien que cela a pu engendrer *a posteriori* avec la Vierge pour les exégètes chrétiens, cf. par ex. notes 94 à 100 *infra*).
[245] En effet, leur présence peut très bien caractériser Isis en tant que divinité chtonienne (à l'instar, comme on l'a dit, de la ménade), cf. par ex. Chevalier et Gheerbrant, art. "*Cloche*", pp. 262-263, qu'en tant que "*Dame du chant et de la danse*", cf. Dunand, *ibid.*, pp. 151ss. En outre, la ménade rappelle que Pan est toujours associé aux déesses de la fertilité, Cérès, Cybèle, Héra, Hestia, la Vierge et Ishtar-Isis, cf. Friedländer, par ex. pp. 23ss. et 27 à 46 et *Les Sorcières*, Paris, BN, 1973, pp. 14-15ss. On ne peut pas non plus ignorer l'étrange similitude entre l'instrument que tient la ménade de Cluny et les *tintinnabula* à décor phallique qui protégeaient l'entrée des maisons romaines, cf. Catherine Johns, *Eros dans l'art antique - Sexe ou symbole?*, Rome, Gremese International, 1992, pp. 72 à 84, et qui, s'il s'agissait bien d'un dérivé (Cartari, p. 139, confond le sistre avec un tambourin à grenailles, et Marot, en fait symboliquement un chapelet, cf. note 97 *supra*), illustrerait, par sa fonction apotropaïque, l'aspect démoniaque - voire démoniaque - d'Isis (comme c'est le cas des démons qui entourent la personnification de l'Orgueil, fig. 154, p. 124 d'Olga Herbenová, Ludmila Kybalová, Milena Lamarová, et Claude Salvy, *Encyclopédie illustrée du costume et de la mode*, Paris, Gründ, 1970), aussi bien que sa vertu de déesse fertile (par le lien évident entre les phallus-*tintinnabula* antiques et le mythe agraire de la déesse, que l'on vient d'évoquer). Le satyre, associé à la représentation, ainsi que le thyrse, eux aussi sont des symboles de fertilité, cf. par ex. Johns, *ibid.*, pp. 52 et 97ss., qui peuvent se combiner avec la coupe tenue par l'"Ariane" (Certes, les satyres et les ménades sont associés dans le culte bachique, cf. par ex. *ibid.*, p. 97, ou Caillet, p. 111, pourtant, comme on l'a dit, il nous paraît peu probable qu'il s'agisse vraiment d'une Ariane, puisqu'on les rencontre aussi à Aix.) On trouve d'ailleurs les doubles clochettes dans l'iconographie de Saint Antoine qui, pour être en liaison avec l'élevage du cochon pratiqué par les antonites, n'en marquait pas moins l'aspect prophylactique et tout à la fois apotropaïque du saint, cf. par ex. les fig. d'Henry Chaumartin, *Le compagnon de Saint Antoine - Etude sur le symbolisme du cochon attribut caractéristique du saint*, Paris, Aesculape, 1930, et Claude Gaignebet et Jean-Dominique Lajoux, *Art profane et religion populaire au Moyen Age*, Paris, PUF, 1985, par ex. pp. 99, 206, 256 et 283. Sur la double nature d'Isis (figure à la fois maternelle et chtonienne), cf. aussi note 231 *supra*.
[246] Cf. Caillet, p. 111.
[247] Cf. Dunand, t. I, par ex. pp. 43 et 45, t. II, t. III, p. 247, cf. aussi t. III, référence p. 328.
[248] *Ibid.*, t. III, p. 253. En outre, "*l'arétologie de Chalcis est visiblement très influencée par des idées grecques et fait de Carpocrate un nouveau Dionysos, compagnon des Bacchantes et des Bacchants*. L'origine égyptienne du dieu est cependant rappelée; il est présenté, assez curieusement, comme fils de Sarapis et d'Isis, pour laquelle il "*agite le sistre*", *ibid.*, t. II, p. 154, (en ce qui concerne les métamorphoses sémantiques et pratiques du sistre d'Isis, cf. note 245 *supra*).
[249] *Ibid.*, t. II, pp. 154-155 et 180-181. D'autre part dans le temple de Maamoura, une statue miniature d'Isis se trouvait accrochée au pied d'une plus grande, peut-être Dionysos?, *ibid.*, t. I, p. 114.

Si l'on considère avec attention sa ressemblance avec l'Isis d'Aix, la pseudo-Ariane de Cluny semble bien être une autre figure isiaque[250], quoique peut-être un peu plus ambiguë. Elle arbore en effet la position hiératique, bien qu'un peu plus lascive, d'une impératrice, comme cela a déjà souvent été noté.

Nous serions tentés d'y voir une Isis-Déméter dans sa fonction chtonienne (attestée par la présence du thyrse dionysiaque[251] et du satyre[252]) de *"maîtresse du monde"*[253], puisqu'une fête célébrait Isis déesse des dieux et de l'univers en tant que *"diadème de la grande Ennéade"*, et que lors de cette fête, *"une offrande de lait (était) présentée à la déesse, assise entre Khnoum le démiurge et Thoth qui a fixé sa titulature"*[254]. La liaison entre les cultes infernaux et ceux des déesses-Mères n'a par ailleurs rien de secret[255] (nous pensons particulièrement ici à la triade éleusienne Cérès-Proserpine-Dionysos[256]). Dans ce contexte, le satyre (identifiable à Pan) est soumis à Isis-Déméter par ses liens de parenté (Hér., II, 145)[257].

Le Moyen Age assimila à juste titre Isis à Cérès[258]. Comme l'écrit J. de La Genière (1972), *"Des reliefs d'époque hellénistique provenant de diverses régions grecques, parmi lesquelles la Béotie et l'Attique, présentent une déesse mère assise, ayant souvent à ses pieds des lions, c'est-à-dire assimilée à Cybèle, à laquelle un jeune dieu, que A. Conze a identifié à Hermès-Cadmilos, verse une libation; Pan est souvent dans l'entourage de la déesse"*[259]. Pirenne en cite plusieurs exemples[260]. La présence des lions avec l'"Ariane" de Cluny[261] s'explique donc ainsi, et son identification à Isis ne fait plus aucun doute.

Finalement, Isis - dont le mythe était encore vivant au début de l'ère baroque - montre la persistance des cultes antiques, tout en illustrant mieux qu'une autre le mythe de la Terre-Mère[262], image génésiaque du destin de l'homme médiéval aux prises avec les éléments et le cycle des saisons, c'est-à-dire la Nature[263]. Comme l'écrivait Baltrusaitis, *"La Quête d'Isis"* est celle d'un monde d'anamorphoses textuelles et figurées, et de la mythologie fluide et impalpable des perspectives dépravées[264].

---

[250] Cette interprétation a déjà souvent été proposée, cf. par ex. Caillet, p. 111, et ses détracteurs semblent juste avoir à lui opposer le problème de datation, ce qui nous semble insuffisant.

[251] Cf. par ex. Henri Le Bonniec, *Le culte de Cérès à Rome - Des origines à la fin de l'Empire*, Paris, Klincksieck, 1958; et James George Frazer, *Le cycle du rameau d'or - Esprits des blés et des bois*, Paris, Paul Geuthner, 1935, vol. 1, pp. 1 à 75ss.

[252] Cf. par ex. *Les Sorcières*.

[253] Cf. Cartari, p. 549.

[254] Dunand, t. I p. 225.

[255] Cf. par ex. Denise Callipolitis-Feytmans, "*Déméter, Coré et les Moires sur des vases corinthiens*", pp. 45 à 65 du *Bulletin de correspondance hellénique*, t. XCIV, 1970; Frazer, pp. 30 à 75; Henri Metzger, *Recherches sur l'imagerie athénienne*, Paris, De Boccard, 1965, chap. III "*Déméter et Proserpine*", pp. 49ss.; A. P. de Mirimonde, "*Un sujet rare à l'exposition des dessins néo-classiques des musées de province: Cérès et Jasion de Bégnine Gagneraux*", pp. 129 à 136 de la *Gazette des Beaux-Arts*, t. LXXXV d'avril 1975; et Paul de Saint-Victor, "*Les Grandes déesses -cérès et Proserpine*", pp. 21 à 36 d'*Hommes et Dieux - Etudes d'Histoire et de Littérature*, Paris, C. Lévy, 1867. En outre, l'iconographie de Déméter semble fournir source à celle de l'Isis de Sainte-Ursule, cf. Metzger, chap. II, pp. 33 à 48.

[256] Cf. De Mirimonde, p. 134.

[257] Cf. La Genière, note 5 p. 294; on notera aussi que Gotthold Ephraïm Lessing, dans un texte en réponse à sa querelle avec Chr. A. Klotz intitulé "*Comment les Anciens représentaient la Mort*", et publié dans *Laocoon*, Paris, Hermann, 1990, pp. 212ss., étudiant deux oeuvres distinctes, associe la présence, dans la seconde, d'un Satyre jouant de la lyre et une centauresse de la double flûte (comme l'on en retrouve des prototypes dans l'*Isis d'Aix*) à Nox (la Nuit), déjà accompagnée par Somnus et Mort dans la première, et traditionnellement identifiée à Isis.

[258] Baltrusaitis, pp. 68ss.

[259] La Genière, note 4 p. 294.

[260] Avec lions ou sphynx, ce qui confirme bien notre identification, puisque finalement, le rapport entre Apollon-Hadad et Atargatis-Isis se trouve ainsi également confirmé, cf. Pirenne, 1960, p. 336, et *ibid.*, 1965, p. 128. Cf. aussi Dunand, t. III, pl. V, où Isis est à côté d'un bovin et de Sérapis, dont le fauteuil s'orne d'un bas-relief représentant un griffon.

[261] Cf. Caillet, p. 157.

[262] Bien que dans toutes les civilisations dites primitives, le mythe de la Grande-Mère soit récurrent, et donc convaincant, certains contestent encore injustement son existence.

[263] On pourra aussi s'interroger sur les rapports possibles entre le mythe isiaque et la sorcellerie au Moyen-Age, cf. par ex. Sophie Cassagnes-Brouquet, *Vierges Noires - Regard et fascination*, Rodez, Ed. du Rouergue, 1990, pp. 150 à 159; Carlo Ginzburg, *Le sabbat des sorcières*, Paris, Gallimard, 1992, pp. 104ss.; Aline Rousselle, *Croire et guérir - La foi en Gaule dans l'Antiquité tardive*, Paris, Fayard, 1990, par ex. pp. 145ss.; et *Le Roman de la Rose*, éd. d'André Mary et Jean Dufournet, Paris, folio-Gallimard, 1949 et 1983-84, chap. XV à XVIII, pp. 283 à 346.

[264] Cf. Baltrusaitis, "*Introduction*", premier § p. 7.

III - LA QUESTION ICONOGRAPHIQUE DE *LA VIERGE* A L'OEUF CHEZ PIERO DELLA FRANCESCA

"— *Oui, madame. Vous avez, disais-je, malgré votre fermeté, malgré les souvenirs si récents d'un bonheur perdu, cédé à la violence. Eh Lien! la violence employée contre la mère ne pouvait-elle pas, ne peut-elle pas être renouvelée vis-à-vis de la fille? N'avais-je pas, n'ai-je pas encore le droit de préférer ma protection à toute autre, moi qui n'ai jamais plié devant la force, moi qui tout jeune avais l'épée pour jouet, moi qui dis à la violence: Sois la bienvenue, tu es mon élément!*"
(Paul Féval, Le Bossu; ou, Le petit Parisien, II/I/7)[5]

0. Introduction

La présente étude est de fondement bibliographique. Elle a deux grandes prétentions:

1. Présenter l'importance de l'élément bibliographique avant de produire quelque interprétation que ce soit, ce qui, nous semble-t-il, a été la grande erreur jusqu'à ce jour dans l'étude de l'oeuvre de Piero della Francesca, dont les exégètes se sont lancés sur des pistes par caprice plus que par raison, y voulant voir parfois des sens alchimiques, et d'autres perspectifs, les deux interprétations ne s'appuyant sur rien d'autre que sur l'hypothèse arbitraire d'interprètes, peut-être en cela trop phénoménologistes sans le savoir, qui cherchèrent obstinément à la justifier *a posteriori*;

2. L'importance, par conséquent, de la création d'un *corpus*, pour limiter les risques d'erreur de l'analyse, et ainsi, à la manière de la Mnémosyne d'Aby Warburg, et de la tradition comparatiste en général[6], assurer le sens de l'analyse en se préservant de la surinterprétation gratuite.

De là, le présent travail prendra, tout naturellement, son essor, et tout son sens, comme modélisation d'une méthode, qui se propose d'être démontrée, par opposition aux analyses antérieures de l'oeuvre qui nous intéresse ici, non depuis notre interprétation, mais depuis les textes, qui, nous devons le dire, on le verra, parlent d'eux-même.

Ce bref avertissement, afin que le lecteur ne se surprenne pas outre mesure de la technique ici employée, thomiste avant tout, et en veuille bien prendre la mesure, dans l'efficacité et comme normatisation méthodologique, que nous venons d'expliquer.

Nous essaierons, dans le texte suivant, de mettre en regard et de vérifier l'interprétation, généralement admise, des motifs de *La Conversation sacrée* de 1472 de Piero della Francesca, donnée par le *Journal of the Warburg and Courtauld Institute*[7]:

"*L'œuf d'oie qui pend au plafond (et qui pointe vers le nombril de Jésus), est le symbole de la perfection ou de la naissance dans la tradition alchimique, des quatre éléments du Monde ou de la Création.*"[8]

Or il nous semble qu'il n'y a pas ici à recourir à l'alchimie pour y comprendre la présence de l'oeuf, mais plutôt au néoplatonisme, et à la théologie chrétienne de l'époque.

On pourrait dire que nous allons poser le problème depuis sa révision bibliographique. On voudra ainsi bien nous reconnaître, nous l'indiquons tout de suite, que les auteurs cités, lesquels pour cette même raison donnent la valeur théologique à notre démonstration à l'intérieur de la tradition chrétienne et catholique, sont, pour la plupart, des ecclésiastiques.

1. La Vierge et l'oeuf

L'association entre la Vierge et l'oeuf est bien référencée historiquement.

---

[5] Paul Féval, *Le Bossu; ou Le petit Parisien*, Paris, A. Dürr, 1857, 6ème partie, "*Le Palais-Royal*", "*VII. La charmille*", pp. 118-119.
[6] Voir notre ouvrage: *Roland Barthes et la théorie esthétique*, 2001.
[7] *Journal of the Warburg and Courtauld Institure*, volume IX, p. 27.
[8] http://fr.wikipedia.org/wiki/La_Conversation_sacr%C3%A9e

Tout d'abord dans le cadre phylogénétique, donc d'origine et de Création (ce qui incombe, comme on le voit dans la citation suivante, aussi à la Vierge):

> *"Qu'Eue considérée comme Principe du genre humain n approche point de la dignité, ny de l'excellence de la Sainte Vierge, à qui conuient ce mefme nom de Principe, fous une fignification bien différente.*
>
> *DIEV qui autant que faire se peut reduit toutes choses à l'vnité, a voulu qu'Eue fuft la porte, & vn principe du genre humain par la voye de la génération. Car qui est venu au monde qui n ayt passé par cette porte? & qui commence d'estre homme qui n'ayt eu cette Femme pour mere, & pour principe materiel? Elle est la fontaine d'où font coulez tant de vifs ruisseaux fur la terre, lesquels se respandent là mesme, où le Ciel ne coule pas vni goutte de pluye: Elle est la carrière d'où sont sorties tant & tant de pierres animées d'vn esprit doué de raison; & la maistresse racine qui a ietté tant de bois d'vne mefme efpece, que le monde ne semble qu'vne forest. Car il ne faut pas qu'on se persuade, ou qu'on ne tient pour véritable ce que ces anciës ont réué, assauoir que les mortels estoient venus fur la terre, tout à la fois comme les Cygales qui naissent plusieurs en vn iour, voire en vn moment durant l'Esté; ou bien que Dieu créa des vers (ainsi qu'Aristote conjectura) lesquels se formèrent en hommes, comme les chenilles en papillons, sous les bénignes influences du Ciel lequel préfida fur cét œuure. Encore moins est-il croyable que les premiers indiuidus humains, sortirent de la cocque d'vn œuf, comme font les poissons & les oyfeaux: car cette pensée d'vne vraye Histoire fait vne fable ridicule, & compare nos ancestres à ces deux frères fabuleux nommez Castor & Pollux. Mais ce qui est indubitable, c'est que Dieu ayant deffein de peupler la terre d'hommes, comme il auoit fait l'air d'oyfeaux, & la mer de poissons &de reptiles. Il tira du costé d'Adam, vne coste qu'il changea en femme."*[9]

On en déduit, par extension, que cette association dépend d'origines plus anciennes, aux racines plus mystiques profondes:

"Personne n'ignore que dans la philosophie et la théologie des anciens, les œufs ont été considérés comme un symbole sacré. Je ne parlerai pas de Vœuf d'Orphée, emblème mystérieux que ce poète philosophe employait pour désigner la force intérieure et la fécondité dont la terre est imprégnée. Je n'enirerai pas non plus dans de longs détails sur ce que nous rapporte Hérodote concernant Vœuf d'Osiris, où ce Dieu avait, selon les Egyptiens, renfermé tous les principes du bien, parmi lesquels son rival ou antagoniste Typhon trouva, par une ruse criminelle, moyen d'introduire autant de principes de maux, et qui devint ainsi l'origine du mélange du bien et du mal sur la terre. Selon d'autres philosophes païens, un œuf était le berceau du monde, c'était d'un œuf qu'étaient nés plusieurs de leurs dieux et de leurs personnages célèbres. De là le rôle important que jouait l'œuf dans les sacrifices de Cybèle, mère des dieux, (Magna mater). (Voyez Grotius, De verit. relig. Christ. lib. I.)
Cette opinion était également répandue chez les Chaldéens, les Persans, les Indiens, etc. (Voyez BoulanGer, Antiq. dév. liv. III, ch. 2, etc., etc.)
On la retrouve chez les anciens peuples du Nord. Selon la mythologie islandaise, le monde serait né d'un œuf, déposé par un oiseau mystérieux sur les genoux de Waeinomaénon, l'une des principales divinités du pays, et qui, même après l'introduction du Christianisme chez ces peuples, partagea durant quelque temps le culte que, comme chrétiens, ils rendaient à la Vierge Marie. Waeinomaénon, disent les mythologues Islandais, couva cet œuf dans son sein; mais l'ayant laissé tomber, l'œuf se cassa; la partie inférieure de la coquille forma la terre; la partie supérieure, le ciel; le blanc, le soleil et les étoiles. On sent bien que je n'admets point cette légende mythologique comme l'origine de nos œufs de Pâques; mais j'ai cru devoir indiquer ce rapprochement, a la fois bizarre et curieux, entre les opinions des philosophes de l'antiquité et celles des anciens mythologues du Nord.
De cette importance, en quelque sorte religieuse donnée à l'œuf, vient, selon plusieurs écrivains, l'usage de divers anciens peuples de l'Asie et de l'Europe qui, au rapport de Court de Gébelin et de quelques autres, célébraient le premier jour de l'année en s'envoyant réciproquement des œufs que l'on teignait de diverses couleurs, spécialement en rouge, couleur favorite des nations antiques, et en particulier des Celtes. Le voyageur Chardin nous apprend que, de son temps, cette coutume était encore en vigueur chez les Persans.
La fête du nouvel an, dit l'auteur du Monde primitif, avait lieu, comme on le sait, à l'équinoxe du printemps, par conséquent vers Pâques. Les Persans y voyaient un hommage rendu au soleil physique. Les chrétiens, en l'adoptant, s'en servirent pour célébrer la victoire que le Sauveur du monde, le véritable soleil de justice remporta sur la mort par sa résurrection. D'autres, et en particulier les chrétiens du rit grec, considérèrent les œufs de Pâques comme une allusion à notre divin Seigneur sortant plein de vie du tombeau, comme Y oiseau sort de l'œuf. (Voy. Weber, Mém. sur la cour de Russie, t. I, p. 14,15. — Pouqueville, Voyage en Grèce, ch. 132, tom IV, p. 417, etc.)
Mais est-il bien nécessaire de chercher à l'usage des œufs de Pâques une origine mystique? Ne pourrait-on pas les retrouver plus simplement dans les redevances en œufs que les fermiers payaient à leurs propriétaires, et que l'on désignait dans le moyen-âge par les mots ovagium, ovilegium, ova de crucibus, etc.? (Voy. Du Cange. Gloss. med. latin, t. IV, col. 1417,1419, 1420, etc.) Ces redevances se payaient naturellement au renouvellement de l'année qui, jusqu'en 1567, ne commençait en France qu'au 1er avril, aux environs de Pâque. C'est sans doute pour cela que Pâques était aussi l'une des échéances du paiement des fermages. A. la fête de Pâques, quelques curés de campagne levaient sur leurs paroissiens une redevance en œufs, laquelle fut par la suite convertie en argent. Encore aujourd'hui, dans nos villages, les chantres, les suisses, es bedeaux et les enfants de chœur perçoivent de chaque habitant de la paroisse, sous le nom d'œufs de Pâques, une sorte de tribut ou de gratification ei> argent ou en nature. En Normandie, les sacristains, enfants de chœur, etc., lèvent en nature cette sorte d'impôt auquel on donne dans le pays le nom de Pâquerets."[10]

---

[9]Nicolas L'Archevesque, *Les grandeurs sur-éminentes de la Très Sainte Vierge Marie, Mère de Dieu*, Paris, Guillaume Macé, 1638, pp. 408-409.
[10]"Lecture de M. Th. Lorin. Les oeufs de Pâques", *Travaux de l'Académie nationale de Reims*, Reims, P. Regnier., 1854, Vol. XIX, 4ème trimestre 1853-1er trimestre 1854, pp. 83-86.

Opinion que confirment les rites orthodoxes de Pâques:

"POST-ÉPICLÈSE
Le prêtre sort du sanctuaire et va bénir les œufs et le lait mêlé de miel (" Pascha") préparés sur une table près des portes saintes.
Cél. Marie-Madeleine, en remettant l'œuf rouge à l'empereur s'écria: «Christ est ressuscité!».
Bénis X et sanctifie Xces œufs, Seigneur, symboles du tombeau qui contient la Vie, afin que tous ceux qui les mangeront soient ferme espérance en la résurrection des morts. Tu nous introduis par le baptême dans le pays où coulent le lait et le miel et, par la seconde naissance, Tu nous fais enfants de ton paradis. Bénis et sanctifie ce doux lait, symbole de notre innocence retrouvée, afin que ceux qui le goûteront soient purifiés de toute tache et persévèrent dans la pureté des cieux nouveaux et de la terre nouvelle, par le Ressuscité et dans l'Esprit de Vie."[11]

Notre lien mystique implique un symbolisme populaire curatif, lié à la prégnance:

"Gvdila Schinck vefue de feu Martin Alart, en son viuant Notaire en la ville de Bruxelles, eaigée de lxv.ans, passez xxxij.ans-par la force qu'vn jour elle fift, à leuer de terre vn sillon plein d'eau, estant grosse d'enfant, se rompist en l'ayne droite: & sortist la rompture à la grandeur d'vn œuf d'oyson: de sorte qu'elle fht constrainte de porter ordinairement vn bendeau à tel mal accoustumé. Durant lesquelz xxxij. ans elle y endura continuellemet des grandes douleurs, &y appliqua diuers remedes sans touteffois riens auancer pour sa guerifon. Finalement oyant les miracles qui journellement se faisoyent au Mont-aigu à intercession de la glorieuse Vierge Marie, se resolust d'y aller en pelerinaige, auec grand espoir de recouurer santé. Et ainsi à la S. Iehan en cest au 1604. s'y tranfporta à chariot: & y ayant fait fa deuotion quelques jours, se trouua si bien, qu'elle quicta son bendeau, & l'offrit à noure Dame: & retourna en bonne disposition en la ville de Bruxelles, sans plus sentir aucune peine ou douleur. Et quelques quatre ou cinq fepmaines aprez, ladite Gudila fist vn fist vn aultre voyage audit Mont-aigu à pied, & en retourna semblablement à pied, sans que jamais la rompture se soit monftrée: & en demeure parfaitement guerye, ne s'en ressentant plus en aufcune maniere. Comme ce que dit est, elle a declairé & attesté foubz serment solemnel pardeuant le Magistrat de la ville de Bruxelles, le xij. jour d'Aougft audict an 1604."[12]

On retrouve de fait la posture inverse à la question phylogénétique de l'origine de l'humanité (par opposition aux Anciens) dans l'histoire de la naissance de Jésus:

"La simplicité et la bonhomie qui règnent dans le premier chapitre désarmeraient le critique le plus sévère. D'ailleurs, pour prendre quelque plaisir à la lecture d'un conte de fée, il faut: Obsequium rationis sub jugo fidei. Remarquons cependant que la petite anecdote de Zacharie et d'Elisabeth paraît un réchauffé de l'histoire de Sara et d'Abraham, devenus féconds sur leurs vieux jours. L'origine du feu de la saint Jean se trouve dans le verset 14 de ce chapitre: Et multi in nativitate ejus gaudebunt. [14. Et beaucoup de personnes se réjouiront de sa naissance.] L'église a tiré parti de tout. Le magnificat de la vierge, d'un style révolutionnaire, nous semble apocryphe; et le cantique de Zacharie, faible et peu digne des beaux cantiques de l'ancienne Bible.
Arrêtons-nous un moment sur ce chapitre Ier, pour citer quelques lignes tirées d'une Dissertation physico-théologique sur la Conception, 1742 > in-12, fig. On lit, page 101:
«Le Seigneur Jésus a pris naissance, selon la chair, dans un œuf de la vierge Marie.
«Tous les saints du vieux Testament (dit l'abbé Rupert) demandaient Jésus-Christ, et le cherchaient. Ils demandaient cet œuf que les oracles prophétiques avaient annoncé certainement et sans aucun doute; cet œuf, que le Saint-Esprit devait couvrir de son ombre, survenant en lui à la façon d'un oiseau qui se repose sur son œuf jusqu'à ce que le poulet qu'il renferme y soit entièrement formé: c'est qui devait arriver, et c'est ce qui s'est fait. Le Saint-Esprit, ô vierge Marie! est survenu en vous, et la vertu du Très-Haut vous a couverte de son ombre; et c'est ainsi que vous avez conçu et enfanté votre fils.» In evang. VIII, liv. 7."[13]

2. La Vierge et Vénus

L'association entre la Vierge et l'oeuf dans l'oeuvre de Piero della Francesca nous en présente une autre, entre la Vierge et Vénus, puisque l'oeuf pend d'une abside au toit en forme de coquillage.
Or:

"Vermeer furthered this convergence of pagan and Christian themes by "classicizing" his composition. Diverging from the examples produced by Titian or Rubens, Vermeer reduced the narrative in his scene, focusing on the action of the foreground maiden. He also simplified the woodland scenery and eliminated or reduced other details such as Diana's toilet articles or the accoutrements of the hunt that usually accompany her. In fact, the crescent moon on the central figure's head is the only attribute that identifies her as the goddess of the moon. By doing this, Vermeer minimized the secular, pagan aspect of his subject and allowed the Christian themes to predominate. By "christianizing" this mythological subject, Vermeer was continuing Ficino's Neoplatonic attempt to create what has been called a "philosophical Christianity" by reconciling "the paganism of the Greek philosophers with Christian dogma."
This conjunction of pagan and Christian can be found in the work of Renaissance masters such as Michelangelo, Raphael, and Titian, the best example: La Primavera by Sandro Botticelli (1445–1510). Botticelli lived and worked in Florence at the same time that Ficino was espousing

---
[11] http://eglise-orthodoxe-de-france.fr/eglise/texte_pnques_et_son_temps.htm
[12] Philippus Numan, *Histoire des miracles advenus à l'intercession de la glorieuse Vierge Marie, au lieu dict Mont-aigu, près la ville de Sichen, au Duché de Brabant*, Bruxelles, Rutgeert Velpius & Hubert Anthoine, 1611, pp. 175-176.
[13] Sylvain Maréchal, *Pour et contre la Bible*, Jérusalem, sans nom d'éditeur, 1801, pp. 287-288.

his Neoplatonic views. Although there is no evidence that Botticelli was a part of the Platonic Academy, he had close ties to the Medici family. Lorenzo di Pierfrancesco, a second cousin to Cosimo with interests in Platonic philosophy, probably commissioned La Primavera.
La Primavera can be interpreted as a representation of the unification of pagan and Christian beliefs. In the center of the painting we see Venus. Above Venus is her child, the winged Cupid (Amor, Eros). E. H. Gombrich compared Venus's appearance to that of the Virgin Mary and in a discussion of the Neoplatonic and classical subtext of La Primavera, Richard Foster and Pamela TudorCraig have maintained that Botticelli's lady is both Venus and Virgin. They point out that in Plato's Symposium—the text that was key to Ficino's interpretation of Platonic philosophy—Socrates states that love (Venus) is not the goal of the soul but rather the means by which the soul reaches the highest good. Likewise, for Christians, the Virgin Mary was the mechanism through which the highest good (God, or the Word) became flesh. In this manner, philosophy and theology blended in Botticelli's non-blasphemous representation of Venus as Virgin. In addition, Ficino believed that Venus represented not only love but also the soul itself. This was in accord with Plotinus who equated Venus with the soul: "The Heavenly Aphrodite, daughter of Kronos who is no other than the Intellectual Principle—must be the soul at its divinest."
In a late work, A Lady Standing at a Virginal, Vermeer presents his own illustration of the Goddess of Love accompanied by her offspring, Eros. Here, at the end career, we see him continuing a theme that runs throughout the length of his oeuvre. It is a recurring image that depicts woman as Venus, as exemplar of love, as embodiment of the world soul that is the midpoint between the intelligible and sensible worlds. Vermeer's Venus however, is a modified vision, transfigured by Neoplatonic philosophy into a classical/Christian representation not only of the world soul as nexus, but of Mary as intermedium between the divine and corporeal, as the agent by which the Word was made flesh.
Vermeer's concerns in this regard mirror those expressed by Raphael in the Stanza della Segnatura. In the School of Athens, Raphael tried to depict the conjunction of real and and ideal while in the Disputa this same discourse on the relation between divine and earthly was continued via a visual contemplation on the miracle of the sacrament. Likewise, we have seen how Leonardo's recreation of the Last Supper was fashioned to evoke an otherworldly experience, one appropriate to the ineffable nature of the concept of transubstantiation; the intersection of the comprehensible and the incomprehensible."[14]

En effet:

"Ficino held that a spiritual circuit linked all life, including human life, to God, so that all revelation was one, regardless of whether it came from Plato, from classical myths, or from the Bible. Likewise, beauty, love, and beatitude were one, since they were phases of this same circuit. For Neoplatonists, then, for example, the goddess Venus could be identified with the Virgin Mary.
Thus it is not surprising that Botticelli's great mythological works The Birth of Venus and Primavera — the latter of which art historian Sister Beckett hails as an "allegory of life, beauty, and knowledge united by love" — are, in a sense, interchangeable with his religious works, so that the wind gods in Venus resemble angels and the spring figure in Primavera strongly suggests depictions of the Virgin and her entourage of angels and saints."[15]

L'accord en est d'ailleurs général (à propos, toujours, du *Printemps* de Botticelli):

"Among the connections woven for Botticelli and his painting in, for example, Janson's ubiquitous History of Art, are those with Pollaiuolo's engraving, the Battle of the Ten Naked Men; with the patriarchal ruler of Florence, Lorenzo de'Medici; with the Neoplatonic philosopher Marsilio Ficino, whose arcane theories reconciled the 'celestial Venus' as interchangeable with the Virgin Mary; and with classical antiquity. He says, 'The Birth of Venus, in fact, contains the first monumental image since Roman times of the nude goddess in a pose derived from classical status of Venus."[16]

"In the Renaissance, the tendency to Christianize pagan iconography creates two levels of meaning in the interpretation of the personifications. The personification of virtue is complex because it may combine both religious and secular ideas. If it is religious, the allusion to virtue is associated with chastity (Latin castitas, meaning "purity of spirit"), with attributes such as a veil (symbol of modesty), a palm (martyrdom), or a shield with a phoenix (spiritual search). If the allusion is secular, the virtue of chastity focuses on the abstention from sexual relations as one of the Christian virtues (the others poverty and obedience) that are associated with monastic vows of religious orders. This association is been in Franciscan art, such as Giotto's fresco cycle in the Lower Church of Assisi, Italy. In this instance, the virtue of chastity is symbolized by a woman praying in a tower. The symbolism of the tower also alludes to the legends of St. Barbara and Danaë (Hall). Another aspect of the secular allusion to chastity as purity of the flesh is the relation to love. Mythological references to the goddess Diana or the nymph Daphne and their transformations involve the yearning for chastity in the face of desire. Other myths associated with chastity and physical love are the blindness of Cupid, the combat of Love, the Lady of the Unicorn, and the Three Graces (Castitas, Pulchritudo, Amor or Aglaia, Euphrosyne, and Thalia, respectively, as described in Seneca's De Beneficiis 1.3:2).
In the Chamber of Abraham at his house in Arezzo, Vasari portrayed Virtue with her companions Peace, Modesty, and Concord (1548). It appears that, following in the Renaissance Neoplatonic tradition, he fused pagan symbols with Christian motifs in his religious symbolism. For example, Virtue is portrayed with objects (rose, lily, myrtle, and vase) with different associations in the classical and Christian cultures.
The dual reference in the allegorical rendering of Virtue, evidenced by the diversity of attributes she holds, seems to denote the Renaissance Neoplatonic conception is based on Virgil's Aeneid and was applied by the Renaissance Neoplatonists to the Christian doctrine of chastity and love. Virgil relates that Venus disguised herself as Diana, a virgin goddess, to appear as a "devotee of chastity." he medal of Giovanna degli Albizzi, with the Latin inscription from Virgil, for example, alludes to the Venus/Virgo concept: Virginis os habitumque gerens et virginis arma (Virgil I, 315). According to Jean Seznec, the sixteenth century also adopted the Ciceronian parallel between Diana and the Virgin Mary. In

---

[14]Robert D. Huerta, *Vermeer and Plato: Painting the Ideal*, Bucknell University Press, 2005, p. 52.
[15]Maria Jaoudi, *Medieval and Renaissance Spirituality: Discovering the Treasures of the Great Masters*, Mahwah (New Jersey), Paulist Press, 2010, pp. 108-109.
[16]Nanette Salomon, "*Uncovering art history's 'hidden agendas'*", *Generations and Geographies in the Visual Arts: Feminist Readings*, Londres, Routledge, 2005, p. 79.

Vasari's the Virgin Mary. In Vasari's Chastity, one sees, on the breastplate of her dress, a female figure standing (perhaps) on a shell and holding a bow."[17]

Convergence que confirme Liana Cheney, à peu près d'ailleurs dans les mêmes termes:

"In Vasari's Chastity, one sees on the breastplate of her dress a female figure standing on a shell and holding a bow and arrow. This is Diana, which alludes to the personification of Chastity as well as the personification of Love. By standing on a shell, Venus' attribute, Diana is disguised as Venus, the Goddess of Love. The lack of detail in the painting makes a more precise identification impossible. Vasari's Chastity also displays other Christian and pagan motifs associated with the Venus — Virgo or Love — Chastity. She holds a classical vase with a base in the shape of a scalloped shell. The scalloped shell is commonly associated with the birth of Venus (Botticelli's Birth of Venus); it was also employed in Christian art as a symbol of the resurrection and of pilgrimmage (SS. James and Rock).
In both the Quattrocento and Cinquecento, several writers, including Cartari and Valeriano and later, in the Seicento, Ripa, associate Venus with chastity or virginity. Vasari's figure of Chastity likewise has attributes associated with chastity and virginity: she holds wilted white roses in one hand."[18]

Nous citerons encore, comme preuve de la générale opinion de l'identité néoplatonicienne entre les deux déesses, grecque et chrétienne (celle-ci, à son tour, dans ses deux hypostases: de la Vierge et de la Madeleine):

"And in the fusion of Neoplatonism with Christianity, couched in elegant prose and poetic flourishes influenced by the supreme poet of love, Petrarch, Venus could be invoked together with the Virgin Mary, who in turn could be apostrophised as the 'goddess of goddesses'. Madonnas and Magdalens consequently resembled Venuses and vice versa: sixteenth-century art and literature were replete with images of beautiful women, naked and draped, celestial and terrestrial Venuses, depicted and described in conformity with the ideals of feminine beauty propounded by male writers of the period. (The seventeenth-century Dutch Catholic writer jan Vos [c. 1615-67], ommenting on a canvas by Govert Flink who altered a Venus to a Mary Magdalen, was to praise artists who could 'convert the unchaste by means of their lirush'.)
It was thus that Mary Magdalen became the 'goddess of Love' or 'Venus of Divine Love' so often described in the wealth of literature devoted to her in the sixteenth and seventeenth centuries. Similarly Correggio uses the dual vocabulary of Eros and of Christian love to create his images of her. Pre-eminently regarded as Luke's sinner in this period, forgiven for she had loved greatly, she ascends from the excesses of sensual love to the heights of spiritual love: she is the 'amante Donna' (loving woman), 'l'innamorata' (the enamoured one), who is inflamed by her love. In the same vein, in a heated debate about Neoplatonic love in the fourth book Castiglione refers to her as an example of love which can aspire to heavenly love. When Signor Gasparo, who takes the role of the traditional misogynist among the assembled group, denies that women, constrained as they are by their less spiritual natures, can achieve divine love in the way men are able to ('l think that for men it will be hard to travel, but for women impossible,' he states), the Magnifico Giuliano dc" Medici retorts that the great Socrates himself, in the confessed to having been instructed in the mysteries of love by a woman, the wise Diotima. A further example of feminine love. this time Christian. is Mary Magdalen for. the Magnifico says, 'You must remember also that [she] was forgiven many sins because she loved much, and that she, perhaps in no less grace than St Paul, was many times rapt to the third heaven by angelic love.'"[19]

De fait:

"Lorenzo Buonincontri, one of Ficino 's confidants, names Venus the "sancta Dei genitrix" in the same breath as the Virgin Mary and describes her as the "goddess of goddesses" (diva dearum).
Therefore, for the neoplatonists, as for the early humanists, Venus personified the highest spiritual values. Boccaccio's "Santa Venere" and Giovanni di Francesco Nesi's idea of Venus as a "sacrata e vera dea" already has religious connotations."[20]

"During the Renaissance, the distinction between the earthly and spiritual realms, stemming from "two famous statues of statues of Venus, one draped, the other nude" by Praxiteles (Panofsky 153), was central to Neoplatonic interpretations of the 'Twin Venuses" of the Symposium, one celestial (Aphrodite Urania) and the other terrestrial (Aphrodite Pandemos) (Wind 138). In Ficino and Pico della Mirandola, both were celebrated as two noble aspects of love, divine and human (Amore celeste e umano) (Wind 139). As Erwin Panofsky points out, this distinction humanized the moralistic distinction made during the Middle Ages between Nature (represented by the naked Eve); and Reason or Grace (represented by fully clothed Virgin Mary). Such considerations inform Neoplatonic interpretations of two of the greatest paintings of the Renaissance: Titian's so-called "Sacred and Profane Love" of 1515, and Botticelli's "Birth of Venus" of 1480. In Titian's masterpiece, the Twin Venuses, one naked and one clothed, who sit on opposite ends of a sepulchre turned into a well, represent a gentle dialectic between "eternal and temporal values," between the "celestial and 'terrestrial'," and between "Amore celeste e umano" (Panofsky 151-153; Wind 148). Hence, the Church prominently visible in the less densely foliated landscape behind the naked Venus refers to the heavenly flame of spiritual love, represented by the burning jar of oil uplifted in her left hand, while the Castle in the dense background behind the clothed Venus may refer to the earthly values of courtly splendor, represented by the "vessel full of gold and gems" which she holds on the rim of the well (Panofsky 151). In Botticelli's "Birth of Venus," we see the naked Goddess arriving on the shore line, blown hither across the sea by the passionate wind of two embracing Zephyrs. The Hour of Spring greets her with a glorious floral robe which, however lovely, represents her descent from the "pure

---

[17] Encyclopedia of Comparative Iconography: Themes Depicted in Works of Art, Londres, Routledge, 2013. s/n.
[18] Liana Cheney, The Homes of Giorgio Vasari, New York, Peter Lang, 2006, pp. 101-102.
[19] Susan Haskins, Mary Magdalen: Truth and Myth, Londres, Random House, 2011, pp. 238-239.
[20] Doris Carl, Benedetto Da Maiano, Turnhout (Belgique), Brepols, 2006, p. 245.

celestial beauty" of her naked self at sea, into the clothed form of her earthly splendor as "Venere vulgare or Aphrodite Pandemos" (Wind 138)."[21]

"Once again, Ficino may have inspired the picture. Botticelli painted it as the commission of Lorenzo di Pierfrancesco de' Medici (of the cadet branch of the family), to whom Ficino had written letters in praise of Venus, claiming her to be the mother of almost every virtue heretofore assumed to have been Christian — love, dignity, beauty, modesty, temperance, honesty, and so on. The painting may be interpreted as anything between an involved riddle of Neoplatonic truth to a simple allegory of all those good and decent graces which a proper Florentine ought to have. However one interprets the picture, it is surely a mixture of classical and Christian themes, with Venus as Botticelli's version of the Virgin Mary.
A work similarly mythological, and even more famous, is the Birth of Venus (see plate 61). It is important first to observe Botticelli's style. Gone is the Renaissance tradition of volume and atmosphere which had been passed down from Masaccio. The picture is a work created principally by Botticelli's extraordinary use of line. Never was Botticelli more willing to exaggerate than n the depiction of Venus, long of neck, with sloping shoulders, and an unbelievable cascade of hair. The picture was commissioned for hanging, as a companion to Primavera, on an opposite wall of Lorenzo di Pierfrancesco's salon. Like Primavera, it too is a composite of classical mythology and Christian themes — a blend no doubt inspired by Ficino. According to the myth, from which the picture was taken, Venus was born from a sea that had been made fertile by the castration of Saturn. Such grisly business the delicate Botticelli chose not to recall. Instead, he represented two winged zephyrs (Christians might read, "angels") wafting the goddess Venus (Christians might read, "Christ") from the sea (Christians might read, "the Jordan River") on a shell (Christians might read, " 'symbol of baptism") onto the dry land, where she is met and vested by an Hour who is herself bedecked by the Laurentian laurel. Apparently, the observer of the picture could choose to see either a simple elegant instruction into an ancient myth, or the unveiling of the Christian mystery of the baptism of Jesus."[22]

Selon Charles R. Mack[23]:

"These essentially pagan readings of Botticelli's Birth of Venus should not exclude a more purely Christian one, which may be derived from the Neoplatonic reading of the painting indicated above. Viewed from a religious standpoint, the nudity of Venus suggests that of Eve before the Fall as well as the pure love of Paradise. Once landed, the goddess of love will don the earthly garb of mortal sin, an act that will lead to the New Eve – the Madonna whose purity is represented by the nude Venus. Once draped in earthly garments she becomes a personification of the Christian Church which also offers a spiritual transport back to the pure love of eternal salvation. In this case the scallop shell upon which this image of Venus/Eve/Madonna/Church stands may be seen in its traditionally symbolic pilgrimage context. Furthermore, the broad expanse of sea serves as a reminder of the Virgin Mary's title stella maris, alluding both to the Madonna's name (Maria/maris) and to the heavenly body (Venus/stella). The sea brings forth Venus just as the Virgin gives birth to the ultimate symbol of love, Christ."[24]

Dans le tableau de Botticelli:

"The nudity of Venus echoes that of Eve in the Garden of Eden. This has led some commentators to speculate that Venus is a personification of the Christian Church. One should note, for instance, that the title of the Virgin Mary is "stella maris": star of the sea. Perhaps the sea gives birth to Venus just as the Madonna gives birth to Jesus Christ."[25]

Ficin dans ses lettres n'écrit-il pas:

"E Venere fteffa di gratia, di bellezza e di fede madre, quello ingegno e quella eloquēza con elegāza con difce, con attillatura orna, e con uerace fede forma. Per ilche, niuno é che piu acuto, o piu elegante ueramente fi moftri che un'amante. E uoglio che noi fappiate, altro effere quella libidine che il tutto defidera, et altro l'amore, che de l'afpetto, de l'udito e de la contemplatione fi contēta. La quarta ragione finalmente è diuina, laquale il diuino Platone nel Fedro e nel convito con molte ragioni pruoua. Effendo ne la diuina mēte le efemplari forme di tutte cofe, e di quelle appreffo di noi folo certe ombre moftādofili tra quefte ombre niente piu chiaramente la bellezza del Creatore ci moftra, che la creata bellezza. E Platone pēfa che noi non cofi facilmēte, de la humana fapiēza, ouero da qual fi uogli altra noftra virtù, la diuina fapienza e l'altre virtù di Iddio inueftigar poßiamo, quāto da la humana bellezza a la bellezza diuina trouare, e trouata amare ci è conceffo. Conciofia che de le altre virtù che in Dio fono, la fimiglianza a le mēti fole fi conuēga, con la mēti fole fi conofca, ma il fimulacro de la diuina bellezza per tutte le cofe fi diffondi, e non folo con la mēte, ma anchora con gl'occhi, che di tutti i fenfi piu perfpicaci fono chiaramēte fi comprēde. Di quì pēfa egli che l'amore di humano diuino douēte, o niēte altro l'amore effer diffinifce, che defiderio di bellezza, la bellezza; niēte altro effere che la gratia, una gratia dico di tre gratie, cioè di tre cofe principalmente copomfta, e che fimalmēte da tre celefti potēze difcende, conciofia che Apollo permezzo de la gratia, de la confonāza muficale, alletti gl'afcoltanti. Venere per mezzo de la gratia del colore e de la figura rapifca i rifguardandi."[26]

Finalement, la critique contemporaine réaffirme l'identité idéologique et visuelle entre la Vierge et Vénus, même si nous verrons que l'identification, par dérivation, entre la présence du coquillage, et la

---

[21] Evans Lansing Smith, *The Hero Journey in Literature: Parables of Poesis*, Lanham (Maryland), University Press of America, 1997, pp. 178-179.
[22] Bard Thompson, *Humanists and Reformers: A History of the Renaissance and Reformation*, Cambridge, Wm. B. Eerdmans Publishing Co, 1996, pp. 252-253.
[23] Charles R. Mack, *Looking at the Renaissance: Essays toward a Contextual Appreciation*, Ann Arbor: University of Michigan Press, 2005, pp. 85-87; et "Botticelli's Venus: Antique Allusions and Medicean Propaganda", *Explorations in Renaissance Culture*, 28, 1 (Winter), 2002, pp. 1-31.
[24] http://en.wikipedia.org/wiki/The_Birth_of_Venus#cite_note-14, voir Mack, 2002, pp. 225-226.
[25] http://www.visual-arts-cork.com/famous-paintings/birth-of-venus.htm
[26] *Tomo II. delle lettere di Marsilio Ficino*, appresso Gabriel Giolito de'Ferrari, 1563, pp. 78-79.

Vierge comme perle (l'oeuf serait alors perle), bien que tentante et astucieuse, est iconographiquement et historiquement insoutenable, voire, pour être plus net encore, simplement fausse:

> "*Ce fut à Urbino — nous l'avons déjà dit — que Piero della Francesca peignit La Vierge et l'Enfant, entourés de saints et d'anges (Pinacothèque Brera de Milan). Arrêtons-nous à l'examen de la vaste coquille au-dessus de la tête de la Vierge et aussi à ce qu'on a considéré jusqu'à présent comme un oeufl rattaché par un fil à cette même coquille. Contrairement aux chercheurs qui nous ont précédé, nous osons croire que ces deux symboles (la coquille et l'objet qu'on a cru être un oeuf) doivent être interprétés ensemble. L'hymnographe byzantin Joseph le Studite (mort en 832) comparait la Vierge au Tabernacle du Logos et, en même temps, h une coquille ayant porté la perle divine. La comparaison du Christ à une perle revient, dans le Manuel d'iconographie chrétienne grecque et latine (édité par Didron et P. Durand, Paris, 1845, p. 209) et sur le philactère porté par Barlaam dans une fresque de l'église Saints-Pierre-et-Paul de Târnovo, en Bulgarie, et aussi dans la quatrième ode de « L'office votif de la Communion ».*
> *Comment est-on arrivé à cette comparaison? «Saint Éphrem (IVe siècle), dans un sermon conservé en grec, voit une figure de la conception et de la naissance virginales de Jésus, dans la manière dont il explique la production de la perle. Quand la foudre tombe dans la mer, un mélange de feu et d'eau pénètre dans le coquillage, la perle se forme dans le crustacé et s'en sépare sans le blesser ou l'altérer en quoi que ce soit. Cette fable sur l'origine des perles devait avoir cours dans le peuple et provient du mythe d'Aphrodite. Ce sont les Gnostiques, qui, les premiers, en ont fait l'application à Jésus-Christ ».*
> *Nous nous permettons donc de penser, ne fût-ce qu'en tant qu'hypothèse de travail, que, dans ce cas aussi, on pourrait voir une transposition picturale d'une des odes de YAcathiste dans ce fameux tableau de Brera.*
> *Regardons une dernière fois cette peinture: qui est ce personnage ecclésiastique, le seul portant la barbe, aux côtés de Frédéric de Montefeltro agenouillé? On a pensé à saint Ubaldo ou à saint André. Dans le groupe à droite de la Vierge on reconnaît, entre autres saint Bernardin de Sienne (mort en 1444). Lors de sa canonisation, le pape eut recours à Bessarion. Le portrait du cardinal grec figure dans le Studiolo (au Louvre) du duc Frédéric, ce qui n'est pas pour nous surprendre. En effet, c'est l'ancien évêque de Nicée qui baptisa Antonio de Fettro, un des frères du seigneur d'Urbino. Une Iliade en grec, cadeau de Bessarion à son filleul, se trouve encore dans la ville natale de Raphaël Sanzio. Le personnage en question serait-ce Bessarion?*
> *Nous n'oserons l'affirmer (pour le moment du moins). Nous rappellerons cependant que Piero délia Francesca avait peint un portrait du cardinal grec (il figurait aux côtés de Charles vu de France et du prince de Salerne). Il se trouvait au Vatican, dans la Chapelle Sixtine. La comparaison avec le personnage figurant dans le tableau de la Pinacothèque de Brera est rendue, malheureusement, impossible: cette peinture a disparu.*"[27]

L'extrait suivant confirme encore l'identité habituelle entre Vénus et la Vierge, bien que, là encore, nous allons le voir, l'idée, pourtant communément admise, de l'oeuf du tableau de Piero della Francesca comme objet ou motif propre du peintre est fausse (ce qui nous permettra de le réintroduire dans le *corpus* contextualisé de l'époque):

> "*Let's that aside, for the moment, as well as the magnificent and monumental perspective, which is a distinctive Piero della Francesca's feature, and focus on the egg. In fact the altarpiece is universally known for the pendent egg detail. Not for the shell in the canopy of the half dome though, since this iconographic theme is not unusual in the fifteenth century italian painting panorama, especially the Florentine and Venetian one. Many italian Madonnas have been portrayed under a huge marine shell. While this hanging down egg is a unique. So clear in its rendering to cause a state of perplexity among art critics, who have defined it "ostrich egg". Perhaps intending to underline a singularity which instead, back in renaissance, should have not.*"[28]

3. Jésus et l'oeuf

Dialectisant la première citation du présent travail, dans sa *Dissertation physico-théologique touchant la conception virginale de Jésus* de 1742, 'abbé Pierquin écrit:

> "*CINQUIÈME PROPOSITION*
> *Le Seigneur Jésus a pris naissance, selon la chair, dans un œuf de la Vierge Marie. Tous les saints du Vieux Testament, dit l'abbé Rupert, demandaient Jésus-Christ, et le cherchaient. Ils demandaient tres tres ardemment au Père des miséricordes, cet œuf que les oracles prophétiques avaient annoncé certainement et sans aucun doute. Cet œuf que le S. Esprit devait couvrir de son ombre, survenant en lui à la façon d'un oiseau qui se repose sur son œuf, jusqu'à ce que le poulet qu'il renferme y soit entièrement formé; c'est ce qui devait arriver, et c'est ce qui s'est fait.*
> *On sait certainement deux choses touchant la conception du Seigneur Jésus; la première, que Marie est aussi véritablement sa mère qu'une femme ordinaire est mère de l'enfant qu'elle a conçu dans son sein; la seconde, qu'il a été formé dans les entrailles d'une vierge de la matière dont l'enfant est produit dans le ventre de sa mère, c'est-à- dire que la Sainte Vierge a donné au S. Esprit, pour former le Corps sacré de Jésus ce que les mères ont accoutumé de fournir pour la génération de leurs enfants.*
> *L'enfant naît d'un œuf dans le sein de sa mère, et les femmes, comme on l'a démontré d'une manière nette et convaincante, ne sont mères des enfants, dont elles deviennent grosses, qu'en fournissant, pour les former, des œufs qui renferment en abrégé dans leurs germes des foetus*

---
[27] Marinesco Constantin, "*Thèmes et types iconographiques d'origine byzantine dans l'oeuvre de Pisanello, Filarete et Piero della Francesca*", Comptes rendus des séances de l'Académie des Inscriptions et Belles-Lettres, 102ème année, No 3, 1958, pp. 286-287.
[28] http://www.labyrinthdesigners.org/alchemy-religious-art/piero-della-francesca-and-the-philosophical-pendent-egg/

entiers; il faut donc soutenir, pour raisonner conséquemment, que le Seigneur Jésus tire son origine tire son origine d'un œuf de Marie; et que cette fille de David a donné à S. Esprit, "un germe choisi" qui contenait en miniature le corps délicat de cet Enfant divin."[29]

  L'origine de ce symbole est, pour le moins, reconnaissable dans la mythologie égyptienne[30] (et nous verrons que, plus généralement, indo-européenne, nous y reviendrons postérieurement, bien que brèvement, car il n'est pas ici de notre propos d'entretenir une histoire des religions comparées, mais de recadrer l'oeuvre de Piero della Francesca dans son époque, dans ses pratiques et dans ses croyances, qui, toutes trois, déterminent le motif en question de l'oeuf pendu du toit de l'abside):

"Cette correspondance éclaire le lien que le lièvre entretient avec la fête de Pâques. Le lièvre Cet animal est présent dans le folklore entourant la célébration de Pâques. Osiris est lié à l'œuf comme le souligne Fawzia Assaad: "le cercle de la vie et de la mort s'exprimait dans la tragédie d'Osiris comme le corps mystique du Dieu, lui-même représenté sous la forme d'un cercle. Quand Seth tua Osiris, il disloqua ses vertèbres en plusieurs endroits, fléchit ses jambes, força la tête entre les cuisses, l'enchaîna dans des cordes, l'enveloppa d'un linceul et donna au corps la forme d'un œuf, d'un très grand œuf'. Osiris renaîtra de son œuf et l'œuf deviendra symbole de résurrection. Dans le rituel du mois de Khoïak à Denderah, on donnait à l'image d'Osiris Sokaris la forme d'un œuf et on l'enveloppait de feuilles de sycomore — symbole de la déesse Nout, pour qu'il naisse de nouveau" (Fawzia Assaad, Préfigurations égyptiennes de la pensée de Nietzsche, pp. 51-52)."[31]

"L'œuf servi aux repas de la Pâque n'a pas une origine moins ancienne; les Égyptiens notamment ont encore actuellement l'habitude de le teindre en rouge. Chez les Indous, les Babyloniens et les Perses, comme chez les Romains, les Germains et les Slaves, il figure l'œuf du monde dont toutes les choses sont tirées. L'aurore des temps doit reparaître: voilà le sens de cet usage antique et universel de l'œuf rouge mangé au retour du printemps quand la nature revient à la vie. L'œuf contient la vie comme le tombeau renferme le corps destiné à la résurrection; mais il viendra un jour où il sera créé un ciel nouveau et une terre nouvelle, et où l'homme sortira vivant du tombeau pour être établi le maître de la nouvelle création. De même que tout revit et refleurit au printemps, ainsi l'homme espère le réveil après la mort, et la résurrection du Sauveur ne peut que confirmer la croyance générale à la résurrection et à la glorification du corps."[32]

  Dans le monde chrétien:

"Par ailleurs, l'œuf n'est qu'une invention diabolique des catéchètes pour embêter tout le monde. Son principe n'est pas inscrit dans la Mémoire. Le défi: les catéchètes trouveront-ils les grands principes dans la Mémoire? Les catéchumènes pourront-ils en faire de même pour l'oeuf?"[33]

  L'oeuf auquel réfère l'auteur est celui-ci:

"Afin de rappeler en permanence que la Mémoire et les grands principes revendiquent une vie bonne et belle dont on prenne soin, chacun devra prendre soin d'un oeuf cru durant la durée du camp. On ne s'en sépare que durant la nuit."[34]

  On retrouve bien là l'idée génésiaque de naissance du monde, associée à celle de protection et de tendresse, valeurs, vertus et motifs de Jésus et de sa mère.

4. L'image
4.1. Description du tableau
  Le tableau de Piero della Francesca est ainsi décrit:

"La Conversation sacrée (Sacra conversazione con la Madonna col Bambino, sei santi, quattro angeli e il donatore Federico da Montefeltro) est une œuvre de Piero della Francesca qu'il réalisa pour l'église San Donato degli Osservanti en 1472.
C'est une huile sur bois de 248 cm × 150 cm. Elle est conservée à la Pinacothèque de Brera à Milan.
Il s'agit d'une œuvre commanditée par le duc d'Urbino, Frédéric III de Montefeltro, pour certains historiens pour célébrer la naissance de son fils, Guidobaldo; pour d'autres, ses victoires et ses conquêtes en Maremme.
Initialement peint pour l'église d'Osservanti di San Donato à Urbino, le tableau est transféré, après la mort du duc en 1482, à l'église San Bernardino, dans son mausolée.
Il s'agit d'une Vierge à l'Enfant en majesté (sur un trône), entourée de personnages sacrés placés de chaque côté dont le commanditaire de l'œuvre (thème iconographique chrétien dit de la conversation sacrée).

---

[29] Jean Pierquin, *Dissertation physico-théologique touchant la conception de Jésus-Christ dans le sein de la Vierge Marie, sa mère*, Grenoble, Jérôme Millon, 1996, pp. 75-76.
[30] Comme c'est aussi le cas dans la relation Marie-Espérance-Isis, voir notre ouvrage: *Isis au Moyen Age: mutations, permutations: Essai sur le syncrétisme dans la mythologie de la Renaissance*, 2010.
[31] Dibombari Mbock, *La Passion d'Osiris: Le Christ avant Jésus*, Lulu.com, 2014, p. 140. Citant Fawzia Assaad, *Préfigurations égyptiennes de la pensée de Nietzsche: essai philosophique*, Lausanne, L'Âge d'Homme, 1986, pp. 52-53, lequel compare également avec Dionysos.
[32] Johann Nepomuk Sepp, *Jésus-Christ: études sur sa vie et sa doctrine dans leurs rapports avec l'histoire de l'humanité*, Louvain, C.J. Fonteyn, 1869, T. II, p. 266.
[33] Maurice Baumann, *Jésus à 15 ans: didactique du catéchisme des adolescents*, Genève, Labor et Fides, 1993, p. 235.
[34] *Ibid.*, p. 234.

On reconnaît les saints à leurs attributs:
À gauche:
Saint Jean baptiste (bâton et vêtu de peau de chameau)
Saint Bernardin de Sienne (profil acéré reconnaissable)
À droite:
saint Jérôme (veste d'ermite et cape rouge d'évêque)
Saint François d'Assise (stigmates)
Saint Pierre martyr (blessure à la tête)
Saint Jean évangéliste (manteau rose et coiffure bouclée)
.../...
Le commanditaire de l'œuvre, Frédéric III de Montefeltro, est représenté en armure, à genoux devant le Christ (dans son prolongement) et il est peint sans les insignes attribués en 1475 par le pape Sixte IV (ce qui permet de dater le tableau avant 1474). Contrairement aux autres œuvres représentant Frédéric de Montefeltro, sa femme, Battista Sforza, n'apparaît pas, en effet elle était déjà morte en couche avant l'exécution du diptyque, du triomphe, et sa place reste désespérément vide devant son mari dans la conversation sacrée."[35]

4.2. Les Saints et les anges

La présence d'anges derrière le groupe, comme accompagnants, rappelle le concert des anges, précisément, du panneau du *Concert des Anges et la Nativité* du *Retable d'Issenheim* (1512-1516)[36].

Quant aux Saints qui entourent la Vierge à l'enfant, leur élection ne peut pas passer inaperçue.

Tout d'abord, le Baptiste tient son rôle typologique de préfiguration, mais, doublé ici par l'Évangéliste, l'autre Jean, celui qui restera avec la Vierge, après le martyre, il rappelle aussi l'avènement, par deux voies: l'annonciation (la sienne propre, dans son rôle de baptisateur, puis celle de l'arrivée au monde du Christ enfant) et la rédemption par la nouvelle alliance (par son rôle, là encore, de baptisateur, puis par celui de Saint Jean l'Évangéliste dans la référence à la *Passion* et sa conséquence dans l'introduction de la Nouvelle Loi pour l'humanité).

En ce sens, on n'aura pas de mal à comprendre la présence du Saint d'Assise, pour Italien, comme Bernardin de Sienne, celui-ci en outre contemporain, puisque mort à peine en 1444. Toutefois, Saint François représente, plus concrètement l'*Imitatio Christi*, auquel tend, comme on le verra, le sens de l'oeuf, en particulier d'autruche, en général pour le chrétien, mais aussi pour le prêtre.

A son tour devient évidente alors la place que tient Saint Pierre, comme il est dû, de fondation de l'Église, que contient en germe l'enfant dès avant son parcours mystique, son sacrifice, et la transmission de sa charge pastorale aux apôtres et à Pierre. Pareillement, Saint Jérôme agit ici comme instaurateur du culte, scribe des Saintes Écritures.

4.3. Saint Bernardin

Reste à nous occuper du cas de Saint Bernardin, non moins évident, selon nous.

Nous avons évoqué le double caractère de contemporanéité et d'italianité de Bernardin, *"surnommé "l'apôtre de l'Italie" pour ses efforts en faveur du retour de la foi catholique dans son pays au XVe siècle"*[37], en référence et comparaison avec Saint François. Cette considération est confirmée par l'association des deux saints dans l'iconographie italienne de la Vierge à l'enfant, que l'on retrouve dans la fresque de Benozzo Gozzoli (1450) comme pour San Fortunato à Montefalco, comme, également, chez Alvise Donato dans son tableau de 1452 représentant *La Vierge à l'enfant avec Saint François et le*

---

[35] http://fr.wikipedia.org/wiki/La_Conversation_sacr%C3%A9e
[36] *"Panneau central: l'absence de moulure médiane d'encadrement à l'endroit où se rejoignent les deux panneaux fermant la caisse crée l'illusion d'un panneau central unifié (continuité spatiale des nouveaux polyptyques), bien que la composition soit bipartie. D'une part, le Concert des Anges, de l'autre, la Vierge et l'Enfant, séparés par un grand rideau vert sombre. Ce panneau est la partie du retable qui a suscité le plus de commentaires. L'ensemble de la composition est avant tout un hommage à Marie, dont les anges chantent les louanges et qui s'offre aux fidèles sous plusieurs aspects. Agenouillée sous le baldaquin du Concert des Anges, elle est l'Immaculée Conception mais aussi la Vierge au Temple, avant son mariage. Dans le panneau droit, elle est la Mère du Fils de Dieu qui s'est fait homme. Marie sera enfin la Vierge couronnée par les Anges, accomplissement suggéré à nouveau dans le Concert des Anges par deux anges portant sceptre et couronne au-dessus de la Vierge agenouillée."* (http://fr.wikipedia.org/wiki/Retable_d'Issenheim#Premi.C3.A8re_ouverture)
[37] fr.wikipedia.org/wiki/Bernardin_de_Sienne; voir aussi http://www.wf-f.org/StBernardine.html et http://www.catholicnewsagency.com/news/st.-bernardine-of-siena-apostle-of-italy-celebrated-may-20/

donnateur *Fra Jacopo da Montefalco* (à gauche) *et Saint Bernardin de Sienne* (à droite) (conservé au Kunsthistorisches Museum de Vienne)[38].

L'association entre les deux saints se répètent encore, entre un grand nombre d'autres, dans la tapisserie flamande de *L'Arbre de Saint François* (1471-1572); l'*Adoration* d'Altobello Melone; *Le Christ sur la Croix* d'Alvise Donato; dans l'abside (1452), encore de Gozzoli, de San Francesco à Montefalco (entre les également italiennes Sainte Catherine d'Assise et Sainte Catherine de Sienne); chez Guernico dans son *Saint Bernardin et Saint François en prière devant la Vierge de Lorette*[39].

Et il y a sans doute une raison à cela. L'abbé de Solesmes, Prosper Guéranger, le considérait comme "*le noble enfant de saint François*", mais en outre il rappelait qu'on le célèbre en relation avec "*le temps pascal*" de "*L'année liturgique*".

"LE XX MAI.
S. BERNARDIN DE SIENNE, CONFESSEUR.
Dans une autre saison de l'année liturgique, lorsque nous apportions nos hommages et nos vœux au berceau de l'enfant divin, une de nos journées fut consacrée à célébrer la gloire et à goûter la douceur de son nom. La sainte Église tressaillait de bonheur en prononçant ce nom chéri que son céleste Époux a choisi de toute éternité, et le genre humain respirait à l'aise, en songeant que le grand Dieu qui pourrait s'appeler le Juste et le Vengeur, consentait à se nommer désormais le Sauveur. Le pieux Bernardin de Sienne que nous fêtons aujourd'hui nous apparut alors portant dans ses mains et élevant aux regards des hommes ce nom béni entouré de rayons. Il invitait toute la terre à vénérer avec amour et confiance cette appellation sacrée sous laquelle se révèle divinement toute l'économie de notre salut. L'Église attentive acceptait ce signe sacré; elle encourageait ses fidèles à recevoir des mains de l'homme de Dieu un bouclier si puissant contre les traits de l'esprit des ténèbres, à goûter surtout un nom qui nous apprend jusqu'à quel excès Dieu a aimé le monde; et lorsque le saint nom de Jésus eut enfin conquis par son adorable beauté tous les cœurs chrétiens, elle lui consacra une des plus touchantes solennités du Temps de Noël.
Aujourd'hui le noble enfant de saint François a reparu, et ses mains tiennent toujours la glorieuse effigie du nom sacré. Mais ce n'est plus l'appellation prophétique de l'enfant nouveau-né, le doux nom que la Vierge-mère murmurait avec tendresse et respect, penchée sur son berceau; c'est un nom qui retentit plus fort que tous les tonnerres, c'est le trophée de la plus éclatante des victoires, c'est la prophétie accomplie en son entier. Le nom de Jésus promettait au genre humain un Sauveur; Jésus a sauvé le genre humain en mourant et en ressuscitant pour lui; il est maintenant Jésus dans toute la plénitude de son nom. Parcourez la terre, et dites-nous en quel lieu ce nom n'est pas connu; dites-nous quel autre nom a jamais réuni les hommes en une seule famille.
Les princes de la Synagogue ont voulu arrêter l'essor de ce nom victorieux, l'étouffer dans Jérusalem; ils ont dit aux Apôtres: «Nous vous défendons d'enseigner en « ce nom 1; » et c'est pour leur répondre que Pierre a prononcé cette forte sentence qui résume toute l'énergie de la sainte Église: «Mieux vaut obéir à Dieu qu'aux hommes.» Autant eût valu essayer d'arrêter le soleil dans son cours; et lorsque bientôt la puissance romaine s'est mise en devoir de mettre obstacle par ses édits à la marche triomphante de ce nom devant lequel tout genou doit fléchir, elle s'est vue réduite à l'impuissance. Au bout de trois siècles le nom de Jésus planait sur le monde romain tout entier.
Armé de ce signe sacré, Bernardin parcourut au xve siècle les villes de l'Italie armées les unes contre les autres, et souvent même divisées jusque dans leur propre sein. Le nom de Jésus entre ses mains devenait l'arc-en-ciel de la paix; tout genou fléchissait, tout cœur ulcéré et vindicatif s'apaisait, tout pécheur courait aux sources du pardon, dans tous les lieux où Bernardin avait arboré ce puissant symbole. Les trois lettres qui représentent ce nom a jamais béni devenaient familières à tous les fidèles; on les sculptait, on les gravait, on les peignait partout; et la catholicité acquérait pour jamais une expression nouvelle de sa religion et de son amour envers le Sauveur des hommes.
Prédicateur inspiré, Bernardin a laissé de nombreux écrits qui révèlent en lui un docteur de premier ordre dans la science de Dieu. Il nous serait agréable, si l'espace nous le permettait, de le laisser exposer ici les grandeurs du mystère de la Pâque; donnons du moins son sentiment sur l'apparition du Sauveur ressuscité à sa sainte mère. Le lecteur catholique verra avec joie l'unité de doctrine qui se point si important régner entre l'école franciscaine représentée par saint Bernardin, et l'école dominicaine dont nous avons produit le témoignage à la fête de saint Vincent Ferrier.
«De ce que l'histoire évangélique ne donne aucun détail sur la visite que le Christ fit à sa mère pour la consoler, après qu'il fut ressuscité, on ne saurait conclure que le très-miséricordieux Jésus, source de toute grâce et de toute consolation, si empressé à réjouir les siens par sa présence, aurait oublié sa mère qu'il savait avoir été si pleinement abreuvée des amertumes de sa Passion. Mais il a plu à la providence de Dieu de ne pas nous manifester cette particularité par le texte même de l'Évangile, et cela pour trois raisons.
«En premier lieu, à cause de la fermeté de foi qui était en Marie. La certitude qu'avait la Vierge-mère de la résurrection de son fils ne fut ébranlée en rien, même pas par le doute le plus léger. On le croira aisément, si l'on veut réfléchir à la grâce très-particulière dont fut remplie la mère du Christ-Dieu, la reine des Anges, la maîtresse de l'univers. Le silence de l'Écriture à ce sujet en dit plus que l'affirmation même aux âmes vraiment éclairées. Nous avons appris è connaître Marie lors de la visite de l'Ange, au moment où l'Esprit-Saint la couvrit de son ombre; nous l'avons retrouvée au pied de la croix, mère de douleurs, se tenant près de son fils mourant. Si donc l'Apôtre a pu dire: «En proportion de ce que vous aurez eu part aux souffrances, vous « participerez aux consolations;» calculez d'après cela la mesure selon laquelle la Vierge-mère dut

---
[38] http://www.wikiart.org/en/benozzo-gozzoli/madonna-and-child-with-st-francis-and-the-donor-fra-jacopo-da-montefalco-left-and-st-bernardino-1452 et http://www.wf-f.org/StBernardine.html
[39] http://www.gettyimages.com/detail/illustration/st-francis-tree-by-flemish-work-1471-1472-15th-century-stock-graphic/115617885,
http://www.christies.com/lotfinder/lot/altobello-melone-the-adoration-of-the-child-3957211-details.aspx?intObjectID=3957211,
http://www.poderesantapia.com/art/benozzogozzoli/montefalco.htm,
https://dg19s6hp6ufoh.cloudfront.net/pictures/612208778/mosaic/I_Santi_Bernardino_da_Siena_e_Francesco_d'Assisi_con_la.jpeg?1391532033,
http://www.universal-prints.com/english/fine-art/artist/image/alvise-donato/20423/1/135663/christ-on-the-cross-with-mary,-mary-magdalene,-john-the-evangelist,-saint-francis-of-assisi-and-saint-bernardine-of-siena/index.htm

être associée aux joies de la résurrection. On doit donc tenir pour certain que son très-doux fils ressuscité l'a consolée avant tous les autres. C'est ce que la sainte Église romaine semble vouloir exprimer en célébrant à Sainte-Marie-Majeure la Station du jour de Pâques. Autrement si, de ce que les Évangélistes n'en disent rien, vous vouliez conclure que son fils ressuscité ne lui est pas apparu en premier lieu, il faudrait aller jusqu'à dire qu'il ne s'est pas du tout montré à elle, puisque les mêmes Évangélistes, dans les diverses apparitions qu'ils rapportent, n'en signalent pas une seule qui la concerne. Une telle conclusion aurait quelque chose d'impie.

« En second lieu, le silence de l'Évangile s'explique par l'infidélité des hommes. Le but de l'Esprit-Saint, en dictant les Évangiles, était de décrire celles des apparitions qui pouvaient enlever tout doute aux hommes charnels au sujet de la croyance en la résurrection du Christ. La qualité de mère eût diminué à leurs yeux le témoignage de Marie; et c'est pour ce motif qu'elle n'a pas été alléguée, bien qu'il ne pût y avoir, assurément, parmi tous les êtres nés ou à naître, si l'on en excepte l'humanité de son fils, aucune créature dont l'assertion méritât mieux d'être admise par toute âme vraiment pieuse. Mais il fallait que le texte évangélique ne nous produisît que des témoignages qui fussent de nature à être émis en présence de tout le monde; quant à l'apparition de Jésus à sa mère, l'Esprit-Saint l'a laissée à ceux qui sont éclairés de sa lumière.

« En troisième lieu, ce silence s'explique par la sublimité même de l'apparition. Après la résurrection, les Évangiles ne disent plus rien sur la mère du Christ, par cette raison que ses relations de tendresse avec son fils furent désormais tellement sublimes, tellement ineffables, qu'il n'y aurait pas de termes pour les exprimer. Il est deux sortes de visions: l'une purement corporelle, et faible en proportion; l'autre qui a son siège principal dans l'âme, et qui ne convient qu'aux âmes déjà transformées. Admettez, si vous voulez, que Madeleine a eu part avant les autres à la vision purement corporelle, pourvu que vous reconnaissiez que la Vierge a vu avant elle, et d'une manière bien autrement sublime, son fils ressuscité, qu'elle l'a reconnu, et qu'elle a joui tout d'abord de ses délicieux embrassements dans son âme plus encore que dans son corps."[40]

Nous reviendrons sur l'importance de cette rédemption de l'infidélité, associée à la Fausse Doctrine et, donc, à la Synagogue, pour notre étude, par rapport à la question de la faiblesse de la foi des humains, par opposition ici à la force de celle de la Vierge.

Saint Bernardin est le disciple, également, de la Vierge[41] et de Saint Joseph[42], connu pour les sermons qu'ils leur dédia et sa piété envers eux. Il l'est donc aussi de la naissance de Jésus (voir son *Sermon sur le nom glorieux de Jésus*[43]).

Il réapparaît ainsi de nouveau comme l'un des deux Saints (l'autre étant Saint Léonard) dans la *Vierge à l'enfant* de Bernardino Butinone[44] et chez Sano di Pietro (1465-1470) pour le Buonconvento de Sienne de l'église des Saints Pierre et Paul[45].

Dans ce cadre, il est intéressant de noter que, dans le cadre de ses sermons matrimoniaux, il se réfère à la comparaison explicitement maternelle, et donc, pour notre *corpus*, mariale de l'oeuf:

"Sauras-tu me dire quelle est la plus belle et la plus utile chose qui soit dans une maison? Est-ce d'avoir beaucoup de domestiques obéissants et bien habillés? Ce n'est pas cela. Serait-ce d'avoir de l'argenterie, des tentures de drap ou de velours? Ce n'est pas cela. Serait-ce d'avoir des enfants obéissants, sages et aimables? Non pas cela. Quoi donc? Le sais-tu? le sais-tu? C'est d'avoir une femme belle, grande, bonne, gage, honnête, douce, et qu'elle donne à son mari de petits enfants. Certes, c'est là le plus bel ornement qui puisse être dans une maison. Sais-tu comment est cette femme? Elle est comme le soleil qui illumine le monde, et, sur la terre, rien de plus beau que le soleil. Qui le dit? L'Ecclésiastique au chap. IV. Sicut sol ornamentum in altissimis ita mulier sapiens in domo viri.

Il veut qu'on juge la femme, comme l'arbre, d'après ses fruits. Or, demande-t-il, peut-on voir un plus beau fruit qu'un petit enfant? N'est-ce pas le fruit de l'arbre planté dans le paradis terrestre et formé des mains de Dieu même? Aussi s'indigne-t-il contre ceux qui, ne sachant pas reconnaître la beauté de ce fruit, n'ont pas égard à la femme qui le leur donne.

Il est des hommes qui sauront mieux supporter une poule, à cause de l'œuf frais qu'elle pond tous les jours, qu'ils ne supporteront leur propre femme. Si, par hasard, la poule brise un pot ou un gobelet, ils ne la battent pas, pour n'être pas privés de son fruit qui est l'œuf, fous à enchaîner, vous ne savez pas supporter une parole de vos femmes qui vous font de si beaux fruits ! car, si une femme dit une parole de plus qu'il ne convient à son mari, subitement celui-ci prend le bâton et commence à la battre: et la poule qui glousse toute la journée sans aucun repos, tu la supportes patiemment pour avoir l'œuf qui peut-être se cassera... Des maris bourrus battent leurs femmes, quand ils ne les trouvent pas assez parée, tandis qu'ils supportent que la poule fasse ses crottes jusque sur la table... Considère donc, malheureux, considère le beau fruit de la femme, et sois patient: il ne faut pas la battre pour la moindre chose. Non!..."

---

[40]Prosper Guéranger, *L'Année liturgique*, Paris, H. Vrayet de Surcy, 1862, "*Sixième Section. Le Temps Pascal*", T. II, pp. 642-647. L'auteur spécifie d'ailleurs, dès la "*Préface*" du présent tome, p. V: "*Ce nouveau volume reprend la suite du Temps pascal au Lundi de Quasimodo, et conduit jusqu'au samedi qui précède le cinquième Dimanche après Pâques. L'abondance des mystères qui se pressent dans ces quarante jours que Jésus ressuscité passa encore sur la terre, ne nous a pas permis de pousser plus loin notre marche; mais, dans tous les cas, il nous eût été impossible d'aborder dans ce volume les hauts mystères de l'Ascension et de la Pentecôte, qui forment le complément du Temps pascal. Un troisième tome terminera cette sixième section de l'Année liturgique, et nous avons le désir de ne le pas faire attendre.*"
[41]Sermon sur "*Les sept paroles de Marie*", http://missel.free.fr/Sanctoral/05/20.php
[42]"*Sermon sur saint Joseph*", http://tfp-france.org/15376/sermon-sur-saint-joseph-de-saint-bernardin-de-sienne
[43]http://missel.free.fr/Sanctoral/05/20.php
[44]http://www.gettyimages.com/detail/news-photo/madonna-with-child-and-an-angel-st-leonard-st-bernardine-of-news-photo/450080415 On peut supposer une dévotion du peintre à son Saint éponyme.
[45]http://www.museisenesi.org/museisenesistatici/SitoSiena/eng/SantiSenesi.html C'est ici la localisation de l'église qui indique la dédication au Saints siennois.

La femme, pourtant prédicateur, est aussi celle qui gouverne la maison; ce lui est une occasion de peindre, avec la précision réaliste d'un maître hollandais, deux petits tableaux d'intérieur: d'une part, la bonne mt^nagère, tenant tout en ordre, rangeant son grenier, soignant l'huile, le vin et les salaisons, répartissant ce qui est à vendre et à garder, faisant filer et tisser la toile des draps, etc.; en opposition, l'homme qui n'a pas de femme pour tenir son ménage, et chez lequel tout est sale et en désordre; son huile se répand, et il se borne à jeter un peu de terre dessus; son vin tourne au vinaigre:
Au lit, sais-tu comment il se couche? Il dort dans un fossé, et le drap qu'il a mis sur le lit, on ne l'enlève pas jusqu'à ce qu'il soit déchiré. De même, dans la salle où il mange, gisent par terre les cosses de melon, des os, des épluchures de salade, et toutes sortes de choses laissées sur le sol, sans être presque jamais balayées. La table, sais-tu comment elle est servie? On pose tout sur la nappe qu'on n'enlève que quand elle est pourrie. Le billot est un peu nettoyé, parce que le chien le lèche et le lave. Les pots sont tous brisés. Va, regarde. Sais-tu comment vit cet homme? Il vit comme un animal. Je t'assure qu'on ne peut jamais bien vivre en vivant seul. Femmes, saluez!"[46]

4.4. Le donateur: Frédéric III de Montefeltro

En outre d'être "*connu pour avoir prêché contre les Juifs, les homosexuels, les «sorcières» et les «hérétiques». Certains de ces accusés périrent sur le bûcher*"[47], ce qui est important pour nous, comme on le verra (pour l'opposition entre la Vraie et la Fausse doctrine, son attention à la naissance du Christ comme principe de la Nouvelle Alliance se comprenant sans doute pour cela aussi) - et même si, donc, "*L'usure est un des principaux objets de ses attaques, et il est le principal instigateur de l'établissement de sociétés de prêts sur gages, aussi connues sous le nom de mont-de-piété*"[48] -, Saint Bernardin fut aussi:

"... aussi le premier depuis Pierre de Jean Olivi à dédier une œuvre entière à l'économie. Son Tractatus de contractibus et usuris (Traité sur les contrats et sur l'usure) est consacré à la justification de la propriété privée, à l'éthique du commerce, à la détermination de la valeur et des prix, et à la question de l'usure. Sa plus grande contribution à l'économie est la discussion et la défense de la figure de l'entrepreneur. Il souligne que le commerce, comme les autres occupations, peut être pratiqué légalement ou illégalement, car toute profession fournit des occasions de pécher. De plus, les marchands assurent d'utiles services: transporter des marchandises d'une région riche à une région pauvre, entreposer des biens afin qu'ils soient disponibles pour le consommateur, et, comme artisans et comme entrepreneurs industriels, transformer des produits bruts en produits manufacturés."[49]

Il nous semble alors que, par rapport au donateur, dans cette "*conversation sacrée*" entre celui-ci et la Vierge, comme suprême intercesseur, et les Saints, ses accompagnants et adjuvants, peut exister une sorte de connexion idéologique, puisqu'on sait de Frédéric III Montefeltro les éléments suivants:

"Dans les années 1450, Frédéric combattit pour le roi de Naples et son allié le pape Pie II. Il se remaria avec Battista Sforza, issue d'une autre célèbre famille de condottieres qui étaient les maîtres de Milan. Dans l'accord avec les Sforza — Frédéric ne combattit jamais pour rien — il leur transférait le contrôle de Pesaro et recevait en échange Fossombrone, se faisant par là même un grand ennemi dans les Marches, Sigismondo Pandolfo Malatesta, seigneur de Rimini.
À partir de 1459, en Romagne, il combattit pour le pape Pie II, à nouveau contre Malatesta, à qui il infligea une sévère défaite sur le fleuve Cesano, près de Senigallia (1462). Le pape le nomma vicaire des territoires conquis, mais lorsque Pie II voulut reprendre personnellement le contrôle de l'ancienne capitale des Malatesta à Rimini, Frédéric se retourna contre lui et combattit à la tête d'une alliance des villes formée contre la puissance papale.
En 1474, le duché d'Urbino fut confirmé à Frédéric, par extension aux illégitimes du titre accordé à son demi-frère, par le pape Sixte IV qui maria son neveu favori Jean della Rovere (Giovanni) à la fille de Frédéric III, Jeanne (Giovanna). Dans le même temps, il fut nommé gonfalonier de l'Église catholique romaine et ajouta, de ce fait, les attributs dits Gonfalone pontificio (Gonfalon pontifical) ou Basilica.
En août 1474, il fut nommé chevalier de l'Ordre de la Jarretière.
Frédéric combattit à nouveau contre ses anciens maîtres florentins à la tête de l'armée pontificale, après l'échec de la conspiration des Pazzi de 1478, dans laquelle Frédéric était fortement impliqué."[50]

"Federico (Frédéric) III (14221482), fils naturel de Guidantonio et successeur du fils légitime de ce dernier, Oddantonio, est une des grandes figures de son temps. En 1444, il reçoit du pape Sixte IV le titre de duc d'Urbin. Politique avisé dont la dont la seigneurie est une image du « bon gouvernement » selon les idéaux humanistes, il fait en même temps une brillante carrière de condottiere sous divers maîtres: Francesco Sforza (14441447), Florence (14471451), le roi de Naples, puis surtout le pape Pie II; il conquiert à son service l'essentiel des terres de son ennemi Sigismondo Pandolfo Malatesta (1462-1463) et le pape lui cède la seigneurie, si bien qu'à sa mort la superficie de son État aura triplé. Par contre, il sauve la domination de Roberto Malatesta sur Rimini, menacée par les ambitions du pape Paul II, après la mort de

---

[46]Paul Thureau-Dangin, *Saint Bernardin de Sienne, 1380-1444: un prédicateur populaire dans l'Italie de la Renaissance*, Paris, E. Plon, Nourrit et Cie, 1896, pp. 235-236.
[47]http://fr.wikipedia.org/wiki/Bernardin_de_Sienne#cite_note-8, citant Franco Mormando, *The Preacher's Demons: Bernardino of Siena and the Social Underworld of Early Renaissance Italy*, University of Chicago Press, 1999.
[48]http://fr.wikipedia.org/wiki/Bernardin_de_Sienne#cite_note-catho-4, citant Paschal Robinson, « St. Bernardine of Siena, » *The Catholic Encyclopedia*, 1907, http://www.newadvent.org/cathen/02505b.htm
[49]http://fr.wikipedia.org/wiki/Bernardin_de_Sienne#cite_note-action-7, citant ction Institute, « St. Bernardino of Siena, » *Religion & Liberty*, volume 6, n°2, mars-avril, 1996, http://www.acton.org/pub/religion-liberty/volume-6-number-2/st-bernardino-siena
[50]http://fr.wikipedia.org/wiki/Fr%C3%A9d%C3%A9ric_III_de_Montefeltro#Biographie

Sigismondo Pandolfo (1469). Chef de la ligue italienne contre Venise, il est vainqueur de Bartolomeo Colleoni à la Molinella en 1467. Cinq ans plus tard, Florence le charge de réduire Volterra révoltée: il s'en empare après un bref siège; il prétendra toujours n'avoir été pour rien dans l'affreux saccage qui fut ensuite perpétré par les vainqueurs."[51]

"Frédéric de Montefeltro n'avait que douze ans, mais sa raison avait devancé l'âge, et sa conduite ni ses discours n'avaient plus rien de l'enfance. Fils de Bernard de la Carda des Ubaldini, célèbre Condottiere, il avait été adopté par Gui d'Antonio de Montefeltro, comte d'Urbin, et s'était vu pendant quelques années l'objet de toute la tendresse du comte. Un second mariage d'Antonio avec une Colonna et la naissance d'un fils avaient changé depuis la position de Frédéric, et lui avaient ravi cette première place qu'il occupait dans le cœur de son père adoptif. Malgré son jeune âge, il avait reconnu cette décadence de sa fortune, et il en avait ressenti une tristesse profonde. Trop fier pour se plaindre, il avait souffert en silence, et la hauteur de son âme l'avait préservé du découragement comme de la jalousie. Il avait veillé sur luimême avec une attention soutenue, et sa jeune raison s'était mûrie à l'exercice qu'il en avait fait. Je veux qu'il m'estime, s'il ne m'aime plus, s'était-il dit. Il avait certainement une très-grande part encore à la tendresse du comte; mais son esprit, offusqué par la comparaison incessante du présent au passé, ne lui permettait pas de faire ce discernement.
Une nature forte et généreuse comme celle de Frédéric ne pouvait manquer de donner les plus excellents fruits sous la direction de Victorin. C'était pour forcer l'estime des hommes que Frédéric avait supporté ses peines avec tant de courage et de dignité, Victorin lui apprit à les supporter ainsi pour Dieu. Elles étaient un fardeau qui accablait le pauvre enfant, une pensée plus habituelle de Dieu lui fit trouver ce fardeau moins pesant. Les larmes solitaires qu'il versait devinrent plus rares, et son cœur s'ouvrit plus aisément à l'amitié pour le jeune Oddone, le fils du comte d'Urbin. Quand il fut plus avancé dans la voie où son digne maître l'avait fait entrer, ses larmes ne coulèrent plus, et son cœur se porta sans effort vers Oddone. Il repassa dans son esprit les biens qui lui restaient; il s'étonna de s'être trouvé si à plaindre, et craignit d'avoir manqué de reconnaissance envers Dieu. Il accepta sans réserve la situation que les événements lui avaient faite, et la sérénité régna désormais dans son âme comme il s'était efforcé de la porter sur son front dans les plus cruelles angoisses. Que de biens ne vous dois-je pas, disait-il quelquefois à Victorin, et de quel péril où mon orgueil me précipitait ne m'avez-vous pas retiré!"[52]

"Quelques intrigues en Romagne préparaient déjà la vengeance de Visconti et de Sarpellion. Sigismond Malatesti, seigneur de Rimini, qui, pendant la guerre de la Marche, avoit donné un asile à Sforza son beau-père, ne possédoit qu'une partie des états de sa famille. Tandis que son frère Dominique régnoit à Césène, Galeazzo Malatesti, son cousin, étoit seigneur de Pesaro et de Fossombrone; et comme il n'avoit point d'enfans, Sigismond espéroit en hériter. Mais Galeazzo avoit pour conseiller et pour unique ministre, Frédéric, second fils du comte Guido de Montefeltro, qui n'étoit point favorable à Sigismond. Ce Frédéric, qui fut ensuite l'honneur de la maison de Montefeltro, passoit pour être un enfant adultérin. On le croyoit fils de Berardino de la Carda des Ubaldini, un des meilleurs condottieri du commencement du siècle. Cependant, son père légitime, Guido, étoit mort le 20 février 1442. Oddo Antonio, fils aîné de Guido, lui succéda, et obtint du pape, au mois d'avril de la même année, le titre de duc d'Urbin. Mais son gouvernement devint bientôt insupportable au peuple; il fut tué dans un soulèvement, et le ai juillet 1444, Frédéric fut rappelé de Pesaro, et succéda à la souveraineté de Montefeltro et d'Urbin. Peu de temps après, il s'attacha à François Sforza, pour apprendre l'art de la guerre sous ce grand capitaine. Il entra au mois d'août 1444, à son service, avec quatre cent une lances et quatre cent un fantassins. Il épousa ensuite une fille de Sforza; et négociant en son nom avec Galeazzo Malatesti, il acheta du dernier ses deux seigneuries, pour le prix de vingt mille florins. François Sforza, qui avoit fourni l'ar-1844. gent, réserva Pesaro pour en faire une petite principauté en faveur de son frère Alexandre Sforza, et il laissa Fossombrone à Frédéric de Montefeltro, comme récompense de son habileté dans cette négociation. Sigismond Malatesti vit avec un extrême regret ces petits états sortir de sa famille. Visconti eut soin d'aigrir son ressentiment; il fit entrer Sigismond à la solde d'Eugène IV, et il l'engagea à se tenir prêt pour le moment où Sforza pourroit être dépouillé de cette Marche d'Ancône qu'on lui envioit toujours."[53]

"Frédéric de Montefeltro, ennemi juré du seigneur de Rimini, & lié de parenté avec Galeazzo, prit sa défense. D'ailleurs il craignoit lui-même la puissance de Sigismond, & n'étoit pas fans inquiétude pour ses propres états. Aussi arriva-t-il que dans la fuite, au lieu de défendre Galeazzo, il rengagea à se démettre de la seigneurie de Pesaro en faveur d'Alexandre Sforce, fous prétexte du mariage qu'il avoit négocié entre celui-ci & la célèbre Confiance Varana, nièce de Galeazzo; de façon qu'il acquit un puissant allié, que perdoit Sigismond. Ceci se passa en 1445, & comme le traité fut fait sans le consentement du pape, à qui Pesaro devoit revenir après la mort de Galeazzo, Eugène IV fulmipa une excommunication contre Alexandre & ses partisans. Mais celui-ci s'étant mis en possession de Pesaro, il travailla à recouvrer quelques places dont Sigismond s'étoit emparé, aidé par son frère François, qui avoit nommé Frédéric capitaine général. Sur ces entrefaites, la ville d'Afcoli s'étant révoltée & s'étant soustraite à l'obéissance de François Sforce pour se donner à l'église, Alexandre craignit que la ville de Fermo ne suivit cet exemple, & chercha à la tenir en bride, mais inutilement, parce que la disette lui fit dans la nécessité de rendre la roche. Notre auteur prouve ici contre Lilli, historien de Camerino, qu'Alexandre revenant de Fermo, ne traita point à Camerino avec les ministres du pape, & ne se ligua point avec eux. Cette réunion arriva plus tard, mais ne fut pas de longue durée; deux mois après il rejoignit fon frère, & ils commuèrent à reprendre les placés occupées par Sigifmond Malatesta. Nicolas V étant devenu pape en 1447, Alexandre se rendit à Rome pour faire lever l'excommunication lancée par son prédécesseur. Nicolas lui accorda non-feulement fa demande, mais encore lui donna l'investiture de Pesaro, tant pour lui que pour ses fils, & comme il défiroit infiniment de voir l'Italie en paix, il écrivit à Sigifmond pour l'engager à se réconcilier avec Alexandre. Constance, femme de celui-ci, gouvernoit Pesaro pendant son absence; mais cette dame, célèbre à la fois par fes écrits & par ses vertus, étant morte le 5 juillet de la même année, Alexandre épousa l'année suivante Sueva, aujourd'hui appellée la bienheureuse Séraphine, fille du comte de Montefeltro. Il laissa de même à cette nouvelle épouse le soin de Pesaro pendant ses absences, & particulièrement pendant qu'il aidoit son frère François à conquérir le Milanez; & dans la fuite, Suève s'étant retirée en 1457 dans le monastère du St. Sacrement (corpus domini) fondé par la bienheureuse Felice Meda, ce fut son fils Constance qui gouverna pour son pere.

---
[51] http://www.universalis.fr/encyclopedie/montefeltro-ou-montefeltre-les/
[52] Eulalie Benoît, *Victorin de Feltro ou de l'éducation en Italie à l'époque de la Renaissance*, Paris, Gaume Frères, 1853, T. I, pp. 200-201.
[53] Jean-Charles-Léonard Simonde Sismondi, *Histoire des républiques italiennes du moyen âge*, Paris, Chez Treuttel et Würtz, 1826, T. IX, pp. 222-223.

L'auteur saisit cette occasion pour nous apprendre beaucoup de choses intéressantes de la bienheureuse Séraphine, contre ce qu'en a écrit l'avocat Alegiani. En 1460 Alexandre maria à Frédéric une de ses filles, née de son premier mariage, & qui se fit aussi un nom dans la littérature. Nous passerons les expéditions militaires dont Alexandre s'occupa ensuite. Il rendit de grands services à Ferdinand, roi de Sicile, qui en revanche lui rendit des honneurs extraordinaires. La fortune ne lui fut pas auffi favorable lorsque le pape Paul II, ligué avec les Vénitiens, lui donna le commandement des troupes de la ligue, & qu'il marcha contre Robert Malatesta, dit le Magnifique, fils de Sigifmond.
A la mort de son pere, Robert étoit au service du pape, & comme Ifotte, fa belle mère, avoit pris possession de Rimini, il promit de faire les secours rie reprendre cette ville & de la remettre entre ses mains. Il s'en rendit maître en effet, mais il voulut la garder, & ayant imploré le secours rie Frédéric, peu affectionné au pape, & qui vouloit lui donner une de ses filles pour se faire un allié puissant, il entra dans la ligue de Galeazzo, duc de Milan, avec Ferdinand, roi de Naples, & les Florentins; il se mit sur la défensive. Alexandre n'oublia rien de ce que peut faire un habile général, mais la victoire se déclara pour Robert; l'armée d'Alexandre fut taillée en pieces, & lui même fut blessé. Enfin en 1473, comme il se rendoit à Venise, il fut frappé d'apoplexie, & mourut le 4 avril."[54]

"The modem legation of Urbino and Pesaro includes the whole of the old duchy. The original line of its princes, designated in elder chronicles as lords of Monte Carpegna (a desolate tract in the Apennines), had their first importance as Counts of Montefeltro — that mountainous district lying north of the city of Urbino, of which Penna Billi is tht largest town, and the fortress of St. Leo the most remarkable feature. This small fief was bestowed by Frederick Barbarossa on one of his followers in the year, and in the beginning of the next century we find a descendant receiving the investiture with additional territory from Frederick II., and soliciting a confirmation of the grant from the rival of the imperial power, Pope Honorius III. From about this time these feudatories of a double allegiance were designated indifferently as Counts of Montefeltro or of Urbino. Conquest, purchase, and prudent marriages further increased their dominions; but it was not till the sovereignty had descended to the line of Rovere that the nepotism of two Popes of that race added the important provinces of Sinigaglia and Pesaro. Dante has conferred on many of the noblest names of Italy the same immortality that some of our ancient families owe to Shakspeare. The readers of the Divina Commedia are familiar with the name of Count Guido of Montefeltro, although the insignificant page which it occupies in history may have escaped their notice. It is from the great poet alone that we learn both the crime and the punishment of this relapsed penitent. Foremost among the founders of his House's greatness, he was noted throughout his active life for cunning;
V opere mie
Non furon leonine ma da volpe—
'less my deeds bespake
The nature of the lion than the fox ' (Carey)—
is the confession wrung from him (Inferno, c. 27). But he had moments of contrition: and when he had reached that age, he relates, which to all reflective minds brings a chilling sense of the vanity of life, he was filled with remorse:—
fui om d'arme et poi fui Cordigliero. ...
Ciò che prima mi piacque allor m'increbbe,
E pentilo e confesso mi rendei.
'A man of arms at first, I clothed me then
In good Saint Francis' girdle....
That which before had pleased me then I rued,
And to repentance and confession turn'd.'—Carey. In the Franciscan convent at Assisi the abdicated prince sought the peace which the world can neither give nor take away; and here, but for an unexpected temptation, he might have persevered in his course of prayer and penance."[55]

"Gubbio, 23 July 1453
Source: A.C.G. Riformanze, 25, fol. 23a
Federico of Montefeltro,Duke of Urbino, grants with letters patent a further extension of one year to the condotta originally issued by the commune of Gubbio to Consiglio, son of Abramo, on 24 November 1441 for ten years and thus expiring in Novembre 1451. At the time the administrators of Gubbio did not renew Consiglio's contract for another ten-year period because they're not satisfied with his conduct in assisting the poor (et per alcun respecto il dicto Consiglio è stato che non ha prestato et facto subvenire le abisognose persone). If, after this later extension, it was decided not to renew the contract with Consiglio, he must declare the pawns deposited in his bank so that the citizens of Gubbio can redeem them. Magister Gaio, agent of Consiglio's bank, presents the letters patent of Federico di Montefeltro, with the one-year extension, to the Gonfaloniere di giustizia and consuls of Gubbio, who register them in the books of the commune, thus confirming their validity."[56]

On peut donc supposer une identité d'intérêt ou de nature entre le Saint qui écrivit sur les biens terrestres et l'ambitieux condottiere, vainqueur toujours, mais fils naturel, qui construisit sa fortune et sa gloire, et fût l'un des principaux princes[57] de son temps (il fut le disciple de Vittorino da Feltre[58], principal

---
[54]*Nouvel esprit des journaux français et étrangers, par une société de gens de lettres*, Paris, Chez la Veuve Valade, T. V, Quinzième Année, Mai 1786, pp. 117-119.
[55]*The Quarterly Review*, Vol. LXXXIX, juin & septembre 1851, pp. 97-98.
[56]Ariel Toaff, *The Jews in Umbria: 1435-1484*, Leyde, E.J. Brill, 1994, T. 2: *1435-1484*, p. 615.
[57]"Raphaël, né en 1483, baigne dès son plus jeune âge dans un climat artistique particulièrement favorable. D'une part, parce qu'il voit le jour à Urbino, capitale du duché de même nom, qui connaît à cette époque son apogée, sous le règne du duc Frédéric III de Montefeltro (1444-1482)." (Céline Muller, *Raphaël*, «*le gracieux»: L'apogée de la Renaissance italienne*, Namur, Lemaître Publishing, 2015, p. 10)
[58]Sismondi, T. X, p. 46.

éducateur de la Renaissance[59], comme Laurent de Médicis le fut de Marsile Ficin), faisant du château de la petite ville d'Urbin l'un des plus importants centres intellectuels de son époque[60], et l'un des plus beaux aussi[61]. Prince, accessoirement, dédié aux questions financières, comme on le voit dans le dernier extrait cité, mais aussi dans le fait qu'il ne se battit jamais que pour des contreparties monétaires ou d'acquisition de terres et de seigneuries, et dans ses intrigues[62] comme sa "*probable participation à la conjuration* (dans l'assassinat de "*son demi-frère, le duc Oddantonio II de Montefeltro, qui venait d'être investi duc d'Urbino en 1443*") *n'a jamais été éclaircie,* (qui lui permit de) *s'empar*(er) *du pouvoir à Urbino*"[63].

"*Dans la constellation des seigneuries italiennes, une place toute particulière revient à Urbino. Petit centre enserré au milieu des collines de l'Apennin, il se transforme vite en lieu majeur de la Renaissance avec l'arrivée au pouvoir de Federico da Montefeltro, au point de devenir la capitale de la tendance mathématique et intellectuelle des arts. Federico était le fils bâtard de Guidantonio da Montefeltro et sa formation s'est faite loin d'Urbino. Il passe ainsi quinze mois à Venise, respirant un climat international et ouvert; puis il séjourne deux ans à Mantoue, à la cour de Gianfrancesco Gonzaga (qui régna de 1407 à 1444), où il est éduqué par Vittorino da Feltre, humaniste dont l'enseignement novateur et nullement académique formait les jeunes gens de grandes familles de l'époque. C'est là qu'on vit pour la première fois la gymnastique et les exercices du corps entrer dans le programme des écoles et se combiner avec l'enseignement scientifique. Federico se servait de ses connaissances pour en faire un usage pratique. Il deviendra en quelques années un des princes plus instruits d'Italie et un habile « condottiere » mettant au service de celui qui le désire ses talents militaires et diplomatiques. En 1444, succède à son demi-frère Oddantonio, tué pendant un soulèvement populaire. Il est probable, en réalité, que Federico n'a pas été étranger à la conjuration qui a entraîné la mort d'Oddantonio. Federico épouse en 1460 Battista Sforza fille d'Alesandro Sforza, duc de Pesaro, ami et allié politique depuis des années. Battista, d'une remarquable intelligence, s'était montré à la hauteur de la tâche, elle qui devait représenter son mari durant ses longues périodes d'absence. Battista mourra en 1472 en mettant au monde l'héritier tant désiré à qui l'on donne le nom de Guidobaldo. La nouvelle atteint Federico alors qu'il se trouve à Florence, pour fêter une de ses plus belles victoires militaires pour le compte des Médicis: la prise de Volterra. Grâce aux armes et à la science, Federico trouva la fortune et la stabilité qui lui permirent de consacrer la moitié de son règne à la poursuite de ses ambitions princières. L'iconographie de son palais à Urbino, d'une sereine harmonie, renvoie aux arts civilisateurs de la paix, rendus possibles par une conduite prudente de la guerre. Sous Federico, Urbino deviendra en quelques années un carrefour intellectuel et artistique avec des peintres comme Piero della Francesca, Paolo Uccello, Melozzo da Forli, Juste de Gand, Pedro Berruguete; des écrivains comme Baldassare Castiglione et Pietro Bembo; architectes comme Leon Battista Alberti, Luciano Laurana et Francesco di Giorgio et mathématiciens comme Luca Pacioli et Paulus von Middelburg, poètes et musiciens comme Ottaviano Petrucci. Le grand Raphaël qui naît à Urbino, et dont le père Giovanni Santi, fut peintre de cour, n'oubliera jamais sa cité natale.*"[64]

5. L'oeuf et l'Église

Est bien référencé la fréquence des oeufs d'autruches dans les églises au Moyen Âge. Ce qui renvoie l'oeuvre de Piero della Francesca dans un cadre plus général d'une iconographie et d'une pratique existantes.

"*Une grande partie des œufs que nous voyons pendus dans les Eglises font des œufs de Crocodiles: & toutefois pensons qu'ils sont oeufs d'Autruche.*"[65]

"*ŒUFS D'OSTRICE. L'inventaire de Charles V a un chapitre pour les coupes d'Eufs d'autruce, et l'inventaire de Charles VI le reproduit. On rencontre ces citations fort tard. L'œuf d'autruche est appendu encore aujourd'hui dans les mosquées de l'Orient, comme il 'était dans nos églises, dès le XIIe siècle. Plusieurs raisons doi» voient faire rechercher ces grandes coquilles d'œuf, en premier lieu leur rareté; puis l'ignorance où l'on était, et les fables qui couraient sur le compte de l'autruche, tellement que beaucoup de ces œufs sont appelés, dans les textes, des œufs de griffons (Voyez ce mot); enfin, la forme parfaite de son ovale et quelques allusions symboliques dont je me garderai bien de chercer le sens.*

---

[59]"*Né à Feltre de parents pauvres, Victorin de Feltre enseigna la rhétorique et la philosophie à l'université de Padoue. Il fut appelé en 1425 à Mantoue par Jean-François Gonzaga qui lui confia l'éducation de ses enfants, et fonda dans cette ville une école modèle, qui fut longtemps florissante. Sa réputation tenait à ce qu'il ne s'attachait pas moins à cultiver le cœur et l'esprit de ses élèves. Il était réputé lui-même être un modèle de vertu. Parmi ses élèves, on cite Georges de Trébizonde, Théodore de Gaza et Frédéric de Montefeltre et Ognibene de Lonigo, qui continua à Vicence l'enseignement de Victorin.*
Sa biographie a été écrite par Francesco Prendilacqua, qui fut son élève et lui succéda dans la direction de son école, sous le titre de Dialogus de Vita Victorini Feltrensis (1474). En 1460, Bartolomeo Sacchi, dit Le Platina, écrivit un Commentariolus de Vita Victorini Feltrensis." (http://fr.wikipedia.org/wiki/Victorin_de_Feltre)
[60]Voir Jennifer D. Webb, *The Making of the Montefeltro: Patronage of the Arts and Architecture During the Reign of Federico Da Montefeltro and Battista Sforza*, Bryn Mawr College, 2006. Voir aussi Laurie Adams and Maria Grazia Pernis, *Federico Da Montefeltro & Sigismondo Malatesta: The Eagle and the Elephant*, Berne, Peter Lang, 1996; et Cecil H. Clough. "*Daughters and Wifes of the Montefeltro: Outstanding Bleustokings of the Quattrocento*", Renaissance Studies, 10/1, mars 1996, pp. 44-45.
[61]Olga Raggio et Antoine M. Wilmering, *The Gubbio Studiolo and Its Conservation: Federico da Montefeltro's palace at Gubbio and its studiolo*, Metropolitan Museum of Art, 1999.
[62]Voir, par exemple, Marcello Simonetta, *The Montefeltro Conspiracy: A Renaissance Mystery Decoded*, New York, Knopf Doubleday Publishing Group, 2008.
[63]http://fr.wikipedia.org/wiki/Fr%C3%A9d%C3%A9ric_III_de_Montefeltro#Biographie
[64]http://www.aparences.net/art-et-mecenat/les-seigneurs-urbino/armes-et-lettres-urbino-sous-federico-da-montefeltro/
[65]Belon, p. 233. Extrait repris textuellement dans François-Alexandre Aubert de La Chesnaye des Bois, *Dictionnaire raisonné et universel des animaux ou le règne animal, consistant en quadrupèdes, cétacées, oiseaux, reptiles, poissons, insectes, vers, zoophytes, ou plantes animales: leurs propriétés en médecine; la classe, la famille ou l'ordre où chaque animal est rangé*, Paris, Chez Claude-Jean-Baptiste Bauche, 1759, T. I, p. 191.

(A)1363. Deux coupes d'œufs d'otrice, convesclêes, essises sur piez d'argent es' maillez et les couvescles esmailliez, poisent vi mares, v onces. (lavent. du duc de Normandie.)
(B) 1380.Une couppe d'un oeuf d'autruce et est d'argent blanc, greneté dedans, esmaillée le pied par dehors et le couvercle pesant iij mares iij onces. (Inventaire de Charles V.)
(C) 1399. Une coupe dont le bassin est d'ostrusse par dedans cizelé, pesant trois mares. (Invent. de Charles VI.)
(D) 1.416.Une couppe d'un œuf d'autrusse, garnie d'argent, doré, esmaillé, et sur le couvercle a un R et un C et sur le fretelet une aigle volant— — x.xx liv. t. (Invent. du duc de Berry.)
(E) 1467.Ung pot d'un œf_ d'ostusse, garny d'argent doré, où il y a sur le couvercle ung email taillié et esmaillié 'une estrange beste. (Ducs de Bourgogne, 2747.)"[66]

Et, dans l'église moscovite de Saboor :

"Le tableau qu'on prétend être de la façon de St. Luc à côté du grand autel, & représente une vierge Marie, à demi corps, avec un Christ qui semble la baiser, aiant le visage joint au sien. Ce tableau est fort brun, & même presque noir -, mais je ne sais si c'est un effet du tems, de la fumée des cierges, ou du goût du peintre: quoi qu'il en soit, il est certain que ce n'est pas grand' chose, outre qu'on n'en voit que les visages, les mains & tout le reste étant doré. Cette vierge a fur la tête une belle couronne enrichie de perles & de pierreries, & un colier de perles, qui pend fur sa robe. Ce tableau est dans une niche fous laquelle il y a un siege. On voit entre les deux colomnes du grand autel un grand chandelier d'argent à branches, comme ceux de nos églises, lequel a été fait à Amsterdam. Il y en a trois autres de cuivre, bien placez au milieu de l'églife. Au reste on ne trouve pas beaucoup d'ornemens dans leurs églises. Il y a pourtant dix lampes d'argent autour de l'autel de celle-ci. On n'y brûle point d'huile, parce que les Ruffiens ne s'en servent pas, mais des bougies, qu'on met dans des tuyaux, posez fur le haut des lampes. Ils attachent ordinairement un œuf d'autruche au bas des Eglise du grands chandeliers. Au sortir du Patriarche cette église, nous entrâmes dans celle du Patriarche, qui est audessus, petite & en forme de dôme. Il y a a droite dans un appartement opposé à la chapelle, un tableau, qui représente Jesus - Christ assis dans une chaise, tout doré à la reserve du visage & des mains d'une vierge Marie -, un St. Jean Baptiste à gauche, & de châque côté un Apôtre à genoux, avec une lampe d'argent devant le tableau."[67]

Ces oeufs peuvent d'ailleurs servir de reliquaires :

"ŒUF D'AUTRUCHE AVEC ARMATURE EN VERMEIL
CONTENANT DES RELIQUES DES SAINTES PRISQUE ET WALBURGE
Diamètre en longueur 0,17 m.
XIVe SIÈCLE
Le Reliquaire, reproduit Fig. 48, est remarquable par son originalité. C'est un œuf d'autruche, soigneusement vidé puis utilisé pour y renfermer des Reliques. Le Trésor de S. Servais en possédait autrefois huit, qui, à l'exception d'un seul, furent tous perdus ou brisés lors de l'invasion française en 1794. Quoique dans d'anciens Inventaires on rencontre quelquefois parmi les Reliquaires des œufs d'autruche, il n'en existe plus d'autre, pour autant que nous sachions, que celui de Maestricht, Ces œufs furent probablement apportés comme des curiosités orientales par les pèlerins der dernières Croisades, et destinés dès lors à servir de Reliquaires; cependant nous trouvons que. déjà au IXe siècle. le Pape S. Léon IV offrit à l'église de S. Pierre, parmi d'autres cadeaux, deux œufs d'autruche.
L'emploi de ces œufs comme dépôt de Reliques n'est pas sans signification mystique.
L'œuf, conservé à S. Servais, est signé de la lettre M et contient des Reliques des saintes Prisque V. M.et Walburge V. Suivant sa longueur il est serré dans quatre bandes étroites et dentelées, qui s'attachent, en haut et en bas au moyen de charnières, une feuille dorée taillée en octogone. La monotonie des bandes est ôtée par une rose à six feuilles, qui en occupe le milieu et qui est couverte d'une seconde rose ciselée, ont la forme et l'ornementation offrent beaucoup d'analogie avec les ornements des Reliquaires décrits plus haut (Fig. 26 et 30). Aan partie inférieure de l'œuf est pratiquée une ouverture pouryiutroduire les Reliques. L'anneau attaché àla feuille supérieure et la solide corde de soie verte, qui l'accompagne encore, prouvent qu'il a été destiné à être porté dans les supplications publiques."[68]

  Finalement, dans son important article de 2002, Sebastian Bock[69] (qui reprend substantiellement celui d'Isa Ragusa[70]) pose bien la récurrence du motif de l'oeuf dans l'Italie dès la première Renaissance, de Piero della Francesca à l'autre *Sacra Conversazione* (1505) de Giovanni Bellini, en passant par la fresque de la tombe d'Antonio dei Fissiraga (après 1327, San Francesco in Lodi), au reliquaire en argent pour la Reine Isabelle par Francesco da Milano (1377-1383), une fresque de la Capella di S. Brizio de la Cathédrale d'Orvieto par Luca Signorelli (c. 1500), la *Vision de Francesco Antonio Ottoboni, prieur de S. Antonio di*

---

[66] Léon de Laborde, *Glossaire français du Moyen Âge à l'usage de l'archéologue et de l'amateur des arts précédé de l'inventaire des bijoux de Louis, duc d'Anjou dressé vers 1360*, Paris, Adolphe Labitte, 1872, pp. 407-408.
[67] *Voyages de Corneille Le Brun par la Moscovie, en Perse, et aux Indes Orientales*, Amsterdam, chez les Frères Wetstein, 1718, T. I, pp. 72-73.
[68] Chanoine Franz Bock et Vicaire Michael Antonius Hubertus Willemse, *Antiquités sacrées conservées dans les anciennes collégiales de S. Servais et de Notre-Dame à Maestricht*, Maestricht, Jos. Russel, 1873, pp. 193-194.
[69] Sebastian Bock, *"The "Egg" of the Pala Montefeltro by Piero della Francesca and its symbolic meaning"*, Freiburg i.Br./Heidelberg, 2002, http://archiv.ub.uni-heidelberg.de/volltextserver/3123/1/PieroEgg.pdf
[70] Isa Ragusa, *"The Egg Reopened"*, *Art Bulletin*, No 53, 1971, pp. 435-443. Que Bock cite dès la p. 2, dans les sources bibliographiques, et qu'il évoque encore treize fois dans le corps de son propre article, notamment lorsqu'il rappelle, p. 6: "*Ragusa, who was the first to make the connection between the example in Lodi and the Durantis passage, considered this entirely plausible also from a contextual point of view: "This is indeed a suitable thought in relation to the burial monument of a man who led an eventful life, running the gamut from betrayal for the sake of political expediency to acts of bravery and of charity to the church".*"

Castello à Venise (peinture du cercle de Vittore Carpaccio, après 1511), un triptyque attribué à Galeazzo Rivella dit della Barba (actif entre 1524 et 1538), à Bartel Birtsch (Strasbourg, 1562). En citant Giulelmus Durantis, il rappelle encore, comme nous venons de le faire, en augmentant le fonds documentaire sur le sujet, que les églises avaient souvent de ces oeufs pendus:

"*We know that the suspended ovoid object in Piero's painting does not represent a unique case, but can be viewed in a wider context. The earliest known pictorial evidence for an ostrich egg mounted in metal and hanging from the ceiling is the upper fresco of the tomb of Antonio dei Fissiraga (after 1327) in San Francesco (fig 2). The figures present in the scene characterize the architectural setting of this fresco as an apparently religious building - note in particular the donor with the model church. This suggests that the object represented here might well be one of those ostrich eggs the use of which had been explained only a few decades earlier by Giulielmus Durantis (1237-1296) in his Rationale Divinorum Officorum,10 probably with reference to a late version of the Greek Physiologus:*
"*In nonnullis ecclesiis ova structionum et hujusmodi, que admirationem inducunt et que raro uidentur, consueuerunt suspendi, ut per hoc populus ad ecclesiam trahatur et magis afficiatur. Rursus aiunt quidam quod structio tanquam auis obliuiosa dereliquit in sabulo oua sua, demum quedam stella uisa recordatur et redit ad illa et aspectu suo fouet ea. Oua ergo in ecclesiis suspenduntur ad notandum quod homo propter peccatum a Deo derelictus, si tandem diuino lumine illustratus recordatus, delictorum suorum penituerit et ad ipsum redierit, per aspectum misericordie illius fouetur, per quem etiam modo dicitur in Luca quod respexit Deus Petrum postquam negauit Christum. Suspenduntur etiam ut in illis unusquisque contempletur quod homo facile Deum obliuiscitur nisi per stellam, id est per Spiritus sancti gratiam influentem, illustratus ad eum redire per bona operea recordetur*".
(In some churches, ostrich eggs and other such things that cause admiration and that are rarely seen, used to be suspended, so that thereby people will be drawn to church and be all the more affected. Again, some say that the ostrich, as a forgetful bird, forgets its eggs in the sand and only when it sees a certain star is reminded and returns to them and warms them with its gaze. Eggs are thus hung in churches to signify that man, forsaken by God on account of his sins, - when he at last, illuminated by the light of God, remembers, regrets his sins and returns to Him - is warmed by His merciful gaze. It is in this same way, as is written in Luke, that the Lord looked back at Peter after he had denied Christ. They [the eggs] are thus suspended in churches so that each and everyone contemplates that man easily forgets god unless he is illuminated by a star, that is, by the influence of the grace of the Holy Spirit, and remembers to return to Him through good works.)
Ragusa, who was the first to make the connection between the example in Lodi and the Durantis passage, considered this entirely plausible also from a contextual point of view: "This is indeed a suitable thought in relation to the burial monument of a man who led an eventful life, running the gamut from betrayal for the sake of political expediency to acts of bravery and of charity to the church". The possible link with the meaning of the vault's starry sky, which might constitute an analogy for the egg to the symbolism of the "ostrich-egg-lamps" in, e.g., Coptic churches, has already been pointed out by Galavaris. Since the wall painting is part of a sepulchral decoration, Ragusa takes the ostrich egg to be not just a symbol of the birth of Christ, but also an allegory for his death and resurrection. The latter interpretation seemed to Gilbert "reasonably implied" and has also been adopted by Bussagli16 and Lightbown. To this end, Ragusa - while conceding that "any egg can be used in connection with the Resurrection" - refers to "a tradition for the actual use of ostrich eggs at the foot of the holy cross and at the Holy Sepulchre". The factual basis of this unreferenced, sweeping statement is left unclear. If, with respect to the cross, she is thinking of the Cristo de los huevos in the Cathedral of Burgos, it must be pointed out that in this unique instance the egg shells are attached to the bottom of the cross itself, rather than hung from the ceiling. And in case her mention of the continued use of egg shells today at the Holy Sepulchre refers to those pieces found mostly in connection with lamps, this can hardly be used as an argument for an interpretation as a symbol of resurrection (see further discussion on this point below)."[71]

Il en cite encore en notes les exemples suivants des lampes que nous décrivions par des références de voyageurs, et sur lesquelles nous reviendrons, et au genre desquelles appartient l'élément au-dessus de la Vierge à l'enfant de Bellini:

"*29 For this type of lamp, cf. a very similar type in the Church of the Holy Sepulchre in Jerusalem: Alexander Kariotoglou, Jerusalem: Mother of churches; dwelling-place of God (Alimos: Miletos, 1997), fig. without. page no.*
30 "... Has [i.e. reliquiis] predictus venerabilis Alexander episcopus devotissime amplexatus in ovo strutionis deaurato honorifice recondidit it, ne cui deinceps movendi eas facultas daretur, anuli sui sigillo extrinsecus diligenter munivit. Postea vero ante altare Beate Marie idem ovum in catena ferrea laqueari picto affigi precepit ...". "(... These [i.e. the relics] the above-mentioned, venerable and highly esteemed Alexander had devotedly kept in a gilded ostrich egg, with all due honor, and so that henceforth nobody should have the opportunity of removing them, he had secured it diligently on the outside with the seal of his ring. Indeed, he then ordered this egg to be affixed by an iron chain to the panelled ceiling in front of the altar of the Blessed Mary ...)", cited after: Zofia Kozłowska-Budkowa, "Płockie zapiski o cudach z r 1148," Kwartalnik Historyczny 44 (1930): 341-48, esp. 346; Lech Kalinowski, "Najstarsze inwentarze skarbca katedry krakowskiej jako źródło do dziejów sztuki w Polsce," in Cultus et Cognitio: Studia z dziejów średniowiecznej kultury, ed. Stefan Kuczynski (Warsaw: Panstw, Wydaw, Naukowe, 1976), 404.
31 "Ova di struzzolo pendenti sopra l'altare di S. Giovanni si rassettino e pulischino," see Karl Frey, ed., Le Vite de' piu eccelenti pittori sculptori e Architettori: Scritte da M. Giorgio Vasari, vol. 1 (Munich: Müller, 1911), 338.
32 Meiss, 111.
33 "3 ferris ad sacellum regium factis pro appendendis ovis strutii et imagine Veronica"; they are attested once more in 1638: "Imago Crucifixi pendent ante altare et duo ova strutionum compacta," see Andrzej Fischinger, "Strusie jaja w Kalicy Zygmuntowskiej," Symbolae historiae artium. Studia z histori sztuki Lechowi Kalinowskiemu dedykowane (1986): 403-6.

---

[71]*Ibid.*, pp. 4-6.

34 Heinrich Otte, *Handbuch der kirchlichen Kunst-Archäologie des deutschen Mittelalters*, vol. 1., ed. Ernst Wernick, 5th ed. (Leipzig: Weigel, 1883), 213, without further details or supporting evidence.
35 Pierre Belon du Mans, *L'Histoire de la Nature des Oyseaux: Facsimilé de l'édition de 1555, avec introduction et notes par Philippe Glardon* (Paris: Droz, 1997), 233: "Grande partie des oeufs que nous voyons pendus par les eglises, sont oeufs de Crocodille: & toutesfois pensons qu'ils sont oeufs d'Autruche".
36 See Sebastian Münster, *Cosmographia: Beschreibung aller Lender* (Basel, 1548), fol. dcccvii ("Von den Straussen"): "Er legt vil eyer/ vnd die seind groß/ wie man sie dann hin vnd haer in Teutschland in der Kirchen auffgehenckt ..."; Geronimo Cardano, *Hieronymi Cardani Medici Mediolanensis De Subtilitate Libri XXI* (Nuremberg: Petreius, 1550), 241: "... oua [strutionis] caput infantis magnitudine referunt rotunda, cû sensescunt ebur effingunt. Suspendi solent in tplis, diu enim manent, quod durissima sint, humor 'que exempto quasi ossea redduntur"; Conrad Gesner, *Vogelbuch, darin die Art/ Natur und Eigenschafft aller vögeln sambt irer waren Conrafactur/ anzeigt wirt ...* (Zurich, 1557), p. CCXXXVII [under 'Straußenvogel']: "Diese eyer in mitten abeinanderen zerschnitten/ gebend gute trinckgeschirr. Man pflegt sy in die Kirchen aufzehenken dann sy mögen lange zeyt wären/ darumb daß sy hart sind/ und daß sy/ wenn den die feüchte darauß kommen/ gantz beinin werdend, saget Cardanus .."."[72]

Sur la récurrence des oeufs d'autruches elle-même dans les églises:

"*As long as scholarship does not succeed in finding pictorial or textual documents to underpin the contention that ostrich eggs hanging in western religious buildings, at least in the fourteenth and fifteenth centuries, had a universally accepted symbolic significance coinciding with one of above-mentioned previous interpretations, these will always, and on principle, remain contestable. Our present state of knowledge thus allows only one possible and correct conclusion: to refer back to the only historical sources known until now in which this phenomenon is explained.*
The first (non-symbolic) explanation by Durantis, namely that ostrich eggs, and similar such rare things ("et hujusmodi") arousing admiration, were hung inside religious buildings so as to draw people to church and to affect them all the more, is certainly not atypical from a western perspective and for the time of the author, who, incidentally, refers to the interpretation of this custom in the past tense. In Europe, ostrich eggs are likely to have been considered rare exotica until deep into the fourteenth century. Moreover, they were, in fact, not the only mirabilia to be admired in religious spaces. One only needs to think of the bones, elephant teeth, tortoise shells, "horns of unicorns" (narwhal teeth), whale ribs, sharks, crocodiles and legs of giants, which were displayed – partly suspended – in different European churches.56 This aspect is supported by a French source of 1372: "On pent' es esglises les oeufs de l'ostruce pour grant excellence, pour leur grandeur et pour ce que il en est peu en ce pays".57 Also the remark by Niccoló da Poggibonsi in his Libro d'oltramare (1346-1350) can be interpreted in the same way: "And this bird [i.e. the ostrich at the court of the Duke Hugh Ibelin in Cyprus] lays eggs so big, that we hang them up through the churches [...]".58 Whether such an interpretation of the eggshells was still current in the advanced fifteenth century is, however, highly doubtful in view of the numerous ostriches that were imported and held in menageries, where they also produced eggs.

56 See the relevant examples in Ruth Keiser, ed., *Thomas Platter d.J.: Beschreibung der Reisen durch Frankreich, Spanien, England und die Niederlande 1595-1600* (Basel, Stuttgart: Birkhäuser, 1968), 525; Otte (as in n. 34), 213f.; (Falk) "Curiosa und Raritäten in den Kirchen," *Geschichtsblätter für die mittelrheinischen Bisthümer 1* (1884): col. 76-78, esp. 76f.; Sauer (as in n. 50); Guido Schönberger, "Narwal-Einhorn: Studien über einen seltenen Werkstoff," *Städel-Jahrbuch 9* (1935/1936): 167-247, esp. 202, 215; Julius von Schlosser, *Die Kunst- und Wunderkammern der Spätrenaissance: Ein Beitrag zur Geschichte des Sammelwesens*, 2nd ed. (Braunschweig: Klinkhardt & Biermann, 1978), 19ff., fig. 5, 6b, 7, n. 17, 19, p. 244; Adolf Reinle, *Die Ausstattung deutscher Kirchen im Mittelalter* (Darmstadt: Wissenschaftliche Buchgesellschaft, 1988), 298f., fig. 80; Costantino Del-Frate, *Santa Maria del Monte sopra Varese* (Chiavari: Civicchioni, 1933), 183f.; Guiseppe Papagno et al., *Santa Maria delle Grazie sei secoli mantovani di arte storia e devozione* (Mantua: Sometti, 1999), fig. on p. 4, p. 171f. with fig., p. 180f. with fig.
57 Cited in Victor Gay, *Glossaire archéologique du Moyen age et de la Renaissance*, vol. II: H-Z (Paris: Éditions Auguste Picard, 1928), 167.
58 Niccoló da Poggibonsi, *A Voyage Beyond the Seas (1346-1350)*, Theophilus Bellorini and Eugene Hoade, transl., Publications of the Studium Biblicum Franciscanum, no. 2, part 2 (Jerusalem: Franciscan Press, 1945), 92. Cf. also the German 15th-century translation, enlarged probably solely on the basis of own experience: "[...] vnd ist der [Straußen]uogel der do gros ay legt die do wir in der kirchen auff hencken bey den altaren", cited after Clive D. M. Cossar, *The German Translation of Niccoló da Poggibonsi's Libro d'oltramare*, Göppinger Arbeiten zur Germanistik 452 (Göppingen: Kümmerle, 1985), 131.
59 Gilbert, 253-254, advanced an interpretation according to which Durantis prefers his first to his second explanation ("giving it as a simple fact, while the second is what 'some say' [aiunt quidem]"), but neglects the possibility that these could easily have been two different uses that occurred independently of, yet parallel to, each other (in the North and South?). Nor can we exclude the possibility that already at the time of Durantis a certain overlapping of the two interpretations came about. See the study referred to in n. 8, above."[73]

6.a. De l'oublieuse et hypocrite autruche et de son oeuf

"*Le salut du chreftien est en lefus Chrift.*
Le fondement de tout nostre salut est de croire en Iefus Christ, fans l'assistance & faueur duquel, nous ne pouuons faire ne commettre chofe qui soit bonne & fainte. Car c'eft luy qui est la voye & la vie falutaire, comme l'efcriture tefmoigne.
L'exercice du bon enfant.

---

[72] *Ibid.*, notes 29 à 36 pp. 12-13.
[73] *Ibid.*, pp. 17-18 et notes 56 à 58 p. 17 & note 59 p. 18.

*Le fage enfant enqueftrade tous les hômes anciens, & employera son temps és Prophètes & en toutes bónes & fructucuses disciplines. Il gardera toufiours les parolles & enfeignemens des hommes vertueux & bien renommez, & fur tout cheminera és statuts & ordonnances de fon Dieu.
Comparaison des Autruche aux Ypocrites.
L'Autruche estendant fes aefles & belles plumes fait femblant de vouloir voler, neantmoins elle ne s'efleue point de terre: ainfi font les ypocrites, lesquels par externe apparence représentent grande fainteté & religion, mais c'est tout, carie dedans est du tout contraire au dehors."*[74]

Le concept de l'autruche est bien affirmé et répandu dans l'époque. On le retrouve encore ici:

*"C'est ce qui a fait dire à saint Bernard, que les hypocrites veulent estre humbles, mais que leur humilité est bien difterente de celle du Fils de Dieu;
car car elles ne veillent pas estre comme luy l'opprobre des hommes, & l'objet de leurs railleries: Volunt esse hurniles, fine de Spectu.
Si ces singes de la vraye sainteté ne veulent point souffrir de mépris, leur penchant naturel est de mépriser les autres, & de trouver à redire à la vie de tout le monde. Rien n'est bien fait que ce qu'ils font, & on diroit à les entendre, qu'ils ont une commission particuliere du Ciel pou r reprendre, pour corriger, & pour resormer toute la terre. Faux zelateurs qui ne censurent les amtres comme le Pharisien de l'Evangi'e, que pour se faire estimer plus vertueux, & qui disent en mots couverts en mépriiant les autres.: Non sum ficutcmeri hominum; je ne fuis pas comme les autres. Quand vous voyez donc ces hommes & ces femmes qui font profession de devotion, observer les autres pour les censurer, concluez hardiment; voila un hypocrite, c'est feint Bernard qui le dit: Hypocritae volunt effe fine authoritate indices, fine visu teftes, poftremo falfi accufatores, & omni veritate caremes.
Dieu par le Prophete Osée les compare à un arc trompeur: Faftisum quafi arcus dolofus. Un arc est trompeur, quand visant d'un côté il envoye la flèche de l'autre. Et voila ce que font les faux devots, leur cœur semble viser à la pure gloire de Dieu, mais il donne dans la leur propre. Job les compare à l'Autruche, selon Implication de saint Gregoire: l'Autruche, dit-il, a les ailes toutes semblables à celles de l'Eprevier: Penna ftruthionis fimilis est penna accipitris: mais elles ne leur font semblables que dans la couleur, & non pas dans la vertu & dans la force. L'Autruche étend ses ailes pour voler ausli-bien que l'Eprevier, mais arrêtée par son propre poids, elle he peut s'élever de la terre. Ainsi l'hypocrite ouvre ses aîles & fait mine de voler au Ciel par une humilité profonde auffi-bien que les justes; mais il tient tout à la terre par le poids de son propre cœur, & il ne s'en separe jamais. Et c'est où je puise la troisieme difference entre la veritable sainteté & la faufle, que la premiere ne s'attache qu'a Dieu seul; Sc que la seconde ne vise par avarice qu'à son profit particulier, & à s'établir commodément & heureusement dans le monde. C'est le sujet de la troisième Partie de cette Homelie."*[75]

Les termes restent toujours les mêmes, formant un *corpus* idéologique serré.

*"Du Saint Cierge d'Oeuf, Village Voisin de la Ville de saint Paul, en tirant du cofté de Hesdin.
Jésus Christ difoit autres fois á tes chers Disciples, dans fon Evangile felon S. Luc au chapitre onze, que Dieu ton Pere est trop bon pour donner un scorpion iceluy qui luy demande un œuf. Cette bonté paroît dans plusieurs Habitans du Village d'Oeuf, qui ne font pas semblables aux Juifs des pechés desquels Dieu se plaignoit autre fois, comme la caufe qui empechoit sa puissance de les sauver, en portant fon Prophete Isaye a dire d'eux, au C9 chapitre de sa prophetie, qu'il avoient casse des œufs d'Aspic & que ceux qui en mangeroient ne manqueroient pas. de mourir. Car il les a preservez de ce malheur, en leur donnant par un soin particulier, pour leur protectrice, sa glorieuse Mere, qui, loin de leur être cruelle comme une autruche dans le desert, qui oublie ses oeufs & les abandonne aux pieds des passans, & aux bêtes des champs, ièlon lob, au chapitre 39 de son livre; & comme l'a été Jerusalem à l'endroit de son Seigneur, ainsi que s'en est plaint par avance le Prophete leremte, au 4. chapitre de ses Lamentations, les couve au contraire fous les aiflef de fa charité maternelle, bien1 mieux que la plus naturelle de toutes les poules ne couve ses chers poussins. Mais comment la Sainte Vierge a-t.elleeu une sollicitude si singuliere des habitans d'Oeufs? C'est en ne.s'étant pas contentée qu'ils ayent reçu de ion Fils,&. par ics mains (comme le dit S.Brrrurd, generalement de toutes les graces) la lumiere surnaturelle de la foy; mais encore en leur ayant,fait donner, & en leurconservantun Saint Cierge qui vient de celuy d'Arras, à la presence duquel je me persuade, que, quand ils se sont precipitez, ou veulent lis precipiter dans l'aveuglemcntde quelque peche ou de quelque passion déréglée, elle leur sait tomber des yeux de l'efprit, cet aveuglement, comme le jeune Tobie ayant tenu pres d'une demie heure,une partie du fiel du poisson dont il avoit eu peur d'être devoré fus les yeux de son pere aveugle, il en fit tomber une taye blanche semblable à celle d'un œuf, comme le livre du même Tobie en fait foy au chapitre onzieme."*[76]

6.b. Saint Grégoire et la salvation par le Christ face aux hypocrites et aux autruches

Grégoire Ier, dans ses *Morales sur le Livre de Job*, exprime bien le sens moral de l'autruche, et de son oeuf:

*"CHAPITRE III.
Que depuis la conversion des Princes temporels, l'Eglife n'a pas eftée moins dangereusement perfécutée par les faux frères, qui c'y font introduits pour complaire à ces puiffances -. Et contre les hypocrites qui n ont que l'apparence de vertu, & non les actions, par lefquelles feules on peut discerner les élus des réprouvez.*

---

[74]Pierre Habert, *Le miroir de vertu et chemin de bien vivre, contenant plusieurs belles histoires, & sentences morales, par quattrains & diftiques, le tout par alphabet. Avec le stile de composer toutes sortes de lettres*, Paris, Claude Micard, 1581, p. 20.
[75]Jean-Baptiste Le Vray, *Homélies ou Explication littérale et morale des évangiles de tous les dimanches de l'année*, Paris, Edme Couterot, 1690, T. IV: "Depuis le fecond Dimanche d'après la Pentofte jufqu'au feiziéme", le passage de l'homélie ici reproduite correspond au VIIème Dimanche après Pâques, pp. 145-146.
[76]Nicolas Fatou, *Discours sur les prodiges du saint Cierge apporté par la Très Auguste et Très miséricordieuse Mère de Dieu l'église Cathédralle de la Ville d'Arras...le 27 jour de may de l'an 1105*, Arras, Veuve d'Anselme Hudsebaut, 1696,pp. 81-82.

Comme les princes de la terre se soumettent maintenant à Dieu avec vne profonde humilité, les médians qui estant infidelles persceutoient l'Eglise tout ouvertement, ont recours à vne conduite différente & plus artificieuse. Parce qu'ils croyent que les princes dont ils dépendent, ont beaucoup de respect pour les personnes religieuses, ils en embrassent extérieurement la profession, & sous vn habit vil Sc abjet ils peinent Sc affligent souvent les bons par des moeurs toutes corrompues. Gardant toujours dans le coeur l'amour du monde, ils font paroistre aux yeux des hommes tout ce qui en peut attirer l'estime Scia vénération; & ils se joignent, non pas d'esprit, mais seulement d'habit Sc de profession, à ceux qui ont vn véritable mépris d'èux-mefmes. Comme ils ne peuvent obtenir la gloire du monde par la passion qu'ils ont pour elle, ils la suivent indirectement comme par la voye du mépris; & ils montreroient bien quels sentimens ils cachent dans le coeur contre les bons, s'ils trouvoient quelque occasion favorable de déployer contre eux leur mauvaise volonté.

Mais l'Eglise sainte ne sçauroit accomplir son pèlerinage sur la terre, sans souffrir les peines des tentations; & quoy qu'elle n'ait pas au dehors des ennemis découverts, elle est contrainte de supporter au dedans les fecrettes persécutions des faux frères. Elle est fans-cesse sous les armes contre les vices, & au milieu de la paix elle a toujours vne guerre à soûtenir. Et peut-estre soussre-t-elle vne affliction plus sensible lors que fans estre exposée aux coups de scs ennemis étran-gers, elle eft secrettement combattuë par les moeurs dépravées de ceux qui sont dans son sein. Ainsi en quelque temps que ce soit, de paix ou de guerre, elle est toujours dans la peine Sedans le travail, Durant la persécution des princes, elle craint que les bons ne fe pervertissent: Sc quand les princes sont convertis, elle souffre la dissimulation des médians; qui feignent d'estre bons, encore qu'ils ne le soient pas.

C'est pourquoy Dieu ayant dit comment cette licorne estoit liée, il ajoute ensuite, pour marquer l'hypocrisie des méchans: Les plumes de l'autruche font semblables à celles du faucon & de l'épervier. Tout le monde fçait que les faucons & les éperviers surpassent de beaucoup par la légèreté de leur vol les autres oiseaux. L'autruche a des plumes aussi-bien qu'eux, mais elle n'a pas le vol comme eux. Elle ne peut s'élever de dessus la terre, & ouvrant ses ailes, elle fait scuiement semblant de voler; mais elle ne sc sçauroit soutenir en l'air. Tous les hypocrites en sont de mefme. En feignant d'imiter la vie des bons, ils n'ont que l'apparence des bonnes oeuvres; mais ils n'en ont pas la vérité.

Le Seigneur condàne cette duplicité des plumes de l'autruche, lors que reprenant les Pharisiens qui n'estoient pas dans leurs actions, tels qu'ils paroissoient à l'exterieur, ils leur dit: Malheur à vous, Docteurs de la Loy & Pharisiens hypocrites qui estes semblables des fepulchres blanchis,- qui au dehors paroiffent beaux aux yeux des hommes, mais qui au dedans font pleins d'offemens de morts & de toute farte de pourriture. Ainsi au dehors vous paroiffez juftes aux yeux dés hommes, mais au dedans vous eftes pleins d'hypocrifie &dl iniquité. Comme s'il leur disoit: Il semble avoir vos plumes, qu'elles vous devroient élever en l'air; mais la pesanteur de vostre vie corrompuë vous retient à terre. Et c'est de cette pesanteur dont il est dit dans vn pseaume: Enfans des hommes, jusques à quand aurez-vous le coeur appefanty? Or Dieu nous assure qu'il convertira l'hypocrisie de cette autruche dont il est icy parlé, lors qu'il dit par la bouche d'vn prophète: Les beftes des champs, les dragons & les autruches me glorifieront. Que signifient les dragons, sinon les esprits dont la malice n'est point cachée, & qui rampent continuellement sur la terre par la bassesse de leurs, pensées & de leurs désirs? Et que nous marquent les autruches, sinon ceux qui feignent d'estre bons, & qui n'ayant qu'vne apparence de sainteté, figurée par des plumes qui semblent devoir voler n'en ont pas les oeuvres. Ainsi Dieu dit que les dragons & les autruches le glorifieront, parce qu'il en convertit souvent & de ceux qui font méchans ouvertement, & de ceux qui sont faussement bons, en les soumettant à son service avec sincérité & du fond du coeur. Ou bien l'on peut dire que les beftes des champs, c'est à dire les dragons & les autruches glorifient Dieu, lors que les Gentils qui estoient depuis si long-temps les membres du démon, servent à élever fa vraye foy. Il les reprend fous le nom de dragons, à cause de leur méchanceté; Scil les. appelle autruches, à cause de leur dissimulation. Car ils ont eu des plumes, Sc néanmoins ils n'ont pu voler; puis qu'ils ont eu la raison, & qu'ils ne l'ont pas suivie dans leurs actions.

Mais il y a encore plusieurs choses à considérer plus particulièrement dans l'autruche, & dans le faucon & l'épervier, dont l'Ecriture parle icy. Car ces deux derniers oiseaux ont le corps fort petit, Sc sont soûtenus:par de grandes & de fortes plumes, & c'est pour cela qu'ils volent tres-legerement. L'autruehe au contraire a tres-peu de plumes, & a le corps prodigieusement gros, & pesant; en sorte que lors qu'elle s'efforce de voler, la foiblesse de ses plumes ne peut soutenir en l'air vn corps si massif. On peut donc par le faucon & l'épervier, entendre les élus, qui ne peuvent vivre en ce corps mortel, fans estre entachez de quelques petites fautes. Mais quoy qu'il y ait en eux quelque chose du péché qui les appefantit, il y a infiniment plus de vertu dans les actions de leur vie, qui les élève vers le ciel. L'hypocrite au contraire fait fort peu de chofes qui l'élèvent, & fait beaucoup qui l'appesântissent. Car il n'est pas absolument sans faire aucun bien; mais eu mefme temps ilcommet beaucoup de mal, qui étouffe çe peu de bien. Le peu déplumes dont est couvert le corps de l'autruehe, ne peut pas soutenir en l'air: parce que la multitude des méchantes actions des hypocrites, accable le peu de bonnes actions qu'ils ont pratiquées.

Il est encore vray que quoy que les plumes du faucon & de l'épervier ressemblent en couleur à celles de l'autruche, elles ne sont pas néanmoins semblables en vertu. Car les premieres font, fermes, & ferrées, & ont la force de presser & à battre fortement l'air en volant: au lieu que celles de l'autruche sont flexibles & comme à jour, & n'ont pas là force de la soutenir en l'air; parce qu'au lieu de la presser au dessous, elles fe laissent passer ail dessus. Qu'est-ce que nous marque cecy, finon que les vertus des élus font fermes & folides, & qu'elles s'élèvent en l'air, en reprimant au dessous d'elles le vent des louanges? Mais quelques droites & bonnes que pâtoiffent les actions des: hypocrites, elles ne peuvent lés faire voiler, dautant que les plumes de leurs vertus n'estant pas bien ferrées, & laissent pénétrer par le moindre vent; des àpplaudissemens des hommes.

Or l'exterieur des bons & dés méchans estant quelquefois le mefme, Scies apparences des élus Sc des réprouvez estant souvent toutes semblables, en quoy pourróns-nóus discerner par la veuë de nostre esprit, les élus des reprouvez, & les faux Chrestiens des véritables? U né sera pas bien dissicilé de le faire, fi nous imprimons soigneusement dans nostre mémoire ces paroles inviolables de nostre maistre:Vous les reconnoistrez par leurs fruits. Ainsi il ne faut pas considérer les apparences, mais lés effets.

CHAPITRE IV

Que les âmes nouvellement engendrées en Iesvs-Christ, ont besoin d'estre nourries & élévées par les salutaires-instructions & les bons exemples de leurs Poseurs: & qu'encore que les Pasteurs hypocrites les abandonnent, Dieu ne laisse pas d'en soutenir quelques-vnes au milieu des méchans, par les grâces qu'il communique par luy-mefame: pour apprendre mefme aux bons Pasteurs, par les choses qu'il fait fans leur ministère, que c'est luy qui opère le bien dans les coeurs de ceux qu'il instruisent.

Aprés avoir parlé de ce qui paroist dans l'exterieur de l'autruehe, l'Ecriture en marque les actions, disant

ensuite: quand elle laisse fis oeufs fur la terre. Que signifient lés oeufs, sinon le fruit encore tendre, qui a besoin d'estre long-temps échauffé & nourri pour arriver à la perfection d'vn oiseau vivant; Car les oeufs n'ont pas de sentiment en eux-mefmes, jusqu'à ce que la chaleur les ait fait éclorre. Il en est de mefme des enfans spirituels & de ceux qui commencent à écouter la parole de Dieu. Ils demeurent froids & insensibles -, s'ils ne sont fans-cesse échauffez par de soigneuses & de fréquentes exhortations des prédicateurs. Afin donc qu'ils ne languissent pas dans leur froideur & leur insensibilité, il faut que la voix de leurs pasteurs les échauffe continuellement, juseprà ce qu'ils puissent vivre par l'intelligence, & voler par la contemplation.
Mais comme les hypocrites en faisant souvent le mal, ne cessent point de prescher le bien; Sc qu'en le preschant, ils engendrent quelquefois des enfans spirituels dans la foy & la conversion à Dieu, mais ne les peuvent nourrir & élever par Texemple d'vne bonne vie; TEcriture dit fort bien icy, en pariant de cette autruche: quand elle abandonne fes oeufs sur la terre. Car l'hypocrite néglige le soin de ses enfans spirituels, en se donnant de tout son coeur à l'amour des choses du monde: de sorte que plus il s'attache d'affection à ces biens extérieurs, moins il est peiné de la perte de ses enfans. Ainsi abandonner ses oeufs fur la terre, c'est neliger les enfans spirituels qu'on a engendrez par vne vraye conversion à Dieu; & ne les point élever de la bassesse des actions de la terre, c'est ne leur point donner l'exemple d'vne vie céleste: parce que quand les hypocrites ne sont point échauffez du feu de la charité, ils se mettent fort peu en peine du froid de leurs oeufs; c'est-à-dire de l'insensibilité de ceux qu'ils ont engendrez; & plus il s'appliquent, aux choses du monde, plus ils souffrent que leurs enfans spirituels agissent avec négligence.
La providence divine néanmoins ne délaisse pas toujours ces enfans abandonnez des hypocrites, & prend soin d'en réchauffer par les favorables influences de fa grâce quel ques-vns qu'elle a secrettement élus dans fa prescience eternelle. C'est pourquoy le Seigneur dit ensuite: Les échaufferez-vous dans la poussière? C'est-à-dire, comme moy qui embraze quelquefois de mon amour ces âmes tendres & foibles, lors rnefme qu'elles vivent parmi les pécheurs. Car que peut-on entendre par la poussière, sinon le pécheur?
Et vn prophète nous marque que le démon se repaift de la perte de ce pécheur, lors qu'il dit: La poussière est le pain du serpent. En effet la poussière ne signifle-t-elle pas l'instabilité des méchans, selon ces paroles d'vn pseaume: Il n'en est pas de mefme des impies s mais ils font comme la poussière que le vent emporte de dessus la surface de la terre? Dieu donc échauffe les oeufs qui sont abandonnez dans la poussière, lors qu'il embraze du feu de son amour, au milieu mefme des méchans, les âmes foiblesde ses enfans, qui ne sont point cultivées du soin des pasteurs.
C'est pour cela que nous en voyons plusieurs qui vivant au milieu du siècle, ne meinent pas la vie paresseuse de ce mesme siècle. C'est pour cela que nous en voyons plusieurs qui fans s'éloigner du commerce des gens du monde, ne laissent pas de brûler intérieurement du feu du ciel. C'est pour cela que nous en voyons plusieurs qui s'échauffent pour le dire ainsi parmy les glaces. Et comment y en pourroit-il avoir d'embrazez des désirs du ciel, au milieu du froid des hommes terrestres, si Dieu ne fçavoit bien fart de réchauffer, ces oeufs abandonnez dans la poussière; & se dissipant le froid & l'insensibilité dont ils sont saisis, il ne les ranimoit par vn esprit de sentiment & de vie: afin qu'ils ne languissent plus dans la bassesse des choses inférieures; mais que devenant des oyfeaux vivans, ils s'élèvent au plus haut des airs, par le vol leger de la contemplation des choses célestes.
Il faut remarquer que dans ces paroles Dieu ne condamne pas feulement les méchantes actions des hypocrites; mais qu'il prend aussi le foin de reprimer la vanité qui se peut glisser dans celles mefme des bons pasteurs. Car en mar-quant icy qu'il rechauffe luy-mefme les oeufs qui ont esté abandonnez dans la poussière, il fait assez voir que c'est luy seul qui opère au dedans du coeur par les paroles extérieures de scs docteurs: puisque mefme sans sc servir du ministère des paroles d'aucun homme, il échauffe ceux qu'il luy plaist jusques dans le froid de la poussière: Comme s'il disoit clairement aux prédicateurs de fa vérité: afin que vous ne doutiez point que c'est moy qui parle par vostre bouche quand vous preschez, je parle moy-mefme fans vous, quand il me plaist, aux coeurs des hommes."[77]

Le concept de *"conversion"* par Saint Grégoire expliquerait alors parfaitement, en référence à l'oeuf, la présence de celui-ci, à partir de notre *corpus*, dans l'oeuvre de Piero della Francesca:

"Car l'hypocrite néglige le soin de ses enfans spirituels, en se donnant de tout son coeur à l'amour des choses du monde: de sorte que plus il s'attache d'affection à ces biens extérieurs, moins il est peiné de la perte de ses enfans. Ainsi abandonner ses oeufs fur la terre, c'est neliger les enfans spirituels qu'on a engendrez par vne vraye conversion à Dieu; & ne les point élever de la bassesse des actions de la terre, c'est ne leur point donner l'exemple d'vne vie céleste: parce que quand les hypocrites ne sont point échauffez du feu de la charité, ils se mettent fort peu en peine du froid de leurs oeufs; c'est-à-dire de l'insensibilité de ceux qu'ils ont engendrez; & plus il s'appliquent, aux choses du monde, plus ils souffrent que leurs enfans spirituels agissent avec négligence.
La providence divine néanmoins ne délaisse pas toujours ces enfans abandonnez des hypocrites, & prend soin d'en réchauffer par les favorables influences de fa grâce quel ques-vns qu'elle a secrettement élus dans fa prescience eternelle. C'est pourquoy le Seigneur dit ensuite: Les échaufferez-vous dans la poussière? C'est-à-dire, comme moy qui embraze quelquefois de mon amour ces âmes tendres & foibles, lors rnefme qu'elles vivent parmi les pécheurs. Car que peut-on entendre par la poussière, sinon le pécheur?"

6.c. L'oeuf d'autruche et le sang du Christ comme rédemption du Péché

L'explication de l'utilisation de l'oeuf d'autruche, difficile de comprendre autrement, puisque l'image est pieuse, est par le caractère de rédemption qu'apporte le sang du Christ à l'autruche oublieuse et menteuse:

"Cette duplicité déguifée fous un nom spécieux eft aymée, lors que la malice de l'efprit paffe pour vne ciuilité, & pour vne bien-feance de conuerfation.
Dieu a en horreur cette mode, & eft fi ennemy d'vne ame diffimulée qu'il n'en peut fouffrir la figure en fes facrifices. Ne feroit-ce point pour ce fujet qu'il n'auroit point voulu receuoir l'Autruche pour victime fur fes Autels. Le fainct Homme Job parlant de cét oyfeau, difoit: "Penna ftruthionis fimilis eft pennis herody & accipitris." La plume de l'Autruche eft femblable à celle du Faucon, & de l'Epréuier. Si nous confiderons

---
[77] *Les Morales de S. Grégoire Pape sur le livre de Job*, Paris, Chez Pierre Le Petit, 1669, T. III, pp. 594-599.

la nature de fes oyfeaux, nous trouuerõs que le Faucon & l'Epréuier ont des petits corps, & de grandes & fortes aifles, qui par vn effort furpaffant le vol des autres oyfeaux fendent l'air à merueille. Mais l'Autruche a vn grand corps & des petites aifles qui n'ont que la couleur, & non la vertu des autres. Mais fi nous recherchons le fens moral, faint Gregoire nous dira, que l'Autruche eft le fymbole d'vne ame, qui eftant mauuaife, affecte de paroiftre bonne, & qui témoigne des volontez d'obliger, & lors qu'elle medite quelque malicieux deffein pour nuire; ceft la mode du monde d'vfer de duplicité, & de diffimulation. Hé quoy, mon Dieu, permettez-vous que cette mode regne toufiours dans le monde au prejudice de la voftre? quand eft-ce que nous verrons l'accompliffement de cét Euangile Ifaye: "Glorificabunt me beftrix agri, & ftruthiones". Les beftes du champ me glorifieront, les Dragons, & les Autruches. Si les Dragons nous figurent les pecheurs ouuertement méchants, ha, mon Sauueur, le fang que vous auez verfé fur la Croix, fera-t'il toufiours inutile à ces ames perduës? fe glorifieront-elles toufiours dans leur iniquité? ces Dragons infecteront-ils toufiours l'air par leurs blafphemes, apres auoir efté fanctifiez par voftre mort? ces Autruches images des ames diffimulées, ne prendront-elles iamais des plumes veritables? voftre cofté ouuert fur la Croix, & voftre vifage découvert à l'opprobre, ne changeront-ils point les volontez de ces ames rebelles & couuertes, qui couuent dans leur fein la malice? ces efprits diffimulez feront-ils toufiours des Singes couuerts de la peau d'vn Lyon? ces ames doubles feront-elles toufiours des harpies fanguinaires auec la face d'homme?"[78]

De fait, pour ainsi dire, les considérations morales sur l'autruche par les théologiens trouvent leur équivalent biologique dans les descriptions de l'époque, comme celle de Belon[79], dans les exacts mêmes termes.

6.c.1. L'autruche, le prêtre et le chrétien

Le statut de l'autruche comme symbole se meut entre les images du croyant et du prêtre, et sa place dans les églises y revient:

"La lampe orientale est toujours suspendue entre deux oeufs d'autruches, & vis-à-vis du Prêtre qui célèbre; pour le faire souuenir, que de la même manière, que cet oiseau ne couve ses oeufs, à ce que disent ses Naturalistes, que par le regard seulement; & que ses oeufs se gâtent incontinent, si ce regard n'est pas continuel, & sans intermission: qu'ainsi il doit être attentif, quand il prie Dieu pendant le Sacrifice, ou qu'autrement ses prières perdent leur vertu, & ne lui procurent point auprès de Dieu ce qu'il demande."[80]

"Dieu conduit ce troupeau par le ministère des hommes qu'il établit fur leurs frères; C'est à eeux là à qui son Apôtre commande ici de prendre garde à tout le troupeau: Ce n'est pas que quand il se trouue des Pasteurs qui exercent ce sacré Ministre auec negligence,comme il ne s'en rencontre que trop, Dieu ne puisse bien garder son Eglise & faire son oeuure; Car comme quand l'autruche abandonne ses oeufs fur le fable, ainsi qu'il est dit au liure de Iob, fanf fe soucier fi le pied des paffans les écrasera, ou fi les beftes des champs les fouler ont Sous l'ardeur au défaut de cette beste oublieuse & dénaturée, & les fait éclorre par fa chaleur: Ainsi quand les Pasteurs sont negligens enuers les peuples, quand ils ont la cruauté de laisser croupir les pécheurs dans leurs vices, fans se mettre en peine s'ils fe fauuent ou s'ils se damnent; ou quand ils abádonnent leurs troupeaus, pour courir à leurs diuertissemens, ou pour s'occuper aux affaires de cette vie: Dieu supplée à ce défaut en faueur des éleus, les enseignant par son Esprit, les confolant par fa grâce, & les picquant secrettement d'vn vif repentir de leurs fautes, Mes brebis, dit-il lui mefme, ont efté exposées en proie pout eftre deuorées par les beftes des champs par le défaut des Pafteurs & Ce fera moi mefme qui les ferai reposer dans de bons pafturages, & qui mefme les comblerai de benedictions. Mais encore qu'il le puiffe faire immédiatement par foi mefme; puis qu'il adonné des Pasteurs à fon Eglife pour parler familièrement à elle par la bouche des hommes parce qu'elle en est composée, il veut eftre fanctifié en ceux qui s'approchent de lui, ne perdre la fiance entière dans leur charge, ou par ses iugemens quand ils y manquent: Il benit en fa grace ceux qui feruent son Eglise auec zele; & il maudit en fa colère ceux qui s'en acquittent mal, felon ce qu'il disoit au Souuerain Sacrificateur Heli. "l'honorerai ceux qui m'honoreront, & ceux qui me méprisent feront méprisés.'"[81]

"Du second Dome qui coudre le Sacre mont du Caluaire.
Tout ioignant ce Dome duquel nous venons de parler, il y en a vn autre à l'Orient plus eleué, mais non pas si large que celuy-là: comme tous les deux ensemble ne font que la mesme Eglise, celuy-cy couvre le Sacré Caluaire & le Chœur & celuy-là couvre la Neffe, & le saint Sepulckre & il y a de l'vne des extremitez à l'autre, cent & quatre pas. Vis-à-vis du saint Sepulchre, entre Pvn & l'autre Dome, est vn Autel de pierre, depuis long-temps disputé entre nous & les Grecs, deuant lequel, pend vne lampe d'argent, qui pesé plus de cent & quelques liures, qui a eschappé deux fois par miracle des mains sacrilèges des Grecs qui la vouloient desrober. Cét horrible attentat ae manqua pas de châtiment au lieu mesme où il auoit esté commis: Car ce maudit Sacrilège fut empalé au milieu de la place deuant l'Eglise du saint Sepulchre. Cet Autel est au milieu d'vne petite place de sept pas en quarré, qui est au deuant du Choeur dans lequel, à droictc, à gauche ii y a de reste vne éleuation d'vn demy pied de massonnerie, fur laquelle estoient éleuées les chaires. Ce chœur à quarante cinq pas de long, iusqu'ala chere du Patriarche, & en a quinze de large. Aprochant le même milieu l'on void vn trou dans le pauéfait dans vne pierre de marbre blanc d'vn pied en carré,que les Schismatiques croyent estrel'embouchure des Limbes:Où criât là pleinteste & entendant l'Echo qui respond dans les citernes,dontnous auons parlé, s'imaginent que c'est la voix de leurs parens & amis qui leur respondent. Sur ceste ouverture est suspendu vn fort beau candélabre de cuiure qui a quarante huit pieds de circonférence: au cour duquel font soixante & douze Chandeliers: Il est de figure octogone, souitenu par huit branches mastifues de même matière, de la grosseur du bras, longues de plus'de quinze pieds, qui vont se ioindre & s'vnir en haut, ou elles

---
[78]Léandre de Dijon, *Les vérités de l'Evangile, ou l'idée parfaite de l'amour divin*, Paris, Denys Thierry, 1662, T. II, p. 441.
[79]Pierre Belon, *L'histoire de la nature des oyseaux, auec leurs descriptions, & naïfs portraicts retirez du naturel: escrite en sept liures*, Paris, Chez Guillaume Cauellat, 1555, p. 233.
[80]Père Johann Michael Vansleb, dominicain du couvent de la Minerve à Rome, *Histoire de l'Eglise d'Alexandrie, fondée par S. Marc, que nous appelons celle des Jacobites-Coptes d'Egypte. Ecrite au Caire même, en 1672 & 1673*, Paris, Veuve Clousier et Pierre Promé, 1677, p. 50.
[81]Pierre Mussard, *Sermons sur divers textes de la saincte Escriture*, Genève, Pour Pierre Chovet, 1673, pp. 637-639.

font attachées auec deux chaines de fer suspendues à la voûte; au tour duquel pour embellissement pendent seize «eufs d'Autruches &c autant de petits tableaux peints &e dorés fur le bois, ou sont représentés les mystères de la Passion. Il y en a vn autre petit au .milieu de celuy-cy, où l'on peut mettre soixante quatre cierges. A l'extremité du Chœur cirant à lOriant font deux chaires l'vne plus belle & plus éleuée que l'autre, c'est celle du Patriarche, & l'autre est celle de l'Euefque: Celle-là au côté de l'Epître, & celleçy de l'Euangile.
Auançant du côté du maistre Autel, en quittant ces deux Thrônes de fix pas on monte quatre degrez,pour aller au lieu qui fait la séparation du Chœur & du Maistre Autel, où correspondent deux belles grandes portes, aux pilliers desquelles font attachées deux grandes chaines de fer qui s'vnissent à la voûte ou pandent quarante œufs d Autruche, ôc autant de lampes, que l'on allume aux grandes solemnitez. A l'extremité de ce Dome derrière le maistre Autel, est vn efcallier de pierre de taille de huit ou neuf marches qui est tou.... te te l'espace de la rondeur de la moitié de cemesme Dome. N'est-ce pas vn malheur qui ne peut prouenir que des péchez des Chrestiens de l'Europe, que ce beau lieu soit entre les mains des Grecs, Schismatiques, où il y auroit pour placer commodément cent Religieux, & il n'y a pour l'ordinaire qu'vn ou deux Prestres Grecs, & deux ou trois Frères laïcs! Au dessus des galleries de ce Dome font cinq belles grandes fenestres bien grillées d'où rient toute la lumière qui esclaire le cheur & son voisinage."[82]

6.c.2. Le sang du Christ, Pâques et la rédemption du croyant

Alors qu'en même temps le passage de revendication du croyant du domaine du mal (ou de l'éloignement) à celui du bien représente cette régénérescence par le sang du Christ (ce qui explique que, aussi bien dans l'homélie citée pour le VIIème dimanche pascual par Jean-Baptiste Le Vray comme dans le texte suivant, extrait des note de Célestin Hippeau au *Bestiaire d'amour* de Richard de Fournival, qui indique une époque de pondaise de l'autruche en juin, tout se joue, dans le symbolisme de celle-ci après la période de résurrection):

> *"Le nom hébreu de l'autruche est assidu et elle s'appelle en grec "camélon". Elle a deux pieds de chameau. Ses ailes sont grandes, mais elle ne vole jamais. Elle pond au mois de juin, lorsqu'elle a aperçu dans le ciel une étoile qui a nom Virgile. Elle dépose alors ses œufs sur le sable et les oublie, ne songeant plus qu'il contempler son étoile. Les œufs sont échauffés par le soleil dans la motte sablonnière, et les petits en sortent sans le secours maternel.*
>
> *«C'est l'image du prud'homme de bonne vie qui ne s'occupe que des choses "célestiennes". Pourquoi l'homme que Dieu fit raisonnable, connaissant et entendable. ne préfère-t-il pas toujours ainsi les joies du ciel aux plaisirs terrestres?»*
>
> *L'autruche n'est plus ici l'animal qui, en cachant sa tete dans les broussailles, croit n'être point aperçu par les chasseurs, et qui engloutit sans discernement dans son estomac toutes sortes d'objets, les pierres, le fer même:*
>
> *L'ostriche fer mangue bien,*
> *Ne ja ne li gruvera rien.*
>
> *Grâces au Physiologus, au lieu d'être comme pour l'Egypte l'emblème de la stupidité, elle devient, pour le mysticisme chrétien, soit une des figures de la vie contemplative, soit l'emblème du retour du pécheur à Dieu. Si elle abandonne ses œufs, dit le Physiologus, ne croyez pas qu'elle les oublie entièrement. La vue de l'étoile qui l'avait avertie de l'époque de la ponte lui annonce aussi le moment où elle doit appeler ses petits à la vie, en courant ses œufs du regard.*
>
> *Aussi, lorsque l'on suspendait des œufs d'autruche dans les églises du moyen âge, ceux qui connaissaient le sens de ce symbole exposaient-ils, en s'appuyant sur le récit rapporté par nos Bestiaires, que l'homme peut bien, ainsi que l'œuf de l'autruche, être délaissé par Dieu, mais que, si le repentir pénètre dans son cœur éclairé par la lumière surnaturelle, il pourra rentrer en grâce et reprendre son rang parmi les fidèles. C'est ainsi que l'apôtre qui avait renié le divin Sauveur put obtenir son pardon. D'autres interprétant d'une manière un peu différente le récit relatif à l'autruche et à son étoile, enseignaient que l'homme, après avoir péché, peut encore revenir à Dieu, lorsque le Saint-Esprit a fait pénétrer dans son cœur la lumière et la foi.*
>
> *La bonne réputation de l'autruche n'était point cependant établie d'une manière tellement solide qu'on ne la fît descendre quelquefois à un rôle moins brillant. Parmi les passages dans lesquels son nom est cité dans les Saintes-Ecritures, on avait remarqué celui de Job, qui se plaint de son incurie, et compare ironiquement ses ailes à celles de l'épervier et du héron. Comment pourrait-il s'élever sur les ailes de la contemplation, celui que le poids d'un corps surchargé de matière retient attaché à la terre? Sous ce rapport, l'autruche pouvait représenter pour quelques écrivains ces hommes incomplets, qui, religieux et spiritualistes à demi, ne s'élèvent que pour retomber, et n'ont que des élans Œenthonsiasme, sans pouvoir réellement prendre leur essor vers les régions supérieures. L'autruche, dit le Physiologus, tient un œil attaché vers la terre et l'autre élevé vers le ciel.*
>
> *Nous avons parlé des œufs d'autruche suspendus dans les églises, et de l'explication donnée à ce fait par un écrivain liturgique du xnie siècle. Au moment où nous livrons notre ouvrage à l'impression, nous en trouvons une autre présentée par M. Didron, à propos d'un des articles de l'inventaire des reliques conservées autrefois dans la cathédrale d'Angers. Le quarante-huitième article de cet inventaire est ainsi conçu: «Il y a dans le grand reliquaire des œufs u d'autrnehe soutenus par des chaînes (l'argent. Le jour de Pâques, «il faut mettre les œufs sur Faute/ de saint René, avec les deux "gazes.» «On prétendait au moyen âge, dit à ce sujet M. Didron, que l'autruche pendait un œuf où le petit serait resté éternellement emprisonné, si la mère n'était venue en briser la coquille avec du sang délayé dans du miel. Au contact de ce sang, l'œuf se brisait et le jeune oiseau s'échappait à tire-d'aile; ainsi le Christ, par son propre sang, brisa la pierre du tombeau et s'envola au ciel s'asseoir à la droite de son père. L'œuf de l'autruche est donc la figure toute naturelle du sépulcre de Jésus-Christ, et l'on comprend maintenant que le jour de Pâques, ce grand jour de la résurrection, on ait placé des œufs d'autruehe sur un autel. Mais cet autel lui-même n'est pas arbitraire, du*

---

[82] Jacques-Florent Goujon, *Histoire et voyage de la Terre Sainte: où tout ce qu'il y a de plus remarquable dans les Saints lieux, est tres-exactement descrit, par le R. P. Jacques [sic] Goujon, religieux de l'Observance de S. François*, Lyon, Chez Pierre Compagnon & robert Taillandier, 1672, pp. 133-135.

moins à Angers; c'est celui de saint René, ou pour mieux dire, ct toujours par comparaison, l'autel du saint né deux fois, du saint ressuscité comme le Sauveur du monde.»
L'explication donnée par M. Didron se fonde sur une histoire légendaire de l'autruche, différente de celle que renferment les Bestiaires. Les auteurs qui, comme Guillaume Durand, ont trouvé la signification de ces deux œufs dans les notions généralement répandues sur l'autruche, n'auraient pas été embarrassés pour expliquer comment, avertie par une étoile lumineuse (emblème de celle qui apparut aux Mages) du moment où elle doit pondre et de celui où elle fera sortir les petits de l'œuf qui leur sert en quelque sorte de tombeau, elle peut très-bien symboliser les deux naissances que rappelle le nom de René, c'est-à-dire la venue du Christ au monde et la glorieuse résurrection que célèbre la solennité de Pâques. Ils pourraient ajouter que l'œuf en général est considéré par les écrivains mystiques comme figurant la double naissance de l'homme, l'une pour la terre, l'autre pour le ciel: «Les oiseaux, dit Hugues de Saint-Victor, naissent deux fois: la première, lorsque l'œuf sort du sein de la mère; la seconde, lorsque l'incubation a donné à l'oiseau qu'il contient la forme, le mouvement et la vie».
Que l'on s'appuie au reste sur le récit de Guillaume ou sur celui que rappelle M. Didron, et dont nous aurions désiré que ce savant eût fait connaître l'origine, l'usage que mentionne l'inventaire de la cathédrale d'Angers, est une nouvelle preuve des services que peut olTrir à l'archéologie religieuse l'étude de nos Bestiaires."[83]

Le texte précédent citant Didron Aîné[84], la réponse audit texte en renforce d'ailleurs les preuves et le sens:

"Les Œufs De Paques. — M. l'abbé Chauveau, vicaire général du diocèse de Sens, nous adresse des observations relatives aux Œuvres de miséricorde et aux Œufs d'autruche dont nous avons dit un mot à la suite de l'article de M. Godard-Faultrier sur le vase de Cana, «Annales Archéologiques», volume XI, pages 253-265. Dans une autre livraison, nous parlerons avec quelques détails des Œuvres de miséricorde; aujourd'hui, il ne sera question que des Œufs symboliques. M. Chauveau nous écrit: — «Rien de plus ingénieux, monsieur, que l'explication donnée par vous du fait des deux œufs d'autruche placés sur l'autel de Saint-René d'Angers. M. Godard dit qu'il n'avait pu découvrir la signification de cet usage singulier. Vous nous le faites connaître, monsieur, et nous devons vous en remercier, car ce symbolisme est charmant et renferme de hautes instructions. Mais il me semble, permettez-moi de vous le dire, que l'explication donnée répond seulement au choix des œufs d'autruche, mais non pas au choix des œufs en général. On ne voit pas partout figurer des œufs d'autruche à la fête de Pâques; presque partout on y voit figurer des œufs. Les œufs d'autruche sont une particularité de localité; le choix des œufs, à Pâques, est pour ainsi dire général et de toutes les localités. Autrefois, la veille de Pâques, on bénissait une grande quantité d'œufs que l'on avait eu le soin de teindre en jaune, en violet, mais surtout en rouge. Sous Louis XIV, et même sous Louis XV, on portait, après la grand' messe du jour de Pâques, des pyramides d'œufs peints en or dans le cabinet du roi, qui en faisait cadeau à ses courtisans. Un usage à peu près semblable existe encore en Perse, où l'on célèbre toujours la fête des œufs colorés, le 20 mars, époque du renouvellement de l'année. En Russie, il est toujours d'usage, à la cour et dans les principales familles, de s'offrir réciproquement des œufs le jour de Pâques. Ces œufs sont en nacre et ornés de différentes peintures et dorures. J'en ai un de cette espèce qui m'a été donné par une personne qui a habité assez longtemps la Russie. L'extrémité du gros bout est garnie d'un verre grossissant; lorsqu'on applique l'œil sur cette lentille, l'intérieur de l'œuf offre à la vue différents objets, des personnages, des bois, des ruisseaux, des maisons. La personne qui offre l'œuf dit à l'autre: «Jésus-Christ est ressuscité»; et la personne qui le reçoit répond: «Je crois qu'il est ressuscité». Quel est donc le symbolisme de l'œuf dans la solennité pascale? Vous nous le ferez certainement connaître, monsieur, d'une manière bien attachante. Voulez-vous cependant me permettre de vous faire part de ma pensée, que je soumets sans aucune réserve à votre appréciation. Je l'ai lu bien des fois dans les «Annales», monsieur: tout, dans le culte catholique, a une signification mystérieuse. Or, il me semble que l'œuf, qui reparait dans un grand nombre de localités en la fête de Pâques, emporte avec lui l'idée de l'espérance. L'œuf, en effet, est l'espérance de voir éclore le petit être qui s'y trouve renfermé à l'état de germe. Pourquoi l'espérance doit-elle être plus vive le jour de Pâques, sinon parce que la résurrection du Sauveur est pour nous l'espérance et le gage de notre future résurrection? Or, voilà bien l'intention de l'Église au temps de Pâques. L'Église n'a rien tant à cœur que de faire naître dans l'âme de ses enfants les trois vertus théologales: la Foi, l'Espérance, la Charité. Dans le cours de l'année liturgique, elle veut amener les fidèles, par la pratique parfaite de ces sublimes vertus, à l'union intime avec Dieu et avec les autres hommes. C'était la pensée du Sauveur. L'Église veut construire dans l'âme de chaque chrétien un édifice spirituel dont le fondement sera la Foi; l'Espérance, les murailles et les colonnes; la Charité, le comble ou la perfection. Avant d'élever l'édifice, il faut préparer l'emplacement, et, dans le temps de l'Avent, à la voix de Jean-Baptiste qui crie: «Parate viam Domini; rectas facite semitas ejus», la pénitence purifie les âmes, et les prépare ainsi à recevoir le don de la foi que le Sauveur vient établir par sa naissance spirituelle, augmenter par ses prédications, fortifier par ses miracles pendant tout le temps de Noël. Au temps de Pâques, le Dieu ressuscité deviendra pour ses fidèles un sujet d'espérance; sa sortie du tombeau est le gage de notre résurrection. Cette espérance se fortifie encore par la vue des biens éternels dont il nous donne un avant-goût dans son ascension, en soulevant pour un moment le voile qui nous dérobe la vue de la demeure à laquelle il nous convie, où il va nous préparer une place. Enfin, au temps de la Pentecôte, l'âme du fidèle se dilate par la charité que l'Esprit-Saint y vient répandre: «Charitas Dei diffusa est in cordibus nostris per Spiritum Sanctum qui datus estnobis». Et l'homme est ainsi élevé à l'union avec Dieu et avec les hommes, ses frères, par le lien de la charité. Ainsi se réalise la pensée de saint Augustin: «Domus Dei pœnitendo praeparatur, credendo fundatur, sperando erigitur, diligendo perficitur».—Dans une lettre subséquente, M. l'abbé Chauveau nous écrivait: «Me permettrez-vous d'ajouter deux petits renseignements que je viens de retrouver, toujours sur les œufs de Pâques»? — «Au moyen âge, un des jours de la semaine de Pâques, les «étudiants des écoles, les clercs des églises, les jeunes gens de la ville, s'assemblaient dans la «place publique au bruit des sonnettes et des tambours. Les uns portaient des étendards bur«lesques, les autres étaient armés de lances ou de bâtons. De la place, ils se rendaient en cohue, «avec un horrible tapage, à la porte extérieure de l'église principale du lieu. Là, ils chan«taient Laudes, après quoi ils se répandaient dans la ville pour quêter les œufs de Pâques. La plupart de nos provinces ont conservé la coutume des œufs durs, peints, pour en faire des pré«sents le jour de Pâques. A Auxerre, on nomme ces œufs des «roulées», parce qu'on s'en «servait, en

---

[83]Richard de Fournival, *Le Bestiaire d'amour suivi de la Reponse à la Dame*, édition de Célestin Hippeau, Paris, Chez Auguste Aubry, 1860, pp. 139-142. Texte présenté originellement dans *Mémoires de la Société des antiquaires de Normandie*, Paris, Derache et Didron, 1851, 2ème Série, 9ème Volume, XIXème Volume de la Collection, Première Livraison, pp. 409-411.

[84]Didron Aîné, *Annales archéologiques*, Paris, Librairie arquéologique Victor Didron, 1851, T. XI, pp. 259-260.

guise de boules, pour un certain jeu où il s'agit d'atteindre, en les faisant «rouler», «un but désigné». Je viens d'enrichir mon cabinet d'un nouvel œuf de Pâques donné par une princesse russe. Cet œuf est en porcelaine et finement peint et doré. Dans deux petits ovales encadrés par un filet d'or sont représentées, d'un côté, deux colombes aux ailes étendues, et audessus vole un papillon; de l'autre, les mois suivants, écrits en russe et en lettres d'or, surmontés d'une couronne, et au-dessous une guirlande également d'or: Amour Et Amitié. Dans les entredeux des ovales, sur une branche de fleurs en or, on voit un charmant papillon avec ses belles ailes étendues. Cet œuf est creux; il a une ouverture à chacune de ses extrémités. On y passe ordinairement un beau ruban, qui sert à le suspendre. — Recevez, etc. — E. Chauveau, vicaire général de Sens».

Il nous parait bien inutile de rien ajouter à ces ingénieuses et curieuses observations sur les œufs de Pâques. Qu'il nous suffise de compléter les usages russes par des usages français absolument semblables. Ces usages existent encore dans plusieurs de nos contrées, et ils existaient même à la cour du roi Louis XV. Ainsi, tout récemment, M. Leroy, savant et complaisant bibliothécaire de Versailles, nous montrait deux œufs qu'il conserve précieusement dans les armoires du musée de la Bibliothèque et qui sont de véritables œufs russes, ou plutôt français, de Pâques. Ces œufs ont appartenu à Mlle Victoire, fille du roi Louis XV. On y voit d'abord des brigands qui attaquent une jeune fille, puis un vertueux gendarme qui arrache la jeune personne à ses ravisseurs et la ramène chez ses parents. Il est assez piquant de penser que Louis XV donna à sa fille, le jour de Pâques, des œufs occupés par des scènes, la seconde surtout, que ce roi libertin n'était guère en état de comprendre.

«Gloria In Excelsis» Du XIIIe Siècle. — *Dans les «Annales» de mai-juin 1851, nous avons donné les «Gloria» des grandes fêtes, des doubles-majeurs et des doubles-mineurs; nous les complétons aujourd'hui par les «Gloria» des dimanches, des féries et des octaves solennelles. Ces deux «Gloria» nouveaux sont extraits du même manuscrit qui appartient à la bibliothèque de l'Arsenal et calqués avec la même fidélité par M. Martel, notre graveur. Nos souscripteurs sont peu musiciens en général et nous devons leur mesurer avec une excessive réserve les planches de musique. En conséquence, de loin en loin, nous leur servirons de ces calques des anciens chants liturgiques; mais, avec du temps et de la patience, nous ferons passer sous leurs yeux l'ordinaire complet de l'office du matin et les messes des principales fêtes de l'année. On nous remerciera, nous croyons en être certain, d'avoir donné ainsi les fac-similés rigoureux de l'un des plus beaux manuscrits de plain-chant qui existe de la fin du XIIIe siècle. Nous n'insisterons pas sur le caractère de la mélodie qui distingue ces deux nouveaux «Gloria»; qu'on les chante ou qu'on les joue, on en apprendra plus qu'avec toutes les phrases que nous pourrions écrire."*[85]

De fait:

"Les œufs (à Rome) entroient aussi dans les sacrifices: on ne pouvoit faire certaines expiations qu'il n'en coûtât une centaine d'œufs: nifi, dit Juvénal, se centum lustraverit ovis. Ovide dans l'Art d'aimer parle ainsi de ces expiations.

Itveniat quae lustret anus; lectumque locumque,
 Proferat & r emulâ sulphur & ova manu.

Les œufs étoient-ils peints ou non, durs ou frais? c'est ce que je ne sçai point. Lampride dit dans la vie d'Alexandre Severi: Que le jour de la naissance de ce Prince, une vieille vint offrir à fa mere un œuf de Pigeon ramier, de couleur de pourpre, & que les Aruspices consultés sur ce Phénomène prédirent que le Prince nouveau né seroit Empereur: qu'il parviendroit bientôt à l'Empire; mais qu'il ne regnéroit pas long tems. Spartien rapporte qu'à la naissance d'Antonin Geta, fils de l'Empereur Severe, successeur de Julien, on avoit trouvé de même un œuf pourpre, dans le nid d'une Poule; que le jeune Baffien, frère de Geta, ayant jetté à terre & caffé cet œuf, Julie fa mere lui dit en riant: Maudit parricide, tu as tué ton frère. Mais tout ceci n'appartient pas tant à l'histoire des œufs qu'à celle telle de la couleur pourpre, qui étant adoptée, par les Empereurs dans leurs vêtemens, paroissoit de bon augure par tout où elle se renconrtroit: ce qui .donnoit lieu de supposer de ces sortes de phénomènes pour faire fa Cour au Souverain, lorsqu'il lui naiffoit un fils. En effet à la naissance de Gefa, un autre imposteur, fi l'on en croit le même Spartien, vint encore annoncer qu'il étoit né dans son étable un Agneau qui avoit à la tête un Floccon de laine pourpre; fur quoi les Aruspices ne manquèrent pas de promettre que Geti deviendroit Empereur. Suivant Lampride on vit le prodige se renouveller avec plus d'éclat à la naiffance d'Atonnin Diadumene; il naquit à la campagne, dans un des domaines de son pere, douze brebis, toutes de couleur pourpre à la réserve d'une qui avoit quelques marques d'une autre nuance; ce qui est plaisant, & ce qui démontre que les Aruspices n'interprétoient les événemens qu'à leur fantaisie, c'est que quelquefois ils ont tiré de la couleur de pourpre des présages funestes: mais ces cas particuliers font une exception qui confirme la règle: en général elle donnoit communément toujours les succès & la prospérité. Je reviens à nos œufs.

On sçait par leurs Chroniques qu'aux Jeux du Cirque, eux ou du moins leurs représentations entroient dans les mystères. Ces Jeux étant consacrés entr'autres Dieux à Castor & Pollux, qu'on croyoit bonnement être sortis d'un même œuf, il ne faut pas être étonné de cet usage. Il y avoit dans le Cirque différens buts, ou bornes, qui fervoient à diriger la course des Chariots, & il y en avoit un principal, dont les conducteurs des Chariots étoient obligés en courant de faire sept fois le tour pour mériter le prix; ces buts, faits d'une forme pyramidale, avoient au sommet la figure d'un œuf: & fur ce sommet même on placoit un œuf, ou la représentation d'un œuf, à chaque course qu'un Chariot faisoit au cour du but en sorte que lorsqu'on y avoit pose le septième œuf, le vainqueur recevoit le prix. Dans les fêtes de Cerès, appellées Cerealia, ou plutôt; après les Jeux du Cirque célébrés en l'honneur de Cerès, l'Edile qui avoit donné ces Jeux faisoit la dépense d'un festin, où le premier service etoit composé d'œufs. C'est ainsi du moins que le Pere Boulanger explique un joli passage de Varron. Enfin dans les sacrifices, ou les mystères de Bacchus, les œufs étoient employés on les avoit en si grande vénération, qu'à cause de leur figure, qui ronde & presque spérique, renfermoit de toutes parts un animal vivant; on les appelloit l'Image du monde.

De tous ces privilèges il est libre aux Lecteurs de conjecturer lequel a pu donner lieu aux Chrétiens de conserver au tems de Pâques l'usage des œufs rouges ou d'autres couleurs. L'ont-ils-pris des Payens? C'est, je crois, ce que personne ne peut affirmer: mais on pourroit le supposer, sans scandaliser les ames pieuses. Si nous tenons du Paganisme quelques cérémonies, la Religion sainte où nous les employons les a sanctifiés, il n'y a rien même qui empêche de le croire, puisqu'il est certain qu'à la naissance de l'Eglise, & dans toute la ferveur du zèle des premiers Chrétiens, ils n'ont point hésité de consacrer au culte du vrai Dieu les Temples si souvent pollués par le culte abominable des Idoles.

.Quoiqu'il en foit, voici ce que j'ai pu recueillir de plus certain fur l'ufage des œufs rouges depuis l'établissement du Christianisme. Les Papes Grecs bénissent des œufs folennellement la veille de Pâques, & même jusqu'à la Pentecôte. Quand les Grecs rencontrent un ami qu'ils n'ont

---
[85]Didron Aîné, *Annales archéologiques*, Paris, Librairie arquéologique Victor Didron, 1852, T. XII, pp. 122-124.

point vu depuis Pâques, ils s'entredonnent des œufs bénits, & se baisent en se disant l'un à l'autre, Christ est ressuscité. Ce qu!ils prérendent être une ancienne coutume de la primitive Eglise.
Le sire de Joinville, fidèle Historien de Saint Louis, rapporte que quand le Saint Roi fut fait prisonnier par les Sarrasins, ils lui servirent à souper & aux principaux Seigneurs de fa fuite des œufs de différentes couleurs, peints d'un artifice admirable, & cela à cause de fa qualité.
Parmi nous rien de fl commun que les œufs rouges. Un Prêtre prêchant à Milan pendant que Saint Charles en étoit Archevêque, il le compara à un œuf de Pâques. On trouve la raison de cette comparaison dans tous les Recueils de bons-mots.
Le Pere Delrio, lib. 3. Disquis. Magic, blâme la superstition de ceux qui gardent toute l'année des œufs pondus le jour de Pâques, & rougis, dans l'idée qu'ils ont la vertu d'éteindre un incendie, si on les jette dans le feu. A cela j'ajoute que nos Paysans de Champagne portent à leurs Curés le matin de Pâques un petit panier d'oeufs, ce qu'ils appellent donner la roulée. Aux environs de Pâques les Régens & Maître d'Ecole exemptant de devoir leurs Ecoliers & ont pour eux de ttès bonnes façons: le tout afin de tirer d'eux la roulée. Si je ne me trompe, la même chose se pratique en Bourgogne.
J'oubliois que parmi les bénédictions de plusieurs anciens Rituels, j'ai vu des formules de bénédictions d'oeufs, in tempore Pascali.

Signé Girodet

Conjectures d'un autre auteur sur le même sujet
Une Personne inconnue de Châteaudun me marque fur la même matière quelques-autres sur le même particularités qui peuvent aider aux conjecture.
Un Auteur, qu'il ne nomme point, mais qui écrivoit dans le XIII. Siècle, rapporte, dit-il, que son tems on ,fuspendoit dans la plupart des Eglises des œufs d'Autruches qui par leur beauté & leur rareté excitoient l'admiration des Peuples, & les attiroit à l'Eglise. D'autres Ecrivains suivant le même Auteur, disent que l'Autruche laisse ses œufs dans le fable, & les oublie facilement, cependánt à la vue d'une certaine Etoile elle retourne à ses œufs, & elle les fomente de son. regard; C'est, pour cela, à ce que prétendent ces Ecrivains qu'on suspend de ces œufs dans les Eglises, pour signifier que l'homme par son péché oublie facilement Dieu, & qu'aussitôt que l'Etoile s'est fait voir à lui, c'est-à-dire qu'il a senti les effets de la Grâce, il se souvient de son égarement, & retourne à Dieu par de bonnes Oeuvres.
Peut-être continue l'Anonyme de Châteaudun, les œufs rouges ont ils pris leur origine de ceux d'Autruche, les Chrétiens ayant voulu au tems de Pâques se rappelle l'exemple de l'Autruche, pour retourner comme elle à leur devoir.
Conjecture pour conjecture, celle-ci pourroit être aussi bonne qu'une autte, si l'on avoit des preuves que la conduite de l'Autruche est telle qu'on le suppose; que la suspension de ses oeufs dans les Eglises àvoit pour objet de faire faire aux Fidèles les réflexions qu'on trouve dans les Ecrits de quelques Auteurs, & que l'usage des œufs rouges au tems de Pâques n'est pas plus ancien que le XIII. Siécle."[86]

"En 1852, Aimé de Soland signale l'existence d'un œuf d'autruche aux mains de la vierge de la pitié, tenant sur ses dans les églises genoux te corps inanimé de son fils, dans l'église de Murs. Il en mentionne un second dans la chapelle de Notre-Dame-des-Roches de Montplacé à Jarzé, tout en poursuivant: "Avant la révolution, le trésor de la cathédrale possédait 2 magnifiques œufs d'autruches soutenus par des chaînes d'argent..."[87]

"ŒUFS D'AUTRUCHE.
Au tome I (Église d'Angers, fabrique, manuscrits de M. Joubert), folio 95, on lit dans un inventaire de l'an 1467 ce passage: Item duo grossa ova que defferuntur in die pasche.
Au tome II, folio 70, dans un inventaire de 1539, se trouve textuellement le même article. Dans un inventaire de 1561, fol. 128, et un autre de 1595, fol. 179, existe cette variante: Item duo grossa ova pasche que eodem die defferuntur.
Au folio 217 (inventaire de 1596), nous lisons: «Item, deux œufs d'autruche qui servent à donner les œufs de Pasques.»
Même mention dans les inventaires de 1599, fol. 266; de 1606, fol. 317, et de 1643, fol. 352.
Enfin, dans un dernier inventaire écrit au xvme siècle etdont j'ai fait paraître un extrait (Mém.de la Société d'agric.,sciences et arts d'Angers, 2e série, 3°vol., livraison, année 1852, p. 104), on litarticle XXXXVIII: «Il y a en outre dans le grand reliquaire deux œufs d'autruche soutenus par des chaînes d'argent. Le jour de Pâques, il faut mettre les deux œufs d'autruche sur l'autel de Saint-René avec les deux gases.»
Et, à cette occasion, Urbain Renard, l'un des auteurs de la grande bible des Noëls angevins, s'exprime ainsi page 28, édition de 1780, dans son cantique sur la cathédrale d'Angsrs:
Rep. Arc. 11
 La joie est angélique
A Pâques d'ouïr
Cloches, orgues, musique,
Les maries venir
Chercher dans le sépulcre
Jésus qui n'est plus là,
Puis portant œufs d'autruche,
On chante alléluia.
M. l'abbé Vincelot, dans ses curieux Essais étymologiques sur l'ornithologie de Maine-et-Loire, nous apprend page 29 ce qui suit: «Le jour de Pâques, à la cathédrale d'Angers, deux ecclésiastiques sous le nom de corbeilliers, se rendaient après matines à la sacristie, prenaient l'amict sur la tête, la barrette sur l'amict, se revêtaient de l'aube, de gants brodés, de la ceinture et de la dalmatique blanches, puis sans manipule et sans étole, ils se dirigeaient vers le tombeau. Là, chacun d'eux prenait nn bassin sur lequel reposait un œuf d'autruche couvert d'étoffe blanche,

---

[86] *Suite de la Clef, ou Journal historique sur les matières du temps. Contenant quelques Nouvelles de Litterature, & autres Remarques curieufes. Par le Sieur C.J.*, Paris, Paris, Chez la Veuve Ganeau, T. XLVII, Janvier 1740, pp. 334-341.
[87] Anjou: cadre naturel, histoire, art, littérature, langue, économie, traditions populaires, Joué les Tours, C. Bonneton, 1985, "Les oeufs d'autruche dans les églises d'Anjou", p. 170.

puis se rendait au trône de l'évêque. Le plus âgé des deux s'approchait de l'oreille droite de l'évêque, et lui présentant le bassin contenant l'œuf d'autruche disait tout bas, d'un air mystérieux: Surrexit Dominus, alleluia! L'évêque répondait: Deo gratias, alleluia!
«Le deuxième corbeillier faisait la même chose du côté gauche. Puis chacun d'eux parcourait tous les rangs des ecclésiastiques, l'un à droite, l'autre à gauche, en commençant par les plus dignes, répétant les mêmes paroles et recevant la même réponse. Les œufs étaient ensuite reportés à la sacristie, sur les bassins.»
Disons également qu'en regard de l'autel de la Vierge de Montplacet, commune de Jarzé, arrondissement de Baugé, nous avons vu un œuf d'autruche suspendu.
Dans certaines églises, ces œufs remplacent le gland suspendu au-dessus de la lampe à titre de symbole de Jésus ressuscité qui répand la lumière.
C'était encore une coutume en Anjou, il n'y a que peu d'années, de distribuer aux enfants, des œufs ordinaires dits de Pâques, légèrement teints d'une couleur pourpre.
Les moines de Saint-Aubin avaient un usage singulier, qui consistait à voir servir, sur leur table, durant la semaine sainte, des œufs entourés de feuilles de tanaisie (tanacetum vulgare), plante amère de la famille des Composées, croissant avec abondance sur les rives de la Loire.
Faisons remarquer que cet usage des œufs de Pâques est établi selon nos inventaires précités, depuis le milieu du xve siècle jusqu'au xvnr3 inclusivement, ce qui n'est pas dire qu'il ne remontait point à des temps plus anciens.
Il doit y avoir un sens mystique attaché certainement à cette coutume. Quel est-il?
L'œuf a toujours joué un grand rôle dans le symbolisme. Chez les anciens, il était l'emblème du monde. Mais bien que ce symbole puisse parfaitement être appliqué au règne du Sauveur, il s'agit ici d'une autre interprétation.
Nos œufs d'autruche trouvent leur usage liturgique principalement à Pâques. Or, Pâques est le jour de la résurrection de J.-C.; nos pères apercevant l'analogie entre l'oiseau qui brise sa coquille pour naître et Notre-Seigneur qui sort de son sépulcre pour ressusciter, virent ainsi dans l'œuf, en général, et dans celui de l'autruche en particulier, l'image de son tombeau.
Cela établi, il est aisé de comprendre le sens du petit drame liturgique rapporté par M. Vincelot. Quant aux feuilles de tanaisie servies avec des œufs, aux moines de Saint-Aubin, elles étaient là pour remplacer les laitues sauvages dont l'amertume rappelait aux Israélites les angoisses de leur servitude en Egypte.
J'ai parlé de la couleur purpurine que l'on donne quelquefois aux œufs de Pâques, mais je n'ai pas dit pourquoi cette nuance était employée. L'ouvrage de M. l'abbé Vincelot va nous en faire connaître la raison. «L'historien Lampridius assure que, le jour de la naissance de Marc-Aurèle Sévère, une des poules de la mère de ce prince avait pondu un œuf dont la coquille était couverte presque entièrement de taches rougeâtres. Cette princesse fut frappée de cette particularité et elle s'empressa d'aller en demander la signification à un druide fort renommé. Celui-ci, après avoir examiné la coquille de l'œuf, répondit que cette nuance annonçait que l'enfant nouveau-né, serait un jour empereur des Romains. Pour ne pas exposer son fils à des persécutions, la mère garda son secret jusqu'en 224, année dans laquelle Marc-Aurèle fut proclamé empereur. Depuis ce moment, les Romains contractèrent l'habitude de s'offrir des œufs dont la coquille était revêtue de différentes couleurs, comme un souhait de bonne fortune.
«Les chrétiens sanctifièrent cette coutume et y attachèrent une pensée de foi. En distribuant ces œufs dans le temps paschal, ils se souhaitaient mutuellement une royauté, celle de triompher de leurs penchants, et, à l'exemple de Jésus-Christ, de régner sur le monde et sur le péché.
«Les œufs de Pâques avaient donc pour but de rappeler à ceux auxquels ils étaient offerts, que comme Marc-Aurèle, ils étaient appelés à régner, et que dès lors ils devaient s'y préparer.» [Ornithologie, pages 28 et 29.)
Terminons cette notice par divers extraits des Annales archéologiques de Didron, t. XI, 5° livraison, septembre et octobre 1851, p. 259:
«Angers, dit-il, aimait en général le drame religieux d'une affection marquée... On prétendait au moyen âge que l'autruche pondait un œuf où le petit serait resté éternellement emprisonné si la mère n'était venue en briser la coquille avec du miel. Au contact de ce sang, l'œuf se brisait et le jeune oiseau s'échappait à tire d'ailes; ainsi le Christ, par son propre sang, brisa la pierre du tombeau.... Et l'on comprend maintenant que le jour de Pâques, ce grand jour de la résurrection, on ait placé ces œufs d'autruche sur un autel. Mais cet autel lui-même n'était pas arbitraire, du moins à Angers; c'était celui de saint René, du saint né deux fois du saint ressuscité comme le Sauveur du monde.... Nous sommes certain d'avance que ces œufs sur cet autel devaient accompagner le drame liturgique des trois Marie, le drame de la résurrection, du surrexit non est hic. C'est-à-dire que cette résurrection, mimée, chantée, jouée par des personnages vivants, était encore représentée par des objets matériels, et qu'à côté du drame que parlaient les trois Marie, il y avait le drame muet que représentaient les œufs d'autruche.»
Les conjectures de M. Didron sur le drame des trois Marie se vérifient par les vers précités du cantique d'Urbain Renard."[88]

"SYMBOLISME DES OEUFS D'AUTRUCHES ET DES OEUFS
De Paques.—Longtemps avant d'en comprendre la signification, nous avions remarqué dans l'église de Murs, Un œuf d'autruche posé aux mains d'une statue de la Vierge, qui tient sur ses genoux le corps inanimé de son fils.
Ce ne devait pas être, nous en étions convaincu, un pur caprice, ou une fantaisie bizarre qui avaient fait appendre à l'autel de la Pieta de Murs l'œuf du plus grand des échassiers. Il y avait donc un sens caché qu'il fallait trouver. A force de feuilleter les anciens manuscrits, nous avons appris la vérité à ce sujet, et nous sommes heureux de l'avoir constaté, quelque temps après, dans un remarquable article de M. Didron dont l'autorité fait loi en matière artistique, que l'interprétation que nous donnions aux œufs d'autruches placés dans les églises, était absolument la même que celle du savant archéologue.
Au Moyen-Age, tout ce qui, dans le culte, paraissait surnaturel à l'homme, était traduit symboliquement. Aucun mystère plus que celui de la résurrection n'a été représenté par l'art symbolique. L'aigle qu'on voit sur les verrières et sur les chapiteaux de nos églises, emportant ses petits au haut des airs, et les formant à ce vol hardi qui révèle leur mâle origine; Jonas sortant du ventre de la baleine; le petit lion de la légende, né sans vie, et dont les yeux s'ouvraient à la lumière au bout de trois jours seulement et après que le soufflo de son père l'avait ranimé et arraché au sommeil de la mort, toutes ces peintures et images étaient des représentations figurées de la résurrection humaine, et de celle du fils de Dieu.

---

[88] *Répertoire historique et archéologique de l'Anjou*, Académie des sciences, belles-lettres et arts d'Angers. Commission archéologique de Maine et Loire, Angers, Cosnier et Lachèse, Année 1864, pp. 149-154.

Il en était de même du sens mystique attaché à l'œuf d'autruche. Au Moyen-Age on croyait que l'autruche ne pondait qu'un seul œuf, et que l'embryon qu'il contenait ne devait recevoir la vie, que lorsque la mère viendrait briser la coquille, en l'arrosant de sang délayé dans du miel. Alors le petit, en voyant le jour, prenait son essor.

D'après cette interprétation, on comprend parfaitement le sens attaché à l'œuf d'autruche mis aux mains de la madone de Murs.

Cette Vierge jette un regard plein de tristesse sur le corps sanglant de son filsbien-aimé; mais l'œuf symbolique qu'elle tient à la main, lui présage que sa peine ne sera que passagère et qu'une glorieuse résurrection viendra bientôt changer sa douleur en joie.

Quatre-vingt-treize, en renversant les autels et en pillant et profanant les objets destinés au culte, a fait disparaître en grande partie ces témoignages naïfs de la foi de nos pères. Cette représentation mystique de la délivrance du Christ est fort rare en Anjou.) Nous n'en connaissons point d'autre exemple, si ce n'est celui de la chapelle de Notre-Dame des Roches De Montplacé, commune de Jarzé.

Avant la révolution, le trésor de la cathédrale possédait deux magnifiques œufs d'autruches soutenus par des chaînes d'argent.

Le jour de la fête de Paques, ils étaient placés sur l'autel Saint-René.

Ces œufs étaient en grande vénération. Urbain Renard. dans son Noël dédié aux merveilles contenues en l'église Saint-Maurice, ne manque pas de dire . en parlant de la fête pascale:

La joie est angelique,
A Paques d'ouir
Cloches, orgues, musique,
Les maris venir,
Chercher dans le sepulchre
Jesus qui n'est plus la:
Puis portant Oeufs D'autruche,
On chante Alleluya.

Il n'est point étonnant que le Moyen-Age ait vu un symbolisme dans l'incubation de l'autruche; cet oiseau a toujours été considéré comme ayant quelque chose d'étranger aux autres êtres de la création.

Moïse avait interdit aux Juifs de manger de sa chair; l'Arabe partage l'opinion d'Aristotc qui croyait que cet échassicr était né d'un chameau et d'un oiseau.

Les écrivains sacrés comparent sa voix à un gémissement, et les peuples de l'Amérique au rugissement du lion.

La légende de l'œuf d'autruche a fourni naissance à l'usage des œufs de Pâques, usage si dégénéré aujourd'hui.

Au Moyen-Age, on distribuait dans les monastères et abbayes, en signe de la glorieuse délivrance du Sauveur du monde, des œufs cuils et colorés dans une décoction de peau d'oignon, de rumex, de gaude, de tanaisie. De nos jours, les sacristes, bedeaux, enfants de chœur, etc., vont chaque année dans la quinzaine pascale, chercher à domicile les œufs traditionnels. Le mysticisme qu'ils attachent à ces œufs se résume pour eux en espèces sonnantes."[89]

6.c.3. La Vierge, l'Église et l'oeuf
6.c.3.1. La Vierge, point d'infléchissement de la trajectoire du péché

Sur le rôle de la Vierge comme point d'infléchissement, de la trajectoire du péché (l'autruche) vers celle de la rédemption, par la naissance de Jésus et son sacrifice, est également un élément marqué par le discours théologique:

"On distingue quatre choses dans la rose: sa nature, sa forme, sa couleur et son odeur. Par sa nature la rose est froide, large par sa forme, de couleur blanche ou rouge, et très-agréable par son odeur. Par sa nature elle signifie donc l'extinction des vices, par sa forme la charité, par sa couleur la pureté et la souffrance, ou au moins la compassion, par son odeur la bonne réputation, le bon exemple. Toutes ces choses, excepte les souffrances corporelles, conviennent parfaitement à la bienheureuse Marie. Ainsi, comme il a été déjà dit, la Judée est l'épine, Marie la rose, et comme l'épine produit la rose, ainsi la Judée a donné le jour à Marie; l'épine cruelle a produit la rose miséricordieuse et douce. Quoi de plus cruel que la nation judaïque? Que dit d'elle son prophète Jérémie? Les animaux les plus féroces ont présenté leurs mamelles et allaité leurs petits; la fille de mon peuple a été cruelle comme l'autruche du désert. L'iniquité de la fille de mou peuple est devenue plus grande que le crime de Sodome, qui fut renversée en un moment sans que la main de l'homme ait contribué à sa ruine: Lamiœ nudaverunt mammam, lactaverunt catnlos suos; filia populi mei crudelis, quasi struthio in deserto. Et major effecta est iniquitas filiœ populi mei peccato Sodomorum, quœ subversa est in momento, et non ceperunt in ea manus (Lament. 4, 3-6). Mais quoi de plus miséricordieux que la bienheureuse Marie, que tous les fidèles appellent Mère de miséricorde, et dont tous, en l'invoquant avec foi, éprouvent réellement par ses faveurs qu'elle est Mère de miséricorde? Mais ne pouvant assez peindre la méchanceté des Juifs et la bonté comme infinie de Marie, appliquons-nous ces considérations à nous-mêmes, et gardonsnous bien de la méchanceté judaïque, en nous attachant à imiter la bonté de Marie. N'imitons pas la perfide Judée pour n'être pas de ces épines sur lesquelles le prophète David s'exprime ainsi: Les violateurs de la loi seront tous exterminés, comme ces épines que l'on n'arrache pas avec la main. On s'arme contre elles du fer et du bois de la lance, et on les livre aux flammes, et elles sont consumées sans laisser aucune trace: Prœraricatores autem quasi spinœ cvellentur universi; quœ non tolluntur maniâtes. Et si quis tangere voluerit eas, armabitur ferro et ligno lanceato, igneque succensœ comburentur mque ad nihilum (2 fieg. 23, 6-7). Elles sont cruelles ces épines,elles sont cruelles et détestables; on ne les arrache pas avec la main, par la force humaine, mais par la seule puissance divine.

Imitons la bienheureuse Vierge Marie, surtout en ce que nous avons dit de la rose, afin d'éteindre en nous, selon sa nature calme et douce, les flammes de nos vices; selon sa forme, ouvrons entièrement nos cœurs à l'amour de Dieu et du prochain. Soyons la rose rouge, sinon en répandant notre sang pour Jésus-Christ, du moins par notre compassion pour ses membres malades; soyons odoriférants en donnant toujours le

---
[89]Aimé de Soland, *Bulletin historique et monumental de l'Anjou*, Angers, E. Barassé, Première Année 1852, pp. 4-6.

bon exemple. Evitons la cruauté judaïque en nous éloignant du mal; imitons la vie sainte de la bienheureuse Marie en faisant le bien, afin que, par ses mérites et ses prières, nous évitions la damnation et méritions la béatitude éternelle.
0 Vierge aimable, dit saint Ildefonse, recevez avec plaisir la rose."[90]

Pour sa part, le plaidoyer anti-papiste de Pierre Jurieu, en reprenant le symbole de l'oeuf, en confirme son sens général dans la tradition chrétienne, et catholique:

"Car il faut bien distinguer entre aneantissement & corruption extrime. Si l'Eglise Romaine avoir rejette les fondements comme ont fait les Tures & les Sociniens, elle auroit aneanti le Christianisme, l'Eglise n'y seroit plus visible que comme un corps mort est visible. Mais parce qu'elle a seulement ajoûté une infinité de doetrines fausses, superstitieuses & Idolatres en retenant les fondements, el'e a seulementcorremptt le Christianisme. Mais le Christianisme au milieu de ces corruptions ne laisse pas de demeurer visible à ceux qui le cherchent avec attention. Imaginés vous un œuf point cassé qui nage dans une eau bourbeuse & puante. C'est le parfait emblème de la Religion Romaine. L'oeuf entier & point cassé c'est le Symbole des Chrétiens dans le sens de l'Eglise conservé en son entier; l'eau bourbeuse & puante où nage cet œuf, c'est l'amas des superstitions, des erreurs & des Idolatries du Papisme. L'œuf demeure visible, au milieu de cette eau bourbeuse, & mesme l'oppositionde la noirceur de la boue, à la blancheur de l'œuf, rend en quelque sorte celuy-cy plus visible. Le corps du Christianisme est aussi visible dans l'amas des erreurs Papistes, & à qui y fait attention, on peut dire que le vrayChristianismequiestdemeurédans la Religion Romaine, sert à découvrir & à rendre plus horrible les laideurs du Papisme. La bourbe & l'eau puante qui environne cet oeuf est visible, aussi bien que l'œuf. C'est la lumiere du jour qui les manifeste l'un & l'autre. Lacorruption introduite par lePapisme est visible dans la Religion Romaine, aussi bien que le Christianisme. C'est la lumiere du jour; c'est-à-dire la lumiere de la parole de Dieu qui les manifeste tous deux; car la parole de Dieu manifeste le Christianisme dans la Religion Romaine par la belle conformité des trois Symboles des Apostres, de Nicée & d'Arhanafe avec la revelation. Cette même parole manifeste l'Anti-christianisme, la boue & la fange du Papisme, par l'affreuse difformité qui est entre le Papisme & la revelation. Il me semble qu'il faut être bien dur pour ne sentir pas tout cela, & pour ne pas voir qne l'Eglise peut toujours durer & toujours mesme être visible sans qu'il soit necessaire qu'elle demeure dans une parfaite pureté."[91]

En général, l'oeuf acquiert ce symbole, dans les rituels et leur interprétation, de la dualité entre le Bien et le Mal, la salvation provenant de l'objet du péché:

"Et quand â l'oeuf des ferpens, si curieusement recueilli des Drvides, sur ce qu'ils l'estimoient auoir la vertu, de bailler victoire contre ses ennemis, ce que Pline tourne en derision, à fa manière accoutumée, au vingt-neufiefme de son histoire, chapitre troifiefme.Voires adiouste qu'vn Chevalier Romain, pour l'auoir eu fur soy pendant certain procez y fut condamné pour ce seul regard, par l'Empereur Claudius. De vrai, f'il auoit rapporté cruëment cette histoire, qu'il fe fust contenté de dire que cét œuf reffembloit à vne pôme longuette auoit vne coque semblable au cartilage des cuiffes du Polype: paradûëture euffe-il eu de la peine, ou à excuser noz Drvides de quelque fuperstition, ou imprimer à Pline la notte de calomnie. Mais quand pesant par lui fe fauuer de l'vne, & les accuser de l'autre, il leur impute à vanité, ce qu'ils difoient que cét œuf debuoit estre recueilli à-certaine Lunaison & que les ferpens jitians d'vne collision mutuelle, sifflé comme par defpit, ils pourfuiuoient à toute outrance celuy, qui en auoit faict la recherche &c récolte. Il m'ha dôné une bien petite occasion de croire à cette particularité, l'intelligence d'vn grand secret, lequel je demonstre n'auoir peu conceuoir: Car les Talmudistes parlas du Beriach ou Serpét, dot estfaicte mention au chap. 26, de lob, disent, suiuant la doctrine des Astrologues Chaldeés, en laquelle les Drvides estoiét des mieux versez; qu'il y a vn certain Serpent au ciel, à la teste duquel la Lune apporte bon-heur, & à la queue mal-heur.
Donc que s'ils recueilloient le Gui Panchreste, ou vtile à tous maux, puis le distribuoient au peuple en estrene, pour bien heurer le reste de l'année; & qui enleuoiët de terre la racine de Selage ou Seuine, auec tant de cérémonies, pourec qu'elle estoit conuenable à leur dessein, de profiter au monde, & seruoit d'antidot contre toutes fortes de venins: les mesmes, voires auec hazard & danger de leurs personnes, rechercoient si curieusement l'œuf des Serpehs, soufflé par eux à certaine Lunaison heureuse & salutaire, à fin de s'en armer côtr'eux, & repousser leurs maléfices: dont ils conçeuoient telle indignation, qu'ils perscutoient à mort, celui qui enleuoit cét œuf, duquel ils eussent voulu faire perdre la congnoissance.
Les Docteurs qui ont interprété ce passage, du Cantique des Cantiques, auquel l'Espoux dit à son Espouse, Qu'il l'a efcuillie sous le pömier, c'est à dire, resuscitée à vie, pource que la mere d'icelle, Eue, auoit iceus celle gousté du morceau de la mort, disent, que par antipathie nostre Sauueur auoit tiré le remède, de la vie de l'arbre meime, qui auoit esté cause de la perditi. Ainsi le cancre, mal incurable, est contrepoincté en ses remèdes, par de la poudre tirée des cancres ou escreuices.
Et nostre Seigneur, a voulu estre recueilli, comme le Serpent, afin que d'où estoit venue la ruine, de là pareillemët peust naistre le Salut. De mesmes les Drvides, pource qu'ils sçauoiêt parle semblable esprit Prophetique, que la Sibylle, qu'à la naislance du Fils de la Vierge, tomberoit le Serpent, & afin d'anticiper toufiours quelque remède contrela détestable malice d'icelui, faisoient recueillir l'œuf Salutaire; lequel ils ne boursoufloient eux-mesmes,que par desdaing, & en intention de nuire plustost que de bien faire."[92]

6.c.3.2. Origines possibles du symbole de l'oeuf comme symbole de renaissance du Dieu
6.c.3.2.a. De Brahma au Christ

---
[90]Jean-André Barbier, *La Sainte Vierge d'après les Pères*, Lyon et Paris, Félix Girard, 1867, T. I, pp. 153-154.
[91]Pierre Jurieu, *Lettres pastorales adressées aux fidèles de France qui gémissent sous la captivité de Babylon*, Rotterdam, Abraham Acher, 1688, pp. 555-556.
[92]Sébastien Roulliard, *Parhénie, ou histoire de la très auguste et très dévote église de Chartres dédiée par les vieux druides en l'honneur de la vierge qui enfanterait*, Paris, Chez Rolin Thierry et Pierre Chevalier, 1609, pp. 58-59 (les pages ne sont numérotés ici qu'une sur deux). Conformément à l'*Apocalypse* et au principe contradictoire de la réponse citée à l'article du Volume XI de Dridon.

Si l'on nous permet de faire cette brève incise, l'origine de ce symbolisme de l'oeuf comme production de la renaissance du dieu provient du patrimoine indo-européen:

"Ce germe devint un œuf brillant comme l'or, aussi éclatant que l'astre aux mille rayons, et dans lequel l'être suprême naquit lui-même sous la forme de Brahmâ, l'aïeul de tous les êtres." (*Loi de Manou*)[93]

Et ainsi d'ailleurs l'a compris la tradition européenne, quand, au XIXème siècle, elle s'y est attachée, réaffirmant, de nouveau, la lecture que nous prétendons ici donner de l'oeuf de Piero della Francesca:

"Parcourons rapidement ces traditions: Cosmogonie des Indiens. — «L'univers n'existait primitivement que dans l'idée de la divinité. Il était enveloppé de ténèbres. Le pouvoir invisible qui a fait toutes les choses visibles se lève et chasse devant lui les ténèbres. D'une pensée il créa les eaux, et y déposa un germe fécond. Ce germe devint un œuf brillant comme l'or, éclatant comme la lumière, et environné de mille rayons. Il sortit lui-même de cet œuf sous la figure de Brama, le grand ancêtre de tous les esprits. Les eaux reçurent le nom de Nam, parce qu'elles étaient la production de l'esprit de Dieu, et l'esprit de Dieu fut nommé Naraqm, ou se mouvant sur les eaux» Le grand pouvoir demeura inactif dans cet œuf une année entière du créateur, à la fin de laquelle, par sa seule pensée, il força l'œuf à se diviser en deux parties; de l'une il fit le ciel, de l'autre la terre, l'éther, le réceptacle des eaux, etc. Il créa également les dieux inférieurs, un nombre infini de génies, etc. «Brama est comme une masse d'argile dont les êtres particuliers sont les formes; comme l'araignée éternelle qui tire de son sein le tissu de la création; comme un foyer immense d'où jaillissent les créatures en myriades d'étincelles; comme l'océan de l'être à la surface duquel apparaissent et s'évanouissent les vagues de l'éternité qui semblent distinctes et qui ne sont que l'océan lui-même.» «Et après il absorba de nouveau la création en lui et remplaça le temps de l'action par celui du repos.»

A travers les puérilités de la fable et le rêve du panthéisme nous apercevons ici quelques traces de la véritable tradition, la notion de la création, l'esprit de Dieu se mouvant sur les eaux, l'éther... Mais quelle différence avec Moïse!"[94]

"ENTRETIEN CINQUIEME.
DEPUIS PAQUES JUSQU'A L'ASCENSION.
Le Curé. Comme nous allons parler aujourd'hui de la solennité de Pâques, je commencerai, tout comme on le fait en ce grand jour, par vous souhaiter à tous de bonnes Pâques ou un heureux Alleluia.
Simon. Nous vous en remercions, M. le curé, en formant le même souhait pour vous-même, et pour entrer de suite en matière, je vous prie de vouloir nous expliquer quelle est l'origine de ce souhait ou de ces félicitations que vous venez de nous adresser.
Le Curé. Hé bien, on se félicite chaque fois qu'il arrive quelqu'événement joyeux ou heureux: or, peut-il s'en être passé de plus joyeux et de plus heureux à la fois, que l'accomplissement de notre rédemption et la résurrection du Rédempteur sortant glorieux du tombeau dans lequel ses ennemis l'avaient renfermé?
La résurrection de Jésus-Christ est en outre le gage que, nous aussi, nous ressusciterons un jour et voilà une des raisons que nous avons de nous féliciter mutuellement. Ainsi nous exprimons encore le vœu de célébrer cette fête avec une joie vive et cordiale; or, cela ne deviendra possible qu'en louant Dieu de toute notre âme à cause de ses miséricordes envers nous, en nous rendant dignes des grâces du Ressuscité et en menant une vie qui nous mette à même de penser avec joie et sans terreur à notre résurrection à venir. Ce qui, du reste, distingue encore ce jour d'une manière particulière, ce sont les présents que les chrétiens se font mutuellement.
Le Petit Joseph. Oui, oui, les œufs de Pâques.
Le Curé. Les agneaux de Pâques! Un agneau portant un étendard, est un bien bel emblème de notre Sauveur, qui se laissa conduire sans dire mot, comme un agneau à la boucherie, mais c'est précisément par sa mort qu'il a remporté la victoire sur la mort et l'enfer en sortant victorieux du sépulcre; c'est ce que signifie l'étendard qu'il porte. L'œuf est également une image de la résurrection. Sa coque ressemble à la pierre scellée qui renferme le tombeau que le Seigneur perça, tout comme le poussin perce la coque de l'œuf, pour en sortir vivant.
Simon. Tenez, qui aurait attribué aux œufs de Pâques une signification si chrétienne? Quant à moi, j'avais toujours regardé cet usage comme insignifiant.
Le Curé. Evidemment, leur signification est toute chrétienne, il fut même en usage pendant plusieurs siècles de les bénir dans l'église, avant que les chrétiens ne se les donnassent mutuellement. Et, soit dit en passant, ce petit œuf nous dit bien des choses utiles dans son langage muet. Quoique nous n'apercevions* que la coque dure et extérieure de l'œuf, nous sommes convaincus qu'il peut en sortir un être vivant; or, comment pourrions-nous moins ajouter foi aux choses que Dieu nous a révélées, quoique nous ne puissions les voir des yeux de la chair? Ne prendriez-vous pas pour un insensé l'homme qui ne voudrait pas croire que l'œuf peut donner naissance à un oiseau vivant, pour la raison qu'en brisant un œuf frais il ne peut encore l'apercevoir.
Simon. Sans doute.
Le Curé. Et voilà pourtant ce que ferait aussi celui qui, par exemple, ne voudrait pas croire que Jésus-Christ est ressuscité ou que nous ressusciterons nous-mêmes un jour, pour la raison qu'il ne trouve dans le sépulcre qu'un cadavre ou même les cendres, la pourriture."[95]

---

[93] *Les Livres sacrés de l'Orient, comprenant le Chou-king ou le Livre par excellence, les Sse-chou ou les Quatre livres moraux de Confucius et de ses disciples, les Lois de Manou, preemier législateur de l'Inde; le Koran de Mahomet*, édition et traduction de G. Pauthier, Paris, Société du Panthéon Littéraire, 1843, p. 334.
[94] Antoine de Salinis, *La divinité de l'Eglise*, Paris, Tolra et Haton, 1865, pp. 301-302.
[95] Grégoire Rippel, *Beautés de l'Église catholique représentées dans son culte, ses moeurs et ses usages: entretien entre un curé et ses paroissiens sur les fêtes chrétiennes*, Liège, H. Dessain, et Paris, Chez Lagny Frères, 1857, pp. 100-102.

L'oeuf devient, en général, depuis les premiers temps du christianisme, un symbole de ce rôle messianique, de résurrection et rédempteur, du Christ et de son Église, jusque dans ses légendes liées à ses jeux de pouvoir internes:

"Nous avons entre les mains un signe, que Dieu nous a donné de la Victoire de son église. C'étoit un œuf de poule trouvé prés de l'église de iaint Pierre, autour duquel ou voioit en relief un serpent armé d'une épée & d'un écu, qui voulant s'élever au haut de l'œuf, étoit forcé de ië replier en bas. Le pape avoic d'abord montré cet œuf dans le concile, & il en fît dans son discours une explication misterieuse, puis il conclut ainsi: Il faut donc maintenant employer le glaive de la parole pour fraper le serpent à la tête & vangeri egliïe: nous n'avons que trop de patience. Tout le concile approuva cet avis du pape, déclarant qu'ils étoient prêts à souffrir la mort pour une si bonne cause & il fut conclu, que Henri seroit privé de la dignité roïale & anathematisé avec tous ses complices."[96]

Sans doute y-a-t'il une raison à cela, puisque:

"Le talisman le plus estimé parmi les Gaulois était l'œuf symbolique, connu sous le nom d'œuf de serpent (Pline, liv. XXIX, ch. vin). Ce n'était autre chose qu'une échinite ou pétrification d'oursin de mer (Fréret, OEuvres complètes, t. XVIII, p. 211), présentant la forme d'une pomme de grosseur ordinaire. Elle renfermait une substance dure et blanchâtre recouverte de fibres et d'excroissances semblables aux tentacules du polype. Ces singulières idées d'œuf et de serpent rappellent l'œuf cosmogonique des mythologies orientales, qui nous montrent le serpent comme l'emblème de l'éternelle rénovation et de la métempsycose."[97]

6.c.3.2.b. Chez les Celtes

Plus proche de nous, et influence plus directe encore donc, on retrouve en outre l'oeuf rouge dans les légendes celtiques:

"Une ancienne ballade bretonne représente un magicien parcourant les campagnes d'Armorique avant l'aube du jour, en compagnie d'un chien noir. Je ne sais quelle voix chrétienne l'apostrophe: "Où allezvous si matin, avec votre chien noir? — Je viens de faire des recherches pour trouver l'œuf rouge, l'œuf rouge du serpent de mer, au bord du rivage, dans le creux du rocher." Recherches vaines! Cet œuf, symbole sacré pour les anciens prêtres Gaulois et pour d'autres cultes païens, avait été écrasé avec le serpent des Druides: le jour allait paraître et faire fuir le magicien, les ténèbres et le chien noir. Quand Hervé, au contraire, guidé par son chien blanc, se mit en route pour l'ermitage de son oncle, les dernières ombres de la nuit avaient disparu: c'était l'aurore, et il devait trouver a l'école chrétienne de plus précieux talismans que l'œuf du serpent druidique."[98]

Légende qui porte indéniablement en elle le souvenir du mythe:

"Quant à leurs talismans, que les oracles distribuaient aux guerriers, chapelets d'ambre, qu'on retrouvedansles tombeaux Gaulois; et à l'œuf de serpent, il faudrait en connaître mieux les motifs pour se prononcer."[99]

*"Les fêtes païennes et les religions
A cause du nombre des lunaisons dans l'année, il y eut treize mois dans le monde celtique. Douze, chiffre à plusieurs diviseurs 'emporta chez d'autres peuples. Treize était impossible à diviser, il convenait donc aux peuples amoureux du rêve pour symboliser la divinité insaisissable. Aux peuples amoureux de la raison il paraissait gênant; ils préféraient une divinité en accord avec le cadre de la raison. Avec ses mois lunaires, l'ancienne année religieuse comprenait moins de jours que l'année solaire réelle, ce qui produisait d'invraisemblables décalages. En Egypte et en Grèce des mois se promenaient successivement dans toutes les saisons à la manière du ramadan arabe. Ils entraînaient leurs cortèges de fêtes avec eux si bien que ces fêtes qui célébraient normalement la moisson se célébrait certaines années en avril ou en décembre. On a vu que le cycle des erreurs durait jusqu'à 1460 ans en Egypte.
La Semaine Grasse et Mardi Gras.
Le carnaval, qui débute à l'Epiphanie et s'achève au Carême, est une période réservée aux divertissements et pendant laquelle la consommation de viande était permise. Dans le folklore, il s'identifie généralement au Mardi Gras appelé fréquemment « jour de carnaval (mot venant de l'italien carneval; mardi gras du latin carnem levare, supprimer la viande) allusion au maigre du Carême qui lui vient lui-même du latin quadregesima dies (quarantième jour) fin du jeûne du Christ dans le désert.
Les anthestéries grecques duraient trois jours. Elles devinrent fête de Bacchus. Mais comme Dionysos-Bacchus est un personnage récent, on peut être assuré qu'il s'est approprié le personnage avant sa venue. Les Romains en firent les Lupercles du 15 février. L'occident chrétien en fait, de ces fêtes: la Semaine grasse.
Le premier jour, celui de «l'ouverture des tonneaux», les gens s'affublaient de masques pour représenter les morts de la famille. Ce jour là ils bâfraient et s'enivraient.*

---

[96]Déposition du Roi Henri à Rome, du temps de la vie de Grégoire, en 1076, repris, en termes très similaires, dans A. De Vidaillan, *Vie de Gregoire VII*, Paris, Dufey, 1837, pp. 153-154, l'épisode tel que nous le citons est présenté dans Claude Fleury, *Historique ecclésiastique*, Paris, Chez Jean Mariette, 1713, T. XIII: "Depuis l'an 1053 jufques à l'an 1099", p. 314.
[97]Abbé N. Hoffmann, *L'Eglise jugée par ses oeuvres, ou la France éclairée et civilisée par le clergé depuis l'introduction du christianisme dans les Gaules jusqu'à la fin du moyen âge*, Paris, Bureau de l'Ange Gardien, 1862, p. 32.
[98]*Le Correspondant: religion, philosophie, politique*, Paris, Charles Douniol, 1858, T. XLIII, "Hervé. La légende celtique", pp. 119-120.
[99]*La Gaule: journal de l'agriculture, de la navigation, du commerce, des arts et d'archéologie*, 1880, p. 79.

Le deuxième jour, celui des «bouteilles», l'actuel Mardi Gras était celui de la licence sexuelle la plus débridée avec défilé de chars de Dionysos représentant de grands phallus dressés et comportant toujours un char: le coït le public le plus viril garçon avec une jeune fille. C'était le symbole de la résurrection de la nature. Dionysos avait ravi la place de Déméter l'ancienne déesse présidant à la germination et aux forces de la terre.

Le troisième jour, celui des «marmites» on faisait fuir les morts en faisant grand tapage et en brûlant les masques. On le fait en Bretagne où l'on brûle «Malargé» à Lannion le mercredi des Cendres, car les cendres dont il s'agit proviennent originellement de ce rite et n'ont été considéré comme symbole de pénitence que bien longtemps après.

Pendant ces Anthestéries, les maîtres servaient leurs esclaves. On retrouve chez les chrétiens le souvenir de cette coutume dans le lavement des pieds des apôtres par le Christ au cours de la cène et dans la répétition de cette cérémonie tous les Jeudis Saints. De même pendant les festivités du Mardi Gras, toutes les classes peuvent se mélanger sans risque à l'abri du masque.

Comme Dionysos avait usurpé le patronage de la fête, il ne faut pas s'étonner qu'elle soit accompagnée de musique et de cris. Les prêtresses ou les initiés de Dionysos s'appelaient les Bacchantes, les Ménades ou les Thyiades. Le mot ménade a donne manie. En Egypte et en Arabie à l'approche du Ramadan, les femmes Cheïkas et Goudias célèbrent leur fête annuelle qui est une fête de la possession (c'était le sens originel du mot manie) ou Zar. Pendant plusieurs jours, les possédés y accourent en foule et les cadeaux affluent de toutes parts.

Pâque et Pâques

Pâque qui commémore la résurrection du Christ est la fête la plus importante chez les chrétiens. Le concile de Nicée l'a fixée au premier dimanche suivant la pleine lune après l'équinoxe de printemps (21 mars) Pâques est la fête mobile qui décide de toutes les autres fêtes mobiles.

Le rite pascal a des antécédents païens: c'est Eastre, la déesse du Printemps et de la Renaissance de la nature des Saxons qui a donné le mot Easter «Pâque en anglais». Cette déesse dont la fête coïncidait avec l'époque de la célébration des Pâques chrétiennes, avait le livre pour attribut d'où la tradition du lièvre de Pâques qui apporte les œufs aux enfants. La distribution des œufs aux enfants est toutefois récente en France: pour certains la coutume serait née en Alsace vers la fin du XVe siècle d'où elle se serait répandue dans toute (l'Europe jusqu'en Grèce et en Russie. Depuis un siècle environ les œufs en chocolat sont apparus.

Rappelons que l'œuf d'où est né le monde, selon de nombreuses civilisations est un symbole de renaissance périodique de la nature ou en résumé de résurrection. De plus selon la légende, Simon de Cyrène qui avait aidé le Christ à porter sa croix sur le chemin du calvaire, était un marchand d'œufs. La coutume de teindre les Œufs de Pâques est expliquée de la manière suivante par un récit russe: lorsque le Christ fut ressuscité, Marie Madeleine alla chez Hérode et lui donna un œuf peint. Le fait de teindre les œufs ne répondait pas uniquement à un souci esthétique, la couleur rouge, en général, utilisée jadis pour les œufs de Pâques était apotropaïque (du grec apotropein détourné, qui détourne les influences maléfiques) En Europe (à l'image du bleu en Orient) Les œufs de couleur rouge étaient considérés également comme un hommage au sang versé par le Christ.

Sous l'impulsion des missionnaires qui tentaient de convertir les Germains installés au nord de Rome, Pâques au IIe siècle pris la place de la fête d'Eastre.

Les feux de Pâques allumés dans certaines régions montagneuses d'Allemagne peuvent également passer pour une survivance de rituels païens saluant l'équinoxe du printemps et honorant le soleil / «les feux de Pâques symbolisent le triomphe de la lumière sur les ténèbres. Les anciens Germains les allumaient en l'honneur de Thor qui ramenait le printemps; quand les feux étaient éteints leurs prêtres recueillaient les cendres et les répandaient sur les champs afin de les rendre fertiles! La Semaine Sainte des chrétiens, avec son dieu mis à mort, commémore évidemment la mort de l'antique Roi sacré. Certes, les peuples anciens n'étaient pas avares de sacrifices humains. En particulier, dans l'année divisée en treize (mois arbres, consonnes), les voyelles étaient disposées en treize semaines les unes des autres et le dernier jour de ces groupes de semaines, il y avait un sacrifice humain. Mais les deux principaux sacrifices restaient ceux du 24 juin et du 24 décembre. Du sacrifice du 24 juin, il reste la fête chrétienne du Précieux sang nous l'avons vu; de celui du 24 décembre il reste la fête des Saints Innocents. En déplaçant le sacrifice jusqu'à une date équidistante de décembre et de juin, les chrétiens l'ont fait correspondre aux grandes festivités marquant le retour du printemps chez les juifs (la Pâque) les Grecs (Dionysos) et les Romains (les Vénéralia du 1er avril) en particulier, ce qui pouvait faire oublier les mises à mort des Rois sacrés aux solstices et laisser croire à une nouvelle tradition dictée par Dieu lui-même.

Le réveil de la nature est évidemment prétexte à des mythes de résurrection: à Rome, le 22 mars, on apportait le tronc d'un pin dans le sanctuaire de Cybèle et on le déposait dans une tombe. Il était enveloppé de bandelettes, comme un cadavre. C'était celui d'Atys qui s'était émasculé pour plaire à Cybèle et qui en était mort. Le 24 mars, «jour du sang», les fidèles répétaient la mort d'Atys en se taillant les bras, tels les flagellants de Séville pendant la Semaine Sainte. Le 25 mars, après une nuit de veille et de jeûne, la tombe était trouvée vide: Atys était ressuscité

Pourquoi un tronc d'arbre? Jean l'Évangéliste suggère la réponse dans l'Apocalypse. Il parle d'un «arbre de vie fructifiant douze fois», c'est-à-dire un symbole de l'année, comme Atys ou comme le Saint Jean des loges maçonniques. C'est pour perpétuer le mythe d'Ays que la naissante tradition chrétienne choisit un héros mort sur l'arbre de la croix.

En Égypte, le pilier de DJED, image d'un arbre ébranché, était le hiéroglyphe de la durée et de la stabilité, on le considérait comme le coccyx d'Osiris, support de sa colonne vertébrale et siège de son énergie vitale. L'arbre ébranché, surtout le hêtre, évoque un torse, d'où l'identification à un dieu ou à une déesse représentés nus ou vêtus de feuilles ou de vert. On prêtait trois fonctions à l'arbre: étant l'un des aspects de la divinité, il désignait l'un des mois du calendrier; nourricier; il était l'arbre du paradis, solide et élevé, il était la poutre de l'univers.

À ce moment de l'année, les Druides s'en allaient à la recherche de l'oeuf roux du serpent marin, symbole de la renaissance de la nature. Il devint plus simple de teindre des oeufs en roux et de s'en offrir. Nous les achetons à présent en chocolat."[100]

Or cette présence de l'oeuf a une origine antérieure, plus concrète:

"L'association du cinq aux doigts et à la technicité semble donc très antique et l'on comprend que la Franc-Maçonnerie ait tenu à en perpétuer le souvenir. L'initiation au grade d'Apprenti était une initiation naturiste, une sorte de totémisation de l'homme avec la "nature naturante" c'est-

---

[100] Guy Trévoux, *Lettres, chiffres et dieux*, Paris, Éditions du Rocher, 1979, pp. 343-345.

à-dire vierge. Par contre l'initiation au grade de Compagnon insiste très fortement sur la technicité qui permet à l'homme de dominer cette nature et de la transformer en "nature naturée" (Spinoza): au cours des cinq voyages en quoi consiste cette initiation, le nouveau Compagnon se voit confier des outils: pour perfectionner le travail de ses doigts.
Dans la religion chrétienne, c'est le sacrement de la Confirmation qui correspond à l'initiation de Compagnon. Le geste de l'évêque qui transmet le sacrement consiste en un petit soufflet donné du bout des doigts sur la joue de l'impétrant. Ce rôle des doigts symbolise une transmission de techniques.
Il paraît au contraire improbable que l'association du cinq et de l'étoile géométrique à cinq branches telle qu'on la rencontre en Franc-Maçonnerie, ait le même nombre de quartiers de noblesse. Elle ne doit guère remonter qu'au Moyen Âge. En effet, dans l'Antiquité, pour rappeler que la technicité acquise grâce aux cinq doigts rapproche l'homme de la divinité, on se plut à collectionner les objets évoquant le cinq, surtout lorsqu'ils étaient beaux et symétriques car cela leur conférait un attrait mystérieux supplémentaire; par exemple l'oursin, les fleurs et feuilles à cinq pétales ou découpes, la pomme coupée en deux selon son équateur.
Parfois certains de ces objets naturels devenaient des talismans tels le micraster ou oursin fossile.
Pline l'ancien rapporte (XXIV- 1 2) que cet oursin spatangue, oursin des sables très commun sur les côtes atlantiques bretonnes, mais d'un test très fragile, pouvait être trouvé à l'état de fossile, très solide, dans certains terrains. Il était alors parté en guise de talisman par les Gaulois. L'empereur Claude fit mourir un chevalier romain, originaire de l'actuel Dauphiné, parce qu'il portait, pendant un procès, un de ces fossiles suspendu à son cou. Les druides d'ailleurs se gardaient bien d'indiquer de quelle sorte d'animal il s'agissait en réalité. Ils avaient inventé au micraster une origine magique. Ils l'appelaient l'œuf roux du serpent marin, celui-là qu'a recherchera également Merlin le long du rivage: "Je viens chercher le moyen de trouver par ici l'œuf rouge, L'œuf rouge du serpent marin, au bord du rivage, dans le creux du rocher."
Il est peu vraisemblable que le pentagramme, dessiné par les poils ambulacraires de l'oursin, représentait pour eux l'homme avec sa tête et ses quatre membres ou l'état major des cinq dieux siégeant au cœur de l'Irlande. C'était tout simplement ce qui subsistait de lointains mythes indiens dont le souvenir exact s'était perdu: le pense-bête ne pouvait plus faire penser au mythe originel."[101]

La légende de Merlin:

"*MERLIN-DEVIN.*
«Merlin, Merlin, où allez-vous si matin avec votre chien noir?
— Je viens de chercher le moyen de trouver l'œuf rouge du serpent marin au bord du rivage, dans le creux du rocher: je vais chercher dans la vallée le cresson vert et l'herbe d'or, et dans le bois, sur le bord de la fontaine, la branche élevée du chêne.
— Merlin, Merlin, revenez sur vos pas, laissez le rameau au chêne, laissez à la vallée le cresson et l'herbe d'or; laissez parmi l'écume, dans le creux du rocher, l'œuf rouge du serpent marin. Merlin, Merlin! revenez sur vos pas: il n'y a de devin que Dieu.»"[102]

Renvoie à l'origine dérivative de l'oeuf celtique:

"*Œufs De Mer, Camumi. Voyez Microscome.*
Œufs De Pierre Ou Pierre Ovaire. Nom que l'on donne à une pierre composée de petits grains gros comme des têtes d'épingles; Voyez CENCHRITES, MÉCONITES & PISOLITES, & fur-tout le mot Oolithes. Il y a des Auteurs qui ont aussi donné le nom d'œuf de pierre à un oursin fossile ou pétrifié. Voyez ÉCHINITES.
Œuf De Serpent Ou Œuf Des Druides. La superstition de ces Prêtres Gaulois les portoit à dire que les œufs de serpent étoient formés de la propre bave de ces animaux; Voyez à l'article SERPENT. Boéce de Boot a donné le nom d'œuf de serpent ou d'œufs de mer à des échinites ou oursins devenus fossiles. Voyez OURSIN."[103]

"*Oursins De Mer Fossiles, Echinites.* Ce font les mêmes coquilles multivalves dont nous venons de parler (article "Oursin de Mer"), devenues fossiles par la récession des mers qui couvroient autrefois les lieux où l'on en trouve présentement. Il y a de ces fossiles qui font mutilés Oh qui ont changé de nature; l'on en trouve qui font d'une nature spatheuse, d'autres font changés en silex, & ont conservé leur forme & leurs caractères primitifs. On distingue encore fur ces coquilles, les sutures, les petites éminences, les milliers de petits trous, les espèces de gravures autour des mamelons, dont il est parlé dans Yarticle des Oursins Vivans. On peut consulter l'Ouvrage latin sur les oursins, de M. Klein, traduit en françois par M. Desbois, & imprimé à Paris, en 1754,

---

[101]*Ibid.*, p. 35. Sur les doigts (dont on notera que l'importance se retrouve, entre autres, dans les contes, autour des figures du *corpus* Blanche Neige-Cendrillon-Peau d'Âne, et du doigt comme signe de reconnaissance), voir pp. 33-34, par exemple: ""*Le médius, ou majeur, symbolisant la solitude, la réflexion, la fonction de prêtre, était patronné par Yudhisthira chez les Indiens, par Osiris chez les Égyptiens, par Cronos chez les Grecs, par Saturne chez les Romains et par Bran chez les Celtes.*
L'annulaire, symbole de qualités artistiques, devrait être patronné par le beau Nakula chez les Indiens (les consonnes de Nakula et de Sahadéva ayant échangé leurs doigts chez les Indiens oublieux du mythe primitif). Il est patronné par Isis (la déesse- Lune du nialu) chez les Égyptiens et par Apollon chez les Grecs et les Romains après éviction des anciennes déesses- Lune installées à cette place et remplacées par les Muses soumises à Apollon.
L'auriculaire est gouverné par la voyelle I de la mort dans les mythes de la mort dans les mythes postérieurs à - 1000. I symbolise l'intelligence, la science et la sagesse ou clairvoyance parce que le meilleur moyen de connaître les choses cachées est d'interroger les morts. Porter le petit doigt à l'oreille était un geste druidique pour rappeler que c'était là le téléphone des morts grâce auquel il était possible de rendre ses oracles.
Le patron du petit doigt, malgré ses consonnes qui devraient appartenir à Nakula, était Sahadéva chez les Indiens; Anubis, conducteur des âmes aux Enfers, chez les Égyptiens; Hermès chez les Grecs; Mercure chez les Romains puis chez les Gallo-Romains.
On aura remarqué que, pour rappeler que l'annulaire et l'auriculaire sont difficiles à faire bouger indépendamment l'un de l'autre, sauf pour les musiciens et les dactolygraphes, les Indiens font fait de leurs patrons des jumeaux et les Grecs en ont fait des frères, tous deux fils de Zeus."
[102]Édouard Mennechet, *Matinées littéraires: études sur les littératures modernes*, Paris, Ancien bureau du Plutarque français & Librairie de Langlois et Leclerc, 1846, T. I, pp. 60-61.
[103]Jacques-Christophe Valmont de Bomare, *Dictionnaire raisonné universel de l'histoire naturelle*, Lyon, Chez Bruyset, 1791, T. IX: *Mos-Oye*, p. 345.

On peut aussi rapporter aux oursins fossiles, les parties qui en font séparées, & que l'on trouve également dans la terre, telles que leurs dents, leurs osselets i leurs pointes & leurs mamelons.
Les pierres ou pointes judaïques font aussi des dards fossiles d'oursins. Voyez PIERRE JUDAÏQUE.
Les pointes d'oursins fossiles & ordinaires, font des baguettes pierreuses, communément spatheuses, cylindriques, lisses ou striées, de différentes grandeurs, & différemment configurées par le fommets Voyez Oursin De Mer.
On donne le nom d'écuffon d'oursin pétrifié, à ces pieces carrées, ou de figure irréguliere, dont l'afiemblage & la réunion composent la coquille de Y oursin; on en peut souvent compter jusqu'à six cents. Les écujsons orbiculaires qui ont leur apophyse, sont les mamelons de l'oursin mamillaire. Voyez MAMELONS."[104]

"Ce qui sert de tête aux oursins est en général placé au centre inférieur, c'est la partie concave (rarement plane), qui est toujours vers la terre; mais fa partie par où ils vident leurs excrémens & pondent leurs œnfs, est en dessus, quelquefois aussi en dessous près de la bouche même. Cet animal a cinq dents aiguës & visibles, creuses en dedans, formant des osselets pointus, dont l'assemblage imite la figure d'une lanterne (aussi l'appelle-t-on la lanterne d'Aristote), & entre lesquels est un petit morceau de chair qui lui sert de langue, & auquel est attaché le gosier, ensuite le ventre divisé en cinq parties; de forte que l'on diroit que Yoursin a plusieurs ventres sépares les uns des autres & pleins d'excrémens; mais ils dépendent d'un seul ventricule, & tous se terminent à un boyau culier: ainsi les oursins n'ont communément que deux ouvertures proprement dites, dont l'une est la bouche, & l'autre l'anus."[105]

"Pierre Judaïque, ou De Syrie, ou De Phénicie, Lapis Judaïcus. Qn présume, & même il paroît démontré que c'est la pointe d'une espece particuliere d'ourjin, devenue fossile, & même convertie en spath: elle est oblongue, obtuse, renflée dans fon milieu, tantôt unie & tantôt chagrinée, ou ornée de lignes perlées, d'une couleur grisâtre.
Ces fortes de pierres ont pn pédicule, au bout duquel est une cavité cotyloïde, peu profonde, qui sert d'emboîtement: elles se cassent toujours obliquement. On les trouve communément en Syrie, & dans plusieurs autres endroits de la Judée. Il y en a aussi en forme de gland. Consultes le Tome IV. des Mémoires des Savans Étrangers."[106]

Confirment encore cette thèse, d'un général accord, les autres auteurs, en se basant sur Pline:

"Le gui. Les Druides croyaient que cette plante parasite était semée sur le chêne par une main divine; l'union de l'arbre sacré avec la verdure éternelle du gui était à leurs yeux un vivant symbole du dogme de l'immortalité. On cueillait le gui en hiver. et l'époque de sa floraison, lorsque ses longs rameaux, ses feuilles vertes et ses fleurs jaunes, enlacés à l'arbre dépouillé, représentent mieux l'image de la vie au milieu de la nature morte. C'était le sixième jour de la lune qu'il devait être coupé; un druide, en robe blanche, montait sur l'arbre. une serpe d'or à la main, et, tranchait la racine de la plante, que d'autres Druides, placés en-dessous, reçevaient dans un voile blanc. Ensuite on immolait deux taureaux blancs. Les Druides prédisaient l'avenir d'après le vol des oiseaux et l'inspection des entrailles des victimes. lis fabriquaient aussi des talismans, tels que ces chapelets d'ambre que les guerriers portaient dans les batailles, et qu'on retrouve dans les tombeaux gaulois; le plus recherché de ces talismans était l'oeuf de serpent. «Durant l'été, dit Pline. on voit se rassembler dans certaines cavernes de la Gaule des serpents nombreux, qui se mêlent, s'entrelacent, et avec leur salive, jointe à l'écume qui suinte de leur peau, produisent cette espèce d'œuf. Lorsqu'il est parfait, ils l'élèvent et le soutiennent en l'air par leurs sifflements; et pour faire qu'il ne s'en emparer, avant qu'il ait tOuché la terre, Un homme, aposté à cet efl'et,.s'élance. reçoit l'œuf dans un linge, saute sur un cheval et s'éloigne à toute bride; les serpents le poursuivent, jusqu'à ce qu'il ait mis une rivière entre eux et lui.» L'œuf de serpent devait être enlevé à une certaine époque de la lune; on l'éprouvait en le plongeant dans l'eau; s'il surnageait, quoique entouré d'un cercle d'or, il avait la vertu de faire gagner les procès. et d'ouvrir un libre accès auprès des rois. Les Druides le portaient au cou. richement enchâssé, et le vendaient à très-haut prix. On suppose que cet œuf merveilleux n'était autre chose que la coquille blanchie d'un oursin de mer."[107]

"Puis, quand le druidisme fut persécuté, que les prêtres n'eurent plus la liberté de pratiquer leurs mystères, ils recueillirent, pour la liberté de pratique leurs mystères, ils recueillirent, pour remplacer l'oeuf de serpent, la coquille blanche de l'oursin de mer.
Pris en lui-même, le culte de l'oeuf de serpent serait un acte de magie, purement et simplement, mais vu avec attention, on y retrouve un profond symbole."[108]

6.c.3.2.c. Les Juifs et l'oeuf rouge comme symbole eschatologique

"La Pâque juive était instituée pour rappeler au peuple élu sa délivrance de la servitude d'Égypte Elle était la figure et la prophétie de la solemnité chrétienne du même nom, destinée à célébrer la défaite de l'enfer et la rédemption du monde par le sang d'un Dieu. Dans la fête mosaïque, le sacrifice de l'agneau forme le rite essentiel et annonce l'établissement du sacrifice de la nouvelle alliance. Dans la dernière Pâque

---

[104] *Ibid.*, pp. 717-718.
[105] *Ibid.*, pp. 711-712.
[106] *Ibid.*, T. X: *P-Piv*, pp. 495-496. Voir *Histoire de l'Académie royale des sciences ... avec les mémoires de mathématique et de physique pour la même année*, Paris, Imprimerie Royale, Année 1766, p. 228 et planches I & II correspondantes.
[107] *Encyclopédie théologique, ou Série de dictionnaires sur toutes les parties de la science religieuse*, chez l'éditeur aux Ateliers Catholiques du Petit-Montrouge, 1849, T. XXV, Dictionnaire des religions, T. II D-I, p. 371; même paragraphe reproduit à l'identique dans Abel Hugo, *La France pittoresque, ou description pittoresque, topographique et statistique des départements et colonies de la France, offrant en résumé pour chaque département et colonie l'histoire, les antiquités, la topographie,... etc., avec des notes sur les langues, idiomes et patois, sur l'instruction publique et la bibliographie locale, sur les hommes célèbres, etc., et des renseignements statistiques sur la population, l'industrie, le commerce, l'agriculture, la richesse territoriale, les impôts, etc., etc. Accompagnée de la statistique générale de la France sous le rapport politique, militaire, judiciaire,...*, Paris, Chez Delloye, 1835, T. II, p. 23; et Ph. Le Bas, *L'Univers: histoire et description de tous les peuples*, Paris, F. Didot Frères, 1838, T. I: "Allemagne", p. 383.
[108] *La Gaule*, p. 79.

de Jésus, le symbole paraît pour la dernière fois et la réalité prend sa place. Il faut donc bien distinguer, en lisant le récit de la Cène tel que nous le trouvons dans les Évangélistes, deux ordres de faits qui se rapportent, les uns à l'ancienne loi, les autres à la nouvelle; ne pas confondre avec le festin pascal, l'institution de la sainte Eucharistie.

Les Juifs célébraient ainsi le repas de la Pâque: le père de famille, debout, prenait la coupe dans sa main droite et commençait par célébrer le jour où Jéhovah leur avait ordonné de faire la fête des pains azymes: «Voici, disait-il, le jour de notre délivrance.» Il bénissait ensuite le vin en ces termes: «Loué soit le Seigneur, l'Eternel, qui a créé le fruit de la vigne!» Puis, il vidait toute la coupe et les autres en faisaient autant. Ou bien, après avoir bu, il passait la coupe commune à son voisin, et elle faisait le tour de la table. Cette bénédiction s'appelait en langue grecque Eulogie ou Eucharistie et l'agneau lui-même: sacrifice eucharistique. C'est de là que la Cène chrétienne ou l'hostie consacrée a pris le nom d'Eucharistie.

On approchait ensuite la table et on la couvrait de légumes amers, tels que l'endive, le persil, les radis communs, le cresson ou salade sauvage, le marrube, les bettes et autres plantes ou racines semblables, en souvenir de la nourriture amère de l'esclavage que les Hébreux avaient prise en Égypte. Il y avait à côté de ces légumes, une coquille remplie de vinaigre ou d'eau salée, en mémoire des torrents de larmes qu'ils avaient versés et des calamités qu'ils avaient éprouvées; une espèce de pudding appelé charoselh, bouillie composée de pommes et d'amandes pilées avec des figues, des noix, des citrons et autres fruits du même genre, le tout cuit et réduit dans du vin, et saupoudré de cannelle, de gimgembreou' autres assaisonnements du même genre, légèrement pulvérisés. Ce charoseth ou pudding devait rappeler aux Juifs, par sa forme, les briques et le mortier avec lesquels il leur fallut dans de dures corvées, bâtir pour les Égyptiens les villes de Phitom et de Ramessès. On servait encore des pains sans levain, apprêtés comme le pain d'épices par la maîtresse de la maison, et souvent relevés par des ingrédients de toute sorte; enfin, dans un plat, l'agneau pascal rôti. L'œuf de Pâques, peint en rouge ou enjolivé de couleurs bigarrées, était aussi mis sur la table, pour rappeler que Dieu avait miraculeusement sauvé de la destruction, le germe de la postérité d'Abraham, Une fois tous ces mets rangés à leur place, le père de famille disait: «Béni soit le Seigneur qui a créé les biens de la terre!» Il prenait alors des légumes amers, les élevait, «Nous mangeons, disait-il, ces herbes amères en souvenir de ce que les Égyptiens nous ont rempli la vie de nos pères d'amertume dans le pays de Misraïm l.» Puis il les plongeait dans du vinaigre et en mangeait à peu près la grosseur d'une olive; en accomplissant ces cérémonies, il se tenait toujours debout, attitude destinée à rappeler l'esclavage, et tous les convives l'imitaient. On mettait ensuite la table de côté, pour indiquer une Interruption et aussi pour que les cérémonies qu'on venait de célébrer se gravassent plus profondément dans la mémoire des jeunes gens. Avant que le repas proprement dit commençât, le père de famille lisait la Haggada ou la prédication, c'est-à-dire quelques textes de la loi, entre autres, ce passage du Deutéronome. «Vous direz en la présence du Seigneur, votre Dieu: lorsque, le Syrien, poursuivait mon père, il descendit en Égypte, et là il demeura, comme étranger, avec un petit nombre d'hommes et il devint un peuple grand et puissant et une multitude infinie.»

«Et les Égyptiens nous affligèrent et nous persécutèrent, faisant peser sur nous des fardeaux insupportables;

«Et nous avons crié vers le Seigneur, le Dieu de nos pères, qui nous a exaucés et qui a regardé notre affliction, et nos travaux, et nos angoisses;

«Et il nous a tirés d'Égypte par sa main toute puissante et par la force de son bras, au milieu d'une grande terreur, par des merveilles et des prodiges;

«Et il nous a introduits en ce lieu, et il nous a donné cette terre où coulent des ruisseaux de lait et de miel.»

Après avoir lu ce passage qui rappelait aux auditeurs l'origine de la fête, il prenait de nouveau la coupe, la remplissait de vin rouge en mémoire du sang des premiers-nés d'Égypte, que l'ange exterminateur du Seigneur avait tués, tandis qu'il respectait les maisons d'Israël. Après la lecture on rapprochait la table et l'on se plaçait sur les lits pour commencer le festin pascal; car au temps du Christ, il n'était pas d'usage de rester debout pendant ce festin, le bâton à la main et la ceinture aux reins, ni d'asperger les portes avec le sang du sacrifice.

Le père de famille prenait alors le pain, l'élevait en l'air et disait:

«Nous mangeons ce pain sans levain en mémoire de ce que nos pères n'eurent plus le temps de faire lever la pâte, jusqu'au jour où Dieu se manifesta à eux. et les délivra. C'est pourquoi louonsle et glorifions-le, honorons-le et bénissons-le, de ce qu'il a opéré de si grands miracles pour nos pères et pour nous, et de ce qu'il nous a fait passer de l'esclavage à la liberté, de la douleur à la joie, des ténèbres à la lumière éclatante. Dites donc, Hallelvriah! Esclaves, louez le Seigneur !» Puis on récitait les psaumes qui suivent:

Hallelu-iah.

Louez, serviteurs de Jéhovah,
Louez le nom de Jéhovah!
Que le nom de Jéhovah soit exalté
De ce jour jusque dans l'éternité,
Depuis le levant jusqu'au couchant.
Jéhovah est élevé par-dessus tous les peuples,
Sa gloire est au-dessus des cieux.

Qui est semblable à notre Dieu?
Qui siège sur un trône aussi haut?
Qui jette un regard aussi profond
Dans le ciel, sur la terre,
Qui relève les petits de la poussière,
Va chercher le pauvre sur son fumier
Pour le placer auprès des princes,
Auprès des princes de son peuple?
Il met la vie dans la maison de la femme stérile,
Et elle devient une mère heureuse.

Hallelu-iah.

Quand Israël sortait de Misraïm, La maison de Jacob du sein d'un peuple barbare; La fille de Judas fut son sanctuaire; La fille d'Israël son royaume.
L'Océan le vit et s'enfuit,
Le Jourdain retourna en arrière.

 Océan, pourquoi t'enfuis-tu?
Et toi Jourdain, pourquoi remontes-tu vers ta source?
Monts,pourquoi bondissez-vous comme desbéliers?
Et vous collines, comme des agneaux?

 La terre tremble devant Jéhovah,
Devant le Dieu de Jacob! .
La pierre se change en eau
Et le rocher en fontaine.
Il bénit la maison d'Israël.

Hallelu-iah.

Après la récitation de cette prière, on ajoutait: «Soyez glorifié, vous, Seigneur notre Dieu et notre Roi éternel, qui nous avez délivrés de l'Égypte,nous et nos pères, et nous avez fait parvenir à cette nuit où nous mangeons les pains sans levain et les herbes amères.» Et le chef de famille renouvelait la bénédiction du vin, le buvait, et se lavait les mains, comme après en avoir bu la première fois, et les autres en faisaient autant.
Il élevait alors un pain, sur lequel il prononçait eette bénédiction: «Glorifié soit le Seigneur, qui fait sortir le froment de la terre !» Et rappelant le jour dont on célébrait la mémoire, il ajoutait: «Ceci est le pain de misère, que nos pères ont mangé en Égypte; que celui qui a faim s'approche et mange, que celui qui en a besoin vienne et fasse la Pâque!» Il rompait ce pain en morceaux pour rappeler que c'était une nourriture de pauvreté, et que le pauvre vivait de petits morceaux et de miettes. Cette cérémonie ne se faisait qu'après la bénédiction, etlorsque l'on avait dit Amen. Toute la bénédiction recevait de ce pain le nom de Hammotzi.
Il en prenait ensuite un petit morceau, l'enveloppait avec les herbes et le trempait dans la bouillie ou Charoset, en disant: «Glorifié soit notre Seigneur qui gouverne l'Univers, qui nous a sanctifiés par ses commandements, et nous a recommandé de manger du pain sans levain avec des herbes amères !» Et en même temps il mangeait ce qu'il avait ainsi trempé.
D'après l'ancien livre judaïque, des cérémonies, le père de famille avant de servir l'agneau pascal, coupait ou rompait le pain, qui ressemblait toutà-fait à nos grands pains à chanter, et était parsemé d'une foule de petits trous; il le rompait en autant de morceaux qu'il y avait de Convives à la table, et présentait à chacun son morceau en prononçant les paroles que nous avons citées.
On faisait ensuite l'action de grâces et la bénédiction sur la Pâque, ou comme disaient les Juifs: Sur le corps de l'agneau pascal, ainsi qte sur les autres Viandes consacrées. Cette bénédiction était conçue en ces termes: «Soyez glorifié, Seigneur, notre Dieu, qui gouvernez l'univers, qui nous avez sanctifiés par votre loi, et nous avea ordonné de manger l'agneau pascal ! Ceci est la Pâque, que nous mangeons en mémoire de ce que le Seigneur a passé franc devant les portes de nos maisons, en Égypte.» Le père de famille coupait ensuite l'agneau par morceaux, et les présentait aux convives. Les Juifs croyaient qu'au nombre des priviléges que la Sainte Salem avait sur les autres villes, il fallait compter ceux-ci: Il ne se trouvait aucune mouche dans la maison de Flmmolation, la viande consacrée ne s'y gâtait jamais, et les scorpions ni les serpents ne devaient faire aucun mal dans l'intérieur de ses murs.
On mangeait aussi d'autres viandes pascales, ordinairement du chevreau ou du mouton rôti et là se terminait l'essentiel du repas. Cependant on continuait encore à user de différents mets sans aucune distinction jusqu'à ce que la coupe eût fait la ronde pour la quatrième fois, comme cela se passe encore aujourd'hui chez les descendants de Moïse; car les quatre coupes étaient le symbole des quatre monarchies de l'univers, à l'expiration desquelles devait venir le Messie. Enfin chacun prenait encore un morceau de l'agneau pascal, à peu près de la grosseur d'une olive, pour le consommer en entier; s'il en restait, on le jettait dans le feu et on le brûlait avec les os, parce que c'était une viande consacrée. On ne mangeait plus rien de toute la nuit.
Le repas fini, le maître de maison se levait, lavait ses mains et remplissait une coupe de vin qui s'appelait par excellence la coupe de Bénédiction; car on faisait alors l'action de grâces pour le festin pascal que l'on venait de prendre, et l'on bénissait encore une fois le vin.
Ce que les historiens évangéliques nous disent du dernier repas du Seigneur, s'accorde très-bien avec ces donnéesque nous fournit la tradition juive, et les deux récits se confirment mutuellement. Jésus fait dans ce festin les fonctions de prêtre et de chef de famille, il recite les prières et remplit tous les autres offices prescrits par l'usage. Le jeudi quelques-uns des disciples (probablement Pierre et Jean), rappelèrent à Jésus l'approche de laPâque, pour laquelle on n'avait encore rien préparé et qu'il se proposait cependant de faire avec eux. Il aurait pu prévenir cette demande, mais il voulut leur laisser croire qu'il avait l'intention de célébrer cette fête en même temps que les autres Juifs. Ils n'auraient pourtant pas dû s'y attendre; puisqu'il leur avait déclaré avec tant de précision le jour où sa condamnation à mort serait exécutée. Mais il se proposait surtout de leur montrer comment les plus petites circonstances devaient concourir à tout conduire suivant les desseins de la Providence de Dieu."[109]

La comtesse de Ségur elle-même dans *L'Évangile d'une grand-mère* le raconte en ce sens eschatologique, révélé par le sacrifice juif précédemment décrit, de rénovation et:

---
[109] Frédéric-Edouard Chassay, *Jésus, sauveur du monde: histoire de la Passion de Notre Seigneur*, "Le festin pascal", Paris, Louis Vivès, 1854, T. I, pp. 35-45.

"Les enfants étant tous réunis, la grand'mère commença ainsi:
L'Enfant Jésus vivait à Nazareth avec sa mère et avec Joseph; il grandissait et il travaillait avec son père à l'état de charpentier. Tout le monde admirait sa sagesse, sa douceur et sa bonté.
Tous les ans à la fête de Pâques....
PETIT-LOUIS. Comment? les Juifs avaient le jour de Pâques comme nous? Ils mangeaient des œufs rouges ?
GRAND'MÈRE. Ils avaient une fête de Pâques, mais ils ne mangeaient pas des œufs rouges, et ils ne fêtaient pas le même événement que nous.
A la Pâque des Juifs, on fêtait le passage de la Mer Rouge, c'est-à-dire la délivrance des Juifs de la domination très-dure des Égyptiens. Notre Pâque, à nous, est pour fêter la délivrance de tous les hommes du joug très-cruel du démon.
JEANNE. Comment cela? Je ne comprends pas.
GRAND'MÈRE. Quand tu auras entendu toute l'histoire de Notre-Seigneur Jésus-Christ (car c'est ainsi que nous appelons Jésus), tu comprendras comment il nous a délivrés, par sa mort, de la puissance du méchant démon...."[110]

On constate, encore une fois, que cette coutume héritée, depuis le monde russe, s'organise autour des deux épiphanies, de Noël (la naissance, donc l'enfance, comme dans la *Conversation Sacrée*) et de Pâques:

"La célébration de la fête de Noël, chez les Serviens, se rapproche beaucoup de la Pâque des Russes: on y retrouve les mêmes embrassements et la même formule dans les interrogations et les réponses. Les œufs semblent y être remplacés par des grains de blé, que les visiteurs lancent à travers les portes des maisons en disant: «Le Christ est né»; ceux qui en ont été atteints répondent: «En vérité, il est né». (Voir le t. I, p. 79, des Chants popul. des Serviens, traduits par Mlle Elise Voïart.—Paris, Mercklein, 1824, 2 vol. in-8°.) Quant aux œufs colorés, présent du nouvel an dans beaucoup de pays, ils sont devenus des présents de Pâques, parce que l'année commençait à cette époque. La coutume de donner des œufs rouges à Pâques n'est pas tout à fait perdue parmi nous; on en achète encore pour les enfants. Les œufs et le blé ont été employés comme symboles par plusieurs nations: ils figurent encore dans les Pâques des juifs. Les chrétiens donnaient autrefois aux églises des œufs et du blé en présent. On lit dans la description des cérémonies du Vendredi-Saint, par Th.Naogeorgus, lib. IV, Regni Papistici, description citée ailleurs par Kempius (p. 174):
Tractabile vulgus adorat,
Dona ferens pariter, nummos, cerceremque vel ova.
(Ne peut-on rattacher à cet usage celui qui veut que chaque famille à son tour donne le pain béni? Pour la distribution de ce pain, ou n'ignore pas qu'elle est une imitation des eulogies, ou distributions de mets bénis, qui avaient lieu dans l'église primitive.)
Les idées symboliques attachées au blé dans le christianisme ont pour fondement, comme on le voit par la lecture des théologiens, l'hostie ou pain sacré et les nombreuses allusions qu'on peut tirer des paraboles et autres passages relatifs aux semences qui se rencontrent dans les Ecritures."[111]

On retrouve jusqu'en Grèce cette pratique, et son origine commentée, toujours renvoyant aux pratiques de l'année liturgique juive:

"L'été et l'automne sont remplis par des panégyris; et l'hiver, avec ses nuits ténébreuses, traîne à sa suite de lugubres fantômes. Alors on croit voir errer les loups-garoux, que les Grecs appellent sabaziens, et les pagania ou onocentaures, que l'écriture nomme saguirs. Le passage de ces larves immondes, qui sont, d'après la croyance du peuple, des juifs onolâtres occupés à chercher le Messie dans leurs cavernes, afin de le faire périr, dure depuis Noël jusqu'à la Théophanie On représente les pagania comme des sorciers maigres, ayant des têtes d'âne et des queues de singe, qui courent les champs et se rassemblent dans les carrefours, en invoquant la lune, qu'ils prient d'éclairer leurs banquets, où ils mangent des grenouilles et des tortues, amphibies regardés comme immondes. Mais après la bénédiction de l'eau, qui a lieu dans l'église grecque le jour des Rois, ces spectres hideux disparaissent. Les nuits sont purifiées, le ciel est réconcilié avec la terre par le baptême de Peau, les tempêtes cessent, à ce qu'on prétend; et le vent du nord-ouest reprend son empire accoutumé sur les mers de la Grèce.
Les époques de la vie et l'intérieur des familles portent aussi l'empreinte des idées mythologiques; et l'arrangement d'un ménagé exige des dispositions particulières. L'emplacement du foyer doit être orienté d'une certaine manière; et quand on s'étend pour dormir sur la natte, il faut éviter de se coucher les pieds tournés vers la porte. Une pareille position est un signe de mort; comme cet événement que la plupart des rêveries s'applique, comme si la fin de l'homme n'était pas la condition nécessaire de son existence. Les maisons doivent être nétoyées et bâlli recréait à la fête de Pâques, qu'on chôme en mangeant des œufs rouges (NOTE: Les Grecs, qui font de l'esprit sur tout, préteNdent que l'usage des œufs de Pâques a été institué en mémoire de la résurrection de J. C., qui sortit, disent-ils, du tombeau frais comme un poulet (Weber, t. I, p. 14 et 15 de ses Mémoires à la cour de Russie).) ainsi que l'agneau symbolique (NOTE: Les Grecs tiemnentqcet usage des Juifs, qui l'avaient probablement reçu des Sabéens accoutumés à immoler un agneau à l'entrée du soleil dans le signe du bélier.). On brise les plats que les chiens ont léchés (NOTE: Les Grecs reprochent aux Latins de se servir des vases dans lesquels les chiens ont mangé (Vid. Criminationes adversùs ecclesiam latinam, p. 511).), ou bien on les fait étamer de nouveau. On chasse ces animaux et les chats quand il tonne, parce que leur présence est censée attirer la foudre sur les maisons. Pendant les orages, les matelots s'imaginent voir saint Nicolas assis à la poupe des vaisseaux; et le feu Saint-Elme est pour eux le présage assuré du calme prochain deséléments."[112]

---

[110] Comtesse de Ségur, *Évangile d'une Grand'mère ... illustré de 30 gravures sur bois*, Paris, Librairie L. Hachette et Cie, 1866, p. 30.
[111] Bulletin trimestriel de la Société Libre d'Agriculture, Sciences, Arts et Belles-Lettres de l'Eure, Année 1841, 2ème Série, T. II, Évreux, Jules Ancelle, Juillet 1842, note 1 pp. 412-413.
[112] François Charles Hugues Laurent Pouqueville, *Voyage dans la Grèce: comprenant la description ancienne et moderne de l'épire, de l'illyrie grecque, de la Macédoine Cisaxienne, d'une partie de la Triballie, de la Thessalie, ...: avec des considérations sur l'archéologie, la numismatique, les moeurs, les arts, l'industrie et le commerce des habitants de ces provinces*, Paris, Chez Firmin Didot, Père et Fils, T. IV, pp. 415-417.

Ainsi:

"Œufs de Pâques. — Un usage qui a survécu à beaucoup d'autres, bien qu'il n'ait peut-être jamais été complétement général dans tous les pays de l'Europe, c'est celui d'échanger, à l'époque de Pâques, des œufs de toutes couleurs et de toutes dimensions. La signification de ces cadeaux étant à peu près oubliée, la Goutume pourrait disparaître sans qu'il en résultât, dans nos mœurs, aucun trouble sensible; mais l'industrie est là pour ne pas la laisser tomber, et, s'il en était besoin, pour la faire revivre. Chaque année, au mois de mars ou d'avril, l'imagination des confiseurs se met en frais pour raviver, par l'attrait du luxe et de la nouveauté, le goût des œufs de Pâques. Ces myriades d'œufs qui surgissent tout à coup dans nos élégants magasins de bonbonneries ne peuvent manquer d'éveiller notre attention, et de faire à notre devoir et à nos bourses un appel presque toujours entendu. Il y en a de tous prix ainsi que de toutes couleurs, et pour tous ceux qui ont le bonheur de connaître des enfants ou des dames, c'est encore une obligation aujourd'hui de payer un tribut à la vieille coutume. — Avec le progrès, les œufs sont devenus des boîtes; ils s'ouvrent, ils peuvent contenir, à volonté, une poupée ou un cachemire, et si les complications du jour de l'an vous ont fait faire quelque maladresse, si, pendant les trois mois qui se sont écoulés depuis le bienheureux jour de la Circoncision, vous êtes tombé en disgrâce auprès d'un enfant ou de sa mère, vous pouvez, un œuf aidant, réparer votre tort ou votre oubli, et effacer le souvenir de vos fautes passées. — Chez les pauvres on se donne de petits œufs en sucre, ou même, si les moyens ne permettent pas de sacrifier à l'agréable, on s'offre des œufs rouges et l'on en fait une salade. Ces cadeaux du printemps répondent à une idée qui nous vient des Orientaux. Chez eux, l'œuf est le symbole de l'état primitif du monde, de la création qui a développé le germe de toutes choses. Au nouvel an, qui s'ouvre encore en Orient à l'équinoxe du printemps, on célèbre une fête analogue à celle de notre jour de l'an. A cette époque du renouvellement de la nature et de l'année, on échange des présents et l'on s'envoie de toutes parts des œufs peints et dorés, destinés à rappeler le commencement des choses. La même idée devait présider à ces sortes de cadeaux dans le temps où l'année commençait en France le jour de Pâques. Charles IX en fixant le commencement de l'année au 1er janvier, a fait perdre aux œufs une partie de leur importance; mais ils sont restés cependant pour célébrer, à défaut de l'année, le renouvellement de la nature. Autrefois, en France, comme encore aujourd'hui en Russie, les œufs de Pâques avaient un caractère religieux; on ne les distribuait qu'après les avoir fait bénir solennellement le samedi saint: cette tradition est entièrement perdue parmi nous."[113]

7. Jésus et l'autruche, deux formes d'oeufs

"SERMON LXXVIII.
SUR LE MYSTÈRE DE L'ENFANCE DE JÉSUS-CHRIST NOTRE - SEIGNEUR.
Quis mihi det te fratrem meum fugentem ubera matris mea, ut inveniam te foris, & deofculer te, & jam me nemo defpiciat? (Cant., VIII.)
Oui me donnera de vous avoir pour frère, suçant les mamelles de ma mère, et de vous trouver dehors pour vous donner un baiser, sans que personne me méprise pour ce sujet.
Réjouissez-vous: sainte Epouse, vos souhaits sont accomplis, vos vœux sont exaucés; vous jouissez du bonheur que vous avez si ardemment désiré, et que vous n'osiez vous promettre. Abandonnez-vous à tous les saints transports que peut vous inspirer votre amour. Vous le tenez entre vos bras ce divin Epoux, devenu votre petit frère. Il vous est permis de l'enlever du sein de Marie, notre commune mère, pour contempler à loisir ce plus beau d'entre les enfants des hommes, et vous rassasier de ses chastes embrassements. Que la Synagogue superbe vous méprise; que pleine de ses idées fastueuses, elle dédaigne de reconnaître pour son roi celui qui est né dans la bassesse et dans le sein de la pauvreté. Qu'elle prenne à son égard des sentiments de marâtre, et que, plus cruelle que les autruches du désert, elle rejette comme un aviron ce fruit de ses entrailles. L'Epouse n'a garde de le méconnaître; il lui est d'autant plus cher qu'il s'est rendu plus vil et plus abject pour elle. Qu'un insolent hérésiarque, c'est Nestorius, ne rougisse pas de dire qu'il n'a garde d'adorer un Dieu de deux ou de trois mois. Elle a horreur d'un tel blasphème, et frappera cet impie des ses anathèmes et de ses foudres; elle sait qu'il n'a pas perdu la majesté d'un Dieu pour s'être réduit aux infirmités de l'enfance, et qu'il n'est pas moins puissant, enveloppé de langes, que nous nous représentons sa majesté, lorsqu'au commencement des siècles il enfermait la mer dans ses digues, quand elle sortait avec violence, comme hors du sein de sa mère: qu'il la couvrait pour vêtement d'un nuage, et l'enveloppait, comme il dit lui même dans Job, des bandelettes de son enfance, c'est-à-dire, qu'il lui était aussi aisé de gouverner ce vaste élément et de dompter l'impétuosité de ses flots, qu'à une nourrice de lier ou délier son enfant.
Mais d'où vient, me demanderez-vous, qu'il se fait un enfant, qu'il veut sucer le lait d'une femme, comme les enfants ordinaires, bégayer comme eux, et s'assujétir à toutes les misères inséparables de cet âge, si on en excepte l'ignorance? Ne pouvait-il pas, puisqu'il est le second Adam, paraître sur la terre en la forme du premier, dans l'âge et la figure d'un homme parfait, tel que notre premier père sortit des mains de son Créateur? Pourquoi se rendre cet état conforme à tous les enfants d'Adam, qui pleurent en entrant au monde, comme pour plaindre leur triste sort, sont assujettis à mille nécessités, et dans une dépendance continuelle du soin de leurs parents? Apprenons-le du grand saint Augustin, qui nous dit que le Fils de Dieu, pleinement maître de toute l'économie que la Trinité sainte a tenue dans le grand œuvre de l'Incarnation, a choisi cet état humiliant pour guérir notre orgueil et nourrir notre amour: *Sanans tumorem, et nutriens amorem.* Voilà le but et le motif principal qu'il s'est proposé dans le mystère de son enfance, qui est le remède efficace de la plaie profonde que nous avait faite l'orgueil: c'est ce dont j'espère vous convaincre en mon premier point; et le moyen le plus puissant pour embraser nos cœurs d'amour: ce sera le sujet du second. Implorons les lumières de ce divin Enfant, qui ne sont communiquées qu'aux petits; il ne nous le refusera pas si nous nous adressons avec humilité à sa sainte Mère, en lui disant avec l'ange: Ave, Maria.
PREMIER POINT.
C'est moins par intempérance, selon le sentiment de saint Augustin, que par orgueil, qu'Adam se porta à manger du fruit défendu; il avait déjà commencé à se plaire en soi-même, et il ne tomba dans cette transgression visible et extérieure, que parce qu'il s'était auparavant corrompu dans le fond du cœur; le violement de l'ordre de son Créateur fut le signe et la punition de relèvement secret qui lui avait fait secouer son joug, et de celte présomption insensée par laquelle il s'était voulu rendre le principe de son bonheur. Le sentiment de ce docteur si éclairé est fondé

---
[113] Charles Rozan, *Petites ignorances de la conversation*, Paris, Lacroix-Comon, 1857, pp. 15-17. Reproduit dans *Journal de l'instruction publique*, Montréal, Département de l'instruction publique, 1859, T. III, p. 94.

sur l'oracle même du Saint-Esprit, qui nous dit que l'orgueil précède la ruine de l'âme, et que l'esprit s'élève avant sa chute; c'est pourquoi ce même Père ne fait pas difficulté de dire qu'il faut de nécessité que David se soit enorgueilli au dedans de lui-même avant que de commettre un adultère, car il n'aurait pu tomber tout d'un coup du comble de la sainteté dans ce gouffre profond, à moins que l'orgueil ne l'eût aveuglé.

Ce n'est donc pas pour avoir eu une chair que l'homme est devenu semblable au démon, mais pour avoir voulu vivre selon soi-même, pour s'être laissé séduire à l'espérance présomptueuse d'être comme des dieux; celle première tentation ayant pénétré son cœur, a répandu dans celui de tous ses malheureux enfants une ardente inclinaison d'indépendance, par laquelle notre volonté se plaît à n'être qu'à elle seule, et refuse de se soumettre à Dieu même; notre esprit s'éloignant par cette désobéissance originelle de cette sagesse, cette vérité, cette volonté suprême et immuable, n'a plus voulu reconnaître de règle que la sienne propre. O révolte criminelle! ô renversement funeste! Cette première plaie, dont nous avons tous été blessés en Adam jusqu'au fond des entrailles, nous porte à vouloir être indépendants, et nous livrer aux égarements d'une raison aveugle et d'un cœur corrompu: Rupisti jugum a sæculo, dixisti, non serviam. (Jer., II.) C'est le reproche que Dieu fait à son peuple par un de ses prophètes, et que méritaient encore plus les autres nations qui ne le connaissaient pas. Ce n'est pas le vice de quelque pays particulier, c'est celui de toute la terre, de tout le genre humain; il n'y en a pas de plus universel et de plus fécond; un particulier n'a jamais lui seul tous les vices à combattre; il y en a même qui s'entre-détruisent et sont incompatibles; un prodigue n'est jamais avare; un libertin, qui publie ses désordres comme l'infâme Sodome, ne peut être accusé d'hypocrisie; il y a des péchés qui ne se trouvent que dans certains âges, certaines conditions; la jeunesse n'est occupée que de ses plaisirs, et ne songe guère à thésauriser; la vieillesse, au contraire, n'est plus touchée des divertissements; elle s'applique à amasser du bien, ou à conserver ce qu'elle en a acquis; on trouve des gens qui, naturellement ou par l'effet d'une bonne éducation, haïssent le sang, le vin, le blasphème, le mensonge; mais pour l'orgueil, c'est le penchant de tous les hommes, c'est la maladie de tous les esprits, c'est le levain dont nous sommes tous pétris; c'est un vice qui est mêlé à toute sorte de tempéraments; les ignorants et les savants, les spirituels et les stupides, les pauvres et les riches, les enfants et les vieillards, les hommes et les femmes; et, ce qui est de plus étonnant, les justes et les pécheurs en sont presque tous également susceptibles; presque tous cherchent à se faire valoir, à se relever par des qualités réelles ou imaginaires.

La philosophie, qui a essayé de guérir les autres vices, n'a pas même connu la vertu qui est opposée à celui-ci; l'humilité lui a paru une bassesse d'âme, elle a donné aux hommes plusieurs maximes pour guérir leurs passions, dont la morale chrétienne pourrait s'accommoder; mais comment aurait-elle entrepris de guérir celle de l'orgueil, puisqu'elle faisait son idole de sa prétendue sagesse, dont elle ne se croyait redevable qu'à elle-même, et que toutes ses connaissances, vraies ou fausses, ne servaient qu'à nourrir son orgueil démesuré; les châtiments et les fléaux dont Dieu punissait de temps en temps les excès des hommes et que saint Augustin appelle une dure réprimande faite aux superbes, loin de les humilier sous sa puissante main, ne faisaient que les endurcir et les irriter, ainsi que nous le voyons dans les plans dont Dieu frappa les Egyptiens et dans divers autres exemples: la loi même qu'il grava de son doigt sur des tables de pierres (le pourrait-on croire si saint Paul ne l'assurait), loin de guérir cette maladie invétérée, ne fit que l'augmenter en multipliant le nombre des prévaricateurs et en irritant la concupiscence effrénée des Juifs; ils se persuadaient faussement qu'ils n'avaient qu'à connaître la volonté de Dieu pour l'accomplir. Nous ferons, disaient-ils, tout ce que le Seigneur nous a commandé, comptant sur leurs forces prétendues, comme des frénétiques; ils n'eurent plus ce prétexte après que Moïse leur eut donné le décalogue; mais la conviction de leur impuissance les obligea pas de réclamer le médecin suprême; ainsi notre plaie était incurable et comme désespérée, et le genre humain roulait de crimes en crimes et de précipices en précipices.

Que fera Dieu pour le retirer de cet abîme et guérir un mal que les remèdes ne faisaient qu'aigrir? Il se fera semblable aux hommes par une invention admirable de sa sagesse, afin que les hommes, qui dédaigneraient de leurs égaux, ne pouvaient être instruire par des hommes, leurs égaux, ne refusassent pas de recevoir les instructions d'un Dieu; il se fera fils de l'homme, afin que toute montagne et toute colline soit abaissée, c'est-à-dire, selon l'explication des Pères, que l'orgueil humain soit détruit: Omnis mons et collis humiliabitur. [Luc., III.) Il ne fallait rien moins que l'exemple d'un Dieu anéanti, revêtu de la forme d'esclave, réduit volontairement à toutes les faiblesses de l'enfance pour ranger l'homme à la raison, pour faire plier son col indomptable sous le joug; tant que le Tout-Puissant est demeuré dans l'éclat de la majesté qui le environne, dans son indépendance, sa grandeur infinie, l'homme est demeuré obstiné dans sa perfidie aussi bien que l'ange apostat; les tonnerres qu'il faisait gronder sur sa tête n'ont fait impression que sur ses sens, sans ébranler son cœur; mais du moment qu'il est descendu du trône de sa gloire, qu'il a anéanti son immensité dans le sein d'une Vierge, sa majesté souveraine sous les voiles de notre humanité, sa sagesse sous les nuages de l'enfance, sa toute-puissance en se rendant soumis à Joseph et à Marie: ah! l'humilité a paru dans notre terre; cette petite fleur de nard a répandu partout une odeur merveilleuse qui a embaumé tout l'univers. Que nous a-t-il apporté du ciel, dit saint Ambroise? L'humilité, qui ne s'y trouvait plus; ce n'est pas qu'il n'y eût quelque juste avant l'Incarnation, humbles par conséquent, puisqu'il n'y a point de vraie justice sans l'humilité; mais ils n'étaient tels que par l'humble foi à l'avènement du Médiateur, en exprimant par la vertu de sa grâce les traits de ce Dieu anéanti, et préférant ses opprobres et ses ignominies à tous les trésors de la terre. Mais que le nombre en était petit! Ce n'est que depuis qu'un petit enfant nous est né et qu'un fils nous a été donné que les hommes ont connu la nécessité de l'humilité; plusieurs ont embrassé cette vertu et ont fait gloire de participer aux abaissements de leur maître; on a vu des rois se dépouiller de leur pourpre pour se revêtir d'un sac; une infinité de personnes de l'un et de l'autre sexe, distinguées dans le monde par l'éminence de leur rang, en descendre volontairement et fouler toutes les grandeurs aux pieds, pour se cacher et s'ensevelir dans les solitudes et l'obscurité des cloîtres, afin d'honorer par état l'anéantissement de Jésus-Christ.

Reconnaissons qu'il fallait que la plaie de l'orgueil humain fût bien profonde, bien mortelle, bien incurable, puisqu'il y a fallu apporter un tel remède que le Fils de Dieu ne s'est pas contenté de s'unir à notre nature, mais qu'il l'a prise dépouillée de tous les avantages qui pouvaient rendre cette condition supportable et avec toutes les privations qui l'abaissent et la ravalent, et pour tout dire en un mot, avec toutes les infirmités inséparables de l'enfance: Per omnes naturæ contumelias volutatus. (Tert.) Pouvait-il s'avilir et se dégrader davantage? N'a-t-il pas épuisé, pour ainsi dire, sa toute-puissance dans la recherche des moyens qui pouvaient le rabaisser: Quo ulterius progrederetur non habitat. (S. Aug.) Ne peut-il pas vous dire: Qu'ai-je pu faire davantage que je n'aie pas fait pour vous insinuer l'humilité? Hommes, qui n'êtes que poudre et que cendre, vous cherchez de la considération, de la distinction, des applaudissements et je vis dans l'oubli des hommes, on ne songe pas seulement si je suis au monde; vous élevez au-dessus de vos égaux, vous traitez vos inférieurs avec dureté, vous enviez la condition des grands et ne vous soumettez qu'avec murmure et répugnance: et moi, qui suis votre maître et le Seigneur de toutes choses, je suis venu pour servir et non pour être servi, je me suis rendu l'esclave universel; vous cherchez à vous établir dans l'esprit des autres par l'estime d'un esprit de lumière et de sagesse: et je cache tous les rayons de la mienne, pour ne laisser paraître que la faiblesse et l'imbécillité d'un enfant. Oui, c'est en

~ 77 ~

cet état de silence, d'inaction, de captivité, qu'il nous dit plus fortement et plus efficacement cette parole, qui renferme presque tout son Evangile: Apprenez de moi, non pas à vous signaler par des miracles, à changer le cours de la nature el des éléments, à faire des actions éclatantes de zèle, mais à être doux et humbles de cœur. Ah! les nôtres sont d'une dureté impénétrable, s'ils ne sont touchés de cet exemple et de cette parole, plus perçante qu'un glaive à deux tranchants. Quoi! après qu'une telle majesté s'est anéantie, un vermisseau fera difficulté de s'humilier? Quelle impudence! Ut ubi se majestas exinanivit, ibi vermiculus infletur? (S. Bern.) Les anges qui sont tombés dans le ciel, sont sans doute plus excusables que vous, puisqu'ils n'avaient pas un Dieu anéanti en leur présence, de même l'orgueil de ceux qui se sont laissés dominer par ce vice avant l'Incarnation, n'est pas si criminel; il est infiniment plus énorme depuis qu'un Dieu s'est humilié lui-même, qu'il est venu nous frayer ces routes si peu battues et détromper les hommes de l'erreur où ils étaient, que cette vertu n'a rien que de lâche, de servile et de rampant; il n'y a que l'orgueil du démon qui puisse désormais demeurer inflexible à la vue d'un tel exemple; cependant j'ose dire que notre cœur, loin d'en être amolli, n'en sera pas seulement effleuré s'il ne joint sa grâce médicinale à son divin exemple et s'il n'aplanit lui-même ces collines d'orgueil, si l'onction de son esprit ne nous fait goûter la vertu qui lui est opposée, que saint Paul appelle la vertu de Jésus-Christ, parce qu'elle a le plus brillé en lui; c'est celle qui lui a été la plus chère et qu'il nous recommande plus expressément, nous menaçant souvent que si nous ne devenons semblables à un petit enfant, que nous n'entrerons jamais au royaume des cieux.

Il nous a apporté celle grâce du ciel: Apparuit gratia Salvatoris; elle découle surtout du mystère de sa divine enfance, dont il influe l'esprit en ceux qui sont fidèles à l'adorer et lui rendre souvent leurs hommages. On peut distinguer une double enfance dont il communique la grâce à ses serviteurs, l'enfance de l'esprit et l'enfance du cœur; la première consiste à croire aveuglément tout ce que l'Esprit de Dieu a révélé à son Eglise, et qu'elle vous enseigne par le ministère de ses pasteurs; la seconde à le pratiquer avec docilité.

Vous savez qu'un enfant ne sait ce que c'est que former des doutes sur les choses dont on l'instruit. Incapable de contredire et de disputer, il reçoit tout sans examen, les paroles de sa nourrice sont pour lui des oracles. Tel doit être un vrai enfant de l'Eglise; il aime à captiver son entendement sous le joug de la foi; également convaincu de la faiblesse de son esprit et de la toute-puissance de Dieu, il n'entreprend pas de la mesurer, de lui prescrire des bornes et de faire agir à sa petite manière sa sagesse immense et sa providence infinie, qui règle tout par des vues profondes et impénétrables, qui embrasse toute l'étendue des siècles et des lieux, dont il sait que les voies sont aussi élevées au-dessus de nos voies que les cieux au-dessus de la terre.

Que fait au contraire l'homme orgueilleux? Il érige un tribunal dans sa raison étroite, obscurcie et sujette aux illusions, dans lequel il critique et condamne la conduite de son Dieu; ce vaisseau d'argile ose dire à l'ouvrier suprême: Pourquoi avez-vous fait ainsi? De là ces doutes affectés sur la religion, ces railleries de nos principaux mystères, cette morale épicurienne accommodée aux passions; de là sont nés les schismes et les hérésies dans tous les siècles. En effet, qui a armé les Paul de Samosate, les Arius, les Eunome, les Nestorius, les Eutychès, les Pélage contre l'Eglise leur mère? Qui a arraché de ces sacrées mamelles dans ce dernier siècle un si grand nombre de ces enfants, qui ont fait un triste naufrage dans la foi, et errent encore dans l'affreuse solitude du schisme? N'est-ce pas la présomption et la témérité des uns et des autres? Les premiers, pleins d'eux-mêmes et d'un orgueil diabolique, poussés d'un désir inquiet de faire valoir les productions de leur esprit, se sont faits chefs de parti et se sont érigés en maîtres sans mission, en promettant à leurs sectateurs la vérité pure, la doctrine des apôtres affranchie des traditions et des corruptions humaines. Les autres se sont laissés entraîner comme des animaux privés de raison, se crevant les yeux, ont suivi les aveugles dans le précipice; car l'humilité chrétienne, aussi bien que la raison, les devait porter à se juger incapables de prononcer sur les choses dont on les rendait arbitres. On les voulait obliger d'anathématiser l'Eglise romaine, comme une Babylone souillée d'idolâtries et de superstitions; s'ils eussent eu cet esprit qui repose sur les humbles, et si leur simplicité eût été sage et éclairée, ils eussent répondu d'abord à ces séducteurs: La discussion de tous ces dogmes que vous nous voulez faire condamner, est au-dessus de notre portée, nous en sommes absolument incapables, nous nous en tenons à ce qu'ont cru nos Pères, vous n'êtes que de faux apôtres et des prédicateurs d'un nouvel Evangile. Ce n'est donc que par défaut d'humilité qu'ils se sont laissés abuser par Luther, Zwingle et Calvin, ces loups ravissants, et qu'ils persistent encore aujourd'hui dans leur révolte contre la vraie Epouse de Jésus-Christ; peut-on assez déplorer un tel malheur?

Il n'y a que l'enfance chrétienne qui y puisse remédier, c'est elle qui assujettit parfaitement l'esprit à l'obéissance de la foi: elle inspire un profond respect et une déférence aveugle pour toutes les vérités connues, et même pour celles qui sont inconnues; elle apaise les flots qui s'élèvent dans nos pensées, comme un vent ému; elle couvre d'un saint nuage la difficulté des mystères, en sorte qu'on ne s'en aperçoit presque pas, tant on est occupé et pénétré du sentiment de sa faiblesse et de la grandeur divine. Elle ne consulte ni le sens ni la raison, mais elle s'attache à l'autorité de Dieu et de l'Eglise, colonne de la vérité; loin de donner entrée dans son esprit à toutes les réflexions qui naissent eu abondance de ce fonds corrompu qui est en nous, elle fait taire ses raisonnements et met sa joie et sa sûreté à s'anéantir sous le poids de sa majesté suprême.

Que ce désaveu de notre raison est raisonnable! Qu'il est aimable aux âmes qui sont assez éclairées pour connaître leurs ténèbres! Il n'y a que des aveugles volontaires qui ne savent seulement ce que c'est que lumière, qui osent ainsi se rendre juges des vérités; ils blasphèment ce qu'ils ignorent; au lieu que ceux qui ont reçu l'esprit de l'enfance chrétienne le révèrent, et demandent humblement à Dieu qu'il les éclaire leurs ténèbres; ils s'écrient dans la reconnaissance de leur faiblesse et de l'élévation infinie de cet être incompréhensible: O profondeur des richesses de la science et de la sagesse de Dieu! Que vos conseils sont impénétrables! ils découvrent partout des abîmes: ainsi, ne trouvant d'autre sûreté que de ne juger des choses de Dieu et des principes de la religion, que par la lumière de Dieu, ils établissent toujours la foi pour le fondement de toutes leurs connaissances, et c'est par cette foi qu'ils parviennent souvent à l'intelligence: Declaratio sermonum tuorum illuminat, et intellectum dat parvulis. (Psal.CVIII) Bien loin que la difficulté de concilier la prétendue impossibilité des mystères ne fasse chanceler dans la foi, c'est ce qui les y affermit; ils y reconnaissent la marque et le caractère de Dieu; c'est dans ce sens que Tertullien disait: «Plus les merveilles de la religion paraissent incroyables, plus elles sont croyables;» car, si c'était fausseté et invention de l'esprit de l'homme, celui qui aurait imaginé et fabriqué ce système, n'eût pas manqué de l'accommoder à la portée de l'esprit humain, ainsi qu'a fait Mahomet, et dans nos jours l'infâme Spinosa; ainsi, puisqu'elles surpassent notre intelligence, il faut conclure qu'elles partent nécessairement d'un être infiniment élevé audessus de nos esprits. Je ne fais qu'éclaircir la belle et hardie pensée de cet ancien Père: «Notre religion, dit-il encore, ne serait pas divine si elle avait pu être inventée par un homme, et elle mérite d'autant plus d'être regardée comme l'ouvrage de Dieu, qu'elle s'éloigne plus des règles de la prudence humaine; le Fils de Dieu est mort, cela est croyable parce que cela paraît insensé; étant enseveli il est ressuscité, cela est certain parce que cela paraît impossible: Credibile quia incredibile.»

Il me semble qu'il n'y en a aucun de vous qui ne dise: Je crois de la sorte, je n'hésite pas à embrasser les articles de foi contenus dans le symbole, je souscris aveuglément à toutes les décisions de l'Eglise et des pasteurs que l'Eglise lui a donnés, afin que nous ne fussions pas toujours flottants, et ne nous laissassions pas emporter a tout vent de doctrine. Oui, vous êtes peut-être persuadés et convaincus, si vous voulez, des mystères spéculatifs qui ne sont pas contraires à vos inclinations, et ne vous engagent à rien de pénible à la nature; vous n'hésitez pas, sur la créance d'un Dieu en trois personnes, de la seconde de ces trois, incarnée pour nous racheter; vous détestez l'impiété des hérétiques qui ont nié la vérité de la chair de Jésus-Christ, ou de la présence réelle dans l'auguste sacrement de nos autels; mais, pour les vérités de pratique qui gênent l'amour-propre et vont à mortifier la sensualité, qui combattent notre orgueil et nos autres passions, en est-on bien convaincu? Sondez là-dessus votre cœur, je vous prie: s'il refuse d'embrasser cette dernière espèce de vérité, voire foi est imparfaite. Vous n'avez que l'enfance d'esprit sans avoir celle du cœur, vous ne croyez pas en Jésus-Christ comme vous y devez croire; car, pour y croire comme il faut, il ne suffit pas de reconnaître qu'il a pris naissance d'une vierge, qu'il a été circoncis, présenté au temple, baptisé par son précurseur, qu'il est ressuscité par sa propre vertu et assis présentement à la droite de son Père; il faut reconnaître encore que toutes les maximes qu'il nous a enseignées en qualité de docteur de justice sont la vérité même. Voyez-la-dessus, sans vous flatter, si vous êtes pleinement convaincus qu'il faut devenir comme un petit enfant pour entrer au royaume des cieux, qu'il faut se faire une grande violence, porter de bons fruits, n'user des plaisirs les plus permis qu'avec une extrême réserve, se considérer comme étranger et exilé en ce monde, et soupirer pour la Jérusalem céleste. Avez-vous jusqu'ici regardé les richesses comme des épines qui ensanglantent l'âme lorsqu'elle s'y attache, et la jouissance des plaisirs comme la souveraine misère? Avez-vous craint de recevoir ici-bas vos biens et votre récompense? Vous êtes-vous estimés heureux lorsque Dieu vous a exercés par diverses tribulations? Avouez qu'il y a encore bien à travailler avant que vous parveniez là, et que vous n'avez que trop sujet de faire à Dieu avec larmes la même prière que lui faisait le père de cet enfant lunatique: Je crois, Seigneur, aidez mon incrédulité; j'ai de la foi pour les choses que vous avez faites pour moi, mais j'en manque dans les choses que vous exigez que je fasse pour vous; soumis dès qu'il ne s'agit que de croire et de souscrire une formule de foi; révoltés dès qu'il est question d'agir et de retrancher, par le fer de la mortification, tant de superfluités vicieuses; monstres dont l'esprit est chrétien et le cœur infidèle, notre vie dément notre créance, et nos actions sont une preuve sensible que nous ne vivons pas de la foi qui est la vie du juste; et comme le corps, lorsqu'il est sans âme, n'est qu'un cadavre, un objet d'horreur; ainsi la foi est morte, lorsqu'elle est sans œuvres; cette foi nous pourra-t-elle sauver? Ce serait une formelle hérésie de le croire.

Que vous servira-t-il en effet d'être convaincu du peu de solidité et du néant des biens de cette vie, de la folie et de la misère qu'il y a de s'attacher aux créatures, et du vide universel de tout ce qui est sous le soleil, si votre cœur demeure toujours possédé de l'amour de ces faux biens, enchanté de ces folies, idolâtre de l'argent, esclave d'une vile créature; si vous aimez votre servitude, entretenez votre maladie et ne faites aucun effort pour en guérir, et vous dégager des liens du péché? De quelle utilité vous sera-t-il de savoir qu'il faut consacrer à Dieu tous les talents de nature et de grâce qu'on a reçus de lui, et les faire servir à sa gloire, qu'il faut lui rapporter toutes nos actions particulières et ne rien faire que par la charité; cependant rien de plus rare que d'en user ainsi; quel abus ne fait-on pas communément des dons de Dieu? Songe-ton seulement à lui rapporter ses actions et ses entreprises? Quelle part a-t-il dans nos projets? Quel profit retirerez-vous de savoir que sa grâce nous est nécessaire pour chaque action, que nous ne saurions faire un pas si elle ne nous soutient, que nous sommes environnés d'ennemis visibles et invisibles qui ont juré notre perte; si, pélagiens dans la pratique, nous ne réclamons jamais le secours de Dieu, et nous le tentons tous les jours en nous exposant témérairement au péril, si nous vivons avec autant de sécurité que si nous n'avions rien à craindre, et que le démon, comme un lion rugissant, ne tournât pas sans cesse autour de nous pour nous dévorer? Toutes ces lumières et ces connaissances ne serviront qu'à nous attirer un supplice plus rigoureux; car le serviteur qui aura su la volonté de son maître, dit Jésus-Christ lui-même, et n'aura pas fait ce qu'il désirait de lui, sera battu plus rudement que s'il l'avait ignorée; c'est ce que saint Paul appelle retenir la vérité de Dieu dans l'injustice; on est coupable de ce crime lorsqu'on ne la fait pas passer dans ses actions. Je veux que ce ne soit pas par mépris, mais la paresse et l'inutilité ne suffisent-elles pas seules pour nous perdre, puisque tout arbre qui ne produit pas de bon fruit sera coupé et jeté au feu; l'arrêt en est prononcé, et la coignée est déjà à la racine de l'arbre. L'enfance de Jésus-Christ nous donne la force de produire de bonnes œuvres, et de nous élever au-dessus de l'infirmité de la chair; car l'infirmité de la sienne unie à sa personne adorable est un principe de force et de courage qui nous rend supérieurs à la faiblesse de la nature, parce que ce qui est infirme en Dieu renferme une force et une vertu infinie, et l'impuissance même de l'homme dans la main de la grâce devient toute-puissante et invincible au démon: Ibi abscondita est fortitudo ejus. (Habac, III.) N'alléguez plus votre faiblesse pour vous dispenser de courir dans la voie des préceptes. Recourez à ce mystère adorable dans lequel il a plu à Dieu de renfermer sa force, il vous inspirera une vigueur toujours nouvelle qui vous fera marcher à grands pas dans la carrière; et comme le corps se durcit et se fortifie à mesure qu'on avance en âge, de même, à proportion du progrès que vous ferez dons cette enfance spirituelle, vous acquerrez toujours plus de force pour pratiquer vos devoirs.

Ce n'est pas toutefois assez de les remplir tous exactement et de produire au dehors une quantité de bonnes œuvres, il faut qu'elles naissent de la racine de la charité pour être agréables à Dieu, sans quoi elles ne seraient propres qu'à nourrir notre vanité; mais Jésus-Christ influe cet esprit de charité en ses membres par sa divine enfance, dans laquelle il ne s'est pas proposé seulement de guérir l'enflure de notre orgueil, mais encore de forcer nos cœurs à l'aimer; c'est ce que nous allons voir en mon second et dernier point.

SECOND POINT.

Saint Augustin renferme excellemment sous une seule idée le double dessein qu'a eu le Fils de Dieu de guérir par son enfance notre orgueil et notre tiédeur pour les choses de Dieu; le genre humain,dit il, était comme un grand malade tout couvert de plaies; un grand médecin est descendu du ciel, voilà l'humilité de notre Sauveur; il a entrepris la cure de ce malade, voilà sa charité. Quel remède a-t-il employé? sa petitesse volontaire a été l'un des principaux. Le grand saint Léon exprime la même pensée en deux mots pleins d'énergie: Inclinatio miserationis. Mais l'Ecriture sainte nous fournit une figure qui fait encore mieux à mon sujet: l'homme n'était pas seulement accablé de maladies, il était mort dans son âme, ainsi que Dieu l'en avait menacé en la personne d'Adam. Le Fils de Dieu, qui s'appelle lui-même la résurrection et la vie, descend du ciel pour le réveiller de ce sommeil de mort, et rappeler son âme en son corps. Comment a-t-il opéré ce grand miracle? Voyez-le dans une des plus belles figures, c'est la manière dont le prophète Élie ressuscita le fils d'une femme veuve de Sarepta: il le prit mort entre ses bras, le porta dans sa chambre, le mit sur son lit, puis s'étendit sur l'enfant par trois fois en se raccourcissant, et se mesurant à son petit corps, il cria fortement au Seigneur; lequel ayant entendu la voix de son serviteur, fit rentrer l'âme de l'enfant dans son corps. Qui ne voit d'abord que toutes ces circonstances sont mystérieuses, et signifient autre chose que ce qui est renfermé sous la lettre? puisque ce raccourcissement et cette triple inclination n'étaient point nécessaires à celui que Dieu rendait comme dépositaire de sa toute-puissance.

Ce raccourcissement marque, selon les saints Pères, le profond abaissement du Fils de Dieu dans son Incarnation, sa naissance et sa Passion pour opérer la résurrection du genre humain. Il s'est par ces mystères, surtout par celui de sa divine enfance comme raccourci et mesuré d'une manière étonnante à la bassesse de notre nature, appliquant ses yeux à nos yeux, ses joues à nos joues, sa bouche à notre bouche, afin de ranimer ce cadavre, et faire renaître l'homme nouveau. O charité excessive et incompréhensible! Si l'amour, et un amour bienfaisant, est le plus puissant motif qui puisse porter à aimer réciproquement, où en trouver un qui égale celui de notre divin Maître, et qui soit accompagné de plus de faveurs? Il nous aime quoi qu'indignes de son amour par notre bassesse, et encore plus par le péché de notre origine, et par tant de péchés actuels que nous y avions ajoutés. Il se fait comme l'un de nous, il met ses délices à vivre avec les enfants des hommes, et se rend enfant pour leur inspirer une pleine et entière confiance. O invention surprenante de son amour! Qui peut vous donner les louanges que vous méritez? Tout l'amour créé peut-il y répondre dignement? Que le sort des enfants de l'Eglise est différent de celui des enfants de la Synagogue! Ils étaient traités en esclaves; Dieu se conduisait à leur égard, comme un maître sévère qui a toujours la verge à la main pour punir de méchants serviteurs; il ne se montrait à eux qu'au milieu des éclairs, des foudres et des tempêtes, avec un tel appareil de terreur et de majesté, qu'ils étaient tous saisis d'une crainte mortelle et qu'ils suppliaient que Dieu ne leur parlât plus, car ils ne pouvaient porter la rigueur de celle menace; que si une bête touchait seulement la montagne, elle serait lapidée; et Moïse lui-même quoiqu'accoutumé de s'entretenir avec Dieu, comme un ami fait avec son ami, était tout tremblant et tout effrayé, tant ce qu'il voyait était terrible.

L'ancienne alliance, loi de rigueur, a fait place à la nouvelle loi d'amour. Le Dieu des armées, le Dieu des vengeances, le Dieu de Sinaï, qui ne laisse pas la moindre faute impunie, s'est revêtu d'une chair sensible et d'un corps mortel; il s'est fait notre frère; et n'est pas plutôt né qu'il envoie ses anges inviter de pauvres bergers de venir lui faire leur cour, et recevoir ses premières grâces. N'entendez-vous pas comme il nous invite lui-même par tes cris enfantins? Quoiqu'il soit né roi, et que les plus grands monarques de la terre ne soient devant lui que cendre et que poussière, il n'a pas voulu paraître avec tout cet éclat, et cette pompe qui les environne, il se rend doux, facile, accessible à un chacun. Et que prétend-il par toute cette conduite, qui semble flétrir sa gloire et le dégrader? Notre amour; il veut uniquement gagner notre cœur, comme si un pareil gain pouvait le rendre heureux.

Vous n'attendez pas, mon divin Sauveur, le jour de la Pentecôte, pour faire descendre sur la terre ce feu sacré dont vous voulez qu'elle soit embrasée; vous l'y apportez vous-même, il n'y a personne qui puisse se cacher à sa chaleur. Défendez-en si vous pouvez votre cœur: considérez sans l'aimer ce visage dont il a voilé la lumière qui vous aurait ébloui, ces yeux qu'il a désarmés de ces éclairs qui vous auraient fait trembler, ces mains dont trois doigts soutiennent la masse de la terre qu'il a souffert être enveloppées de bandelettes. Et si vous n'êtes pas plus froids que la glace et plus durs que le bronze, vous sentirez vos cœurs tout brûlants au dedans de vous-mêmes; et vous vous écrierez avec saint Bernard: si le Seigneur est au-dessus de nos louanges dans sa grandeur et sa magnificence, s'il est terrible dans sa toute-puissance et l'éclat de sa majesté, il est infiniment aimable dans sa petitesse et sa bonté charmante ne peut être assez célébrée: Parvus Dominus et amabilis nimis.

L'homme devenu tout terrestre et charnel par le péché, ne pouvait plus aimer des objets purement spirituels, il n'était pas même capable de les bien concevoir et de s'en former une juste idée. Le Fils de Dieu, pour nous retirer de l'amour des choses corporelles et corruptibles, se fait chair, afin que nous puissions aimer innocemment la chair et nous en servir comme d'un moyen indépendant des sens: mais pour ne nous pas effrayer par l'éclat qui devait naturellement rejaillir sur une chair unie au Verbe, il l'éclipsé sous le voile d'un corps ordinaire pareil au nôtre et sous celui de l'enfance; il veut par là rassurer les plus grands pécheurs que sa sainteté infinie pourrait alarmer. Car qu'y a-t-il à craindre d'un enfant? Approchez-vous en donc pécheurs, que le souvenir de vos désordres effraie, si ce n'est qu'un embrassement et qu'un baiser vous effarouche. Pourquoi fuyez-vous? Il n'a pas la main armée de foudres et de carreaux; arrêtez-vous donc, encore une fois, et prenez des sentiments de confiance dignes de sa bonté. Ecoutez la voix de cet aimable enfant qui vous appelle dans le silence, comme il doit un jour appeler Madeleine, et vous regarde de ces mêmes yeux dont il regardera Pierre après son péché! Ne vous troublez pas à cette voix ni à ses regards. Ce n'est pas une voix de colère mais de douceur, ne sont des regards menaçants et foudroyants, mais tendres et amoureux. Que le premier pécheur se cache dans le Paradis terrestre au son de la voix de son Créateur qu'il a irrité, ce n'est ici que la voix d'un enfant qui n'a rien de terrible, et qui au contraire, sans pouvoir encore rien articuler, vous dit d'une manière très-intelligible: Tolle me, et redime te (S. Petr. Chrysol.), prenez-moi et rachetez-vous. Hommes, vous naissez pécheurs, et je viens vous laver de vos crimes, j'y consacre tout le sang que j'ai dans les veines, prenez-moi et rachetez-vous. Hommes, vous naissez esclaves, et je viens vous affranchir de la servitude du démon, j'apporte votre rançon, prenez-moi et rachetez-vous. Hommes, vous naissez misérables, et je viens vous rendre heureux en faisant l'échange de ma félicité contre vos misères: Tolle me, et redime te. Ne faudrait-il pas à ces paroles se fondre en adoration, en amour, en reconnaissance, se répandre en cantiques de louanges et d'actions de grâces? Pourquoi, Seigneur, ne sommes-nous pas tout à vous comme vous êtes tout à nous? Pourquoi ne répondons-nous pas à vos desseins, et ne nous abandonnons-nous pas à l'empire amoureux de votre grâce? Vous ne demandez que notre amour pour tant de bienfaits, pour un excès si prodigieux d'amour, et nous pourrions nous le refuser pour le donner tout entier ou le prostituer à une vile créature, à un vil métal! Ah! non, Seigneur, il n'en ira pas ainsi, nous ne nous oublierons pas jusqu'à ce point; pourrions-nous tomber dans ce gouffre d'ingratitude, cette extinction du foi, et même des lumières de la raison? Ce malheur cependant nous arrivera infailliblement si sa grâce ne nous prévient, ne nous accompagne, et ne nous suit, et si nous ne l'attirons en nous par une fervente prière et une fidèle coopération aux bons mouvements qu'elle nous inspire.

Conservons toute notre vie une tendre dévotion pour le mystère adorable de la sainte enfance, source de toutes sortes de bénédictions spirituelles, mais qui opère particulièrement dans les âmes bien disposées une voie d'innocence et de simplicité, opposée à la superbe et à la duplicité du cœur humain, et qui est si capable de nourrir, d'entretenir et de fortifier notre amour envers le Verbe fait chair et envers nos frères qui sont ses membres; car, ne vous y trompez pas, il ne se sépare jamais de son corps mystique, il ne veut pas être aimé tout seul, mais dans l'union de ceux que son Père lui a donnés afin qu'ils ne fussent qu'un tous ensemble, consommés dans une unité parfaite par son divin Esprit qui est l'âme de ce grand corps, le lien de tous les membres entre eux et avec le chef. L'amour dont ils s'aiment mutuellement; celui qui hait son frère ou qui ne l'assiste pas de ses biens le pouvant faire, est dans les ténèbres et la mort, il détruit autant qu'il est en lui toute l'économie adorable que Jésus-Christ est venu établir sur la terre en formant une société dont la multitude ne fait qu'un cœur et qu'une âme, et il devient membre du démon qui était homicide dès le commencement.

Après toutes les marques d'amour que Jésus-Christ nous a données malgré notre indignité, dont je n'ai pu vous étaler que la moindre partie, n'a-t-il pas droit de transférer une partie de son droit à ses membres? Nous leur devons le sacrifice de notre vie par cette raison. Est-ce trop exiger que de demander l'affection de notre cœur et quelque argent, quelque secours temporel dans ses besoins? Malheur à nous si nous n'embrassons *un moyen si court et si facile de participer aux richesses surabondantes de la grâce que le Père éternel nous a faite en Jésus-Christ, en nous rendant la vie en lui et le droit à l'héritage céleste dont nous étions déchus.*

Aimons donc un Dieu si prodigue de lui-même, si digne d'être aimé; aimons en lui le prochain. Mais, comme pour nous rendre témoignage que nous aimons le prochain, le signe le moins équivoque est de l'aider de nos moyens, et de le servir dans tout ce qui dépend de nous, pour nous convaincre si nous aimons Jésus enfant et si notre dévotion envers ce mystère est solide, faisons tous nos efforts pour l'imiter, pour exprimer en nous les traits de son humilité, de sa douceur, son obéissance, sa pureté, son insensibilité pour les biens et les plaisirs du monde. C'est lui-même qui se donne pour modèle en la personne d'un petit enfant, puisqu'il est le seul d'entre les enfants d'Adam qui n'ait pas leurs défauts, niais qui possède au contraire toutes les perfections du Fils unique de Dieu. C'est dans le même sens que saint Paul nous dit: Ne soyez pas enfants pour n'avoir point de sagesse, mais pour être sans malice et sans tromperie; par où vous voyez que l'enfance chrétienne ne consiste pas à juger de tout

par les sens comme des enfants, ni à imiter leur légèreté et leur amour pour des bagatelles, mais à porter l'image de leur innocence, leur simplicité, leur ignorance du mal, leur douceur, à être purs d'esprit et de corps, incapables de desseins d'élévation, de richesses, d'honneurs, de fortunes; c'est cette enfance chrétienne, essentielle au salut, la voie universelle de tous les disciples d'un Dieu anéanti, qui nous fera mériter d'être un jour grands dans le ciel.

Seigneur, nous concevons à présent et nous adorons les profonds conseils de votre sagesse dans le mystère de votre divine enfance; nous comprenons que vous venez nous sauver par le contraire de ce qui nous a perdus; faites-nous la grâce d'entrer de toute la plénitude de notre cœur dans ses desseins. Puisque vous vous êtes ravalé à un état si indigne de votre majesté suprême pour guérir notre orgueil, faites que nous le détestions sincèrement et l'ayons en abomination, que nous mettions dorénavant notre gloire dans les opprobres, notre ambition, a embrasser ce qu'il y a de plus vil et de plus méprisé; que toute notre vie porte les caractères de votre humilité. Faut-il que nous soyons toujours malades après que le médecin est venu? Puisque vous vous dépouillez de vos grandeurs pour vous revêtir de mes misères, faites que je renonce parfaitement à moi-même, et que j'étouffe cette inclination corrompue qui me porte à m'élever et à chercher de la distinction. Que votre esprit adorable opère en mon cœur la ressemblance de ce mystère; que la grâce qui en émane se répande sur toutes les actions de ma vie; qu'il reçoive toutes vos vérités saintes avec docilité, et les pratique avec fidélité; car ce ne sont point ceux qui écoutent votre loi qui sont justes à vos yeux, mais ceux qui la gardent religieusement. Pour cet effet gravez-la dans nos entrailles en caractères d'amour, afin qu'elle soit notre joie et nos délices. Vous êtes venu établir le règne de votre amour sur la terre, arrachez-en la cupidité qui en est l'ennemie. Comment reconnaître l'amour excessif que vous faites éclater en vous rendant fils de l'homme, et notre petit frère? Miséricorde infinie, achevez votre ouvrage; donnez-nous cette reconnaissance; faites-nous adorer sans cesse ces bassesses sous lesquelles vous n'éclipsez votre grandeur que pour faire mieux connaître votre amour. Ôtez-nous l'esprit de crainte et de servitude; donnez-nous celui d'adoption, qui nous fasse crier: Mon père, mon père! lui obéir avec ardeur, chérir tendrement nos frères, aspirer aux biens qu'il nous a promis, et regarder ceux que nous avons déjà reçus comme des gages et des arrhes de ceux qu'il nous réserve dans la gloire."[114]

On nous pourrait reprocher d'avoir élu un texte en fonction de nos nécessité, en en augmentant l'emphase par la citation complète, si le *corpus* antérieur ne l'encadrait dans une réciprocité idéologique confirmée.

On voit comment l'évocation, au passage, mais aussi au début, de l'autruche, renvoie, dans l'ensemble du texte, au contexte de la naissance, de l'enfance du Jésus humain comme rédempteur, le second point du sermon exprimant plus clairement, dès le début de son second paragraphe, le lien entre les mystères de la naissance et de la Passion, et, consécutivement, reprenant l'opposition entre la Vierge et la Sinagogue-autruche du début du sermon, dès le début du troisième paragraphe, l'opposition entre l'ancienne et la nouvelle alliance, l'ensemble du discours focalisé sur la question de la rédemption de l'orgueil humain, depuis Adam (traité dès le début du premier point), par Jésus, comme contrepartie et salvation.

En outre, toute personne éduquée dans la foi catholique saura reconnaître en cette démonstration, et la superposition des deux épiphanies, l'une préfigurant l'autre, la naissance marquant, en puissance, l'entrée dans la Nouvelle Alliance, un discours commun, habituel, sans plus grande complexité investigative.

"V. I. Qui me procurera le bien de vous voir comme mon frère, suçant les mammelles de ma mère?

---

[114] Edme-Bernard Bourée, dans Jacques-Paul Migne, *Collection intégrale et universelle des orateurs sacrés du premier et du second ordre... et Collection intégrale ou choisie de la plupart des orateurs du troisième ordre... publiée selon l'ordre chronologique*, Paris, Imprimerie catholique, 1854, T. XXXIX, pp. 1154-1165. Repris de Bourée, *Sermons sur tous les mystères de Notre Seigneur Jésus-Christ et de la Très-Sainte Vierge*, Lyon, Léonard Plaignard, 1703, T. I, pp. 238-275. Faisons ici une parenthèse, pour noter que la démonstration du Père Bourée a deux faiblesses, propres d'ailleurs du discours théologique: tout d'abord il assume qu'un sens abscons, incompréhensible, des dogmes de la Foi prouve l'existence de Dieu, mais encore faudrait-il, pour que cette opinion, ingénieuse sans doute, soit certaine, que l'on nous démontre que les religions ne s'ingénient pas à être obscures précisément pour se rendre incompréhensibles au commun des mortels, créant ainsi, de fait, non obligatoirement de droit, une rupture entre l'ordre social général et celui de la religion (ne pensez pas, car nous ne pouvez pas penser, savoir, comprendre); c'est le principe ésotérique de toute religion et de tout temps; la seconde réflexion est l'insistance sur la salvation par le Christ, cependant niée par la constatation, juste celle-ci, que cette supposée salvation n'a absolument rien changé, faisant ainsi de la preuve de la démonstration un faux *a priori*. Tout ceci en outre du fait que, comme toujours, dans cette abondante littérature religieuse (voir notre travail intitulé: "*Existencia de Dios*"), l'on nous explique longuement qu'il n'y a rien à comprendre; s'il en est réellement ainsi, nous assumons que, comme dans nos Sciences Humaines (Umberto Eco, Roland Barthes, Daniel Arasse, etc., voir à ce sujet nos travaux "*Les rois nus*", introduction à notre ouvrage *Iconologia*, 2001, et notre thèse *Roland Barthes et la théorie esthétique*, publiée la même année), l'on pourrait s'être économiser beaucoup de pages.

L'Epouse continuant de parler de son zéle pour le salut & l'avancement des Fidelles dont elle s'estoit expliquée dans les derniers versets du Chapitre précédent; dés le commencement mencement de celuy-cy s'adresse à son Epoux avec une maniére de transport, dans lequel elle souhaite le bien de le voir ou de le posséder comme son frére. Il semble d'abord qu'elle demande l'accomplissemenc du mystére de l'Incarnation, par lequel le Fils de Dieu se faisant homme comme nous, est devenu nostre frére: Mais ce qui fuit donne toute une autre idée. Ce n'est pas que Théodoret n'ait tasché d'expliquer ces paroles de Jesus-christ, qui auroit suçé les mammelles de la grace, ce que fçavant Interpréte prend icy pour la mére de l'Epouse: & cela lors qu'il a reçu le batesme, pour nous donner simplement l'exemple & pour nous découvrir les mystéres de nostre batesme. Ce qui me paroist trop forcé & ne s'accorde pas bien, ce me semble, avec le verset suivant: outre qu'il n'y a pas d'apparence de donner icy aux mammelles une signification différente de celle que nous leur avons donnée dans tous les endroits de ce Cantique, où il en est parlé. Ainsi demeurant dans l'idée que j'ay marquée en expliquant les derniers versets du Chapitre précédent, dont celuy-cy est une suite, j'aime mieux supposer que l'Epouse parle en la personne des Saints du peuple Juif, soit des Apostres & des premiers Disciples qui estoient originaires de ce peuple, ou mesme en la personne des Patriarches & des Prophétes avant la venue de Jesus Christ. Et dans cette veuë je diray qu'elle souhaite voir le peuple Gentil converti à Jesus-Christ, & écoutant les instructions de son Eglise qui a toujours subsisté dans le peuple Juif. Or tout autant que les Gentils ont reçu la vérité de l'Evangile, ils ont sucé les mammelles de cette Mére commune de tous les justes; & l'on ne peut pas douter que l'Epouse dans la personne de ces grands Saints qui estoient enfans d'Abraham selon la chair & selon l'esprit, n'ait toujours désiré tres-ardemment que Jesus-Christ dans ses membres qu'il devoit retirer des ténébres de la Gentilité pour les réunir à son Corps mystique, suçaft les mammelles, c'est-à-dire reçust les instructions de l'Eglise. Et parce qu'elle parle en la personne de l'Eglise; elle ne dit pas, mes mammelles, mais, les mammelles de ma mére, chacun de ces Saints reconnoissant pour fa mére, l'Eglise qui est la Jérusalem d'en-haut. Nous avons déja remarqué une semblable maniére de s'expliquer en d'autres endroits de ce Cantique."[115]

"Derniere scène qui représente toutes les précédentes, & qui fait la conclusion de cette Pastorale & de ce divin Epthalame.
L'EGLISE.
V. I. O Verbe éternel, qui êtes dans le sein de votre Pere, qui me donnera cette consolation de vous voir fait homme pour l'amour de moi, devenu participant de ma nature, en sorte que vous soyez apellé véritablement mon frere, fuçant les mammelles de ma mere! Que je vous trouve dehors, sorti du sein de votre Pere, & fur celui de Marie votre Mere! Que je vous voie & vous possède à découvert dans votre Sainte Humanité! Que je puisse vous donner un baiser! Que personne.ne me méprise plus, comme on fesoit la Synagogue ma Mere, assujétie aux observances Légales, n'ayant que des ombres & des figures & non pas la Vérité; chargée encore de l'oprobre de la stérilité."[116]

"L'original porte, que n'étes vous comme mon Frere; le mot, "ceac", fignifie, "ut fratrem", l'Epouse, selon l'explication judicieufe d'un Interprete, ne voudroit pas que celuy qu'elle fouhaite fût fon frere, cela l'empefcheroit de l'Efpoufer; mais comme fon Frere; c'eft à dire, qu'on le crût tel, encore qu'il ne le Fût pas, afin que ceux qui par hazard pourroienr eftre témoins de fes tranfports, ne peuffent pas mal juger d'elle, ny la méprifer comme une fille fans retenuë.
Selon l'ufage ancien les Confins Germains, & les Coufines Germaines, s'appelloient Freres & Sœurs, non feulement chez les Hebreux, mais encore chez les Grecs & chez les Romains.
Il eft à remarquer, que les perfonnes prevenuës de quelque grande pafiion, parlent fouvent en elles-mefmes, & quelque fois tout haut, quoique pas un ne les écoute, elles adreffent leurs difcours aux abfents;' d'autres fois elles interrogent les affiftans, puis, tout à coup, fans attendre leurs reponfes, parce qu'une autre penfée les emporte, elles s'en vont d'un autre cofté.
En voicy l'exemple: . Que n'êtes-vous mon Frere, ou comme mon Frere? afin que je vous puiffe careffer fans honte: après ce vœu & ce fouhait, fans écouter de repartie, elle fait cette reflexion en elle-mefme tranfportée de fa paffion, Sa main gauche feroit fous ma tefte, & il m'embrafferoit de fa droite, l'Epoufe ainfi partagée à la pudeur de fon fexe, & les fentimens de fon amour, quoique legitime, comme fi elle en avait trop avoüé, fe retire brufquement, puis fe voyant hors de toute apprehenfion d'eftre entenduë elle remet abfolument fon Ame à l'efpoir de fon mariage, qu'elle anticipe par fes penfées & par fes defirs.
Ce n'eft pas, qu'on ne puiffe dire auffi; qu'elle demandoit du fecours a fon Frere, lorfqu'elle dit, Laeva ejus fub capite me, &c. & on ne trouveroit point mauvais qu'un Frere rendit le bon office fa Sœur.
Qui me donnera mon Frere, dit l'Epoufe Sacrée, fuçant les mammelles de ma Mere? Qui vous le donnera, fainte Amante de Jessus? ce fera celuy-là mefme qui pour recompenfer voftre amour fe donne luy-mefme à vous, attiré par la priere d'un cœur humble & pur.
Ce fera la perfeverance dans le bien qui vous donnera ce cher frere & ce divin Amant, puifque la couronne ne doit eftre donnée qu'à celuy qui aura fidèlement combattu jufqu'à la mort.
Il faut dit Saint Cyprien, que nous perfeverions toûjours 'a marcher dans le chemin étroit de la gloire. Nous fommes encore dans le fiecle, nous fommes encore fous les armes & .nous combattons tous les jours pour la gloire de noftre vie fpirituelle, & pour meriter la poffeffon d'un Royaume éternel, il faut travailler à mettre un jour la derniere main à ce grand ouvrage qui n'eft qu'ébauché. C'eft peu d'avoir acquis quelque chofe, fi l'on ne conferve ce qu'on a acquis; comme ce n'eft pas la foy & la regeneration receuë, mais conferve, qui donne la vie à l'Ame: car selon les paroles du Sauveur, Quiconque regarde derriere foy après avoir mis la main à la charruë, n'eft point propre pour le Royaume de Dieu."[117]

"V. I. L'EPOUSE.
Qui vous donnera à moy, mon frere, fuçant les mammelles de ma mere? que je vous trouve dehors, & que je vous donne un baiser, & qu'à l'avenir personne ne me méprise.
EXPLICATION.
Quand pour combler mes vœux viendra cet heureux jour,

---

[115] *Explication du Cantique des cantiques: tirée des Saints Pères et des auteurs ecclésiastiques, Par D.M.B.S.*, Paris, Chez Guillaume Desprez, 1689, pp. 240-243.
[116] *Explication du Cantique des cantiques, de la prophétie de Joel, &c., par mm. les abés Duguet & d'Asfeld*, Paris, Chez Babuty, 1754, p. 98.
[117] *Le Cantique des Cantiques traduit en François: avec une explication du sens et spirituel. Tiré des Saints Peres, & des auteurs ecclesiastiques. Divise' en deux parties*, Lyon, Chez Benoist Bailli, 1689, pp. 297-300.

Où fera pleinement satisfait mon amour, Et quand pourrai-je enfin vous posséder, mon frère,
Qui goûtez tous les biens au sein de vôtre Père.
C'est lorsque je verray la sainte Humanité
De mon Fils dans l'éclat de fa divinité;
Ce fera dans le Ciel que je pourray moy-même,
Jouir à découvert de fa beauté suprême,
Heureuse en cet état dans ce charmant Palais,
Où régneront toujours & la gloire & la paix."[118]

8. Conclusion

Le tableau de Piero della Francesca reproduit une iconographie, à son tour basée sur une pratique rituelle, diffusée au bas Moyen Âge, non seulement en Italie, mais en France et dans les mondes orthodoxe et musulman[119].

L'usage de l'oeuf d'autruche comme lampe, que l'on retrouve clairement dans la à peine postérieure *Conversation Sacrée* de Bellini, renvoie à la structure du discours théologique de la rédemption, dont rend compte le mythe autour de l'autruche, qui oublie ses oeufs, mais, réveillée par l'"*étoile lumineuse (symbole de celle de Mages)*", elle revient dans la rectitude du droit chemin. C'est, selon les théologiens, ce processus que nous propose et présente la naissance du Christ, comme l'exprime longuement le sermon du Père Bourée, en même temps que la couleur rouge associée souvent à l'oeuf d'autruche annonce la Nouvelle Alliance et la rédemption, les deux étant, au fond, étroitement liées ("*«Les œufs de Pâques avaient donc pour but de rappeler à ceux auxquels ils étaient offerts, que comme Marc-Aurèle, ils étaient appelés à régner, et que dès lors ils devaient s'y préparer.».../... ainsi le Christ, par son propre sang, brisa la pierre du tombeau*").

La configuration du tableau, par les Saints - qui, tous, renvoient au Christ comme figure centrale, dans sa Passion (vécue par Saint Jean l'Évangéliste, imitée par Saint François), fondatrice de son Église (Saint Pierre, Saint Jérôme), comme dans son Annonciation (Saint Jean l'Évangéliste, Saint Bernardin de Sienne) - qu'elle présente, dénonce cette structure immanente de la représentation de la Vierge à l'enfant, l'une comme contenant du divin enfant (ce qu'indique la coquille gigantesque, conformément à l'interprétation de Marinesco Constantin [1958]), l'autre, celui-ci, comme futur Sauveur de l'humanité. Il n'est, ainsi, nullement indifférent que le petit enfant porte au cou une croix rouge.

Les interprétations les plus proches de la résolution du problème de l'oeuvre de Piero della Francesca, comme celle de Bock, qui part de Durantis comme source littéraire unique, manque doublement le but, d'abord parce qu'elles n'envisagent pas vraiment (bien que Bock le fasse d'un point de vue iconographique) l'existence d'un *corpus* réel, ensuite parce que, suivant, pour cela même sans doute, la ligne évidente d'une référence hors de son contexte, elles abordent la question depuis la perspective de l'autruche comme animal oublieux, perdant de vue que la récurrence du motif, aussi bien dans le rituel que dans l'iconographie, en particulier sainte, et, encore plus, de la *Vierge à l'enfant*, ne permettrait pas (c'est, encore une fois, la question du modèle panofskien des raisons littéraires et idéologiques de l'identification entre Judith ou Salomé, encore, incompréhensiblement, méconnu à notre époque, presque un siècle après avoir été parfaitement clairement exposé par le Maître) l'association d'un symbole négatif avec la plus grande et sainte représentation de la théologie chrétienne (catholique). Cela implique, par la voie de ces deux déviations, dans les rares exemples de proximité réelles, au-delà des habituelles interprétations totalement ahistoriques, qui ne coûtent rien, bien sûr, de l'oeuvre comme métaphore mathématique et perspective ("*l'oeuf* (supposément) *sans ombre*"[120]), ou alchimique, ou n'importe quoi d'autre, à vrai dire, que les interprétations,

---
[118] *Explication en vers du cantique des cantiques de Salomon, à l'honneur de la Très Sainte Vierge Marie, Mère de Dieu, l'épouse de ce sacré cantique*, Paris, Chez la Veuve de Raymond Mazieres, 1717, p. 128.
[119] Outre les citations antérieures, voir Bock, fig. 9: "*Choir of the Monastery of St. Antony at the Red Sea with three mounted ostrich eggs*" et fig. 10: "*The Prophet Muhammad and Ali in a mosque, decorated with mosque lamps and decorated hanging ornaments (ostrich eggs); Siyer-i Nebi, cira 1595; Istanbul, Topkapi Saryi Müzesi Library (inv. no. H 1223, fol. 62a)*", pp. 18-19.
[120] http://www.solidariteetprogres.org/documents-de-fond-7/culture/article/l-oeuf-sans-ombre-de-piero-della-francesca.html

comme les deux parallèles, qui, par une asymétrie infime en un point en arrivent finalement à se séparer démesurement (pour utiliser, à notre tour, une représentation géométrique) de la réalité de l'oeuvre, donc de son sens, en l'inversant (comme nous l'avons vu souvent, à propos de nos travaux antérieurs sur Adolph Loos, Malevitch, Münch, *La Dame à la Licorne*, Géricault, etc., voire sur des symboles sociaux comme le rire ou l'inceste).

Ainsi, lorsque Bock, se contentant de l'explication du caractère oublieux de l'autruche, en déduit un sens négatif d'un *corpus*, cependant, de toute évidence hagiographique par excellence, il manque un pas méthodologique et théorique d'analyse irremplaçable.

Notre apport en ce sens, outre d'avoir démontré, comme nous venons de le dire, contre l'ensemble des auteurs antérieurs, que l'oeuvre de Piero della Francesca, avec son motif de l'oeuf pendu, s'intègrent à un ample et bien établi *corpus*, rituel et iconographique, et que son sens théologique n'en est pas moins abondamment transcrit et reproduit par les auteurs et la pensée de l'époque: il s'agit, simplement, si l'on peut, de la question de la Nouvelle Alliance en puissance, par deux voies: la naissance, préfiguration de la Passion (Noël-Pâques, et l'oeuf rouge des Chrétiens médiévaux, ou roux des Celtes); et la Vierge comme (depuis l'*Hymne Akhathiste*) contenant de la divinité de Jésus. De là à la fois la figure de l'oeuf, certes originellement du monde, nous en informe la mythologie comparée, mais dans le cadre réduit de la théologie chrétienne, celui de la Vierge, inviolée (la perle dans la coquille évoquée par Constantin, se doublant ici le symbole de contention par la coquille vénusienne et l'oeuf pendu ["*que l'autruche pendait un œuf où le petit serait resté éternellement emprisonné, si la mère n'était venue en briser la coquille avec du sang délayé dans du miel*"] - éléments, nous l'avons vu, aussi bien au travers de Constantin que par nos propres citations, que l'on retrouve dans le monde orthodoxe -), et la présence de la Croix rouge (qui reprend donc l'association de la couleur commune originelle des oeufs de Pâques) au cou de l'enfant Jésus.

Comme le disent les textes, et le confirment les livres d'emblèmes, et *Le Bestiaire du Christ*:

"*6. Une Autruche qui couve fes oeufs en fouflant deffus, & les regardant. Diverfâ virtute valet. Sa vertu ne reffemble point à celle des autres.*
7. Une Autruche qui avale un fer à Cheval. Virtus duriffima coquit. La vertu digere ce qui eft le plus fâcheux."[121]

"*Autruche eftendant fes aißes & belles plumes, faict une grande montre de voler: ce neantmoins ne s'enleve point de terre. Et en ce, fait comme les hypocrites, lefquels par externe aparence, reprefentent grande fainteté, & religion: puis c'eft tout, & n'y a que la montre: car en dedans, tout eft au contraire.*
L'Autruche felon Iove peut fervir à d'autres Vifes, & interpretations: car fi le vol en eft tardif le marcher en eft plus prompt, & fi fes oeufs font couvés avec les yeux."[122]

"*Mais lorsque l'heure est venue pour les poussins de naître à l'air libre du désert, l'autruche prévenue par son étoile, revient à ses oeufs, les couve seulement d'un ardent regard, et, par ce moyen, les appelle à la vie...*"[123]

"*Marc Antoine Colone se servit encor d'vn foleil, vers lequel prend son vol le heron dit Ardea furpaffant les nues, Natura diolant feror. Ferrand F. d'Avalo Marquis de Pefcayre vn foleil affifté de la planette de Venus. Hac monftrante viam.*
De l'Autruche on en recire trois l'vne auec ce mot Duriffima coquit. Dure digestion que le fer.Vne autre. Curfu Praetervehor omneis. Car cet oyseau qui est fort lent au vol, est fort agile à la course: & la tierce devife, vn Pair d'Autruches couvant des yeux leurs propres œufs, Diverfa virtute valemus."[124]

Or:

"*Parmi les antiques déterrés dans la cathédrale de Paris, qu'on soupçonne d'avoir été construite sur les débris d'un temple d'Isis, il se trouve deux figures qui paroissent appartenir à la mythologie Phénicienne. L'une est celle d'un homme tenant un sceptre d'une main, & s'appuyant de l'autre sur la tête d'un cheval, animal honoré dans Tyr & dans Carthage, & qu'elles déployoient fur leurs drapeaux.*
L'autre est celle d'un dieu arme de la foudre, avec une autruche, emblême du Soleil."[125]

---

[121] Nicolas Verrien, *Recueil d'emblèmes, devises, médailles et figures hiéroglyphiques au nombre de plus de douze cent avec leurs explications*, Paris, Chez Claude Jombert, 1724, p. 20. Identiques emblèmes chez Daniel de La Feuille, *Devises et emblemes anciennes et modernes tirées de divers des plus célèbres auteurs, avec plusieurs autres nouvellement inventées et mises en latin, en français, ...*, Amsterdam, sans nom d'éditeur, 1693, p. 41.
[122] Claude Paradin, *Devises héroïques et emblèmes*, Paris, Chez Jean Millot, 1611, pp. 56-57.
[123] Louis Charbonneau-Lassay, *Le bestiaire du Christ: la mystérieuse emblématique de Jésus-Christ: 1157 figures gravées sur bois par l'auteur*, Paris, Archè, 1940, p. 474.
[124] Adrian d'Amboise, *Discours ou traité des devises*, Paris, Chez Rolet-Boutonné, 1620, p. 100.
[125] Pierre Laureau, Jean-Jacques Garnier, Paul François Velly, *Histoire de France avant Clovis*, Paris, Chez Nyon l'aîné, & fils, 1789, T. I, pp. 137-138.

L'autruche oublieuse revient dans l'"*intention droite*" selon le terme commun de la théologie chrétienne[126] par l'étoile des Rois Mages, faisant rentrer, historiquement, le croyant dans le pardon divin, comme le postérieur voyage à l'Hadès, dont il brisera les portes (selon l'iconographie byzantine et les *Évangiles apocryphes* qui nous en rapportent le récit) du héros divin.

L'oeuvre n'offre donc pas une image de l'infidélité, mais de la Rédemption, ce que confirme bien la présence d'oeufs pendants sur des oeuvres funéraires à caractère religieux, comme le, déjà cité, oeuf d'autruche avec armature en vermeil contenant des reliques des saintes Prisque et Walburge du XIVème siècle[127], la fresque au-dessus de la tombe d'Antonio dei Fissiraga à San Francesco in Lodi (après 1327), ou le reliquaire[128] repoussé en argent réalisé par Francesco di Antonio da Sesto de l'Église Saint Simon le Majeur de Zadar en Croatie (1377-1380)[129].

"La planche VI présente deux monuments d'usage pareillement funéraire, mais de forme variée et de matière différente, l'un et l'autre très rares, sinon uniques, chacun dans leur genre. L'un, n° 1, est une statue en pierre calcaire tendre, représentant une femme, avec une physionomie individuelle et un costume local, qui appartiennent certainement à la haute antiquité étrusque, et qui indiquent, dans la manière dont ils sont traités, un art tout à fait primitif. L'autre, n° 2, est une demi-figure, un bronze, vide à l'intérieur, de manière à avoir pu servir d'urne cinéraire. Le métal, réduit en lame assez mince, est travaillé au marteau; ce qui est un procédé connu, par l'histoire de l'art, comme ayant précédé l'invention de la fonte, et indiquant, d'accord avec le style, une œuvre primitive de la statuaire étrusque. Le buste est celui d'une femme nue, particularité extrêmement rare, avec des traits tout à fait individuels, qui indiquent l'intention d'exprimer un portrait, avec ses cheveux divisés en longues tresses, traitées de cette manière uniforme et minutieuse qui caractérise les productions d'un art primitif, et avec un riche collier, de la forme proprement étrusque, que nous connaissons maintenant par tant de monuments. Ce buste pose sur une sorte de support, qui constitue en lui-même un monument tout à fait particulier, et sans doute unique en son espèce. Il consiste en trois parties: l'une, pareille, pour la forme et la place, au col d'un vase, ornée d'un simple méandre; l'autre, qui a la forme d'une calotte hémisphérique, décorée, sur deux bandes superposées, de figures symboliques; et la troisième, qui est une plinthe carrée, ornée, sur ses quatre faces, d'animaux divers, d'ordre symbolique. Ceux qui figurent dans la bande supérieure de l'hémisphéroïde sont des sphinx, des lions, des griffons, toutes figures empruntées à la symbolique orientale. La représentation sculptée dans la zone inférieure est plus curieuse encore et tout aussi significative. Elle se compose de deux biges, dont chacun porte un personnage debout vêtu, qui pouvait être l'image du mort, εἴδωλον, conduit par un génie funèbre; et, entre ces deux biges, dont on ne peut méconnaître ici, non plus que sur le vase peint de la pl. IV, n° 1, l'intention funéraire, est placé un sphinx femelle, qui est aussi une image symbolique, d'usage sépulcral, attesté par tant de monuments. Tout se réunit donc pour faire de cette espèce de canope en bronze, d'une forme si particulière, exécuté par le procédé du sphyré laton, un des monuments les plus singuliers de l'archéologie étrusque.
Les objets représentés sur la planche suivante, tous aussi appartenant à ce même tombeau de Vulci, ne sont ni moins rares ni moins curieux . que ceux dont il vient d'être rendu compte, comme preuves de ces influences orientales, toujours de plus en plus sensibles, à mesure que les monuments se rapprochent davantage de l'origine de la civilisation étrusque. Ces objets sont, en premier lieu, six grands œufs d'autruche, devenus, par les dessins qui y avaient été coloriés ou sculptés, des monuments d'art et de religion à la fois, qui ne s'étaient point encore rencontrés dans les tombeaux étrusques. L'un de ces œufs présente une suite d'animaux chimériques ailés, gravés au trait et coloriés en rouge et en bleu sur le fond blanc de la coquille; et le goût du dessin, aussi bien que la forme des animaux et l'emploi des couleurs symboliques, fait de cet œuf d'autruche, ainsi décoré, un objet d'antiquité asiatique incontestable et de forme unique. Un autre de ces œufs est sculpté de trèsbas relief, et la représentation placée sur la partie la plus renflée de la coquille entre deux roues d'ornement d'un goût tout à fait oriental, se compose pareillement de groupes d'animaux ailés, griffons et autres, en attitude de se combattre, qui expriment certainement ici, comme ailleurs, cette lutte des deux principes, sujet inépuisable des compositions de l'art asiatique. Un troisième, sculpté aussi de très-bas relief, avec une extrême délicatesse, offre une composition bien plus remarquable encore: c'est, à ce qu'il semble, le départ pour la guerre d'un chef paissant, représenté dans l'attitude de monter sur un char attelé de deux chevaux et guidé par un écuyer; deux guerriers à cheval précèdent ce char, qui est suivi d'un second bige, après lequel viennent encore deux cavaliers accompagnés d'un chien de chasse. Un arbuste, qui ressemble par sa forme à l'arbre mystique du Hom, représenté par tant de cylindres babyloniens, est sculpté dans le champ où se voient aussi, en haut et en bas, des rangs de petites pyramides, telles que celles qui figurent sur quelques autres monuments de la haute antiquité étrusque"; et, à de pareils traits, tous fournis ordinairement par l'archéologie asiatique, il est impossible de méconnaître un des emprunts faits à ce système d'art et de croyances par la civilisation étrusque. Ces œufs mêmes d'autruche, oiseau propre à l'Éthiopie, étaient certainement un objet d'un luxe étranger en Etrurie, qui ne pouvait y être apporté que par le commerce de l'Orient, et qui ne pouvait y être aussi qu'à la portée des riches. Les œufs déposés dans le tombeau de Vulci étaient percés, à leur extrémité supérieure, d'une ouverture qui avait un diamètre d'un demi pouce, et de trois petits trous, où passaient des cordons destinés à les suspendre. C'est encore ainsi que, dans l'Orient moderne, les œufs d'autruche sont employés à la décoration

---
[126]http://gilbert.col.free.fr/document.php?id=48
[127]Bock et Willemsen, p. 194.
[128]"*On voyait souvent rangés autour des grandes châsses des reliques de moindre importance et un grand nombre d'objets sanctifiés. Une liste complète des trésors qui entouraient le monument de Durham, dressée en 1383, a été retrouvée et publiée récemment. Au nombre de ces raretés figurent des « œufs de griffon ». Les œufs de griffon, qui ne sont en réalité que des œufs d'autruche, étaient fréquemment employés au moyen âge comme reliquaires, et suspendus en cette qualité autour des châsses. Rapportés en Europe par les croisés, ces objets y conservèrent le caractère mystérieux que leur attribuaient les chrétiens d'Orient. On voit encore des œufs d'autruche dans certaines églises grecques. Il semble que l'Église d'Orient les eût adoptés comme un symbole de la sollicitude du Créateur envers la nature, conformément à cette étrange, mais poétique fable, d'après laquelle l'autruche fait éclore ses œufs en les regardant avec amour.*" ("Les sanctuaires de l'Angleterre", Revue Britannique ou choix d'articles traduits des meilleurs écrits périodiques de la Grande-Bretagne, Paris, 1872, T. X, pp. 322-323)
[129]Reproduits dans Bock, respectivement, Fig. 2 p. 5 et Fig. 3 p. 7.

des mosquées musulmanes; mais ce n'était pas comme un simple objet de décoration, ni même en guise de vase, comme on se servait aussi, dans l'antiquité, des œufs d'autruche, au témoignage de Pline (X, 1), et comme on s'en sert encore aujourd'hui dans le Levant, ce n'était pas, dis je, à ce double titre que ces œufs avaient été placés dans le tombeau de Vulci; c'était certainement par un motif religieux. Nous savons, en effet, que l'œuf d'autruche était un objet mystique pour les Égyptiens; et, dans la croyance des Parses, c'était de deux œufs d'autruche qu'étaient sortis les bons génies, créateurs d'Oromaze, et les mauvais, créateurs d'Ahriman". De là, la présence si fréquente de l'autruche sur les cylindres babyloniens, certainement avec une intention symbolique. Or, que les mêmes idées eussent pénétré chez les Étrusques, sans doute à l'époque de leur plus ancienne communication avec l'Asie, c'est ce qui résulte du fait même de ces six œufs d'autruche, ornés de travaux d'art délicats et dispendieux, déposés dans ce tombeau de Vulci, et de cette autre circonstance, signalée plusieurs fois déjà dans les mêmes sépultures étrusques, qu'à défaut de l'œuf même d'autruche, que les riches seuls pouvaient se procurer, les pauvres gens fabriquaient des œufs tout pareils, pour la forme et pour la dimension, en terre cuite, vides à l'intérieur, qui remplissaient le même objet dans ce système de contre-façon, appliqué au mobilier de la tombe, dont j'ai exposé ailleurs les preuves nombreuses et fait connaître les principales applications."[130]

La Conversation Sacrée de Piero della Francesca contient, en outre, en elle, par reproduction d'un *corpus* bien établi, iconographique, basé sur une pratique rituelle également abondamment documentée, les deux valeurs de condensation et contention[131] d'une part, et typologique d'annonce de la bonne nouvelle par la référence, en ce sens de condensation et contention (c'est-à-dire, au sens étymologique, apocalyptique [de Révélation[132]]), dès la Nativité de la Pâque, d'autre part.

---

[130] *Journal des Savants*, Octobre 1844, pp. 633-635. Phénomène d'utilisation funéraire de l'oeuf d'autruche attesté dès l'époque protohistorique: "*A mesure que l'on avance dans le temps, l'œuf d'autruche perd son rôle utilitaire au profit de fonctions funéraires. Durant l'époque protohistorique, l'emploi des œufs d'autruche n'est attesté que dans quelques tumulus ou bazinas. Son usage est plus répandu dans les tombes puniques.*
Si l'usage des rondelles se raréfie dans les temps puniques – on ne les trouve plus que dans quelques tombes d'enfants – les Carthaginois transformaient les œufs en coupes ou en récipients. La tradition nord-africaine de l'ornementation des coquilles entières se retrouve durant la période punique. Mais les rebords des œufs, généralement coupés au trois quarts de leur hauteur et souvent agrémentés de dentelures, interdisent de leur attribuer un usage domestique. Ce sont des objets destinés à accompagner le défunt dans sa sépulture. Les découvertes archéologiques confirment les assertions de Pline (X, 2) sur la peinture et la gravure de ces coquilles. A Gouraya en Algérie, en Espagne à Villaricos, à Ibiça dans les Baléares et à Vulci en Étrurie, on retrouve les mêmes documents. Certains œufs puniques sont ornés de dessins gravés à la pointe ou au ciseau: rosaces, rubans, lignes ondulées, chevrons, palmettes, motifs végétaux stylisés, damiers s'assortissent quelquefois de figurations humaines (Gouraya), et même animales (représentation d'autruche en particulier à Gouraya). L'utilisation de la coquille d'œuf d'autruche est aussi connue dans certaines tombes sumériennes de Mari, en Mésopotamie.
Plus tard, l'œuf d'autruche fut suspendu dans les mosquées ou les marabouts. Ce caractère à la fois propitiatoire et magique de l'œuf d'autruche se retrouve dans certaines pratiques observées chez les Peuls où le dernier œuf d'une couvée sert à confectionner des charmes destinés à conserver dans la famille la force, la fortune et la gloire.
Ainsi, l'œuf d'autruche dont les usages sont multiples durant les temps préhistoriques, devient au cours des temps historiques un objet essentiellement cultuel ; son usage utilitaire disparaît complètement." (H. Camps-Fabrer, "*Coquille d'œuf d'autruche*", Encyclopédie Berbère, 14: "Conseil - Danse", Aix-en-Provence, Edisud, 1994, pp. 2093-2100)
[131] En ce sens, il nous semble que Paul Klee utilise le même principe, cf. son dessin "*Canon de la totalité de la couleur*" extrait de *Paul Klee, La Pensée créatrice. Écrits sur l'art I*, textes recueillis et annotés par Spiller Jürg, trad. de Girard Sylvie, Paris, Dessain et Tolra, 1973, p. 488, reproduit Fig. 4 de Claude Frontisi, "Paul Klee mythographe", Art et mythe, Nanterre, Presses universitaires de Paris Ouest, pp. 13-29, dans sa question du "*point gris*", pour plus de précisions sur le sujet, voir notre ouvrage *Autour du "point gris" de Paul Klee*, 2015.
[132] "Emprunté au latin *apocalypsis* («révélation»), lui même emprunté au grec ancien ἀποκάλυψις, *apokálupsis* («action de découvrir»). Provenant du verbe grec καλύπτω, *kalúptō* («cacher»), précédé du préfixe de privation ἀπό, *apó*. Littéralement donc «[chose] dé-cachée», et donc par extension, «[chose] dévoilée aux hommes», «retrait du voile qui cachait la chose», «le voile est levé.*" (http://fr.wiktionary.org/wiki/apocalypse, citant Anatole Bailly, *Dictionnaire Grec-Français*, Paris, Hachette, 1901, p. 226, http://www.tabularium.be/bailly/)

Deuxième partie:
Théologisation et dichotomies dans la religion

IV - INTRODUCTION A L'ETUDE DES *TENTATIONS DE SAINT ANTOINE*

On peut dire que nous sommes entrés en histoire de l'art à travers l'étude des *Tentations de saint Antoine*, sur lesquelles nous avons fait notre maîtrise à l'Université de Paris X-Nanterre, en 1991, sous la direction de M. le Professeur Carol Heitz. Ce travail, qui s'était préparé dans les deux années antérieures, par des travaux ponctuels, dans le cadre des cours de M. le Professeur Jean-Pierre Suau, alors encore Maître de Conférences, a, bien sûr, tous les travers d'un premier travail. Nous nous étions alors attaché plus précisément à l'iconographie des *Tentations* par des figures féminines. Plus tard, nos investigations nous poussèrent vers d'autres champs. Cependant, ces premières recherches furent pour nous fondatrices, aussi bien par la méthode que nous y employions déjà (notamment l'étude comparatiste statistique de la récurrence des motifs) que par le thème choisi, qui laissait, nous nous en rendons compte aujourd'hui, présager des orientations que nous aurions par la suite.

A l'époque, *Le Serment des Horaces* se proposait de publier un article résumant notre recherche. Malheureusement, la revue avait disparu avant de pouvoir le faire. Ce n'est que quelques années plus tard que notre travail, sous une forme retravaillée, fut, enfin, publié par *La Revue de la Bibliothèque Nationale de France*.

Cette petite histoire n'aurait pas grand intérêt, sauf peut-être celui de rendre compte des difficultés que rencontre, malheureusement trop souvent, un jeune chercheur pour se faire publier, armé seulement de sa fraîche vigueur et ses espoirs.

Mais, si nous nous sommes permis de rappeler à nous ces souvenirs, c'est surtout pour expliquer la démarche qui régit la suite des articles sur la *Tentation de saint Antoine*. En effet, par nostalgie sans doute, mais aussi par souci de replacer les interprétations des articles sur Schongauer et des *Heures de Louis de Laval* dans leur genèse, nous avons cru bon de reproduire, auparavant, l'article prévu pour *Le Serment des Horaces* dans son intégralité, précédé de l'introduction qui, sur la demande de Mme Antoinette Fauve-Chamoux, ancienne rédactrice en chef de *La Revue de la BNF*, préfaçait nos deux études dans la version publiée. Nous y avons joint le tableau qui devait, dans *Le Serment des Horaces*, servir d'appendice à notre article.

Nous espérons que le lecteur nous excusera donc pour les nombreuses redites que cela implique, et que le chercheur comprendra notre démarche, qui correspond en fait à un souci de montrer, une fois n'est pas coutume, la genèse réelle d'un travail universitaire, genèse qui, bien qu'elle explique toujours les choix méthodologiques et idéologiques de l'auteur, est systématiquement, et soigneusement, cachée. Or, s'il est vrai que, comme le disait Borges, la grandeur d'un auteur est de faire oublier au lecteur sa technique, celle d'un scientifique devrait toujours être de la lui faire partager, surtout lorsqu'il s'agit, comme ici, de travaux d'interprétation, et de jeunesse.

Les *Tentations de saint Antoine* représentent, avec la franciscaine, l'iconographie la plus développée de la fin du Moyen Age[1]. Elle s'étale même plus longuement dans le temps, puisque son essor est continu du XIVème aux XVIème-XVIIème siècles, alors que l'apogée de celle de saint François d'Assise se situe au XIVème siècle, son acmé marquant aussi sa fin.

Malgré cela, les *Tentations* n'ont été que peu étudiées. On peut citer comme articles de référence "*L'épisode de la reine de Saba*" de 1936[2] et "*La Rencontre du roi Salomon et de la reine de Saba dans l'iconographie médiévale*" de 1949[3] d'André Chastel. L'ouvrage de base est sans contexte celui de 1981 de Frédérick Tristan, intitulé *Les Tentations de Jérôme Bosch à Salvador Dali*[4].

Les *Tentations* se divisent en deux périodes; la première, du XIVème au XVème siècles, voit se multiplier les *Tentations* par les démons; la seconde, du XVIème au XVIIème siècles, selon le schéma du

---

[1] Cf. Gaston Duchet-Suchaux et Michel Pastoureau, *La Bible et les saints - Guide iconographique*, Paris, Flammarion, 1990, art. "*Antoine le Grand*", pp. 33-34, et "*François d'Assise*", pp. 149 à 151.
[2] Cf. André Chastel, *Fables, Formes, Figures*, t. I, Paris, Flammarion, 1978, pp. 125 à 130.
[3] Chastel, "*La Rencontre du roi Salomon et de la reine de Saba dans l'iconographie médiévale*", *Gazette des Beaux-Arts*, Fév. 1949, pp. 99 à 114.
[4] Frédérick Tristan, *Les Tentations de Jérôme Bosch à Salvador Dali*, Paris, Balland/Massin, 1981.

naturalisme baroque qui refuse les représentations tératologiques[5], marque l'essor des *Tentations* par les femmes.

Il paraît donc intéressant d'étudier séparément ces deux formes bien distinctes d'iconographie; ce que nous allons nous proposer de faire dans les articles suivants, à partir de deux exemples précis[6].

Nous voudrions mettre les études suivantes sous le signe de deux citations, qui nous paraissent parfaitement correspondre à la problématique qu'engendre l'étude des *Tentations*.

La première est extraite de *La Quête d'Isis* de 1985 de Jurgis Baltrusaitis:

"Les perspectives dépravées procèdent par des aberrations donnant naissance à des légendes des formes et des anamorphoses jouant avec des apocryphes optiques. Le même mécanisme visionnaire produit aussi des contes fantastiques autour des contes imaginaires. C'est l'une de ces légendes d'un mythe que nous tentons ici de reconstruire à partir des textes et des témoignages authentiques recueillis autour d'un monde ancien parmi les plus ouverts à l'imagination et le plus obsédant"[7].

La seconde et non la moindre, qui met en évidence le rôle des *Tentations* en tant qu'individuation de celles du chrétien (saint Antoine est l'un des intercesseurs de l'*Ars*), en tant que "guide spirituel", termine l'article de 1990 de Christian Loubet, intitulé "*Les Tentations de saint Antoine selon Jérôme Bosch*":

"Bosch confirme son message dans son oeuvre ultime, le Portement de Croix (1516, Gand). Le pur visage du Christ aux yeux clos contraste avec les gueules grimaçantes des soulards. Mais Véronique (dans l'angle gauche) recueille l'effigie du Sauveur sur son linge, et là il ouvre les yeux vers nous, spectateurs, pour un dernier appel. Comme pour Véronique, c'est la foi qui justifie le chrétien et lui permet d'accéder à plus d'Etre, tandis que la corruption de ce monde l'entraîne au marchandage sans fin du désir et de la possession illusoire. Le "mythe" de saint Antoine, au fond, ne signifie pas autre chose, même si les interprétations ultérieures ont réduit sa portée en insistant sur l'ascèse sexuelle"[8].

---

[5] Gilbert Lascault, *Le monstre dans l'art occidental - Un problème esthétique*, Paris, Klincksieck, 1973, pp. 48ss.

[6] Il faut préciser que nous avons donné une approche plus générale des *Tentations* dans "*La Tentation de saint Antoine: un problème scolastique*", art. à paraître dans le n°7 de déc.-janv. 1992-1993 du *Serment des Horaces* et qui recoupe par certains points les articles suivants.

[7] Jurgis Baltrusaitis, *La Quête d'Isis*, Paris, Flammarion, 1985, p. 7.

[8] Christian Loubet, "*Genèse d'une oeuvre - Les Tentations de saint Antoine selon Jérôme Bosch*", p. 53 de *Notre Histoire*, n° 69, juil.-août 1990.

A. *LA TENTATION DE SAINT ANTOINE*: UN PROBLEME SCOLASTIQUE

La *Tentation*: une question de temps et d'espace

En cette fin de XXème siècle, et après deux siècles d'histoire de l'art, il est curieux de constater que les *Tentations de saint Antoine* n'ont pas été systématiquement étudiées, et ce bien qu'elles forment l'iconographie la plus développée de la fin du Moyen Age, après celle de saint François d'Assise[1]. En effet, mis à part l'ouvrage de Frédérick Tristan, sur *Les Tentations de Jérôme Bosch à Salvador Dali*, qui date de 1981[2], il n'y a que trois ouvrages, par ailleurs anciens, sur les *Tentations*[3].

Nous ne tenterons donc pas ici de combler cette absence d'étude globale des *Tentations*, mais plutôt de voir les implications sociales de ce type iconographique[4].

Partant, ce qui pose tout de suite un problème à l'historien, c'est bien sûr le nombre impressionnant des *Tentations* réalisées entre le XIVème et le XVIème siècles. L'étude montre qu'elles suivent dans leur développement, avec à peu près un siècle de retard, le schéma géographique de l'implantation des universités (schémas 1 et 2).

La première conclusion qui s'impose est donc que les *Tentations* seraient au centre d'une véritable rhétorique scolastique. D'ailleurs, la progression des *Tentations* suit celle de la Réforme en Allemagne et en Italie. Or, si l'on compare leur développement avec celui des grandes sociétés commerciales (les maisons Fugger en Allemagne et Médicis en Italie), on s'aperçoit que l'expansion économique favorisa aussi beaucoup leur progression à travers l'Europe.

Donc, contrairement à l'idée reçue, qui voudrait que les *Tentations* soient, comme l'art macabre, une réponse au choc causé par l'irruption soudaine de la peste noire en 1346[5] (hypothèse démentie par l'opposition flagrante entre la fulgurance de la "grande peste" de 1346-1352 et le développement sur trois siècles des *Tentations*), elles apparaissent plutôt comme le produit d'une société riche et cultivée, et surtout comme une réponse au débat sur les nouveaux courants religieux.

De fait, si certaines oeuvres, comme *Les Faits de la Vie de saint Antoine* de Bernard Parentino de la galerie Doria à Rome[6] (qui ne représente d'ailleurs pas une *Tentation*), peuvent rappeler la forme d'un *Dict des trois morts et des trois vifs* (sans aucune référence à la vie de saint Antoine relatée par saint Athanase dans la *Vita Antonii*, IVème siècle, ou Jacques de Voragine dans *La Légende dorée*, vers 1260), il apère quand même que le rapport entre l'art macabre et les *Tentations*, s'il doit être noté, n'est pas suffisant pour les expliquer.

On sait qu'à la mort de saint François d'Assise, et malgré la reconnaissance de ses Stigmates par la papauté, le franciscanisme fut considéré comme une hérésie par de nombreux représentants des Ordres traditionnels, et ce jusqu'au XVIIème siècle[7] (période où s'éteignirent les *Tentations*); c'est pourquoi les tenants de ces Ordres opposèrent l'exemple des Pères du désert à celui de saint François et de ses imitateurs, qu'ils considéraient comme de vulgaires mystificateurs[8]. Ce débat fut beaucoup plus important que l'on ne

---

[1] Cf. Gaston Duchet-Suchaux et Michel Pastoureau, *La Bible et les saints - Guide iconographique*, Paris, Flammarion, 1990, pp. 33-34 et 149 à 151.
[2] Frédérick Tristan, *Les Tentations de Jérôme Bosch à Salvador Dali*, Paris, Balland/Massin, 1981.
[3] Cf. Louis Réau, *Iconographie de l'Art chrétien*,, Paris, PUF, 1958, t. III, pp. 114-115; il est bien entendu toutefois que l'on ne compte pas ici les publications d'ordre général, ni celles qui se réduisent à de courts articles.
[4] En essayant de rester fidèle à la vision de l'Histoire de l'Art qu'avait Erwin Panofsky qui dans ses *Essais d'iconologie*, Oxford University Press, 1939, p. 29, écrivait de l'oeuvre d'art qu'elle est l'aboutissement des *"tendances politiques, poétiques, religieuses, philosophiques et sociales de la personnalité, l'époque ou le pays à l'étude"*.
[5] Cf. par ex. Christian Loubet, "Genèse d'une oeuvre - Les Tentations de saint Antoine selon Jérôme Bosch", pp. 48 à 53 de *Notre Histoire*, n° 69, juil.-août 1990; et Tristan, chap. 12, pp. 86ss.
[6] Fig. 110 du catalogue de l'ouvrage de Tristan.
[7] Cf. André Vauchez, "Les stigmates de saint François et leurs détracteurs dans les derniers siècles du Moyen Age", pp. 595 à 625 des *Mélanges d'Archéologie et d'Histoire* de l'Ecole Française de Rome, t. LXXX, 2, Paris, E. de Boccard, 1968.
[8] *Ibidem*, pp. 614ss.

peut se l'imaginer aujourd'hui; le meilleur exemple en sont peut-être les textes du célèbre mystique allemand Heinrich Suso[9].

Il est donc important de relever que l'iconographie antonite se développa à partir de l'Italie[10], pays d'origine de la franciscaine[11], où celle-ci resta cantonnée[12]; de plus, l'iconographie antonite prit naissance au XIVème siècle, quand la franciscaine disparut, et se développa uniquement dans les pays où le débat sur les Stigmates fut largement répandu; en effet, dans les pays qui intégrèrent tout de suite le culte de saint François (comme l'Espagne) ou le rejetèrent directement (comme l'Angleterre)[13], l'iconographie antonite est quasiment inexistante.

Saint François d'Assise, père d'Antoine
La belle *Tentation* des *Heures de Louis de Laval*, délaissée par l'histoire de l'art, montre bien que l'immixtion d'Antoine dans une iconographie d'origine franciscaine a pour but de "phagocyter" le mythe de saint François.

Il faut en effet se demander pourquoi le saint est représenté dans une cheminée. Certes, à la fin du Moyen Age, on croyait qu'Antoine guérissait le mal des ardents, forme d'ergotisme due aux céréales, aussi appelée *feu sacré* car elle provoquait des brûlures aux pieds et aux mains[14]; comme elle était très répandue et que les pouvoirs prophylactiques d'Antoine contre elle semblaient avérés, elle porta même le nom de *feu de saint Antoine*, et de nombreuses statues, sortes d'ex-voto collectifs, représentèrent le saint les pieds ou les mains en feu[15]. Cependant, cette explication n'est pas suffisante, car dans les *Heures*, Antoine a non seulement les pieds en flammes, mais son corps tout entier est dans la cheminée.

Frédérick Tristan pense que l'âtre de la *Tentation* des *Heures* est "*la maison du Père, réchauffée par le feu de l'Esprit*"[16]. En effet, au chapitre 5 de la *Vita*, seul passage où le saint se trouve confronté à une femme[17], il est dit qu'Antoine, pour parer aux propositions séduisantes du démon de la fornication: "*mettant le Christ en son coeur, méditant sur la noblesse qui vient de lui, sur la spiritualité de l'âme, éteignait le tison de la tromperie du démon. (...)* (Qu'il) *se mettait dans le coeur la menace du feu et le tourment du ver* (le Christ)"[18]. Ainsi, l'enluminure semblerait correspondre de façon emblématique à la description de saint Athanase. L'iconographie ne nous a-t-elle pas appris à considérer le jet de flammes, contenu ou non dans un récipient, comme le "*feu céleste*" de l'*Amor Dei*[19]?

Mais en fait, c'est dans le chapitre 23 des *Fioretti*, compilées entre la fin du XIIIème et le début du

---

[9] Henri Suso, *OEuvres complètes*, Paris, Seuil, 1977, pp. 233 à 236.

[10] Comme le montre le tableau ci-joint, la France a déjà, à la même époque, une production importante, seulement, il faut bien se rendre compte que, d'une part, la plupart de ces oeuvres françaises ne sont pas des *Tentations*, mais des images (ou des sculptures) représentant saint Antoine seul - ou avec son cochon - (cf. par ex. Henry Chaumartin, *Le compagnon de saint Antoine - Etude sur le symbolisme du cochon, attribut caractéristique du saint*, Paris, Aesculape, sans date, et Roland Villeneuve, *La beauté du diable*, Paris, Berger-Levrault, 1983, pp. 91ss.), et que, d'autre part, la France reste un cas à part, puisque, comme on le sait, si le mythe d'Antoine fascina longtemps, et ce dès le IVème siècle, les chrétiens d'Occident à cause de la fascination qu'exerçait sur eux l'Orient chrétien, le culte d'Antoine prit naissance avec le transport de ses reliques à Saint-Antoine-en-Viennois, au XIème siècle, cf. Réau, pp. 102ss., et Tristan, pp. 7 à 20ss.

[11] Sur l'iconographie franciscaine, cf. l'excellent corpus de Maurice Vandalle, *Saint François d'Assise et ses interprètes dans l'art - Recherches d'(sur l')Iconographie franciscaine*, Paris, éd. de la France Franciscaine, 1927; et sur son développement à travers les siècles, cf. Henri Focillon, *Moyen Age - Etudes d'Art et d'Histoire*, Montréal, Bernard Valiquette, 1945, chap. VII, pp. 133 à 152.

[12] Cf. Vandalle et Focillon, *ibidem*.

[13] Cf. Vauchez, pp. 604ss.

[14] Réau, pp. 101-102.

[15] Cf. Chaumartin, pp. 2ss.

[16] Tristan, p. 93.

[17] L'iconographie des *Tentations* féminines a trouvé son origine dans cet épisode et celui des *Vitae Patrum* où Antoine surprend une reine démoniaque au bain qui l'invite dans son château cf. André Chastel, *Fables, Formes, Figures*, t. I, Paris, Flammarion, 1978, pp. 128 à 130, et "*La Rencontre du roi Salomon et de la reine de Saba dans l'iconographie médiévale*", *Gazette des Beaux-Arts*, Fév. 1949, pp. 99 à 114.

[18] Athanase, *Antoine le Grand père des moines*, Paris, Cerf, 1989, p. 12.

[19] Surtout vis-à-vis de celle de la Charité, cf. catalogue d'expo. sur *L'allégorie dans la peinture - la représentation de la charité au XVIIème siècle* sous la dir. d'Alain Tapié, musée des beaux-arts de Caen, 1986, pp. 18ss. et 123 (par ex.).

XIVème siècles (les dates ne sont pas sûres)[20], qu'il faut chercher l'origine de cette *Tentation*.

Dans ce chapitre, le Sultan, converti par saint François, lui permet d'aller colporter le message évangélique dans tout son royaume:

"Ayant donc reçu cette généreuse permission, saint François envoya deux à deux les compagnons qu'il avait choisis, dans les diverses régions des Sarrazins pour y prêcher la foi du Christ; et avec l'un d'eux il choisit un pays, et quand il y arriva il entra dans une auberge pour se reposer. Or il y avait là une femme très belle de corps mais d'une âme sordide, et cette femme maudite incita saint François à pécher. Saint François lui dit: "J'accepte, allons au lit"; et elle le mena dans sa chambre. Saint François dit: "Viens avec moi, je te mènerai à un lit beaucoup plus beau." Et il l'amena à un très grand feu qui se faisait dans cette maison; et en ferveur d'esprit il se dépouilla tout nu et se jeta à côté de ce feu sur le foyer embrasé; et il invita cette femme à se dépouiller et à aller s'étendre avec lui sur ce beau lit de plume. Et comme il demeura longtemps ainsi, le visage joyeux, ne brûlant pas, ne noircissant nullement, cette femme, épouvantée par ce miracle et touchée de componction dans son coeur non seulement se repentit de son péché et de son intention perverse, mais se convertit même parfaitement à la foi du Christ, et devint d'une telle sainteté que par elle beaucoup d'âmes se sauvèrent dans ce pays"[21].

Les tentatrices et Pandore, sorcières et sorcellerie

La *Tentation* des *Heures* révèle une thématique importante de l'iconographie antonite; il s'agit de celle de la conversion ou de la femme (la tentatrice), principale bénéficiaire des miracles d'Antoine dans la *Vita*, miracles qui amènent Tristan à conclure au féminisme du saint et à identifier les tentatrices à des succubes[22]. Cependant, nous donnerions un autre sens à ces miracles; en effet, les tentatrices ne sont ni des femmes ni des succubes (ceux-ci ne sont jamais figurés sous forme humaine), mais des *représentations* (certaines sont les déesses du Jugement de Pâris, les trois Grâces, d'autres les Parques, des sorcières, une *Eva Pandora* ouvrant sa boîte[23],...).

De nombreuses tentatrices sont coiffées de bois de cerf ou d'un croissant de lune; or, à la fin du Moyen Age et à la Renaissance, les bois de cerf étaient les "attributs" des sorcières[24] et des satyres[25], personnages du sabbat[26], et le croissant de lune celui de Diane[27], qui, sous la forme d'Hécate, présidait le sabbat; de plus, les *Tentations* féminines se multiplient à partir du XVIème siècle[28], quand la sorcellerie devient un phénomène de société (les *Tentations* démoniaques disparaissant peu à peu[29]).

D'autre part, beaucoup de tentatrices tiennent à la main un hanap, comme Pandore la pyxis[30] ou la Prostituée de l'*Apocalypse* le vase. La multiplication des tentatrices au hanap se base d'ailleurs sur un amusant jeu de circonstances économiques; l'orfèvrerie se développant aux XVème-XVIème siècles en France, en Allemagne et en Flandres, la vaisselle de table devint une marque de richesse[31] et de goût, les

---

[20] Cf. les *Fioretti de saint François* suivi de *Considérations sur les Stigmates*, Paris, Seuil et éd. franciscaines, 1962, intro., pp. 7 à 11.

[21] *Fioretti, ibidem*, pp. 68-69. L'enlumineur semblerait donc avoir amalgamé le thème franciscain et l'épisode des fameuses *Vitae Patrum*, compilées au Vème par Jean Cassien (cf. Suso, notes pp. 233 à 236), dans lesquelles Antoine est conduit par la reine démoniaque (cf. Chastel, *Fables, Formes, Figures*, pp. 128 à 130) jusqu'à son somptueux château où elle lui propose de partager ses richesses (tentation d'*Avaricia*) s'ils se marient (tentations de *Luxuria* et d'Infidélité). Comme il refuse, les habitants du palais se transforment en démons et le battent à mort.

[22] Tristan, p. 49.

[23] Cf. *ibidem*, chap. 1, 2, 7, 13 et 14; et Villeneuve, pp. 108 à 118.

[24] Cf. par ex. Carlo Ginzburg, *Le sabbat des sorcières*, Paris, Gallimard, 1992, pp. 181ss.

[25] *Les sorcières*, Paris, BN, 1973, pp. 14-15ss.

[26] Cf. Chastel, *Fables, Formes, Figures*, p. 128ss.

[27] Et par suite des sorcières, cf. Villeneuve, p. 192. On le retrouve ainsi significativement attribué à la reine aux pouvoirs magiques de *Blanche Neige et les Sept Nains* de 1937 réalisé par William Cottrell, David D. Hand, Wilfred Jackson, Larry Morey, Perce Pearce et Ben Sharpsteen, pour les studios Walt Disney, elle-même tentatrice en tant que donatrice de présents maléfiques.

[28] Cf. Réau, pp. 107 et 109-110.

[29] Gilbert Lascault, *Le monstre dans l'art occidental - un problème esthétique*, Paris, Klincksieck, 1973, chap. II, pp. 43 à 58, montre comment le baroque, à cause de son naturalisme, va refuser la représentation du monstre; il cite l'Allée des Marmouzets du château de Versailles comme exemple de dissimulation des formes tératologiques.

[30] Comparer avec les représentations de Pandore dans Dora et Erwin Panofsky, *La boîte de Pandore*, Paris, Hazan, 1990. Même si Marie Madeleine tient aussi dans l'iconographie traditionnelle le vase à parfums, symbole de sa rédemption, il ne semble pas que dans les *Tentations* il faille voir une représentation de la pécheresse repentie, à moins de supposer une curieuse typologie entre la Madeleine pécheresse, identifiée à Vénus dans les images de la Renaissance, cf. Duchet-Suchaux et Pastoureau, p. 222, et la Madeleine rachetée.

[31] Et déjà d'une certaine inclination baroque pour le naturalisme. Mais ici, la Nature - plus précisément image de l'*étant* et des vanités du monde - s'oppose à la représentation religieuse du saint et de l'ontologique.

hanaps en forme de fruit se multiplièrent[32], et furent donc représentés dans les *Tentations*, puisque, comme on l'a dit, celles-ci étaient le fait d'une société riche et savante.

Toujours est-il que la ressemblance iconographique entre Pandore et les tentatrices fait apparaître ces dernières comme des représentations de la "*femina malefica*"[33] c'est-à-dire l'"*essence*", au sens spinozien, de la femme, "fille d'Eve"[34].

Il semble donc que, conformément aux *Evangiles* et en tant que parèdre du Christ, à l'instar de Job[35] (la croix apparaît toujours emblématiquement dans les *Tentations*), Antoine soigne les plus nécessiteux et les plus éloignés de Dieu: les femmes, qui, depuis les premiers temps chrétiens jusqu'à la fin du Moyen Age, sont rendues responsables de la Chute et considérées comme les suppôts de Satan[36].

Quelques exemples de *Tentations* par des femmes
De fait, la plupart des *Tentations* par des femmes représente saint Antoine entouré d'animaux, qui, pour certains, sont les péchés capitaux, ou les Vices et les Vertus. Celle de 1547 de Peter Huys montre une sirène qui tend un plateau à Antoine; la sirène est présentée par une vieille femme tenant une quenouille et ayant une chouette sur l'épaule. Cette vieille camériste est endémique dans les *Tentations*; accompagnée de la chouette, et s'y identifiant parfois (comme dans celle de Jan Mandyn), elle représente Atropos (la chouette étant l'attribut de cette Parque).

Dans la *Tentation* de Huys, comme l'écrit Tristan[37], la sirène tend à Antoine les symboles de sa virilité; mais, plus profondément, le sacrifice du taureau est le symbole des rites mithriaque et isiaque[38], qui sont très proches et perdurent à la fin du Moyen Age[39]. De même, ce sacrifice renvoie au *Lévitique*, 7, 1-6:

"Voici le rituel du sacrifice de réparation: c'est une chose très sainte. On immolera la victime là où l'on immole les holocaustes et le prêtre en fera couler le sang sur le pourtour de l'autel. Puis il en offrira toute la graisse: la queue, la graisse qui couvre les entrailles, les deux rognons, la graisse qui y adhère ainsi qu'aux tombes, la masse graisseuse qu'il détachera du foie et des rognons. Le prêtre fera fumer ces morceaux à l'autel comme mets consumés pour Yahvé. C'est un sacrifice de réparation: tout mâle parmi les prêtres en pourra manger. On en mangera dans un lieu sacré, c'est une chose très sainte"[40].

Ainsi, comme le retable d'Issenheim (très bien étudié par Ruth Mellinkoff[41]), la *Tentation* de Huys est une réflexion sur l'hérésie (et plus précisément une mise en cause des rites israélites[42], identifiés par Huys aux rites païens, qui sévissaient encore fortement à la fin du Moyen Age[43], ce qui, comme on le sait, obligea l'Eglise à avoir une attitude de plus en plus sévère pour y pallier[44]).

---

[32] Cf. *Encyclopédie des antiquités*, Paris, Gründ, 1979, pp. 143 à 147ss.

[33] Etudiée partiellement, mais pas à travers les *Tentations*, par Sara F. Matthews Grieco, *Ange ou diablesse - La représentation de la femme au XVIème siècle*, Paris, Flammarion, 1991.

[34] D. et E. Panofsky, pp. 11ss.

[35] Cf. Ruth Mellinkoff, *The Devil at Isenheim - Reflections of Popular Belief In Grünewald Altarpiece*, Berkeley, California Studies in the History of Art, 1988, pp. 89 à 92; du reste, l'iconographie des *Tentations* rappelle souvent celle des *Tentations* de Job ou du Christ au désert, il suffit pour s'en convaincre de comparer ces divers types iconographiques dans l'ouvrage de Villeneuve, pp. 91ss.

[36] Cf. Jean Palou, *La sorcellerie*, Paris, P.U.F., 1985; et Villeneuve, *Dictionnaire du Diable*, Paris, Bordas, pp. 148-149. Par ex., Odon, abbé de Cluny, demandera, en parlant des femmes: "*comment pouvons-nous désirer embrasser ce sac de fiente?*".

[37] Tristan, p. 94.

[38] Sur l'identité entre les mythes de Mithra, Cybèle et Isis, cf. par ex. Jurgis Baltrusaitis, *La Quête d'Isis*, Paris, Flammarion, 1985; Paul Friedländer, *Documents of dying Paganism*, University of California Press, 1945; et, éventuellement, Sophie Cassagnes-Brouquet, *Vierges Noires - Regard et fascination*, Rodez, éd. du Rouergue, 1990, notamment pp. 135ss.

[39] Cf. Baltrusaitis, *ibidem*; et Aline Rousselle, *Croire et guérir - La foi en Gaule dans l'antiquité classique*, Paris, Fayard, 1990, qui atteste la persistance des mythes mithriaques au XIème siècle.

[40] *La Bible de Jérusalem*, Paris, Desclée De Brouwer, 1975, pp. 159-160.

[41] Mellinkoff.

[42] Au Moyen Age, les juifs étaient considérés comme les "fils de la truie", cf. par ex. Mellinkoff, *ibidem*, pp. 59 à 75; et Raymond Buren, M. Pastoureau et Jacques Verroust, *Le Cochon - Histoire, symbolique et cuisine du porc.*, Paris, Sang de la terre, 1987, pp. 51 à 53.

[43] Cf. Martin Erbstösser, *Les hérétiques au Moyen Age*, Presses du Languedoc, Max Chaleil, 1988.

[44] Cf. Michel Vovelle, *La mort et l'occident de 1300 à nos jours*, Paris, Gallimard, 1983.

La *Tentation* de Jan de Cock, quant à elle, représente le saint et la tentatrice séparés par une arcature circulaire, et, au second plan, par une croix qui trône sur une table (référence probable à l'eucharistie, c'est-à-dire au rite chrétien[45]).

L'arcature circulaire est décorée de trois *oculi* (leur nombre rappelant celui des hypostases de la Trinité) à encadrement carré (le cercle, bien sûr, représente le divin, et le carré, contenu dans le cercle de l'arcature, le terrestre). Ainsi, l'arcature, qui se sert du symbolisme des cinq corps platoniciens[46], représente le passage dans la dimension du divin, dimension où se trouve Antoine, séparé de la tentatrice-Pandore, qui lui tend, en forme d'offrande, le vase des maux de l'humanité. Les deux colonnes, rappelant celles du temple de Salomon, symbolisent, comme l'arcature, le passage du terrestre au divin, et donc la présence divine[47].

Ainsi, dans cette *Annonciation* "à l'envers"[48] (en effet, la tentatrice a la position de l'archange, et saint Antoine celle de Marie, en outre, les colonnes rappellent celle de l'*Annonciation*, symbole christique traditionnel[49]), saint Antoine apparaît, comme dans l'*Ars moriendi*, en tant que médiateur entre Dieu et les hommes, en tant que parèdre du Christ et saint thaumaturge aux pouvoirs apotropaïques. (Si dans les *Annonciations*, l'espace entre Marie et l'ange est celui qui sépare le divin et le terrestre, ici, l'espace entre le saint et la tentatrice sert à marquer les réticences d'Antoine, et conséquemment, l'opposition entre le divin et le diabolique.)

L'offrande et le péché

Cette dernière *Tentation* permet de noter que les tentatrices offrent toujours quelque chose à Antoine, voire même, comme dans la *Tentation* de Huys, sont offertes au saint par une vieille camériste. Dans la *Tentation* de Metsys et Patinir par exemple, les tentatrices, qui évoquent les trois déesses du Jugement de Pâris[50], offrent à l'anachorète la pomme, qui, au Moyen Age, était une offrande amoureuse et un cadeau de mariage[51].

On voit donc bien ici résurger, dans ce symbolisme amoureux (qui se combine avec celui habituellement macabre de la pomme[52]), l'idée d'une "psychomachie", d'une bataille entre le Bien, Antoine, et le démon, la femme, moderne Pandore[53], image de la tentation infernale et de la chute originelle[54].

Suivant cette logique, Patinir a donc mis à l'arrière-plan une sorte de *Narrenschiff*, directement inspirée du tableau de Bosch. De même, dans la plupart des *Tentations*, une grande architecture brûle dans le fond; ces architectures représentent, selon toute vraisemblance, la chute du paganisme, et la fin de ce que les

---

[45] Cf. Baltrusaitis, *Réveils et Prodiges - Les Métamorphoses du gothique*, Paris, Flammarion, 1988, pp. 288ss. Il peut aussi s'agir, en seconde lecture et si l'on se reporte à l'aspect de la maison en arrière-plan, qui semble tout droit sortie d'un conte, d'une référence confuse aux tables que l'on devait dresser pour recevoir les fées le Jour de l'An, et dont Pierre Saintyves, *Les contes de Perrault - En marge de la Légende Dorée - Les reliques et les images légendaires*, Paris, Robert Laffont et Institut Pasteur, 1987, p. 36, atteste de façon notable la pérennité dans la tradition populaire encore au XVIIème siècle. En ce cas, la table, elle-même symbole double, accentuerait la qualité pandorique de la tentatrice qui, comme les fées, porte "*le bonheur dans* (sa) *main droite, le malheur dans* (sa) *main gauche*", Saintyves, *ibid*. Ainsi donc, l'opposition entre les forces du Bien et du Mal acquerrait un intéressant valeur de "diathèse", dont le but final serait de provoquer à l'instar des illustrations de l'*Ars* un retour en soi à travers une réflexion sur la vanité du monde et la nécessité d'être humble envers les forces divines (ce qui, comme Saintyves, *ibid*., pp. 27-28, l'écrit à propos des contes des civilisations "primitives", ne vise nullement à promouvoir la moralité, mais plutôt à maintenir et justifier les vieux rituels magiques et magico-religieux chrétiens, qui sont censés procurer le bien social). On retrouve cette bipolarité dans le panneau central du *Triptyque de la Tentation de Saint Antoine* (1505-1506) de Jérôme Bosch, conservée au Museu Nacional de Arte de Lisbonne, où Jésus, devant un crucifix, fait le signe de bénédiction en direction du saint et du spectateur, Antoine regardant lui-même à la fois le spectateur et la masse des démons du tableau. Ainsi, le signe de Jésus est un avertissement au saint et au spectateur, pendant que le regard d'Antoine évoque les dangers de l'Infidélité (il ne regarde plus le Christ), tout en étant une invitation à la méditation pour le Chrétien.

[46] Cette symbolique est également reprise dans de nombreux ouvrages hermétiques, comme par exemple la *Geometria et Perspectiva* de 1555 de Lorenz Stöer, cf. Roger Caillois, *Au coeur du fantastique*, Paris, Gallimard, 1965, pp. 14-15.

[47] Cf. Jean Chevalier et Alain Gheerbrant, *Dictionnaire des symboles*, pp. 271-272.

[48] Dont le type s'inspire du dessin de 1515 de Dürer, conservé à l'Albertina de Vienne, fig. 113 du catalogue de l'ouvrage de Tristan.

[49] Cf. Daniel Arasse, *Le Détail - Pour une histoire rapprochée de la peinture*, Paris, Flammarion, 1992, pp. 15ss.

[50] Cf. Villeneuve, *La Beauté du diable*, pp. 105ss.

[51] Cf. Mme André Piettré, "*Pomme d'amour et pomme d'immortalité*", pp. 169 à 185 d'*Etudes*, sept. 1959.

[52] *Ibidem*.

[53] Cf. D. et E. Panofsky, pp. 11ss.

[54] Cf. aussi Tristan, pp. 7ss.

grands mystiques comme Savonarole ou les écrivains comme Boccace appelèrent l'"*iniquité des temps modernes*", vaincus par la Foi et la Chrétienté en la personne de saint Antoine.

Le fait qu'on puisse trouver saint Antoine indifféremment en butte soit aux Trois Grâces, soit aux déesses du Jugement de Pâris, s'explique plus précisément encore, dans le sens du débat théologique entre vie active et vie contemplative. En effet, les Trois Grâces (*"Beauté inclin*(ant) *Chasteté à l'Amour"*[55]) ne faisant, pour l'orphisme puis les néoplatoniciens, que déployer de l'unicité de Vénus[56], elles s'associent communément à leur déesse tutélaire[57], et peuvent également se retrouver accompagnées de Mercure en tant que symbole de la Concorde[58]. Or les déesses du Jugement de Pâris symbolisent respectivement, comme les Grâces, pour l'iconographie et la pensée de la Renaissance, les trois types de vies: active, contemplative, et amoureuse, et le choix de Pâris est le premier pas vers l'apparition de la Concorde dans la discorde, qui conseille en un discours moral, même si dialectique, parfaitement organisé, au héros *"de suivre une ligne d'action revenant à subordonner son plaisir à ses devoirs"*[59].

Seul contre les démons (qui, par la multiplication des personnages secondaires, comme dans les *Tentations* de Bosch, deviennent symboliquement "légions"), saint Antoine est donc l'image du soldat chrétien, de l'Eglise combattante, comme le sera plus tard François Ier dans certaines images propagandistes[60].

De fait, et ceci est particulièrement sensible par l'adjonction d'une "*Nef des fous*" dans le tableau de Metsys et Patinir, le saint apparaît comme un *exemplum*; dans les *Tentations*, la référence fréquente au destin des hommes fait de ce type iconographique une sorte d'individuation des *Tentations* du chrétien, et d'Antoine un guide mystique pour ne pas y succomber (on se souvient qu'il intervient dans l'*Ars*).

Saint Antoine *miles christianus*

Mais une étude des *Tentations de saint Antoine* ne serait pas complète si l'on ne traitait pas des *Tentations* par les démons, et notamment de celle de Schongauer.

En effet, des personnalités aussi diverses que Nikolaus Manuel Deutsch, Lucas Cranach, Bosch, ou Michel-Ange[61], s'inspirant de Schongauer, firent des *Tentations* aux enlèvements démoniaques circulaires; une telle floraison de *Tentations* cycliques invite à s'interroger sur leur origine mystique.

Dans la *Tentation* de Schongauer, l'ermite parfaitement impassible est emporté en l'air par des succubes (démons femelles), reconnaissables à leurs parties génitales et leurs seins proéminents.

Cependant, ni les *Vitae Patrum* (Vème s.), ni la *Vita Antonii*, ni *La Légende Dorée* ne racontent un quelconque enlèvement démoniaque d'Antoine[62]. Mais les trois récits relatent une attaque terrestre des démons, qui laissent toujours le saint pour mort (cette scène est d'ailleurs représentée par Bernard Parentino, dans sa *Tentation*).

Dans les *Vitae*, la scène se passe dans le palais d'une reine démoniaque[63], et dans une grotte pour les

---

[55] Edgar Wind, *Mystères païens de la Renaissance*, 1958, Paris, Gallimard, 1980, p. 98.
[56] Jean Seznec, *La survivance des dieux antiques - Essai sur le rôle de la tradition mythologique dans l'humanisme et dans l'art de la Renaissance*, 1929-1940, Paris, Flammarion, 1993, p. 136.
[57] *Ibidem*, par ex. pp. 232-246.
[58] *Ibid.*, pp. 352 et 356.
[59] *Ibid.*, p. 107; et Wind, pp. 96-100, 211, 272 et 291-292.
[60] Cf. D. et E. Panofsky, pp. 38ss.
[61] Cf. Ettore Camesasca et Charles de Tolnay, *Tout l'oeuvre peint de Michel-Ange*, Paris, Flammarion, 1986, p. 85, cette *Tentation* ne lui est pas attribuée de manière sûre.
[62] Ce que confirme par ex. Réau, p. 109.
[63] Cf. Chastel, *Fables, Formes, Figures*, pp. 125 à 130.

deux autres récits. C'est pourtant dans la *Vita Antonii*[64] qu'il faut chercher la source de la *Tentation* de Schongauer; l'élément rocheux, en bas à droite de la gravure, situe la scène dans la troisième partie du récit d'Athanase, la "*montagne intérieure*", où Antoine voit d'abord l'âme du grand saint Amoun le Nitriote emportée par les anges (chap. 60), puis sa propre élévation angélique (chap. 65).

Au chapitre 65, il s'oppose aux démons qui veulent empêcher son extase:

"*Il faisait donc surtout cette exhortation: C'est pourquoi prenez l'armure de Dieu, afin de pouvoir résister aux jours mauvais (Eph. VI, 13), en sorte que l'adversaire soit dans la confusion: n'ayant aucun (mal) à dire de nous (Tit., II, 8)*"[65]. Cette attitude militante se confond avec celle, antérieure, du saint à la grotte (chap. 9), lorsqu'il provoque les démons: "*Si vous pouvez, si vous avez reçu pouvoir* (il faut comprendre de Dieu) *contre moi, ne tardez pas, attaquez. Si vous ne pouvez pas, pourquoi vous déranger en vain? Notre foi au Seigneur est notre mur de protection*"[66].

Il n'est donc pas étonnant que les deux épisodes (chap. 8-10 et 65) interfèrent pour finalement se confondre dans l'iconographie.

Le premier ouvre le livre d'Athanase, le second le clôt; les deux synthétisent donc l'ascension d'Antoine jusqu'à Dieu, par le biais de l'érémitisme. Les deux épisodes de la *Vita* sont en effet, comme le montrent les passages cités, très proches textuellement, et de plus, sont les moments les plus culminants du combat psychomachique. Le reste de l'ouvrage relate aussi bien la vie quotidienne que l'enseignement dispensé par Antoine, mais aux chapitres 8-10 et 65, le saint affronte corporellement les démons, qui dans les deux cas s'opposent férocement à sa communion avec la divinité. Mais ils sont toujours mis en déroute par sa foi.

En fait, le schéma se rapproche de celui de l'*Ars*: 1/ offensive des démons; 2/ intervention angélique; 3/ déroute des démons. Il ne faut donc pas s'étonner que, s'inspirant aussi du texte de Voragine, où le Christ apparaissant "*dans une clarté admirable qui mit en fuite les démons*" vient sauver Antoine de leurs griffes[67], Schongauer ait emprunté un plan identique, en assimilant les deux passages de la *Vita*.

Là encore, à l'instar de Job ou du mourant de l'*Ars*[68], Antoine, impavide dans la gravure de Schongauer, représente le "*Miles Christianus*", l'Eglise militante; il illustre la fidélité (*Fides*) au Christ[69]. Les auteurs du catalogue de la récente exposition de Colmar sur Schongauer écrivent d'ailleurs:

"*Il s'agit de présenter le saint comme modèle de sérénité et d'abnégation devant les attaques les plus effrayantes des démons. Modèle donc pour tous les fidèles puisque les êtres infernaux peuvent aussi bien signifier les attaques des maladies*[70] *que toutes les tribulations de la vie*"[71].

Mais surtout, Antoine, qui dans la gravure est au centre d'un cercle, formé par les démons qui l'entourent, reste indifférent aux turpitudes du monde, appelées à la fin du Moyen Age la "*cacophonie des temps modernes*". Il est donc au centre de la création, uni à Dieu. La *Tentation* de Schongauer est l'illustration parfaite de l'*Unio Mystica*.

En effet, comme tous les artistes de la fin du Moyen Age et de la Renaissance, Schongauer connaissait parfaitement le thème platonicien de l'*Unio divina*, repris par Pseudo-Denys[72] (482-530 ap. J.C.)

---

[64] *Le beau Martin*, p. 268.
[65] Athanase, chap. 65, p. 78.
[66] *Ibidem*, chap. 9, p. 18.
[67] Jacques de Voragine, *La Légende Dorée*, Paris, Garnier-Flammarion, 1990, t. I, p. 131.
[68] Ou, comme on l'a dit, de François Ier dans certaines images de propagande, cf. D. et E. Panofsky, chap. IV, pp. 35 à 40.
[69] Pour Suso, c'est un véritable mentor dans l'apprentissage de la foi, cf. Suso, chap. XXXV de la *Vie*, pp. 234ss.
[70] Comme on l'a dit, dès le XIème s., de nombreux pouvoirs prophylactiques ont été attribués à saint Antoine contre les maladies contagieuses, la peste, le mal des ardents ou feu de saint Antoine (ce qui lui valut même d'être figuré les pieds ou les mains en feu), et plus tard la syphilis, cf. Réau, pp. 101-102.
[71] Catalogue de l'exposition sur *Le beau Martin - gravures et dessins de Martin Schongauer (vers 1450-1491)*, musée d'Unterlinden, Colmar, 1991, fig. G10, p. 268. Il faut bien se rappeler que l'ensemble de la Grande Mystique impose au chrétien l'imitation du Christ, que ce soit Suso dans la *Vie* ou Thomas a Kempis dans *L'Imitation de Jésus Christ*, chap. 56, nlle trad. Pierre Guilbert, Paris, Nouvelle Cité, 1983, pp. 217 à 220.
[72] Pour Platon dans *Le Timée*, *II* 52 (*e*) à 59 (*d*) (*OEuvres complètes*, Gallimard, 1985, t. II, pp. 472 à 482), le cercle, qui contient les quatre autres corps solides, représente l'Univers créé et incréé, l'union entre divinité, macrocosme et microcosme (l'homme).

et à sa suite par toute la Grande Mystique, de saint François d'Assise à Suso, en passant par Hildegarde de Bingen, maître Eckhart, Thomas a Kempis dans *L'Imitation de N.S. Jésus Christ*,[73] ...

Le texte de Pseudo-Denys est sans doute la meilleure illustration de la gravure de Schongauer. Pseudo-Denys considère le centre du cercle comme "l'Unité Principielle"; les démons de Schongauer en formant eux-mêmes les extrémités créent les tensions qu'il décrit:

> *"Au centre du cercle tous les rayons coexistent dans une unique unité et un seul point contient en soi toutes les lignes droites, volontairement unifiées les unes par rapport aux autres et toutes ensemble par rapport au principe unique duquel elles procèdent toutes. Au centre même, leur unité est parfaite; si elles s'en écartent un peu, elles se distinguent un peu; si elles s'en séparent davantage, elles se distinguent davantage. Bref, dans la mesure où elles sont plus proches du centre, par là même leur union mutuelle est plus intime, dans la mesure où elles sont plus éloignées de lui, la différence augmente entre elles"*[74].

La *Tentation de saint Antoine* ou la tentation de la Religion

En fait, par-delà les divergences, ce qui frappe dans les *Tentations*, c'est leur extraordinaire unité de pensée; même si leur iconographie se divise en trois grandes périodes (le combat terrestre avec les démons et l'enlèvement démoniaque aux XIVème-XVème siècles, et la tentation par des femmes aux XVIème-XVIIème siècles), il est évident que les *Tentations* ont toujours soutenu le combat de l'Eglise contre les manifestations temporelles du démon[75], qu'il s'agisse de l'"hérésie" des Ordres mendiants ou, plus tard, (avec les *Tentations* féminines) de la sorcellerie, qui était, comme on l'a dit, essentiellement féminine[76].

Ce militantisme des *Tentations* n'est pas surprenant; d'abord, parce qu'il est intrinsèque à la *Vita Antonii* elle-même; en effet, Athanase l'a écrite alors qu'il était en exil, et l'a conçue comme un véritable plaidoyer contre l'arianisme (cause de cet exil)[77]. Ensuite, parce que les Pères fondateurs ont toujours servi de modèles à l'Eglise; il est donc normal que le "Père des moines" (saint Antoine) ait été le "fer de lance" des combats ecclésiastiques de la fin du Moyen Age.

En conclusion, on peut dire que l'histoire de l'art ne doit plus aujourd'hui se contenter de rapprocher les *Tentations* des manifestations de l'art macabre ou des représentations démoniaques de Bosch et de Bruegel[78], mais doit y voir la possibilité irremplaçable d'étudier une époque à travers ses moeurs, et surtout sa pensée (ici religieuse).

---

[73] Chevalier et Gheerbrant, art. "*Cercle*", p. 192, écrivent: "*Le cercle est le signe de l'Unité Principielle et celui du ciel; comme tel, il en indique l'activité, les mouvements cycliques. Il est le développement du point central, sa manifestation: "Tous les points de la circonférence se retrouvent au centre du cercle, qui est leur principe et leur fin", écrit Proclus. Selon Plotin, "le centre est le père du cercle, et selon Angelus Silesius, "le point a contenu le cercle". De nombreux auteurs, dont Henri Suso, appliquent la même comparaison du centre et du cercle à Dieu et à la création*".

[74] Pseudo-Denys l'Aéropagite, *Les Noms Divins* (820C et 820D § 6) dans les *OEuvres complètes*, Paris, Aubier, 1943, pp. 132-133.

[75] En tout cas aux XIVème-XVIème siècles, en effet, au XIXème, comme le rappelle Réau, la résurgence des *Tentations* étant essentiellement due à la possibilité qu'offrait cette iconographie antonite de représenter des chairs féminines molles et lascives, dans le goût de l'époque.

[76] Cf. Palou.

[77] Cf. Eugène Fialon, *Etude littéraire de saint Athanase*, Paris, Thorin, 1877, pp. 131 à 250.

[78] Bien que la comparaison soit pertinente.

B. *LA TENTATION DE SAINT ANTOINE* DE MARTIN SCHONGAUER ET LA GRANDE MYSTIQUE

Faisant suite aux récentes expositions de Cambridge et de Colmar[1], celle du Petit-Palais sur Martin Schongauer, programmée à l'occasion du cinq-centième anniversaire de sa mort, invite à réfléchir sur la signification réelle de la plus célèbre de ses gravures, *La Tentation de saint Antoine* (conservée au Cabinet des Estampes de la Bibliothèque Nationale), réalisée avant 1473 et qui ne représente pas un combat terrestre, mais un enlèvement démoniaque.

L'ermite parfaitement impassible est emporté en l'air par des succubes (démons femelles), reconnaissables à leurs parties génitales et leurs seins proéminents.

L'iconographie des *Tentations* se divise en trois: aux XIVème-XVème siècles: le combat terrestre avec les démons et l'enlèvement démoniaque;
Aux XVIème-XVIIème siècles, la tentation par des femmes.

Cependant, ni les *Vitae Patrum* (Vème s.), ni la *Vita Antonii* de saint Athanase (IVème s.), ni *La Légende Dorée* du dominicain Jacques de Voragine (vers 1260) ne racontent un quelconque enlèvement démoniaque d'Antoine[2]. Mais les trois récits relatent une attaque terrestre des démons, qui laissent toujours le saint pour mort.

Dans les *Vitae*, la scène se passe dans le palais d'une reine démoniaque[3], et dans une grotte pour les deux autres récits.

C'est pourtant dans la *Vita Antonii*[4] qu'il faut chercher la source de la *Tentation* de Schongauer.
L'élément rocheux, en bas à droite de la gravure, situe la scène dans la troisième partie du récit d'Athanase, la "*montagne intérieure*"[5], où Antoine voit d'abord l'âme du grand saint Amoun le Nitre te emportée par les anges (chap. 60), puis sa propre élévation angélique (chap. 65).

Au chapitre 65, il s'oppose aux démons qui veulent empêcher son extase:

"*Il faisait donc surtout cette exhortation: C'est pourquoi prenez l'armure de Dieu, afin de pouvoir résister aux jours mauvais (Eph. VI, 13), en sorte que l'adversaire soit dans la confusion: n'ayant aucun (mal) à dire de nous (Tit., II, 8)*"[6].

Cette attitude militante se confond avec celle, antérieure, du saint à la grotte (chap. 9), lorsqu'il provoque les démons: "*Si vous pouvez, si vous avez reçu pouvoir* (il faut comprendre de Dieu) *contre moi, ne tardez pas, attaquez. Si vous ne pouvez pas, pourquoi vous déranger en vain? Notre foi au Seigneur est notre mur de protection*"[7].

Il n'est donc pas étonnant que les deux épisodes (chap. 8-10 et 65) interfèrent pour finalement se confondre dans l'iconographie.

Le premier ouvre le livre d'Athanase, le second le clos; les deux synthétisent ainsi l'ascension d'Antoine jusqu'à Dieu, par le biais de l'érémitisme. Les deux épisodes de la *Vita* sont en effet, comme le montrent les passages cités, très proches textuellement, et de plus, sont les moments les plus culminants du

---

[1] CF. Luc de Nanteuil, *Le beau Martin* dans *Connaissance des Arts* n° 479 de Janvier 1992, p. 89.
[2] Ce que confirme par ex. Louis Réau, *Iconographie de l'art chrétien*, t. III *Iconographie des saints (A à F)*, Paris, P.U.F., 1958, art. "*Antoine abbé (17 Janvier)*", p. 109.
[3] Cf. André Chastel, *Fables, Formes, Figures*, t. I, Paris, coll. "*Idées et Recherches*", Flammarion, 1978, pp. 125 à 130.
[4] *Le beau Martin*, p. 268.
[5] Elle-même inspirée de la Tentation du Christ au désert, racontée seulement dans les Evangiles de Matthieu et de Luc. Or si, comme nous le croyons, l'iconographie proposée par Schongauer est bien plutôt contaminée par la version de *Luc*, 4, 11, ceci non seulement nous renverrait, bien sûr, à la nature de parèdre du Christ de Saint Antoine, mais encore confirmerait, comme nous le postulons, le caractère hautement théologique de son iconographie à la fin du Moyen Age.
[6] Saint Athanase, *Antoine le Grand père des moines*, intro. Dom Aldabert de Vogüé, o.s.b., trad. Benoît Lavaud, o.p., version fr. de la *Vita Antonii*, chap. 65, p. 78.
[7] *Ibidem*, chap. 9, p. 18.

combat psychomachique. Le reste de l'ouvrage relate aussi bien la vie quotidienne que l'enseignement dispensé par Antoine, mais aux chapitres 8-10 et 65, le saint affronte corporellement les démons, qui dans les deux cas s'opposent férocement à sa communion avec la divinité. Mais ils sont toujours mis en déroute par la foi du saint.

En fait, le schéma se rapproche de celui de l'*Ars*: 1/ offensive des démons; 2/ intervention angélique; 3/ déroute des démons. Il ne faut donc pas s'étonner que, s'inspirant aussi du texte de Voragine où le Christ, apparaissant "*dans une clarté admirable qui mit en fuite les démons*", vient sauver Antoine de leurs griffes[8], Schongauer est emprunté un plan identique, en assimilant les deux passages de la *Vita*.

A l'instar de Job ou du mourant de l'*Ars*[9], Antoine, impavide dans la gravure de Schongauer, représente le "*Miles Christianus*", l'Eglise militante; il illustre la fidélité (*Fides*) au Christ[10]. Les auteurs du catalogue de l'exposition de Colmar écrivent d'ailleurs:

"*Il s'agit de présenter le saint comme modèle de sérénité et d'abnégation devant les attaques les plus effrayantes des démons. Modèle donc pour tous les fidèles puisque les êtres infernaux peuvent aussi bien signifier les attaques des maladies*[11] *que toutes les tribulations de la vie*"[12].

Dans la gravure, Antoine est au centre d'un cercle, formé par les démons qui l'entourent. Indifférent aux turpitudes du monde, qu'à la fin du Moyen Age on appelait la "*cacophonie des temps modernes*", Antoine, uni à Dieu, est au centre de la création. *La Tentation* de Schongauer est donc l'illustration parfaite de l'*Unio Mystica*.

En effet, comme tous les artistes de la fin du Moyen Age et de la Renaissance, Schongauer connaissait parfaitement le thème platonicien de l'*Unio divina*, repris par Pseudo-Denys[13] (482-530 ap. J.C.) et à sa suite par toute la Grande Mystique, de saint François d'Assise à Suso, en passant par Hildegarde de Bingen, maître Eckhart, Thomas a Kempis dans *L'Imitation de N.S. Jésus Christ*,[14] ...

Le texte de Pseudo-Denys est sans doute la meilleure illustration de la gravure de Schongauer. Pseudo-Denys considère le centre du cercle comme "l'Unité Principielle"; les démons de Schongauer en formant eux-mêmes les extrémités créent les tensions qu'il décrit:

"*Au centre du cercle tous les rayons coexistent dans une unique unité et un seul point contient en soi toutes les lignes droites, volontairement unifiées les unes par rapport aux autres et toutes ensemble par rapport au principe unique duquel elles procèdent toutes. Au centre même, leur unité est parfaite; si elles s'en écartent un peu, elles se distinguent un peu; si elles s'en séparent davantage, elles se distinguent davantage. Bref, dans la mesure où elles sont plus proches du centre, par là même leur union mutuelle est plus intime, dans la mesure où elles sont plus éloignées de lui, la diffplence augmente entre elles*"[15].

Après Schongauer, Nikolaus Manuel Deutsch, Lucas Cranach, Bosch,... firent des *Tentations* aux enlèvements démoniaques circulaires; certains autres reproduisirent même cette forme dans les *Tentations* terrestres (Bernard Parentino à la Galerie Doria, Rome) ou féminines (Joachim Patinir et Quentin Metsys au

---

[8] Jacques de Voragine, *La Légende Dorée*, trad. J.-B. M. Roze, chrono. et intro. r.p. Hervé Savon, Paris, coll. de poche, Garnier-Flammarion, 1967, 1990, t. I, art. "*Saint Antoine*", p. 131.

[9] Ou de François Ier dans certaines images de propagande, cf. Dora et Erwin Panofsky, *la boîte de Pandore*, Bollingen Foundation, Princeton University Press, 1962, trad. Maud Sissung, Paris, coll. "*35/37*", Hazan, 1990, chap. IV, pp. 35 à 40.

[10] Pour Suso, c'est un véritable mentor dans l'apprentissage de la foi, cf. Henri Suso, *OEuvres complètes*, prés., trad., notes Jeanne Ancelet-Hustache, Paris, Seuil, 1977, chap. XXXV de la *Vie*, pp. 234ss.

[11] On sait bien que dès le XIème s., de nombreux pouvoirs prophylactiques ont été attribués à saint Antoine contre les maladies contagieuses, la peste, le mal des ardents ou feu de saint Antoine (ce qui lui valut même d'être figuré les pieds ou les mains en feu), et plus tard la syphilis, cf. Réau, pp. 101-102.

[12] Catalogue de l'exposition qui s'est tenue du 13 Sept. au 1er Déc. 1991 au musée d'Unterlinden de Colmar sur *Le beau Martin - gravures et dessins de Martin Schongauer (vers 1450-1491)*, fig. G10, p. 268. Il faut bien se rappeler que l'ensemble de la Grande Mystique impose au chrétien l'imitation du Christ, que ce soit Suso dans la *Vie* ou Kempis dans *L'Imitation de Jésus Christ*, chap. 56, nlle trad. Pierre Guilbert, Paris, Nouvelle Cité, 1983, pp. 217 à 220.

[13] Pour Platon dans *Le Timée*, II 52 (*e*) à 59 (*d*) (*OEuvres complètes*, éd. de Léon Robin, Paris, Bibliothèque de la Pléiade, Gallimard, 1950, 1985, t. II, pp. 472 à 482), le cercle, qui contient les quatre autres corps solides, représente l'Univers créé et incréé, l'union entre divinité, macrocosme et microcosme (l'homme).

[14] Jean Chevalier et Alain Gheerbrant dans *Le Dictionnaire des symboles*, Paris, Jupiter/Robert Laffont S.A., 1969, coll. "*Bouquins*", 1982, art. "*Cercle*", p. 192, écrivent: "*Le cercle est le signe de l'Unité Principielle et celui du ciel; comme tel, il en indique l'activité, les mouvements cycliques. Il est le développement du point central, sa manifestation: "Tous les points de la circonférence se retrouvent au centre du cercle, qui est leur principe et leur fin", écrit Proclus. Selon Plotin, "le centre est le père du cercle, et selon Angelus Silesius, "le point a contenu le cercle". De nombreux auteurs, dont Henri Suso, appliquent la même comparaison du centre et du cercle à Dieu et à la création*".

[15] Pseudo-Denys l'Aéropagite, *Les Noms Divins* (820C et 820D § 6) dans les *OEuvres complètes*, trad., comm. et notes Maurice de Gandillac, Paris, coll. "*bibliothèque philosophique*", Aubier, 1943, pp. 132-133.

Prado). Selon Vasari, Michel-Ange (entre autres) aurait été jusqu'à copier celle de Schongauer[16]. Une telle floraison de *Tentations* cycliques prouve leur origine mystique.

Au même titre que l'*Ars moriendi*, la *Tentation* de Schongauer, et l'on peut donc élargir cette conclusion à l'ensemble des *Tentations de saint Antoine* de la fin du Moyen Age, est une image didactique qui montre au chrétien la voie à suivre pour arriver à la béatitude; à savoir l'abstinence, la contrition et la retraite du monde où tout n' est que turpitudes, symbolisées par l'indiscipline des démons qui s'oppose au calme du saint. Pour reprendre la phrase de Charles de Tolnay, les *Tentations de saint Antoine* et celle de Schongauer en particulier sont donc *"une image de la totalité du monde livré à la fascination du Mal, en même temps* (qu') *un diagramme de l'âme humaine placée entre les tentations de la chair et l'aspiration vers le salut"*[17].

---

[16] Pourtant reproduite dans *Tout l'oeuvre peint de Michel-Ange* (intro. Charles de Tolnay, doc. et mise à jour Ettore Camesasca, Milan, Rizzoli, 1966, trad. Alain Veinstein, Paris, coll. *"Les Classiques de l'Art"*, Flammarion, 1967, 1986, p. 85), cette *Tentation* ne lui est pas attribuée de manière sûre.

[17] Charles de Tolnay, *Jérôme Bosch*, 1937, Baden-Baden, Holle Verlag GmbH, 1965, Paris, Robert Laffont, 1967, 1984, à propos du triptyque de la *Tentation de saint Antoine* de Lisbonne, p. 358.

C. SOURCE ICONOGRAPHIQUE
DE LA *TENTATION DE SAINT ANTOINE* DES *HEURES DE LOUIS DE LAVAL*.

On trouve dans les *Heures de Louis de Laval* une très belle *Tentation de saint Antoine* (fol. 282), qui, il faut bien le dire, a été totalement délaissée par l'histoire de l'art. Encadrée, comme on pouvait s'y attendre, par un linteau et deux colonnes corinthiennes sculptés de divers *Amours* dans des poses de jeu, elle représente un riche intérieur avec à droite un lit à baldaquin où une jeune femme invite l'ermite. Celui-ci, stoïque, s'est réfugié dans la cheminée; il garde la paume ouverte vers l'extérieur dans un geste de refus apotropaïque ("*Vox De Celo Ad Anthonium Facta*" dit le texte).

On sait que les *Tentations* féminines se multiplient à partir du XVIème s.[1], les *Tentations* démoniaques disparaissant peu à peu[2]. Dès à présent, deux remarques peuvent être faites; d'abord, la tentatrice des *Heures* est seule, alors que dans les oeuvres comme celles de Peter Huys, Joachim Patinir, Lucas Cranach ou Jacques Callot, il y a multiplication des personnages secondaires. De plus, la scène des *Heures* se passe en intérieur, alors que généralement, les *Tentations* féminines sont en extérieur. On ne peut certes pas en tirer de conclusions trop hâtives, mais cela invite à s'interroger sur l'atypisme de la *Tentation* des *Heures*.

a) La chambre: mythe et symboles

Tout d'abord, il faut noter que la chambre des *Heures* est similaire en tous points à celle du fol. 62 v. du manuscrit contemporain de *L'Ystoire de Merlin* (ms. fr. 96, XVème s., B.N.).

Dans ce manuscrit, les diables veulent se venger du Christ et, en référence à la descente aux limbes des *Actes de Pilate*[3], envoient un démon sur terre pour forniquer avec une mortelle. De leur union naîtra un diable, Merlin[4]. C'est ce qu'illustre le fol. 62 v.

On pourrait citer, en contrepoint des enluminures des *Heures* et de *L'Ystoire de Merlin*, le célèbre portrait des *Epoux Arnolfini* (1434) par Jan Van Eyck.

Le thème de la chambre est récurrent à la fin du Moyen Age; elle symbolise le lieu à prendre, comme le palais de Fortune dans *Le Roman de Fauvel* (vers 1310-1314)[5] de Gervais Du Bus ou le château de la reine démoniaque où saint Antoine est conduit dans les *Vitae Patrum*[6] (Vème s.) par exemple.

C'est une forteresse et le miroir de l'âme[7]. Selon les cas, le chrétien doit l'arracher au diable (comme, implicitement, dans l'enluminure de *L'Ystoire de Merlin*) ou la protéger contre les attaques démoniaques (comme dans la chambre du mourant de l'*Ars* ou pour *Le Château intérieur* de 1577 de sainte Thérèse d'Avila).

Ainsi la Vierge a pu être identifiée à un "*Mur indestructible*"[8] ou à un "*jardin clos*" auquel s'oppose,

---

[1] Cf. Louis Réau, *Iconographie de l'art chrétien*, t. III: *Iconographie des saints (A à F)*, Paris, P.U.F., 1958, pp. 107 et 109-110.

[2] Gilbert Lascault, *Le monstre dans l'art occidental - Un problème esthétique*, Paris, Klincksieck, 1973, chap. II, pp. 43 à 58, montre comment le baroque, à cause de son naturalisme, va refuser la représentation du monstre; il cite l'Allée des Marmouzets du château de Versailles comme exemple de dissimulation des formes tératologiques.

[3] *Evangiles apocryphes*, éd. de France Quéré, Paris, Seuil, 1983, pp. 152 à 159.

[4] Le passage de *L'Ystoire de Merlin* où il est question de cette réunion des démons, qui se tient juste après la descente aux limbes, est partiellement reproduit pp. 291-292ss. de Claude Gaignebet et Jean-Dominique Lajoux, *Art profane et religion populaire au Moyen Age*, Paris, PUF, 1985.

[5] Cf. Gervais Du Bus, *Le Roman de Fauvel*, Paris, Firmin-Didot, 1914-1919, pp. XXXVIIss.

[6] Dans les *Vitae Patrum*, une reine démoniaque invite Antoine dans son château cf. André Chastel, *Fables, Formes, Figures*, t. I, Paris, Flammarion, 1978, pp. 128 à 130; et "La Rencontre du roi Salomon et de la reine de Saba dans l'iconographie médiévale", Gazette des Beaux-Arts, Fév. 1949, pp. 99 à 114. On y reviendra, cf. notes 17 et 18 *infra*.

[7] Cf. Jean Chevalier et Alain Gheerbrant, *Dictionnaire des symboles*, Paris, Laffont/Jupiter, 1988, art. "*Chambre (secrète)*", pp. 203-204, "*Château*", p. 216, et "*Forteresse*", pp. 457-458.

[8] Cf. la Jérusalem Céleste de l'*Apocalypse*; *Hymnos Akathistos - Hymn of praise to the mother of God*, éd. de G. G. Meersseman o.p., Fribourg, University Press, 1958, grec-angl.; et la "*Startvia Nerouchimaïa*" ("*Mur indestructible*") russe, cf. Réau, *L'art Russe*, t. 1, *L'art scythe/ Le Moyen Age à Kiev et Novgorod*, coll.

par exemple, le *Jardin des délices* de 1503-1504 de Bosch qui illustrerait soit les pratiques adamistes[9], soit les bains, lieux mal famés de prostitution.

Ruth Mellinkoff, dans son excellent ouvrage de 1988 intitulé *The Devil at Isenheim*, montre que le célèbre retable de Grünewald (dont la *Tentation* est non moins fameuse) illustre une telle opposition entre la marialité et la représentation de la luxure[10].

A la fin du Moyen Age, le combat contre l'enfantement démoniaque est un point crucial du discours religieux (comme le confirme la lecture du *Malleus Maleficarum* de 1486 des dominicains Institoris et Sprenger)[11].

Il semble ainsi évident que le thème sous-jacent de l'enluminure des *Heures* est celui de la procréation maléfique.

b) Antoine dans le feu

Cela conduit à se demander ce qu'Antoine fait dans une cheminée. A la fin du Moyen Age, on croyait qu'il guérissait les maladies contagieuses comme la peste, la syphilis, et surtout le mal des ardents. Ce dernier, forme d'ergotisme due aux céréales, provoquait des brûlures aux pieds et aux mains[12]. C'est pourquoi il fut aussi appelé *feu sacré*. Comme il était très répandu dans le peuple et que les pouvoirs prophylactiques d'Antoine contre lui semblaient avérés, il porta même le nom de *feu de saint Antoine*, et de nombreuses statues, sortes d'ex-voto collectifs, représentèrent le saint les pieds ou les mains en feu[13].

Cependant, cette explication n'est pas suffisante, car dans les *Heures*, il a non seulement les pieds en flammes, mais son corps tout entier est dans la cheminée.

De plus, s'il est vrai comme le souligne Tristan[14], que la *Tentation* des *Heures* fait penser à un vitrail de Chartres[15] (XIIIème s.) qui représente saint Antoine se réchauffant devant une vaste cheminée à hotte, pendant qu'une femme personnifiant la Luxure s'approche de lui un miroir à la main, il est évident que le vitrail reprend l'iconographie du mois de Janvier[16], ce qui n'est pas le cas de la *Tentation* des *Heures*[17].

c) Les *Tentations* et la Grande Mystique

Tristan reconnaît dans l'âtre de la *Tentation* des *Heures* "*la maison du Père, réchauffée par le feu de*

Marabout Université, Verviers, Gérard et Cⁱᵉ, 1968, p. 125, qui renvoie au symbolisme de l'*hortus conclusus* occidental.

[9] Cf. Max J. Friedländer et Mia Cinotti, *Tout l'oeuvre peint de Jérôme Bosch*, Paris, Flammarion, 1967, pp. 100-101.

[10] Ruth Mellinkoff, *The Devil at Isenheim - Reflections of Popular Belief In Grünewald's Alterpiece*, Berkeley, Los Angeles, Londres, university of California Press, 1988, angl.

[11] Cf. par ex. Pierre Darmon, *Le mythe de la procréation à l'âge baroque*, Paris, Seuil, 1981, pp. 92ss.; Henry Institoris et Jacques Sprenger, *Le Marteau des Sorcières*, Grenoble, Jérôme Millon, 1990, pp. 141 ss; et Roland Villeneuve, *La beauté du diable*, Paris, Berger-Levrault, 1983, p. 18ss.

[12] Réau, *Iconographie...*, pp. 101-102.

[13] Cf. Henry Chaumartin, *Le compagnon de saint Antoine - Etude sur le symbolisme du cochon - attribut caractéristique du saint*, Paris, Aesculape, sans date, pp. 2ss.

[14] Frédérick Tristan, *Les Tentations de Jérôme Bosch à Salvador Dali*, Paris, Balland/Massin, 1981, p. 93.

[15] Egalement cité par Réau, *Iconographie...*, p. 111.

[16] Ou de Février, cf. par ex. *Le Livre d'Heures d'Anne de Bretagne*, Paris, Jean de Bonnot, 1979, p. 11.

[17] De plus, Y. Delaporte dans *Les vitraux de la cathédrale de Chartres - Histoire et description*, Chartres, E. Houvet, 1926, p. 213, qui montre parfaitement que l'opposition entre les vitraux représentant Antoine avec la tentatrice et Antoine avec le démon illustre les chap. 5-6, pp. 11 à 14 d'Athanase, *Antoine le Grand père des moines*, trad. fr. de la *Vita Antonii*, Paris, Cerf, 1989, dans lesquels la voluptueuse tentatrice une fois vaincue se montre sous son vrai jour, celui qui est le démon de la fornication, imagine à tort que le vitrail de Chartres fonde l'iconographie de saint Antoine les pieds dans le feu. Pour nous, la tentatrice, qui arrive derrière Antoine et semble le surprendre, correspond plutôt à l'iconographie de l'*acedia*, sous la forme que l'on retrouvera dans le deuxième emblème de l'*Emblematum Sacrorum* de Joh Saubertum, Nuremberg, Balthasaris Caÿmoven, 1625, et qui a été magistralement étudiée par Erwin Panofsky pour *Der Traum das Doktor* de 1947-1498 de Dürer dans *La Vie & l'Art d'Albrecht Dürer*, Paris, Hazan, 1987, pp.111 à 117. On peut aussi ajouter que, se trouvant à proximité de l'une des deux baies qui reproduisent *La triple tentation du Christ*, *La Tentation de saint Antoine* acquiert une double valeur, symbolique (Antoine devient le parèdre *antique* du Christ) et charismatique (opposant l'attitude du bon chrétien, celle d'Antoine qui, à l'image du Christ, met en déroute le démon, à celle du paresseux, qui se laisse pervertir et succombe aux délices et aux maux de la terre). De fait, une *Tentation du Christ* du XVème s. (miséricorde de St-Sulpice-en-Favières, fig. 243 p. 171 de Dorothy et Henry Kraus, *Le Monde caché des miséricordes*, Paris, éd. de l'Amateur, 1986) semblerait s'inspirer directement de *La Tentation de saint Antoine* de Chartres.

l'Esprit"[18].

En effet, au chapitre 5 de la *Vita Antonii*, seul passage où le saint se trouve confronté à une femme[19], il est dit qu'Antoine, pour parer aux propositions séduisantes du démon de la fornication: *"mettant le Christ en son coeur, méditant sur la noblesse qui vient de lui, sur la spiritualité de l'âme, éteignait le tison de la tromperie du démon. (...)* (Qu'il) *se mettait dans le coeur la menace du feu et le tourment du ver* (le Christ)"[20].

Ainsi, l'enluminure semblerait correspondre de façon emblématique à la description de saint Athanase. L'iconographie ne nous a-t-elle pas appris à considérer le jet de flammes, contenu ou non dans un récipient, comme le *"feu céleste"* de l'*Amor Dei*[21] ?

d) Le thème franciscain dans la *Tentation*

Mais en fait, c'est dans le chapitre 23 des *Fioretti*, compilées entre la fin du XIIIème et le début du XIVème s. (les dates ne sont pas sûres)[22], qu'il faut chercher l'origine de la *Tentation* des *Heures*, dont la *Tentation de saint François* de Simon Vouet, qui illustre l'épisode, est formellement très proche.

Dans ce chapitre, le Sultan, converti par saint François, lui permet d'aller colporter le message évangélique dans tout son royaume:

"Ayant donc reçu cette généreuse permission, saint François envoya deux à deux les compagnons qu'il avait choisi, dans les diverses régions des Sarrazins pour y prêcher la foi du Christ; et avec l'un d'eux il choisit un pays, et quand il y arriva il entra dans une auberge pour se reposer. Or il y avait là une femme très belle de corps mais d'une âme sordide, et cette femme maudite incita saint François à pécher. Saint François lui dit: "J'accepte, allons au lit"; et elle le mena dans sa chambre. Saint François dit: "Viens avec moi, je te mènerai à un lit beaucoup plus beau." Et il l'amena à un très grand feu qui se faisait dans cette maison; et en ferveur d'esprit il se dépouilla tout nu et se jeta à côté de ce feu sur le foyer embrasé; et il invita cette femme à se dépouiller et à aller s'étendre avec lui sur ce beau lit de plume. Et comme il demeura longtemps ainsi, le visage joyeux, ne brûlant pas, ne noircissant nullement, cette femme, épouvantée par ce miracle et touchée de componction dans son coeur non seulement se repentit de son péché et de son intention perverse, mais se convertit même parfaitement à la foi du Christ, et devint d'une telle sainteté que par elle beaucoup d'âmes se sauvèrent dans ce pays"[23].

e) Antoine et les femmes

Le texte développe deux thèmes majeurs, qui se rencontrent chez les Pères. Le premier est que l'accession à la déité passe par l'abandon de soi et la souffrance[24], ce que stipule l'entrée dans le feu.

Le deuxième est la conversion ou encore la femme, principale bénéficiaire des miracles d'Antoine dans la *Vita*. Miracles qui amènent Tristan à conclure au féminisme du saint et à identifier les tentatrices à des succubes[25].

S'il est vrai que les tentatrices[26] ne sont pas des femmes, mais des représentations (certaines figurent les déesses du Jugement de Pâris, d'autres les trois Grâces, les Parques, des sorcières, une *Eva Pandora*

---

[18] Tristan, p. 93.

[19] L'iconographie des *Tentations* féminines a trouvé son origine dans cet épisode et celui des *Vitae Patrum* où Antoine surprend une reine démoniaque au bain qui l'invite dans son château, cf. Chastel, *Fables...*, pp. 128 à 130; et *Gazette des Beaux-Arts*, pp. 99 à 114.

[20] Athanase, p. 12.

[21] Surtout vis-à-vis de celle de la Charité, cf. catalogue d'expo. sur *L'Allégorie dans la peinture - la représentation de la charité au XVIIème siècle* sous la dir. d'Alain Tapié, 27 Juin-13 Octobre 1986, musée des beaux-arts de Caen, pp. 18ss. et 123 (par ex.).

[22] Cf. les *Fioretti de saint François* suivi de *Considérations sur les Stigmates*, Paris, Seuil et éd. franciscaines, 1962, intro., pp. 7 à 11.

[23] *Fioretti, ibidem*, pp. 68-69. L'enlumineur semblerait donc avoir amalgamé le thème franciscain et l'épisode des fameuses *Vitae Patrum*, compilées au Vème par Jean Cassien (cf. Henri Suso, *OEuvres complètes*, Paris, Seuil, 1977, notes p. 233 à 236), dans lequel Antoine est conduit par la reine démoniaque (cf. Chastel, *Fables...*, pp. 128 à 130) jusqu'à son somptueux château où elle lui propose de partager ses richesses (tentation d'*Avaricia*) s'ils se marient (tentations de *Luxuria* et d'Infidélité). Comme il refuse, les habitants du palais se transforment en démons et le battent à mort.

[24] Thème principal de la Grande Mystique, cf. par ex. Michel Vovelle, *La mort et l'occident de 1300 à nos jours*, Paris, Gallimard et Pantheon Books, 1983, pp. 31-32ss.

[25] Tristan, p. 49.

[26] Dont le thème se retrouve dans plusieurs légendes hagiographiques, dont celle de saint Bernard.

ouvrant sa boîte,...[27]), il faut noter que les incubes ou les succubes ne sont jamais représentés sous forme humaine; c'est le cas par exemple des succubes (reconnaissables à leurs sexes féminins) de la *Tentation* de Martin Schongauer ou de l'incube des différentes versions du *Cauchemar* de Füssli[28].

Aussi donnerions-nous un tout autre sens aux guérisons opérées par Antoine sur les femmes. Il semble en effet que, conformément aux *Evangiles* et en tant que parèdre du Christ[29] (à l'instar de Job), Antoine soigne les plus nécessiteux et les plus éloignés de Dieu: les femmes, qui, depuis les premiers temps chrétiens jusqu'à la fin du Moyen Age, sont rendues responsables de la Chute et considérées comme les suppôts de Satan[30].

La *Tentation de saint Antoine* des *Heures de Louis de Laval* pose donc des problèmes beaucoup plus complexes qu'il n'y paraît au premier abord. Elle montre une certaine conception de la féminité, par nature luxurieuse et maléfique[31] (phénomène social de l'époque, la sorcellerie était surtout pratiquée par les femmes[32]), ainsi que la contamination du thème franciscain sur l'iconographie antonite. Le dernier point est sans doute le plus intéressant, car le moins attendu, et, s'il est permis d'ouvrir plus largement le débat, obligerait sans doute à étudier moins sommairement le rapport franciscanisme/*Tentations*. En effet, l'iconographie antonite prend sa source au XIVème en Italie, pays et moment du déclin de la franciscaine[33]. La première se répand dans toute l'Europe, alors que la seconde ne sort pas des frontières de la péninsule. La *Tentation* est totalement absente des pays où le franciscanisme, et les Stigmates, furent soit rapidement intégrés (l'Espagne), soit rejetés brutalement, et restèrent parfaitement inconnus (l'Angleterre). En conséquence, on voit bien le thème souffrant (et macabre par contrecoup) poindre dans la *Tentation*, et la question se posera au chercheur de savoir si le développement de l'iconographie antonite n'est pas une réaction de l'Eglise traditionaliste contre la nouvelle spiritualité?

---

[27] Tristan, chap. 1, 2, 7, 13 et 14; et Villeneuve, pp. 108 à 118.

[28] Il est vrai que les tentatrices peuvent représenter des démons, elles sont alors reconnaissables à leurs cornes, leurs pieds crochus ou leurs ailes de chiroptères, cf. Réau, *Iconographie...*, pp. 111ss. Mais, bien que cela puisse paraître paradoxal, il ne faut confondre les représentations de démons, comme ici, de celles d'incubes ou de succubes telle que la gravure de Schongauer.

[29] Comme le confirment par ex. le retable d'Isenheim, cf. Mellinkoff, ou les bois polychromes du musée d'Unterlinden de Colmar (entrés en 1913 et portant les n° d'Inv. SB 32 et 33), représentant *Saint Antoine visitant saint Paul au désert* et *Le Baptême du Christ*, d'après les gravures de Dürer et Schongauer. Les deux bois, réalisés vers 1510 et provenant de l'église des Franciscains de Colmar, sont visiblement d'une même main et se font pendant.

[30] Cf. Jean Palou, *La sorcellerie*, Paris, P.U.F., 1985; et Villeneuve, *Dictionnaire du Diable*, Paris, Bordas, art. "*Femme*", pp. 148-149. Par ex., Odon, abbé de Cluny, demandera: "*comment pouvons-nous désirer embrasser ce sac de fiente?*", cité *in* Villeneuve, *Dict. du Diable, ibid.*, p. 148.

[31] Se reporter par ex. aux prescriptions du *Lévitique* sur l'impureté menstruelle des femmes. Le texte d'une gravure anonyme du XVIIème s. intitulée *Le Caquet des femmes* renvoie directement à une image pandorique de la femme: "*Sy les hommes voyant nos yeux,/ sente leur liberté perdue,/ Nous pourrions bien charmer les dieux/ nous voyant ainsi toute nue.*"; cf. Sara F. Matthews Grieco, *Ange ou diablesse - la représentation de la femme au XVIème siècle*, Paris, Flammarion, 1991. (*Le Caquet des femmes* est reproduit p. 326); et Dora et Erwin Panofsky, *La boîte de Pandore*, Paris, Hazan, 1990.

[32] Cf. Institoris et Sprenger.; et Palou, Ière partie.

[33] Cf. Gaston Duchet-Suchaux et Michel Pastoureau, *La Bible et les saints - Guide iconographique*, Paris, Flammarion, 1990, art. "*Antoine le Grand*", pp. 33-34, et "*François d'Assise*", pp. 149 à 151; et Henry Focillon, *Moyen Age - survivances et réveils - Etudes d'Art et d'Histoire*, Montréal, Bernard Valiquette, 1945, chap. VII, pp. 133 à 152.

V - LE PARCOURS DE L'HUMANITE DANS L'OEUVRE DE JEROME BOSCH; DE L'ESCHATOLOGIE AU PECHE ORIGINEL: L'EXEMPLE DU *CHARIOT DE FOIN*

"Dans la roue de sa brouette l'univers tournait et il poussait l'univers devant lui."

(Michel Ragon, *Enfances vendéennes*, Point Virgule/Ouest France/Edilarge, 1990, p. 14)

A) De l'eschatologie

Le caractère eschatologique de l'oeuvre de Jérôme Bosch a curieusement peu retenu jusqu'ici, semble-t-il, les historiens de l'art[1].

Pourtant, les grands triptyques du Maître évoquent une symbolique morale d'ordre apocalyptique résurgente d'une oeuvre à l'autre. Le *Triptyque fragmentaire du Jugement dernier* de la Wildenstein Gallery de New York[2], ainsi que les *Triptyques du Jugement denier* de Vienne et de Bruges[3], et le *Triptyque du Jardin des délices*[4] (fig.1 et 2) nous renvoient une structure identique, qui va de la représentation du Paradis terrestre (panneaux de gauche) à celle, précisément, du Jugement dernier (panneaux de droite). Ce qui, si l'on considère, encore une fois, qu'il s'agit de triptyques et qu'on en rapproche l'organisation à celle du polyptyque d'Isenheim, selon l'interprétation qu'en donne fort judicieusement Ruth Mellinkoff[5] (de l'entrée du Mal dans le monde et la Chute jusqu'à la Rédemption finale, par la venue du Christ et l'entrée du peuple élu dans la foi révélée de l'Eglise), peut très bien avoir pour objet une progression liturgique, correspondante aux divers moments de l'année religieuse.

B) Du monde

De fait, le *Triptyque du Déluge* et *Les Visions de l'Au-delà*[6] montrent clairement la dialectique qui oppose l'âme qui se perd à celle qui se sauve, cette dernière s'identifiant symboliquement au Christ, tout comme le saint Antoine impassible, car uni à Dieu[7], face aux turbulences et fausses apparences du monde dans le *Triptyque de la Tentation*[8], ce que confirme la progression des souffrances d'Antoine, de la chute (panneau de gauche) à la méditation tranquille (panneau de droite).

On notera dans les panneaux centraux des *Triptyques du Jugement dernier*, ainsi que dans la version du *Jugement dernier* d'Allaert et Hameel, et dans celle, peinte, conservée aux Etats-Unis, dans une collection particulière[9], la présence du Christ en gloire, de type byzantin, Christ qu'on retrouve dans le panneau central du *Triptyque du Chariot de foin*.

De même, le pèlerin du panneau extérieur du *Triptyque du Chariot de foin* se rapproche, non seulement, comme on l'a souvent noté, de *L'Enfant prodigue* du museum Boymans-van Beuningen de

---

[1] En effet, même l'à présent classique travail de Wilhelm Fraenger, *Le royaume millénaire de Jérôme Bosch*, Paris, Ivrea, 1993, ne s'intéresse au caractère apocalyptique de l'oeuvre du maître que comme révélateur de son orientation alchimique, et parce qu'il permettrait, toujours selon Fraenger, de prouver que l'oeuvre aurait été réalisée en collaboration. On citera cependant, de l'abondante bibliographie iconographique sur Bosch (qui par ailleurs, du fait de la célébrité de l'oeuvre, est notablement plus abondante en ce qui concerne *Le triptyque du Jardin des délices*, bien que le symbolisme apocalyptique n'y apparaisse pas non plus central, les articles suivants (le choix, bien sûr, est arbitraire): Madeleine Bergman, "The garden of love - A neoplatonic interpretation of Bosch's "Garden of Earthly Delights" triptych", *Gazette des Beaux Arts*, mai-juin 1990, pp. 191-212; Charles D. Cuttler, "Two aspects of Bosch's hell imagery", *Scriptorium*, n° 2, 1969, pp. 313-319; et Robert L. Mc Grath, "Satan and Bosch - The "Visio Tundali" and the Monastic Vices", *Gazette des Beaux Arts*, janvier 1968, pp. 45-50.

[2] Max J. Friedländer et Mia Cinotti, *Tout l'oeuvre peint de Jérôme Bosch*, Paris, Flammarion, 1967, N° 13 du catalogue, p. 91.

[3] *Ibid.*, N° 50 et 51, pp. 108--110.

[4] *Ibid.*, N° 30, pp. 99-101.

[5] Ruth Mellinkoff, *The Devil at Isenheim - Reflections of Popular Belief in Grünewald's Alterpiece*, Berkeley et Los Angeles, University of California Press, 1988.

[6] Friedländer et Cinotti, N° 25 et 26, pp. 97-98.

[7] Comme également le saint Antoine de la *Tentation* de Schongauer, selon l'interprétation que nous en avons donnée dans notre "*Introduction à l'étude des Tentations de saint Antoine*", *Revue de la Bibliothèque Nationale de France*, N° 4, hiver 1994, pp. 10-15. Antoine dans le *Triptyque* de Bosch est d'ailleurs explicitement mis en comparaison avec le Christ, dont les souffrances sont représentées sur les panneaux extérieurs de l'oeuvre. En outre, on peut dire que le célèbre *Portement de Croix* de Gand fonctionne sur le même modèle d'opposition entre, d'un côté, la bonté individuelle, impassible et pieuse, et, de l'autre, la violence, collective et méchante, du monde qui l'entoure, en mettant en balance, comme l'ont noté les exégètes, le Christ, martyr innocent, et ses bourreaux, dont les trognes révèlent leurs péchés.

[8] Friedländer et Cinotti, N° 43, pp. 105-107.

[9] *Ibid.*, N° 51 à 54, pp. 109-110.

Rotterdam[10] (les deux oeuvres développant par ailleurs une parabole à connotation morale autour du thème de la dilapidation), mais aussi du *Saint Jacques de Compostelle* du *Triptyque du Jugement dernier* de Vienne[11], et du *Saint Christophe*, également conservé au museum Boysman-van Beuningen de Rotterdam[12].

L'usage du *tondo*, ou du cercle, aussi bien dans *Les sept Péchés capitaux* que dans le *Triptyque du Déluge*, le panneau externe du *Triptyque du Jardin des délices*, *L'Enfant prodigue*, *Les Visions de l'Au-delà*, *Le Portement de Croix* ou *Saint Jean à Patmos*[13] nous éclaire sur le fait que la critique picturale de Bosch à ses contemporains, caractéristique de la mentalité de la fin du Moyen Age (qui donnera naissance aux *Vanités* baroques), s'opère contre l'attraction des biens mondains[14].

En effet, dans *Les sept Péchés capitaux*, le cercle s'identifie à l'oeil de Dieu, de la même façon que dans les différentes versions du *Jugement dernier*, il est la mandorle du Christ, et dans *Les Visions de l'au-delà*, l'ouverture vers le ciel, selon une iconographie très proche de celle des mandorles de Dieu le père et du Christ dans les panneaux extérieurs du retable d'Isenheim, celle de Dieu le père envoyant à la Vierge une cohorte de messagers et habiles musiciens célestes[15]. Plus claire encore est la boule-monde du panneau externe du *Triptyque du Jardin des délices* qui, d'origine orientale[16], représente explicitement le "*globus horribilis*"[17], dans lequel se joue l'ultime bataille entre le Bien et le Mal. De fait, dans *Jésus enfant*, panneau du *Portement de croix*, le poupon, représenté dans un cercle qui imite encore une fois un *tondo*, s'amuse notamment avec un petit moulinet, jeu pour enfants typique de l'époque selon les études menées par le Professeur Jean-Pierre Suau.

Fritz Saxl confirme pour l'époque médiévale le symbolisme, d'origine antique, du cercle comme image de "*l'homme* (qui) *devrait être aussi haut que large parce que le firmament prenait la forme d'un globe*", et, par conséquent, comme symbole de "*la vie humaine* (divisé, comme d'ailleurs, rappelons-le, dans *Les Sept péchés capitaux* de Bosch) *en un système de secteurs déterminés par émanations du cosmos*"[18].

C) Du pèlerin

De même, c'est le destin humain (précisément, le "*monde flottant*", plan et royaume du quotidien, qu'ont si bien mis en scène les artistes asiatiques), dépendant à la fois de la divinité (prédestination) et de l'individu lui-même (libre arbitre), que représente encore le pèlerin, qu'il s'identifie à saint Christophe, porteur de l'enfant Jésus, à saint Jacques, le pèlerin par excellence pour la fin du Moyen Age, ou au fils prodigue biblique. Le pèlerin, à l'instar des autres hommes, embarqués sur la *Narrenschiff* de Brant, également illustrée par la fameuse toile de Bosch, est pris sur le chemin de la vie, chemin souvent fait de déviations et de fourvoiements[19].

Cette dialectique du pèlerin égaré est parfaitement mise en scène dans les chapitres 5, 21 et 24 de la *Narrenschiff*. La gravure du chapitre 24 montre un personnage sur qui pèse littéralement tout le poids du monde, dont le globe (similaire en tous points à celui du *Jardin des délices* de Bosch) lui fait courber l'échine. Cette iconographie ne peut que nous rappeler celle de saint Christophe, portant le Christ-Univers, elle-même inspirée du modèle antique de Héraklès chargeant sur ses épaules le jeune enfant Eros, en tant que dieu cosmogonique[20]. Saint Christophe ressurgit d'ailleurs dans les dessins dont Holbein a illustré

---

[10] *Ibid.*, N° 61, pp. 111-112.

[11] *Ibid.*, p. 108.

[12] *Ibid.*, N° 36, pp. 102-103.

[13] *Ibid.*, pp. 87, 94, 97-98, 100 et 102.

[14] Nous ne pouvons mieux faire ici que ce que nous postulions déjà dans notre article antérieur, N.-B. Barbe, "La Chute d'Icare de Bruegel l'Ancien: une allégorie du Péché originel?", *Bulletin de l'Association des Danses Macabres d'Europe*, IIème partie: N° 12, février-mars 2000, note 130: "Problématique dont le sens apparaît évident dans le contexte de l'émergence de la société bourgeoise, notamment dans les Pays-Bas de la fin du Moyen Age et de l'ère moderne, cf. en particulier sur les conséquences psychologiques et sociales de ce phénomène au XVIIème siècle Simon Schama, *L'embarras de richesses - La culture hollandaise au Siècle d'Or*, Paris, Gallimard, 1991".

[15] Mellinkoff, pp. 10-11 et 15ss.

[16] Cf. Jurgis Baltrusaitis, *Le Moyen Age fantastique - Antiquités et exotismes dans l'art gothique*, Paris, Flammarion, 1981, pp. 195-206.

[17] François Decret, "*Le "globus horribilis" dans l'eschatologie manichéenne d'après les traités de saint Augustin*", *Mélanges d'histoire des religions offerts à Henri-Charles Puech*, Paris, PUF, 1974, pp. 487-492.

[18] Fritz Saxl, *La vida de las imágenes*, Madrid, Alianza, 1989, pp. 64-66.

[19] Symbolisme du pèlerin dans "*le labyrinthe de la vie*" qu'on retrouve jusque dans l'alchimie de l'époque, cf. Alexander Roob, *Le Musée hermétique - Alchimie & Mystique*, Cologne, Taschen, 1997, pp. 692-702.

[20] Pierre Saintyves, *Saint Christophe successeur d'Anubis, d'Hermès et d'Héraklès*, Paris, Emile Nourry, 1936, pp. 3 et 19.

L'Eloge de la Folie d'Erasme[21].

C'est bien dans le monde germanique que s'origine véritablement le symbolisme de saint Christophe, guide du pèlerin fourvoyé à l'époque luthérienne, pendant qu'en Espagne, sa figure s'identifie à celle du Juif Errant[22]. La confusion entre saint Christophe, le pèlerin parcourant le difficile chemin de la vie, et le chrétien naviguant sur la nef du monde, caractères interchangeables, on l'a vu, dans l'oeuvre de Bosch, trouve, contemporainement, un notable éclaircissement chez Luther. Ainsi, Pierre Saintyves (1936) nous rappelle que:

"Luther n'hésite pas à dénier toute existence réelle à Christophe. Dans ses "Propos de table", il en fait l'image du voyage du chrétien à travers la vie: "Il traverse une mer orageuse, agitée, c'est-à-dire le monde, et les vagues qui l'assaillent, ce sont les tyrans et les factions, ainsi que tous les diables, qui cherchent à lui donner la mort de l'âme et du corps; mais il s'appuie sur un grand arbre qui lui sert de soutien, c'est-à-dire sur la parole de Dieu. De l'autre côté de la mer est un petit vieillard avec une lanterne qui renferme une lumière allumée; ce sont les écrits des prophètes; il se dirige de ce côté et arrive sur la plage où il se trouve en sûreté. Il a à son côté un panier où se trouve du pain et du poisson; ceci signifie que Dieu n'abandonne point ses fidèles sur la terre, au milieu de tous les maux et de toutes les tribulations qu'ils ont à endurer, mais qu'il les nourrit et ne les laisse point mourir de faim. C'est un poème chrétien"./ A la suite de Luther, les protestants n'ont vu dans ce saint personnage qu'une figure allégorique."[23]

Le texte parle de lui-même. On y retrouve l'ambiguïté habituelle entre vie maritime et terrienne, les deux aspects traditionnels du travail de l'homme[24].

D) Du chariot

Voici ainsi expliqués le panneaux extérieur, et les deux panneaux latéraux du *Triptyque du Chariot de foin*. Bosch nous représente ici, symboliquement, et selon le goût du siècle, le parcours du chrétien devant s'affronter aux tentations terrestres, errant même dans ce monde trompeur.

L'image du chariot de foin lui-même a reçue une célèbre interprétation, la plus juste sans doute, celle de Tolnay (1937), qui y voit l'illustration du proverbe flamand: *"Le monde est une montagne de foin, chacun en prend ce qu'il peut en saisir"*[25].

Tolnay note bien la relation implicite entre cette scène centrale et les modèles bibliques, la Chute et l'Enfer, qui l'entourent, ainsi que la typologie entre la scène du chariot de foin et celle du *Chemin de la vie*. Or l'étude attentive de l'iconographie nous permet d'approfondir cette interprétation.

Tout d'abord, autour du chariot, se pressent non seulement les petites gens, mais aussi *"les prêtres et les religieuses* (qui) *ne le cèdent à personne, confirmant la polémique d'avant la réforme contre la corruption du clergé"*[26]. On voit également *"à gauche les puissants de la terre - roi, empereur et pape -* (qui) *mènent le cortège"*[27].

Nous nous trouvons donc en face d'un modèle iconographique proche des *Danses macabres*, révélateur d'une psychomachie sous-jacente, notable non seulement, comme l'évoque Tolnay[28], par la mise en miroir du Péché originel et du Jugement dernier dans les triptyques du *Jugement dernier* et du *Chariot de foin* (et, ajouterions-nous, comme nous l'avons déjà fait, du *Jardin des délices*), mais aussi, ainsi que l'écrivent Max J. Friedländer et Mia Cinotti (1966), par l'opposition, dans *Le Chariot de foin*, entre les démons qui tentent les pécheurs des deux sexes et l'ange à genoux qui prie le Christ en gloire[29].

Friedländer et Cinotti précisent encore la signification du chariot à l'époque:

"Ce proverbe (cité par Tolnay) *n'est pas référencé avant 1823 (Grauls, 1938), mais il peut être d'usage plus ancien: il reflète, d'ailleurs, le concept du foin pris comme bien terrestre fugitif qui remonte à Isaïe (XL, 6) et aux Psaumes de David (CII, 15). Ils sont cités par Sigüença comme sources utilisées par Bosch: "toute chair est comme l'herbe et sa délicatesse est celle de la fleur des champs", et "L'homme! ses jours sont comme l'herbe, comme la fleur des champs il fleurit". Dans le catalogue de 1574 le chariot "indique la vanité"; dans la description de Moralès (1586) la vie humaine "fut comme le foin qui sécha et périt sans donner fruit de vertu". L'image du chariot a été très diffusée dans les Flandres à l'époque; nous la trouvons dans les processions (Baldass, Puyvelde, Tolnay) comme celle d'Anvers en 1563 dont le programme (De*

---

[21] *Ibid.*, p. 24.
[22] *Ibid.*, pp.4ss. et 23.
[23] *Ibid.*, p. 4.
[24] Cf. Jacqueline Champeaux, *Le culte de la Fortune à Rome et dans le monde romain*, Paris, De Boccard, 1982, 2 vol., t. I, p. 151.
[25] Charles de Tolnay, *Jérôme Bosch*, Paris, Robert Laffont, 1967, p. 25.
[26] Friedländer et Cinotti, p. 95.
[27] *Ibid.*
[28] Tolnay, p. 25.
[29] Friedländer et Cinotti, pp. 95-96.

Keyser, 1939-1940) décrit "un chariot de foin sur lequel est assis un satyre, et suivi de toute sorte de gens qui arrachent le foin, des usuriers, des caissiers, des marchands, car le gain terrestre est semblable au foin"; en ce cas, le chariot est symbole de la cupidité (Bax [1949] y voit justement une satire de l'avarice). Le tas de foin (les biens terrestres) apparaît en poésie au XVème siècle (Grauls); le chariot de foin (fugacité des biens et cupidité) dans une chanson populaire du XVIème siècle (De Keyser) et dans une gravure de Bartholomaüs de Momper de 1559 (Leeber et Grauls). L'universalité de la signification est confirmée par la copie du panneau de Bosch, reproduit dans une tapisserie du XVIème siècle du Palais Royal de Madrid: le chariot y est renfermé dans une sphère de cristal, symbole du monde (Baldass, 1959). Repoussent cette interprétation Pigler (1950), qui pense à une interprétation du prophète Amos, et Dorfles (1953), qui recourt à l'occultisme des tarots (septième arcane, un char tiré par deux sphinx)."[30]

La sphère de cristal de la tapisserie madrilène est, effectivement, de toute évidence, un symbole du monde. Comme le laissent entendre Friedländer et Cinotti, il est logique que le foin, partie sèche et non consommable des récoltes, devint l'image des biens terrestres, et le chariot, celui de la thésaurisation. D'une certaine façon déjà, on s'en souvient, les corbeilles qu'en songe le panetier du Pharaon porte sur sa tête (*Genèse*, 40, 1) évoquent l'avidité passive du personnage, opposé au grand échanson, dont l'activité au service de son maître se révèle jusque dans le rêve dont le premier il fait part à Joseph.

Mais l'illustration de la cupidité des hommes, si elle ne renvoyait pas à un message plus général, n'aurait peut-être pas sa place dans une oeuvre comme *Le chariot de foin*, dont on a vu l'étroite similitude avec des oeuvres au fort contenu moral et adventiste.

Le *Triptyque du Chariot de foin*, traditionnellement daté de 1500-1502, fut donc réalisé un peu moins d'une dizaine d'années après la parution de la *Narrenschiff*, en 1494.

Nous ne pouvons ici que reprendre l'exposé de notre étude, menée à partir des livres d'emblèmes, sur l'iconographie de *La chute d'Icare* de Bruegel l'Ancien comme allégorie du Péché originel[31].

Nous nous attacherons plus particulièrement aux chapitres 8 "*De ne pas suivre les bons conseils*"[32], 47 "*Du chemin de la félicité*"[33] et 84 "*De persévérer dans le bien*"[34] de la *Narrenshciff*. Les trois utilisent le symbole de la charrue, qui, rappelons-le, apparaît aussi au premier plan de *La Chute d'Icare* de Bruegel. La gravure des chapitres 8 et 84 est la même. Elle montre deux fous autour d'une charrue, dont un tient un oiseau au poing, identifié dans le chapitre 8 à un coucou et dans le chapitre 84 à un serin. Dans les deux cas, il symbolise la bêtise de l'homme.

Le chapitre 8 fait de la charrue le symbole de l'homme qui, se croyant plus sage que Dieu et que quiconque en général, court à sa perte. Par contre, les chapitres 47 et 84 en font tous deux pareillement le symbole de l'attachement des hommes (mêmes ceux qui font tout pour être honnêtes et respecter la loi divine, et auxquels s'intéresse tout particulièrement le chapitre 84) aux biens terrestres.

Donc dans un cas, l'image de la charrue sert à développer le thème de l'infidélité, tel que Brant le fait dans les chapitres 28, 36, 45 et 75. Dans le second, c'est la convoitise qui est mise en cause. Or dans la définition de Cassien, dont se souviendra toute la mystique chrétienne (comme les oeuvres de Bosch, notamment *Les Sept Péchés Capitaux*, le montrent parfaitement), elle donne naissance à tous les péchés, la Gourmandise d'abord, de laquelle naissent la convoitise du corps (la Luxure) et la convoitise de l'argent (l'Avarice). De l'Avarice naît l'Envie, et donc la Colère, d'où naît le désintérêt, voire même le dégoût, pour l'ascèse et les travaux d'élévation de l'âme, autrement dit l'Acédie (ou Paresse). De ce désintérêt reprennent à nouveau corps, en un cycle sans fin, la Gourmandise et la Luxure, desquelles naissent à nouveau les autres péchés. C'est pourquoi Cassien, comme Basile de Césarée, saint Jean Chrysostome, saint François d'Assise ou Brant, prônant l'attention constante à ne pas se laisser tenter par la convoitise ou la Paresse, et donc l'ascèse la plus stricte et la plus permanente[35].

Le chapitre 47 identifie indifféremment les biens que les hommes désirent sans cesse à la charrue et à la voiture. Le chapitre 91 "*Des bavards dans les stalles du choeur*"[36] reprend, alors qu'on ne s'y attendrait pas à cet endroit, l'association entre l'Avarice et la vantardise (déjà évoquée, sous une autre forme, dans les

---

[30] *Ibid.*, p. 96.
[31] Barbe, 1ère partie: No 16, octobre 1999, pp. 4-11.
[32] Sébastien Brant, *La Nef des Fous*, Bar le Duc, La Nuée Bleue, 1988, pp. 33 à 35.
[33] *Ibid.*, pp. 171 à 173.
[34] *Ibid.*, pp. 327 à 329.
[35] Cf. notamment l'excellent article sur le sujet de Michel Foucault, "*Le combat de la chasteté*", *Communications 35 - Sexualités occidentales*, sous la dir. de Philippe Ariès et André Béjin, Paris, Seuil, 1982, pp. 26 à 40.
[36] Brant, pp. 354 à 356.

chapitres traitant de l'Orgueil de ceux qui refusent de suivre le droit chemin en pensant tout savoir). Cette fois, ce sont les voitures et le bateau (la nef, récurrente dans l'oeuvre) qui symbolisent à la fois l'Avarice (citée explicitement) et la vantardise de ceux qui possèdent (ou croient posséder) des biens. Il est donc significatif que le chapitre suivant traite de "*La fatuité de l'orgueil*"[37] et que la gravure qui l'accompagne représente une *Femme au miroir*, image traditionnelle à la fin du Moyen Age et à la Renaissance de l'orgueil et de l'amour de soi. Dans le même ordre d'idée, il est tout aussi significatif que les chapitres suivants (93 à 112, dernier chapitre de l'ouvrage) se focalisent sur la stigmatisation de l'Avarice, de l'Envie et de la Paresse, selon une dialectique parfaitement identique à celle, déjà décrite, de Cassien, ce qui, conclut Brant, aboutit au mensonge qui "*dénigre le bien*" (chapitre 110), et par conséquent à la venue de "*L'Antéchrist*" (chapitre 103), c'est-à-dire donc à la perte de l'humanité éloignée de Dieu et irrémédiablement vouée au péché (par sa *culpa* originelle apparemment). En effet, l'auteur est lui-même un fou (chapitre 111 "*Plaidoyer de l'auteur*") et l'humanité s'entête inconsciemment à préférer s'amuser et continuer le Carnaval plutôt que de se repentir de tous ses péchés, même pendant le saint Carême (chapitre 110b "*Du Carnaval*").

E) Conclusion: Du *Chariot de foin* comme expression de la mentalité de son temps

On le voit, le thème du chariot renvoie, non seulement à l'image, évidente, de la cupidité des hommes face aux biens terrestres, mais aussi, plus généralement, à l'infidélité.

C'est dans le riche substrat théologique et moral de la fin du Moyen Age, profondément marqué par un mysticisme dû aux malheurs des temps (notamment les grandes pestes)[38], qu'il faut chercher la signification véritable du *Chariot de foin* de Bosch, à la fois image d'un adventisme ingénu et austère réflexion sur l'avidité des clercs et des bourgeois. Ainsi s'éclaire, mise en regard des oeuvres de Brant et Luther notamment, le symbolisme complexe du *Triptyque du Chariot de foin*, qu'une simple référence au folklore populaire ne saurait permettre de comprendre.

En effet, si bien le panneau central, du *Chariot de foin*, s'explique sans peine en référence aux proverbes flamands, il est moins aisé de l'intégrer aux autres panneaux du triptyque si l'on ne le considère pas comme l'indispensable élément d'union entre l'image du pèlerin sur la route de la vie du panneau externe, le Péché originel du panneau de gauche, et l'Enfer, mais nous préférons parler de Jugement dernier, du panneau de droite. Il est d'ailleurs fort intéressant que Friedländer et Cinotti notent la double présence de toutes les classes ainsi que des deux sexes dans le panneau central. Ce qui rapproche explicitement le *Chariot de foin* des *Danses macabres*, bien sûr, mais aussi du panneau central du *Jardin des délices*, représentation de la multiple et désordonnée descendance moderne d'Eve la pécheresse. De plus, le Christ dans la mandorle, qui domine la vie turbulente des hommes dans *Le Triptyque du Chariot de foin*, nous invite à comparer l'iconographie de l'oeuvre avec celle des nombreux *Jugement*(s) *dernier*(s) peints par l'artiste, dans lesquels, conformément à l'iconographie traditionnelle, sa présence est l'expression même de l'évènement apocalyptique.

Y aurait-il meilleure illustration des problèmes théoriques abordés par Erwin Panofsky dans *La perspective comme forme symbolique*?

"*... l'interprétation - dont fait aussi partie, je le répète (écrit le maître), la simple description, a sa source dans le pouvoir de connaissance et dans l'avoir en connaissances du sujet interprétant, c'est-à-dire dans notre expérience existencielle de la vie, quand il s'agit de découvrir le seul sens-phénomène et dans notre savoir littéraire quand il est question du sens-signification. Or, il me plairait de penser que le correctif objectif que nous opposerons à ces sources de connaissances subjectives - "certifiant" par là même leur résultat - n'est rien d'autre que ce que nous pouvons appeler l'"histoire de la tradition" et que nous avons rencontré dans le cas du sens-phénomène sous l'aspect de l'"histoire de la forme", et dans le cas du sens-signification, sous l'aspect de l'"histoire des types".*"[39]

---

[37] *Ibid.*, chap. 92, pp. 357 à 363.
[38] Cf. Jean Delumeau et Yves Lequin, *Les Malheurs des temps - Histoire des fléaux et des calamités en France*, Paris, Larousse, 1987; ainsi que l'indispensable ouvrage de Michel Vovelle, *La mort et l'Occident de 1300 à nos jours*, Paris, Gallimard, 1985.
[39] Erwin Panofsky, *La perspective comme forme symbolique*, Paris, Les Editions de Minuit, 1997, p. 249.

VI - *LA CHUTE D'ICARE* DE BRUEGEL L'ANCIEN : UNE ALLÉGORIE DU PÉCHÉ ORIGINEL ?

I - Questions d'iconographie

La datation comme l'attribution de *La Chute d'Icare* posent encore de nombreux problèmes. Les analystes hésitent à identifier le tableau avec celui qu'on trouve dans les inventaires de Prague de 1621 et de 1647-1648, d'autant que Granberg croit reconnaître dans celui recensé en 1647-1648 une oeuvre de H. Bol, actuellement conservée au Nationalmuseum de Stockholm.

Quoiqu'il en soit, *La Chute d'Icare* fut acquise seulement en 1912 chez un antiquaire de Londres, au profit des Musées Royaux des Beaux Arts de Bruxelles. Avant cette date, elle était inconnue. Hulin de Loo par exemple en rattachait les mentions dans les différents inventaires à un hypothétique tableau réalisé d'après l'estampe exécutée à Rome en 1552-1553.

Une autre version, anciennement dans la collection parisienne de J. Herbrand, est aujourd'hui la possession de D.M. van Buuren à Bruxelles.

Glück entre autres pense que cette réplique est meilleure que celle des Musées Royaux. Mais la plupart des critiques voient dans cette dernière le seul original.

Van Puyvelde considère les deux versions comme des originaux, alors que Foucart, Jedlicka et Michel les considèrent comme des faux, arguant que la technique en est très inférieure à celle habituelle de Bruegel. Michel attribue ainsi *La Chute d'Icare*, mais aussi la *Vue de Naples* (1558) de la Galleria Doria à Rome et les *Proverbes flamands* (1559) du Staatliche Museen de Berlin, à un artiste de l'entourage de Bruegel, bien que par ailleurs l'on ne sache rien des collaborateurs éventuels du maître.

Le problème de la datation est tout aussi ardu. Glück et Tolnay proposent 1555, tout de suite après le retour d'Italie de Bruegel. Genaille, qui rapproche le paysage d'un dessin de 1561 conservé au Louvre, et intitulé *Lever de soleil*, penche pour une datation plus tardive, vers 1562-1563. Grossmann et Vanbeselaer préfèrent en faire une oeuvre de la dernière période de Bruegel.

Il faut toutefois noter que le dessin préparatoire intitulé *Dédale et Icare* est, quant à lui, daté de 1553. Il est contemporain de *L'Enlèvement de Psyché*. Ces deux croquis sont connus par deux gravures qui s'en sont inspirées et portent chacune l'inscription "*Petrus Breugel fec. Romae A.o 1553*"[1].

Du point de vue stylistique, il est correct de dire que les plis absents ou quasiment des vêtements de l'agriculteur, au premier plan des deux versions de *La Chute d'Icare*, rapprochent plus ce personnage des enluminures parisiennes du XVème siècle que de la manière de Bruegel. Celui-ci en effet s'attache toujours à rendre les détails des fronces et ondulations des habits, même lorsque ses personnages sont dans un paysage historié, ou du moins ont des dimensions proportionnellement assez réduites par rapport à l'ensemble de la toile, ce qui est souvent le cas. Cet intérêt marqué de Bruegel pour les vêtements est très net par exemple dans les courbes du drap servant de manteau à Marie dans le *Dénombrement de Bethléem* (1566), qui épousent parfaitement son corps et lui font une chaude couverture.

Comme Marijnissen, nous ne saurions nous prononcer sur l'attribution de la *Vue de Naples*[2].

Par contre, pour ce que nous pouvons en juger sur les reproductions, il nous paraît évident, à l'examen attentif de la couleur de la version de *La Chute d'Icare* de la collection D.M. van Buuren, qu'il s'agit d'une copie. En effet, si la manière offre bien certaines similitudes avec celle de Bruegel, telle que la

---

[1] Pour toutes les références bibliographiques des auteurs cités, ainsi que les problèmes de datation et d'attribution, nous renvoyons à la compilation de *Tout l'oeuvre peint de Bruegel l'Ancien*, intro. Charles de Tolnay, doc. Piero Bianconi, Paris, Flammarion, 1981, pp. 82, 85 et 92.

[2] Roger H. Marijnissen, avec la collaboration de A.W.F.M. Meij, P. Ruyffelaere et P. Van Calster, *Bruegel - Tout l'oeuvre peint et dessiné*, Anvers, Fonds Mercator, et Paris, Albin Michel, 1988, pp. 380-381.

recherche des dégradés, notamment dans les vêtements et les paysages rocheux en arrière-plan, le ton général, très clair, comme la minutie, souvent laborieuse, des détails peut très bien être l'oeuvre d'un copiste consciencieux, en outre visiblement marqué là encore par la technique de l'enluminure (comme en témoignent les petits nuages blancs qui s'effilochent à gauche du spectateur ou les différences trop évidentes de colorisation entre d'une part le blanc laiteux du visage du berger ainsi que la chair rose et les ailes peintes à la plume près dirons-nous de Dédale et d'autre part l'ombre épaisse de l'eau où s'englue Icare).

Les remaniements subis par la toile des Musées Royaux, révélés par l'analyse de laboratoire de 1969, compliquent beaucoup le travail d'identification. Il semblerait qu'elle fût pour une bonne part repeinte selon les besoins successifs de restauration, sans attention particulière aux détails, et que le gros de ces modifications datât du XIXème siècle[3].

Malgré tout, aussi bien l'agriculteur du premier plan que les personnages du second, les roches, la mer ou le bateau, sont dans la manière de Bruegel. Le dégradé des chaussures de l'agriculteur est typique. De même, les reflets bleu turquoise du ciel et de la mer ne sont pas sans rappeler ceux de ces mêmes éléments, visibles dans la trouée ouverte à gauche entre les rochers, de *La Conversion de saint Paul* (1567), ou bien dans celle, à droite cette fois, des deux versions, toutes deux de 1563, de *La Tour de Babel*.

Il est vrai cependant que le disque blanc du soleil, qui tache tout le fond de la scène, est peu "bruegelien". Même si ses reflets dans l'eau comme les ombres de l'agriculteur et de son cheval, qui viennent sans conteste équilibrer l'ensemble, laissent supposer que ce lever de soleil est original, du moins dans son principe, il est néanmoins possible, en l'absence de tests de laboratoire permettant d'en décider avec certitude, d'envisager que sa couleur blanchâtre soit le fait d'un ajout.

En ce qui concerne la datation de l'oeuvre, et malgré les rapprochements iconographiques que nous avons fait avec des oeuvres nettement postérieures au séjour de Bruegel à Rome, il paraît raisonnable, là encore en l'absence de tout autre élément positif, de penser qu'il a réalisé *La Chute d'Icare* à peu près contemporainement de son esquisse préparatoire. En effet, aucun élément stylistique concluant ne vient appuyer l'hypothèse que *La Chute d'Icare* ne serait pas de Bruegel. Mais *a contrario* rien ne permet une datation précise, sinon la gravure tirée du dessin de 1553. En outre, les rapprochements iconographiques peuvent être trompeurs. Si dans les oeuvres tardives comme *La Tour de Babel* ou *La conversion de saint Paul* la couleur du ciel et de la mer rappelle bien le bleu de *La Chute d'Icare*, les plans d'eau du *Proverbe du dénicheur* ou de la célèbre *Parabole des aveugles*, toiles toutes deux de 1568, sont franchement grisâtres et n'ont plus rien à voir avec la couleur presque translucide de l'"*Icarium mare*" (ainsi que les Anciens nommaient la partie orientale de la mer Egée où Icare tomba[4]) de *La Chute d'Icare*.

En résumé, nous pensons donc qu'un certain nombre de rapprochements iconographiques simples plaident en faveur de l'authenticité du tableau des Musées Royaux, ce qui est moins évident pour le tableau de la collection D.M. van Buuren. La plupart des critiques s'accordent sur ce point. Bien sûr, l'hypothèse d'un copieur de génie n'est pas à exclure, mais les différences partielles de manière avec l'art de Bruegel dans le tableau des Musées Royaux sont plus vraisemblablement dus à des restaurateurs indélicats. Peut-être l'analyse en laboratoire de l'oeuvre nous en apprendrait-elle plus.

Par contre, tout rapprochement chronologique nous paraît hasardeux en l'état actuel des connaissances sur l'oeuvre. Il est plus vraisemblable de penser que Bruegel n'a pas attendu plusieurs années entre le moment où il réalisa son dessin romain et le tableau définitif, que d'imaginer une évolution de style qui n'est pas aussi évidente que cela dans son art, sa technique, comme celle d'un Jérôme Bosch, ayant été assez homogène durant toute sa vie, et son voyage en Italie ne l'ayant visiblement pas particulièrement marqué, à la différence d'Albrecht Dürer[5] par exemple. L'hypothèse de Glück et du grand Tolnay serait donc la plus juste, comme le prouve, ainsi que nous allons le voir, le caractère savant du thème de *La Chute*

---

[3] *Ibid.*, p. 378.
[4] Cf. Ovide, *Les Métamorphoses*, Paris, Garnier-Flammarion, 1991, note 445 p. 433.
[5] Sur l'influence de l'Italie sur le peintre, cf. notamment Erwin Panofsky, *La vie & l'art d'Albrecht Dürer*, Paris, Hazan, 1987.

d'Icare, du moins tel que Bruegel l'a ici interprété. De fait, s'il faut chercher sinon une véritable évolution du moins une influence de l'Italie sur son oeuvre, c'est moins dans un changement technique que dans le choix de thèmes mythologiques radicalement éloignés des proverbes et fabliaux populaires, si chers aux peintres nordiques comme Bruegel ou son maître spirituel, Bosch.

II - Questions d'iconologie
a) Bruegel et Ovide

Si l'on se reporte à la relation de la chute d'Icare par Ovide (*Mét.*, VIII, 195ss.), on s'aperçoit que la représentation du moment fatal est on ne peut plus fidèle au texte. En effet, Ovide écrit que "*Quelque pêcheur, occupé à surprendre les poissons au moyen de son roseau qui tremble, un pasteur appuyé sur son bâton ou un laboureur au manche de sa charrue, qui les* (Dédale et Icare) *vît, resta frapper de stupeur et pensa que ces êtres qui pouvaient voyager dans les airs étaient des dieux*"[6].

Cette évocation d'hypothétiques spectateurs de la scène se retrouve chez Bruegel par la représentation scrupuleuse de chacun d'entre eux. Le texte d'Ovide nous intéresse à un autre niveau. La comparaison entre Dédale, son fils et les dieux fait écho à celle qu'Ovide fait quelque lignes plus haut, lorsqu'il parle de "*ces ailes* (que Dédale ajuste sur les bras de son fils et) *que l'homme ignorait*"[7]. Faut-il voir là une apologie de la prouesse scientifique et technique de Dédale, ou bien plutôt l'explication de la mort d'Icare, due au fait que les deux hommes s'approprient une connaissance illicite, puisque expressément réservée aux dieux? La deuxième supposition est la meilleure si l'on considère que les conseils que Dédale donne à son fils avant de s'envoler sont identiques à ceux que Phoebus donnât à Phaéton (*Mét.*, II, 133ss.), c'est-à-dire de n'aller ni trop au Nord ni trop au Sud, ces directions étant désignées ici par leurs symboles d'après Hygin (*Poet. Astr.*, II, 4 et 34)[8]. Dédale termine ainsi ses recommandations à Icare: "*Et je te recommande de ne pas regarder le Bouvier, ni l'Hélice, ni l'épée nue d'Orion*"[9], le Bouvier comme l'Hélice (qui fait partie de la Grande Ourse), étant une constellation de l'hémisphère boréal, et Orion une constellation de l'hémisphère austral[10].

Identiquement, bien que de manière plus développée, Phoebus conseille son fils avant qu'il ne prenne les rênes du char du Soleil qui s'avérera lui être fatal: "*Si tu peux du moins obéir à mes recommandations paternelles, n'use pas, mon enfant, de l'aiguillon, et tiens plutôt d'une main ferme les rênes. D'eux-mêmes, ces chevaux accélèrent leur course; la difficulté est de maîtriser leur fougue. Et ne t'avise pas de traverser en droite ligne les cinq régions de la voûte céleste: une route les coupe obliquement, décrivant une large courbe et, sans dépasser les limites des trois zones, évite le pôle austral et l'Ourse associée aux Aquilons. Passe par là. Tu verra les traces nettes de la roue* (du char solaire, qui emprunte chaque matin le même chemin)"[11].

Faut-il supposer que la bourse et l'épée près du laboureur soient une allusion à "*l'épée nue d'Orion*" citée par Ovide, ou bien au proverbe, dont on ne saisirait pas bien ici le sens, "*Epée nue et argent requièrent mains astucieuses*", comme le propose Van Lennep[12]?

Guère plus simple à résoudre se révèle la présence, dans les deux versions du tableau, d'un vieillard sous les arbres, apparemment mort, ce qui pourrait faire référence à un autre proverbe, "*Aucun laboureur ne*

---

[6] Ovide, *Les Métamorphoses*, Paris, Garnier-Flammarion, 1991, p. 209.
[7] *Ibid.*
[8] Cf. *ibid.*, note 443 p. 433.
[9] *Ibid.*, p. 209.
[10] Cf. *ibid.*, note 443 p. 433.
[11] *Ibid.*, p. 68. Cette mise en garde, récurrente donc chez Ovide, sera d'ailleurs notablement réutilisée par Jean Baudoin, *Emblèmes divers, representez dans cent quarante figures en taille douce*, 1659, réed. Paris, Aux Amateurs de Livres, Bibliothèque Interuniversitaire de Lille et Klincksieck (BIL), 1989, 2 vol., t.1, pp. 396 à 399, justement à propos d'Icare, comme symbole néo-stoïcien de la juste mesure. Ce qui, s'il en était besoin, viendrait confirmer notre interprétation de *La Chute d'Icare* de Bruegel l'Ancien comme allégorie du Péché originel.
[12] Cf. Bianconi et Tolnay, p. 92.

s'arrête pour la mort d'un homme"[13].

Quoiqu'il en soit, Icare se noyant est l'illustration parfaite d'Ovide:

"Le voisinage du soleil dévorant amollit la cire odorante qui retenait les plumes. La cire ayant fondu, l'enfant (Icare) n'agite plus que ses bras nus, et, manquant désormais de tout moyen de fendre l'espace, il n'a plus d'appui sur l'air; et sa bouche criait encore le nom de son père, quand l'engloutit l'eau céruléenne; c'est de lui qu'elle a tiré son nom. Quand au père infortuné, qui n'était plus père: "Icare, dit-il, où es-tu? En quel endroit me faut-il te chercher?" "Icare", répétait-il, quand il aperçut les plumes sur l'eau. Il maudit alors son invention, et enferma le corps dans un sépulcre, et cette terre a pris le nom de celui qui y fut enseveli"[14].

Enfin, la présence de la perdrix, perchée sur des ronces à droite, est une référence directe au personnage de Perdrix d'Ovide (*Mét.*, VIII, 230ss.)[15], qui s'inspire de Sophocle[16]. Inventeur talentueux de la scie et du compas, Perdrix fut en butte à la jalousie de Dédale qui le précipita du haut de la "*citadelle sacrée de Minerve*". Mais "*Pallas, qui favorise le génie, le reçut et fit de lui un oiseau, le couvrant, dans sa chute, de plumes*"[17]. C'est pourquoi, lorsque Dédale ensevelit son fils mort, Perdrix, "*durable remords*" pour Dédale nous dit Ovide, manifeste bruyamment sa joie. Ovide précise que "*le souvenir de son ancienne chute lui* (à Perdrix) *fait redouter les hauteurs*"[18]. Là encore donc, Bruegel, avec ce sentiment du détail naturaliste qu'on retrouvera chez ses fils, mais qui est plus généralement l'apanage des peintres néerlandais de l'ère moderne, illustre fidèlement Ovide. Ce dernier élément renforce l'idée que Dédale, en couvrant son fils d'ailes, désobéit doublement aux dieux, d'abord parce qu'ils n'ont pas créé l'homme avec des ailes et, qu'en conséquence, c'est qu'ils ne voulaient pas qu'il volât, et ensuite parce que, ayant précipité Perdrix, sauvé *in extremis* par Pallas, Dédale s'inspire de l'aide que la déesse apporta au malheureux Perdrix pour se sauver lui et son fils. Il n'a donc ni le respect de la déesse ni le souvenir de son crime.

La comparaison du tableau de Bruegel avec le texte d'Ovide permet deux conjectures.

Premièrement, le fait que le berger regarde en l'air dans la version des Musées Royaux, souvent vanté par la critique comme une manière géniale de rendre son indifférence à la scène, doit plutôt être interprété comme une modification ultérieure du modèle initial. En effet, Ovide dit explicitement qu'"*un pasteur appuyé sur son bâton ou un laboureur au manche de sa charrue, qui... vît* (Dédale et Icare), (serait resté) *frapper de stupeur et* (aurait) *pens*(é) *que ces êtres qui pouvaient voyager dans les airs étaient des dieux*"[19]. Or si le laboureur est occupé à sa charrue, conformément à Ovide, le berger fixe bien le ciel. Si dans la version des Musées Royaux, le ciel est vide, à l'inverse dans celle de la collection D.M. van Buuren, il regarde Dédale. Il ne fait donc guère de doute que dans la version originale, Bruegel a voulu que le berger regarde en l'air pour contempler ce faux dieu. Le confirme la reprise du thème de *La Chute d'Icare* avec Dédale dans les airs pendant qu'à l'arrière-plan tombe son fils, c'est donc à dire selon l'exact modèle du tableau de la collection D.M. Bureen, par Otto Van Veen (1608), Jean Baudoin[20] (1638-1639), et par C. Saraneci[21] (qui n'a d'ailleurs pas compris le sens de la double présence du laboureur et du pêcheur, sur laquelle nous reviendrons, réduisant l'ensemble à une scène de genre où discutent deux pêcheurs pendant que sur l'autre rive une femme leur fait signe). Ceci est d'autant plus évident que, si l'on accepte cette hypothèse, le tableau de Bruegel apparaît comme une sorte de pendant au thème de *La Chute des Anges rebelles* traitée dans son très célèbre tableau éponyme (1562). D'ailleurs, en désobéissant aux préceptes divins (en tuant Perdrix et en donnant des ailes à son fils), Dédale ne respecte pas la juste mesure,

---

[13] Cité *in ibid.*
[14] Ovide, pp. 209-210.
[15] *Ibid.*, p. 210.
[16] *Ibid.*, note 446 p. 434.
[17] *Ibid.*, p. 210.
[18] *Ibid.* Ainsi, comme le note à plusieurs reprises fort justement Françoise Frontisi-Ducroux, *Dédale - Mythologie de l'artisan en Grèce ancienne*, Paris, François Maspero, 1975, chap. II.3. "*Meurtre sur l'Acropole*", pp. 121-134, Perdrix-Talos par sa chute préfigure dialectiquement celle d'Icare.
[19] Ovide, p. 209.
[20] Cf. Baudoin.; et Otto Van Veen, *Amorum emblemata figuris Aencis Incisa*, 1608, rééd. BIL, 1989, pp. 42-43.
[21] Reproduit dans Irène Aghion, Claire Barbillon et François Lissarrague, *Héros et Dieux de l'Antiquité - Guide iconographique*, Paris, Flammarion, 1994, art. "*Icare*", p. 163.

symbolisée par le compas, aussi bien chez Sébastien Brant[22] (1494) que chez Van Ven[23], chez ce dernier directement à propos du mythe de Dédale et d'Icare, représenté comme nous venons de le dire selon le même modèle que dans la version de la collection D.M. Bureen du tableau de Bruegel.

Deuxièmement, si l'on considère la correspondance voulue par Ovide entre les préceptes que Phoebus prodigue à Phaëton et ceux de Dédale à Icare, le soleil blanc qui occupe tout l'horizon ne peut être qu'interprété comme le soleil levant (ce qu'atteste sa coloration blanche et non rouge, ce qui signifierait qu'il se couche). Il apparaît dès lors comme l'expression évidente du lien que, dans l'esprit de Bruegel, comme dans celui d'Ovide, mais aussi dans ceux des auteurs des livres d'emblèmes de la période baroque, la chute d'Icare entretient avec celle de Phaëton (nous y reviendrons).

b) Bruegel et Sébastien Brant
Comme on le sait, la fameuse *Narrenschiff* de Brant parut pour la première fois à Bâle en Février 1494. Or un certain nombre de points communs entre les planches de cet ouvrage et les motifs de *La Chute d'Icare* de Bruegel retiennent l'attention, et permettent de penser que la fidélité de Bruegel au texte d'Ovide relève moins d'une volonté d'illustrer de manière plus ou moins anecdotique *Les Métamorphoses* que d'une véritable symbolique morale.

Nous nous baserons sur l'étude comparative de *La Chute d'Icare* avec les chapitres 8, 28, 36, 45, 47, 56, 75, 84 et 91 de *La Nef des Fous*.

Au chapitre 45 "*De provoquer la malchance*"[24], faisant référence à Empédocle d'Agrigente qui, selon Horace (*Art poétique*, 458-469), se jeta dans l'Etna, Brant critique les fous qui "*implorant à tue-tête/ que Dieu leur vienne en aide/ pour sortir de leur peau,/ tout comme un papillon/ qui sort de son cocon./... à force de crier,/ ne sa*(vent) *plus ce qu'il*(s)" *font, et se jettent dans un puit ou dans l'Etna, leur voisin leur disant, plein de bon sens, qu'ils n'ont que ce qu'ils ont mérité. La morale de ceci est que "C'est ainsi que certains raccourcissent leur vie,/ sous prétexte que Dieu/ ne peut les exaucer/ puisqu'il n'accorde pas la grâce demandée/ qu'il* (le fou) *lui plairait d'avoir./ Lorsque l'insensé prie,/ ses espérances vaines/ veulent saisir une ombre/ ou poursuivre le vent./... Si quelqu'un accumule/ à plaisir les soucis,/ qu'il en paie le prix*"[25].

La même dialectique se trouve antérieurement au chapitre 36 "*De l'outrecuidance des esprits forts*"[26], à propos de "*Celui qui veut voler/ seul de ses propres ailes,/ dénichant les oiseaux,/* (et pour cela) *sera souvent par terre*". L'explication de cet emblème est encore plus net, puisque Brant écrit que "*Ceux qui ne tiennent compte/ des avertissements,/ se fiant à leur science,/ se jettent dans l'hérésie impie/ pour obtenir la gloire/ en se faisant valoir*"[27].

Cette critique de la raison au profit du sentiment, qui se retrouve de Thomas de Kempis à Blaise Pascal, est typique du judéo-christianisme. Nous ne voulons pas prétendre que Bruegel s'inspirât forcément directement de Brant, mais que pour le moins le souvenir de son oeuvre maîtresse laissa un souvenir suffisamment vivace à la fois dans la mémoire du temps et, par contrecoup, dans l'esprit de Bruegel pour que celui-ci, plus ou moins consciement, identifie Icare à cet imprudent qui veut voler de ses propres ailes, se pensant plus savant que la Sagesse divine, et en éprouve pour cela durement les conséquences.

La présence de la perdrix dans le tableau de Bruegel prend alors un sens beaucoup moins anecdotique et plus directement symbolique. Il représenterait les oiseaux[28] (ou, en d'autres termes, les

---
[22]Sébastien Brant, *La Nef des Fous*, Bar le Duc, La Nuée Bleue, 1988, p. 288.
[23]Van Veen.
[24]Brant, pp. 162 à 170.
[25]*Ibid.*, pp. 162 à 164.
[26]*Ibid.*, pp. 133 à 135.
[27]*Ibid.*
[28]Récurrents dans le texte de Brant, *ibid.*, passim. Cf. note 35 et texte correspondant *infra*.

fantasmes) que le fou essaie de tirer du nid, quitte à y laisser sa propre vie. Très nettement le chapitre 36 identifie ce fou à l'hérétique (en renforçant cette assimilation par une tournure pléonastique).

Le chapitre 28 "*De murmurer contre Dieu*"[29] reprend cette idée du fou qui, mécontent du fait que Dieu n'agisse pas comme il le voudrait, attise "*un feu/ pour renforcer la flamme/ des rayons du soleil/ ou... allume... des torches/ pour venir au secours/ de l'éclat du soleil*", autrement dit pour faire que Dieu agisse autrement qu'il ne le fait, ce qui, selon Brant, provoque "*bien plus/* (de) *pleur*(s) *qu*(e de) *rire*(s)"[30]. C'est ainsi qu'en tirant follement, les hommes atteignent souvent non pas leur cible mais la nef même qui est leur lieu de vie commun, comme l'explique Brant au chapitre 75 "*Des mauvais tireurs*"[31].

On voit donc la perfection de logique interne de l'ouvrage de Brant. Sa démonstration vise toutes les formes d'impiété, mais en les orientant systématiquement vers la stigmatisation de l'éloignement qu'elles provoquent des visées divines.

Plus symptomatiques pour nous sont les chapitres 8 "*De ne pas suivre les bons conseils*"[32], 47 "*Du chemin de la félicité*"[33] et 84 "*De persévérer dans le bien*"[34]. Les trois utilisent le symbole de la charrue, qui, on l'a vu, est au premier plan de *La Chute d'Icare* de Bruegel. La gravure des chapitres 8 et 84 est la même. Elle montre deux fous autour d'une charrue, dont un tient un oiseau au poing, identifié dans le chapitre 8 à un coucou et dans le chapitre 84 à un serin. Dans les deux cas, il symbolise la bêtise de l'homme[35].

Le chapitre 8 fait de la charrue le symbole de l'homme qui, se croyant plus sage que Dieu et que quiconque en général, coure à sa perte. Par contre, les chapitres 47 et 84 en font tous deux pareillement le symbole de l'attachement des hommes (mêmes ceux qui font tout pour être honnêtes et respecter la loi divine, et auxquels s'intéresse tout particulièrement le chapitre 84) aux biens terrestres.

Donc dans un cas, l'image de la charrue sert à développer le thème de l'infidélité, tel que Brant le fait dans les chapitres 28, 36, 45 et 75. Dans le second, c'est la convoitise qui est mise en cause. Or dans la définition de Cassien, dont se souviendra toute la mystique chrétienne (comme les oeuvres de Jérôme Bosch, notamment *Les Sept Péchés Capitaux* de 1475-1480, le montrent parfaitement), elle donne naissance à tous les péchés, la Gourmandise d'abord, de laquelle naissent la convoitise du corps (la Luxure) et la convoitise de l'argent (l'Avarice). De l'Avarice naît l'Envie, et donc la Colère, d'où naît le désintérêt, voire même le dégoût, pour l'ascèse et les travaux d'élévation de l'âme, autrement dit l'Acédie (ou Paresse). De ce désintérêt reprennent à nouveau corps, en un cycle sans fin, la Gourmandise et la Luxure, desquelles naissent à nouveau les autres péchés. C'est pourquoi Cassien, comme Basile de Césarée, saint Jean Chrysostome, saint François d'Assise ou Brant, prônent l'attention constante à ne pas se laisser tenter par la convoitise ou la Paresse, et donc l'ascèse la plus stricte et la plus permanente[36].

---

[29] *Ibid.*, pp. 106 à 108.
[30] *Ibid.*
[31] *Ibid.*, pp. 285 à 288.
[32] *Ibid.*, pp. 33 à 35.
[33] *Ibid.*, pp. 171 à 173.
[34] *Ibid.*, pp. 327 à 329.
[35] Cf. note 28 et texte correspondant *supra*.
[36] Cf. notamment l'excellent article sur le sujet de Michel Foucault, "*Le combat de la chasteté*", *Communications 35 - Sexualités occidentales*, sous la dir. de Philippe Ariès et André Béjin, Paris, Seuil, 1982, pp. 26 à 40. C'est ainsi que se comprend également le texte de Baudoin, Ière partie, pp. 396 à 399, qui fait du mythe de Dédale et Icare l'allégorie de la Vertu, qui doit se distinguer à la fois du défaut (ou du manque, péché de la vieillesse) et de l'excès (péché de la jeunesse auquel a succombé Icare selon Baudoin). On retrouve là, comme chez Van Veen, le principe du juste milieu, qui définissait déjà la Vertu chez Aristote. L'homme, intermédiaire entre l'animal et Dieu, ne doit ni pêcher en se rabaissant au niveau du premier ni pêcher en voulant égaler le second. C'est ce que nous rappellent les auteurs des livres d'emblèmes (selon une théorie assez proche de la célèbre division tripartite de l'âme des néo-platoniciens tel que notamment Marsile Ficin). Cette juste mesure n'est rien d'autre que celle que les hommes doivent adopter envers Dieu. Sinon, comme le rappelle Gabriel Rollenhagen, la roue de Fortune, qu'il identifie explicitement à la punition de Dieu - ce dernier (reconnaissable à son allure de patriarche et à sa tête couronnée d'un aigle, symbole traditionnel de sa présence, cf. Chevalier et Gheerbrant, art. "*Aigle*" et "*Aigle (à deux têtes)*", pp. 12 à 16, étant d'ailleurs appuyé sur la manivelle de la roue que tourne Fortune, cf. Rollenhagen, *Nucleus emblematum selectissimorum quea Itali vulgo impressas vocant*, 1611, rééd. BIL, 1989, Ière partie, emblème 6 -, viendra les faire chuter, *ibid.*, emblèmes 6 et 57.

Le chapitre 47 identifie indifféremment les biens que les hommes désirent sans cesse à la charrue et à la voiture. Le chapitre 91 "*Des bavards dans les stalles du choeur*"[37] reprend, alors qu'on ne s'y attendrait pas à cet endroit, l'association entre l'Avarice et la vantardise (déjà évoquée, sous une autre forme, dans les chapitres traitant de l'Orgueil de ceux qui refusent de suivre le droit chemin en pensant tout savoir). Cette fois, ce sont les voitures et le bateau (la nef, récurrente dans l'oeuvre) qui symbolisent à la fois l'Avarice (citée explicitement) et la vantardise de ceux qui possèdent (ou croient posséder) des biens. Il est donc significatif que le chapitre suivant traite de "*La fatuité de l'orgueil*"[38] et que la gravure qui l'accompagne représente une *Femme au miroir*, image traditionnelle à la fin du Moyen Age et à la Renaissance de l'orgueil et de l'amour de soi. Dans le même ordre d'idée, il est tout aussi significatif que les chapitres suivants (93 à 112, dernier chapitre de l'ouvrage) se focalisent sur la stigmatisation de l'Avarice, de l'Envie et de la Paresse, selon une dialectique parfaitement identique à celle, déjà décrite, de Cassien, ce qui, conclut Brant, aboutit au mensonge qui "*dénigre le bien*" (chapitre 110), et par conséquent à la venue de "*L'Antéchrist*" (chapitre 103), c'est-à-dire donc à la perte de l'humanité éloignée de Dieu et irrémédiablement vouée au péché (par sa *culpa* originelle apparemment). En effet, l'auteur est lui-même un fou (chapitre 111 "*Plaidoyer de l'auteur*") et l'humanité s'entête inconsciemment à préférer s'amuser et continuer le Carnaval plutôt que de se repentir de tous ses péchés, même pendant le saint Carême (chapitre 110b "*Du Carnaval*").

c) Bruegel et les livres d'emblèmes de l'ère baroque

L'étude de Brant nous a permis de donner une orientation générale au tableau de Bruegel. Cependant, son sens précis nous échappe encore. S'agit-il d'opposer Dédale l'assassin à son fils l'impie, ou ces deux-ci au laboureur, lui-même paradigme de l'attachement aux biens terrestres, mais alors que représenteraient Dédale et son fils, qui cherchent à s'élever pour se sauver (donc, peut-on supposer, dans une interprétation typologique chrétienne, pour accéder symboliquement à Dieu)? Nous ne pouvons encore en décider clairement. C'est donc vers les livres d'emblèmes, somme iconographique indispensable à l'exégèse de l'art moderne comme l'ont montré les auteurs de l'illustre Ecole de Warburg, qu'il faut nous tourner.

Ceci pose d'emblée un problème chronologique. Peut-on considérer que des ouvrages postérieurs à une oeuvre sont susceptibles d'en permettre une interprétation objective? La réponse nous paraît devoir être oui, et ce à deux titres. D'abord parce que l'objectif avoué des recueils d'emblèmes de l'ère moderne est d'être une base d'interprétation des thèmes picturaux dont le symbolisme peut être aussi bien issu de la mythologie antique que de la théologie chrétienne. Ensuite parce que les livres d'emblèmes, comme toute production intellectuelle, relèvent naturellement des catégories de pensée de leur époque, et ne font qu'en mettre en évidence les représentations collectives, que l'auteur en soit conscient ou non. Or nous postulons que l'histoire de la pensée humaine ne connaît pas de solution de continuité (les travaux d'Erwin Panofsky et Fritz Saxl sur la persistance de la mythologie classique dans l'art médiéval en sont une preuve flagrante), en tous les cas pas suffisamment brusque pour que des ouvrages datant des XVIème-XVIIIème siècles s'inscrivent profondément dans un autre système de pensée que celui d'une oeuvre qui leur est à peine antérieure, bien au contraire.

En outre, nous allons par exemple nous intéresser au recueil d'Andrea Alciati (1531), qui, quelque soit la datation proposée pour le tableau de Bruegel, lui est antérieur de plusieurs années.

Ceci posé, il nous semble possible d'entrer dans l'analyse du lien existant entre les livres d'emblèmes et *La Chute d'Icare* de Bruegel.

Nous avons déjà noté la liaison implicite entre les mythes de Phaëton et d'Icare. Ainsi comme nous l'avons dit, chez Ovide Dédale donne-t-il, avant l'envol, exactement les mêmes conseils à Icare que ceux que Phoebus a donnés à Phaëton[39]. L'issue des deux aventures est sensiblement identique, les deux fils mourant dans leur chute respective.

---

[37] Brant, pp. 354 à 356.
[38] *Ibid.*, chap. 92, pp. 357 à 363.
[39] Cf. Ovide, note 443 p. 433.

Alciati[40] fait de la chute de Phaëton le symbole de la roue de Fortune (dont on sait qu'elle correspond explicitement dans la mentalité moderne à celle de la Justice divine[41] - ce qui implique qu'en touchant toutes les catégories sociales, elle punit l'ensemble de l'humanité pour une *culpa* collective, à l'image de la Némésis antique[42] -), qui broie aussi bien les puissants que les pauvres. L'inconscience des rois, représentée par Phaëton, se retrouve ensuite plus généralement imputée aux "*Astrologues iudiciaires*", stigmatisés aux travers des mythes de Prométhée et d'Icare[43].

On retrouve chez Gabriel Rollenhagen (1611) l'identification entre la chute de Phaëton et la roüe de Fortune, qui frappe les puissants (symbolisés par les couronnes, sceptres et attributs ecclésiastiques aussi bien que princiers)[44].

Chez Albert Flamen (1653), la chute de Phaëton devient plus globalement cette fois le symbole de la désobéissance des hommes aux préceptes divins[45]. De même dans son commentaire de la *Divine Comédie* (vers 1307-1321) de Dante, C. Landino (1508) fait d'Icare et de Phaëton les symboles de tous les présomptueux et, plus précisément encore, la chute de Phaëton s'identifie pour Gaguin à celui de Sodome[46].

Cette désobéissance, illustrée au travers du mythe de Typhon chez Baudoin, est l'amour de soi-même, autrement dit l'oubli de Dieu, comme, toujours selon Baudoin, le prouvent la légende de Narcisse aussi bien que celle d'Icare[47]. Ceci est de première importance, dans la mesure où l'on a vu que les derniers chapitres de *La Nef des Fous* identifiaient déjà toutes les formes de désobéissance aux principes divins (qui en fait se résumaient, ainsi que nous l'avons aussi vu, à la convoitise et aux paresse et médisance subséquentes) à l'amour de soi (chapitre 92).

Bien qu'il s'inspirât directement d'Ovide[48], Bruegel est donc dans sa représentation de *La chute d'Icare* le plus symptomatique de tous, lorsqu'il représente, à côté d'Icare chutant, un agriculteur, un berger et un pêcheur.

En effet, la présence de ces trois personnages s'explique, notamment celle de l'agriculteur, si on rapporte leur symbolique à celle du mythe d'Icare dans les livres d'emblèmes précités, comme une métaphore de l'état de l'humanité. Selon la *Genèse*, celle-ci serait devenue mortelle et aurait de plus été réduite au travail (traditionnellement représenté par les travaux des champs, auxquels nos premiers ancêtres se seraient tout de suite consacrés une fois chassés du paradis terrestre), après le péché originel, cause de la chute (elle-même donc allégorisée ici, par typologie, au travers de la légende de Dédale et d'Icare).

Ainsi que nous l'avons évoqué, on retrouve une représentation identique à celle de Bruegel chez Van Veen[49], ce qui confirme son caractère symbolique, comme emblème de la tempérance[50] (ou, si l'on préfère, de la juste mesure ou de l'ascèse, thème comme on le sait particulièrement cher à la mystique chrétienne[51], et

---

[40] Andrea Alciati, *Tovtes les emblèmes*, éd. de 1558 et de 1564, rééd. BIL, 1989, Ière partie, p. 82. Même si l'emblème de la p. 60 *in ibid.*, qui montre un enfant s'accrochant désespérément aux branches d'un arbre illustre l'option inverse, à savoir qu'il ne faut jamais hésiter à mener à bien ses entreprises, malgré les embûches qui peuvent se présenter à nous. Mais ce thème est peu fréquent. De plus, l'enfant ne chute pas du ciel, mais semble plutôt en mauvaise position car il est grimper à l'arbre, visiblement dans l'espoir d'en cueillir les fruits.

[41] Cf. par ex. Brant, chap. 56, pp. 200 à 205; et Georgette de Montenay, *Livre d'armoiries en signe de fraternité*, 1619, rééd. BIL, 1989, emblème XXXI, pp. 154 à 157.

[42] Cf. par ex. Jean Coman, *L'idée de la Némésis chez Eschyle*, Paris, Félix Alcan, 1931.

[43] Alciati, pp. 124 à 126.

[44] Rollenhagen, Ière partie, emblème 12.

[45] Albert Flamen, *Devises et emblesmes d'amour moralisez*, 1672, rééd. BIL, 1989, pp. 46 à 48.

[46] Cf. Panofsky, *Essais d'iconologie - Thèmes humanistes dans l'art de la Renaissance*, Paris, Gallimard, 1967, note 2 p. 302.

[47] Baudoin, pp. 214 à 219, 296 à 303 et 396 à 399.

[48] Ovide, pp. 208 à 210.

[49] Van Veen.

[50] Cf. par ex. Panofsky, *Essais d'iconologie*, pp. 302-303.

[51] Cf. par ex. Foucault.

auquel Brant oppose les péchés et les excès des hommes).

Van Veen s'inspire visiblement de Bruegel. Il montre Dédale, parfait jumeau de celui de la version de la collection D.M. Bureen, volant pendant que choit Icare dans le soleil qui est à son zénith, ce qui confirme notre interprétation du soleil de *La Chute d'Icare* de Bruegel comme étant levant, et non couchant ainsi que le proposent certains critiques. Cependant, ce qui est très intéressant c'est que Van Veen abandonne la représentation du berger (ce qui confirme encore par contrecoup qu'en référence à Ovide, il sert essentiellement chez Bruegel à attirer l'oeil du spectateur sur la présence quasiment divine de Dédale), tout en conservant les représentations du navire (sans le pêcheur) et du laboureur.

d) Bruegel et l'origine antique des thèmes littéraires du Moyen Age et de la Renaissance: un discours sur la Fortune qui punit l'infidélité des hommes
En réalité, si l'on rapproche la présence, récurrente dans ces oeuvres, du navire et du laboureur, du fait que les livres d'emblèmes identifient explicitement la chute d'Icare à la roue de la Fortune, il devient clair que leur rôle est justement de symboliser dans les deux cas la Fortune elle-même, en tant que divinité de la prospérité humaine, maîtresse des ondes et de la terre[52].

Déjà dans l'Antiquité à Antium, la Fortune était vénérée en tant que déesse de la mer[53] et dans son *Ode I*, 35, Horace fait de la Fortune une divinité universelle, maîtresse des ondes et de la terre, que prient à la fois "*le pauvre paysan*" et "*l'aventureux marin*" ("*te pauper ambit sollicita prece/ ruris colonus, te dominam aequoris/ quicumque Bithyna lacessit/ Carpathium pelagus carina*")[54]. Pour Cicéron (*Marcell.*, 7), la Fortune est "*rerum humanarum domina*"[55]. Elle s'identifie alors à Isis[56], "*Déesse de la fertilité des champs*"[57], "*Dame de la mer*"[58], "*Celle qui accorde la Vie*"[59].

Ce double domaine de compétence de la déesse Fortune ou Nature est une donnée permanente depuis l'Antiquité au moins jusqu'à la période moderne, comme le confirment les texte de Lucrèce[60] ou d'Etienne

---

[52] A noter que l'origine profondément archaïque de cette bipartition traditionnelle du pouvoir de Fortune sur l'ensemble des éléments est confirmée par le fait que chez un auteur médiéval tel que Henricus Septimellensis, elle est remplacée par une mise en parallèle du travail de Fortune, "*déesse la plus puissante du monde*", avec ceux du "*soldat, (du) pêcheur, (et du) clerc*", cf. Italo Siciliano, *François Villon et les thèmes poétiques du Moyen Age*, Paris, Librairie A.-G. Nizet, 1971, p. 285, autrement dit donc par la constatation de son pouvoir trifonctionnel (exactement tel que l'a défini Georges Dumézil).

[53] Cf. Jacqueline Champeaux, *Le culte de la Fortune à Rome et dans le monde romain*, Paris, De Boccard, 1982, 2 vol., t. I, p. 167.

[54] Cité in *ibid.*, p. 151.

[55] *Ibid.*, p. 168.

[56] *Ibid.*

[57] Cf. Françoise Dunand, *Le culte d'Isis dans le bassin central de la Méditerranée*, Leyde, Brill, 1973, 3 vol., t. I, p. 98.

[58] *Ibid.*, t. II, p. 118 et t. III, pp. 110, 116 et 256.

[59] *Ibid.*, t. I, p. 102.

[60] Lucrèce, *De la Nature*, Paris, Garnier Frères et Flammarion, 1990, pp. 19-20: "*O Mère d'Enée et de sa race, plaisir des hommes et des dieux, bienfaisante Vénus, toi qui, sous les signes errants du ciel, peuples la mer porteuse de vaisseaux et les terres aux riches moissons! C'est par toi que toutes les espèces vivantes sont conçues et, arrivant à l'existence, voient la lumière du soleil; devant toi, ô Déesse, à ton approche, fuient les vents, fuient les nuages; sous tes pas la terre industrieuse étend ses doux tapis de fleurs, les flots de la mer te sourient, et pour toi, dans le ciel apaisé se répand et resplendit la lumière./ Sitôt qu'a reparu le visage printanier des jours et que, longtemps captive, s'affranchit l'haleine féconde du zéphyr, tout d'abord les oiseaux des airs, ô Déesse, témoignent ta venue, frappés au coeur par ta puissance. Ensuite s'emportent les troupeaux qui bondissent dans les gras pâturages et qui traversent les fleuves rapides; cédant à ton charme, à tes doux attraits, toute la nature animée brûle de te suivre dans la voie où tu veux l'entraîner. Enfin dans les mers, sur les montagnes, au sein des fleuves impétueux, sous les feuillages qu'habitent les oiseaux, parmi les herbes des prairies, jetant dans tous les coeurs les doux traits de l'amour, tu inspires à tous les êtres l'ardeur de perpétuer leur espèce./ Puisque ainsi tu gouvernes seule la nature et que sans toi rien n'aborde aux rivages divins de la lumière, rien ne se proddet de doux et d'aimable, je t'appelle à mon aide pour le travail de ce poème où je m'efforcerai d'expliquer la nature de mon cher Memmius, lui qu'en tous temps, ô Déesse, tu as voulu voir comblé de tes dons. Donne don, ô Déesse, en sa faveur surtout, donne à mes paroles un charme éternel./ Fais cependant que sur mer et sur terre nous voyions cesser les cruels travaux de la guerre, fais que leur fureur partout s'apaise. Car toi seule peux rendre aux mortels le repos heureux de la paix. A ces cruels travaux Mars préside, le Dieu puissant des armes, qui souvent vient se jeter dans tes bras, vaincu par l'éternelle blessure d'amour. Alors, les yeux élevés vers toi, sa nuque ronde rejetée en arrière, il repaît de la vue ses regards avides, et suspend son souffle à tes lèvres. Ah! lorsqu'ainsi, ô Déesse, il repose près de ton corps sacré, enlace-toi à lui, et que ta bouche, répandant de douces paroles, lui demande le repos de la paix, ô glorieuse, pour les Romains. Car, moi-même, je ne pourrais, parmi les embarras de la patrie, me donner à mon oeuvre avec un esprit libre, ni l'illustre rejeton des Memmius se dérober aux nécessités du salut commun*". La suite de l'introduction de Lucrèce désigne Vénus comme une déesse qui révèle la vraie foi aux hommes. A noter que Boèce dans *La Consolation de Philosophie* fait tirer à celle-ci une conclusion qui associe en une même figure Fortune et Nature, toutes deux déesses maritime et terrestre (comme le rappelle Boèce, ainsi qu'on va le voir), puisque les effets changeants de la roue de Fortune sur Crésus ou Persée trouvent, selon elle, en "*la nature elle-même, avec ses jours et ses nuits, avec le calme et les tempêtes du vent et de la mer, (un modèle qui) nous enseigne que toute chose engendrée n'est ni stable ni constante*", cf. Siciliano, pp. 282-283.

Jodelle[61].

Selon cette grille d'interprétation, la présence de la bourse et de l'épée au premier plan, près du laboureur, s'explique, non pas en référence au proverbe "*Epée nue et argent requièrent mains astucieuses*", comme le pense, d'ailleurs fort astucieusement, Van Lennep[62], mais plus directement à l'emblématique de l'époque moderne. Ainsi non seulement, nous l'avons dit, Alciati identifie la chute d'Icare à la roue de Fortune, mais Rollenhagen[63] associe à l'image de cette chute, celles du navire et du berger, et encore et surtout les symboles des pouvoirs temporel (épées et couronne) et spirituel (mitres épiscopale et papale, globe et crosse).

Les *Vers de la Mort* parlent aussi des "*corps du Pape enterré avec sa grande chappe rouge et du Roi "couronné en ceptre*" (qui) *n'échappent pas à la loi terrible*" (de Dieu, représentée par la Mort)[64]. C'est l'Avarice qui, en référence à Boèce (pour qui les possessions terrestres - le "*bien*" - sont symbolisées par les richesses de la mer et du "*champ fertile*"), sera mise en cause sous la forme d'une bourse dans le *Dict des Trois Morts et des Trois Vifs*[65].

Ce blâme adressé en premier, au travers des attributs de l'épée et de la bourse, aux riches et aux puissants se retrouve dans le chapitre 56 "*De la fin des empires*" de *La Nef des Fous*[66], où Brant associe la roue d'Ixion et le rocher de Sisyphe à "*la fortune et la gloire*" que la roue de Fortune fait "*fondre/ comme neige au soleil*" sous la main de Dieu. L'illustration montre justement la main de Dieu en train d'actionner la roue de Fortune, pendant que le texte nous met on ne peut plus explicitement en garde: "*Prenez donc garde, ô rois/ et puissants de ce monde,/ que la chance ne tourne/ et ne vous jette à terre!/ Armez-vous de sagesse/ et songez à la fin/ pour que Dieu vous épargne,/ car il est notre Maître/ et fait tourner la roue!*"[67].

François Villon offre déjà d'autres exemples de glorieux personnages que la Fortune fit choir, soit au sens littéral, comme le roi mède Arphaxad, dont parle aussi Brant dans son chapitre 56, soit au sens figuré, comme César, Jason, Olofernes, etc.[68]

Or dans la mentalité de la fin du Moyen Age et de la Renaissance, l'association entre la Mort et la Fortune est fréquente, notamment dans l'iconographie très connue de la *Danse des Morts*, dans laquelle toutes les classes sociales sont touchées sans distinction de rang, de classe ou d'âge[69]. C'est pourquoi la Mort, main de la Justice divine au même titre que la Fortune, est dite s'attaquer aux puissants[70], et que toutes deux stigmatisent l'Avarice, la gloire et l'Orgueil[71].

Traitant de la Mort, Meschinot fait une mise en garde identique à celle de Brant au chapitre 56, à

---

[61] Aussi bien dans "*Contre la Riere-Venus*", Etienne Jodelle, *OEuvres complètes*, Paris, Gallimard, 1965 et 1968, 2 vol., t. II, pp. 345 à 351, que t. I, pp. 392-393: "*Comme un qui s'est perdu dans la forest profonde/ Loing de chemin, d'oree, et d'addresse, et de gens:/Comme un qui en la mer grosse d'horribles vens,/ Se voit presque englouti des grans vagues de l'onde:/ Comme un qui erre aux champs, lors que la nuict au monde/ Ravit toute clarté, j'avois perdu long temps/ Voye, route, et lumière, et presque avec le sens,/ Perdu le long temps l'object, où plus mon heur se fonde./ Mais quand on voit (ayans ces maux fini leur tour)/ Aux bois, en mer, aux champs, le bout, le port, le jour,/ Ce bien present plus grand que son mal on vient croire./ Moy donc qui ay tout tel en vostre absence esté,/ J'oublie en revoyant vostre heureuse clarté,/ Forest, tourment, et nuict, longue, orageuse, et noire*".

[62] Cf. Bianconi et Tolnay, p. 92.

[63] Rollenhagen, 1ère partie, emblème 12.

[64] Cf. Siciliano, p. 237.

[65] Comparer *ibid.*, p. 239, à Boèce, *La Consolation de Philosophie*, Marseille et Paris, Rivages, 1989, p. 112.

[66] Brant, pp. à 200 à 205.

[67] *Ibid.*, pp. 201-202.

[68] Cf. Siciliano, pp. 308-309.

[69] Cf. *ibid.*, par ex. pp. 231, 237, 247-248, 259, 264, 289 et 291. On notera que l'on trouve parfois la traditionnelle énumération des classes sociales déclinée au féminin, cf. *ibid.*, p. 248, de l'impératrice à la bergère (équivalent féminin donc du berger de Bruegel, de Rollenhagen ou de Van Veen).

[70] Siciliano, *ibid.*, par ex. pp. 252 à 255.

[71] *Ibid.*, par ex. pp. 250, 294 et 299 sur l'avarice, et par ex. pp. 256 et 270 pour la gloire et l'orgueil. De plus, comme la Fortune s'identifie à la Nature chez Lucrèce entre autres, cf. note 60 *supra*, il en va de même au Moyen Age, aussi bien au travers de l'identification entre la Fortune et la Terre-Mère, cf. *ibid.*, p. 304, qu'entre la Mort et la Terre-Mère, *ibid.*, p. 277.

propos de la roue de Fortune, à savoir, parlant aux "*Princes qui tenez haultz lieux/ Comme dieux,/... Ayez Dieu devant vos yeulx*"[72].

Nous avons vu qu'Alciati et Rollenhagen mettaient en premier lieu en garde les princes contre les effets de la roue de Fortune, et par conséquent contre la Vaine Gloire et l'Orgueil, mais que cela n'était qu'une manière de stigmatiser les plus susceptibles de succomber à l'infidélité, que sont les puissants. En effet, l'ouvrage de Flamen comme les *Danses Macabres* et les textes qui s'en inspirent le prouvent, en élargissant à toute l'humanité cette mise en garde, tout en conservant pourtant un intérêt particulier aux puissants (qui sont les premiers à être escortés par la Mort dans les *Danses Macabres*[73]).

e) Bruegel, le thème génésiaque associé à Icare et Phaëton dans la mythologie classique et ses métamorphoses à la période moderne
Parmi les humains touchés par cette Némésis, ce "*mortel accident*", que sont la Fortune et la Mort, toutes deux envoyées par Dieu pour nous punir[74], on trouve des personnages historiques, mythologiques ou bibliques récurrents comme, dans le désordre, Hercule, le fils de Tobie[75], César, Job, Olofernes, etc.[76] On les a déjà rencontrés chez Brant. Plus symptomatique, on trouve Adam et Noé, ce dernier étant également cité par Brant car les hommes ne l'ayant pas écouté, il symbolise leur impiété, autrement dit leur éloignement de Dieu et leur permanente inobservation de sa volonté[77]. A l'inverse, Adam et Noé étant cités comme un groupe par Eustache Deschamps, on peut supposer que Adam symbolise, en tant que pendant de Noé, cette inobservation, de laquelle il s'est lui-même rendu coupable, alors que Noé ne fait au contraire que la stigmatiser. Tous deux sont des personnages génésiaques, non seulement parce que leur vie est racontée dans la *Genèse*, mais aussi et surtout parce que l'un comme l'autre sont à l'origine d'un peuplement humain de la terre[78].

Identiquement, Villon, dans une mise en garde aux "*Princes*" de *La Ballade des Dames du temps jadis*, semblable à celles d'Alciati, de Flamen, de Rollenhagen ou des *Danses Macabres*, fait explicitement référence, comme on le sait, à l'Age d'Or. Dans le même poème, il nous semble trouver une autre résurgence du thème génésiaque dans l'évocation de "*l'inutile pomme d'or*", que Clément Marot interprétera à juste titre comme le symbole du pouvoir impérial[79].

Il n'est donc pas défendu de penser que si certains auteurs choisissent de critiquer en premier les monarques et les ecclésiastiques (c'est-à-dire le pouvoir temporel et le pouvoir spirituel)[80], alors que d'autres

---

[72] Cité *in ibid.*, p. 256.
[73] Ainsi par exemple dans son chapitre 29 "*Des fous pharisaïques*", Brant, pp. 109 à 111, dont on a vu la forte logique interne du texte, fait directement référence à l'iconographie (dans la gravure) et aux thèmes (dans l'explication) de l'*Ars moriendi*. C'est aussi selon cette grille de lecture que s'interprète l'emblème de Baudoin, IIème partie, pp. 436 à 444, qui montre un personnage s'accrochant à un arbre penché au-dessus du vide dont il manque sans cesse tomber, et qui explique que celui qui reste inébranlablement fidèle à son prince (et donc qui s'accroche métaphoriquement aux branches de l'arbre) ne chutera pas, au contraire de celui qui cherche à le tromper. On peut aisément rapprocher cet emblème, tant par iconographie que par sa légende, de ceux montrant la chute d'Icare comme le symbole de l'homme qui s'éloigne de Dieu. Dès lors non seulement, comme on le voit à travers l'exemple de Villon, le thème des princes vaniteux qui oublient Dieu se conçoit comme un exemple extrême de la désobéissance de l'humanité envers Dieu, mais encore le thème des serviteurs infidèles à leurs princes répond à celui des hommes infidèles à Dieu. C'est donc à double titre, par comparaison entre l'infidélité envers le prince et celle envers Dieu et par accentuation de la critique de la convoitise des hommes, que la stigmatisation des puissants se confond avec celle de l'éloignement de Dieu.
[74] Cf. Siciliano, par ex. p. 307, et note 42 et texte correspondant *supra*.
[75] Cf. Brant, p. 329. Associé par Brant, *ibid.*, pp. 34 et 329, à la femme de Lot.
[76] Cf. Siciliano, p. 259.
[77] Comparer *ibid.*, et Brant, p. 134.
[78] On notera ainsi que dans beaucoup de religions, le Déluge fait partie d'un cycle génésiaque dans lequel le père de l'humanité est le même, et non distinct entre la première genèse et la seconde (représentée donc par le Déluge) comme c'est le cas dans la *Bible*, au travers des figures d'Adam et de Noé, cf. *Encyclopaedia Universalis*, éd. de 1968, t. 5, art. "*Déluge (Mythes du)*", pp. 405-406.
[79] Cf. Siciliano, pp. 274-275 et note 1 p. 275.
[80] De plus, comme on l'a vu note 52 *supra*, Henricus Septimellensis, remplace l'idée d'un pouvoir bipartite (à la fois maritime et terrestre) de la Fortune, dont on a aussi vu qu'il est au centre du tableau de Bruegel et des emblèmes d'Alciati, de Flamen et de Rollenhagen, par la mise en parallèle du travail de Fortune, "*déesse la plus puissante du monde*", avec ceux du "*soldat,* (du) *pêcheur,* (et du) *clerc*", cf. Siciliano, *ibid.*, p. 285, c'est-à-dire par la constatation de son pouvoir trifonctionnel. Il en découle logiquement que la critique par Villon et la plupart des auteurs cités des princes et des ecclésiastiques, plus que de rendre compte d'un véritable désaveu littéraire des fondements religieux et/ou politiques de la société médiévale, sert avant tout à mettre en évidence le caractère trifonctionnel de la déesse Fortune, comme c'est le cas chez Henricus Septimellensis.

s'attachent plutôt à mettre en place une allégorie de la condition humaine en général, au travers d'un syncrétisme plus ou moins abouti entre les figures de Prométhée, d'Icare et de Phaëton, les deux options reviennent au même, et qu'on en trouve une preuve dans la *Ballade des Dames du temps jadis*, poème dans lequel Villon combine la critique des "*Princes*" et l'évocation mythologique de l'Age d'Or, si toutefois l'on accepte de poser que les mythes de Prométhée et d'Icare relèvent tous deux d'un symbolisme génésiaque (ce qui est évident en ce qui concerne le premier).

La mythologie classique, notamment mithriaque, dont s'est inspirée l'iconographie funéraire des Romains, fait de la chute de Phaëton le symbole de l'"*ecpyrosis*", la conflagration finale de l'Univers[81], ce qui correspond plus ou moins à l'Apocalypse des chrétiens[82]. C'est en tant que symbole de cette conflagration que Phaëton est représenté sur les sarcophages romains, entouré des éléments de l'Univers, qui la subiront. Parmi eux, on trouve les Vents, qu'on rencontre également dans les scènes de la création de l'homme par Prométhée[83], et qui font par leur présence ici référence au thème du voyage de l'âme dans l'éther des sphères[84].

Dion Chrysostome rend compte du fait que les mages d'Asie Mineure ont intégré ce symbolisme de la chute de Phaëton à leurs croyances sur la fin du monde, qui correspond à une rénovation, comme dans le mithriacisme, où Mithra est censé revenir à la fin des temps pour faire passer à l'âme des justes un fleuve de feu[85].

On notera cependant que selon Julien le mythe de Phaëton est aussi une allégorie de la Némésis qui frappe les puissants, que le pouvoir rend arrogants envers les dieux[86]. D'autre part, ces apocalypses étaient étroitement associées dans la mentalité antique au Déluge primordial. Ainsi, le *Visnu Purâna*, 24-25, mais aussi les Chaldéens et en Grèce Aristote (texte perdu), Bérose et Héraclite (fragm. 66), racontent que les deux cataclysmes ont lieux chaque année, la conflagration au solstice d'été, le Déluge à celui d'hiver[87].

De même dans le domaine romain, Lucrèce, V, 382-420[88], confond explicitement le feu de la chute de Phaëton avec l'eau du Déluge dont Deucalion, fils de Prométhée, fut le seul survivant, ce qui, au-delà de l'association combien symbolique des deux éléments pour la théologie antique, *a fortiori* dans un ouvrage sur l'origine physique du monde comme le *De Natura Rerum*, révèle précisément la complémentarité dans la mentalité classique du Déluge et de la conflagration, tant du point de vue symbolique (association des contraires) que mythologique (combinaison des éléments qui fut nécessaire à la création de l'univers) ou chronologique (rapprochement du Déluge primordial et de la destruction finale). La confusion est d'autant plus évidente que, si l'on considère le fait que le Déluge de Deucalion fut causé par la découverte du plomb par les hommes, Lucrèce, en citant Phaëton alors qu'il fait référence au Déluge subi par Deucalion, identifie les deux événements, qui deviennent dès lors équivalents en tant qu'allégories de la fin de l'Age d'Or (sur laquelle Lucrèce s'attarde dans toute la suite du "*Livre cinquième*").

De ce point de vue donc, le mythe de Phaëton renvoie à un symbolisme macabre, mais de *renovatio*. Pourtant les modernes, dont on a vu qu'ils associaient couramment les mythes de Phaëton et d'Icare font de ce dernier un symbole de "*la difficulté de l'ascension spirituelle*"[89], et plus précisément encore un parèdre, non seulement donc de Phaëton, mais aussi, conformément à Ovide (*Met.*, IV, 455-461), des autres grands

---

[81] Franz Cumont, *Recherches sur le symbolisme funéraire des Romains*, Paris, Librairie Orientaliste Paul Geuthner, 1966, p. 166.
[82] *Ibid.*, pp. 74-75.
[83] *Ibid.*, p. 166.
[84] *Ibid.*, pp. 105 et 167ss.
[85] *Ibid.*, pp. 16-17.
[86] *Ibid.*
[87] Cf. *Encyclopaedia Universalis*, p. 406.
[88] Lucrèce, p. 167 et note 36 p. 241.
[89] Aghion, Barbillon et Lissarague.

condamnés des Enfers[90]. Ainsi Titien (1549) associe-t-il Ixion, Sisyphe, Tantale et Tityos[91], comme Golzius (1588) dans ses gravures d'après Cornelis Van Haarlem associe Icare, Ixion, Phaëton et Tantale[92], et Ribera (1632) Tantale, Tityos et Sisyphe[93].

De même, on a vu que Landino confondait le symbolisme de Phaëton et celui de Sodome, cité détruite dans la *Genèse*, dont Moïse et le Christ font le paradigme du péché des hommes, et dont Isaïe et Jérémie font la préfigure de la chute de Babylone ou d'Edom et la *"soeur cadette"* de Jérusalem[94]. L'*Ovide moralisé* va plus loin. Alors que Sol représente le Christs Phaëton, philosophe arrogant, apparaît comme un véritable Antéchrist[95]. Le caractère génésiaque et bénéfique (de *rénovation*, comme nous l'avons dit) de Phaëton s'efface donc chez les modernes au profit d'un autre, certes toujours génésiaque, mais macabre.

Or c'est essentiellement le *"Livre cinquième"* du *De Natura Rerum* de Lucrèce, que nous venons d'évoquer, qui nous apporte les éléments pour comprendre cette contradiction apparente.

Dans ce *"Livre"* en effet, partant du mythe de Phaëton, qu'il définit comme la punition de *"l'orgueilleux"* par *"le père tout-puissant"* afin de *"rétabli(r) l'ordre universel"*[96], Lucrèce développe une théorie atomique de l'Univers. Le débat qu'il entend ainsi rouvrir sur lequel des quatre éléments est à l'origine de toute chose ne nous retiendra évidemment pas ici. Plus intéressant pour nous est par contre le fait que cette démonstration "scientifique" sous-tend chez Lucrèce une conception génésiaque dans laquelle l'Age d'Or s'oppose à l'évolution néfaste qu'a subi l'humanité, par sa propre faute.

Cette évolution est représentée par la Guerre et les combats de bêtes sauvages, notamment les fauves[97], ainsi que par le passage de l'état de nature (la nudité) à l'état de culture (utilisation de peaux de bêtes pour se vêtir). Ce dernier état de l'humanité se distingue aussi par l'invention de l'agriculture qui, toujours selon Lucrèce, conduisit les hommes à vouloir posséder de plus en plus de biens[98]. Aux richesses de la nature et aux peaux de bêtes, dont pourtant la *"découverte avait excité tant d'envie vu qu'un guet-apens mortel avait attiré... le premier qui les porta"*[99], l'homme préféra rapidement, et c'est encore *"aujourd'hui* (le cas,) *l'or et la pourpre...* (ainsi que les) *vêtement*(s) *de pourpre et d'or rehaussé*(s) *de riches broderies"*[100]. L'Avarice nouvelle, la soif du gain, qui favorisa le développement de l'agriculture, du commerce maritime mais aussi de la guerre (*"Navigation, culture des champs, architecture, lois, armes, routes, vêtements..."*[101]), marqua donc la *"lente marche du progrès"*[102] en même temps qu'elle sonna le glas de l'Age d'Or et de la paix originelle (on retrouvera cette idée chez de nombreux philosophes modernes et contemporains, de Jean-Jacques Rousseau à Emmanuel Kant et Karl Marx notamment).

Bien que dans le *"Livre sixième"*, il prétende donner une interprétation physique au tonnerre[103],

---

[90] Panofsky, *Le Titien - Questions d'iconologie*, Paris, Hazan, 1989, pp. 210-213; repris par Aghion, Barbillon et Lissarrague, art. "*Icare*", "*Ixion*", "*Sisyphe*", "*Tantale*" et "*Tityos*", pp. 167, 275, 278 e "286-287.

[91] Panofsky, *Le T8 ien...*, *ibid.*; et Aghion, Barbillon et Lissarrague, *ibid.*, pp. 275 et 286-287. On notera que Rollenhagen, Ière partie, emblème 57, identifie la roue de Fortune à celle d'Ixion, le texte, ainsi que la typologie des emblèmes, comparer à *ibid.*, emblème 6, cf. aussi note 36 *supra*, en faisant le symbole de la Némésis divine punissant les hommes.

[92] Aghion, Barbillon et Lissarrague, p. 163.

[93] *Ibid.*, p. 167.

[94] André-Marie Gerard, Andrée Nordon-Gerard et P. Tollu, *Dictionnaire de la Bible*, Paris, Robert Laffont S.A., 1989, art. "*Sodome*", p. 1292 à 1294, notamment p. 1293.

[95] Cf. Panofsky, *Essais d'iconologie*, note 2 p. 302.

[96] Lucrèce, p. 167.

[97] *Ibid.*, p. 190.

[98] *Ibid.*, p. 191.

[99] *Ibid.*, pp. 192-193.

[100] *Ibid.*, p. 193.

[101] *Ibid.*, pp. 193-194.

[102] *Ibid.*, p. 194.

[103] *Ibid.*, pp. 201 à 203.

Lucrèce ne l'associe pas moins, même si c'est pour démontrer la fausseté et l'impiété d'une telle conception, à la colère divine causée par l'infidélité des hommes[104]. Il considère aussi (ce qui contredit quelque peu la théorie émise dans le "*Livre cinquième*") le feu, dont le tonnerre ne serait donc qu'une forme, comme étant à l'origine de toutes choses (il cite comme exemple le feu interne de la terre qui surgit de l'Etna[105] et fait de son ardeur la cause de la mort de certains oiseaux et de la souffrance des hommes dans les mines de charbon, d'or ou d'argent[106]. Plus ou moins clairement cette chaleur apparaît comme une punition identique au Tartare. L'expression "*horribles ténèbres*"[107] qu'il lui associe le prouve.

Or dans le "*Livre cinquième*" déjà, Lucrèce critiquait le goût immodéré des hommes pour "*l'airain et l'or et le fer ainsi que l'argent en masse et le... plomb*", goût qu'il comparait, là encore plus ou moins explicitement, à la propension des rois à faire la guerre et à aimer le luxe. Mais, ajoutait-il alors, les "*abîmes de la mort*", ainsi que "*l'heure lourde du châtiment*" font se "*peloton(er)*" "*les rois superbes*", conscients de leurs "*action(s) coupable(s)*", face à la "*foudre*" (dont on voit donc la liaison au feu et à la punition divine chez Lucrèce), aux "*vents*" et aux "*forces surnaturelles mêlées à la nature et qui gouverneraient toutes choses*" et font que "*la terre entière chancelle sous nos pas, que les villes ébranlées s'écroulent ou nous menacent de leur chute*"[108].

Même si Lucrèce met toujours en avant le fait que ces croyances animistes sont blâmables et dues à l'ignorance, il n'en reste pas moins que la fréquence d'une part de l'identification entre les dieux, la foudre et les vents (dont on a vu qu'ils étaient tous associés au mythe de Phaëton dans les croyances indo-européennes et l'art romain funéraire antique), et d'autre part des péchés qui firent perdre aux hommes leur innocence première, sont pour le moins révélatrices de l'inter-connection entre le mythe de Phaëton et celui du Déluge. Ainsi après avoir, dès le début du "*Livre cinquième*", énuméré les péchés "*l'orgueil,... la luxure et... la colère... Et la faste, et la paresse*" qu'il oppose à "*la vertu... sans armes*", aux "*dieux*" et à "*l'ordre entier de la nature*"[109], Lucrèce, vers la fin du même "*Livre*", résume ainsi sa pensée:

"*Puis les hommes apprirent du soleil à cuire les aliments, à les amollir à la chaleur de la flamme, car ils voyaient les fruits de la terre s'adoucir à ses rayons, s'attendrir à son feu dans les champs. Et de jour en jour ils modifièrent leur nourriture et la vie d'antan par un nouvel emploi du feu qu'enseignaient les plus inventifs et les plus sages./ Bientôt les rois se mirent à fonder des villes et à construire des citadelles pour leur être défense et refuge; ils distribuèrent les troupeaux et les terres, en tenant compte de la beauté et de la force du corps ainsi que des qualités de l'esprit: car la beauté eut alors grande valeur, la force grande vertu. C'est plus tard que fut inventée la richesse et découvert l'or; il n'eut pas de peine à ravir leur prestige à la force et à la beauté. La cour du riche en effet, les hommes courent d'ordinaire la grossir, même s'ils sont forts même s'ils sont beaux./ Si l'on se conduisait par les conseils de la sagesse, l'homme trouverait la suprême richesse à vivre content de peu: car de ce peu jamais il n'y a disette. Mais les hommes ont voulu se rendre illustres et puissants pour donner une base solide à leur destinée et mener une vie paisible au sein de l'opulence: vaine ambition, car pour arriver au faîte des honneurs ils soutiennent la lutte sur la route périlleuse. Y arrivent-ils pourtant? Une véritable foudre, l'envie, les frappe et les précipite honteusement dans l'horrible Tartare. Qu'il vaut mieux vivre dans l'obéissance et la paix que de vouloir régenter le monde et être roi! Que les hommes donc suent le sang et s'épuisent en vains combats sur le chemin étroit de l'ambition. Tant pis pour eux s'ils ne voient pas que l'envie comme la foudre concentre ses feux sur les hauteurs, sur tout ce qui dépasse le commun niveau! tant pis s'ils ne jugent que sur autorité d'autrui, s'ils règlent leurs goûts sur les opinions reçues plutôt que sur leur sentiment personnel. Hélas, ce que les hommes sont aujourd'hui, ce qu'ils seront demain, ils l'ont toujours été.*"[110]

Donc, à l'Age d'Or premier où les hommes ne connaissaient ni vêtements ni outils ni or ni argent s'oppose l'évolution de cette même humanité vers l'acquisition de la pudeur, l'agriculture, l'envie (le goût de plus en plus prononcé pour les possessions terrestres), et par conséquent, pour finir, vers la guerre, causée par l'envie. L'homme est donc aujourd'hui perpétuellement en état de péché contre les visées divines.

En outre, l'envie est définie par Lucrèce comme le feu de la foudre qui précipite l'humanité envieuse vers le Tartare. Ce qui est tout particulièrement notable dans ce développement, c'est que le cas des rois n'est que l'exemple extrême (ou suprême) du péché d'envie dans lequel se complaît l'*ensemble de l'humanité*, et non spécifiquement les princes et les puissants, malgré ce que laissent croire les livres d'emblèmes de la

---

[104] *Ibid.*, pp. 200-201.
[105] *Ibid.*, p. 216.
[106] *Ibid.*, p. 220.
[107] *Ibid.*, p. 221.
[108] *Ibid.*, p. 188.
[109] *Ibid.*, p. 158.
[110] *Ibid.*, p. 185.

période moderne précédemment étudiés.

De fait, à partir de l'analyse de Lucrèce, les textes de Baudoin, Flamen, Landino et Brant, qui font d'Icare et/ou de Phaëton l'expression du péché des hommes prennent un jour nouveau, tout comme le commentaire de Landino, qui identifie la chute de Phaëton à celle de Sodome.

Le symbole est clair. Phaëton est le paradigme de toute l'humanité déchue. Les motifs choisis par Lucrèce pour le rendre sensible au lecteur sont les mêmes que ceux que l'iconographie de la Renaissance choisira, justement en référence aux auteurs de l'Antiquité. Citons la bataille de fauves, ainsi que les armes, la pourpre et l'or que les livres d'emblèmes utiliseront indifféremment à propos de la roue de Fortune ou des chutes similaires d'Icare et de Phaëton. Ainsi que nous l'avons vu, les *Danses macabres* utiliseront également les emblèmes du pouvoir pour stigmatiser le péché dont le mouvement en quelque sorte perpétuel est uniquement le fait de la convoitise selon les théologiens (notamment Cassien) et, ainsi que l'a montré Panofsky dans ses *Essais d'iconologie*[111] (1939), les peintres de la Renaissance tel que Piero di Cosimo rendront l'Age d'Or par la cohabitation pacifique des hommes et des animaux (conformément à Lucrèce, mais aussi, bien sûr, à la *Genèse*), et le passage de ce premier âge à l'âge moderne par la chute de Vulcain du mont Olympe ou par la bataille de fauves.

C'est tout à fait significatif quand on sait que d'une part pour Aristote l'imitation fidèle de la nature par l'homme se définit comme l'emploi des arts et techniques et que d'autre part pour Boccace ce même emploi des arts et techniques, qui nécessitent l'utilisation du feu, est symboliquement représenté par la découverte de Vulcain, justement allégorie du feu, par des singes (épigones d'hommes, ainsi que le rendra l'iconographie) qu'il éduque[112].

Les mythographes et les théologiens chrétiens cherchèrent donc tout naturellement à mettre en relation les mythes de la Création ou du progrès spontané (tel qu'on les trouve par exemple chez Evhémère, Homère, Lucrèce ou Vitruve) avec celui du Péché originel de la *Bible*[113], mais aussi avec celui de Prométhée et d'Epiméthée, *""Eveil de l'humanité"... (et) phase purement technique... (Car) Les mythographes tardifs - Boccace notamment - ont toujours souligné que, si Vulcain personnifie l'"ignis elementatus" (le feu comme élément physique, qui permet à l'humanité de résoudre ses problèmes pratiques), la torche de Prométhée, allumée aux roues du char du soleil ("rotas solis, id est e gremio dei"), porte le "feu du ciel" (la "lumière de la connaissance irradiée dans le coeur de l'ignorant"); et qu'une telle lumière ne peut s'acquérir qu'au dépens du bonheur et de la paix d'esprit"*[114].

On comprend mieux l'hésitation de Lucrèce entre une vision positive du progrès et la critique de la perte d'innocence et d'altruisme que, selon lui, présuppose l'évolution humaine.

Il est enfin intéressant de noter que l'iconographie moderne adjoint assez régulièrement à la représentation de Vulcain tombé sur terre celle d'Eole. Panofsky propose fort justement de mettre cette association en rapport avec Virgile qui dans *L'Enéide*, VIII, 416 (*""Insula Sicanium juxta latus Aeliamque/ Erigitur Liparen fumantibus ardua saxis..."*), situe l'atelier de Vulcain *"sur l'une des îles qui se trouvent entre la côte de Sicile et l'île de Lipari où régnait Eole"*[115], et ce d'autant plus que:

"Sur la foi de ces vers, les mythographes en vinrent plus tard à imaginer une association étroite entre Vulcain et Eole, que l'on finit par considérer, ou peu s'en faut, comme des collaborateurs. "La raison pour laquelle on situait l'atelier de Vulcain entre l'Etna et Lipari, commente Servius, tient à la nature même: car feu et vent sont tous deux indispensables au travail du forgeron. L'Etna est une montagne enflammée (un volcan) et Lipari est l'une des sept îles où régnait Eole", assertion reprise, presque à la lettre, par Alexander Neckham et évoquée aussi par Boccace. Un pas de plus dans le même sens et le "Libellus de Imaginibus Deorum" en vint à décrire Eole manœuvrant deux véritables soufflets de forge ("flabia, instrumenta fabrilia"); l'illustration (de l'ouvrage) se conforme au texte."[116]

---

[111] Panofsky, *Essais d'iconologie*, chap. II *"Les origines de l'histoire humaine: deux cycles de tableaux par Piero di Cosimo"*, pp. 53 à 104.
[112] *Ibid.*, pp. 57-58ss.
[113] *Ibid.*, pp. 57 à 62, et plus précisément pp. 60-61.
[114] *Ibid.*, p. 69.
[115] *Ibid.*, p. 64.
[116] *Ibid.*, pp. 64-65 et fig. 24.

Mais il ne fait aucun doute que, tout au moins dans l'esprit antique, l'association des deux divinités relevait aussi d'une cosmogonie plus vaste relevant d'une croyance au voyage de l'âme dans les sphères (les Vents la ramenant aux Iles Fortunées, sorte de paradis[117] remplaçant celui de l'Age d'Or perdu), dont on trouve l'expression plastique dans les sarcophages romains. On trouve ainsi dans leur iconographie les images du laboureur et du navire également associés à la double idée de voyage des âmes - en ce qui concerne le symbolisme du navire - et de droit chemin (celui du travail et de la sueur) qui s'oppose à la Luxure et au péché et est une promesse de récompense dans l'au-delà - en ce qui concerne le laboureur -[118].

III - Supplément: la question du personnage mort, apparaissant sous les arbres au second plan de *La Chute d'Icare* de Bruegel

Les symboles qu'on trouve chez Bruegel du navire, du laboureur, des armes et de la bourse, dérivent donc non seulement de l'iconographie classique (qu'on rencontre dans les livres d'emblèmes notamment), mais encore sont typiques de l'évocation de l'évolution de l'humanité aussi bien chez les auteurs antiques (comme Lucrèce, on vient de le voir) ou modernes (Brant par exemple). Ils mettent clairement en scène dans l'oeuvre de Bruegel, encore une fois conformément aux théories et à l'imagerie classiques et modernes, la chute de l'humanité, réduite au labeur depuis sa chute et/ou la perte de son innocence primordiale.

Il n'est pas étonnant que les théologiens et les mythographes chrétiens aient pu assimiler la perte de l'Age d'Or, que Lucrèce définit comme l'acquisition à la fois du vêtement en peaux de bêtes et de l'agriculture, prémisses à la naissance du péché (notamment d'avarice), au mythe biblique d'Adam et Eve chassés du Paradis par Dieu pour avoir découvert leur nudité, et pour cela voués à la mort et au travail agricole. De plus, comme nous l'avons dit, l'Avarice et la Luxure sont deux péchés qui, associés respectivement pour l'un chez Lucrèce à la perte de l'Age d'Or et pour l'autre sur les sarcophages romains au mauvais chemin que ne doit pas emprunter le laboureur consciencieux, sont au centre des textes par exemple de Cassien, de Basile de Césarée, de saint Jean Chrysostome, de saint François d'Assise ou bien encore de Brant.

Un dernier détail de *La Chute d'Icare* de Bruegel reste malgré tout obscur. Le personnage mort qu'on voit étendu sous les arbres, au second plan à gauche du spectateur.

Plusieurs hypothèses sont envisageables. Il peut faire référence, comme le prétendent certains auteurs avec une certaine raison, au proverbe *"Aucun laboureur ne s'arrête pour la mort d'un homme"*[119], déjà cité. Il peut aussi représenter Calos, fils de Perdrix. En effet, selon certains auteurs, Perdrix aurait été la soeur de Dédale, et c'est Calos, non Perdrix, que le père d'Icare aurait précipité du haut de la citadelle. Ovide identifiant Perdrix et Calos choisit, nous l'avons dit, de suivre la version de Sophocle[120]. Le vieillard étendu de Bruegel peut enfin représenter Vulcain (dans ce cas, il ne serait pas mort), en référence au symbolisme identiquement génésiaque des deux mythes.

Deux autres possibilités sont encore à examiner, bien que peu plausibles. La première serait que ce personnage représentât Adam (dont on trouve le crâne dans certaines *Crucifixions*, au pied de la croix), en référence pareillement au caractère génésiaque des deux mythes. La seconde serait que Bruegel ait simplement voulu intégrer à sa représentation un personnage assoupi. Cette éventualité est de loin la moins vraisemblable car elle supposerait que *La Chute d'Icare* soit considérée comme une scène de genre, ce qui est peu probable[121], comme il nous semble en avoir apporté la démonstration.

Quelque soit la solution au problème, les deux choix à notre avis les plus plausibles sont soit que ce

---
[117] Cf. Cumont, pp. 104 à 106ss. et 166. Cf. aussi Jean Prieur, *La mort dans l'antiquité romaine*, Rennes, Ouest-France Université, 1986, par ex. pp. 106 à 110ss.
[118] Cf. Cumont, termes *"Navire"*, *"Navigation"* et *"Laboureur"* de l'*"Index général"*, et pp. correspondantes dans le texte.
[119] Cité dans Bianconi et Tolnay, p. 92.
[120] Cf. Ovide, note 446 p. 434.
[121] Sur ce point, on l'a vu aussi, le tableau de Bruegel, comme l'image de Flamen, pp. 46 à 48, se distingue par exemple de sa copie au symbolisme malhabile par C. Saraneci, cf. notes 21-22 et texte correspondant *supra*.

personnage illustre le proverbe suscité, soit qu'il fasse référence, par typologie, à la chute de Vulcain. Mais en l'état actuel des connaissances, rien ne permet de donner une solution acceptable à cette énigme, cependant centrale dans l'étude de l'oeuvre.

Pourtant, qu'on suppose que le vieillard mort de *La Chute d'Icare* représente Adam, Calos, Vulcain, ou qu'il fasse référence à un proverbe, il conserve dans tous ces cas de figures un caractère nettement génésiaque (soit en tant que préfigure de la chute d'Icare, soit, qu'il fasse référence à Adam, Vulcain ou à un proverbe, en tant que rappel plus universel de la déchéance de l'humanité, vouée au travail des champs à cause de la faute d'Eve).

C'est pourquoi nous proposerons une théorie plus générale. Il est tout à fait permis de penser que le vieillard mort de *La Chute d'Icare* ne renvoie à aucune figure mythologique précise. Mais, si l'on accepte notre interprétation du tableau, dans ce cadre, le vieillard peut simplement tenir la place d'un macchabée, complément en quelque sorte logique du laboureur, du berger et du pêcheur, dont on a vu que tous trois faisaient référence à la disgrâce de l'humanité, réduite au travail agricole et au commerce[122], mais également mise entre les mains du Destin (ou, si l'on préfère, de la Fortune-Némésis divine[123]), divinité à la fois marine et terrestre, au pouvoir sur tous les éléments. Or le péché des Protoplastes est, comme on le sait, également et surtout à l'origine de la perte d'immortalité de leur descendance.

On trouve ainsi une évidente préfigure de notre personnage dans l'homme mort au premier plan à droite pour le spectateur de la *Scène de chasse* du cycle de l'histoire de l'humanité primitive de Piero di Cosimo[124] (peintre dont en outre la manière nous semble être, pour son unicité, plus qu'un avatar du style international, un cas - notable en ce qui nous concerne, dans le cadre d'une recherche génétique des motifs de *La chute d'Icare* de Bruegel - étrange et fort intéressant d'influence de l'art flamand sur un peintre italien de la Renaissance).

La question reste ouverte.

IV - Conclusion

En conclusion, nous avons pu montrer que la chute d'Icare était implicitement associée dans la mentalité antique et moderne à celle de Phaëton, ce dont témoigne l'iconographie des livres d'emblèmes. Nous avons vu aussi que Icare et Phaëton étaient couramment considérés comme les pendants des grands pécheurs de l'Enfer antique, parmi lesquels figurent Sisyphe et Prométhée. Les livres d'emblèmes de la période moderne eux-mêmes insistent sur la liaison particulière entre les trois figures d'Icare, de Phaëton et de Prométhée.

Leurs textes, comme celui de Lucrèce (qui l'associe à Deucalion), attestent le caractère clairement génésiaque du mythe de Phaëton. Pourtant, si la religion et l'iconographie funéraire antiques tendraient à faire de Phaëton un symbole de rénovation, promesse de vie dans l'au-delà pour le défunt, la théologie chrétienne, et surtout les mythographes tardifs (Landino, *Ovide moralisé*, etc.), en ont fait une sorte d'épigone des figures du Déluge (tels que Deucalion ou Noé), sans doute en partie du fait de l'unicité de l'expérience de la résurrection du Christ[125] qui, malgré l'attente du Jugement Dernier par ses fidèles, s'oppose

---

[122] Comme l'atteste peut-être le fait qu'on le retrouve dans les deux versions de *La Chute d'Icare* de Bruegel, ainsi qu'on l'a dit, alors qu'il n'apparaît apparemment nulle part ailleurs, ni dans l'art ni dans les livres d'emblèmes, ni même dans les textes littéraires, ce qui confirmerait le caractère non mythologique, mais plutôt donc symbolique, du personnage. De fait, la mise en parallèle entre la Mort et le laboureur est un thème classique de la période moderne, tant en art qu'en littérature, cf. sur ce sujet le joli article du Dr Michel Carlier, "La Mort et le Bûcheron - De l'indifférence à l'effroi - Chez les fabulistes français - Dans les Triomphes italiens de la Mort - A travers les Danses Macabres", en fin des *Actes du 4ème congrès de l'Association des "Danses Macabres d'Europe"*, Kientzheim, 3-7 Oct. 1990 (sans numérotation continue).

[123] Dont l'action s'identifie même chez les poètes du Moyen Age et de la Renaissance à la Mort, cf. Siciliano.

[124] N° 17a du catalogue de Elena Capretti et Anna Forlani Tempesti, *Piero di Cosimo*, Paris, Philippe Lebaud - Editions du Félin, 1996, pp. 109-112 et fig. pp. 42-43. Cycle qui par ailleurs est à la base de l'interprétation du chapitre II des *Essais d'iconologie* de Panofsky, cf. notes 111ss. et texte correspondant *supra*.

[125] Ainsi que par le fait que le Christ renaît, ce qui n'est ni la cas d'Icare ni celui de Phaëton. En cela les théologiens et mythographes de la Renaissance sont plus fidèles à la lettre de leurs légendes. Mais cela ne semble pas devoir être l'élément le plus décisif dans la mesure où Phaëton est, comme Icare, identifiable à un dieu de la *renovatio*. Pour Phaëton, nous l'avons vu à propos des sarcophages romains et du mythe du Déluge, cf. notes 78 à 88 et 108-109 et texte correspondant *supra*. En ce qui concerne Icare, la confusion d'Icarius, premier hôte de Bacchus indien, qui répandit l'utilisation de la vigne chez les hommes (ce qui lui valut de mourir),

à la *renovatio* cyclique annuelle des dieux saisonniers antiques[126].

Dans *La Chute d'Icare* de Bruegel, le laboureur, le berger, le pêcheur, le navire, ainsi que l'épée et la bourse sont des éléments qui permettent de confirmer l'existence de ce même symbolisme génésiaque dans le mythe d'Icare.

Le fait que le dessin préparatoire au tableau fut réalisé par Bruegel à Rome la même année que *L'Enlèvement de Psyché* et que, du moins dans les gravures qui en furent tirées[127], les deux oeuvres furent considérés comme un groupe, en est une autre preuve. En effet, se basant sur Dora et Erwin Panofsky[128] (1962), Véronique Gély-Ghédira a parfaitement montré dans son article de Janvier-Mars 1991[129] que les iconographies de Psyché et de Pandore (dont on sait qu'elle fait partie intégrante du mythe de Prométhée, tant chez les auteurs anciens que chez les modernes tels que notamment Boccace ou Erasme[130]) étaient liées parce que leur mythe l'était déjà clairement dans les textes antiques, que ce soit chez Apulée, chez Hésiode, chez Martianus Capella, chez Ovide, chez Plotin, ou chez l'évêque Fulgence.

Comme c'est aussi le cas chez les poètes médiévaux et dans les livres d'emblèmes de l'ère baroque, l'épée et la bourse de *La Chute d'Icare* évoquent les péchés, notamment la convoitise, causes des malheurs contemporains de l'humanité, vouée à l'envie, au profit et à l'argent et, pour cela, aux conflits[131]. Les grands, princes et rois, mais aussi ecclésiastiques, sont vertement critiqués par Lucrèce, les *Danses Macabres* médiévales et les auteurs des livres d'emblèmes, en tant qu'ils sont les plus pervertis par ce goût irraisonné du luxe et, puisqu'ils s'y adonnent sans se soucier de leur âme, de la Paresse (ou *Acedia*, péché qui, comme on le sait, touche surtout les moines dans l'iconographie moderne, car ils sont les moins pardonnables de s'y complaire).

Le laboureur, le berger, le pêcheur et le navire représentent quant à eux l'humanité telle qu'elle est, c'est-à-dire déchue à cause du péché originel, soumise aux nécessités du travail et de la Fortune.

En ce sens, le mort au second plan, s'intégrerait parfaitement au groupe, comme évocation on ne peut plus explicite de la Mort qui est maîtresse des hommes, à l'instar de la Fortune, ce qui explique qu'à la fin du Moyen Age et à la Renaissance non seulement leur symbolisme soit identique, mais que la roue de Fortune s'attaque indifféremment aux petits comme aux grands, en faisant choir ces derniers sans souci de leur

---

vénéré en Attique avec sa fille Erigoné comme dieu du vin, auquel on offrait ses prémisses - il est donc un parèdre des divinités du blé, comme le note James George Frazer, *Le Rameau d'Or*, Paris, Robert Laffont S.A., 1983, 4 vol., t. III, p. 278, mais aussi, comme eux, un parangon du Christ -, avec Icare, le fils de Dédale, et avec Bellérophon, parangon du Phrygé de *La Paix* d'Aristophane (dont le nom en grec signifie Vendange), cf. Aristophane, *OEuvres complètes*, trad. C. Poyard, Paris, Librairie Hachette, 1892, p. 200 et note 1 p. 198, mais aussi, comme Icarius, du Christ pour les chrétiens primitifs à cause de sa mort et de sa résurrection dans la chair, cf. Marcel Simon, "*Bellérophon chrétien*", *Mélanges d'archéologie, d'épigraphie et d'histoire offerts à Jérôme Carcopino*, Paris, Librairie Hachette, 1966, pp. 889 à 903, la confusion donc d'Icarius, avec Icare et avec Bellérophon est vivace jusque chez les contemporains, ainsi que le confirment les assertions de Frazer, Claude Gaignebet et J.-Dominique Lajoux, *Art profane et religion populaire au Moyen Age*, Paris, P.U.F., 1985, p. 102, Fr. Noël, *Dictionnaire de la Fable ou Mythologie Grecque, Latine, Egyptienne, Celtique, Persanne, Syriaque, Indienne, Chinoise, Scandinave, Africaine, Américaine, Iconologique, etc.*, Paris, Le Normant Imprimeur-Libraire, 1801, 2 vol., t. II, art. "*Icare*", pp. 57-58, et Poyard.

[126]Dont on sait que le Christ est une expression, d'origine vraisemblablement mithriaque, cf. par ex. Cumont, et surtout Ch. F. Dupuis, *Origine de tous les cultes ou Religion universelle*, Paris, Librairie Etienne Ledoux, 1835, 10 vol. Sur cette opposition (fallacieuse, cf. notamment Dupuis, *ibid.*) de nature entre le Christ et ses modèles (les dieux antiques saisonniers), prônée par les théologiens chrétiens pour vaincre le polythéisme (non seulement dans les premiers temps de l'Eglise, mais aussi, comme on le sait, à la Renaissance, où le regain d'intérêt pour les dieux gréco-romains fut très vif chez les nobles et les artistes, ce qui, associé au développement de la sorcellerie dans les milieux défavorisés, fit craindre aux ecclésiastiques une dérive du peuple), cf. aussi par ex. Aline Rousselle, *Croire et Guérir - La foi en Gaule dans l'Antiquité tardive*, Paris, Librairie Arthème Fayard, 1990, et notes 94-95 et texte correspondant *supra*.

[127]Ce qui néanmoins révèle sans doute aussi une communauté d'inspiration des deux thèmes chez Bruegel. Il a ainsi très bien pu imiter un groupe d'oeuvres, antique ou moderne, composé des versions de chacun de ces deux mythes.

[128]Qui avaient déjà noté le lien entre les iconographies de *Pandore amenée sur terre par Mercure* et de *L'Enlèvement de Psyché*, tant dans les poses des protagonistes de chacun de ces thèmes que dans le fait que la *pyxis* fut faussement attribué par l'art moderne à Pandore (ce dont Erasme semble en premier être le premier responsable), à cause justement de Psyché, cf. Dora et E. Panofsky, *La boîte de Pandore*, Paris, Hazan, 1990, chap. II "*L'origine de la "boîte": Erasme de Rotterdam*", pp. 16 à 27.

[129]Véronique Gély-Ghédira, "*Pandore et Psyché - Sources néo-platoniciennes de la rencontre des deux mythes dans l'art de la Renaissance*", *Revue de Littérature Comparée - Recherches comparatistes de la Renaissance à nos jours*, n° 1, Janvier-Mars 1991, pp. 21 à 32.

[130]D. et E. Panofsky, chap. I "*Pandore dans la tradition médiévale*" et II, pp. 12 à 27.

[131]Problématique dont le sens apparaît évident dans le contexte de l'émergence de la société bourgeoise, notamment dans les Pays-Bas de la fin du Moyen Age et de l'ère moderne, cf. en particulier sur les conséquences psychologiques et sociales de ce phénomène au XVIIème siècle Simon Schama, *L'embarras de richesses - La culture hollandaise au Siècle d'Or*, Paris, Gallimard, 1991.

mérite, exactement comme les squelettes qui mènent les *Danses Macabres* emmènent en premiers papes, empereurs, rois, cardinaux et évêques.

L'humanité déchue, montrée telle qu'elle est, est directement accusée par les attributs, bien visibles au premier plan, de sa *culpa*, à savoir l'épée et la bourse. C'est ce que nous présentent Bruegel, mais aussi des auteurs aussi divers que Lucrèce, Villon, Meschinot, Brant, Alciati, Flamen ou Rollenhagen, etc. Alciati, Flamen et Rolenhagen utilisent ces mêmes attributs associés aux chutes d'Icare ou de Phaëton pour stigmatiser la convoitise des hommes, dont les puissants sont les représentants les plus symptomatiques.

L'ensemble de ces éléments ne doit pas nous conduire à considérer que toute image des chutes d'Icare ou de Phaëton de la fin du Moyen Age, de la Renaissance ou de l'ère baroque, est une allégorie du péché originel.

A contrario, il impose de considérer le tableau de Bruegel comme une oeuvre morale, voire moralisante, critiquant l'humanité soumise aux nécessités que lui imposent son aveuglement[132], toute entière vouée qu'elle est aux vices que lui ont appris ses premiers parents, Adam et Eve. Cette thématique est d'autant plus intéressante à découvrir chez Bruegel qu'elle montre tout ce que l'art du peintre doit à son maître spirituel, Bosch, mais aussi à la morale de son époque et de son milieu. La comparaison avec *La Nef des Fous* de Brant est à cet égard, on l'a vu, tout à fait éclairante.

Mais cet ensemble d'éléments pertinents mis en évidence chez Bruegel, et qu'on retrouve identiquement dans les livres d'emblèmes, semble imposer aux exégètes de considérer désormais que les représentations d'Icare ou de Phaëton de la période moderne, renvoient toujours, même de manière lointaine et détournée, à la question des origines, du péché originel, du Jugement Dernier et de la *culpa* de l'humanité, au même titre que l'*Ars moriendi*, les iconographies du *Chevalier, La Mort et le Diable*, de l'*Hortus deliciarum*, des *Sept Péchés Capitaux*, ou les *Danses Macabres* (dans lesquelles on trouve parfois les Protoplastes ainsi que, justement, des ébauches de *Jugement Dernier*). C'est sans nul doute ce caractère moral de la représentation qui permet de comprendre l'apparition d'un thème classique, cas unique dans l'oeuvre de Bruegel, plutôt enclin comme son prédécesseur Jérôme Bosch à illustrer les scènes de la vie populaire, les proverbes flamands, et les allégories bibliques.

---

[132] Cette dialectique purement théologique fut notablement réutilisée dans une perspective politique, à la manière dont a pu l'être la mythologie classique, ainsi que l'a brillamment montré Erwin Panofsky, en particulier dans son interprétation en collaboration avec son épouse Dora de la Galerie François Ier de Fontainebleau, intitulée *Etude iconographique de la Galerie François Ier à Fontainebleau, Gazette des Beaux-Arts*, 1958, trad. Brionne, Gérard Monfort, 1992. On trouve en effet dans le *Recueil de devises à la gloire de Louis XIV et de la famille royale*, conservé au Cabinet des Estampes de la Bibliothèque Nationale de France, une devise du XVIIème siècle intitulée "*Eclat dangereux*", représentant un papillon prêt de se brûler les ailes à la flamme d'une bougie, et dont le texte est le suivant: "*Surpris d'une beauté si vive/ Mon destin veut que je la suive/ Sans pouvoir me tourner ailleurs:/ Et dans le désir qui m'emporte/ M'élevant d'une aile trop forte/ Je la vois, Je brûle, Je Meurs*", reprod. dans Jacqueline Lichtenstein, *La couleur éloquente*, Paris, Flammarion, 1999, p. 199. On trouve ainsi dans cet emblème l'évocation du feu divin de laquelle, cette fois, l'âme tente de s'approcher. Mais ici, le feu divin n'est plus ni le feu du dieu Soleil, ni, par typologie, celui du dieu chrétien, mais bel et bien celui du roi Soleil. On trouve d'ailleurs d'autres exemples amusants de cette perversion de l'image religieuse au profit d'un message politique, dans certaines natures mortes de l'époque de Louis XIV qui réinterprètent le symbole du tournesol de fidélité (amoureuse, au sens mystique du concept) au Christ, cf. Flamen, "*Emblesme VIII - Je le suivrai jusques-là*", pp. 30-32, en symbole de fidélité amoureuse (au sens charnel) de la concubine (représentée par la fleur de tournesol donc) à son royal et, de plus, solaire (soit astral, au sens classique de l'identification entre les despotes et les dieux, et ce depuis la plus haute Antiquité) amant (qu'on imagine se levant, à gauche, derrière la fenêtre ouverte), cf. *Symbolique et botanique - Le sens caché des fleurs dans la peinture au XVIIème siècle*, Paris, Trianon de Bagatelle, 1989, fig. 10.

SECOND LIVRE:
Le Laïque

Troisième partie:
Mythologisation et apparition de l'ordre laïque

VII - *LA DAME A LA LICORNE* LUE DANS SON ÉPOQUE: EXPRESSION MORALE DE L'AMOUR D'APRÈS LE SYMBOLISME MYSTIQUE DES SENS DANS LES *BESTIAIRES*, LES CONTES POPULAIRES ET *LE MARCHAND DE VENISE* DE SHAKESPEARE

Selon Gino Casagrande ("«*Esto visibile parlare*». *A Synaerhetic Approach to Purgatorio 10. 55-63*", in *Lectura Dantis Newberryana*, Vol. II, Evanston, Northwestern University Press, 1990, pp. 21-57), pour Thomas De Cantimpré dans son *De Rerum Natura* (1236-1250), les animaux (l'araignée, l'aigle ou vautour, le singe, le coq et sanglier), qui se trouvent également dans la roue des cinq sens de la Longthorpe Tour, près de Peterborough dans le Cambridgeshire, représentent chacun des cinq sens. De fait, Steven Connor (dans sa conférence: "*The Menagerie of the Senses*", donnée lors de la *Synapsis conference, I cinque sensi (per tacer del sesto)*, Bertinoro, Italie, 1er septembre 2005), citant Louise Vinge (*The Five Senses: Studies in a Literary Tradition*, Lund, CWK Gleerup, 1975), cite à son tour Cantimpré, quand il écrit: "*Nos aper auditu; linx visu, symia gustu/ Vultur odoratu precellit aranea tactu*" ("*L'ouïe au porc, la vue au lynx, le goût au singe, l'odorat au vautour, le toucher à l'araignée*"). Connor note qu'une série d'estampes de Georg Pencz (XVIème siècle) conserve cette typologie. Dans *La Dame à la Licorne*, dans la tapisserie de *La Vue* apparaissent un lynx au premier plan et un renard dans le fond; au singe, répété deux fois et accompagné de chiens et d'oiseaux exotiques, est donné le goût (la relation entre le chien et les perroquets préfigure *Le cabinet* de Chardin et d'autres natures mortes du XVIIIème siècle, que Françoise Armengaud, "*Manger des yeux - La nourriture dans la peinture occidentale depuis le XVIème siècle*", in *La gourmandise - Délices d'un péché*, sous la direction de Catherine N'Diaye, Paris, Autrement, Coll. Mutations/Mangeurs, No 140, 1993, interprète, dans le cas du XVIIIème siècle, comme des éléments psichomachiques); au chien et au renard, l'ouïe; le toucher, au singe, au guépard, et aux oiseaux, entre lesquels la perdrix; l'odorat au singe, à l'agneau et au lynx. Apparemment, les sens donnés aux animaux de basse classe: l'araignée et le sanglier, ont été transformées par des raisons de noblesse de l'ensemble. De même, le lion, contrepartie récurrente de la licorne dans tout l'ensemble, apparaît comme héraldique, à l'instar donc de la licorne; probablement en est-il de même avec l'agneau (le *Physiologus*, modèle antique des bestiaires médiévaux, décrit la licorne comme "*un petit animal, qui ressemble à un chevreau* (qui apparaît avec l'agneau dans la sixième tapisserie), *et qui est très calme et très doux*", que l'on ne peut capturer qu'en lui présentant le sein d'une damoiselle, sur lequel il s'allonge: Edmond du Sommerard, conservateur du Musée de Cluny, qui acquit le cycle de six tapisseries d'une famille de Rouen en 1852, a déclaré que le drapeau avec les trois lunes de *La Dame à la Licorne* était des Le Viste, importante famille d'avocats lyonnais, le lion, symbole de noblesse, en outre de référir à la ville elle-même, rappelant le mariage d'une fille de Le Viste avec un gentilhomme de "*noblesse d'épée*". Possiblement la licorne elle-même symbolise-t-elle l'origine divine de la noblesse, comme dans les *Chants royaux du Puy Notre-Dame d'Amiens* (1518, BNF, ms. fr. 145 fol. 28v.: "*Ma corne sera élevée comme celle de l'unicorne.*", expression inspirée des *Psaumes*).

Connor ajoute:

"*The most famous animal representations of the senses are to be found in a Franco-Flemish series of six tapestries sometimes known as The Lady and the Unicorn, which were produced between 1480 and 1500, and are now held in the Musée de Cluny. Animals here are used to fix in place a series of conventional representations of the senses. In The Sense of Taste, the lady takes a sweetmeat or something from a bowl, while a parakeet on her left hand and a monkey at her feet share her gustatory pleasure. In The Sense of Hearing, a little dog in the foreground listens attentively to the music emanating from the organ the lady is playing. In The Sense of Smell, another monkey holds what is perhaps a piece of fruit to its nose, inviting us to read the lady's peeling of the nut, or candy as a releasing of odour. In The Sense of Sight, the lady holds up a mirror for her attendant unicorn. The emblematic animal here is again the lynx, which was reputed to have sharp sight, partly because of the optical suggestions of the ocelli that spot its skin./.../ Up until the seventeenth century, it was common to assert that man's superiority lay, if anywhere, in his sense of touch. Pierre Charron, a friend of Montaigne who wrote at the turn of the seventeenth century, makes this point in an interesting way in his exposition of human and animal sensory rankings:/ In the Senses of Nature the beasts have as well part, as we, and sometimes excell us: for some have their hearing more quicke than man, some their sight, others their smell, others their taste: and it is held, that in the sense of Hearing, the Hart excelleth all others; of Sight, the Eagle; of Smell, the Dogge; of Taste, the Ape; of Feeling, the Tortuis: nevertheless, the preheminence of that sense of Touch is given unto man, which of all the rest is the most brutish. Now if the Senses are the meanes to attaine unto knowledge, and that beasts have a part therein, yea sometimes the better part, why should not they have knowledge? (Charron 1608, 41)"*

"*Tortuis*" qu'il nous semble trouver en bas à droite (pour le spectateur) de la roue de la Longthorpe Tour.

D'autre part, il est généralement considéré que le *Bestiaire d'Amours* (c. 1245) de Richard de Fournival, inspiré du *Bestiaire* de Pierre de Beauvais, marque un changement dans le symbolisme des bestiaires, en donnant à l'ensemble du livre le substrat d'évocations amoureuses à la dame désirée, laquelle doit faire face aux représentations de la passion de son courtisan, étant elle la responsable et coupable de l'audace par l'impulsion qu'elle provoque, ce qui valut au *Bestiaire* de Fournival une *Response au Bestiaire*, attribuée à une femme, qui défie Fournival à changer ses prescriptions sur la sensualité de la femme pour faire des sentiments de celle-ci une protection envers soi, et qui défait l'identification implicite du *Bestiaire* entre les sens, les animaux et les femmes. En effet:

"*The Bestiaire narrator composes the story of his own seduction for his woman correspondent with the intention of orchestrating hers. If he can win over the woman's senses in the process of reading his love-bestiary, then, ideally, he can do so in the culminating physical act beyond the text--an act often called euphemistically the sixth sense (Camporesi 24)"* (Helen Solterer, "*Seeing, hearing, tasting woman: Medieval senses of reading*", Comparative Literature, 1994, No 46, pp. 129-45)

Solterer spécifie au début de son article: "*By the fifteenth century, the well-known discourse on the five senses was so thoroughly feminized that each sense had become, iconographically, a woman*"; et note 1:

"*The later Middle Ages saw women emerge as the chief emblem of the discourse on the five senses (Harvey 55-56, Nordenfalk 25-27, Vinge 53-58). This is also apparent in the complementary religious discourse of the spiritual senses. Elaborated for the most part in relation to male monastic audiences, it reinforced implicitly the link between the bodily senses and women (Rahner 265-68, Miles 128-34)*".

Dans cette perspective, quand Fournival exprime sa double mort: en chantant pour la dame, sous la figure de cricket, et tué par le chant des sirènes, il préfigure la structure de Thibaut de Champagne (*Chansonnier*, c. 1275-1300, BNF, ms. fr. 846 fol. 1) quand il écrit:

"*Je suis comme la licorne, qui est frappée de stupeur lorsqu'elle contemple la jeune fille. Elle est si joyeuse de ce qui la tourmente qu'elle s'évanouit sur son sein. On la tue alors par traîtrise. Et moi, Amour et ma dame m'ont tué par le même spectacle: ils tiennent mon coeur, et je ne puis le ravoir.*"

D'un côté, l'association entre la femme, les sens, les animaux et l'amour, et de l'autre la dichotomie manichéenne (les deux licornes présentes dans le volet gauche de l'*Hortus Deliciarum* de Bosch, la méchante biblique du mauvais mariage d'Adam et Eve, par la mauvaise traduction d'un terme hébreu, présente dans la miniature du ms. fr. 11 fol. 3v. des *Antiquités Judaïques*, BNF, c. 1475-1500, et la blanche curatif de l'eau, comme racontent les récits de voyages des XIIIème et XIVème siècles et comme cela apparaît dans les ms. fr. 22971 fol. 15v. de 1480-1485 y ms. fr. 138 fol. 117 du XVème-XVIème siècle, les deux à la BNF) entre l'amant comme chasseur-chassé et la dame aimée comme tenante des sentiments en jeu dans le processus de flirt, nous rapprochent d'abord de l'identité entre le thème de la dame à la licorne et l'amour courtois, deuxièmement à l'identité du thème et la question aristotélicienne, discutée à l'époque, de l'élévation des sens au sens commun ou à l'intelligence, dont le siège réside dans le cœur et l'esprit, comme nous le voyons dans Dun Scot (*De Anima*, 7; *De Re Principio*, 14).

Ce qui éclaire, en premier lieu, le rituel de l'amour courtois, soutenu par les enquêtes de Sommerard sur le mariage de la jeune Le Viste, dans la série de tapisseries. Dans ce cadre, qui nous renvoie aussi bien au *Bestiaire d'Amours* de Fournival qu'à son anonyme *Response*, se comprend la question des sens et la relation de la Dame avec eux.

Dans "*The Parson's Tale*" de *The Canterbury Tales* (c. 1380-1400), Chaucer (*Los cuentos de Canterbury*, Buenos Aires, Longseller, 2001, partie - les subdivisions du texte sont de l'édition argentine -

"*Sobre los placeres sensuales*" de "*El cuento del Párroco*", pp. 142-143) identifie explicitement la luxure ou les "*plaisirs sensuels*" avec les ainsi appelés plaisirs des sens. Il écrit:

"*El placer sensual se deriva de los cinco sentidos: vista, oido, olfato, gusto y tacto. Pero en el infierno su vista estará repleta de humo y oscuridad y, en consecuencia, cargada de lágrimas; y su oido, lleno de "lamentos y crujir de dientes", tal como afirma Jesucristo. Sus fosas nasales estarán henchidas de un hedor maloliente. Y, como sostiene el profeta Isaías: "Su gusto sabrá a amarga miel".*
Y el sentido del tacto en todo su cuerpo estará cubierto de "un fuego inextinguible y de gusanos imperecederos", tal como Dios afirma por boca de Isaías. Y como no albergarán la esperanza de morir de dolor, y mediante esta suerte escapar de él, captarán las palabras de Job cuando afirma: "Allí reinarán las sombras de la muerte".
Ciertamente la sombra guarda semejanza con la cosa que la proyecta, pero ambas diferentes entre sí."

De là que, tout de suite après, dans le dernier paragraphe que nous venons de citer, il poursuit, citant Saint Grégoire: "*Estas desgraciadas criaturas morirán sin morir, y finalizarán sin finalizar, y desfallecerán sin desfallecer*" (p. 143), ce qui préfigure les tourments d'amour extatique de Sainte Thérèse d'Ávila au XVIIème siècle envers Dieu même, nous montrant ainsi clairement comment la problématique des cinq sens et de l'origine matériel et physique de l'amour s'exprime, dans la théologie chrétienne, par la dialectisation et la dialogisation de l'élévation anagogique et la victoire du corps par l'âme. Ainsi, Chaucer ("*La sensualidad y la razón*", pp. 149-152, nous donnons ici la version en anglais moderne) continue, plus loin dans le texte, nous fournissant un ordre entre le sensuel et le spirituel (p. 149: "*Pues es cierto que Dios, la razón, la sensualidad y el cuerpo del hombre, están ordenados de modo que cada uno de estos elementos ejerza predominio sobre los otros.*"):

"*And you shall understand that in man's sin is every order or ordinance turned upside-down. For it is true that God and reason and sensuality and the body of man have been so ordained and established that, of these four things, the next higher shall have lordship over the lower; as thus: God shall have lordship over reason, and reason over sensuality, and sensuality over the body of man. But, indeed, when man sins, all of this order or ordinance is turned upside-down. Therefore, then, for as much as the reason of man will not be subject to nor obedient to God, Who is man's Lord by right, therefore it loses the lordship that it should hold over sensuality and also over the body of man. And why? Because sensuality rebels then against reason; and in that way reason looses the lordship over sensuality and over the body. For just as reason is rebel to God, just so is sensuality rebel to reason, and the body also. And truly, this confusion and this rebellion Our Lord Jesus Christ suffered upon His precious body, and paid full dearly thus, and hear you now in what wise. For as much, then, as reason is rebel to God, therefore is man worthy to have sorrow and to die. This Our Lord Jesus Christ suffered for mankind after He had been betrayed by His disciple, and secured and bound "so that the blood burst out at every nail of His hands," as says Saint Augustine. Moreover, for as much as reason of man will not subdue sensuality when it may, therefore man is worthy of shame; and this suffered Our Lord Jesus Christ for man when they spat in His face. Furthermore, for as much, then, as the wretched body of man is rebel both to reason and to sensuality" therefore is it worthy of death. And this Our Lord Jesus Christ suffered for man upon the cross, where there was no part of His body free from great pain and bitter passion. And all this Jesus Christ suffered, Who never did any wrong. And therefore it may be reasonably said of Jesus thus: "Too much am I tortured for things the punishment of which I do not deserve, and too much disgraced for shame that belongs to man." And therefore may the sinful man well say, as says Saint Bernard: "Accursed be the bitterness of my sin, for which there must be suffered so much bitterness.""*

Maintenant, nous devons élucider le dernier cas, qui consisterait à donner l'explication de la sixième tapisserie, avec son thème obscure: "*À mon seul désir*", et la présence du mystérieux coffre de la dame. C'est dans *Le Marchand de Venise* (1594-1596) de Shakespeare que nous trouvons l'interprétation des deux motifs, et de leur relation. Là, le motif du coffre est repris de la *Gesta romanorum*, collection de contes médiévaux traduite en anglais en 1577. Ce motif apparaît également dans le roman grec *Barlaam et Josaphat* dans le *Speculum Historiale* de Vincent de Beauvais, dans le chapitre 176 de *La Légende dorée*, dans le premier récit du Livre X du *Décaméron* et dans la *Confessio Amantis* de John Gower. Il est, par ailleurs, probable que se soient déjà fusionnés les deux aspects: l'avidité des mondains prétendants et les intentions sanglantes des usuriers dans *School of Abuse*, pièce de théâtre anonyme de 1579 (pour toutes les antérieures références de la pièce, voir Shakespeare, *Comedias*, Managua, Nueva Nicaragua, pp. 269-270, nous n'arrivons pas à discerner si la dernière est erronée au livre de Stephen Gosson, dans la partie où l'auteur illustre le cas des usuriers et des joueurs à partir d'*Epist.* 12, évocation qui, de fait, est complétée par un long développement sur les sens illustrés par des animaux et opposés à la nature humaine, à partir d'Aristote). Dans Shakespeare (Acte II, Scène 7), chacun des trois coffres que présente Portia à ses prétendants porte une inscription: celui d'or "*Qui me choisira gagnera ce que beaucoup d'hommes désirent*";

celui d'argent "*Qui me choisira aura tout ce qu'il mérite*"; celui de plomb "*Qui me choisira doit donner et risquer tout ce qu'il a*" (*Oeuvres complètes de Shakspeare* [sic], trad. de M. Guizot, Paris, Didier et Cie, T. VI, p. 38). C'est seulement à celui qui choisira la troisième que se donnera la riche héritière, puisque sur le parchemin que ce dernier coffre contient est écrit:

"*Vous qui ne choisissez point sur l'apparence,*
Vous avez bonne chance et bon choix.
Puisque ce bonheur vous arrive,
Soyez content, n'en cherchez pas d'autre.
Si celui-ci vous satisfait,
Et que vous regardiez votre sort comme votre bonheur,
Tournez-vous vers votre dame,
Et prenez-en possession par un baiser amoureux." (p. 54)

Réapparaît dans le même Shakespeare (*Much Ado About Nothing Much Ado About Nothing, Beaucoup de Bruit Pour Rien*, 1600, Acte I, Scène 1) la même identification allégorique entre, d'une part, la femme comme trésor, et, de l'autre, et le bijou et son contenant (coffre dans *Le Marchand de Venise*, étui ici), dans un contexte, toujours, de choix matrimonial:

"*Benedick: Would you buy her, that you enquire after her?*
Claudio: Can the world buy such a jewel?
Benedick: Yea, and a case to put it into. " (Acte I, Scène 1)

Ainsi, comme nous pouvons le voir, les premiers vers de ce dernier parchemin nous renvoient directement à la relation dialectique entre les sens physiques et intellectuels, ce qui permet alors d'intégrer et de comprendre la série de tapisseries comme l'expression de l'abandon des sens physiques au profit de celui de l'intelligence et au profit de l'amour, ce que confirme le geste de la dame de ranger son collier dans le coffre (évidemment, malgré l'ambiguïté du geste, elle l'y rentre, puisque dans les autres tapisseries elle le porte au cou, voir le geste comme un sortir et non comme un rentrer du collier dans le coffre impliquerait d'interpréter la tapisserie "*À mon seul désir*" non comme fermant, mais comme ouvrant la série des six, ce qui paraît illogique par rapport à ce que nous avons réussi à mettre en évidence: le débat de l'époque sur les sens). En outre, l'inscription du coffre de plomb rappelle la devise "*À mon seul désir*", qui implique aussi l'offrande totale de soi.

La proclamation de l'union avec la dame dans le parchemin de Shakespeare, qui se résout avec le baiser d'amour donné à la dame, suit les règles de l'amour courtois: *fehendor* (soupirant), *precador* (suppliant), *entendedor*, dernière étape dans laquelle l'amoureux impose à sa dame un nom secret, s'agenouille devant elle, et elle, dans un adoubement sacramentel (l'*asag*), caresse son visage et l'embrasse sur le front (Luis G. La Cruz, *El secreto de los trovadores*, Madrid, Edita América Ibérica, 2003, pp. 29-30). Ce nom secret trouve un écho dans la devise kabbalistique dédoublée par le geste ambigu de la dame dans la tapisserie. Il convient de rappeler ici, pour comprendre l'utilisation d'un motif qui nous semble d'amour courtois chez Shakespeare, que l'une des règles de l'amour courtois est "*Amoureux n'est pas avare*".

La séquence la plus probable pour l'ordre de six tapisseries nous la doivent donner trois éléments iconographiques:
1. L'intégration de la servante, habillée tout d'abord comme la dame, puis ensuite de manière différente, apparition qui s'associe avec le dédoublement du drapeau;
2. Les couleurs successives du vêtement de la dame;
3. Finalement, l'apparition du singe, qui à son tour se dédouble, et des plats et des coffres dans les dernières tapisseries.

Pour nous, il est évident que, d'abord, la femme est seule; nous supposons alors que son premier vêtement doit être le bleu à plis blancs (le toucher), ce qui permet qu'elle apparaisse ensuite avec le second: blanc et bleu clair à plis rouges (la vue); ainsi, si nous suivons cet ordre, dans la troisième tapisserie elle apparaît de bleu plus fort au-dessus, rouge en-dessous, vêtement que porte aussi, avec des plis d'or, la servante, qui apparaît pour la première fois (l'ouïe); dans la tapisserie suivante (l'odorat), la servante continue d'être vêtue de bleu au-dessus, et de rouge en-dessous, une robe à plis d'or, alors que la dame est vêtue de bleu au-dessus, de doré en-dessous, une robe à plis rouges; la tapisserie suivante (le goût), la dame est vêtue de doré, la servante de bleu; dans la dernière, les deux sont vêtues de rouge, la dame avec la robe d'en-dessous bleue et or. Si notre lecture est correcte, la séquence des animaux dans les tapisseries semble avoir un certain sens de succession aussi: le toucher pour le singes, le guépard et les oiseaux; la vue pour le lynx et le renard; l'ouïe pour le chien et le renard; l'odorat pour le singe, l'agneau et le lynx; le goût pour le singe, répété deux fois, et accompagné par le chien et les oiseaux exotiques. Le singe et les oiseaux sont ceux qui marquent le début et la fin de la série des sens. Les félins marquent la séquence entre les deux premières tapisseries, suivis par les canidés, du sauvage au domestique, ce qui, dans une certaine mesure, peut aussi renvoyer au processus d'entraînement de l'amoureux par la dame; processus qui semble se confirmer dans la substitution du chien par l'agneau dans la tapisserie de l'odorat, accompagné par un lynx, qui, pour sa part, déjà présent dans la deuxième tapisserie, et qui réapparaît ici, débute ainsi le compte à rebours vers la dernière tapisserie. Répété deux fois dans la dernière tapisserie avant "*À mon seul désir*", le singe, avec la diversification des vêtements de la dame et de sa servante, qui deviennent indépendantes l'une de l'autre, mais, en même temps, entre les deux dernières tapisseries (le goût et "*À mon seul désir*") récapitulent les couleurs bleue et or (le goût) et rouge de la série, le singe dédoublé et les vêtements des deux femmes servent à fermer visuellement le cycle. De la même manière, le plat de l'odorat devient calice dans le goût et coffre dans "*À mon seul désir*", processus de transformation vers les profondeurs d'un embrassement chaque fois plus grand de la compréhension de l'amoureux envers sa dame. Les deux premières tapisseries travaillent ainsi comme une paire: la première, du toucher, premier contact fortuit dans le cas de l'amour courtois, mais insistant dans la tapisserie où la licorne regarde amoureusement sa dame, se répète, ici oui comme par hasard, dans la tapisserie de la vue où, en outre de présenter à l'animal le miroir dans lequel il va se regarder, la dame lui touche le cou avec l'autre main.

Dans la première tapisserie (le toucher), la dame ne regarde pas la licorne, mais si dans les deux suivantes (la vue et l'ouïe); elle recommence à ne pas la regarder dans les deux suivantes (l'odorat et le goût), pour finir en la regardant dans la dernière. Ce qui laisse supposer une division de la série en deux parties: des formes les plus immatérielles de l'amour et des sens (la vue et l'ouïe) aux formes les plus intimes de la perception (l'odorat et le goût); le toucher, étape plus matérielle sans doute, ouvrant paradoxalement la série, pour accentuer la dernière étape, totalement immatérielle, de l'offrande et de l'adieu matériel de l'amoureux, concept que la Grande Mystique, jusqu'à Saint Jean de la Croix et Sainte Thérèse d'Avila (ou, dans le monde profane, Shakespeare lui-même dans ses nombreuses réflexions dans toute son oeuvre sur la mort comme inévitable et la vie comme mensonge), continuèrent de comprendre comme mort de soi dans l'amour(eux) divin. Compréhension majeure qui passe par l'abandon des sens et des biens terrestres, abandonnant son propre collier la dame des tapisseries.

Le même Guillaume de Machaut dans *Le Lay de la Fonteinne* (1360) utilise un processus similaire, en partant de l'immatérialité de l'ouïe: "*Car cil iij font toute une essance,/ Une vertus, une substance,/ Un pooir, une sapience:*" pour arriver à l'expérimentation de la vision: "*Si qu'on feroit/ De la glace une ymage;*" et des sens: "*Où chascuns boit qui ha soy,/ Sans anoy;*", et, à travers eux (dans ce cas, boire de la fontaine et pleurer pour ses péchés), la rédemption par appropriation ou intellectualisation active desdits sens: "*Po pleur les pechiés*". Il est ainsi significatif que, dès les premiers vers du poème, il compare sa dame, vierge sainte image de Marie, à la truie: "*Et tant la truis dure et fiere,/ Sans amolliier,*" puisque, comme on l'a vu, le porc s'associe à l'ouïe, ouïe de Machaud devant la fontaine, ouïe de sa dame qui ne veut pas lui répondre, comme si elle ne l'écoutait pas. La comparaison avec Machaud nous indique ainsi le symbolisme de cour du sens de l'ouïe dans la série de tapisseries, qui, comme dans l'architecture basse médiévale (voir les derniers chapitres de notre *Historia de la Arquitectura Moderna*, 2006), représente le passage mystique (voir l'origine soufi de l'amour courtois et de ses représentations et séquelles dans Machaut et Dante) à un plus grand degré de compréhension, dans les tapisseries, de l'amant pour sa dame aimée.

Ainsi, finalement, on peut expliquer la série de tapisseries de *La Dame à la Licorne* à partir de l'interprétation morale que nous donne Fray Luis de Grenade dans son oeuvre sur la parole du Christ.

Là où le Christ dit, dans les mots de *Matthieu* (6, 19-26):

> "*6.19 Ne vous amassez pas des trésors sur la terre, où la teigne et la rouille détruisent, et où les voleurs percent et dérobent;*
> *6.20 mais amassez-vous des trésors dans le ciel, où la teigne et la rouille ne détruisent point, et où les voleurs ne percent ni ne dérobent.*
> *6.21 Car là où est ton trésor, là aussi sera ton coeur.*
> *6.22 L'oeil est la lampe du corps. Si ton oeil est en bon état, tout ton corps sera éclairé;*
> *6.23 mais si ton oeil est en mauvais état, tout ton corps sera dans les ténèbres. Si donc la lumière qui est en toi est ténèbres, combien seront grandes ces ténèbres!*
> *6.24 Nul ne peut servir deux maîtres. Car, ou il haïra l'un, et aimera l'autre; ou il s'attachera à l'un, et méprisera l'autre. Vous ne pouvez servir Dieu et Mamon.*
> *6.25 C'est pourquoi je vous dis: Ne vous inquiétez pas pour votre vie de ce que vous mangerez, ni pour votre corps, de quoi vous serez vêtus. La vie n'est-elle pas plus que la nourriture, et le corps plus que le vêtement?*
> *6.26 Regardez les oiseaux du ciel: ils ne sèment ni ne moissonnent, et ils n'amassent rien dans des greniers; et votre Père céleste les nourrit. Ne valez-vous pas beaucoup plus qu'eux?*"

Idée (*Matthieu*, 6, 21) qui réapparaît sous une autre forme, dans *Jean* (12, 26):

> "*Si quelqu'un me sert, qu'il me suive; et là où je suis, là aussi sera mon serviteur. Si quelqu'un me sert, le Père l'honorera.*"

Fray Luis de Grenade interprète, dans le chapitre unique sur "*De cómo no se compadescen juntos amor de Dios y desordenado amor de sí mismo*" dans le "*IV Impedimento*", d'*Adiciones al Memorial de la Vida Cristiana* (publié pour la première fois à Salamanca en 1574 - alors que le *Memorial* le fut à Lisbonne en 1561 -, et reproduit dans les *Obras del V. P. M. Fray Luis de Granada*, Coll. "*Biblioteca de Autores Españoles, desde la formación del lenguaje hasta nuestros días*", Madrid, M. Rivadeneyra, 1860, 3ème édition, T. II, p. 427):

> "*Y demás desta hay aun otra razon por donde este mal amor nos cierra la puerta para el amor de Dios. Porque como arriba tocamos, uno de los principales medios por donde se alcanza este sancto amor es la profunda oracion y consideracion de todas aquellas cosas que pueden encender nuestro corazon en este amor, para el cual ejercicio cierra la puerta este otro mal amor, cuando está muy apoderado de nuestro corazon. La razon es, porque donde está el amor, ahí está todo el hombre con todas sus potencias y sentidos, sin haber quien de ahí las aparte. Porque quien dijo que donde estaba el amor estaban los ojos, aunque dijo verdad, dijo poco. Porque por la razon que están ahi los ojos (que es por el gusto que tienen de mirar lo que aman), por esa mesma están todos los otros sentidos, gozando cada cual en su manera de la presencia deste objeto. Y por eso demas de la voluntad (que es la que está abrazada con lo que ama) ahí tambien está el entendimiento pensando en ella, y la memoria acordándose della, y la lengua hablando y platicando della, y asi todos los otros sentidos. Por lo cual dijo el Salvador (Matt. 6): Donde esta tu tesoro (que es donde tienes puesto tu amor) ahí esta tu corazon, que es tu voluntad y tu pensamiento, con todo lo demas que del corazon, esto es de la voluntad, depende. Porque la primera cosa que hace el amor es tomar la voluntad, haciendo que ella quiera lo que él quiere; y como la voluntad sea reina de todo el hombre y de todas sus potencias, adonde está la voluntad, ahí están todas ellas. Y de aquí nasce aquella commun sentencia que dice, que el ánima mas está donde ama, que en el mesmo cuerpo donde mora y da vida.*"

Ainsi est importante, pour nous, l'interprétation, depuis les sens (la vue et les autres) du passage de la *Bible*, dans une dialectique entre les types d'amour, et une réalisation qui, s'éloignant des biens de ce monde, s'oriente vers une quête spirituelle de l'Amour, depuis l'intérieur de l'être. C'est, finalement, la même idéologie que nous trouvons avec les trois cercueils dans Shakespeare. Et, visiblement, aussi dans le coffre et la devise de la sixième tapisserie.

Quand Chaucer écrit dans le conte de "*La Prestation du Curé*" des *Contes de Canterbury* (nous utilisons ici la traduction et l'édition de 1987 de Pedro Guardía Massó, Madrid, Cátedra, 1987, 2009):

> "*Más aún, carecerán de todos los placeres sensuales. Pues ciertamente, el placer sensual se deriva de los cinco sentidos vista, oido, olfato, gusto y tacto.*"

Et après:

"*Y comprenderéis que el pecado del hombre altere funda¬mentalmente toda clase de orden y jerarquía. Pues es cierto que Dios, la razón, la sensualidad y el cuerpo del hombre es¬tán ordenados de modo que cada uno de estos elementos ejerzan predominio sobre los otros. Y así, Dios debería preva¬lecer sobre la razón, y la razón sobre la sensualidad, y la sen¬sualidad sobre el cuerpo del hombre. Pero en verdad el hom¬bre, al pecar, distorsiona todo este orden o jerarquía. Y, por consiguiente, ya que la razón humana no quiere estar sujeta y obedecer a Dios, que es, por derecho, su Señor, pierde por consiguiente el predominio que debiera poseer sobre la sen¬sualidad y también sobre el cuerpo.*
¿Por qué? La sensualidad se rebela, pues, contra la razón, y de este modo la razón pierde el dominio sobre la sensuali¬dad y el cuerpo. Porque así como la razón se rebela contra Dios, así también la sensualidad se rebela contra la razón y el cuerpo. Y, ciertamente, Jesucristo Nuestro Señor nos redimió con su preciosísima sangre de este desorden y rebelión; y es¬cuchad de qué manera."

      Ce qui met en évidence et prouve notre approche, à propos de la division, dans la série de *La Dame à la Licorne*, entre la partie physique, les sens, et l'élection, matrimoniale et logique, spirituelle, liée, comme nous le voyons par le rapprochement avec *Le Marchand de Venise*, avec l'idéologie de la juste mesure, de l'honnêteté et de la prudence (ce que nous étudions dans notre texte sur Freud et le motif des trois coffres: "*Complément anthropologique du texte de Freud sur "Le thème des trois coffrets"*"), ainsi que du bien agir.

VIII - COMPLÉMENT ANTHROPOLOGIQUE DU TEXTE DE FREUD SUR
"LE THÈME DES TROIS COFFRETS"

Dans son essai sur "*Le thème des trois coffrets*" (1913, traduction par Marie Bonaparte et Mme E. Marty, 1927), Freud, partant de la figure de Portia chez Shakespeare, les filles de Lear, chez le même auteur, les mythes et légendes de Psychée, Pâris, et Cendrillon, pose l'identification entre ces figures féminines, qu'il montre bien comme "*dépouillé notre thème de son revêtement astral, et nous voyons à présent qu'il traite un thème humain: "le choix que fait un homme entre trois femmes"*", et la Mort (l'article termine sur ces paroles: "*seule la troisième des filles du Destin, la silencieuse déesse de la Mort, le recueillera dans ses bras*").

1. Les cadets dans les contes: agrandissement du *corpus* de Freud

Nous voudrions agrandir un moment le *corpus* établi par Freud, et nous dédier à considérer un moment, avant d'y voir des figures astrales ou psychologiques, les figures des textes cités comme littéraires.

Les contes nous montrent plusieurs exemples de personnages qui sont les plus jeunes de leur respective fratrie:

"*Il était une fois une veuve qui avait deux filles; l'aînée lui ressemblait si fort et d'humeur et de visage, que qui la voyait voyait la mère. Elles étaient toutes deux si désagréables et si orgueilleuses qu'on ne pouvait vivre avec elles. La cadette, qui était le vrai portrait de son Père pour la douceur et pour l'honnêteté, était avec cela une des plus belles filles qu'on eût su voir. Comme on aime naturellement son semblable, cette mère était folle de sa fille aînée, et en même temps avait une aversion effroyable pour la cadette. Elle la faisait manger à la cuisine et travailler sans cesse.*" ("*Les Fées*")

"*Il était une fois un homme qui avait de belles maisons à la ville et à la campagne, de la vaisselle d'or et d'argent, des meubles en broderies et des carrosses tout dorés. Mais, par malheur, cet homme avait la barbe bleue: cela le rendait si laid et si terrible, qu'il n'était ni femme ni fille qui ne s'enfuît de devant lui.*
Une de ses voisines, dame de qualité, avait deux filles parfaitement belles. Il lui en demanda une en mariage, et lui laissa le choix de celle qu'elle voudrait lui donner. Elles n'en voulaient point toutes deux, et se le renvoyaient l'une à l'autre, ne pouvant se résoudre à prendre un homme qui eût la barbe bleue. Ce qui les dégoûtait encore, c'est qu'il avait déjà épousé plusieurs femmes, et qu'on ne savait ce que ces femmes étaient devenues.
La Barbe bleue, pour faire connaissance, les mena, avec leur mère et trois ou quatre de leurs meilleures amies et quelques jeunes gens du voisinage, à une de ses maisons de campagne, où on demeura huit jours entiers. Ce n'étaient que promenades, que parties de chasse et de pêche, que danses et festins, que collations: on ne dormait point et on passait toute la nuit à se faire des malices les uns aux autres; enfin tout alla si bien que la cadette commença à trouver que le maître du logis n'avait plus la barbe si bleue, et que c'était un fort honnête homme." ("*La Barbe Bleue*")

"*Un meunier ne laissa pour tous biens, à trois enfants qu'il avait, que son moulin, son âne et son chat. Les partages furent bientôt faits: ni le notaire, ni le procureur n'y furent point appelés. Ils auraient eu bientôt mangé tout le pauvre patrimoine. L'aîné eut le moulin, le second eut l'âne, et le plus jeune n'eut que le chat. Ce dernier ne pouvait se consoler d'avoir un si pauvre lot:*
«Mes frères, disait-il, pourront gagner leur vie honnêtement en se mettant ensemble; pour moi, lorsque j'aurai mangé mon chat, et que je me serai fait un manchon de sa peau, il faudra que je meure de faim.»" ("*Le Chat Botté*")

"*Il était une fois un bûcheron et une bûcheronne qui avaient sept enfants, tous garçons; l'aîné n'avait que dix ans, et le plus jeune n'en avait que sept.*
On s'étonnera que le bûcheron ait eu tant d'enfants en si peu de temps; mais c'est que sa femme allait vite en besogne, et n'en avait pas moins de deux à la fois.
Ils étaient fort pauvres, et leurs sept enfants les incommodaient beaucoup, parce qu'aucun d'eux ne pouvait encore gagner sa vie. Ce qui les chagrinait encore, c'est que le plus jeune était fort délicat et ne disait mot: prenant pour bêtise ce qui était une marque de la bonté de son esprit. Il était fort petit, et, quand il vint au monde, il n'était guère plus gros que le pouce, ce qui fit qu'on l'appela le petit Poucet. Ce pauvre enfant était le souffre-douleur de la maison, et on lui donnait toujours tort. Cependant il était le plus fin et le plus avisé de tous ses frères, et, s'il parlait peu, il écoutait beaucoup. Il vint une année très fâcheuse, et la famine fut si grande que ces pauvres gens résolurent de se défaire de leurs enfants." ("*Le Petit Poucet*")

"*Il était une fois une reine qui accoucha d'un fils, si laid et si mal fait, qu'on douta longtemps s'il avait forme humaine. Une fée qui se trouva à sa naissance assura qu'il ne laisserait pas d'être aimable, parce qu'il aurait beaucoup d'esprit; elle ajouta même qu'il pourrait, en vertu du don qu'elle venait de lui faire, donner autant d'esprit qu'il en aurait à celle qu'il aimerait le mieux.*
Tout cela consola un peu la pauvre reine, qui était bien affligée d'avoir mis au monde un si vilain marmot. Il est vrai que cet enfant ne commença pas plus tôt à parler qu'il dit mille jolies choses, et qu'il avait dans toutes ses actions je ne sais quoi de si spirituel, qu'on en était

charmé. J'oubliais de dire qu'il vint au monde avec une petite houppe de cheveux sur la tête, ce qui fit qu'on le nomma Riquet à la houppe, car Riquet était le nom de la famille. Au bout de sept ou huit ans la reine d'un royaume voisin accoucha de deux filles. La première qui vint au monde était plus belle que le jour: la reine en fut si aise, qu'on appréhenda que la trop grande joie qu'elle en avait ne lui fit mal. La même fée qui avait assisté à la naissance du petit Riquet à la houppe était présente, et pour modérer la joie de la reine, elle lui déclara que cette petite princesse n'aurait point d'esprit, et qu'elle serait aussi stupide qu'elle était belle. Cela mortifia beaucoup la Reine; mais elle eut quelques moments après un bien plus grand chagrin, car la seconde fille dont elle accoucha se trouva extrêmement laide. "Ne vous affligez point tant, Madame", lui dit la fée; " votre fille sera récompensée d'ailleurs, et elle aura tant d'esprit, qu'on ne s'apercevra presque pas qu'il lui manque de la beauté. - Dieu le veuille, répondit la Reine, mais n'y aurait-il point moyen de faire avoir un peu d'esprit à l'aînée qui est si belle? - Je ne puis rien pour elle, Madame, du côté de l'esprit, lui dit la fée, mais je puis tout du côté de la beauté; et comme il n'y a rien que je ne veuille faire pour votre satisfaction, je vais lui donner pour don de pouvoir rendre beau qui lui plaira."
A mesure que ces deux princesses devinrent grandes, leurs perfections crûrent aussi avec elles, et on ne parlait partout que de la beauté de l'aînée, et de l'esprit de la cadette. Il est vrai aussi que leurs défauts augmentèrent beaucoup avec l'âge. La cadette enlaidissait à vue d'oeil, et l'aînée devenait plus stupide de jour en jour. Ou elle ne répondait rien à ce qu'on lui demandait, ou elle disait une sottise. Elle était avec cela si maladroite qu'elle n'eût pu ranger quatre Porcelaines sur le bord d'une cheminée sans en casser une, ni boire un verre d'eau sans en répandre la moitié sur ses habits.
Quoique la beauté soit un grand avantage chez une jeune femme, cependant la cadette l'emportait presque toujours sur son aînée dans toutes les Compagnies. D'abord on allait du côté de la plus belle pour la voir et pour l'admirer, mais bientôt après, on allait à celle qui avait le plus d'esprit, pour lui entendre dire mille choses agréables, et on était étonné qu'en moins d'un quart d'heure l'aînée n'avait plus personne auprès d'elle, et que tout le monde s'était rangé autour de la cadette. L'aînée, quoique fort stupide, le remarqua bien, et elle eût donné sans regret toute sa beauté pour avoir la moitié de l'esprit de sa sœur. La Reine, toute sage qu'elle était, ne put s'empêcher de lui reprocher plusieurs fois sa bêtise, ce qui pensa faire mourir de douleur cette pauvre Princesse." ("Riquet à la Houppe")

Finalement, la "*Cendrillon*", citée par Freud:

"*Il était une fois un gentilhomme qui épousa, en secondes noces, une femme, la plus hautaine et la plus fière qu'on eût jamais vue. Elle avait deux filles de son humeur, et qui lui ressemblaient en toutes choses.
Le mari avait, de son côté, une jeune fille, mais d'une douceur et d'une bonté sans exemple: elle tenait cela de sa mère, qui était la meilleure personne du monde.
Les noces ne furent pas plus tôt faites que la belle-mère fit éclater sa mauvaise humeur: elle ne put souffrir les bonnes qualités de cette jeune enfant, qui rendaient ses filles encore plus haïssables. Elle la chargea des plus viles occupations de la maison: c'était elle qui nettoyait la vaisselle et les montées, qui frottait la chambre de madame et celles de mesdemoiselles ses filles; - elle couchait tout au haut de la maison, dans un grenier, sur une méchante paillasse, pendant que ses sœurs étaient dans des chambres parquetées, où elles avaient des lits des plus à la mode, et des miroirs où elles se voyaient depuis les pieds jusqu'à la tête.*"

Voici pour les *Histoires ou Contes du temps passé - Contes de ma mère l'Oye* (1697) de Perrault. Six contes de six nous montrent des cadets ou cadettes. Mais les frères Grimm nous offrent aussi plusieurs exemples (non exhaustivement cette fois, ce qui serait impossible, et, au mieux, ennuyeux):

"*Un jeune paysan désirait se marier. Il connaissait trois sœurs également belles, si bien qu'il était embarrassé de savoir sur laquelle des trois il ferait tomber son choix. Il demanda conseil à sa mère, qui lui dit:
— Invite-les toutes les trois à une petite collation, et aie soin de placer du fromage sur la table; puis observe attentivement de quelle manière elles le couperont.
Le jeune homme fit comme sa mère lui avait dit.
La première des trois sœurs enleva son morceau de fromage avec la croûte.
La seconde s'empressa de séparer la croûte de son morceau; mais dans son empressement elle en coupa la croûte, de telle sorte, qu'il y resta encore beaucoup de fromage.
La troisième détacha la croûte avec soin, si bien qu'elle ne rejeta de son morceau ni trop, ni trop peu.
Le jeune paysan raconta à sa mère le résultat de ses observations.
— C'est la troisième qu'il te faut prendre pour femme, lui dit-elle.
Il suivit ce conseil, et fut un mari heureux et content.*" (*Le choix d'un femme*)

"*Un homme avait trois fils et ne possédait d'autre bien que la maison dans laquelle il demeurait. Chacun de ses fils désirait en hériter, et il ne savait comment s'y prendre pour ne faire de tort à aucun d'eux. Le mieux eût été de la vendre et d'en partager le prix entre eux; mais il ne pouvait s'y résoudre, parce que c'était la maison de ses ancêtres. Enfin il dit à ses fils: " Allez dans le monde; faites-y vos preuves; apprenez chacun un métier, et, quand vous reviendrez, celui qui montrera le mieux son savoir-faire héritera de la maison. "
La proposition leur plut; l'aîné résolut d'être maréchal-ferrant, le second barbier et le troisième maître d'armes. Ils se séparèrent après être convenus de se retrouver chez leur père à jour fixe. Chacun d'eux se mit chez un bon maître qui lui apprit son métier à fond. Le maréchal eut à ferrer les chevaux du roi; il croyait bien que la maison serait pour lui. Le barbier rasa de grands seigneurs, et il pensait bien aussi tenir la maison. Quant à l'apprenti maître d'armes, il reçut plus d'un coup de fleuret: mais il serrait les dents et ne, se laissait pas décourager: " Car, pensait-il, si j'ai peur, la maison ne sera pas pour moi. "
Quand le temps fixé fut arrivé, ils revinrent tous les trois chez leur père. Mais ils ne savaient comment faire naître l'occasion de montrer leurs talents. Comme ils causaient entre eux de leur embarras, il vint à passer un lièvre courant dans la plaine. " Parbleu, dit le barbier, celui-ci vient*

comme marée en carême. " Saisissant son plat à barbe et son savon, il prépara de la mousse jusqu'à ce que l'animal fut tout près, et, courant après lui, il le savonna à la course et lui rasa la moustache sans l'arrêter, sans le couper le moins du monde ni lui déranger un poil sur le reste du corps. *" Voilà qui est bien, dit le père; si tes frères ne font pas mieux, la maison t'appartiendra. "*
Un instant après passa une voiture de poste lancée à fond de train. *" Mon père, dit le maréchal, vous allez voir ce que je sais faire. "* Et, courant après la voiture, il enleva à un des chevaux en plein galop les quatre fers de ses pieds et lui en remit quatre autres. *" Tu es un vrai gaillard, dit le père, et tu vaux ton frère; je ne sais en vérité comment décider entre vous deux.*
Mais le troisième dit: *" Mon père, accordez-moi aussi mon tour. "* Et, comme il commençait à pleuvoir, il tira son épée et l'agita en tous sens sur sa tête, de manière à ne pas recevoir une seule goutte d'eau. La pluie augmenta et tomba enfin comme si on l'eût versée à seaux; il para toute l'eau avec son épée, et resta jusqu'à la fin aussi peu mouillé que s'il eût été à couvert dans sa chambre. Le père, voyant cela, ne put cacher son étonnement: *" Tu l'emportes, dit-il, la maison est à toi. "*
Les deux autres, pleins d'une égale admiration, approuvèrent le jugement du père. Et, comme ils s'aimaient beaucoup entre eux, ils restèrent tous trois ensemble dans la maison à exercer leur état et ils y gagnèrent beaucoup d'argent, et vécurent heureux jusqu'à un âge avancé. L'un d'eux étant mort alors, les deux autres en prirent un tel chagrin qu'ils tombèrent malades et moururent aussi. Et, à cause de leur habileté commune et de leur affection réciproque, on les enterra tous trois dans le même tombeau." (*" Les trois frères"*)

"Un père appela un jour ses trois fils. Au premier il donna un coq, au deuxième une faux et au troisième un chat.
- Je me fais vieux, dit-il, le moment approche et avant de mourir je voudrais bien m'occuper de votre avenir. Je n'ai pas d'argent et ce que je vous donne là n'a, à première vue, qu'une faible valeur. Mais parfois on ne doit pas se fier aux apparences. Ce qui est important est la manière dont vous saurez vous en servir. Trouvez un pays où l'on ne connaît pas encore ces serviteurs et vous serez heureux.
Après la mort du père, l'aîné prit le coq et s'en alla dans le monde, mais partout où il allait les gens connaissaient les coqs. D'ailleurs, dans les villes, il les voyait de loin sur la pointe des clochers, tournant au vent. Et dans les villages, il en entendit chanter un grand nombre. Personne ne s'extasiait devant son coq et rien ne faisait penser qu'il puisse lui porter bonheur. Un jour, néanmoins, il finit par trouver sur une île des gens qui n'avaient jamais vu de coq de leur vie. Ils n'avaient aucune notion du temps et ne savaient pas le compter. Ils distinguaient le matin du soir, mais la nuit tombée, s'ils ne dormaient pas, aucun d'eux ne savait dans combien de temps le jour allait se lever.
Le garçon se mit à les interpeller:
- Approchez, approchez! Regardez cet animal fier! Il a une couronne de rubis sur la tête et des éperons comme un chevalier. Trois fois dans la nuit il vous annoncera la progression du temps, et quand il appellera pour la troisième fois, le soleil se lèvera aussitôt. S'il chante dans la journée, vous pourrez être sûrs et certains que le temps va changer et vous pourrez prendre vos précautions.
Les gens étaient en extase devant le coq; ils restèrent éveillés toute la nuit pour écouter avec ravissement, à deux heures, puis à quatre heures et enfin à six heures le coq chanter à tue-tête pour leur annoncer l'heure. Le lendemain matin, ils demandèrent au garçon de leur vendre le coq et de leur dire son prix.
- Autant d'or qu'un âne puisse porter, répondit-il.
- Si peu? Pour un tel animal? crièrent les habitants de l'île plus fort les uns que les autres. Et ils lui donnèrent volontiers ce qu'il avait demandé.
Le garçon rentra à la maison avec l'âne et toute sa richesse et ses frères en furent époustouflés. Le deuxième décida:
- J'irai, moi aussi, dans le monde! On verra si j'ai autant de chance.
Il marcha et marcha, et rien ne l'indiquait qu'il aurait autant de réussite avec sa faux; partout il rencontrait des paysans avec une faux sur l'épaule. Un jour, enfin, le destin le dirigea sur une île dont les habitants n'avaient jamais vu de faux de leur vie. Lorsque le seigle était mûr, les villageois amenaient des canons sur les champs et tiraient sur le blé. C'était, tout compte fait, pur hasard: un coup ils tiraient trop haut, un coup ils touchaient les épis à la place des tiges, et beaucoup de graines étaient ainsi perdues sans parler du fracas pendant la moisson. Insoutenable!
Le garçon s'en alla dans le champ et commença à faucher. Il fauchait sans faire de bruit et si vite que les gens le regardaient bouche bée, retenant leur souffle. ils s'empressèrent de lui donner ce qu'il voulait en échange de la faux et lui amenèrent un cheval avec un chargement d'or aussi lourd qu'il pouvait porter.
Le troisième frère décida de tenter sa chance avec son chat. Tant qu'il restait sur la terre ferme, il n'avait pas plus de succès que ses frères; il ne trouvait pas son bonheur. Mais un jour il arriva en bateau sur une île, et la chance lui sourit enfin. Les habitants n'avaient jamais vu de chat auparavant, alors que les souris sur l'île ne manquaient pas. Elles dansaient sur les tables et les bancs, régnant en maîtres partout, en dehors comme au-dedans. Les habitants de l'île s'en plaignaient énormément, le roi lui-même était impuissant devant ce fléau.
Quelle aubaine pour le chat! Il se mit à chasser les souris et bientôt il en débarrassa plusieurs salles du palais. Les sujets de tout le royaume prièrent le roi d'acheter cet animal extraordinaire et le roi donna volontiers au garçon ce qu'il en demandait: un mulet chargé d'or. C'est ainsi que le plus jeune des trois frères rentra à la maison très riche et devint un homme très opulent.
Et dans le palais royal, le chat s'en donnait à cœur joie. Il se régala d'un nombre incalculable de souris. Il chassa tant et si bien qu'il finit par avoir chaud et soif. Il s'arrêta, renversa la tête en arrière et miaula:
- Miaou, miaou!
Quand le roi et ses sujets entendirent ce cri étrange, ils prirent peur, et les yeux exorbités, ils s'enfuirent du palais. Dehors, le roi appela ses conseillers pour décider de la marche à suivre. Que faire de ce chat? Finalement, ils envoyèrent un messager pour qu'il lui propose un marché: soit il quittait le palais de lui-même, soit on l'expulsait de force.
L'un des pages partit avec le message et demanda au chat de quitter le palais de son plein gré. Mais le chat, terriblement assoiffé, miaula de plus belle:
- Miaou, miaou, miaou-miaou-miaou!
Le page comprit: Non, non, pas question! et alla transmettre la réponse au roi.
- Eh bien, décidèrent les conseillers, nous le chasserons par la force.
On fit venir un canon devant le palais, et les soldats le tirèrent jusqu'à ce qu'il s'enflammât. Lorsque le feu se propagea jusqu'à la salle où le chat était assis, le vaillant chasseur sauta par la fenêtre et se sauva. Mais l'armée continua son siège tant que le palais ne fut pas entièrement rasé." (*" Les trois enfants gâtés de la fortune"*)

On le voit, curieuse version du "*Chat Botté*".

2. Mise à l'épreuve de l'identité de la plus jeune des filles avec la Mort à partir d'un conte des Frères Grimm et de sa comparaison avec "*La Belle au bois dormant*"

Et un conte qui prouve que, contrairement à ce que pense Freud, la jeune fille est peu probablement l'une des trois fileuses de la mythologie:

"Il était une jeune fille paresseuse qui ne voulait pas filer. Sa mère avait beau se mettre en colère, elle n'en pouvait rien tirer. Un jour elle en perdit tellement patience qu'elle alla jusqu'à lui donner des coups, et la fille se mit à pleurer tout haut. Justement la reine passait par là; en entendant les pleurs, elle fit arrêter sa voiture, et, entrant dans la maison, elle demanda à la mère pourquoi elle frappait sa fille si durement que les cris de l'enfant s'entendaient jusque dans la rue. La femme eut honte de révéler la paresse de sa fille, et elle dit: " Je ne peux pas lui ôter son fuseau; elle veut toujours et sans cesse filer, et dans ma pauvreté je ne peux pas suffire à lui fournir du lin. "
La reine répondit: " Rien ne me plaît plus que la quenouille; le bruit du rouet me charme; donnez-moi votre fille dans mon palais; j'ai du lin en quantité; elle y filera tant qu'elle voudra. " La mère y consentit de tout cœur, et la reine emmena la jeune fille.
Quand on fut arrivé au palais, elle la conduisit dans trois chambres qui étaient remplies du plus beau lin depuis le haut jusqu'en bas. " File-moi tout ce lin, lui dit-elle, et quand tout sera fini, je te ferai épouser mon fils aîné. Ne t'inquiète pas de ta pauvreté, ton zèle pour le travail te sera une dot suffisante. "
La jeune fille ne dit rien, mais intérieurement elle était consternée; car eût-elle travaillé pendant trois cents ans sans s'arrêter, depuis le matin jusqu'au soir, elle ne serait pas venue à bout de ces énormes tas d'étoupe. Quant elle fut seule, elle se mit à pleurer, et resta ainsi trois jours sans faire œuvre de ses doigts. Le troisième jour, la reine vint la visiter; elle fut fort étonnée en voyant qu'il n'y avait rien de fait; mais la jeune fille s'excusa en alléguant son chagrin d'avoir quitté sa mère. La reine voulut bien se contenter de cette raison; mais elle dit en s'en allant: " Allons, il faut commencer demain à travailler. "
Quand la jeune fille se retrouva seule, ne sachant plus que faire, dans son trouble, elle se mit à la fenêtre, et elle vit venir à elle trois femmes, dont la première avait un grand pied plat; la seconde une lèvre inférieure si grande et si tombante qu'elle couvrait et dépassait le menton; et la troisième, un pouce large et aplati. Elles se plantèrent devant la fenêtre, les yeux tournés vers la chambre, et demandèrent à la jeune fille ce qu'elle voulait. Elle leur conta ses chagrins; les trois femmes lui offrirent de l'aider. " Si tu nous promets, lui dirent-elles, de nous inviter à ta noce, de nous nommer tes cousines sans rougir de nous, et de nous faire asseoir à la table, nous allons te filer ton lin, et ce sera bientôt fini.
- De tout mon cœur, répondit-elle; entrez, et commencez tout de suite. "
Elle introduisit ces trois singulières femmes et débarrassa une place dans la première chambre pour les installer; elles se mirent à l'ouvrage. La première filait l'étoupe et faisait tourner le rouet; la seconde mouillait le fil; la troisième le tordait et l'appuyait sur la table avec son pouce, et, à chaque coup de pouce qu'elle donnait, il y avait par terre un écheveau de fil le plus fin. Chaque fois que la reine entrait, la jeune fille cachait ses fileuses et lui montrait ce qu'il y avait de travail de fait, et la reine n'en revenait pas d'admiration. Quand la première chambre fut vidée, elles passèrent à la seconde, puis à la troisième, qui fut bientôt terminée aussi. Alors les trois femmes s'en allèrent en disant à la jeune fille: " N'oublie pas ta promesse; tu t'en trouveras bien. "
Lorsque la jeune fille eut montré à la reine les chambres vides et le lin filé, on fixa le jour des noces. Le prince était ravi d'avoir une femme si habile et si active, et il l'aimait avec ardeur.
" J'ai trois cousines, dit-elle, qui m'ont fait beaucoup de bien, et que je ne voudrais pas négliger dans mon bonheur; permettez-moi de les inviter à ma noce et de les faire asseoir à notre table. " La reine et le prince n'y virent aucun empêchement. Le jour de la fête, les trois femmes arrivèrent en équipage magnifique, et la mariée leur dit: " Chères cousines, soyez les bienvenues.
- Ah! lui dit le prince, tu as là des parentes bien laides. "
Puis s'adressant à celle qui avait le pied plat, il lui dit: " D'où vous vient ce large pied?
- D'avoir fait tourner le rouet, répondit-elle, d'avoir fait tourner le rouet. "
A la seconde: " D'où vous vient cette lèvre pendante?
- D'avoir mouillé le fil, d'avoir mouillé le fil. "
Et à la troisième: " D'où vous vient ce large pouce?
- D'avoir tordu le fil, d'avoir tordu le fil. "
Le prince, effrayé de cette perspective, déclara que jamais dorénavant sa belle épouse ne toucherait à un rouet, et ainsi elle fut délivrée de cette odieuse occupation." ("*Les Trois Fileuses*")

Elle semble, au contraire, s'en distinguer totalement, et s'opposer à elles. Même si, dirait Freud, son statut de fileuse l'assimilerait à elles, l'opposition ne faisant que renforcer l'identité (selon le principe de surdétermination par opposition, que décrit Freud dans les rêves).

Mais nous nous reporterons volontiers, là encore, aux textes eux-mêmes, des contes, en revenant de nouveau vers Perrault:

"Cependant les Fées commencèrent à faire leurs dons à la Princesse. La plus jeune lui donna pour don qu'elle serait la plus belle du monde, celle d'après qu'elle aurait de l'esprit comme un Ange, la troisième qu'elle aurait une grâce admirable à tout ce qu'elle ferait, la quatrième qu'elle danserait parfaitement bien, la cinquième qu'elle chanterait comme un Rossignol, et la sixième qu'elle jouerait de toutes sortes d'instruments à la perfection.

> *Le rang de la vieille Fée étant venu, elle dit en branlant la tête, encore plus de dépit que de vieillesse, que la princesse se percerait la main d'un fuseau, et qu'elle en mourrait.*
> *Ce terrible don fit frémir toute la compagnie, et il n'y eut personne qui ne pleurât.*
> *Dans ce moment la jeune Fée sortit de derrière la tapisserie, et dit tout haut ces paroles:*
> *«Rassurez-vous, Roi et Reine, votre fille n'en mourra pas: il est vrai que je n'ai pas assez de puissance pour défaire entièrement ce que mon ancienne a fait. La Princesse se percera la main d'un fuseau; mais au lieu d'en mourir, elle tombera seulement dans un profond sommeil qui durera cent ans, au bout desquels le fils d'un Roi viendra la réveiller.»"* ("*La Belle au bois dormant*")

    Freud nous dirait là encore que la mort, transformée en sommeil de cent ans, de la princesse correspond en fait à une dérivation (comme dans les rêves), qui l'identifie à la fée qui veut son mal.
    Mais plusieurs points nous semblent, au moins, devoir dialectiser cette position:
1. Le fait que, dans les contes, les opposants au héros sont rarement des représentants de sa propre personnalité, sinon il faudrait aussi assumer que les marâtres et les méchantes soeurs sont, non pas des opposés indésirables (ce qu'accepte Freud pour Lear à la fin de son article: "*De même, quand on nous dit que le poète a voulu représenter la tragédie de l'ingratitude, dont il avait sans doute ressenti lui-même les morsures, et que l'effet de la pièce repose sur la simple forme artistique dont il l'a revêtue, voilà qui ne remplace pas la compréhension à laquelle nous parvenons en estimant à sa valeur le thème du choix entre les trois sœurs.*"), mais des figures d'identité psychologiques avec l'héroïne, et ainsi aussi les ogres et tout autre objet ou personnage qui s'oppose au héros masculin dans son parcours. Ce que jusqu'à ce jour, aucun exégète n'a encore accepté comme possible.
2. La princesse n'entre pas dans le choix de son Destin, sinon qu'elle s'y oppose. Ce sont des éléments externes qui la poussent vers la tragédie, non une volonté, ou une complicité quelconque.
3. Il y a, ici comme dans le conte des Grimm, une dérivation par minimalisation de l'effet du châtiment, et là où les trois fileuses (qui certainement sont les Parques) deviennent des adjuvantes de l'héroïne chez les Grimm, chez Perrault c'est la plus jeune des (ou l'une des plus jeunes) fées, qui n'avait pas encore parlé, qui arrivera à sauver la princesse à peine née du tragique sort que lui réserve, non la plus vieille au sens strict, mais la plus anciennement perdue:

> "*Après les cérémonies du Baptême toute la compagnie revint au Palais du Roi, où il y avait un grand festin pour les Fées. On mit devant chacune d'elles un couvert magnifique, avec un étui d'or massif, où il y avait une cuiller, une fourchette, et un couteau de fin or, garni de diamants et de rubis. Mais comme chacun prenait sa place à table, on vit entrer une vieille Fée qu'on n'avait point priée parce qu'il y avait plus de cinquante ans qu'elle n'était sortie d'une Tour et qu'on la croyait morte, ou enchantée.*
> *Le Roi lui fit donner un couvert, mais il n'y eut pas moyen de lui donner un étui d'or massif, comme aux autres, parce que l'on n'en avait fait faire que sept pour les sept Fées. La vieille crut qu'on la méprisait, et grommela quelques menaces entre ses dents.*
> *Une des jeunes Fées qui se trouva auprès d'elle l'entendit, et jugeant qu'elle pourrait donner quelque fâcheux don à la petite Princesse, alla, dès qu'on fut sorti de table, se cacher derrière la tapisserie, afin de parler la dernière, et de pouvoir réparer autant qu'il lui serait possible le mal que la vieille aurait fait.*"

3. Le mutisme de l'héroïne comme symbole de juste mesure et d'honnête réserve

    De la même manière que Freud part du mutisme des héroïnes par lui étudiées, l'on retiendra qu'à l'impossibilité de satisfaire la vieille fée avec l'or des couverts, la jeune, qui n'avait pas encore pu s'exprimer et était restée cachée derrière un rideau (donc, contrepartie jeune de la vieille, oubliée pour perdue dans une Tour), est celle qui, en parlant en dernier, sauvera la princesse de la mort sûre.

> "*Il pourra paraître surprenant que cette troisième femme, si parfaite, possède, dans bien des cas, outre sa beauté, encore certaines particularités. Ce sont des qualités qui semblent tendre à faire partie de quelque ensemble, sans, toutefois, que nous puissions nous attendre à les rencontrer à un degré égal dans chaque exemple. Cordélia fie fait indistincte, peu apparente, comme le plomb; elle reste muette, elle «aime et se tait». Cendrillon se cache pour qu'on ne puisse pas la trouver. Nous pouvons peut-être assimiler le fait de se cacher à celui d'être muet. Mais ce ne seraient encore là que deux cas sur les cinq que nous avons choisis. Cependant, chose remarquable, nous trouvons encore une allusion à des particularités analogues dans deux autres cas Nous avons déjà comparé au plomb Cordélia, qui se tient obstinément à l'écart. Or, dans le discours que fait Bassanio pendant son choix des coffrets, il est dit du plomb, d'une façon que rien ne prépare:*
> *«Thy paleness moves me more than eloquence.» (Plainness, selon un autre texte.)*
> *C'est-à-dire: Ta pâleur ou ta simplicité, me touche plus que l'éloquence (c'est-à-dire que les manières criardes des deux autres).*
> *L'or et l'argent sont «bruyants»; le plomb est muet comme Cordélia, vraiment, qui «aime et se tait».*
> *Rien, dans les récits grecs anciens du jugement de Pâris, ne trahit une semblable réserve chez Aphrodite. Chacune des trois déesses parle au jeune homme et cherche à le gagner par des promesses. Mais, dans une version toute moderne de cette même scène, ce trait qui nous a frappé chez la troisième femme reparaît assez singulièrement. Dans le libretto de la Belle Hélène, Pâris, après avoir rendu compte des tentatives de séduction des deux autres déesses, raconte comment Aphrodite s'est comportée dans ce tournoi pour le prix de beauté:*
> *La troisième, ah! la troisième...*
> *La troisième ne dit rien.*

Elle eut le prix tout de même...
Calchas, vous m'entendez bien?
Nous décidons-nous à voir les particularités de la troisième concentrées dans le «mutisme», la psychanalyse nous le dira: le mutisme en rêve est une représentation usuelle de la mort."

Freud cite en note *"Le mutisme se trouve aussi indiqué par Stekel comme un des symboles de la mort. (Sprache des Traumes, 1911 [Le langage du rêve], p. 351.)"*. Toutefois, nous indiquerons que le mutisme, s'il évoque bien les *"Ombres muettes"* au Tribunal de Minos (selon Jean-Raymond de Petity, *Le manuel des artistes et des amateurs, ou, Dictionnaire historique et mythologique des emblêmes, allégories, énigmes, devises, attributs & symboles, relativement au costûme, aux murs, aux usages & aux cérémonies: contenant tous les caractères distinctifs & l'explication de chaque sujet naturel ou moral, sacré ou profane, historique ou fabuleux, dont on peut faire usage dans la poésie, la peinture, la sculpture, l'architecture, le dessin, l'ornement & la décoration, &c.: ouvrage utile aux poëtes, aux artistes & aux amateurs des beaux arts*, Paris, J.P. Costard, 1770, T. III, p. 175, voir aussi: *"Ce Bois, quoique muet, est toujours véridique"*, T. I, p. 158, *"Énigme XLVII"* du *"Chemin commun de tous"*: *"les tristes bords de l'Achéron, où se trouve une barque appartenante à Caron, fameux Nocher, qui exige des morts un droit de passage, avant que d'entrer dans les Champs Élisées"*, p. 157), l'est aussi de la grande douleur (*"Enfin, parce que "Niobé" avoit gardé un grand silence dans son affliction, & qu'elle étoit devenuë comme muette & immobile, ce qui est le caractère des grandes douleurs, on a dit qu'elle fut changée en Rocher."*, *ibid.*, p. 267).

En outre, le mutisme est aussi symbole de bonnes moeurs et de discrétion (*ibid.*, T. II, p. 11):

"Fauna: Femme de Faunus, poussa, dit-on, la retenuë & la pudeur à tel point, qu'elle ne voulut jamais voir d'autre homme que son mari. Elle prédisoit l'avenir aux femmes seulement. Ses Vertus, & principalement sa modestie, la firent mettre après sa mort au rang des Divinités, sous le nom de "Bonne Déesse". Les femmes lui offroient des Sacrifices dans des lieux où il n'étoit pas permis aux hommes d'entrer, & les Oracles étoient muets, non-seulement lorsque quelque homme les consultoit, mais encore lorsque des femmes alloient les consulter pour des hommes."

Prudence de nouveau confirmée par ceci (*ibid.*, T. I, pp. 59-60):

"Amour muet:
Le silence est un bien suprême,
C'est la vertu du Sage, & celle d'un Amant.
Qui ne parle que rarement
N'offense jamais ce qu'il aime.
Comme on ne doit jamais parler mal d'un ami, l'"Amour muet" est représenté sous la figure du Dieu du silence; qui toujours met & toujours maître de soi-même commande à toutes les passions, qui peuvent troubler l'harmonie de la véritable Amitié; s'il a des ailes, c'est pour montrer qu'il emprunte son activité, & qu'il vole lorsqu'il s'agit de servir un ami."

À tel point est en relation l'amour avec le mutisme, comme processus comique, dont on suppose suffisamment le sens, qu'il est au centre du théâtre sur les muets (comme on le voit dans l'ouvrage, qui recense plus de quatre cents pièces, de René Bernard, *Surdité, surdi-mutité et mutisme dans le théâtre français*, Paris, L. Rodstein, 1941). Citons en ce sens Anatole France, auteur de *La comédie de celui qui épousa une femme muette* (1913, Paris, Calmann-Lévy), inspirée de Rabelais, comme il le confessera indirectement en parlant de la *"Vie de Rabelais"*:

"Que François Rabelais ait fait d'excellentes études de médecine, ce n'est pas douteux. Nous savons qu'il acquit surtout des connaissances approfondies en anatomie et en botanique. Sa curiosité, son ardeur pour la science étaient inextinguibles. Mais il était aussi très prompt au plaisir. Ayant trouvé à Montpellier joyeuse compagnie, il prenait sa large part des amusements auxquels se livrait la jeunesse de l'école. Nous tenons de lui-même qu'il se divertit beaucoup à jouer une comédie, ou plutôt une farce avec ses condisciples Antoine Saporta, Guy Bouguier, Balthazar Noyer, Tolet, Jean Quentin, François Robinet et Jean Perdrier. C'était une de ces farces dans le genre de Pathelin, si chères au peuple de France, au temps du roi Louis XII, pleines de traits vifs et de bon comique. Rabelais l'intitule lui-même: «La morale comédie de celui qui avait épousé une femme muete», et nous en donne un résumé très suffisant pour en connaître l'action. La femme était muette. Son bon mari voulait qu'elle parlât. Elle parla par l'art du médecin et du chirurgien qui lui coupèrent le filet. Dès qu'elle eut recouvré la parole, elle parla tant et tant que son mari excédé retourna au médecin pour lui demander de remédier à ce mal et de la faire taire.
J'ai bien en mon art, répondit le médecin, des remèdes propres à faire parler les femmes. Je n'en ai pas pour les faire taire. Le remède unique contre bavardage de femme est surdité du mari.

Le pauvre mari accepta ce remède, puisqu'il n'y en avait point d'autre. Les médecins, par on ne sait quel charme qu'ils firent, le rendirent sourd. La femme, voyant qu'il n'entendait mot, et qu'elle parlait en vain, de dépit de ne pouvoir se faire entendre devint enragée. Le médecin réclama son salaire. Le mari répondit qu'il n'entendait pas sa demande. Le médecin lui jette au dos une poudre par la vertu de laquelle il devient fou. Le mari fou et la femme enragée se mirent d'accord pour battre le médecin et le chirurgien qui restèrent demi-morts sur le carreau. Ainsi finit la comédie. Rabelais dit qu'il ne rit jamais plus qu'à ce patelinage. Nous n'en sommes pas surpris. Il aimait les farces et celle-ci est excellente. Et ce qui n'était pas pour déplaire à un humaniste, on y trouve du Térence. Le dénouement en est pris à l'admirable farce de Pathelin. Molière, pour son Médecin malgré lui, a puisé largement dans l'analyse donnée par Rabelais. Voici bien des siècles illustres de théâtre dans ce divertissement d'écoliers." (Anatole France, *Rabelais*, Paris, Calmann-Lévy, 1928, pp. 27-29)

Freud lui-même reconnaît cette dualité de qualité entre la simplicité et l'éloquence (qu'il entend comme "*les manières criardes*" des autres soeurs), lorsque, évoquant Cordélia et citant Shakespeare, il écrit:

"Ta pâleur ou ta simplicité, me touche plus que l'éloquence (c'est-à-dire que les manières criardes des deux autres)."

Alors qu'il évoque comme source unique du mutisme de Vénus dans le jugement de Pâris la tardive opérette de *La Belle Hélène* d'Offenbach (1864, livret de Henri Meilhac et Ludovic Halévy), on retrouve la trace du sens de ce silence de la déesse dans une version antérieure, le poème en IV Chants intitulé *Le Jugement de Pâris* (Amsterdam, 1774, pp. 11-13) de Barthélémi Imbert, lorsqu'il oppose les tempéraments des trois déesses au "*Chant Premier*":

"Avec orgueil, avec majesté,
Paroit Junon, superbe déité;
Mille trésors surchargent cette Belle:
Le diamant, dans l'or pur incrusté,
Mêle ses feux à la pourpre immortelle." (p. 11)

"On voit Pallas, belle avec dignité,
Qui brille encore, avec moins d'opulence;
Dans sa démarche, est l'air de la décence,
Dans ses regards, une douce fierté,
Dans sa parure, une sage élégance." (p. 12)

"Sous ses habits, avec art négligés,
Vénus paroit dédaigner l'artifice:
Les fleurs, le myrrhe, ornent l'humble édifice
De ses cheveux, en boucles partagé." (p. 13)

On reconnaît bien là l'alternance des trois prétendants de Portia: le noble et royal Prince de Maroc, qui choisit l'or, c'est ici la brillante Junon. Puis vient, moins brillant, mais fier et guerrier, le Prince d'Aragon, à qui revient l'argent. Ici, la digne Pallas, "*Qui brille encore, avec moins d'opulence*". Et finalement la sagesse d'amour altruiste du prétendant qui choisira le plomb, ici la déesse Vénus, apparemment négligée et "*humble*".

Continue Imbert (fin du "*Chant Premier*", pp. 15-16):

"D'un tout parfait naît la beauté suprême.
Sous les atours, qu'emprunte la grandeur,
Quoi! vous cachez cet heureux assemblage!
Quand le soleil veut montrer sa splendeur,
Emprunte-t-il le voile d'un nuage?
Ah! que la gloire enchaîne la pudeur.
Vains ornemens, inutile imposture,
Disparoissez; le fard de la beauté,
Au premier âge, étoit la nudité;
Mais la laideur inventa la parure.

Ce dernier mot est à peine entendu;
Pallas déjà renonce à la victoire,
Et de Junon l'orgueil est confondu;

Reine des Cieux, Junon craint pour sa gloire,
Pallas croiroit immoler sa vertu.
Vénus rougit & garde le silence,
Rougit encore, & d'un air d'innocence,
Baisse son front, le cache sous sa main:
Il faut, dit-elle-, obéir au destin.
Junon résiste & Minerve balance;
Et Vénus donne, avec un ris malin,
A leur pudeur le titre de prudence.
Cette pudeur hésite vainement;
Je la vaincrai, dit le Prince en lui-même:
A leurs regards il échappe un moment,
Et cette fuite est un sûr stratagême.
La solitude, hélas! pour la pudeur,
Est trop souvent un piège bien perfide!
Elle combat, sous l'œil du spectateur,
Loin des témoins, elle est foible & timide."

    Et continue le "*Chant Second*" (pp. 17-18):

"L'espoir enfin d'un prix si glorieux.
Et de Vénus le sourire perfide,
Changent Minerve & la Reine des Dieux;
L'humble Pudeur rougit, baisse les yeux,
Voile son front, & d'une aile rapide,
En soupirant, s'exile dans les Cieux.
Vénus avoit écarté de ses traces
Les trois Beautés qui marchent sur ses pas
Vénus ordonne, & chacune des Grâces
Va d'un vain luxe affranchir leurs appas.
En un moment, voile, écharpe, ceinture,
Tombent épars, ou volent dans les airs.
Dieux! quels trésors cache un dais de verdure!
Charmant berceau, vrai temple, où la nature
A déposé tous ses charmes divers!
Amour, Amour, me seras-tu fidèle? "

    On voit donc comment la prudence (fausse chez Vénus) est la Vertu qui emporte le jugement de Pâris dans son choix. De fait, selon le modèle de l'Amour humain et l'Amour divin, le second, pur, représenté par une Vénus nue, selon le modèle néoplatonicien plusieurs fois étudié par Erwin Panofsky, en particulier chez Le Titien.
    C'est cette même Vertu d'abstinence et de modération qu'on retrouve chez la Belle Hélène d'Offenbach:

"*HÉLÈNE.*
Ce cygne-là… c'était mon père! l'aigle, c'était Vénus!… Cruelle Vénus!… Vous voyez bien, Calchas, que je ne suis pas une femme ordinaire…
Et cependant j'aurais voulu… savez-vous, grand augure, ce que j'aurais voulu être?…
CALCHAS.
Non, fille de Jupiter.
HÉLÈNE.
J'aurais voulu être une bourgeoise paisible, la femme d'un brave négociant de Mitylène… Au lieu de cela, voyez quelle destinée!… A seize ans, enlevée par ce petit fou de Thésée, pendant que je dansais avec abandon dans le temple de Diane." (Acte I, Scène V)

    Vertu d'ailleurs moquée par les auteurs tout de suite après:

"*HÉLÈNE, passant à gauche.*
Et quand je traverserai la foule, du haut de mon char, j'entendrai, comme tout à l'heure, une voix qui sortira des rangs du peuple et qui dira: «ce n'est pas une reine, c'est une cocotte!…»
CALCHAS.
«Cocotte», grande reine!…
HÉLÈNE.

Oui!... et après tout, il avait raison, cet homme... Mais est-ce ma faute?... moi, la fille d'un oiseau, est-ce que je puis être autre chose qu'une cocotte?" (Acte I, même Scène V)

À présent, avant d'analyser cette question plus avant, nous voudrions faire un petit retour en arrière, afin de faire noter au lecteur le fait que, dans les contes de Perrault, le plus jeune, le *cadet*, est toujours celui qui, souffrant, comme Riquet et sa compagne, ou non, d'une disgrâce provoquée par le Destin ou le fées, sous-estimé, comme le Petit Poucet, pour sa taille ou son manque d'attributs, se révèle, finalement, le plus doué.

À la différence des ses frères, comme cela est très clair au début, que nous avons cité, du "*Chat Botté*", qui reçoivent tout en héritage, à lui correspond de se faire valoir pour ses actes.

Ceci, revenons, et tournons-nous de nouveau vers les textes, en particulier, donc, celui, base de l'étude de Freud, de Shakespeare, dans *Le marchand de Venise* (1596-1597, dans la traduction des *OEuvres complètes* par François Pierre Guillaume Guizot, Paris, Didier et Cie, 1863, T. VI):

"LE PRINCE DE MAROC.--Puisse quelque dieu diriger mon jugement et ma main! Voyons un peu. Je veux encore jeter les yeux sur les inscriptions. Que dit le coffre de plomb?
Qui me choisira doit donner et risquer tout ce qu'il a.
Doit donner! Pourquoi? Pour du plomb! Risquer pour du plomb? Ce coffre présente une menace. On ne hasarde tout que dans l'espoir de grands avantages. Un coeur d'or ne se laisse pas prendre à l'amorce d'un métal de rebut. Je ne veux ni donner, ni risquer rien pour du plomb.--Que dit l'argent avec sa couleur virginale?
Qui me choisira recevra tout ce qu'il mérite.
Tout ce qu'il mérite? Arrête là, prince de Maroc, et pèse ce que tu vaux d'une main impartiale. Si tu juges de ton prix par l'opinion que tu as de toi, ton mérite est assez grand; mais assez ne s'étend pas suffisamment loin pour atteindre cette dame.--Et pourtant, douter de ce que je vaux, ce serait lâchement m'exclure.--Tout ce que je mérite!.... Mais vraiment: c'est d'obtenir la dame. Je le mérite par ma naissance, par mon rang, par mes grâces, par les qualités que j'ai reçues de l'éducation; mais plus que tout cela, je le mérite par mon amour. Si je ne m'égarais pas plus loin, et que je fixasse ici mon choix.... Voyons encore une fois ce qui est gravé sur le coffre d'or:
Qui me choisira gagnera ce que beaucoup d'hommes désirent.
Mais c'est cette dame. Le monde entier la désire, et l'on vient des quatre coins de la terre pour baiser cette châsse, cette sainte mortelle et vivante. Les déserts de l'Hyrcanie et les sauvages solitudes de la vaste Arabie sont devenus le grand chemin que traversent les princes pour venir contempler la belle Portia; le liquide royaume, dont la tête ambitieuse vomit à la face des cieux n'est pas une barrière capable d'arrêter ces courages lointains: ils arrivent comme sur un ruisseau, pour voir la belle Portia. Un de ces trois coffres contient son divin portrait: est-il probable qu'elle soit contenue dans du plomb? Former une si basse pensée mériterait la damnation; ce métal serait trop grossier pour assujettir même le linceul destiné à l'embaumer dans la nuit du tombeau. Croirai-je qu'elle est cachée dans l'argent, et rabaissée ainsi dix fois au-dessous de l'or pur? Idée criminelle! Jamais brillant si précieux ne fut enchâssé dans un métal au-dessous de l'or. Les Anglais ont une monnaie d'or frappée de la figure d'un ange: mais il n'est qu'empreint dessus; c'est un ange couché dans un lit d'or. Donnez-moi la clef. Je choisis celui-ci, arrive que pourra." (Acte II, Scène VII)

Ouvert le coffre de plomb, il révèle son message:

"Vous qui ne choisissez point sur l'apparence,
Vous avez bonne chance et bon choix.
Puisque ce bonheur vous arrive,
Soyez content, n'en cherchez pas d'autre.
Si celui-ci vous satisfait,
Et que vous regardiez votre sort comme votre bonheur,
Tournez-vous vers votre dame,
Et prenez-en possession par un baiser amoureux." (Acte III, Scène II)

Alors que celui d'or disait:

"Tout ce qui reluit n'est pas or,
Vous l'avez souvent ouï dire.
Bien des hommes ont vendu leur vie,
Pour ne faire que voir ce que j'offre extérieurement.
Les tombes dorées renferment des vers.

Si vous eussiez été aussi sage que hardi,
Et jeune par la force, vieux par le jugement,
Votre réponse n'eût pas été dans ce rouleau
Adieu: votre requête est à néant." (Acte II, Scène VII)

Et celui d'argent:

"*Le feu a éprouvé sept fois ce métal;*
Sept fois éprouvé est le jugement
Qui n'a jamais mal choisi.
Il est des gens qui n'embrassent que des ombres;
Ceux-là n'ont que l'ombre du bonheur!
Je sais qu'il y a des sots sur la terre,
Vêtus d'argent, comme je le suis;
Épousez quelle femme vous voudrez,
Votre tête sera toujours la mienne.
Ainsi partez, seigneur, vous êtes congédié." (Acte II, Scène IX)

Le secret du coffret d'or était révélé par un squelette ("*O enfer! que vois-je là? Un squelette et dans le creux de son oeil un rouleau de papier! lisons cet écrit.*") et celui du coffret d'argent par la figure d'un sot ("*Qu'est-ce? la figure d'un idiot, qui cligne de l'oeil et me présente un papier? Je veux le lire. Que tu es différent de Portia! Que tu es différent de ce que j'espérais, et de ce que je méritais!*"), celui de plomb contenait, bien sûr, "*l'image de la belle Portia*".

Pour sa part, faisant la métaphore des trois religions, qu'un sujet tente de ne pas préférer face au souverain qui veut lui couper la tête, Boccace, dans le *Décaméron* (1353), évoque une jeune femme, "*qui n'était ni de fer ni de diamant*" ("*Nouvelle IV*" de la "*Première Journée*").

Le choix (qui parfois n'en est pas, comme chez Boccace) de la juste mesure (ni trop orgueilleux, comme le prince de Maroc: "*Je vous en rends grâces. Je vous prie, conduisez-moi à ces coffres, pour y essayer ma fortune. Par ce cimeterre, qui a tué le sophi et un prince de Perse, et qui a gagné trois batailles sur le sultan Soliman, je voudrais, pour t'obtenir, foudroyer de mes regards l'oeil le plus farouche, vaincre en bravoure le coeur le plus intrépide de l'univers, arracher les petits ours des mamelles de leur mère; que dis-je? insulter au lion rugissant après sa proie. Mais, hélas! cependant, quand Hercule et Lichas joueront aux dés pour décider lequel vaut le mieux des deux, le plus haut point peut sortir de la main la plus faible; et voilà Hercule vaincu par son page. Et moi, conduit de même par l'aveugle fortune, je puis manquer ce qu'obtiendra un moins digne, et en mourir de douleur.*", ni trop prétentieux, comme le prince d'Aragon: "*C'est bien dit; car qui peut chercher à duper la fortune et s'élever honorablement sans l'empreinte du mérite? Que personne ne prétende se revêtir d'honneurs dont il est indigne.... Oh! plût au ciel que les biens, les charges, les dignités, ne se détournassent jamais dans des voies injustes, et que le pur honneur ne pût jamais s'acquérir que par le mérite de celui qui en est revêtu. Que de gens qui sont nus seraient couverts! que d'autres qui commandent seraient commandés! que de grains de bassesse à séparer de la vraie semence de l'honneur! que l'on retrouverait d'honneur caché sous le chaume et sous les ruines du temps, et auquel on devrait rendre son premier éclat! Mais choisissons.*", sinon d'amour et dédication entière, comme Bassiano: "*Confesser et aimer eût renfermé tout mon aveu. Heureux tourments, lorsque celui qui fait mon supplice me suggère des réponses pour ma délivrance! Mais laissez-moi essayer ma fortune et les coffres.*"), est le centre de l'exemple de Shakespeare.

C'est la même morale qui définit le destin funeste de Lear, pour ne pas le comprendre:

"*LEAR.—Nous cependant, nous allons manifester ici nos plus secrètes résolutions. Qu'on place la carte sous mes yeux. Sachez que nous avons divisé notre royaume en trois parts, étant fermement résolu de soulager notre vieillesse de tout souci et affaire pour en charger de plus jeunes forces, et nous traîner vers la mort délivré de tout fardeau.—Notre fils de Cornouailles, et vous qui ne nous êtes pas moins attaché, notre fils d'Albanie, nous sommes déterminés à régler publiquement, dès cet instant, la dot de chacune de nos filles, afin de prévenir par là tous débats*

dans l'avenir. L'amour retient depuis longtemps dans notre cour le roi de France et le duc de Bourgogne, rivaux illustres pour l'amour de notre plus jeune fille: je vais ici répondre à leur demande.—Dites-moi, mes filles (puisque nous voulons maintenant nous dépouiller tout à la fois de l'autorité, des soins de l'État et de tout intérêt de propriété), quelle est celle de vous dont nous pourrons nous dire le plus aimé, afin que notre libéralité s'exerce avec plus d'étendue là où elle sera sollicitée par des mérites plus grands?—Vous, Gonerille, notre aînée, parlez la première.
GONÈRILLE.—Je vous aime, seigneur, de plus d'amour que n'en peuvent exprimer les paroles; plus chèrement que la vue, l'espace et la liberté; au delà de tout ce qui existe de précieux, de riche ou de rare. Je vous aime à l'égal de la vie accompagnée de bonheur, de santé, de beauté, de grandeur. Je vous aime autant qu'un enfant ait jamais aimé, qu'un père l'ait jamais été. Trouvez un amour que l'haleine ne puisse suffire, et les paroles parvenir à exprimer; eh bien! je vous aime encore davantage.
CORDÉLIA, à part.—Que pourra faire Cordélia? Aimer et se taire.
LEAR.—Depuis cette ligne éloignée jusqu'à celle-ci, toute cette enceinte riche d'ombrageuses forêts, de campagnes et de rivières abondantes, de champs aux vastes limites, nous t'en faisons maîtresse, qu'elle soit à jamais assurée à votre prospérité, à toi et au duc d'Albanie.—Que répond notre seconde fille, notre bien-aimée Régane, l'épouse de Cornouailles? Parle.
RÉGANE.—Je suis faite du même métal que ma soeur, et je m'estime à sa valeur. Dans la sincérité de mon coeur, je trouve qu'elle a défini précisément l'amour que je ressens: seulement elle n'a pas été assez loin; car moi, je me déclare ennemie de toutes les autres joies contenues dans le domaine des sentiments les plus précieux, et ne puis trouver de félicité que dans l'affection de Votre chère Majesté.
CORDÉLIA, à part.—Ah! pauvre Cordélia! Mais non, cependant, puisque je suis sûre que mon amour est plus riche que ma langue.
LEAR, à Régane.—Toi et les tiens vous posséderez héréditairement ce grand tiers de notre beau royaume, portion égale en étendue, en valeur, en agrément, à celle que j'ai assurée à Gonerille.—Et vous maintenant, qui pour avoir été ma dernière joie n'en fûtes pas la moins chère, vous dont les vignobles de la France et le lait de la Bourgogne sollicitent à l'envi les jeunes amours, qu'avez-vous à dire qui puisse vous attirer un troisième lot, plus riche encore que celui de vos soeurs? Parlez.
CORDÉLIA.—Rien, seigneur.
LEAR.—Rien?
CORDÉLIA.—Rien.
LEAR.—Rien ne peut venir de rien, parlez donc.
CORDÉLIA.—Malheureuse que je suis, je ne puis élever mon coeur jusque sur mes lèvres. J'aime Votre Majesté comme je le dois, ni plus ni moins.
LEAR.—Comment, comment, Cordélia? Corrigez un peu votre réponse, de peur qu'elle ne ruine votre fortune.
CORDÉLIA.—Mon bon seigneur, vous m'avez donné le jour, vous m'avez élevée, vous m'avez aimée: je vous rends en retour tous les devoirs qui me sont justement imposés; je vous obéis, je vous aime et vous révère autant qu'il est possible. Mais pourquoi mes soeurs ont-elles des maris, si elles disent n'aimer au monde que vous? Il peut arriver, quand je me marierai, que l'époux dont la main recevra ma foi emporte la moitié de ma tendresse, la moitié de mes soins et de mes devoirs. Sûrement je ne me marierai jamais comme mes soeurs, pour n'aimer au monde que mon père.
LEAR.—Mais dis-tu ceci du fond du coeur?
CORDÉLIA.—Oui, mon bon seigneur.
LEAR.—Si jeune et si peu tendre!
CORDÉLIA.—Si jeune et si vraie, mon seigneur.
LEAR.—A la bonne heure. Que ta véracité soit donc ta dot; car, par les rayons sacrés du soleil, par les mystères d'Hécate et de la Nuit, par les influences de ces globes célestes par lesquels nous existons et nous mourons, j'abjure ici tous mes sentiments paternels, tous les liens, tous les droits du sang, et je te tiens de ce moment et à jamais pour étrangère à mon coeur et à moi. Le Scythe barbare, et celui qui fait de ses enfants l'aliment dont il assouvit sa faim, seront aussi proches de mon coeur, de ma pitié et de mes secours, que toi qui as été ma fille." (volume V des OEuvres complètes, déjà citées)

Il préfère, à la simplicité vraie de Cordélia, la grandiloquence superbe de Gonérille, et la prétentieuse pompe de Régane.

De fait, les prénoms des filles de Lear nous donnent une bonne idée de leur caractère respectif: prétentieuse est Régane, dont le prénom évoque la régence et le règne (voir Émile Ferrière, *Étymologie de quatre cents prénoms usités en France*, Paris, F. Alcan, 1898, p. 144), comme Gonerille, dont le prénom semble provenir de "*Gomeril*", forme alternative de "*Gomeral*", qui désigne le guerrier, l'homme, mais termine ayant le sens d'idiot, de simplet ("*Diminutive of Middle English gōme ("man, warrior, husband, male servant"), Old English guma ("male, hero"), from Proto-Germanic *gumô ("man, person"), from Proto-Indo-European *dh g̑hə̯mo-, *dh g̑ homo- ("man, person"). More at groom*" qui en Écosse désigne "*(Scotland) fool, simpleton*": http://en.wiktionary.org/wiki/gomeral, "*1604, short for bridegroom ("husband-to-be"), from Middle English brydgrome, bridegome ("bridegroom"), from Old English brȳdguma ("bridegroom"), from brȳd ("bride") + guma ("man, hero"), from Proto-Germanic *gumô ("man, person"), from Proto-Indo-European *dhg'həmo-, *dhg'homo-, equivalent to bride + goom.*" Désignant "*A man who is about to become or has recently become part of a married couple. Short form of bridegroom.*": http://en.wiktionary.org/wiki/groom#English). "*Gomeril*", qui renvoie donc au caractère masculin, guerrier, volontaire, de Gonérille, mais encore à son aspect politique, que lui reproche son époux, lorsqu'il s'exclame:

"*Shut your mouth, dame, Or with this paper shall I stop it: Hold, sir: Thou worse than any name, read thine own evil*" ("*ALBANIE.—Fermez la bouche, Madame, ou je vais la clore avec ce papier.—Tenez, monsieur. (Il donne le papier à Edmond.)—Et toi, pire que tous les noms qu'on pourrait te donner, lis tes propres crimes.... Ne le déchirez pas, madame: je vois que vous le connaissez.*", Acte V, Scène III), la renvoie dans le même cadre que le Prince d'Aragon dans *Le marchand de Venise*, qui reçoit le visage de l'idiot en récompense de son choix. Le sens du terme "*Gomeril, Gommeril, Gomerel, Gomeral*" est encore attesté en Irlande (voir Terence Patrick Dolan, *A Dictionary of Hiberno-English: The Irish Use of English*, 2006, Dublin, Gill & MacMillan, p. 111). De fait, dans *Le roi Lear*, Gonérille est celle qui est chargée de veiller sur Lear, ses actions autoritaires poussant le vieillard à la quitter (Acte II, Scène IV), Régane, quant à elle, tient bien son rôle de reine éloignée.

L'expression d'Albanie, phonétiquement, offre un autre sens au prénom de son épouse: "*thine own evil*", puisqu'en rimant il décrit le caractère néfaste de Gonérille. D'autre part, et en outre, celle-ci assume la responsabilité de la folie du vieux roi, l'obligeant à s'exiler, et n'en ayant cure: "*'Tis his own blame; hath put himself from rest/ And must needs taste his folly.*", "*GONERILLE.—C'est sa propre faute; il a quitté de lui-même le lieu où il pouvait être tranquille: il faut qu'il porte la peine de sa folie.*" (Acte II, Scène IV).

Au contraire, Cordélia (ou Cordélie):

"*The name Cordelia comes from two sources: Latin and Irish. In Latin, the root of the name is "cor," meaning "heart" and the name may possibly come from the French phrase coeur de lion, "heart of the lion."[1]
Cordelia may also stem from the old Welsh name Creiddylad, which means "jewel of the sea" or "daughter of the sea." Creiddylad was engaged to one man but abducted by another, and wars broke out in her name. An early King Arthur story, "Culhwch and Olwen," depicts Arthur bringing a truce to the war by declaring that they will battle only on May Day, and every May Day, until the end of time.
Queen Cordelia was a British Queen, first immortalized in accounts by Geoffrey of Monmouth, and later in the Shakespeare play King Lear.*"
(http://wiki.name.com/en/Cordelia#_note-0)

En outre, ce prénom a des relations, comme celui de Régane avec Régine, avec l'idée de cordialité, et de concorde. En effet, aussi bien le concept de "*cordialité*" comme le prénom "*Cordelia*" dérivent du mot latin "*cordis*": "*coeur*", celui ou celle, donc, qui a du coeur.

Celle aussi qui, à différence de ses soeurs, fera le lien (ou ne le perdra pas, malgré l'exil) avec son perd, celle qui *accorde* et *concorde*, là où ses soeurs sont discordantes.

Finalement, l'exemple le plus percutant de la correspondance entre l'image de la juste mesure et de celle du choix provient d'une certaine manière d'un contre-exemple, celui de "*Boucles d'Or et les Trois Ours*", conte attribué à Robert Southey, laquelle, après avoir goûté de la soupe de Papa Ours, trop chaude, de Maman Ours, trop froide, préfère celle du Petit Ours, juste à la bonne température, même procédé avec les chaises, trop dure celle de Papa Ours, trop molle celle de Maman Ours, juste à sa taille celle du Petit Ours, pour finalement s'endormir dans le lit du Petit Ours, après avoir pareillement essayé, sans succès, dans celui de Papa Ours, trop haut, celui de Maman Ours, trop bas, se terminant le conte ainsi:

"*Et le Tout Petit Ours s'écria:*

- Quelqu'un s'est couché dans mon lit et y est encore! C'est une petit fille!

À ces mots Boucles d'or se réveilla en sursaut et, de frayeur, sauta par la fenêtre la plus proche. Elle courut aussi vite que ses jambes pouvaient la porter, et jamais ne revint vers la belle petite maison des trois ours."

4. La figure du cadet comme surdétermination de l'être petit pour l'enfant

L'expression est donc ici paradigmatique de l'existence d'une auto-représentation par la petite Boucle d'Or comme processus de mise en miroir vis-à-vis du Petit Ours. Elle se reconnaît, sans le savoir, dans les objets et les goûts de celui de son âge. En même temps, et par là même, elle apprend à se dégager des figures parentales.

C'est un peu le principe des chansons pour enfants, "*Fais dodo, Colas mon p'tit frère*":

"Fais dodo, Colas mon p'tit frère,
Fais dodo, t'auras du lolo.

Maman est en haut,
Qui fait des gâteaux,
Papa est en bas,
Qui fait du nougat.

Fais dodo, Colas mon p'tit frère,
Fais dodo, t'auras du lolo.

Si tu fais dodo,
Maman vient bientôt
Si tu ne dors pas,
Papa s'en ira.

Fais dodo, Colas mon p'tit frère,
Fais dodo, t'auras du lolo."

Qui pousse l'enfant à se porter bien, à dormir, parce qu'ainsi Maman viendra, alors que sinon Papa s'en ira, ou encore la comptine anglaise "*Jack Sprat Could Eat No Fat*":

"Jack Sprat could eat no fat.
His wife could eat no lean.
And so between them both, you see,
They licked the platter clean."

Qui renvoie dos-à-dos l'homme et la femme, les genres, et par conséquent, implique un milieu, ici non dit, mais qui nous rappelle l'une des expressions qu'aimait à redire notre grand-père: "*Qu'est-ce que tu préfères?/ Ta mère ou ton père?/ Moi, j'préfère le lard!*", dont nous retrouvons l'évocation comme lorraine et alsacienne ici:

"**Lard:** premier pilier de la culture lorraine. Posez donc la question à un jeune vosgien: "Tu préfères ton père ou ta mère?" Il vous répondra à coup sûr: "Ch'préfère le lârd!" (la prononciation du "â" se situe entre ô et â).Et si vous êtes connaisseur vous poursuivrez par "Maigre ou Gras?", et il vous répondra "Grâs!" (toujours cette belle prononciation ô-â)" (http://hika-chan.fr/bazar/lorraine.php)

"Le porc est également très présent en Lorraine. Une anecdote veut qu'à la question: "Tu préfères ton père ou ta mère?", un Lorrain répond indéfectiblement: "J'aime mieux le lard...".*" (Dominique Auzias, Jean-Paul Labourdette et Stéphan Szeremeta, *Lorraine-Vosges 2011-12*, Paris, Le Petit Futé, 2011, p. 30)

Par conséquent, il semble qu'il est abusif de se représenter la figure du cadet, ainsi décrite, comme l'image, d'une part exclusive des femmes, puisque ce n'est pas le cas, on l'a vu, se répartissant équitablement dans les contes cadets et cadettes l'honneur du rejet parental et social et de l'exploit consécutif, et d'autre part mortifère.

Nous verrions plutôt dans son attitude introspective et taciturne l'expression du petit dernier, de celui qui n'a de droits que ceux que lui donnent, comme dans les contes, ses parents et ses aînés, lesquels, souvent, sont substitués, dans les versions féminines, par les filles de la marâtre, suite à la mort du parent naturel. Pour nous, autre indice clair de la surdétermination du rejet, qui peut être doublement accentué dans le domaine de la fantaisie et du fantastique, par l'abandon de la culpabilité (*je ne rejette pas mes parents, puisque dans le conte ils sont morts*), et la sublimation du *Moi*.

Ces parents-Autres et ses enfants incompris, trop ceci ou pas assez cela sont un *leitmotiv* récurrent au cinéma aussi. L'enfant en recherche de ses parents, dans la littérature du XIXème siècle, comme dans le cinéma hollywoodien (on pense au Némo de Disney). L'association du jeune héros avec des adjuvants qui représentent à la fois ses propres faiblesses et renforcent ses possibilités *étranges* aux autres est un thème suffisamment commun pour qu'il révèle quelque chose (de *The Wizard of Oz*, 1939, de Victor Fleming à *The Iron Giant*, 1999, de Brad Bird, en passant par *E.T.*, 1982, de Steven Spielberg).

Dit autrement, ne pas être attractif (comme *Edward Scissorhands*, 1990, de Tim Burton, ou l'ensemble de ses personnages, de la jeune fille de *BeetleJuice* de 1988 au Jack Skellington, au nom de famille comme gracieux jeu de mots, de *The Nightmare Before Christmas* de 1993), passé inaperçu, ou être rejeté dans l'ordre du non nommé, de l'embêtant, du honteux (Cendrillon pour ses demi-soeurs et sa belle-mère, Cordélia pour son père, le Petit Poucet, etc.), si bien équivaut à une *mort au monde*, que représente habilement le cinéma contemporain (on pense, concrètement, et précisément, à *The Invisible*, 2007, de David S. Goyer), n'équivaut, cependant pas, comme le pense, nous semble-t-il trop mécaniquement, Freud, à *être la mort*.

Tout au contraire, et c'est ce que représentent la fée de *La Belle au bois dormant* aussi bien que le choix des coffrets dans *Le marchand de Venise*, tout le processus personnel, individuel, psychologique de cet enfant, est comment se faire reconnaître.

Prouver sa valeur, il est en ce sens intéressant que le D'Artagnan de Dumas joue son rôle entouré des trois personnages qui bien peuvent rappeler les trois tempéraments, l'abbé laïc Aramis, l'également cadet Athos d'amour tragique pour Milady, et le vif et gaillard Porthos, chacun pouvant être montré l'optimiste et emporté Porthos comme colérique, Athos comme mélancolique, l'élégant Aramis comme flegmatique, laissant au jeune D'Artagnan le tempérament sanguin, jovial, sociable et chaleureux, propre du dirigeant (mission dans laquelle l'acceptent, malgré son jeune âge et son inexpérience, les trois mousquetaires dès le début), décrit de Hippocrate à Cabanis au XIXème siècle.

Un autre élément est que, contrairement à la démonstration de Freud, la fille de Lear, si elle l'accompagne, semble-t'il inutilement dans la folie et la mort (mais n'est-elle pas au fond une version moderne d'Antigone?), ne provoque pas sa mort, sinon, au contraire, le retour temporaire dans un inexplicable sentiment de foyer. C'est la même vertu que représente aussi la soeur, bien que fileuse, des "*Douze frères*" des Grimm, conte cité par Freud pour confirmer son point de vue.

Loin de provoquer la mort promise de ses frères, son sacrifice les en délivre.

Finalement, Portia es, dans *Le marchand de Venise*, qui arrive à libérer aussi bien le juif que ses victimes des liens commerciaux et religieux qui auraient provoqué la mort de l'un ou des autres. C'est, encore une fois, la prudence de Portia que lui permet de devenir aussi sage que les hommes, et de se faire passer pour l'un d'eux en devenant maîtresse dans l'art des lois. Et elle permettra aussi, comme dans le cas de l'exil à Colone pour OEdipe, de réintégrer le vieux roi dans tous ses droits, pour qu'il meurt dignement.

"EDMOND, à des officiers.—*Que quelques officiers se chargent de les emmener: bonne garde jusqu'au moment où ceux à qui il appartient de disposer de leur sort auront fait connaître leurs volontés.*
CORDÉLIA.—*Nous ne sommes pas les premiers qui, avec la meilleure intention, ont eu le plus mauvais sort. Je suis abattue pour toi, roi opprimé: il me serait autrement bien aisé de rendre à la fortune infidèle mépris pour mépris.—Ne verrons-nous point ces filles, ces soeurs?*
LEAR.—*Non, non, non, non, viens: allons à la prison; seuls ensemble, nous deux, nous y chanterons comme des oiseaux en cage. Quand tu me demanderas ma bénédiction, je me mettrai à genoux et je te demanderai pardon: nous vivrons ainsi en priant, en chantant; nous conterons de vieilles histoires, nous rirons des papillons dorés, et aussi d'entendre de pauvres diables s'entretenir des nouvelles de la cour; nous en causerons avec eux; nous dirons celui qui gagne, celui qui perd; qui entre, qui sort; nous expliquerons le secret des choses comme si nous étions les espions des dieux; et, de dedans les murs d'une prison, nous verrons passer les ligues et les partis des grands personnages qui fluent et refluent au gré de la lune.*
EDMOND.—*Emmenez-les.*
LEAR.—*Sur de tels sacrifices, ma Cordélia, les dieux eux-mêmes viennent jeter l'encens. T'ai-je donc retrouvée? Celui qui voudra nous séparer, il faudra qu'il apporte une des torches du ciel, et nous chasse d'ici par le feu comme des renards. Essuie tes yeux; la peste les dévorera tous, chair et peau, avant qu'ils nous fassent verser une larme; nous les verrons auparavant mourir de faim: viens.../..*
ALBANIE.—*Ce n'est qu'une bagatelle ici.—Vous, seigneurs et nobles amis, écoutez nos intentions. Tout ce qui sera en notre pouvoir pour réparer ce grand désastre, nous le ferons. Pour nous, durant la vie du vieux roi, nous lui remettons l'absolu pouvoir.(A Edgar et à Kent.)—Nous*

vous rétablissons dans tous vos droits, en y ajoutant de nouveaux honneurs que votre noble conduite a plus que mérités. Tous nos amis recevront la récompense de leurs vertus, et nos ennemis boiront dans la coupe amère qui leur est due.—Oh! voyez! voyez!
LEAR.—*Et ils ont étranglé mon pauvre fou! Non, non, non, plus de vie. Quoi! un chien, un chat, un rat ont de la vie; et toi pas la moindre haleine! Oh! tu ne reviendras plus, jamais, jamais, jamais, jamais!—Défaites ce bouton, je vous en prie.—Je vous remercie, monsieur.—Voyez-vous cela?.... regardez-la.... regardez.... ses lèvres.... regardez.... regardez....*
(Il meurt.)" (Acte V, Scène III)

5. Approche sociologique de la figure du cadet

"*Il y avait une fois un roi et une reine qui vivaient ensemble en bonne intelligence. Ils avaient douze enfants, mais c'étaient douze garçons. Un jour le roi dit à la reine:*
- Si le treizième enfant que tu me promets est une fille, les douze garçons devront mourir, afin que l'héritage de leur sœur soit considérable, et que le royaume tout entier lui appartienne.
Il fit donc construire douze cercueils qu'on remplit de copeaux; puis le roi les fit transporter dans un cabinet bien fermé, dont il donna la clef à la reine, en lui recommandant de n'en rien dire à personne.
Cependant, la mère était en proie à un violent chagrin. Le plus jeune de ses fils, à qui elle avait donné le nom de Benjamin, s'aperçut de sa peine et lui dit:
- Ma bonne mère, pourquoi es-tu si triste?
- Cher enfant, lui répondit-elle, je ne dois pas te le dire." ("*Le Douze Frères*")

Et c'est le même Benjamin qui protège sa soeur lorsqu'il la rencontre dans la forêt:

"*- À qui appartiennent ces douze chemises, car elles sont beaucoup trop petites pour mon père?*
La reine lui répondit avec un soupir:
- Chère enfant, elles appartiennent à tes douze frères.
La jeune fille reprit:
- Où sont donc mes douze frères? je n'en ai jamais entendu parler.
La reine répondit:
- Où ils sont! Dieu le sait: ils sont errants par le monde.
Alors, entraînant avec elle la jeune fille, elle ouvrit la chambre mystérieuse, et lui montra les douze cercueils, avec leurs copeaux et leurs coussins funèbres.
- Ces cercueils, lui dit-elle, étaient destinés à tes frères; mais ils se sont échappés de la maison avant ta naissance.
Et elle lui raconta tout ce qui s'était passé. Alors la jeune fille lui dit:
- Ne pleure pas, chère mère, je veux aller à la recherche de mes frères.
Elle prit donc les douze chemises, et se dirigea juste au milieu de la forêt. Elle marcha tout le jour, et arriva vers le soir à la pauvre cabane. Elle y entra et trouva un jeune garçon, qui lui dit:
- D'où venez-vous, et où allez-vous?
À quoi elle répondit:
- Je suis la fille d'un roi, je cherche mes douze frères et je veux aller jusqu'à ce que je les trouve.
Et elle lui montra les douze chemises qui leur appartenaient. Benjamin vit bien alors que la jeune fille était sa sœur; il lui dit:
- je suis Benjamin, le plus jeune de tes frères.
Et elle se mit à pleurer de joie, et Benjamin aussi; et ils s'embrassèrent avec une grande tendresse. Benjamin se prit à dire tout à coup:
- Chère sœur, je dois te prévenir que nous avons fait le serment de tuer toutes les jeunes filles que nous rencontrerions.
Elle répondit:
- Je mourrai volontiers, si ma mort peut rendre à mes frères ce qu'ils ont perdu.
- Non, reprit Benjamin, tu ne dois pas mourir; place-toi derrière cette cuve jusqu'à l'arrivée de mes onze frères, et je les aurai bientôt mis d'accord avec moi.
Elle se plaça derrière la cuve; et quand il fut nuit, les frères revinrent de la chasse, et le repas se trouva prêt... Et comme ils étaient en train de manger, ils demandèrent:
- Qu'y a-t-il de nouveau?
Benjamin répondit:
- Ne savez-vous rien?
- Non, reprirent-ils.
Benjamin ajouta:
- Vous êtes allés dans la forêt, moi je suis resté à la maison, et pourtant j'en sais plus long que vous.
- Raconte donc, s'écrièrent-ils.
Il répondit:
- Promettez moi d'abord que la première jeune fille qui se présentera à nous ne devra pas mourir.
- Nous le promettons, s'écrièrent-ils tous, raconte-nous donc.
Alors Benjamin leur dit:
- Notre sœur est là. Et il poussa la cuve, et la fille du roi s'avança dans ses vêtements royaux, et l'étoile d'or sur le front, et elle brillait à la fois de beauté, de finesse et de grâce. Alors ils se réjouirent tous, et l'embrassèrent.

À partir de ce moment, la jeune fille garda la maison avec Benjamin, et l'aida dans son travail. Les onze frères allaient dans la forêt, poursuivaient les lièvres et les chevreuils, les oiseaux et les pigeons, et rapportaient au logis le produit de leur chasse, que Benjamin et sa sœur apprêtaient pour le repas. Elle ramassait le bois qui servait à faire cuire les provisions, cherchait les plantes qui devaient leur tenir lieu de légumes, et les plaçait sur le feu, si bien que le dîner était toujours prêt lorsque les onze frères revenaient à la maison. Elle entretenait aussi un ordre admirable dans la petite cabane, couvrait coquettement le lit avec des draps blancs, de sorte que les frères vivaient avec elle une union parfaite. "

Comme dans "*Le Chat Botté*", deux éléments sont notables ici: tout d'abord que c'est la question de la dot qui impose, pour le roi, l'idée de sacrifier ses propres enfants mâles. Ensuite, qu'une fois réunis dans la forêt, de manière similaire à l'histoire de *Blanche Neige*, c'est Benjamin, au nom révélateur, qui aide sa soeur, cadette aussi, dans les taches ménagères, pendant que ses autres frères vont remplir leurs devoirs de pourvoiement.

Or l'on sait que, traditionnellement, le cadet, dans les familles, en particulier nobles, ne recevait rien de l'héritage parental, par peur de l'émiettement de la propriété. Raison pour laquelle, contraint ou bien de s'exilier pour chercher meilleure fortune, ou de rester sous la domination de l'aîné, dans la maison devenue de lui (comme le fait, implicitement Benjamin dans la maison de ses autres frères), il aura, comme choix possible, l'armée (voir aussi à ce sujet "*Aspects historiques du recrutement "corps de troupe" la formation des officiers sous l'Ancien Régime*", http://www.promotionnarvik.fr/histo/historique/histoemia/emiahisto01.htm: "*Dès la création de la Maison du roi et des "vieux" régiments permanents en 1569, les jeunes gentilshommes accomplissent, en principe, sous le nom de cadets (du gascon "cadet" lui-même dérivé du bas-latin Capitetum, petit chef ou chef en second) une sorte de noviciat dans ces unités.*"; et http://provinces.francaises.free.fr/lexique_C.htm: "*1682, des compagnies de cadets-gentilshommes voient le jour à l'initiative de Louvois. Créées à Besançon, Brisach, Cambrai, Givet, Longwy, Metz, Strasbourg, Tournai, Valenciennes. Les jeunes recrues devaient être âgées de 15 à 24 ans ils devaient être soit nobles, soit de la haute bourgeoisie si leur famille avait les moyens d'entretenir une charge d'officier./ Quelques années plus tard ces compagnies furent supprimées, mais rétablies en 1726, cette fois à Bayonne, Caen, Cambrai, Metz, Perpignan et Strasbourg.*"), la religion ou la carrière dans la justice ou à la Cour (voir Laurent Bourquin, "*Les cadets dans la noblesse rurale, XVIe-XVIIIe siècle*", Pôle Rural, Maison de la Recherche en Sciences Humaines de Caen, Séminaire 2008-2009 - 15e année - "*Être jeune dans l'espace rural*", Responsables: Philippe Madeline et Jean-Marc Moriceau, Séance du mardi 4 novembre 2008), ce qui est le lot de D'Artagnan.

C'est pour cette raison qu'en se mariant, le cadet peut mettre en péril l'équilibre économique familial, alors qu'en restant célibataire, il apporte une main d'oeuvre gratuite à la famille. La coutume ne prévoyait, pour cela, que de mariage entre héritier et cadette ou héritière et cadet, de manière à ce que la dot que représentait le mariage avec la jeune femme se récupère lorsque deux héritiers épousent chacun la soeur cadette de l'autre:

"De nombreux sociologues s'accordent pour dire, avec Bourdieu, qu'en milieu rural le mariage est avant tout l'affaire de la famille, même si les individus prennent part à cette décision. Cela permet d'expliquer les constats fait sur les redondances de certains types d'alliance dans ce milieu, qu'il s'agisse de société dites inégalitaires ou égalitaires (Exemples et détails).
Dans le premier cas (inégalitaires) on va très clairement privilégier un type de mariage: celui qui va unir l'aîné, donc l'héritier légitime, avec une cadette d'une autre famille, procurant une dot, donc devenant membre de la famille de l'héritier (Exemples et détails.). Remarquons que le plus souvent cette dot n'est pas conservée comme partie du patrimoine de la famille, mais qu'elle permet de marier la sœur de l'héritier, en devenant une seconde dot. Ainsi la valeur de la dot n'est pas économique mais plus symbolique et fonctionnelle: fonctionnelle car elle permet une union; symbolique car elle montre que les individus peuvent circuler au sein des familles et constituent une valeur (détails). La forme idéale de ce modèle se rencontre lorsqu'un héritier épouse une cadette dont le frère, héritier de la seconde famille, va épouser la sœur cadette du premier. Ce cas illustre parfaitement le rôle non économique de la dot: fourni par la famille de la cadette du premier mariage elle lui revient lors du second, équilibrant la balance. Si ce type de mariage est favorisé, un type de mariage précis est évité au maximum: celui entre deux héritiers de familles, ce qui déséquilibrerait trop l'organisation d'une communauté villageoise.
Dans ce cadre il est aisé pour l'aîné et les cadettes des familles de se marier, les cadets quant à eux ont bien davantage de difficulté à trouver une place. Ne touchant pas d'héritage ils n'ont guère de poids en vue d'une alliance matrimoniale, une famille préférera donc marier sa cadette avec un héritier, afin que sa dot ne soit pas vaine. Il leur reste alors peu d'alternatives possibles: la première est l'émigration, le départ du terroir; la seconde le célibat, le plus souvent en résidant chez le frère marié; enfin le mariage devient parfois possible, si des femmes sont disponibles au sein du terroir, soit une héritière qui ne peut se marier pour des raisons d'équilibre local avec un héritier ou avec une cadette

(Exemples et détails.). Dans ce dernier cas le mariage ne permet guère de gain économique et aucun en terme de patrimoine, il est donc le plus souvent voué à la misère, les cadets et cadettes se sacrifiant afin de préserver le patrimoine de la famille dans son intégrité la plus complète. Dans les sociétés dites inégalitaires l'institution matrimoniale est donc au cœur des stratégies de préservation du patrimoine de la famille." ("*Première partie Historique: de la famille ancienne à celle moderne La famille et son évolution: de la famille ancienne et moderne à celle contemporaine*", "*II. Le mariage: une stratégie? 1. Union et héritage dans le domaine rural jusqu'au début 20ème.*", UFR de Sciences Humaines de l'Université de Metz, 2L2S, http://www.univ-metz.fr/recherche/labos/2l2s/travaux/cours-selon-plan-du-10sept-L2socio-du-couple.doc)

"*Reprenons le cas de l'une des maisons du diagramme: elle a trois enfants, le mariage de l'un d'entre eux (le successeur) est pour elle essentiel; il importe au plus haut point que ce mariage apporte une dot compatible avec le patrimoine de la maison, pour des raisons de prestige mais aussi, comme on vient de le voir, pour pouvoir "marier la cadette". Ensuite vient le mariage de la cadette, il importe également: c'est le moyen d'initier ou de renouveler une relation d'alliance avec une maison de status équivalent, de renforcer le réseau dans lequel la maison se trouve insérée. Il est enfin le mariage du cadet, celui-là importe moins: il risque même de nuire à l'équilibre de la maison, alors qu'en demeurant célibataire le cadet augmente, à moindre coût, les capacités économiques de la maison, il veille à l'éducation de ses neveux, etc. S'il se marie ses rôles devront être remplis par d'autres.*" (Georges Augustins, "*Rôle et aspect du mariage dans le mode de perpétuation des groupes domestiques pyrénéens*", dans Los pirineos, estudios de antropología social e historia: actas del coloquio celebrado en la Casa de Velázquez, los dias 22 y 23 de octubre de 1981, Madrid, Casa de Velázquez, 1986, p. 172)

De là que:

"*Un événement souhaitable: le mariage d'un héritier avec une héritière, qui impliquerait à terme la mort d'une maison. Un pratique recommandable: le double mariage, où un héritier épouse la cadette d'une maison dans laquelle le cadet entre comme gendre (ou sa soeur comme épouse), chaque famille y trouvant l'avantage d'une compensation immédiate de la dot versée en recevant une dot d'un montant identique.*" (Louis Assier-Andrieu, "*L'esprit de la maison pyrénéenne*", in ibid., p. 101)

Évidemment, ces pratiques ne sont pas réduites au monde pyrénéen, sinon qu'elle s'étendent à tous le contexte traditionnel.
Ainsi, de fait, on les retrouve en Afrique de l'Ouest et du Sahel, où:

"*Les fils peuvent ne pas se trouver en position de s'émanciper ou d'accumuler des richesses pour leur propre compte avant que l'héritage ne soit réparti à la mort du chef de famille. Dans ce cas, le niveau de richesse de la famille nucléaire est déterminé par sa position dans la famille étendue. Dans les systèmes où prévaut le droit d'aînesse, le fils aîné et sa famille se retrouvent dans une position économique relativement sûre tandis que les fils cadets et leurs familles risquent de s'appauvrir. Les femmes sont désavantagées parce que la plupart des fruits de leur travail est contrôlée par leur père, mari ou beau-père.*" (*L'analyse sociologique dans la conception de projets d'investissement agricole*, Food & Agriculture Org., ONU, Document Technique du Centred'Investissement 9, 1995, pp. 5-6)

On les retrouve aussi au Sénégal (Tarik Dahou, *Entre parenté et politique - Développement et clientélisme dans le Delta du Sénégal*, Paris, Karthala, 2004, pp. 138, 168, 201, 253, 313)

Revenant en Europe et aux Pyrénées:

"*Dans tous les cas où l'aînée est choisie comme héritière devant les garçons, nous avons affaire à des familes aisées qui peuvent ainsi faire faire un mariage avantageux à leur fille: tous ces mariages sont hypergamiques. Le cadet restant reçoit une dot inférieure à celle d'une autre fille. Double avantage: le statut de la maison est amélioré, le montant de la dot du garçon est plus faible compensant ce qu'une cadette épousant un héritier aurait pu apporter à la maison, ou il ne se marie pas, on le garde comme force de travail.*" (Rolande Bonnain, "*Droit écrit, coutume pyrénéenne et pratiques successorales dans les Baronnies de 1769 à 1836*", dans Los pirineos, estudios de antropología social e historia, op. cit., p. 226)

En Angleterre même, sous l'Ancien Régime:

"*Seuls les aînés de familles nobles portent le titre et peuvent vivre des revenus de leurs seigneuries. Les cadets doivent chercher fortune ailleurs et travailler, tout en gardant la qualité de noble.*" (http://fr.vikidia.org/wiki/Noblesse_anglaise_de_l'Ancien_R%C3%A9gime)

Et en France:

"*Au XVIIE siècle il y a environ une centaine de familles qui appartiennent à la grande noblesse ancienne. On y trouve les princes du sang. En dessous il y a les ducs et pairs dont certains sont alliés aux princes du sang. Une partie des cadets de cette haute noblesse occupe des fonctions importantes au sein du clergé catholique comme archevêque, évêque, abbé et abbesse des grandes abbayes du royaume).*" (http://fr.vikidia.org/wiki/Noblesse_fran%C3%A7aise_de_l'Ancien_R%C3%A9gime)

~ 158 ~

On voit donc bien (en particulier dans l'article de Bonnain) que le cadre dans lequel se meut la société classique met à l'épreuve et en jeu les limites territoriales, juridiques et patrimoniales dans lesquelles se meuvent les héros et les héroïnes des contes. Ainsi la relation difficile entre demi-soeurs et héroïne nous renvoie bien à cette dichotomie de l'élection matrimoniale et son sens patrimoniale quant à sa portée sur l'héritage familiale et sa perpétuation.
Il en va de même avec le cas des cadets.

Certains contes cependant semblent associer les figures du frère et de la soeur, comme "*Les Douze Frères*", "*Hansel et Gretel*" ou "*Frérot et Sœurette*", chez les Grimm, mais on citera, par exemple aussi, de la Comtesse de Ségur, *La Soeur de Gribouille* (1862) ou, traitant de deux garçons, *Les Deux Nigauds* (1863) et *Jean qui grogne et Jean qui rit* (1865), chez les Grimm nous citerons "*Les Deux Frères*", comme une manière d'unifier et niveler les tensions sociales sous-jacentes des contes au profit d'une sorte d'unité représentative des valeurs morales de chaque tempérament (le masculin et le féminin, chez Ségur aussi Héraclite et Démocrite, sans doute en référence à Voltaire et son ou *Jean qui pleure et Jean qui rit ou L'Héraclite et le Démocrite français* de 1789-1790), en référence aux formes mythologiques d'alternance (entre Père et Fils, frères ou époux, comme nous l'avons étudié dans notre livre *Mythes*, 2001, mais aussi dans la série d'articles sur: "*Identidad/Civilización/Suciedad*").

L'éducation nationale l'a parfaitement représenté, par le manuel de classe de la IIIème République: *Le Tour de la France par deux enfants* (1877) de G. Bruno (Augustine Fouillée), ici deux garçons: André et Julien Volden, similaires, dans leur parcours, en quelque sorte, à Nicholas Nickleby accompagné par Smike, pendants de la soeur, Kate, de Nicholas et de leur mère, chez Dickens.

6. L'apport psychologique à la question sociologique

Retournant le gant de Freud, pour ainsi dire, et paraphrasant en l'inversant la terminologie de l'ouvrage du Dr. Marc Sznajder (*Les Aînés et les Cadets*, Paris, Odile Jacob, 2011, "*L'apport de la sociologie*", pp. 139ss.), lequel prend pour exemple les cadets au moment de la Révolution et leur attitude divergeante par rapport aux aînés, les cadets, selon des études états-uniennes, "*avec une relation significative en faveur du tempérament contestaire des cadets*" (p. 139), nous voulons, en quelque sorte, terminer ce parcours par l'évocation de la différence entre la vision sociologique du rang familiale, et celle purement psychologique. Pour la psychologie, le cadet est l'enfant gâté, par opposition à l'aîné, qui a souffert l'apprentissage d'être parents (http://www.psychologies.com/Moi/Moi-et-les-autres/Confiance/Articles-et-Dossiers/Trouver-sa-place/Aine-cadet-un-rang-pour-la-vie/4, http://www.famili.fr/,aine-cadet-fille-ou-garcon-a-chacun-de-trouver-sa-place,592,11519.asp, http://www.cafedesmamans.com/ma-famille/815-psycho-enfants-aine--benjamin--cadet--qu-est-ce-que-ca-change--, http://www.yoopa.ca/famille/article/aine-cadet-benjamin-le-rang-fait-une-difference, http://www.praxisa.com/fiches-psychologie/fiches-conseil/webversion/fiche-rang-famille.html).

Au contraire, on le voit, pour la sociologie, comme pour Balzac (s'y sont les figures antithétiques de *La cousine Bette* de 1846-1847 et d'*Eugénie Grandet* de 1833), il sera l'oublié de la société.

Il nous semble, par conséquent, que l'explication des personnages de cadets et cadettes, et de leur modération comme signe de qualité, mais aussi d'anonymat ou de non reconnaissance initiale, les obligeant, dans leur propre famille, à se faire reconnaître par un exploit qui les fera noter suffisamment, dépend beaucoup de la perspective depuis laquelle on analyse leur personnage littéraire.

Là où Freud y voit l'expression de la mort, nous y voyons plutôt celle d'une transcendance. Dans ce même sens, plus qu'une représentation astrale ou mythographique (que nous ne disons pas qu'elles n'ont pas), il nous semble plus plausible d'y voir l'expression, logique socialement et anthropologiquement, d'une recherche matrimoniale et patrimoniale inscrite dans la tradition économique de la société classique.

Par là même, leur statut de cadets, qui définit leur difficulté généalogique dans l'ordre établi, pareillement qu'elle nous rend le jeune et impétueux D'Artagnan plus sympathique - et pour l'exacte même raison -, nous apparaît comme une surdétermination de *l'être petit*, c'est-à-dire incompris et sans droit aucun face aux adultes et, en particulier, aux aînés, raison pour laquelle nous croyons que sont si chères à tous les enfants du monde entier, qui peuvent, pour cela même, mieux s'y reconnaître, ces personnifications, accentuées, de l'injustice sociale face au petit, à celui qui ne peut pas se défendre, et se voit donc réduit à inventer les manières et les moyens, par son astuce et son intelligence, de faire mieux que les grands et d'être plus habile que les plus forts. C'est David contre Goliath dans le mythe et la *Bible*, c'est *Le Vaillant Petit Tailleur* face aux ogres, mais aussi *Le Petit Poucet*, qui sauvera, comme la treizième sœur du conte des Grimm, à tous ses frères, plus grands et plus forts (au nombre, également symbolique et biblique, de sept - étant l'héroïne de *Barbe Bleue* à son tour la septième, sinon pour Perrault pour qui elles sont "*plusieurs*" du moins pour Anatole France dans *Les Sept Femmes de Barbe Bleue et autres contes* de 1921, épouse du cruel époux -), de l'Ogre mangeur de chair humaine. La morale du conte nous le dit bien:

"*On ne s'afflige point d'avoir beaucoup d'enfants,*
Quand ils sont tous beaux, bien faits et bien grands,
Et d'un extérieur qui brille;
Mais si l'un d'eux est faible, ou ne dit mot,
On le méprise, on le raille, on le pille:
Quelquefois, cependant, c'est ce petit marmot
Qui fera le bonheur de toute la famille."

IX - MICHEL-ANGE: ADAM ET LE CHRIST DANS LA CHAPELLE SIXTINE - ÉLÉMENTS DE COMPRÉHENSION

"De afanarme en este trabajo me he ganado un bocio como las paperas que les produce el agua a los gatos de Lombardía... Los lomos se me han hundido en la panza, hago del culo, para contrapeso, grupa, y, perdidos los ojos, doy pasos en falso. Por delante se me alarga la pelleja, y, al inclinarme hacia atrás, se me rejunta de tal modo que quedo tenso como arco sirio. Con ello, mis juicios resultan erróneos y extravagantes, pues mal se puede apuntar y disparar con cerbatana torcida. Defiende tú ahora, mi muerta pintura y mi honor, pues ni éste se halla en buen lugar, ni soy yo pintor."

(citado en *Miguel Ángel*, Barcelona, Teide, 1978, vol. 2, p. 439)

a. Partiendo de Salomon Reinach

En su conferencia, dada en el Museo Guimet de París el 17 de marzo de 1908, y titulada"*L'idée du pêché originel*" (*Cultes, Mythes et Religions*, París, Ernest Leroux, 1906, Tome III, pp. 343-363), Salomon Reinach expresa:

"Il n'est pas encore prouvé, mais il est extrêmement vraisemblable que la Babylonie, la Syrie, la Phénicie connurent très anciennement un groupe de contes populaires relatifs à la création du monde, à la désobéissance du premier homme et au déluge. Pour la création et le déluge, la certitude est absolue, depuis qu'on a déchiffré des récits de ces événements sur des tablettes cunéiformes; le texte assyrien du récit de la chute manque encore, mais il est probable qu'on ne tardera pas à la découvrir. Toutefois, dans l'état actuel de nos connaissances, le texte biblique du troisième chapitre de la Genèse est le seul dont nous puissions faire état. Ce document, par les éléments qu'il met en oeuvre, remonte à une haute antiquité. Il y est question d'un dieu qui se promène pour prendre le frais, de deux arbres magiques, d'un serpent qui parle; ce sont là comme des fossiles qui attestent le caractère primitif du terrain où ils se sont pétrifiés. Mais, avant de l'étudier en détail, il faut présenter une observation essentielle. Tout le monde sait ou devrait savoir aujourd'hui que les chapitres de la Genèse où il est question de l'humanité avant le déluge se composent de deux textes non pas fondus, mais comme entrelacés, caractérisés par l'emploi de deux vocables différents pour désigner l'Éternel. On a pu isoler chacun de ces textes et obtenir ainsi deux récits qui se suivent sans lacune et qui ne sont pas d'accord. Suivant le premier, dit élohiste, parce que Dieu y est appelé du nom pluriel Elohim, l'Éternel crée l'homme et la femme, comme les autres animaux mâles et femelles, et leur enjoint de croître et de multiplier; aucune mention de la création séparée d'Eve, du jardin d'Éden, de la désobéissance du premier couple, de son châtiment. Tous ces détails sont propres au second récit, dit Jéhoviste, parce que Dieu y est appelé Jéhovah ou Jahvéh. Ce récit nous intéresse seul ici, mais on voit qu'il représente une tradition particulière et non une tradition générale du peuple hébreu.
Jahvéh a placé l'homme dans un beau jardin bien planté et lui a permis de manger de tous les fruits, sauf de celui de l'arbre de la science, «car au jour que tu en mangeras, lui dit-il, tu mourras». Puis il a donné à l'homme une compagne et celle-ci est entrée en conversation avec le serpent «rusé par-dessus tous les animaux des champs». Le serpent lui conseille de manger du fruit de l'arbre interdit; elle en prend et en donne à l'homme. Sur quoi les yeux de tous les deux s'ouvrirent et, connaissant qu'ils étaient nus, ils se firent des ceintures de feuilles de figuier. Jahvéh admonesta les coupables et leur distribua des peines qui, dans la pensée du rédacteur, valent évidemment pour leur descendance comme pour eux; le serpent, lui aussi, est condamné à marcher sur le ventre et à manger de la poussière. Enfin, il fait à l'homme et à la femme des tuniques de peaux et les expulse du jardin.
Critiquer, au point de vue de la vraisemblance, un récit comme celui-là, serait faire oeuvre de mauvaise critique; il est peut-être plus contraire encore à la méthode scientifique d'y vouloir découvrir des allégories, comme l'a fait Philon, s'il y avait jamais d'allégories dans les contes en dehors de celles que nous y introduisons. Mais il est utile de montrer que le court récit jéhoviste de la chute contient des contradictions et des incohérences si graves qu'on ne saurait le considérer comme d'une seule venue. C'est une vérité évidente, mais dont beaucoup d'exégètes de la Bible, faute d'y avoir suffisamment réfléchi, ne paraissent pas s'être encore avisés.
Dieu a dit à l'homme: «Ne mange pas de tel fruit ou tu mourras». Cela signifie, et cela peut seulement signifier, «tu mourras sur le champ», punition fréquente, dans toutes les littératures, de la violation d'une interdiction religieuse, d'un tabou. Il devait donc y avoir une forme de légende où le premier homme était frappé de mort pour avoir désobéi. Dans la rédaction composite que nous possédons, non seulement l'homme ne meurt pas, mais il vit ensuite 10 ans suivant le texte jéhoviste, 930 ans suivant le texte élohiste (qui ignore complètement l'histoire de la chute). En outre, lorsque l'Éternel distribue des peines aux coupables, il ne dit nullement à Adam et à Eve qu'ils mourront un jour pour avoir péché, mais que l'homme travaillera, que la femme enfantera dans la douleur, etc. Enfin, si Dieu expulse le premier couple du jardin d'Éden, ce n'est nullement, comme on le répète sans cesse, en punition de la faute commise. Le texte est là, clair comme le jour: «Et Jahvéh Elohim dit: Voilà, l'homme est devenu comme l'un de nous (c'est-à-dire comme l'un des dieux, trace évidente de polythéisme) pour la connaissance du bien et du mal; mais maintenant (prenons garde) qu'il n'étende la main pour prendre de l'arbre de vie, mange et vive éternellement». Donc, Jahvéh chasse Adam de crainte qu'il ne devienne son égal, et pas du tout pour le châtier d'avoir contrevenu à une défense. Ne demandons pas pourquoi Adam, avant d'être expulsé du jardin, n'avait pas encore mangé du fruit de l'arbre de vie qui, suivant le texte jéhoviste, était bien en vue au milieu même de l'Eden. Il suffit de constater l'incohérence d'un récit qui débute par une menace de mort immédiate, non suivie d'effet, continue par le prononcé de peines parmi lesquelles la nécessité de mourir n'est pas énoncée comme telle et se termine par l'expression d'une crainte de concurrence qui implique l'idée de rivalité, non celle de subordination. Après tant de siècles d'exégèse impuissante, tant d'efforts héroïques pour expliquer ce qui est inexplicable, on peut conclure par où l'on aurait dû commencer et reconnaître que le récit jéhoviste nous est parvenu altéré, qu'il se compose d'éléments en partie contradictoires et que tout ce qu'il y a encore à tenter une critique honnête, c'est de dégager ces éléments. Si le rédacteur de la Genèse telle que nous l'avons cru pouvoir amalgamer dans un récit unique le texte élohiste et le texte jéhoviste, qui se contredisent et sont inconciliables, n'est-il pas vraisemblable, a priori, qu'il a opéré sur des textes déjà composites, produits de plusieurs synthèses analogues et antérieures? À mon avis le texte jéhoviste contient les débris de plusieurs légendes, d'abord celle d'un tabou alimentaire que le premier homme a enfreint, ce qui a causé sa mort, puis des légendes que les mythologues appellent étiologiques, parce qu'elles ont pour but de répondre naïvement à des «pourquoi?», d'expliquer les causes (...) de phénomènes qui ont paru singuliers aux hommes. En l'espèce, les pourquoi auxquels répondaient les contes sont les suivants: Pourquoi l'homme, à la différence des animaux des champs, doit-il travailler et peiner? Pourquoi les hommes se couvrent-ils, alors que les animaux vont tout nus? Pourquoi les champs produisent-ils des herbes et des ronces? Pourquoi le serpent rampe-t-il au lieu de marcher? Pourquoi la femme enfante-t-elle dans la douleur? Pourquoi est-elle sujette à des misères périodiques? À cette dernière question répondent, comme je l'ai montré il y a quelques années, les paroles autrement inintelligibles de Dieu au serpent: «J'établirai une inimitié entre toi et la femme, entre ta race et sa race: celle-ci t'écrasera la tête et tu lui blesseras le talon». La tête et le talon sont des additions d'un rédacteur qui ne comprenait plus; le mot de l'énigme nous est fourni par une croyance encore répandue, des campagnes de l'Europe aux îles de l'Océanie, que la blessure périodique de la femme résulte de la morsure insidieuse d'un serpent.

Il est donc évident qu'on dépasse la portée du texte lorsqu'on affirme que, d'après la Genèse, la faute d'Adam aurait introduit la mort dans le monde, comme lorsqu'on dit que Dieu avait créé l'homme pour ne pas mourir. Ces idées pouvaient être facilement extraites du troisième chapitre de la Genèse, mais on n'a pu les en tirer qu'en le lisant dans un esprit très différent de celui du rédacteur, en oubliant, notamment, ou en laissant dans l'ombre la menace de mort immédiate et le sentiment de jalousie si naïvement prêté à l'Éternel.

Nous ignorons et nous ignorerons sans doute toujours quand l'histoire de la chute a été mise par écrit; mais toute l'Écriture Sainte est là pour prouver qu'elle n'a guère été prise au sérieux, du moins jusqu'au IIe siècle avant J. C. Ni les chroniqueurs bibliques, ni les Prophètes, ni les Psalmistes n'y font la moindre allusion. Les quelques lignes où l'on a cru en trouver la trace disent tout autre chose et ne méritent même pas d'être discutées. Chez les auteurs des Psaumes où l'idée du péché est si fortement sentie et exprimée, on s'attendrait à trouver non pas une, mais cent allusions au péché originel, à la faute de L'ancêtre de tous les hommes; or, on ne voit rien de la sorte et, en général, les noms d'Adam et d'Ève ne sont jamais prononcés dans les anciens livres bibliques qui font suite à la Genèse. Conclure de là que le récit jahvéiste est une composition tardive serait, je crois, se tromper lourdement, car les caractères en sont incontestablement très archaïques. Comparé aux Prophéties et aux Psaumes, ce récit n'est pas de la littérature postérieure, mais inférieure. On Le connaissait à l'état de conte populaire, d'explication plus ou moins édifiante de certaines difficultés; on ne lui attribuait pas le caractère d'autorité religieuse. C'est assez dire qu'à l'époque des prophètes et des auteurs des Psaumes, les cinq livres dits de Moïse ne devaient pas exister dans l'état où la tradition nous les a transmis et avec le caractère sacré qu'ils ont revêtu.

Il n'en fut plus de même quand l'ensemble des écrits bibliques, rédigés à l'aide de documents anciens et de valeur inégale, commencèrent à être étudiés et expliqués dans les écoles juives. On se trouva en présence, peut-être dès le IVe siècle avant notre ère, d'un récit de la création, amalgame de deux versions contradictoires et qu'il fallait accepter comme la parole même de Dieu. Plus de vingt siècles devaient s'écouler avant qu'un médecin français, Astruc, reconnût dans la Genèse la dualité des sources qui n'est plus aujourd'hui contestée par aucun savant. Jusque-là, on concilia, on expliqua tant bien que mal, on usa de l'allégorie, de mille ingénieux subterfuges; on fit, en somme, de la théologie scolastique, parce que l'exégèse historique et scientifique n'était pas née. Cependant le monde avait marché, les idées s'étaient transformées et avaient mûri; on ne pouvait plus accepter des contes enfantins sans essayer d'y découvrir un sens profond. Comme les classes populaires de la Grèce, peut-être même par l'effet de leur contact, les Juifs, sujets des Perses et des Macédoniens, étaient arrivés à l'idée mystique d'un péché originel, d'une faute primitive qui pesait sur l'humanité, qui avait déchaîné sur elle le malheur et la mort. C'est dans ce sens que l'on commença à interpréter le texte jéhoviste, que personne ne pouvait ou n'osait encore distinguer du texte élohiste parallèle. Jésus fils de Sira, vers 180 avant J.-C., écrit: «C'est avec la femme qu'a commencé le péché et c'est à cause d'elle que nous mourons». Voilà, dans un livre relativement moderne de la Bible, la première allusion au récit jéhoviste de la Genèse. Puis, c'est le tour d'un juif alexandrin, l'auteur de la Sapience: «Dieu, dit-il, n'a pas créé la mort et il ne prend pas plaisir au trépas des vivants. Il avait créé l'homme pour l'immortalité, l'ayant fait à son image (notez que ce trait est seulement dans le texte élohiste et qu'il ne peut, par suite, être invoqué aujourd'hui quand on veut tirer du récit jéhoviste de la chute l'idée de l'immortalité primitive accordée à l'homme). Mais par l'envie du Diable la mort est entrée dans le monde, etc.». L'auteur de ces lignes remarquables écrit «le Diable» et non «le serpent», bien qu'aucun texte de la Bible ne l'autorise à cette substitution et bien qu'il soit évident, dans la Genèse, que le serpent est un serpent, pas autre chose; mais un savant juif d'Alexandrie ne voulait plus voir dans le serpent d'Éden que l'Esprit du mal, analogue au mauvais principe, à l'Ahriman de la religion des Perses. Au Ier siècle avant l'ère chrétienne, le livre d'Enoch, faisant allusion au même conte, remplace le serpent par l'ange Gabriel; c'est lui qui aurait séduit notre mère Ève. Ces textes, dont on pourrait rapprocher, comme l'a fait M. Israël Lévi dans un travail récent, d'autres passages d'écrivains juifs un peu antérieurs à l'ère chrétienne, tels que le IVe livre d'Esdras, ne laissent aucun doute sur le grand travail d'exégèse qui se poursuivait dans les écoles juives à l'époque alexandrine. Le récit de la chute était considéré dès lors comme faisant partie de l'enseignement divin sur les débuts de l'humanité, on ne le prenait plus à la lettre et l'on tendait à lui attribuer une portée philosophique, à y reconnaître l'explication, voilée sous l'allégorie, des origines de la souffrance et de la mort.

On s'étonne que l'histoire de la chute de l'homme soit profondément ignorée de nos Évangiles, que pas une parole prêtée à Jésus ne mentionne Adam et Eve, ni leur désobéissance au Seigneur, ni leur châtiment. C'est tout au plus si un verset obscur de l'Évangile de saint Jean parait faire allusion au serpent de la Genèse. Les occasions ne manquaient cependant pas à Jésus, pas plus qu'aux Prophètes et aux Psalmistes, de déplorer chez les Juifs la persistance de l'esprit du mal, de l'orgueil et de l'indocilité d'Adam. Si les Évangélistes n'ont rien attribué de tel à Jésus, c'est peut-être que le récit de la chute, détourné de son sens littéral dans les écoles juives, n'offrait pas matière à des allusions qui eussent été comprises de tous, comme, par exemple, l'histoire non moins surprenante de Jonas, que Jésus a formellement alléguée et qu'il a autorisée de son témoignage.

Chose singulière, pourtant, et que personne n'a expliquée! Alors que l'édifice du christianisme, debout depuis bientôt vingt siècles, est fondé sur l'idée de la chute d'Adam et de la rédemption de l'humanité pécheresse par le Christ, il n'y a pas, dans l'enseignement du Sauveur, une seule mention de la chute d'Adam!

Pour trouver un texte qui mette la chute du premier homme en corrélation avec l'oeuvre de Jésus, il faut aller jusqu'à l'Épître aux Romains, qui est attribuée à saint Paul, ou jusqu'à la première Epître aux Corinthiens. Quoi qu'on pense de l'attribution de ces morceaux à l'Apôtre des gentils, il est certain que ce sont des documents fort anciens, antérieurs à la rédaction de nos Évangiles et qui supposent une connaissance de l'Écriture telle que la fréquentation des écoles juives pouvait seule la donner. Or, lorsque saint Paul parle de la chute d'Adam et de ses conséquences, il s'exprime comme les docteurs juifs du Ier siècle avant notre ère; il a fait sienne l'exégèse des rabbins. «Par un seul homme le péché est entré dans le monde, et par le péché la mort» (Rom., V, 12). «Comme tous meurent en Adam, c'est en Christ que tous revivront» (I Cor., XV, 22). Je ne m'arrêterai pas à la question de savoir ce que Paul a entendu par ces mots «mourir en Adam», si la postérité d'Adam a été infectée, suivant lui, à sa source même, ou si les hommes ont péché après Adam par la tendance qu'ils eurent à l'imiter. Il faudrait citer du grec et faire de la théologie; je ne prétends faire ici que de l'histoire.

La doctrine du péché originel, liée à celle de la rédemption, parut d'autant plus recevable aux païens que les couches inférieures de la société antique étaient, comme nous l'avons vu, déjà pénétrées de l'idée de la chute liée à celle du salut éternel que procure l'initiation. Pour quiconque étudie impartialement la doctrine du péché originel, comme celle de la communion, également répandue dans les classes populaires du monde hellénique, il devient évident que le christianisme y trouva des esprits d'autant plus prêts à l'accepter qu'il leur enseignait ce qu'ils croyaient déjà savoir.

Pendant les premiers siècles de l'Église, les lettrés chrétiens, c'est-à-dire les Pères, s'abstinrent d'insister sur le mode de transmission du péché originel et de dégager de cette doctrine toutes ses conséquences, tant au point de vue de la liberté humaine qu'à celui de la justice et de la bonté de Dieu. Mais, à partir du IVe siècle, ces questions déchaînèrent la guerre dans l'Église. Je ne puis vous raconter ici la lutte de saint Augustin contre Pélage, ni entrer dans le détail des hérésies dont l'une, peut-être antérieure au christianisme, n'a cessé de reparaître jusqu'à nos jours: à savoir que le fruit défendu par Dieu à Adam était l'intimité conjugale et que l'homme a péché par la concupiscence de la chair. La conséquence logique de cette doctrine, c'est qu'il faut renoncer à tout oeuvre de chair, s'abstenir du mariage et même de manger la chair des animaux. La preuve que cette hérésie est fort ancienne, c'est qu'elle est déjà condamnée par l'auteur de la première Épître à Timothée (I, 3): «Dans les derniers temps plusieurs abandonneront la foi, en prêtant l'oreille à des esprits séducteurs... qui proscrivent le mariage et commandent l'abstinence à l'égard d'aliments que Dieu a créés.» Il ne peut s'agir ici que d'une doctrine hellénique, infiltrée de l'hellénisme dans le judaïsme, et j'ai déjà eu l'occasion de vous dire que je soupçonnais quelque chose d'analogue chez certaines sectes se rattachant à l'orphisme.

*Ces conclusions ne ressortent nullement du texte de la Genèse où, à la vérité, Adam est représenté comme végétarien, mais où la première intimité d'Adam et d'Ève n'est mentionnée qu'après leur expulsion du jardin. **Reste le passage où Adam et Ève, après le péché, s'aperçoivent qu'ils sont nus et cueillent des feuilles de figuier pour se couvrir. Saint Augustin, qui mit un génie supérieur au service de la théologie catholique à ses débuts, y a vu la preuve que la première désobéissance avait eu pour conséquence la disposition au péché et, tout d'abord, la concupiscence de la chair.** L'homme n'a pas péché par l'effet de cette concupiscence, mais cette concupiscence a été l'effet de son péché. «O Dieu, s'écrie Bossuet, qui par un juste jugement avez livré la nature humaine coupable à ce principe d'incontinence, vous y avez préparé un remède dans l'amour conjugal; mais ce remède fait voir encore la grandeur du mal, puisqu'il se mêle tant d'excès dans l'usage de ce remède sacré» [34]. **L'enseignement de l'Église romaine sur le péché originel dérive de saint Augustin; il a été fixé par les canons très précis du Concile de Trente, qui eurent pour objet de mettre fin à des controverses sans cesse renaissantes, encore exaspérées par les docteurs de la Réforme. Le Concile enseigne qu'Adam, par son péché, a perdu la justice et la sainteté dans lesquelles Dieu l'avait établi, qu'il est devenu sujet à la mort, esclave du démon, qu'il a transmis à tous ses descendants, non-seulement la mort et les souffrances physiques, mais le péché, et que le péché ne peut être effacé que par les mérites de Jésus-Christ. Quant à la nature de la transgression d'Adam, le Concile a cru inutile de la marquer plus clairement, puisqu'elle est relatée avec détail dans le texte biblique: Adam a désobéi à Dieu, cela suffit. Mais, par son silence même, le Concile a condamné toutes les hypothèses vaines et «libertines» qui cherchent dans le fruit défendu autre chose qu'un fruit; l'exégèse catholique et l'étude purement scientifique du texte sont absolument d'accord là-dessus.** Une explication très intéressante et très neuve du passage biblique sur les feuilles de figuier a récemment été proposée par un savant écossais, M. Paton. Au mois de Thargélion (mai), deux victimes expiatoires étaient conduites hors d'Athènes, portant des colliers de figues sèches. Plus anciennement, ces deux victimes étaient un homme et une femme, que l'on conduisait hors de la ville, tout nus, sauf une ceinture de figues. Une fois sorties d'Athènes, les victimes étaient frappées sept fois, avec des branches de figuier, sur le milieu du corps; c'était une opération magique dont le but était de promouvoir, par sympathie, la fécondité des figuiers. Avec le temps, cette cérémonie magique devint un rite expiatoire; au lieu d'être conduites dans les champs, les victimes furent chassées et les coups qu'elles recevaient passèrent pour un châtiment. Mais, à l'origine, le rite parait avoir été purement agricole, une des innombrables applications du principe de la magie sympathique. Ce principe ne se rencontre pas moins chez es Sémites que chez les Grecs. L'histoire d'Adam et d'Eve, chassés du paradis après avoir revêtu des tabliers de figuier, serait, suivant M. Paton, la trace d'une cérémonie figuière, analogue à celle que les textes nous révèlent à Athènes et qu'auraient pratiquée, sans mieux la comprendre que les Athéniens, les plus anciens Hébreux. Si M. Paton a raison, il y a là un mythe étiologique de plus à démêler dans la narration très composite qui constitue le troisième chapitre de la Genèse."*

Las negrillas son nuestras. Subrayamos así los elementos que nos parecen importantes para nosotros, evidenciados por el gran historiador del arte Salomon Reinach, a inicios del s. XX.
Son 2:
1/ La doctrina, desde San Pablo, hace corresponder el pecado, nacido en Adán, a la salvación, producto de Cristo. Lo que se desprende de la igualdad aparente entre Adán pecador y Dios creador en el *Genésis*.
2/ Las hojas de higo con las que se tapan Adán y Eva en la Capilla Sixtina (realizada por Miguel Ángel en dos períodos: por lo que es el techo, de 1508 al 2 de noviembre de 1512, bajo el mandato del Papa Julio II, y, por lo que es el *Juicio Final*, entre 1535 y 1541, bajo el mandato del Papa Pablo III Farnese - lo que, en cuanto testimonio de su edad adulta, permite entender el autorretrato en forma de pellejo tenido por San Bartolomé -), hojas de higo que tuvieron numerosas interpretaciones, a veces alquimistas, a veces lingüística (la confusión entre "*fico*" y "*fica*" para designar el sexo feminino), son una representación literal del *Genésis*.

El 2o punto nos adentra ya a la comprensión de parte del programa de la Capilla Sixtina por Miguel Angel.

Es en una fidelidad literal, y por ende en fuente literaria sacra, que Miguel Angel presenta su interpretación del Pecado original, y por ende de todo lo relacionado con Adán.

De ahí, podemos interrogarnos sobre la simbología:

1/ De la conocida *Creación de Adán*, donde es por tacto que Dios Padre parece generar Adán, desde una identidad simétrica de posición de las dos figuras en sus cuerpos.

2/ De la curiosa postura de Cristo en el *Juicio Final*, ya que dicho gesto, más que ser el común de Cristo juez, dividiendo a la humanidad, en realidad retoma el de Adán en las representaciones de la *Expulsión del Paraíso*, donde Adán, tradicionalmente, y así, de hecho, en la Capilla Sixtina, se protege de la espada del ángel que lo saca a él y a Eva del Paraíso terrenal, después del Pecado.

Dichos gestos tienen interesante premisa, dentro del conjunto iconográfico de la Capilla, en el caso del *Juicio Final* en la postura de Dios quien, en el Primer Día: la *Creación de la Luz*, separa las nubes, fresco realizado por Miguel Ángel en un sólo día, y que sería un autorretrato, al igual que la cabeza de Holofernes llevada sobre el plato. Asimismo, más específico todavía, el gesto de Cristo en el *Juicio Final* reaparece en el fresco de la *División de la Tierra de las Aguas*, visto Dios de frente, mientras en la *Creación de la Luz*, se veía de espaldas (relación que encontramos en el panel intermedio entre el primero de la *Creación de la Luz* y el tercero de la *Separación de la Tierra de las Aguas*, donde en la *Creación de la Tierra* Dios se ve de espalda, con el posterior desnudo, mientras se ve de frente en la *Creación del Sol y la Luna*, impulsando así en la secuencia una idea, muy moderna, de movimiento similar al de las posteriores tiras cómicas). En cuanto al gesto de la *Creación de Adán*, en la *Creación de los Astros y las Plantas*, más concretamente en la parte de la *Creación del Sol y la Luna*, donde Dios apunta al astro solar a como apuntará a Adán en el momento de su propia *Creación*. El segundo gesto expresa, entonces, claramente, un proceso imperativo, por la fuerza contenida en la mano creadora de Dios (en la *Creación del Sol y la Luna*, son ambas manos que apuntan, la izquierda al satélite, la derecha al astro), mientras el primero representa el ordenamiento, la separación. Por lo que es lógico volver a encontrar el primero en el *Juicio Final*, donde Cristo separa las almas de los condenados de las de los elegidos, y el segundo en la *Creación de Adán*, asemejándose la *Creación* del macrocosmo al microcosmo humano que es su medida unificadora, conforme la ideología cristiana y las tesis neoplatónicas. Volveremos más ampliamente sobre este punto al final del presente trabajo.

No es casual entonces si tenemos una clara secuencia gestual, en la misma organización de los primeros episodios de las historias centrales de la bóveda, entre, conforme la progresión de la Sixtina:

1. *Creación de la Luz*: Dios, de espaldas, prefigura el gesto de Cristo en el *Juicio Final*.
2. *Creación de los Astros y las Plantas*: Dios prefigura (aquí con ambas manos) su propio gesto en la *Creación de Adán*.
3. *Separación de la Tierra de las Aguas*: Dios, de frente, prefigura el gesto de Cristo en el *Juicio Final*.
4. *Creación de Adán*: gesto de Dios correspondido por el mismo gesto, simétrico, de Adán.

El hecho de que hallemos, regados en la Capilla Sixtina, varios autorretratos, en particular referidos a los procesos de *Creación* (artista-Dios), de fidelidad (Holofernes), e identidad (Dios-Adán/Cristo-Bartolomé en el autorretrato de la figura desollada en el *Juicio Final*), no sólo nos llevan a ver, subyacentes a la programa iconográfico, la intención renacentista, de la que Miguel Ángel es, con Leonardo, el padre, de equiparación y elevación del trabajo del artista plástico al de maestro intelectual individual, y ya no sólo al del trabajo manual del artesano anónimo en el taller, sino también que nos abre a un proyecto mucho más amplio y complejo, de índole teológica y neoplatónica, como veremos a continuación.

b. El problema del conjunto

La organización de la Capilla Sixtina responde a la teología augustiniana, conforme lo describe el Santo en la cuestión 66 del *De diversis questionibus*, y la consecuente representación medieval de los estados de la humanidad, los cuales se dividen en 4: antes de la Ley o "*ante legem*", momento en el que la humanidad está sometido al pecado y obedece a su concupiscencia, por lo que se le castiga con el diluvio; bajo la Ley o "*sub lege*", es decir después de Moisés, momento en que la humanidad adquiere conciencia de su estado de pecado; el estado de gracia o "*sub gracia*", después del sacrificio de Jesús en la cruz, la humanidad pudiendo desde este momento participar, a través del combate moral individual, participar de su propia salvación; en la paz o "*in pace*", al final de los tiempos, que el Juicio Final y con la resurección de la carne que el cuerpo glorioso obedecerá al espíritu, en la beatitud de la contemplación de Dios.

Para la edad media, estos 4 momentos corresponden a 3 modalidades de la Revelación: el sentido alegórico, que corresponde al *Antiguo Testamento*, estado de "*sub lege*", bajo la Ley de Moisés, cuando la salvación se expresa mediante el profeta; la moralidad, que le recae al *Nuevo Testamento*, donde Cristo aclara los preceptos sin alegoría, la parabola no siendo alegoría sino fábula con contenido moral fácilmente entendible; el sentido anagógico, que anuncia en los tiempos presente la gracia y la Jerusalén celeste del Juicio Final.

La centralidad, en la Capilla Sixtina, de Noé se debe, sin duda, a la tipología entre los tres momentos de las dos leyes: el Espíritu Santo "*aletea*(ndo)" (como ave [o, más específicamente, paloma], entonces, sobre "*La acción creadora del Espíritu santo*", v. http//www.vaticano.va/holy_father/john_paul_ii/audiences/1990/documents/hf_jp-ii_aud_19900110_sp.html) sobre la nada en el momento de la Creación del *Génesis*, 1, 2, la paloma enviada por Noé (*Gen.*, 7) en busca de tierra seca para la Nueva Alianza, y el Espíritu Santo del Pentecostés bajando sobre los apóstoles, popularizado por la iconografía cristiana. Cristo recibe el bautismo, y el Espíritu Santo baja también en forma de paloma (*Lucas*, 3, 22).

La secuencia de la nave central de la Capilla Sixtina presenta la Creación desde la *Creación de la Luz* hasta la *Ebriedad de Noé*, lo que, en esta secuencia de 9 pinturas, presenta 4 creaciones, alternadas con la *Separación de las Tierras y las Aguas*, el *Pecado original y Expulsión del Paraíso terrenal*, el *Sacrificio de Noé*, el *Diluvio* y la *Ebriedad de Noé*.

Por la alternancia entre los episodios, la *Creación de la Luz*, la *Separación de las Tierras y las Aguas* y la *Creación de Eva* se interconectan, mientras la *Creación de los Astros y las Plantas* y la *Creación de Adán* tienen como contraparte el *Pecado original y Expulsión del Paraíso terrenal* y el *Diluvio*, lo que deja entender que, conforme San Agustín (*Ciudad de Dios*, XIV, 11, 2), que la culpabilidad del pecado le recae en particular a Adán por "*hacer mal*":

"*Sicut enim Aaron erranti populo ad idolum fabricandum non consensit inductus, sed cessit obstrictus nec Salomonem credibile est errore putasse idolis esse serviendum, sed blanditiis femineis ad illa sacrilegia fuisse compulsum: ita credendum est illum virum suae feminae, uni unum, hominem homini, coniugem coniugi, ad Dei legem transgrediendam non tamquam verum loquenti credidisse seductum, sed sociali necessitudine paruisse. Non enim frustra dixit Apostolus: Et Adam non est seductus, mulier autem seducta est, nisi quia illa quod ei serpens locutus est, tamquam verum esset, accepit, ille autem ab unico noluit consortio dirimi nec in communione peccati; nec ideo minus reus, si sciens prudensque peccavit. Unde et Apostolus non ait: Non peccavit; sed: Non est seductus; nam utique ipsum ostendit, ubi dicit: Per unum hominem peccatum intravit in mundum, et paulo post apertius: In similitudine, inquit, praevaricationis Adae. Hos autem seductos intellegi voluit, qui id, quod faciunt, non putant esse peccatum; ille autem scivit. Alioquin quomodo verum erit: Adam non est seductus? Sed inexpertus divinae severitatis in eo falli potuit, ut veniale crederet esse commissum. Ac per hoc in eo quidem, quo mulier seducta est, non est ille seductus, sed eum fefellit, quomodo fuerat iudicandum quod erat dicturus: Mulier, quam dedisti mecum, ipsa mihi dedit, et manducavi. Quid ergo pluribus? Etsi credendo non sunt ambo decepti, peccando tamen ambo sunt capti et diaboli laqueis implicati.*"

A Eva, como a la mujer de Noé y las esposas de los hijos de éste (*Gén.*, 7, 7), les recae, entonces, el proceso de engendramiento y perpetuación.

Al alterar Miguel Ángel en la Capilla Sixtina la secuencia entre el *Sacrificio de Noé* y el *Diluvio*, el *Sacrificio* siendo posterior, es en sentido tipológico para superponer las secuencias: *Embriaguez de Noé, Diluvio y Sacrificio*, por un lado, y, simbólicamente: de la Encarnación, el bautismo y el Sacrificio del Verbo encarnado, por otro.

Por otra parte, la secuencia de la bóveda de la Capilla Sixtina debe llamarnos poderosamente la atención: de hecho, es desde el *Juicio Final* y el profeta Jonás que evolucionan los frescos desde la *Creación de la Luz* hasta *Ebriedad de Noé*, pasando succesivamente, siguiendo el orden, por: *Creación de los Astros y las Plantas, Separación de las Tierras y las Aguas, Creación de Adán, Creación de Eva, Pecado original y expulsión del Paraíso terrenal, Sacrificio de Noé, Diluvio*. Sigue la *Ebriedad de Noé* el retrato del profeta Zacarías como contraparte del retrato inicial de Jonás.

La teología cristiana le ha dado más énfasis al analisis de la segunda parte del libro de Zacarías (cuyo nombre significa: "*Jehová ha recordado*"), contemporánea de Hageo y segundo en escribir después del Exilio, en donde el profeta presenta la venida del Mesías, describiendo primero el rechazo que sufre el Mesías por parte de su propio pueblo terrenal, Israel, y el posterior arrepentimiento de dicho pueblo y su consiguiente reconocimiento del Mesías, quien aparecerá para establecer su reinado de paz. En lo que se puede apreciar cierta similitud con la profecía de Daniel. Así, tanto por ser uno de los primeros profetas después del Exilio (lo que lo relaciona con la figura de Noé, segundo Adán), como por la prefiguración, central en su libro, de la venida del Mesías, con cierta similitud en las visiones de la primera parte del libro con las del *Apocalipsis*, aparece lógica la presencia de Zacarías para cerrar el ciclo de frescos de la bóveda.

De la misma forma, parece lógico que el profeta Jonás (cuyo nombre, devolviéndonos a su carácter de anunciación, significa: "*paloma*"), quien primero rechaza el mandato de Dios, abra el ciclo del *Génesis* que nos presenta la bóveda, pues, así aparece en relación con Adán. También Jonás ha sido identificado con Cristo por su estancia de 3 días en el vientre de la ballena. En esta perspectiva, los elementos importantes de simbología del libro de Jonás son:

1. Que ofrece una prueba de la gracia y misericordia ilimitada de Dios, no sólo hacia el pueblo de Israel, sino también hacia la ciudad pagana de Nínive, lo que nos enseña, devolviéndonos a las posibilidades del libre albedrío de y después de Adán, que Dios en su misericordia le quiso dar al pueblo de Nínive la oportunidad de arrepentirse para poder vivir. En eso resultaba difícil a los judíos entender porque Dios le había dado una oportunidad a los habitantes de la pagana ciudad, cuando era sólo Israel el pueblo elegido de Dios (Mateo 12:41; 16:4; Lucas 11: 29,32; Hechos 10:11).
2. La contraparte de lo anterior, es la lección moral de la relación del hombre con Dios, lo que nos introduce, mediante el retrato del profeta, en la Capilla Sixtina, a la representación de Adán. Pues, el libro de Jonás nos enseña sobre el corazón humano: tanto paganos como creyentes a menudo se oponen a los designos divinos, y, pensando egoístamente en sí mismo, peca por orgullo, y se olvida de los demás hombres. Y, si alguna vez el corazón del hombre acepta la verdad de Dios es tan solo para exaltarse a sí mismo. Son las lecciones que aprende el profeta en el libro, pero también las que nos deja, permitiéndonos que entender, dentro del programa iconográfico de la Capilla Sixtina, su

presencia inicial. Además, hace juego, por su estancia de 3 días en el vientre de la ballena, tanto a la venida de Cristo resurrecto, es decir, en los últimos tiempos (Juicio Final), como a la experiencia de Noé como nuevo Adán (también, como Jonás, la paloma de Dios, advierte al pueblo pagano, la paloma es la que advertirá a Noé de la reaparición de la tierra, después del Diluvio).
3. De ahí que el libro de Jonás representa simbólicamente la historia de Israel, y, por ende, más generalmente, del pueblo de Cristo, hacia el *Juicio Final* que abre el ciclo de frescos de la Capilla Sixtina. Aunque el pueblo de Israel, a similitud del profeta Jonás, fracasó como testigo de Dios y, por ello, tendrá que estar mucho tiempo en el mar de las naciones y en la dispersión, sin embargo Israel es protegido de forma milagrosa, al igual también que el profeta Jonás, y así podrá dar testimonio de Dios a las naciones futuras. Este día, que para nosotros se identifica en el programa de la Capilla Sixtina con el momento del Juicio Final, el evangelio del Reino será anunciado en toda la tierra por los judíos convertidos. De la misma manera que Zacarías es el profeta de la venida del Mesías, Jonás es el de la reunificación del reino de Israel. *Reyes II*, 14, 25, nos dice que Jonás era hijo de Amitai y provenía de Gat-hefer, Galilea, al norte de Nazaret, que era siervo de Dios, y que profetizó la restauración de los límites de Israel desde Hamat, en Siria, hasta el Mar Muerto, lo que, efectivamente, se cumplió durante el segundo reinado de Jeroboam (793-753). Hecho que, por otra parte, permite a los historiadores, ubicarlo en este período de tiempo.
4. Asimismo, Jonás es prototipo de Cristo. En *Mateo*, 12, 39-40, Jesús, prefigurando su propia Resurrección, evoca a los escribas y Fariseos que ninguna señal les sería dada, sino la señal de Jonás: *"Porque como estuvo Jonás en el vientre del gran pez tres días y tres noches, así estará el Hijo del Hombre en el corazón de la tierra tres días y tres noches"*.

Vemos así como, palautinamente, empiezan a organizarse las imágenes de la Capilla Sixtina, conforme un orden tipológico lógico, al igual que en los medallones se asocian las síbilas con los profetas del *Antiguo Testamento*.
Pero, al mismo tiempo, empezamos a entender que, no sólo hay un proceso evolutivo de lectura de los frescos, sino también simétrico. Así, la inversión entre el *Sacrificio de Noé* y el *Diluvio*, implica una lectura en 2 sentidos, no sólo lineal, de la primera *Creación*, hasta la nueva después del *Diluvio* y mediante la *Ebriedad de Noé*. De la misma manera, una lectura en 2 sentidos implica la cercanía entre el *Juicio Final*, último evento del recorrido de la humanidad en la *Biblia*, y la *Creación de la Luz*, primera episodio bíblico.
Las figuras de los 2 profetas: Jonás y Zacarías, que, respectivamente, abren y cierran el ciclo de frescos, se interconectan, como dijimos, el uno porque evoca la venida del Mesías, el segundo porque, a la vez, representa la unificación del pueblo de Dios y es prototipo de Cristo resucitado.
Al Cristo resurrecto, vencedor del Infierno, y juez del último Juicio de la humanidad, corresponde Jonás, evocador de las posibilidades de redención de toda ella, ante Dios. Por ende, la figura de Jonás conecta el *Juicio Final* y el *Pecado original y la expulsión del Paraíso terrenal*.
Zacarías, quien enfatiza en su libro la llegada esperada del Mesías, enmarca la procreación de Noé ebrio como segundo génesis (siendo en este caso Noé doblemente salvador y creador de la humanidad, en un papel muy similar a la relación dual Dios-Adán, central en el programa iconográfico de Miguel Angel, pues, prevenido por Dios logra proteger a las especies de la extinción, y, después de revelar su desnudez a sus hijos, vuelve a poblar la tierra con su propia descendencia, la cual creará la Torre de Babel, provocando así, a pesar del pacto con Dios y su promesa de que no iba a haber otro diluvio, *Gén.*, 9, 8-17, la ira de éste y el castigo que sufrirán Lot y su esposa, por lo cual sus hijas lo embriaguarán a su vez, sacrificándose pensando que no quedaban más humanos en la tierra - lo que reafirma el carácter tipológico, dentro de la misma *Biblia*, de las 2 embriaguez con carácter ritual -), a la vez que permite ver la *Ebriedad de Noé* en secuencia, dentro de la capilla, como contrapunto del *Juicio Final*.

Ahora, las imágenes de los medallones y de las pechinas vienen reafirmar y complementar el simbolismo de la secuencia central.
La Serpiente de Bronce, referida a *Números*, 21, 4-9:

"21:4 Después partieron del monte de Hor, camino del Mar Rojo, para rodear la tierra de Edom; y se desanimó el pueblo por el camino.
21:5 Y habló el pueblo contra Dios y contra Moisés: ¿Por qué nos hiciste subir de Egipto para que muramos en este desierto? Pues no hay pan ni agua, y nuestra alma tiene fastidio de este pan tan liviano.
21:6 Y Jehová envió entre el pueblo serpientes ardientes, que mordían al pueblo; y murió mucho pueblo de Israel.

21:7 Entonces el pueblo vino a Moisés y dijo: Hemos pecado por haber hablado contra Jehová, y contra ti; ruega a Jehová que quite de nosotros estas serpientes. Y Moisés oró por el pueblo.
21:8 Y Jehová dijo a Moisés: Hazte una serpiente ardiente, y ponla sobre una asta; y cualquiera que fuere mordido y mirare a ella, vivirá.
21:9 Y Moisés hizo una serpiente de bronce, y la puso sobre una asta; y cuando alguna serpiente mordía a alguno, miraba a la serpiente de bronce, y vivía."

Representa una premisa del sacrificio de Cristo en la Cruz, imagen del Dios salvador, al igual que la serpiente en el asta.

En la pechina simétrica aparece el *Castigo de Amán*, inspirado en los capítulos 1 a 8 del libro de *Ester*. A través de Mardoqueo su padre adoptivo, Ester salva al rey Asuero del peligro de muerte debido a la conspiración de dos eunucos (*Ester*, 2). Justo después el rey ennoblece a su ministro Amán, quien, a cambio de un regalo de impuestos al rey, pide la exterminación de los judíos, porque no le agrada la forma en que Mardoqueo no le rinde homenaje (cap. 3). Pone Mardoqueo al tanto a Ester de los planes de Amán (cap. 4), por lo que Ester, alistando, después de 3 días de ayuno, un banquete para su esposo el rey (cap. 5) pide la cabeza de Amán quien pretendía pedir por su parte la de Mardoqueo (cap. 7). Pero, al darse cuenta del papel de este último en su salvación del complot de los eunucos y de su parentesco con la reina (cap. 6), decide matar a Amán por su desacato (cap. 8). Miguel Ángel reproduce los tres momentos del pleito entre Mardoqueo y Amán: a la derecha el rey Asuero manda venir a Mardoqueo para ofrecerle una recompensa; a la izquierda el consejo celebrado por el rey para castigar a Amán, y en el centro el castigo de Amán, clavado en una cruz aunque en la *Biblia* se le ahorca con la misma soga que tenía lista para cuando el rey pensaba que le iba a otorgar poder de muerte sobre el desobediente Mardoqueo quien no sólo no le rendía homenaje (cap. 3), sino que además logró obtener homenajes del mismo rey, y obligar a Amán a encargarse de darseles (cap. 6).

Sin embargo, hay dos versiones del libro de *Ester*: la una hebrea, la otra griega, ésta más extensa, que consta de una introducción, con el famoso sueño de Mardoqueo, y un epílogo con la interpretación del sueño. No hay acuerdo sobre cual de las dos versiones es la más antigua, aunque los historiadores católicos y ortodoxos coinciden en que sería la griega la más antigua, y la hebrea sería una versión recortada.
El epílogo, que cierra en la versión griega del cap. 10 del libro de *Ester*, es la interpretación que hace el propio Mardoqueo de su sueño del inicio.
El sueño (cap. 1) es el siguiente:

"1-a El año segundo del reinado del rey Asuero el Grande, el día uno del mes de Nisán, tuvo un sueño Mardoqueo, hijo de Yaír, hijo de Semeí, hijo de Quis, de la tribu de Benjamín,
1-b judío, que habitaba en la ciudad de Susa, varón ilustre, adscrito al servicio del palacio real.
1-c Era uno de los deportados que Nabucodonosor, rey de Babilonia, había llevado cautivos de Jerusalén con Jeconías, rey de Judá.
1-d El sueño fue así: Voces y estrépito, truenos y terremotos, perturbación en la tierra.
1-e Dos enormes dragones avanzaron, prestos ambos al combate; lanzaron un gran rugido,
1-f y a su voz todas las gentes se dispusieron a la guerra para luchar contra el pueblo de los justos.
1-g Día de tinieblas y oscuridad, tribulación y angustia, ruina y gran turbación sobre la tierra.
1-h Todo el pueblo de los justos, estremecido por el terror de sus desgracias, se disponía a perecer y clamaba a Dios.
1-i A su clamor, de una pequeña fuente nació un gran río de abundantes aguas.
1-k La luz y el sol surgieron y los humildes se alzaron y devoraron a los soberbios.
1-l Despertado Mardoqueo, después de tener este sueño, puso gran empeño y se esforzó, hasta la noche, en alcanzar su sentido y saber lo que Dios quería llevar a cabo.
1-m Vivía Mardoqueo en el palacio con Bigtán y Teres, dos eunucos del rey, guardianes del palacio.
1-n Les oyó sus proyectos, descubrió sus intenciones y se enteró de que estaban dispuestos a poner sus manos en el rey Asuero. Entonces Mardoqueo los denunció al rey,
1-o que sometió a interrogatorio a los dos eunucos; y habiendo ellos confesado la verdad, fueron llevados al suplicio.
1-p El rey hizo escribir todo esto para memoria; también Mardoqueo, por su parte, escribió sobre estos sucesos.
1-q Por aquel servicio, el rey confió a Mardoqueo un puesto en palacio y le hizo regalos.
1-r Pero Amán, hijo de Hamdatá, del país de Agag, que gozaba del favor real, buscaba la ruina de Mardoqueo y de su pueblo, por el asunto de los dos eunucos del rey."

Su interpretación (cap. 10):

"Mardoqueo dijo: «Todo esto ha venido de Dios. 5 Cuando me acuerdo del sueño que tuve al respecto, no hay un solo detalle que no se haya cumplido: 6 mi el pequeño manantial que se transforma en un río, ni la luz ni el sol ni el caudal desbordante. El río es Ester, 7 con la que el rey se casó y a quien hizo reina; 8 los dos dragones éramos Amán y yo, las naciones son las que se confabularon para borrar el nombre de los judíos; 9 mi pueblo son los hijos de Israel que clamaron a Dios y fueron librados. El Señor ha salvado a su pueblo, el Señor nos ha librado de todas esas desgracias, realizando grandes milagros y grandes prodigios, como nunca antes los había hecho entre los paganos. 10 Es evidente que Dios sorteó dos destinos, uno para el pueblo de Dios y otro para todas las naciones paganas. 11 La hora, el momento y el día del juicio son dos destinos que están presentes ante Dios y presentes en medio de las naciones. 12 Dios se acordó de su pueblo y les hizo justicia a los suyos.

*13 Por eso, de generación en generación y por siempre, el pueblo de Israel pasará esos dos días, el catorce y el quince del mes de Adar, en asambleas jubilosas y en esparcimiento ante Dios».
13 El año cuarto del reinado de Tolomeo y de Cleopatra, Dositeo se presentó como sacerdote y Levita junto con su hijo Tolomeo; hizo entrega de la presente carta relativa a los Purim. Sostuvo que era auténtica y que había sido traducida por Lisímaco, hijo de Tolomeo, un hombre de la comunidad de Jerusalén."*

La interpretación de Mardoqueo aparece, en el cap. 10, como la justificación de los bienhechos que le hizo el rey a los judíos:

*"1 El rey Asuero impuso un tributo al país y a las islas del mar.
2 Todas las obras de su poder y su vigor y el relato del encumbramiento de Mardoqueo, a quien el rey enalteció, ¿no están escritas en las Crónicas de los reyes de los medos y los persas?
3 Pues el judío mardoqueo era el segundo después del rey, persona importante entre los judíos, amado por la multitud de sus hermanos, preocupado por el bien de su pueblo y procurador de la paz de su raza."*

Así, del lado del *Juicio Final*, el *Castigo de Amán*, reorientado hacia una lectura crística, pues es crucificado que termina Amán, y *La Serpiente de Bronce* evocan:
1. Tipológicamente a la Crucifixión como redención de la humanidad;
2. El Juicio Final (con la desobeciencia de los judíos a Moisés y su castigo y posibilidad de salvación en el desierto por los que miran la serpiente de cobre; con el sueño de Mardoqueo y sus similitudes con el mismo *Apocalipsis*) como momento de salvación.

Devolviéndonos a las pechinas del lado opuesto, encontramos dos conjuntos: *David y Goliat*, quien, evidentemente, es el *pendant* del *Castigo de Amán*. Amán es el primer ministro del rey, representante de la fuerza y el poder, mientras Mardoqueo es un esclavo, sin poder, pero cuya actitud y valentía logran derrotar al que quería acabar con el pueblo judío.

Pendant de *La Serpiente de Bronce*, es *Judit y Holofernes*. Al igual que David y Mardoqueo, Judit es del lado de los débiles. Es una viuda judía, quien logra, con astucia, y falsas promesas, cortarle la cabeza al jefe del ejercito asirio Holofernes. Esta gran hazaña les da valor y ventaja a los judíos, quienes, finalmente, logran, después de muchas derrotas anteriores a la intervención de Judit, vencer en su ataque al campamento asirio. El sueño, aunque aquí lo usa Judit para engañar a su enemigo, y el banquete, son motivos comunes a los libros de Ester y Judit, al igual que el papel primordial que se le da a una mujer, que logra salvar a su pueblo, el pueblo judío, de la exterminación.

En la época de Miguel Angel el tema de *Judit y Holofernes* era muy de moda, y lo siguió siendo hasta el s. XIX. Podemos citar entre los destacados artistas que lo abordaron, a: Donatello, Botticelli, Andrea Mantegna, Giorgione, Lucas Cranach el Viejo, Caravaggio, Tiziano, Antonio de Pereda, Goya, Horace Vernet, Klimt, Artemisia Gentileschi, Jan Sanders van Hemessen o Hermann-Paul.

Mientras en la *Serpiente de Bronce* es la infidelidad que provoca la derrota temporaria de los judíos ante su propio Dios, en *Judit y Holofernes*, al contrario, es la entrega y fe de los judíos, a pesar de la fuerza de los ejércitos de Nabucodonosor, que provoca su victoria final.

Mientras a Jonás, el profeta recalcitrante, se le asocia *La Serpiente de Bronce* y el *Castigo de Amán*, dos imágenes de la infidelidad, del pueblo judío por una parte, y del primer ministro por otra, quien desconoce el estatuto de la propia reina, a Zacarías, el profeta que prefigura la venida del Mesías, se le asocian dos actos de fe, que hicieron que el débil venza al fuerte: David y Judit.

En cuanto a los medallones:
La *Creación de la Luz* está rodeada por *Elías llevado al cielo* (*II Reyes*, 2, 1-18) y el *Sacrificio de Abraham* (*Génesis*, 22, 9). Es decir, que, primer conjunto a partir del *Juicio Final*, enmarcan la creación:
1. La figura de Abraham, considerado como el padre de los creyentes, tanto por el sacrificio de Isaac, como, a través del mismo Isaac, hijo de la esposa esteril de Abraham, Sara, del que procede Jacob, cuyos doce hijos fundaron las Doce Tribus de Israel.
2. Elías, que fue visto como prefigura de Juan el Bautista (*Mateo*, 11, 7-15; *Malaquias*, 3, 23), a tal punto que el propio Juan vestía como Elías (*II Reyes*, 1, 8 y 2,1-13). En el pasaje conocido como la *Transfiguración* de Los *Evangelios sinópticos*, se muestra a Elías y Moisés hablando con Jesús (*Marcos*, 9, 4). El *Evangelio apócrifo* del *Apocalipsis de Elías* lo muestra al lado de Henoc combatiendo contra el hijo de la iniquidad que los mata, luego de lo cual ellos resucitan, a como los dos testigos del *Apocalipsis* 11 en su enfrentamiento con la Bestia.

Así, se enmarca la *Creación de la Luz*, desde el *Juicio Final*, como un fenómeno profético relacionado con un inicio: la parentela de Abraham en cuanto padre fundador de la nación judía, y un final: la premisa de Elías arrebatado como evocación de la futura venida del Mesías.

El *Sacrificio de Noé* se enmarca por la *Destrucción de Baal* (*II Reyes*, 10, 25), conforme la profecía de Elías (*II Reyes*, 10, 17), y la *Muerte de Urías* (*II Samuel*, 11, 24), provocada por el amor del rey David por la esposa de Urías Heteo: Betsabé. En principio, serían tres pecados que tendrían que aparecer aquí: respectivamente del mismo pueblo de Israel que se entrega al culto de Baal, de Cam, el hijo de Noé, quien conoce la desnudez de su padre (*Gén.*, 9, 22), sembrada la primera viña (*Gén.*, 9, 20-21) después del diluvio, también provocado por la infidelidad de los hombre, y de David, quien comete adulterio y asesinato en contra de Urías Heteo, cuyo nombre significa *"Flama del Eterno"* o *"El Eterno es Luz"*, hitita convertido. El pecado de David será castigado por el Dios conforme la misma recomendación que le da el rey al profeta Natán cuando le propone una metáfora de su propio pecado. Sin embargo, al igual que el pecado de Noé permite a la humanidad reaparecer, el de David le ofrece a los judíos un estado fuerte, inmenso y consolidado. Es interesante que, alejándose del *Juicio Final*, de Dios, se representan los pecados, mientras las pechinas opuestas al *Juicio Final*, contrariamente a las que lo rodean, evocan las virtudes del pueblo de Israel. David, al igual que Noé, aparece dos veces: como héroe contra Goliat, en la pechina, y como rey adultero mediante la representación de la *Muerte de Urías*.

Sin embargo, los dos pecados, de David y del pueblo de Israel, enmarcan al sacrificio (*Gen.*, 8, 20), holocausto que Noé ofrece a Dios ("*Y edificó Noé un altar á Jehová y tomó de todo animal limpio y de toda ave limpia, y ofreció holocausto en el altar*").

A la muerte de Urías por la lujuria de David, corresponde la muerte de Joram (*II Reyes*, 9, 21), en el huerto de Nabot, a manos de Jehu (undécimo rey de Israel y fundador de la dinastía de mayor duración), ungido por Eliseo (profeta sucesor de Elías y testigo de su arrebato al cielo), que corresponde al cumplimiento de la profecía y la liberación del pueblo de Israel de los falsos dioses.

Enmarca la *Ebriedad de Noé* el episodio de *Bidqar tirando el cuerpo de Joram*. El otro medallón que la enmarca es la *Asesinato de Abner* (*II Samuel*, 3, 27), tercera aparición de David en la capilla.

La Asesinato de Abner en la puerta de Hebrón, después de su traición a David, provoca sin embargo gran dolor a David, quien protesta:

"*3:28 Cuando David supo después esto, dijo: Inocente soy yo y mi reino, delante de Jehová, para siempre, de la sangre de Abner hijo de Ner.
3:29 Caiga sobre la cabeza de Joab, y sobre toda la casa de su padre; que munca falte de la casa de Joab quien padezca flujo, ni leproso, ni quien ande con báculo, ni quien muera a espada, ni quien tenga falta de pan.
3:30 Joab, pues, y Abisai su hermano, mataron a Abner, porque él había dado muerte a Asael hermano de ellos en la batalla de Gabaón.
3:31 Entonces dijo David a Joab, y a todo el pueblo que con él estaba: Rasgad vuestros vestidos, y ceñíos de cilicio, y haced duelo delante de Abner. Y el rey David iba detrás del féretro.
3:32 Y sepultaron a Abner en Hebrón; y alzando el rey su voz, lloró junto al sepulcro de Abner; y lloró también todo el pueblo.
3:33 Y endechando el rey al mismo Abner, decía:
¿Había de morir Abner como muere un villano?
3:34 Tus manos no estaban atadas, ni tus pies ligados con grillos;
Caíste como los que caen delante de malos hombres.
Y todo el pueblo volvió a llorar sobre él.*"

Sin embargo, por la cualidad de Hebrón como ciudad de refugio en la historia de Israel, las palabras de David (3, 33-34) dejan entrever, comparada con *Números*, 35:

"*35:26 Mas si el homicida saliere fuera de los límites de su ciudad de refugio, en la cual se refugió,
35:27 y el vengador de la sangre le hallare fuera del límite de la ciudad de su refugio, y el vengador de la sangre matare al homicida, no se le culpará por ello;*"

Y a pesar del largo resentimiento de David por el gesto de Joab (*I Reyes*, 2, 5-6), una posible interpretación de su muerte como la del que, muy cerca de la salvación (la ciudad de Hebrón, similar a las ciudades que Dios regala a los judíos en *Números*, 35), no da el paso dentro de la misma, que puede ser el propio Jesús.

Tendríamos en este caso una lectura complementaria de los dos medallones que enmarcan la *Ebriedad de Noé*, respecto de los que enmarcan el *Sacrificio de Noé*. Al asesinato injustificado de Urías, voluntad del rey David, tiene su contraparte en el asesinato justificado de Abner, a pesar del mismo David.

Las muertes de Joram y Abner permiten al pueblo judío acceder a un dominio total de su territorio, y el retiro de los cultos prohibidos.

Así, podemos asumir que los medallones, a diferencia de la secuencia de los episodios de las nueve historias del *Génesis* al centro de la bóveda, siguen el orden inicial que deberían asumir, conforme la *Biblia*, la micro-secuencia *Sacrificio* y *Ebriedad de Noé*.

Aparentemente, los medallones que enmarcan la *Creación de Eva* reproducen una secuencia, tampoco lineal respecto de la *Biblia*, que es la del fin de los cultos prohibidos en Israel gracias a Jehu. Así el *Exterminio de la tribu de Acab* (*II Reyes*, 10, 17), medallón 5, es anterior, en la *Biblia*, a *Bidqar tirando el cuerpo de Joram*, medallón 9, y posterior a la *Destrucción de Baal*, medallón 7.

Esta secuencia sin embargo es al centro conceptual de la serie de medallones, ya que empieza con *Elías llevado al cielo*, medallón 1.

Resulta así que los dos reyes de los medallones son David, que le proporciona estabilidad y poder políticos a Israel, y Jesu, que le da unificación religiosa, así como dinástica.

De hecho, el otro medallón que enmarca la *Creación de Eva* es el de *David ante Natán* (*II Samuel*, 12, 17). Así, al igual que Jehu tiene 4 apariciones, también David, equiparándose también por las referencias a su reino los dos.

El episodio de David y Natán tampoco tiene, en el contexto, significado directamente cronológico, ya que apareciendo como medallón 6, es, en la *Biblia*, obviamente, posterior al episodio de la *Muerte de Urías*, aquí medallón 8, y anterior al del *Asesinato de Abner*, medallón 10.

Por otra parte, el castigo sobre la descendencia de David se ubica, lógicamente, en correspondencia con la evocación de la figura de Eva, aunque ésta antes de cualquier pecado.

Es el mismo sentido de castigo del pecado colectivo de una línea que impulsa Jehu, hacia familiares, príncipes y pueblo en general que rinde culto a Baal, como aclara esta extensa cita:

"*10:5 Y el mayordomo, el gobernador de la ciudad, los ancianos y los ayos enviaron a decir a Jehú: Siervos tuyos somos, y haremos todo lo que nos mandes; no elegiremos por rey a ninguno, haz lo que bien te parezca.*
10:6 Él entonces les escribió la segunda vez, diciendo: Si sois míos, y queréis obedecerme, tomad las cabezas de los hijos varones de vuestro señor, y venid a mí mañana a esta hora, a Jezreel. Y los hijos del rey, setenta varones, estaban con los principales de la ciudad, que los criaban.
10:7 Cuando las cartas llegaron a ellos, tomaron a los hijos del rey, y degollaron a los setenta varones, y pusieron sus cabezas en canastas, y se las enviaron a Jezreel.
10:8 Y vino un mensajero que le dio las nuevas, diciendo: Han traído las cabezas de los hijos del rey. Y él le dijo: Ponedlas en dos montones a la entrada de la puerta hasta la mañana.
10:9 Venida la mañana, salió él, y estando en pie dijo a todo el pueblo: Vosotros sois justos; he aquí yo he conspirado contra mi señor, y le he dado muerte; pero ¿quién ha dado muerte a todos éstos?
10:10 Sabed ahora que de la palabra que Jehová habló sobre la casa de Acab, nada caerá en tierra; y que Jehová ha hecho lo que dijo por su siervo Elías.
10:11 Mató entonces Jehú a todos los que habían quedado de la casa de Acab en Jezreel, a todos sus príncipes, a todos sus familiares, y a sus sacerdotes, hasta que no quedó ninguno.
10:12 Luego se levantó de allí para ir a Samaria; y en el camino llegó a una casa de esquileo de pastores.
10:13 Y halló allí a los hermanos de Ocozías rey de Judá, y les dijo: ¿Quiénes sois vosotros? Y ellos dijeron: Somos hermanos de Ocozías, y hemos venido a saludar a los hijos del rey, y a los hijos de la reina.
10:14 Entonces él dijo: Prendedlos vivos. Y después que los tomaron vivos, los degollaron junto al pozo de la casa de esquileo, cuarenta y dos varones, sin dejar ninguno de ellos.
10:15 Yéndose luego de allí, se encontró con Jonadab hijo de Recab; y después que lo hubo saludado, le dijo: ¿Es recto tu corazón, como el mío es recto con el tuyo? Y Jonadab dijo: Lo es. Pues que lo es, dame la mano. Y él le dio la mano. Luego lo hizo subir consigo en el carro,
10:16 y le dijo: Ven conmigo, y verás mi celo por Jehová. Lo pusieron, pues, en su carro.
10:17 Y luego que Jehú hubo llegado a Samaria, mató a todos los que habían quedado de Acab en Samaria, hasta exterminarlos, conforme a la palabra de Jehová, que había hablado por Elías.
10:18 Después reunió Jehú a todo el pueblo, y les dijo: Acab sirvió poco a Baal, mas Jehú le servirá mucho.
10:19 Llamadme, pues, luego a todos los profetas de Baal, a todos sus siervos y a todos sus sacerdotes; que no falte uno, porque tengo un gran sacrificio para Baal; cualquiera que faltare no vivirá. Esto hacía Jehú con astucia, para exterminar a los que honraban a Baal.
10:20 Y dijo Jehú: Santificad un día solemne a Baal. Y ellos convocaron.
10:21 Y envió Jehú por todo Israel, y vinieron todos los siervos de Baal, de tal manera que no hubo ninguno que no viniese. Y entraron en el templo de Baal, y el templo de Baal se llenó de extremo a extremo.
10:22 Entonces dijo al que tenía el cargo de las vestiduras: Saca vestiduras para todos los siervos de Baal. Y él les sacó vestiduras.
10:23 Y entró Jehú con Jonadab hijo de Recab en el templo de Baal, y dijo a los siervos de Baal: Mirad y ved que no haya aquí entre vosotros alguno de los siervos de Jehová, sino sólo los siervos de Baal.
10:24 Y cuando ellos entraron para hacer sacrificios y holocaustos, Jehú puso fuera a ochenta hombres, y les dijo: Cualquiera que dejare vivo a alguno de aquellos hombres que yo he puesto en vuestras manos, su vida será por la del otro.
10:25 Y después que acabaron ellos de hacer el holocausto, Jehú dijo a los de su guardia y a los capitanes: Entrad, y matadlos; que no escape ninguno. Y los mataron a espada, y los dejaron tendidos los de la guardia y los capitanes. Y fueron hasta el lugar santo del templo de Baal,
10:26 y sacaron las estatuas del templo de Baal, y las quemaron.
10:27 Y quebraron la estatua de Baal, y derribaron el templo de Baal, y lo convirtieron en letrinas hasta hoy.
10:28 Así exterminó Jehú a Baal de Israel."

Ya empezamos a vislumbrar el significado general, orientado casi unívocamente, de la capilla, alrededor de la venida del Mesías, y sus antecedentes.

Lo prefigura Zacarías, y lo contradice Jonás. Lo reafirman la serpiente de bronce y la interpretación iconográfica del castigo de Amán. Mesiánicos también las victorias de David niño y de Judit sobre los gigantes de la guerra.

Se unifica aún más el pensamiento del conjunto en los medallones, alrededor de una tipología relacionada con la sucesión, la herencia, y la perenidad del pueblo de Dios. Sea mediante el sacrificio y la plenitud de la dependencia hacia la palabra divina (Abraham, Jehu), o en el alejamiento de la misma (David, Abner).

En la capilla también, lo político (unificación estatal y política, tanto como religiosa), alrededor de las figuras de dos grandes reyes, contemplan las preocupaciones e ideologías papales de la época.

El sentido genealógico, dicho de paso de inspiración medieval (véase los rosetones de las iglesias góticas, o la obra del Bosco), de la aparición de Cristo, se evidencia aún más en los lunetos, debajo de los Profetas y las Sibilas, y las enjutas laterales, donde, en los dos conjuntos, se presentan los antepasados de Cristo según *Mateo*, 1, 1-16:

En los ocho triángulos:
* Josías
* Zorobabel
* Ezequías
* Azarías
* Roboam y Abies
* Salomón
* Jesé, David y Salomón
* Betsabé madre de Salomón

Y en los lunetos:
* Eleazar y Matan
* Jacob y Josep
* Azor y Sadoc
* Aquim y Eliud
* Josías, Jeconías y Salatiel
* Zorobabel, Abihud y Eliachim
* Ezequías, Manasés y Amon
* Azarías, Jotán y Acaz
* Salmon, Booz y Obed
* Naasson
* Amminadab
* Fares, Hesron y Aram
* Abraham, Isaac, Jacob y Judá

Terminando con la interpretación de los medallones, el grupo que enmarca a *La Separación de las Tierras y las Aguas* es algo complejo de analizar, ya que el medallón 3 es vacío.

El medallón 4 representa, por su parte, la *Muerte de Absalón* (*II Samuel*, 18). Es aquí, de nuevo, David, quien, por importancia, logra entonces abarcar 5 medallones, contra 4 por Jehu, encontramos referido mediante la evocación de su hijo Absolón. El mayor de los hermanos de David, Amnón, quien se enamora de su hermanastra Tamar, hermana de Absolón, decide violarla, por lo que Absolón, conocido por su hermosa cabellera, lo mata y huye, pero Joab, el mismo que matará a Abner, intercede para el ante David, quien lo acepta de nuevo cerca del trono. Pero Absolón desea la sucesión, que parece irá a Salomón, por lo que trama contra la vida de su padre, como refiere brillantemente Tirso de Molina en su drama *La venganza de Tamar* (1634). Así Absolón se hace coronar rey en la ausencia de David, y combaten en la orilla del Jordán. Pero en su huida, su cabellera se enreda en un árbol, y Joab lo mata, provocando ahí también la pena de David, llorando a pesar de todo a su hijo muerto.

Este episodio representa, dentro de la genealogía de David, y por ende de Cristo, el paso necesario para la acesión al trono de Salomón, el rey emblemático, tercer y último rey de Israel y constructor del Templo. A Salomón se le atribuyen el *Cantar de los Cantares* y el libro de los *Proverbios*.

Por lo cual, se integra perfectamente para enmarcar *La Separación de las Tierras y las Aguas*, necesario ésta a la posterior creación de la humanidad, como lo reproduce claramente la capilla.

Finalmente, debemos considerar como, por un lado, José, padre de Cristo, Jacob, nombrado Israel por Dios mismo después de su lucha contra el ángel (*Gen.*, 32, 23-30) y por ello padre de los israelitas, y por otro Aarón, primer Sumo Sacerdote del pueblo hebreo, aparecen en los lunetos que se enfrentan simétricamente en la capilla con el *Juicio Final*.

Dentro de la oposición entre la traición de David y la tríada Dios-Cristo-José, mientras Abraham es el cimiento para todas las familias de la tierra, David prevee la Crucifixión y la venida y Gloria de Cristo (*Hechos*, 25-35). Las figuras de Abraham y David se contrapoponen, en particular en *Romanos*, 4, 5; 4, 1-7 y 13-22, especialmente en 13-17. Cristo como liberador del Pecado original es el centro de *Rom.*, 4, 5, 12-17 (v. también *Hechos*, 3, 25: "*Vosotros sois los hijos de los profetas, y del pacto que Dios hizo con nuestros padres, diciendo a Abraham: En tu simiente serán benditas todas las familias de la tierra*", devolviéndonos a la figura de Pedro como fundador de la Iglesia, siendo él quien proclama esta genealogía teológica, remitendo así también a la ilustración de su *Liberación*, a similitud de Cristo, en las *Stanzas* por Rafael), en particular 14 y 16 (lo que tiene eco en el estudio del *Juicio Final* de Miguel Ángel por Omar Calabrese, *Cómo se lee una obra de arte*, Madrid, Cátedra, 1993, pp. 81-88).

Es así asombroso ver cómo la figura de Cristo, en sus valores políticos, tipológicos y mesiánicos, se nos presenta en toda la capilla como un camino para la humanidad que, valga la redondancia, se encamina hacia su figura, a través el pueblo elegido.

Así, el programa iconográfico de la Capilla Sixtina, que se conforma, como vimos, alrededor de las figuras de David, Jehu y Noé, se desarrolla sobre los siguientes ejes:

1. La figura central, en cuanto divide en dos partes la nave central, de la *Creación de Eva*, lo que se acentúa por la inversión en los espacios triangulares entre la posición del profeta (a la izquierda) y de la síbila (a la derecha) que enmarcan la escena, en forma inversa respecto de la secuencia síbila-profeta (esta segunda, con la síbila, de la fe pagana, a la izquierda, superada en el sentido de lectura lógica izquierda-derecha, por el profeta, de la fe revelada, a la derecha) que enmarcan las demás escenas.
2. Desde esta centralización del conjunto iconográfico, percibimos entonces varios objetos de enfoque que se entrecruzan y se corresponden.
3. Dos puntos focales claves, que son el *Juicio Final* y Zacarías, quien, al otro lado de la bóveda, en cuanto profetizó las dos venidas del Mesías.
4. Por otro lado, la lectura, en sentido inverso que de ahí se da, hace corresponder el *Juicio Final* con la presencia de Jacob, padre de los judíos, y José, padre de Cristo, en el lado opuesto de la bóveda.
5. A ambos lados del *Juicio Final*, las pechinas del *Castigo de Amán* y *La Serpiente de Bronce*, que rodean al retrato de Jonás, e introducen a las escenas de la *Creación*, ambos pechinas cuyas escenas remiten, como en el *Juici Final*, a Cristo y su muerte salvadora.
6. Jonás, cuyo episodio con la ballena, nos reporta al Diluvio y a Noé.
7. La división del conjunto actúa como un recordatorio y una representación tipológica a ambos lados de la división operada alrededor de la figura de Eva: la parte de la bóveda en la que se hallan las figuras de Jonás y la Creación en sus distintas etapas simbolizan secciones del comienzo de los tiempos; mientras la parte del Diluvio y Zacarías ilustran finales.
8. Mientras Jonás nos remite a la parte del Diluvio que le es opuesta en la capilla, Zacarías evoca el Juicio Final, al otro extremo de la Sixtina.
9. Obviamente, el Juicio Final aparece como el último comienzo para la humanidad, por lo que las escenas de Creación se juntan en su parte de la bóveda.

c. Las figuras de Adán y Eva al centro

La mente que rige la capilla es la de su época, que aparece entonces como una mente tipológica, mientras la contemporánea es más cronológica, aunque todavía el pensamiento simbolista, surrealista y de los años hippies, se presenta todavía dependiente de lo tipológico en sus modos de expresión.

A la *Creación de la Luz*, desde donde parte toda la Creación, responde, al otro extremo, la *Ebriedad de Noé*, de donde parte toda la humanidad de hoy y el nuevo mundo después del Diluvio.

A su vez, el *Diluvio* corresponde a la *Creación de los Astros y las Plantas* (prefiguración, lo vimos, de la gestualidad de Dios y Adán en la *Creación* de este último), instauración y destrucción de la primera Creación.

El *Sacrificio de Noé*, entonces, es la vertiente de la *Separación de las Tierras y las Aguas*, cuya gestualidad, como dijimos, prefigura la de Cristo en el *Juicio Final*.

Finalmente, a ambos lado de la *Creación de Eva* que rodean, están: la *Creación de Adán* y *Pecado original y Expulsión del Paraíso terrenal*. Así, al igual que aparece la inversión entre el *Sacrificio* y la *Ebriedad de Noé* reveladora de su sentido tipológico formal (simetría del conjunto) e teológico (la Encarnación, el bautismo y el Sacrificio del Verbo encarnado), la centralización de la bóveda de la capilla alrededor de la figura de Eva resalta en realidad la de Adán.

En primera instancia, como vimos desde San Agustín, acerca de la cuestión del libre albedrío y la responsabilidad en el Pecado.

La organización arquitectónica de la Sixtina refuerza esta realidad simbólica, ya que, concretamente, la *Creación de Adán*, encontrándose en el medio de la Capilla, separa, desde la bóveda, los espacios, en el suelo, de los fieles y del clérigo.

Podemos aducir que el estatus central de la figura de Eva en la Capilla Sixtina (1471-1484), con los frescos de Miguel Ángel (1508-1512), culminada con el *Juicio Final* (1535-1541), antecede de poco a un contexto, que es el de las prohibiciones mayores de la Contra Reforma, reacciones católica a las Reformas cismáticas, luterariana y calvinista. La Contra Reforma católica, que se cierra con el Concilio de Trento (1545-1563), dará otra, protestante, de los luteranos contra los calvinistas, que desembocará en las persecusiones del siglo XVII en Dinamarca, Suecia, Alemania, y en la Inglaterra de los primeros Stuart. En América se concretiza con la persecución de las brujas de Salem.

Se puede nombrar como consecuencia de estas reacciones las hogueras de la Inquisición o "*limpieza de sangre*" en España, en Francia la masacre de la Saint-Barthélémy en 1572, la revocación del Edicto de de Nantes en 1685, y en el Sur las "*dragonnades*" del reino de Luis XIV; Inglaterra, la persecución de los protestantes durante cuatro años del reino de la hija de Enrique VIII y de Catarina de Aragón: María Tudor, la Católica, también conocida por la Sangrienta; en Bélgica y los Países Bajos, fueron, entre 1567 y 1572, la represión del español duque de Alba; finalmente, en Bohemia, la execución en Praga de nobles protestantes tras la derrota de la Montaña Blanca en 1620.

Segundo, de la misma forma que la inversión en la succesión de los episodios del *Sacrificio* y la *Ebriedad de Noé*, nos parece que la centralidad de Eva, paradójicamente, revela el papel implícitamente central de Adán.

De hecho, no sólo remite a la problemática de la fe de las pechinas, sino que, al igual que Judit, símbolo de fe, y las esposas de Noé y sus hijos, es una mujer que va a definir el sino de toda la humanidad.

No sólo Noé es quien, con sus hijos, repoblará la tierra (*Gen.*, 10, 1-32):

"*Estos son los descendientes de los hijos de Noé: Sem, Cam y Jafet, a quienes les nacieron hijos después del diluvio:*
Los hijos de Jafet fueron: Gomer, Magog, Madai, Javán, Tubal, Mesec y Tiras.
Los hijos de Gomer fueron: Asquenaz, Rifat y Togarma.
Los hijos de Javán fueron: Elisa, Tarsis, Quitim y Rodanim.
A partir de éstos fueron pobladas las costas de las naciones, según sus territorios, cada una según su idioma, conforme a sus familias en sus naciones.
Los hijos de Cam fueron: Cus, Mizraim, Fut y Canaán.
Los hijos de Cus fueron: Seba, Havila, Sabta, Raama y Sabteca. Los hijos de Raama fueron Seba y Dedán.
Cus engendró a Nimrod, quien comenzó a ser poderoso en la tierra.
El fue un vigoroso cazador delante de Jehovah, por lo cual se suele decir: "Como Nimrod, el vigoroso cazador delante de Jehovah."
Al principio, su reino abarcaba Babel, Erec, Acad y Calne, en la tierra de Sinar.
De aquella tierra salió para Asiria y edificó Nínive, Ciudad Rejobot, Cálaj y Resén, entre Nínive y Cálaj. Esta es una gran ciudad.
Mizraim engendró a los ludeos, a los ameneos, a los lehabitas, a los naftujitas,
a los patruseos, a los caslujitas (de los cuales salieron los filisteos) y a los caftoreos.
Canaán engendró a Sidón su primogénito y a Het, al jebuseo, al amorreo, al gergeseo, al heveo, al araqueo, al sineo, al arvadeo, al zemareo y al hamateo. Después se dispersaron los clanes de los cananeos.

La frontera de los cananeos abarcaba desde Sidón hasta Gaza en dirección de Gerar; seguía en dirección de Sodoma, Gomorra, Adma y Zeboím, y continuaba hasta Lasa.
Tales son los hijos de Cam, según sus familias, según sus idiomas, en sus territorios y en sus naciones.
También le nacieron hijos a Sem, padre de todos los hijos de Heber y hermano mayor de Jafet.
Los hijos de Sem fueron: Elam, Asur, Arfaxad, Lud y Aram.
Los hijos de Aram fueron: Uz, Hul, Geter y Mas.
Arfaxad engendró a Sélaj, y Sélaj engendró a Heber.
A Heber le nacieron dos hijos: El nombre del primero fue Peleg, porque en sus días fue dividida la tierra. El nombre de su hermano fue Joctán.
Joctán engendró a Almodad, a Selef, a Hazar-mávet, a Jéraj,
a Adoram, a Uzal, a Dicla,a Obal, a Abimael, a Seba, a Ofir, a Havila y a Jobab. Todos éstos fueron hijos de Joctán.
El área que habitaron abarcó desde Mesa hasta las inmediaciones de Sefar, en la región montañosa al oriente.
Estos fueron los hijos de Sem según sus familias, según sus idiomas, en sus territorios y en sus naciones.
Estas fueron las familias de los hijos de Noé, según sus descendientes y sus naciones. De éstos proceden las naciones de la tierra, después del diluvio."

A continuación, presentamos un cuadro de la generación de Noé y su difusión en la tierra:

	SEM	CAM	JAFET
HIJOS	Elam, Asur, Arfaxad, Lud, Aram	Cus, Mizraim, Fut, Canaam	Gomer, Magog, Madai, Javán, Tubal, Mesec, Tiras
PUEBLOS (Antiguos)	Hebreos, Caldeos, Asirios, Persas, Sirios	Cananeos, Egipcios, Filisteos, Hititas, Amorreos	Griegos, Tracios y Escitas
SIGNIFICADO PROFECIA	Renombre Serás Bendecido	Tostado, Moreno Maldito, Siervo de Siervos serás De tus hermanos	Engrandecimiento Serás engrandecido y habitarás en las tiendas de Sem
IDIOMAS (Antiguos)	Acádicos, Babilonio, Asirio, Arameo, Hebreo, Etiopico	Lenguas Camitas Lenguas Cananeas	Sanscrito, Pancrit, Neo hindúes, Irani, Griego Antiguo, Itálico, Romano, Celta, Germano, Armenio, Báltico, Albanés, Lectoeslavo Indoano*
UBICACIÓN	Desde el Mediterráneo hasta el Océano Índico	Canaam, Egipto y el resto de África	Europa y Asia Menor (De ellos se poblaron las costas)
CIVILIZACIÓN ANTIGUA	Mesopotamia	Egipto	Grecia

Nos podemos también acercar a la comprensión del episodio bíblico de la desnudez de Noé ante sus hijos (*Gén.*, 9, 20-27):

"*Entonces Noé comenzó a cultivar la tierra y plantó una viña.*
Y bebiendo el vino, se embriagó y quedó desnudo en medio de su tienda.
Cam, el padre de Canaán, vio la desnudez de su padre y lo contó a sus dos hermanos que estaban fuera.
Entonces Sem y Jafet tomaron un manto, lo pusieron sobre sus propios hombros, y yendo hacia atrás, cubrieron la desnudez de su padre. Como tenían vuelta la cara, ellos no vieron la desnudez de su padre.
Cuando Noé se despertó de su embriaguez y se enteró de lo que le había hecho su hijo menor, dijo: "*Maldito sea Canaán. Sea el siervo de los siervos de sus hermanos.*"
Dijo además: "*Bendito sea Jehovah, el Dios de Sem, y sea Canaán su siervo.*
Engrandezca Dios a Jafet y habite en las tiendas de Sem, y sea Canaán su siervo.""

Con los preceptos del *Levítico*, 18, 6-8:

"*Ningún varón se llegue a parienta próxima alguna, para descubrir su desnudez. Yo Jehová. La desnudez de tu padre, o la desnudez de tu madre, no descubrirás; tu madre es, no descubrirás su desnudez. La desnudez de la mujer de tu padre no descubrirás; es la desnudez de tu padre.*"

Et 20, 11:

"*Cualquiera que yaciere con la mujer de su padre, la desnudez de su padre descubrió; ambos han de ser muertos; su sangre será sobre ellos.*"

El Talmud y el Midrash ven en la maldición de Noé contra Cam el origen de la esclavitud y de la piel negra, mientras el Talmud babilónico considera que fue por relación sodómica con su padre que Cam es castigado (Paul H. Freedman, *Images of the Medieval Peasant*, Standford University Press, 1999, p. 87). De la misma forma, los escritores medievales asumen que no fue sólo por ver su padre desnudo que éste maldice a Cam.

De acuerdo con el Talmud, Sanhedrin 108b, Cam fue castigado "*estando golpeado en su piel*". Los exégetas judíos como cristianos, tal Justino Mártir en *Diálogo con Trifón*, coinciden en el hecho de que de Cam nace la raza de los esclavos. Para la exégesis medieval, el pecado de Cam fue en particular hacer burla de su padre ante sus hermanos (p. 88).

Según el *Génesis* de Viena del siglo XI hace de Caín y Cam los progenitores de los negros. Al ofertar a Dios los productos de la tierra (*Gén.*, 4, 3), Caín se vuelve el primer campesino, por lo que Petrarca, en *De remediis*, y un panfleto del siglo XV atribuido a Cecco d'Ascoli, lo ven como el progenitor de la raza rústica, mientras Hugo von Trimberg, en "*Der Renner*", le atribuye el "*arado del diablo*". Pero, tanto Jacobo de Cessolis en su tratado alegórico sobre ajedrez como Konrad von Ammenhausen en *Schachzabelbuch* hacen de Cam y la maldición que manda sobre él su padre el responsable de la servidumbre rústica (pp. 91-93). La edad media considerará que Caín no puede, por el Diluvio, ser considerado como el verdadero progenitor de los esclavos, asociados con los Moros negros, sino que tuvo que ser Cam, mediante la raza de Canaan. En el siglo XVII, los sabios criollos León Pinela y Bienaventura de Salinas y Cordova explican ambos la Conquista y el proceso de esclavización por la maldición de Noé (p. 94). En la misma época, el alemán Johann Ludwig Hannemann escribo todo un libro para explicar la raza etíopa mediante esta maldición.

San Ambrosio, San Basil y el mismo San Pablo, se acuerdan, desde los primeros siglos del cristianismo, en reconocer en la maldición de Noé el origen de la esclavitud, y tanto San Agustín en el libro 19 de *La ciudad de Dios* como San Juan Crisostomo concuerdan en reconocer en el origen de la esclavitud un estado de pecado, que ambos encuentran en el carácter de Cam, castigado por la maldición de Noé (pp. 97-98). Repiten la misma idea San Gregoriom Raterio de Verona, Burchardo de Worms, Yves de Chartres, Atto de Vercelli o Calvino, en cuanto la *Historia del Obispo de Auxerre* la aplica a los campesinos rebeldes o "*Capuciati*" de finales del siglo XII (p. 98). Honorius Agustodunensis atribuye a Japheth la paternidad de los caballeros o "*milites*", a Shem la de los hombres libres o "*liberi*" et a Cam la de los siervos o "*servi*". San Antoninus, arzobispo dominicano de Roma, acude que el estado de servidumbre es de origen divino, citando como prueba la maldición de Noé (p. 99).

De hecho, en la edad media, cada uno de los tres hijos de Noé era reconocido por ser fundador de uno de los continentes conocidos: Japheth de Europa, Shem de Asia, y Cam, el ennegrecido por el pecado, de África, así que, de mismo modo, cada hijo representaba una de las tres clases de la sociedad medieval: a Shem se le adjudicaba la clase de los sacerdotes, de los guerreros a Japheth, y de los campesinos a Cam.

En su extenso poema "*Der Renner*", Von Trimberg relata cómo se encontró con un grupo de ebrios campesinos que le pidieron explicarle porque, proviniendo todos de una sola madre, hay pobres y ricos, hombres libres y servios. Lo a que le constestó contándoles la historia de Cam y recordando la maldición de Noé, cuyo nombre ("*Noy*"), según el autor, dio el de los viñedos ("*vernoyert*", actual "*vineyard*"), al origen no sólo de los servios, sino también de los judíos y las brujas (Freedman, p. 101), resolviendo así la crítica a la injusticia social debido al origen común de toda la humanidad desde una sola mujer: Eva. El poema épico "*Der Ring*" (c. 1400) del suizo Heinrich Wittenwiller, a través de una discusión similar, esta vez entre un príncipe y un campesino, en un concilio de guerra, llega, por las mismas razones, a las mismas conclusiones (p. 101). El *Libro de San Alban* de finales del siglo XV reproduce el mismo debate sobre la igualdad, mediante un diálogo entre Caín y Cam como progenitores de los rústicos.

El debate sobre la genealogía de Adán y Eva y la igualdad de los hombres, tuvo también respuestas contrarias, difundiéndose, en Jonás de Orléans, Eike von Repkow, Wyclif o Lutero, que rachazaron la justificación a través de la *Biblia* de la desigualdad entre los hombres (pp. 101-103).

En particular Von Repkow, en su *Sachsenspiegel* (siglo XIII) considera que los pecados de los hombres han sido todos redimidos por el sacrificio de Cristo en la Cruz (p. 102).

Por su parte, Raphael Patai, *The Jewish Mind* (New York, Charles Scribner's Sons, 1977), considera como dos mitos de la intoxicación la embriaguez de Noé y la de Lot (pp. 433ss.). Dice que, al igual que Lot es castigado por la pérdida de su mujer y el incesto, la interpretación talmúdica del episodio de Noé pone el acento en el castigo de Noé por la obligación de las generaciones consecutivas de su progenie de vivir en el exilio. Y más todavía, los sabíos talmúdicos, como el Rabbi Meir del primer siglo, atribuyeron la caída de Adán del Paraíso terrenal a la embriaguez, ya que según el Rabbi Meir "*el árbol del que Adán comió era viña, nada más que el vino atrae males al hombre*" (p. 434).

Patai recuerda que los dos episodios: de la embriaguez de Noé y de Lot, son enseñados a los niños judíos desde temprana edad, y que toda la sociedad judía igualmente desconfía del tomar, cuando no es en situación ritualizada com el *Qiddush*, o Santificación, primer ritual familiar del viernes en la noche (pp. 434-447).

La correspondencia entre Cam y Caín toma más sentido en cuanto Cam es también conocido, según las escrituras de su nombre, por Cham, Ham o Caín.

Aún si no concuerdan en saber si el pecado de Cam fue burlarse de su padre, castrarle o querer abusar de él o de su esposa, los rabinos talmúdicos consideran a los descendientes de Cam, los Canaanitas, como ladrones, mentirosos y fornicatores (Stephen R. Haynes, *Noah's Curse: The Biblical Justification of American Slavery*, New York, Oxford University Press, 2002, p. 24).

A veces, las interpretaciones rabínicas hacen regresar el castigo de Cam a su actuación en el Arca, aduciendo que la ley de castidad impuesta en el Arca sólo fue violada por Cam, sea con un perro o con su propia esposa. Así lo sostiene Rabbi Hiyya en el *Genesis Rabbah* (pp. 24-25).

Varios textos rabínicos evocan una posible castración que hubiera impedido a Noé tener el cuarto hijo tan añorado por él según estos textos (R. Berekhiah; R. Huna) (p. 25).

En el *Libro de Adán y Eva*, se dice que Cam sorprendió a su padre teniendo relaciones con su madre, por lo que lo contó con burla a sus hermanos (p. 26).

Los escritos talmúdicos siempre ponen el acento sobre el carácter de rigor de Noé.

Por lo que, asumiendo esta definición del personaje bíblico, Filón de Alejandría considera a Noé como a un profeta iluminado por Dios, y ve en el pecado de Cam haber traído vergüenza a su padre hablando en falso contra él. Por lo que reconoce en Cam el pecado de debilidad de alma, con lo que coincide Flavio Josefo en sus *Antigüedades de los Judíos*.

Según Flavio Josefo, que se apoya en Berossus el Caldeo, el castigo de Cam fue ser exiliado a los regiones negras de África, por lo que *el Zohar* (siglo II) asocia los descendientes de Cam con la negritud (pp. 26-27).

La rigurosidad del carácter de Noé pasa a ser para el *Nuevo Testamento* y los autores cristianos como Lactancio un valor importante que le define.

A tal punto que Justino Mártir lo identifica con Cristo, y plantea que, al igual que Cristo generó una nueva raza "*mediante el agua, la fe, y la madera... Noé fue salvado por la madera cuando rodó encima de las aguas con su casa*". De lo mismo ve en el número de personas en la familia de Noé que eran ocho el símbolo de los ocho días al cabo de los cuales apareció Cristo resurrecto. Asimiso para Orígenes, Noé se identifica con Cristo salvador. Por muchos Padres, el Arca se volvió símbolo de la Iglesia de Cristo, en la que la fe salva de los tumultos de un mundo enfermo. El Arca de Noé se volvió símbolo del arte paleocristiano durante cinco siglos, ya que si Noé era imagen de Cristo resurrecto, "*el Arca debe tener el aspecto de una tumba, como un sarcófago, la caja funeraria en la que era puesto el cuerpo de Cristo*" (p. 27).

De ahí que muchos Padres de la Iglesia vieron en la maldición de Noé una recapitulación de la caída de Adán y una prefiguración del *Evangelio*, viendo en la desnudez de Noé la de Cristo, y en la burla de Cam la de los judíos contra Jesús en la Pasión.

De la misma manera, las interpretaciones del episodio consideraban a la familia de Noé como un grupo, en el que se expresaban los tres tipos de relación con Dios: Shem simbolizando a los que están dentro de la Ley, Japheth los que están justificados por la gracia, y a Cam a los paganos que se burlaron de Dios desnudo. De ahí que Isidoro de Sevilla establece en su mapa la correspondencia ya evocada entre cada uno de los hijos de Noé y los tres continentes, la historia de Noé permitiendo explicar de forma conveniente la diversidad de razas y de estatutos sociales (p. 28).

Crisostomo asume que Cam fue castigado por haber procreado en el Arca, y por eso tuvo un hijo débil: Irenaeus, su pecado de desobediencia a su padre envolviendo toda su raza. Lactancio opina que, después de su pecado, Cam fue exiliado y pobló Arabia, donde se desarrolló la raza de los Canaanitas. En cuanto a San Agustín, ve en Cam el representante de los hombres "*sin clan, sin ley, sin corazón*", que no conocen a Dios. Clemente hará de Cam un mago (p. 29).

A través de los escritos de los Padres de la Iglesia, la historia de Noé y Cam sirvió en la edad media para justificar el orden de clases existente. En el siglo IV, Casiano afirmó que Cam aprendió la magia de las hijas de Caín. Gregorio de Tours lo asoció con el zoroastrismo, Bede, basándose en el *Gén.*, 10, 19, con los habitantes de Sodoma, mientras que Rábano Mauro lo asimiló con los infieles, y San Jerónimo, San Agustín, el mismo Rábano, Bede, San Hilario y muchos más hicieron de él un judío increyente. A inicios del siglo XII, Honorario de Autun ve en los tres hijos de Noé los representantes de los tres estados de la sociedad medieval, y así aparecieron en la Catedral de Chartres (pp. 30-31). La *Historia Scholastica* y en el siglo XIV los *Travels of Sir John Mandeville* perpetuaron la asociación de Cam con el zoroastrismo y el Khan de los Mongoles (p. 32).

Noé se volvió una convencional prefiguración del Salvador, a veces haciendo de él uno de sus descendientes, asociándose el agua del Diluvio con el del bautismo, la madera del Arca con la de la Cruz, la puerta del Arca con la herida de Cristo. En la *Divina Comedia*, aparece Noé entre los buenos judíos que fueron rescatados por Cristo del Infierno (*Infierno*, IV, 56) y su pacto con Dios es recordado como razón por la que la humanidad nunca más haya sido castigado por un Diluvio (*Paraíso*, XII, 17).

En cuanto a Cam, el popular relato del siglo XIII *El juramento quebrado de Cam* lo presenta definitivamente cómo transgresor de la ley de castidad en el Arca, explicando que, mientras los hombres y las mujeres habían acordado dormir separados, Cam acudió a la magia y al demonio para tener relación con su esposa. Pero los rezos incesantes de Noé y las cenizas que éste había regado y que Cam pisó en la noche y lo delatarón de día fueron las causas porqué no pudo el demonio fue vencido por Noé y de porqué Cam, en venganza, irá a buscar su padre para burlarse de él (p. 31).

Louis Dechamps (*Catalogue du FRAM*, 1994), a propósito del cuadro *L'ivresse de Loth* de Noël Coypel del Museo de Bellas Artes de Rennes, recuerda que: "*Le thème de l'Ivresse de Loth,* (est) *souvent traité en pendant avec le thème de l'Ivresse de Noë*".

El conjunto de los elementos anteriores nos lleva a establecer lo siguiente:
1. La *Embriaguez de Noé* fortalece la idea de que, mediante la cuestion del reconocimiento sexual, se plantea doblemente la vía del pecado (Cam) y de la Salvación (Noé), lo que integra el episodio, no sólo histórica sino también tipológicamente, en la secuencia de la Capilla Sixtina.
2. La figura de Cam remite a valores similares a los que definen la presencia de Eva como eje de la representación en la Capilla: lo sexual, la obediencia, la dualidad.
3. La procreación, que rodea el acto de Cam: acto contra naturaleza, conocimiento prohibido, o procreación sin permiso; también define la relación de Eva con el conjunto del programa iconográfico de la Capilla.
4. La posición "inicial" de la *Embriaguez de Noé*, con la "terminal" del *Juicio Final* (en cuanto son representaciones de eventos, no de personajes), y la central de la *Creación de Eva*, constituye una representación tipológica tripartita, en la que tenemos, a la verdad, tres nacimientos: el primero, original, de la humanidad; el segundo, después del Diluvio; el tercero y final, que corresponde a la resurrección final.
5. Más importante, al devolvernos, mediante la implícita relación con la *Embriaguez de Noé* (y su posible contrapunto: la embriaguez de Lot), la *Creación de Eva* representa la partición histórica del género humano: de Adán a Cristo, pasando por Noé. Dos creaciones, una resurrección. Dos posturas ante Dios: la obediencia, la desobediencia. El *Pecado original* sigue la *Creación de Eva*, que lo determina, al igual que la salvación del Diluvio y el pecado de Cam provoca la creación de la Torre de Babel, mientras que *Juicio Final* se ubica en el momento del Apocalipsis, como último episodio del destino de la humanidad en la tierra.
6. Al igual que Cam corresponde a Caín, en cuanto respectivamente primer campesino y progenitor de la esclavitud, Noé se corresponde a Lot por su embriaguez, al mismo tiempo que el pecado de su hijo representa la infidelidad de Adán reconociendo su propia desnudez, y la de los judíos infieles ante la Pasión de Cristo.
7. Accesoriamente, la simbología adquirida en la edad media de los tres hijos de Noé como expresión de las tres posturas ante Dios hace sensible el carácter sexual de la maldición de Cam, no sólo

porque atañe a su progenie, sino también porque expresa tres niveles de estado, al igual que el Amor en la definición neoplatónica estudiada por Erwin Panofsky.

En la *Biblia*, los episodios de la embriaguez de Noé y la de Lot se succeden directamente en el *Génesis* (respectivament: 9, 21-27, y 19, 30-38), lo que las acerca, no sólo entonces tipológica, sino también cronológicamente. Sirviendo la erección de la Torre de Babel (*Gén.*, 11, 1-9) y el castigo de los pecados de Sodoma (*Gén.*, 14 a 19) para conectar los dos momentos, orientándolos a la cuestión, recurrente en el *Génesis* y el *Antiguo Testamento* en general, de la obediencia a la Ley de Dios, la sexualidad (en *Gén.*: Lot, Sodoma; en *Samuel*, 11-1 a 12-25: David y Betsabé) o el reconocimiento de ésta (Adán y Eva, Noé y sus hijos) correspondiendo aparentemente a una falta mayor dentro de este principio de obediencia.

Robert M. Polhemus (*Lot's Daughters - Sex, Redemption, and Women's Quest for Authority*, Standford Universtiy Press, 2005) ve en *Lot y sus hijas* (1496-1499) de Durero, donde caminan el patriarca con su progenie mientras Gomorra se hunde en las llamas en el fondo y atrás sigue la silueta de la esposa transformada en sal, un símbolo de "*Resurección*" (p. 73), debido a la presencia de la cantimplora en el hombre del anciano y de la calabaza en su cabeza. Evoca, a colación, una representación de la Virgen del mismo Durero, conservada en la National Gallery de Washington, al reverso de la cual el pintor representa también a Lot y sus hijas, revelando así una correspondencia simbólica entre la "*semilla*" de Dios que lleva la Virgen, y la de Lot que preservan sus hijas, preservando así la "*semilla de David y, a como supone Lutero, ayudando a preservarse la semilla que se volverá divina*" (p. 74).

El ambiente apocalíptico en la que se desempeñan las figuras de Durero, los calificativos de piadoso y de santidad que respectivamente Lutero atribuye a Lot y a sus hijas, y la interpretación, referida por Polhemus, de Anne Lowenthal en su comentario del *Lot* de Joachim Wtewael, en el que Lowenthal postula que: "*Juzgado como el único hombre de bien de Sodoma, Lot emprende un peregrinaje hacia la salvación; de ahí el báculo y el... frasco. El pepino y la cantimplora también aluden a Lot como precursor de Cristo, ya que son símbolo de Resurrección. El vino es sinónimo de intoxicación, de lujuría, de placer, y concuerda con la unión incestuosa, pero es también un componente de la Eucaristía y un recordatirio del papel tipológico de Lot*" (pp. 74-75).

En las pinturas de *Lot y sus hijas quitando Sodoma* de Guido Reni, Rubens y Jacob Jordaens, Polhemus ve la retoma del "*Lot el justo*" del Nuevo Testamento, evocado por Judas Tadeo y Pedro, en la que las tres figuras se vuelven "*tipológicas figuras de la virtud (como Filo e Ireneo las alegorizaron). Es más en su expresión que muestran que son admirables llenas de salvación, como la Biblia primero las reportó.*" (pp. 84-85) Así, al igual que Durero hacía de ellas "*solidas figras burguesas*" (p. 74), el siglo XVIII hace aparecer a Lot y sus hijas como representaciones "*calmas, y dignificadas*" (p. 85).

Una explicación del lugar central del nacimiento de Eva en la Capilla Sixtina es la situación particular en la tradición del estatus de Eva respecto de Adán.

No sólo ella es al origen del pecado, sino también de la progenie humana, de Caín, pero además su relación respecto de Adán, tanto en el pecado como en la relación de creación y en la relación matrimonial, es la de "*ayudante*" y subdita, por lo que tanto el exégesis patriarcal como renacentista y hasta reformado ve en la pareja Adán-Eva una prefiguración de la relación Cristo-María (ésta como símbolo de la Iglesia), y por ende más aún un "*símbolo de Cristo y la Iglesia*", así en Politus o Cajetan (Mickey Leland Mattox, *Defender of the Most Holy Matriarchs: Martin Luther's Interpretation of the Women of Genesis in the Enarrationes in Genesin, 1535-1545*, Leiden, Brill, 2003, pp. 102-105).

Así, Eva en su Creación, centro compositivo de la Capilla, en correspondencia con la *Embriaguez de Noé*, pone de relieve elementos teológicos de orden tipológico:
1. La relación entre la pareja de Adán y Eva, como primera Creación, y la segunda Creación, que será la consecutiva del Diluvio, que representa Noé, como recuerda Lutero en sus *Enarrationes in Genesis* (1535-1545), cap. VI;
2. La relación entre Noé y Lot como patriarcas virtuosos, lo que igualmente aborda Lutero (*Enarrationes in Genesis*, cap. VI, I, 20), basándose en San Agustín (*De Doctrina Christiana*, cap. 36, 53-54).
3. La correspondencia tipológica entre la pareja Adán y Eva (Creación y promesa de los bienes terrenales vs. pecado y caída), Noé y sus hijos (bendición de sobrevivencia y sacrificio honor a Dios

después del Diluvio vs. embriaguez), Lot y sus hijas (recepción de la advertencia de los dos ángeles envados por Dios vs. incesto), en la dualidad de relación con la bendición y la maldición de Dios.
4. La dualidad anterior desemboca en elecciones de representación iconográficas (v. Max Engammare, *"Les Figures de la Bible. Le destin oublié d'un genre littéraire en image (XVIe-XVIIe s.)"*, Mélanges de l'Ecole française de Rome. Italie et Méditerranée, Année 1994, Volume 106, Numéro 2, p. 587). A tal punto que las complejidades teológicas recaen en las ilustraciones de la *Biblia*, donde, por ejemplo en la *Biblia veteris testamenti et historiae*, editada por Hermann Gulfferich en 1551, como en *La Saincte Bible contenant le Viel et le Nouveau Testament, enrichie de plusieurs belles figures*, publicada en París por Gérard Jollain en 1630, las ilustraciones representan la embriaguez de Noé y de Lot, mientras sólo las leyendas en latin aluden a este momento, los textos en lengua vulgar (alemán y francés) sólo remitiendo a las virtudes y momentos anteriores a la embriaguez respectiva de los dos patriarcas (pp. 581-582), lo que deja asumir que sólo al público culto se le permitía tener acceso a la explicación y los debates teológicos (nota 138, p. 582).
5. La relación tipológico Creación-Apocalipsis, Pecado-Resurrección/Salvación, entre la historia de Adán y Eva, la de Noé y sus hijos (de la nueva Creación a la reiteración del Pecado), la de Lot y sus hijas (también de la Salvación a la procreación, con los evocados símbolos de Resurrección que le asocia la iconografía renacentista). Procesos de Creación-Caída (Adán-Eva), Destrucciones-Pecado/(Pro-)creación (Noé, Lot), que siempre, de una forma u otra, prefiguran, en la lectura bíblica posterior, a la llegada de Cristo y el proceso de redención que se le asocia, así como (en el caso de Lot) a su relación con la Virgen.
6. Según la interpretación talmúdica (Zohar 1,110b), y también cristiana, de la misma forma en que el pecado de Adán es redimido por Cristo, y la figura de Eva se absuelve mediante la Virgen quien procrea sin hombre, la desnudez de Noé es la que reitera el Pecado original, mientras, volviendo a procrear dividiendo la humanidad las hijas de Lot, entre dos razas (entre moabitas y amonitas, *Gén.*, 19, 37-38), como ocurrió entre Caín y Abel, hijos de Eva, y también en la división, finalmente ideológicamente constructora de las castas en el pensamiento medieval, entre los tres hijos de Noé - siendo Cam emparejado con Caín en cuanto progenitor de la casta de los campesinos y los esclavos -, al atribuir tanto a Rut como a las hijas de Lot la concepción de sus hijos, cuando la *Biblia* suele acentuar la genealogía paterna (Timothy D. Finla, *The birth report genre in the Hebrew Bible*, 2005, Tübingen, Mohr Siebeck, p. 250), reingresa asimismo la descendencia de las hijas de Lot en la nación de David, mediante Rut (http://www.avakesh.com/2008/11/number-6-lots-daughters-and-marriage.html).
7. La tipología se acentúa en la *Embriaguez de Noé*, ya que se subdivide en dos eventos, al igual que el *Pecado original y la Expulsión del Paraíso terrenal*, entre Noé (vestido) sembrando la viña, y Noé y sus hijos desnudos. Lo que, invertido, representa la dialéctica del Pecado original, y la relación entre desnudez descubierta y aparición del trabajo como castigo (v. nuestro libro sobre *Bosch Brueghel l'Ancien*, Bès Éditions, 2006). Además, ya dijimos que, para San Agustín y hasta el Renacimiento, la desnudez de Noé prefigura el ultraje a Cristo.

La estructura de la Capilla Sixtina, y el lugar central que se le otorga a la *Creación de Eva* nos induce a prestarle atención al *Pecado original*, en el que, invirtiendo la iconografía más común (Rafael, Tiziano, Mariotto Albertinelli, Rubens), en la que Adán, pasivo, está sentado, recibiendo la fruta prohibida de mano de su esposa, Eva se encuentra sentada, mientras Adán busca cortar fruta del árbol, representado como higuero. Sin embargo, la relación directa entre Eva y la serpiente se ilustra por el hecho que, mientras Adán corta su propia fruta, la que comerá Eva le es entregada por la serpiente.

Aunque Domenichino retoma la opción de Eva sentada y Adán de pie, será para la representación posterior al Pecado, cuando, al llegar Dios en el cielo, Adán denuncia a Eva.

La presentación de Adán sentado pone el acento sobre su pasividad en el pecado, al igual que las otras representaciones de la escena en la que, estando de pie los dos, es siempre Eva que le ofrece la manzana a Adán (Cranach, Durero, Holbein, Jan van Eyck).

De igual forma, el proceso de lectura del programa iconográfico de la Capilla va de la *Creación de la Luz* a la *Embriaguez de Noé*, es decir, de la primera a la segunda Creación (Lutero), el *Juicio Final*, que se encuentra al lado de la *Creación de la Luz*, representando, tipológicamente, un nuevo comienzo, que, implícitamente, borra entonces todo el proceso inicial de Creación y Pecado, reemplazándolo por otro, de Resurrección y Salvación combinados.

Lo que corresponde a la división reconocida de la Capilla conforme la doctrina augustiana, en "*ante legem*", "*sub lege*", "*sub gratia*" e "*in pace*": el período "*antes de la ley*" siendo el en que la humanidad está sometida al pecado y la concupiscencia, siendo castigada por el Diluvio; el período "*bajo la ley*", es decir, después de la ley de Moisés, la humanidad toma consciencia del Mal, adquiriendo consciencia del mismo, lo que no obligatoriamente implica no caer en él, como vemos en las elecciones desgraciadas de las dos embriagueces de Noé y Lot; el período "*bajo la gracia*" es cuando la creatura se inclina hacia el bien, período empezado con el sacrificio de Cristo, cuando la creatura puede tener un combate moral que le permite participar en la salvación de su alma; el período "*en la paz*" es cuando llega el Juicio Final, que corresponde a la beatitud de la contemplación de y en Dios, el cuerpo vuelto a su estado de gloria obedecerá al Espíritu y todo pecado será abolido. Lo que, a su vez, se identifica con los cuatro niveles del sentido alegórico que la edad media le otorga a las Escrituras: el sentido literal, que es el de la realidad histórica de los eventos; y el sentido simbólico, que se divide en tres momentos, correspondiendo a las tres épocas de la historia de la Revelación: el sentido alegórico corresponde al *Antiguo Testamento*, al estado "*sub lege*", donde la anunciación de la Salvación se expresa mediante el velo de la profecía; el sentido moral, que es el del *Nuevo Testamento*, período "*sub gratia*", cuando Cristo expresa claramente los preceptos divinos (las parabolas evangélicas no son alegorías, sino fábulas orientadas a la mayor ilustración de los simples); el sentido anagógico, que anuncia, en los tiempos presentes, la gracia y la Jerusalén celeste, la cual llegará en el momento del Juicio Final.

Es, por otra parte, el mismo San Agustín quien desarrolló la doctrina del pecado original (que recae sobre la humanidad en su conjunto, y conduce a la damnación, el cual se redime en parte por el bautismo), que es, lo vemos, al centro de la iconografía de la Capilla. Aunque ya en la *Biblia* se concibe, en boca de Pablo, la apetencia sexual como contradictoria con la dedicación a Dios (*1 Cor.*, 7, 1-9):

"*7:1 En cuanto a las cosas de que me escribisteis, bueno le sería al hombre no tocar mujer;
7:2 pero a causa de las fornicaciones, cada uno tenga su propia mujer, y cada una tenga su propio marido.
7:3 El marido cumpla con la mujer el deber conyugal, y asimismo la mujer con el marido.
7:4 La mujer no tiene potestad sobre su propio cuerpo, sino el marido; ni tampoco tiene el marido potestad sobre su propio cuerpo, sino la mujer.
7:5 No os neguéis el uno al otro, a no ser por algún tiempo de mutuo consentimiento, para ocuparos sosegadamente en la oración; y volved a juntaros en uno, para que no os tiente Satanás a causa de vuestra incontinencia.
7:6 Mas esto digo por vía de concesión, no por mandamiento.
7:7 Quisiera más bien que todos los hombres fuesen como yo; pero cada uno tiene su propio don de Dios, uno a la verdad de un modo, y otro de otro.
7:8 Digo, pues, a los solteros y a las viudas, que bueno les fuera quedarse como yo;
7:9 pero si no tienen don de continencia, cásense, pues mejor es casarse que estarse quemando.*"

Al igual que la época (Lise Wajeman, *La parole d'Adam, le corps d'Ève - Le péché originel au XVIème siècle*, París, Droz, 2007), Miguel Ángel le da mayor énfasis al Pecado original, quitándolo de la representación general de la historia de Adán y Eva.

Así la representación que nos ofrece Miguel Ángel en la Capilla Sixtina de la *Creación de Adán* proviene de la imaginería de la *Creación de Adán*, ya existente, aunque menos frecuente que la de la *Creación de Eva*.

d. Adán al centro

La misma historia de la Capilla parece orientar y confirmar la lectura que venimos haciendo del conjunto.

Se sabe que el fresco del *Pecado original* le valió a Miguel Ángel un verdadero triunfo cuando fue desvelado ante el Papa en agosto de 1511. Sin embargo, con el paso del tiempo y la llegada de la Contrarreforma, al concluir en 1541 la labor del pintor para el ciclo de la Capilla, con la última mano puesta al *Juicio Final*, que habían encargado los Papas Clemente VIII y Pablo III Farnese, Miguel Ángel fue acusado de obsenidad y, finalmente, de herejía, y el Concilio de Trenta (1545-1563) ordenó por decreto que ciertas figuras del fresco, juzgadas obascenas, fueran cubiertas por vestimentas.

Asimismo, los veinte desnudos masculinos, también conocidos por "*Ignudi*", que, dos por dos, enmarcan los cinco paneles más pequeños del centro de la bóveda, derivados de personajes del maestro de Miguel Ángel: Domenico Ghirlandaio, se inspiran de los ángeles del Quattrocento, pero sin alas y soportando emblemas decorativos. A veces, su frente está ceñida por un panuelo de la victoria a la manera antigua.

Ahora bien, desde el siglo XVI se le vio como el verdadero símbolo de una Edad de Oro antiquizante que se hubiera abierto con el Papa Julio II. Por lo que se pudo considerar que los *Ignudi* representan los tres componentes fundamentales del microcosmos humano según el neoplatonismo: el cuerpo, el alma racional y el intelecto. Los *putti* que sostienen los entablamentos representarían el cuerpo; los "asistentes" de las sibilas y de los profetas, el alma racional; y, finalmente, los *Ignudi* de la bóveda, el intelecto.

Lo que nos hace reencontrar la misma dialéctica de la doctrina augustiana, en "*ante legem*", "*sub lege*", "*sub gratia*" e "*in pace*", que pudimos evocar a propósito de la Capilla.

De ahí nos parece útil e interesante volver al aspecto de conjunto de la Capilla, en su carácter intelectual, que creemos hemos estado describiendo.

Nos parece que la desnudez es un centro de la temática general de la Capilla, desde el central *Pecado*, hasta, a un lado, la desnudez de Noé, y al otro, la del Juicio Final, más aún, considerando que ahí el mismo pintor se representó como una piel desollada.

Así, tanto en sentido vertical, de apilamiento, tipológico (de correspondencia entre estados de la humanidad y de elevación del cuerpo al intelecto), como en sentido horizontal, de secuencia cronológico (del origen pecaminoso de la humanidad, hasta su salvación en Dios, pasando por la segunda Creación, también relacionada con la desnudez y la desobediencia o cumplimiento con la Ley), pero además, en una perspectiva sociológica, por la misma recepción provocada por la Capilla en su época (y desde entonces), vemos cómo el cuerpo puede encontrarse al centro de la Capilla en cuanto programa iconográfico.

Es así curioso que la progresión desde la entrada de la Capilla hacia el altar se haga de la desnudez de Noé hacia el *Juicio Final*, pasando por la *Creación de Adán* y el *Pecado original*.

Volvemos a señalar en este sentido que la actitud de Adán en la versión del *Pecado* de la Capilla es distinta a la iconografía más desarrollada, otorgándole a Adán un papel más activo de lo acostumbrado.

Nos llama entonces la atención un detalle, es en la Capilla la identidad casi exacta entre el tradicional gesto de Adán expulsado del Paraíso terrenal, y protegiéndose de la espada del ángel, imagen precisa que es la que encontramos, fiel a la tradición, en la versión de la *Expulsión del Paraíso* de la Capilla, y el inusitado gesto de Cristo en el *Juicio Final* de Miguel Ángel en la Sixtina (gesto de bendición de Cristo que evoca aunque modificado el del Cristo en Gloria, por ejemplo de *La careta de heno* del Bosco, 1500-1502).

Podemos leer fácilmente esta identidad, dentro de la teología cristiana y su iconografía, ya que nos remonta, como la calavera al pie de la Cruz en las *Crucifixiones* tradicionales, a la relación no sólo genealógica, sino de oposición, entre Adán y Cristo, el segundo redimiendo a la humanidad del Pecado del primero. Es entonces el Pecado original que se referencia a través de y al que nos devuelve el gesto inusual de Cristo en la Sixtina.

Pero, más allá de eso, nos introduce en la relación entre Adán y Dios en el proceso de Creación. La relación del hombre con el Creador, la obediencia, el respeto de la Ley, son temas recurrentes en la Capilla.

Se debe notar dos elementos, a propósito de la *Creación de Adán* en la Capilla Sixtina: primero, se funda en una tradición iconográfica preexistente; segundo, sin embargo, al ser presentada, si bien siempre marginada (es decir, no exactamente al centro, de hecho, ahí también, conforme la tradición, es, lo vimos, la *Creación de Eva* y el *Pecado* que se ubican al centro de la Capilla), la *Creación de Adán*, por su poder particular y la fuerza que le Miguel Ángel, gracias a dos elementos iconográficos: las musculaturas muy definidas de Adán y hasta de Dios, y el rostro poderoso de Dios, adquiere un valor muy peculiar, distinto al que se le da la tradición anterior y posterior.

Por eso la *Creación de Adán* de Miguel Ángel es el arquetipo de un doble fenómeno: la (casi) ausencia de iconografía en la que se puede enmarcar una obra, por lo cual viene a ser el paradigma de la misma (caso que comparte la *Creación* de la Capilla con *El Grito* de Munch, v. nuestro artículo sobre este último); y la fuerza evocativa de una obra, que (también como *El Grito*), es recordada por su poder como imagen única.

Ahora bien, dijimos cómo coinciden el gesto, definido por la tradición, de Adán expulsado del Paraíso, y el, excepcional, de Cristo en el *Juicio* de la Capilla.

Podemos igualmente, y con particular provecho, evocar la coincidencia entre el gesto en el que Dios crea a Adán con el a través del cual Eva recibe la fruta del demonio, y también el de rezo de Eva al nacer de la costilla de Adán.

La mano tendida hacia abajo de Dios, indicando al ser creado, mientras la mano de Adán le devuelve idéntico gesto, como un espejo, se tiende para recibir la chispa de vida divina, tiene variación, las palmas esta vez superpuestas la una a la otra, en forma de recepción de la fruta prohibida por parte de Eva. En esta escena, Adán tiende la mano hacia la fruta prohibida con el mismo gesto que en la *Creación*.

Eva nacida junta las manos en posición de rezo, y la mano de Dios apunta hacia arriba, como sacándola por la fuerza del espíritu de la costilla de Adán dormido.

Mientras Dios está llevado, torso ligeramente cubierto por un vestido color de piel, por ángeles, en el cielo de lo no creado encima del jardín del Edén para insuflar vida al cuerpo de Adán tendido en el peñasco del Paraíso terrenal (similar éste al que pintará posteriormente Klimt, v. nuestro artículo sobre "*El Beso*"), Dios está solo y tapado en sus vestidos, cuando aleja su mano de Eva. La aleja porque, mientras insufla la vida en el cuerpo de Adán, extrae a Eva de otro cuerpo. Mientras Adán es primogénito, Eva es secreción de Adán. Mientras Adán proviene de lo no creado y le da forma (al igual que Dios le tocará nombrar lo existente, *Gén.*, 2, 20 - lo que recuerda por ejemplo el portal Norte de Chartres, v. Ernest y Margaret Marriage, *Sculptures of Chartres Cathedral*, Cambridge University Press, 1909, 2003, p. 138 -; en 3, 20 le da por primera vez nombre a Eva), Eva es hija de la tierra creada.

Pero el gesto de Dios, inverso en las dos creaciones, significa también el papel de regaño implícito hacia Eva. Mientras la serpiente es la que pone su mano en la de Eva, arremedando el gesto de Dios hacia Adán, Dios le niega la mano a Eva en postura de oración. A Adán le toca reproducir el gesto de Dios, gesto propio de los santos y de Cristo, como lo estudia Rudolf Wittkower a propósito de la obra de el Greco ("*El lenguaje del gesto de El Greco*", en *La alegoría y la migración de los símbolos*, 2006, Madrid, Siruela, pp. 220-233).

El mismo gesto de Dios y Adán es el desdoblado de dos de los hijos de Noé en la *Embriaguez*.

Cuatro cuerpos lánguidos: el de Noé ebrio, el de Adán en la *Creación de Eva*, y el de Eva durante el *Pecado*, (además de un personaje de primer plano en el *Diluvio*) se pueden también asemejar. La postura del cuerpo de Eva (posición de las piernas y del brazo) es similar a la de Adán en el momento de su *Creación*.

Estos elementos iconográficos reafirman nuestro planteamiento.

Noé, Adán y Eva forman un conjunto dentro del conjunto. Por otra parte, Adán, Dios y Cristo tienen en común la gestualidad, simbólica de su estatus.

Eva opera por oposición para definir la cualidad de Adán. Al igual que, al cabo de la segunda Creación, el gesto de los hijos de Noé, duplicado, recuerda la dualidad de la gestualidad distribuida entre la *Creación de Adán* y *De Eva* por una parte, y el *Pecado original* por otra. A esta correspondencia se agrega la existente entre Cristo en el *Juicio Final* y Adán expulsado del Paraíso. Cristo dividiendo las columnas de condenados de las columnas de elegidos usa el mismo gesto de contraposto, pie y brazo izquierdos lanzados adelante, mano derecha para proteger (Adán) o dividir (Cristo).

La elevación de lo corporal a lo espiritual, que se intuye en la Capilla (referencia a San Agustín, y al neoplatonismo de los *Ignudi*), y división entre la Ley y su oposición (Eva, los hijos de Noé; o las figuras estudiadas en el conjunto: Jonás-Zacarías, Abraham, Jehu, David, Abner, la misma división entre profetas y sibilas), refieren uno de los temas, abundantemente estudiado por Panofsky (*Ensayos sobre iconología; El Tiziano*), en particular a propósito del Tiziano, de la relación entre Amor profano y Amor divino (los tres tipos de Amor: la desnudez como símbolo de pureza, el Amor divino; la vestimenta como símbolo del conocimiento del mal, lo impuro, el Amor humano y/o bestial).

Ahora bien, es precisamente este valor de ambigüedad de lo humano (entre lo bestial y lo celestial), que se expresa en la Sixtina, esta evolución de lo material a lo espiritual, y este poder de la elección libre que iguala Adán con Dios, en los gestos (de la mano: entre el Adán y el Dios de la *Creación de Adán*, entre el Adán de la *Expulsión* y el Cristo del *Juicio*), como en la centralidad tipológica de la Creación (no sólo la *Creación* de Adán y Eva está al centro de la Capilla, punto de partida, centro, simbólico, sino que, acentuando esta tipología, la inversión del recorrido, de la *Embriaguez de Noé* al *Juicio Final* pone al centro la *Creación de Eva* y la de *Adán,* haciendo ésta más cerca del *Juicio Final,* creando así una cuenta regresiva de la segunda a la primera Creación, e identificando por ahí mismo la primera con el *Juicio Final*: la humanidad en su recorrido, a partir de la segunda Creación, al llegar al estado final de "*in pace*" volverá así al estado de libertad y inocencia "*ante legem*"). Tanto lo plantean así el Evangelio (*Luc.*, 2, 28 y 38) como el *Nuevo Testamento* (*Gal.*, 3, 13; 4, 4-5), y también el *Antiguo* (*Deut.*, 21, 23), como lo reconocen Ireneo (I, 8, 4, 113ss.; III, 10, 4, 133ss:; III, 10, 5, 157ss:; III, 16, 3, 83ss:; III, 18, 3, 57ss.; IV, 11, 1, 16ss.) y Orígenes (Antonio Orbe, *Introducción a la teología de los siglos II y III*, Editrice Pontificia Università Gregoriana, Roma, 1987, Volume 1, pp. 565-566 y 795). Asimismo lo plantea San Agustín (Robert Farrar Capon, *Between Noon and Three: Romance, Law, and the Outrage of Grace*, Grand Rapids, Wm. B. Eerdmans Publishing, 1997, pp. 34-36ss.).

Lo anterior es, finalmente, la idea de *Efesios*, 5, 21-32:

"*[21] Someteos unos a otros en el temor de Dios. [22] Las casadas estén sujetas a sus propios maridos, como al Señor; [23] porque el marido es cabeza de la mujer, asicomo Cristo es cabeza de la iglesia, la cual es su cuerpo, y él es su Salvador. [24] Asíque, como la iglesia estásujeta a Cristo, asítambién las casadas lo estén a sus maridos en todo.*"

Así tendríamos en la Capilla Sixtina una derivación del lugar central de Eva (*Creación de Eva*) hacia Adán (*Creación de Adán-Pecado original*), en la que la figura de Eva se encuentra rodeada por la de Adán, de la que procede, y con quien peca.

Miguel Ángel retoma la iconografía existente, reinterpretándola, desde la misma tradición.

El nacimiento de Adán se asocia con la Crucifixión en el tímpano de la iglesia de San Juan en Gavit'-Jamatun, Noravank', Amaghu (Armenia, finales del siglo XIII). Lo que nos ofrece un primer ejemplo para entender la identidad gestual, en la Capilla Sixtina, entre Adán y Dios en la *Creación de Adán*, y entre el Adán del *Pecado original* y el Cristo del *Juicio Final*.

Tanto los bajorrelieves del portal Norte de la Catedral de Chartres (dedicado a la Creación del mundo) y de la Sainte Chapelle en París (ambas del siglo XIII) como el portal (siglo XII) de Santo Domingo de Soria (donde los capiteles representan la Creación del mundo mientras el tímpano figura, rodeado por los símbolos de los Apóstoles, San José y la Virgen, a Dios llevando a Cristo en su regazo), las pinturas de la Ermita de Santa Cruz de Maderuelo (Segovia, también del siglo XII), el capitel del monasterio bajo de San Juan de la Peña (Huesca, primer tercio del siglo XI), o la *Biblia de Nuremburgo* (siglo XV), con grabados de Michael Wolgemut (1434 – 1519), representan la *Creación de Adán*. También lo reproducen Giotto en la Capilla Scroveggni de Padua (1305) como Jacopo della Quercia (1425-1435) en un bajorrelieve de marmol del portal principal de la iglesia San Petronio de Boloña.

Sin embargo, como lo demuestra el *Tríptico del Jardín de las delicias* del Bosco (c. 1500) o el *Jardín del Edén* de Jacob de Backer, es la *Creación de Eva* que recuerda más a menudo la iconografía, dándole especial énfasis para el desarrollo posterior de la humanidad, y asociándola casi siempre con el episodio del Pecado original.

La organización más común, donde aparecen los trabajos de Adán y Eva (él arrando y ella hilando con la rueca) y Abel y Caín (ofrendas de los dos hermanos y asesinato de Abel en manos de Caín) como consecuencia de la expulsión del Paraíso (en Chartres, Soria, Segovia, Huesca), es sustituida en la Capilla Sixtina por la opción donde la *Creación de Adán* entra en relación dialéctica con la *Crucifixión* o el *Juicio Final*, como es el caso en Amaghu.

Siempre la historia del *Génesis* se relaciona con la contraparte del *Apocalipsis*, sea en Soria (donde las arquivoltas representan a la matanza de los Santos Inocentes, la vida y muerte de Cristo y los 24 ancianos del Apocalipsis) o en Segovia (donde, como en el portal soriano, las pinturas se dividen alrededor de Cristo Pantocrator, al centro de la bóveda, entre escenas del *Génesis*, y de la vida de Cristo: así se suceden en el lateral izquierdo de la bóveda: La Anunciación, un Ángel turiferario, San Mateo y San Lucas; en el lateral derecho: San Marcos, un Ángel con rollo, ¿San Juan Evangelista?, un Ángel turiferario, un Ángel con libro, un Santo obispo; en los medios puntos: Caín y Abel presentando ofrendas al Cordero inserto en la Cruz, la creación de Adán y el Pecado Original; en el muro izquierdo: Seis Apóstoles, La Magdalena ungiendo los pies del Cristo, la Adoración de un Mago a la Virgen con el Niño; y en el muro derecho: Cuatro Apóstoles).

Similarmente, en el portal Norte de Chartres, donde también es el higo (Marriage, p. 137) que representa el Árbol prohibido (como en la Capilla Sixtina), la puerta izquierda se dedica a la Creación del mundo y al Pecado, mientras la puerta central, dedicado a Santa Ana y la vida de la Virgen (pp. 148-149), ofrece imágenes del Árbol de Jesse (la genealogía de Cristo, p. 152) y prefiguraciones de la venida de Cristo (p. 158): Samuel y el cordero que va a sacrificar, David llevando los instrumentos de la Pasión, Isaias deteniendo el Árbol de Jesse, Jeremias llevando la cruz griega, Simeón con el Niño Dios, Juan el Bautista con el Agnus Dei en brazos y pisoteando un dragón símbolo del Mal, Pedro con la tiara pontifical (p. 162); la puerta derecha se dedica a los labores de Adán después del Pecado y al calendario (pp. 174-180), conteniendo además las figuras de Elias, cuya ascensión al Cielo prefigura la de Cristo, de Balaam quien predice que una "*estrella saldrá de Jacob*" (*Núm.*, 24, 17),de la reina de Saba y Salomón (p. 180), la mujer de Putifar escuchando los consejos del Diablo representado como un dragón (p. 184), al lado derecho el juicio de Salomón, símbolo de Cristo (p. 186), Job (p. 188), Ester y Judit como redentoras de su pueblo (p. 192), Gedeón como símbolo de Cristo y su vellocino símbolo de la concepción marial (p. 194). Así vemos cómo en Chartres como en la Sixtina la tipología sirve par resumir la historia bíblica, con figuras similares. Encontramos en los dos a las figuras de Judit y Ester.

Tanto en Chartres como en la Sixtina, la contraparte de la historia de Adán y Eva, y del Pecado, son las imágenes (en Chartres de la prefiguración) de la Salvación en Cristo, y, en los dos programas iconográficos, de la elección, la buena fe y la infidelidad: en Chartres, son los personajes de la puerta derecha del portal Norte: la mujer de Putifar, Ester y Judit, el Juicio de Salomón.

La iconografía de la *Crucifixión* románica con la calavera de Adán al pie de la Cruz representa el mismo proceso de sucesión y redención que la identidad virtual, gestual, entre Adán y Cristo en la Capilla Sixtina.

Así, es doblemente por genealogía y proceso redentor que se asemejan las figuras de Cristo y Adán. Como evocamos en nuestro artículo sobre "*Magritte*", en sentido teológico, este "*hombre*" del que somos "*hijo*(s)" es el mismo Adán (*Lucas*, 3, 23-38), del que genealógicamente desciende Jesús hijo de María, por la línea de David (*Mateo*, 1, 2-16; *Lucas*, 3, 23-38, con las diferencias entre las 2 genealogías). La genealogía de Cristo y su relación con Adán, es también un tema recurrente en *Hechos* (5, 21-22 y 12, 4-11).

Si analizamos la iconografía tradicional de la *Creación de Adán*, vemos que, a diferencia del caso de la *Creación de* Eva, no hay una unidad gestual permanente entre Dios y Adán. Como en el caso de la *Creación de Eva*, en la que los cuerpos asumen una misma postura siempre (Adán recostado, dormido, Eva saliendo de pie de la costilla de Adán y dándole la mano a Dios que así literalmente la extrae sacándola afuera con la fuerza de la mano, aunque ésta ofrezca un apoyo y dulzor casi de amor cortés siempre en la atención a la fragilidad femenina de esta nueva creatura suya), en la *Creación de Adán*, siempre, Dios se encuentra frente a Adán, sea éste de pie, en una copia de la iconografía de la *Creación de Eva* (como es el caso en la *Puerta del Paraíso* de Ghiberti para la entrada del Baptisterio San Giovanni o San Juan de Florencia, o en la Sainte Chapelle, donde Dios saca Adán del lodo por la quijada, extrayéndole hacia fuera con cierta fuerza), sea recostado, otra imitación, esta vez del mismo Adán, en la *Creación de Eva* (como es el caso del marmol del campanil del Duomo de Florencia, en el registro inferior del costado Oeste, actualmente conservado en el Museo dell'Opera del Duomo, realizado por Andrea Pisano), sea Adán hundido en un debate pseudo-teológico entre Dios y Adán, éste sentado en una piedra (como ocurre la piedra de Istria de la iglesia San Petronio de Boloña por Jacopo della Quercia), o sea recostado en el regazo de Dios que le acaricia la cabeza como a un niño querido (como en el portal Norte de Chartres).

Sin embargo, como apreciamos, la gestualidad de Adán y Dios no está tan fijada por la iconografía como lo es la de Eva y Dios en la *Creación* de esta última, sin lugar a duda por la misma importancia que tiene en la teología la Creación de Eva, cuya consecuencia funesta para la humanidad propicia el largo recorrido hacia la pérdida del Paraíso y la salvación mediante Cristo.

Así no es casual si (a sabiendas que, según al principio tipológico habitual, que encontramos también en la Capilla Sixtina, el Portal Sur por Pisano, 1336, relata la historia de San Juan Bautista, mientras el Portal Norte, por Ghiberti, 1424, relata la Pasión) en los paneles originales de la *Puerta del Paraíso* (1435-1452) de Ghiberti, se privilegie la *Creación de Eva*, poniéndola al centro del panel, mientras la *Creación de Adán* y la *Expulsión del Paraíso* la enmarcan cronológicamente pero como escenas secundarias de ésta principal.

Los episodios elegidos para su representación en la *Puerta del Paraíso* son:

1. Adán y Eva
2. Caín y Abel
3. La embriaguez de Noé
4. Abraham e Isaac
5. Esau y Jacob
6. José vendido como esclavo
7. Moíses y los Diez Mamdamientos
8. La caída de Jérico
9. David y Goliat
10. Salomón y la Reina de Saba

Vemos así que, como en la Capilla Sixtina, son centrales, dentro de los episodios sobresalientes del *Antiguo Testamento*, la *Creación de Eva* y la *Embriaguez de Noé*.

La identidad del gesto, desdoblado, entre Adán y Dios en la *Creación de Adán* se explica por la idea de la similitud, que vemos en el papel del que nombra, entre los dos en el *Génesis*, pero también en la teoría neoplatónica.

Es en Pico della Mirandola que la debemos buscar, cuando escribe *De la dignidad del hombre* (*Oratio de hominis dignitate*, 1486, § 1, 1 a § 11, 55):

"He leído en los antiguos escritos de los árabes, padres venerados, que Abdala el Sarraceno, interrogado acerca de cuál era a sus ojos el espectáculo más maravilloso en esta escena del mundo, había respondido que nada veía más espléndido que el hombre. Con esta afirmación coincide aquella famosa de Hermes: "Gran milagro, oh Asclepio, es el hombre".
Sin embargo, al meditar sobre el significado de estas afirmaciones, no me parecieron del todo persuasivas las múltiples razones que son aducidas a propósito de la grandeza humana: que el hombre, familiar de las criaturas superiores y soberano de las inferiores, es el vínculo entre ellas; que por la agudeza de los sentidos, por el poder indagador de la razón y por la luz del intelecto, es intérprete de la naturaleza; que, intermediario entre el tiempo y la eternidad es (como dicen los persas) cópula, y también connubio de todos los seres del mundo y, según testimonio de David, poco inferior a los ángeles. Cosas grandes, sin duda, pero no tanto como para que el hombre reivindique el privilegio de una admiración ilimitada. Porque, en efecto, ¿no deberemos admirar más a los propios ángeles y a los beatísimos coros del cielo?
Pero, finalmente, me parece haber comprendido por qué es el hombre el más afortunado de todos los seres animados y digno, por lo tanto, de toda admiración. Y comprendí en qué consiste la suerte que le ha tocado en el orden universal, no sólo envidiable para las bestias, sino para los astros y los espíritus ultramundanos. ¡Cosa increíble y estupenda! ¿Y por qué no, desde el momento que precisamente en razón de ella el hombre es llamado y considerado justamente un gran milagro y un ser animado maravilloso?
Pero escuchen, oh padres, cuál sea tal condición de grandeza y presten, en su cortesía, oído benigno a este discurso mío.
Ya el sumo Padre, Dios arquitecto, había construido con leyes de arcana sabiduría esta mansión mundana que vemos, augustísimo templo de la divinidad.
Había embellecido la región supraceleste con inteligencia, avivado los etéreos globos con almas eternas, poblado con una turba de animales de toda especie las partes viles y fermentadas del mundo inferior. Pero, consumada la obra, deseaba el artífice que hubiese alguien que comprendiera la razón de una obra tan grande, amara su belleza y admirara la vastedad inmensa. Por ello, cumplido ya todo (como Moisés y Timeo lo testimonian) pensó por último en producir al hombre.
Entre los arquetipos, sin embargo, no quedaba ninguno sobre el cual modelar la nueva criatura, ni ninguno de los tesoros para conceder en herencia al nuevo hijo, ni sitio alguno en todo el mundo donde residiese este contemplador del universo. Todo estaba distribuido y lleno en los sumos, en los medios y en los ínfimos grados. Pero no hubiera sido digno de la potestad paterna el decaer ni aún casi exhausta, en su última creación, ni de su sabiduría el permanecer indecisa en una obra necesaria por falta de proyecto, ni de su benéfico amor que aquél que estaba destinado a elogiar la munificencia divina en los otros estuviese constreñido a lamentarla en sí mismo.
Estableció por lo tanto el óptimo artífice que aquél a quien no podía dotar de nada propio le fuese común todo cuanto le había sido dado separadamente a los otros. Tomó por consiguiente al hombre que así fue construido, obra de naturaleza indefinida y, habiéndolo puesto al centro del mundo, le habló de esta manera:
-Oh Adán, no te he dado ni un lugar determinado, ni un aspecto propio, ni una prerrogativa peculiar con el fin de que poseas el lugar, el aspecto y la prerrogativa que conscientemente elijas y que de acuerdo con tu intención obtengas y conserves. La naturaleza definida de los otros seres está constreñida por las precisas leyes por mí prescriptas. Tú, en cambio, no constreñido por estrechez alguna, te la determinarás según el arbitrio a cuyo poder te he consignado. Te he puesto en el centro del mundo para que más cómodamente observes cuanto en él existe. No te he hecho ni celeste ni terreno, ni mortal ni inmortal, con el fin de que tú, como árbitro y soberano artífice de ti mismo, te informases y plasmases en la obra que prefirieses. Podrás degenerar en los seres inferiores que son las bestias, podrás regenerarte, según tu ánimo, en las realidades superiores que Son divinas.
¡Oh suma libertad de Dios padre, oh suma y admirable suerte del hombre al cual le ha sido concedido el obtener lo que desee, ser lo que quiera!
Las bestias en el momento mismo en que nacen, sacan consigo del vientre materno, como dice Lucilio, todo lo que tendrán después. Los espíritus superiores, desde un principio o poco después, fueron lo que serán eternamente. Al hombre, desde su nacimiento, el padre le confirió gérmenes de toda especie y gérmenes de toda vida. Y según como cada hombre los haya cultivado, madurarán en él y le darán sus frutos. Y si fueran vegetales, será planta; si sensibles, será bestia; si racionales, se elevará a animal celeste; si intelectuales, será ángel o hijo de Dios, y, si no contento con la suerte de ninguna criatura, se repliega en el centro de su unidad, transformando en un espíritu a solas con Dios en la solitaria oscuridad del Padre, él, que fue colocado sobre todas las cosas, las sobrepujará a todas.
¿Quién no admirará a este camaleón nuestro? O, más bien, ¿quién admirará más cualquier otra cosa? No se equivoca Asclepio el Ateniense, en razón del aspecto cambiante y en razón de una naturaleza que se transforma hasta a sí misma, cuando dice que en los misterios el hombre era

simbolizado por Proteo. De aquí las metamorfosis celebradas por los hebreos y por los pitagóricos. También la más secreta teología hebraica, en efecto, transforma a Henoch ya en aquel ángel de la divinidad, llamado "malakhha-shekhinah", ya, según otros en otros espíritus divinos. Y los pitagóricos transforman a los malvados en bestias y, de dar fe a Empédocles, hasta en plantas. A imitación de lo cual solía repetir Mahoma y con razón: "Quien se aleja de la ley divina acaba por volverse una bestia". No es, en efecto, la corteza lo que hace la planta, sino su naturaleza sorda e insensible; no es el cuero lo que hace la bestia de labor, sino el alma bruta y sensual; ni la forma circular del cielo, sino la recta razón, ni la separación del cuerpo hace el ángel, sino la inteligencia espiritual.
Por ello, si ves a alguno entregado al vientre arrastrarse por el suelo como una serpiente no es hombre ése que ves, sino planta. Si hay alguien esclavo de los sentidos, cegado como por Calipso por vanos espejismos de la fantasía y cebado por sensuales halagos, no es un hombre lo que ves, sino una bestia. Si hay un filósofo que con recta razón discierne todas las cosas, venéralo: es animal celeste, no terreno. Si hay un puro con templanza ignorante del cuerpo, adentrado por completo en las honduras de la mente, éste no es un animal terreno ni tampoco celeste: es un espíritu más augusto, revestido de carne humana.
¿Quién, pues, no admirará al hombre? A ese hombre que no erradamente en los sagrados textos mosaicos y cristianos es designado ya con el nombre de todo ser de carne, ya con el de toda criatura, precisamente porque se forja, modela y transforma a sí mismo según el aspecto de todo ser y su ingenio según la naturaleza de toda criatura.
Por esta razón el persa Euanthes, allí donde expone la teología caldea, escribe: "El hombre no tiene una propia imagen nativa, sino muchas extrañas y adventicias". De aquí el dicho caldeo: "Enosh hushinmujim vekammah tebhaoth baal haj", esto es, el hombre es animal de naturaleza varia, multiforme y cambiante.
Pero ¿a qué destacar todo esto? Para que comprendamos, desde el momento que hemos nacido en la condición de ser lo que queramos, que nuestro deber es cuidar de todo esto: que no se diga de nosotros que, siendo en grado tan alto, no nos hemos dado cuenta de habernos vuelto semejantes a los brutos y a las estúpidas bestias de labor.
Mejor que se repita acerca de nosotros el dicho del profeta Asaf: "Ustedes son dioses, hijos todos del Altísimo". De modo que, abusando de la indulgentísima liberalidad del Padre, no volvamos nociva en vez de salubre esa libre elección que Él nos ha concedido. Invada nuestro ánimo una sacra ambición de no saciarnos con las cosas mediocres, sino de anhelar las más altas, de esforzamos por alcanzarlas con todas nuestras energías, dado que, con quererlo, podremos.
Desdeñemos las cosas terrenas, despreciemos las astrales y, abandonando todo lo mundano, volemos a la sede ultra mundana, cerca del pináculo de Dios. Allí, como enseñan los sacros misterios, los Serafines, los Querubines y los Tronos ocupan los primeros puestos. También de éstos emulemos la dignidad y la gloria, incapaces ahora desistir e intolerantes de los segundos puestos. Con quererlo, no seremos inferiores a ellos. Pero ¿de qué modo? ¿Cómo procederemos? Observemos cómo obran y cómo viven su vida."

Así, la identidad creadora entre Dios y el hombre, capaz, por designio, permiso y elección divinos, de auto-inventarse, libertad concebida como identidad de naturaleza con el Creador, o con los ángeles, es decir, con los seres de divina esencia, y como absoluta posibilidad de elegir su destino, son los que validan la correspondencia iconográfica entre Dios y Adán en su gesto de común grafía y de saludo en el encuentro.

Dicha identidad se asienta, además, tanto en el *Antiguo* como en el *Nuevo Testamentos*, como vemos en el *Libro de la Sabiduría*, 1, 13-15 y 2, 23-24:

"Dios no hizo la muerte ni goza destruyendo a los vivientes. Todo lo creó para que subsistiera; las criaturas del mundo son saludables: no hay en ellas veneno de muerte, ni el abismo impera en la tierra. Porque la justicia es inmortal. Dios creó al hombre para la inmortalidad y lo hizo a imagen de su propio ser; pero la muerte entró en el mundo por la envidia del diablo, y los de su partido pasarán por ella."

Así como en la segunda carta de San Pablo a los *Corintios*, 8, 7-9 y 13-15:

"[7]Por tanto, como en todo abundáis, en fe, en palabra, en ciencia, en toda solicitud, y en vuestro amor para con nosotros, abundad también en esta gracia. [8] No hablo como quien manda, sino para poner a prueba, por medio de la diligencia de otros, también la sinceridad del amor vuestro. [9] Porque ya conocéis la gracia de nuestro Señor Jesucristo, que por amor a vosotros se hizo pobre, siendo rico, para que vosotros con su pobreza fueseis enriquecidos...[13] Porque no digo esto para que haya para otros holgura, y para vosotros estrechez, [14] sino para que en este tiempo, con igualdad, la abundancia vuestra supla la escasez de ellos, para que también la abundancia de ellos supla la necesidad vuestra, para que haya igualdad, [15] como está escrito: El que recogió mucho, no tuvo más, y el que poco, no tuvo menos."

Probablemente, de lo mismo, aunque, a nivel estilístico, el bajorrelieve de marmol de la *Virgen de la escalera* (c. 1491, obra de juventud de Miguel Ángel, que conservó durante toda su vida y que permaneció posteriormente, según Vasari, en casa de su nieto Ludovico, antes de pasar a la colección de Cósimo II) se inspira en los "*schiacciati*" de Donatello, a nivel referencial, del *Libro de la escalera del Paraíso* (1477), que desarrolla la idea de San Agustín según la cual la Virgen es una escalera mediante la que Dios puede descender entre los hombres y los hombres subir al cielo, la Virgen siendo tradicionalmente considerada como "*Scala Coeli*", y, a partir del Trecento, el Niño dormido prefiguración de su muerte en la Pasión, por lo que el bajorrelieve funciona como una representación tipológica de los dos momentos cruciales de la vida de Cristo: su nacimiento y la Crucifixión, podemos intuir cierta relación también entre el pasaje siguiente, justo consecutivo (§ 11, 55 a § 18, 103) al anterior (que empieza la *Oratio*), de Pico sobre "*la dignidad del hombre*" y la *Virgen de la escalera* (Miguel Ángel, miembro de los círculos neoplatónicos, fue alumno de Poliziano):

"Si nosotros también lo vivimos (y podemos hacerlo), habremos igualado ya su suerte. Arde el Serafín con el fuego del amor; fulge el Querubín con el esplendor de la inteligencia; está el trono en la solidez del discernimiento. Por lo tanto, si, aunque entregados a la vida activa, asumimos el cuidado de las cosas inferiores con recto discernimiento, nos afirmaremos con la solidez estable de los Tronos. Si, libres de la acción, nos absorbemos en el ocio de la contemplación, meditando en la obra al Hacedor y en el Hacedor la obra, resplandeceremos rodeados de

querubínica luz. Si ardemos sólo por el amor del Hacedor de ese fuego que todo lo consume, de inmediato nos inflamaremos en aspecto seráfico.
Sobre el Trono, vale decir, sobre el justo juez, está Dios, juez de los siglos. Por encima del Querubín, esto es, por encima del contemplante, vuela Dios que, como incubándolo, lo calienta. El espíritu del Señor, en efecto, "se mueve sobre las aguas". Esas aguas, digo, que están sobre los cielos y que, como está escrito en Job, alaban a Dios con himnos antelucanos. El seráfico, esto es, amante, está en Dios y Dios está en él: Dios y él son uno solo.
Grande es la potestad de los Tronos y la alcanzaremos con el juicio; suma la sublimidad de los Serafines y la alcanzaremos con el amor.
Pero ¿cómo se puede juzgar o amar lo que no se conoce? Moisés amó al Dios que vio y promulgó al pueblo, como juez, lo que primero había visto en el monte. He aquí por qué está el Querubín en el medio, con "su luz que nos prepara para la llama seráfica" y, a la vez, nos ilumina el juicio de los Tronos.
Este es el nudo de las primeras mentes, el orden paládico que preside la filosofía contemplativa: esto es lo que primero debemos emular, buscar y comprender para que así podamos ser arrebatados a los fastigios del amor y luego descender prudentes y preparados a los deberes de la acción. Pero si nuestra vida ha de ser modelada sobre la vida querubínica, el precio de tal operar es éste: tener claramente ante los ojos en qué consiste tal vida, cuáles son sus acciones, cuáles sus obras. Siéndonos esto inalcanzable, somos carne y nos apetecen las cosas terrenas, apoyémonos en los antiguos Padres, los cuales pueden ofrecernos un seguro y copioso testimonio de tales cosas, para ellos familiares y allegadas.
Preguntemos al apóstol Pablo, vaso de elección, qué fue lo que hicieron los ejércitos de los querubines cuando él fue arrebatado al tercer cielo. Nos responderá como interpreta Dionisio: que se purificaban, eran iluminados y se volvían finalmente perfectos.
También nosotros, pues, emulando en la tierra de la vida querubínica, refrenando con la ciencia moral el ímpetu de las pasiones, disipando la oscuridad mental con la dialéctica, purifiquemos el alma, limpiándola de las manchas de la ignorancia y del vicio, para que los afectos no se desencadenen ni la razón delire.
En el alma entonces, así compuesta y purificada, difundamos la luz de la filosofía natural, llevándola finalmente a la perfección con el conocimiento de las cosas divinas.
Y pera no ofender a nuestros Padres, consultemos al patriarca Jacob, cuya imagen refulge esculpida en la sede de la gloria. El patriarca sapientísimo nos enseñará que mientras dormía en el mundo terreno, velaba en el reino de los cielos. Nos enseñará mediante un símbolo (todo se presentaba así a los patriarcas) que hay escalas que del fondo de la tierra llegan al sumo cielo, distinguidas en una serie de muchos escalones: en la cúspide: se sienta el Señor, mientras los ángeles contempladores alternativamente suben y bajan. Y si nuestro deber es hacer lo mismo imitando la vida de los ángeles, ¿quién osará, pregunto, tocar las escalas del Señor o con los pies impuros o con las manos poco limpias? Y a los impuros los misterios, le está vedado tocar lo que es puro.
Pero, ¿qué son estos pies y estas manos? Sin duda el pie del alma es esa parte vilísima con que se apoya en la materia como en el suelo: y yo la entiendo como el instinto que alimenta y ceba, pábulo de libido y maestro de sensual blandura. ¿Y por qué llamaremos manos del alma a lo más irascible que, soldado de los apetitos por ellos combate y rapaz, bajo el polvo y el sol, pilla lo que el alma habrá de gozar adormilándose en la sombra? Para no ser expulsados de la escala como profanos e inmundos, estos pies y estas manos, esto es, toda la parte sensible en que tienen sede los halagos corporales que, como suele decirse, aferran el alma por el cuello, lavemos con la filosofía moral, como en agua corriente.
Pero tampoco bastará esto para volverse compañero de los ángeles que deambulan por la escala de Jacob si primero no hemos sido bien instruidos y habilitados para movernos con orden, de escalón en escalón, sin salir nunca de la rampa de la escala, sin estorbar su tránsito. Cuando hayamos conseguido esto con el arte discursivo y raciocinante y ya animados por el espíritu querúbico, filosofando según los escalones de la escala, esto es, de la naturaleza, y escrutando todo desde el centro y endereando todo al centro, ora descenderemos, desmembrando con fuerza titánica lo uno en lo múltiple, como Osiris, ora nos elevaremos reuniendo con fuerza apolínea lo múltiple en lo uno como los miembros de Osiris hasta que, pasando por fin en el seno del Padre, consumamos en la cúspide de la escala, nos consumaremos en la felicidad teológica.
Y preguntemos al justo Job, que antes de ser traído a la vida hizo un pacto con el Dios de la vida, qué es lo que el sumo Dios prefiere sobre todo en esos millones de ángeles que están junto a él. "La Paz", responderá seguramente, según lo que se lee en su propio libro: "[Dios es] Aquél que hace la paz en lo alto de los cielos". Y puesto que al menor no interpreta los preceptos del superior para los inferiores, las palabras del teólogo Job nos sean interpretadas por el filósofo Empédocles. Éste, como lo testimonian sus carmenes, simboliza con el odio y con el amor, esto es, con la guerra y con la paz, las dos naturalezas de nuestra alma por las cuales somos levantados al cielo o precipitados a los infiernos. Y él, arrebatado en esa lucha y discordia, a semejanza de un loco, se duele de ser arrastrado al abismo, lejos de los dioses.
Sin duda, oh Padres, múltiple es la discordia en nosotros; tenemos graves luchas internas peores que las guerras civiles. Si queremos huir de ellas, si queremos obtener esa paz que nos lleva a lo alto entre los elegidos del Señor, sólo la filosofía moral podrá tranquilizarlas y componerlas. Si, sobre todo, nuestro hombre establece tregua con sus enemigos y frena los descompuestos tumultos de la bestia multiforme y el ímpetu, el furor y el asalto del león. Entonces, si más solícitos de nuestro bien, deseamos la seguridad de una paz perpetua, ésta vendrá y colmará abundantemente nuestros votos: muertas la una y la otra bestia, como víctimas inmoladas, quedará sancionado entre la carne y el espíritu un pacto inviolable de paz santísima. La dialéctica calmará los desórdenes de la razón tumultuosamente mortificada entre las pugnas de las palabras y los silogismos capciosos. La filosofía natural tranquilizará los conflictos de la opinión y las disensiones que trabajan, dividen y laceran de diversos modos al alma inquieta. Pero la tranquilizará de modo de hacernos recordar que la naturaleza, como ha dicho Heráclito, es engendrada por la guerra y por eso llamada por Homero "contienda".
Por eso no puede darnos verdadera quietud y paz estable, don y privilegio, en cambio, de su señora, la santísima teología. Ésta mostrará la vía hacia la paz y nos servirá de guía, y la paz viendo de lejos que nos aproximamos, "Vengan a mí", gritará, "ustedes que están cansados, vengan y los restauraré, vengan a mí y les daré la paz que el mundo y la naturaleza no puede darles".
Tan suavemente llamados, tan benignamente invitados, con alados pies como terrenos Mercurios, volando hacia el abrazo de la beatísima madre, la ansiada paz gozaremos; paz santísima, indisoluble unión, amistad unánime por la cual todos los seres animados no sólo coinciden en esa Mente única que está por encima de toda mente, sino que de un modo inefable se funden en uno sólo. Esta es la amistad que los pitagóricos llaman el fin de toda la filosofía, ésta la paz que Dios actúa en sus cielos y que los ángeles que descendieron a la tierra anunciaron a los hombres de buena voluntad para que también los hombres, ascendiendo al cielo, por ella se volviesen ángeles.
Esta paz deseemos a nuestros amigos, auguremos a nuestro siglo, auspiciemos en toda casa en que entremos, invoquémosla para nuestra alma para que vuelva así morada de Dios, para que, expulsada la impureza con moral y con la dialéctica se adorne con toda filosofía como con áulico ornamento, corone el frontón de las puertas con la diadema de la teología, de modo que así descienda sobre ella el Rey de la gloria y, viniendo con el Padre, ponga mansión con ella. Y si el alma se ha hecho digna de tal huésped, ya que la bondad de Él es inmensa, revestida de un ornato de veste nupcial y de la múltiple variedad de las ciencias, acogerá el magnífico huésped no ya como huésped, sino como esposo, con tal de no ser de Él separada, deseará apartarse de su gente y, olvidada de la Casa de su padre y hasta de sí misma, ansiará morir para vivir en el esposo a cuya vista es preciosa la muerte de los santos. Muerte he dicho, si muerte puede llamarse esa plenitud de vida cuya meditación de los sabios dijeron que era el estudio de la filosofía."

~ 187 ~

Los elementos del final del anterior y de este segundo pasaje de la *Oratio* de Pico della Mirandola revelan otro aspecto que nos toca abordar de la iconografía del gesto de Cristo en el *Juicio Final* de la Capilla Sixtina: además de la identidad entre el Hacedor y la Obra en cuanto de Adán se trata, la necesidad de alejarse del mundo para poder entrar en la morada del Padre.

De hecho, la coincidencia entre el gesto de Cristo y el de Adán en la Sixtina se debe también a una correspondencia en cuanto al principio de elección y desarraigo: Adán, apartado de Dios por su elección, se protege de la ira divina; Cristo invita a los creyentes a abandonar los bienes terrenales para elegir los del cielo. No es casual si en la época posterior, el barroco desarrollará las *Vanidades*, entre las cuales contamos las representaciones de la *Melancolía*, como María Magdalena reflexionando ante una candela.

El escultor y pintor francés Michel Levy, Chevalier des Arts et Lettres, en su representación de la *Virgen amamantando*, realizada para la capilla Notre-Dame de Roiblay, la representa con una mano similarmente "*apartando al mundo*" para proteger al Niño de la vista lujuriosa de un acto materno y para dividir los espacios de lo divino y lo profano, como lo hace la columna (símbolo de Cristo mismo) de las *Anunciaciones*.

La idea de que, para alcanzar al cielo, se debe abandonar los bienes terrenales, es recurrente en toda la tradición cristiana (v. D.T. Niles, *Upon the Earth - The mission of God and the missionary enterprise of the churches*, Londres, New York, Toronto, McGraw Hill Company, 1962, p. 230).

Así, las interpretaciones teológicas de la *Biblia* abundan en este sentido. Citaremos la del episodio de *Ruth*, 1, 17, en *De la connoissance de Jésus-Christ, considéré dans Ses Mystères, & dans Ses différentes Qualités ou Rapports avec Dieu Son Père, avec les Créatures en général, & avec les Hommes dans leurs différens états* del abbad Caussel (París, Jean-Thomas Herrissant Libraire, y Auxerre, François Forunier, Imprimeur-Libraire, 1762, t. II, "*II Partie Qualités de J.C.*", pp. 234-235):

"*La Résurrection des morts que Jésus-Christ a rendu a la vie pendant la vie mortelle, est la figure de ce qu'il fait pour ressusciter les ames mortes par le péché. Nous lisons dans l'Évangile que Jésus-Christ en a ressuscité trois: la fille de Jaïre, chef d'une Synagogue; le fils de la veuve de Naïme; & Lazare, frère de Marthe & de Marie.
Lorsque Jésus-Christ voulut ressusciter la fille du chef de la Synagogue, il fit sortir les joueurs de flûte, & une troupe de personnes qui faisoient grand bruit; il entra dans la chambre de la morte; il prit cette fille par la main; il lui cria: "ma fille levez-vous." Cette fille se leva, & Jésus-Christ commanda qu'on lui donnât à manger. Tout cela n'est qu'une figure de ce que Jésus fait, quand il donne la vie à l'ame d'une jeune personne à qui le péché a donné la mort. 1o. Il éloigne d'elle tous les obstacles qui la retiennent dans cet état de mort; il écarte le monde, dont le bruit confus l'empêchoit d'entendre la voix de Dieu; il la dégoûte des plaisirs, des vaines joies, & des fausses douceurs du siècle figurés par ces instruments de musique. 2o. Ensuite il entre dans ces ame par l'infusion de la grace & de son amour, qui y répandent des douceurs bien plus grandes que celles qu'elle goûtoit dans l'amour des créatures. 3o. Il la prend comme par la main; parce que si la main secourable de ce divin Sauveur ne prenoit celle du pécheur, jamais il ne pourroit se relever, ni rien faire pour son salut: au lieu que la main de Jésus-Christ étant jointe à celle de l'homme, c'est-à-dire, la grace & la volonté étant unies ensemble; alors cette ame reçoit la vie par le mouvement de la grace, qui fait agir librement la volonté. Enfin le Sauveur crie, parce qu'il faut que "la voix toute puissante se fasse entendre à une ame morte; qu'il parle au coeur d'un pécheur; qu'il la rende docile & qu'il lui donne la vie; après quoi ce pécheur est en état de manger le pain adorable du corps de Jésus-Christ.*"

Es, entonces, literalmente, la mano de Cristo que aleja el mundo para permitir oír la voz de Dios. Gesto idéntico en la forma pero inverso en el sentido del de Adán quien, alejándose de Dios, eligió pecar y aleja la espada vengadora del ángel castigador.

La idea proviene de *Lucas*, 17, 11-36, que de hecho, rememora los días de Noé y los compara con los de Lot, como representación máxima de tiempos de infidelidad:

"*11 Yendo Jesús a Jerusalén, pasaba entre Samaria y Galilea. [12] Y al entrar en una aldea, le salieron al encuentro diez hombres leprosos, los cuales se pararon de lejos [13] y alzaron la voz, diciendo: ¡Jesús, Maestro, ten misericordia de nosotros! [14] Cuando él los vio, les dijo: Id, mostraos a los sacerdotes. Y aconteció que mientras iban, fueron limpiados. [15] Entonces uno de ellos, viendo que había sido sanado, volvió, glorificando a Dios a gran voz, [16] y se postró rostro en tierra a sus pies, dándole gracias; y éste era samaritano. [17] Respondiendo Jesús, dijo: ¿No son diez los que fueron limpiados? Y los nueve, ¿dónde están? [18] ¿No hubo quien volviese y diese gloria a Dios sino este extranjero? [19] Y le dijo: Levántate, vete; tu fe te ha salvado.
20 Preguntado por los fariseos, cuándo había de venir el reino de Dios, les respondió y dijo: El reino de Dios no vendrá con advertencia, [21] ni dirán: Helo aquí, o helo allí; porque he aquí el reino de Dios está entre vosotros. [22] Y dijo a sus discípulos: Tiempo vendrá cuando deseareis ver uno de los días del Hijo del Hombre, y no lo veréis. [23] Y os dirán: Helo aquí, o helo allí. No vayáis, ni os sigáis. [24] Porque como el relámpago que al fulgurar resplandece desde un extremo del cielo hasta el otro, así también será el Hijo del Hombre en su día. [25] Pero primero es necesario que padezca mucho, y sea desechado por esta generación. [26] Como fue en los días de Noé, así también será en los días del Hijo del Hombre.[27] Comían, bebían, se casaban y se daban en casamiento, hasta el día en que entró Noé en el arca, y vino el diluvio y los destruyó a todos. [28] Asimismo como sucedió en los días de Lot; comían, bebían, compraban, vendían, plantaban, edificaban; [29] mas el día en que Lot salió de Sodoma, llovió del cielo fuego y azufre, y los destruyó a todos. [30] Así será el día en que el Hijo del Hombre se manifieste. [31] En aquel día, el que esté en la azotea, y sus bienes en casa, no descienda a tomarlos; y el que en el campo, asimismo no vuelva atrás. [32] Acordaos de la mujer de Lot. [33] Todo el que procure salvar su vida, la perderá; y todo el que la pierda, la salvará. [34] Os digo que en aquella noche estarán dos en una cama; el uno será tomado, y el otro será dejado. [35] Dos mujeres estarán moliendo juntas; la una será tomada, y la otra dejada. [36] Dos estarán*

en el campo; el uno será tomado, y el otro dejado. [37] *Y respondiendo, le dijeron: ¿Dónde, Señor? El les dijo: Donde estuviere el cuerpo, allí se juntarán también las águilas."*

Así también proviene del pasaje que lo sigue y concluye en *Lucas*, 18, 1-29, de conocida fama:

"*1 También les refirió Jesús una parábola sobre la necesidad de orar siempre, y no desmayar,*[2] *diciendo: Había en una ciudad un juez, que ni temía a Dios, ni respetaba a hombre.* [3] *Había también en aquella ciudad una viuda, la cual venía a él, diciendo: Hazme justicia de mi adversario.* [4] *Y él no quiso por algún tiempo; pero después de esto dijo dentro de sí: Aunque ni temo a Dios, ni tengo respeto a hombre,* [5] *sin embargo, porque esta viuda me es molesta, le haré justicia, no sea que viniendo de continuo, me agote la paciencia.* [6] *Y dijo el Señor: Oíd lo que dijo el juez injusto.* [7] *¿Y acaso Dios no hará justicia a sus escogidos, que claman a él día y noche? ¿Se tardará en responderles?* [8] *Os digo que pronto les hará justicia. Pero cuando venga el Hijo del Hombre, ¿hallará fe en la tierra?*
[9] *A unos que confiaban en sí mismos como justos, y menospreciaban a los otros, dijo también esta parábola:* [10] *Dos hombres subieron al templo a orar: uno era fariseo, y el otro publicano.* [11] *El fariseo, puesto en pie, oraba consigo mismo de esta manera: Dios, te doy gracias porque no soy como los otros hombres, ladrones, injustos, adúlteros, ni aun como este publicano;* [12] *ayuno dos veces a la semana, doy diezmos de todo lo que gano.* [13] *Mas el publicano, estando lejos, no quería ni aun alzar los ojos al cielo, sino que se golpeaba el pecho, diciendo: Dios, sé propicio a mí, pecador.* [14] *Os digo que éste descendió a su casa justificado antes que el otro; porque cualquiera que se enaltece, será humillado; y el que se humilla será enaltecido.*
15 Traían a él los niños para que los tocase; lo cual viendo los discípulos, les reprendieron. [16] *Mas Jesús, llamándolos, dijo: Dejad a los niños venir a mí, y no se lo impidáis; porque de los tales es el reino de Dios.* [17] *De cierto os digo, que el que no recibe el reino de Dios como un niño, no entrará en él.*
18 Un hombre principal le preguntó, diciendo: Maestro bueno, ¿qué haré para heredar la vida eterna?[19] *Jesús le dijo: ¿Por qué me llamas bueno? Ninguno hay bueno, sino sólo Dios.* [20] *Los mandamientos sabes: No adulterarás; no matarás; no hurtarás; no dirás falso testimonio; honra a tu padre y a tu madre.* [21] *El dijo: Todo esto lo he guardado desde mi juventud.* [22] *Jesús, oyendo esto, le dijo: Aún te falta una cosa: vende todo lo que tienes, y dalo a los pobres, y tendrás tesoro en el cielo; y ven, sígueme.* [23] *Entonces él, oyendo esto, se puso muy triste, porque era muy rico.* [24] *Al ver Jesús que se había entristecido mucho, dijo: ¡Cuán difícilmente entrarán en el reino de Dios los que tienen riquezas!*[25] *Porque es más fácil pasar un camello por el ojo de una aguja, que entrar un rico en el reino de Dios.*[26] *Y los que oyeron esto dijeron: ¿Quién, pues, podrá ser salvo?* [27] *El les dijo: Lo que es imposible para los hombres, es posible para Dios.* [28] *Entonces Pedro dijo: He aquí, nosotros hemos dejado nuestras posesiones y te hemos seguido.* [29] *Y él les dijo: De cierto os digo, que no hay nadie que haya dejado casa, o padres, o hermanos, o mujer, o hijos, por el reino de Dios,* [30] *que no haya de recibir mucho más en este tiempo, y en el siglo venidero la vida eterna."*

¿No es en el mismo *Paraíso* de la *Divina Comedia*, Canto XIII:

"*Tú crees que en el pecho, cuya costilla
sacóse para formar la bella cara
cuyo paladar a todo el mundo cuesta,*

*y en aquel que, abierto por la lanza,
y luego y antes tanto satisfizo,
que de toda culpa vence a la balanza,*

*cuanto a la natura humana es lícito
lograr, cumplida luz le fue infundida
por aquel valor que a uno y otro hizo;*

*y aún así te admira lo que antes dije,
cuando narré que segundo no hubo
del bien que la quinta luz encierra.*

*Abre ahora los ojos a lo que te respondo,
y verás que tu creencia y mis dichos
son veros como el centro a lo redondo.*

*Lo que no muere y lo que puede morir
sólo es resplandor de aquella idea
que engendra, amando, nuestro Sire;*

*porque esa viva luz que así brota
de su lucerna, que no se aparta
de él ni del amor que es tres en ellos,*

*por su bondad su radiar aduna,
cuasi espejándose, en nueve subsistencias,
perdurando eternamente una.*"

Y en el Canto XXVI:

"*Y mi dama: Dentro de aquel rayo
contempla a su hacedor el alma primera
que la primera virtud haya creado nunca.*"

Que el Dante recuerda dos veces la figura de Adán, en forma, primero, en el Canto XIII, de comparación entre su costilla, de donde salió Eva, y la de Cristo, de donde surgió la sangre para redimirle, y, después, en el Canto XXVI, como imagen misma de la Creación bondadosa de luz y virtud divina que conformó su imagen a semejanza suya?

Lo que parece evidente es que, a lo largo de la historia cristiana, se asimiló por compensación la muerte de Cristo con la redención del Pecado, y esta identidad, al fin, entre el rol del hombre y su relación a Dios crea un principio de equivalencia que vemos resurgir, de los Padres de la Iglesia hasta los grandes reformadores del siglo XVI.

Si en los dos primeros siglos de nuestra era los Padres de la Iglesia como Ireneo y Orígenes veían en la muerte de Jesús un proceso de salvamento, referido sin duda al gran número de esclavos que había en el Imperio Romano, dándole así validez a las palabras de Jesús en *Mateo*, 20, 28:

"[24] *Cuando los diez oyeron esto, se enojaron contra los dos hermanos.* [25] *Entonces Jesús, llamándolos, dijo: Sabéis que los gobernantes de las naciones se enseñorean de ellas, y los que son grandes ejercen sobre ellas potestad.* [26] *Mas entre vosotros no será así, sino que el que quiera hacerse grande entre vosotros será vuestro servidor,* [27] *y el que quiera ser el primero entre vosotros será vuestro siervo;* [28] *como el Hijo del Hombre no vino para ser servido, sino para servir, y para dar su vida en rescate por muchos.*"

Al contrario, en la época de Anselmo (siglo XI), la teoría del rescate se sustituyó a provecho de una teoría expiatoria de la satisfacción. Así, según Anselmo, el sistema feudal explicaba por qué Jesús tenía que morir: Dios, identificándose a un señor feudal, y el pecado a una ofensa que deshonró a la divina majestad. Como los pecados no pueden ser perdonados, sino que tienen que ser compensados o "satisfechos", sólo Dios podía compensarlo, pero la compensación tenía que hacerla un humano, por lo que el libro *Cur Deus Homo? (¿Por qué Dios se hizo Hombre?)* de Anselmo afirmaba que Jesús era verdaderamente Dios y verdaderamente humano. De la misma forma, en el siglo XVI, Lutero y Calvino consideraron el como "*infracción de la ley*" (*1 Juan* 3,4: "*Todo aquel que comete pecado, infringe también la ley; pues el pecado es infracción de la ley.*") y la muerte como su consecuencia (*Rom.*, 6, 23: "*Porque la paga del pecado es muerte, mas la dádiva de Dios es vida eterna en Cristo Jesús Señor nuestro.*"). La ira de Dios contra el pecado significa que la pena del pecado tenía que ser pagada, y "*parece claro que ellos [los reformistas] creían que la esencia de la obra salvadora de Cristo consistió en tomar el lugar del pecador*" (León Morris, "*Teorías de la Expiación*", en el *Diccionario Evangélico de Teología*, ed. Walter A. Elwell, Grand Rapids, Michigan, Baker, 1984, p. 102, cit. por Ray Roennfeldt, http://www.spectrummagazine.org/node/1245#1). Dicha teoría "*substitutiva*" de por qué murió Cristo se basa en *Romanos*, 5, 19: "*Por la desobediencia de un solo hombre los muchos se hicieron pecadores, así también a través de la obediencia de un hombre los muchos serán constituidos justos.*"

El autorretrato de Miguel Ángel en el *Juicio Final* como pellejo de San Bartolomé nos remite también, de otra forma, a la identidad de naturaleza entre el hombre y su Creador, tanto en términos noeplatónicos, como vimos en Pico della Mirandola, como en la iconografía gestual de la Capilla Sixtina. En este sentido de la preocupación humana (mediante su representación anatómica, v. *La perspectiva como forma simbólica*, 1927, de Panofsky), y por ende de conocimiento y apropiación del cuerpo propio (disección que compartieron en sus estudios Leonardo y Miguel Ángel), de lo humano en su esencia divina, ciertamente no es casual que el autorretrato en manos de San Bartolomé por Miguel Ángel en el *Juicio Final* haya, posiblemente, inspirado la *Tab.* primera del *Libro segundo*. p. 64, de la *Historia de la composición del cuerpo humano* (1556) de Juan Valverde de Hamusco.

Según las fuentes bíblicas, San Bartolomé, conocido como Natanael en el *Evangelio de Juan*, es uno de los discípulos a los que Jesús se apareció en el Mar de Tiberiades después de su Resurrección (*Juan*, 21, 2), y, según los *Hechos de los Apóstoles*, fue también testigo de la Ascensión de Jesús (*Hechos*, 1, 13).

En los *Evangelios apócrifos*, Bartolomé pregunta a Cristo que le enseña a Belial, pero asustado ante la visión, Cristo le dice: "*Písale la cerviz y pregúntale*", a raíz de qué, reproduciendo la llegada de Cristo al Infierno y su victoria sobre Hadés, Bartolomé pregunta a Belial por el origen de su nombre, cómo fue creado, por qué cayó en el infierno, y cómo embauca a los hombres. Belial, atado con cadenas de fuego, responde a las preguntas del Apóstol.

Belial, también llamado Belhor, Baalial, Beliar, Beliall, Beliel, aparece en el *Antiguo Testamento*, siendo considerados los hombres impíos como sus hijos por el judaísmo. Se le da el nombre también del "señor de la arrogancia" o "señor de orgullo" (Baal ial). En los primeros escritos cristianos, Belial era identificado como ángel de confusion, lujuria y deseo, creado después de Lucifer, aunque algunos lo consideran como padre de Lucifer, ángel que lo impulsó a rebelarse contra Yahvé, y primero de los ángeles caídos en ser expulsado. Desde la edad media fue considerado como un poderoso príncipe de los infiernos, con ocho legiones de demonios a su servicio. Se dice que es un demonio de aspecto agradable y que induce a todo tipo de pecado, especialmente relacionados con el sexo y la lujuria. Cuando se reanudó la escritura de la *Biblia* en el siglo I, el término Belial se usaba como apelativo de Satanás, por lo que Pablo escribió en su serie de contrastes paralelos "*¿Qué armonía hay entre Cristo y Belial?*" (*Corintios II*, 6, 15). Se suele considerar a Belial como el mismo Satanás, y es así como hace la versión Peshitta siríaca.

Los elementos anteriores revelan que el autorretrato de Miguel Ángel evoca:
1. La victoria sobre el demonio;
2. La identidad o similitud de la victoria de Cristo sobre Hadés y de Bartolomé sobre Belial, en los *Evangelios apócrifos*;
3. La similar naturaleza de evocación entre Bartolomé, quien presenció la Resurrección y Ascensión de Cristo, y Adán, redimido y salvado por Cristo, el mismo Adán hijo y alter-ego de Dios Padre. Lo que confirmaría otro, dentro de la Capilla Sixtina, otro autorretrato de Miguel Ángel, el de la cabeza de Holofernes.

Por lo que, como planteamos con anterioridad, la figura desollada de Miguel Ángel-Bartolomé, conforme la tradición, la figura de Adán previa al Pecado y la de Noé desnudo se relacionan como tres representaciones de la humanidad en su carácter divino:

a) Adán como parangón de Dios:

"*Estableció por lo tanto el óptimo artífice que aquél a quien no podía dotar de nada propio le fuese común todo cuanto le había sido dado separadamente a los otros. Tomó por consiguiente al hombre que así fue construido, obra de naturaleza indefinida y, habiéndolo puesto en el centro del mundo, le habló de esta manera:*
-Oh Adán, no te he dado ni un lugar determinado, ni un aspecto propio, ni una prerrogativa peculiar con el fin de que poseas el lugar, el aspecto y la prerrogativa que conscientemente elijas y que de acuerdo con tu intención obtengas y conserves. La naturaleza definida de los otros seres está constreñida por las precisas leyes por mí prescriptas..."

Lo que acepta el *Génesis*, haciendo que nombre todo lo existente, compartiendo así con el Creador el papel de la misma Creación.

b) Noé como Padre de la humanidad actual, después de la segunda Creación.

c) Miguel Ángel, creador de la Capilla Sixtina (bóveda y ábside), identificado con Adán en cuanto co-artífice de la Creación, capaz de asemejarse a la divinidad mediante el trabajo del espíritu según denominación del hombre por Pico della Mirandola.

Ahora bien, es este mismo valor de la creación como labor intelectual que propulsaron Leonardo y Miguel Ángel para hacer entrar a la pintura y la escultura entre las artes liberales, y, de artesanos, lograr el estatus de artistas.

Confirman indirectamente nuestro análisis Benjamin Blech y Roy Doliner, en su libro *Los secretos de la Capilla Sixtina - Los mensajes prohibidos de Miguel Ángel en el corazón del Vaticano* (New York, HarperCollins, 2008), en el que, desde una interpretación judáica de la Capilla, llegan a ver en la *Creación de Adán* (pp. 241-246) la representación, en la capa que arropa a Dios, la imagen de un cerebro originada en los estudios anatómicos del artista, en la mujer abrazada por Dios la imagen de Sofía, la Sapiencia Divina, co-creadora en el *Génesis*, en el niño que toca la mano derecha de Adán, el alma de Adán que Dios se prepara a insuflar en el cuerpo del primer creado, lo que, según ellos, desde una ilustración de la Cábala, representaría el "*cerebro oculto*", que impulsa al hombre en la voluntad de crear, a semejanza de Dios, de donde sería la *Creación de Adán* un autorretrato del pintor, la mano izquierda de Adán siendo la que recibe, conforme la tradición judía, la bendición, Adán representando las emociones superiores, el niño las inferiores. Confirman su opinión de que la Capilla Sixtina sea un autorretrato de Miguel Ángel en la conclusión de su libro (pp. 368-369). Le dan cierta importancia al carácter sexual, reconociendo el valor altamente evocativo de la correspondencia de nivel entre el sexo de Adán y la cabeza de Eva en el *Pecado* (recordando por otra parte que según ellos es la tradición hebraíca del higo que ilustra Miguel Ángel - aunque vimos que no era precisamente así, la referencia reaparece hasta en la literatura popular, en "*El Ídolo Rojo*", 1918, de Jack London: "*... tan inocente como Eva antes de la aventura de la hoja de higuera*", en *Novela Realista*, Madrid, Edimat, 2006, p. 454 -), y viendo en la aparición de Dios de espaldas dejando ver su posterior en la *Separación de la Tierra de las Aguas* una venganza de Miguel Ángel por sus sufrimientos en la realización de la Capilla, el que decía no ser un pintor, ya que realizó este panel, según los autores, en un momento donde sufría serios ataques de hemorroides, y representar a Dios enseñando a Julio II su posterior habría sido una venganza para el pintor que no podía expresar sus quejas en voz alta, por medio a ser duramente castigado por el Papa. Nos parece que, para entender a cabalidad por qué fue aceptado y dejado así la *Separación de la Tierra de las Aguas*, deberíamos preguntarnos por su significado y correspondencia con imágenes medievales de posteriores en las iglesias, lo que podría ser el tema de otro trabajo.

Al terminar este estudio, lo que no es de sorprender, el sentido tipológico de la Sixtina se impone: el Arca de Noé es símbolo del cuerpo, y "*Queridos hermanos: Cristo murió por los pecados una vez para siempre: el inocente por los culpables, para conduciros a Dios. Como era hombre, lo mataron; pero, como poseía el Espíritu, fue devuelto a la vida. Con este Espíritu, fue a proclamar su mensaje a los espíritus encarcelados que en un tiempo habían sido rebeldes, cuando la paciencia de Dios aguardaba en tiempos de Noé, mientras se construía el arca, en la que unos pocos -ocho personas- se salvaron cruzando las aguas. Aquello fue un símbolo del bautismo que actualmente os salva: que no consiste en limpiar una suciedad corporal, sino en impetrar de Dios una conciencia pura, por la resurrección de Jesucristo, que llegó al cielo, se le sometieron ángeles, autoridades y poderes, y está a la derecha de Dios.*" (*1 Pedro*, 18-20)

La Serpiente de Bronce, los episodios de la vida de Noé, y las demás evocaciones, al igual que la figura de Eva, ponen al centro del programa iconográfico de la Capilla el debate entre la fe y la infidelidad. De donde un programa moral de indeniable estructura. ¿Quien lo pensó? ¿El pintor, el Papa? En este encuentro de tesis filosóficas y teológicas, por lo menos el artista da el vigor monumental. La secuencia entre Noé y Lot en la *Biblia* lleva a estudiar el símbolo de las hijas de Lot para abordar, por tipología la cuestión de los hijos de Noé, dos episodios alrededor del compromiso, el culto y la embriaguez ritual. Así Miguel Ángel no inventa, sino que reproduce temas clásicos (lo vemos en la iconografía de la *Creación de Adán*), pero reestructurándolos (ya vimos que la iconografía de la *Creación de Eva* es más común que la de *Adán*, como se aprecia en el *Hortus deliciarum* del Bosco).

e. Apéndice: Los frescos laterales

Cabe mencionar que, si los frescos laterales de la Capilla Sixtina también tienen un valor tipológico (a ambos lados se responden los frescos sobre la vida de vida de Moisés del *Antiguo Testamento* por una parte, y sobre la vida de Cristo del *Nuevo Testamento* por otra), aunque dentro de un mismo marco general, es de otra índole su propuesta general.

Así, en el techo de la Capilla, se presenta *La Circuncisión de Moisés* y al otro lado *El Bautismo de Cristo* (los dos son frescos de Pinturicchio). Siguen frescos de Botticelli, que son, respectivamente, haciéndose frente, la *Historia de Moisés* (episodios de su juventud) y *La Tentación de Cristo*. De Cósimo Rosselli, asistido por Piero di Cósimo, sigue *El Paso del Mar Rojo*, que hace frente a *La Llamada de los Apóstoles*, fresco de Ghirlandaio. De nuevo de Cósimo Rosselli, *Dios entregando las tablas de la Ley a Moisés* (acompañado por *El Becerro de Oro*) por un lado, y *El Sermón de la montaña*, con dos escenas: el *Sermón* y *La Curación del Leproso*, por otro. Sigue *Core, Dathan y Abiron*, fresco de Botticelli, que ilustra un suceso contemporáneo: Andrés Zamomelic, arzobispo de Carniola, al no ser elegido cardenal, reunió en Basilea un Concilio contra el Papa, pero fue recluido en una prisión, donde se suicidó. Finaliza el ciclo con el fresco de *Cristo entregando las llaves a San Pedro*, fresco de Pietro Perugino. El último fresco lateral, pintado por Cósimo Rosselli, es *La Última Cena*.

Debajo de estos murales colgaban en ocasiones especiales diez tapices diseñados por Rafael, representando *Los hechos de los Apóstoles* y encargados por el Papa León X hacia 1515, que fueron tejidos en el taller de Pieter Coecke en Bruselas. Los "*arazzi*" o tapices originales fueron sustraídos de la Capilla

Sixtina en el saqueo de Roma de 1527, y se devolvieron al Vaticano sólo en el siglo XIX. En cuanto a los cartones a tamaño real, pintados como modelo para los tejedores, tuvieron gran influencia en los Países Bajos, y siete de ellos se conservan en el Victoria and Albert Museum de Londres.

f. Conclusión

Concluiremos a como empezamos, con una cita, esta vez de Joris-Karl Huysmans, en *La Cathédrale* (1898, V).

Aunque trate no de la Capilla Sixtina, sino de la Catedral de Chartres, y aunque no sea, como en el caso de Reinach, texto de historia, sino novela, nos parece que, tanto en la imagen que percibe del recorrido de la humanidad, desde la figura de Adán, como en la interconexión de las partes del programa que intuye, resume el valor de la iconografía cristiana, en cuanto se asienta a la vez sobre el recuerdo histórico de momentos fundadores, y los asocia tipológicamente para hacerlos símbolo de un advenimiento perpetuamente prometido y añorado, de salvación, redención y reunificación:

"*Tout est dans cet édifice, reprit-il en enveloppant d'un geste l'église, les Ecritures, la théologie, l'histoire du genre humain résumée en ses grandes lignes; grâce à la science du symbolisme on a pu faire d'un monceau de pierres un macrocosme.*
Oui, je le répète, tout tient dans ce vaisseau, même notre vie matérielle et morale, nos vertus et nos vices. L'architecte nous prend dès la naissance d'Adam pour nous mener jusqu'à la fin des siècles. Notre-Dame de Chartres est le répertoire le plus colossal qui soit du ciel et de la terre, de Dieu et de l'homme.
Toutes ses figures sont des mots; tous ses groupes sont des phrases; la difficulté est de les lire.
— Et cela se peut?
— Certes. Qu'il y ait dans nos versions quelques contresens, je le veux bien, mais enfin le palimpseste est déchiffrable; la clef, c'est la connaissance des symboles.
Et voyant que Durtal l'écoutait, attentif, l'abbé vint se rasseoir et dit:
— Qu'est-ce qu'un symbole? D'après Littré, c'est " une figure ou une image employée comme signe d'une autre chose "; nous autres, catholiques, nous précisons encore cette définition en spécifiant, avec Hugues de Saint-Victor, que " le symbole est la représentation allégorique d'un principe chrétien, sous une forme sensible"."

X - DE GIOTTO A DÜRER ET L'ÉMERGENCE DES RENAISSANCES EN EUROPE: LE CAS PARADIGMATIQUE DE LA GRAVURE *DER TRAUM DES DOKTORS* (1498) - UNE RÉINTERPRÉTATION ICONOLOGIQUE

> *""I'm used to that. It often seems to me that's all detective work is wiping out your false starts and beginning again."*
> *"Yes, it is very true, that. And it is just what some people will not do. they conceive a certain theory and everything has to fit into that theory. If one little fact will not fit, they throw it aside. But it is always the facts that will notfit in that are significant. All along I have realised the significance of that pistol being removed from the scene of the crime. I knew that it meant something--but what that something was I only realised one little half-hour ago.""*
> (Agatha Christie, *Death on the Nile*, 1937, Chapter XXIV)

0. Un problème de méthode

> *""You think that I am just amusing myself with side issues? And it annoys you? But is is not that. Once I went professionally to an archaeological expedition and I learnt something there. In the course of an excavation, when something comes up out of the ground, everything is cleared away very carefully all around it. You take away the loose earth, and you scrape here and there with a knife until finally your object is there, all alone, ready to be drawn and photographed with no extraneous matter confusing it. That is what I have been seeking to do clear away the extraneous matter so that we can see the truth---the naked shining truth.""*
> (*Ibidem*, Chapter XXVIII)

Qu'est-ce que nous dit réellement le *Songe du Docteur*?
Correspond-il à une simple représentation de l'Acédie?
Révisons l'iconographie, en partant de ses motifs, qui seuls pourront nous le dire.

0.1. Le cadre d'interprétation et la méthode iconographique

Tout d'abord, il faudra préciser que, si l'on part de l'idée qu'une oeuvre peut s'interpréter, c'est toujours dans le cadre d'un ensemble plus général de représentations qui l'induisent, et permettent de l'expliquer.

Autrement dit, une seule représentation ne crée pas un thème iconographique.
Pour pouvoir la comprendre, il faut donc la remettre dans le contexte de son époque.

L'autre point, qui en découle, est que, si l'oeuvre se distingue, en ses motifs, du groupe ou *corpus*, elle peut le rénover, certes, mais aussi, simplement, cette différence peut simplement révéler qu'elle n'en fait pas partie.

0.2. L'iconographie de la paresse

> *"Power lay in the brown swell of his forearms: authority sat on his shoulder and chattered in his ear like an ape."*
> (Wiliam Golding, *Lord of the Flies*, "9. A View to a Death")[133]

0.2.a. L'absence du diable dans les Allégories de la Paresse

Que ce soit dans la crypte de l'église de St-Parize-en-Châtel du diocèse de Nevers et l'église Saint-Sernin de Toulouse[134], le *Miroir historial* de Vincent de Beauvais (Paris, 1463, Traduit par Jean de Vignay, illustré par Maître François, Paris, BNF, département des Manuscrits, Français 50, fol. 25), la *Chanson de la*

---
[133] Wiliam Golding, *Lord of the Flies*, "9. A View to a Death", p. 215, http://gv.pl/pdf/lord_of_the_flies.pdf
[134] Augustin-Joseph Crosnier, *Iconographie chrétienne ou étude des sculptures, peintures, etc... qu'on rencontre sur les monuments religieux du Moyen Âge*, Paris, Chez Derache et Chez Victor Didron, 1848, pp. 252, 255.

paresse (1895) des images d'Épinal[135], *l'Almanak voor het schoone en goede...* (Amsterdam 1827), chez Giulio Campagnola (1482-1515), Jacob de Backer (1507-1575), Michel-Ange[136] (1508-1512), Raimondi (1506-1534), Hans Holbein (planche 36 "*Celui qui pense qu'il n'y a pas de bonheur sinon dans le sommeil et la paresse*"[137] de *L'Éloge de la Folie*, 1511-1514), Sigismondo Fanti (*Triompho di Fortuna*, Venise, 1526), Heinrich Aldegrever (1549 et 1552), Giulio Bonasone (Bocchi, *Symbolicarum quaestionum de universo genere*, 1574, Livre I, Symbole XXVI: "*Intempesta dies, ut nox, est desidioso*") Jacopo Ligozzi (1590), Crispijn de Passe l'Ancien (1590-1637), John Goddard (1ère moitié du XVIIème siècle), Theodor Galle (*Septem Peccata Mortalia*, 1612-1633), Abraham Bloemaert (*Parabole du bon grain et de l'ivraie de l'Évangile selon Saint Matthieu*, 1624), Abraham Bloemart (1624), Rembrandt (1629), George Glover (c.1630), Jan Harmensz (1634), Abraham Boss (1639-1650), Guillaume de Geyn (1640-1641), Nicolaes Maes (*La cuisinière endormie*, 1655), Edward Bird (c. 1795-1819), Greuze (1756–1757), Goya (1789-1799), Thomas Couture (1859), Sir William Quiller Orchardson (1872), Félix Vallotton (1890), Lawrence Alma-Tadema (c. 1891), Gaston de La Touche (1893), Pierre Roche (1895), Maude Goodman (1894), Frederic James Shields (1833-1911), Ramon Casas i Carbó (1898-1900), John William Godward (1904), Daniel Hernández Morillo (c. 1906), Walter Richard Sickert (c. 1913), Desislav Gechev (2011)[138], la Paresse n'est jamais accompagnée par un démon.

Ses attributs les plus communs sont l'âne[139], comme chez Bosse, Holbein, Pieter Coecke van Aelst, Ladenspeler, Pencz, Aldegrever ou Lucas Penni, et l'escargot[140], comme chez Jacob Matham (1587 et 1593)[141], bien que le porc[142] chez Ripa ou les boeufs de la Pauvreté, produite par la Paresse, chez Holbein[143] peuvent également lui être associés.

---

[135] Série aux armes d'Epinal. N° 165, *Histoires & scènes humoristiques, contes moraux, merveilleux. La chanson de la paresse*, Imagerie Pellerin fondée en 1796 [Epinal, 1894].
[136] Giovanni Careri, "L'histoire de l'art est une histoire de prophéties", *Images Re-vues*, hors série 2 | 2010, http://imagesrevues.revues.org/328: "*Cependant, quand on s'intéresse de près à la mélancolie des Ancêtres on ne peut éviter de se poser de façon plus systématique la question warburghienne et panofskyenne des schèmes iconographiques sous-jacents à la construction des images. On doit le point de départ peut être une recherche sur la relation entre les juifs et Saturne, une planète des mélancoliques. Il s'agit d'une histoire aux racines très anciennes puisque déjà Tacite dans ses Historiae signale la coïncidence du Shabbat avec le jour du culte de Saturne. L'historien en tire des conclusions sur la forme physique des juifs qui se reposent non seulement un jour par semaine mais aussi un an tout les sept ans. Dans un article déjà ancien sur les juifs et Saturne, Eric Zafran se réfère aux textes de l'astrologue arabe Alcabitius qui au IXe siècle attribuait aux juifs tous les traits négatifs induits par l'influence de Saturne: avarice, fatigue, plainte, peur, irascibilité. Mais la tradition textuelle du lien entre Saturne et les juifs est pauvre par rapport à celle qui a produite la «vie des images» de l'Europe germanique. Zafran montre comment la figure de Saturne se judaïse jusqu'à se superposer complètement à celle du juif. Dans ce Prognosticon de 1521, les juifs sont massacrés dès que Saturne cesse de les protéger (fig. 19), les juifs apparaissent régulièrement parmi les enfants de Saturne (fig. 20), alors qu'en Allemagne le juif usurier et le patron des mélancoliques se ressemblent et se superposent (fig. 21).*
Dans les représentations de la roue de la fortune Saturne assume les traits stéréotypes du Juif (fig. 22).
Ce processus culmine pour Zafran dans une gravure qui montre un Saturne Kronos avec lesignum (fig. 23)."
[137] "*L'un apprend une femmelette, & moins il en est aimé, plus la fureur de l'amour le tourment. L'autre épouse la dot, & non pas la fille. Celui-ci prostitue son épouse. Celui-ci, possédé de Démon de la Jalousie, veille en Argus sur la conduit de sa moitié. Quelles sottises ne dit-on point, ne fait-on point, dans le deuil, jusqu'à payer des Pleureurs mercenaires, qui sont comme les Acteurs de la Farce? Beaucoup de joye dans le cœur, grande affliction sur le visage; c'est pleurer sur le tombeau de sa bell-mere. L'un, ramassant tout ce qui lui appartient, en fait présent à son estomac, au risque de mourir de faim entre ses mains. L'autre met tout son bonheur, à dormir & à ne rien faire. Il y en a qui, toujours en action pour les affaires de autres, négligent leurs propres affaires. Il en est qui empruntent pour s'acquitter, & qui, lorsqu'ils se croyoient en fortune, se trouvent abîmez de dettes. Ce pauvre ne conçoit pas son plus grand bonheur, que d'enrichir son héritier. Cet affamé de biens court les mers, pour un profit leger & incertain, abandonnant aux vagues & aux vents, une vie qu'il ne peut racheter de tout l'argent de Monde. Cet amateur du jeu, qui pourroit jouïr chez lui d'un sûr & agréable loisir, aime mieux chercher la fortune à travers les dangers & les horreurs de la Guerre. On se flate d'une grosse succession, où on peu s'emparer de l'esprit de ce Vieillard qui va mourir sans héritiers, ou si on a l'adresse de gagner les bonnes graces de cette riche Vieille: mais que les Dieux nient de bon cœur, quand ces Pêchers d'argent se prennent dans leurs propres filets!*" (texte de l'édition d'Amsterdam, François L'Honoré, 1728, reproduit sur le site http://spiritoftheages.com/Plate%2036%20(Moriae%20Encomium%20[In%20Praise%20of%20Folly])%20-%20illustrated%20by%20Hans%20Holbein.htm)
[138] http://upload.wikimedia.org/wikipedia/commons/4/46/Aldegrever%2C_Heinrich_%E2%80%94_Socordia_%E2%80%94_1549.jpg,
http://www.spamula.net/blog/2004/07/campagnola.html, http://desogexlibris.blogspot.com/p/opus-list_7726.html,
http://www.dbnl.org/tekst/jong076totl01_01/jong076totl01_01_0037.php, http://www.stufftoblowyourmind.com/podcasts/tag/seven-deadly-sins/,
http://fr.muzeo.com/reproduction-oeuvre/all%C3%A9gorie-de-la-paresse/ligozzi-jacopo, https://2009sediments.wordpress.com/tag/musee-du-luxembourg/,
http://ec-belabre.tice.ac-orleans-tours.fr/dotclear/index.php?page/3, http://www.zazzle.com/regalos?lang=es,
http://scriptoriumdelascinco.blogspot.com/2011/12/bestiario-manuscritos-medievales.html, http://www.pinterest.com/mnemoticum/homo-bulla-est-quis-evadet/,
http://www.penccil.com/gallery.php?p=793961723650, http://arts-graphiques.louvre.fr/detail/oeuvres/0/7362-Allegorie-de-la-Paresse, http://arts-graphiques.louvre.fr/detail/oeuvres/4/572594-La-Paresse-max, http://arts-graphiques.louvre.fr/detail/oeuvres/5/572616-La-Paresse-max,
http://gallica.bnf.fr/ark:/12148/btv1b6953356k.r=paresse.langES, http://gallica.bnf.fr/ark:/12148/btv1b6938878w.r=paresse.langES,
http://gallica.bnf.fr/ark:/12148/btv1b8403648w.r=paresse.langES, http://gallica.bnf.fr/ark:/12148/btv1b8403648w.r=paresse.langES,
http://gallica.bnf.fr/ark:/12148/btv1b10500428z.r=paresse.langES, http://gallica.bnf.fr/ark:/12148/btv1b8451883s.r=paresse.langES,
http://www.penccil.com/gallery.php?p=793961723650,
http://www.rembrandtpainting.net/complete_catalogue/storia_b/idleness.htm, http://www.art.com/gallery/id--a242120/frederic-james-shields-posters.htm,
http://www.pinterest.com/pin/315181673895509246/, http://commons.wikimedia.org/wiki/File:Abraham_Bloemaert_-_Parable_of_the_Wheat_and_the_Tares_-_Walters_372505.jpg?uselang=fr
[139] Guy de Tervarent, *Attributs et symboles dans l'art profane: dictionnaire d'un langage perdu (1450-1600)*, Paris, Droz, 1997, art. "*Âne*", pp. 49-50, et "*Escargot*", p. 197; voir aussi pp. 30, 66, 86, 168, 175, 210, 367, 380; le boeuf est mentionné pp. 71, 115; et la tortue, p. 28.
[140] *Ibid.*, pp. 197, 380.
[141] http://pre-gebelin.blogspot.com/2009/04/witless-warrior.html

0.2.b. La présence du diable dans les représentations des Sept Péchés Capitaux
Toutefois, on reconnaîtra parfois l'association d'un démon à la Paresse.
Mais cela n'arrive jamais que, soit dans des ensembles plus vastes, qui sont des représentations du châtiment des Péchés aux Enfers, comme au couvent Saint-Grégoire du Mont Athos[144] (où il faut cependant reconnaître que le second moine pêcheur de paresse serait accompagné d'"*Un diable* (qui) *lui souffle des rêves épouvantables, des cauchemars accablants*"[145]), à l'église paroissiale de Saint-Léry (début des années 1480[146]), soit des séries dans lesquelles, comme dans celles du Meister der Coburger Rundblätter (Master of the Drapery Studies, 1490-1497), de Callot (1618-1625) ou de Giuseppe Maria Mitelli (1679)[147], où tous les Péchés sont accompagnés par de petits démons ailés voletant autour de chacun d'eux.

En tant que péché véniel, la Paresse partage, sur l'arbre des Péchés, le même rang que la Luxure et la Gourmandise, comme on le voit sur le E.g. ms. Arsenal 1037 (XIVème siècle, fol. 5r.)[148], ce qui explique pourquoi elle se confond avec celles-ci, comme à Sémelay dans le diocèse de Nevers[149]. Ce sont "*les trois concupiscences*" qui donnent naissance aux autres vices[150].

En effet, la Paresse s'associe aux branches mortes, puisque, comme le représentent les chapiteaux du Palais Ducal de Venise dans leur représentation des Vices et des Vertus, où elle tient dans chaque main un arbre mort[151], son action est négative en tout ("*source de tous les autres* [Vices]*: c'est celui qui fait mourir tout bien dans l'homme et qui appelle la légion de tous les défauts*"[152]), symbole qui, avec les araignées,

---

[142]Tervarent, p. 367.
[143]*Ibid.*, p. 72.
[144]Denys de Fourna, *Manuel d'iconographie chrétienne grecque et latine*, trad. Paul Durand, Paris, Imprimerie Royale, 1845, note pp. 276-277.
[145]*Ibid.*, suite de la note p. 277.
[146]Laurent Guitton, "Les sept péchés de Saint-Léry - Allégorie infernale et conflits de pouvoir dans la Bretagne ducale au xve siècle", *Annales de Bretagne et des pays de l'Ouest*, 2011/1, No 118-1, pp. 7-43.
[147]http://lj.rossia.org/users/marinni/361549.html?thread=4599629
[148]http://en.wikipedia.org/wiki/Tree_of_virtues_and_tree_of_vices
[149]Crosnier, p. 259.
[150]Comte Grimoüard de Saint-Laurent, *Guide de l'Art chrétien, études d'est hétique et d'Iconographie*, Paris, Didron, et Poitiers, Henri Oudin, 1873, T. III, pp. 474-475.
[151]William Bruges et Didron Aîné, *Venise: iconographie des chapiteaux du Palais Ducal*, Paris, Victor Didron, 1857, pp. 17 et 33.
[152]*Ibid.*, pp. 33-34:"*ACCIDIA ME STRIGIT. Jeune fille assise dans la campagne, tenant de chaque main une branche d'arbrisseau sans feuille et comme morte.Ce Vice de la Paresse est ici, on peut dire, à sa source, c'est-à-dire au chapiteau, il ne faudrait pas en gratifier des natures si peu sensibles, surtout en figures. Quoi qu'il en soit, selon les Vénitiens, l'enfer est jonché, est pavé de luxurieux. - VANITAS IN ME ABVDAT. Jeune fille assise, couronnée en reine; elle tient, de la main gauche et horizontalement, un miroir rond où elle perd tout son temps, puisqu'elle est fille de laParesse, à se regarder. - IVIDIA ME COBVRIT. Jeune femme assise; coiffée de deux serpents, elle tient sur ses genoux un dragon auquel, de l'index de la main droite, elle montre un objet, sa voisine la Vanité, sans doute,à dévorer. L'Envie peut encore avoir la Paresse pour mère, tandis que le travailleur n'a pour de rien ne porte envie à personne. D'ailleurs cette Envie n'a pas le courage d'exercer elle-même sa méchanceté; cette paresseuse charge de cet office un dragon, un étranger, un «condottiere» animal. - LVXVRIA SV STERCV INFERI. Jeune femme assise, comme la Paresse sa mère, tête nue, cordelette au front. Elle tient de la main gauche un miroir circulaire. Cette Luxure est trop semblable à la Vanité; quand on n'a que huit places à donner sur un chapiteau, il ne faudrait pas en gratifier les pleins sensibles, surtout en figures. Quoi qu'il en soit, selon les Vénitiens, l'enfer est jonché, est pavé de luxurieux. - GVLA SINE ORDINE SVM. Jeune femme tenant à pleine main droite un gobelet de vin de Chypre probablement, et, de la main gauche, une cuisse d'oiseau qu'elle mange ou plutôt qu'elle dévore avec gloutonnerie. La Gourmandise est la fille légitime de la Luxure, mais je ne vois pas trop pourquoi l'Envie en serait la grand'mère, et la Paresse la trisaïeule. De la Gourmandise à l'Orgueil, de l'homme plein de vin et de bonne chère à l'orgueilleux, il n'y a peut-être pas bien loin, et je comprends la place du Vice qui suit. - SYPERBIA PREESSE VOLO. Jeune femme assise fièrement sur un siècle massif cuirassé, protégé d'un casque à deux cornes. A la main droite, épée levée;à la main gauche, bouclier où s'enlève en relief une tête de lion, le plus orgueilleux des animaux. - IRA CRVDELIS E IN ME. L'orgueilleux tombe dans la colère tout naturellement et de un à deux. La Colère est une femme déchaînée, cheveux au vent; elle arrache les vêtements qui lui couvrent la poitrine, cette partie qu'une femme calme cache avec tant de soin. - AVARICIA ANPLECTOR. Vieille femme en religieuse peut-être, voile sur la tête; elle tient serrée fortement de chaque main une bourse pleine d'argent et dont elle ne lâchera pas une obole, on peut en être sûr. Les Vénitiens ont ajouté un huitième Vice aux sept péchés capitaux, et ce nouveau péché capital est la Vanité, qui double ainsi la Luxure. Affaire de mode, de parade, d'ostentation, de richesse réelle assurément, mais aussi et souvent de richesse simulée, la Vanité est parfaitement chez elle. Au chapiteau xxvII, l'ordre n'est plus le même qu'au chapiteau vII, et surtout n'est pas le même que dans la théologie, que dans notre catéchisme. En voici les trois dispositions; nous les mettons en regard pour aider aux réflexions que cette différence peut provoquer:*
CHAPITEAU VII.   *CHAPITEAU XXVII.*
CATÉCHISME.

Paresse	*Luxure*	*Orgueil*
Vanité	*Gourmandise*	*Avarice*
Envie	*Orgueil*	*Luxure*
Luxure	*Colère*	*Envie*
Gourmandise	*Avarice*	*Gourmandise*
Orgueil	*Paresse*	*Colère*
Colère	*Vanité*	*Paresse*
Avarice Envie.		

Sur la Piazzetta, au chapiteau VII, la Paresse est le point de départ et la mère de tous les vices; le dernier rejeton en est l'Avarice. Sur le quai des Esclavons, c'est de la Luxure que tous les vices débordent, et les voyageurs savent, aujourd'hui encore, que ce quai n'est pas un modèle de pureté. Dans le catéchisme, c'est l'Orgueil, le Vice de la tête principalement, qui est la source de tout le mal.Je ne fais qu'indiquer certaines remarques; mais que de réflexions et d'enseignements à tirer d'un tableau général et synoptique des vices et des Vertus comme toutes les religions, tous les siècles et tous les peuples les ont en soi compris!Je suis tenté de dresser un jour, dans les «Annales», une pareille perspective sur une double ligne, l'une pour les Vertus, l'autre pour les Vices."

mais substituant l'escargot par le serpent de la Luxure, se présente autour de l'arbre, de l'emblème de 1627 de Van de Venne[153].

Le XIXème siècle reproduira encore cette opposition morale entre le Vice et la Vertu, entre Travail[154] et Paresse, dans des ouvrages moraux pour la jeunesse[155].

0.3. Dialectisation du *corpus*
0.3.a. La Paresse et l'Industrie

Conformément à l'opposition entre Vices et Vertus[156], les représentations allégoriques opposant *L'Industrie et la Paresse* se multiplient, chez Lorenzo Lotto (1505), Raphaël[157], Bloemaert, Pastorino de' Pastorini[158] (1562), Louis Laguerre (1663-1721), Robert Boissard (4e quart XVIème siècle; 1ère moitié XVIIème siècle), Antoine Couchet (1630-1678, dans son *Allégorie du Temps*), Hogarth (dans *The Fellow' Practices*)[159], les éditions Pellerin des images d'Épinal dans sa planche sur "*Le travail et la paresse*" (1875)[160], transformant l'*Allégorie de la Paresse et la Luxure*, dont l'unité sémantique apparaît dans les oeuvres de Ripa[161], Jacob de Gheyn II (1596), ou dans les deux *Allégories* de Ligozzi pour les Médicis[162], que l'on peut rapprocher encore de son autre oeuvre intitulée *Le Vice distrayant l'Étude*[163].

La légende de l'illustration de Galle: "*Aussi bien le rouet que la bobine sont tombés de ses doigts inertes; et bientôt elle tirera sa maison négligée à leur côté*" ("Zowel het spinrokken als de spoel is haar uit de slappe vingers gegleden; weldra zal ook haar verwaarloosde huis in elkaar storten")[164] reprend l'idée générale, notamment de Lotto, dans laquelle la Paresse abandonne toute activité, laissant mourir autour d'elle tout ce qu'elle ne touche plus (les arbres morts), alors que l'Industrie, représentée chez Lotto par un Cupidon occupé à s'intruire avec les instruments géométriques, s'affaire.

L'image de la Paresse comme maladie de l'âme, qui expliquera les considérations raciales postérieures, de Hegel[165] ou de Tzvetan Todorov dans *La Conquête de l'Amérique: La Question de l'autre*

---

[153]Voir aussi Jacob Cats, *Silenus Alcibiadis, sive Proteus, humanae vitae ideam, emblemate trifariam variatio, oculis subjeciens. Iconibus artificiose in aes incisis, ac trium linguarum explicatione eleganter elustratus*, Middelburgi, Ex officina typographica Iohannis Hellenij, 1618, pp. 73 et 79 de la Ière Partie, Emblèmes XXXVI et XXXIX.
[154]Jusque dans le cadre domestique: "*The Good House-Wife. Woman, when Virtuous, free from Sloth & Vice, / Greater by far, than Rubies in her price. / Heaven crowns her Labour with a plenteous Store, / To feed her Household, and relieve the Poor.*", http://www.pinterest.com/pandora678/18th-and-19th-c-dress-servants-and-the-underclass/
[155]Mme Manceau, *Les deux Jumeaux ou Travail et Paresse*, "Bibliothèque de la Jeunesse Chrétienne", Paris, Alfred Mame et Fils, 1864. Cette dualité morale sera reprise par la Comtesse de Ségur dans *Jean qui grogne et Jean qui rit* (1865). Alors qu'Eugène Sue fera une série de romans sociaux intitulée *Les Sept Péchés capitaux*.
[156]Grimoüard, p. 472.
[157]*La Vertu entre l'Activité et la Paresse*, oeuvre attribuée à Raphaël, voir Tervarent, p. 261.
[158]"*Cast bronze medal; inscription obverse: ALBERTVS LOLLIVS; signed on truncation, incised: .P. 1562; on reverse Fortune, standing on a globe, moving to left away from a seated draped woman who may represent Sloth; inscription: OBVII VLNIS*" (http://warburg.sas.ac.uk/vpc/VPC_search/record.php?record=31339)
[159]http://www.1st-art-gallery.com/Louis-Laguerre/Allegory-Of-Industry-And-Idleness.html, http://www.onepeterfive.com/seven-deadly-sins-remedies/, http://labourpartisan.blogspot.com/2011/12/marks-of-weakness-marks-of-woe-chav-as.html, http://educators.mfa.org/prints-drawings-and-photographs/prodigal-son-allegory-idleness-and-luxury-712, http://arts-graphiques.louvre.fr/detail/oeuvres/10/7357-Allegorie-de-la-luxure-max, http://www.culture.gouv.fr/Wave/image/joconde/0684/m021102_0009182_p.jpg, http://marinni.dreamwidth.org/582902.html?thread=12721142, http://www.ebay.com/itm/1726-1627-EMBLEM-PRINT-Van-de-Venne-Cats-IDLENESS-ALLEGORY-Spider-Snake-/261241761804, http://www.mga.hu/html_m/m/mei/allegory.html, http://www.imagiva.com/bellini-giovanni/four-allegories-perseverance-and-fortune.html, http://lmaclean.ca/LisaMacLean/nfblog/category/the-classical-world-redux/, http://www.teeuwisse.de/catalogues/selected-prints-vii/tempus-the-allegory-of-time.html, http://warburg.sas.ac.uk/vpc/VPC_search/record.php?record=2391, http://warburg.sas.ac.uk/vpc/VPC_search/record.php?record=9507, http://warburg.sas.ac.uk/vpc/VPC_search/record.php?record=32425, http://warburg.sas.ac.uk/vpc/VPC_search/record.php?record=31339
[160]http://gallica.bnf.fr/ark:/12148/btv1b69385175.r=paresse.langES
[161]*Le porc est l'animal le plus incapable d'être dressé, comme les paresseux, qui n'attache de prix à aucun exercice dont on puisse tirer louange et ne peut apprendre ce qui demande de la discipline. Semblable à cet animal qui ne cherche qu'à satisfaire ses appétits de la manière de Vénus, l'homme dominé par la paresse s'abandonne tout entier à la satisfaction des sens, consommant la perte de sa propre renommée*", cité in *ibid.*, p. 367.
[162]"*Une petite exposition surprenante (Jacopo Ligozzi, un dessinateur à la cour des Médicis, Exposition au Musée du Louvre du 27 janvier au 25 avril 2005) ne manquera ce qui demande d'étonner les visiteurs qui s'aventureront dans l'Aile Denon du Louvre, puisqu'une cinquantaine de planches pour le moins fascinantes les y attendent jusqu'au 25 avril. Celles-ci présentent, sur une période d' environ un demi-siècle, des oeuvres significatives de celui qui fut le maître à dessin de Marie de Médicis: Jacopo Ligozzi (vers 1550-1627). Beaucoup de ces représentations de la mort s'appuient sur un «intertexte» biblique. Ainsi, deux allégories issues de la série dite des Sept Péchés capitaux, celle de la paresse et celle de la luxure, mettent en scène, non sans érotisme, les tentations d'une «mort spirituelle» qui fait fi de la «Loi» divine.*", http://nerial.free.fr/artelio/artelio/art_431.html
[163]*L'Allégorie de la Fortune* (1660s.) par Bernardino Mei, qui reprend les deux éléments de celles de la *Persévérance* et de la *Fortune* (c. 1490) par Bellini, la figure féminine en équilibre instable, et l'offrande de fruits par Bacchus sur un char à un guerrier, reproduit, en sens positif, les valeurs de dualité de l'*Allégorie de l'Industrie et la Paresse*.
[164]http://www.dbnl.org/tekst/jong076totl01_01/jong076totl01_01_0037.php
[165]"*The World is divided into Old and New; the name of New having originated in the fact that America and Australia have only lately became known to us. But these parts of the world are not only relatively new, but intrinsically so in respect of their entire physical and psychical constitution. Their geological antiquity we have nothing to do with. I will not deny the New World the honour of having emerged from the sea at the world's formation contemporaneously with the old: yet*

(1982)[166], se transpose souvent dans les illustrations du débarquement de Christophe Colomb sur le sol américain[167], où d'indolents sauvages allongés, voire dans leurs hamacs, le reçoivent sans même se lever (comme par exemple chez Jan van der Straet, c. 1600[168], ou dans la gravure de la Bibliothèque du Congrès[169] et autres illustrations éducatives[170]). Indolence des natifs qui se reproduit dans les représentations du retour de Colomb en Espagne[171], lesquelles font d'ailleurs pendant à celles de l'ennui de la reine comme se l'imagine Emanuel Gottlieb Leutze en 1843[172].

0.3.b. Le feu du foyer et la question du discours religieux

Si l'on retrouve le motif du foyer comme élément d'endormissement pour le paresseux dans les oeuvres citées où n'apparaît pas le diable, la présence d'un diable derrière l'Orgueil, qui précède la Luxure, laquelle à son tour précède l'Acédie dans *Les Sept Péchés Capitaux* (c. 1500) de Bosch, alors que le paresseux ne fait que dormir tranquillement au coin du feu, pourrait être un élément de plus pour voir dans le *Songe du Docteur* de Dürer une projection ou extrapolation des motifs habituels. En effet, si l'on considère le lien Luxure-Gourmandise-Acédie, on peut assumer que les deux péchés, l'un avec le Diable, l'autre avec le coussin et le feu, peuvent s'unifier dans la gravure de Dürer.

Mais il faudrait pour cela faire un lien idéologique entre l'Orgueil au miroir et la Luxure (qui, de fait, chez Bosch, mélange les plaisirs de la chair, du vin et de la ripaille) au prix d'une jonglerie complexe, bien que peut-être pas fausse, entre les motifs, la séquence, les figures et le sens de chaque Vice. En effet, la femme étant la coupable du Péché de Vanité dans l'iconographie médiévale, et aussi de celui de Luxure (en

---

the Archipelago between South America and Asia shews a physical immaturity. The greater part of the islands are so constituted, that they are, as it were, only ,a superficial deposit of earth over rocks, which shoot up from the fathomless deep, and bear the character of novel origination. New Holland shews a not less immature geographical character; for in penetrating from the settlements of the English farther into the country, we discover immense streams, which have not yet developed themselves to such a degree as to dig a channel for themselves, but lose themselves in marshes. Of America and its grade of civilization, especially in Mexico and Peru, we have information, but it imports nothing more than that this culture was an entirely national one, which must expire as soon as Spirit approached it. America has always shewn itself physically and psychically powerless, and still shews itself so. For the aborigines, after the landing of the Europeans in America, gradually vanished at the breath of European activity. In the United States of North America all the citizens are of European descent, with whom the old inhabitants could not amalgamate, but were driven back. The aborigines have certainly adopted some arts and usages from the Europeans, among others that of brandy-drinking, which has operated with deadly effect. In the South the natives were treated with much greater violence, and employed in hard labours to which their strength was by no means competent. A mild and passionless disposition, want of spirit, and a crouching submissiveness towards a Creole, and still more towards a European, are the chief characteristics of the native Americans; and it will be long before the Europeans succeed in producing any independence of feeling in them. The inferiority of these individuals in all respects, even in regard to size, is very manifest; only the quite southern races in Patagonia are more vigorous natures, but still abiding in their natural condition of rudeness and barbarism. When the Jesuits and the Catholic clergy proposed to accustom the Indians to European culture and manners (they have, as is well known, founded a state in Paraguay and convents in Mexico and California), they commenced a close intimacy with them, and prescribed for them the duties of the day, which, slothful though their disposition was, they complied with, under the authority of the Friars. These prescripts, (at midnight a bell had to remind them even of their matrimonial duties,) were first, and very wisely, directed to the creation of wants—the / springs of human activity generally. The weakness of the American physique was a chief reason for bringing the negroes to America, to employ their labour in the work that had to be done in the New World; for the negroes are far more susceptible of European culture than the Indians, and an English traveller has adduced instances of negroes having become competent clergymen, medical men, &c. (a negro first discovered the use of the Peruvian bark), while only a single native was known to him whose intellect was sufficiently developed to enable him to study, but who had died soon after beginning, through excessive brandy-drinking; The weakness of the human physique of America has been aggravated by a deficiency in the mere tools and appliances of progress,—the want of horses and iron, the chief instruments by which they were subdued.
The original nation having vanished or nearly so, the effective population comes for the most part from Europe; and what takes place in America, is but an emanation from Europe." (Hegel, Lectures on the philosophy of history, trad. de J. Sibree, Londres, Henry G. Bohn, 1861, pp. 85-86)

[166]"... *le caractère hésitant de l'empereur aztèque Moctezuma... (La conquête de l'Amérique, Les raisons de la victoire.) Or l'idée de devoir négocier avec des Dieux tétanise Moctezuma au point de précipiter sa perte et celle de son empire (La conquête de l'Amérique, Moctzuma et les signes.).*" Alors qu'au comportement passif (face aux dieux supposés) de Moctezuma, "... *comportement sémiotique de Moctezuma focalisé sur l'intégration au sein de la communauté, Todorov oppose celui de Cortès tourné vers la manipulation d'autrui. Lorsqu'il quitte Cuba, Cortès est comparable aux autres Conquistadores avides de richesses mais dès qu'il apprend l'existence du royaume aztèque, il décide de mettre tout en œuvre pour en devenir le maître. À cette fin, il met au point une tactique de guerre particulièrement habile, s'informant du Moctézuma, décryptant, notamment grâce à la Malinche, les réactions des Amérindiens, instrumentalisant le conflit opposant les Tlaxcaltèques aux Aztèques et utilisant à son profit le mythe du retour de Quetzalcoátl. Pour Todorov, c'est en maîtrisant la « communication inter-humaine » que Cortès s'empare de l'empire (La conquête de l'Amérique, Cortès et les signes).*" (http://fr.wikipedia.org/wiki/La_Conqu%C3%AAte_de_l'Am%C3%A9rique_:_La_Question_de_l'autre#cite_note-Cort.C3.A9s-8)
[167]La langueur tropicale du noir haïtien, mollement affalé, est un motif repris par Paul Féval dans *La vampire*, Paris, E. Dentu, 1891, p. 69, au début du chapitre "*VIII. Le narcotique*": "*Dans la serre, à travers les carreaux, il aperçut le nègre—le nègre géant—qui fumait une paille de maïs bourrée de tabac, couché tout de son long qu'il était sous un latanier en fleurs.*"
[168]http://www.1st-art-gallery.com/(after)-Straet,-Jan-Van-Der-(giovanni-Stradano)/Columbus-Discovering-America,-Plate-2-From-Nova-Reperta-New-Discoveries-Engraved-By-Theodor-Galle-1571-1633-C.1600.html
[169]http://www.loc.gov/pictures/resource/pga.02023/
[170]Voir ainsi aussi l'image http://www.proyectosalonhogar.com/Enciclopedia_Ilustrada/Edad_Moderna/indios.jpg du site http://www.proyectosalonhogar.com/Enciclopedia_Ilustrada/Edad_Moderna/Cristobal_Colon.htm, ou celle http://media.irishcentral.com/images/MI+Before_Columbus.jpg de http://www.irishcentral.com/roots/history/old-spanish-document-suggests-irish-were-in-america-before-columbus-190817901-237769001.html
[171]http://www.sonofthesouth.net/revolutionary-war/lithographs/columbus-retun-spain.jpg de http://theageofdiscovery.wikispaces.com/Christopher+Columbus'+first+voyage
[172]http://en.wikipedia.org/wiki/File:Emanuel_Gottlieb_Leutze_-_Columbus_Before_the_Queen.JPG

~ 198 ~

tant que sa beauté attire le regard), les deux Péchés pourraient alors être rapprochés, puis ensuite ceux-ci à celui de Paresse, où, si elle ne joue pas vraiment de rôle, la critique a induit qu'elle s'offrirait en songe au Docteur chez Dürer (la femme nue), et, en général, qu'elle est au centre des tentations des Saints célibes.

Dit autrement, encore une fois, l'image unique ne peut pas faire système. On serait donc bien en peine, pour l'Orgueil de Bosch comme pour le dormeur de Dürer de considérer qu'une seule image, distincte, puisse générer un thème compréhensible à l'analyse.

En outre, le paresseux de Bosch conserve (ou est représenté), autre différence notable, au contraire de celui de Dürer, les pieds au sol.

0.3.c. La religion, la figure féminine et l'Industrie

Par contre, on pourra peut-être sortir certains éléments intéressants du cas de Bosch: non seulement, comme chez Dürer, le dormeur est contrebalancé par une figure féminine: ici une nonne, ce qui laisserait le doute sur le sens négatif de la femme nue chez Dürer; et il nous semble, en outre, qu'on pourrait bien faire correspondre les quatre dernières étapes humaines avec les péchés qui leur font face: l'avarice avec la mort (versus la nécessaire libération des biens terrestres pour "*bien mourir*", selon l'*Ars*); l'Enfer, lieu de toutes les Envies et de tous les péchés; la Gloire au paradis et l'Orgueil comme moment de peser l'âme, le bon et le mauvais, la vaine Vanité versus les actes réalisés (principe de la Renaissance de la gloire après la mort); le Jugement Dernier et la Paresse, mère de tous les péchés, mais aussi contre-partie de l'Orgueil et de la mesure de ce que chacun aura réalisé sur cette terre. La paresse s'intègre ainsi ici à un possible discours d'opposition (comme elle le fera postérieurement par rapport au Travail et à l'Industrie) et à un jeu d'opposition entre l'oubli laïque du livre (éloigné du dormeur, posé sur un banc, versus la religieuse qui lui enseigne le chapelet et, de nouveau, les Écritures).

Ainsi, suivant les préceptes de Bronzino (dans son *Allégorie*[173], c. 1546, étudiée par Erwin Panofsky dans ses *Essais d'iconologie*), Jean François De Troy dans son *Allégorie de la Vérité dévoilée par le Temps* (1733) montre une Vérité dévoilée, nu le sein, comme celle des vers de Boileau[174], ce qui nous induit bien à penser que la nudité n'est pas forcément symbole de péché, même dans le cadre chrétien.

0.3.d. Des démons

On a dit qu'au couvent Saint-Grégoire du Mont Athos un diable s'attache à la Paresse. Il en va de même pour la *Desidia* (Paresse) dans la série de Brueghel l'Ancien (1558), où le premier plan de ce péché nous présente une femme appuyée à un rocher derrière lequel guette un démon. Toutefois, comme antérieurement, on le voit notamment dans la planche correspondante à l'Avarice (personnage à gauche, entouré de démons qui attirent son attention sur le supplice des ciseaux) ou par la similitude entre celle de la Colère et *Dulle Griet* (1562), les démons s'attaquent à tous les péchés chez Brueghel comme chez Callot. Étant ainsi triplement perdu le sens du démon soufflant à l'oreille de la gravure de Dürer dans celle de Brueghel: d'abord parce que le démon guette mais n'est en rien proche de sa victime, ensuite parce que ce

---

[173]http://en.wikipedia.org/wiki/Venus,_Cupid,_Folly_and_Time
[174]"*ais-tu pourquoi mes vers sont lus dans les provinces,*
Sont recherchés du peuple, et reçus chez les princes?
Ce n'est pas que leurs sons, agréables, nombreux,
Soient toujours à l'oreille également heureux;
Qu'en plus d'un lieu le sens n'y gêne la mesure,
Et qu'un mot quelquefois n'y brave la césure:
Mais c'est qu'en eux le vrai, du mensonge vainqueur,
Partout se montre aux yeux et va saisir le cœur;
Que le bien et le mal y sont prisés au juste;
Que jamais un faquin n'y tint un rang auguste;
Et que mon cœur, toujours conduisant mon esprit,
Ne dit rien aux lecteurs qu'à soi-même il n'ait dit.
Ma pensée au grand jour partout s'offre et s'expose,
Et mon vers, bien ou mal, dit toujours quelque chose." (Boileau, *Épître IX*, 1695), cité en regard du tableau de Troy sur le site http://harpers.org/blog/2008/07/boileau-nothing-is-beautiful-but-the-true/

n'est qu'un élément parmi tant d'autres de l'illustration du péché, finalement, on vient de le dire, parce que les représentations des autres péchés également sont remplis de démons.

0.4. Une révision du passage historique de l'iconographie médiévale à la moderne, de ses causes et ses conséquences

On pourra diviser l'iconographie des péchés, ce qui semble n'avoir pas été fait jusqu'à ce jour, en deux grands moments: le médiéval, où ils sont présentés comme des illustrations simples, parlantes, voire comiques, comme le paresseux en moine[175] gras et endormi, des péchés; et le moderne, où, sous l'influence des livres d'emblèmes, l'image se condense et s'allégorise (comme chez Giotto et sa représentation des Vices et des Vertus[176]), de façon à ce que les péchés deviennent de véritables personnifications avec des attributs propres, spécifiques, mais plus symboliques que réellement évocateurs.

Évidemment, l'origine d'un tel mouvement se trouve au Moyen Âge, on le voit par exemple dans les images des évangélistes représentés sur les chapiteaux ou dans les sculptures en général accompagnés de leur animal respectif. Une conséquence visuelle en sera, entre autres, la Galerie Schifanoia et ses illustrations astrologiques.

On retrouvera un mouvement similaire au passage de la modernité à la contemporanéité, lorsque les valeurs absolues d'un monde immuable, qui était celui de l'Ancien Régime, et qui se plaisait à représenter les Vertus des Grands hommes, notamment du Roi et de sa cour, sera remplacé par une nouveau discours iconographique, dans lequel les hommes du commun (comme Marat) pourront assumer ces mêmes valeurs, mais vues comme représentatives d'une actualité, comme dans le cas du *Radeau de la Méduse* et de ses motifs. L'antichambre de cette nouvelle vision doit se chercher dans la Renaissance elle-même et l'apologie du génie, qui débouchera sur celle de Perrault aux *Grands hommes de ce siècle*, et la conséquence sera la moralisation éducative, que nous avons mentionnée, au travers d'enfants comme les autres, qui remplaceront les *Allégories*, personnifications éternelles de valeurs concrètes. Au fond, en cela, l'époque contemporaine fermera le cercle, et reviendra à une simplicité médiévale, bien que passée au tamis d'un symbolisme moderne (le paresseux ne sera plus le simple dormeur, mais celui dont l'action viendra illustrer la valeur absolue de la Vertu moderne: dit autrement, du péché simple, médiéval, comique ou dramatique, mais proche du réel, se substituent la Vertu et le Vice allégorisés modernes, que substitueront à leur tour la personnification dans l'actualité du moment les actions des grands hommes, d'abord de la monarchie, puis de la Révolution, et finalement des enfants modèles de la littérature éducative du XIXème siècle).

0.5. Les sources

Les ouvrages et articles sur la Paresse (*Sloth, Idleness, Laziness*) comme péché, en effet, n'offrent guère d'indication sur le sujet, puisqu'ils traitent plus de celle-ci comme péché littéraire et théologique[177] que comme objet iconographique, ce qui est, certes, au fond, proche, puisque de la théologie provient l'iconographie, mais n'est, on le vient dans le cas précis, cependant tout à fait la même chose, puisqu'on ne peut étudier les représentations de la Paresse, la Desidia, l'Acédie (Acedia ou Accidia), la Socordia, la Pigritia (ou Pigricia), l'Otiositas, seulement, malheureusement, depuis ces descriptions textuelles.

---

[175]L'"*hypothétique moine*" de Bénédicte de Nursia, "*accidiosus*" pour avoir succombé à l'"*otiositas*", James B. Williams, "*Working for Reform: Acedia, Benedict of Aniane and the Transformation of Working Culture in Carolingian Monasticism*", *Sin in Medieval and Early Modern Culture: The Tradition of the Seven Deadly Sins*, Centre for Medieval Studies, University of York, et Woodbridge, Boydell & Brewer Ltd, 2012, pp. 30-36.
[176]http://infogiotto.blogspot.com/2007/03/giotto-chapelle-scrovegni-padoue-les.html
[177]Siegried Wenzel, *The sin of sloth: Acedia in Medieval Thought and Literature*, Chapter Hill, University of North Carolina Press, 1967; Guillaumont Antoine, "*Siegfried Wenzel. The Sin of Sloth: Acedia in Medieval Thought and Literature*", *Revue de l'histoire des religions*, Tome 175, No 1, 1969, pp. 91-93; Bruno Bernard, "*Loisir, paresse, oisiveté: débats idéologiques autour de ces notions (XVIIe-XIXe siècles)*", *Revue belge de philologie et d'histoire*. Tome 79 fasc. 2, 2001. *Histoire médiévale, moderne et contemporaine - Middeleeuwse, moderne en hedendaagse geschiedenis*, pp. 523-532; Vincent-Cassy Mireille, "*Les animaux et les péchés capitaux: de la symbolique à l'emblématique*", *Actes des congrès de la Société des historiens médiévistes de l'enseignement supérieur public*, 15e congrès, Toulouse, 1984. *Le monde animal et ses représentations au moyen-âge (XIe - XVe siècles)*, pp. 121-132; Jonathan Alexander, "*Labeur and Paresse: Ideological Representations of Medieval Peasant Labor*", *The Art Bulletin*, Vol. 72, No 3, Sept. 1990, pp. 436-452; André Rauch, *Paresse - Histoire d'un péché capital*, Paris, Armand Colin, 2013; Benjamin Bokobza, "*La paresse chez les moralistes du XVIIe siècle*", Mémoire de master 1/ 2010-2011, sous la direction de M. Gérard Ferreyrolles, Université Sorbonne Paris-IV; http://simmers1.webspace.virginmedia.com/87ed.htm

0.6. Le problème
0.6.a. Le problème du *Songe du Docteur* comme non résolu et complexe
Notre problème reste donc, on le voit, entier:
1. D'un côté, il nous semble avoir démontré que considérer la *Songe du Docteur* comme une simple représentation de l'*Acedia* est faux, puisque ses motifs en sont relativement distincts: le diable dans l'oreille, les pieds au-dessus du sol, bien que cependant certains éléments sont communs à la gravure et à ses antécédents (comme le feu et la femme, du moins celle-ci chez Bosch, mais pas en sens négatif, de Luxure - qui correspondrait bien au processus théologique de dérivation de la Paresse aux autres péchés -, mais comme figure positive, d'inspiration divine);
2. De l'autre, les sources, aussi bien textuelles que visuelles, semblent nous manquer pour avancer en terrain ferme et solide. Il nous faudra donc procéder avec précaution et assumer la complexité du thème, nous y collant au plus près.

0.6.b. Éléments introductifs de rapprochement iconographiques aux motifs de la gravure de Dürer: la question de la présence du démon et sa relation au dormeur
Nous chercherons donc des bases comparatives.

0.6.b.1. Quels personnages sont accompagnés de démons dans les *Allégories* de l'iconographie chrétienne?
L'église St. Moritz de Rottenberg[178] présente une image du paresseux endormi sur la *Bible*. C'est la même configuration que celle que l'on trouve chez Bosch.

À la cathédrale de Metz[179], l'Idôlatrie, représenté par une femme priant un démon (comme le personnage du vitrail correspondant de Notre-Dame de Paris[180]), se trouve entre l'Orgueil (ce qui renvoie à l'apparition du démon derrière celui-ci, également féminin, chez Bosch) et l'Avarice.

Alors qu'une oeuvre de la Geneva Fine Arts Foundation, qui représente les *Sept Péchés Capitaux*, signée Bosch, reprend le motif présent chez Brueghel de la Paresse assoupie sur un rocher, alors que derrière lui se trouve la Gourmandise avalant écoeuré son plat de bouillie, et brûle prêt du dormeur, ici, non le feu d'un doux foyer, mais celui des Enfers, et prêt d'eux se trouvent une nonne prête à jouer au bonneteau (inversion du modèle boschien classique, puisque dans la roue des *Sept Péchés* la nonne enseigne le même chapelin qu'elle traîne ici devant le bonimenteur, au dormeur, duquel elle s'éloigne dans l'oeuvre du Geneva Fine Arts Foundation, comme rappel de l'ordre du divin), chez Brueghel le Jeune *Les idolâtres* (1592) sont représentés comme des personnages entrant dans le derrière d'un autre en position d'expulsion[181]. Même posture que celle de la femme idolâtre baisant le derrière du diable, version inverse d'autres gravures où les fesses de celui-ci se reflètent dans le miroir de l'Orgueil[182].

0.6.b.2. La dichotomie théologique et la division des symboles: le démon, le miroir, la musique trompeuse
Il faut noter que, comme dans la gravure de Dürer, on y reviendra, mais la simple énumération des personnages et de leur position le montre en première instance, les vitraux et les sculptures de Notre-Dame[183] reproduisent la dichotomie déjà rencontrée pour la Paresse, entre Vices et Vertus, notamment dans les couples: Prudence-Folie et Foi-Idolâtrie [184] (respectivement deuxième et sixième couples de la rose Ouest[185]). Or l'on note dans ces représentations que la Folie[186], dans le vitrail, porte une coquille, et dans la

---
[178]http://www.newgre.org/author/calvin/
[179]http://www.yvesago.net/pourquoi/2010/09/cathedrale-de-metz-7-peches-capitaux.html
[180]http://cathedrale.gothique.free.fr/Notre-Dame_de_Paris_Rose_Ouest_Vices_Vertus.htm
[181]Ces deux oeuvres sont reproduites sur le site http://lepetitrenaudon.blogspot.com/2013/04/les-brueghel-au-cloitre-de-bramante.html
[182]Images sur le site http://witchbustersvanguard.wordpress.com/2012/03/11/pourquoi-la-femme-est-elle-forcement-une-sorciere-a-partir-du-xiiieme-siecle/
[183]http://cathedrale.gothique.free.fr/Notre-Dame_de_Paris_Rose_Ouest_Vices_Vertus.htm
[184]http://architecture.relig.free.fr/male13e.htm
[185]http://cathedrale.gothique.free.fr/Notre-Dame_de_Paris_Rose_Ouest_Vices_Vertus.htm

sculpture une trompette, lesquelles elle porte, selon notre lecture, à son oreille, dans le premier cas comme symbole de la musique trompeuse qui l'éloigne de l'écoute divine (alors que la Prudence porte un serpent enroulé, quand "*Un serpent s'enlace sur un bâton vertical. Nous avons vu au flanc gauche du trumeau central du porche ouest un serpent enroulé autour de la taille de la femme personnifiant la "Dialectique", une des "Voces", les "voix pour dire", du Trivium médiéval. Là, la Dialectique pointe son index droit devant elle. Un serpent s'enroule à sa taille, faisant office de ceinture*"[187]), dans l'autre de l'inutilité de la trompette, écoutée et non jouée, comme l'est, selon ce même principe, son bâton, trop court[188].

On notera ainsi de même que la Folie du bas-relief porte comme second attribut un miroir, qui est celui traditionnel de l'Orgueil.

Les troisième, quatrième et cinquième couples du vitrail sont: Dépouillement-Luxure, Charité-Avarice, Martyr-Apostat. La séquence Folie-Luxure-Avarice-Idôlatrie pouvant nous renvoyer dans le cadre de la correspondance théologique entre ces péchés, et leur lien à la Paresse, qui les génère ("*La Gourmandise est la fille légitime de la Luxure,... l'Envie en serait la grand'mère, et la Paresse la trisaïeule*"[189]), dans l'ordre des péchés charnels ("*fructus carnis*")[190]. En ce sens il est intéressant de noter que la Paresse (en tant, si notre lecture est bonne, qu'éloignement de Dieu) correspond, dans les "*fructus spiritus*", à l'Espoir[191] (Vertu suprême en cela de la Foi). Or, aussi bien dans le vitrail que dans le bas-relief l'Apostat s'éloigne physiquement de l'Église (représenté comme portes d'un édifice)[192], symbole qu'il nous semblera, on le verra, reconnaître dans l'iconographie de la gravure de Dürer, comparée aux enluminures.

0.6.b.3. Origines du thème: de l'idolâtrie biblique à l'opposition du Diable et du Docteur dans l'espace allemand de la Réforme: la Paresse comme éloignement de Dieu

L'iconographie de l'Idolâtrie provient de celle de Salomon (*1 Rois*, 11, 1-13)[193], que la tradition représente agenouillé[194] devant l'autel des dieux païens, accompagné par une ou plusieurs femmes[195],

---

[186]Cette opposition morale trouvera dans la période baroque un développement laïque, avec les versions, de La Fontaine, http://www.la-fontaine-ch-thierry.net/amourfol.htm, Louise Labé, *OEuvres*, Lyon, Durand et Perrin, 1824, pp. 7-72, ou du Père Commire, cf. Jean-Pierre Collinet, *La Fontaine et quelques autres*, Paris, Droz, 1992, p. 36, du débat entre l'Amour et la Folie, dont les illustrations montrent l'opposition entre l'Amour, rendu aveugle, et la Folie qui le guide, avec en main sa marotte (qui remplace l'idole de l'Idolâtrie, ou le miroir de la Folie, médiévales, bien qu'elle se rapproche iconographiquement plus de la forme svelte et allongée d'une idole de main; de fait, le terme: "*Apparait avec le sens de «image de la vierge Marie». Diminutif de Marie → voir mariole./ Le sens de «sceptre grotesque» pourrait provenir de mérotte (petite mère, petite poupée) ou de mariotte, marie («poupée»), de Marie («statuette de la vierge Marie»), et donne par extension le sens de «marionnette sur un bâton»./ Le sens de «tête en bois pour modiste» est présent dans le Larousse illustré de 1902, par extension du sens de «buste en carton pour dresser les coiffes» (1765), probablement par extension du sens de «poupée, marionnette»./ Le sceptre grotesque étant l'attribut du fou de roi, la marotte (par extension figurée) prends aussi le sens de «objet d'une passion folle», attesté en 1618 et 1639*", http://fr.wiktionary.org/wiki/marotte). Et leurs illustrations, cf. https://www.google.com.ni/search?q=l%27amour+et+la+folie&biw=992&bih=640&source=lnms&tbm=isch&sa=X&ei=ce10VMmQHISZgwTp3oKICw&sqi=2&ved=0CAYQ_AUoAQ
[187]http://cathedrale.gothique.free.fr/Notre-Dame_de_Paris_Rose_Ouest_Vices_Vertus.htm
[188]"*Tout voyageur doit se munir d'un bâton qui sert d'appui, d'arme, d'outil tout au long de son voyage. Le bâton de notre homme est trop court, ainsi il devient inutile. La forme tenue dans la main droite, imprécise, ne peut s'identifier. Le bas-relief de la façade ouest vient à notre secours. Sur celui-ci un homme marche pieds nus dans la campagne. Il avance en se retournant, ne regardant ni son chemin, ni où ses pieds le porte. Folie! Assurément il va chuter rapidement. Sa main droite enserre un bâton court terminé par un renflement. La forme désigne une marotte, le sceptre du bouffon, de la folie. Sa main droite porte comme une corne ou un gros coquillage. Le porte-t-il à sa bouche, à son oreille?*" (Ibid.)
[189]Burges et Didron, p. 34.
[190]http://en.wikipedia.org/wiki/Tree_of_virtues_and_tree_of_vices
[191]*Ibid.*
[192]http://cathedrale.gothique.free.fr/Notre-Dame_de_Paris_Rose_Ouest_Vices_Vertus.htm
[193]"*Le roi Salomon aima beaucoup de femmes étrangères, en plus de la fille du pharaon: des Moabites, des Ammonites, des Edomites, des Sidoniennes, des Hitites. 2 Elles appartenaient aux nations à propos desquelles l'Eternel avait dit aux Israélites: «Vous n'irez pas chez elles et elles ne viendront pas chez vous. Elles entraîneraient certainement votre coeur à suivre leurs dieux.» Ce fut à ces nations que Salomon s'attacha par amour pour ces femmes.
3 Il eut 700 princesses pour femmes ainsi que 300 concubines, et ses femmes détournèrent son coeur. 4 A l'époque de la vieillesse de Salomon, ses femmes entraînèrent son coeur à suivre d'autres dieux et il ne s'attacha pas sans réserve à l'Eternel, son Dieu, comme l'avait fait son père David.
5 Il suivit Astarté, la divinité des Sidoniens, et Milcom, l'abominable dieu des Ammonites.
6 Salomon fit ce qui est mal aux yeux de l'Eternel et il ne le suivit pas pleinement, contrairement à son père David.
7 Ce fut alors qu'il construisit, sur la montagne qui se trouve en face de Jérusalem, un haut lieu pour Kemosh, l'abominable dieu de Moab, et pour Moloc, l'abominable dieu des Ammonites.
8 Il agit de cette manière à l'intention de toutes ses femmes étrangères pour qu'elles puissent offrir des parfums et des sacrifices à leurs dieux.
9 L'Eternel fut irrité contre Salomon, parce qu'il avait détourné son coeur de lui, le Dieu d'Israël, qui lui était apparu deux fois.
10 Il lui avait pourtant expressément défendu de suivre d'autres dieux, mais Salomon ne respecta pas ce commandement de l'Eternel.
11 L'Eternel dit alors à Salomon: «Puisque tu as agi de cette manière et que tu n'as pas respecté mon alliance ni les prescriptions que je t'avais données, je vais t'arracher la royauté et la donner à ton serviteur.
12 Toutefois, je ne le ferai pas pendant ta vie à cause de ton père David. C'est de la main de ton fils que je l'arracherai.
13 Je n'arracherai cependant pas tout le royaume à ton fils: je lui laisserai une tribu à cause de mon serviteur David et de Jérusalem, la ville que j'ai choisie.»*" (http://www.universdelabible.net/lire-la-segond-21-en-ligne/1-rois/11.1-13/)
[194]Dont une variante est Nabuchodonosor réduit à manger des herbes, l'idolâtrie à quatre pattes, comme dans l'église de Borug-Argental, http://www.forez-info.com/encyclopedie/memoire-et-patrimoine/19-une-petite-lecture-du-portail-de-leglise-de-bourg-argental.html

cause(s) de sa perversion sur ces vieux jours. Cette formule visuelle se dérivent, évidemment, de celle du Veau d'Or[196]. Or les illustrations de Holbein pour *L'Eloge de la Folie* (*Moriae Encomium*) montrent, selon une identique formulation (un personnage agenouillé devant une colonne supportant une figurine), *L'Orgueil du lignage personnel* (planche 30[197], dont Montaigne reprendra le thème de l'idolâtrie des puissants[198]) et

---

[195]Les images en sont nombreuses, si le lecteur veut s'y reporter, nous le renvoyons à la recherche: https://www.google.com.ni/search?q=solomon+idolatry&biw=992&bih=640&source=lnms&tbm=isch&sa=X&ei=XLp0VN3FK4qpNpqwhIAO&ved=0CAYQ_A UoAQ
[196]Même considération qu'antérieurement sur l'amplitude de cette iconographie: https://www.google.com.ni/search?q=golden+calf+idolatry&biw=992&bih=640&source=lnms&tbm=isch&sa=X&ei=Cbx0VNzuJcapgwSbhoGoDg&ved=0CAY Q_AUoAQ
[197]"*Quoique mon suject ne soit que trop fécond, quoique je sois obligé de couler legerement sur ma matiere, je ne passeray pas néanmoins sous silence ces grands Estimateurs, ces fiers Appréciations de la Noblesse. On en voit très souvent qui, avec une ame de boue, avec des inclinations de la derniere canaille, vous étourdissent à force de repéter, je suis Gentilhomme. Faut-il prouver l'ancienneté de sa race? L'un se fait descendre du pieux Enée; l'autre remonte jusqu'au roi Artus. Ils vour étalent les portraits & les figures de leurs Ancêstres: toujours sur les Ayeuls, sur les Basayeuls, toujours sur les Lignes directes & collaterales de leur Arbre Généalogique, citant à tout moment les nomas & les surnoms usez de leurs Peres, pourris depuis plusieurs siecles. Examinez bien cet homme-là, avec ses Titres enfumez, rongez, déchirez; il est lui-même comme une idole, & ne vaut gueres mieux que ces figures dont il fait tant de parade. Ce Fat ne laisse pas d'avoir une haute idée de sa personne; & toujours rempli du souvenir stérile de sa naissance, il se repait de cette chimere, il vit content. Ce qui contribue aussi à lui faire aimer son beau Fantôme, c'est qu'il trouve des gens aussi sots que lui, qui respectent ce genre de bêtes, ces Nobles sans mérite, comme s'il étoient des Dieux.*" (http://spiritoftheages.com/Plate%2030%20(Moriae%20Encomium%20[In%20Praise%20of%20Folly])%20-%20illustrated%20by%20Hans%20Holbein.htm)
[198]"Ce passage développe une argumentation critique qui fait appel à la fois à l'observation du lecteur («il ne faut que voir», l. 1) du lecteur, c'est-à-dire à sa propre expérience et à son bon sens, et à des exemples empruntés aux auteurs antiques.
Montaigne, dans le passage précédent, vient de montrer que ce n'est pas le mérite qui accorde la grandeur, mais la «fortune», c'est-à-dire le hasard, la chance. C'est cette idée que le texte développe.
La notion de «fortune» (la «roue de fortune») est apparue au XII° siècle, avec la fin du monde féodal, stable et strictement hiérarchisé, remplacé par une économie marchande, où l'argent joue un plus grand rôle, permettant toutes les ascensions sociales, mais aussi des chutes spectaculaires. L'image s'est ensuite développée au fur et à mesure que se réalisaient les nouvelles découvertes, qui ôtent à l'univers son image invariable, puis les multiples conflits, notamment religieux. C'est cette conception d'un monde instable, où le destin peut tout changer d'un instant à l'autre, qui fonde le raisonnement de Montaigne au début du premier paragraphe, avec l'inversion de l'exemple qu'il met en place, celui d'«un homme élevé en dignité». Déjà le participe passé, «élevé», suggère une passivité, comme si cette élévation ne venait pas de lui. Cela est confirmé par l'indice temporel qui marque l'antithèse, «trois jours auparavant, homme de peu», qui donne l'impression que l'élévation est le fruit du hasard. Ensuite, Montaigne inverse la situation par hypothèse: «Que la chance tourne aussi, et qu'il retombe et se mêle à la foule». Ainsi la grandeur semble bien fragile, et très éphémère, à l'image de cette fin de siècle troublée, comme le signale la conclusion de Montaigne: «C'est une chose que j'ai vue souvent de mon temps». On comprend alors la comparaison aux pions d'un jeu: «à la mode des jetons».
La logique voudrait que la cause de la grandeur soit le mérite, et que ce soit ce mérite qui entraîne le respect. Or Montaigne va montrer l'inverse par son hypothèse antithétique: la grandeur se suffit à elle-même, c'est le rang accordé qui devient la cause et accorde le mérite. Dans un premier temps, l'élévation est présentée, c'est l'hypothèse positive. Elle est mise en valeur par l'antithèse entre «homme de peu» et le redoublement lexical, «une image de grandeur, de suffisance», pour traduire sa fierté, sa prétention. Cela se trouve renforcé par un parallélisme, toujours avec un redoublement lexical, «entre «croissant de train et de crédit», qui évoquent la suite de personnes qui l'accompagnent et l'influence qu'il exerce, et «il a crû en mérite». Puis l'hypothèse devient négative. Par le recours au discours rapporté direct, Montaigne démythifie plaisamment cette grandeur en mettant en évidence l'étonnement public («l'admiration») par les trois questions du peuple, aux lignes 6 et 7, en gradation rythmique. Elles conduisent à un jugement ironique, par antiphrase: «nous étions vraiment en de bonnes mains».
Montaigne renforce son analyse par l'anecdote empruntée à l'auteur latin, Diogène Laërce, qui rapporte les propos du philosophe Antisthène. Cette anecdote est plaisante, par l'animalisation des puissants en «ânes», animal connu pour sa bêtise. Cette anecdote reprend l'inversion de la cause et de la conséquence avec l'antithèse entre le redoublement de l'hyperbole, «les plus ignorants et incapables hommes» (l. 19) et «très dignes». L'organisation syntaxique pose la conséquence comme immédiate, «en devenir incontinent très dignes», tandis que la cause est donnée ensuite: «parce que vous les y employez».
On constate donc dans ce texte à la fois la critique des puissants, montrés comme peu aptes à gérer les affaires qui leur sont confiées, et de ceux qui leur permettent d'accéder au pouvoir, montrés, et, comme naïfs et dépourvus de jugement.
L'IDOLÂTRIE DES PUISSANTS
La critique se déplace, en effet, contre ceux qui se laissent tromper par cette grandeur sans mérite.
L'excès d'adoration, la vénération de cette grandeur illusoire se fait presqu'à l'insu des gens: «il coule insensiblement en nos opinions une image de grandeur, de suffisance». Le monde finit ainsi par ressembler à une sorte de théâtre, où se joue une comédie qui abuse le public: «Voire et le masque des grandeurs, qu'on représente aux comédies, nous touche aucunement et nous pipe». Montaigne s'implique directement dans cette critique, lui qui a fréquenté les puissants, comme le montrent le pronom «je», et le redoublement lexical qui élève les rois à une dignité divine: «de ce juge d'avoir moi-même aux Rois, c'est la foule de leurs adorateurs.» N'oublions pas que le XVI° siècle est l'époque où s'affirme peu à peu la monarchie absolue, dite «de droit divin», qui cherche à étaler son luxe et met en place une stricte étiquette.
Par prudence, le dernier paragraphe, qui pousse à l'extrême cette idée, est déplacé dans l'espace, puisqu'il s'agit du peuple «de Mexico» avec son «Rois». L'on y retrouve le champ lexical du divin: «canonisent le Roi», «adorent», «déifié». Montaigne procède alors par énumération. La première, à la ligne 26, rappelle les valeurs qui devaient être, par tradition, celles du roi de France; la seconde, des lignes 27 à 29, en revanche, traduit l'excès, puisque cela place le roi au-dessus des éléments naturels, célestes («le soleil», «les nuées») comme terrestres: «le cours des rivières», «la terre».
Cela conduit à démythifier les honneurs rendus aux puissants, notamment aux rois. Montaigne n'en conclut pas pour autant au rejet de tout signe de respect. Il demande seulement plus de sagesse, une juste mesure, exprimée par un chiasme syntaxique entre «Toute inclination et soumission leur est due, sauf celle de l'entendement» et «Ma raison n'est pas formée de se courber et fléchir». Il s'agit donc, pour Montaigne, de distinguer ce qui relève d'une simple convention, d'une gestuelle («mes genoux»), de ce qui implique un jugement de valeur, une estime accordée au mérite.
Ce désir de distinguer l'apparence de la vérité est soutenu par l'exemple de Melanthius, emprunté à Plutarque. Lui aussi distinguait, dans sa réponse le sens de la tragédie, le fond, ici «point entendu», c'est-à-dire pas compris, et l'apparence, la forme, le style, décrit par des termes péjoratifs: «offusqué de gravité, de grandeur, de majesté». :
Montaigne invite donc son lecteur à ne pas se laisser duper par les apparences, qui ne sont qu'un «masque», comme au théâtre.
CONCLUSION
Ce texte propose une satire très liée au contexte, un siècle de troubles politiques et religieux, où le pouvoir royal essaie de fixer sa puissance. Derrière l'ironie de Montaigne et les anecdotes plaisantes qu'il utilise pour soutenir sa propre opinion, on sent le désir de préserver sa propre liberté. N'oublions pas non plus que lui-même a exercé un pouvoir, en tant que Maire de Bordeaux, lors des missions diplomatiques, ce qui lui a donné l'occasion de voir l'envers du décor, les coulisses de ce théâtre que'st le monde.
Nous observons aussi le pessimisme de Montaigne vieillissant, que reflète d'ailleurs la dernière phrase du chapitre VIII: «Tous jugements en gros sont lâches [= faibles] et imparfaits». Cetterepresentation de la faiblesse de l'homme contraste avec l'élan enthousiaste des débuts de l'humanisme. L'homme est dupé par ses sens, et par son mimétisme naturel, sa volonté de faire comme les autres."
Alors que chez Érasme ("Le sermon de la folie, Chap. XL"):
"Le ton se fait plus indigné dans le dernier paragraphe, où Érasme élargit la critique en montrant que «chaque pays réclame pour son usage un saint particulier».
Les saints n'ont donc plus rien à voir avec Dieu, ils ne sont que les créations des hommes, pour les besoins des hommes: «Il lui confère des attributions propres,

~ 203 ~

l'*Excommunication* (planche 61[199]) comme un personnage entouré de démons[200]. Reproduit la planche 63 de la *Fortune* l'association entre ici un prélat religieux et l'idole qui lui donne l'argent que son Avarice veut[201]. Dans une gravure[202], probablement en référence au songe de Luther s'expliquant face au démon[203], l'on put voir un diable montrant un livre à un personnage couché, et lui disant, comme l'exprime le phylactère "*La messe est une idolâtrie*", de manière très similaire à celle de "*Satan*" face à Luther, lorsque, l'"*éveill*(ant) *en sursaut vers le milieu de la nuit*", "*ouvr*(e) *la discussion*": "*Écoute, me dit-il, Luther, docteur savantissime. Tu sais que, durant quinze années, tu as célébré des Messes privées; que dirais-tu si ces Messes privées étaient une horrible idolâtrie?*"

On retrouve donc bien là la division du *Songe* de Dürer, entre le Diable et le Docteur ("*Luther, docteur savantissime*"), et la situation de songe, lesquels sont substantés par l'idée que l'éloignement de la Vraie Doctrine implique (ou est causée par) une forme d'assoupissement de l'âme. Comme l'écrit Saint Paul (*2 Cor.*, 12, 7-10), en référence, précisément, au péché d'Orgueil:

"*Et pour que je ne sois pas enflé d'orgueil, à cause de l'excellence de ces révélations, il m 'a été mis une écharde dans la chair, un ange de Satan pour me souffleter et m'empêcher de m'enorgueillir. Trois fois j'ai prié le Seigneur de l'éloigner de moi, et il m 'a dit : Ma grâce te suffit, car ma puissance s'accomplit dans la faiblesse. Je me glorifierai donc bien plus volontiers de mes faiblesses, afin que la puissance de Christ repose sur moi. C'est pourquoi je me plais dans les faiblesses, dans les outrages, dans les calamités, dans les persécutions, dans les détresses, pour Christ; car, quand je suis faible, c'est alors que je suis fort.*"[204]

De Même:

"*Saint Grégoire, il est vrai, parle bien de ces sept sources empoisonnées, desquelles découlent tous les autres Vices, en indiquant, à la place de la Paresse, la Tristesse Tristitia; mais notre grand docteur du XIII*". *siècle, saint Thomas d'Aquin, refuse formellement, comme nous l'avons vu, d'admettre cette classification; nos iconographes se contentaient comme lui de mettre les Vices en opposition avec les Vertus partagées en différentes catégories.*"[205]

Ainsi la Paresse s'identifie avec Tarditas[206], Crosnier faisant:

"*... remarquer que, sur un des chapiteaux de l'église de Sémelay, diocèse de Nevers, un individu accroupi, qui dévore un fruit avec une bestiale avidité, pourrait représenter ce dernier vice; sur la couverture du livre de la reine Mélisende, dans la partie inférieure, le Vice désigné sous le*

établit ses rites distincts». «L'émumération n'en finirait pas», conclut-il, après avoir cité des exemples, tous plus dérisoires les uns que les autres." (http://cotentinghislaine.unblog.fr/2013/11/02/)
[199]"*Ce n'est plus le tems de faire des Miracles: enseigner le Peuple, c'est une grande fatigue; expliquer l'Ecriture Sainte, cela put la crasse de l'Ecole; prier, il faudroit avoir du tems de reste; pleurer, cela ne convient qu'aux femmes; être pauvre, ô la vilaine chose! se laisser vaincre? il feroit beau le voir, d'un homme qui croit accorder une grande faveur aux plus puissans Monarques, lorsqu'il leur permet de lui baiser le pied; enfin, mourir, c'est la chose de monde la plus desagréable; & être attaché à une croix, il y a de l'infamie. Il ne reste donc aux Papes pour toutes armes, que ces douces bénédictions dont parle Saint Paul, (& je vous répons qu'ils n'en sont pas avares,) que les interdits, les suspensions, les aggravations, les anathemes, les peintures vangereuses, & cette foudre terrible par laquelle un Saint Pere, quand il lui plait, lve les ames à tous les Diables, & leur fait faire un saut si rapide, qu'elles vont même quelquefois par-delà l'Enfer.*" (http://spiritoftheages.com/Plate%2061%20(Moriae%20Encomium%20[In%20Praise%20of%20Folly])%20-%20illustrated%20by%20Hans%20Holbein.htm)
[200]http://spiritoftheages.com/Moriae%20Encomium%20(In%20Praise%20of%20Folly)%20-%20illustrated%20by%20Hans%20Holbein.htm
[201]"*Mais jusqu'où la matiere ne m'a-t-elle pas emporté? Après tout, il n'est point de mon sujet, d'examiner à sond la vie des Prélats & des Prêtres: j'ai pour but de faire mon éloge, & non de satiriser les autres. Par les louanges, qu'en qualité de la Folie, je donne aux mauvais Princes, vous croiriez peut-être que je veux censurer les bons. Je ne vous aid donné une idée superficielle de chaque condition, qu'afin de montrer évidemment, qu'aucun homme ne peut vivre heureux, s'il n'est initié à mes mysteres, & s'il ne participe à mes faveurs. J'en prens la Fortune à témoin. Cette Déesse du bonheur & du malheur, toute capricieuse qu'elle est, prend plaisir à seconder mes intention. N'est-elle pas, aussi bien que moi, l'ennemi mortelle des Sages? Ce n'est pas de tous les Fous, la Fortune leur prodigue ses graces, & vient même souvent les trouver dans leur lit.*" (http://spiritoftheages.com/Plate%2063%20(Moriae%20Encomium%20[In%20Praise%20of%20Folly])%20-%20illustrated%20by%20Hans%20Holbein.htm)
[202]http://mammon02.skyrock.com/352995219-Demon-des-enfers-Serie-A.html
[203]Songe et texte reproduit sur le site http://prophetesetmystiques.blogspot.com/2011/02/luther-et-le-diable.html: "Feuillet 228 du tome 7 des Œuvres de LUTHER, imprimées à Wittemberg en 1558. Ce n'était pas un songe, puisque LUTHER assure qu'il était bien éveillé lorsqu'il eut cette conférence avec le démon."
[204]http://docteurangelique.forumactif.com/t9797-echarde-de-saint-paul-soufflet-de-demon "*La présence de Satan écharde dans la chair est associée à "un démon de Satan:" doit-on croire que Paul était possédé à titre préventif: pour qu'il ne soit pas enflé d'orgueil? Que dit le grec original? Le mot Écharde = "Skolops" N'est présent qu'une seule fois dans le Nouveau Testament écrit en grec. L'anglais a traduit par ÉPINE. Dans les Saintes Écritures, ÉPINE est toujours le symbole de la présence indésirée d'individus ennemis (Nombres 33:55; Josué 23:13; 2 Samuel 23:6). Ainsi l'écharde de Paul n'est pas une possession dont il serait victime dans son corps, mais la présence à ses côtés d'un esprit impur qui provoque l'hostilité des païens contre lui. L'apôtre prie pour qu'il soit "ÉLOIGNE de lui" (non pas "chassé hors de lui").*
Le terme Souffleter = Kolaphizo utilisé par Paul veut dire: donner un coup de poing, traiter avec violence. On retrouve ce terme grec dans Marc 14:65; 1 Corinthiens 4:11; 1 Pierre 2:20. Après avoir évoqué cette présence infernale qui lui est hostile et qui lui inflige des mauvais traitements, Paul finit par dire qu'il se plait dans les faiblesses, à cause de Christ..." (*Ibid.*)
[205]Crosnier, p. 187.
[206]De là que la Paresse ou Acédie devient la tristesse de l'âme, qui, mélancolique, est du domaine de Saturne, cf. Par ex. Jean-Nicolas Despland, "*La tristesse en présence de Dieu: de l'acédie à la mélancolie*", *Psychothérapies*, 2013/2, Vol. 33, pp. 71-80. On le voit, par exemple, dans l'oeuvre de Giulio Campagnola, http://www.spamula.net/blog/2004/07/campagnola.html

nom de *Tarditas* semble se confondre avec la Paresse, Quant à l'Envie, il paraît vraisemblable qu'elle a été représentée à la Charité-sur-Loire, avec la Calomnie, par «un homme entouré d'un serpent qui lui ronge la langue, et auprès, une femme demi-nue, avec deux serpents qui lui «dévorent les seins». Ces deux sinistres tableaux sont mis en regard de Daniel dans la fosse aux lions, comme pour dire que le saint prophète était exposé à l'envie et à la calomnie des grands de Babylone."[207]

"On peut aussi se demander pourquoi, au bas de la tablette ("sur la couverture de livre en ivoire, du même temps environ, que l'on croit avoir appartenu à la reine Melisende, et qui est passée de la bibliothèque de la Grande-Chartreuse au British museum"), entre les deux figures où nous avons soupçonné la représentation des Vices contraires à l'Espérance et à la Charité, nous voyons un Vice qui, lui-même sans adversaire apparent, semblerait se poser en vainqueur; il est nommé TARDITAS. Quelle est cette sorte de paresse, cette lenteur apportée à la lutte contre ses mauvaises inclinations? Ne semble-t-elle pas dire que, lorsqu'on s'y prend trop tard, on court grand risque d'être vaincu?"[208]

Ce que confirme encore le fait que:

"Pour Hugues de Saint Victor, le bien et le mal sont comme deux arbres vigoureux. Le mal (le vieil Adam) a pour tronc l'orgueil et pour branches la vaine gloire, l'envie, la colère, la tristesse, l'avarice, l'intempérance, et la luxure. Chaque branche se ramifie: de la tristesse, par exemple, naissent la crainte et le désespoir. La vertu (nouvel Adam) a pour tronc l'humilité. Ses branches sont les vertus théologales (espérance, foi, charité) et les vertus cardinales (tempérance, force, prudence, justice). Les ramifications de la foi sont la chasteté et l'obéissance ; celles de l'espérance sont la patience et la joie..."[209]

0.6.b.4. Tripartition du thème comme opposition morale et théologique: la figure de la Femme comme salvatrice, le dormeur, la Bible et l'Idôlatrie

Les trois moments de l'histoire de Théophile du bas-relief de la rue du Cloître Notre-Dame (à la naissance de l'arrondi du choeur, dans le prolongement de la nef de la cathédrale Notre-Dame de Paris)[210], pactant d'abord avec le Diable[211], puis demandant à la Vierge de le délivrer, et finalement étant délivré par la Vierge qui vainc le démon, montre bien une tripartition similaire à celle de la gravure de Dürer, dans laquelle la figure féminine apparaît comme bénéfique.

Tripartition que l'on retrouve, associée au songe (ici provoqué par la chute du livre) et à la mort (la mort sainte du souverain anglais par opposition à la paresse papale, éloignée de Dieu pour vivre dans la chair et les biens terrestres), dans un sens politique dans la représentation d'*Edward VI and the Pope: An Allegory of the Reformation* (National Portrait Gallery, Londres), par la transmission du pouvoir par Henri VIII sur son lit de mort à son fils Édouard VI, alors que le Pape est assommé par un livre au slogan "*THE WORDE OF THE LORD ENDURETH FOR EVER*"; les volants de la tiare portent les inscriptions d'"*IDOLATRY*" et "*SUPERSTIC[ION]*", et sur sa poitrine, en référence à *Isaïe*, 40, 6, à propos de l'éphémérité du corps, on lit: "*ALL FLESHE IS GRASSE*"; dans le fond à droite une représentation de l'iconoclasme et de la chute des idoles[212].

0.7. Ce que nous pensons
0.7.a. La position du démon et ce que l'on peut en dire

On nous opposera que le démon des Allégories de l'Hérésie se trouve devant l'hérétique qui le vénère, mais, comme on le verra dans les illustrations de Dante et chez Giotto, le démon des hérésiarques s'y déplace derrière l'infidèle, pour l'inspirer.

Il nous semble ainsi plus facile de concevoir une dérivation iconographique de la position du démon, à l'intérieur d'un même schème, avéré par la tradition, que l'apparition *ex abrupto* d'un nouveau motif, non

---
[207]Grimoüard, pp. 473-4774.
[208]*Ibid.*, p. 427.
[209]http://architecture.relig.free.fr/male13e.htm
[210]http://hermetism.free.fr/Fulcanelli%20taille%20pierre%20angulaire.htm
[211]Sens du démon comme personnification de l'opposition à Dieu, logique dans la théologie, renforcée par la dérivation iconographique médiévale de l'image de l'idole en celle d'un démon cornu, et logique dans le cadre de la gravure de Dürer, si on rapproche ce démon au soufflet de: "*XAPHAN. — Démon du second ordre. Quand Satan et ses anges se révoltaient contre Dieu, Xaphan se joignit aux mécontents: et il en fut bien reçu , car il avait l'esprit inventif. Il proposa aux rebelles de mettre le feu dans le ciel; mais il fut précipité avec les autres , au fond de l'abîme, où il est continuellement occupé à souffler la braise des fourneaux, avec sa bouche et ses mains./ On voit aisément que Xaphan n'est autre crue Phacton , un peu défiguré.*" (Collin de Plancy, *Dictionnaire infernal*, Paris, P. Mongie aine, 1818, T. II, p. 396)
[212]http://commons.wikimedia.org/wiki/File:Ed_and_pope.png

ou difficilement référenciable ailleurs dans une iconographie particulière (comme le serait l'apparition d'un démon dans l'imagerie de l'Acédie).

0.7.b. De la tripartition

Dans ce sens, la tripartition mentionnée, commune dans les oeuvres de l'époque, en tant que thème récurrent, sur la base de l'opposition psychomachique popularisée par *l'Ars moriendi*, se retrouve, par exemple, comme dans *Sainte Geneviève tenant un livre des clés et un cierge avec ange et démon*[213], *Job, sa femme et le démon* (Valenciennes, BM - ms. 0006 f. 320. Bible, 2ème quart du XVIème siècle)[214], que l'on retrouve à la Sainte-Chapelle de Paris, baie D (48)[215] - même si la femme de Job est bien ici une adjuvante démoniaque en cela qu'elle traite de "*Simplicité*" et de "*Stupidité*" la foi de Job et le presse de mourir[216] -, et dans l'*Allégorie du Temps "qui révèle toute chose" guidant sa fille Vérité loin du démon Hypocrisie* (*Goodly Primer*, 1535) par John Bydell[217].

0.7.c. L'opposition entre le démon et le scribe

Titivillus, encore représenté dans l'iconographie tardive du XIVème siècle face à Saint Bernard (*Livre des Heures de Louis de Savoye*)[218], est le Démon des Scribes selon le *Tractatus de Penitentia* (c. 1285) de John Galensis[219], dont on trouve, identiquement, des représentations l'opposant au scribe, et le faisant se tromper dans sa copie. Il porte le rouleau où est inscrit les fautes du moribond sur la façade occidentale de l'église San Pietro de Spoleto (c. 1200)[220]. Dans l'enluminure du Musée du Comte de Chantilly (Ms 27, fol. 215v., c. 1320-1330)[221], ce sont deux femmes qui, distraites de la messe, sont surmontées par le diable avec son rouleau, qui y écrit les commentaires frivoles qu'elles font, alors que Saint Martin dit la messe avec son diacre Saint Brice. Même motif, condensé, des deux femmes et du démon reproduisant sur son parchemin leurs paroles volages dans la nef nord de l'église de Fanefjord (Danemark, c. 1500)[222]. Dürer lui-même a reproduit, dans *La Messe des Anges* (1500), l'opposition entre l'ange et le démon écrivant les actes des mortels. Pendant qu'un adjuvant aide un moribond à lever un cierge, les démons le taquinent et lui montrent, selon le principe de l'*Ars*, la liste de ses péchés, dans le Sanctuaire de Jésus de Nazareth de Guanajuato (Mexique, 1740-1748)[223].

Titivillus se retrouve, associé à la Vierge, qui en protège la famille royale de Trastámara dans un retable de 1485, et Shakespeare, dans *The Merry Wives of Windsor*, le cite encore[224]. Dans le retable cité,

---

[213] http://www-bsg.univ-paris1.fr/wp-content/gallery/le-miracle-du-cierge/sainte-genevieve-tenant-un-livre-des-cles-et-un-cierge-avec-ange-et-demon.jpg
[214] https://www.pinterest.com/MedievalMusic/medieval-bestiary/
[215] http://www.regards.monuments-nationaux.fr/fr/feature/118
[216] *Job traduit en francois, avec une explication du sens litteral et spirituel tiree des Saints Peres, et des Auteurs Ecclesiastiques. Par Monsr. le Maistre de Sacy*, Paris, chez Eugene Henry, 1713, pp. 36-37.
[217] http://su.wikipedia.org/wiki/Gambar:John_Bydell_-_Engraving_from_the_Goodly_Primer.png
[218] "*Titivillus is often referred to with the title of "The Patron Demon of Scribes". As with all of us, minds can wander from time to time and the monks were no exception. When this happened, errors would be introduced into the text. No one likes to take credit for his own mistakes, and true to human nature the monks invented Titivillus. He was invented somewhere in jest by them, both to take the blame for their mistakes and as a warning to the hapless monk whose mind strayed from the task.*" (*Ibid.*)
[219] http://es.wikipedia.org/wiki/Titivillus
[220] http://tutivillus.teatroengalicia.es/romanico.htm
[221] http://tutivillus.teatroengalicia.es/gotico.htm
[222] http://tutivillus.teatroengalicia.es/iconografia.htm
[223] http://tutivillus.teatroengalicia.es/barroco.htm
[224] "*Grabado en madera alemán del siglo XVII que representa al demonio Tytinillus, con aspecto de sátiro clásico, transportando a sus espaldas un gran esportillo lleno de libros con los pecados de la humanidad, a los cuales se laude en las filacterias que salen del cesto.*
A principios del siglo XVI, Titivillus, aparecía en obras dramáticas como un demonio entre muchos. Adquirió un amplio papel como figura subversiva en la comedia, mediante comentarios satíricos sobre las vanidades humanas y enreactos de misterio de finales del medievo inglés, en el que podría interpretarse como una personificación de los curas y predicadores lolardos, acusados de corromper el latín litúrgico y de cantar en tono nasal (como un cuerno). Así en el Iudicium de Towneley se presenta a Titivillus como "master Lollar".
Y para cuando Shakespeare lo mencionó, era casi desconocido: su nombre se había convertido en un simple término general de burla (según Margaret Jennins). Aparece una vez en la obra "Noche de Reyes" (II, III, 75), cuando Sir Toby Belch exclama: "Tilly-vally, señora", después de que el siervo de María Olivia se quejase de sus "maullidos" (palabrería) con otros dos personajes a los pies de las ventanas de Olivia a altas horas de la noche. Incluso algunos escritores opinan que el público no sabría a qué quería hacer referencia el genial Shakespeare. En "Enrique IV" (Segunda Parte), la señora Quickly mantiene un diálogo con Sir John Falstaff en respuesta a la orden de llevar la pistola en su posada como invitado, en el que al final le responde: "Tilly-fally, Sir John, nunca me dicen: su antigua pistola swaggerer no entra en mis puertas".
En el Monasterio de las Huelgas de Burgos, existe una tabla de alrededor del año 1485, atribuida a Diego de la Cruz, donde sobre el manto protector de la Virgen de la Misericordia aparecen dos diablos, uno de los cuales lleva un hatillo de libros a la espalda, que para el historiador de arte y Catedrático de la Universidad Autónoma de Barcelona, profesor Joaquín Yarza Luaces, representaría a Titivillus. (Esperanza Aragonés Estella, 2006, "Visiones de tres diablos medievales", De Arte 5: pp. 15–27).

l'un des diables qui courent au-dessus du manteau de la Vierge porte un paquet de livres, ce qui tendrait à confirmer le caractère livresque de l'opposition, comme on le voit en rapprochant également la gravure de Dürer de la roue des Péchés de Bosch. De fait, Titivillus (ou Tytinillus, nommé par Shakespeare *"Tilly-vally"*) est un personnage aux contours peu clairs, *"no sólo... el artífice del castigo por la ociosidad, la cháchara y chanza innecesarias, o la falta de atención a una tarea dada, sino también como el "protector" de la correcta "reproducción" de una obra escrita"*[225].

"Un diácono que rompe a reír en la iglesia durante el servicio es reprochado por su sacerdote. El diácono se defiende diciendo que durante el servicio había visto a un demonio escribiendo en un pergamino las palabras ociosas de algunos de los miembros de la congregación. El demonio llenaba rápidamente el pergamino, y para hacer más espacio en él, tiraba de la parte superior con los dientes. Al final el pergamino estaba tan sobrecargado (con tantas palabras ociosas y murmuraciones) que lo arrancó, y el demonio fue lanzado hacia atrás cayendo sobre su espalda y haciendo reír al diácono. El sacerdote, vivamente impresionado por la historia se la transmitió más tarde a la congregación para que se diesen cuenta de que su cháchara durante el servicio sería anotada en contra de ellos para el Día del Juicio Final, porque en algún lugar en medio de ellos está el demonio observando y anotando las oraciones que, por su negligencia, se le roban a Dios"[226]

"Desde la publicación del trabajo de Margaret Jennings, se acepta generalmente que el origen de la voz Tutivillus se encuentra en la Casina de Plauto, algo que ya señaló Francis Douce en 1807 aunque otros autores posteriores habían mantenido diferentes hipótesis sobre el significado y el origen del nombre.
En efecto, el dramaturgo romano Plauto, conocido en la Edad Media en ambientes escolares, utiliza la voz titivillicium, con el sentido de menudencia o cosa de poca importancia, en un diálogo de su Casina, 2, 5-39:
Non ergo istuc verbum emissim titivillitio
Nam omnes mortales Diis sunt freti: sed tamen
Vidi ego Deis fretos saepe multos decipi.
El nombre haría pues referencia a su papel como recolector de chismes y sílabas, pero se han propuesto otras muchas etimologías: Collier deriva el nombre de totus y vilis. Schroeder cree que es simplemente un juego de monjes, un anagrama del diablo; Richard Urquhart piensa que se trata de una latinizacion burlesca del verbo sajon Tutil (tocar el cuerno), otros creen que hace referencia a su actividad como escritor de títuli, y hay también quien afirma, como Sir Thomas Elyot en su Dictionary de 1538, que no significa nada: "Titivillirium (...) sygnifyeth nothynge".
Urquhart señala también que en algunos textos es probable que Tutivillus sea una personficación de los curas y predicadores lolardos, acusados de corromper el latin litúrgico y de cantar en un tono nasal, como un cuerno, de manera que la u/v añadida al nombre seria un elemento burlesco (en el drama del ludicium de Towneley, Tutivillus se presenta como "master Lollar").
Demonio de los errores en las palabras, Tutivillus parece haber hecho honor a su rol confundiendo a los autores medievales, de manera que su nombre aparece en los textos con decenas de variantes y aliteraciones.
Las dos formas más corrientes son Tutivillus y Titivillus, pero podemos encontrar muchas más: Tytinillus, Titytillus, Tithinilus (Mystere L'Assomption de la Vierge, Tintillus; Titelinus (Recull de Eximposis), Titulinus, Titufullus, Tutenillus, Titinil (Pfarrkircher y Haller Passionsspiele), Tutevillus (Redentinr Osterspiel), Tutivill (ludicium de Towneley), Thittwil (Das Künzlsauer Fronleichnamsspiel), Titillus (The Major Latin Works of John Gower), Tytyuillys (The Assembly of Gods or the Accord of Reason and Sensuality in the Fear of Death de John Lydgate), Titevullus, Tuevulus, Titinellus (Tractatus ascetici duo.., de paenitentia... ordinarium vitae religiosae de Juan de Gales), Tutiwillus (en Dinamarca), Titivitilarius, Titifillus, Tibini (en Bohemia)... etc."[227]

Titivillus, on le voit au travers des citations ci-dessus, est un démon qui joue de la corne, lié à la paresse morale, et dont l'action se trouve dans les livres (comme chez Bosch, inversé le motif).

0.7.d. Le couvre-chef du dormeur de Dürer, son lit, et l'iconographie du scribe

D'autre part, si la forme du bonnet rebrassé ou toque, propre de la mode masculine des années 1480-1490[228], ne permet pas de définir précisément la profession du dormeur de Dürer, elle le définit cependant iconographiquement comme un savant chrétien, non juif (par opposition, comme on peut le voir sur la gravure de 1483 de la *Discussion entre Savants chrétiens et juifs* de Johann von Armssheim[229], ou comme dans la représentation d'étudiants par Jacobello Dalle Masegne[230]), les images de supplice des juifs dans un

---
Titivillus o Tutivillus era pues un personaje escurridizo y confuso desde el principio, con un carácter más que ambiguo, pero que puede llegar a interpretarse no solo como el artífice del castigo por la ociosidad, la cháchara y chanza innecesarias, o la falta de atención a una tarea dada, sino también como el "protector" de la correcta "reproducción" de una obra escrita. Tal vez podamos considerarle el Patrón de la SGAE, o de la marca registrada y los derechos de autor." (https://almaleonor.wordpress.com/2014/03/15/titivillus/)
[225]*Ibid.*
[226]Margaret Jennings, *"Tutivillus: The Literary Career of the Recording Demon"*, Estudios de Filología 74, No 5, décembre 1977, pp. 4-45, citée in *ibid.*
[227]*"Tutivillus y sus alter ego"*, http://tutivillus.teatroengalicia.es/nombre.htm
[228]http://lecostume.canalblog.com/archives/2013/06/12/27130893.html
[229]Soncino Blaetter, Berlin, 1929, Jerusalem, B.N. Ansbacher Collection, reproduit sur le site http://www.relmin.eu/index.php/fr/bibliographiegenerale
[230]http://www.feelbyte.com/Jacobello-Dalle-Masegne/Students-153444.html

bois de 1475, reproduit par Fernand Nathan éditeur[231], des juifs portant la rouelle et condamnés (1515)[232] ou de *L'empereur Henri VII de Luxembourg remet*(tant) *un privilège aux juifs* (c. 1340, Cologne, Landeshauptarchiv)[233].

Dans l'enluminure de Bruxelles, KB, 9278 (XVème siècle)[234], représentant Jean Méliot[235], le lit du scribe se trouve intégré, derrière lui, au scriptorium, inclus le coffret, le foyer étant face à lui.

0.7.e. La nudité de la Femme et les Allégories de la Vérité

La nommé illustration de Bydell nous reporte au contexte de son titre, puisqu'en effet les Allégories de la Vérité tendent à la présenter dévoilée nue, comme à la cathédrale d'Amiens, sortant d'un puit, image que repris Rabelais, alors que les auteurs avaient cru voir dans l'image d'Amiens le symbole contraire de l'Impiété[236].

Les images de la Vérité nue[237], dévoilée par le Temps, sont nombreuses, la représentant terrassant l'Hérésie[238], et s'identifiant, selon les cas, à l'Amour Divin (dans la tapisserie de 1626-33 par Jan Raes I, Hans Vervoert, et Jacob Fobert, d'après Rubens)[239], ou à la *Vérité Eucharistique vainquant l'Hérésie* (c. 1626, Rubens[240], Prado)[241].

Dans l'*Allégorie* de 1627 de Willem van der Vliet[242], un personnage, probablement un saint, s'affronte à une femme dans un débat théologique, évoqué par leurs mains, le geste de la femme reprenant celui de la femme de la gravure de Dürer, entourés les personnages de Vliet par une seconde figure quittant son masque derrière l'homme assis, livre en main, et deux personnages masculins à turban derrière la protagoniste du premier plan debout.

La femme du premier plan, qui porte un masque à la main, mais est en conversation avec l'homme assis, semble bien une Vérité traduisant l'Écriture, le lecteur un saint ou scribe étudiant l'Écriture, la femme laide au second plan (parfois vue comme un homme) et qui porte un masque à moustache (pour sa laideur même qui la rend masculine, mais ses habits sont similaires à ceux de la figure de premier plan) et les deux autres personnages masqués d'hommes qui tiennent ce qui pourrait être une grosse bourse, nous rappellent les illustrations du péché, où se confondent l'Avarice, la Paresse et la Luxure comme des péchés charnels (ils renvoient en tous cas au monde musulman par leur turbans, donc à une forme de Fausse Doctrine).

On rencontre bien une gravure de l'Hérésie[243] ainsi divisée, mais représentée par une seule figure, moitié nue (dans la partie basse, des instincts), tenant un livre d'une main, probablement une *Bible*, de l'autre une grosse bourse, et des épaules de laquelle surgissent un serpent et un boeuf (symbole de l'évangéliste, comme on le trouve dans les images et les sculptures en bas-relief des églises médiévales). Équivalente de la sculpture par Francesco Queirolo[244] de la *Libération de la Déception*,[245] du pilastre de arc majeur du mausolée d'Antonio di Sangro de la Chapelle Sansevero à Naples[246], où un homme pris dans des filets[247] sort

---

[231] http://www.ebay.com/itm/JUDAICA-JEWISH-ANTI-SEMITIC-CARD-MEDIEVAL-TORTURE-OF-THE-JEWS-SUPPLICE-DE-JUIFS-/330836189474
[232] Angebliches Martyrium Ludwigs und Feuertod der Ravensburger Juden, jedoch irrig nach Augsburg und ins Jahr 1422 verlegt; in der Luzerner Bildchronik des Diebold Schilling (Beschreibung nach der Bildunterschrift in http://www.boehlau-verlag.com/download/162877/978-3-205-78755-6_OpenAccess.pdf, S. 93), reproduit sur http://commons.wikimedia.org/wiki/File:Medieval_manuscript-Jews_identified_by_rouelle_are_being_burned_at_stake.jpg?uselang=fr
[233] http://labodessavoirs.fr/chroniques-et-reportages/situation-du-judaisme-medieval/
[234] http://medievalbooks.nl/category/medieval-scribes/; l'image est également reproduite sur http://commons.wikimedia.org/wiki/File:Titivillus.jpg et dans http://tutivillus.teatroengalicia.es/iconografia.htm
[235] http://en.wikipedia.org/wiki/Jean_Mi%C3%A9lot et http://en.wikipedia.org/wiki/File:Jean_Mi%C3%A9lot,_Brussels.jpg
[236] http://www.jcbourdais.net/journal/18avr08.php, qui développe une étude de la riche iconographie du thème de la Vérité nue sortant du puit, jusque dans le tableau de 1898 d'Édouard Debat-Ponsan.
[237] Voir la recherche https://www.google.com.ni/search?q=prelats+medieval&biw=992&bih=640&source=lnms&tbm=isch&sa=X&ei=c8l4VJrLJce0sAS2roHYCg&ved=0CAYQ_AU oAQ#tbm=isch&q=allegory+truth
[238] https://www.google.com.ni/search?q=prelats+medieval&biw=992&bih=640&source=lnms&tbm=isch&sa=X&ei=c8l4VJrLJce0sAS2roHYCg&ved=0CAYQ_AUoAQ#tbm=isch&q=allegory+truth
[239] http://www.getty.edu/art/exhibitions/spectacular_rubens/
[240] Qui a dédié de nombreuses oeuvres à ce thème, Alain.R.Truong, "*The Victory of Truth over Heresy - Exhibition at the Getty explores one of Peter Paul Rubens's greatest achievements*", https://alaintruong2014.wordpress.com/tag/the-victory-of-truth-over-heresy/
[241] http://commons.wikimedia.org/wiki/Peter_Paul_Rubens/Religious_allegories
[242] http://www.lib-art.com/artgallery/42454-an-allegory-vliet-willem-van-der.html
[243] http://against-heresies.blogspot.com/2006_08_01_archive.html
[244] http://lunettesrouges.blog.lemonde.fr/2009/01/23/pudeur-et-desillusion/
[245] http://photos1.blogger.com/blogger/6475/2530/1600/Release%20from%20deception.jpg
[246] Oderisio De Sangro, *Raimondo de Sangro e la Cappella Sansevero*, Rome, Bulzoni, 1991, p. 169.

grâce à l'aide d'un Cupidon ailé armé d'instruments à mi-chemin entre la faucille et les instruments de mesure géométriques, et qui s'élève au-dessus d'un globe, deux éléments, le Cupidon actif et le globe, que l'on retrouve chez Dürer.

De fait, la sculpture de la Chapelle Sansevero, entourée d'autres sculptures, par d'autres sculpteurs, comme le *Christ voilé*, le *Decoro, Liberalità, Pudicizia, La Sincerità*, ou encore l'*Amour divin* (anonyme du XIXème siècle)[248], et trouvant une correspondance iconographique avec les figures citées du Christ et de la Pudeur voilées[249] reprend les attributs de l'*Inganno* chez Ripa, que sont le filet, le serpent (les pieds d'Inganno étant des queues de serpent), et le chien qui se cache la tête entre ses pattes[250].

On verra dans les livres d'emblèmes que le filet est, traditionnellement, celui dans lequel est prise l'âme quand elle est au pouvoir des démons. On le retrouve ainsi dans la *Cena mitológica* ou *Chronos sermonnant Éros en Présence d'Aphrodite et d'Arès* (1498) de Guercino[251], dans laquelle Éros à peine né des amours contradictoires du couple divin aux attributs opposés, sous la forme iconographique classique de l'Enfant Jésus, est pris dans une nacelle (évocation sûrement des péchés et tentations qu'il provoquera en tant que dieu de la force des passions terrestres) est libéré par le geste habituel du Temps découvrant la Vérité. Le Temps, dans son action tempérante, libère donc l'Éros des passions temporelles du filet des tentations et lui indique, comme les bergers pensifs ou les Mages de la Crèche, son destin futur, mais en le lui limitant. C'est le thème du *Débat de Folie et d'Amour* (1555) de Louise Labé.

0.7.f. Le Studiolo d'Isabelle d'Este, l'*Allégorie des Vices* du Corrège et l'organisation visuelle du *Songe du Docteur* comme symbolique

0.7.f.1. L'*Allégorie des Vices*

Le dernier pas de notre chemin, préalable à l'étude du *Songe du Docteur*, sera la réflexion, dans le cadre ainsi établi, autour des *Allégories des Vices*[252] et *des Vertus*[253] (1528-1530) de Corrège pour le Studiolo d'Isabelle d'Este à Mantoue. Notre intention n'est pas d'offrir une étude spécifique de ces deux oeuvres, mais si d'en préciser les principaux éléments qui, pour nous, permettent de connecter l'oeuvre avec la gravure de Dürer, en terminant de l'éclairer iconographiquement, selon la ligne que nous avons suivie.

Il faut replacer ces deux oeuvres du Corrège dans leur relation à celles de Mantegna, notamment *Minerve chassant les Vices du jardin de la vertu* (1500-1502), pour le même Studiolo, et les deux *Allégories du Vice et de la Vertu* (1490, Londres et Paris)[254] sur un thème similaire, dans celle de Londres "*l'Oisiveté tirée par l'Inertie, la Luxure, symbolisée par la Vénus terrestre, qui est postée sur la croupe du centaure, l'Avarice et l'Ingratitude portant l'Ignorance couronnée et la Haine immortelle qui porte les semences du mal*"[255]. On retrouve à l'identique l'Ignorance ivre portée par l'Ingratitude et l'Avarice dans *Minerve chassant les Vices*.

On se souviendra comment Lotto résout et minimalise l'opposition entre Vice et Vertu: un Cupidon versus un satyre.

---

[247]L'inscription en est:
"*ANTONIO SANGRIO/ DUCI TURRIS MAIORIS/ PAULI SANSEVERI PRINCIPIS FILIO/ ELOQUENTIA INGENIO/ VARIAQ. FORTUNA ADMIRABILI/ QUI QUUM UXORE/ IN ADOLESCENTIA AMISSA/ CAELEBS DEIN/ IUVENILIBUS CUPIDITATIBUS/ SATIS SUPERQ. PARUISSET/ PROPTEREAQUE/ PATRIA PROCUL EUROPAM OMNEM/ PERAGRASSET/ IDEMQ. COGNITIS/ TANDEM ERRORIBUS/ REDUX SACERDOS/ HUIUSQ. TEMPLI ABBAS/ SANCTITATE MORUM INSIGNIS/ VI. ID. SEPT. AN. MDCCLVII/ AET SUAE LXXII OBIISSET DOCUIT/ NON DATUM ESSE HUMANAE IMBECILLITATI/ UT MAGN/E SINE VITIIS VIRTUTES/ EXISTANT/ RAYMUNDUS SANSEVERI PRINCEPS FILIUS/ NE QUID PATRI NE QUID VERITATI/ DENEGARET/ EIUSMODI ELOGIUM/ INSCRIBENDUM PONENDUMQUE/ CURAVIT*", Stanislao D'Aloe, *Tesoro lapidario napoletano*, Naples, Stamperia reale, 1835, p. 334.
[248]http://fr.wikipedia.org/wiki/Chapelle_Sansevero
[249]http://www.rpgcodex.net/forums/index.php?threads/artist-by-artist-raimodo-di-sangro-principe-di-san-severo.74004/page-2 et http://lunettesrouges.blog.lemonde.fr/2009/01/23/pudeur-et-desillusion/
[250]http://www.rpgcodex.net/forums/index.php?threads/artist-by-artist-raimodo-di-sangro-principe-di-san-severo.74004/page-2
[251]http://commons.wikimedia.org/wiki/File:Guercino_-_cena_mitologica_(venus,_marte,_cupido_e_o_tempo),_c.1624-27.jpg
[252]http://mini-site.louvre.fr/mantegna/acc/xmlfr/section_8_5.html et http://mini-site.louvre.fr/mantegna/images/section8/zoom/08_10.jpg
[253]http://mini-site.louvre.fr/mantegna/acc/xmlfr/section_8_6.html et http://mini-site.louvre.fr/mantegna/images/section8/zoom/08_11.jpg
[254]http://mantegnaminerve.wordpress.com/
[255]*Ibid.*

Chez Mantegna (Londres, 1490), le bruit du syrinx du satyre, la Paresse aux oreilles d'âne, la Luxure, figure féminine qui, ironiquement, reproduit le geste d'Adam pécheur (indiquant la pomme d'Adam) et la cécité combinent en eux les imperfections du dormeur accompagné du démon dans la gravure de Dürer.

Si nous passons à présent au dyptique du Corrège, on se rend compte que ce ne sont pas l'ensemble des Vices ni des Vertus non plus qu'il représente, pas plus que ne le faisait Mantegna.

Il va de soi qu'il faut voir dans le personnage central de l'*Allégorie des Vertus* une Minerve, pour son casque. L'intéressant de sa figure est qu'elle a le pied sur un serpent, forme qui rappelle celle similaire chez Bronzio, dans l'oeuvre déjà citée.

Sans en tirer toutefois de conclusions, n'étant pas ici notre propos, mais nous intéressant à la tripartition de l'*Allégorie* correspondante *des Vices*, on voit que celle-ci présente un satyre attaché et apparemment saoûl, malmené par des ménades. Or celles-ci sont trois, autour de lui, l'une s'attaque à sa jambe, l'autre lui souffle dans l'oreille, la troisième lui approche des serpents près de son bras. Il faut préciser que les trois ménades ont des serpents dans les cheveux, et que ceux-ci se trouvent un peu partout par terre. La scène se passe au pied d'un arbre.

Il ne fait pas de doute que la ménade qui lui souffle dans l'oreille est celle qui lui inspire le sommeil pernicieux de la saoûlerie.

De même, la ménade s'attaquant à la jambe du satyre paresseux rappelle que, dans les identifications médiévales[256] entre les Péchés et les parties du corps (comme, par exemple, au mur Nord de l'église de Little Horwood, dans le Buckinghamshire[257]) de l'homme ou de la femme (comme les "*Works of Mercy*", voire d'un ange ou du Christ lui-même, et, pour les Vices encore, montés sur des animaux)[258], l'Acedia, sans doute

---

[256]"*Voyez aussi d'Herbelot à l'article de Gehennem dans la Bibliothèque Orientale, touchant les sept portes de l'Enfer dont il est parlé dans le Ch. 15 de l'Alcoran, & les supplices qui sont destinés à sept ordres différens de pécheurs. On y trouve aussi que les Mahométans raisonnables croyent que ces sept portes représentent allégoriquement les sept péchés capitaux & sept parties du corps humain, qui sont les principaux instrumens de ces péchés.*" (*Cérémonies et coutumes religieuses de tous les peuples du monde, représentées par des figures dessinées de la main de Bernard Picart: avec une explication historique, & quelques dissertations curieuses: Tome Cinquième qui contient les Cérémonies des mahometans &c.*, Amsterdam, J.F. Bernard, 1737, p. 166)
Ainsi "*it is in Ulrich of Lilienfeld's Concordantiae Caritatis, where the various sins were systematically connected with parts of the human body (Plates XLI—XLII, figs. 9-10).*" (*Monsters and Demons in the Ancient and Medieval Worlds: Papers Presented in Honor of Edith Porada*, Mainz am Rhein, P. von Zabern, 1987, p. 106)
"*Depuis un siècle et demi cette sculpture a été régulièrement mentionnée par divers auteurs. Jean Delumeau l'évoque en ces termes: «Un bas-relief en granit du XVI siècle à Saint-Léry (Morbihan) représente un homme attaqué par sept animaux dans la partie du corps plus spécialement destinée à commettre chacun des péchés, l'orgueil mord la tête, l'envie l'épaule droite, la luxure le sexe, l'homme étant représenté nu car la nudité rappelle la faute originelle.»*" (Laurent Guitton, "Les sept péchés de Saint-Léry - Allégorie infernale et conflits de pouvoir dans la Bretagne ducale au xve siècle", *Annales de Bretagne et des pays de l'Ouest*, 2011/1, No 118-1, p. 7)
[257]http://www.le.ac.uk/arthistory/seedcorn/images/littlehorwood7deadly.gif
[258]"*Seven Deadly Sins proceeding from a Naked Man*
Rather than using an abstract mnemonic scaffold, such as a wheel or tree, this diagram links the Sins to the appropriate limbs of a naked body. The connection of Pride, the chief of Sins, with the head is obvious and the appropriate positions of Gluttony and Lust are also clear, but the associations of the parts of the body with Sins are more arbitrary. This schema can be found in Danish wall painting, for example, in the painting of post 1500 at Kongens Lyngby.
Of the corpus of paintings in the database, this schema is found at Arundel and Trotton, both in West Sussex. Further examples survive, mostly notably the fifteenth-century painting at Little Horwood in Buckinghamshire.
The exact origins of this diagram are uncertain. Its use of a central male figure may relate to the naked figure of Old Adam displayed at the top of trees of the Seven Deadly Sins in twelfth-century manuscripts (Katzenellenbogen (1939), 67). Alternatively, the practice may relate to the tradition of reading the limbs and wounds of the Crucified Christ as a guard against the Seven Deadly Sins (See, for example, Barnum (1976), 83-4).
Seven Corporal Works of Mercy arranged around Christ
This image is found in a painting of c1420-40 at Linkinhorne in Cornwall (Lindley (1953), 112-5). It focuses on an image of Christ, stripped to his loin cloth and with his hands raised to show his wounds. This central image is similar to the standing figure of the wounded Christ found in British art from the fourteenth century (Sekules (1991), 176). The raised hands of Christ are reminiscent of His depiction in the Last Judgement (with which Works of Mercy were closely connected). The composition of the image resembles the display of the Seven Sacraments around a central figure of Christ found in fifteenth-century stained glass in England (Marks (1993), 79).
Seven Deadly Sins proceeding from a Woman (speared by Death)
This image is not clearly present in the corpus included in this database, although the image of a queenly figure described at Ruabon may have been part of such a presentation of the Seven Deadly Sins. However, a distinct group of images using this schema survive from the fourteenth century: Alveley in Shropshire, Little Hampden in Buckinghamshire, Padbury in Buckinghamshire and Raunds in Northamptonshire and Wotton Wawen in Warwickshire. All these show Pride as a regal female with the six Sins proceeding from her. These may ultimately derive from Gregory the Great's description of Pride as the Queen of the Vices (Rehm (1994), 79). This tradition may be evident in the images of Pride as a queen at the foot of the Tree of Sin in twelfth-century manuscripts (Rehm (1994), 79). The focus seems to be on the idea of Pride as a mother and generator of sin, rather than the more mnemonic presentation of the Sins proceeding from different limbs of the naked man.
This image is usually accompanied by additional figures: trumpeters, a tabor player and a figure of Death (a skeleton or a naked man) who pierces Pride. The consistency of these additional figures suggests a common model. The direct source of this image has not been identified, but several of the elements resemble a more complex image of the Tree of Sins found in the Spiritual Encyclopaedia Verger de Soulas (Porcher (1955), 35: Kosmer (1975), 3). This shows a female figure of Pride twice: once at the top of a tree of sin accompanied by minstrels and menaced by a figure of Death and a second time, as the root of the Tree with the Sins proceeding from her. This form of Tree closely resembles the composition at Ruislip, except that the figure of Pride at the top of the Tree is male. A female figure is also portrayed with the Sins linked to her torso in a late thirteenth-century illumination based on the medieval mnemonic acrostic for the sins 'SALIGIA'

en ce qu'elle génère l'ensemble des autres Vices[259] (même si c'est de l'Orgueil, contrairement aux processions classiques[260] d'Évagre, Cassien et Grégoire le Grand[261] pour qui il est la conséquence de tous les

---

(Superbia, Avaritia, Luxuria, Ira, Gula, Invidia, Accedia) (Watson (1947), 149). Since she seems to be presented as a 'good figure' to whom a kneeling layman is praying, it is unlikely that the British paintings derived from this sort of image.
Seven Corporal Works of Mercy around a Woman
In British wall paintings, this schema is found only at Potter Heigham in Norfolk (mid fourteenth-century). The nimbed female figure is shown holding what appears to be a lodge or hermitage containing a male figure of a hermit or porter. The same female figure is shown performing the Works. The closest visual parallel is a fresco of c1352 in the loggia of the Bigallo Foundling Hospital in Florence, which shows the Works displayed around a nimbed figure, reminiscent of the Madonna of Mercy (Paatt (1955), I, 384, 390). This composition may relate to that in the Floreffe Bible (c1150) where the Works are displayed around the Theological Virtues (Faith, Hope and Charity) (Kirschbaum (1968), I, 246). The exact significance of the central figure is uncertain. She may represent the Virgin herself. Alternatively, she may be intended to personify the quality of Mercy or Charity (Tristram (1955), 100).
Seven Deadly Sins around a Clothed Man
At Oddington the sins are displayed around the figure of a clothed man. This central figure is shown in lavish and fashionable clothing, holding a sceptre. Like the female figure of Pride at Raunds, he is shown being crowned by demons.
A clothed man seems to have been part of the Tree-like presentation of the Sins at Quatt. Some Sins appear to have been shown proceeding from his mouth, but this does not seem to have followed the pattern of associating Sins with appropriate limbs found in images of the naked man.
Works of Mercy round a Good Man
This schema is used at Oddington and Trotton. At Oddington the Works are then performed by angels. At Trotton they are performed by a variety of men and women. It is possible that this schema relates to the display of the Works around a Good Woman.
Frau Welt (Female allegory of the Seven Deadly Sins)
A single painting based on this schema is recorded among the paintings of after 1496 in the Chapel of the Guild of the Holy Cross in Stratford upon Avon (Davidson (1988), pl. 16). Previously identified as the Whore of Babylon, the female figure in this painting is in fact a debased version of Frau Welt. This is an allegorical female figure with animal attributes and motifs and is intended to represent the Seven Deadly Sins. It constitutes a more caricatured and dramatic rendition of the ideas inherent in the image of the naked man with the Sins proceeding from appropriate limbs. Frau Welt seems to have been developed in Central Europe in the mid fourteenth century (Schmidt (1956), 25-6: Stammler (1959), 58, 62-3).
Works of Mercy round an Angel
It appears that an angel is the focus of the scheme at Dalham in Suffolk. This detail may relate to the association of the Cherubim with the Wheel of the Seven Corporal Works of Mercy or to the general association of angels with the Works, evident in their frequent inclusion as additional motifs.
Seven Deadly Sins riding on Animals
This schema is found only in the paintings at Hardwick in Cambridgeshire and at Llangar in North Wales (Yates (1993), 38-9). However, it seems to have been the preferred schema for the presentation of the Sins in fifteenth-century English manuscripts, of which the most sophisticated is The Mirroure of the Worlde (Scott (1996), II, 144-5). This schema is also used in late medieval misericords at Norwich (Remmant (1969), xxxix).
The image of the sins mounted on appropriate animals first appears in a didactic work, Lumen Animae, compiled in Austria by Godfrey of Vorau sometime before 1332 and it was subsequently distributed with a popular didactic text known as the Etymachia (Norman (1988), 198-9). In the course of the fourteenth and fifteenth centuries a wide variety of different animals was suggested as appropriate for each sin (Bloomfield (1976), 245-9). This schema is also found in literature. The order of the Sins at Hardwick is the same as that in The Assembly of the Gods, attributed to Lydgate, although only four of the animals seem to match (lion, boar, goat and ass) (Triggs (1896), 19).
Cycle of Sins mounted on animals in The Mirroure of the Worlde

Pride	Lion	(fol.17	Pl. XI)
Envy	Dog (with bone and 2nd dog)	(fol.38v	Pl. XII)
Anger	Lion	(fol.42	Pl. XIII)
Sloth	Ass	(fol.48v	Pl. XIV)
Avarice	Man sitting at desk counting from money box	(fol.59	Pl. XV)
Lechery	Ram (woman with mirror)	(fol.67v	Pl. XVI)
Gluttony	Sow (eating joint of meat, flask at waist)	(fol.72v	Pl.XVII)

(Scott (1980), 14)." (http://www.le.ac.uk/arthistory/seedcorn/schema.html)
[259]Henry Cochin, *Le Frère de Pétrarque Et Le Livre Du Repos Des Religieux*, 1903, Genève, Slatkine Reprints, 1975, note 1 p. 207: "*la mélancolie est comptée par les plus anciens spirituels, entre les sept ou huit sources de tous les péchés, comme la gourmandise et l'impureté.*"
Kierkegaard écrivait son *Journal*: "*La mélancolie est un péché, c'est le péché de ne pas vouloir profondément et sincèrement et c'est donc la mère de tous les péchés.*" (cité dans Jean-François Marquet, "Kierkegaard et les miroirs de la mélancolie", *Bulletin de l'Association Guillaume Budé: Lettres d'humanité*, No 41, décembre 1982, p. 407), ce qui est encore logique par rapport au concept médiéval: "*L'acédie désigne un état d'apathie, la lassitude du moine, l'inquiétude du cénobite face à l'apparente inutilité de sa vocation. Elle est donc d'abord un vice monastique. Cassien lie l'acédie à la tristesse qui empêche toute contemplation. Ce vice offre de multiples rejetons : l'oisiveté, la somnolence, l'inquiétude, le vagabondage de l'esprit, la verbosité et la curiosité. L'instrument de lutte contre ce vice est donc le travail manuel. Vice instable, absorbé par la tristesse dans les réflexions théologiques, elle apparaît vite comme obsolète pour Grégoire le Grand, mais les écrits monastiques perpétuent sa présence comme « rébellion du corps aux contraintes auxquelles il est soumis à l'intérieur du monastère »* (Pierre Damien). *Faiblesse du corps pour les uns, elle est faiblesse de l'esprit pour d'autres comme Bernard de Clairvaux et Adam Scot qui la comprennent comme « une interruption du chemin de perfection sur lequel s'est engagé le moine »* (p. 135). *Thomas d'Aquin pose les enjeux de manière efficace en posant la question des causes : l'acédie est à envisager différemment selon que son origine est louable (s'attrister de ses péchés) ou blâmable (convoiter un bien impossible). Dès le XIII° siècle l'acédie devient un vice commun et non plus spécifiquement monastique. L'acédie laïque est différente du monastique : oisiveté, indolence, paresse, sont plus visibles et plus blâmables que la tristesse du moine. Les textes pastoraux, sermons d'éducation, prédications, utilisent ce thème aux XIV°-XV° siècles, jusqu'à son entrée dans les textes laïcs où elle est vue en termes de langueur, amertume et non entrée dans le cercle laïc modifie l'acédie en mélancolie. Paresse chez les moines, mélancolie chez les laïcs : ce vice, considéré comme trop instable, est écarté de la classification à la fin du Moyen Age.*" (http://clio-cr.clionautes.org/histoire-des-peches-capitaux-au-moyen-age.html#.VKmPQtKG_Jk)
"*Ces fantasmes remettent le travail en question et, du même coup, l'un des sept péchés capitaux, à savoir la paresse (acedia). A l'origine, acedia était le péché de négligence ou même de manquement aux devoirs religieux, un péché qui pouvait succomber surtout les moines et autres ecclésiastiques. Au Moyen Âge, il faisait bien plus impression qu'aujourd'hui. Ce péché un peu tombé dans l'oubli, occupait alors une place de choix parmi d'autres péchés capitaux apparemment plus spectaculaires. Il frappait surtout les religieux qui succombaient au sommeil ou la somnolence pendant les longues prières, l'étude et la contemplation. Si cela se répétait, on risquait de devenir mélancolique. Le diable, à l'affût, n'attendait que cela car il lui était alors facile d'entraîner l'homme à commettre l'ultime péché.*" (Herman Pleu, "*Représentation du travail dans la littérature néerlandaise*", *Le verbe, l'image et les représentations de la société urbaine au Moyen Age: actes du colloque international tenu à Marche-en-Famenne du 24 au 27 octobre 2001*, Anvers/Apeldoorn, Garant, 2002, p. 242)
Ainsi, Saint Thomas écrit: "*Il faut répondre que le mot capital vient du mot captif (tête). Or, la tête à proprement parler est le membre de l'animal qui en est le principe et qui le dirige tout entier. C'est pourquoi on donne métaphoriquement le nom de tête à tout principe, à toute cause dirigeante. Ainsi on dit que les hommes qui dirigentles autres et qui les gouvernent sont leur tête. On appelle donc vice capital, du mot caput (tête) pris dans son sens propre, celui qui mène à des fautes quisont punies de la peine capitale. Mais ce n'est pas le sens que nous attachons à cette expression quand nous parlons des péchés capitaux. Nous désignons par là, métaphoriquement, toutpéchéquiestle principe des autres ou qui les dirige. Par conséquent nous donnons le nom de vice capital à celui qui est la source d'autres vices, surtout quand ils naissent de lui, selon l'origine de la cause finale qui est l'origine formelle, comme nous l'avons dit (quest. Xviii, art. 6, et quest. Lxxh, art. 6, et Lxxv, art.). C'est pourquoi le vice capital n'est pas seulement le principe des autres, mais il en est encore le directeur et pour ainsi dire le guide. Car l'art ou l'habitude à laquelle la fin appartient, régit et commande tous les moyens qui s'y rapportent. C'est ce qui fait que saint Grégoire (Mor. lib. XXXI, cap. 17) compare ces vices capitaux à des chefs d'armées.*"

Il faut répondre au premier argument, que le mot capital vient, par dérivation ou par participation, du mot caput, et qu'il s'applique à ce qui a quelqu'une des propriétés de la tête et non à la tête exclusivement. C'est pourquoi on appelle capitaux, non-seulement les vices qui sont l'origine première de tous les maux, comme l'avarice qui est appelée la racine et l'orgueil qu'on nomme le commencement de tout péché; mais encore ceux qui sont l'origine prochaine de plusieurs autres péchés.

Il faut répondre au second, que le péché, considéré relativement à l'éloignement de Dieu, n'a pas d'ordre, parce que sous ce rapport il a la nature du mal, et que le mal, comme le dit saint Augustin (Lib. denat. boni, cap. 4), est la privation du mode, de l'espèce et de l'ordre; mais si on le considère relativement à l'attachement du pécheur pour la créature, il a pour objet un certain bien; c'est pourquoi sous ce rapport on dit qu'il est ordonné (d).

Il faut répondre au troisième, que ce raisonnement porte sur le péché capital qui est puni par une peine capitale, mais ce n'est pas de ce péché que nous parlons ici.

ARTICLE IV. — A-T-ON RAISON DE DISTINGUER SEPT VICES CAPITAUX?

1. Il semble qu'on ne puisse pas dire qu'il y a sept vices capitaux: la vaine gloire, l'envie, la colère, l'avarice, la tristesse, la gourmandise et la luxure. Car les péchés sont opposés aux vertus. Or, il n'y a que quatre vertus principales, comme nous l'avons dit (quest. LXI, art. 2). Donc il n'y a non plus que quatre vices principaux ou capitaux.

2. Les passions de l'âme sont des causes du péché, comme nous l'avons dit (quest. LXXVII). Or, il y a quatre principales passions de l'âme; il y en a deux dont il n'est pas fait mention parmi les péchés qu'on vient d'énumérer, ce sont l'espérance et la crainte. Mais on a énuméré des vices qui se rapportent à une même passion. Car la délectation comprend la gourmandise et la luxure, et la tristesse embrasse la paresse et l'envie. Donc les péchés principaux sont mal énumérés.

3. La colère n'est pas une passion principale. On n'aurait donc pas dû la ranger parmi les vices principaux.

4. Comme l'avarice est la racine du péché, de même l'orgueil en est le commencement, comme nous l'avons dit (art. d et 2 huj. quaest.). Or, on fait de l'avarice un des sept péchés capitaux; on aurait donc dû compter aussi l'orgueil.

5. On connaît des péchés qui ne peuvent venir d'aucun de ceux qu'on a énumérés; comme quand on erre par ignorance, ou quand on commet une faute par suite d'une bonne intention, comme celui qui vole pour faire l'aumône. Donc les vices capitaux n'ont pas été suffisamment énumérés.

Mais c'est le contraire. L'autorité de saint Grégoire est positive à cet égard (Mor. lib. xxxi, cap. 17)." (La somme théologique de Saint Thomas, Paris, E. Belin, 1853, T. VI, pp. 9-11)

Et encore, plus clairement peut-être: *"Il faut répondre au second, que la crainte et l'espérance sont des passions de l'irascible, que toutes les passions de l'irascible viennent de celles du concupiscible, et que toutes les passions du concupiscible se rapportent d'une certaine manière à la délectation et à la tristesse. C'est pourquoi on place principalement parmi les péchés capitaux la délectation et la tristesse, comme étant les passions principalissimes, ainsi que nous l'avons dit (quest. XXV, art. 4)."* (Ibid., p. 15)

Ce qui, à la fois, confirme, pour nous, l'importance de l'Acédie, mais aussi qu'il s'agit d'une complexion plus ample, non réduite à elle-même, qui permet, chez Dürer ou dans les livres d'emblèmes de l'époque, à ses près de 6 000 auditeurs lors de son assemblée annuelle. Il s'agissait d'un rendu, sous forme de la notion d'"*éloignement de Dieu*", puisqu'on le voit bien chez Saint Thomas d'Aquin, cette notion renvoie à l'ensemble des péchés *"capitaux"*. Comme la représentation de la bataille entre la Vérité et l'Hérésie remplit une fonction théologique dans l'iconographie médiévale que l'on nomme généralement que la représentation, dont elle s'inspire en qui l'implique cependant, nous en sommes d'accord, l'*Acedia* ou de la mélancolie (celle-ci sortant déjà du cadre fermé de l'imagerie de la Paresse, comme le prouve son élévation baroque comme forme, parallèle de celle des *Vanités* - ce qui est important - auxquelles elle s'intègre directement ou indirectement, selon les cas [la littérature à ce propos abonde], de représentation de la dichotomie morale de Sainte Marie Madeleine).

"Quels rapports y a-t-il entre les péchés, surtout les péchés capitaux, et ce paysage affectif si bigarré? Même si on peut remarquer, dans la table rupellienne des passions, la présence de termes qui se réfèrent aux péchés capitaux traditionnels (acédie, envie, orgueil, colère), les passions ne s'identifient pas pour autant avec eux; comme Jean a montré très clairement dans sa 'Summa de vitiis', la passion est différente du péché, et le cadre psychologique qu'il va construire avec méticulosité se situe en dehors de la réflexion morale proprement dite. Cependant, le fondement même des passions, c'est-à-dire la passibilitas de l'âme, plonge ses racines dans le péché; les passions sont la signe de la nécessitas qui atteint désormais l'homme, tantôt dans l'âme, tantôt dans le corps; elles constituent la peine qui frappe l'âme ë cause de son union avec un corps infirme et corrompu.

Le rapport passions-péchés peut donc être abordé abordé à différents niveaux: sur un plan général, il concerne la structure psychologique de l'homme; au niveau de la taxonomie des péchés, il illustre l'origine affective de plusieurs d'entre eux. Ce qui s'avère néanmoins impossible, c'est d'identifier tout court les passions avec les péchés et surtout d'établir une correspondance précise et complète entre la table des passions et le système des sept vices. Sur ce dernier point, tous les théologiens franciscains sont très nets: la 'Summa Halensis', dont le traité sur le péché a été écrit en grande partie par Jean de la Rochelle lui-même, aborde la question de façon explicite: il est incontestable que le septénaire ne saurait trouver un fondement dans les diverses facultés de l'âme, ni une correspondance avec les passions. Après une longue discussion sur la sufficientia du septénaire, saint Bonaventure lui-même rejette la correspondance entre péchés capitaux et puissances de l'âme;" il y a, bien sûr, des passions qui sont en même temps des péchés, à savoir l'envie et la colère, mais leur culpabilité ne vient pas de leur nature passionnelle même; les passions peuvent être soit justes et méritoires, soit mauvaises et coupables: tout dépend de la volonté qui les fait surgir." (Silvana Vecchio, "Passions de l'âme et péchés capitaux", Laster im Mittelalter / Vices in the Middle Ages, Berlin, Walter de Gruyter, 2009, pp. 58-59)

[260]Toutefois, renouvellent avec cette primauté de l'Orgueil sur les autres Vices: *"En mars 2009, l'Association des géographes américains a présenté un travail intitulé One nation, seven sins (Une nation, 7 péchés), allait à ses près de 6 000 auditeurs lors de son assemblée annuelle. Il s'agissait d'un rendu, sous forme de cartographie SIG, d'une étude des zones géographiques (par comtés) les plus touchées par les « 7 péchés capitaux » aux États-Unis. Ces «péchés» ont été évalués selon des indices calculés d'après les statistiques nationales officielles disponibles.*

La cupidité a été évaluée par des statistiques d'inégalités de revenu moyen par habitant d'une région par rapport au nombre d'habitants vivant sous le seuil de pauvreté. Un indice d'envie a été calculé sur la base du nombre de vols (dont cambriolage, larcin et vols de véhicule à moteur) par habitant. La colère a été évaluée via le nombre de meurtres, agressions et viols par habitant (données probablement sous-estimées, par sous la sous déclaration dans certaines populations vulnérables et victimes). Le nombre de restaurants, service de livraison ou restauration rapide disponibles par tête d'habitant a servi à évaluer la gourmandise. La luxure a été évaluée par la prévalence des chlamydioses et gonorrhées, de la syphilis et du VIH/SIDA dans chaque comté (indices particulièrement discutables car notamment influencés par les conditions d'hygiène, la pauvreté, la culture, le risque de viol, la drogue et les pratiques sexuelles... mais la prostitution ou le commerce du sexe restent des sujets souvent pudiquement traités et culturellement difficiles aux États-Unis). La paresse a été évaluée en comparant les dépenses faites par individu (pour les arts, spectacles et loisirs) avec le taux d'emploi. L'orgueil, en tant que racine de tous les péchés, a été calculé et cartographié en agrégeant les indices précédent. La part du sérieux statistique, de l'arbitraire dénoncé, et de l'humour de l'« amusement érudit » de cette approche a été laissée à l'appréciation des utilisateurs de ces statistiques. Ce travail a été présenté devant une assemblée d'environ 6 000 géographes venant traiter de questions lourdes. C'est une « cartographie rigoureuse de données ridicules » a commenté Abigail Goldman dans le journal16. Les auteurs, qui ont aussi classé les grands casinos des États-Unis au regard de ces critères, avaient y avoir pris tant de plaisir, qu'ils envisagent de poursuivre cette approche." (http://fr.wikipedia.org/wiki/P%C3%A9ch%C3%A9_capital)

[261]*«Les pensées génériques provenant de la partie concupiscible sont trois : celle de gourmandise, celle d'avarice et celle de vaine gloire, car on désire soit des nourritures, soit de l'argent, soit la gloire ; mais la cupidité, la vaine gloire et les autres pensées de la partie concupiscible sont précédées par l'égoïsme (philautia). Seule la pensée de tristesse ne comporte pas de plaisir. Celle de l'orgueil est sans matières. À celles de rancune (μνησικακία / mnêsikakia) et de colère est liée la tristesse. Toutes aboutissent à celle d'orgueil, mais ne tombent pas dans celle d'égoïsme. Celui donc qui n'est pas égoïste est forcément aussi ennemi du plaisir, car devenu maître de lui, il a évidemment toutes maîtrisées.»*
— Chapitres des disciples d'Évagre, ch. 69 (Géhin, p. 166-168)

autres[262], que les Vices procèdent au mur Nord de l'église de Raunds, Northamptonshire[263]), est associée au pied[264]. L'arbre sous lequel est le satyre peut s'identifier à l'arbre des Péchés médiéval[265] (tel qu'on le voit, par exemple, au mur Nord de la nef de l'église de Crostwight, Norfolk, c. 1360-1380[266]), contre-partie et version négative de celui de Jessé ou de Jacob[267] (et de celle de l'arbre des *Seven Corporal Works of Mercy*, tel qu'il apparaît au mur Nord de l'église d'Edingthorpe, également dans le Norfolk[268]). Cette consubstantiation de l'homme et de l'arbre, et cette dichotomie entre les Arbres des Vices et des Vertus des représentations médiévales, que l'on retrouvent dans l'Adam s'accrochant à la branche de l'arbre du Péché[269], dont l'image réapparaît chez Otto Van Veen[270], peuvent s'expliquer par la dualité de l'Arbre du Péché, dont le bois sera celui de la Croix, selon l'aprocryphe *Évangile de Nicodème*, repris par *La Légende dorée* de Jacques de Voragine[271], symbole de rédemption par la souffrance et la Passion du Christ, l'homme (Adam) étant, par ailleurs, celui qui provoque sa propre disgrâce.

Cette liste a été revue par Jean Cassien au ve siècle, puis par le pape Grégoire le Grand (590-604). Grégoire le Grand, dans les Moralia, supprime l'acédie qu'il remplace par l'envie, et déclare l'orgueil roi des vices et le sort de la liste, ramenant ainsi les passions capitales à sept. La liste est définitivement fixée au quatrième concile du Latran en 1215 et consignée par Thomas d'Aquin au xiiie siècle dans sa Somme théologique. La liste de « sept péchés capitaux » sera répandue par la Contre-Réforme (xvie siècle)." (Ibid.)
[263]De toute façon: *"Dans la religion catholique, les péchés capitaux correspondent aux péchés dont découlent tous les autres1. Ainsi, le mot capital n'est pas en rapport avec la gravité (par exemple, le meurtre n'y figure pas; le blasphème non plus). Il vient du latin caput («tête»), par comparaison à cette partie du corps qui dirige l'ensemble : le péché capital conduit à d'autres péchés."* (Ibid.)
[263]http://www.le.ac.uk/arthistory/seedcorn/images/raunds7deadly.gif
[264]Dans la *"Representation of the Inner State of a man who is a Servant of Sin, and suffers the Devil to reign within him," from The Heart of Man Either a Temple of God or a Habitation of Satan, by Johannes Gossner (Reading, Pa., 1822). Translated from Gossner's Herz des Menschen, ein Tempel Gottes, oder ein Werkstätte des Satans (1812)"*, http://www.common-place.org/vol-06/no-04/tales/, ("*Johannes Gossner's The Heart of Man, was published in Pennsylvania in 1822, translated from Gossner's original German text first published in 1812. Gossner had been a Catholic priest who converted to Lutheranism and became an advocate of missions. His Heart book drew from Catholic as well as Protestant sources; in fact, he derived the illustrations from an eighteenth-century Catholic work entitled Spiritual Mirror of Morality (1732).")*, reproduite sur http://media-cache-ec0.pinimg.com/736x/33/fb/1a/33fb1a096dac2838d9e09a76be867941.jpg, la tortue (l'escargot[264] dans la gravure de 1558 de Brueghel[264] pour la *"Desidia"* allongée la tête sur un rocher), qui symbolise l'*"Indolence"*, se trouve en bas de l'image. On retrouve la même représentation chez Jacques Chiquet, *Mirror of the Sinful*, XVIIIème siècle, https://s-media-cache-ak0.pinimg.com/236x/f7/27/5e/f7275e9cdd5e5287c649c4eaf657e1c7.jpg L'image a souvent été reproduite, voir aussi http://en.wikipedia.org/wiki/File:Tableau_de_mission_-Fran%C3%A7ois-Marie_Balanant_tableau_1-.jpg et http://en.wikipedia.org/wiki/Seven_Deadly_sins: *"An allegorical image depicting the human heart subject to the seven deadly sins, each represented by an animal (clockwise: toad = avarice; snake = envy; lion = wrath; snail = sloth; pig = gluttony; goat = lust; peacock = pride)."* (http://en.wikipedia.org/wiki/Seven_deadly_sins), et http://media-cache-ak0.pinimg.com/236x/36/e7/0e/36e70e5756111fdf8030ff77c00913f2.jpg, et encore *""Heart ruled by the seven deadly sins," from Man's Heart, Reverend David Asante, trans., printed for the Basel Missionary Society (Basel, 1874)"* et *"" "Heart ruled by the seven deadly sins," from Book of the Heart, printed for Tellicherry Mission Press (Tellicherry, India, 1848)"*, http://www.common-place.org/vol-06/no-04/tales/
C'est l'*"excremental body"* du corps terrenal, selon Saint Thomas, par opposition au corps sans corruption du Christ, Martha Bayless, *Sin and Filth in Medieval Culture: The Devil in the Latrine*, Abington et New York, Routledge, 2012, cap. *"4. The Realm of Corruption"*.
"For Calvinists, behaviour is at best an indicator of the inner state of a man or woman. But it may, much more dangerously, mask an inner state, beguiling others into erroneously perceiving an individual as godly, or worse, misleading the individual himself or herself into a false sense of assurance of his or her own godliness. Hypocrisy, the technical term for a mismatch between an apparently righteous 'outer man' but a sinful 'inner man', was a constantly feared condition. The tendency of Calvinists is, then, towards particularly intense introspection as the believer attempts to monitor the rightness of an inner core of self. Calvinist writing is characterised by the presentation of a deeply in- teriorised, spiritual notion constructed in complex relation to a watchful, interpreting self. It is a selfhood riven by paradox: constructed as singular (alone and often lonely and isolated) but relational, since it is established in relation to God, God's word and other individuals who mark positions of greater or lesser spirituality; unchangeable (since predetermined) yet responsible for responding to God's calling and thus for its own salvation; passively dependent on God's will, but always actively self-scrutinising and self-creating through the advised practices of journal-keeping and self-confession." (Helen Wilcox, *Women and Literature in Britain, 1500-1700*, Cambridge University Press, 1996, p. 214)
[265]Que l'on trouve aux murs Nord des nef de Crostwight, Norfolk (c.1360-80) et d'Edingthorpe, Norfolk, http://www.le.ac.uk/arthistory/seedcorn/schema.html
[266]http://www.le.ac.uk/arthistory/seedcorn/schema.html
[267]Souvent reproduit au Moyen Âge, cf. Pierre Sorlin et Myriam Tsikounas, *"Entre Dieu et Satan, ambiguïtés du rêve médiéval - Entretien avec Jean-Claude Schmitt"*, *Sociétés & Représentations*, 2007/1, No 23, pp. 67-82.
[268]http://www.le.ac.uk/arthistory/seedcorn/schema.html
[269]http://web.stanford.edu/class/history13/earlysciencelab/body/femalebodypages/malegenital17cent.gif reproduit sur le site https://web.stanford.edu/class/history13/earlysciencelab/body/femalebodypages/genitalia.html
[270]Otto Van Veen, *Les emblemes de l'amour humain*, Bruxelles, François Foppens, 1667, p. 4.
[271]*"De nombreuses légendes ont été diffusées sur l'origine du bois de la Croix.
Selon une première tradition, elle aurait été faite de quatre bois différents (car il faut compter le montant transversal - le patibulum, le vertical - le stipes, la tablette portant l'inscription - le titulus, et la traverse pour les pieds du Christ - le suppedaneum) : bois d'olivier (symbole de la réconciliation), de cèdre (symbole de l'immortalité et l'incorruptibilité), de cyprès et de palmier.
Une autre tradition médiévale, remontant à l'Évangile apocryphe de Nicodème, est reprise au xiiie siècle dans la Légende Dorée du dominicain Jacques de Voragine. La Croix du rédempteur fut taillée dans le bois de l'arbre ayant poussé sur la tombe d'Adam, traditionnellement localisée à Jérusalem, sur l'emplacement même de la crucifixion. Or, cet arbre avait poussé à partir d'une graine de l'Arbre de la Vie, semée dans la bouche d'Adam après sa mort par son fils Seth. C'est l'archange Michel qui l'a apportée à Seth depuis le paradis terrestre afin de permettre à terme le rachat du péché originel. En effet, le Christ est également désigné comme le « nouvel Adam » par saint Paul, qui rachète le péché introduit dans le monde par le premier homme.
L'arbre ayant poussé sur le tombeau d'Adam est alors abattu sur ordre du roi Salomon pour servir de bois d'œuvre. Destiné d'abord à la construction du Temple, il est finalement affecté à celle d'un pont, celui de Siloé. La reine de Saba, rendant visite à Salomon, s'agenouille devant cette poutre de bois, avec la prémonition qu'il servira à fabriquer la croix de la passion de Jésus.*

~ 213 ~

Ainsi, l'insistance sur le lien visuel entre l'arbre où repose le satyre et le pied qu'on lui taquine semble bien renvoyer à une surdétermination de l'Acedia comme mère et origine des Vices.

À présent, nous reportant à la simple qualité de dyptique des deux *Allégories* au Studiolo et à l'association entre Minerve et le serpent, ainsi qu'à la division de l'*Allégorie des Vices* entre les deux ménades de droite et celle de gauche, comme dans la gravure de Dürer, il nous semble encore que, comme on le voit à Notre-Dame, l'association entre Prudence et les serpents est fortement établie, jusque chez César Ripa[272], mais aussi chez Isaia da Pisa à S. Giovanni in Laterano, ou encore Domenico Guidi à San Andrea della Valle et Camillo Rusconi à San Ignazio[273], mais encore à Saint Sulpice et 6 rue de Tournon à l'hôtel particulier qui abrite aujourd'hui la maison Deyrolle[274], raisons pour lesquelles nous nous plaisons à voir, plus qu'une vision opposée à l'*Allégorie des Vertus*, une composition duelle dans l'*Allégorie des Vices*, où une sorte de ménade-Prudence attaque l'oisif satyre avec ses serpents pour le réveiller des assauts de la musique attourdissante et de la Paresse indiquée par l'attachement de la jambe. De fait, n'a jamais été bien décidé si les personnages qui attaquent le silène sont des ménades ou des satyres[275].

Une autre correspondance iconographique: pendant que la Synagogue, comme le Vice de Mantegna (Londres, 1490) et le dormeur de Dürer, a les yeux fermés (bandés, la Fausse Doctrine ne reconnaissant pas le Messie), le sofar ou shofar, corne à vent, est bien attesté dans les célébrations juives, du Nouvel An (Roch Hachana) ou de Pâques (Pesaj)[276]. Ainsi le démon de Dürer et sa victime, par là encore, ont deux caractéristiques traditionnelles de l'Hérésie/Fausse Doctrine médiévale: la surdité à la Vérité et la Foi (ou l'ensommeillement) et le bruit du Démon des Scribes ou de celui des hérésiarques, on va le voir, de Dante.

De fait, l'image est si forte pour la Renaissance, que dans les emblèmes de Ripa, le concept général de *Deformita del peccato* [277] est représenté par une vieille femme laide, marchant sur une instable mer en mouvement, avec un serpent marin derrière elle, sorte d'hydre à sept têtes qui représentent les péchés capitaux, mais en rappelant la queue serpentine de l'Inganno du même ouvrage, et de Fraude[278], qui possède à la fois le masque de la fausseté (ce qui permet de mieux comprendre l'*Allégorie* de Vliet), et la queue de serpent, apparaissant sous sa jupe, qui est parfois (selon les éditions[279]) terminée en croissant de lune (symbole de paganisme et d'activité nocturne), ce dernier dont l'iconographie (il a en main deux coeurs) s'oppose à celle de Sinceritá[280]. Elle tient encore à la main, mais sans la regarder, l'idole qui n'apparaît que comme une ombre (elle obscurcit au lieu d'éclairer l'âme, sa position derrière l'allégorie renforce encore cette idée d'office nocturne et maléfique de l'idole), et est guidée par le cheval des passions, que l'on retrouve du livre d'emblèmes *Pieux Desirs imités des Latins* de Herman Hugo (Paris, Chez Sébastien Cramoisy, 1527, nous y reviendrons) à la frise de la fontaine de l'*Allégorie de l'Amour sacré et de l'Amour profane* (c. 1514) du Titien[281]. De même, *Falsita di amore*[282], comme Inganno et Deformita del peccato, possède, en outre du miroir (qui la renvoie dans la dichotomie Vanité/Prudence), un petit être, sans doute son âme même, à la queue serpentine et à la fausse pudeur (elle se cache les seins nus de la main), qui n'est autre que l'emblème, en petit format, d'Inganno. C'est pourquoi le titre de l'emblème est bien:"*Falsita di amore, ovvero Inganno*".

Selon une autre version, la reine aurait écrit à Salomon pour lui dire qu'à ce bois serait un jour attaché l'homme dont la mort mettrait fin au royaume des Juifs. Touché par cette prémonition, Salomon ordonne alors aux ouvriers de retirer le bois sacré du pont sur le Siloé et de l'enfouir profondément sous terre. Et, à l'endroit où l'arbre était enfoui, se forma plus tard la piscine probatique: si bien que l'eau guérissait les malades. Cette version est illustrée par exemple par les fresques de Piero della Francesca à Arezzo." (http://fr.wikipedia.org/wiki/Vraie_Croix)
[272] http://figuresambigues.free.fr/ArticlesImage/doubleface.html
[273] http://www.romeartlover.it/Iconography2.html
[274] http://www.romeartlover.it/Iconography2.html
[275] http://www.insecula.com/oeuvre/O0017126.html
[276] http://www.playclicks.com/playforos/index.php?topic=41103.135 et http://annepaingault.over-blog.com/tag/culture%20g/3
[277] http://www.labirintoermetico.com/04Iconologia/iconologia_ripa_immagini/imagepages/image127.html
[278] http://www.labirintoermetico.com/04Iconologia/iconologia_ripa_immagini/imagepages/image188.html
[279] http://www.cultura-barocca.com/imperia/molon10002.htm
[280] http://www.labirintoermetico.com/04Iconologia/iconologia_ripa_immagini/imagepages/image338.html
[281] http://en.wikipedia.org/wiki/Sacred_and_Profane_Love   et   http://en.wikipedia.org/wiki/File:Tiziano_-_Amor_Sacro_y_Amor_Profano_(Galer%C3%ADa_Borghese,_Roma,_1514).jpg
[282] http://www.labirintoermetico.com/04Iconologia/iconologia_ripa_immagini/imagepages/image168.html

Ainsi, l'image de Dürer reproduirait les évocations doubles d'une part de l'Hérésie (démon, adoré ou soufflant à l'oreille), de l'autre de la Synagogue ou Fausse Doctrine (cécité, trompette), dans une opposition à la Vérité ou Vraie Foi ou Eucharistie (femme, nue pour la Vérité), qui n'est autre que Béatrice comme dénonciatrice, on le verra, chez Dante.

0.7.f.2. Une théorie des Arts aux XVème-XVIIème siècles
0.7.f.2.a. Dans les oeuvres d'art

Dans son *Allégorie des Quatre Saisons*[283] (c. 1610), Bartolomeo Manfredi présente ceux qui nous semblent être respectivement le Printemps et l'Automne pour leur couronnes, l'une de fleurs, l'autre de vignes, comme des bacchantes s'embrassant, alors que l'Hiver en vieillard, dont le visage ressemble plus à un masque, les observe, et l'Été, jeune femme au regard triste qui se tourne vers le spectateur et sur l'épaule de laquelle l'Automne a déjà posé son bras, tient à la main un miroir, et porte au cheveux l'épis de blé des moissons.

Cette *Allégorie* nous paraît partir du modèle, bien établi iconographiquement, du Temps (remplacé ici par l'Hiver) découvrant la Vérité (ici l'Été, qui conserve les attributs du sein nu de la Vérité découverte par le Temps et du miroir de la Prudence), et de l'opposition, que l'on trouve dans l'*Allégorie des Vices* du Corrège, et également bien établie, entre Églé et les satyres qui embêtent Silène, ou entre les rites sensuels et la chasteté. Ainsi, dans le Château-fort de la Chasteté des Allégories franciscaines de l'Église basse d'Assise par Giotto, où se baptise le catéchumène, les Saints en armes et Pénitence chassent Immondice (Immunditia), à la tête de sanglier, Désir Ardent (Ardor), la tête en flammes, et Amour aux yeux bandés et aux pieds d'oiseau de proie[284].

Le *Combat de l'Amour et de la Chasteté* (1503) du Pérugin, pour le même Studiolo d'Isabelle d'Este, qu'elle lui avait commandé par lettre ("*Le thème poétique que je désire vous voir peindre est le combat de l'Amour et de la Chasteté, Pallas luttant contre Vénus et l'Amour. Il faut que Pallas semble avoir presque vaincu l'Amour*") mais qui ne lui plut pas (en particulier parce qu'il était peint à la tempera, et non à l'huile), ce qui valut qu'elle n'acheta plus aucune toile à l'artiste[285], représente une bataille allégorique, au travers de l'évocation de diverses figures :

"*The painting, over a background with gently steeped hills, portrays a fight between the symbolic figures of Love and Chastity. The theme was similar to other commissioned for the studiolo. Among the numerous mythological figures are Minerva, Diana, Venus, Anteros, nymphs, fauns and others. In the background are depicted several mythological episodes showing the victory of Chastity over Carnal Love, such as Apollo and Daphne, Iupiter and Europa, Mercury and Glaucera, Polyphemus and Galatea, Pluto and Proserpina, and Neptune with the nymph transforming into a carrion crow.*"[286]

Toutefois, aucune interprétation n'a, jusqu'à ce jour, été proposée du groupe du premier plan à droite, dans lequel une "*nymphe*"[287] est tirée par un satyre et des *putti*, alors qu'une autre figure le frappe. L'iconographie nous permet cependant d'y voir l'illustration textuelle du combat entre l'Amour (le satyre), en tant que force féroce, et la Chasteté, nue et sans défense, protégée par l'autre figure qui bat l'Amour, dans *Le châtiment de Cupidon* (1613) de Manfredi[288]. Cette autre figure trouve son sens dans l'*Iconologie* de Ripa, dans la représentation du "*Zèle*":

"*Il est icy représenté par vn homme habille en Prestre, qui de la main droite tient vne discipline,& de la gauche vne lampe allumée.*

---

[283] http://www.listology.com/nance/list/my-favorite-paintings-top-1000 et http://www.wga.hu/art/m/manfredi/4seasons.jpg
[284] "*On the other side the extremely vivid and bizarre figures of demons are being cast into the abyss. They are Unchasteness (Immunditia) with the boar's head, Burning Desire (Ardor) with the flaming head, and Love (Amor) with the clawed feet and the hearts tied around him. The round is completed by the spider-legged, devilish Death (Mors).*" (http://www.wga.hu/html_m/g/giotto/assisi/lower/crossing/40allego.html)
[285] http://fr.wikipedia.org/wiki/Le_Combat_de_l%27Amour_et_de_la_Chastet%C3%A9
[286] http://en.wikipedia.org/wiki/Combat_of_Love_and_Chastity
[287] Stephen John Campbell, *The Cabinet of Eros: Renaissance Mythological Painting and the Studiolo of Isabella D'Este*, Yale University Press, 2004, p. 171; et Jacob Burckhardt, *Italian Renaissance Painting According to Genres*, Los Angeles, Getty Publications, 2005, p. 76.
[288] https://crabbish.wordpress.com/2011/04/03/mars-chastising-cupid-by-bartolomeo-manfredi-circa/

Par le Zèle se doit entendre l'ardent désir qu'a l'homme de bien, que les choses qui appartiennent au culte Divin soient faites comme il faut, & avec autant de sincérité que de diligence.
L'on peut s'acquitter de l'vn & de l'autre, si l'on prend le soin d'instruire les ignorans, & de corriger ceux qui saillent; ce qui nous est déclaré par la lampe, & par la discipline que cette figure tient en main. Nostre Sauveur Jésus-Christ pratiqua parfaitement ces deux choses, lorsqu'il chassa du Temple de Hierusalem ceux qui de ce lieu saint & sacré en faisoient vn marché public; &c qu'en suite de cela il se mit à les instruire doublement, & par ses enseignemens salutaires, & par les miraculeux exemples de sa vie."[289]

Il faut noter que le Zèle (Emblème CLXXIV) partage, sur la même planche, avec la Vigilance (Emblème CLXXI), l'attribut de la lampe:

"Il seroit superflu de décrire & d'expliquer icy cette figure, puisque j'ay fait l'vne & l'autre en la cent cinquante - sixième, qui a pour titre le mot de Soin, où je renvoye le Lecteur pour s'en éclaircir. D'ailleurs, il n'y a celuy qui ne sçache bien, que la lampe, le livre & la gruë sont les vrais symboles de la Vigilance; & d'autant qu'il y en a de plusieurs sortes, & il faut remarquer qu'on en fait aussi divers tableaux; & que celle qui a pour but principal, ou d'attaquer, ou de se défendre, est représentée avec vn serpent en la main droite, & en la gauche vne flèche, pour montrer par là qu'on s'employe en vain à faire réussir vne affaire, quelque soin qu'on y apporte, si la prudence n'est jointe à l'exécution."[290]

Or Soin (Emblème CLVI) est étroitement lié à la Prudence et ses qualités:

"Bien qu'il fasse ordinairement les personnes vieilles & laides, il ne laisse pas toutefois de paroistre icy également agreable pour sa jeunesse & pour sa beauté; car il ne peut de meilleure grace s'élever en haut avec ses ailles, ny tenir plus adroitement qu'il fait deux horloges de sable, tandis qu'il est animé d'vn costé par le chant du coq qui est à ses pieds, & de l'autre par le Soleil qui sort de l'onde.
Cette figure est peinte belle, parce que le Soin prend l'Occasion par les cheveux, & qu'il la retient avec tout ce qu'elle a de beau & de bon en soy.
Par les ailles est signifiée vne extrême vitesse: A quoy l'on adjoûte deux horloges, & vn Soleil qui ne se lasse point en sa course, pour montrer qu'il ne faut point aller mollement dans le soin des affaires, mais s'y porter de bonne façon, & avec perseverance, si l'on veut haster le succès.
A cette figure ne s'accommodent pas mal les deux suivantes, qui représentent le Soin ou la Vigilance par deux femmes de mesme nature.
La premiere tient vn livre en la main droite, & en la gauche vne houssine & vne lampe allumée, près de laquelle est vne grue qui se soutient sur vn pied.
La Vigilance de l'ame est icy marquee par le livre, parce que par la lecture l'homme se rend vigilant, comme par la houssine le corps le reveille de son assoupissement.
La lampe allumée montre qu'à la Vigilance appartient le temps le plus convenable au repos: à raison dequoy les anciens Romains appelloient veilles certaines heures de la nuit, durant lesquelles les soldats estoient obligez a faire la sentinelle pour la seureté de l'armée. D'ailleurs personne n'ignore que la lampe ne soit entièrement nécessaire à ceux qui veulent donner à l'estude leurs soins & leurs veilles. Nous lisons à ce propos, que Demosthene interroge de ce qu'il avoit fait pour se rendre si excellent Orateur, répondit qu'il avoit vsé plus d'huile que de vin; entendant par l'vn la Vigilance attachée aux sciences, & par l'autre l'assoupissement qui naist des délices.
La seconde se tient debout avec vne clochette à la main, & à ses pieds vn lion qui dort les yeux ouverts.
La cloche convient fort bien à la Vigilance, parce qu'elle nous invite à nous lever, afin de vacquer à la Penitence & au Service divin.
Quant au lion, l'on sçait à quel point il est ennemy de là paresse, puisqu'au rapport de Pierius, ses yeux ne font jamais si bien ouverts que lors qu'il repose."[291]

Les éléments de relations sont donc le livre, la lampe, le main sur le cheveu de l'autre figure, la houssine ou discipline (verge de bois), la religion (Pénitence, veille, étude), le lion (que l'on retrouve associé à la Prudence dans l'*Allégorie des Vertus* du Corrège[292]), le sommeil par opposition au réveil (la clochette).

Selon ce même jeu de correspondance, Infamie et Jactance portent chacune une corne ou trompette, l'Idolâtrie la cécité (non comme attribut mais dans la description de son "*étrange aveuglement*" par Ripa) et l'encens (parallèle à la lampe allumée des autres allégories), quant à l'Hérésie: "*Par la flamme qui sort de sa bouche, il est démontré qu'elle publie ensemble la fausse doctrine et la sédition, dont elle est le sanglant boute-feu; par les cheveux épars, que les fausses opinions s'épandent de tous côtés*", elle est également nue, symbole ici d'impureté, et du livre qu'elle porte sortent des serpents, symboles "*que les fausses instructions*

---

[289] Cesare Ripa, *Iconologie ou nouvelle explication de plusieurs images, emblèmes et autres figures hiérogliphiques des vertus, des vices, des arts, des sciences*, Paris, Billaine, 1677, T. I, Emblème XLXXXIV, p. 257.
[290] *Ibid.*, Emblème CLXXI, p. 255.
[291] *Ibid.*, Emblème CLVI, pp. 232-233.
[292] "*La femme assise au premier plan à gauche, tenant une épée et une peau de lion (le lion de Némée, trophée d'Hercule), symbolise les quatre vertus cardinales: la force d'Hercule, dont elle possède le trophée, la prudence du serpent, qui la couronne, la justice de l'épée qu'elle tient dans sa main droite et le mors de la tempérance qu'elle tient dans sa main gauche.*" (http://sites.univ-provence.fr/pictura/GenerateurNotice.php?numnotice=A4466)

qu'elle donne sont incomparablement plus contagieuses que n'est le venin des aspics"[293]; au contraire, la Prudence:

"*Elle est représentée par vne femme à deux visages, qui a fur la teste vn heaume doré, environné d'vnc guirlande de feuilles de meurier, vn cerf auprès d'elle, vn miroir en la main gauche, & en la droite vne flèche avec vne remore tout à l'entour.*
La Prudence, selon Aristote est vne habitude active, accompagnée d'vne vraye raison, qui agit sur les choses possibles, pour atteindre à la félicité de la vie, en suivant le bien, & fuyant le mal.
Son heaume doré signifie que l'homme prudent prévoit l'avenir, & se dévelope sagement des embusches de ceux qui luy veulent nuire.
La guirlande de feuilles de meurier, qu'vne personne avisée ne doit jamais faire les choses avant le temps, mais bien les régler en leur saison, & les exécuter auec jugement.
Le cerf qui rumine, qu'il ne faut jamais entreprendre aucune affaire fans y penser, afin que la resolution en soit meilleure, & le succès plus favorable.
Le miroir qu'elle tient en main,qu'il est nécessaire que pour régler ses actions, l'homme prudent examine ses défauts: ce qu'il ne peut faire fans la connoissance de soy-mesme.
Et par la remore qui est au tour d'vne flèche, que nous nous devons point tarder à faire du bien, quand nous en sçavons les moyens, & lorsque le temps nous le permet."[294]

Le modèle n'est pas moins ambigü, puisqu'il reproduit celui de *Caïn tuant Abel* (1610)[295] du même peintre, identiques postures entrelacées de la victime et du bourreau, gestes de force du second et de rétention de la première, la seule différence étant qu'alors que Cupidon aveugle tourne le dos au spectateur, Caïn est de face. Il est ainsi probable, comparant les éléments iconographiques, que les serpents qui entourent les personnages de l'*Allégorie* de Filippino Lippi (c. 1498)[296] illustrent la devise du tableau, dite par le personnage à terre: "*Nulla deterior pestis q. familiaris inimicus*" ("*Rien n'est plus dangereux qu'un ennemi dans la famille*"), lequel serait Abel, par comparaison avec le tableau de Manfredi (la posture du frère assassiné restant fixe depuis les temps de la sculpture romane), le personnage en rouge, qui porte le foudre, serait Dieu, et celui de pied Caïn. Les serpents représentent la prudence qui doit être le fondement de l'art du roi face aux conseillers trompeurs ("*Unde Boetius. Nulla pestis efficacior ad nocendum, quam familiaris inimicus, nec est deterior hostis, quam fidtus amicus, non odium gravius, quam simulatus amor.*"[297]) et celle des prélats religieux ("*Et cum eo tempore praesata bella exarderent, suspicabantur omnes ab illis toxicatum Pontificem. Auctare enim Boëtio nulla pestis efficacior est ad nocendum quam familiaris inimicus, nec deterior hostis quem fictus amicus, aut odium gravius quam simulatus amor.*"[298])

Chez Botticelli (1482), c'est Pallas qui tient par les cheveux le Centaure[299].

Tout comme, alors qu'en général Vertu est découverte, voire libérée, par Temps, son père, mais qu'existent des représentations comme le tableau de Pietro Liberi (auteur, par ailleurs, d'un *Temps découvrant la Vérité*, celle-ci tenant l'hostie[300]) où est *Le Temps défait par la Vérité* (c. 1665)[301], les illustrations sont nombreuses dans les *Allégories de la Chasteté*, soit de Cupidon endormi désarmé (comme chez Luca Giordano, 1670-1690), soit à l'inverse de la Chasteté, endormie par la poudre d'Amour par Cupidon, et espionnée par des Satyres (comme chez Lotto, 1505) ou de la *Chasteté découverte par la Volupté*, représentée endormie au côté d'un *putto*, alors que la dévêt un satyre (comme chez Cornelis Van Poelenburch, 1586-1667)[302]. On notera que le jet de Cupidon chez Lotto correspond à celui du démon Hypocrisie chez Bydell contre Vérité, et au demi-cercle lunaire qui porte Pallas alors que ses aides désarment l'Amour chez Giordano (comme celui-ci désarme Mars oublieux de la guerre par les offices de

---

[293] Ripa, T. II, pp. 207-211.
[294] *Ibid.*, T. I, pp. 206-207.
[295] http://www.1st-art-gallery.com/Bartolomeo-Manfredi/Cain-Murdering-Abel-1610.html
[296] http://en.wikipedia.org/wiki/Allegory_(Filippino_Lippi)
[297] Alonso IX et Alonso Díaz de Montalvo, *El Fuero Real de España*, Madrid, En la oficina de Pantaleon Aznar, 1781, T. I, p. 11.
[298] Stephani Baluzii ... *Miscellanea novo ordine digesta et non paucis ineditis monumentis opportunisque animadversionibus aucta. Opera ac studio Joannis Dominici Mansi*, Lucques, Apud Vincentium Junctinium, 1761, T. I, p. 387.
[299] http://forum.artinvestment.ru/blog.php?b=99357&langid=5
[300] http://media.mutualart.com/Images/2012_09/14/18/184819764/39bec2a1-a015-43b4-a788-d53cb508282a.Jpeg
[301] http://upload.wikimedia.org/wikipedia/commons/b/bd/Pietro_Liberi_-_Time_Being_Overcome_by_Truth_-_WGA12980.jpg
[302] http://www.bbc.co.uk/arts/yourpaintings/paintings/the-disarming-of-cupid-an-allegory-of-chastity-49754, http://www.wikiart.org/en/lorenzo-lotto/allegory-of-chastity-1505, http://www.wikigallery.org/wiki/painting_391250/Cornelis-Van-Poelenburch/Venus-And-A-Satyr-An-Allegory-Of-Chastity-Overcome-By-Lust, http://media.mutualart.com/Images/2009_07/25/0298/675282/3b597897-19c5-44ba-93d0-c76bdcd9418e_g.Jpeg

Vénus, dans les *Allégories de la Paix* notamment[303]). Vénus allaitant de son jet l'enfant Cupidon chez Giordano dans *Vénus, Cupidon et Mars* (1663)[304].

Plusieurs images de Cornelis Anthonisz (XVIème siècle) présentent une figure féminine tenant à la main un serpent: l'*Allégorie de la Fortune*,[305] dans laquelle la Fortune volage est associée à une roue cassée et à des ruines, parfois confondue cette image avec la Paresse, mais le serpent qu'elle tient à la main semble plutôt allégoriser l'évocation traditionnelle depuis le Moyen Âge de la roue tournante de la Fortune, puisqu'il réfère à la prudence nécessaire face à cette divinité, donc la vertu de celle-ci. On relèvera ainsi que, chez Ripa, le Sort ou Destin (Emblème CLVII), proche donc de celui de Soin (qu'il suit directement dans l'*Iconologie*), est représenté avec une corde, dont la forme rappelle un serpent (de là peut-être une confusion iconographique, volontaire ou non, de la part d'Anthonisz), car "*La couronne & la corde sont des enseignes de ce qu'on appelle bon et mauvais Destin*"[306]. L'autre est la représentation, de fait, de *L'homme Sage et la Femme Sage*, l'un armé de la balance et du chien (symbole de fidélité), elle du miroir et du serpent, à la ceinture[307].

Confirmant la confusion entre l'histoire de Mars et Vénus et entre les vertus guerrières de Mars et Pallas dans l'iconographie moderne, on citera:

"*L'encadrement gravé de la page de titre (de Les décades qui se trouvent de Tite-Live, Mises en langue françoise par B. de Vigenere.* Paris, Abel L'Angelier, 1606, lequel) *comporte un double portrait mythologique d'Henri IV en Mars tenant la lance, et de Marie de Médicis en allégorie de la Prudence tenant un serpent. Les armoiries de France et de Navarre d'une part, de Médicis d'autre part permettent de les identifier sous leur costume à l'antique.*"[308]

De même, la Vérité de l'*Allégorie de la Vérité* de Pierre Mignard (XVIIème siècle)[309] tient le miroir de la Prudence. Celle de Jean-Charles Delafosse (1636-1716)[310] tient l'hostie et le calice d'Eucharistie, et la balance de Justice.

Il est intéressant de relever que, comme Églé de l'*Allégorie des Vices* du Corrège ne barbouille pas de mûres Silène, mais tente de le réveiller des piques des serpents qu'elle tient à la main, ce qui modifie le sens général, et comme les mûres sont symboles de Prudence, comme le rappelle Ripa pour cette même allégorie et comme cela a été interprété pour la Sala delle Asse[311], la Minerve de l'*Allégorie des Vertus* a sa lance brisée[312], comme le Cupidon maltraité par Mars chez Manfredi.

Liberi présente une *Allégorie de la Tempérance* tenant le vase[313] qui rappelle l'emblème de Ripa, alors que son *Allégorie des Vices - L'homme pris par le vin, le jeu et la luxure*[314] rappelle celle du Corrège,

---

[303]Voir notre ouvrage *"Le cuirassier blessé quittant le feu" et l'apologie patriotique chez Théodore Géricault*, 2006.
[304]http://commons.wikimedia.org/wiki/File:Luca_Giordano_-_Venus_Cupid_and_Mars.jpg
[305]http://www.artfund.org/supporting-museums/art-weve-helped-buy/artwork/351/allegory-of-ill-fortune-cornelis-anthonisz
[306]Ripa, p. 233.
[307]Edwin Hall, *The Arnolfini Betrothal: Medieval Marriage and the Enigma of Van Eyck's Double Portrait*. Berkeley, University of California Press, 1994, p. 123 fig. 60.
[308]*Exposition Henri IV (1610-2010) - IVe centenaire de la mort d'Henri IV*, Exposition de gravures, du 20 septembre au 23 octobre 2010, À l'occasion du colloque du 8 octobre 14 h 30, Bibliothèque de Bordeaux, http://estampesaquitaine.canalblog.com/archives/2010/09/26/19163614.html
[309]http://www.thierry-pointhul-litteratures.com/article-verite-d-ulien-et-verites-liberales-philippe-d-iribarne-elisabeth-schemla-thilo-sarrazin-119079836.html
[310]http://www.contrepoints.org/2011/09/08/44830-de-la-liberte-de-vivre-dans-la-verite
[311]*Pietro C. Marani a proposé de voir dans la Sala delle Asse une allusion à la Prudence du duc 19. Le mûrier est en effet, à la Renaissance, l'un des attributs de cette vertu. Cette tradition remonte à Pline, selon lequel il y a des arbres qui "... fleurissent après un bourgeonnement tardif et mûrissent vite, comme le mûrier, le dernier à bourgeonner des arbres civilisés, et seulement les froids passés, ce qui l'a fait nommer le plus sage des arbres. Mais, une fois commencé, son bourgeonnement se déploie tout entier, au point de s'accomplir en une seule nuit et même avec bruit" (Naturalis Historia, XVI, 25, 102). Dans son recueil d'emblèmes, Andrea Alciati reprend l'image de Pline, en décrivant le mûrier comme le plus sage des arbres, puisque il fructifie tard, après la fin de l'hiver 21. Le mûrier devient ainsi l'un des symboles de la Prudence chez Valeriano Pierio (1477-1560ca) 22 et une guirlande de cet arbre orne l'heaume doré de la Prudence chez Cesare Ripa.
Toutefois, ce n'est qu'au XVIe siècle que cette symbolique est, pour la première fois, mise en relation avec Ludovic Sforza. Dans son Dialogo dell'imprese militari e amorose (1551), Paolo Giovio justifie en effet par l'allusion à la Prudence l'adoption par le More de la devise du mûrier: "Pour l'opinion que lon avoit de sa prudence, [Ludovic Sforza] fut tenu un temps comme arbitre de la paix et de la guerre, en Italie: et pour cela porta il l'arbre du Meurier blanc pour devise: laquelle plante (comme dit Pline) est reputée sapientissima omnium arborum, d'autant qu'elle fleurit tard, pour fuyr le glas et les gelees: et fait tost fruit: entendant titre qu'avec sa sagesse il cognoissoit les temps à venir".
Les allégories du mûrier diffusées à la cour de Milan ne semblent pas autoriser l'explication proposée a par Giovio: évoqué par son allusion au nom du duc, l'arbre n'est loué que pour son ombre ou ses fruits. Jamais il n'est mis en rapport avec la Prudence.*" (Pier Luigi Mulas, "La Sala delle Asse: une allégorie de la Prudence à la cour de Ludovic le More?", Chroniques italiennes, No 60, 4/1999, pp. 123-124)
[312]*Le personnage couronné au centre est Minerve, déesse de la raison, représentée en armes. Elle tient le sceptre et le globe, symboles du pouvoir temporel. Son bouclier, orné de la Méduse, est à ses pieds, écrasant le monstre du vice, à tête de loup et queue de serpent. Mais pourquoi sa lance est-elle rompue?* (http://sites.univ-provence.fr/pictura/GenerateurNotice.php?numnotice=A4466)
[313]http://upload.wikimedia.org/wikipedia/commons/7/76/Pietro_Liberi_-_Allegory_of_Temperance_-_WGA12976.jpg

mais ici l'homme vaincu, qui n'est plus un satyre, l'est par trois figures, un nain tenant un jeu de cartes, une figure féminine reproduisant le geste de celle de la gravure de Dürer, nue, et un troisième personnage, apparemment masculin, également humain, qui lui exprime du raisin non plus sur le visage mais sur le pied, le turban de ce personnage rappelant des serpents. Il nous semble qu'on pourrait voir dans cette oeuvre, plus encore qu'une variante du mythe d'Églé, une inversion du principe de victoire de la Vertu sur le Vice, puisqu'ici le Vice vainqueur non seulement réduit l'homme qui y succombe, et tombe selon une iconographie marquée par celle de Phaëton et d'Icare[315], mais en outre les figures de la Luxure et de l'Ivresse prennent respectivement les emblèmes de la *Venus pudica* (la femme, fâchée, nue et violente, a le temps de cacher son sexe derrière sa gaze) et de Prudence (la couronne du disciple bacchique n'est plus de vigne, puisqu'il la retire, peut-on supposer, pour l'exprimer sur l'homme déchu, mais informe et serpentine).

0.7.f.2.b. Dans les livres d'emblèmes
Révisons à présent les livres d'emblèmes[316].

Il serait impossible de les lire tous, mais leur ensemble, relativement homogène, de la seconde moitié du XVIème siècle à la première moitié du XVIIème siècle, se révèle par l'unité, non seulement thématique qui les définit, mais plus encore de répétition de vignettes.

Amoris diuini et humani effectus (Anvers, Michael Snyders, 1626) est le premier à nous offrir une représentation tripartite, avec l'emblème 27: "*Le diable souillant ceste place/ l'ame la purge et Dieu le chasse*"[317], entre le Diable, l'âme et Dieu (avec une massue et un cierge), comme la légende l'explique.

De même, l'emblème 36: "*Puis que l'Amour seul est ma vie,/ Douce est la mort qui me deslie*"[318] oppose Dieu et la Mort, avec au fond des diables volant sur un spectacle de ruines et d'un moine dans une barque (la vie est une traversée comme est écrit dans l'un des emblèmes de notre présent *corpus*). La même scène, ou similaire, se retrouve déjà dans l'emblème 12[319], où l'âme, tirée par Dieu et faisant face à la Mort fait un geste du doigt indiquant le ciel, classique des Saints et proche de celui de la figure féminine de la gravure de Dürer, comme nous le verrons plus précisément par comparaison avec un autre emblème du *corpus*.

Le pouvoir cosmique de l'Amour sur la sphère de l'univers se présente aussi bien à l'emblème 52 qu'au 50[320], en même temps qu'il indique visuellement le caractère mouvant et instable de la Fortune, en particulier l'emblème 50, où la roue posée sur le globe et soutenant l'Amour est faite tourner par les vents, ce qui nous renvoie à l'illustration de la Fortune par Anthonisz.

L'emblème 15 représente l'Amour, pour qui "*Il n'y a pas de place forte*" se présentant pour libérer l'âme de son cachot tenu par des démons[321], alors que, comme chez Dürer, mais en inversant le sens, l'emblème 38: "*C'est sans soucy que ie sommeille/ puis que mon bienaymé me veille*"[322] montre un croyant endormi (songe du juste que l'on retrouve, par opposition au songe de la paresse morale, dans les autres livres d'emblèmes, nous y reviendrons), soutenu par la croix comme oreiller, un démon lui mettant son soufflet dans l'oreille, mais l'Église jouant du luth pour s'opposer au souffle démoniaque; les objets autour du dormeur sont ceux de la Passion et les dés (symboles du Destin humain), et se distinguent donc de ceux présents chez Dürer, Dieu et l'Amour s'apprêtant à tirer une flèche sur le dormeur complètent la scène.

---

[314]http://www.wga.hu/html_m/l/liberi/pietro/allegorx.html
[315]Voir notre ouvrage *Brueghel l'Ancien-Jérôme Bosch*, 2004
[316]L'ensemble des livres d'emblèmes cités ayant été consultés dans leurs versions digitales en PDF, que le lecteur pourra retrouver sur le site www.archive.org, la numérotation que nous en donnons doit se comprendre à partir de celles-ci, qui ont l'avantage de produire une numérotation continue, ce que ne font pas tous les volumes.
[317]*Amoris diuini et humani effectus*, Anvers, Michael Snyder, 1626, p. 57.
[318]*Ibid.*, p. 75.
[319]*Ibid.*, p. 24.
[320]*Ibid.*, pp. 103 et 107.
[321]*Ibid.*, p. 33.
[322]*Ibid.*, p. 79.

Encore une fois, nous constatons la permanence du modèle durérien, de tripartition, dans cette iconographie, qui, évidemment, acquiert son plein sens dans le cadre général précédemment évoqué.

Sur le modèle, cette fois, des *Dulle Griet* s'affrontant à Cerbère à l'entrée de l'Enfer de David Teniers le Jeune (c. 1640), beau-fils de Jan Brueghel l'Ancien de Velours, et de David Ryckaert III (1651-1659), reproductions de celle de Brueghel l'Ancien (c. 1562, même si celle-ci, au contraire, se trouve au beau milieu de l'Enfer), l'emblème 41 offre l'image d'une personnification féminine, main tendue vers la Croix dans le Ciel, alors que des mâtins l'attaquent, s'écrie: "*Ces bestes ne me font offence/ quand i'ay la croix pour ma defence*"[323], image qui, en quelque sorte, fait pendant à celle de l'emblème 5: "*Le diable estrangle d'un noeud d'or,/ les Idolatres du Thresor*"[324], laquelle présente l'autre morceau des *Dulle Griet*, attachées apparemment à leur trésor. L'emblème 42: "*Iamais l'Amour n'at esté chiche:/ Plus donnet il, plus il est riche*"[325], où l'Amour et l'âme transvasent leurs biens en or à l'écuelle de mendiants. On retrouvera dans les autres livres d'emblèmes cette préoccupation centrale, qui nous confirmera le sens théologique plus précis de la gravure de Dürer.

La division, dans laquelle l'Église (reconnaissable parce qu'elle porte l'orbe comme coiffe) est l'adjuvante de l'âme dans l'emblème 38, semble s'opposer, comme pouvoir temporel, à celui de Dieu dans le dernier emblème de l'ouvrage, le 54ème, intitulé "*Cordis Divisio*" et dont la légende est: "*Me tibi cum totum dederim, vanissima, CORDIS,/ Cur mihi, virgo, tui pars aliquanta datur.*"[326] Peut-être cette fonction temporelle, contradictoire, est-elle la cause de l'absence d'explication en français de l'emblème (en tant que pudeur ou précaution de l'auteur), à la différence de l'ensemble des autres dans le recueil.

Le feu comme ardeur de l'Amour aux fourneaux est le thème de deux emblèmes, 24 et 37[327], élément que l'on retrouvera dans les autres livres d'emblèmes, important en cela qu'il dialectise la présence du feu chez Dürer.

Amoris divini et humani antipathia (Anvers, Michael Snyders, 1629) reproduit, comme on pourra s'y attendre beaucoup d'emblèmes de l'ouvrage antérieur[328]. Notamment, en ce qui nous concerne, les emblèmes 15 et 41 de l'ouvrage antérieur[329]. Ce qui n'est pas étonnant, non seulement pour l'identité d'éditeur, mais aussi par l'identité des motifs et leur répétition dans l'époque. Ainsi, de même, *Les Emblemes d'amour divin et humain ensemble* (Paris, Pierre Mariette, 1640) reproduisent à l'identique les emblèmes des ouvrages publiés par Snyders. Cette identité se retrouve, en sens génétique, entre, d'une part, ces trois ouvrages et ceux que nous citerons à continuation, et, de l'autre, l'antérieur (chronologiquement parlant) recueil par Herman Hugo, en particulier sa troisième partie.

L'opposition, dans l'emblème de la page 41 d'*Amoris divini et humani antipathia*, dans lequel apparaissent au fond les diables volant comme dans le 36ème d'*Amoris diuini et humani effectus*, rejoint les images des *Allégories des Vices*, notamment celle de Liberi, puisqu'on retrouve identiquement ici Vénus à gauche (pour le spectateur) et Bacchus à droite, comme symboles de la Luxure et de la Débauche ou de l'Ivresse, tentant l'âme. En ce sens, l'emblème de la page 53 renforce encore la correspondance avec l'*Allégorie* de Liberi, puisque, comme son nain (on peut donc, par typologie, y reconnaître un laid Éros humain) qui tient à la main un jeu de cartes, ici deux Amours, l'un divin avec une auréole, l'autre humain avec des ailes, sont dits en train de choisir ce qui leur plait plus: "*De ces iolys esprits, l'un cribre et l'autre*

---
[323]*Ibid.*, p. 85.
[324]*Ibid.*, p. 13.
[325]*Ibid.*, p. 87.
[326]*Ibid.*, p. 111.
[327]*Ibid.*, pp. feu 51 et 77.
[328]Voir par exemple *Amoris divini et humani antipathia* (Anvers, Michael Snyders, 1629, pp. 57, 111, 119, 123 ,131, 135, 139, 147, 163, 167, 193, 201, 223, 227, 259, 273, 281, 285, 293, 305, 317, 325, 329, 345, 349. Identiquement l'emblème de la p. 45 reproduit l'emblème p. 5 de l'ouvrage antérieur; celui de la p. 87 reproduit celui de *Amoris divini et humani*, p. 13, et celui de la p. 95 reproduit dans l'ouvrage antérieur celui qui s'y trouve à la p. 75. Celui de la p. 313 reproduit l'emblème p. 63 de l'ouvrage antérieur.
[329]*Ibid.*, l'emblème de la p. 115 reproduit l'emblème de la p. 85 de l'ouvrage antérieur, et celui de la p. 143 l'emblème de la p. 33 de l'ouvrage antérieur.

esvante/ Et chascun d'eux retient ce qui plus le contante"; or ils choisissent entre des symboles d'amour religieux (comme le rosaire) et d'amour profane (comme le jeu de cartes).

Proprement durérienne est l'image de l'emblème de la page 69, où l'Amour divin, reconnaissable, de nouveau, à son auréole, guide l'âme, alors que Pan est brûlé par ses propres instincts, thème répétitif du précédent. L'emblème expose: "*Ce que tu ne connois d'aymer iamais t'avace,/ Il a pris mal a Pan d'aymer sans connoissance.*" Le thème de cet emblème se développe dans ceux qui suivent, pages 73 et 79. "*Le chien, le ieu, l'Amour, le feu/ Ne sont iamais contents de peu*" dit le second, qui reprend en cela la division que nous rencontrions chez Liberi, de la tripartition des Vices: le Jeu, l'Amour, les désirs, mais ici dans un sens plus lié à celui de l'avarice, que désignent les emblèmes de l'ouvrage antérieur (notamment 5, 41 et 42). Ici la division s'opère cependant en sens duel, entre le vice (le chien, de l'Avarice, on l'a vu dans les représentations par exemple de l'*Allégorie de la Chasteté* de Giotto à l'Église San Francesco d'Assise) et le jeu (que l'on retrouve chez Liberi), et la Vertu (l'Amour et le feu, représentés aussi bien par l'Amour divin qui accompagne l'âme que par l'autre Amour, qui porte un cierge, au second plan). L'emblème de la page 73 renforce et réoriente de nouveau le thème sur l'avarice comme symbole absolu, puisque, nous présentant un avaricieux comptant ses pièces de monnaie, sa légende nous dit: "*L'estime seule fait, qu'un mesme ietton vaille,/ Tantost mille ducats, tantost moins qu'une maille*", étant, ceci dit en passant, pour la meilleure intelligibilité générale du texte, la maille ou le filet le symbole récurrent, on le sait, de l'âme prise dans et par les tentations.

La tripartition dont nous avons abondamment discuté se présente à nouveau dans l'emblème de la page 183, où Jésus et l'âme donnent la mort à Cupidon. Ce qui se traduit, dans le suivant, page 187, par la transformation du poêle du paresseux ou de la gravure de Dürer en un alambic alchimique où l'âme inquiète, sous l'oeil de son compagnon Dieu auréolé, voit se transformer le corps percé de flèches de Cupidon en celui d'un fou, à travers la corne de la machine.

De fait, la même structure visuelle se présente déjà dans l'emblème de la page 107, où l'âme repose au-dessus d'un four où se remuent les démons de l'Enfer (dans une relation visuelle proche de celle de la version de Bosch des *Sept Péchés Capitaux* de la Geneva Fine Arts Foundation), au risque d'être attrapé par la maille d'un Amour humain au second plan, alors que l'Amour divin auréolé tente de la réveiller en lui posant la main sur l'épaule, la légende éclairant le sens de l'image: "*Comment, o ame dormez vous?/ Vostre ennemy gist cy dessous.*"

C'est bien cette condition d'emprisonnement de l'âme dans le monde que présente les emblèmes des pages 155: "*Qui chasse au parcq d'Amour a bien dessein de prendre/ Mais las! va prisonnier, sans penser de s'y rendre*" (l'âme s'y voyant reflétée dans la souris prise au piège de l'Amour) et 159: "*En ceste amoureuse chasse,/ Tu es prins, si tu ne passe*" (où l'Amour divin montre à l'âme un mur dont l'espace vide de la fenêtre est rempli de toiles d'araignée). Or l'emblème de la page 103 renforce ce système, présentant comment: "*Le coeur est bien tost captif/ Quand Amour le trouve oisif.*" Là, au pied d'un arbre sur lequel une araignée tisse sa toile, l'âme endormie est la proie d'un Cupidon qui s'apprête à lui tirer une flèche de son arc tendu, alors que, de l'autre côté du tronc, un serpent enroulé renforce l'idée d'inattention de la Prudence, comme on en confirmera ce symbolisme dans d'autres livres d'emblèmes. Le représentation de l'araignée associée à l'âme indolente reprend parfaitement le sens de l'emblème déjà étudié de Van de Venne, en l'éclairant.

L'emblème de la page 255: "*Ainsi s'accroissent nuit et jour/ Les caractheres de l'Amour*" reprend, dans le même sens d'alternance de victoires, la condition nocturne de l'*Allégorie de la Chasteté* de Giordano. Comme, dans ce contexte toujours, les "*deux mamelles/ Sources de douceurs eternelles*" de l'Amour divin auxquelles boit l'âme de l'emblème de la page 337 évoque *Vénus, Cupidon et Mars*, également vu, du même Giordano.

L'Amour instable, et sa relation de pouvoir sur le globe comme Fortune (la roue brisée d'Anthonisz, les échasses, on le précisera au travers d'autres livres d'emblèmes, de la gravure de Dürer) se retrouve, comme dans le recueil précédent, dans les emblèmes des pages 61: "*Des dames la faveur, n'est que fumée et vent;/ De rien, que des vapeurs, donc se nourrit l'Amant*" (sur le mode des pipes à savons, symbole de la futilité [théologique] du monde dans les *Vanités* du XVIIème siècle, un Cupidon ailé, pensif et enchaîné - donc prisonnier - au globe, fume une pipe [dont la fumée s'oppose à celle de son flambeau qu'il tient de l'autre main], alors que d'autres pipes lui sont encore apportées) et 379: "*Si ie sorts de ce lieu caligineux i'espere/ D'adorer le soleil au centre de la sphere*" (un Cupidon ailé et aux yeux bandés et un autre auréolé les mains levées vers le Ciel se divisent l'espace autour d'une sphère-orbe surmontée de la croix, ouverte en deux).

Les mêmes débats que dans le recueil précédent de l'Amour avec sa sphère se retrouve encore ici.

Les emblèmes des pages 277 et 341 reprennent exactement ceux de l'ouvrage antérieur, respectivement 75 et 38, sur la relation entre l'âme et ses deux tensions: vers la Mort et vers Dieu, les diables l'y entourant, comme on l'a vu, en un modèle durérien. Tripartition qui se reproduit dans les emblèmes des pages 387: "*Quels effets differens produisent ces amours,/ L'un guinde vers les cieux, l'autre tout a rebours*" (l'âme, les yeux fermés, a une main élevée par une paire d'ailes que lui accroche au poignet l'Amour divin, alors que l'Amour humain lui enchaîne à l'autre poignet de lourdes pierres, faisant ainsi baisser son bras) et 375: "*Ainsi que cet Amour est d'une ombre saisie/ Ainsi sont les Amants de quelque ialousie*" (cette fois c'est l'Amour qui a les yeux bandés, et projette une ombre démoniaque que regarde intéressée l'âme).

La force de l'Amour, mais l'imprudence qu'il provoque, comme dans, notamment, l'emblème précédent, se trouve mentionnée par sa victoire sur le lion (animal associé à la Prudence) dont il recouvre la tête d'un voile dans l'emblème de la page 99. Ce qui reprend le thème des emblèmes autour du motif de l'araignée.

De nouveau, les emblèmes des pages 239 et 333 reprennent ceux de l'ouvrage antérieur, sur le four et le feu de l'Amour.

Tout comme ceux des pages 209: "*L'Amour de ses trois doigts tient le monde en balance/ Qui par son mouvement vat roulant en cadance*" et 213: "*C'est un proverbe, aux jeux d'amour,/ Celuy qui perd, gaigne tousiour*"[330] (l'Amour jouant aux boules avec un cerceau, une sphère et l'orbe dans un jardin fermé, sans doute référence à son caractère divin et marial), qui renforcent de nouveau la relation cosmique du dieu Amour avec le monde sur lequel il a un pouvoir sans partage.

Suivant le motif du son auquel l'âme est sensible, que nous trouvons dans le recueil antérieur (reproduit dans les emblèmes des pages 277 et 341, comme nous l'avons dit), ici l'emblème de la page 251: "*L'Amour oracle des Amant,/ Oit, et respond en mesme tamps*" apporte deux relations visuelles: entre l'écho des paroles de l'âme (l'iconographie du personnage l'identifie plus à celle-ci que, précisément, à l'Amour, puisqu'il ne porte ni auréole ni ailes) et de l'amant, et de l'emprisonnement dans la grotte (de l'ignorance) de celui-ci, en tant qu'être secret. On retrouvera, dans un sens ou dans l'autre (positif ou négatif) cette idée dans les recueils que nous étudieront à continuation. La division bipartite entre les mondes (du dehors et du dedans, de la métaphore de la caverne platonicienne) se retrouve donc.

Suivant le même jeu d'oppositions et d'équivalences, la corde qui pend l'âme par le démon dans le recueil antérieur est celle qui l'aide à s'élever dans l'emblème de la page 205: "*Dieu est l'attrait, l'Amour la corde,/ Par qui mon ame au ciel aborde.*"

La lampe des *Allégories de la Vertu* ou de la *Vérité* exprime cette dualité dans l'emblème de la page 297: "*Les fleuves, les deluges, les pluies, ny les eaux,/ Ne peuvent alentir l'ardeur de ces flambeaux*", par la lampe à huile levée et la torche baissée par le personnage, suivant le modèle de l'emblème de la page 387.

Le centre de l'amour (Paris, Chez Cupidon, 1587) est un ouvrage galant, qui s'attarde sur la représentation[331], qui deviendra commune au XVIIème siècle, notamment dans les mondes flamand et

---

[330] Page 67 d'*Amoris diuini et humani effectus*.
[331] *Le centre de l'amour*, Paris, Chez Cupidon, 1587, pp. 25, 27, 55, 73, 81, 85.

allemand, des "*merry companies*"³³², qui, se stabilisant et devenant allégoriques³³³, passent de simple iconographie grivoise, notamment de tavernes et de prostitution³³⁴, à des représentations plus nobles³³⁵, qui déboucheront sur d'allègres *Allégories des Cinq Sens*³³⁶, qui, selon notre interprétation³³⁷, seront à l'origine iconographique du *Déjeuner sur l'herbe* (1863) de Manet, ce que confirme encore la comparaison avec la *Merry company in a landscape* de l'École Piémontaise (c. 1700)³³⁸ ou la *Merry Company in the Open Air* (1716-19) de Watteau³³⁹.

De fait, les tableaux d'Esaias van de Velde (*Merry company in the park*, 1614³⁴⁰; *Merry Company Banqueting on a Terrace*, 1615³⁴¹) sont très similaires aux illustrations du *Centre de l'amour*.

Le présent recueil rend profane beaucoup des symboles religieux des antérieurs (bien qu'il les précède chronologiquement). Par exemple, les nuées d'objets symboliques³⁴². Ainsi en va-t-il de la représentation de la Mort³⁴³, de la bourse³⁴⁴, du filet³⁴⁵, voire encore, même si elle n'apparaît pas dans les autres recueils, du personnage, hautement symbolique pour l'époque, de Lucrèce³⁴⁶, et, dans notre *corpus*, de la charette brisée³⁴⁷ (symbole de Fortune chez Anthonisz). Dans cette perspective, également présente chez Boccace et Chaucer, de critique récurrente sur le ton comique à la luxure chez les religieux³⁴⁸ (notamment dans la représentation de la bourse, associée ici non à l'Hérésie³⁴⁹, comme on l'a vu, ou à l'avaricieux, mais au moine³⁵⁰), et, pour cela, à leur association, également récurrente, au diable³⁵¹, s'opère, d'une part, dans le

---

³³²http://en.wikipedia.org/wiki/Merry_company
³³³Jan van Hemessen, *The Prodigal Son*, 1536, http://en.wikipedia.org/wiki/File:Jan_van_Hemessen_-_The_Prodigal_Son_-_WGA11358.jpg; Jacob Ochtervelt, *Musical Company in an Interior*, c. 1670, http://en.wikipedia.org/wiki/File:Jacob_Ochtervelt_-_Musical_Company_in_an_Interior_-_WGA16621.jpg
³³⁴Simon de Vos, *Merrymakers in an Inn*, 1630s, http://en.wikipedia.org/wiki/File:Simon_de_Vos_-_Merrymakers_in_an_Inn_-_Walters_371741.jpg; according to the owning museum "*Well-bred young ladies did not join parties in public inns; these smiling women are prostitutes*", http://en.wikipedia.org/wiki/Merry_company; Gerard van Honthorst, *Merry Company*, 1623, http://en.wikipedia.org/wiki/File:Honthorst,_Gerard_van_-_Merry_Company_-_1623.jpg: "*Prostitution is clearly indicated in this scene by Gerard van Honthorst of 1623, complete with aged procuress, low cleavage, and a feathered headdress on the second girl*", http://en.wikipedia.org/wiki/Merry_company
³³⁵Peter Paul Rubens, *Garden of Love*, 1630-35, http://en.wikipedia.org/wiki/File:El_Jard%C3%ADn_del_Amor_(Rubens)_(alta_resoluci%C3%B3n).jpg, "*the apotheosis of the outdoor courtly company*", http://en.wikipedia.org/wiki/Merry_company
³³⁶Simon de Vos, *An Allegory of the Five Senses A merry company in an interior*, c. 1640, http://commons.wikimedia.org/wiki/File:Simon_de_Vos_An_Allegory_of_the_Five_Senses_A_merry_company_in_an_interior.jpeg; Anthonie Palamedesz, *A musical party with an allegory of the Five Senses*, 1649, http://www.richardgreen.com/Anthonie-Palamedesz-musical-party-with-allegory-the-Five-Senses-DesktopDefault.aspx?tabid=6&tabindex=5&objectid=640740&categoryid=9735: "*The theme of the 'merry company' developed in Dutch and Flemish art in the late sixteenth century. In its earliest manifestations in prints and paintings it had moralistic overtones, censuring idleness, gambling, smoking and luxury. Anthonie Palamedesz. probably studied in Delft with the Court portrait painter Michiel van Mierevelt (1567-1641) and the genre painter Hendrik Pot (1585-1657), who was in the city in 1620. Around 1625 he began painting merry companies influenced by the Hague artist Esaias van de Velde (1587-1630), and remained Delft's chief specialist in that genre until he turned seriously to portraiture in the 1650s.
Palamedesz.'s paintings are refined, high-life scenes depicting youthful gentlemen and ladies in congenial gatherings. The present painting shows a musical party with a man seen from behind playing the bass viol, a lady with a lute and singers. They are set in a shadowy, richly furnished room, typical of Palamedesz.'s later paintings, with a baroque brass chandelier, Spanish gilded leather hangings, a lavishly adorned four-poster bed and an oriental table carpet. The air of playful wealth is reinforced by the exotic dress of the figures. Whereas the women wear jewel-bright, fashionable dress, with gold embroidery and fine lace, the men wear elements of exotic dress commonly found in the history paintings of Rembrandt and his followers. The bass viol player is a swaggering officer in clothes trimmed with white silver, a red sash and plumed hat. The singer by the central lady in white has a Hungarian or Turkish air with his trimmed jacket and jewelled plume. The man behind her, holding a magnifying glass, sports an oriental turban and cloak. The fancy dress atmosphere adds to the sense of gaiety and theatricality.
By the mid-seventeenth century few merry companies had an allegorical aspect, but here Palamedesz. has incorporated the Five Senses into his composition. The musicians (and the servant peering round the door) represent Hearing; the man with the magnifying glass, who looks straight at us, Sight. At the far right, a lady smells a pink rose. Taste is represented by the dog gnawing a bone on the floor and Touch by the monkey purloining a bunch of grapes from the table. The monkey's unchecked actions attest to the free-and-easy atmosphere of the company, but the painting's viewpoint is indulgent rather than censorious.
Palamedesz. was masterly in creating a sense of depth in his compositions. The eye roams from the strongly-lit lady in the cobalt blue dress in the foreground, to the singers and monkey in the middleground, to the servant framed in the doorway in the background. The bass viol player, depicted from the back, provides a strong repoussoir which enhances the sense of depth. It is this sense from the back view, along with the subject matter favoured by Palamedesz. which add to the liveliness and complexity of his richly-coloured merry companies.*"
³³⁷Voir notre ouvrage "*Le Déjeuner sur l'herbe*" de Manet et les "*Enfants de Venus*": une allégorie de l'art du peintre, 2010; ce que confirme l'oeuvre citée ci-dessus d'Anthonie Palamedesz, *A musical party with an allegory of the Five Senses*.
³³⁸http://www.google.com/en/imgres?imgurl=http%3A%2F%2Fwww.christies.com%2Flotfinderimages%2Fd49838%2Fd4983804r.jpg&imgrefurl=http%3A%2F%2Fwww.christies.com%2Flotfinder%2Fpaintings%2Fpiedmontese-school-c1700-merry-company-in-a-4983804-details.aspx&h=226&w=384&tbnid=c4ctdTWMO_ZRiM5A&zoom=1&docid=fRR4OS8jMygYJM&itg=1&ei=d2OAVPe2McmdNvqGgfgC&tbm=isch&ved=0CB4QMygEMAQ&iact=rc&uact=3&dur=633&page=1&start=0&ndsp=12
³³⁹http://www.jean-antoine-watteau.org/Merry-Company-in-the-Open-Air-1716-19.html
³⁴⁰http://www.wikiart.org/en/esaias-van-de-velde/merry-company-in-the-park-1614
³⁴¹http://www.friendsofart.net/en/art/esaias-van-de-velde/merry-company-banqueting-on-a-terrace
³⁴²*Amoris diuini et humani effectus*, pp. 101, 105.
³⁴³Associée à la mentionnée nuée, *Le centre de l'amour*, p. 119.
³⁴⁴Associé à la laïcisation du religieux, *ibid.*, p. 113.
³⁴⁵*Ibid.*, pp. 121 et 127.
³⁴⁶*Ibid.*, p. 129.
³⁴⁷*Ibid.*, p. 193.
³⁴⁸*Le centre de l'amour*, pp. 195, 199.
³⁴⁹http://against-heresies.blogspot.com/2006_08_01_archive.html
³⁵⁰*Le centre de l'amour*, p. 113.
³⁵¹*Ibid.*, pp. 191, 197.

cadre libidineux, l'évocation de la dualité et de l'ironie du jeu amoureux, laïque[352], mais aussi, on l'a dit, religieux[353] (ce qui nous reporte, on le verra, au cadre mobilier de la gravure de Dürer, que nous lirons comme la représentation d'un *scriptorium*), et, d'autre part, dans le motif répété tout au long du volume de la femme au lit découverte, mais ici le satyre est remplacé par le galant[354]. On reviendra sur le système d'opposition physique et morale qui s'opère pour l'époque, de l'*Allégorie des Vices* du Corrège au *Songe de Poliphile*, entre la ménade et le satyre.

Ici, c'est un l'Emblème 32[355] en particulier qui divise les attentions du galant entre une dame tenant le coeur de Jésus (donc relativement éloignée de la simple marivaudage de la légende) et l'instable Fortune[356]. À son tour l'Emblème 57[357] laïcise les symboles de l'arbre (dont on a dit que chez le Corrège il représente implicitement celui des Vices par opposition à celui de Jacob de l'iconographie parallèle du sommeil au Moyen Âge) et de l'échelle, dans ce projet des autres ouvrages et des échasses dans la gravure de Dürer de référencer la difficulté de l'âme en recherche de son Dieu.

L'âme amante de son Dieu d'Otto Van Veen (1660, traduction de Mme J.M.B. de La Mothe-Guyon, Paris, Chez les Libraires Associés, 1717[358]) reprend, en ses Emblèmes III, XXIV et XXV l'image des deux premiers livres d'emblèmes cités de l'âme mourante alitée, ainsi que, dans cette perspective de la difficulté de l'âme dans son chemin vers Dieu, de la roue réparée (Emblèmes IV et V[359]). littérales répétitions de ceux des volumes de Snyders sont également les Emblèmes IX, XII, XIV, XV[360], qui opposent les cohortes démoniaques à la justice divine dans la recherche de l'âme ou son emprisonnement sur cette terre.

L'Emblème XV et son texte[361] qui explique l'abandon de l'âme, physiquement malade, languissante (selon l'image[362]), et sa douleur face aux tentations, montre la tripartition entre jour et nuit (dont on a vu chez Snyders la reproduction d'un symbole rencontré premièrement dans notre étude chez Giordano).

Nous trouvons donc bien, on le voit, dans les emblèmes d'*Amoris divini et humani antipathia*, notamment des pages 277 et 341 (emblèmes 38 et 75 du recueil antérieur), la structure visuelle dürerienne, ici à l'identique quant au sens (sans les ambiguïtés que l'on peut noter chez le Corrège) du modèle. Mais il s'agit de recueil de la fin du premier quart du XVIIème siècle, ce qui nous éloigne de plus d'un siècle après la réalisation de la gravure objet de notre étude.

Voyons à présent si nous pouvons réduire cet espace temporel, pour en confirmer la pertinence, c'est-à-dire l'inscription de Dürer dans l'esprit de son temps, et non son influence sur celui-ci.

C'est en ouvrant *La doctrine des moeurs*[363] (Paris, Louye Sevestre, 1546[364]) qu'on trouve, dès l'Emblème 6: "*La Vertu présuppose l'Action*", l'opposition en forme de correspondance dialectisée entre Minerve et la Paresse, toutes deux passives, aux yeux du Sage qui les contemple, opposition qui se développe dans l'Emblème 7: "*Qui ne commence iamais, ne scauroit rien achever*"[365] entre la Labeur et la Paresse, conformément aux *Allégories* préalablement vues, notamment de Lotto, ce qui, à l'Emblème 8: "*En

---
[352]*Ibid.*, pp. 87, 89, 91, 99, 147, 181, 171, 183, 201.
[353]*Ibid.*, pp. 187, 189.
[354]*Ibid.*, pp. 99, 105, 121, 139, 161, 165, 167, 169.
[355]*Ibid.*, p. 83.
[356]Complexifiant le cadre général de l'image, cependant, le pli du vêtement de la Fortune qu'elle tient dans la main droite reproduit la forme d'un coeur, et de la gauche elle indique le Ciel, ainsi reste l'ambivalence du choix pour le galant. Qui des deux femmes est l'Élue, des sentiments mais aussi de l'âme, du corps mais aussi de l'Esprit et du chemin vers Dieu?
[357]*Le centre de l'amour*, p. 133.
[358]*L'âme amante de son Dieu* d'Otto Van Veen, 1660, traduction de Mme J.M.B. de La Mothe-Guyon, Paris, Chez les Libraires Associés, 1717, pp. 33 et 67.
[359]*Ibid.*, p. 37.
[360]*Ibid.*, pp. 43 et 49.
[361]*Ibid.*, p. 53.
[362]*Ibid.*, p. 49.
[363]Nous utilisons la version digitale du site https://archive.org/details/ladoctrinedesmoe00gomb, qui référence mal la date de l'ouvrage, et l'attribue à Marin Le roy, Sieur de Gomberville. Les deux tomes y étant présentés en un seul volume, la numérotation des pages que nous donnons correspond à cette version, le second volume y commence à la page 139.
[364]*La doctrine des moeurs*, Paris, Louye Sevestre, 1546, p. 45.
[365]*Ibid.*, p. 47.

~ 224 ~

courant on arrive au but"[366] débouche sur une *Allégorie des Vices* à la manière de Liberi, dans laquelle l'âme s'orientant vers l'édifice symbolique de la Trinité échappe au groupe de Bacchus, Vénus et Cupidon.

L'Emblème 9: "*La Vertu fuit les excès*"[367] reproduit la tripartition déjà rencontrée: au centre la Libéralité, qui tient la cornucopée et une carte, entourée par l'Avarice et la Prodigalité, avec au fond l'évocation d'Icare celui qui ne sût pas vivre dans la mesure.

Les Emblèmes suivants[368] insistent ainsi sur la figure du savant, représenté à l'Emblème 12 par Minerve entourée des Vices de l'Envie, de la Luxure et de l'Ivresse, ce qui confirme à l'avance notre conception du dormeur de Dürer.

L'Emblème 15: "*La guérison de l'âme est la plus nécessaire*"[369], qui pourrait nous faire revoir l'interprétation, de nouveau, comme souvent, simplement burlesque et anecdotique de *L'Extraction de la pierre de folie* (c. 1494) de Bosch, où apparaissent un moine saoûl et une nonne symbolique, comme on l'a vu, de l'Hérésie (avec un livre sur la tête - elle ne le lit donc pas - et une bourse au côté), l'emblème 15 représente un malade (l'âme), qui accourt chez le médecin (du corps) alors qu'il devrait chercher Minerve (déesse guerrière de la Sagesse, ironiquement donc déesse antique qui devient paradigmatique pour l'époque du *miles christi*) et le Temps (qui dévoile la Vérité, et pour cela l'accompagne ici - Athéna a un livre ouvert à la main, justifiant son association avec la Vérité et la Sagesse -), de fait, il tente d'échapper au médecin et de se rapprocher de Minerve, alors que dans le fond l'obscurantisme est représenté par des personnages, dont celui de droite porte un chapeau juif, qui posent une tenture devant les fenêtres, en cachant ainsi la lumière, illustration dans leur activité de l'obscurantisme.

À son tour l'Emblème 21: "*L'homme est ne pour aymer*"[370] présente, comme justification de la foi chrétienne et l'affirmation qu'elle n'est pas contraire à la philosophie[371], l'image de deux amis, l'un emmenant l'autre, et le détournant des plaisirs que lui offrent Vénus et Cupidon.

Après cette insistante tripartition du modèle, qui préétablit celui que nous retrouverons plus tard chez Snyders, suit l'illustration également répétée de l'Impiété[372], chassée par le serpent-fouet (ou fouet en forme de serpents) d'une allégorie, donc, de la Vigilance[373].

César assoupi entre des démons qui l'attaquent et ses gardes qui les combattent[374], combat psychomachique reproduit sous une autre forme, celle de la barque de la vie, à l'emblème suivant[375], symbolisant l'opposition entre les grandeurs terrestres, c'est-à-dire, comme pour Érasme dans *L'Éloge de la Folie*, l'Envie et l'Arrogance humaines[376], par opposition à la Pauvreté[377], tout en révélant l'assoupissement de l'âme dans les ivresses terrrestres (Emblème 35[378], de là la massue et le bouclier au lion, symboles herculéens, tirés par terre, sous la table remplie de mets, à côté du lit où gît l'ivrogne rendu malade, alors que son compagnon, au second plan, est encore actif et au travail), portent l'ouvrage vers la représentation de l'opposition entre Minerve le pied sur le globe, couronnant de Vertu l'âme représentée comme un homme mûr qui pisse au pied des *putti* et leurs armes, et ne prête aucune attention aux offrandes terrenales des représentants du Vieux et du Nouveau Monde (Emblème 40)[379].

De là encore, les emblèmes suivants traitent de la Pauvreté comme Vertu[380], à l'inverse des Vertus, représentées par Minerve et un ange, soumises à la Richesse[381], la même opposition entre l'appétit des biens

---

[366] *Ibid.*, p. 49.
[367] *Ibid.*, p. 51.
[368] *Ibid.*, pp. 53, 55, 57.
[369] *Ibid.*, p. 59.
[370] *Ibid.*, p. 67.
[371] *Ibid.*, p. 66.
[372] *Ibid.*, pp. 61, 63.
[373] *Ibid.*, p. 65.
[374] *Ibid.*, p. 101.
[375] *Ibid.*, p. 103.
[376] *Ibid.*, pp. 83 et 85.
[377] *Ibid.*, p. 85.
[378] *Ibid.*, p. 87.
[379] *Ibid.*, p. 97.
[380] *Ibid.*, pp. 105 et 107.
[381] *Ibid.*, p. 109.

terrenaux et les vertus de la pauvreté se reproduisent jusqu'à la fin du premier tome[382], se réutilisant, comme dans les recueils antérieurs, la figure de Diogène[383] comme symbole de cette opposition, la chambre[384], comme chez Dürer, étant le lieu de la paresse et de la gourmandise jusqu'à en devenir goutteux. La mort du juste[385] fait contrepoint à cette scène, préfigurant dans sa composition générale celle du père dans le cycle du *Fils prodigue* de Greuze.

Ainsi la tripartition[386], basée sur l'opposition comme chez Érasme entre les grands et les sages[387], entre les biens terrenaux et ceux de l'Esprit[388], qui oppose pour l'âme dans la nuit les Vices et les Vertus, le lit[389] et l'étude[390] en tant que telles étant respectivement le lieu et la condition du combat psychomachique, en arrive à s'exprimer selon une iconographie[391] proche des *Tentations de Saint Antoine*[392] ou de *Dulle Griet*[393].

L'Emblème 47: "*Si Tersite est riche, on le prend pour Achille*"[394] présente l'opposition par substitution (la tromperie des richesses qui fait d'un quelconque un grand personnage), le roi trompé prenant par la corde du vêtement une figure voilée, possiblement l'Ignorance, si on la compare à la figure similaire chez Mantegna, ou peut-être la Fortune volage, capricieuse et injuste, si on la reporte à l'Emblème 50: "*La Fortune ne fait point le mérite*"[395], où celle-ci apparaît avec les yeux bandés.

L'Emblème 74: "*La bonne conscience est invincible*"[396], dont la légende explique que: "*L'innocence est un mur d'airain*", montre le sage appuyé contre un mur et, en l'indiquant du doigt, niant à la Renommée les trompettes de la gloire qu'elle lui propose. Dans le fond, derrière le mur, des scènes confuses (non décrites), avec la même ruche des emblèmes antérieurs[397] représentant le sage ne tombant pas dans le piège de l'avarice, semblent représenter l'éducation ou l'action secrète du "*Sage*", son "*triomphe secret*", sa "*gloire cachée*"[398]. Cet emblème, on le voit, nous apporte un élément de compréhension discursive de l'appui du dormeur de Dürer, celui-ci non plus, encore une fois, vigilant contre la cornette du démon (ici la trompette de la Renommée, qui réapparaît, avec même sens, à l'emblème suivant[399]), mais, au contraire, se laissant endormir. On retrouve donc bien là le mur que doit franchir l'âme, ou ici dont le sage doit respecter la solidité morale, de l'emblème de la page 159, déjà étudié, d'*Amoris divini et humani antipathia*.

Les Emblèmes et 80, 81 et 84[400] reproduisent le principe de tripartition, autour de la question (notamment l'Emblème 84) de l'Envie des grands et en général, motif également de ceux qui les entourent[401], en particulier à travers de la soumission (représentée comme dans *Le centre de l'amour* par un religieux) de l'âme aux tentations, représentées sous les traits d'un cortège bacchique[402], ou bien la figure du dormeur et sa relation/opposition au Temps[403], avec lequel il se confond dans l'Emblème 90[404], série d'emblèmes qui conclut avec l'opposition, autour du thème de l'Hérésie, entre le sacrificateur et la vraie science, qui est celle exclusive de Dieu[405].

---

[382]*Ibid.*, pp. 111-137.
[383]*Ibid.*, p. 121.
[384]*Ibid.*, p. 125.
[385]*Ibid.*, p. 137.
[386]*Ibid.*, pp. 153 et 155.
[387]*Ibid.*, p. 151.
[388]*Ibid.*, p. 135.
[389]*Ibid.*, p. 153.
[390]*Ibid.*, p. 151.
[391]*Ibid.*, pp. 157, 159.
[392]Sur celles-ci, voir notre Maîtrise, *Les Tentations de Saint Antoine aux XIVème-XVIème siècles*, Paris X-Nanterre, 1991.
[393]*La doctrine des moeurs*, p. 161.
[394]*Ibid.*, p. 111.
[395]*Ibid.*, p. 117.
[396]*Ibid.*, p. 165.
[397]*Ibid.*, p. 135.
[398]*Ibid.*, p. 164.
[399]*Ibid.*, p. 167.
[400]*Ibid.*, pp. 177, 179, 185.
[401]*Ibid.*, pp. 183, 187, et suivants (cf. par ex. p. 199 et notes suivantes).
[402]*Ibid.*, p. 189.
[403]*Ibid.*, pp. 191, 193, 195, 197, 199, 201.
[404]*Ibid.*, p. 195.
[405]*Ibid.*, p. 203.

Comme dans les autres recueils (Emblème 15 d'*Amoris diuini et humani effectus*), le repos mérité[406] fait contrepoint à celui du songe de l'endormissement de l'âme, alors que, suivant l'ensemble du thème principal du recueil dans ses deux volumes, la Vanité s'associe à la Mort et au Vice[407].

Sans vouloir en tirer de conclusion affirmative, comme dans l'*Allégorie* de Vliet, de nouveau, que nous avons, antérieurement, intégrée à notre *corpus*, les personnifications de l'Emblème 36: "*Qui achette les voluptes, achette un repentir*"[408] semblent plutôt des figures masquées, symbole en ce cas de leur fausseté et de celle de leurs moeurs, ils ne seraient que masque. Si l'image semble claire, le texte[409] ne dit cependant rien à ce sujet.

En réduisant l'écart historique entre la gravure de 1498 et les iconographies correspondantes dans les livres d'emblèmes, nous avons donc pu montrer que Dürer s'intègre à son époque. En effet, il serait plus complexe d'assumer qu'un ensemble large et complexe de références visuelles proviennent de la reprise d'une oeuvre qui crée un nouveau modèle, que de considérer que l'amplitude de la convergence identitaire du thème et de ses motifs entre les différents auteurs, et leurs interprétations respectives de celui-ci, de fait toujours orientées, de manière à la fois congruente et unitaire, vers l'opposition entre les deux états de l'âme face à Dieu (passive ou active) - ce qui a, par ailleurs, bien été noté dans la gravure, par les exégètes antérieurs, au travers de l'idée qu'il s'agissait d'une représentation simple de l'Acédie -, soient l'expression historique, définie donc par la tradition, d'un schéma élaboré, déjà existant.

Nous permettra de la démontrer l'ouvrage de Georgette de Montenay, intitulé: *Emblemes ou devises chretiennes* (Paris, Jean Marcorelle, 1571), en particulier au travers de la représentation de notre modèle face à celui de l'Idolâtrie priant ses démons (ce qui intégrera les deux parties de notre *corpus*, selon la problématique déjà mentionnée de la position du démon, devant ou derrière le personnage principal).

La figure encapuchée que nous hésitions à reconnaître dans l'Emblème 47 de *La doctrine des moeurs* apparaît ici (avec les mêmes attributs: capuche qui lui couvre le visage, et cordelette pour ceinture) comme une représentation de l'Hypocrisie[410].

Pareillement, le serpent enroulé de l'emblème de la page 103 d'*Amoris divini et humani antipathia* se confirme dans l'ouvrage de Montenay comme symbole de Prudence[411].

La question de l'habit (non l'habit en soi, nous ne sommes pas en train de dire que celui que porte le personnage de l'emblème s'identifie à celui du dormeur de Dürer), sur laquelle nous nous attardons à propos du dormeur de la gravure de Dürer comme "*savant chrétien*", donc lié aux prêtres hypocrites et hérésiarques critiqués par la Béatrice de Dante, devient symbolique de l'hérésie de pensée, par l'apparence et l'arrogance: "*Voici que preud'homme on se pense/ Pour son habit, monstrant simplicité./ Vérité caché, & n'y a apparence/ Qu'en son soleil ait rien d'obscurité./ Ainsi en vain d'avoir Christ s'est vanté/ Tout mal vivant, se nourrissant en vice:/ Christ vray soleil n'est iamais sans clarté./ Où est la foy, touiours suit la iustice.*"[412]

Suit ainsi, logiquement pour nous, dans l'Emblème 57[413] la tripartition entre les crânes de la mort et Jésus sauveur pour l'âme qui seulement peut être éclairée par le Christ, conformément à l'emblème de la page 375 d'*Amoris divini et humani antipathia*.

Bipartition, comme dans les recueils précédents et leurs équivalents notamment dans les *Allégories des Vices*, qui se retrouve entre, d'une part, le *miles christi*, et, de l'autre, le monde et Satan à la trompette dans l'Emblème 83[414].

---

[406] *Ibid.*, p. 175.
[407] *Ibid.*, pp. 205, 207, 211, 213, 225.
[408] *Ibid.*, p. 89.
[409] *Ibid.*, p. 88.
[410] Georgette de Montenay, *Emblemes ou devises chretiennes*, Paris, Jean Marcorelle, 1571, p. 69.
[411] *Ibid.*, p. 115.
[412] *Ibid.*, p. 129.
[413] *Ibid.*, p. 133.
[414] *Ibid.*, p. 177.

La trompette, de la Renommée et la vaine gloire, présente dans le recueil précédent, réapparaît, comme dans *La doctrine des moeurs*, pour s'opposer à la sage Pauvreté dans l'Emblème 90[415].

On comprend comment la bipartition n'est autre qu'une tripartition dans l'Emblème 94[416], où s'opposent, dans leur chemin vers Dieu, le bon et le mauvais chrétien, celui-ci tombant, alors que l'autre marche d'un pas ferme et assuré.

Le symbole du filet se retrouve dans l'Emblème 85[417], alors que l'ouïe, remplie de Dieu ou du diable est le thème trois fois répété des Emblèmes 95, 96 et 99[418].

Alors que le globe est encore associé à l'Amour (comme il le fait tourner de ses trois doigts dans *Amoris divini et humani antipathia*), car "*Par vray amour tout l'Univers est faict*"[419], la roue brisée de l'Emblème 31[420], qui symbolise les efforts du chrétien, a un écho dans l'Emblème 93[421], où, sur le modèle paganisé que reproduisent les "*merry companies*", mais ici, comme dans l'ouvrage précédent, dans la représentation de l'ivrogne qui s'oublie de Dieu, et selon le principe des nuées de symboles, on voit le paresseux qui "*comme fol s'ayme mieux contenter/ De vivres peincts, plaisants, non profitables*" et qui "*la verite solide* (a) *en mespris*", ce qui, une nouvelle fois, reproduit la tripartition: Dieu/monde ou Diable/âme paresseuse ou agile (industrieuse).

La tripartition, comme on la trouve exactement chez Dürer, s'exprime aux Emblèmes 29: "*Voicy qui fait d'un seul coeur deux offrandes:/ Faisant partage entre Dieu et le Diable*"[422] et, plus intéressant encore, 49, qui, bien que reprenant le modèle de l'antérieur, montre néanmoins un élément plus évident, "*L'homme endury, par son orgueil deceu*"[423], tournant le dos au globe et à Dieu, et s'agenouillant devant l'autel personnel à sa propre religion, représentée par un bacchant/Bacchus vêtu de pampres, la légende précisant qu'ainsi que le croyant de soi-même: "*Dit que son oeuvre au ciel le iustifie./.../ Car à celuy semblable ie te voy,/ Qui ne croit rien, & à tous certifie/ Le monde avoir esté creé par soy.*"

Reprenant la question du mur, que l'on trouve chez Snyders et dans *La doctrine des moeurs*, le premier Emblème du recueil représente une figure féminine, une "*Reine*", construisant un mur, de l'"*Edifice*" du "*Temple Sainct*", qu'elle indique, comme le fait celle de Dürer pour un espace du poêle auquel se chauffe le dormeur, "*pour de toute sa force/ Loger vertu, & dechasser tout vice*"[424].

Ainsi, à l'Emblème 13, au milieu d'une mer agitée, un soldat monte une échelle vers Dieu, "*prest à tumber a bas/ Et se froisser, au moins en apparence,/ Monte touiours, & rasseure son pas,/ Sachant que Dieu le soustient d'asseurance.*"[425]

Comme chez le Corrège, dans l'*Allégorie des Vices*, le fou (au lieu du satyre) tourne (au lieu de gésir) autour d'un arbre dans l'Emblème 17 qui "*monstrer nous voulons/ Combien l'inique est loin de ce qu'il pense. Pour maintenir ce qui farcit sa panse,/ Voudroit troubler tous les quatre elemens/ Encontre Christ*"[426].

Alors que dans le *Triumphus Amoris* (Augsbourg, Joseph Friderich Leopold, 1695[427]) les béquilles de l'Amour conservent le sens que nous lui retrouverons par ailleurs: "*Il sort avec lenteur*", comme dans *Le centre de l'amour*, le sens moral du lit disparaît au profit d'un autre, sensuel: "*Heureux en songe: Malgré les cruautés d'une injuste Maîtresse,/ Un songe officieux soulage un pauvre amant*"[428].

---

[415] *Ibid.*, p. 191.
[416] *Ibid.*, p. 199.
[417] *Ibid.*, p. 181.
[418] *Ibid.*, pp. 201, 203, 209.
[419] *Ibid.*, p. 107.
[420] *Ibid.*, p. 81.
[421] *Ibid.*, p. 93.
[422] *Ibid.*, p. 77.
[423] *Ibid.*, p. 117.
[424] *Ibid.*, p. 21.
[425] *Ibid.*, p. 45.
[426] *Ibid.*, p. 53.
[427] *Triumphus Amoris*, Augsbourg, Joseph Friderich Leopold, 1695, p. 53.
[428] *Ibid.*, p. 41.

Les mysteres de l'amour divin (Paris, Chez Jean Mariette, 1719) représente la corde, comme goupillon ou plomb droit bien tendu car "*Rien n'arreste un coeur qu'enflamme un Saint amour*"[429], tenu par un Amour et un ange.

Cette association de valeurs positives produit une fausse tripartition dans l'emblème de la page 41[430] : "*Il n'y a veritablement que le divin amour qui recompense & soit liberal envers ses amans. L'amour profane promet ce qu'il ne peut donner*", puisqu'on y voit l'âme entre un ange descendant du ciel avec un rameau, et, derrière elle, un Cupidon, auréolé, rendant ainsi curieuse l'image, qui semble moins d'opposition que de double accompagnement.

Toutefois, cette tripartition réapparaît mais dans un usage beaucoup plus clair, et descriptivement correspondant à celle des autres ouvrages cités, dans un emblème de la fin du volume[431], où l'âme est éloignée, par un ange auréolé des faux biens terrestres, les armes de la gloire guerrière, les coffres de la richesse, et l'autel antique où est posé une idole de pied qui, malgré l'absence de seins, semblerait être une Diane, entourée d'un buste romain (païen) et d'un personnage assis, la tête soutenue sur un poing, symbole probable de la Paresse. On voit comment cette image reproduit le modèle de l'Allégorie de l'Hérésie, mais ici l'idole se trouvant derrière l'idolâtre, alors que chez Montenay, l'hérésiarque faisait face à l'idole de soi-même. L'éloignement de celle-ci dépend donc, si l'on assume que les deux ouvrages reproduisent un dialogue propre du sens que l'époque donne au sens général du contexte (*valga la redundancia*) de notre image, de l'abandon de soi, au lieu de l'abandon de Dieu, donc de la différence entre bon et mauvais endormissement, entre éloignement morbide du monde, pour recherche la rencontre avec Dieu, ou accouplement paresseux avec les biens futiles d'ici-bas, comme le représente encore le "*fol*" de Montenay.

C'est cet "*Aimer ou mourir*"[432] où l'âme endormie sur un crâne (symbole, comme dans la *Crucifixion*, d'Adam pécheur, il suffit pour s'en convaincre de comparer avec la croix de l'Emblème 15 d'*Amoris diuini et humani effectus*) s'oublie de l'Amour divin, prêt à lui décocher sa flèche, par opposition au "*Sommeil mystique du divin amour*"[433], protégé sous l'égide du symbole de la Trinité (identique à celui de l'Emblème 8 de *La doctrine des moeurs*).

Ce que reproduit encore la tripartition entre l'âme, réceptrice du "*Livre du divin amour*"[434], par opposition, au second plan, à celle qui ne fait que se regarder dans le miroir des apparences mondaines (comme, iconographiquement, la Vanité de la roue des Péchés de Bosch, ou, idéologiquement, l'Orgueil humain de l'Emblème 49 de Montenay) ou l'âme secourue par le Divin Amour "*Tel qu'un arbre ébranlé s'affermit davantage*"[435], qui reproduit un modèle similaire à l'*Allégorie des Vices* du Corrège, bien qu'inverse (l'arbre comme symbole de Vertu, ce qui confirme l'origine que nous trouvons dans la toile de l'arbre comme évocation, à son tour, opposée à celle du songe de Jacob). La "*Constance du divin amour*"[436], avec la même ambiguïté visuelle que le premier emblème évoqué du présent ouvrage, présente l'Amour divin retenant, derrière elle, l'âme tourmentée par le bourreau, lequel, symboliquement croyons-nous, utilisant une fourche (instrument des démons de l'Enfer) a la bouche empêchée par ce qui semble être un couteau, renforçant ainsi, à la fois, son statut violent et le représentant comme privé de voix (ce qui, dans le même sens idéologique, mais en inversant l'iconographie, reprend le motif, que l'on a vu récurrent, de la corne, la trompette, du diable, ou de la Renommée, la surdité de l'âme à Dieu, causée par ces bruits infernaux, ayant ici sa contrepartie: la mudité du Diable dans son office de tourmenteur). Dans cet emblème, l'âme défaillante, reprend le modèle, antérieurement vu, ici dans l'emblème précédent, ou chez Dürer, dont les deux causes, selon l'image ou l'emblème, sont, soit, on vient de le rappeler, le mauvais sommeil qui éloigne de Dieu (comme chez Dürer) de l'âme paresseuse, soit celui tranquille de l'âme qui, morte, repose en

---
[429]*Les mysteres de l'amour divin*, Paris, Chez Jean Mariette, 1719, p. 60.
[430]*Ibid.*, p. 84.
[431]*Ibid.*, p. 396.
[432]*Ibid.*, p. 470.
[433]*Ibid.*, p. 514.
[434]*Ibid.*, p. 462.
[435]*Ibid.*, p. 372.
[436]*Ibid.*, p. 308.

Dieu, loin du chaos du monde, tel Saint Antoine, nous l'avons également dit, dans son iconographie qui, très probablement, inspire ces représentations de la constance impavide de l'âme (telle celle du présent emblème), propre des Saints et des Saintes, des premiers Martyrs chrétiens en général, dans l'art et la littérature (de la sculpture et la peinture à Chaucer), malgré les tentations, l'activité des démons (pour Saint Antoine) ou de celle du monde (dans *La doctrine des moeurs*, par exemple).

Ainsi le confirment bien les emblèmes des pages et 319: "*L'amour ennemie de l'orgueil*"[437], dans lesquels l'âme armée d'une baguette ou d'un fouet et l'Amour Divin de son arc chassent les vices, respectivement, de la Faiblesse (symbolisée ici par un lapin, par ellipse ironique car contradictoire avec le sens originel de la représentation classique de ce Vice dans l'imagerie médiévale, par exemple du vitrail de la rose Ouest de Notre-Dame de Paris[438], par l'image du chasseur qui fuit devant ce petit animal, connu pour n'être pas courageux) et de l'Orgueil, celui-ci, également représenté, conformément à son iconographie classique, par un paôn, dont ils pissent la queue au pied.

Nous rapprochant de nouveau de l'espace temporel plus précis qui nous occupe, nous voyons se répéter les mêmes figures et symboles dans la *Prosopographia, sive Virtutum, Animi, Corporis, Bonorum Externorum, Vitiorum, Et Affectuum Variorum Delineatio* (attribuée à Philippe Galle, 1537-1612, sans références d'édition), qui présente une série d'allégories, Debilitas se tient sur des béquilles[439], alors que la Négligence[440] a abondonné son fuseau qui a la forme d'une ruche, laquelle reproduit celle, dans un sens identique mais attribué à une entité contraire, des emblèmes de *La doctrine des moeurs*.

De même, logiquement, Ratio[441] tient la bride et le fouet, ce dernier également en main de Diligence[442] et, sous la forme d'un rameau de branche, de Pénitence[443].

Le serpent appartient à Sanitas et Concorde[444], alors que l'Expérience porte un voile mais n'a pas le visage caché[445].

Ici c'est cependant l'Impudence qui, comme la figure de Dürer, et accompagnée d'un singe, a la torse nu, mais le sexe caché sous son vêtement[446].

C'est inversement de même le Timor domini[447] qui tient la trompette, symbole alors du bruit de Dieu. De fait, le personnage est une sorte de Moïse qui tient les Tables de la Loi.

Mais, comme dans les autres ouvrages, c'est bien, dès les premiers emblèmes de l'ouvrage, Virtus[448], sous l'apparence armée de la classique Minerve (dont, notons-le, l'armure de poitrine assume la forme des seins comme s'il s'agissait d'un tissu), qui foule aux pieds le démon.

Le déjà cité recueil intitulé *Pieux Desirs imités des Latins* de Herman Hugo (Paris, Chez Sébastien Cramoisy, 1527), dans la même période, présente le lit comme lieu symbolique de l'âme malade[449], que l'on retrouvera à l'identique dans les recueils de Snyders, tout comme, également, l'âme, poursuivie par les démons, et prise entre les filets de la Mort[450] (les identités iconographiques à l'identique entre le présent recueil et ceux de Snyders sont d'ailleurs nombreuses[451]), association, nous le répétons qui reproduit donc

---

[437]*Ibid.*, pp. 428 et 454.
[438]http://cathedrale.gothique.free.fr/Notre-Dame_de_Paris_Rose_Ouest_Vices_Vertus_2.htm
[439]*Prosopographia, sive Virtutum, Animi, Corporis, Bonorum Externorum, Vitiorum, Et Affectuum Variorum Delineatio*, attribuée à Philippe Galle, 1537-1612, sans références d'édition, p. 63.
[440]*Ibid.*, p. 67.
[441]*Ibid.*, p. 57.
[442]*Ibid.*, p. 49.
[443]*Ibid.*, p. 41.
[444]*Ibid.*, respectivement pp. 27 et 33.
[445]*Ibid.*, p. 25.
[446]*Ibid.*, p. 85.
[447]*Ibid.*, p. 37.
[448]*Ibid.*, p. 11.
[449]Herman Hugo, *Pieux Desirs imités des Latins*, Paris, Chez Sébastien Cramoisy, 1527, p. 56. Comme pour *La doctrine des moeurs*, nous utilisons la version du site https://archive.org/details/pievxdesirsimite03hugo, les trois tomes y étant présentés en un seul volume, la numérotation des pages que nous donnons correspond à cette version, le second volume y commence à la page 253, et le troisième p. 503.
[450]*Ibid.*, p. 142.
[451]*Ibid.*, par ex. pp. 12, 78, 96, 112, 188, 216, etc.

bien celle de la gravure de Dürer entre la tentation démoniaque (par l'ouïe) et l'assoupissement de l'âme, ce qui confirme encore l'association des deux emblèmes que nous venons de mentionner. Autrement dit, visuellement, selon le consensus de l'époque, comme on peut l'apprécier pleinement ici, l'endormissement (symbolisé par l'allitement) s'identifie à une forme de mort physique (qui, effectivement, pour être juste, selon l'interprétation classique de la gravure de Dürer, s'assimile bien, par la posture du personnage, visuellement toujours, à une acédie ou, si l'on veut, mélancolie), causée par l'activité des démons autour de l'âme. Ainsi, inversement, comme, de nouveau, chez Snyders, et à l'identique toujours, le choix de l'âme pour se rapprocher de Dieu est l'acceptation de la mort au monde, comme le représente l'Emblème 16[452] (reproduit dans l'Emblème XIV de *L'âme amante de son Dieu* de Van Veen).

Rien d'étonnant donc si nous retrouvons la tripartition jour-nuit, régie par le Temps, autour de l'âme endormie[453], toujours à l'identique des recueils antérieurs (dans ce cas précis, l'Emblème XV de *L'âme amante de son Dieu* de Van Veen - ce qui, au travers de la proximité séquentielle entre les deux images chez Van Veen, marque bien leur identité idéologique -). En référence, dès le début du volume à *Isaïe*, 26[454].

Cette même tripartition, reprenant celle des *Mysteres de l'amour divin*[455], se retrouve dans l'Emblème 16 (qui ouvre le second tome de l'ouvrage)[456], en référence au *Psaume* 118: "*Mon ame a convoité de desirer tes iustifications*", qui nous explique: "*Deux amours differents de parure & de geste/ Assiegent ma poitrine, & veulent l'enuayr./ L'un est tout terrien, & l'autre est tout celeste;/ Lequel doibs ie chasser? auquel doibs ie obeir?*"[457]

Comme dans *Les Mysteres de l'amour divin*, alors que l'Amour humain se trouve derrière l'âme (comme, également, entre autres, le démon de la gravure de Dürer), et l'Amour divin (tenant les Tables de la Loi, à l'instar du Timor domini de la *Prosopographia*), l'arc pendant négligemment dans sa main, auréolé (selon une formule déjà rencontrée chez Snyders) fait face à l'âme qui, cherchant à s'échapper de l'étreinte de l'Amour humain (principe de fuite ou d'effroi de l'âme face aux démons propre aux et récurrent dans les livres d'emblèmes consultés), s'accroche aux Tables, derrière les personnages, au second plan, le boeuf paisiblement assis dans l'herbe, image-symbole depuis la sculpture et l'enluminure médiévales de l'évangéliste Luc, se trouve associé visuellement à l'Amour divin, puisqu'il est juste derrière lui, à gauche de l'image, alors que le cheval des passions (que l'on retrouvera encore sur la frise de la fontaine de l'*Allégorie de l'Amour sacré et de l'Amour profane* du Titien étudiée par Panofsky) se trouve, agité et qu'un personnage tente vainement de dompter mais qui lui échappe quand même, derrière l'Amour humain.

Apparaît dès le début le fou opposé à l'ange[458], en référence aux plaintes de Job, et reproduisant le modèle, cette fois sous l'aspect bipartite (nous considérons bipartite l'opposition lorsque seulement deux figures interviennent, et tripartite lorsque trois figures s'y intègrent, sachant qu'il s'agit toujours, d'où le lien, d'un modèle de dualité autour de l'âme, mais le point est important, puisqu'il est opposé à la lecture panofskienne, qui veut que la femme nue de la gravure de Dürer soit la manifestation du rêve du dormeur, faisant ainsi donc doublon avec l'activité soporifique du démon au soufflet, ce qui implique une lecture unitaire du message et des personnages, non opposés mais complémentaires, alors que nous insistons sur le concept d'opposition, donc de bipartition, de la figure féminine et du démon, autour de l'âme, troisième sujet iconographique dans le modèle, dont nous avons, croyons-nous, apporté la preuve historique visuelle dans les livres d'emblèmes), doublement, des recueils antérieurs (l'Emblème 93 de Montenay) et de reproduction du schème du dormeur chez Dürer (celui qui ne veut pas voir, la Fausse Doctrine [pour cela elle-même représentée avec les yeux bandés], ou l'hérétique ou le mauvais prêtre dans les enluminures de Dante, nous le verrons, où l'action du démon, par derrière, comme chez Dürer, implique ce manque d'attention de l'âme, cette paresse, oui, qui permet à l'âme, suivant la métaphore des livres d'emblèmes, de tomber dans les filets

---
[452] *Ibid.*, p. 216.
[453] *Ibid.*, p. 236.
[454] *Ibid.*, p. 20.
[455] *Les mysteres de l'amour divin*, p. 84.
[456] *Pieux Desirs imités des Latins*, p. 254.
[457] *Ibid.*, p. 255.
[458] *Ibid.*, p. 122.

démoniaques). Image qui part de l'Emblème 2, initial du premier tome de l'ouvrage: "*O Dieu tu sçais ma folie, & mes pechez ne t'ont point esté cachez*" à partir du *Psaume*, 68[459], et pose une dualité similaire à celle contemporaine de *l'Éloge de la folie* (1509, imprimé en 1511), et de toute évidence inspiratrice, d'Érasme.

La tripartition durérienne s'opère plus clairement ici, et en référence à l'âme aveuglée des emblèmes que nous venons d'évoquer, lorsque l'Amour divin, en citation du *Psaume* 118, invite l'âme à se détourner de la Vanité, représentée derrière donc, outrageusement ornée (Molière reproduira cette critique à la surcharge vestimentaire) et miroir en main, dans l'Emblème 20[460].

Comme dans les recueils antérieurs, et selon l'identique iconographie, notamment dans les second et troisième tomes du présent ouvrage, le lit[461] et l'âme tirée par terre[462] (confirmant le symbolisme de la corde comme élément de liaison et de relation de force entre l'âme, l'ange et le démon, et de recherche par l'âme pieuse de Dieu[463]) se répètent dans le volume. Ce qui marque surtout c'est, dans cette valeur de recherche active par l'âme, le silence (à l'image païenne du Cupidon de Psyché) du secrétisme de l'Amour divin[464]. En effet, cette vision reproduit, à l'inverse, le principe inactif de l'âme, dans la gravure de Dürer par exemple, oublieuse de Dieu, dont elle est donc l'exact contrepoint, comme le confirme encore l'association entre les trois groupes d'emblèmes représentant: l'Amour se cachant; l'âme ne voulant pas voir; et l'Amour divin aveuglant l'âme pour l'éloigner de la Vanité (un seul emblème). C'est sans doute pourquoi, terminant le second tome de l'ouvrage, marquant ainsi son importance, dans l'Emblème 30[465], en référence au *Psaume* 136, et, nous rappelant les images du *Centre de l'amour*, le couple de l'âme et de l'Amour divin, livre en main et luth sur l'herbe, chantent les louages célestes.

C'est dans ce sens encore que l'Emblème 18[466] présente l'âme s'appuyant sur un déambulateur, face à l'Amour divin auréolé qui la reçoit amicalement mais en geste d'admonestation, s'exclamant, conformément au *Psaume* 16: "*Parfais mes pas en tes sentiers, à fin que les plantes de mes pieds ne glissent point.*" Le déambulateur ici représentant, non plus tant les embûches comme dans les autres recueils ou la Négligence allégorisée comme dans la *Prosopographia*, mais le support de l'âme pour ne pas tomber.

Nous retrouvons ici, en référence au *Psaume* 118, le Timor domini du recueil précédent, illustré ici, dans le second tome de l'ouvrage[467], entre l'âme et le lion du courage et de la Prudence (comme par exemple dans l'*Allégorie des Vertus* du Corrège) opposé au lapin de la faiblesse d'âme, tel qu'on le trouve de Notre-Dame au *Triumphus Amoris*, et porteur ici, là encore similairement aux Vertus citées de la *Prosopographia*, du fouet sous forme de rameau de branches et du foudre céleste qui foudroie (qui la soumet donc) l'âme (en lieu de bride). Se reproduit à l'Emblème 12[468] la duplication du foudre, tenu en main de l'ange, à gauche, et foudroyant l'âme depuis le nuage divin, à droite. Cet emblème ne faisant d'ailleurs que reproduire les premiers du présent volume, d'Amour forçant le croyant[469].

L'ouvrage de Herman Hugo a un autre intérêt direct pour nous, il confirme notre hypothèse chronologique de la formation d'un modèle vers l'avant, vers nous, non d'une reprise postérieure. Nous voulons dire qu'il appuie l'idée, déjà émise qu'il est plus probable que Dürer s'inscrive dans une tradition déjà organisée, ce qui explique la récurrence entre sa gravure et les livres d'emblèmes consultés, du modèle que nous avons appelé tripartite (dans le sens que nous venons d'expliquer), plus que d'une adéquation de la tradition à un modèle unique (dans ce cas durérien), qui en tous cas ne peut être que considéré comme tardif.

---

[459] *Ibid.*, p. 34.
[460] *Ibid.*, p. 316.
[461] *Ibid.*, pp. 398, 702.
[462] *Ibid.*, p. 364.
[463] *Ibid.*, pp. 364, 420, 702, 760.
[464] *Ibid.*, notamment p. 702, où il apparaît derrière le rideau, le doigt sur la bouche, invitant le spectateur à garder le silence.
[465] *Ibid.*, p. 484.
[466] *Ibid.*, p. 284.
[467] *Ibid.*, p. 302.
[468] *Ibid.*, p. 188.
[469] *Ibid.*, p. 78, 96, 112, 142, 158, pour l'aider: pp. 132, 174, et la guider, p. 122.

0.7.f.2.c. Interprétation générale de l'*Allégorie des Vices* du Corrège
0.7.f.2.c.1. La question de la figure du satyre

Revenant à présent, à partir de ce détour par les livres d'emblèmes, vers les *Allégories des Vices et des Vertus*, celles de Véronèse: *Le Jeune homme entre la Vertu et le Vice* (c. 1581)[470], qui présente un jeune adolescent (pour la taille) emmené par une femme dont les draperies complexes cachent l'ensemble du corps, et dont le chignon est couronné de lauriers (symbole de Vertu), pour l'éloigner d'une autre, assise indolente, les seins et la cheville (symbole d'impudicité et de jeu érotique, comme dans le soulier volant des *Hasards heureux de l'escarpolette*, 1767, de Fragonard) découverts, et qui, de la main, appelle le jeune homme, qui, en retour, comme l'âme des livres d'emblèmes, main au coeur, dédie toute son attention à la Vertu, alors que le Vice, la femme assise, repose à côté d'un buste de divinité antique, dont le visage caprin l'identifierait bien, toujours en relation aux images vues dans les livres d'emblèmes, avec une ménade, un satyre ou un faune, et *Honor et Virtus post mortem floret* (1567[471] ou 1580[472] - nous serions plus tentés par cette dernière date pour les similitudes iconographiques avec l'oeuvre antérieurement citée du Véronèse -), également connu comme *Allégorie de la Vertu et du Vice* ou *Allégorie de la Sagesse et de la Force* ou encore *Le choix d'Hercule*[473], oeuvre dans laquelle, cette fois, un homme adulte semble s'éloigner du figure féminine assise, vue de dos, mais dont le siège représente une sphynx dont le sein se dénude, et qui, apeuré, se réfugie dans les juges d'une autre figure féminine, qu'il embrasse, et couronnée, nous voyons clairement, dans ces deux oeuvres, donc, une représentation fidèle au modèle de tripartition des livres d'emblèmes, de l'âme entre les deux types d'Amour, ou bien, plus simplement, entre Dieu et les démons.

C'est encore la même opposition entre le satyre et l'amour autour de Minerve dans *L'Amour et le Vice désarment la Justice* (XVIIème siècle) de Luca Giordano[474], mais cette fois entendu comme un acte unifié et négatif, dont on retrouve le modèle iconographique dans l'Emblème 16[475] du *Centre de l'amour*, dont la devise nous dit: "*Je le retiens le conduis & le guide/ Selon que ma Catin m'en fait commandement/ Quelquefois je le pousse, & l'arreste un moment,/ Et tout d'un coup je luy lache la bride.*"[476]

On retrouve chez Véronèse, dans la Stanza del Lucerna (1560-1561) de la Villa Barbaro à Maser, l'association entre d'une part la Prudence et la Vertu masculine, représentée par un Hercule vieux et chauve, et de l'autre un homme tenant en bride une figure féminine[477], probablement le Vice.

Il ne serait donc pas impensable de lire l'*Allégorie des Vices* du Corrège comme la continuation, c'est là notre propos, d'une autre iconographie, plus ample, celle d'un combat psychomachique, révélé par les légères, mais significatives, modifications que l'artiste fait souffrir à son modèle. Ainsi, s'il est considéré que l'oeuvre s'inspire du thème de *Silène barbouillé de mûres*, tel que le représente, par exemple, Rubens[478], Antoine Coypel (1700)[479] ou Noël Hallé (1771)[480], la figure féminine chez le Corrège ne barbouille absolument pas de mûres le satyre.

L'*Allégorie des vices ou La luxure, la mondanité et l'ignorance détruisent les Arts et les Sciences* d'Alessandro Magnasco (Gênes 1749 - 1667)[481] montre, à gauche du spectateur la luxure (la prostituée alitée) et la mondanité (ses courtisans), et à droite l'ignorance (qui peut se confondre avec la paresse d'Acédie par l'âne, et avec l'Idolâtrie ou l'Hérésie, puisqu'un personnage vénère une statue), dont les effets provoquent la défaite de la Vertu (ou la Vérité), que nous pensons reconnaître dans le personnage du

---

[470]http://commons.wikimedia.org/wiki/File:Allegory_of_Virtue_and_Vice_(Veronese).jpg
[471]http://en.wikipedia.org/wiki/File:Paolo_Veronese_036.jpg
[472]http://en.wikipedia.org/wiki/Allegory_of_Virtue_and_Vice_(Veronese)
[473]*Ibid.*
[474]http://necspenecmetu.tumblr.com/post/30062129473/luca-giordano-fa-pesto-love-and-vice-disarm
[475]*Le centre de l'amour*, p. 51.
[476]*Ibid.*, p. 50.
[477]http://hoocher.com/Paolo_Veronese/Paolo_Veronese.htm
[478]http://sites.univ-provence.fr/pictura/GenerateurNotice.php?numnotice=A0135
[479]http://sites.univ-provence.fr/pictura/GenerateurNotice.php?numnotice=A4464
[480]http://sites.univ-provence.fr/pictura/GenerateurNotice.php?numnotice=A0357
[481]http://www.canesso.com/Alessandro-Magnasco-Genoa-1749-1667-Allegory-the-Vices-Luxury-Worldliness-and-Ignorance-Destroing-the-Arts-and-Sciences-DesktopDefault.aspx?tabid=6&tabindex=5&objectid=16693&categoryid=1659&lg=fr

premier plan, qui étire le bras vers le Temps, aux ailes repliées, et qui marche en s'aidant de béquilles, logique en ce qu'il est toujours vieux, mais renvoyant ici, comme son bandeau de militaire blessé autour du crâne, à sa défaite contre les Vices.

Un élément curieux est donc que l'Églé du Corrège soit représentée comme l'un des satyreaux du *Songe de Poliphile* lorsque, inversement, le satyre prétend réveiller la belle Nature endormie:

> "*Hora questa spectatissima statua l'artifice tanto definitamente la expresse, che veramente dubitarei tale Praxitele Venere havesse scalpto. La quale Nichomede re degli Gnidii comparandola (come vola, la fama) tutto lo havere dil suo populo expose. Et quanto venustamente bellissima lui la expresse, tanto che gli homini in sacrilega concupiscentia di quella exarsi, il simulachro masturbando stuprorono. Ma quanto valeva aestimare dritamente arbitrari tale imagine mai fusse cusì perfecta di celte, overo di scalpello simulata, che quasi ragionevolmente io suspicavi, in questo loco de viva essere lapidita et cusì petrificata.*
> *La quale alquanto teniva aperti al respirare gli labri accommodati, ove quasi giù vedevasi nel iugulo excavato et perterebrato. Dalla testa poscia le solute trece sopra il panno soppresso, inundante, la forma rugata, overo complicata dil inglomato panno, gli subtilissimi capegli aemulavano. Le coxe erano ancora debitamente pulpidule cum gli carnosi genui moderatamente alquanto ad sé ritracti, monstrando gli sui stricti petioli incitanti di ponere la mano et pertrectarli et strengerli. Et il residuo dil formosissimo corpo, provocava chi fortuito simigliante ella ritrovato se fusse.*
> *Uno frondoso di non decidue foglie di Memerylo poscia era retro alla testa degli molli et rotondi Unedi copioso, et di aviculetti, che appariano garrire, et inducere causa di dolce somno. Ad gli pedi stava uno Satyro in lascivia pruriente et tutto commoto, cum gli pedi caprei stante. Cum il buccamento ad naso adhaerito, capreato et Simo, cum la barba nel mento distincta in due irriciature di Caprini Spirili, et cusi ad gli hirti fianchi et per questo pari modo alla testa, cum pilate auricule, et di fronde incoronato, cum effigie tra caprea, et humana adulterata. Excogitai che al suo acutissimo ingegnio il lithoglypho habilissimamente et al libito havesse l'opificio dilla natura praesente nella Idea.*
> *Il dicto Satyro havea l'arboro Arbuto per gli rami cum la sinistra mano violente rapto, et al suo valore sopra la soporata Nympha flectendolo, indicava di farli gratiosa umbra. Et cum l'altro brachio traheva lo extremo di una cortinetta, che era negli rami al tronco proximi innodata. Intra l'arboro comaro, et il Satyro, assidevano dui Satyruli infanti. Uno cum uno vaso nelle mano, et l'altro cum le sue invilupate di dui circumvoluti serpi.*
> *Non potria sufficiente exprimere, quanto delicato, quanto elegante, et perfecto era questo figmento, accedeva et alla venustate il lustro dilla petra quale striso eburo. Mirava summamente ancora l'arte dil optimo et pervio tripanato degli rami et foliatura cedrina, et dille avicule cum gli pediculi sui di tutta exactura et expresso, et per si simigliante dil Satyro. Sotto di questa tale et mirabile sculptura, tra le gulature, et undule, nella piana fascia, vidi inscalpto, questo mysterioso dicto di egregio Charactere Atthico.*
> <p style="text-align:center">PANTON
TOKA
DI.</p>"[482]

"*Entre l'arbre feuillu et le satyre se trouvaient deux satyreaux enfants. L'un tenait un vase, l'autre des serpents qui s'enroulaient autour de ses mains.*"[483]

Comme dans l'Emblème 8[484] des *Pieux desirs*, à partir de *Jérém.*, 9: "*Qui donnera eau a mon chef, & à mes yeux une fonteine de larmes, & ie pleureray iour & nuict?*", la fontaine de cette "*mère de tout*"[485] du *Songe de Poliphile* verse de ses seins l'eau qui rafraîchit des enfants.

Le vase du premier satyreau peut ainsi bien être celui de la Tempérance chez Ripa, image déjà vue, alors que les serpents du second représenteraient ceux-là même de l'*Allégorie* du Corrège, avec, pour nous, le même sens de Prudence, par opposition au satyre, dans les deux cas, car le Faune est symbole de Luxure ou de Paillardise, comme l'expriment l'*Emblema LXXII* d'Alciati[486]. Le satyre est encore présent, en forme

---

[482]Francesco Colonna, *Hypnerotomachia Poliphili*, Venise, Aldo Manuzio, 1499, pp. 71-72; illustration p. 73.
[483]Francesco Colonna, *Le songe de Poliphile, ou, Hypnérotomachie*, trad. De Claudius Popelin, Paris, Isidore Liseux, 1883, T. I, p. 112.
[484]*Les pieux desirs imites des latins*, p. 132.
[485]Colonna-Liseux, note 1 p. 112.
[486]"*Aunus au pied-bouquin, coronné de roquette,
Representé icy, nous montre apparemment
L'acte de Paillardise, où trop desbordement
On se lasche en desir qui n'est bon ny honneste.
Car la Roquette eschauffe, & le Bouc est tousjours
Bruslant du feu villain de ses salles amours:
Les Satyres paillars de mesme tousjours saillent
De grand ardeur qu'ils ont, & les Nymphes travaillent.
Icy sont les vrayes marques de la paillar-
dise. Le Satyre, ou le bouc (qui est un ani-
mal fort paillard, & enclin au deduit Vene-
rien) estant coronné de Roquette, herbe de
qualité fort chaude (ditte des Latins eruca
ab urendo, parce qu'elle brusle) signifie que la*

schatologique, dans la gravure de 1737 représentant: *A satyr on a pedestal kicks out at a magician while a priestess attempts to insert a clyster-pipe; depicting a play called 'The Golden Rump' satirising King George II with his wife and Sir Robert Walpole*[487], ainsi que dans l'encre représentant *Bacchus reclines while a satyr fills his bowl and Pan adorns his head with grapes* (c. 1600)[488]. Dans celle-ci, les satyres enivrent un Bacchus allongé à même le sol, alors qu'un âne brâme, référence allégorique à l'Acédie, l'attribut venant à représenter l'allégorie.

Chez Cartari[489] (qui en quelque sorte ici préfigure la visite du satyre aux dieux dans *La légende des siècles*), Jupiter ailé, assis au pied d'un arbre, se détourne des incitations d'un Pan qui lui présente sa syrinx, un coquillage redoublant, comme dans les livres d'emblèmes, le symbolisme du bruit odieux du satyre, bien que Marsyas ait gagné face à Apollon, et une tortue, attribut traditionnel de la Prudence[490] (jusque dans les *Fables* de La Fontaine), mais aussi symbole, au contraire, de l'imprévoyance, ou de la Paresse[491] (à l'instar, et dans le même sens, que l'escargot, comme nous l'avons vu).

Le satyre s'oppose ainsi au saint[492], et comme un être bruyant, lié à la syrinx[493], bien sûr, mais aussi à la corne[494].

0.7.f.2.c. 2. Le problème du personnage d'Églé dans la tradition

Ce qui est alors intéressant dans la figure *d'Églé* (1545) de Giraldi Cinzio c'est que, dans son rôle de révélateur des anomalies de la cohorte des satyres et des nymphes, elle a le statut qu'assume la chaste Diane dans l'*Histoire des Satyres et des Nymphes de Diane* ou *Fable du Faux Cuyder* (écrit en 1541 pour le mariage de sa nièce, Marguerite de France, de même prénom donc, avec le duc de Savoie Emmanuel-Philibert, et publié en 1543, 1545 et 1547[495]) de Marguerite de Navarre[496].

Il faut préciser que l'histoire d'Églé et de Silène exprime l'éveil du vieil ivrogne, pour qu'il accepte de chanter les éléments de l'univers comme il avait promis de le faire, selon le récit de Virgile (*Bucoliques*, VI[497]).

---

paillardise est villainement puante en son
act, & eschauffee en son affection & premier
mouvement." (Devise de l'Emblème *"Luxure, ou paillardise"* des *Emblemata*, 1584, d'Alciati, http://www.emblems.arts.gla.ac.uk/french/emblem.php?id=FALc072)
[487]http://commons.wikimedia.org/wiki/File:A_satyr_on_a_pedestal_kicks_out_at_a_magician_while_a_priest_Wellcome_V0011280.jpg
[488]http://commons.wikimedia.org/wiki/File:Bacchus_reclines_while_a_satyr_fills_his_bowl_and_Pan_adorns_Wellcome_V0019444.jpg
[489]http://www.symbolforschung.ch/node/432
[490]http://fr.wikipedia.org/wiki/Festina_lente et http://fr.wikipedia.org/wiki/Tortue_dans_la_culture
[491]http://artifexinopere.com/?m=201411 et *Les mysteres de l'amour divin*, p. 276: *"Dans le chemin du ciel il faut toujours courir;/ Qui s'arreste un moment, est tout prest à perir"*, l'âme ayant un fouet et Cupidon pourchassant la tortue.
[492]Chez Pierre Boaistuau, *Histoires prodigieuses*, édition de 1561, http://www.symbolforschung.ch/node/432
[493]Ripa, *Iconologia*, 1593, in ibid.
[494]*Vlyssis Aldrovandi Patricii Bononiniensis Monstrorvm Historia. Cvm Paralipomensis Historiæ Omnivm Animalivm Bartholomaeus Ambrosinvs [...]* Bononiae, Marco Antonio Bernia, 1642, pp. 23-26, in ibid.
[495]Marguerite de Navarre, *Selected Writings: A Bilingual Edition*, University of Chicago Press, 2008, p. 233.
[496]*The Pleasure of Discernment: Marguerite de Navarre as Theologian: Marguerite de Navarre as Theologian*, Oxford University Press, 2000, p. 51.
[497]"*[1] Ma muse la première a daigné redire, ne se jouant, les vers du poète de Syracuse, et n'a pas rougi d'habiter les forêts. J'allais chanter les rois et les combats, quand Apollon, me tirant l'oreille, me dit: "Tityre, un berger [5] doit faire paître ses grasses brebis, et chanter de petits airs champêtres." Je vais donc, puisque assez d'autres, ô Varus, diront à l'envi tes louanges et peindront tes tristes guerres, je vais essayer sur un chalumeau léger: un dieu me l'ordonne ainsi. Mais ces humbles vers, ô Varus, [10] si quelqu'un les lit et s'il les charment, il entendra nos bruyères, il entendra nos bois résonner de ton nom. Est-il rien de si agréable à Phébus, que la page qui s'est décorée du nom de Varus?*
Muses, continuez. Chromis et Mnasyle, deux bergers, deux enfants, trouvèrent un jour Silène endormi dans un antre. [15] Il avait, comme toujours, les veines enflées du vin de la veille. Sa couronne tombée de sa tête était loin de lui, et de sa main, qui en avait usé l'anse, pendait encore un vase pesant. Souvent le vieillard leur avait fait espérer ses chants; toujours il les avait trompés: ils se jettent sur lui, et le lient avec ses propres guirlandes. [20] Églé survient; Églé, la plus belle des nymphes, encourage les timides bergers et leur prête secours; et, au moment que le vieillard ouvre les yeux, elle lui rougit le front et les tempes du jus sanglant de la mûre. Lui, riant du badinage: "Pourquoi ces noeuds, enfants? leur dit-il. Dégagez-moi; c'est assez d'avoir pu me surprendre. [25] Les chants que vous voulez de moi, vous allez les entendre: à vous mes chants; à celle-ci je réserve une autre récompense." Il dit; il va chanter. Alors vous eussiez vu les Faunes et les bêtes sauvages accourir en cadence et se jouer à ses chants, et les chênes eux-mêmes balancer leurs cimes émues. Les rochers du Parnasse ne se réjouissent pas autant des accents d'Apollon; [30] ne le Rhodope et l'Ismare n'admirent pas autantOrphée.
Silène chanta comment s'étaient pressés, confondus dans le vide immense, les éléments de la terre, de l'air, de la mer, et du feu liquide; comment ils donnèrent naissance à toute chose, comment le monde encore tendre se forma de ces germes féconds; [35] comment le sol commença à durcir, et à se séparer des eaux reçues dans le sein des mers; comment la matière revêtit peu à peu des formes diverses. Il dit les premiers feux du soleil, et la terre étonnée de le voir luire; les nuages montant au plus haut des airs et retombant en pluies, les jeunes forêts levant leurs fronts sauvages, [40] et les animaux errant en petit nombre sur les monts inconnus.
Il dit les pierres jetées par Pyrrha, le règne de Saturne, les vautours du Caucase, et le vol de Prométhée; Hylas perdu sous l'onde, et qu'appelaient en vain ses compagnons; Hylas, Hylas, que redemandait au loin la rive. [45] Heureuse, hélas! s'il n'y eût jamais eu de troupeaux, Pasiphaé, il plaint ton déplorable amour pour un taureau blanc comme la neige. Ah! vierge infortunée, quel délire t'a emportée! Les Proétides remplirent les campagnes de faux beuglements; mais aucune

Toutefois, cet épisode qui apparaît comme un châtiment est aussi une forme de soin dans *Les Mésaventures de Silène* (1505-1507) de Piero di Cosimo[498].

De fait, Églé, comme on l'a dit d'un point de vue littéraire, peut également iconographiquement être rapprochée dans son action de *Cybèle éveillant le Sommeil* de Toussaint Dubreuil (1572-1602) au Château Neuf de Saint-Germain-en-Laye du cycle illustrant *La Franciade*[499].

Or dans *La chute d'Altdorfer* (1535) "*Adam se trouv*(e) *derrière la Loi de Bacchus et Ève derrière la Loi de Mars*"[500], alors que dans *La chute d'Adam et Ève* de Rembrandt (1638)[501] les Protoplastes, reproduisant la tripartition déjà abondamment rencontrée dans les livres d'emblèmes et chez Dürer selon notre lecture, consécutive, de sa gravure, sont accompagnés du serpent, transformé en dragon, mais aussi de l'éléphant, attribut, chez Ripa, de la Tempérance[502], de la *Vergogna honesta*[503] et de la Religion[504] (représentée, cette dernière, voilée, comme le Christ et la Pudeur à Sansevero).

Sans doute ainsi le caractère moral de l'allégorie et de la figure d'Églé s'accentue encore si on la compare au thème iconographique parallèle[505] de *Penthée tué par les bacchantes*[506], ou encore[507] de celui de *Roland retrouv*(ant) *la raison*[508].

---

d'elles ne s'abandonna [50] aux honteux hyménées des troupeaux, quoiqu'elles craignissent le joug pour leur tête, et que souvent elles cherchassent des cornes sur leur front uni. Ah! malheureuse amante, tu erres maintenant sur les montagnes; et lui, couché sur la molle hyacinthe, où s'étale la blancheur de ses flancs, il rumine de vertes herbes sous l'ombre noire d'une yeuse, [55] ou poursuit quelque génisse dans un grand troupeau. Fermez, nymphes de Crète, fermez les issues des forêts! peut-être s'offriront à mes yeux les traces vagabondes du taureau qui j'aime; peut-être aussi que, charmé par les cortèges d'autres troupeaux, ou que suivant un troupeau, [60] quelque génisse l'attire vers les étables de Gortyne. Alors il chante la jeune fille éblouie des pommes d'or du jardin des Hespérides; il enveloppe d'une écorce amère et moussue les sœurs de Phaéton, s'élevant de la terre dans les airs en hauts peupliers.
Il chante Gallus, errant sur les bords du Permesse: [65] il dit comment une des neuf sœurs le conduisisit sur le sommet de l'Hélicon, et comment devant lui se leva tout le chœur d'Apollon; comment le berger Linus, le front couronné de fleurs et d'ache amère, lui dit d'une voix divine: "Reçois des mains des Muses ces chalumeaux, [70] qu'elles donnèrent autrefois au vieillard d'Ascra; quand il en tirait des accords, les orme émus, descendaient des montagnes. Dis-nous sur ces chalumeaux les origines de la forêt de Grynée; et que, chanté par toi, il n'y ait aucun bois sacré dont Apollon se glorifie davantage."
Que ne chanta pas Silène? Il dit les fureurs de Scylla, fille de Nisus; [75] les monstres aboyants qui entouraient ses flancs d'albâtre d'une horrible ceinture; comment elle tourmenta les vaisseaux d'Ulysse, précipita ses compagnons tremblants dans l'abîme profond des mers, hélas! et les livra à la dent dévorante de ses chiens. Il dit Térée et sa triste métamorphose, quels funestes mets lui prépara Philomèle; [80] comment, nouvel oiseau, il s'enfuit dans les déserts; comment, avant de fuir, le malheureux voltigea au-dessus de son palais.
Enfin, tous les beaux chants d'Apollon qu'écouta jadis l'Eurotas ravi, et qu'il fit retentir à ses lauriers, Silène les redit; et les échos des vallons les renvoient jusqu'aux astres. [85] Mais Vesper, se levant, ordonne aux deux bergers de pousser vers l'étable leurs brebis rassemblées, et de les compter, et l'Olympe voit à regret s'avancer la nuit." (Trad. de la collection M. Nisard, Paris, 1850, http://bcs.fltr.ucl.ac.be/Virg/buc/buc06.html)

[498]"*Silène est assis, descendre de son âne, de se fournir en miel dans un arbre creux. Il est alors attaqué par des abeilles. A gauche, il est soigné avec du jus de mûres. A droite, il est péniblement remis sur pieds*" (http://sites.univ-provence.fr/pictura/GenerateurNotice.php?numnotice=A1184)

[499]"*1. Inscriptions, signatures. 2. Historique, auteur, fabrication, commanditaires. 3. Variantes, œuvres en rapport:*
2. Fait pour le Château Neuf de Saint-Germain-en-Laye. Appartient à un cycle décoratif illustrant la Franciade, dont on a conservé en plus de celui-ci trois autres tableaux : Dicé offrant un banquet à Francus (Louvre), Le Lever et la toilette de Hyante et de Climène (Louvre), Hyante saluée par Francus (Fontainebleau, fgt).
3. Le Sommeil ne fait-il pas songer aux représentations traditionnelles de Saturne mélancolique, par exemple à la gravure de Giulio Campagnola évoquée par Panofsky (Saturne et la mélancolie, n°45, p. 336).
Analyse de l'image:
Franciade, livre II. Cybèle, protectrice des Troyens (voile en arrière de la tête en signe de fécondité, couronne bastillée, char traîné par des lions), va trouver dans sa grotte le Sommeil et le réveille. Elle lui demande d'envoyer un rêve à Dicé, roi de Crète, à ses deux filles, à Francus et aux autres Troyens rescapés. Ce rêve permettra à Francus d'obtenir l'hospitalité de Dicé. Dubreuil a pu s'inspirer également, dans les Métamorphoses d'Ovide, du passage où Iris vient trouver le Sommeil (XI, 583-709): comme chez Ovide, la déesse éloigne de sa main droite les songes aux ailes de chauve-souris, et son char éclaire illumine la grotte sombre. C'est à Ovide également que Dubreuil emprunte les enfants de Sommeil, Morphée dos repoussant les songes, Phobétor (derrière Cybèle, presque dans son voile) et Phantasos, dont le corps se confond avec la terre, au fond. La chouette et les masques symbolisent la Nuit." (http://sites.univ-provence.fr/pictura/GenerateurNotice.php?numnotice=A0425)

[500]"*L'actuelle disposition des trois panneaux n'est pas la disposition originale de l'œuvre. Le panneau central était divisé en deux, Adam se trouvant derrière la Loi de Bacchus et Ève derrière la Loi de Mars. L'œuvre constituait donc un diptyque, qui fut transformé en triptyque dans les années 1950.*" (http://sites.univ-provence.fr/pictura/GenerateurNotice.php?numnotice=A1583)

[501]http://sites.univ-provence.fr/pictura/GenerateurNotice.php?numnotice=A0261

[502]"*Rembrandt a représenté le serpent à la manière d'un dragon, avec des pattes, contrairement à la tradition iconographique, mais conformément au texte biblique : c'est après le péché originel que le serpent fut condamné à ramper. Contrairement à la tradition, toujours, Adam et Ève sont tous deux laids : la déchéance de corps marque la conséquence du péché originel. (Rembrandt procède au même renversement de la tradition iconographique en représentant Ganymède enlevé comme un bambin braillard et non comme un merveilleux jeune homme. Voir lien.) Adam , de sa main droite levée, signifie l'interdit que lui adresse la transgresse. C'est de la main gauche (la main maudite) qu'il arrache la pomme des mains d'Ève. Celle-ci s'apprêtait à la manger et s'en fait voler le primeur : pour Rembrandt, là encore contrairement à la tradition qui représente Ève proposant la pomme à son compagnon, la faute revient donc d'abord à Adam ! La scène est prise entre deux spectateurs animaux : le serpent au premier plan, et l'éléphant en arrière plan, symbole de la tempérance qui fit défaut au premier couple... (voir Temperanza dans l'Iconologie de Ripa). (Ibid.) Voir l'emblème de Ripa sur la page http://sites.univ-provence.fr/pictura/GenerateurNotice.php?numnotice=A1556*

[503]http://sites.univ-provence.fr/pictura/GenerateurNotice.php?numnotice=A1557

[504]http://sites.univ-provence.fr/pictura/GenerateurNotice.php?numnotice=A0473 et http://sites.univ-provence.fr/pictura/GenerateurNotice.php?numnotice=B0274

[505]"Selon une séquence référencielle de "*Comparaison d'autres notices*" sur le site Utpictura18, http://sites.univ-provence.fr/pictura/GenerateurNotice.php?numnotice=A4465, http://sites.univ-provence.fr/pictura/GenerateurNotice.php?numnotice=A4464, http://sites.univ-provence.fr/pictura/GenerateurNotice.php?numnotice=A0357, http://sites.univ-provence.fr/pictura/GenerateurNotice.php?numnotice=A1349, http://sites.univ-provence.fr/pictura/GenerateurNotice.php?numnotice=A0135, http://sites.univ-provence.fr/pictura/GenerateurNotice.php?numnotice=A2009

[506]http://sites.univ-provence.fr/pictura/GenerateurNotice.php?numnotice=A2009

[507]"*Comparaison avec d'autres notices: Roland retrouve la raison (Rol. furieux Brunet 1776, ch39) - Cochin // Astolphe rend à Roland sa raison (Roland furieux Anvers 1558, ch39) // La Chute - Altdorfer // Penthée tué par les bacchantes (Métamorphose Lyon 1557) - Bernard Salomon // Pan puni par les nymphes - Jordaens*" (http://sites.univ-provence.fr/pictura/GenerateurNotice.php?numnotice=A0135)

Ainsi, dans une correspondance iconographique de motifs, la Mort craint la Vie et cherche, avec le Vieillard Temps à en éteindre la mèche, comme le fou qui veut, contre l'ange qui protège la mèche et le monde qu'elle régit, éteindre avec un soufflet le soleil, dans les *Emblemes and Hieroglyphikes of the Life of Man* (1669) de Francis Quarles[509]. Plus claire peut-être en ce sens est encore la caricature de 1790 contre la noblesse, qui, intitulée "*Les Fripons Craignent les Réverbères*"[510], présente la bête de l'*Apocalypse* effrayée par la lumière d'une lampe, alors qu'illumine, contradictoirement d'un point de vue purement iconographique, l'image, à droite, la lumière, non plus de Dieu (portant le sigle hébraïque de Yavhé comme dans les livres d'emblèmes) mais la "*Liberté*" (le mot apparaissant au centre des rayons de la sphère solaire invisible). Double origine de la lumière dans une même oeuvre que reprendra Magritte, mais, cette fois, avec une intelligence consciente, dans un sens de dissociation surréaliste dans *L'empire des lumières* (1953-1954)[511].

Daumier, quant à lui, représentant la Paix idyllique (1871) la représente sous la forme de la Mort jouant de la trompette[512].

Les auteurs ont d'ailleurs bien compris ce sens du symbole, tel Juan Luis Vivés dans son *In Bucolica Vergilii interpretatio, potissimum allegorica* (1539):

"6ème emblème: *L'abaissement du Savoir*.
"*Iamque uidente*" (v. 21).
Dans son désir de ne laisser aucun détail en dehors de l'exégèse, Vivés reprend la même scène, en mettant cette fois l'accent sur le moment choisi par Eglé pour barbouiller de mûres le visage de Silène. Ce regard du Satyre qui sort de son sommeil devient ainsi le symbole des premières lueurs du Savoir qu'un effort acharné parvient à faire briller. Le geste d'Églé, qui n'a point contribué à cet éveil et ne saurait favoriser le chant tant attendu, ne peut alors que recevoir une signification inverse:
Pueri excitant ut canat; puella iam excitato illudit. Eruditionem quam excellentis animi excudunt, degeneres ad uoluptates et pecuniam conuertunt.
Il semblerait ici que, selon le procédé fréquent de l'emblématique, une même "res" soit chargée de significations différentes d'un emblème à l'autre et que les mûres ne soient plus perçues comme le moyen d'un maculage dégradant mais comme fruit symbole admis du plaisir et du profit. A moins qu'une fois encore (et les deux explications peuvent s'additionner) la Femme vers qui Silène, sous l'effet de cette brusque agression, est obligé de tourner les yeux, ne signifie par elle-même luxure et cupidité. On pourrait poursuivre.
On pourrait continuer ce jeu d'identification des emblèmes dont le commentaire de Vivés est, semble-t-il, constituer. On aimerait en analyser de plus près le fonctionnement symbolique, préciser une typologie. Mais du moment, dans l'histoire du commentaire virgilien, que constitue cette interpretatio allegorica il ne faudrait pas faire une fin, et un intérêt personnel pour ce mode d'approche ne doit pas nous conduire à fausser les perspectives."[513]

Il est bien certain que Vivés distingue l'activité des satyres et de celle d'Églé face à Silène ("*Pueri ligant et detinent Silenum sed puella illudit et deridendum praebet. Nobilia ingenia cura et labore excolunt ac detinent apud se Musas: uiles homines et animis abiectis deformant ac deshonestant itaque ita tractant ut ad uulgum irridendas exponant.*"[514]):

"*Esta égloga trata de asuntos recónditos, como son los comienzos de las cosas y la teología de los paganos, y pone de manifiesto la virtualidad de las Musas, que todo lo conocen, celebran a dioses y héroes y a grandes hombres, como Galo y Varo, y además penetran en lo más íntimo de la naturaleza, por lo que se les ha llamado |pÕ toã mñsqai que quiere decir investigar y conocer, puesto que tienen conocimiento de todas las cosas. De ahí que sea ridícula la opinión de los indoctos cuando estiman que las Musas sólo están relacionadas con cantos y cancioncitas, puesto que la experiencia de lo divino y de lo humano es ya una musa, como lo declara también Virgilio en el libro segundo de las Geórgicas [v. 475]: "Antes que nada recíbanme primero dulces las Musas, cuyo culto celebro transido de ingente amor, y muéstrenme ellas las estrellas y sus caminos en el cielo*".

---

[508]http://sites.univ-provence.fr/pictura/GenerateurNotice.php?numnotice=A1349: "*Dans le camp d'Astolphe en Afrique, près de Biserte assiégée, un forcené nu est maîtrisé et lié aux mains et aux pieds. C'est Roland. Astolphe lui fait boire la fiole de bon sens qu'il a récupérée sur la lune. A gauche, on distingue Fleur-de-lis, qui vient de retrouver son Brandimart.*"
[509]http://hailetravel.blogspot.com/2006/09/jumble.html
[510]*Ibid.*
[511]http://www.guggenheim.org/new-york/collections/collection-online/artwork/2594
[512]http://hailetravel.blogspot.com/2006/09/jumble.html
[513]*Hommages à Henry Bardon: Publiés sous les auspices de l'Institut de Latin de l'Université de Poitiers par Marcel Renard et Pierre Laurens*, Louvain, Peeters, 1985, p. 32.
[514]Cité *in ibid.*

Sabemos, además, que hubo dos Silenos: uno, el más antiguo, educador y maestro de Baco y otro mucho más tardío que éste, sabio de tiempos de Ciro, de quien es la sentencia que dijo a Creso, rey de los lidios: "Lo mejor es no nacer, lo más cercano a esto es morir pronto". Baco es el dios de los poetas, como Apolo, y el Parnaso es el monte de las Musas, que tiene dos cumbres, una consagrada a Febo y la otra a Baco; añádase a esto que los poetas se coronaban tanto con hojas de laurel, que era el árbol de Febo, como de hiedra, que lo era de Baco. Por eso, parece apropiado entender en Sileno, maestro de Baco, a la Musa, por la que había sido instruido el dios de los poetas Baco y por eso dicen que también esta égloga se sale de la materia pastoril.
[L. Vives al v. 1]
"...la primera... se ha dignado... de Siracusa...". Estos versos yo los entiendo así: "Nuestra Talía, esto es, la Musa que preside los campos, se ha dignado por primera vez cultivar versos como los de Teócrito y se ha dedicado a cantar asuntos campestres". La llama [Virgilio] "nuestra" porque esta poesía era suya o bien porque él era pastor de origen, o por el argumento de la obra.
[L.Vives al v. 7]
"... Varo... ansien... tus...". Quintilio Varo, jefe del ejército, dispersó varias veces grandes ejércitos de los germanos, pero a la postre le infligió una gran derrota el germano Arminio y en tal ocasión se suicidó [año 9 d. de Cr.], no soportando vivir después de tan gran deshonra; aunque cuando esto sucedió, ya había muerto Virgilio [en el año 19 a. de Cr.].
[L. Vives al v. 10]
"...por amor cautivado los lea...". Con cuánta modestia dice Virgilio de sí mismo: "No porque estos versos merezcan tener un lector, a no ser que se sienta atraído por su benevolencia hacia mí".
"...a ti, Varo,... mis tamarices... ". "Serás celebrado, cuando este poema bucólico alguien lo lea".
[L. Vives al v. 11]
"...que no hay... alguna a Febo más grata...". Para ningún canto inspira Febo su favor, gracia y belleza tanto como para el que se canta en honor de Varo.
[L. Vives al v. 13]
"...Cromas y Mnásilo, etc...": dos jóvenes que [en la alegoría] despiertan a las Musas, las cuales en su época aletargadas dormían.
[L. Vives al v. 15]
"...henchidas con el... de ayer..." Como convenía a un acompañante y educador de Baco [cual era Sileno; véase arriba] y también a aquel gran poeta [Homero], de quien en una sátira de Horacio [más bien en la Epístola I 19, 6] está lo de que "por sus alabanzas del vino se arguye que Homero del vino era aficionado". También lo dice Ennio, entre otros, y el proverbio: "Si agua bebes, buena poesía no harás".
"...de ayer...". "El que cree que Acerra huele al vino de ayer se equivoca: Acerra bebe hasta que se hace de día", lo dice Marcial [Epigramas I 28].
[L. Vives al v. 16]
"...sólo que... las guirnaldas a lo lejos...". En aquella época [de Sileno] no se apreciaban ni el honor que se da a los poetas ni la cultura y no había nadie que deseara recibir una corona. El sentido de este verso es que junto a él [a Sileno] no había nada más que las guirnaldas que le habían resbalado de la cabeza y yacían lejos; y esto se refiere a lo que luego [v. 19] dice: "Con las guirnaldas lo atan", porque no tenían [los dos pastores] otra cosa a mano para atar al viejo.
[L. Vives al v. 18]
"...como el viejo más de una vez... cuando esperaban...". No hay que cejar en adquirir pericia; si el primer intento no tiene éxito, hay que probar otros: "El trabajo ímprobo todo lo vence" [Virgilio, Geórgicas I, 145].
[L. Vives al v. 19]
"...con las guirnaldas lo atan...". La honra que da la sabiduría cautiva los nobles talentos para que quieran detener junto a sí a las Musas y quieran animarlas: unos llevados por el deseo de gloria, otros más elevados por el deseo de saber, porque las guirnaldas miran más bien al honor que da el saber unas veces por la belleza que brilla en el conocimiento, otras veces por el deseo de destacar.
[L. Vives al v. 20]
"Se les junta, aliada...". Entre aquellos espíritus varoniles se mezclan otros blandos y femeninos [como la náyade Egle] que quieren poseer las ciencias con la mira puesta en las ganancias o en algo semejante.
"...y, asustados como están, los sorprende Egle...". Angustiados y preocupados de que Sileno se les soltara y se marchara.
[L. Vives al v. 21]
"...cuando tenía ya los ojos abiertos...". Los muchachos [Cromis y Mnásilo] despiertan [a Sileno] para que les cante, la muchacha [Egle] se burla de él cuando ya está despierto: el saber que acuñan los espíritus elevados, lo orientan los corrompidos a la consecución de placeres y dinero.
[L. Vives al v. 22]
"...la frente... con moras como la sangre rojas...". Los muchachos atan y retienen a Sileno, pero la muchacha [Egle] se burla de él y lo pone en ridículo. Los espíritus nobles cultivan con diligencia y trabajando y retienen cabe sí a las Musas; los hombres viles y de espíritu abyecto las deforman y deshonran y por el modo de tratarlas las exponen a ser objeto de risa por parte del vulgo.
[L Vives al v. 23]
"Le da risa a él [a Sileno] el engaño...". Muchos se excusan porque la sabiduría es fugaz y no puede ser retenida con facilidad, pero la culpa radica en nosotros, que no queremos ejercitarnos, y no en las cosas, que siempre las tenemos preparadas y puestas a nuestra disposición.
[L. Vives al v. 24]
"...basta, ya se ha visto, que podíais hacerlo...". "Basta con que vosotros hayáis encontrado una vez a las Musas, después ya no huirán más, sino que con facilidad y con gusto se os entregarán".
[L Vives al v. 25]
"...cantos como queréis... ". "Vosotros, como hombres, recibiréis la sabiduría que elijáis, ésta será la recompensa de vuestro trabajo; pero para los que obran con espíritu femenino, será el dinero la paga de sus cuidados".
[L Vives al v. 27]

"...entonces a compás...". A todos alegra una sabiduría de expresión tan armoniosa como se dice que tenía la lira de Orfeo y a esto asigna la creación de las ciudades Marco Cicerón [De la República II, 42, 69, citado por S. Agustín en La ciudad de Dios 2, 21].
"Habrías visto... a Faunos y fieras ...". Porque los espíritus feroces se apaciguan y amansan con la sabiduría.
[L.Vives al v. 28]
"...o mover sus copas recias encinas...". Alusión a lo que se dice de Orfeo en Cicerón "pro Archia" [8,19]: "Los bosques [en Cicerón: "las rocas»] y los yermos responden a su voz y las bestias salvajes a menudo se doblan con el canto y se detienen".
[L. Vives al v. 29]
"Que no... tanto con Febo...". Febo y Orfeo cantan con mayor dulzura, pero en el canto de Sileno hay mayor sabiduría y conocimiento del mundo y, por eso, produce mayor deleite."[515]

Alors qu' Églé représente pour certains:

"Ces allégories ne doivent être admises que lorsqu'elles s'offrent avec évidence. Dès les temps anciens, certains commentateurs croyaient en voir partout et se livraient aux interprétations les plus forcées et les moins probables. Qu'il me suffise de citer comme un exemple de ces tentatives à condamner, la prétention de ceux qui dans Silène, Chromis et Mnasyllus de la sixième Églogue veulent reconnaître Syron le philosophe, Virgile et Varus. La nymphe Eglé représente, dans ce système, le plaisir dont ne peuvent se passer les enseignements de la secte épicurienne."[516]

Mais, bien qu'on en veuille, le contexte ne semble pas aussi simple, et il faut le réviser.

En premier lieu, Églé est:

"une des trois Hespérides. - Il y eut une nymphe de ce nom, fille du Soleil et de Nééra, qui se plaisait à faire des tours de malices aux bergers. Ayant un jour trouvé le vieux Silène ivre, elle se joignit aux deux satyres Chromis et Mnasyle pour lui lier les mains avec des fleurs, et lui barbouiller le visage de jus de mûres."[517]

Elle a donc, dès le premier abord, bien des connotations directement solaires, ne serait-ce que par généalogie.

Son caractère est ensuite bien doublement entendu, par la tradition, comme de révélatrice furieuse. Ainsi en est-il bien dans le No 148: "*Il ne faut pus d'omission*"[518] (les No 143 à 149 et 180 à 184, qui les suivent directement dans la publication[519], portant, de fait, tous sur la Vérité et sa nudité, notamment le No 181: "*Faune allégorie*": "*Que d'attributs sont sans fidélité!/ N'est-il pas étonnant de voir la Vérité/ Constamment peinte toute nue,/ Tandis qu'à l'habiller partout on s'évertue?*") du recueil intitulé: "*Quelques chiquenaudes - Recueil de Pensées on quasi-Pensées, Dictons et Boutades mis en rimes*" de J.-B. Millet-Saint-Pierre (1869):

*"Après plusieurs galants écarts
Eglé se fait dévote et médisante:
Avec une ardeur méprisante,
Elle déchire et cite sans égards.
En voyant sa fureur, les noms qu'elle publie,
Chacun trouve qu'Eglé s'oublie."*

Il en est à tel point ainsi que, lorsqu'on l'imagine gaillarde et légère (du moins moralement), elle semble une interprétation trop grossière du modèle, comme l'atteste la critique du Salon de 1845, en outre du fait qu'Églé y est bien considérée comme celle qui finit de réveiller Silène et lui donne la joie et l'envie nécessaire à son chant:

---
[515]http://bivaldi.gva.es/corpus/unidad.cmd?idCorpus=1&idUnidad=10141&posicion=1
[516]*Les Oeuvres de Virgile: Text latin publié d'après les travaux les plus récents de la philologie avec un commentaire critique et explicatif, une introduction et une notice par E. Benoist*, Paris, Hachette, 1867, T. I, p. LIV.
[517]Pierre Chompré et Charles Eugène Honoré Richomme, *Dictionnaire abrégé de la fable, des poètes, des tableaux et des statues, pour l'intelligence dont les sujets sont tirés de l'histoire poétique*, Paris, Jules Delalain et Fils, 1865, art. "*Églé*", p. 95.
[518]Société havraise d'études diverses, Recueil des publications de la 35ème année 1868, Le Havre, Imprimerie Le Pelletier, 1869, p. 445.
[519]*Ibid*, pp. 444-446.

"De Pan, M. Matout a passé à Silène; après le père, le fils, du moins au dire de quelques-uns; car parmi ces dieux aussi la paternité était souvent bien embrouillée. Cette fois, le sujet est emprunté aux Églogues de Virgile. Silène se faisait prier pour chanter, c'est assez habituel aux chanteurs; mais comme les engagements pour le théâtre n'étaient pas encore inventés, on en avait plus facilement raison. Deux bergers le garottent. Eglé se joint à eux, et barbouille avec des mûres le front du vieillard, qui se déride. "A vous les chants, bergers! dit-il... à elle, je réserve une autre récompense!" C'étaient d'assez mauvais sujets, que tous ces dieux là. L'artiste a bien disposé sa scène. Silène a la tournure d'un vieil ivrogne et d'un bon gaillard. Je n'aime pas sa robe jaune sale; à la vérité, elle doit aller souvent chez le teinturier, à cause du vin qu'il y répand. Il fait, en s'adressant à Eglé, un geste assez énergique, qui n'est peut-être pas très pudibond, mais qui prouve que M. Matout comprend son Virgile avec la sagacité d'un commentateur. Eglé est une grosse fille rouge et rousse, aux yeux bleus égrillards. Comme Virgile nous la donne pour la plus jolie des Naïades, elle ne fait pas concevoir une très bonne idée des autres. A droite et à gauche, des bergers et des bergères, les uns rouges, les autres couleur olive, bistre, la plupart avec des cheveux roux. C'est encore ici l'étrangeté du coloris qui nuit au tableau. La composition en est bien entendue, et il s'y trouve çà et là un sentiment antique assez vrai. Si cette peinture, devant laquelle très peu s'arrêtent, était une peinture trouvée à Pompeï, la critique d'un bout à l'autre de l'Europe s'extasierait et serait dans le ravissement; elle pécherait là par exagération, comme elle pèche ici par indifférence. Que l'artiste modifie son coloris, se débarrasse de ces tons sales et terreux, et serre de plus près la forme, comme il prouve en plusieurs endroits qu'il est capable de le faire, et il ne peut manquer d'obtenir des succès mérités."[520]

C'est Fray Luis de León qui, dans sa traduction des *Églogues*, insiste sur le caractère moral de l'endormissement de Silène, en rendant explicite notamment par la traduction *"yacer"* du verbe latin *"iacentem"* l'idée de mort, renforcée encore par le concept de *"sepultado"*, et c'est lui aussi qui divise les rôles des deux satyres et d'Églé (celle qui le réveille vraiment, raison pour laquelle: *"20. timidit tupervenit Aegle. While they were hesitating from fear, the nymph Aegle, who we may suppose suggested the stratagem, comes to their aid and encourages them. Aegle answers to the Eidothea of the Odyssey, and to the Cyrene of Geor. IV. 315, etc."*[521], élément que confirme *"Voss [quand il] conjectures that this legend [de Hylas] was roguishly introduced by Silenus [réveillé et dans son chant], ou account of the presence of Aegle"*[522]), explicitant l'original: *"Carmina quae voltis cognoscite; carmina vobis,/ huic aliud mercedis erit"* sur l'*"autre récompense"* d'Églé[523]:

"Digamos, pues, Piérides: Un día
de Cromis y de Mnasilo, fue hallado
Sileno en una cueva, que yacía
en sueño y más en vino sepultado;
las venas hinchadísimas tenía
del vino que bebió el día pasado,
y la guirnalda por el suelo estaba,
mas el barril del asa le colgaba.
Dieron sobre él los mozos, que burlados
del viejo muchas veces, se dolieron
acerca de unos versos; y, llegados,
con su guirnalda misma le prendieron.
Egle, llegando ayuda a los turbados;
Egle, bella entre cuantas ninfas fueron;
y ya despierto, y viéndolo, la frente
con moras le pintaron juntamente.
Entonces él, riendo del engaño:
«¿A qué fin proseguís en más atarme?
Baste el haber podido hacerme daño,
baste el haber podido aprisionarme;
los versos que pedís luego os los taño;
podéis seguro, dice, desatarme;
los versos para vos, que a esa hermosa
yo la satisfaré con otra cosa»."[524]

---

[520] *L'Illustration - Journal Universel*, Paris, J.-J. Dubochet, T. V, mars-août 1865, p. 122.
[521] Thomas Keightley, *Notes on the Bucolics and Georgics of Virgili with excursus, terms of husbandry, and a flora virgiliana*, Londres, Whittaker and Co., 1846, p. 79. Voir aussi p. 88.
[522] *Ibid.*, p. 83.
[523] David Jonathan Hildner, *Poetry and Truth in the Spanish Works of Fray Luis de León*, Londres, Tamesis Books, 1992, pp. 119-120.
[524] http://www.poesiacastellana.es/poema.php?id=%C9gloga+VI.+Prima+Siracusio&poeta=Fray+Luis+de+Le%F3n

Pour cela la grosse femme de la *Bacchanale avec Silène* (c. 1470)[525] de Mantegna a pu être interprétée comme Églé transformée en allégorie de la Gourmandise et de la Paresse[526] (ce qui pourrait avoir influencé la version du Salon de 1845).

D'autre part, partant de l'Hérésie envers les faux dieux, dont il cite pour exemple Iamblique, qu'il considère comme démoniaque[527], Pierre Le Loyer écrit:

"*Or outre les Theûrgies que i'ay dittes, il y en a encore vne autre meslee de Goëtie & euocation des Démons d'Enfer. C'est celle dont les Magiciés s'aydoient appellans & lians les Dieux inférieurs & terrestres, pour paruenir à la connoissance de la lumière céleste & diuine, & voir les Dieux célestes. Ceste Theûrgie est si ancienne que Numa Pompilius s'en seroit aydé, ayant appelé Faunus & Picus Dieux terrestres qui luy enseignèrent le moyen d'euocquer Iupiter, comme desia nous auons dit cy-deuant. Ce que Virgile couure sous le voyle d'vne fable rustique par luy inuentee. Car il introduit en ses Bucoliques & vers champestres vne Chromis, Egle, & le Pasteur Mnafyle qui lient Silène Démon infernal, afin de sçauoir de luy les choses diuines & célestes, la création du monde & des hommes, le larcin de Prométhée, qui est le feu que Prométhée déroba du ciel par sacrifices Theûrgiques.*
Estant fur ceste fable de Virgile, ie me viens à fouuenir d'vne autre fable & Allégorie de Pan, que le mesme Poète chante auoir attiré la Lune és bois espais & fueillus par vn présent qu'il luy auroit fait d'vne toison de laine blanche. Et pense sous ceste fable est voilée & comprinse la forme de procéder és opérations de la Goetie Theurgique. Car l'Operateur voulant euocquer la céleste lumière s'en alloit és lieux escartez & és bois où personne n'habitoit, & que les Diables Solaires, du nombre desquels est Pan, ayment à merueilles, ce dit Psellus & en ce lieu se ceignant les reins & les espaules d'vne escharpe, estolle ou tresse de laine blanche ou de couleur rouge qui estoit en vsage entre les Magiciens & enchanteurs, comme nous apprenons de Clément Alexandrin & de Properce il apfelloit Pan qui venoit à forcade coniurarions, & En apres guidoit l'Operareur vers la lumiere celeste & ce faisant estoit dit attiter la Lune. Que si on vouloir interpréter Virgile en vn autre sens que ie vay dire, ie ne m'y empescheray point beaucoup. La Lune domine sur les animaux, les plantes, les corps humains, & Pan est terrestre. Afin de connoistre la Lune, c'est à dire la nature de l'vniuers, & ce qui est céleste agissant sur les corps inférieurs, il falloit que le Magicien attirast Pan qui est terrestre par sacrifices terrestres. C'est ce qu'entend Iean Pic de la Mirande en ses positions & Problèmes obscurs tirez de la Magie de Zoroastre & des Chaldeans. Qu'en vain on essayera d'entrer es secrets de nature si on n'attire Pan. Ce Pan seruoit de conducteur és choses sublimes, selon l'opinion des studieux és sciences Chaldaïques, & eslcuoir l'esprit iusques à la contemplation de ce qui fembloit diuin fans danger du Magicien. Et suiuant ceste doctrine de Magie la cause pour laquelle Tullus Hostilius fut foudroyé de Iupiter, Demon de feu, fut que de plein faut, sans vouloir vser du moyen des Dieux inférieurs, comme son oncle Numa auoit faict, il euocqua par la Theûrgie, celuy qu'il penfoit estre Dieu qui le brûla, n'estant point autre que Démon de la religion du feu. Ce fera assez parlé de la Theurgie des anciens. Car au demeurant le laisse celle que Pierre d'Abano, Agrippa & autres auroient apprinse de la Caballe des Iuifs. Ceste Magie pour auoir esté renouuellee par des Chrestiens degenerans au Paganisme & superstitions de la Synagogue, ou plustost impietez Iudaïques, ne merite d'estre leue. Leurs autheurs auecques leurs liures doiuent estre confinez és ténèbres perpétuelles. Mais disons maintenant quelque chose de la Nécromancie."[528]

Dans la poésie même, le réveil de Silène se comprend comme un élément d'illumination cosmique, par exemple dans le conte anacréontique "*Bacchus*" de Paul-Philippe Gudin de la Brenellerie (1738-1820):

"*Dans son humeur impatiente*
Il a devancé le réveil
Et de Silène et des Bacchantes;
Ses mains actives et savantes,
Aux premiers rayons du soleil,
Plaçaient les grappes fleurissantes."[529]

Il fait en outre peu de doute qu'entendu comme "*Epicurean creation*"[530] le sujet d'Églé et de Silène impose une association entre ces mêmes valeurs épicuriennes parfois données (comme en 1845) à Églé comme image du "*plaisir*" épicurien (c'est-à-dire le moyen et la fin ultime du processus d'illumination) et son rôle de moteur du réveil.

Ainsi le comprend Marivaux lorsqu'il utilise le personnage d'Églé dans *La Dispute* (1744) pour représenter la naissance au monde:

---

[525] http://www.metmuseum.org/toah/works-of-art/29.44.15
[526] John Variano, *Wine: A Cultural History*, Londres, Reaktion Books, 2011, p. 115.
[527] Pierre Le Loyer, *Discours et histoires des spectres, visions et apparitions des esprits, anges, démons... divisez en huict livres*, Paris, Chez Nicolas Buon, 1605, pp. 725-726.
[528] *Ibid.*, pp. 727-728.
[529] *Contes de Paul-Philippe Gudin: précédés de recherches sur l'origine des contes, pour servir à l'histoire de la poésie et des ouvrages d'imagination*, Chez P. Mongie, 1806, T. II, p. 61.
[530] Hildner, p. 3.

"*Le personnage d'Eglé dans cette troisième scène nous est présenté comme un enfant qui naît au monde. En effet, Eglé découvre pour la première fois le monde extérieur, le monde qui l'entoure et qu'elle ne connaissait pas encore.*
Eglé se trouve donc émerveillée parce nouveau monde, si grand.
Michel Gilot, dans son étude L'esthétique de Marivaux, nous parle des plaisirs qu'éprouve Eglé lors de la découverte du monde et fait également ce parallèle avec lanaissance: «naître à la vie, goûter à l'existence comme à une aventure». Eglé naît au monde avec excitation et envie. Elle est très enthousiaste, comme nous le montre la quantité de points d'exclamation,des propositions exclamatives («Que de pays! Que d'habitations!») et une onomatopée exclamative («Ah!»).
Ainsi, ce nouveau monde est une ouverture, une avancée, une évolution, un plus grandterrain d'aventures."[531]

C'est encore la même caractéristique de finesse et de pureté qui définit la bergère de la troisième entrée Danse des *Fêtes d'Hébé* (1739) de Rameau vu par Paul de Musset (1860)[532] :

"*On prit des sièges; la déesse, couchée sur une ottomane, interrogea Pierre, d'un petit air où l'on sentait plus de malice et de vanité qu'elle n'en croyait montrer. Les ricanements apprirent au jeune artiste qu'il n'avait point de quartier à espérer des courtisans, et qu'on s'apprêtait à l'accabler. Il faut savoir que mademoiselle Camargo avait une fort belle voix et assez de musique pour chanter en public. Le rôle d'Eglé dans les Talents lyriques, Opéra-ballet de M. Rameau, avait pour but de faire valoir le double talent de l'actrice. Elle y chantait deux ariettes suivies de danses. Un sot usage, qui n'existe plus aujourd'hui, voulait que les pas les plus graves fussent terminés par un presto et une gargouillade. Dans le personnage d'Eglé, mademoiselle Camargo avait osé tempérer le ridicule de cette mode, en remplaçant la gargouillade par un pas de son invention qu'on appelait le saut de basque, et qui depuis s'est introduit dans la danse classique. Les critiques de Pierre portèrent sur ce point.*
— *Il ne faut pas oublier, dit-il, qu'Eglé est une des trois Grâces, par conséquent, rien de heurté ne doit percer dans ses mouvements. Il ne sied pas à la déesse de la douceur et des bons offices de prendre des airs extravagants dont la majesté des dieux pourrait être scandalisée. Il ne suffit point qu'Eglé se joue des difficultés; le spectateur ne doit pas même soupçonner que sa danse est d'une exécution difficile. Le saut de basque n'est, après tout, qu'une gambade piquante que les Nymphes peuvent se permettre, mais dont les Grâces feraient bien de s'abstenir.*"[533]

Dans le *Thésée* (1675) de Quinault, le personnage d'Églé, inventé pour l'occasion, puisqu'il n'apparaît pas dans le mythe antique de Médée, sert à insister sur la vertu opposée à la menace qui pèse sur elle[534].

C'est donc bien dans le sens de la mise à l'épreuve, imparfaite, par Églé chez Giraldi, et par l'imprudence de leur vertu ingénue mais active, des nymphes que fonctionne *La Dispute* de Marivaux, selon un modèle dont on a vu qu'il permet de faire correspondre, jusque dans l'iconographie, les principes moraux de Silène barbouillé et du Péché originel, et comme les nymphes de Marguerite de Navarre l'Églé de Marivaux a peur de l'homme dès qu'elle le voit:

"*Contrairement à la leçon de Chéreau, pour qui le Prince est le bourreau d'Hermiane (de même que les serviteurs seraient les bourreaux des cobayes, nous le verrons) en ce sens qu'il l'oblige à regarder un spectacle déplaisant pour elle, le texte original de Marivaux ne semble pas indiquer qu'il y ait là aucune forme de violence ni de cruauté. De même que les noms des cobayes (Azor, Eglé) rappellent ceux de leurs ancêtres (Adam et Eve), celui d'Hermiane rappelle l'hermine dont la blancheur est symbole de pureté et d'innocence.*
Pure, celle-ci l'est vis-à-vis de l'hypocrisie des courtisans. Innocente, elle l'est par sa pudeur qui est, dit-elle, l'apanage des femmes et l'opposé du vice en quoi consiste le libertinage de sentiment. Elle est inquiète lorsque le Prince l'emmène dans ce lieu "solitaire" où elle se retrouve seule avec lui et "sauvage", la scène est à la campagne. (Notons que cette aversion d'Hermiane pour la campagne est un premier indice de ce que, contrairement à ce qu'elle prétend, elle n'est à l'aise que dans le "monde" qu'elle associe pourtant à la " corruption" et qu'elle n'est-peut-être pas aussi pure et innocente qu'il n'y paraît). Hermiane a comme un double dans le personnage d'Eglé qui aussi prise d'une "peur" pascalienne devant l'immensité du monde qu'elle découvre, d'une "frayeur" en apercevant Azor, "l'homme", pour la première fois.
Mais ce qu'Hermiane (se) cache, et que la figure d'Eglé révèle, c'est que la pudeur soi-disant vertueuse est mêlée de "plaisir", que derrière la prétendue pureté de l'amour on trouve Narcisse, qu'être l'objet du désir de deux hommes "d'un côté (...) fait peine, l'autre (...) fait plaisir" et que le ressort des comportements féminins est davantage le désir d'être admirée et la concurrence avec les personnes du même sexe que d'authentiques sentiments amoureux.
Le dispositif de La Dispute met donc au jour la vraie nature des sentiments humains, déjoue les apparences de moralité et brouille le partage entre le vice et la vertu. Les jeunes gens expriment ingénument leurs émotions, ainsi Eglé parlant d'Azor qu'elle vient de rencontrer: "J'ai fait l'acquisition d'un objet". Elle dit tout haut ce que d'habitude on tait : la tendance à instrumentaliser, à objectaliser la personne aimée.
Et le rôle des serviteurs est ici prépondérant. Carise contraint Eglé à reconnaître la nature mélangée, impure, de ses sentiments: "Je soupçonne que vous lui cherchez querelle... ce ne peut être son trop d'embarras à vous voir qui lui nuise auprès de vous... vous ne dites pas son véritable tort, encore une fois... votre dégoût pour Azor ne vient pas de tout ce que vous dites là, mais de ce que vous aimez mieux à présent son camarade que lui... avouez que ces raisons-là ne sont point bonnes... vous vous méprenez encore là-dessus : ce n'est pas qu'il vaille mieux, c'est qu'il a l'avantage d'être nouveau venu ",

---

[531] http://www.etudier.com/dissertations/Sc%C3%A8ne-3-De-La-Dispute-De/210790.html
[532] Paul de Musset, *Le maître inconnu*, Paris, A. Bourdilliat et Cie., 1860, pp. 193-194.
[533] Le texte se trouve originellement dans la *Revue de Paris*, Nouvelle Série - Année 1851, T. III "*Mars*", Bruxelles, Méline, Cans et Compagnie, 1851, p. 74.
[534] Buford Norman, *Quinault, librettiste de Lully: le poète des grâces*, Wavre, Editions Mardaga, 2009, pp. 151-152.

La question de l'infidélité, dans La Dispute, n'est qu'un argument, un prétexte pour la comédie : la réponse importe peu. D'ailleurs, il s'agit davantage d'une querelle (qui a commencé ?) que d'une controverse (sur l'origine de l'inconstance) comme question philosophique du genre de celle que tentera de résoudre Rousseau quelques années plus tard. Surtout, ce n'est pas tant le langage qui occupe le premier rôle chez Marivaux que la langue : une langue datée, usée, vidée, qui n'est plus celle du 17ème siècle.

Faisant parler par de très jeunes gens ignorants des codes mondains la langue du siècle, Marivaux procède donc à un dévoilement de la culture par la nature : il révèle la vacuité de la rhétorique précieuse, la perversion (au sens extra-moral) c'est-à-dire l'affadissement, l'usure, l' " inanité sonore " (comme dirait encore Mallarmé) d'une langue qui ne véhicule plus aucun sens, qui a perdu le sens des mots. Sans doute n'est-ce pas une nouveauté, au 18ème siècle, que les comportements mondains ne sont qu'apparence et tromperie. Molière en avait déjà fait un tableau saisissant. Mais la nouveauté de Marivaux, de ce point de vue, est de remonter à une des origines de l'hypocrisie: le langage lui-même.

D'autre part, il traque l'illusion jusque dans la prétendue innocence juvénile (des cobayes) et la soi-disant pudeur féminine (d'Hermiane). La pureté originelle est un leurre. Les sentiments humains sont partagés, mélangés. Même et surtout ceux qui se présentent sous les dehors de la vertu.

La réplique solennelle du Prince: "C'est la nature elle-même que nous allons interroger" prend alors une autre tournure. Il ne s'agit pas tant de s'en remettre à la Nature, juge impartial seul en mesure de révéler quel sexe porte en lui un mauvais penchant, que de dévoiler ce qui se cache sous le naturel et le vertueux.

En ce sens, La Dispute montre aux hommes ce qu'ils sont : le théâtre opère non comme un reflet narcissique (principe de plaisir) mais comme un révélateur (principe de réalité). Doublement adressée aux mondains et aux vertueux, la pièce de Marivaux les démasque et montre leur commune hypocrisie. Aussi la jubilation éprouvée par le Prince semble-t-elle chez Marivaux liée au plaisir de faire tomber les apparences, et d'abord la fausse pudeur d'Hermiane ici mise à nu. On ne s'étonne plus trop alors du mauvais sort que le public a réservé à La Dispute : il y a des vérités difficiles à entendre."[535]

Pareillement l'Églé de Quinault est l'antithèse de celle de Giraldi, puisqu'elle représente: "*composé(e)... de douceur et d'héroïsme, comme le montre sa résistance aux enchantements (III, 4) et aux fureurs (V, 1) de Médée.*"[536]

Les motifs que l'on trouve dans la littérature des XIVème au XVIIème siècles autour de la figure du satyre, et réapparaissent chez Giraldi comme postérieurement dans l'*Aminta* (1573) du Tasse (la justification du viol par le refus [rendu chez Marguerite de Navarre par la tentation face aux satyres tournés], l'apologie du satyre, sa pauvreté [et/par son association au monde naturel, qui le fera peu à peu se transformer en simple berger, le principe du viol se suavisant vers une allusion plus sentimentale et moins érotique, l'évocation de l'Arcadie comme lieu originel de la mise en place des combats liés à l'apparition d'un passage d'un temps idyllique à un autre contemporain, ce que critique Giraldi, aussi bien que et, en sens violent, la justification du viol par les narrations de la transformation des nymphes mais aussi le *Décaméron*, X-X, qui connut le succès que l'on sait]) sont l'aboutissement d'un complexe palimpseste intertextuel, depuis Virgile et Théocrite[537], jusqu'aux *Salices* (1526) de Sannazar, qui semblerait être à l'origine de la terminaison de l'aventure en la transformation des nymphes en saules[538]. Il serait long et fastidieux reproduire la liste des oeuvres qui se rapportent à cette tradition littéraire qui prend vie au début du XVIème siècle et se développe jusque dans la première moitié du siècle suivant, en France[539], en Italie (entre les auteurs du genre on trouve, significativement peut-être, à Antonio Marsi, dit l'Épicure Napolitain), en Angleterre[540], en Grèce, aux Pays-Bas et au Portugal, depuis l'Espagne, d'où se génère le motif de l'Arcadie première et pastorale[541].

Au fond, cette image de l'illumination cachée par la fausse pudeur n'est-elle pas récurrente de Marguerite de Navarre[542] à Giraldi[543] (où Eglé s'exclame: "*Bisogna che con senno e con prudenzia/ Voi conduciate queste ninfe a l'amo*", Scène 2 Acte II)[544]?

---

[535] http://attheatrehanoi.skyrock.com/1658048488-La-dispute-de-Marivaux-Informations-Cyrielle.html
[536] Cuthbert Morton Girdlestone, *La tragédie en musique (1673-1750) considérée comme genre littéraire*, Paris, Droz, 1972, p. 71.
[537] Françoise Lavocat, "Les métamorphoses du monstre. Le satyre dans l'*Aminta* et ses traductions françaises jusqu'au milieu du dix-septième siècle", *Études Épistémè*, No 6, 2004, pp. 59-61ss.
[538] Françoise Lavocat, *La syrinx au bûcher: Pan et les satyres à la Renaissance et à l'âge baroque*, Paris, Droz, 2005, p. 337.
[539] *Ibid.*, pp. 337-349ss.
[540] *The Cambridge History of Italian Literature*, Cambridge University Press, 1999, pp. 292-296; et *A History of Italian Theatre*, Cambridge University Press, 2006, pp. 86-90.
[541] *L'Époque de la Renaissance (1400 1600): Tome IV: Crises et essors nouveaux (1560 1610)*, Amsterdam et Philadelphie, John Benjamins Publishing, 2000, pp. 529-534ss.
[542] "*Dire pouuons, Cuyder nous feit pretendre*
Chaffe honorable, & fur le poinct de prendre
Corps, corne, pied, dens, ongle, chair, & peau,
Biens nauons eu que ce poure chapeau:
Ceft tout le bien qu'auons peu acquerir,

Est tel le pouvoir bénéfique et "*cognoissans*" d'Églé qu'il ressurgit dans les apologies politiques, comme le "*Sonnet de Monseigneur le Daulphin*" de Mellin de Saint-Gelais (1487-1558)[545] qu'il termine:

"*Vous que second la noble France honore,*
Pouvez cueillir par ces prez florissans
Oeilletz pour vous seul s'espanouyssans,
Escloz ensemble avec la belle Aurore;

Du fol Cuyder qui nous ha fait querir,
L'amour du cœur par tourmenter le corps:
Mais cest amour qui ne gist qu'au dehors,
Auons si mal requise & pourchassee,
Veu quelle estoit par Diane enchassee,
En corps mortel si pleins d'honneteté,
Que nous n'auons d'elles rien conquesté
Fors temps perdu, & rigoureux reffuz
Parquoy portons ainsi que gens confuz
Ces chapeaux verds, dont a iamais prendront
Nostre facondes amans qui perdront
Soit par courroux,par mariage ou mort
Leur belle amye,ou à droit,ou à tort." (Marguerite de Navarre, *La Fable du Faux Cuyder*, Lyon, Jean de Tournes, 1547, p. 35)
[543]"*Questa corona di silvestri fiori,*
Colti con rozza man nel più selvaggio
Luoco d'Arcadia, appendo a questo faggio,
Ad onor de le ninfe e d'i pastori."
[544]Voir aussi son monologue Acte II Scène 1:
"*Più volte e più m'ha detto il mio Sileno,*
Narrandomi i principii de le cose,
Che 'l piacere introdotto fu nel mondo
Perché 'l mondo per lui si conservasse,
E che non solo queste mortai cose
Vivono pel piacer, ma i Dei medesmi,
E che, tolto il piacer fuori del cielo,
Si leveranno col piacere i Dei.
Anzi più detto m'ha: che così intenti
Sono al diletto i Dei, che 'n ozio eterno
Si giaccion senza aver cura di nulla
Perché, s'avesser cura de le cose,
Si turberebbe ogni riposo loro
E di non esser Dei verriano a rischio.
Perch'ei non pensa ch'altro sia il piacere
Ch'una requie lontana da ogni cura
Ch'abbia sempre il gioir fido compagno;
E tante volte e tante espressamente
Toccare ei lo mi ha fatto con le mani,
Che quanto i' miro più, più chiaro i' veggio
Ch'al mondo non è ben senza diletto,
E che solo il piacere è che condisce
Di dolcezza ogni amar di questa vita;
Tal che la vita istessa che viviamo
Saria una morte espressa, se privata
Fosse di quel piacer che la conserva;
Ond'io conchiudo che di ciò che vive
Il diletto sia fine e tra i diletti
Quel di Venere e Bacco il maggior sia.
E a chi nol crede i' ne fo certa fede:
Che mentre in compagnia fui di Diana,
Fu sempre il viver mio senza una gioia.
E che gioia tra donne aver poteva
Giamai giovane donna? Il cacciar belve,
Il lavarsi ne' fonti, il bever l'acque
Non empiono i diletti de le donne,
Ma sol Venere gli empie e gli empie Bacco,
Questi facendo noi vivaci e deste,
Quella compiendo ogni imperfetto nostro;
E però l'un e l'altro i maggior Dei
Sono del mondo, appo chi scorge il vero,
E chi a lor serve, veramente serve
Al diletto immortale. Il che sapendo
Questi Dei de le selve, tosto ch'essi
Avranno l'imbasciata che Sileno
Per me gli manda, col piacer di Bacco
Giungeran quel di Venere, cercando
Per ogni via goder di quello amore
Che gli può far sentir compiuta gioia.
Ma veggo fuor del bosco uscir coloro
Ch'attendono risposta da Sileno."
[545]http://poesie.webnet.fr/lesgrandsclassiques/poemes/mellin_de_saint_gelais/sonnet_de_monseigneur_le_daulphin.html

Pour vostre front le rosier se colore,
Dont les chappeaux si hault lieu cognoissans,
Forment boutons de honte rougissans,
Sçachant que mieulx vous appartient encore.

Ceincte de liz la blanche Galathee
Ses fruictz vous garde, en deux paniers couvertz,
L'un d'olivier, l'aultre de lauriers vertz.

Ainsy chantoit des Nymphes escoutee
La belle Eglé, dont Pan oyant le son
Du grand Henry l'appella la chanson."

Églé apparaît dans *Silenus and the Nymph Aegle* (1848) de Sir Joseph Noel Paton[546] apparaît bien comme une figure du printemps, allègre et en mouvement, sous le plein soleil, par opposition aux deux satyres et à Silène, dans l'ombre d'une grotte.

Il suffit, pour s'en convaincre, de la comparer aux *Allégories du Printemps* de erzy Eleuter Szymonowicz Siemiginowski (c. 1680), Bartolomeo Guidobono (c. 1705), Sebastiano Mazzolino (c. 1800), André Charles Voillemot (1823-1893), Eugène Samuel Grasset (c. 1900), Jules Joseph Lefebvre (1836-1911), John Reinhard Weguelin (1849-1927), Jules Scalbert (1851-1928), Cesar Philipp (1859-c. 1930)[547]. Ce qui a un certain sens, puisque, associé au temps de l'Amour, ces enfants, non seulement de Bacchus, mais aussi de Vénus, que sont les suivants du dieu du vin se répandent en fêtes printanières, pour le moins par exemple dans l'oeuvre de Moritz Stifter (1857-1905) et sa *Fête des Faunes et des Nymphes*[548]. On retrouve d'ailleurs aussi bien l'association entre Pomone et le satyre dans le Prologue[549] d'*Églé* de Giraldi ("*Ma*

---

[546] http://www.christies.com/lotfinderimages/d45917/d4591782x.jpg
[547] http://necspenecmetu.tumblr.com/post/19223703745/bartolomeo-guidobono-il-prete-di-savona,
http://commons.wikimedia.org/wiki/File:Jerzy_Eleuter_Szymonowicz_Siemiginowski_-_Allegory_of_Spring_-_Google_Art_Project.jpg,
http://paintingsofspring.blogspot.com/2014_01_01_archive.html,   http://www.fineartlib.info/gallery/p17_sectionid/64/p17_imageid/2627,
https://conchigliadivenere.wordpress.com/2013/12/28/cesar-philipp-1859-1930-ca-german/,   http://www.art-prints-on-demand.com/a/grasset-eugene-samuel/allegory-of-spring-1.html,   https://conchigliadivenere.files.wordpress.com/2012/09/gladsome-spring.jpg,
https://conchigliadivenere.wordpress.com/2012/09/the-spring-dance.jpg,
http://www.allpaintings.org/v/Academic+Art/Jules+Joseph+Lefebvre/Jules+Joseph+Lefebvre+-+Allegory+of+Spring.jpg.html
[548] https://conchigliadivenere.wordpress.com/2012/09/page/3/ et https://conchigliadivenere.files.wordpress.com/2012/09/feast-of-fauns-and-nymphs.jpg
[549]"*Spettatori, parravvi forse strano*
Che 'n questo luoco, in cui veder solete
Città grandi e reali, ora veggiate
Sol boschi e selve. E certo avea 'l poeta,
Per non uscir del suo primo costume,
Seco pensato d'apportarvi cosa,
Che già a l'ordine avea, di real grado;
Ma cosa a lo 'mproviso sovraggiunta
Dal suo primo pensier l'ha distornato.
Ch'essendosi egli da la cara patria
Per molte miglia dilungato e molte
E andando per le selve de l'Arcadia
(Forse per ricrear la stanca mente,
Lontan dal vulgo e da la gente sciocca),
Avenne che trovò Pale e Pomona
Ch'avean tenzon d'una gran cosa insieme,
Ciò è de la natura. E dicea Pale
Che la natura venia meno, e meno
Venian le cose naturali in essa.
Ma Pomona, più saggia, le dicea
Che se 'ngannava e che non era vero
Che la madre natura ristringesse
Punto de la sua ampiezza, e che 'l mutarsi
Era più tosto al liberal a l'ampio,
Ch'al misero, a lo stretto et a l'angusto.
E che fé ne farebbe il Dio de gli orti,
Molto pratico in lei, chi gliel chiedesse.
Or, mentre avean tra lor simil sermoni,
S'avider che, gran pezza, dietro a un faggio
Il poeta s'avea preso piacere
Di veder la natura di nascosto
D'ambedue loro, al gareggiar sì pronta.
Dunque, poi che di lui si foro accorte,
Voller saper di che oppenione ei fosse;

E promiser di stare al suo giudizio,
Come già stetter ne la valle Idea
A la sentenzia del pastor Troiano
Le tre più belle Dee ch'avesse 'l cielo.
Et aprendo ambedue le sue ragioni
Inanzi a gli occhi del poeta, Pale
Molte ne disse a suo favor, che lungo
Ora sarebbe a raccontarle tutte;
E tra le molte si fermò su questa:
Ch'al mancar de gli effetti si vedea
Che d'essi anco mancavan le cagioni
E che per ciò, mancata essendo al mondo.
La stirpe de' Silvan, Satiri e Fauni,
Dei vermigli nel viso, ispidi et irti
Et avezzi a cacciar pe' densi boschi
De la natura, ella tenea per certo
Che mancata di lei fosse gran parte.
Alor Pomona, tra le sue ragioni,
Come per più possente addusse questa:
Che veggendosi ciò per chiara prova
Che quanto ella di sé più dava, tanto
Si faceva atta a più poterne dare,
Creder deveasi che fosse infinita
L'ampiezza natural ch'ella avea seco;
E ch'ella avea questa ragion per vera
Che, come se mancasse il caldo al fuoco
Più fuoco non saria, così, togliendo
L'ampiezza a la natura, mancherebbe
D'esser natura. Or, poi ch'ebbe il poeta
De l'una e l'altra le ragioni aperte,
Riverente a Pomona si rivolse
E le disse: Alma Dea, voi per natura
Possente a far de la natura fede,
Avete aperta al natural la via.
Però chi è quel, che savio sia, che pensi
Che la natura, per natura larga,
Si debba giamai dir manca né mozza?
E poi rivolto a la Dea Pale disse:
Non son (come voi dite) unqua venuti
Ne la natura men Satiri e Fauni,
Anzi ella ne produce ogni dì molti;
Ma avenuto è, per lor natural uso,
Che 'n una gran caverna, che prodotta
La natura gli avea, son stati in gioia
Il tempo che veduti non gli avete.
E quando gli voleste ne le parti
Vostre raccòr, ve n'av[e]reste molti,
Con gran piacer de la natura istessa.
Et in fede di questo, i' n'ho veduti,
Venendo qui, gran copia. E questo detto,
Additò lor l'ampio e capace luoco
Ov'ascosi facean que' Dei soggiorno,
Qualor con lor piacer volean celarsi.
Veduto adunque Pale che Pomona
La sentenzia avea avuta in suo favore,
Le cesse tutta vergognosa in viso.
Pomona alor, voltatasi al poeta,
Il rengraziò de la sentenza data,
Poi disse: Perch'io so che sono in questa
Sentenzia molti in che dianzi era Pale,
I' voglio che 'n onor de la natura
Viva non lasci tal sentenzia al mondo
E facci fede a ogniun d'aver veduti,
Al venir qui in Arcadia, gli Egipani,
Dei de le selve, dopo tanti lustri.
E perché ogniun creder tel possa, e possi
Farlo toccare, a chi vorrà, con mano,
Per tòr tal biasmo a la natura, ovunque
Uopo sarà la sua larghezza aprire,
Farò venir con le sue selve Arcadia,
Co i Dei e co le Dee che le fian dentro;
I quali (come già) di quelle istesse
Fiamme d'amor si troveranno accesi
Che per le vaghe e boscareccie ninfe
L'arsero il cor, et averan quel fine
Del loro ardente amor ch'ebbero allora:
Il che potrà mostrar che pur non manca
De l'ampiezza natia l'alma natura,
Ma che, dopo un voltar lungo de' cieli,
Vengon da lei quelli medesmi effetti
Ch'ella aveva altra volta anco prodotti.

Pomona, più saggia, le dicea/ Che se 'ngannava e che non era vero/ Che la madre natura ristringesse/ Punto de la sua ampiezza, e che 'l mutarsi/ Era più tosto al liberal, a l'ampio,/ Ch'al misero, a lo stretto et a l'angusto", comme symbole de l'Âge d'Or et de l'abondante nature originelle, idéologie qui, à notre sens, vient justifier l'action d'Églé face aux nymphes, pour les faire entrer dans cette originelle bonté sans la violence, qu'elle rejette, des satyres - ce qui est, d'ailleurs, la même raison de retrouvailles[550] avec les sources

A la madre Pomona allor promise
Il poeta di farlo. Ella di pome
Copia l'offerse e gli soggiunse poi
Ch'egli di ciò maggior mercede avria,
Ch'avendo i Dei maggior tal cosa a grado,
Allargheriano anch'essi a lui la mano
E mai noi lascierian sentire inopia.
E dopo, avendo scorto che 'l poeta
Di ritornare al suo natio paese
Facea tra sé pensiero, in uno istante
Ha fatto qui venir tutta l'Arcadia:
Queste sono le selve e quei là i monti,
I fiumi e le città ch'ella in sé tiene
Occupati vi son da queste selve.
Trovando adunque ora il poeta nostro
Circondato da boschi quel paese
Ove vedeste già Susa e Damasco,
E sé condotto, fuor d'ogni pensiero,
Qui in un momento, con la grande Arcadia,
Lasciato quel proposto ch'egli avea
De lo rappresentar cose reali,
Le ha differite a miglior tempo, et ora
Deliberato ha di servire al luoco
E servare a Pomona la promessa.
Dunque, per farvi fede oggi per sempre
Che de la sua abbondanzia mai non scema
La liberal natura alcuna parte,
Ora i Satir venir vi farà inanzi,
Ch'accolti sono in un drappel nel bosco.
Ma costui che di qua viene palese
Farà de l'apparir lor la cagione;
Et i caprigni Dei, ch'uscir vedrete,
Vi faran manifesto di che sorte
Di favole sia questa. Or, spettatori,
Se vi sia sempre la natura amica,
Né buon natural manchi a chi n'have uopo,
State cheti et attenti; e se vi fia
Grato veder di novo questa gente
Di cui credeasi il seme esser già spento,
Fate che si li poeta se n'aveggia
Che sia costretto anco altra volta darvi,
Per la benignità vostra, piacere."
(http://ww2.bibliotecaitaliana.it/xtf/view?docId=bibit001234/bibit001234.xml&chunk.id=d6091e308&toc.depth=1&toc.id=&brand=bibit)

[550] «— Mes chères dames, vous pouvez, ainsi que moi, avoir souvent ouï dire que celui qui use honnêtement de son droit n'a jamais fait tort à personne. Or, c'est un droit naturel à quiconque naît ici-bas, que de conserver et défendre sa vie tant qu'il peut. Ce droit est si bien reconnu, qu'il est déjà advenu plus d'une fois que, pour le sauvegarder, des hommes ont été tués sans qu'il y eût crime aucun. Et si cela est permis par les lois à la protection desquelles tout mortel doit de vivre en sécurité, combien plus ne sera-t-il permis, à nous et à tous autres, de prendre pour la conservation de notre vie les précautions que nous pouvons ? Quand je viens à songer à ce que nous avons fait ce matin et les jours passés ; quand je pense à l'entretien que nous avons en ce moment, je comprends, et vous pouvez semblablement comprendre, que chacune de nous doit être remplie de crainte pour elle-même. De cela je ne m'étonne point ; mais je m'étonne de ce que, avec notre jugement de femme, nous ne prenions aucune précaution contre ce que chacune de nous craint justement. Nous restons ici, à mon avis, non autrement que si nous voulions ou devions constater combien de corps morts ont été ensevelis, ou bien écouter si les moines de là dedans, dont le nombre est réduit à presque rien, chantent leurs offices à l'heure voulue, ou bien encore montrer par nos vêtements, à tous ceux qui nous voient, la nature et l'étendue de nos misères. Si nous sortons d'ici, nous voyons les morts ou les malades transportés de toutes parts ; nous voyons ceux que, pour leurs méfaits, l'autorité des lois publiques a jadis condamnés à l'exil, se rire de ces lois, pour ce qu'ils sentent que les exécuteurs sont morts ou malades, et courir par la cité en y commettent toutes sortes de violences et de crimes ; nous voyons la lie de notre cité, engraissée de notre sang, et, sous le nom de fossoyeurs, s'en aller, à notre grand dommage, chevauchant et courant de tous côtés et nous reprochant nos malheurs dans des chants déshonnêtes. Nous n'entendons que ceci : tels sont morts et tels autres vont mourir ! Et s'il y avait encore des gens pour les pousser, nous entendrions s'élever de partout de douloureuses plaintes. Je ne sais si il vous advient à vous comme à moi ; mais quand je rentre dans ma demeure, et de toute ma nombreuse famille, que ma servante, j'ai peur et je sens comme si tous mes cheveux se dressaient sur ma tête. Il me semble en quelque endroit de ma maison que j'aille ou que je m'arrête, voir les ombres de ceux qui sont trépassés, non avec les visages que j'avais coutume de leur voir, mais sous un aspect horrible qui leur est venu tout nouvellement je ne sais d'où et qui m'épouvante. Toutes ces choses font qu'ici, hors d'ici et dans ma propre maison, il me semble être mal, d'autant plus que je crois que de tous ceux qui avait comme un bon corps et la possibilité d'aller quelque part, nous sommes les seules qui soyons restées. Et s'il en est resté quelques-uns, j'ai entendu dire que, sans faire aucune distinction entre les choses honnêtes et celles qui ne le sont pas, poussés seulement par l'instinct, seuls ou en compagnie, ils faisaient ce qui leur plaisait le plus. Et ce n'est pas seulement les personnes libres qui agissent ainsi ; celles qui sont enfermées dans les monastères, s'imaginant que cela leur est permis et n'est défendu qu'aux autres, rompant les lois de l'obéissance, s'adonnent aux plaisirs charnels, croyant ainsi échapper à la contagion, et sont devenues lascives et dissolues. S'il en est ainsi — ce qui se voit manifestement — que faisons-nous ici ? Qu'attendons-nous ? À quoi songeons-nous ? Pourquoi sommes-nous plus paresseuses, plus lentes pour notre salut que le reste des habitants de la cité ? Nous estimons-nous moins précieuses que les autres, ou croyons-nous que notre vie soit liée à notre corps par une chaîne plus forte que chez les autres, et qu'ainsi nous ne devions rien redouter qui soit capable de la briser ? Combien nous nous trompons ! Combien nous sommes trompées ! quelle sottise est la nôtre si nous pensons ainsi ! Toutes les fois que nous voudrons nous rappeler le nombre et la qualité des jeunes hommes et des femmes vaincues par cette cruelle pestilence, nous en verrons ouvertement les preuves. Et c'est pourquoi, afin que, par délicatesse ou par obstination, nous ne tombions pas dans ce péril auquel nous pourrions échapper si nous le voulions, — je ne sais s'il vous semble comme il me semble à moi-même — je pense qu'il serait très bon, ainsi que beaucoup d'autres ont fait avant nous et font encore, que nous sortions de cette cité, et, fuyant comme la mort les exemples déshonnêtes

de la nature pour laquelle s'éloignent, évidemment pour fuir l'épidémie, les personnages du *Décaméron* de la ville, de la surpopulation et de la peste -) que dans la gravure de Philippe et Hélie Poncet (3ème quart du VIIème siècle)[551].

Ces simples éléments iconographiques permettent de définir plusieurs valeurs, en relation au symbolisme, expliqué, du réveil de Silène comme symbole cosmique: d'abord l'origine obscur ("*sommo in antro*" décrit Virgile le Silène), comme dans la métaphore de la caverne de Platon, de la connaissance, dont l'acquisition passe par un processus, ensuite la division iconographique entre la lumineuse Églé et les êtres de nature, originels, primitifs, obscurs, un peu comme chez Piero di Cosimo (ce n'est sans doute pas pour rien que plusieurs fois, on l'a vu, a été rapproché ou superposé le mythe d'Églé et Silène, au premier abord comique, avec ceux de Numa, qui emprisonne également Silène pour en obtenir une information, et de la découverte du miel, dont on sait que le symbolisme amoureux apparaît originellement dans les pièces pastorales sur l'enlèvement des nymphes[552]).

Notre interprétation du symbolisme proprement dit pastoral du personnage d'Églé chez Giraldi nous est confirmé par la reproduction de ses homonymes dans les pastorales héroïques en un acte entre 1742 et 1752, qui, au nombre de trois seulement (*Ismène, AEglé,* et *Daphnis et Églé*)[553], ont deux d'entre elles en référence pour nous à la nymphe, toutes deux sont des récits d'amour, *Daphnis et Églé* (1753) de Rameau de découverte de celui-ci par la bergère[554], *AEglé* de dispute entre l'inconstante Fortune et AEglé, toutes deux amoureuses d'un même berger, lequel apprend à AEglé l'art du chant, et possède en même temps des vertus, que ne définira pas plus précisément le texte, divines[555], qui laissent clairement supposer ("*J'abandonne pour vous le Séjour du Tonnerre/ J'ai laissé mon rang dans les Cieux*") que les amours ici narrées sont une

---

des autres, nous allions nous revêtir honnêtement dans nos maisons de campagne, dont chacune de nous possède un grand nombre, pour nous y livrer à toute allégresse, à tout le plaisir que nous pourrons prendre, sans dépasser en rien les bornes de la raison. Là, on entend les petits oiseaux chanter ; on voit verdoyer les collines et les plaines, et ondoyer les champs de blés non autrement que la mer ; on voit plus de mille espèces d'arbres, et l'on aperçoit plus librement le ciel qui, tout courroucé qu'il soit, ne nous refuse pas ses beautés éternelles, bien plus belles à contempler que les murs vides de notre cité. Là aussi, outre l'air qui est beaucoup plus pur, nous trouverons en bien plus grand nombre les choses qui sont nécessaires à la vie en ces temps malsains, tandis que les ennuis y seront bien moindres. Bien que les laboureurs y meurent comme font ici les citadins, le fléau y est d'autant moins fort, que les maisons et les habitants sont plus rares que dans la cité. D'un autre côté, si je vois bien, nous n'abandonnons ici personne. Nous pouvons dire, au contraire, que nous sommes plutôt abandonnées, puisque les nôtres, en mourant ou en fuyant la mort, comme si nous ne leur appartenions pas, nous ont laissées au milieu d'une telle affliction. Aucun reproche ne peut donc nous atteindre, pour avoir suivi un semblable conseil ; douleur et ennui, peut-être la mort, pourraient, si nous ne le suivions pas, nous advenir. C'est pourquoi, s'il vous en semble, je crois que nous ferons bien de prendre nos servantes, et, nous faisant suivre d'elles avec tout ce qui est nécessaire, aujourd'hui dans un endroit, demain dans un autre, nous nous livrerons aux plaisirs que la saison peut donner. Nous resterons ainsi jusqu'à ce que nous voyions — si auparavant nous ne sommes pas atteints par la mort — que le ciel ait mis fin à ces tristes choses. Et souvenez-vous qu'il ne s'oppose pas plus à ce départ honnête de notre part, qu'il ne s'oppose à ce que la plupart des autres restent pour vivre malhonnêtement. —» (Boccace, *Le Décaméron*, trad. de Francisque Reynard, Paris, G. Charpentier et Cie, Éditeurs, 1884, "Première Journée", pp. 14-16) On notera que l'érotisme latent et l'élection honnête se joignent, ici comme dans les pastorales, à l'évocation de la nature, en tant que lieu de liberté sans restriction (par opposition à la ville et la société humaine).
[551]http://art.thewalters.org/detail/2210/allegory-of-spring-2/
[552]"*Le monologue (du satyre dans l'Aminta) commence par une variation à partir du topos de la comparaison entre la piqûre de l'abeille et la blessure de l'amour. Il a pour origine la neuvième églogue de Théocrite, où l'Amour se plaint à sa mère d'avoir été piqué par une abeille: Vénus répond qu'il fait encore bien mal pour les pointes de ses flèches. Les Emblèmes d'Alciat avaient en outre popularisé l'association d'Amour, de Vénus et des abeilles (illustration 1). Pan est depuis très longtemps associé aux abeilles, comme symbole des muses et de l'inspiration; mais ici la mise en relation des abeilles, de Cupidon et du satyre confère au discours amoureux de celui-ci une portée générale et universelle. La meilleure preuve en est que la gravure de l'édition Aldine de 1585, qui illustre le chœur des bergers qui clôt l'acte II ("amor in quel scuola, da qual maestro s'apprende, la tua sì lunga e dubbia arte d'amare..." v. 417) représente justement une ruche, et les bergers au milieu d'un essaim d'abeilles (illustration 2). L'image des abeilles confère au discours du satyre sur l'amour une valeur emblématique. L'allusion à l'emblème gomme l'altérité du monstre. D'ailleurs l'image de l'abeille disparaît avec la dégradation de la figure du satyre: elle n'apparaît pas, par exemple, dans le monologue du satyre du Pastor fido*." (Lavocat, "Les métamorphoses du monstre", pp. 59-60)
[553]David Charlton, *Opera in the Age of Rousseau: Music, Confrontation, Realism*, Cambridge University Press, 2012, "The reality of pastoral, 1742-1752", p. 96.
[554]http://en.wikipedia.org/wiki/Daphnis_et_Egl%C3%A9
[555]"*Paisibles bois, Vergers délicieux,*
J'abandonne pour vous le Séjour du Tonnerre;
J'ai laissé mon rang dans les Cieux;
Tous mes plaisirs sont sur la Terre.

AEglé me croit Berger; que mon coeur est flatté!
Mon rang est un secret qu'il faut que je lui cèle,
Même après ma félicité.
Comme Berger, je goûterai près d'elle
Les plaisirs de l'amour et de l'égalité,
Et si je me souviens de ma Divinité,
Ce sera pour brûler d'une ardeur éternelle.

Paisibles bois, Vergers délicieux,
J'abandonne pour vous le Séjour du Tonnerre;
J'ai laissé mon rang dans les Cieux;
Tous mes plaisirs sont sur la Terre." (Aeglé, pastorale heroique... Paroles de Laujon, musique de La Garde, danses de Dehesse, Imprimée par exprés Commandement de Sa Majesté, 1748, Scène 4, p. 12)

reprise, dans le cadre pastoral, des amours entre Zeus et Neera, mère de la nymphe Églé, ou bien entre la nymphe Églé et Hélios.

Or l'AEglé de la pastorale héroïque de même nom a des vertus indéniablement contraires aux péchés que prête Vivés à la nymphe. Elle est sans atours, ne connaît pas l'imposture, et n'a d'autre richesse que celle de la Nature et de sa beauté:

"*L'inconstance est votre partage;*
L'amour constant est cdlui d'un Berger.
Pourquoi chercher à m'engager?
LA FORTUNE.
Cette légereté dont ton amour s'offense,
Est un titre nouveau qui te parle pour moi.
Je vois tous les mortels avec indifférence;
Ils éprouvent mon inconstance;
Cœur ingrat! je ne suis constante que pour toi.
Cette légéreté dont ton amour s'offense,
Est un titre nouveau qui te parle pour moi.
MISIS.
Ah! C'est trop feindre; j'aime, & ne dois plus le taire.
Lorsque vous quittez tout pour l'objet de vos feux,
Ne me dites-vous pas ce que mon cœur doit faire?
Ah! consultez les yeux de ma Bergere;
Ils vous le diront encore mieux.
AEglé tient tous ses biens des mains de la Nature;
Sa richesse, c'est la beauté:
L'art ne revele point l'éclat de sa parure:
Des fleurs sont l'ornement de sa simplicité;
Et son coeur, qui jamais ne connut l'imposture,
Que rien encor n'a pû charmer,
Est le prix que l'amour assure
Au Berger trop heureux qui pourra l'enflammer."[556]

Mieux encore, elle-même, à la fin de la pièce, demande à Fortune (contrairement à l'avarice que Vivés voit dans la nymphe):

"*Que nous importent les richesses?*
Les vrais biens sont les plaisirs
Du Dieu qui règne sur nos ames
La gloire est de nous rendre heureux."[557]

Dans ce sens de pureté et de dédication peut-être doit-on lire l'association, que nous allons aborder, à Meudon, du thème d'Églé, puisque le Grand Prêtre dès le début de *Daphnis et Églé* (Scène 3) pose les principes moraux (comme Giraldi dans son Prologue) du sens de l'oeuvre:

"*CHOEUR.*
Qu'une Paix aimable
Regne toujours dans nos Coeurs:
L'Amitié seule a des douceurs,
Dont la source est inépuisable:
LE GRAND PRÊTRE.
Elle partage les malheurs
De l'Infortuné qu'on accable;
De la mort la plus effroyable,
Elle sçait braver les horreurs,

Et ravir aux Enfers un ami veritable;

---
[556] *Ibid.*, pp. 10-11.
[557] *Ibid.*, pp. 23-24.

Hercule en a laissé l'exemple mémorable.
L'Amitié seule a des douceurs,
Dont la source est inépuisable.

Les Bergers par leur danse rendent hommage au Dieu de l'Amitié

LE GRAND PRÊTRE seul.
Fuyez l'Amour, & ses fureurs;
Craignez son pouvoir redoutable;
Il traîne, après lui, des malheurs
Dont l'atteinte est inévitable.
(Avec le Choeur.)
Qu'une Paix aimable
Regne toujours dans nos Coeurs."[558]

Ce à quoi, sur la question de sa fausseté, répondra l'Amour, pour conclure la pièce:

"Sous le voile favorable
L'Amour cache ses sentiments:
Auprès d'un objet adorable
Tous les Amis sont des Amants."[559]

La découverte religieuse (historiquement en relation aux thèses épicuriennes) et pieuse par Églé des Vices et des Vertus est l'interprétation donnée à l'églogue virgilienne:

"*La sixième Eclogue est adressée à Quintilius Varus, homme de grande considération à la cour d'Auguste, & qui ayant été Consul l'an de Rome 741. fut dans la fuite défait par Arminius avec trois légions qu'il commandoir dans la Germanie. Il étoit ami de Virgile, avec lequel il avoir étudié les principes d'Epicure sous le Philosophe Syron: ces principes font la matiere de cette Eclogue. Silène, nourricier & précepteur de Bacchus, surpris dans une grotte par les bergers Chromis & Mnasyle, & par la Nymphe Eglé, leur explique l'origine du monde suivant la doctrine des Epicuriens; & pour porter ses auditeurs à l'heureuse tranquillité, dans laquelle, selon la même doctrine, consiste le bonheur de l'homme, il leur fait sentir par differens exemples tirés de la fable, les funestes effets des vices & des passions, lorsqu'on s'y abandonne.*"[560]

L'importance du thème d'Églé se conçoit depuis plusieurs perspectives: tout d'abord, chez Paton, qui y dédia en outre *The song of Silenus* (1848-1858)[561], alors qu'il travailla, parallèlement à son *Silenus and the Nymph AEgle* ses fameuses *Quarrel* and the *Reconciliation of Oberon and Titania* (1847 et 1850 respectivement[562], qui encadrent donc la réalisation de *Silenus and the Nymph AEgle*). Il comprenait ainsi donc bien l'épisode d'Églé comme un moment clé de l'histoire mythologique, comme un thème pastoral (pour l'association chronologique de réalisation parallèlement aux oeuvres inspirées du *Songe d'une nuit d'été*) et comme une question de pureté. Il est difficile de savoir si dans son esprit Églé était l'anti-type de Titania, ou sa parèdre.

D'autre part pour l'apparition, dans le cycle de quatre toiles commandés en 1700 par le Dauphin, et installées en dessus-de-porte de l'antichambre de Monseigneur, dite la Salle à Manger (comme il l'a fait pour le Salon du Billard), au rez-de-chaussée du château vieux de Meudon[563], cycle dont l'ordre est le suivant:

1. *La naissance de Bacchus* de Jean Jouvenet;
2. *Silène barbouillé de mûres par la nymphe Eglé* d'Antoine Coypel;
3. *Le triomphe de Bacchus* par Charles de La Fosse;
4. *Vénus, Bacchus et Cérès* de Bon Boulogne.

S'il est bien vrai que Silène est considéré comme l'éducateur de Bacchus, ce fait ne semble pas justifier à lui seul la présence de l'épisode d'Églé, *a priori* plutôt anecdotique dans un ensemble à l'apologie

---
[558] *Daphnis et Eglé, pastorale heroïque, en un acte*, Paroles de Collé, musique de Rameau, ballets de Laval, Paris, Ballard, par exprès commandement de Sa Majesté, 1753, pp. 8-9.
[559] *Ibid.*, p. 17.
[560] Virgile, *Oeuvres, en latin et en françois*, Paris, Chez Desaint & Saillant, 1751, T. I, pp. 56-57.
[561] http://farm5.static.flickr.com/4079/5409886023_d67bbc4659.jpg
[562] http://www.christies.com/LotFinder/LotDetailsPrintable.aspx?intObjectID=4591782
[563] http://chateau-meudon.wifeo.com/le-rez-de-chaussee-du-chateau-vieux.php

du jeune futur Roi, Louis de France (1661-1711), dit le Grand Dauphin, fils aîné de Louis XIV et de Marie-Thérèse d'Autriche, dans un cadre autobiographique des plus évidents si l'on y reporte le portrait que fait de lui Saint-Simon:

"Ce prince, héritier nécessaire puis présomptif de la couronne, naquit terrible et sa première jeunesse fit trembler. Dur et colère jusqu'aux derniers emportements, et jusque contre les choses inanimées; impétueux avec fureur, incapable de souffrir la moindre résistance, même des heures et des éléments, sans entrer dans des fougues à faire craindre que tout ne se rompit dans son corps. [...] Enfin, livré à toutes les passions et transporté de tous les plaisirs; souvent farouche, naturellement porté à la cruauté; barbare en railleries et à produire les ridicules avec une justesse qui assommait. De la hauteur des cieux il ne regardait les hommes que comme des atomes avec qui il n'avait aucune ressemblance, quels qu'ils fussent."[564]

Disons-le autrement encore: si l'on prend la suite des épisodes: la naissance du dieu, son triomphe et son association aux déesses de l'amour et de l'abondance, rien ne laisse présager l'intégration, dans l'évocation du dieu des *Bacchantes*, parangon en cela du jeune monarque au caractère volatil, de l'épisode comique d'Églé, à moins qu'il vienne à représenter quelque chose de plus.

Or en réalité:

"Les quatre tableaux, ci-dessus commandés (et réglés le 16 mai) aux quatre peintres les plus renommés de l'époque, sont, je crois, ceux que le Voyage pittoresque des environs de Paris désigne comme décorant de son temps (l'usage de la pièce avait sans doute changé), non plus la salle à manger, mais la salle de billard: «Quatre tableaux ovales placés dans des lambris dorés; savoir: Hercule qui ramène Alceste des enfers; Silène, barbouillé de mures, par la nymphe Églé, tous deux d'Antoine Coypel; Latone demandant à Jupiter vengeance de l'insulte que lui ont faite les paysans de Lycie, par Jouvenet et gravé par Du Bocq. Le quatrième représente Hercule entre le Vice et la Vertu, et est de La Fosse.»"[565]

La thématique générale de cette commande: Hercule revenant des Enfers, d'une part, et entre le Vice et la Vertu de l'autre, ainsi que l'épisode moral, qui se développa dans l'iconographie du XVIIème siècle[566], et apparaît jusque dans le Bassin du Dragon, en référence à Anne d'Autriche durant la Fronde[567], durant la minorité de Louis XIV (1643-1661), renvoie bien l'épisode d'Églé dans le cadre d'une opposition entre Vices et Vertu, de pureté, prudence et force (à l'image des Femmes Fortes), de la figure féminine, en référence comparative avec Alceste, incarnation de l'amour conjugal[568], et de retour des morts (la paresse de Silène, littéralement "*gisant*", qu'Églé doit réveiller).

Le groupe offre un ensemble thématique cohérent, dans lequel les deux représentations d'Hercule évoquent le rôle du souverain (symbolique que l'on retrouve aussi à Versailles[569]) comme force morale (entre le Vice et la Vertu), religieuse et politique (son pouvoir va jusqu'aux Enfers, comme le Christ), sa relation au peuple (Latone) qui doit lui être irrémédiablement soumis, et son statut de guide (Églé). La balance entre les quatre toiles s'affirme encore par l'insistance sur la figure du pouvoir (la force d'Hercule, le héros est deux fois représenté) et les deux équivalences féminines (images de Femmes Fortes). En cela, l'interprétation de l'épisode d'Églé comme celle qui guide et persuade, conformément à l'églogue de virgilienne, reprend (comme l'allégresse qu'elle représente et que lui attribue l'iconographie, notamment chez Paton) son statut de Grâce:

" Leur nom chez les Grecs était les Charités (χαριτες), mot qui enferme le double sens de joie et d'aménité. Ces déités sont vierges, au moins une, dans la théogonie grecque; elles sont filles ou de Jupiter et de la nymphe Eurynome, ou de ce dieu et de Junon, ou du Soleil et d'Églé, ou de

---
[564] http://fr.wikipedia.org/wiki/Louis_de_France_(1661-1711)#cite_ref-2
[565] "*Travaux à Meudon - en 1700 - Pièce documenté par M. le comte Hor. de Viel-Castel*", Archives de l'Art Français - Recueil de documents inédits relatifs à l'histoire des Arts en France, Paris, J.-B. Dumoulin, 1853-1855, p. 48.
[566] Lucia Impelluso, *Gods and Heroes in Art*, Los Angeles, Getty Publications, 2003, p.145.
[567] Michel Baridon, *A History of the Gardens of Versailles*, University of Pennsylvania Press, 2008, p. 50.
[568] http://mythologica.fr/grec/admete.htm
[569] *Le salon d'Hercule est un salon du Grand appartement du Roi dans le château de Versailles.../... En 1710, on posa un plancher pour créer le salon. Robert de Cotte fut chargé de la décoration, qu'il commença en 1712. On interrompit les travaux à la mort de Louis XIV en 1715 et ils ne furent repris qu'en 1725.*" (http://fr.wikipedia.org/wiki/Salon_d'Hercule) Le symbolisme mythologique ou religieux des personnages royaux se confirmant dans *Madame de Maintenon avec Vexin et Maine* (les enfants de Louis XIV) par Pierre Mignard (1685), http://commons.wikimedia.org/wiki/File:Madame_de_Maintenon_avec_Vexin_et_Maine,_Mignard.jpg, où les deux enfants apparaissent sous la forme de Jésus et Saint Jean-Baptiste et Madame de Maintenon sous celle de la Vierge, selon le modèle de dualité et de correspondance très clairement repris de *La Vierge aux rochers* (1484 et 1507-1508) de Léonard, http://fr.wikipedia.org/wiki/La_Vierge_aux_rochers.

Bacchus et de Vénus, ou du Plaisir et de la Beauté. Les poètes les nomment Aglaé ou Églé (la splendeur), Thalie (la floraison), et Euphrosyne (la bonne pensée). Pasithée (la déesse universelle) est le nom qu'Homère et Stace, après lui, donnent à l'une des trois. Les Lacédémoniens, laconiques' même en religion, n'en admettaient que deux. Kleita (l'illustre) et Phaenna (la brillante). Les Athéniens les imitèrent: ils n'en reconnurent que deux aussi, Auxo et Hégémone, appellations d'une signification vague pour nous, et non sans doute à leur égard. La première se traduit par celle qui accroit, et la seconde par celle qui guide. Hésiode, le poète de la raison, adjoint au trio charmant Peitho (la persuasion)."[570]

On notera que c'est la seconde fois, à Meudon, que l'on retrouve l'épisode d'Églé dans des groupes complexes, commandés par des monarques, on se souviendra du Studiolo d'Isabelle d'Este, origine de notre interrogation.

Il est peu probable de penser que la présence d'Églé dans l'*Allégorie* choisie pour apparaître dans le Studiolo d'Isabelle soit en relation avec la représentation négative de la femme comme symbole de vice, étant Isabelle une femme de tempérament, comme le confirme sa rupture avec le Pérugin; il est, au contraire, plus probable qu'Églé y symbolise une forme de transcendance, corrélative des figures féminines des Vertus de l'*Allégorie* présidée par Minerve elle-même, la déesse de la Sagesse.

C'est en 1755 que l'on trouve l'organisation actuelle des peintures décrites dans un *Voyage pittoresque des environs de Paris*:

"Un beau vestibule précède l'escalier à deux rampes dont la disposition est très-ingénieuse. L'appartement du Roi est à gauche, au premier étage. La troisième pièce, qui est celle du billard, offre quatre tableaux ovales, placés dans des lambris dorés; savoir, Hercule qui ramene Alceste des enfers, gravé par Desplaces; Diane & Endimion, tous deux d'Antoine Coypel; Latone demandant à Jupiter vengeance de l'insulte que lui ont faite les paysans de Lycie, par Jouvenet, & gravé par du Bocq, Le quatrième représente Hercule entre le vice & la vertu, & il est de la Fosse.
Les plafonds des quatre pièces suivantes font peints en arabesques par Audran.
Dans l'antichambre du Roi, on remarque le Triomphe de Bacchus, Silène barbouillé de mûres par la Nymphe Eglé, Mercure qui remet le jeune Bacchus entre les mains des Nymphes, Bacchus & Ariane.
Plusieurs pièces d'enfilade conduisent à un grand vestibule qui occupe tout le corps de logis du milieu. Ce vestibule orné dans son pourtour de douze gaines, tant de marbre que d'albâtre, est ovale, & l'architecture est formée par des pilastres ioniques, accouplés & surmontés d'un attique."[571]

D'autre part, l'imagerie d'allégorie printanière que revêt clairement Églé chez Paton provient, revenons-y, de sa figure générale, mère avec Hélios, le dieu du Soleil, des Grâces, selon Pausanias (*Description de la Grèce*, 9, 35, 1). Le *Lexique de Suidas* connu encore comme la *Souda*, quant à lui, fait

---

[570]"*GRÂCES*. Ainsi s'appelaient trois déités écloses de la riante imagination des Hellènes, et qui n'avaient point d'analogue dans la théogonie des peuples de l'Orient. Toutes trois furent non moins célèbres que Vénus elle-même, dont elles étaient les compagnes, et dont elles attachaient la merveilleuse ceinture. Leur nom chez les Grecs était les Charités (χαριτες), mot qui enferme le double sens de joie et d'aménité. Ces déités sont vierges, au moins une, dans la théogonie grecque; elles sont filles ou de Jupiter et de la nymphe Eurynome, ou de ce dieu et de Junon, ou du Soleil et d'Églé, ou de Bacchus et de Vénus, ou du Plaisir et de la Beauté. Les poètes les nomment Aglaé ou Églé (la splendeur), Thalie (la floraison), et Euphrosyne (la bonne pensée). Pasithée (la déesse universelle) est le nom qu'Homère et Stace, après lui, donnent à l'une des trois. Les Lacédémoniens, laconiques' même en religion, n'en admettaient que deux. Kleita (l'illustre) et Phaenna (la brillante). Les Athéniens les imitèrent: ils n'en reconnurent que deux aussi, Auxo et Hégémone, appellations d'une signification vague pour nous, et non sans doute à leur égard. La première se traduit par celle qui accroit, et la seconde par celle qui guide. Hésiode, le poète de la raison, adjoint au trio charmant Peitho (la persuasion). Au nombre de quatre, on les prenait pour les Saisons, comme filles de la Nature. Homère osa marier deux de ces vierges: il donna l'une à Vulcain, l'autre au Sommeil. Toujours unies, riantes, se tenant par la main, elles dansent en cercle.
Etéocle, roi d'Orchomène, la ville de la danse, fut, dit-on, le premier qui leur éleva un temple; mais les Spartiates revendiquaient cet honneur : ils l'attribuaient à Lacédémon, leur quatrième roi. On n'entrait dans leurs sanctuaires que couronné de fleurs: le Printemps leur était consacré. Ces déesses avaient des temples à Élis, à Delphes, à Perge, à Périnthe, à Byzance, et un autel particulier à Paros, dont le marbre était pur était si digne d'elles. Les durs Spartiates sacrifiaient à l'Amour et aux Grâces avant de combattre ; ils demandaient à celles-ci d'adoucir la première furie
du vainqueur, quel qu'il fut, et à l'autre, de remplacer pu sa vertu fécondante les braves tombés sur le champ du carnage. De ces scènes de mort, on les appelait aux banquets, où trois coupes couronnées de roses étaient vidées en leur honneur, comme filles de Bacchus et comme modératrices des plaisirs. Là, ainsi que dans les temples, on leur associait les Muses. Parmi les images des Grâces, on citait entre les plus célèbres leurs statues en or par Bupalus, celles de Socrate, (fils de Sophronisque, et les beaux tableaux d'Apelles et de Pythagore. Dans les premiers temps, ces déesses furent représentées vêtues, mais légèrement. Leurs statues étaient de bois avec des mains, des pieds de marbre, et des robes dorées; dans la suite, elles furent toujours reproduites nues. L'une tenait une rose, l'autre un dé à jouer, la troisième une branche de myrte, tous emblèmes de plaisir et de joie. La Grèce fut la patrie des Grâces ; elles s'y sont tenues cachées pour toujours; elles eurent à peine des autels dans cette Rome, qui ne pouvait oublier que son fondateur suça l'âpre mamelle d'une louve. Elles permirent au seul Horace de délier leurs ceintures. Dans une ville d'Italie, il y a un groupe antique et charmant des Grâces, modèle et désespoir de nos peintres et sculpteurs. Ces déesses sont nues et se tiennent par la main ; une simple bandelette très-étroite retient leurs cheveux: à deux de ces figures ils sont rassemblés en un nœud derrière le cou. Un air de satisfaction, une douce sérénité, sont répandus sur leurs traits et sur leurs lèvres. Denne-bafon." (William Duckett, Dictionnaire de la conversation et de la lecture: inventaire raisonné des notions générales les plus indispensables à tous, Paris, Firmin Didot, 1868, T. X, p. 420)
[571]Antoine-Nicolas Dézallier d'Argenville, *Voyage pittoresque des environs de Paris: ou description des maisons royales, chateaux et autres lieux de plaisance situés à 15 lieues aux environs de cette ville*, Paris, Chez Debure l'aîné, 1755, 4ème édition, 1779, pp. 30-31.

provenir le Soleil et les Grâces d'Églé. En tous cas, les auteurs concordent pour reconnaître l'étymologie d'Églé comme signifiant "*radieuse, brillante, solaire*"[572].

Qu'avons-nous donc?

Une série de trois indications, congruentes entre elles, qui fait que, dans le domaine espagnol, pour Fray Luis de León, l'activité d'Églé implique une réponse essentiellement coquine de Silène (là où la promesse pourrait tout aussi bien être, par exemple, de punition ou de réprimande), d'où s'ensuit que pour Juan Luis Vivés, celle-ci symbolise la concupiscence, son action étant seulement de moquerie. De là encore, peut-être la seule oeuvre pastorale où la coupable, pour ainsi dire, de la transformation des nymphes, est Églé dans la, néanmoins, fondatrice (du point de vue de l'histoire des genres littéraires) *Églé* de Giraldi.

Toutefois, d'un autre côté, on l'a vu:

Églé, nymphe ou non, apparaît chez les différents auteurs comme symbole de pureté, de jeunesse, et de prudence ou de pudeur.

Elle est en général, iconographiquement, reconnue, conformément à Virgile, comme radieuse ("*la plus belle des nymphes*") et printanière[573];

Mais plus important encore, contrairement à ce qu'affirme Vivés, elle est celle dont l'action, face à la timidité de ses deux autres compagnons ("*Églé, la plus belle des nymphes, encourage les timides bergers et leur prête secours*"[574]), permet le réveil de Silène;

Finalement, malgré, là encore, l'interprétation de Vivés, il n'est pas aussi évident que cela non plus d'affirmer que Silène était réveillé lorsqu'Églé intervient, puisqu'en effet, Virgile indique que c'est au moment du réveil que s'opère l'intervention d'Églé, dit par opposition, c'est l'intervention d'Églé qui, spécifiquement, et explicitement, permet le réveil, et c'est, là encore, son insistance, qui indique au Silène son manquement, et lui fait abandonner sa paresse, pour, bien réveillé, par, certes, la beauté, mais aussi l'allégresse apportée par la nymphe, commencer son chant. Églé offre ainsi un témoignage similaire à celui

---

[572]http://www.theoi.com/Nymphe/NympheAigle.html:

"*Greek Name*	*Transliteration*	*Latin Spelling*	*Translation*	
Αιγλη	Aiglê	Aegle	Shining, Sunlight (aiglê)	Radiant,

AIGLE (or Aegle) was a Naiad or Okeanid nymph, the mother of the Kharites (Graces) by the sun-god Helios.
It should be noted, however, that the Kharites were usually described as daughters of Zeus and Eurynome.
PARENTS
ZEUS & NEIARA (Servius on Virgil Eclogues 6.20?)
OFFSPRING
THE KHARITES (by Helios) (Antimachus Frag, Pausanias 9.35.1, Suidas s.v. Aigles Kharites)
ENCYCLOPEDIA
AEGLE (Aiglê), The most beautiful of the Naiads, daughter of Zeus and Neaera (Virg. Eclog. vi. 20), by whom Helios begot the Charites. (Paus. ix. 35. § 1.)
Source: Dictionary of Greek and Roman Biography and Mythology.
Pausanias, Description of Greece 9. 35. 1 (trans. Jones) (Greek travelogue C2nd A.D.) :
"*Antimakhos [of Kolophon, epic poet C5th B.C.], while giving neither the number of the Kharites (Graces) nor their names, says that they are daughters of Aigle (Aegle) and Helios (the Sun).*"
Suidas s.v. Aigles Kharites (trans. Suda On Line) (Byzantine Greek lexicon C10th A.D.) :
"*Aigles Kharites (Radiant Graces): They have plausibly traced the lineage of the Kharites (Graces). Helios (the Sun) is also from Aigle (Aegle), since, it seems, the Kharites are radiant.*"
Virgil, Georgics 6. 13 ff (trans. Fairclough) (Roman bucolic C1st B.C.) :
"*The lads Chromis and Mnasyllos saw Silenus lying asleep in a cave, his veins swollen, as ever, with the wine of yesterday. Hard by lay the garlands, just fallen from his head, and his heavy tankard was hanging by its well-worn handle. Falling on him--for oft the aged one had cheated both of a promised song--they cast him into fetters made from his own garlands. Aegle joins their company and seconds the timid pair--Aegle, fairest of the Naiades--and, as now his eyes open, paints his face and brows with crimson mulberries.*"
[573]D'où le caractère folâtre, sur lequel insiste J. Delille, *Les Bucoliques, en vers Francais, précédées de la vie du poète latin, et accompagnées de remarques sur le texte; pour compléter les oeuvres de Virgile*, Paris, Giguet et Michaud, 1806, p. 219: "*Virgile, après avoir peint le repos du sommeil, entame cette peinture par un contraste ingénieux.Il oppose au tableau de Silène endormi celui de deux bergers qui accourent pour accabler le dieu sous des liens de fleurs: pour achever ce contraste aimable, il fait arriver Églé, nymphe jeune et folâtre. Addit se sociam, placé au commencement de la phrase, fait voir d'avance l'intention de lajeune nymphe qui ne demande que l'occasion de folâtrer, et qui a déjà pris part à l'espièglerie des bergers avant même que d'être arrivée auprès deux. Églé anime ce groupe joyeux; c'est elle qui en fait le charme.Aussi le poète semble-t-il se plaire à nous la montrer. Il se contente de désigner les bergers par leurs noms; quand il vient à Églé, il la nomme deux fois, et il la désigne comme la plus belle des Naïades: Egle, Naiadum pulcherrima. Le tour qu'elle joue à Silène en lui barbouillant le visage de mûre, pour peindre l'enjoûment d'une nymphe.*" On relève cependant, dans l'interprétation de Delille, comme chez Fray Luis de Léon aussi, l'idée de l'opposition virgilienne entre les deux états contraires, et c'est bien, en cela, Églé qui participe le plus, pour Delille ("*le repos du sommeil*", "*L'épithète gravis peint la première qualité de la coupe d'un buveur qui doit être large et profonde. Le mot pendebat exprime heureusement l'abandon, la langueur de l'ivresse et du sommeil. Le mot attrité rappelle ces vers si connus de Lafontaine:/ Beaucis en égala les appuis chancelants,/ Des débris d'un vieux vase, autre injure des ans*", *ibid.*), dans le réveil de Silène.
[574]http://bcs.fltr.ucl.ac.be/Virg/buc/buc06.html

de Vénus qui, née de l'écume des testicules de Chronos (de l'obscurité de la mer), à chaque pas provoque, selon l'interprétation néoplatonique qu'Edgar Wind a démontré des toiles du cycle vénusien de Botticelli, *Le Printemps* (c. 1482), les motifs et symboles du tableau en étant très clairs, comme de son pendant *La naissance de Vénus* (1484-1486). On ne peut s'y tromper, c'est bien la séquence (trop courte pour prêter à confusion) dite par Virgile, l'intervention d'Églé réveille Silène, non celle des satyres, et c'est encore sa seconde action, pour le débarbouiller de sa paresse, qui l'incite à chanter, juste au réveil:

> *"Églé survient; Églé, la plus belle des nymphes, encourage les timides bergers et leur prête secours; et, au moment que le vieillard ouvre les yeux, elle lui rougit le front et les tempes du jus sanglant de la mûre. Lui, riant du badinage: "Pourquoi ces noeuds, enfants? leur dit-il. Dégagez-moi; c'est assez d'avoir pu me surprendre. [25] Les chants que vous voulez de moi, vous allez les entendre: à vous mes chants; à celle-ci je réserve une autre récompense." Il dit; il va chanter."*[575]

Mais encore, nous dira-t-on, quels sont les éléments dans un sens ou dans l'autre?

Ajoutons-les donc:

Les mûres, dont Églé barbouille Silène, sont, on l'a dit et on l'a vu, symboles de Prudence. Laquelle, idéologiquement, s'oppose, on l'a encore vu, à la Paresse, bien représentée par Silène.

On nous oppose que la noirceur des mûres obscurcit le visage de Silène. Soit. Mais, outre le fait que la tradition, de Platon au travers d'Alcibiade, et de la répétition du trait, de Rabelais à Érasme, au contraire, reconnaît en Silène un être hideux, dont il est préférable d'oublier l'apparence externe pour en apprécier la beauté interne (le Socrate intérieur, que pouvait aimer le bel et jeune éphèbe, non le hideux vieillard), ce qui, au contraire, réellement, tendrait à laisser penser que le symbolisme du geste d'Églé va dans le même sens: cacher la laideur visible de Silène pour révéler les beautés de l'univers par son mélodieux chant (c'est au fond aussi tout le débat avec Syrinx, qui terminera, de fait, étant sa flûte, et du débat, central selon les exégètes, entre le dieu Pan et son panégyrique à soi-même face à la nymphe têtue[576], dans un jeu de correspondance qui rappelle les aventures opposées par Ovide dans *Les Métamorphoses* de Galatée et de Scylla, fin du Trézième Livre, début du Quatorzième);

Ou même encore, plus simplement, que c'est la Prudence courroucée qui jette sur la Paresse cette opprobre;

Le fait de salir le visage n'a d'ailleurs pas toujours un sens négatif, en religion, puisqu'on sait le sens d'identification avec la divinité que représente l'imposition des cendres sur le front des fidèles lors du Mercredi des Cendres, moment de purification pour l'entrée en Carême[577]; ainsi de même dans la pastorale romaine, le geste d'Églé représente clairement les deux symboles que nous en avons proposés pour la Renaissance: la soumission des forces brutes à la légéreté de l'âme, et l'hommage nécessaire au poète couronné pour (ou incité à) chanter:

> *"Idas thus seems to have intentionally committed the faux pas of invoking a god unrelated to (pastoral) poetic epiphanies; crucially, Astacus commits exactly the reverse 'error': he appeals to a deity of rather a poetic caliber, the Nymphs,for protection in menial and georgic tasks having nothing to do with poetry. Astacus displays a rather 'georgic outlook' and interests throughout the eclogue: the Italian rustic deities Flora and Pomona sport with him (vv. 32-3) and are combined with the Nymphs, the pastoral goddesses par excellence (cf. also Verg. Ecl. 3.9, 5.74-5) often associated in the pastoral corpus, as already observed elsewhere, pp. 18, 22-3, 69, 104, 112, 157-8, 193, 198, with pastoral song,*

---

[575]*Ibid.*
[576]Faouzia Demnati, "La métamorphose de Syrinx, dans Egle de Giraldi Cinzio: signe de désespoir ou sublimation?", *Réforme, Humanisme, Renaissance*, No 67, 2008, pp. 99-122.
[577]"*Le terme pénitence peut se résumer en trois actions: la prière, l'aumône et le jeûne. Le but essentiel est de se préparer à la fête de Pâques, résurrection du Christ. C'est une manière concrète pour le chrétien de s'unir à Jésus Christ, qui lui-même a jeûné quarante jours dans le désert pour se préparer à sa mission, celle de sa mort et de sa résurrection. C'est aussi l'occasion de se détacher de tout ce qui éloigne de Dieu, c'est pourquoi le jeûne ne prend pas toujours la forme de «privation de nourriture», mais peut être plus large.*" Ainsi "*Dans l'église catholique, les fidèles se rendent à l'église pour assister à une célébration, où le prêtre après la proclamation de l'Évangile et de l'homélie leur trace une croix sur le front avec de la cendre, en prononçant ce verset de la Genèse (3, 19): «Homme, souviens-toi que tu es poussière et que tu retourneras en poussière.» (en latin, Memento, homo, quod pulvis es, et in pulverem reverteris). La formule «Convertis-toi, crois en l'Évangile» est aussi utilisée. Cette cérémonie fut instituée par Grégoire Ier aux alentours de l'an 591. L'imposition de cendres au front du pénitent est une évocation symbolique de la mort. Ces cendres sont obtenues en brûlant les rameaux bénis l'année précédente le Dimanche des Rameaux. Les cendres sont elles-mêmes bénies solennellement pendant la célébration.*
Les fidèles d'obédience catholique-romaine sont tenus à l'abstinence et au jeûne le Mercredi des Cendres (canons 1249 à 1251 du Code de Droit Canonique) sauf cas particuliers (jeunes enfants, personnes malades, personnes âgées, personnes ayant un métier physiquement difficile)."
(http://fr.wikipedia.org/wiki/Mercredi_des_Cendres)

as a substitute of the Muses in their function as deities of poetic inspiration (cf. Verg. Ecl. 7.21–2, 10.1). However, these deities are regarded by Astacus simply as guarantors of his his orchards (vv. 34 – 5, see also Verg. G. 4.32, 120, 126). The impression of 'pastoral orthodoxy', secured by the appeal to the rustic pantheon, (though significantly not appearing in the Vergilian bucolic oeuvre with the exception of the Nymphs), and by Flora's adorning Astacus' locks with pale green grass, a gesture reminiscent of Aegle in Verg. Ecl. 6.21– 240 painting Silenus' face, is only superficial: the close association of the poetic deities (i.e., the Nymphs) with georgic tasks is to be read as a significant 'generic alteration' from the earlier 'pastoral norm'."[578]

"The readers' expectations for a song of traditional pastoral thematic and Callimachean slenderness are further falsified by Meliboeus' subsequent remarks. His imagery of a Naias, a pastoral Nymph, adorning the bucolic poet88 (vv. 68–9) with red acanthus, a plant also having the sanction of 'traditional pastoral' (cf. Theocr.1.55, Verg. Ecl. 3.45, 4.20, see also Nemes. 2.5), goes back to Verg. Ecl. 6.21– 289, where another Nymph, Aegle, v. 21: Naiadum pulcherrima paints Silenus' face and brows with mulberry crimson. Similarly, the pathetic fallacy motif of the submissive beasts and a halted oak (vv. 66 –7) constitutes a further pastoral 'generic marker'."[579]

Mais, au fond, c'est un autre élément qu'il nous plaît d'ajouter, le fait que ce jus de mûres est décrit par Virgile même, comme "*sanglant*" ("*moris sanguineis*"[580]), ce que respectent l'ensemble des traductions. On y voudra voir une figure littéraire pour exprimer la noirceur du fruit? Soit, une fois encore. Mais cela semble peu probable. La noirceur n'est pas identique à la rougeur de la couleur du sang, pour une part. De l'autre, on relèvera, qu'on le veuille ou non, que l'évocation de Silène réveillé, et de son chant cosmique, est, à la fin de la strophe, comparée explicitement par Virgile à Orphée. Si la tradition a vu dans le chant de Silène un objet cosmique[581], il est probable que la comparaison avec Orphée ne soit pas totalement gratuite. Donc que l'indication du sang jeté sur le Silène ne le soit pas non plus. Nous voulons dire par là, sans entrer dans des débats de théologie comparée, que les mûres qui recouvrent Silène, tirée par cette figure solaire, printanière pour la tradition iconographique, plus qu'une forme régressive face au réveil du laid Silène, doivent plutôt être lues comme l'intégration d'une force de vie dans l'être mort pesamment (par opposition à la légéreté qu'apporte la nymphe à son réveil) au monde, "*jacentem*" pour Virgile, qui "*yacía*" pour Fray Luis de León.

De fait, est confirmée notre interprétation par celle d'Églé dans le Studiolo par le Corrège comme une figure qui ne répand pas le jus des mûres sur Silène, mais qui le pique pour le réveiller. Idée renforcée par la réapparition de la figure serpentine, en correspondance, dans l'oeuvre qui fait pendant, et qui représente l'*Allégorie des Vertus*, par le même peintre. On nous voudra dire que, si l'on acceptait ce sens dichotomique dans l'*Allégorie des Vices*, au contraire celle des Vertus n'intègre aucun personnage dialectique des Vertus, ce n'est pas totalement vrai, puisqu'y apparaît bien le serpent dominé par Minerve. En outre, dans le même sens, dans les deux *Allégories*, des Vices et des Vertus, une figure féminine, Églé dans celle des Vices, et, sans erreur possible, dans celle des Vertus, la Prudence (sur la tête), portent des serpents.

Les auteurs chrétiens ont ainsi compris Églé, la naïade, comme symbole de Tempérance:

"Longtemps la Grèce, sévère et morale, voit dans la fable de Bacchus le stygmate de l'ivrognerie. Dans ses ingénieuses Actions, elle place, auprès de ce dieu du vin, Minerve, déesse de la sagesse, qui doit l'éclairer de ses conseils; une nymphe fluviale l'accompagne aussi : c'est l'emblème de l'eau qui doit tempérer la force du vin. Vient, monté sur un âne et couché sur une outre, le vieux Silène, autrefois philosophe chagrin, maintenant ivrogne dégoûtant : Églé le barbouille de lie, pour qu'il serve de risée; Mythe, son épouse, personnification de l'ivresse, lui fait perdre la mémoire. Tout dans ce tableau est plein de sagesse et de vérité, et doit servir à l'instruction des peuples."[582]

---

[578] Evangelos Karakasis, *Song Exchange in Roman Pastoral*, Berlin & New York, Walter de Gruyter, 2011, pp. 222-223.
[579] *Ibid*., p. 257.
[580] http://juxtas.pagesperso-orange.fr/virgile/bucol06.pdf
[581] "*Fable de la formation de l'Univers, par l'assemblage fortuit des Atomes*" selon la doctrine épicurienne racontée par le "*Pere nourricier de Bacchus*", "Ce qui est à peu près de la mesme force que la Fable de l'Asne d'or chez Apulée, & l'Histoire de Psiché de la vieille du mesme Autheur." Fable comparée à la Sybille Cumée (ce qui rapproche l'activité d'Églé avec Silène de celle de pythie, comme nous le rappelons par la citation postérieure du Père Marin Mersenne), Charles Cotin, *La Pastorale sacrée, ou Paraphrase du Cantique des Cantiques selon la lettre, avec plusieurs discours et observations*, Chez Pierre Le Petit, 1662, pp. 214-216. Le sens religieux et moral, puisqu'utilisé par rapport au Cantique des Cantiques, de l'épisode d'Églé ne laisse donc plus de doute.
[582] Paul Belouino, *Des passions dans leurs rapports avec la religion, la philosophie, la physiologie et la médecine légale*, Paris, Chez Waille, 1844, T. I, p. 128 sur l'"*Intempérance*".

À tel point qu'elle[583] apparaît dans la correspondance du Père Marin Mersenne (1588-1648) comme une pythie, dans la liste d'autres noms:

"*Qui leur a enseigné de voiler souz le nom de Sampetho ou Pytho ou Byto le nom de Debore qui se list ez livre des Juges et n'est aultrement que la Propheteresse qui jugea le peuple d'Israël? Qui croiront que de Debora, non plus juifve ains Gailoyse, vient le nom de la ville de Bordeaux, Borde-galla ou Debora-galla, qui est son anagrammatisme? Or dans Servius Maurus, au sixième des Eneades, se list Bigoys, qui est la Sibylle, laquelle a escrit de Fulgetris. Qu'est-ce, de son Albam, que Semna, d'où la ville d'Angolesme a prins son nom d'Egolisemna? Et de Seman est la ville de Maens ou Cenomænum, vulgó Le Mans. Car qu'est-ce que l'anagram de Maens, sinon Semna? Je derive Mantes de mesme nom, comme qui diroit Smantus. Les poètes la dérivent de Mante, fille du devin Tiresie, et Semne, ou Egle de Virgile, est faicte fille d'Esculape. C'est cette Fadata des vieilles médailles d'Ausch en la Novempopulanie, trouvées de nostre temps. A l'un des revers est représenté Esculape avecques le serpent qui est Glauque, et aultrement le mesme Esculape. De ce serpent sort un enfant qui est ceste Nymphe Egle; de ce serpent vomissant un enfant par la bouche, Alciat fera mention en ses Emblèmes Exiliens infans sinuose e partibus anguis.* (Il s'agit du premier vers du premier Emblème, de dédicace de l'ouvrage: "*Quand les enfans aux noix, homes aux dez/ Palient le temps, & chartes de peincture./ I'ay par esbat ces Emblemes forgez*"[584])"[585]

Pour le comprendre pleinement sans doute doit-on, comme a été rapproché typologiquement l'épisode d'Églé par les commentateurs, nous l'avons rappelé, de ceux de Numa (Églé réapparaît encore en 1678 comme personnage principal de la pièce *La nymphe de Chaville* de Santeul[586] comme objet

---

[583]Notons ici que la confusion entre les deux Églé: fille d'AESculape et de Zeus (celle-ci mère des Grâces), http://es.wikipedia.org/wiki/Egle_(desambiguaci%C3%B3n), nous l'avons étudié dans notre ouvrage sur Blanche-Neige et les Femmes Fortes, se résout, ce qui est la base même, ainsi que nous l'avons démontré, de la mythologie, par une équivalence mythographique des figures homonymes. Ainsi: "*En la mitología griega Egle (en griego antiguo Αἴγλη Aíglē, 'brillo' o 'esplendor') era una de las hijas de Asclepio con Lampetia, la hija de Helios (el Sol), según Hermipo, o con Epione, según la Suda (Plinio, Naturalis Historia xxxv.40.31; Hermipo, ap. Schol. in Aristoph. Plut. 701; Suda s. v. Ἠπιόνη). Se decía que su nombre procedía de la belleza del cuerpo humano cuando tenía buena salud. En los años honorarios pagados a los médicos (Johann Heinrich Meibom, Comentarios sobre Hipócrates, 4° c.6 §7, p.55).*" (http://es.wikipedia.org/wiki/Egle) Mais plus encore, dans la description de la "*Liste des divinités de la mythologie grecque*": "*Églé (Αἴγλη, Aíglē) : Déesse de la Bonne santé radieuse*" (http://fr.wikipedia.org/wiki/Liste_des_divinit%C3%A9s_de_la_mythologie_grecque) Ainsi, comme Églé la nymphe, Églé la déesse guérisseuse l'est pour (son étymologie de) "*radieuse*".
[584]*Emblemes d'Alciat en latin et francois vers povr vers Augmentez de plusieurs emblemes en latin dudict autheur, traduictz nouuellement en Françoys; Ordonnez par lieux communs, auec deuises expositiõs, & enrichis de plusieurs figures non encores imprimées par cy deuant; Auec la table d'iceux mise à la fin*, De l'imprimerie de Hierosme de Marnes, et Guillaume Cauellat au mont S. Hilaire à l'enseigne du Pelican in A Paris, 1574, "*Preface de Noble Seigneur André Alciat, Sur les Emblemes. A Chonrad Pevtinger d'Ausbourg*", p. 4.
[585]*Correspondance du P. Marin Mersenne, religieux minime*, Paris, Presses Universitaires de France, 1945, p. 558.
[586]*A la même époque, 1673, il faisait deux odes qu'il adressait à Amédée Pelletier ex-prévôt des marchands, pour les embellissemens faits dans Paris (n, 109). En 1678, Santeuil compose une pièce de vers pour louer Michel Le Tellier, chancelier de France, et son fils, le marquis de Louvois, et son autre fils Charles-Maurice, archevêque de Reims. Il y raconte la vie de ce magistrat, ses luttes, son exil, ses vertus, en des termes tels que la langue latine seule peut les faire supporter : c'est une immense gloire, fruit d'émanations terrestres; c'est un astre unique brillant de sa propre lumière ; il est plus saint que les saints, etc. Tu famam ingentem meritis ingentibus aequas; Exteruæ nil lucis egens, tu lumine fulges. Purius ipse tuo; tu sanctis sanctior ipse Surgis in exemplum patribus....* (i, 20*.)
*Pour tout dire, enfin, il le met au-dessus de Solon, de Numa, de Lycurgue:
Æquabis gravitate fercntem jura Solonem,
Romamumque Numara, Laccdeinoniumque Lycurgum (/t.).
Il faut avouer cependant une chose, c'est quelle que fût l'exagération des éloges, cependant Santeuil, dans toute cette pièce, n'a pas parlé une fois des nymphes ni des divinités païennes. Aussi me manque-t-il pas de s'en prévaloir et de s'en applaudir avec complaisance, auprès du P. de Monchij de l'Oratoire, à qui il l'envoya; les oratoriens en effet, comme nous le verrons dans la suite, un peu par raison et beaucoup par opposition aux jésuites, condamnaient l'emploi des divinités païennes, sans les compositions chrétiennes. Aussi Santeuil, dans une pièce qui accompagne son envoi, ne manque pas de se donner l'éloge mérité d'avoir été fidèle à sa promesse. Il faut lire ces lignes, car nous allons voir ce volage chanoine revenir immédiatement au milieu de ses nymphes aimées:
« Vous, dit-il au P. de Monchy, qui m'avertissiez de consacrer » ma Muse à la louange des saints, faites-moi compliment, j'ai » tenu ma promesse:
Tu mihi, qui Superis musam sacrare monebas-
Plaude, fidem exsolvi.... (h, 185.)
» J'ai abjuré Phébus en paroles solennelles devant les saints au» tels. J'ai renoncé aux Divinités impies des poètes et aux vains » artifices employés pour la louange:
Phœbum ejuravimus aras
Ante ipsas Terbis solemnibus, impia Vatum Numina, laudandi et vanas desuevimus artes (/&.). » En ce moment un Dieu meilleur (!!) m'anime, je m'élève » plus haut, et je me promène dans les cieux en méprisant la » terre:
Jam plénum meliore Deo juvat ire per alta
Et coelum peragrare, humilesque relinquere terras.
» Si vous en doutez, lisez les vers que je vous envoie; jamais » semblable éloge n'avait été rendu à une vertu mortelle. »
Si dubitas, nostras quos mitto, perlege versus.
Non ea mortali virtuti, reddita laus est. (Ib.)
Sans parler de ce coup d'encensoir qu'il se donne à lui-même dans les derniers vers, on va voir comment Santeul a tenu sa promesse, cette promesse jurée devant les autels. Lisez la pièce suivante adressée à ce même Le Tellier, et écrite à peu près dans le même tems.
Elle a pour titre: Cavillæi ruris Nimpha, c'est-à-dire la Nimphe de Chaville, où le chancelier avait sa maison de campagne. Il faut noter que c'est à cette époque même (1678) qu'il composait ses hymnes qui parurent deux ans plus tard dans le Bréviaire de Harlai.
La nymphe Églé, la plus célèbre des nymphes de Chaville, tout en prenant ses ébats sur les douces prairies de ce jardin, avait appris que Le Tellier était arrivé au faîte des honneurs. Elle en avait conclu que son Chaville et elle-même en recevraient une plus grande gloire. De là des airs d'orgueil vis-à-vis de ses compagnes:
Major visa sibi, et fortunæe oblita prioris
Tum socias ccepit paulatim temnere Nymphas (I, 205).
Elle s'en allait par monts et par vaux, annonçant à pleine bouche que le grand Le Tellier devait venir prendre du repos à Chaville, et que Ton y verrait avec lui, la foule des sénateurs , des laquais portant flambeaux, puis, des casques, des boucliers, même des cardinaux de la sainte Église romaine,
Et quas tingit honos sacrato murice vestes (206). et qu'enfin jamais les Nymphes n'auraient vu un si beau spectacle: Hac non visa tenus rudibus spectacula Nymphis (lb.). Telles étaient les pensées et les paroles de mademoiselle la nymphe Églé. Ce n'est pas tout, elle avait la présomption d'annoncer tout haut que Le Tellier, arrivé par-ci et par-là, que le roi avait cédé au magistrat ses droits royaux, ses prérogatives et même les rayons qui couronnaient sa tête; qu'aussi de son sacré visage sortaient des foudres, qui, s'il ne les eût tempérés par la douce sérénité de son regard, auraient mis en fuite toutes les nymphes épouvantées:*

d'encensement, figure-symbole de gloire et de prestige, en correspondance encore avec Numa, dans un cadre où elle rejoue le rôle de révélatrice que lui attribuait Giraldi) et de la découverte du miel, il nous faudra rapprocher l'iconographie habituelle d'Églé et de Silène avec celle de l'Emblème d'Alciati (1584) représentant la *Iusta vindicta*, laquelle, allégorie féminine, et non plus Ulysse, perce l'oeil du Cyclope endormi au pied d'un arbre, la légende de l'image exprimant:

"LE geant Polypheme estant sur son rocher,
Comme voulant parler à ses troupeaux & bestes,
Disoit ceste chanson: Petites brebiettes,
Paissez l'herbe bien drue, & moy j'auray la chair
Des Grecs mes prisonniers, & mettray dans ma panse
Utis tout le dernier, ce qu'estant entendu
Par le caut Ulysses, aveugle il l'a rendu.
"Ainsi tombe le mal sur celuy qui mal pense.

NOus avon apprins des lettres sainctes,
que celuy tombe en danger qui à autruy procure mal. Mais de cest embleme nous comprenons, que tout le peuple est plein de resjouissance quand ces grands mangeurs de peuples & cruels tyrans meurent, ou tombent en quelque malheur: car a lors ils n'ont personne qui les soulage, mais au contraire n'y a celuy qui ne s'en moque. Le narré de cest embleme est dans Homere au 8. de l'Odyssée."[587]

On appréciera l'inversion des motifs, qui rapprochent encore les deux thèmes: le Cyclope chante, alors que Silène s'y refuse; et la moquerie, critiquée par Vivés pour Églé, apparaît, dans la seconde strophe, comme l'expression de la justice du châtiment. En outre, comme chez Érasme, la question des grands et de la justice s'associe, non plus à celle de Silène, mais à celle d'un autre être bien connu par sa laideur (et que l'on retrouve, pour cela aussi, effrayant le spectateur dans une position particulièrement évidente, de dessus-de-porte, au plafond en trompe-l'oeil sur *Les Amours des Dieux* du Camerino de l'aile Ouest du Palais Farnèse par Annibale Carracci, 1597-1606[588]): le Cyclope Polyphème (paradigme, par ailleurs, des ogres mangeurs d'homme que se plairont à reproduire les contes de toute la période moderne).

Suos et frontis honores,
Et capitis radios. Hinc sacro erumpere vultu
Fulgura, etc ... (Ib.)
Il n'en fallait pas tant. Les nymphes se le tinrent pour dit, et malgré la promesse de la douce sérénité du -visage, elles prennent peur et se sauvent toutes dans leurs antres, leurs cavernes, leurs étangs, etc.:
Illae autem trepidare, iterum petere antra, recessusque
Umbriferos, vallesque cavas, et stagna profunda (Ib.).
Cependant le héros arrive; mais on ne voit ni gardes, ni faste, ni appareil. Alors une Dryade se met à le regarder à travers le tronc d'un vieux chêne, et ayant aperçu Le Tellier en bonhomme, elle en fait part à ses compagnes. Alors accourent Gàlatée, la belle Lycoris, la blonde Thoë, la brune Éphyre, Ligea portant carquois et la candide Nina, pleine d'une pudeur couleur de rose, que la Seine achèterait au prix de toutes ses eaux, si ces dons pouvaient toucher son cœur virginal:
Hue Galatea venit, hic formosa Lycoris
Flava Thoe, subfusca Ephyre, pharetrata Ligea,
Ambae sequanides, rosei quoque plena pudoris
Candida Nina, emeret totis quain uxorius undis
Sequana, \irgineum pectus si dona moverent (207).
Ce n'est pas tout, elles appellent les nymphes de Versailles, de Saint-Cloud, et de plus Algon et Lycidas, et Ilax, et Alphésibée la terreur des loups, et Menalcas, et le petit Corylas, et le gros Palemon... et puis tous ensemble de loin regardent Le Tellier avec stupéfaction (stupuere).—La morale de la pièce, c'est que la nymphe du lieu, mademoiselle Églé, en rougit et apprit à ne pas afficher ses grands airs:
Nympha loci erubuit, tanto praesente magistro.
Dedidicit primos jam non temeraria fastus (208).
C'est là ce qu'écrivait un religieux, âgé alors de 54 ans, pour un vieillard qui en comptait 75, et c'est au conteur de ces gaudrioles, que quelques humanistes allèrent demander des paroles pour chanter Jésus-Christ et les saints dans les églises, à la place des vieux et pieux cantiques de saint Ambroise, de saint Grégoire, d'Augustin, etc." (A. Bonnetty, "Étude sur la vie et les ouvrages de Santeul", *Annales de philosophie chrétienne*, 25ème année, 4ème série, T. X, 49ème Volume de la Série, Paris, 1854, pp. 157-160)
[587]http://www.emblems.arts.gla.ac.uk/french/emblem.php?id=FALc171#N2FALc171
[588]http://www.fresques.net/amour-des-dieux.html

0.7.f.3. Conclusion provisoire sur la gravure de Dürer comparée au tableau du Corrège et le sens de cette comparaison dans le temps chronologique des oeuvres
Si l'on accepte l'indication par nous donnée, le contexte s'éclaire alors, puisque, d'une part, il permet de comprendre, iconographiquement, la question de la dichotomie - ou, comme nous l'avons nommée, tripartition - dans la gravure de Dürer, par comparaison avec le tableau du Corrège, non comme un hasard iconographique, mais avec un sens historique, que confirme la révision des livres d'emblèmes, aussi bien dans la structure générale des oeuvres (leur "tripartition") que dans leur motifs.

Et puisque, d'autre part, il justifie la correspondance, mais en même temps la différence, entre les deux oeuvres, montrant comment, alors que le Corrège aura intégré un discours de la Renaissance, par la dialectisation, pour le moins, de la figure d'Églé, complexifiée à partir des emblèmes et symboles de l'époque, non plus seulement comme moyen, mais comme cause (à l'instar de Giraldi) nécessaire à l'entrée dans le monde de la Connaissance (Dame Sagesse étant, durant toute la période, du bas Moyen Âge et de la Renaissance, jusqu'aux Béatrice de Dante et Polia de Colonna, la qui guidera le héros vers un voyage anagogique de son âme[589]), du réveil de Silène, pour accéder, théologisant la référence classique et païenne, au monde, non seulement du Savoir, mais de la Vertu en sens chrétien, Dürer, au contraire, intégrant les valeurs également de l'époque, que l'on retrouvera dans les livres d'emblèmes, notamment de la question, reprise par Boccace, Chaucer et Dante, des prédicateurs menteurs, et vendeurs d'indulgences (chez Chaucer, qui y dédie un personnage de sa troupe), représente, selon une iconographie, obligatoirement Renaissance, puisqu'inspirée des (ou parallèle aux) illustrations de Dante, une représentation encore d'origine médiévale, du Vice, entre le démon, figure des tympans et des *Jugements derniers*, et une autre, féminine, qui, qu'elle soit une tentatrice, comme ont voulu la voir les exégète, ou, comme nous le proposons, une image vertueuse (allégorie, certes, mais encore de Vertu), ou même, nous y reviendrons, une possible évocation de sainte, personnage de la femme nue à tel point marqué idéologiquement que, pour preuve, de nouveau, l'interprétation habituelle de la gravure, les commentateurs y ont vu le paradigme de la femme dans le concept médiéval, non moderne, de la nudité, comme expression de la conséquence du Péché originel.

En assumant, au contraire, que notre interprétation du mythe d'Églé soit fausse, reste quand même toujours l'opposition entre les satyres à l'action cosmique et, suivant Vivés, celle d'Églé, vicieuse (avaricieuse et terrestre, de moquerie et de négation - le démon qui voile l'Hérésie -). Le rapprochement entre Dürer et le Corrège nous permet donc toujours de montrer une série de réseaux, ce qui, au fond, nous importe, lesquels sont: le principe de dichotomie ou, encore une fois, tripartition, et la relation entre Vices et Vertus en une forme dialectisée par l'iconographie classique.

0.7.f.4. Dernières évidences pour la compréhension de l'iconographie d'Églé et son sens dans l'époque: Églé face à Silène
0.7.f.4.a. Les Vices, la Vertu et Églé, entre l'iconographie de Bacchus d'après Virgile et celle d'Hercule d'après Prodicus
La dichotomie rencontrée entre les personnages de l'*Allégorie des Vices* du Corrège se présente sous un aspect iconographiquement beaucoup plus clair lorsqu'on se reporte au *Silène ivre et endormi, attaché par la nymphe Eglé et des putti* (c. 1630-1639) de Karel Philips Spierinck[590], oeuvre dans laquelle, non seulement les deux satyres sont en retrait, visuellement dans l'ombre, mais où, autour de Cupidons qui cherchent à entourer, comme chez le Corrège, les jambes de Silène, mais aussi qui, *putti* ou petits satyres (révélés par leurs jambes caprines) à monter à l'arbre (dont on a dit son statut d'arbre du Péché), Églé, en robe bleue (division du groupe qui se conservera chez Van Dyck, avec Églé en bleu[591], ou associée, dans la

---
[589] Voir, en cela, notre travail sur ""*À mon seul désir"*: *Un voyage dans la pensée médiévale et le thème des Femmes Fortes"*.
[590] http://www.fine-arts-museum.be/fr/la-collection/karel-philips-spierinck-silene-ivre-et-endormi-attache-par-la-nymphe-egle-et-des-putti
[591] http://commons.wikimedia.org/wiki/File:Anthonis_van_Dyck_055.jpg

version de c. 1620[592], à un joueur de flûte[593] vêtu de bleu[594] par opposition à un *putto* qui tente encore de mettre vainement des grappes de raisin dans la main inerte de Silène ivre), digne et sérieuse pose son doigt sur la tempe du vieil ivrogne pour le réveiller.

Nous n'avons certes plus à faire là à une nymphe comique, volage (qu'elle redevient chez Noël Hallé, 3ème quart XVIIIème siècle, mais en conservant la robe bleue[595]), mais bien à une figure sérieuse, pieuse.

Iconographiquement d'ailleurs sa posture rappelle quelque peu celle de *Suzanne et les vieillards* (c. 1650) de Cornelis Schut[596], son geste en particulier du doigt, par opposition à celui, interrogatif et faussement religieux de l'un des deux vieillards.

Les *putti* montant au tronc de l'arbre chez Spierinck trouvent une double correspondance iconographique, tout d'abord avec ceux du décor[597] de plat [598](c. 1597-1600[599]) du *Satyre ivre* ou *Tazza Farnese*[600] d'Annibale Carracci[601], qui tendent les grappes des vignes grimpantes[602] qu'ils viennent de couper

---

[592] http://commons.wikimedia.org/wiki/File:Anthonis_van_Dyck_054.jpg
[593] "*The iconographic fusion of satyrs with other half-man, half-beast figures (such as Faun, Silenus, Bacchus, Pan, and Marsyas) goes hand in hand with the increasing association of satyrs with bestial behavior and monstrosity that begins only in the middle of the sixteenth century. In one of the most influential editions of Andrea Alciati's Liber Emblemata, published as Emblèmes d'Alciat by Macé Bonhomme (Lyon 1548) and reedited thirty-five times, Pan appears in three emblems: one preserves an earlier motto of obscure significance (that had first appeared in a 1534 Parisian edition), and the two others exalt the figure's negative and positive aspects. The image that presents Pan's negative side as an emblem of Luxure shows him blowing into an oversized wind instrument; the image appeared originally in the 1534 edition under a different motto, which demonstrates how printed illustrations were continuously adapted to the shifting meanings in their corresponding texts.*
The image of Pan blowing into the wind instrument (traditionally perceived as of an inferior hierarchy to string instruments), with its allusion to 'luxure' in the 1548 Alciati edition, offers a clue to the possible significance of the satyrs in Clouet's original version of the Bath of Diana, in which the satyrs hold similar wind instruments. At the same time, the instrument held by the satyr closest to the picture plane is practically identical to the horn carried by the horse rider in the middle ground, both of which are recognizable as the type of horn used by hunters. The horns then supply a hunting context to the painting (thus furthering the reference to Actaeon), yet recall the lustful overtones of wind-playing satyrs as presented in Alciati's emblem and in Marguerite's narrative. While Marguerite's poem would have been well known at the French court, emblem books such as Alciati's probably provided an important iconographic and symbolic source for artists. In light of the general pictorial associations of satyrs as the incarnation of desire, and the more specific connections in Alciati's emblem and Marguerite's text, it seems reasonable to assume that the presence of the satyrs in the Bath of Diana corresponds to such associations when considered in conjunction with the body language of the satyrs and women in the painting." (Patricia Zalamea, *Subject to Diana: picturing desire in french Renaissance courtly aesthetics*, Graduate School, New Brunswick, Rutgers, The State University of New Jersey, 2007, inédit, pp. 240-241) Voir sur la flûte versus Dieu Cats, pp. 83 et 93 de la Ière Partie, Emblèmes XLI (les singes qui dansent abrutis devant une sorte de joueur de flûte de Hamelin, alors que la main divine répartit des mânnes qu'ils ne savent voir) et XLVI.
[594] Le son de sa flûte, reprenant, bien sûr, celui des sons maléfiques de l'invitation au péché des livres d'emblèmes, n'en tient alors pas moins un rôle dichotomique, ne serait-ce que par l'affrontement visuel féroce du joueur avec le spectateur, de dénonciation de l'action qui se joue devant nos yeux. On notera qu'alors Églé porte une robe rose, de son activité printanière, que l'on a vue, mais en référence aussi à celle, par opposition rouge du vin du vêtement du troisième accompagnant à côté des satyres de l'autre toile, où elle est vêtue, au contraire, on l'a dit, de bleu. Deux interprétations s'offrent alors à nous, soit elle redevient l'image de la déchéance allègre (comme la tentatrice du choix d'Hercule lui frôlant le visage avec une fleur), soit le ton rosé, et non rouge, dichotomiquement défini, et associé au rouge, ici oublié, du vêtement du troisième accompagnant, des passions, certes, mais aussi de la rose détendant le rouge, et d'éveil (le rose de l'aurore, chez Bonaventure des Périers, cité dans Claude-Gilbert Dubois, *La poésie du XVIe siècle*, Presses Universitaires de Bordeaux, 1999, p. 162, mais aussi, avant tout, chez Henri Estienne dans ses *Odes anachréontiques* de 1554, cité *in ibid.*, p. 161: "*Au printemps couronné de fleurs, je veux associer la délicate rose, en un chant harmonieux. La rose est l'haleine des Dieux, la joie des mortels, l'ornement des grâces, en la saison fleurie des amours. Elle est le divertissement d'Aphrodite, le sujet des folies poétiques, la plante favorisée des Muses. Elle est douce à qui la veut cueillir sur l'épine en un sentier écarté [...]. De rose l'Aurore a les doigts, de rose les nymphes ont les bras, de rose Vénus a le teint.*") dans symbolisme étymologique et mythologique de donneuse de lumière (ce que confirme le symbolisme printanier et de vie de la rose dans l'Emblème XXXII "*Turpe Senilis Amor*" de Cats, p. 65 de la Ière Partie). Par opposition, lorsque cette fois, au Silène Spierinck ou Van Dyck, et dans l'ensemble des autres oeuvres, il n'y a l'obscurité dans laquelle se maintiennent les satyres, pour deux raisons: d'une part, on l'a dit, l'activité principale d'Églé dans le réveil de Silène, contrairement à la lecture que propose Vivés de Virgile, et, d'autre part, parce que ce réveil correspond à la découverte, la description, et à la contemplation de l'origine de l'univers, selon l'interprétation traditionnelle de la teneur des événements relatés dans son chant par Silène réveillé. Ainsi, dit autrement, là où les satyres sont encore dans l'ordre du péché (comme chez Spierinck ou la Tazza Farnese) et de l'obscurité (dans l'ensemble du *corpus*, conformément à l'église virgilienne), Églé apporte vie et lumière, raison et science, révélées ici par la couleur de sa robe, par opposition à celle du groupe des satyres, notamment dans la première oeuvre évoquée, qui correspond alors plus exactement au code vestimentaire de la Vertu-Minerve-Églé de notre actuel groupe étudié. En cela, lorsque cette fois, Églé devient l'une des figures récurrentes du bas Moyen Âge jusqu'aux Femmes Fortes, *Sapientia, Sagesse, Béatrice,* etc., de l'*Anti-Claudianus* (Fronésio ou Prudentia) au *Songe de Poliphile* (Polia) en passant par *Della Transmutatione Metallica* (Reale Filosofica), *Le chevalier errant* (Dame Cognoissance et Dame Fortune), *Roland Furieux* (Logistille), ou même *L'île aux esclaves* (Euphrosine), voir notre travail sur ""*À mon seul désir*": *Un voyage dans la pensée médiévale et le thème des Femmes Fortes*".
[595] http://www.culture.gouv.fr/Wave/image/joconde/0368/m062904_97-019970_p.jpg La présence du digne bélier (qui est pour nous una variante visuelle de l'autoritaire joueur de flûte de Van Dyck) dont le buste s'amusent les *putti* et auquel il essaient de donner à manger des feuilles de vignes et des grappes de raisins (apparemment avec succès, ce que l'on peut comprendre comme une défaite face à la tentation, ou, au contraire, la capacité de discernement, par opposition, cette fois, au Silène tellement ivre de Van Dyck, dans la version de c. 1620, qu'il n'arrive même pas à attraper les raisins offerts par le *putto*), *Notice historique sur les manufactures impériales de tapisseries des Gobelins et de Tapis de la Savonnerie, précédée d'un catalogue de Tapisseries qui y sont exposées,* Paris, Manufacture des Gobelins, 1864, p. 10, No 28 (tapisserie, c. 1775, par l'entrepreneur Cozette, d'après Hallé), pourrait bien représenter le caractère solaire, par opposition à la grotte de Silène.
[596] http://www.codart.nl/ul/cms/events/2838/large/1.jpg
[597] Dont les ébauches sont conservées sur une feuille de The Regenstein Collection, 1989.188R, http://www.artic.edu/aic/collections/artwork/113969
[598] "*engraving printed from a silver plate*", http://www.christies.com/lotfinder/prints-multiples/annibale-carracci-the-drunken-silenus-4958452-details.aspx
[599] *Museo di Capodimonte,* Milan, Touring Editore, 2002, p. 99; ou c. 1599, Helene E. Roberts, *Encyclopedia of Comparative Iconography: Themes Depicted in Works of Art,* New York & Abingdon, Routledge, 2013, p. 270.
[600] Le nom et le thème (mais sans que les auteurs justifient ce point de vue) seraient, selon le cité *Museo di Capodimonte*, p. 99, inspirés du camée antique de même nom, au décor externe de méduse, http://en.wikipedia.org/wiki/Farnese_Cup
[601] http://www.metmuseum.org/toah/works-of-art/27.78.1.150
[602] Il ne fait ainsi aucun doute qu'ils reproduisent l'image mythologique, ici culinaire et sans complexe (rappelons qu'il s'agit du décor d'un saucier pour le cardinal Odoardo Farnese, *Museo di Capodimonte*, p. 99), du péché d'Ampélos (en grec ancien Ἄμπελος, "vigne"), le jeune satyre, http://fr.wikipedia.org/wiki/Amp%C3%A9los, puni par le destin pour ne pas tenir compte des avertissements de son amant Bacchus, http://www.theoi.com/Georgikos/SatyrosAmpelos.html, souvent représenté auprès du dieu, notamment dans la statuaire, à la galerie Uffizi de Florence, http://en.wikipedia.org/wiki/File:Sommer,_Giorgio_(1834-1914)_-_n._1806_-_Bacco_e_Ampelo_(Firenze).jpg, ou chez Pierre-Étienne Monnot (1657-1733),

pour aider ou redoubler l'enivrement de Silène par un jeune et un vieux satyres, l'image devient ainsi évidente chez Spierinck, renforçant le symbolisme négatif et de péché de l'arbre: l'insistance autour du Silène marque son inscription dans le monde des plaisirs, dont ici personne ne le libère. Les *putti* de Spierinck, au contraire, l'enchaînent, précisément, avec les vignes dont il s'enivre.

La seconde correspondance iconographique, plus intéressante encore, est celle entre cet arbre aux *putti* de Spierinck, et la grotte d'où ils semblent tomber dans les emblèmes de Cartari[603]. Or cette chute permanente chez Cartari est celle des âmes dans le temple de Nature, illustrant Boccace, le Temps marquant leur nom, et le Soleil venant leur donner vie[604]:

"A la porte où demeure Nature, maintes ames vöt volans à l'entour, pourautant qu'elles descendent aux corps mortels, d'ou sortans en apres, elles vont au sein de l'Eternité." [605]

L'aspect cosmique de la rencontre de Silène et d'Églé chez Virgile se confirme encore ainsi. Mais plus encore, puisque l'identité visuelle entre les représentations du *"Silène molesté"* et celle d'*Hercule ivre soutenu par un faune et une faunesse* (1613-1614) chez Rubens, commandé au peintre par Vincent de Gonzague à Mantoue en 1601, a été notée par Stéphane Lojkine[606], ainsi que leur lien encore avec, chez le même artiste, *Le triomphe de la Vertu* (1615-1616), pendant d'*Hercule ivre*[607], et *Un héros couronné par la victoire* ou *Le triomphe de la Victoire*[608] (1630-1640), autre modélisation très similaire du *Triomphe de la Vertu*, qui couronne Hercule piétinant Silène chauve et portant à son tour une couronne de pampres.

Or, alors que dans l'*Hercule ivre* une figure féminine au second plan à gauche pour le spectateur et en robe bleue montre du doigt la tête d'Hercule, dans un geste très similaire à celui de la Vertu couronnant les vainqueurs dans les deux autres toiles, rappelons qu'Églé porte une robe également bleue chez Spierinck, qui est celle de la Théorie pour Ripa[609], symbole de *"mesure & justesse"*, *"humaine raison"*, *"ordre... & connaissance des principes"*, *"qui ne dépendent pas du sens, mais bien de l'entendement"*; *"Sa robe bleue montre, que comme par la lumiere cette couleur met des limites à notre vue: ainsi par le moyen du raisonnement, l'esprit humain n'a point d'autre but que Dieu mesme"*[610].

D'autre part, le dyptique d'*Hercule ivre* et du *Triomphe de la Vertu* ne fait que reprendre le motif commun d'*Hercule entre le Vice et la Vertu*, thème aussi connu comme *"Le choix d'Hercule"* (que l'on retrouve jusque dans le Tarot, avec l'arcane VI[611] de l'Amoureux[612]) provenant du philosophe stoïcien Prodicus[613] (c. 465-c. 395a.C), encore présent chez Annibale Carracci dans *Hercule à la croisée des chemins*

---

https://www.pinterest.com/jeanpaoletti/pierre-%C3%A9tienne-monnot/ et http://vinogruin.blogspot.com/2011/07/bacchus-ampelos-og-vinens-opprinnelse.html Confirme cette idée l'indétermination des jambes du *putto* de dos à gauche pour le spectateur chez Spierinck.
[603]Cartari-Lyon, p. 31.
[604]*Ibid.*, pp. 30-32.
[605]*Ibid.*, p. 31.
[606]Stéphane Lojkine, "Bacchanale et rire des dieux dans la peinture de Rubens: à propos d'un dessin de Silène et Églé", *Rire des dieux*, CRLMC, Presses universitaires Blaise-Pascal, Clermont-Ferrand, 2000, pp. 151-161, reproduit sur le site http://sites.univ-provence.fr/pictura/Fiction/Rubens.php
[607]"*Cette position avachie en arrière du Silène de Londres, entre homme et femme, reprend le dispositif d'un tableau de jeunesse du peintre représentant Hercule ivre soutenu par un faune et par une faunesse. Ce tableau actuellement conservé au musée de Dresde avait été commandé à Rubens par le duc Vincent de Gonzague lors du séjour du jeune homme à Mantoue (à partir de 1601). Hercule y apparaît titubant, soutenu par un faune et par une faunesse et figure allégoriquement le héros succombant à ses mauvaises passions, l'intempérance et la volupté. Or l'Hercule ivre fut peint avec un pendant, également conservé à Dresde, représentant la Vertu triomphante. Le demi-dieu y écrase victorieusement Silène ivre tandis qu'une Victoire ailée, à gauche, le couronne. A droite, Vénus contemple maussade le triomphe de sa rivale assise de dos. Appuyé à elle, Cupidon joue les enfants mécontents. Au dessus des deux, l'Envie, sur le modèle de celle de Giotto, avale un serpent. Ce tableau renferme les points pour le duc de Mantoue désignaient-ils déjà, derrière les deux figures du père, les deux modalités du féminin et les deux instances symboliques?*" (*Ibid.*)
[608]http://utpictura18.univ-montp3.fr/GenerateurNotice.php?numnotice=A0937
[609]Ripa, *Iconologie*, Paris, Chez Lauren d'Houry, 1681, I. Partie, "Theorie. CLXI", p. 239.
[610]*Ibid.*, pp. 239-240.
[611]Selon Vincent Beckers, "Symbolique de la carte du tarot l'Amoureux", http://www.cours-de-tarot.net/tarologie_fr/page/symbolique_carte_tarot_amoureux#.VKYPPdKG_Jk; voir aussi l'interprétation, parallèle, ésotérique, de "*L'AMOUREUX (Arcane 6)*" dans http://secretsdutarot.blogspot.com/2012/09/lamoureux-arcane-6.html
[612]http://3.bp.blogspot.com/-kraSZP3JM6E/UQhGRrvuBpI/AAAAAAAAADE/XVZJreIpNE0/s1600/6Amoureux.tif
[613]"*Voici le texte du philosophe Prodicus, qui nous raconte le choix d'Hercule à la croisée des chemins...
A peine sorti de l'enfance, à cet âge où les jeunes gens, devenus maîtres d'eux-mêmes, font déjà voir s'ils suivront, pendant leur vie, le chemin de la vertu ou celui du vice, Hercule s'assit dans un lieu solitaire, ne sachant laquelle choisir de deux routes qui s'offraient à lui.
Soudain il voit s'avancer deux femmes d'une taille majestueuse. L'une, joignant la noblesse à la beauté, n'avait d'ornements que ceux de la nature; dans ses yeux régnait la pudeur; dans tout son air la modestie; elle était vêtue de blanc. L'autre avait cet embonpoint qui accompagne la mollesse, et, sur son visage apprêté, la céruse et le fard altéraient les couleurs naturelles; la démarche altière et assurée, les regards effrontés; parée de manière à laisser entrevoir tous ses charmes, elle se considérait sans cesse elle-même, et ses yeux cherchaient des admirateurs; que dis-je? elle se plaisait à regarder son ombre. Lorsqu'elles furent toutes deux plus près d'Hercule, la première vint à lui sans hâter le pas; mais l'autre, voulant la prévenir accourut vers lui.*

(1595), ou *Hercule entre le vice et la vertu* (versions de Turin, 1742, et de Saint-Petersbourg, 1765) de Pompeo Batoni[614]; dans l'ensemble de ces oeuvres, la Vertu, sous les traits militaires de Minerve (la Sagesse) chez Batoni, porte toujours une robe bleue[615] (jusque, encore, dans le Tarot[616], comme la porte aussi le Temps libérant la Vérité dans l'une des deux versions du Prado, c. 1622-1625, de Rubens[617], bien que la robe du Temps devienne rouge dans le contemporain *Triomphe de la Vérité*[618] du Cycle de Marie de Médicis). Chez Carracci, la Vertu, avec le même geste du doigt que la figure féminine derrière *Hercule ivre* et la Vertu des deux *Victoires* chez Rubens, indique à Hercule pensif, assis sur un rocher, Pégase en haut d'un mont, version dominée du cheval des passions, par exemple, chez Le Titien. C'est un temple que montre Minerve à Hercule chez Batoni, alors que la tentation lui frôle doucement le visage d'une fleur, et qu'un *putto*, pour nous convaincre définitivement de l'identité de nature entre les passions du héros de l'image et les actions des *putti* qui la mettent en scène, dans le cas du *Silène ivre*, essaie de lever la massue[619], symbole

---

« Hercule, lui dit-elle, je vois que tu ne sais quel chemin tu dois prendre. Si tu me fais ton amie, je te conduirai par la route la plus douce et la plus facile; aucun plaisir ne te sera refusé; aucune peine n'affligera ta vie. D'abord tu n'auras à redouter ni la guerre, ni les vains soucis: ta seule occupation sera de trouver les boissons et les mets qui pourront te plaire, ce qui flattera le mieux, à ton avis, les yeux et les oreilles, l'odorat et le toucher; les amours avec toute leur ivresse; le sommeil avec toute sa douceur; et tu ne songeras qu'au moyen le plus court d'être heureux. Et, si tu crains de manquer jamais des trésors qui achètent les Plaisirs, rassure-toi, je t'en comblerai, sans prescrire jamais à ton corps ni à ton esprit des travaux pénibles: tu jouiras des travaux des autres; tout, pour t'enrichir, te sera légitime je donne à ceux qui me suivent le droit de tout sacrifier au bonheur. — Et vous que je viens d'entendre, répondit Hercule, quel est votre nom? — Mes amis, dit-elle, me nomment la Félicité; mes ennemis, mes calomniateurs, m'ont appelée la Volupté. »
Cependant l'autre femme s'était avancée. Elle parle en ces mots: «Et moi aussi, Hercule, je parais devant toi, c'est que je n'ignore pas de qui tu tiens le jour, c'est que ton éducation m'a révélé ton caractère. J'espère donc, si tu choisis ma route que tu vas briller entre les grands hommes par tes exploits et tes vertus, et donner ainsi un nouvel éclat à mon nom, un nouveau prix à mes bienfaits. Je ne t'abuserai pas en te promettant les plaisirs; j'ose t'apprendre avec franchise les décrets des dieux sur les hommes. Ce n'est qu'au prix des soins et des travaux qu'ils répandent le bonheur et l'éclat sur votre vie. Si tu désires que les dieux te soient propices, rends hommage aux dieux; si tu prétends être chéri de tes amis, que ton amitié soit généreuse; si tu ambitionnes les honneurs dans un état, sois utile aux citoyens; s'il te paraît beau de voir tous les Grecs applaudir à ta vertu, cherche à servir la Grèce entière; veux-tu que la terre te produise des fruits abondants? Tu dois la cultiver; que tes troupeaux t'enrichissent? Veille sur tes troupeaux; aspires-tu à dominer par la guerre, à rendre tes amis libres et tes ennemis esclaves? Apprends des guerriers habiles l'art des combats et que l'expérience t'enseigne à le pratiquer, veux-tu enfin que ton corps devienne robuste et vigoureux? Soumets-toi de l'accoutumer à l'empire de l'âme, et à l'exercer au milieu des fatigues et des sueurs.»
Sa rivale l'interrompit: «Ne vois-tu pas, Hercule, les obstacles et la longueur de cette route qui mène, dit-on, au bonheur? Moi je t'y conduirai par un chemin court et fleuri.»
«Malheureuse, reprends la Vertu, de quel bonheur viens-tu parler? Quels plaisirs connais-tu, toi qui ne veux rien faire pour en mériter, toi qui préviens tous les besoins qu'il est doux de satisfaire et jouis sans avoir désiré; toi qui manges avant la faim, qui bois avant la soif; qui, pour assaisonner tes mets délicats, emploies les mains les plus savantes; qui pour boire avec plus de charme, amasses des vins somptueux et court çà et là chercher de la neige en été; qui pour dormir plus doucement, imagines de fins tissus, de riches tapis étendus sous des lits superbes? Tu cherches le sommeil, non par besoin du repos mais par oisiveté. Dans l'amour, tu préviens et tu outrages la nature; et tes amis, instruits par tes leçons, passent la nuit en plaisirs coupables, et la plus utile partie du jour dans une lâche inaction. Quel homme voudrait te croire quand tu lui parles, te secourir quand tu l'implores? Quel homme sensé oserait se mêler à tes vils adorateurs? Jeunes, ils traînent un corps languissant; plus âgés leur raison s'égare; aux brillants plaisirs d'une jeunesse oisive, succèdent les ennuis d'une laborieuse vieillesse; honteux de ce qu'ils ont fait, accablés de ce qu'ils font, ils ont couru, dans leur premier âge, de délices en délices, et réservé tous les maux pour leur déclin. Moi, je suis la compagne des dieux, la compagne des mortels irréprochables; sans moi, rien de sublime parmi les dieux ni sur la terre. Je reçois les plus grands honneurs, et les puissances divines; et de ceux d'entre ceux d'entre les hommes le droit de m'honorer. L'artisan n'a personne qui le soulage plus que moi dans ses peines; le chef de famille n'a pas d'économie plus fidèle; l'esclave, d'aide plus assurée; les travaux pacifiques, d'encouragement plus efficace; les exploits militaires, de meilleur garant de triomphe; l'amitié, de nœud plus sacré. Ceux qui me chérissent trouvent dans le boire et le manger un plaisir qu'ils n'achètent pas; ils attendent seulement que le besoin leur ait commandé. Le sommeil leur est plus agréable qu'aux riches indolents; mais ils se réveillent sans chagrin, et jamais l'heure du repos n'a pris sur celle du devoir. Jeunes, ils ont le plaisir d'entendre les éloges des vieillards; vieux, ils aiment à recueillir les respects de la jeunesse. C'est avec soin qu'ils se rappellent leurs actions passées; ils font avec joie ce qui leur reste à faire; et c'est moi qui leur concilie la faveur des Dieux, l'affection de leurs amis, les hommages de leurs concitoyens. Quand le terme fatal arrive, l'oubli du tombeau ne les ensevelit pas tout entiers, mais leur mémoire, toujours florissante, vit dans un long avenir. Imite leur grande âme, ô jeune héros! sois digne du sang généreux qui t'a fait naître et je te promets le bonheur et la gloire.» http://tirages-de-tarot.over-blog.com/article-l-amoureux-ou-le-choix-d-hercule-75715485.html)
[614]http://utpictura18.univ-montp3.fr/GenerateurNotice.php?numnotice=A0646, http://utpictura18.univ-montp3.fr/GenerateurNotice.php?numnotice=A3679, http://utpictura18.univ-montp3.fr/GenerateurNotice.php?numnotice=A1794
[615]Sans doute cette dualité de figures entre la Vertu et le Vice, propre du discours, comme on le voit, à l'ambiance de Mantoue, agit comme une représentation, dans le cas de l'Églé de Spierinck, de l'âme lavée (qui se "*purge avec le vin*", p. 497) par l'action bacchique, comme la décrit Cartari-Lyon, pp. 495-497, et comme l'illustre la figure féminine, vertueuse, qui, dans l'édition ici citée, se détache du groupe en le dirigeant et est abordée par un satyre avec syrinx, mais dans d'autres versions (comme celle de 1647, http://lh6.ggpht.com/_5e7P4Y3Wo3w/Ssqe4mhtC3I/AAAAAAAARA/rTbbN_u5ajk/05CartaridrunkDionA.jpg), au contraire, se détache derrière la procession, en indiquant du doigt, comme l'ensemble des figures du groupe ici présentées, Vertu ou Églé, le vase de Bacchus livré comme dans son iconographie ivre.
[616]Voir les images de http://secretsdutarot.blogspot.com/2012/09/lamoureux-arcane-6.html, le personnage de droite (pour le spectateur) s'habillant en général de bleu ("*Tout comme dans la parabole d'Hercule au carrefour, il a à choisir entre le vice et la vertu, entre la route gauche qui mène aux enfers et la route de droite qui mène aux champs de bienheureux.*", *ibid.*), alors que, conformément à l'alternance que nous retrouvons dans l'iconographie d'Églé, celui de gauche se vêt en prédominance de rouge (couleur de la passion), pour compliquer le choix de l'Amoureux, arcane également nommée Hésitation, ses figures, cependant, arborent des habits qui combinent ces deux couleurs (ou ont une forte composante bleue, ou bien verte), la différence devenant parfois compliquée de remarquer.
[617]http://lh4.ggpht.com/-oJ2uxiId1KA/TDk5iU0liix1/AAAAAAAAE2o/hWsg2W4lopA/s800/1626%252520%252520Rubens%252520La%252520Victoire%252520de%252520la%252520V%2525253%25252C3%252525A9rit%2525252C3%25252525A9%252520de%252520l%2525252527Eucharistie%2525252C3%25252527sur%2525252520%25252525272C3%252525A9sie%252520The%252520Victoire%252520of%252520the%252520Truth%252520of%252520Eucharistie%252520on%252520Heresy%252520.jpg
[618]http://commons.wikimedia.org/wiki/File:Rubens_medici_cycle_triump_of_truth.jpg?uselang=fr
[619]Reprise inverse du thème et de son sens classique: "*As to Hercules's amours, and his weaknesses for women: it was a very common subject among the antient artists, to make Cupids taking away his club; or to represent him (like the vast St. Christophers of the modern statuaries,) bending under a little boy. This was to shew that he, who conquered all other difficulties, was a slave to love and that Cupid disarmed him of all his force.*" (Spence, *Polymetis: or, An Enquiry concerning the Agreement Between the Works or the Roman Poets, and the Remains of the Antient Artists. Being An Attempt to illustrate them mutually from one another*, Londres, J. Dodsley, 1755, "*Dialogue the ninth*", pp. 126-127) Lequel rejoint en cela celui de Mars et Vénus, voir notre ouvrage "*Le cuirassier blessé quittant le feu*" et l'apologie patriotique chez Théodore Géricault, ce qui explique peut-être la confusion iconographique de motifs, entre celui du cheval des passions vaincu et celle de la Paix chez Jan van de Hoecke, comme nous allons le voir.

du pouvoir du demi-dieu (alors que chez Rubens, la peau de lion s'éloigne moqueuse, acquérant vie propre, de son propriétaire dans l'*Hercule ivre*). Dans *Hercule entre le vice et la vertu* (1640-1650) de Jan van de Hoecke[620] c'est, du côté de Minerve, un symbole duel, qui s'associe à la sagesse, reprenant celui de Carracci, puisque c'est le cheval dompté et bridé, symbole classique de la Paix[621], qui y apparaît.

Girolamo di Benvenuto (fin du XVème siècle) ou Sadeler (fin du XVIème siècle) produisirent également leurs versions du thème d'*Hercule à la croisée des chemins*.

0.7.f.4.b. Silène face à lui-même dans la mythologie, dans l'art et dans la littérature, comme confirmation par opposition du statut d'Églé dans notre lecture du groupe

On trouve une possible origine visuelle d'Églé aux mains avec des serpents dans l'*Allégorie des Vices* du Corrège (1528-1530[622]) dans *Le Songe de Poliphile* (1467[623]):

"Ce satyre tenait l'arbousier par ses rameaux, avec la main gauche, et, le tirant violemment, l'infléchissait au-dessus de la nymphe assoupie, avec l'intention évidente de lui faire une ombre agréable. De la main droite, il soulevait l'extrémité d'une courtine attachée par l'autre bout aux branches voisines du tronc. Entre l'arbre feuillu et le satyre se trouvaient deux satyreaux enfants. L'un tenait un vase, l'autre des serpents qui s'enroulaient autour de ses mains."[624]

Iconographie qui doit, effectivement, se comprendre par rapport à celle de la *Vénus et un satyre, une Allégorie de la Chasteté vaincue* de Cornelis Van Poelenburch, puisqu'en effet, chez Alciati (1584, L6v f102v), le Faune ("*Luxuria. EMBLEMA LXXII.*") est symbole de "*paillardise*":

"Luxure, ou paillardise.
Faunus au pied-bouquin, coronné de roquette,
Representé icy, nous montre apparemment
L'acte de Paillardise, où trop desbordement
On se lasche en desir qui n'est bon ny honneste.
Car la Roquette eschauffe, & le Bouc est tousjours
Bruslant du feu villain de ses salles amours:
Les Satyres paillars de mesme tousjours saillent
De grand ardeur qu'ils ont, & les Nymphes travaillent.
Icy sont les vrayes marques de la paillar-
dise. Le Satyre, ou le bouc (qui est un ani-
mal fort paillard, & enclin au deduit Vene-
rien) estant coronné de Roquette, herbe de
qualité fort chaude (ditte des Latins eruca
ab urendo, parce qu'elle brusle) signifie que la
paillardise est villainement puante en son
act, & eschauffee en son affection & premier
mouvement."[625]

Ces "*eruca ab urendo*" peuvent bien nous reporter au feu qui endort l'âme paresseuse chez Bosch ou dans la gravure ici étudiée de Dürer.

En sens comique, la gravure *The Festival of the Golden Rump* ou *A satyr on a pedestal kicks out at a magician while a priest Wellcome* (1737)[626] présente la satyre comme une idole, alors qu'une figure féminine, une prêtresse, essaie de lui mettre un soufflet entre les fesses.

---

[620]http://sites.univ-provence.fr/pictura/GenerateurNotice.php?numnotice=A5225
[621]Voir notre ouvrage *"Le cuirassier blessé quittant le feu" et l'apologie patriotique chez Théodore Géricault*.
[622]http://mini-site.louvre.fr/mantegna/acc/xmlfr/section_8_5.html
[623]http://fr.wikipedia.org/wiki/Hypnerotomachia_Poliphili
[624]Francesco Colonna, *Le songe de Poliphile, ou, Hypnérotomachie*, Paris, Isidore Liseux, 1883, Genève, Slatkine, 1994, p. 112.
[625]http://www.emblems.arts.gla.ac.uk/french/emblem.php?id=FALc072
[626]"*A satyr on a pedestal kicks out at a magician while a priestess attempts to insert a clyster-pipe; depicting a play called 'The Golden Rump' satirising King George II with his wife and Sir Robert Walpole. Engraving, 1737.*
Iconographic Collections
English: *A satirical lithographic print which illustrates the plot of The Golden Rump, a farcical play of unknown authorship (though often ascribed to Henry Fielding) said to have been written in 1737. The play has never been performed on stage or published in print, and since no manuscript survives there is doubt over whether it ever existed in full. The play was first mentioned in an anonymous allegory called A Vision of the Golden Rump published in two parts in the*

Chez Jusepe de Ribera, qui possède un *Satyre puni par Cupidon*[627] et attaché au tronc d'un arbre (l'Amour, supposons divin ou désintéressé, punissant le corps et libérant l'âme des pulsions les plus basses - de fait, Adam tenant fortement l'arbre du péché d'une main[628] est une image qu'on rencontre bien et peut être lue comme l'attachement entre les amoureux, selon Otto Van Veen[629] -), le *Satyre saoul*, dont il existe plusieurs versions (dont une de 1628 sans les attributs symboliques, mais avec un *putto* mangeant des raisins, également couché par terre[630], et où l'on notera, au fond à gauche pour le spectateur une tête de femme endormie la tête posée sur sa main qui tient une cymbale - peut-être Églé, qui ne peut qu'être, en tant qu'illuminatrice, endormie par l'ivresse de Silène -), au contraire, dans la version de 1626[631] (dont il existe des gravures[632]), alors qu'au-dessus de Silène, dans la partie, cette fois droite en haut, un satyre parle à l'oreille d'une figure féminine expectative, les attributs doivent retenir notre attention: l'âne bramant de Silène, qui renvoie, comme chez Giovanni, à l'épisode de Lotis; le serpent, symbole de luxure (ou, moins probablement, pour le jeu d'opposition dans l'image, de la prudence); la tortue, symbole de prudence[633] et du traditionnel "*Fetina lente*" ("*Hâte-toi lentement*", devise du duc Côme Ier de Médicis)[634] jusque dans les fables; et le coquillage, associé traditionnellement à Vénus et à la virginité féminine[635].

L'alternance entre le *Silène ivre* (1618), où les personnages, inclus les féminins, ne sont plus que des villageois se moquant de l'ivrogne, trébuchant sur une peau d'animal et soutenu par un noir (référence probable au Bacchus indien) en habit rouge (qui conserve l'emblématique antérieure), et le *Bacchus* (1638-1640), personnage obèse et orgueilleux, qui foule au pied le félin[636] vaincu (autre référence au jeune, viril et victorieux, Bacchus indien, difficile de concevoir sous le poids de toute cette chair molle) et à qui une femme rempli la coupe, perd chez Rubens[637] son contenu symbolique pour se retourner vers des scènes rabaissées, à la manière hollandaise (on pense à Bosch et Brueghel comme modèles du principe), et préfigurant ainsi le XIXème siècle et l'impressionnisme, au monde vulgaire du peuple dans le visages, les poses et l'absence de toute référence mythologique autre que pittoresque clairement visible. En effet, seul l'opposition de mouvement des figures évoque leur sens, alors que Silène chancelle tristement vers l'avant, Bacchus bien droit montre ainsi sa souveraineté.

La conclusion du *Faux Cuyder* de Marguerite de Navarre, où les nymphes, abandonnées par les satyres, demandent pardon à Diane, qui les châtie[638], reproduit se statut du satyre comme être luxurieux.

Toutefois, le réveil du satyre n'a pas exactement ce symbolisme. À un niveau des plus basiques, on l'a vu, il représente l'accès à une illumination. Comme le comprendra l'alchimie encore[639].

Opposition journal Common Sense on 19 and 26 March 1737. According to an article in The Rambler's Magazine (1787), pp. 484–485, The Golden Rump was allegedly written at Robert Walpole's instigation to encourage King George II to bring in the Licensing Act 1737 which empowered the Lord Chamberlain to approve all theatre plays before they were staged." (http://commons.wikimedia.org/wiki/File:A_satyr_on_a_pedestal_kicks_out_at_a_magician_while_a_priest_Wellcome_V0011280.jpg)
[627]http://www.artic.edu/aic/collections/artwork/76133
[628]https://web.stanford.edu/class/history13/earlysciencelab/body/femalebodypages/malegenat17cent.gif reproduit sur le site https://web.stanford.edu/class/history13/earlysciencelab/body/femalebodypages/genitalia.html
[629] Van Veen, *Les emblemes de l'amour humain*, p. 4.
[630]http://webcache.googleusercontent.com/search?q=cache:Amm1cBOOkXAJ:www.metmuseum.org/collection/the-collection-online/search/650859+&cd=2&hl=en&ct=clnk&gl=ni
[631]http://3.bp.blogspot.com/-0UYa67_1UgI/T9_7nQgVPII/AAAAAAAA68/zbzk3w1Gp6s/s640/598px-Ribera_Drunken+Silenus.jpg
[632]http://commons.wikimedia.org/wiki/File:Bacchus_reclines_while_a_satyr_fills_his_bowl_and_Pan_adorns_Wellcome_V0019444.jpg
[633]On l'a déjà vu; voir section Cats, pp. 29 et 95 de la Ière Partie, Emblêmes XIII (XIV) et XLVII.
[634]Guy de Tervarent, *Attributs et symboles dans l'art profane: dictionnaire d'un langage perdu (1450-1600)*, Paris, Droz, 1997, art. "*Tortue*", p. 444.
[635]Isabelle Beccia, *Vanités "Divertir l'oeil sans égarer l'esprit"*, Musée des Beaux-Arts de Bordeaux, pp. 11, 16, 18 (religieux: "*Il faut rechercher l'origine de la croyance dans le symbolisme féminin de la coquille, déjà présent dans la légende de l'huître perlière rapportée par Pline l'Ancien et reprise dans les textes exégétiques du Moyen Âge et de la Renaissance : la fécondation se produirait en effet grâce à la rosée qui pénètre entre les valves ouvertes à certaines périodes de l'année. L'exégèse biblique, relevant la nature anthropomorphique de cette légende, voit une similitude entre la fécondation de l'huître et celle de la Vierge par l'opération de l'Esprit Saint, et elle suggère que la coquille doit être interprétée comme un symbole de Marie*"). https://www.google.com.ni/url?sa=t&rct=j&q=&esrc=s&source=web&cd=1&cad=rja&uact=8&ved=0CB8QFjAA&url=http%3A%2F%2Fwww.musba-bordeaux.fr%2Fsites%2Fmusba-bordeaux.fr%2Ffiles%2Fimages%2Farticle%2Fvanites.pdf&ei=VfSiVMCBK4GKNqOwhNgN&usg=AFQjCNHaZSr8O6Ss1vd6-LbzYEKrD6jaYQ&bvm=bv.82001339,d.eXY
[636]Pour une analyse des motifs de l'oeuvre, voir http://utocat.fr/silene.html
[637]http://hoocher.com/Peter_Paul_Rubens/Peter_Paul_Rubens.htm
[638]*The Pleasure of Discernment : Marguerite de Navarre as Theologian: Marguerite de Navarre as Theologian*, Oxford University Press, 2000, p. 51.
[639]Associant dans leur croyance deux éléments vus chez Van Dyck: la rosée (ou urine) et le satyre: "*Amatus Lusitanus est un des premiers qui aient parlé de Yhomunculus. Il assure avoir vu, dans une fiole, un petit homme long d'un pouce que Julius Camillus avait fabriqué par les procédés alchimiques. Paracelse (de Naturâ rerum) soutient que les pygmées, les faunes, les nymphes et les satyres ont été engendrés par la chimie. Il rapporte le procédé qui permet de préparer*

De même, Jacob Cats par son *Silenus Alcibiadis, sive Proteus* (1618) reproduit cette idée, également alchimique[640], et le titre même, marque l'idée de révélateur de Silène[641]. Ouvrage dont la gravure d'entrée de la dernière partie[642], qui montre la main de Dieu prenant une grappe de raisins soutenue par deux *putti* confirme encore cette différentiation.

Wendy Beth Hyman[643], rapprochant les conceptions naturelles de Pline à propos du rossignol, et de Nashe, Spenser, Marlowe et Wither sur les oiseaux mécaniques, et le statut du silène, laid dehors mais beau dedans, de Platon à Rabelais, marque encore, bien qu'indirectement, le rôle de Silène, la flûte de Pan, et du rossignol, comme "*mourning Ditty*" en reprise de Diego de San Pedro (c. 1500). Opinion partagée encore par Celeste Marguerite Schenck lorsque, citant Edgar Wind (*Pagan Mysteries in the Renaissance*), elle voit en Silène une figure nettement orphique :

"*Wind reminds us of the conflation in Alcibiades' Symposium speech of the names of Socrates, Silenus (a Bacchic follower), and Marsyas: Orphic initiation is founded upon tearing apart to make whole; laying bare the rough exterior, one reveals the reach inner man.*" [644]

Ce rôle de révélateur, à partir, comme Rabelais, de Platon, Érasme l'affirme encore dans son *Éloge de la Folie* (1511) :

"*Si l'expérience équivaut à l'exacte appréciation des réalités, écoutez combien s'en éloignent ceux qui précisément s'en réclament. Il est constant tout d'abord que toutes choses humaines ont, comme les Silènes d'Alcibiade, deux faces fort dissemblables. La face extérieure marque la mort; regardez à l'intérieur, il y a la vie, ou inversement. La beauté recouvre la laideur; la richesse, l'indigence; l'infamie, la gloire; le savoir, l'ignorance. Ce qui semble robustesse est débilité; ce qui semble de bonne race est vil. La joie dissimule le chagrin; la prospérité, le malheur; l'amitié, la haine; le remède, le poison. En somme, ouvrez le Silène, vous rencontrerez le contraire de ce qu'il montre.*"[645]

Même si Silène conserve encore chez lui pourtant toujours de son image de débauche :

"*Depuis qu'ils l'ont chassé, les Dieux s'amusent davantage et beaucoup plus librement. Ils mènent la vie facile, comme dit Homère, et nul ne les censure plus. Comme il leur prête à rire, le Priape de bois de figuier! Comme ils se divertissent aux larcins et aux escamotages de Mercure! Vulcain, à leur banquet, devenu l'habituel bouffon, arrive en claudiquant, débite ses malices et ses énormités, et toute la table crève de rire. Puis Silène, barbon lascif, leur danse la cordace avec le lourd Polyphème, tandis que le chœur des Nymphes les régale de la gymnopédie. Des Satyres, aux jambes de bouc, leur jouent des farces atellanes. Avec quelque chanson idiote Pan les fait tous pouffer, et ils préfèrent son chant à celui des Muses, surtout à l'heure où le nectar commence à leur monter à la tête. Comment conter ce que font, après le repas, des dieux qui ont bu consciencieusement? C'est tellement fou que je me pourrais quelquefois m'empêcher d'en rire. Mais mieux vaut, sur ce point, se taire comme Harpocrate, de peur que quelque dieu Corycéen ne nous écoute révéler des choses que Momus lui-même n'a pu dire impunément.*"[646]

Ce que les auteurs n'hésitent souvent pas à considérer comme une représentation inversement christique de Silène, bien qu'ils ne semblent pas voir que cette lecture même n'est possible que par opposition.
Même considération par eux pour Rabelais :

"*Arrivant à table, frère Jean réclame de l'eau. Mais très vite, le « bon piot » la supplante. Transformant l'eau en vin, la parole du moine opère un premier miracle, analogue à celui d'une autre parole inspirée: celle du Christ aux noces de Cana. Ce même Christ que le moine aurait, lui,*

---

l'homunculus, et de s'ériger ainsi à peu de frais en nouveau Prométhée*. Cependant les alchimistes eux-mêmes ont combattu cette extravagance. La fabrication de l'homunculus est rangée par Kunckel parmi les non entia chimica : « Homo, secretâ ratione, in vitro, vel ampullâ chimicâ, arte fabricatus, est non ens, » nous dit-il dans son Laboratorium chymicum. Ce qui n'empêchait pas des imposteurs et des alchimistes ambulants de mettre l'idée à profit. Ils assuraient que l'homunculus se forme dans l'urine des enfants; qu'il soit d'abord invisible et se nourrit alors de vin et d'eau de roses; un petit cri annonce sa naissance. On montrait même publiquement la formation de l'homunculus. Le procédé consistait à glisser dans le vase quelques osselets d'ivoire; on les présentait ensuite aux spectateurs en disant que c'était le squelette de l'homunculus, mort faute de soins." (Louis Figuier, *L'alchimie et les alchimistes ou essai historique et critique sur la philosophie hermétique*, Paris, Victor Lecou, 1854, p. 66)
[640]Voir les modifications apportées par Van Vreeswijck à l'ouvrage de Cats (Alison Adams et Stanton J. Linden, *Emblems and Alchemy*, Paris, Droz, 1998, p.6).
[641]C'est le Pan initial, le dieu-monde de l'antiquité, "*the nebulous impure ether, with a duplicate real, and promise of a more perfect life to come. The same in Silenus is satirically personified the most venerable preceptor of the God of Wine; and this is Pan, and the foundation of the great Saturnian Monarchy of the Freed Will, which was once circumscribed in Intellect, for the manifestation of its Light.*" (Mary Anne Atwood, *Hermetic Philosophy and Alchemy* (The Sacred Books), sans lieu d'édition http://jazzybee-verlag.de/, Jazzybee Verlag, 2012, sans numéro de pages)
[642]Cats, p. 394 de l'ouvrage sur le site https://archive.org/details/silenusalcibiadi00cats
[643]Wendy Beth Hyman, *The Automaton in English Renaissance Literature*, Farnham, Ashgate Publishing, 2013, pp. 159-160.
[644]Celeste Marguerite Schenck, *Mourning and Panegyric: The Poetics of Pastoral Ceremony*, Penn State Press, 1988, p. 58.
[645]Érasme, *Éloge de la Folie*, p. 50, http://classiques.uqac.ca/classiques/erasme/eloge_de_la_folie/erasme_folie_fig.pdf
[646]*Ibid.*, pp. 34-35.

défendu au jardin des Oliviers! Ce rapprochement autorise une autre lecture: loin de ne transcrire que la joie et la liberté du banquet, la parole du moine est porteuse d'un sens caché. Le vin, breuvage «céleste» et «riant», permet de dévoiler l'inspiration divine [Note 14: C'est le sens de la fin du prologue du Gargantua. Voir sur ce point l'ouvrage très éclairant d'Emmanuel Naya, Rabelais: une anthropologie humaniste des passions, Paris, PUF, 1998, p. 87 sq. L'auteur y rapproche le prologue du Gargantua du Problème XXX d'Aristote: «L'inspiration mélancolique qui peut être produite par le vin nécessite un enthousiasme, une union avec la divinité » (p. 88).]. Silène ivre, enchaîné par son froc qu'il refuse de quitter, frère Jean laisse entendre un message insoupçonné. [Note 15: C'est dans la sixième églogue des Bucoliques de Virgile que l'on trouve la fable de Silène. Ivre, enchaîné de fleurs, barbouillé de jus de mûres par la nymphe Eglé, Silène déploie son chant, riche d'un savoir cosmique et mythique tout à coup dévoilé. Pour Erasme («Les silènes d'Alcibiade»), le Christ est aussi un Silène.][647]

Ainsi, on le voit, soit par inversion (Érasme), soit par le recours comique (l'eau substituée par le vin et qui provoque l'éloquence soudaine de l'orateur, la laideur légendaire de Socrate), Silène agit comme un révélateur, du moment qu'il est transporté, surmonté, distingué de lui-même.

C'est, au fait, ce qui confirme encore l'ensemble de notre compréhension visuelle du *corpus*, et du statut d'Églé.

Et c'est ainsi encore chez Érasme que l'on trouve la réaffirmation du symbolisme de purification des mûres:

"*Yet there are plenty of countervailing arguments. Erasmus did declare his love for Thomas Grey, but he also made the nature of that love explicit: "we were brought together not by considerations of advantage or pleasure, or any youthful whim, but by an honorable love for letters and for the studies in which we shared...Since, then it is this kind of love that unites us, you need not fear that our friendship can be threatened by such untoward events as we continually see imperiling friendships of the common sort. The greater your affection for innocence and literature, the dearer you will be to me. For my part, I shall think I reap an ample harvest from my love for you if I observe that the notable disposition to virtue, which I was the first to remark in you, has with my aid fully ripened." And the postscript to this letter reads: "Do not be surprised at the new color of my writing; you should be apprised that lover's letters are written with their blood! For want of ink, I wrote this in mulberry juice.*'"[648]

---

[647]Christiane Deloince-Louette, "*Frère Jean des Entommeures : chasseur et cynique*", Revue d'histoire littéraire de la France, 2001/1, Vol. 101, pp. 3-20, http://www.cairn.info/zen.php?ID_ARTICLE=RHLF_011_0003#pa26
[648]http://www.erasmatazz.com/library/erasmus-the-hero/erasmus-was-not-gay/the-thomas-grey-affair.html Lettre de conclusion d'évidence qui a cependant, incompréhensiblement (même si cette interprétation confirme l'association entre les mûres et l'austérité), été comprise dans un sens économique, par Robert Blackley Drummond, *Erasmus, his life and character as shown in his correspondence and works*, Londres, Smith Elder & Co, 1873, T. I, p. 42.
Dans un sens similaire, voir la chanson de Barbara, "Les Rapaces":
"M'ont tous connue, connue avant,
Ils s'en rappellent,
Au temps de l'eau et du pain noir,
Sans mirabelle.
Ils ont tout partagé:
Leurs tartines beurrées,
Ont couché dans leur lit" (http://www.paroles-musique.com/paroles-Barbara-Les_Rapaces-lyrics,p6735)
Voir aussi, en ce même sens: "*"Morian" could be used in the period for "Moor," "Ethiope," or "man of ynde." The morus that meant "black" as well as "fool" was thus available for a range of associations, just as the Geneva Bible rendered the Vulgate's Aethiops (of Jeremiah 13:23) as "Can the blacke More change his skin or the leopard his spottes". The association with maurus or "black" that allowed Erasmus to refer to More by the code-name Niger is hinted at by More himself when he consoled Erasmus for the attack on the Encomium Moriae by Jean Briselot, a former Carmelite (or Whitefriar) turned Benedictine (or black-monk), in lines on this "black White-friar" ("Niger ille Carmelita") that evoke the black-white motley of the morus / fool: "Sed in Moriam quod invehitur, id vero vix credi potest, homo totus ex Moria conflates" ("How can that black White-friar possibly attack Folly, being himself wholly compact of folly?"). Erasmus dwells on the whiteness of More's skin as stark a contrast to the "blackness" of his name as Moria or "folly" is to his friend's wisdom.38 The link between blackness and the Moria belied by this English "Moore" also enable the interlocking puns of Stapleton's poem on More: ""More, nec es Maurus, quod vox Attica Anglica Mori, / Nec fatuus, quod vox Attica, moros, habet. / Scilicet infausti correxit nominis omen / Et vigor & candor maximus ingenii" ["More, you are neither a Moor, as your English name suggests, / Nor are you silly because the Greek for it is ...moron.' / The vigor and candor (or "white") of your genius / Has corrected the omen of a bad-omened name.]
The other influential part of this network was the further meaning of Latin morus as "mulberry tree," whose fruit (mora) were famously turned from white to dark by Pyramus's blood. The morus that meant "black" as "the "more" or "moorish tree"; while mulberries (from what Caxton termed "Morbery trees" in his 1480 translation of Metamorphoses XIVv) appear as "morberries" (or "moor-berries," the sounding that also rendered More as Moore) in Caxton's Dialogues (1483) listing "cherys, sloes, morberies, strawberries" (13) or Turner's description of "a litle blacke bery lyke a blacke morbery" in his Names of Herbes (1548).[Note 40: See OED "mulberry, sb. (and a.)" and "more, sb.2" ("mulberry tree"). Barthelemy noting that "the ethnic term Maurus has been semantically influenced by the greek words 'amauros' and 'mauros' meaning 'dark,' also mentions the "latin adjective morus which designates the blackberry," in a passage that exemplifies the confusion between mulberry and blackberry that can be found throughout the tradition, perhaps because the morus that meant "mulberry" could also mean "black" as the popular form of maurus, noted above (1985: 9):] Archbishop Morton, in whose house More served, had for his emblem a "more-tree" or mulberry issuing from a barrel or "ton," enacting the link between the "Mor-" of his name and the mulberry tree or morus. More himself is said to have planted at his Chelsea residence a mulberry emblematic of his name. The association of More with the mulberry or "moor-tree" was also a familiar part of tributes that exploited the link between the morus or mulberry and his martyr's death or mors. Ludovicus Rumetius writes of the "blood not of the mulberry but of Thomas More" ("non mori sanguine, sed Thomae Mori"), evoking death along with the genitive of both morus and More.
Association with the mulberry also brought with it links with the silk production for which it was famous. Domenico Regi ends his Vita di Tomaso Moro with "Mori folio utilia & dulces fructus," evoking the dulcis et utile of this "Moro" whose name in Italian meant "mulberry tree" as well as Moor. The mania for mulberry-growing for profit in Italy and France was reflected in England both before and after James I mandated the planting of mulberry trees for silk cultivation in 1609, in Moffet's The Silkwormes and their Flies (1599), whose "bottoms" of silk and Pyramus and Thisbe once made it a suspected source for A Midsummer Night's Dream, characters such as the courtier of Jonson's The Magnetic Lady who "feeds on mulbery leaves, like a true Silkeworme," and a portrait of a woman of high rank (possibly Queen Anne) whose dress is decorated with silkworms and mulberry leaves.
More's own mulberry at Chelsea (like Milton's mulberry) has been linked to this contemporary interest. Perhaps the most intriguing association with More himself is a portrait that makes him into a silk-producing alba morus (or "white mulberry"), in the 1689 reprint at Graz of Stapleton's Tres Thomae, which*

~ 265 ~

0.7.f.5. Le programme général du Studiolo: vers une compréhension politique et de genre de l'ensemble

0.7.f.5.a. L'ensemble au vu du *Règne de Comus*

L'interprétation commune du cycle complet du Studiolo nous donne raison dans notre analyse. Les oeuvres qui forment le groupe du premier Studiolo étant[649]:
1. *Le Parnasse* et *Minerve chassant les Vices du jardin de la Vertu*, d'Andrea Mantegna;
2. *La Lutte entre l'Amour et Chasteté*, du Pérugin;
3. *L'Allégorie de la cour d'Isabelle* dit aussi *Le Couronnement d'Isabelle d'Este* (1506-1507), et *Le règne de Comus* commencés par Mantegna et terminés par Lorenzo Costa;
4. *L'Allégorie des Vertus* et *l'Allégorie des Vices* du Corrège.

De ces oeuvres, aussi bien *Le Parnasse*[650] (premier tableau commandé pour le premier Studiolo) que dans *L'Allégorie de la cour d'Isabelle*[651] et *Le règne de Comus*[652], qui en serait le pendant probable[653],

---

pictures More surrounded by mulberry leaves on which silkworms are feeding, with female figures detaching cocoons and spinning silk thread and an inscription dense with puns on the morus or mulberry, morals or mores and mori, to die: "Dat fructus homini, Bombyci serica morus. / Virtuti, et Sophiae MORUS utrumque dabit / Moribus e MORI texes tibi serica morum. / Si MORI Bombyx sedule, Lector, eris" [The mulberry tree [morus] gives fruit to man, silk to the silkworm. / More [Morus] will give both to virtue and wisdom. / From the morals [mores] of More [Mori] you will weave for yourself silken garments of character [mores] / If you, Reader, will be an attentive silkworm of this Morus or More.]" (Patricia Parker, *"What's in a Name: and More"*, Sederi, No 11, 2002, pp. 108-110)
[649]"*Augmentées des suivantes pour le second*
les portes de marbre sculpté,
les marqueteries des frères Mola,
les grotesques de Lorenzo Leonbruno,
les réductions de statues antiques célèbres de Pier Jacopo Alari Bonacolsi dit l'Antico (env. 1460 – 1528), comme la Venus Felix4 (conservée aujourd'hui au Kunsthistorisches Museum de Vienne).
ses collections de monnaies, de bas-reliefs et de bustes antiques" (http://fr.wikipedia.org/wiki/Studiolo_d%27Isabelle_d%27Este)
[650]"*L'interpretazione tradizionale si basa su un poemetto di Battista Fiera della fine del XV secolo, dove si identificava il quadro come una rappresentazione del Parnaso, culminante nell'allegoria di Isabella come Venere e suo marito Francesco Gonzaga come Marte, sotto il cui regno fioriscono le arti simboleggiate da Apollo e le Muse.*
In generale l'opera mostra l'amore adulterino tra Venere e Marte, rappresentati su un arco naturale di roccia davanti a un letto simbolico, sullo sfondo la vegetazione ha molti frutti nella parte sinistra (maschile) e uno solo nella parte destra (femminile), simboleggiando la fecondazione. La posa di Venere è ripresa dalla statuaria antica, ma in generale essa appare come una donna reale, in tutta la sua voluttuosa bellezza: la candida pelle della sua nudità risalta specialmente dall'accostamento all'armatura di Marte. Assieme a loro sta Anteros o l'Amore celeste, che benedice la loro unione. Venere tiene in mano la freccia d'oro di Cupido disarmato, in basso a destra. Si tratta di un'esaltazione dell'amore divino, opposto a quello carnale, che genera Armonia. Quest'ultimo, con in mano ancora l'arco, ha una lunga cerbottana con la quale mira ai genitali di Vulcano, marito di Venere, che è raffigurato nella sua fucina nella grotta, intento a forgiare nuove frecce. Alle sue spalle si trova dell'uva, simbolo forse dell'intemperanza degli ubriachi.
Nella radura sotto l'arco Apollo (a sinistra, già scambiato per Orfeo nell'inventario del 1542) suona la cetra e le nove Muse danzano beatamente simboleggiando l'armonia universale: notevole fu la capacità di Mantegna nell'orchestrare i movimenti delle nove figure del nutrito gruppo danzante, i cui abiti fluenti creano un ritmo lineare di grande raffinatezza. Secondo la mitologia il canto delle nove sorelle provocava eruzioni vulcaniche e altri cataclismi, simboleggiati nelle montagne crollanti in alto a sinistra. A tali disastri poneva rimedio Pegaso battendo il proprio zoccolo: esso si trova infatti raffigurato in primo piano a destra, di dimensioni quindi leggermente maggiori, ingioiellato e nell'atto di alzare la zampa. Il suo tocco di zoccolo fece anche scaturire la fonte Ippocrene che alimentava le cascate del monte Elicona, visibili sullo sfondo: le Muse danzavano proprio in un boschetto di questo monte, per cui la titolazione tradizionale come "Parnaso" sarebbe incorretta.
Accanto a lui si trova Mercurio colto in posa contemplativa e vestito dei suoi tipici attributi quali il cappello alato, il caduceo (bastone con le serpi intrecciate) e i calzari da messaggero degli dei. La sua presenza era dovuta alla protezione che assicurò alla coppia adultera." (http://it.wikipedia.org/wiki/Parnaso_(Mantegna))
"Thème
Le thème mythologique du Parnasse, lieu des amours adultères de Mars et Vénus, serait celui de l'épanouissement des arts représenté par Apollon et les Muses sous la bienveillance de Vénus (Isabelle d'Este) et de Francesco Gonzague (Mars).
Composition
Mars et Vénus placés au-dessus d'un arc de pierre, devant un lit et fond de verdure, sont côtoyés à gauche par Anthéros, signe de l'Amour céleste, qui décoche une flèche sur l'entrejambe de Vulcain.
Les neuf muses sur le devant du tableau dansent, Apollon jouant de la lyre assis à gauche.
À la droite du tableau Mercure est accompagné de Pégase; derrière eux tombent les cascades de l'Hélicon.
Une ville est visible dans la trouée de l'arc de pierre." (http://fr.wikipedia.org/wiki/Le_Parnasse_(Mantegna))
"History
The Parnassus was the first picture painted by Mantegna for Isabella d'Este's studiolo (cabinet) in the Ducal Palace of Mantua. The shipping of the paint used by Mantegna for the work is documented in 1497; there is also a letter to Isabella (who was at Ferrara) informing her that once back she would find the work completed.
The theme was suggested by the court poet Paride da Ceresara. After Mantegna's death in 1506, the work was partially repainted to update it to the oil technique which had become predominant. The intervention was due perhaps to Lorenzo Leonbruno, and regarded the heads of the Muses, of Apollo, Venus and the landscape.
Together with the other paintings in the studiolo, it was given to Cardinal Richelieu by Duke Charles I of Mantua in 1627, entering the royal collections with Louis XIV of France. Later it became part of the Louvre Museum.
Description
The Traditional interpretation of the work is based on a late 15th century poem by Battista Fiera, which identified it as a representation of Mount Parnassus, culminating in the allegory of Isabella as Venus and Francesco II Gonzaga as Mars.
The two gods are shown on a natural arch of rocks in front a symbolic bed; in the background the vegetation has many fruits in the right part (the male one) and only one in the left (female) part, symbolizing the fecundation. The posture of Venus derives from the ancient sculpture. They are accompanied by Anteros (the heavenly love), opposed to the carnal one. The latter is still holding the arch, and has a blowpipe which aims at the genitals of Vulcan, Venus' husband, portrayed in his workshop in a grotto. Behind him is the grape, perhaps a symbol of the drunk's intemperance.

persiste l'opposition entre Éros et Anthéros[654], que nous avons vue dans les livres d'emblèmes, et qui resurgit dans l'opposition Silène-Églé.
De fait, le personnage même de Comus, dieu classique de la fête et des abandons nocturnes[655], que ce soit dans la mascarade *Pleasure Reconciled to Virtue* (1618) de Ben Jonson[656] ou l'opéra *Les plaisirs de*

In a clearing under the arch is Apollo playing a lyre. Nine Muses are dancing, in an allegory of universal harmony. According to ancient mythology, her chant could generate earthquakes and other catastrophes, symbolized by the crumbling mountains in the upper left. Such disasters could be cared by Pegasus' hoof: the horse indeed appears in the right foreground. The touch of his hoof could also generate the spring which fed the falls of Mount Helicon, which can be seen in the background. The Muses danced traditionally in wood of this mount, and thus the traditional naming of Mount Parnassus is wrong.
Near Pegasus is Mercury, with his traditional winged hat, caduceus (the winged staff with entwined snakes), and messenger shoes. He is present to protect the two adulterers." (http://en.wikipedia.org/wiki/Parnassus_(Mantegna))
[651] "*L'interpretazione più accettata del complesso dipinto allegorico/mitologico è legata a un'esaltazione di Isabella d'Este, del suo governo e della sua protezione delle arti, che genera armonia.*
Isabella sarebbe la figura femminile al centro, incoronata d'alloro da Anteros, retto dalla madre Venere vestita, simboleggianti l'amore celeste e virtuoso, in contrapposizione a quello terrestre e carnale. La scena sarebbe ambientata nel giardino dell'Armonia, dove è possibile coltivare serenamente la Musica, le Arti e la Poesia, alle quali si riferiscono i personaggi in cerchio attorno all'incoronazione. In primo piano, oltre i confini del giardino, si trovano Diana (a destra), simbolo di castità, e Cadmo (a sinistra), protettori delle arti al pari di Mercurio. la sua identificazione è facilitata dalla scena di battaglia che si svolge dietro di lui, nella parte sinistra del dipinto. Egli infatti vinse il serpente generato da Marte e ne seppellì i denti dai quali si originò una stirpe che immediatamente intraprese una guerra civile. Le due figure femminili sedute in terra rappresenterebbero infine due Virtù che sorvegliano il mondo di Isabella, vegliando l'ingresso del giardino: quella che incorona il bue sembra l'agnello la Purezza o Innocenza.
Un'interpretazione diversa è data da Campbell (2004), che basandosi sul testo greco della Tabula Cebetis, in voga nel Rinascimento, vi ha letto una rappresentazione dei diversi generi della poesia, tra i quali primeggia quella lirica, rappresentata dalla Venere al centro che farebbe incoronare dall'Amore la poetessa Saffo, mentre tutt'intorno si troverebbero le personificazioni dei primi esponenti di questo genere poetico: Callimaco, Properzio, Ovidio e Tibullo."
(http://it.wikipedia.org/wiki/Isabella_d%27Este_nel_regno_di_Armonia)
"*The most accepted interpretation of the painting is an exaltation of Isabella d'Este, her rule and her role as patron of the arts, which generates harmony. She would be the figure in the center, crowned with laurel by Anteros, who is held by his mother, Venus: the two mythological figures would symbolize the heavenly and virtuous love, compared to the earthly and carnal one.*
The scene would be in the garden of Harmony, where it is possible to freely practice Music, Arts and Poetry, which are referred to by the characters surrounding the coronation. In the foreground, behind the garden's boundaries, is Diana, symbol of chastity, and Cadmus (on the left), protectors of the arts such as Mercury, identified by the scene of battle behind him on the painting's left. The two female characters sitting on the ground are identifiable with the Virtues who watch over Isabella's world: the one crowning the ox would be Perseverance, the one crowning the lamb would be Purity or Innocence.
Another interpretation is that based on the Tabula Cebetis: the painting would represent the different genres of poetry, the foremost of which is lyrics, portrayed by Venus in the center. The character being crowned would be Sappho, and the personifications around her would be outstanding early lyricists such as Callimachus, Propertius, Ovid and Tibullus." (http://en.wikipedia.org/wiki/Allegory_of_Isabella_d%27Este%27s_Coronation)
[652]Malgré l'opinion de Richard Förster (cité par Heidi Marek, *Le mythe antique dans l'œuvre de Pontus de Tyard*, Paris, Honoré Champion, 2006, p. 259), on voit que l'attribution sur le Corrège est plus que lointaine:
"*II. CÔMOS. Cômos, ce génie qui préside aux promenades nocturnes des joyeux convives, se tient sur le seuil d'une chambre aux portes dorées: dorées elles me semblent en effet, bien que l'œil soit lent à les discerner dans l'ombre de la nuit. La nuit n'est point personnifiée, mais elle se reconnaît à ses effets (a). Le vestibule (b), digne d'un temple, atteste l'opulence des jeunes mariés, qui reposent sur la couche nuptiale. Cômos est venu, dieu jeune, vers des jeunes gens; il a encore toutes les grâces tendres de l'enfance; les fumées du vin ont coloré son visage; debout, il cède cependant au sommeil de l'ivresse; oui, il dort la tête penchée sur la poitrine; la main gauche posée sur un épieu (c) qu'elle croit tenir se détend et s'abandonne; la main droite semble aussi échapper, par l'effet de la même cause, à ses doigts alanguis. Craignant que le feu n'approche de sa jambe, Cômos a tourné la cuisse gauche sur le sol flambeau du côté gauche, de manière à écarter la main et la flamme du genou qui fait saillie. Les peintres doivent traiter avec soin la figure des personnages qui ont 205 toute la vivacité de la jeunesse, s'ils ne veulent pas que leurs peintures soient mornes, comme le visage d'un aveugle (e); mais pour Cômos, dont la tête penchée projette une ombre sur les traits, la figure a peu d'importance. L'artiste, j'imagine, recommande ainsi à ceux qui ont l'âge de Cômos, de ne pas fêter le dieu sans prendre le masque (f). Le reste du corps atteste une observation minutieuse de tous les détails, et le flambeau qui enveloppe le dieu de sa lumière fait ressortir toutes ses perfections. Admirons aussi la couronne de roses, non pour être fidèlement peinte, car représenter les fleurs avec des couleurs, avec le rouge (g) ou le bleu, suivant le besoin, ce n'est point là un grand mérite, mais ce qu'il faut louer, c'est combien la couronne semble souple et délicate, c'est aussi combien les roses semblent fraîches; j'ose le dire, elles ont le parfum de vraies roses. Après avoir parlé de Cômos, il nous reste à parler de ceux qui le célèbrent (h). N'entends-tu pas les crotales, les sons de la flûte, un murmure confus ? Des flambeaux, épars çà et là, permettent à nos joyeux compagnons de voir devant eux et à nous de les voir (i). C'est une foule variée et remuante d'hommes et de femmes, chaussés sans distinction de sexe (j), vêtus d'une façon extraordinaire, car Cômos le permet: le dieu se donne ici les airs d'un homme et d'une homme de revêtir la robe des femmes, de prendre une démarche féminine. Mais les couronnes de fleurs n'ont plus leur premier éclat, c'est que, pour ne point les perdre en courant, ils les ont tous posées sur leurs têtes. La torche, jalouse de sa liberté, craint le contact de la main et la flamme fléchit avant le temps. Enfin le peintre a encore représenté le battement des mains qui plaît surtout à Cômos (k). La main droite frappe avec les doigts repliés dans la paume de la main gauche, et toutes les mains s'entre-choquant à la manière des cymbales, rendent le même son.*" (http://remacle.org/bloodwolf/erudits/philostrate/tableaux.htm#f2)
[653]*Anche questo dipinto, come il precedente di Costa, raffigura, secondo una complessa allegoria di personaggi mitologici, il regno ideale di Isabella d'Este, paragonato a quello del dio Como, protettore dell'allegria e delle feste.*
Tra le figure simboliche del regno si trovano l'amore volutuoso, rappresentato da Dionisio e Nikaia e da Leda e il cigno, e quello celeste delle due Veneri (vestita e ignuda), raffigurate accanto a Como.
A destra un maestoso portale classicheggiante simboleggia l'ingresso del Regno, sorvegliato da Giano e Mercurio, che scacciano i Vizi."
(http://it.wikipedia.org/wiki/Regno_di_Como)
[654]*Un premier tableau commandé par la marquise à Mantegna et livré en 1497, contient déjà en germe les thèmes qui seront aussi développés dans les autres tableaux, à savoir le triomphe de l'amour spirituel sur l'amour terrestre et la célébration des arts à la cour de Mantoue. L'évocation des amours de Mars et Vénus pouvait être perçue comme une allusion au couple formé par François II et Isabelle, mécène et protectrice des muses.*
La présence dans Minerve chassant les Vices du jardin de la Vertu, la seconde peinture, achevée en 1502, d'idées et de motifs qui obsèdent l'artiste depuis ses débuts, laisserait néanmoins penser que celui-ci a joué un rôle déterminant dans sa conception: thème de l'Ignorance comme ennemi de la Vertu, nombreuses inscriptions en divers alphabets, nuages et arbre anthropomorphes ou personnifications grotesques dans la nature, apparition de la déesse guerrière, à l'allure énergique et majestueuse." (http://mini-site.louvre.fr/mantegna/acc/xmlfr/section_8_4.html)
Et du *Règne de Como*: "*Ce tableau, commandé par Isabelle d'Este à Mantegna, devait être la quatrième allégorie décorant son studiolo. Il fut réalisé par Lorenzo Costa, après la mort de Mantegna, en respectant la composition prévue par celui-ci. Le tableau en scène Comus, dieu des fêtes joyeuses issu des Imagines de Philostrate; du côté gauche du tableau, ses plaisirs permis, les plaisirs séparés des plaisirs interdits, au fond à droite par son triomphe placé de biais. Le premier plan représenterait un épisode de la vie amoureuse de Dionysos raconté par Nonnos dans ses Dionysiaca (livres 15 et 16): l'amour de Dionysos et de la naïade phrygienne Nikaia. Dionysos y apparaît comme un amant tendre, le divin mari qui a recueilli Ariane à Naxos. Nikaia est d'ailleurs présentée comme endormie, ce qui est un lieu commun pour les représentations de Dionysos recueillant Ariane.*" (http://www.cndp.fr/archive-musagora/dionysos/dionysosfr/icomoderne.htm)
[655]http://en.wikipedia.org/wiki/Comus
[656]"*Jonson's text for the masque was dominated by the usual figures of classical mythology — in this case, Hercules faces a conflict between the competing demands of duty and pleasure; under the guidance of Mercury, a mean between the two is found in the person of Daedalus. The appearance of Comus, the Bacchus-like god of festivity and mockery, at the start of the masque may have later inspired John Milton to make the figure a central focus of his own masque*

Versailles (1682) de Marc-Antoine Charpentier[657], les deux, comme le Studiolo et sa symbolique, dédiés à des monarques[658], représente le Plaisir du vin, et de l'ivrognerie[659], auquel s'opposent les valeurs de mesure et de tempérance[660], opposition qui recouvre donc bien celle de Silène face à Églé dans l'*Allégorie des Vices du Corrège*. La mascarade *Comus* (1738) de Thomas Arne[661], qui fut le principal succès de ce compositeur, reprend l'histoire de celle de Jonson, avec le même rôle pour Comus.

Andrea Bayer[662], dans son étude de Dosso Dossi à Ferrare, considère l'*Allégorie avec Pan*, et ses trois personnages, le satyre, la femme nue et la vieille comme une représentation de cette opposition entre les sens et la vertu, celle-ci symbolisée par la figure féminine contre celle du satyre:

"*Gentili made a serious attempt to account for figures and details not mentioned by Ovid by referring to the allegorical interpretation of the myth in Leone Ebreo's Dialoghi d'AmOre, which was first published in 1 5 35 but had already been in circulation much earlier. In Gentili's reading, the pitcher, music, flowers, fruits, and sleeping pose all symbolize voluptas, or the voluptuous love between Pan and Syrinx; the old woman represents the passing of carnal desire with time; and the younger woman, in her protective armor, stands for the careful control of the senses by virtue and reason.A similar but more purely allegorical interpretation, based on the treatise De Natura deAmore by the Mantuan court humanist Mario Equicola (published 1525), was proposed by Del Bravo (1994). According to Del Bravo, the nude stands for innocent Nature, the old woman for Philosophy, the woman in armor for Virtue, and the lascivious faun (not Pan in person) for Vice; the overall message of the picture is that the virtuous life consists a harmonious balance between the soul and body, with the pleasures of the senses not being permitted to dominate.*"[663]

Et, suivant l'interprétation de Luisa Ciammitti[664], elle considère que c'est la même dialectique qui régit *Le règne de Comus*, en particulier dans le couple qui serait celui de Dionysos et de la nymphe Nicaea[665] des *Dionysiaca* de Nonnos:

Comus in 1634. Jones's set for the masque featured a large mountain meant to represent Mount Atlas; the mountain's peak was shaped like a human head that moved its eyes and changed expression. The anti-masque featured a dozen followers of Comus, men dressed in barrels, and a dozen boys costumed as frogs. A second anti-masque featured a dance of pygmies.
Busino's eyewitness account of the masque's initial performance helps to explain its failure. Busino wrote that toward the end of the masque the performers' energies flagged:
Finally they danced the Spanish dance once more with their ladies and because they were tired began to lag; and the King, who is by nature choleric, grew impatient and shouted loudly, "Why don't they dance? What did you make me come here for? Devil take all of you, dance!" At once the Marquis of Buckingham, his majesty's favorite minion, sprang forward, and danced a number of high and very tiny capers with such grace and lightness that he made everyone love him, and also managed to calm the rage of his angry lord.
The Marquis of Buckingham mentioned by Busino was George Villiers, who was the successor of John Ramsay and Robert Carr as the King's "favorite minion." In one interpretation, the masque may have failed with James because it was too obviously critical of the King's personal vices — "his excessive fondness for Buckingham, upon whom he lavished titles, wealth and sexual favours; his frequent inebriation; and his squandering of court revenues on over-lavish banqueting and drink."" (http://en.wikipedia.org/wiki/Pleasure_Reconciled_to_Virtue)
[657]"*Most of the characters represent the pleasures enjoyed at Versailles: La Musique (Music), La Conversation (Conversation), Le Jeu (Gambling), Comus and Un plaisir (A Pleasure). The cast of the first performance is unknown but Charpentier himself may have sung Le Jeu. La Musique sings until she is interrupted by the babble of la Conversation. Comus arrives and tries to reconcile the two by offering chocolate, wines and confectionery. Le Jeu suggests they gamble, but la Musique only wants to sing and la Conversation only wants to drink chocolate. The two finally agree to settle their differences so they can both help King Louis to relax after fighting his wars.*" (http://en.wikipedia.org/wiki/Les_plaisirs_de_Versailles)
[658]"*The masque marked the début of the young Prince Charles, the future King Charles I, in the public life of the Stuart Court. Upon the death of his older brother Prince Henry in 1612, Charles had become the heir to the throne of his father, James I; but his youth and relatively poor health (he'd suffered from rickets as a child) kept Charles from assuming the kind of public prominence that Henry had earlier enjoyed. Dancing a role in Pleasure Reconciled to Virtue marked a sort of "coming out" for Charles, just as Henry's appearance in the Jonson/Jones masque Oberon, the Faery Prince (1611) had been significant in his career. Orazio Busino, the chaplain to the Venetian ambassador to London and a member of the audience, described Charles as "an agile youth, handsome and very graceful.""* (http://en.wikipedia.org/wiki/Pleasure_Reconciled_to_Virtue)
"*Les plaisirs de Versailles (English: The Pleasures of Versailles) is a short opera (or divertissement) by the French composer Marc-Antoine Charpentier. It was intended for performance at the new courtly entertainment known as les appartements du roi ("the king's receptions") devised by King Louis XIV and held in his own apartments at the palace of Versailles in 1682. At the time, Charpentier was composer for Louis, le Grand Dauphin, the king's son. The librettist is unknown.*" (http://en.wikipedia.org/wiki/Les_plaisirs_de_Versailles)
[659]Sur la permanence de sa représentation comme figure-symbole de la débauche, voir la référence qui y est faite par Charles Augustus Murray dans *Travels in North America during the years 1834,1835 and 1836*, Londres, Richard Bentley, 1854, T. II, p. 259: "*On the two evenings before alluded to were masked balls, which I attended. They were much the same as those in New Orleans, or in London generally; they amuse a stranger for half an hour, and then become exceedingly tiresome; but to one, who knows a lovely face hidden behind an ugly mask, and a full, fair figure, beneath the uncouth bundle of clothes before him, there is, doubtless, much pleasure and excitement to be found, especially as chaperons and duennas are exposed to constant ambushes, and words may be exchanged which would die on the lips were the mutual faces unmasked. Nevertheless, it appears to me that the reign of Comus over the civilised world is nearly at an end.*"
[660]Aglaé apparaît à l'Acte I et Comus à l'Acte II des *Fêtes de Paphos* (1758) de Mondonville, dont les trois actes reproduisent la même opposition de valeurs, http://en.wikipedia.org/wiki/Les_f%C3%AAtes_de_Paphos.
[661]"*A lady is lost in the forest where the magician Comus dwels; masquerading as a shepherd he entices her to his palace. A spirit warns the lady's two brothers that their sister is in Comus's control. They are waylayed by Comus's stooges. The spirit supplies the brothers with an enchanted potion to help them thwart Comus's spell over the lady. A banquet is organized in Comus's palace and the lady, succumbed to the power of the spell, is diverted by the songs and dances of the festivities. Comus forcefully encourages her to drink from his cup but the brothers dash in just in time, putting Comus to flight. The nymph Sabrina frees the lady from the magician's spell and all rejoice the triumph of virtue in the masque's final chorus.*" (http://en.wikipedia.org/wiki/Comus_(Arne))
[662]Andrea Bayer, *Dosso Dossi: Court Painter in Renaissance Ferrara*, Metropolitan Museum of Art, 1998.
[663]*Ibid*, p. 204.
[664]Luisa Ciammitti, "Dosso as a Storyteller: Reflections on His Mythological Paintings", *Dosso's Fate: Painting and Court Culture in Renaissance Italy*, Los Angeles, The Getty Research Institute for the History of Art and the Humanities, 1998, pp. 83-112.

"*Ciammitti proposed that the picture portrays the story of the nymph Nicaea as recounted in the Dionysiaca by the fifth-century A.D. poet Nonnus of Panopolis. A follower of Artemis (or, Diana), Nicaea was sworn to virginity and in self-defense killed her would-be lover Hymnus. The indignant Eros (Cupid) then enflamed Dionysus (Bacchus) with love for her, and Dionysus, in order to capture her, and Dionysus, in order to capture her, transformed into wine the water of a spring where she was accustomed to drink. But, despite a nuptial bed of flagrant flowers, and nuptial music played for the couple by a jealous Pan, the unhappy nymph never became resigned to her fate. After giving birth to a daughter, she committed suicide.*"[666]

Ainsi, Vénus déesse de l'Harmonie et des Arts, Minerve chassant les Vices, Isabelle représente toujours la déesse vertueuse, qui découvre les Vices et mène à la Sagesse, comme Églé réveille Silène, permettant ainsi l'apparition de son chant, christique ("*The dualism of Silenus - both drunkard and inspired singer - was celebrated in antiquity, and had recently been the topic of one of the Adagia of Erasmus: the Sileni Alcibiadis, a text certainly known to Mantuan intellectuals*"[667]). C'est sous cette forme avantageuse de protectrice politique des arts et de la culture qu'Equicola peint Isabelle dans son De mulieribus:

"*Isabella was obviously more pleased with Equicola's work, and rightly so, since the published text, despite its modest size, eventually disseminated her claims to be a virtuous and prudent ruler in the wider literary scene of Europe. Equicola praised Isabella in terms which suggested that she was capable of being more than her husband's obedient administrator and political instrument: "No-one considers things more deeply than she, acts with greater wisdom or gets out of awkward situations with greater speed. She protects and defends her citizens with shrewd foresight, gives readily, never reproves but spurs on her functionaries to honest and commendable behaviour through example." This was exactly how Isabella liked to project herself and had just as her commissioned paintings portrayed her qualities within the latest classicising allegories, so Equicola's De mulieribus made her the central exemplum in a highly sophisticated and original philosophical demonstration of the social origins of gender construction and the innate equality of women: "just as in war the defeated yield to the victors, so the feminine nature cedes to the male through force of custom that we know is not founded on natural law but rather established through example, through the deprivation of education, on the basis of some chance or opportunity, or through the convergence of all these factors."*
Fundamental to Equicola's analysis is the argument that "neither habits, disposition, vices nor virtues are the result of chance or fate but rather of judgement and practice because we are like a tabula rasa on which anything can be inscribed... Things being thus, who can doubt that custom and practice accounts for much, indeed everything?" Isabella was the living proof of women's potential for high achievement and intellectual parity with men, if given access to education and allowed to exercise their minds and demonstrate their abilities. This could only occur if men were willing to share their privileges and Equicola points to marriage as the crucial instrument of female oppression. His conception of marriage as a collaborative partnership of equals was designed to win the approval of Isabella. He was, no doubt, well aware of her sympathy for the idealised version of her dynastic alliance with Francesco represented by Mantegna's Parnassus, already installed in her study in 1497, and which had some basis in her husband's declaration, nine months after his marriage to Isabella, that all was in common between them. Equicola cites an ancient Roman wedding vow to support his argument about a new basis for marriage. According to this classical ritual, the woman declared: "'Where you are Gaius,' I am Gaia, where you are the Lord I am also the Lady; where you are the master I am also the mistress.'"[668]

Cette insistance sur la force féminine se ressent d'autant plus si l'on rapproche l'*Allégorie des Vertus*, avec Prudence, du Corrège, de l'emblème de Cartari[669] (*Imagini colla sposizione degli dei degli antichi*, 1556), représentant les trois Vénus, victorieuse (qui tient en main une victoire ailée), armée (et casquée), et du jugement de Pâris, selon Pausanias, avec une pomme dans la main. Chez le Corrège, ces trois Vénus, qui renvoient selon Cartari à la force et la chasteté des femmes, en rappel de la voilée Morpho des Lacédémoniens[670]:

"*Imagini di venere armata, di venere victrice, & di venere in Ceppi dinocante la fermezza che due essere nelli maritati & amanti, dinota ancora questa imagine il valore delle Donne lacedemonie contra mecenie, che andavano a sachegiar la lor citta, da laro valorasamente disesa.*"[671]

Cette tripartition de la figure[672] se présente, antérieurement, dans Cartari, pour Minerve, guerrière, casquée, tenant un coq, symbole de courage, et tissant, car elle produit aussi la paix[673].

---

[665]http://www.cndp.fr/archive-musagora/dionysos/dionysosen/rcomus3.htm
[666]Bayer, p. 206.
[667]Stephen John Campbell, *The Cabinet of Eros: Renaissance Mythological Painting and the Studiolo of Isabella D'Este*, Yale University Press, 2004, p. 232.
[668]Carolyn James, "Machiavelli in skirts", *Virtue, Liberty, and Toleration: Political Ideas of European Women, 1400-1800*, Dordrecht, Springer Science & Business Media, 2007, pp. 67-68.
[669]Vincenzo Cartari, Le imagini dei degli antichi, Padoue, Pietro Paulo Tozzi, 1608, p. 493.
[670]Cartari, *Les images des dievx des anciens: contenans les idoles, covstvmes, ceremonies, & autres choses appartenans à la religion des payens*, Lyon, E. Michel, 1581, pp. 616-618.
[671]Cartari-Padoue, p. 493.

Dans l'oeuvre du Corrège, les trois symboles se transforment quelque peu[674]: la pomme de Vénus devient le globe terrestre transparent, repris de Bosch (volets extérieurs du triptyque du *Jardin des délices*, 1503)[675], la Victoire ailée est substituée par l'épée et le mors de la Prudence, seule reste armée la figure centrale, son pied doré et son casque argenté peuvent se lire comme des évocations du miroir d'argent et des pieds dorés que prête Philostrate selon Cartari[676] à Vénus en tant que mère de la "*tant belle lignée*" des nymphes (autre point qui crée un lien avec l'*Allégorie des Vices* et Églé).

---

[672]Que l'on retrouve d'ailleurs, comme formule d'associer les diverses représentations d'un même dieu en une même image, pour AEsculape, Diane ou Junon, respectivement Cartari-Lyon, pp. 89, 110, 233. L'ange au-dessus de la tête de l'allégorie, *ibid.*, p. 217, reproduit à l'identique, pour les représentations de Junon, la structure de l'*Allégorie des Vertus* du Corrège.
[673]Cartari-Padoue, p. 336; Cartari-Lyon, pp. 429-431.
[674]Pour que le lien entre Comus et Éros ne fasse plus de doute, donc la superposition entre Minerve et Vénus chez le Corrège, et encore le symbole protecteur, productif, maternel et féminin d'Isabelle, en outre de Femme Forte, citons: "*Pour qu'il ne reste aucun doute sur les progrès accomplis depuis Otfried Muller dans la science des littératures, j'appellerai encore l'attention du lecteur sur les origines du drame. Le drame fut la gloire de la Grèce comme l'hymne fut celle de l'Inde; la gloire de l'épopée leur est commune. Or le drame, né en Grèce dans les temps historiques, a suivi sa marche la loi la plus simple et la plus facile à saisir. Ses deux élémens constitutifs sont le chœur et le dialogue, c'est-à-dire l'orchestre et la scène. Chez les modernes et chez les Latins, le chœur ne paraît que par imitation dans un très petit nombre de drames. Chez les Grecs, il a disparu de la comédie dès l'époque d'Aristophane au commencement du IVe siècle; mais la tragédie l'a gardé jusqu'à la fin. Seulement, à mesure que l'on remonte vers le passé, on voit le dialogue occuper une place de moins en moins grande et l'étendue des chœurs augmenter. Dans certaines pièces d'Eschyle, le chœur forme presque toute la pièce, et nous savons que peu de temps avant que le poète la fonction de l'acteur se réduisait à un simple récit. Enfin, au-delà de cette époque primitive, il n'y a même plus d'acteur, le chœur est tout. On peut donc énoncer ainsi la loi : dans le drame, le chœur et le dialogue se sont développés en raison inverse l'un de l'autre. Le problème des origines se réduit à savoir ce que c'était que ce chœur et comment il a pu engendrer les deux formes du drame. La philologie comparée répand sur ce sujet le jour le plus vif et résout les difficultés qui arrêtaient encore Otfried Muller; mais, pour rendre compte de ces solutions, j'ai besoin de dire quelque chose du culte de Bacchus, d'où les deux formes du drame sont issues. Bacchus, comme on le voit dans le sixième fragment homérique, n'est pas le vin, mais la force vivante et divine qui réside dans la liqueur sacrée; cette liqueur était en Orient le suc de l'asclépias acide, le sôma; dans l'Occident, dont la flore n'offre pas cette plante, ce n'est encore le vin. Bacchus est présent dans cette liqueur de vie, la plus alcoolique des liqueurs, et celle qui est la plus capable de nourrir le feu, d'échauffer celui qui la boit, d'exalter son cœur et sa pensée. L'histoire de Bacchus est celle du vin. Né des feux du soleil, il a pour père Jupiter, mais le fait naître d'un coup de foudre du sein mort et flétri de Sémélé; cette blonde Sémélé, dont le nom n'est pas grec, n'est autre que la Sômalatà des hymnes indiens, la plante sarmenteuse qui engendre le sôma; c'est donc la grappe de raisin considérée comme mère de la liqueur sacrée. Quant à ses nourrices tour à tour vieilles et rajeunies par Médée, elles ne sont autre chose que les sarmens de la vigne, qui vieillissent chaque année et que le vigneron par son intelligence renouvelle en coupant. Cette théorie de Bacchus ne se présente en Grèce que sous la forme d'un mythe dont les détails n'ont pour la plupart qu'une signification obscure. Le manque de clarté tient à deux causes qui se retrouvent dans presque toute la mythologie des Grecs : les noms des personnages, de leurs attributs et des objets de leur culte sont en général des mots étrangers dont la langue grecque ne donne ni le sens, ni l'étymologie; en second lieu, les théories primordiales ont engendré des légendes, les idées abstraites ont pris corps, et les forces de la nature conçues par l'esprit sont devenues des divinités. Le temps ayant marché, les peuples dans leurs déplacemens ont oublié la théorie pour ne conserver que la légende, supprimé la métaphysique et gardé les symboles religieux. Ceux-ci à leur tour, ayant perdu leur sens, n'ont plus satisfait les esprits que la civilisation éclairait de plus en plus et n'ont plus été que des objets d'art; mais aujourd'hui que nous possédons dans le Vêda un monument fort antique, où la période des légendes est commencée, mais où celle de la métaphysique dure encore, nous y retrouvons l'explication de presque tous les mythes de la Grèce et autres pays âryens. En réunissant tout ce qui, dans les hymnes du Vêda, concerne la liqueur sacrée, la plante qui la fournit, la préparation, les usages, les effets du sôma, et en substituant au végétal d'Asie la vigne qui l'a remplacé en Occident, on obtient la théorie de Bacchus telle que l'écriture sainte des Aryens nous la donne. Tout le reste s'ensuit : il n'est pas un seul détail soit du mythe, soit de la fête de ce dieu, qui ne tire de là son interprétation naturelle. La fête, qui est celle des vendanges, se compose nécessairement de deux parties, l'une religieuse, mystique et grave, l'autre populaire, enthousiaste et grotesque. La cérémonie liturgique est un sacrifice sur l'autel, où le double corps de l'offrande est le vin et le bouc, et où l'hymne porta le nom de dithyrambe; le vin était le dieu s'offrant lui-même et montrant son éternel foyer sur l'activité qu'il donnait à la flamme du foyer sacré et à l'être humain; le bouc était immolé par cette raison bien simple que pour faire une pointe il faut un bouc. Or le meurtre d'un être vivant étant un acte anti-religieux pour les Aryas primitifs, auteurs des sacrifices, le péché de tuer un grand nombre de ces animaux pour recevoir le vin des vendanges ne pouvait être effacé que par l'offrande qu'on en faisait à Bacchus. C'est une erreur théorique de l'école allemande de voir dans le sacrifice du bouc un acte de vengeance contre un animal qui mange mal les vignes. D'abord la vigne est une plante des coteaux, la chèvre est un animal des montagnes; ils ne se rencontrent guère l'un près de l'autre, et les troupeaux ont leurs pasteurs. De plus, jamais une cérémonie religieuse n'est issue d'un sentiment de vengeance, au moins pas la nôtre. Nos religions sont des théories métaphysiques inspirées par une grande conception de la nature, et nos rites sont des actes de grâce et d'amour; c'est l'adoration qui les anime. Au moment où le prêtre en adorant Bacchus lui offrait ranimai immolé, les chantres entonnaient l'hymne qui prenait le nom de chant du bouc, de tragédie. La fête populaire des vendanges représentait avec les costumes appropriés le cortège complet de Bacchus. Il descendait le soir des coteaux par les sentiers des vignes, riant, chantant et gambadant, et formait le thiase le plus bruyant et le plus grotesque. En tête s'avançait sur un âne Silène, l'outre obèse, ventru et gorgé de vin nouveau, ou bien c'était Bacchus lui-même avec sa couronne de pampre et sa robe couleur de raisin doré; puis venaient les satyres, chevriers des montagnes donnant à la fête, les pans (en sanscrit pâna), pileurs de raisin et buveurs de moût, Cômos personnifiant les désirs qu'engendre l'ivresse, les ménades vendangeuses, qui représentent dans la mystique sacrée les bouillons du vin, enfin les centaures (les gandharvas des hymnes), êtres symboliques dont le Vêda nous donne la signification, et qui se résument tous les parfums nés du soleil et qui s'exhalent de la terre. Le cortège était suivi par une foule tumultueuse de gens en délire. Souvent les peintures antiques et les bas-reliefs nous représentent à part Cômos escorté par des bacchans ou précédé de ménades de pampre et portant des flambeaux, par des joueurs de flûte marchant en cadence ou dansant, par des bouffons en robes et culottes jaunes. Une gaîté folâtre anime tous ces personnages; ils chantent, et cela s'appelle le chant de Cômos, la comédie. J'omets les autres détails énumérés par Otfried Muller son Archéologie de l'Art. Quant à Cômos, il est souvent accompagné d'Éros, l'Amour; ils s'avancent ensemble bras dessus bras dessous et comme deux bons compagnons. Quelquefois Éros succède à Cômos, ce qui nous donne la signification exacte de ce dernier nom, qui n'est pas un mot grec. Les Doriens le nommaient Kâmos; or Kâma, personnification de la joie et des désirs, a toujours été dans l'Inde l'objet d'une fête champêtre, brillante et fleurie, qui offre avec celle de Bacchus les analogies les plus frappantes.*" (Émile Burnouf, "Origines de la poésie hellénique", *Revue des deux mondes*, XXXVIème année, II Période, T. LV, 1866, pp. 739-742)
[675]http://www.cosmovisions.com/cosmographieMAChrono.htm; le même motif se retrouve chez Bosch aussi bien dans les *Sept Péchés capitaux* de la Geneva Fine Arts Foundation dont le titre serait *Les sept Péchés capitaux dans une pelure de globe terrestre*, http://commons.wikimedia.org/wiki/File:Follower_of_Jheronimus_Bosch_015.jpg, et dans le tableau *L'ascension à l'Empyrée*, partie du triptyque des *Visions de l'Au-delà*, 1500-1504, conservé au Palais Ducal de Venise, http://www.30giorni.it/articoli_id_1558_14.htm Toutefois cette vision immatérielle et sphérique du monde, fragile bulle de verre, symbole de fausseté pour la Renaissance, deviendra, récurrente, dans les illustrations de Gustave Doré du *Paradis*, symbole céleste, d'un Au-delà anagogique, http://cmi.research.yale.edu/dante/paradiso/images/General/Dore/GN_do_003C.jpg, http://www.worldofdante.org/media/images/purg/full/ParadiseCantoXXVIII.jpg, https://s-media-cache-ak0.pinimg.com/236x/32/b5/58/32b5583f780ad5100f50ef6d1ab672fc.jpg,
https://lh6.googleusercontent.com/sT54Q_lJVYFoNpEIaaU2IoZ3279HQjSzaTRZFtrmyH5DvngDwiEGHobOpzC4XT-gNZ_DWwAodPjKCwCpxC9wqxAXa0sJGa3fFpjL5Y-BUgxYLF3dDfI,
http://leedsdantediaries.files.wordpress.com/2011/11/gustave_dore_dante_the_empyrean.jpg
[676]Cartari-Lyon, p. 626.

0.7.f.5.b. Une comparaison exotérique de figures: Églé et Silène dans *Les noces de Thétis et Pélée* de Bartolomeo di Giovanni et leurs implications pour notre *corpus*

Les noces de Thétis et de Pélée, auxquelles furent invités tous les dieux sauf la Discorde (*Mét.*, 11, 215-265), telle que la raconte Fulgence (*Mythologies*, 3, 7):

> "They say that Thetis signifies water, whence the nymph took her name. Jove as God married her to Peleus, and pelos in Greek is lutum, mud, in Latin. Thus they wish to produce a man commingled with water, whereby they say that Jove also wished to lie with Thetis but was prevented by the thought that she would produce one greater than himself who would drive him from his rule; for it fire, that is, Jove, mingles with water, it is put out by the power of the water. So in the union of water and earth, that is, of Thetis and Peleus, discord alone is not invited, for the reason that there must be concord between the two elements for a man to be produced: their coming together shows that Peleus stands for earth, that is, the flesh, and Thetis for water, that is, fluid, and Jove who married the two for fire, that is, the spirit. In the conceiving of man from the blending of the elements three goddesses, as I described above, that is, three lives, are involved in conflict. So to discord is said to have rolled the golden apple, that is, greed, for the reason that there is in a golden apple what you look upon, not what you eat, just as greed can possess but cannot enjoy. Jove is said to have summoned all the gods to the wedding because the heathen believed that in a human being separate gods gained possession of separate parts – for instance, Jove, the head; Minerva, the eyes; Juno, the arms; Neptune, the breast; Mars, the waist; Venus, the kidneys and sex organs; Mercury, the feet; as Dromoclites describes in his physiology; so too Homer says: "His head and eyes like unto Zeus (Jove) whose joy is in thunder, and his waist like unto Ares (Mars), and his breast unto Poseidon (Neptune)." So, too, Tiberianus in his Prometheus says that the gods gave to man his individual traits. Then after Achilles was born his mother dipped him in the waters of the Styx to make him a perfect man, that is, she protected him securely against all trials, but his heel alone she did not dip, as much as to show the physical fact that the veins which are in the heel connect with the faculties of the kidneys, thighs, and sex organs, and that from them other veins run to the great toe; for doctors treating women for inducing childbirth open the veins in the legs at this same place; the covering plaster, which Africanus the teacher of medicine called stisidem, he taught should be applied to the big toe and heel. Orpheus himself demonstrates that this is the chief seat of lust, and in these same intestinal localities they teach that cauterizing must be effected. Thus he shows that human power, though protected, is subject and open to all the blows of lust. After this Achilles is assigned to the court of Lycomedes as if to the kingdom of lust, for Lycomedes is for the Greek gliconmeden, that is, sweet nothing, since all lust is both sweet and nothing. Then he dies of love for Polynexa and is killed as it were because of his heel. Polynexa in Greek is said to be foreigner to many, either because love causes men's passions to travel far from their minds, or because lust in its wandering state travels about among many peoples."[677]

Fut interprétée, après *The Chess of Love* (557-558), Fraunce (*Countess of Pembrokes Yvychurch*, 5v.), par Sandys:

> "Sandys provides a virtual paraphrase of Fulgentius; but since Sandys prizes clarity rather more highly than does his mythographic predecessor, it might be well to quote at least a few lines from Sandys: "there is no discord betweene Peleus and Thetis, for of the concord of these two elements: of Peleus the flesh, and of Thetis the humors, bothquickned by the soule, or the fire of Jupiter" (Ovid: 526). Thus it was that Renaissance Dutch painters could employ the marriage of Peleus and Thetis in wedding paintings (Blankert etal. 1980: 58)."[678]

Mais cette représentation corrélative de la chair et des humeurs, de l'âme et du corps acquiert un sens directement politique chez Natale Conti (*Mythologiae*, 1567):

> "Cette fable represente proprement la generation des des choses naturelles, car que peuvent signifier les nopces de Pelee & de Thetis, sinon que tous corps naturels s'engendrent du meslange de la terre & de l'eau avec l'aide de la chaleur? Car le mot de pélòs en grec signifie bourbe ou limon; & Thetis, l'eau, comme nous dirons tantost. Tous les dieux se sont trouvez à la mixtion de ces deux là, comme à quelques nopces; d'autant que la seule matiere n'est bastante, si l'ouvrier n'y met la main. Car soit qu'il faille inferer des ames mortelles és corps des bestes brutes; ou des immortelles és corps des hômes, veu qu'elles cömandent & seigneurient aussi en quelque façon les corps des bestes, il est expedient de les extraire de quelque plus noble lieu que ne sont les elemens. Or soit que l'ame humaine soit extraite de l'air, ou du feu elemëtaire, ou des corps celestes, ou de toutes lesdites choses; soit qu'elle soit une harmonie et consonance provenant d'une egalité de temperamës, ou quelque chose de plus noble que tout cela; ils ont dict que c'estoient les dieux qui tous ensemble là concedoyent au corps, & que de chaque vertu celeste elle en empruntoit quelque particuliere faculté. Voyla comment tous les dieux s'assemblent aux nopces de Pelee & de Thetis. De tous les dieux il n'y a que Discorde qui fait defaut; parce que les choses de ce möde ne se peuvent conserver en leur estre que par amitié; & plus les temperamens s'accordent ensemble, plus aussi font elles de vigueur & de force. Mais quand Discorde, & une inegalité des forces naturelles survient, alors on ne void point de bon mesnage: non seulement le temperament se perd, mais aussi toute la composition se dissout, car tout ainsi que l'amitié est commencement de generation; aussi Discorde & noise sont le principe de corruption. Ie ne voy pas autre chose en cette Fable qui puisse concerner nature, le reste donc se rapportera aux moeurs. Les villes, royaumes & autres estats sont sujets a mesmes inconveniëts que chasque corps en son particulier: car il n'y a point qui le perde si tost que Discorde. Or entre ces trois Deesses Iunô, Pallas & Venus, Discorde entrevient presque tousiours, parce que c'est une chose de tres-mauvaise digestion, de voir és villes & Estats (comme il advient le plus souvent) des hommes desbordez & de mauvaise vie aux gens de bien, rassiz & attrempez. Car de trouver quelqu'un qui soit tout ensemble sage, moderé,

---
[677]http://www.theoi.com/Text/FulgentiusMythologies2.html
[678]H. David Brumble, *Classical Myths and Legends in the Middle Ages and Renaissance: A Dictionary of Allegorical Meanings*, New York, Routledge, 2013, art. "*Peleus and Thetis*", sans numéro de page.

riche, c'est l'une des plus mal-aisées rencontres qu'on puisse faire, que s'il s'en trouvoit beaucoup de tels, personne ne refuseroit d'estre commandé d'eux. Au reste que ce qu'on dit de la sentence de Páris ne soit pas vray, ains chose controuvee, mesmement cette femmelette en Ovide le tesmoigne:
Ie ne scauroit penser que la divine essence
Ai leur beauté sousmise au sort de ta sentence.
Afin doncques d'enflammer ceux qui seroyent eslevez en qualité de dominer sur les autres, à se munir des vertus vrayement dignes d'un Prince, les anciens inventerent cette Fable, par laquelle ils ont voulu donner à entendre, Que celuy qui doibt avoir quelque commandement sur autruy, doibt estre continent, sage, bien conditionné, heureux en ses entreprises: comme ainsi soit que Páris mettant en arriere & la sagesse & les richesses pour prester l'oreille à la lascivité, fut cause de la perte & destruction du royaume de son pere & de sa patrie, qui ne se pouvoit conserver que par l'aide de ces deux Deesses. Car d'autant que chascun a quelque estude & inclination, à laquelle son humeur se plaist plus qu'à toutes autres, quelques-uns appellent du nom de Páris cette concupiscence charnelle. On luy donne la commission de iuger de la beauté de ces trois Deesses, qui toutes trois sembloyent estre bien dignes d'emporter la pomme d'or: & pour obtenir la victoire, Iuno luy promettoit des royaumes, Pallas de la sagesses, Venus une tres-belle femme. Mais qui est celuy de nous qui au lieu de grandeur & puissance, d'honneurs, dignitez & estats vueille choisir une vilaine putain? ou bien qui est l'homme si mol & si lasche qu'au lieu de sagesse, le plus divin & plus excellent bien qui puisse avenir à la nature humaine, il ait le courage (si ce n'est quelque lasche vilain) d'accepter & se tenir à une orde de cupidité? que si quelqu'un est tel, n'est-ce pas un tres-mauvais et tres-dangereux citadin? quel droit d'hospitalité n'entrepend il de violer? Il n'y a certes celuy d'entre nous qui de son iugement ne blasme celuy de Páris, & d'autre-part à peine y-a-il celuy qui n'imite un si poltron iugement. Quand les anciens nous ont proposé cette vilainie de Páris, ils nous ont voulu contraindre à condamner nostre folie, car Venus, que Páris a tant prisée, n'est autre chose que folie, cóme mesme son nom Grec, Aphrodite, le signifie, selon le tesmoignage qu'en donne Euripide és Troades, deduisant aussi le nom d'icelle Aphrosyne, signifiant folie & trouble d'esprit. Et de faict nature a fort sagement avisé de n'ordonner qu'une bien petite espace de temps pour l'employer aux plaisirs charnels, car si elle en avoit concedé davantage, nous verrions que les hommes y seroyent sans comparaison plus aspres, voire plus furieux que les bestes mesmes. Voila Páris despesché: s'ensuyt à clore ce livre par la Fable d'Actaeon."[679]

On note que la dernière fable, qui suit et conclut le livre, est celle de l'opposition par excellence entre la morbosité de l'homme et la pudicité féminine, de la déesse, ce qui n'est pas sans importance.

Or, précisément, c'est le caractère supérieur de la femme, forte, chaste, qui s'impose dans le Studiolo, comme dans les représentations des noces de Thétis et Pélée, pour l'assiette de maïolique réalisée par Nicola da Urbino (c. 1524), conservée au Fitzwilliam Museum, pour le couple d'Isabelle et Gianfrancesco Gonzaga:

"This dish is part of a spectacular dinner service created for Isabella d'Este, Marchesa of Mantua and one of the greatest patrons and collectors of Renaissance Italy.
Twenty similar examples survive, all of them exquisitely decorated with scenes from history, mythology or the Bible. Maiolica - tin glaze earthenware - decorated in this way was called istoriato: literally 'storied.' The colourful decorations, which did not fade with age, greatly increased its value. This, along with their literary subject matter, meant that istoriato wares appealed to wealthy and educated patrons like Isabella in a way that earlier, simpler ceramics never had.
The myth shown here is adapted from Ovid's Metamorphoses. On the left, the Greek hero Peleus stands above the sleeping sea-nymph, Thetis, in an attitude of admiration and surprise.
After he has leapt lustfully upon her, Thetis turns herself first into a swan (detail left) and then into a dragon (right) to shake off his unwanted embrace.
Finally repulsed, Peleus retires to pray at an altar where he receives divine guidance, from a naked goddess.
For the basic elements of his composition, the celebrated painter of maiolica, Nicola da Urbino, has followed a woodcut illustration from a 1497 paraphrase of Ovid's poem. An edition from 1505 in the Fitzwilliam Library, left, shows the debt that the d'Este plate owes to this publication. But Nicola's brilliant use of colour, the fluency of his figures and the beautifully realized landscape against which the episodes take place, transcend this simple book illustration.
As well as providing an attractive and entertaining narrative, the plate also commemorates the union of two powerful Northern Italian dynasties: the marriage of Isabella, daughter of the Duke of Ferrara, to Gianfrancesco Gonzaga, Marquis of Mantua. In the very centre of the plate two putti support a shield which shows the arms of the Gonzaga family 'impaling' those of Este: two halves of each coat of arms are placed side by side, the husband's on the left, the wife's on the right, divided by a thin line.
Two other devices confirm the identity of the dish's original owner. Isabella, like many aristocrats and intellectuals in the Renaissance, adopted personal impresi - emblems. These were often accompanied by a motto, expressing a deeply held belief or commemorating an event of significance in the life of the owner. Prominent beneath the central shield here is a painted scroll bearing the Roman numerals XXVII. In Italian the number 27 - vente sette - sounds like vinti sete - 'you are defeated' - a defiant motto that suggests Isabella had overcome all opponents.
On a shield hanging from the tree on the left, a bundle of gold rods are shown standing upright in a crucible, licked by flames. The image was adopted by Gianfrancesco Gonzaga in 1495, and was accompanied by the Latin motto 'probasti me domine et cognovisti me' - 'you have tested me, Lord, and you have known me.' It commemorates Gonzaga's being absolved of blame for allowing the French army to escape after their defeat at the Battle of Fornovo in 1495."[680]

---

[679] *Mythologie c'est à dire, explication des Fables, cotenant les genealogies des Dieux, les cerémonies de leurs sacrifices; Leurs gestes, adventures; amours; Et presque tous les preceptes de la Philosophie naturelle & morale, Extraite du Latin de Noel Le Comte, & augmentée de plusieurs choses qui facilitent l'intelligence du Sujet, par I.D.M.*, Lyon, Chez Paul Frelon, 1600, pp. 679-681.
[680] http://www.fitzmuseum.cam.ac.uk/pharos/collection_pages/italy_pages/EC_30_1938/FRM_TXT_SE-EC_30_1938.html

La victoire féminine sur l'homme (bien qu'adoptant alors Isabelle le rôle de Pélée), comme dans la tapisserie de *La Dame à la Licorne*, soutenue par la question du choix, du *Marchant de Venise* aux emblèmes de Cartari[681], et l'image de la femme comme guide divin, de Dante à Colonna, s'exprime dans le *motto* choisi par Isabelle: *"vente sette"*.

Ainsi, si les ménades sont un motif récurrent dans toute la Renaissance, de *La Fable d'Orphée* (Acte V) écrite pour les Gonzaga de Mantoue à *La mort d'Orphée* de Dürer, chez Ghiberti, Donatello, Filippo Lippi, Botticelli, Mantegna et Bartolomeo di Giovanni[682], symboles de l'ordre féminin, comme le métier du tissage, représentation politique[683], Pan est une représentation claire de l'opposition entre les sens (l'homme: Pélée, Gonzaga) et l'âme (Béatrice, Isabelle, Thétis par Zeus), comme l'évoque, dans son sommeil, Philostrate:

"*Livre II. XI. Pan. Pan, disaient les Nymphes, danse sans aucune grâce; dans ses transports désordonnés il saute et bondit comme les boucs à la joie pétulante; apprenons-lui une autre danse d'un caractère plus aimable. Mais Pan, loin de les écouter, portait la main sur elles, touchait leurs seins (a). Elles l'ont donc surpris, vers le milieu du jour, à l'heure où, dit-on, le dieu s'abandonne au sommeil, après la fatigue de la chasse. Car il dormait autrefois dans une pose indolente, les ailes du nez mollement rabattues, dépouillées par le sommeil de toute marque de colère; aujourd'hui le dieu est outré de fureur; assailli par les nymphes qui lui ont attaché les mains derrière le dos, il craint pour ses jambes qu'elles veulent saisir. Sa barbe, à laquelle il tient tant, est tombée sous le fer du rasoir. Ses ennemies lui disent qu'elles persuaderont à Écho de le mépriser, de ne plus lui parler. Après avoir contemplé d'un seul regard le groupe des Nymphes, examinons-les par tribus: voici les Naïades avec leurs cheveux qui laissent tomber l'eau goutte à goutte; voici les nymphes agrestes, non moins belles avec leur chevelure négligée et aride. En voici d'autres qui ont reçu de la nature une couronne de fleurs, couleur de l'hyacinthe.*"[684]

Symbole traditionnel du mariage, les noces de Thétis et de Pélée, dans le genre du "*Feast of Gods*"[685], proposent dans leur représentation par Bartolomeo di Giovanni (c. 1490[686]), une reproduction et

---

[681] Cartari-Lyon, p. 86.
[682] Mara R. Wade, *Gender Matters: Discourses of Violence in Early Modern Literature and the Arts*, Amsterdam & New York, Rodopi, 2013, pp. 68-69.
[683] "*If in the sixteenth century, the needle was primarily a woman's tool for composing narratives in fabrics, needlework being a sign of aesthetic virtuosity and even a way of making political statements, the shuttle belonged to the male world of industrial production in tapestry workshops (Jones and Stallybrass 2000, 148–71, 94). Yet the eclogue's weaver nymphs, who "write" their stories with shuttles, belong to a literary tradition, a product of an ancient textual memory. They find precedents in the Virgilian naiads of Georgics 4, who appear "spinning fleeces of Miletus, dyed with rich glassy hue" (1999, 1:4. 334– 5). Filódoce [Phyllodoce] and Climene [Clymene] are cited here by name (1:4. 336, 345). Ovid's Metamorphoses, a popular exemplar for literature and textiles in the sixteenth century, offers even closer antecedents, Philomela and Arachne, who "write" their stories with the shuttle as pen. The Ovidian tales, like those told by the eclogue's nymphs, are violent narratives, and distinctive in that the mythological weavers, like the naiads, are eminently skilled. Philomela is raped by her brother-in-law, the Thracian king Tereus, who cuts off her tongue with his sword to silence her. Her tongue "faintly murmuring" on the dark earth (1984, 6.558) signals her alienation from speech. Weaving a tapestry for her sister Procne to read, a victim becoming a master in her telling, she chooses materials that represent the brutality of her rapist and her bloody mutilation: "She hangs a Thracian web [barbarica tela] on her loom, and skillfully weaving purple marks [purpureas notas] on a white background, she thus tells the story of her wrongs" (1984, 6.576–8; my emphasis).15 Lydian Arachne, for her part, after challenging Pallas Athena to a contest, weaves tales of deceit and seduction committed by the gods against mortals. Like the goddess, she works warp and weft with "well-trained hands" (6.60), deftly blending threads of gold (6.68) and yrian purple with lighter colours (6.61–2), details that resonate in the fabrics of the eclogue's nymphs. Arachne's tapestry is "flawless," but she is punished for her presumption. Pallas strikes her with a shuttle and then, in pity, transforms her into a spider, the very emblem of her delicate art (6.129-45). Like Ovid's ekphrases of Philomela and Arachne's tapestries, Garcilaso's verbal representations of his nymphs' tapestries are not "finished products" but "ekphrases in the making." In contrast to Sannazaro's Eurydice tapestry in the Arcadia 12 (1966, 135–6) or the tapestry celebrating Hippolytus d'Este's deeds in Ariosto's Orlando furioso (2008, Book 46), Garcilaso presents the nymphs in the very act of weaving their cloths, bringing the stories alive for his spectator, the vicereine of Naples.*" (Mary E. Barnard, *Garcilaso de la Vega and the Material Culture of Renaissance Europe*, University of Toronto Press, 2014, pp. 26-27)
[684] http://remacle.org/bloodwolf/erudits/philostrate/tableaux2.htm#XI
[685] "*Feast of the Gods (art)*
The Golden Apple of Discord at the wedding of Peleus and Thetis, Jacob Jordaens, 1633, 181 cm × 288 cm (71 in × 113 in), oil on canvas
The Feast of the Gods or Banquet of The Gods as a subject in art has a long history going back into antiquity. It enjoyed a revival in popularity in the Italian Renaissance, and then in the Low Countries during the 16th century, when it was popular with Northern Mannerist painters, at least partly as an opportunity to show copious amounts of nudity.[1]
Often the occasion shown was specifically either the wedding of Cupid and Psyche or that of Peleus and Thetis, but other works show other occasions, especially the Feast of Bacchus, or a generalized feast. While the wedding of Cupid and Psyche is just the happy ending of Psyche's story, the wedding of Peleus and Thetis is part of the grand narrative of Greek mythology. The feast was interrupted by Eris, goddess of discord, who threw the golden Apple of Discord inscribed "for the most beautiful" into the company, provoking the argument that led to the Judgement of Paris, and ultimately to the Trojan War. Eris is sometimes shown in the air with the apple, or the apple with the diners, and sometimes the feast forms a background scene to a painting of the Judgement, or vice versa.[2] This wedding was also used as a political symbol around the time of the marriage of the Dutch leader William the Silent to Charlotte of Bourbon in 1575.[3]
Generally, despite Thetis being a sea-nymph, depictions of her wedding have the same inland setting as other scenes. A depiction by Hans Rottenhammer (1600, Hermitage Museum) probably of the wedding of Neptune and Amphitrite is set in a beach-side pavilion, with the sea full of an unruly crowd of marine mythological creatures. The Feast of Achelous is derived from Ovid in his Metamorphoses, who describes how Theseus is entertained by the river god in a damp grotto, while waiting for the river's raging flood to subside: "He entered the dark building, made of spongy pumice, and rough tuff. The floor was moist with soft moss, and the ceiling banded with freshwater mussel and oyster shells."[4] The subject was painted a number of times, with Rubens producing an early version with Jan Brueghel the Elder,[5] and a later picture attributed to his "school", and Hendrick van Balen collaborating with Jan Brueghel the Younger. All show much smaller and more decorously behaved groups than the wedding parties.
Italian Renaissance
One of the earliest depictions is a cassone panel by Bartolomeo di Giovanni from the 1490s (Louvre, illustrated); this is paired with a panel of the Procession of Thetis, another common way of depicting a wedding; artists were unsure what form an actual Olympian wedding ceremony might have taken. A more sophisticated but similar depiction of a rustic picnic eaten on the ground, is The Feast of the Gods (1514) changed by Titian (to 1529), a large and important painting; both show the story of Priapus and Lotis.[6]

association intéressante des deux variantes que nous avons vu de notre motif: le satyre réveillé (ici, déboublé, Dionysos, et, dans le fond, Silène, avec Églé portant un plat de mûres), et la ménade découverte, ici en reproduction du sacrifice de Lotis pour échapper à Priape[687], comme le prouve l'âne qui se met à brâmer, conformément au récit des *Fastes* (I, 415ss.)[688]:

"*On immole aussi un ânon au rigide gardien des champs;*
la raison en est peu convenable sans doute, mais bien adaptée à ce dieu.
Tu célébrais, ô Grèce, en l'honneur de Bacchus à la couronne de lierre,
la fête que tous les deux ans l'hiver ramène à sa date habituelle.
I, 395
Les dieux adorateurs de Lyaeus vinrent aussi à cette fête,
et tous ceux qui ne rechignent point aux jeux et au badinage,
les Pans et les jeunes Satyres, enclins aux plaisirs de Vénus,
et les déesses qui hantent les fleuves et les campagnes solitaires.
Il était venu aussi, le vieux Silène, sur son âne à l'échine courbée,
I, 400
ainsi que le dieu rouge qui de son membre terrifie les oiseaux apeurés.
Lorsqu'ils eurent trouvé un endroit boisé propice à d'agréables agapes,
ils s'étendirent sur des couchettes garnies de gazon.
Liber fournissait le vin, chacun avait apporté sa propre couronne,
la rivière offrait de l'eau à profusion pour les mélanges.
I, 405
Les Naïades étaient là, les unes portant leurs cheveux épars, non peignés;
d'autres de leurs mains les avaient habilement arrangés.
Celle-là fait le service, tunique retroussée au-dessus des mollets,
cette autre, le corsage décousu, découvre sa poitrine;

Two major frescos from the end of the High Renaissance showed the wedding banquet of Cupid and Psyche: Raphael's central panel in the "Loggia of Psyche" at the Villa Farnesina in Rome, and Giulio Romano's wall panel in the Palazzo Te in Mantua. Both of these became very well-known through print versions, often freely adapting the compositions, and inspired a wide range of versions in drawings and media of the decorative arts such as majolica, painted Limoges enamel and pastiglia. Giulio's version seems to show the preparations rather than the feast itself, and only a few of the invited gods have so far arrived. But it is highly atmospheric and its dispersal of the figures across a large setting was to recur in many later depictions.[6] Both frescos showed a good proportion of the participants nude, as about so, reflecting the practice of recent decades in mythological paintings. The Fête champêtre of Titian (or Giorgione) may represent a mythological subject, if not a feast then at least a picnic of the gods.
Around the mid-century Taddeo Zuccari did the Wedding of Bacchus and Ariadne in fresco in the Villa Giulia, Rome,[7] and in northern Europe Francesco Primaticcio painted that form of this in a mythological series in the ballroom of the Palace of Fontainebleau.[8] Frans Floris painted a monumental feast in oil (c. 1550, Antwerp),[9] nearly two metres across, as well as a Feast of the Seagods (1561, Stockholm).
Northern Mannerism
The revival of interest in the subject some decades later in Northern Mannerism seems to spring from a large engraving of 1587 by Hendrik Goltzius in Haarlem of a drawing by Bartholomeus Spranger (now Rijksmuseum) that Karel van Mander in his Schilder-boeck, where Spranger was court painter to Rudolf II. The Feast of the Gods at the Marriage of Cupid and Psyche was so large, at 16 7/8 x 33 5/8 in. (43 x 85.4 cm), that it was printed from three different plates. Over 80 figures are shown, placed up in the clouds over a world landscape that can be glimpsed below. The composition borrows from both Raphael and Giulio Romano's versions.[10]
Over the next thirty years or so a number of Netherlandish artists painted the subject, usually in small cabinet paintings, often on copper, although The Wedding of Peleus and Thetis by Cornelis Cornelisz. van Haarlem was enormous at over four metres wide, a commission in 1593 from the Stadtholder Maurice, Prince of Orange for his palace, and Jacob Jordaens' The Golden Apple of Discord (1633, from an oil sketch by Rubens) also a monumental treatment. Painters who returned to the subject several times include in particular Hendrick van Balen, who was known above all for these subjects, and also Joachim Wtewael, Cornelis van Haarlem, Cornelis van Poelenburch, and Abraham Bloemaert.[11]
Context
The earlier paintings may owe something to entertainments alla antica such as those of the Compagnia della Cassuola ("Company of the Shovel") mentioned by Vasari, where a social confraternity in Florence including artists such as Giovanni Francesco Rustici and Andrea del Sarto held elaborate dinners which might include the attendees dressing and re-enacting episodes from mythology. Such an entertainment might bear comparison with Olympian hospitality; the previous century Marsilio Ficino had written a thank-you letter to Lorenzo de' Medici that made just that comparison.[6]
The later paintings can also be seen in the context of the wider interest in "company scenes" of social occasions in Netherlandish art at the start of the 17th century, expressed in the new genre painting of the merry company, and its "gallant" and "elegant" variations,[13] as well as the continuation of Pieter Bruegel the Elder's scenes of peasant life by his son Jan and others. The feasts formed a division of the class of small-scale mythological paintings, in which the interest of the figures is very often shared with landscape or still life elements.[14] Both of these figure in many feasts, but the emphasis is on a generous range of nude figures, displaying a variety of complicated poses that display the artist's virtuosity.[15]
Small groups of non-divine revellers in similar arcadian landscape settings are called bacchanals, and are even more common in art. Other subjects that were popular at the same period showed the entertainment of classical gods by humans, in the story of Baucis and Philemon and other tales. The Triumph of Bacchus (Los Barracchos, 1628) by Diego Velázquez, in the Museo del Prado, is a famous example of the subject of Bacchus drinking with humans.
Later works
The New Palace at Potsdam in Berlin has a ceiling painting in the Marmorsaal ("Marble Hall") depicting the Feast of the Gods on Olympus (1769) by the Neoclassical painter Amédée van Loo. Romantic Nationalism extended the range of gods that might be depicted to the Norse gods. In 1863 the Peredvizhniki ("Wanderers") group of progressive artists was founded after several left the Imperial Academy of Arts in Saint Petersburg in disgust after the subject set for the annual Gold Medal contest (the Russian equivalent of the Prix de Rome) was "The Feast of Odin in Valhalla", which they thought both un-Russian and of no social relevance.[16] Later painting, particularly in England, sometimes depicted fairy scenes of a somewhat similar types, such as The Quarrel of Oberon and Titania (1849) and its matching Reconciliation, by Sir Joseph Noel Paton." (http://en.wikipedia.org/wiki/Feast_of_the_Gods_(art))
[686]http://commons.wikimedia.org/wiki/Category:Marriage_of_Peleus_and_Thetis_by_Bartolomeo_di_Giovanni
[687]http://en.wikipedia.org/wiki/Feast_of_the_Gods_(art)
[688]http://fr.wikipedia.org/wiki/Lotis_(mythologie)

celle-ci dévoile son épaule, celle-là traîne dans l'herbe son vêtement,
1, 410
nulle sandale n'entrave leurs pieds délicats.
Dès lors, certaines éveillent chez les Satyres de doux incendies,
d'autres t'enflamment toi, aux tempes ornées d'une couronne de pin;
elles t'embrasent toi aussi, Silène, dont le désir est insatiable:
ton goût de la débauche ne te permet pas de vivre en vieillard.
1, 415
Mais Priape, le dieu rouge, ornement et protection des jardins,
avait, parmi toutes les nymphes, jeté son dévolu sur Lotis.
Il la désire, il l'a choisie, il ne soupire que pour elle;
de la tête, il lui fait des signes et ses gestes la pressent.
La morgue habite les belles, et la beauté engendre la superbe:
1, 420
la moue de la nymphe manifestait un mépris moqueur.

C'était la nuit, et le vin poussait au sommeil; çà et là,
gisaient les corps vaincus par la torpeur.
Lotis, lassée des jeux, se reposait bien à l'écart,
couchée sur l'herbe, sous les branches d'un érable.
1, 425
Son amoureux survient qui, retenant son souffle, furtivement,
sur la pointe des pieds, s'avance en silence.
Parvenu à la retraite où couchait la nymphe au teint de neige,
il veille à ce qu'on n'entende pas son propre souffle;
et déjà il s'avançait en se balançant vers la couche de gazon:
1, 430
elle pendant ce temps était plongée dans un sommeil profond.
Il s'en réjouit, retira le voile qui lui couvrait les pieds,
et déjà il était sur la voie de réaliser ses voeux.
Voici que l'âne, la monture de Silène, se met à braire
d'une voix rauque, émettant des sons malvenus.
1, 435
La nymphe se redresse effrayée; des mains, elle repousse Priape
et, en fuyant, elle ameute tout le bois. Mais le dieu,
qui physiquement n'était que trop prêt à son acte indécent,
fut la risée de tous, sous l'éclat lumineux de la lune.
L'auteur du cri paya sa faute de la mort,
1, 440
devenu victime agréable au dieu de l'Hellespont."[689]

On retrouve une identité de nature entre Silène barbouillé du fond et Priape moqué du premier plan, les deux épisodes se répartissant la partie droite du tableau, en un sens anagogique, puisque celui de Silène est au-dessus de celui de Priape. L'action de l'âne de Silène connecte les deux moments, de même que la bataille des Centaures et des Lapithes du fond à gauche, autre image de la bataille des passions et de la raison[690], renforce l'action de Chiron dans la victoire de Pélée sur la prude Thétis[691].

---

[689]http://bcs.fltr.ucl.ac.be/FASTAM/F1-295-460.html
[690]"Le livre d'heures de Charles d'Angoulême est l'un des plus étonnants de la fin du quinzième siècle. Tout d'abord parce que les miniatures sont ici de véritables tableaux en pleine page. Ensuite parce que de nombreux dessins sont entièrement profanes, ce qui étonne dans un livre d'heures. Enfin, parce que certains dessins sont manifestement empruntés à des graveurs allemands sur cuivre soit une innovation, tout au moins pour les artistes de l'ouest de la France du XVème siècle.
Le Livre d'Heures de Charles d'Angoulême: la Mort du Centaure Nous allons nous pencher sur le livre d'heures de Charles d'Angoulême et nous contenterons aujourd'hui d'examiner l'énigmatique miniature 41v qui représente la Mort du centaure. Cet article résulte du remarquable travail d'Ahuva Belkin[i], qui, à mon sens, a poussé plus loin que tout autre chercheur, l'explication de cette miniature.
Tout d'abord, il convient de noter que la miniature figure au début de l'Office des morts. Le contenu d'un livre d'heures varie considérablement d'un ouvrage à l'autre, tant au texte que dans son illustration car il n'est pas contrôlé par des règles liturgiques rigides. L'office des morts contient habituellement des scènes de la bible, telles que la résurrection de Lazare, le jugement dernier et la libération des âmes sortant des bouches de l'enfer. Mais il comporte également des scènes réalistes comme la préparation du corps des défunts, le cortège funèbre autour du cercueil, les processions funéraires, la messe de requiem, ou encore les leçons de morale, telle que la danse macabre. C'est à cette dernière catégorie que l'auteur attribue cette miniature.
La mort du Centaure: une danse macabre?
L'auteur plante ainsi le décor, sans préciser du reste pourquoi il s'agit d'une danse macabre ni le sens de cette dernière, supposé possédé par le lecteur.
La danse macabre «naît d'un Dit des trois morts et des trois vifs, un poème anonyme du XIIIe siècle: la Mort, un squelette plus ou moins revêtu de chair, incite trois jeunes nobles à renoncer aux vanités terrestres. Au XIVe siècle, marqué par les épidémies, les famines et la guerre de Cent Ans, la perception d'une vie humaine en sursis ne cesse de croître, au point de perdurer une fois

la prospérité revenue. Cela explique que le poème soit toujours recopié. En 1485, une ultime version est publiée par le libraire parisien Guyot (Guy) Marchant. Le ton est satirique et chacun peut se retrouver dans la trentaine de personnages dialoguant avec une Mort en veine de raillerie. C'est un formidable succès d'édition (au moins seize éditions de Danses macabres sont répertoriées jusqu'en 1500), qui inspire d'autres peintres, des illustrateurs, des sculpteurs ou des écrivains»[ii].

Les cinq poèmes des «trois morts et des trois vifs»[iii] racontent tous, à quelques variantes près la même histoire de trois squelettes à moitié revêtus de chair qui rencontrent trois damoiseaux ou trois rois. La façon d'aborder le thème de la mort, par un cadavre décharné est nouvelle au XIIIème siècle. Elle va rapidement connaître au XIVème siècle une grande vogue parmi les artistes. La parenté frappante existant entre le thème de ces poèmes et celui de la Danse macabre, née en 1424, est la réunion de squelettes décharnés avec des personnages vivants. La danse macabre illustre la fragilité de la vie et la fin, assignée par le destin à tous les hommes.

Mais la matière de la Danse macabre est plus riche que celle des «Trois dits...»: dans la Danse macabre figurent tous les âges et toutes les classes de la société alors que dans les «Trois dits...», ne sont présents que trois damoiseaux ou trois rois. En revanche, «les poèmes renferment une plus grande variété d'idées: on y trouve des réflexions sur la vie et la destinée humaine, une satire de l'aveuglement des hommes et une exhortation chaleureuse à faire le bien et à fuir le péché. A la veille de la Renaissance, ces idées changent: la poésie macabre du Moyen Age laisse le pas à une poésie nouvelle: la mort reste le grand sujet de l'inspiration poétique mais des accents personnels et une mélancolique émotion prennent le pas sur la prédication religieuse: c'est ce qui transparaît dans les poésies de François Villon»[iv].

On considère[v] la danse macabre du Cimetière des Innocents, peinte à Paris en 1424, comme le point de départ de cette tradition. «Sur ces fresques, une cadavre décharné ou un squelette est couplé avec un représentant d'une certaine classe sociale. Le nombre des personnages et la composition de la danse dépendent du lieu de création. La danse macabre prend le plus souvent la forme d'une farandole. En-dessous ou au-dessus de l'illustration sont peints des vers par lesquels la Mort s'adresse à sa victime, souvent d'un ton menaçant et accusateur, parfois sarcastique et empreint de cynisme. Puis suit la supplique de l'Homme, pleine de remords et de désespoir, mendiant la pitié. Mais la Mort entraîne tout le monde dans la danse de l'ensemble de la hiérarchie cléricale comme le pape, les cardinaux, évêques, abbés, chanoines, prêtres, des représentants du monde laïque, les empereurs, rois, ducs, comtes, chevaliers, médecins, marchands, usuriers, voleurs, paysans et jusqu'à l'enfant innocent. La Mort ne regarde ni le rang, ni les richesses, ni le sexe, ni l'âge de ceux qu'elle fait entrer dans sa danse».

Inspiration mythologique ou allégorique?

Revenons maintenant à notre miniature 41v. Certains auteurs ont voulu voir dans cette œuvre un sujet mythologique. Ahuva Belkin nous fait d'abord remarquer que si l'artiste avait voulu centrer l'attention autour du centaure, il n'aurait pas peint une femme sauvage sur son dos. Ce qui fait la caractéristique de cette œuvre, c'est la présence, outre des trois personnages du centaure et de ses deux agresseurs, de la femme sur son dos et de la mort qui l'attaque. Il ne s'agit pas, à l'évidence d'un sujet mythologique. Il peut s'agir en revanche d'une miniature allégorique.

Dans ce cas, quelle est la signification du centaure portant une femme sur son dos? Et quel sens faut-il donner à la Mort qui vient frapper le centaure?

Tout d'abord, le centaure: c'est un sujet mythologique qui exprime d'habitude la lutte des Centaures et des Lapithes. Chiron, le Centaure est un ami d'Hercule qui se blesse accidentellement d'une flèche empoisonnée.

Le sujet de cette œuvre provient d'un texte d'Ovide qui raconte comment Chiron le Centaure se blessa accidentellement et mortellement avec les flèches d'Hercule enduites du poison de l'Hydre de Lerne.

Ce sujet mythologique n'est manifestement pas celui de la miniature car dans cette dernière, le centaure se défend contre l'agression de deux hommes. Il convient donc d'examiner d'autres occurrences iconographiques.

Dans cette peinture de Piero di Cosimo, le combat des centaures est présenté dans le cadre d'une opposition classique entre la tribu des centaures et celle des Lapithes à l'occasion du mariage de Pirithoüs et Hippodamie. Il n'y a pas de femme sauvage dans cette lutte.

Les trois personnages du centaure et de ses deux agresseurs ont été empruntés à une gravure de IAM de Zwolle «La mort du centaure» qui clairement un sujet mythologique. Le fait d'y ajouter des éléments supplémentaires montre la volonté de déborder et déformer le sujet initial.

Le centaure dans l'imaginaire chrétien médiéval Force est donc d'examiner la représentation du centaure dans l'imaginaire médiéval chrétien. C'est un monstre mi-homme mi-cheval: c'est une allégorie de la «bête». Mais que fait donc cette scène de combat dans l'Office des morts d'un livre d'heures?

D'après Ahuva Belkin, il s'agit probablement d'une illustration du thème plus général de la lutte de l'homme contre la bête, ou de l'homme contre les forces obscures. Il est de fait que l'usage de la mythologie pour représenter d'autres sentiments, c'est répandu dans l'art au XIVème et XVème siècles à une époque où les allégories étaient à la mode.

A la fin du XVème siècle, on puise abondamment dans les métamorphoses d'Ovide pour trouver de nouvelles allégories. Plusieurs textes latins et français présentaient du reste Ovide comme un moraliste c'est-à-dire non seulement un poète moral, mais «quelqu'un par qui on pouvait apprendre des leçons de morale.» Erwin Panovski[vi] a placé le personnage d'Hercule gravé par Albrecht Dürer dans un tableau allégorique de la vertu qui lutte contre le vice. C'est l'idée de la vertu qui descende de son château qui attaque la femme nue dans les bras du satyre, qui représente la volupté. La présence d'Hercule dans ce tableau, semble du côté du vice car il fait mine de parer avec son bâton les coups vengeurs de la Vertu.

Ici se trouve associée une femme nue, comme dans notre miniature, mais avec un satyre, non un centaure! Ahuva Belkin s'efforce alors de démontrer que satyres et centaures représentent deux termes distincts d'un même concept de la bête.

Elle note que dans une esquisse préliminaire de sa gravure d'une famille de satyres (1505), Dürer avait mis un centaure à la place du satyre: le Satyre comme le centaure étaient en effet considérés, du point de vue chrétien, comme des démons. Dante compte du reste le centaure parmi les terreurs de l'enfer.

Elle souligne enfin que la lutte de l'homme contre la bête, comme incarnation du mal, est illustré par nombre d'œuvres de la Renaissance.

D'après elle, la miniature 41v évoque donc la lutte de l'homme contre le vice dans une conception médiévale de la psychomachie [vii]. Le centaure et le satyre sont en effet des créatures interchangeables pour l'homme du moyen-âge.

A l'appui de cette déduction, elle cite un dernier exemple, celui du Tableau de Mantegna au Louvre: «L'expulsion des vices du Bosquet». Minerve avec son casque représente probablement la Prudence, rendue plus forte par les célestes apparitions de la Justice, de la Force d'Ame et de la Tempérance, se précipite pour libérer le bosquet de l'invasion des vices qui s'enfuient en désordre.

L'arbre est entouré d'une banderole sur laquelle on peut lire en latin, en grec et en hébreu, «En Avant divers compagnons des vertus, qui nous reviennent de haut, rejetez de nos mers les hideux monstres affreux des vices». Une des vices apparaît le centaure avec une femme sur son dos.»

On pourra noter que la représentation du monstre marin par Durer présente également une femme sur son dos: il s'agit probablement d'une variante iconographique de la représentation du vice.

Ahuva Belkin estime donc que le centaure mourant, dans l'allégorie de la miniature 41 v représente l'image du vice. Mais que fait la femme sur son dos?

Le sens de l'allégorie

On remarque tout d'abord que cette femme est couverte d'une fourrure: c'est donc femme sauvage. L'auteur nous fait observer que dans la tradition littéraire médiévale, les sauvages sont de même nature ainsi que le déclarait Isidore de Séville: «les faunes, les hommes sauvages et les satyres sont identiques entre eux et ils sont même identiques aux centaures».

L'ensemble du paysage de la miniature est fondamentalement symétrique. Du côté gauche, opposé au château de vertu, il y a le pays inculte soit le symbole du chaos. C'est une forêt épaisse avec des animaux sauvages: un lion apparaît à l'orée de la forêt.

Ainsi, on peut supposer que le centaure et la femme sur son dos ne font qu'un: la personnification du vice. Le Centaure et la femme sauvage sur son dos ont la même nature et représentent le mal dans l'Office des Morts.

Que la Mort ait choisi comme victime une créature mythologique du paganisme ne surprend pas Ahuva Belkin. Selon elle, la présence de la mort s'explique car dans les livres d'heures, la danse macabre apparaît dans l'Office des Morts.

Dans beaucoup de livres d'heures, la mort apparaît entourée d'un drap blanc et menaçant sa victime d'une lance.

C'est le cas dans la miniature suivante où la mort vient frapper toutes les classes de la société: c'est donc clairement une variante de la danse macabre.

Mais l'auteur de dit pas ce qui, dans la miniature des heures d'Angoulême, lui fait penser à une danse macabre car la mort frappe le centaure un personnage mythique et non un personnage vivant! En dehors de l'association entre la Mort et des personnages vivants, rien dans la miniature ne fait penser à une farandole!

En interprétant la miniature comme une allégorie traitant du mal, du plaisir et du désir, en présence de la Mort, Ahuva Belkin dit suivre une longue tradition.

Ce qui paraît partiellement exact: en effet, quand la mort est associée à la femme, l'allégorie n'a pas le même sens. L'allégorie de la jeune fille et la mort n'a rien à voir avec la danse macabre mais davantage avec le plaisir et le désir.

~ 276 ~

La jeune fille et la mort est un thème récurrent chez les artistes allemands de la Renaissance: il met en relief le lien entre la sexualité et la mort. «Dans ce type d'iconographie, la demoiselle n'est plus entraînée dans la danse mais dans un échange sensuel qui s'érotise avec le temps. Malgré la sensualité, on n'oublie pas la morale: le caractère éphémère de la vie et de la beauté»[viii].
   Mais il ne paraît pas possible de relier ce thème à la miniature car la Mort n'est pas en relation avec la jeune fille mais avec le centaure.
   Peut-être l'auteur s'est-elle rendue compte que ses explications tombaient un peu court car elle s'est demandée quels sont les vices représentés par le centaure et la femme sauvage? Elle pousse alors l'argument un peu loin en avançant qu'il s'agit peut-être de Louis XI et Anne de Beaujeu.
   Il paraît difficile de la suivre dans cette voie. Même si Charles d'Angoulême avait des raisons de s'opposer politiquement à Anne de Beaujeu, il n'aurait jamais représenté le roi et sa fille dans un tableau symbolique car elle demande à mort du vice!
   Il faut penser je crois que le mystère de la miniature reste entier. L'auteur a centré toute son analyse sur la mort du Centaure et de la femme sauvage. A aucun moment, elle n'analyse le rôle des deux tueurs et leur symbolique dans l'allégorie.
   Si l'on admet qu'il s'agit d'une danse macabre, alors le sens de l'allégorie peut être celui de la lutte des hommes contre le vice, au terme de laquelle, la Mort se présente, inéluctable. Il faut donc travailler aujourd'hui à faire le bien.
   Mais si ce n'est pas une danse macabre? Alors l'allégorie reste une énigme.
   Une solution de l'énigme?
   J'émets personnellement une hypothèse qui vaut ce qu'elle vaut car elle demande à être étayée.
   Cette hypothèse part de la question suivante: par suite de quels hasards ces gravures de Israhel Van Meckenem et de IAM de Zwolle sont-elles tombées entre les mains de Robinet Testard?
   Beaucoup de chercheurs estiment que la réutilisation de ces dessins dans les Heures de Charles d'Angoulême, prouve l'existence d'une relation entre l'art graphique allemand et les miniaturistes français. C'est la question de l'œuf et de la poule: qui a influencé qui et comment?
   Mais ce qui est étonnant c'est que l'on ne retrouve pas, ultérieurement, dans l'œuvre de Robinet Testard la réutilisation de ce procédé. C'eût été facile pourtant pour le peintre enlumineur, d'appliquer la même technique à d'autres dessins!
   Il y a à mon avis un nom qui aurait pu compter pour beaucoup dans cette relation: Anthoine Vérard, l'imprimeur du Comte d'Angoulême[ix]. Dès 1484, Vérard se spécialise en effet sur un nouveau créneau d'activité: la gravure sur bois enluminée (une technique qui vise à colorier des gravures sur bois pour donner l'illusion de l'enluminure) qui lui permet d'accélérer la vitesse de conception et de réalisation de ses éditions. Il est donc très probable que, à l'occasion de sa recherche de gravures sur bois, il ait également collecté des gravures sur métal, dont un autre des contemporains de Robinet Testard, Israhel Van Meckenem inondait alors l'Europe. Que le comte d'Angoulême, en relation très étroite avec Anthoine Vérard, ait récupéré directement chez l'imprimeur ces gravures, qui lui plaisaient très certainement, pour les remettre à son peintre enlumineur, est une probabilité.
   A .Matthews qui a examiné en détail les «Heures de Charles d'Angoulême» [x] a noté la probabilité d'une parfaite entente entre Robinet Testard et son commanditaire. Il est possible que Testard, dont il s'agissait là de la première œuvre d'importance, ait cherché avant tout à faire plaisir ou flatter le comte d'Angoulême en réutilisant des gravures que ce dernier lui aurait présentées.
   D'autant que le travail à réaliser était extrêmement important et que le principe de la participation d'autres peintres (Bourdichon et son atelier) à la conception de cette œuvre, semble avoir été prévue depuis le départ.
   Si tel est le cas, Testard serait parti de la gravure de IAM de Zwolle qu'il aurait transformée et non de l'une ou l'autre allégorie qu'il aurait cherché à illustrer.
   Si cette interprétation est fondée, peut-être ne faut-il pas trop s'attacher au sens exact de l'allégorie et y voir simplement comme le suggère du reste Ahouda Belkin, une rencontre à caractère général, du vice, du plaisir et du désir face à la Mort? (http://autourdelombreduconnetable.com/la-mort-du-centaure-par-robinet-testard-un-mystere-eclairci-ou-epaissi/)
   Nous ajouterons que l'association entre le Centaure et la danse macabre représente son caractère de vide mondain, comme la sphère de l'Allégorie des Vertus, dont l'âme doit sortir pour se libérer.
   Déjà chez Lucien, le banquet des Lapithes évoque cette bataille entre le Vice et la Vertu:
   "LXXII.LE BANQUET OU LES LAPITHES. 14. Toutefois, sans se démener pour prendre sa nourriture, il ne laisse pas de disserter sur la vertu et sur le vice et de tourner en ridicule l'or et l'argent. Il va jusqu'à demander à Aristénète de quoi peuvent lui servir tant et de si grandes coupes, lorsqu'il y en a d'argile qui tiennent autant. Mais Aristénète fait cesser pour un moment son importunité, en donnant ordre à l'échanson de lui présenter une large coupe et de lui verser rasade. Il croyait avoir découvert un excellent moyen, et il n'en prévoyait pas de quels maux ce verre allait être la cause. Alcidamas, prenant la coupe, la but quelques instants; puis, se jetant à demi nu sur le plancher, il s'y couche, comme il en avait menacé, la tête sur le coude, le verre à la main droite, tel que les peintres représentent Hercule chez Pholus (07).
   15. Déjà la coupe avait à plusieurs reprises circulé parmi les convives; les santés allaient leur train, ainsi que les conversations, et l'on apportait les lumières. En ce moment, voyant que l'esclave placé près de Cléodème, qui était un joli échanson, se mettait à sourire, circonstance accessoire du festin que je crois devoir noter parmi les épisodes plaisants j'observe avec attention quelle en peut être la cause. Un instant après, il s'approche de Cléodème, comme pour recevoir la coupe de sa main: celui-ci lui serre le doigt, et lui glisse deux drachmes, je crois, avec la coupe. L'esclave sourit de nouveau en se sentant serrer le doigt, mais il ne voit pas, sans doute, la monnaie; car, au lieu de la recevoir, il la laisse tomber par terre, où elle produit un bruit qui fait rougir l'esclave et Cléodème d'une manière fort significative. Ses voisins se demandent à qui ces pièces peuvent appartenir; l'esclave nie qu'elles ne soient échappées de sa main, et Cléodème, près de qui le bruit s'est fait, prétend n'avoir rien laissé tomber; l'incident n'a pas de suite et l'on n'y songe plus, peu de personnes l'ayant vu, sauf Aristénète, je pense, et pus m'en convaincre. Au bout de quelques instants, il ordonne au jeune esclave d'aller ailleurs, et il fait signe de placer auprès de Cléodème un échanson âgé, une sorte de gaillard robuste comme un muletier ou un palefrenier. The affaire n'alla pas plus loin; mais quelle honte pour Cléodème, si le bruit s'en fût répandu parmi les convives, et s'il n'eût pas été étouffé sur-le-champ par l'adresse d'Aristénète à dissimuler le libertinage d'ivrogne!
   16. Sur ces entrefaites, le cynique Alcidamas, qui s'est démené bon baudet, ayant demandé le nom de la jeune mariée, réclame le silence d'une voix de tonnerre et regardant du côté des femmes: "Je bois, dit-il, à votre santé, Cléanthis, la coupe d'Hercule, notre chef et notre maître." Tout le monde s'étant mis à rire: "Comment! vous riez, gredins, s'écrie-t-il, de ce que je bois à la mariée, en invoquant Hercule notre dieu! Eh bien, sachez que, si elle ne reçoit pas la coupe de ma main, il ne lui naîtra jamais de fils de ma trempe, d'une vigueur à l'épreuve, libre d'esprit et solide de corps." En disant ces mots, il se découvre de manière à blesser la pudeur. Les convives ne font que rire de plus belle; alors Alcidamas se lève furieux, et nous lance un regard farouche et terrible, où l'on peut lire qu'il ne va pas demeurer en repos; peut-être même allait-il frapper quelqu'un de son bâton, lorsque l'on apporte, fort à propos, un énorme gâteau: à cette vue il se radoucit, sa colère se calme, et il se met à suivre le gâteau pour en bourrer.
   17. Déjà la plupart des conviés sont ivres; les cris retentis sont par tout le banquet. Le rhéteur Dionysodore débite quelques-uns de ses discours, qu'applaudissent les servants debout derrière lui. Le grammairien Histiée, assis à la dernière place, se met à coudre les lambeaux de Pindare, d'Homère, et d'Anacréon, pour en faire une ode ridicule, où il dit, comme par un pressentiment de ce qui allait avoir lieu:
   Les boucliers se heurtent (08)
   et
   Ce ne sont que soupirs, que clameurs des guerriers (09),
   Zénothémis, de son côté, lit un petit ouvrage d'une écriture très fine que lui remet son esclave.
   18. Ceux, qui apportaient les plats ayant, suivant l'usage, interrompu quelques instants le service, Aristénète, qui avait pris ses mesures pour que cet intervalle ne fut pas vide et sans agrément, introduit un bouffon, avec ordre de dire ou de faire tout ce qu'il croirait capable d'exciter l'hilarité des convives. On voit donc paraître un petit homme fort laid, la tête rase, sauf quelques poils qui se hérissent sur le sommet: il danse et se disloquant et en se tortillant de manière à paraître plus ridicule, récite avec l'accent égyptien des anapestes, dont il bat la mesure, et finit par railler les assistants." (http://remacle.org/bloodwolf/philosophes/Lucien/lapithes.htm)
   Dans un sens politique, l'événement représente une morale, ainsi on utilisera "Pour une Victoire, le Combat des Centaures & des Lapithes. Les Travaux d'Hercule & le Triomphe de Mars." (Les Reiouissances de la Paix, faites dans la Ville de Lyon le 20. Mars 1660, Lyon, Guillaume Barbier, 1660, p. 41)
   Par négation encore est confirmée l'identité morale du combat entre les Centaures et les Lapithes: "On m'a reproché souvent d'exalter l'art chrétien aux dépens de l'art païen et même de l'art grec. Mais vraiment ce n'est pas ma faute si, du temple antique à la cathédrale gothique, si du Parthénon à la cathédrale de Reims, il y a la distance d'une biographie à une grande histoire, d'un conte à une épopée. Ce n'est pas en architecture seulement, mais en sculpture et en peinture, que cette distance existe. J'ai cherché si dans l'antiquité je trouverais un édifice où, soit en statuaire, soit en peinture, s'offrirait un sujet plus ou moins analogue à ceux qui remplissent nos porches et nos voussures, nos fenêtres et nos rosaces. J'ai bien songé à la naissance de Minerve et à la naissance d'Athènes, au combat des

~ 277 ~

De fait, alors que les monts des *Noces* de Giovanni reproduisent ceux de son *Rapt des Sabines*, et correspondent donc à ceux de Rome[692], symboles de la grandeur de la construction italienne, la figure qui

---

Centaures et des Lapithes, et à la procession des Panathénées qui décorent les frontons et les frises du Parthénon. Mais, en vérité, que sont ces sujets, fort beaux du reste, en regard des sculptures de la cathédrale de Chartres. Chartres, ce n'est pas la naissance d'une déesse et d'une ville, mais la génération éternelle de Dieu et la création du monde. Ce n'est pas la bataille de deux races d'hommes, mais celle de l'humanité: de l'âme contre le péché, des Vertus contre les Vices. Ce n'est pas l'histoire locale d'un petit pays, de l'Attique, ni la fête d'Athènes, mais l'histoire de l'univers depuis le premier jusqu'au dernier jour, et la fête de l'Église catholique dans celle de Tous-les-Saints." (Didron Aîné, "*La divine liturgie*", Annales archéologiques, Paris, Librairie Archéologique de Didron, 1850, T. X, p. 9)
Dans le cadre des programmes symboliques des Gonzaga, on rappellera qu'en ce qui concerne la Bataille des Centaures ou Rapt de Déjanire de Michel Ange (c. 1492), "La première fois qu'il est fait mention de la Bataille des Centaures c'est dans une lettre écrite en 1527 par Giovanni Borromeo représentant de la maison Gonzague à Florence à Frédéric marquis de Mantoue, qui « voulait une œuvre de Michel-Ange à tout prix »4. La Bataille des Centaures est la deuxième pièce en bas-relief connue sculptée par Michel-Ange. Elle a été ciselée dans le marbre de Carrare pour Laurent de Médicis et était inachevée à la mort du prince. Selon le biographe de Michel-Ange Ascanio Condivi, le sujet lui aurait été suggéré par le poète Angelo Poliziano."
(http://fr.wikipedia.org/wiki/Bataille_des_Centaures_(Michel-Ange))
[693] Le motif matrimonial de l'enlèvement se représente aussi bien par Thétis que par Europe, entre autre dans le groupe ici étudié de Giovanni:
"*Le mythe d'Europe est souvent choisi pour décorer les coffres de mariage.*
La composition linéaire, qui se lit de droite à gauche, s'inscrit dans la tradition narrative de l'époque médiévale:
- la scène de la séduction (Europe, entourée de ses compagnes, monte sur le taureau);
- la scène de l'enlèvement: Europe, assise en amazone, s'agrippe des deux mains aux cornes du taureau; elle se tourne avec nostalgie vers ses compagnes restées sur le rivage. Elle glisse légèrement sur sa monture et ses pieds effleurent l'eau.
- La dernière scène représentée est celle de l'arrivée en Crète et montre Jupiter ayant repris une forme humaine.
Un motif pictural
Europe fait partie des petites scènes mythologiques qui figurent en arrière-plan de tableaux à sujet mythologique ou religieux.
Dans Le Combat de l'Amour et de la Chasteté de Pérugin (1503), destiné à décorer le studio d'Isabelle d'Este à Mantoue, le groupe Europe et le taureau se distingue à l'arrière-plan de la scène consacrée aux amours de Psyché. Là aussi, Europe est à califourchon sur le taureau qui va aborder le rivage où l'attend Apollon.
Actualisation du mythe
Rembrandt choisit la scène privilégiée des graveurs, celle de l'enlèvement. La lumière met en valeur les deux groupes séparés : Europe, regardant en arrière vers ses compagnes restées sur le rivage, la main droite tenant l'une des cornes du taureau, la main gauche posée sur l'encolure. Un autre coup de lumière est porté sur les compagnes éplorées, l'une vue de face, les bras dressés en l'air, comme tombée de frayeur sur son séant.
Mais la mer est calme et Europe ne montre aucune trace d'effroi, effroi que Rembrandt a exprimé dans d'autres scènes d'enlèvement comme celui de Proserpine (1631), par exemple.
Des détails canoniques pour l'histoire d'Europe sont délaissés: la prairie fleurie, le troupeau d'Agénor, Mercure qui pousse le troupeau vers l'eau, la couronne de fleurs qui orne le taureau, etc. Mais Rembrandt place dans le décor un char princier à parasol tiré par des chevaux, comme dans Ulysse et Nausicaa de son maître Pieter Lastman. Le paysage en arrière plan, urbain et montagneux, ne se détache une grue, évoque plus un port hollandais que la Crète.
La toile est conservée au "Getty Museum" de Malibu (États-Unis) qui en propose une reproduction.
Deux interprétations majeures du mythe: Titien et Véronèse
Deux tableaux sont particulièrement célèbres et déterminants pour la représentation du mythe par les peintres européens jusqu'à la fin du XVIIIe siècle: ils appartiennent à l'école vénitienne, datent du XVIe siècle et sont l'œuvre des deux maîtres les plus connus à cette époque : Tiziano Vecellio dit Titien et Paolo Caliari dit Véronèse. Ils ont pu contribuer à fixer deux moments distincts de l'histoire d'Europe, celui de l'enlèvement proprement dit et celui de ses préparatifs.
Titien, L'Enlèvement d'Europe, Isabella Stewart Gardner MuseumTiziano Vecellio, dit Titien, L'Enlèvement d'Europe, 1559-1562 (huile sur toile, 58x96 cm) - Isabella Stewart Gardner Museum, Boston
Cette toile fait partie d'un ensemble de six grandes toiles presque carrées, composé pour l'infant Philippe, fils de l'empereur Charles Quint, et destiné à décorer un camerino privé du roi. Titien met l'accent sur le moment du rapt. Son héroïne se débat, couchée sur le dos, repliant ses jambes sous d'effroi, s'efforçant de retenir son voile.
Titien propose une interprétation à la fois dramatique et dynamique du mythe avec le mouvement ample qui traverse la composition selon sa diagonale ascendante. Le ciel plombé est parcouru d'inquiétantes nuées roses et violettes, la mer irisée vire du verdâtre au bleu de plus en plus profond, le rivage montagneux varie du brun au bleu, au voile rouge d'Europe font écho d'autres taches rouges dans le tableau. La lumière tend à dissoudre les formes, comme celles des compagnes d'Europe, minuscules figurines lointaines.
Une copie de ce tableau par Rubens est conservée au Musée du Prado à Madrid.
Paul Véronèse, L'enlèvement d'Europe, 15880, Palais ducal, Venise Paul Véronèse,
A l'explosion passionnée du Titien, Véronèse substitue une sentimentalité plus sereine.
Véronèse propose une image simultanée comme dans l'Ovidio Volgare; l'action est décomposée en plusieurs temps sur la même image dans un procédé archaïsant. Trois épisodes sont représentés: la séduction, la promenade, l'enlèvement.
- A l'avant-scène, le peintre insiste sur le premier moment de la narration: les suivantes s'affairent autour de la princesse s'asseyant avec méfiance et en amazone sur la bête immaculée tandis que des amours font pleuvoir des fleurs et des fruits. Europe porte une riche parure de soie et de perles aux tons nacrés. Son sein est dénudé dans la tradition des allégories vénitiennes du mariage.
- Au second plan, Europe, promenée sur la bête en vue du rapt, esquisse vaguement un geste d'inquiétude lorsque sa monture presse le pas vers la rive.
- Enfin dans un troisième temps l'enlèvement proprement dit est représenté par une petite vignette au fond de la composition.
"The Web Gallery of Art" en propose une reproduction.
C'est l'interprétation de Véronèse qui a connu la plus grande fortune, avant même son exposition à la vue de tous au Palais des Doges: on en connaît à toutes les époques des répliques, des copies. Elle devient un modèle incontournable.
Guido Reni (1575-1642) a produit trois versions de L'enlèvement d'Europe dont l'une plus inspirée par le tableau de Véronèse, mais sans plus aucune allusion à la traversée. La version conservée à la Galerie nationale du Canada est particulièrement remarquable par les couleurs diaphanes, l'élégance de la pose et des draperies, l'équilibre entre mouvement et repos.
Jacob Jordaens, L'Enlèvement d'Europe, 1643, Musée de LilleJacob Jordaens, dans L'enlèvement d'Europe (1643), montre comme Véronèse, le moment préliminaire au rapt: Europe est assise sur le taureau couché qui lui lèche amoureusement le pied. Elle est nue, une ample draperie rouge, couronnée de perles.
Deux servantes s'affairent autour d'elle; tout autour de nombreuses figures féminines nues, dans des poses très expressives; non loin de là, une couronne de fleurs et une corbeille toute prêtes.
Mercure est vu de dos, le troupeau d'Agénor autour de lui, proche du taureau blanc et le regardant.
Éros, sur l'aigle de Jupiter, domine toute la scène.
Le groupe formé par Europe et le taureau, au premier plan, paraît très petit, immobile, disproportionné par rapport à l'ensemble. C'est l'agitation vraie et intense, la profonde animation des corps, la variété et la théâtralité des poses, qui rendent la dynamique et l'aspect tragique du rapt.
La base Joconde (RMN) donne les références de ce tableau, conservé au Musée de Lille, et en propose une reproduction.
Adressse: http://www.culture.fr/public/mistral/joconde_fr
L'évolution se poursuit au XVIIIe siècle, avec Watteau et François Boucher, fait perdre au mythe son aspect tragique." (http://www.cndp.fr/archive-musagora/europe/europefr/peinture.htm)
[692] Caroline Vout, *The Hills of Rome: Signature of an Eternal City*, Cambridge University Press, 2012, pp. 51-55.

tient la torche en haut de la montagne, au pied de la grotte où est préparé le lit matrimonial[693], rappelle les allégories avec torche de Cartari[694], notamment Hymen[695]. Le lit même dans la grotte rappelle le temple de la "*demeure de Nature*"[696], et de celui de Vesta gardé par une vierge, qui "*nourrit Jupiter*"[697].

Autre coïncidence iconographique, comme dans *Le règne de Comus*, le tableau des *Noces* par Giovanni est divisé en deux (la partie gauche reprenant le thème du *Cortège de Thétis*, 4ème quart du Vème siècle[698], selon un principe de diptyque que l'on retrouve aussi bien chez Piero di Cosimo étudié par Panofsky que dans le cycle de Vénus par Botticelli), ici par un mont.

On trouve bien chez Cartari l'opposition récurrente entre les sens (un personnage associé d'une figure caprine) et la Vertu comme allégorie féminine[699].

I. L'iconographie générale du *Songe du Docteur* de Dürer et *l'Acedia* comme problème théologique: le Docteur et son démon ailé à l'oreille

> "*For some time now I have known what I may express as the 'first half of the murder. Now I know the 'second half also. The picture is complete. But you understand that although I know what must have happened. I have no proof that it happened. Intellectually the case is satisfying. Actually it is profoundly unsatisfactory. There is only one hope - a confession from the murderer.*"
> (Agatha Christie, *Death on the Nile*, Chapter XXVIII)

I.1. Théologie renaissance et symbole de l'hérésie comme forme de surdité à Dieu: de la Béatrice de Dante aux textes de l'époque

I.1.a. Le chaînon manquant dans l'interprétation originale du Maître Panofsky: élément(s) d'iconographie et conséquences

On connaît l'interprétation par Erwin Panofsky du *Songe du Docteur* comme symbole de l'*Acedia*, selon l'iconographie médiévale, toutefois, et reconnaissant que les bases d'une interprétation iconologique furent ainsi, encore une fois, posées par le Maître Panofsky dans sa thèse dédiée à *La vie et l'oeuvre d'Albrecht Dürer* (1943), inspirée en cela de l'iconographie du mélancolique et de la Mélancolie (dont une évolution est celle de Sainte Marie Madeleine) qu'il étudie amplement dans *Saturne et la Mélancolie* (en tant que probable conséquence ou développement partiel de cette énorme, historiquement et documentairement, analyse de la *Melencolia I*, en collaboration avec Fritz Sal, commencée en 1923, et publiée par B.G.Teubner à Leipzig dans les Studien der Bibliothek Warburg, sous le titre *Dürers 'Melencolia. I'. Eine quellen und typengeschichtliche Untersuchung*, puis continuée et augmentée presqu'à l'infini, en collaboration avec Raymond Klibansky, et qui, terminée en 1939 et devant être publiée par une imprimerie de Glückstadt, près de Hambourg, mais dont les épreuves furent détruites, comme on le sut après l'Armistice de 1945, et ne put être publiée qu'en 1964 - retardée encore une fois la publication par le décès de Saxl en 1948 - sous le célèbre titre de *Saturne et la Mélancolie*; dans leur "*Préface*" à cette édition, Klibansky et Panofsky eux-mêmes rappelèrent d'ailleurs que ce dernier avait utilisé partie de l'information de *Saturne et la Mélancolie* dans son ouvrage sur *Albrecht Dürer*)[700], il nous semble que son analyse manquait de l'élément antérieur, capable de la valider, lequel, pour notre part, nous découvrons dans une oeuvre antérieure, illustrant le "*Paradis*" de Dante.

Pour cette raison, nous proposons doublement, d'une part, de relever, comme nous l'avons fait antérieurement pour le contexte flamand de la révolution Renaissance en reprenant et dialectisant les thèses

---

[693] http://www.cndp.fr/archive-musagora/dionysos/dionysosen/rbartolo5.htm
[694] Cartari-Lyon, pp. 100 et 110 (Diane).
[695] *Ibid.*, p. 242.
[696] *Ibid.*, p. 31.
[697] *Ibid.*, p. 268.
[698] http://www.culture.gouv.fr/public/mistral/joconde_fr?ACTION=CHERCHER&FIELD_1=REF&VALUE_1=000PE024745
[699] Cartari-Lyon, pp. 100, 175. Voir aussi les deux Jupiter, p. 199, ou la figure p. 272.
[700] Raymond Klibansky, Erwin Panofsky et Fritz Saxl, *Saturn and Melancholy - Studies in the History of Natural Philosophy Religion and Art*, Nendeln/Lichtenstein, Kraus Reprint - Kraus-Thomson Organization Limited, 1979, p. V.

de Tolnay sur Bosch et Bruegel[701], le sens, plus que populaire et folklorique, de l'oeuvre (que Panofsky étudie, dans le cas de Dürer, à partir d'un conte médiéval), vers son contenu mystique et théologique, et, d'autre part, par conséquent, de montrer comment, plus qu'une représentation d'un contexte médiéval, la gravure de Dürer marque l'entrée de l'Allemagne dans l'idéologie cultivée, précisément, là encore, de la Renaissance, par voie d'intertextualité littéraire et visuelle, selon d'ailleurs la méthode proposée et fondée par Panofsky, qui, plus encore que Warburg lui-même, en fut le théoricien.

En effet, Giovanni di Paolo, qui illustra en 1441 le "*Paradis*" de Dante, y représente littéralement la critique du Chant 29 par Béatrice aux prédicateurs de l'époque[702], par la mise en scène d'une congrégation, dans laquelle le prêcheur est inspiré par un démon ailé qui tire de sa capuche, pour signifier qu'il lui parle à l'oreille:

"*Lorsque les deux fils de Latone, couverts du Bélier et de la Balance, se font ensemble de l'horizon une ceinture, autant qu'en équilibre le Zénith les tient de temps, jusqu'à ce que l'un et l'autre, changeant d'hémisphère, hors de cette ceinture se déséquilibrent; autant, avec un visage riant, Béatrice se tut, le regard fixé sur le Point qui m'avait vaincu; puis elle commença: «Je dis, et ne demande pas ce que tu veux ouïr, parce que je le vois dans le Point où aboutit tout ubi et tout quando; non pour qu'il acquière quelque bien, ce qui ne peut être, mais pour que, resplendissant, sa splendeur puisse dire: Je suis, dans son éternité, hors du temps, hors de tout ce qu'un autre peut comprendre, comme il lui plut, en neuf amours s'épanouit l'éternel Amour. Et point ne gît-il auparavant comme engourdi, car ne précéda ni ne suivit le courir de Dieu sur ces eaux. La forme et la matière unies et pures sortirent par un acte infaillible, comme trois flèches d'un arc à trois cordes : et comme dans le verre, dans l'ambre, ou dans le cristal, un rayon resplendit de telle manière qu'entre le venir et l'être entier, il n'est point d'intervalle, ainsi de son Auteur le triforme effet resplendit à la fois en tout son être, sans distinction dans le commencer. Un ordre, créé en même temps qu'elles, fut établi entre les substances, et celles-là furent la cime du monde, en qui fut produit l'acte pur. La pure puissance occupa la partie la plus basse : au milieu, unit la puissance et l'acte un lien tel que jamais il ne se délie. Jérôme vous dit dans ses écrits que les anges furent créés de longs siècles avant que l'autre monde fût fait : mais ce vrai est écrit en beaucoup d'endroits par les écrivains qu'inspira l'Esprit-Saint; tu le verras, si bien tu regardes. Le voit aussi un peu la raison qui ne concéderait point que si longtemps aient été les moteurs sans leur perfection. Maintenant tu sais où et quand ces amours furent créés, et comment; de sorte qu'en ton désir déjà sont éteintes trois ardeurs. Mais, en comptant, tu n'arriverais pas à vingt, sitôt qu'une partie des anges troubla le sujet de vos éléments. L'autre demeura, et avec tant de plaisir commença cet art que tu discernes, que jamais elle ne cesse de tourner. La cause de la chute fut l'orgueil maudit de celui que tu as vu étreint sous tous les poids du monde. Ceux que tu vois ici se reconnurent humblement l'œuvre de la Bonté qui les avait faits aptes à tout connaître: ce pourquoi si haut leurs vues ont été élevées par la grâce illuminante et par leur mérite, qu'ils ont une pleine et ferme volonté. Et je ne veux pas que tu doutes, mais que tu sois certain que recevoir la grâce est méritoire, selon qu'à elle s'ouvre l'affection. Maintenant, si mes paroles ont été recueillies, tu peux, sans autre secours, découvrir beaucoup d'autres choses touchant ce consistoire; mais parce que la terre, dans vos écoles, on enseigne que l'angélique nature est telle, qu'elle entend, et se souvient, et veut, je dirai encore, pour que tu voies la vérité pure, qu'en enseignant ainsi on s'embrouille dans des équivoques. Ces substances, dès qu'elles jouirent de la face de Dieu, ne détournèrent plus leurs regards d'elle, à qui rien n'est caché. Donc leur voir n'est pas interrompu par un nouvel objet, et ainsi elles n'ont pas besoin de se ressouvenir par concept divisé; de sorte que, parmi vous, non dormant on rêve, croyant et ne croyant pas cet enseignement vrai; mais dans l'un est plus de faute et plus de honte. Vous, en bas, vous ne suivez point le même chemin en philosophant, tant vous emportent l'amour et la pensée de l'apparence. Et encore ici-haut ceci se souffre avec moins de colère, que de mépriser la divine Ecriture ou de la tordre. On ne pense pas là combien à coûté de sang pour la semer dans le monde, et combien plaît celui qui humblement s'approche d'elle. Chacun pour paraître s'ingénie et s'abandonne à ses inventions, et sur celles-ci s'étendent les prédicateurs, et on se tait de l'Évangile. L'un dit que la lune rétrograda lors de la Passion du Christ, et s'interposa de sorte qu'en bas point ne s'épandît la lumière du soleil; un autre que la lumière se cacha de soi-même ; qu'ainsi pour les Espagnols et pour les Indiens, comme pour les Juifs, eut lieu cette éclipse. N'a point Florence autant de Lapi et de Bindi, que chaque année de pareilles fables, d'ici et de là, en chaire on publie: en sorte que les brebis qui point ne savent, reviennent de la pâture repues de vent ; et ne les excuse point de ne pas voir leur dommage. Le Christ ne dit point à ses disciples: «Allez et prêchez des sornettes;» mais il leur donna un vrai fondement; et dans leur bouche celui-ci tant résonna, qu'en combattant pour allumer la foi, ils firent de l'Évangile des lances et des boucliers. Maintenant avec des bouffonneries on va prêcher, et pourvu seulement que bien on rie, se gonfle le capuce et on ne demande rien de plus. Mais dans le capuchon se niche un oiseau tel que si le vulgaire le voyait, il prendrait point les indulgences auxquelles on se confie ; par quoi tant a cru la sottise sur la terre, que, sans la preuve d'aucun témoignage, à toute promesse on se tournerait. De cela s'engraisse le porc de saint Antoine, et beaucoup d'autres pires que des porcs, payant en monnaie falsifiée. Mais nous nous sommes écartés beaucoup ; remenons à cette heure les yeux sur le droit chemin, de manière que la route avec le temps s'abrège. De degré en degré cette nature s'élève tellement en nombre, que jamais ne fut langue ni conception mortelle qui aille si loin. Et si tu regardes ce qui est révélé par Daniel, tu verras que sous ces mille se cache un nombre déterminé. La première lumière qui l'illumine toute, d'autant de manières en elle est reçue, qu'il y a de splendeurs auxquelles elle apparaît. D'où, puisque l'affection suit l'acte qui reçoit, l'amour en elle diversement bout et tiédit. Vois maintenant la hauteur et le largeur de l'éternelle Vertu, puisqu'elle s'est fait tant de miroirs où elle se brise demeurant une en soi, comme auparavant.*"[703]

---

[701]Voir *Brueghel l'Ancien-Jérôme Bosch*.
[702]L'oeuvre est reproduite aussi bien dans Robert Bartlett, *Panorama medieval*, Barcelone, Blume, 2002, p. 90, que sur le site http://en.wikipedia.org/wiki/File:Divine_Comedy._Dante.jpg
[703]Dante, *La Divine Comédie*, trad. de Félicité Robert de Lamennais, Paris, Didier et Cie, 1863, T. II, pp. 490-496.
"*Quando ambedue li figli di Latona,
coperti del Montone e de la Libra.*

fanno de l'orizzonte insieme zona, 3

quant' è dal punto che 'l cenit inlibra
infin che l'uno e l'altro da quel cinto,
cambiando l'emisperio, si dilibra, 6

tanto, col volto di riso dipinto,
si tacque Bëatrice, riguardando
fiso nel punto che m'avëa vinto. 9

Poi cominciò: «Io dico, e non dimando,
quel che tu vuoli udir, perch' io l'ho visto
là 've s'appunta ogne ubi e ogne quando. 12

Non per aver a sé di bene acquisto,
ch'esser non può, ma perché suo splendore
potesse, risplendendo, dir "Subsisto", 15

in sua etternità di tempo fore,
fuor d'ogne altro comprender, come i piacque,
s'aperse in nuovi amor l'etterno amore. 18

Né prima quasi torpente si giacque;
ché né prima né poscia procedette
lo discorrer di Dio sovra quest' acque. 21

Forma e materia, congiunte e purette,
usciro ad esser che non avia fallo,
come d'arco tricordo tre saette. 24

E come in vetro, in ambra o in cristallo
raggio resplende sì, che dal venire
a l'esser tutto non è intervallo, 27

così 'l triforme effetto del suo sire
ne l'esser suo raggiò insieme tutto
sanza distinzïone in essordire. 30

Concreato fu ordine e costrutto
a le sustanze; e quelle furon cima
nel mondo in che puro atto fu produtto; 33

pura potenza tenne la parte ima;
nel mezzo strinse potenza con atto
tal vime, che già mai non si divima. 36

Ieronimo vi scrisse lungo tratto
di secoli de li angeli creati
anzi che l'altro mondo fosse fatto; 39

ma questo vero è scritto in molti lati
da li scrittor de lo Spirito Santo,
e tu te n'avvedrai se bene agguati; 42

e anche la ragione il vede alquanto,
che non concederebbe che ' motori
sanza sua perfezion fosser cotanto. 45

Or sai tu dove e quando questi amori
furon creati e come: sì che spenti
nel tuo disïo già son tre ardori. 48

Né giugneriesi, numerando, al venti
sì tosto, come de li angeli parte
turbò il suggetto d'i vostri alimenti. 51

L'altra rimase, e cominciò quest' arte
che tu discerni, con tanto diletto,
che mai da circüir non si diparte. 54

Principio del cader fu il maladetto
superbir di colui che tu vedesti
da tutti i pesi del mondo costretto. 57

Quelli che vedi qui furon modesti
a riconoscer sé da la bontate
che li avea fatti a tanto intender presti: 60

per che le viste lor furo essaltate
con grazia illuminante e con lor merto,
sì c'hanno ferma e piena volontate; 63

e non voglio che dubbi, ma sia certo,
che ricever la grazia è meritorio
secondo che l'affetto l'è aperto. 66

Omai dintorno a questo consistorio
puoi contemplare assai, se le parole
mie son ricolte, sanz' altro aiutorio. 69

Ma perché 'n terra per le vostre scole
si legge che l'angelica natura
è tal, che 'ntende e si ricorda e vole, 72

ancor dirò, perché tu veggi pura
la verità che là giù si confonde,
equivocando in si fatta lettura. 75

Queste sustanze, poi che fur gioconde
de la faccia di Dio, non volser viso
da essa, da cui nulla si nasconde: 78

però non hanno vedere interciso
da novo obietto, e però non bisogna
rememorar per concetto diviso; 81

sì che là giù, non dormendo, si sogna,
credendo e non credendo dicer vero;
ma ne l'uno è più colpa e più vergogna. 84

Voi non andate giù per un sentiero
filosofando: tanto vi trasporta
l'amor de l'apparenza e 'l suo pensiero! 87

E ancor questo qua sù si comporta
con men disdegno che quando è posposta
la divina Scrittura o quando è torta. 90

Non vi si pensa quanto sangue costa
seminarla nel mondo e quanto piace
chi umilmente con essa s'accosta. 93

Per apparer ciascun s'ingegna e face
sue invenzioni; e quelle son trascorse
da' predicanti e 'l Vangelio si tace. 96

Un dice che la luna si ritorse
ne la passion di Cristo e s'interpuose,
per che 'l lume del sol giù non si porse; 99

e mente, ché la luce si nascose
da sé: però a li Spani e a l'Indi
come a' Giudei tale eclissi rispuose. 102

Non ha Fiorenza tanti Lapi e Bindi
quante sì fatte favole per anno
in pergamo si gridan quinci e quindi: 105

sì che le pecorelle, che non sanno,
tornan del pasco pasciute di vento,
e non le scusa non veder lo danno. 108

Non disse Cristo al suo primo convento:
'Andate, e predicate al mondo ciance';
ma diede lor verace fondamento; 111

e quel tanto sonò ne le sue guance,
sì ch'a pugnar per accender la fede
de l'Evangelio fero scudo e lance. 114

Ora si va con motti e con iscede
a predicare, e pur che ben si rida,
gonfia il cappuccio e più non si richiede. 117

Ma tale uccel nel becchetto s'annida,
che se 'l vulgo il vedesse, vederebbe
la perdonanza di ch'el si confida: 120

per cui tanta stoltezza in terra crebbe,
che, sanza prova d'alcun testimonio,
ad ogne promession si correrebbe. 123

I.1.b. La tradition et la récurrence morale et théologique de l'idée du diable soufflant dans l'oreille de l'âme endormie

La tradition représente, dès la *Bible* (*2 Timothée*, 4, 1-5[704]), abondamment l'idée de l'endormissement à la Vraie Doctrine, pour tomber dans la fausse, en particulier s'agissant des moines:

"Ce qui rend l'homme sourd, et l'empêche d'entendre les divines inspirations du Verbe éternel. — Comment il doit prévenir ou combattre cet obstacle. — De l'amour divin. — Des signes auxquels on peut le reconnaître, et comment l'homme doit s'y exercer intérieurement et extérieurement. — Des doigts de Jésus-Christ, qui signifient les sept dons du Saint-Esprit, par lesquels l'homme entend vraiment Dieu quand il lui parle.
Il a bien t'ait toutes choses.
(5. Marc, ch. vu.)

*On lit dans l'évangile de ce jour que notre bon
maître allant d'une contrée dans l'autre, on lui amena .
un homme qui était sourd et muet. Il n'en pouvait être autrement; car quiconque est né sourd doit être muet: n'entendant point, il ne saurait parler. Notre Seigneur mit le doigt dans l'oreille de cet homme, et de sa salive sur la langue, et lui dit : « Ouvre-toi. » Le peuple, voyant les miracles de notre Seigneur, s'écria dans son admiration : « Il a bien fait toutes choses, il a fait entendre les sourds et parler les muets. »* '
Voyons ici quelles sont les choses qui rendent l'homme sourd. Depuis que le premier homme a prêté l'oreille aux suggestions du démon, il est devenu sourd, et nous sommes devenus tous après lui, de sorte que nous ne pouvons plus ni entendre ni comprendre les douces inspirations du Verbe éternel. Nous savons néanmoins qu'il nous est plus intimement présent dans notre fond que nous-mêmes, plus que notre propre nature, que nos propres pensées, que tout ce que nous pouvons imaginer; nous savons qu'il nous parle sans relâche; mais nous n'entendons rien de ce qu'il nous dit, à cause de la surdité dont nous sommes possédés. Cette surdité d'où vient-elle? De quelque chose qui nous bouche les oreilles et nous empêche d'entendre ses paroles, de sorte que nous devenons muets et aveugles, et ne nous connaissons plus nousmêmes. Si nous voulons parler de notre intérieur, nous ne le pouvons faire; car nous ne connaissons point notre état, et ne savons pas même ce qui se passe en nous. Ces suggestions pernicieuses du démon, ce sont tous les dérèglements qu'il nous inspire, l'amour ou la recherche des créatures, l'amour du monde ou de ce qui tient au monde, l'amour des amis, des parents, des honneurs, de la fortune, de notre propre nature, etc. Car il est toujours près de nous, il remarque de quel côté nous penchons, soit au dedans soit au dehors; puis, profitant de nos affections et de nos désirs, il nous attaque et nous tente par là, s'insinue dans notre cœur; et les images qu'il nous suggère bouchent ainsi les oreilles de notre âme, et nous empêchent d'entendre le Verbe éternel. Si l'homme, dès que la tentation se présente, en détournait ses oreilles et son cœur, la victoire serait facile. Mais si au contraire il prête l'oreille, s'il la regarde avec complaisance et cause avec elle , il est déjà presque vaincu, et lui donne des

---

*Di questo ingrassa il porco sant'Antonio,
e altri assai che sono ancor più porci,
pagando di moneta sanza conio. 126*

*Ma perché siam digressi assai, ritorci
li occhi oramai verso la dritta strada,
sì che la via col tempo si raccorci. 129*

*Questa natura sì oltre s'ingrada
in numero, che mai non fu loquela
né concetto mortal che tanto vada; 132*

*e se tu guardi quel che si revela
per Danïel, vedrai che 'n sue migliaia
determinato numero si cela. 135*

*La prima luce, che tutta la raia,
per tanti modi in essa si recepe,
quanti son li splendori a chi s'appaia. 138*

*Onde, però che a l'atto che concepe
segue l'affetto, d'amar la dolcezza
diversamente in essa ferve e tepe. 141*

*Vedi l'eccelso omai e la larghezza
de l'etterno valor, poscia che tanti
speculi fatti s'ha in che si spezza, 144*

uno manendo in sé come davanti»."
[704]"*4.1 Je t'en conjure devant Dieu et devant Jésus Christ, qui doit juger les vivants et les morts, et au nom de son apparition et de son royaume,
4.2 prêche la parole, insiste en toute occasion, favorable ou non, reprends, censure, exhorte, avec toute douceur et en instruisant.
4.3 Car il viendra un temps où les hommes ne supporteront pas la saine doctrine; mais, ayant la démangeaison d'entendre des choses agréables, ils se donneront une foule de docteurs selon leurs propres désirs,
4.4 détourneront l'oreille de la vérité, et se tourneront vers les fables.
4.5 Mais toi, sois sobre en toutes choses, supporte les souffrances, fais l'œuvre d'un évangéliste, remplis bien ton ministère.*"

forces contre lui. Détourne promptement et énergiquement tes oreilles et ton cœur dès que la tentation vient, et tu l'as presque vaincue : tu cesseras d'être sourd, et tu pourras entendre la parole intérieure.
Cette surdité n'attaque pas seulement les hommes du monde , mais encore les ecclésiastiques qui aiment les créatures et en sont possédés. Le démon , connaissant leur état, leur suggère des images conformes aux inclinations de leur âme. Chez quelques-uns la surdité spirituelle vient d'une attache excessive à leurs idées, à leurs œuvres extérieures, et aux formes que leurs sens ont empruntées aux créatures. Tout cela bouche l'oreille du cœur et l'empêche d'entendre le Verbe éternel, et de comprendre ce qu'il dit. L'homme, il est vrai, a besoin de quelques exercices intérieurs, comme la prière ou la méditation, qui réveillent et excitent la nature, élèvent l'esprit, et nous attirent vers Dieu; mais nous ne devons pas nous attacher à ces choses, et notre principal soin doit être d'écouter au fond de notre âfne les inspirations intérieures du Verbe. Nous ne devons pas faire comme ces hommes stériles qui restent jusqu'à la mort esclaves de leurs pratiques extérieures, sans chercher rien au delà. Si Dieu leur parle, il y a toujours quelque chose qui leur bouche les oreilles et les empêche d'entendre sa parole. O mes enfants, qu'il y a de choses qui s'interposent ainsi entre Dieu et nous! et que d'hommes s'y arrêtent et s'y attachent! ce sera un spectacle lamentable à voir au jour suprême des révélations.
Dieu ne parle qu'à celui qui ,l'aime : Si quelqu'un m'aime, lisons-nous dans l'Evangile , il écoutera ma parole. Veux-tu savoir si tu aimes Dieu, nous dit saint Grégoire, examine-toi bien quand tu te sens assailli par le trouble, l'inquiétude et la souffrance, soit qu'elle vienne du dedans, soit qu'elle vienne du dehors; quand ton âme est tellement oppressée que tu ne sais où tu en es, et que tu ne peux aller ni d'un côté ni de l'autre, n'ayant plus de lumière pour te guider. Si, au milieu de cette tempête qui vient fondre inopinément sur ton âme et l'agiter, tu gardes la paix dans ton fond; s'il ne t'échappe ni impatience, ni paroles, ni gestes, ni aucun acte de colère ou de mauvaise humeur, c'est un signe que tu aimes Dieu. L'homme qui a un amour vrai et effectif ne se laisse ni enfler par la prospérité ni abattre par l'adversité. Qu'on lui ôte ou qu'on lui donne, si son bien-aimé lui reste, il garde la paix intérieure. L'homme extérieur pleure et se lamente : il faut le laisser pleurer, pourvu que l'homme intérieur reste en paix, et que la volonté de Dieu lui suffise. Si tu ne trouves pas en toi ces dispositions, c'est que tu es vraiment sourd, et que le Verbe éternel ne se fait point entendre chez toi.
Veux-tu savoir si tu aimes vraiment Dieu, vois si tu aimes 'a lui rendre grâces de tout le bien qu'il t'a fait, à toi et à toutes les créatures, au ciel et sur la terre, surtout de celui qu'il t'a fait dans son humanité sainte, et des dons innombrables que reçoivent sans cesse de lui tous les hommes. Tu dois renfermer dans ce saint exercice tous les hommes en général, prêtres, religieux, religieuses, quel que soit leur genre de vie ou leur profession; tu dois les aimer tous d'un amour réel, et ne pas borner ton amour à toi-même et aux tiens. Cet amour sincère et universel est extrêmement avantageux. Le cœur des vrais amis de Dieu se liquéfie d'amour pour tous les hommes, morts ou vivants; et s'il n'y avait dans le monde quelques-unes de ces âmes glorifiées, nous serions bien à plaindre. Ton amour ne doit pas rester renfermé dans ton cœur; mais tu dois le manifester au dehors autant que tu le peux, en aidant ton prochain de tes dons, de tes secours, de tes consolations et de tes conseils. Tu dois, il est vrai, garder pour toi le nécessaire; et si tu ne peux rien faire pour ton prochain, tâche d'exciter au moins en toi le désir de faire quelque chose pour lui. C'est à ces signes que tu reconnaîtras si tu aimes Dieu , et si tu n'es pas affligé de surdité spirituelle."[705]

Ou encore:

"Et il leur défendait, avec de grandes menaces, de révéler qui il était,» car Dieu dit au pécheur (Ps. Xlix): «Pourquoi oses-tu raconter mes justices?» La prédication de la vérité est donc interdite au pécheur, dans la crainte que ses disciples, en prêtant l'oreille à sa parole, ne le suivent dans ses égarements. Un mauvais maître, en effet, est un démon tentateur, qui, au vrai, mêle le faux, afin de cacher ses menées frauduleuses sous l'apparence de la vérité. Du reste, nonseulement les démons, mais ceux que Jésus-Christ guérissait, les Apôtres eux-mêmes, recevaient l'ordre de taire les miracles qu'il opérait, dans la crainte que la manifestation de sa majesté divine ne retardât l'œuvre salutaire de sa passion."[706]

"Le Prieur. Est ce donc que Dieu n'est pas tout puissant par sa grace?
Le Docteur. Oui, Dieu est tout-puissant par sa grace; c'est-à-dire qu'il n'y a point de cœur si endurci, que Dieu ne puisse changer, sans en blesser le libre arbitre & qu'il ne change par sa grace, quand il le veut absolument. Dieu est tout-puissant par sa grace; c'est-à dire qu'il n'y a point de grace, avec laquelle Dieu n'opere en moi ce pourquoi il me la donne, si je n'y mets point d'obstacle. Mais il est faux, & c'est une heresie de dire, comme fait le P. Quessnel, que Dieu soit tout puissant par sa grace en ce sens, qu'il opere toujours en moi par la grace ce qu'elle me donne le pouvoir de faire.
C'est ce que S. Augustin explique admirablemen: bien, en disant sur le Pseaume 102. Ce medecin tout puissant ne trouve aucune maladie, qu'il ne puise guérir: souffrez seulement quil vous guériff. Ne rejettez\pas sa main, il sçait bien ce qu'il vous faut... Il vous guérira: mais il faut pour cela que vous vouliez guérir. Et sur le Psçaume 91, il dit: Si Dieu se taisoit tandis que le Démon parle , vous auriez de quoi vous excuser. Vos oreilles sont maintenant fi nées, entre Dieu qui vous donne de falutaires avertissemens, & le Démon qui vous suggere le mal. Pourquoi se tournent-t-elles de ce côté ci, & fe détournent-t-elles de ce côté-là? Le Démon ne vous force pas malgre vous de faire le mal: il est en votre pouvoir de consentir, ou de consentir pas.
La Presidente. S. Augustin auroit il jamais pû s'exprimer de la sorte, s'il n'avoit accouru des graces auxquelles on resiste?
Le Docteur. Dieu veut guérir le pecheur, le pecheur rejecte sa main, il resiste donc à la grace. Qu'est-ce que resister à la grace, sinon de prêter l'oreille au Démon, tandis que Dieu parle de son côté & qu'on se détourne pour ne l'entendre pas? Ce pecheur qui se rend aux sollicitations du Démon, n'est pas excusable; parce qu'il n'est point forcé à le faire, & qu'il pourroit ne s'y rendre pas. Il a donc dans les secours de la grace qui lui sont donnés ou offerts, les sorces nécessaires pour pouvoir se défendre, & il refuse de s'en servir. La grace, selon saint Augustin, n'opere donc pas toujours en vous ce qu'elle nous donne le pouvoir de faire. Dieu donc est tellement tout puissant par sa grace, qu'il

---
[705]Charles Sainte-Foi, *Sermons de Jean Tauler, le docteur illuminé: Dimanches et fêtes de l'année*, Paris, Poussielgue-Rusand, 1855, pp. 329-333.
[706]Saint Thomas d'Aquin, *Explication suivie des quatre Évangiles, par le Docteur angélique, saint Thomas d'Aquin, composée de manière à ne former qu'un seul texte appelé la Chaîne d'or*, Paris, L. Vivès, 1869, p. 78.

se trouve souvent sans effet par la résistance de l'homme, Dieu ne voulant alors ce qu'il donne le pouvoir de faire, qu'avec la coopération libre, de l'homme, & que l'homme refuse."[707]

Dans ce contexte, la figure du Docteur (Jésus face à ceux du Temple chez Dürer, le Docteur théologisant ici) comme contrepartie du débat entre fausse et vraie doctrine (écouter ou non Dieu) ressurgissant, on le voit, systématiquement.

"Il s'est vu d'autres démons qui on remply le coeur de ceux qu'ils possedoient d'une vanité si ridicule, que quelquefois ils s'élévoient plus haut que leur taille ordinaire, & faisoient en cet etat tous les gestes & toutes les marques exterieures d'un esprit enflé de vanité. D'autrefois ils se rabaissoient & se courboient comme font les personnes civiles & affables, lors qu'elles saluent quelqu'un, & leur parlent avec affection. Ainsi croyant que tout le monde avoit les yeux sur eux, ils vouloient leur faire croire qu'en faisant ces reverences profondes, ils saluoienr des Roi ou des Princes, ou que d'autres les saluoient & leur rendoient les plus grands honneurs; & dans cette imagination chimerique, faisoent effectivement au dehors tous les gestes & toutes les postures que font les personnes qui s'entre-saluent, & qui rendent aux autres leurs respects avec soumission, ou qui les reçoivent avec orgueil. Nous en avons veu d'autres avoir inclination non seulement pour le mensonge, mais encore pour le blasphème qu'ils inspiroient aux possedez. Nous sommes témoins de cela nous mêmes; & nous avons ouy de nos oreilles le Démo confesser qu'il s'estoit servy de la bouche d'Arius & d'Eunomius pour publier par eux les impietez & les sacrileges de leur heresie.
C'est aussi ce qu'un de ces mauvais esprits declare manifestement dans le troisième livre des Rois: Je m'en va, dit-il, & je ferais un esprit de mensonge dans la bouche de tous les Prophetes d'Acab. Et S. Paul reprenant ceux qui s'en laissent surprendre, leur parle de la sorte: vous prestez l'oreille à des esprits seducteurs & aux doctrines des Demons, qui dans leur hypocrisie ne vous disent que des mensonges. L'Evangile nous fait voir encore qu'il y a d'autres sortes de Demons qui sont sourds & muets. Le Prophète Ozée nous apprend aussi qu'il y en a qui s'appliquent à irriter les concupiscences & l'impureté. L'esprit de fornication les a trompez dit-il, & ils se sont détournés de leur Dieu. L'Ecriture nous apprend de plus, qu'il y a des Demons de jour, de nuit & de midi.
Ce serait une chose infinie que de vouloir expliquer en particulier tous ceux dont il est parlé dans l'Ecriture; qui sont ceux que le Prophete appelle Onocentaures, ou Satires, ou Syrenes, ou Hiboux, ou Autruches, ou Erissons, ou du nom de ces bestes monstrueuses & plus inconnues qu'ils appellent des Lamies, qui sont ceux que David a marquez sous le nom d'Aspics, de Basilics, de Lions et de Dragons, ou l'Evangile sous celui de Scorpion qui est le Demon (Luc. 10), qui s'appelle le Prince de ce monde, ou qui sont ceux de l'Apostre (Ioan. 14) les Puissances de Tenebres & les Esprits de Malice (Ephes. 6)."[708]

I.2. Le démon sur l'épaule, entre Giotto et Dante
I.2.a. L'Enfer et ses représentations

La même structure représentative du démon ailé accroché au dos d'un personnage, mais ici de la femme nue, se rencontre, antérieurement encore, dans le *Jugement dernier* de la chapelle Scrovegni (1306) par Giotto à Padoue, c'est-à-dire à peu près contemporainement au processus d'écriture de la *Divine Comédie* par le Dante.

Sur le portail de Conques (XIIème siècle), on trouve un couple de Luxurieux encordés. Les colériques du Cinquième Cercle des Enfers de Dante, qui se battent entre eux, dans l'Enfer de Giotto pourraient se reconnaître dans les personnages battus par les démons. À Conques toujours, la Médisance ou l'Envie est représentée par un personnage dont un démon tire la langue pour la couper, ce qui correspond bien au personnage pendu par la langue dans la fresque de Giotto. On note dans les fresques de Giotto, comme chez Dante ou Boccace, l'insistance sur le thème de la luxure des religieux. De fait, alors qu'un démon s'apprête, dans l'Enfer de Giotto, à émasculer un religieux, l'un des personnages pendus par les parties sexuelles est encore un religieux. Selon l'établissement iconographique propre de la fin du Moyen Âge, la Gourmandise gâvée peut ici être vue dans le personnage enfilé sur une pique comme un cochon que l'on rôtit. De même, l'Avarice représentée par un personnage gavé de pièces fondues, peut être identifié dans celui sur le point de recevoir le contenu d'une louche que nous supposons de liquide chauffé.

Alors que les avaricieux occupent la droite de Satan, conjointement avec Judas aux entrailles saillantes, à sa gauche se trouvent les groupes de ce que l'on peut reconnaître comme des luxurieux (pendus par les parties génitales ou émasculés, en général religieux), les envieux (suspendus par la langue ou recevant un liquide dans la bouche, que l'on suppose être un liquide chaud), les colériques (battus par les démons), le gourmand (embroché comme s'il s'agissait d'un cochon de lait). On reconnaît généralement en

---
[707] Jacques Philippe Lallemant, *Entretiens du Docteur, au sujet des affaires présentes par rapport de la religion*, 1738, pp 171-173.
[708] Cassien, *Les Conferences de Cassien, traduites en françois par le sieur de Saligny, docteur en theologie [N. Fontaine]*, Lyon, Chez Jean-Mathieu Martin, et V. Carteron, 1687, pp. 296-298.

Satan l'image de l'orgueil (Ange déchu, désobéissant, Lucifer). On aurait ainsi bien représentés, approximativement dans cet ordre (dans une lecture de gauche à droite selon la position du spectateur): l'Avarice, la Gourmandise, l'Envie, la Luxure, et la Colère, autour tous de l'Orgueil.

I.2.b. Les Péchés et l'Acedia chez Jérôme Bosch comme modélisation pour comprendre la gravure de Dürer et sa division tripartite

Il manquerait, selon notre lecture, la Paresse, qui pourrait être au premier plan, comprise comme une relaxation de l'ordre religieux.

De fait, nous y trouvons, au premier plan, ce qui n'est pas peu, un couple[709], ce qui accentue l'interrogation iconographique du curieux, poussés l'un vers l'autre par des diables.

À droite (gauche du spectateur), un homme, dont le dos est labouré par un démon à l'aide d'une sorte de râteau (châtiment pour l'acquisition injuste de biens[710]), et qui tient à la main une bourse; à gauche, une femme, au dos de laquelle est accroché un dragon (l'une des figures du démon, on vient de le voir, et on le reverra dans le cadre de la légende de Sainte Marguerite dans la seconde partie du présent texte), qui, comme la figure féminine de la gravure de Dürer, ouvre la main, mais ici non pour indiquer, sinon pour tenter d'attraper la bourse de l'homme (geste qui rappelle celui du moine, reconnaissable à son tonsure et à son habit à capuche, qui accompagne une femme vêtue de bleu - dont on a vu que c'était la couleur de la Théorie - qui joue de la cymbale, mais la forme de l'instrument ressemble plus à une coupe vue d'en haut, dans une enluminure du XIIIème siècle[711] représentant la Luxure[712], comme le confirme le démon en action d'onanisme face au Sage présentant son livre ouvert, le couple ici présentant un point de comparaison iconographique pour identifier le geste de l'homme à une relation en sens théologique entre Luxure et Avarice, et en sens de la métaphore physiologique entre la bourse et le sexe féminin, la cymbale-coupe renforçant la relation d'offrande amoureuse, conformément au modèle des *Sept Péchés Capitaux* de Bosch[713], où identiquement la femme du couple du premier plan remplit la coupe que lève l'homme allongé).

Pour Saint Irénée (*Contre les Hérésies*, Livre III, cap. 22, §§ 3-4[714]), c'est la désobéissance d'Ève qui provoque le péché, laquelle correspond à une forme d'hérésie (*ibid.*, Livre V, cap. 19, §§ 1-2[715]).

---

[709] http://www.beyond-the-pale.org.uk/Scrovegni2.jpg
[710] Louis Markos, *Heaven and Hell: Visions of the Afterlife in the Western Poetic Tradition*, Eugene (Orégon), Wipf and Stock Publishers, 2013, p. 84.
[711] http://en.wikipedia.org/wiki/File:Daemon.jpg
[712] http://en.wikipedia.org/wiki/Lust
[713] http://en.wikipedia.org/wiki/File:Jheronimus_Bosch_Table_of_the_Mortal_Sins_(Luxuria).jpg
[714] "*3. Wherefore Luke points out that the pedigree which traces the generation of our Lord back to Adam contains seventy-two generations, connecting the end with the beginning, and implying that it is He who has summed up in Himself all nations dispersed from Adam downwards, and all languages and generations of men, together with Adam himself. Hence also was Adam himself termed by Paul the figure of Him that was to come, Romans 5:14 because the Word, the Maker of all things, had formed beforehand for Himself the future dispensation of the human race, connected with the Son of God; God having predestined that the first man should be of an animal nature, with this view, that he might be saved by the spiritual One. For inasmuch as He had a pre-existence as a saving Being, it was necessary that what might be saved should also be called into existence, in order that the Being who saves should not exist in vain.
4. In accordance with this design, Mary the Virgin is found obedient, saying, Behold the handmaid of the Lord; be it unto me according to your word. Luke 1:38 But Eve was disobedient; for she did not obey when as yet she was a virgin. And even as she, having indeed a husband, Adam, but being nevertheless as yet a virgin (for in Paradise they were both naked, and were not ashamed, Genesis 2:25 inasmuch as they, having been created a short time previously, had no understanding of the procreation of children; for it was necessary that they should first come to adult age, and then multiply from that time onward), having become disobedient, was made the cause of death, both to herself and to the entire human race; so also did Mary, having a man betrothed [to her], and being nevertheless a virgin, by yielding obedience, become the cause of salvation, both to herself and the whole human race. And on this account does the law term a woman betrothed to a man, the wife of him who had betrothed her, although she was as yet a virgin; thus indicating the back-reference from Mary to Eve, because what is joined together could not otherwise be put asunder than by inversion of the process by which these bonds of union had arisen; so that the former ties be cancelled by the latter, that the latter may set the former again at liberty. And it has, in fact, happened that the first compact looses from the second tie, but that the second tie takes the position of the first which has been cancelled. For this reason did the Lord declare that the first should in truth be last, and the last first. Matthew 19:30, Matthew 20:16 And the prophet, too, indicates the same, saying, instead of fathers, children have been born unto you. For the Lord, having been born the First-begotten of the dead, Revelation 1:5 and receiving into His bosom the ancient fathers, has regenerated them into the life of God, He having been made Himself the beginning of those that live, as Adam became the beginning of those who die. 1 Corinthians 15:20-22 Wherefore also Luke, commencing the genealogy with the Lord, carried it back to Adam, indicating that it was He who regenerated them into the Gospel of life, and not Him. And thus also it was that the knot of Eve's disobedience was loosed by the obedience of Mary. For what the virgin Eve had bound fast through unbelief, this did the virgin Mary set free through faith.*" (http://www.newadvent.org/fathers/0103322.htm)
[715] "*1. That the Lord then was manifestly coming to His own things, and was sustaining them by means of that creation which is supported by Himself, and was making a recapitulation of that disobedience which had occurred in connection with a tree, through the obedience which was [exhibited by Himself when He hung] upon a tree, [the effects] also of that deception being done away with, by which that virgin Eve, who was already espoused to a man, was unhappily misled—was happily announced, through means of the truth [spoken] by the angel to the Virgin Mary, who was [also espoused] to a man. For just as the former was led astray by the word of an angel, so that she fled from God when she had transgressed His word; so did the latter, by an angelic communication, receive the glad tidings that she should sustain (portaret) God, being obedient to His word. And if the former did disobey God, yet the latter was persuaded to be obedient to God, in order that the Virgin Mary might become the patroness (advocata) of the virgin Eve. And thus, as the human race fell into bondage to death by means of a virgin, so is it rescued by a virgin; virginal disobedience having been balanced in the opposite scale by virginal obedience. For in the same way the sin of the first*

Pour Ephrem le Syrien (*Commentaire sur la Genèse*, Section II, §§ 15-2, 16, 17-1 & 2[716]), c'est l'avarice d'Adam qui représente le mieux la cause de son action et la raison de son châtiment. Ève est la réelle transgresseuse du commandement divin (*ibid.*, §§ 25-28[717]). De fait, la justification d'Adam d'avoir écouté Ève ("*hw'''*") peut aussi bien se rapporter au serpent ("*hwy''*")[718].

Supposons que ce couple puisse être le couple protoplastique, l'un au dos labouré, rappelant le travail de la terre marqué sur son propre corps, et l'envie qui a poussé Ève à porter Adam à l'avarice première, hérésie en cela que désobéissance à Dieu[719], la figure d'Ève acquiérerait alors bien le sens que lui donne Ephrem (*ibid.*, § 17-1): "*She was not overcome by the counsel that came into her ear; rather, she succumbed to the avarice that came from within herself.*"

Ève, contrepartie de Marie, chez les Pères de l'Église, est donc celle qui a souffert du murmure à l'oreille du démon. Ce qui expliquerait, non uniquement la centralité de premier plan du couple dans la partie basse (à droite du spectateur, donc le plus à gauche du sens de l'histoire), mais encore certaine similitude entre cette pose expectative, propre de l'Envie qu'a la femme, alors que le dragon dans son dos l'identifierait plutôt à la Luxure.

Au-delà de savoir si la double référence visuelle fut intentionnelle ou simplement propre de l'époque (la gourmandise et la luxure sont des formes d'appétit, produits par l'envie - similitudes promus par le fait qu'Ève est l'"*archétype des deux: l'hérésie et la sexualité illicite*"[720] -), nous voulons mettre l'accent sur la structure visuelle identique entre l'image du "*Paradis*" par Giovanni di Paolo et celle de la fresque de Giotto.

Identité visuelle qui pourrait alors bien représenter une identité de nature, puisque, comme le mauvais prêcheur s'éloigne de Dieu, et devient hérétique, pour avoir écouté (ou s'être laissée bercée par) le serpent (avec lequel elle partage une identité terminologique d'écriture du nom en hébreu), Ève trompa, à son tour, Adam.

On peut donc supposer que, même si les personnages du premier plan de l'Enfer de Giotto ne sont peut-être pas Adam et Ève (bien qu'ils apparaissent aussi dans celui de Dante [Premier Cercle, Chants III et

---

created man (protoplasti) receives amendment by the correction of the First-begotten, and the coming of the serpent is conquered by the harmlessness of the dove, those bonds being unloosed by which we had been fast bound to death.
2. The heretics being all unlearned and ignorant of God's arrangements, and not acquainted with that dispensation by which He took upon Him human nature (inscii ejus quæ; est secundum hominem dispensationis), inasmuch as they blind themselves with regard to the truth, do in fact speak against their own salvation. Some of them introduce another Father besides the Creator; some, again, say that the world and its substance was made by certain angels; certain others [maintain] that it was widely separated by Horos from him whom they represent as being the Father— that it sprang forth (floruisse) of itself, and from itself has been born. Then, again, others [of them assert] that it obtained substance in those things which are contained by the Father, from defect and ignorance; others still, despise the advent of the Lord manifest [to the senses], for they do not admit His incarnation; while others, ignoring the arrangement [that He should be born] of a virgin, maintain that He was begotten by Joseph. And still further, some affirm that neither their soul nor their body can receive eternal life, but merely the inner man. Moreover, they will have it that this [inner man] is that which is the understanding (sensum) in them, and which they decree as being the only thing to ascend to the perfect. Others [maintain], as I have said in the first book, that while the soul is saved, their body does not participate in the salvation which comes from God; in which [book] I have also set forward the hypotheses of all these men, and in the second have pointed out their weakness and inconsistency."
(http://www.newadvent.org/fathers/0103519.htm)
[716]"*(2) Adam, who was set up as ruler and governor over all the animals, was wiser than all the animals. He who set down names for them all is more clever than any of them. Just as Israel, without a veil, was unable to look upon the face of Moses, neither were the animals able to look upon the splendor of Adam and Eve; when the beasts passed before Adam and they received their names from him, they would cast their eyes downwards, for their eyes could not endure Adam's glory. Although the serpent was more clever than all the animals, before Adam and Eve, who were the rulers over the animals, it was a fool.*
16. After he spoke of the cleverness of the serpent, Moses turned to write about how that deceitful one came to Eve, saying, the serpent said to se woman, "Did God truly say, 'You shall not eat of any of the trees of Paradise?" As for the serpent's speech, either Adam understood the serpent's own mode of communication, or Satan spoke through it, or the serpent posed the question in his mind and explained to her, or Satan sought from God that speech be given to the serpent for a short time. The words of the tempter would not have caused those two to be tempted to sin if their avarice had not been so helpful to the tempter. Even if the tempter had not come, the tree itself, by its beauty, would have caused them a great struggle due to their avarice. Their avarice then was the reason that they followed the counsel of the serpent. The avarice of Adam and Eve was far more injurious to them than the counsel of the serpent.
17. For [Moses] said, when the woman saw that the tree was good to eat and that it was a delight to the eyes, and that the tree was desirable to look at, she took of its fruit and she ate. Indeed, she was overcome by the beauty of the tree and by desire for its fruit. She was not overcome by the counsel that came into her ear; rather, she succumbed to the avarice that came from within herself.
(2) Because a commandment had been set down for those who were to be tempted, it was litting that the tempter come along soon after. Because God, in his goodness, had given Adam all that was in Paradise and all that was outside of Paradise, demanding nothing of him, either by reason of his being created or because of the glory with which God had clothed him." (Saint Ephrem the Syrian, *Selected Prose Works: Commentary on Genesis, Commentary on Exodus, Homily on Our Lord, Letter to Publius* (The Fathers of the Church, Volume 91), Washington, The Catholic University of America Press CUA Press, 1994, pp. 107-109)
[717]*Ibid.*, pp. 116-119.
[718]*Ibid.*, p. 117 et le débat correspondant dans les notes 179-180 p. 117.
[719]Alors qu'Ève fut trompée par le serpent, Adam l'est par Ève, voir notre précédente, et Olympia Morata, *The Complete Writings of an Italian Heretic*, University of Chicago Press, 2007, p. XVI, la Renaissance identifie, notamment dans la lecture de Ludovico à Paramo, l'acte de désobéissance d'Adam et Ève et leur nudité consécutive sous une forme explicite d'hérésie, A.S. Turberville, *Medieval Heresy and the Inquisition*, Bangor, Indo-European Publishing, 2014, p. 107.
[720]Vita Daphna Arbel, *Forming Femininity in Antiquity: Eve, Gender, and Ideologies in the Greek Life of Adam and Eve*, Oxford University Press, 2012, p. 48. La traduction de la phrase est nôtre.

IV[721]], qui visita Giotto à Padoue[722]), ils représentent les Vices qui originèrent l'acte de désobéissance envers Dieu, cause de l'expulsion du Paradis: que sont l'Avarice et l'Envie ou Hérésie.

Il faut alors considérer le Péché originel comme une relation tripartite, entre Adam, le naïf, Ève, tentatrice trompée, et le serpent, démon incarné comme, postérieurement, pour Sainte Marguerite dans son cachot.

Devient ainsi d'urgence pour nous la constatation suivante: cette même structure tripartite est celle qui se retrouve dans *Le Songe du Docteur*, entre un personnage endormi, dont, pour les preuves iconographiques apportées, notamment l'image en référence au Dante par Giovanni di Paolo, il ne fait plus de doute qu'il s'agit, plus que d'un simple paresseux, d'un Docteur (comme le dit le titre, ce qui renvoie bien à son statut de mauvais moine, puisqu'il souffre d'*Acedia*) endormi théologiquement par la Fausse Doctrine, le démon, qui, comme l'oiseau évoqué par Béatrice la lui souffle, et la figure féminine, que nous n'avons pas encore abordée.

Mais, plus encore, cette même structure tripartite est encore celle du *Chevalier, la Mort et le Diable* (*Ritter, Tod und Teufel*, 1513), toujours de Dürer, bien que nous n'entrerons pas ici dans l'étude de cette oeuvre, également étudiée par Panofsky dans sa thèse sur Dürer.

Nous préférerons mentionner une autre oeuvre, du domaine flamand, dans laquelle, identiquement à ce qui se produit dans *Le Songe du Docteur*, la tripartition visuelle impose une relation non d'adéquation, mais bien d'opposition entre la femme et le démon. Il s'agit de la partie correspondant, précisément, à l'*Acedia* des *Sept Péchés capitaux et les Quatre Dernières Étapes humaines* (c.1500) de Bosch.

Dans cette partie, il est bien vrai que disparaît le diable, substitué par un autre personnage intéressant, celui du chien (symbole de fidélité, comme le montre Panofsky dans son étude du portrait des *Époux Arnolfini* de 1434 par Jan van Van Eyck), mais ici endormi, comme son maître. C'est donc l'infidélité qu'il représente, sans être partie prenante, il est adjuvant inversé, la mauvaise voie, ici plus qu'induire, comme le diable de Dürer, la mauvaise pratique, il la suit docilement. Or la figure féminine est celle qui, avec le crucifix et le livre, vient tenter de réveiller le personnage masculin de son apathie.

Si le diable n'apparaît pas chez Bosch, il reste présent chez Dürer, et, pour cela sans doute, que, mélangeant les deux images, Anne Larue met l'accent sur cette tripartition:

"C'est la paresse spirituelle qui accable l'homme devant son feu : une religieuse, un diable, un crucifix sont là pour rappeler cette dimension. De plus, loin d'être reproduites à de nombreux exemplaires comme les gravures à grande circulation, ces images sont en majorité des peintures, par définition uniques, et dont les possesseurs ne sont pas le tout-venant : le roi Philippe II d'Espagne possédait l'une d'elle, Les péchés capitaux de Bosch (actuellement au Musée du Prado à Madrid), qu'il avait détournée de son usage premier (la fonction d'un plateau décoratif de table) pour en faire un objet de contrition personnelle : il l'avait accroché comme un tableau dans son appartement à l'Escurial."[723]

On voit ainsi que, par logique de superposition, la figure féminine dans la gravure de Dürer devrait avoir un sens positif et théologique, plus que négatif et luxurieux. Elle représente la contrepartie de

---

[721]Même s'il est sauvé par le sacrifice divin ("*Enfer*", Chant IV «- *Dis-moi, mon Maître, dis-moi, Seigneur, commençai-je, voulant être certain de cette foi qui vainc toute erreur: aucun jamais, par ses mérites ou les mérites d'autrui, sortit-il d'ici pour être heureux ensuite? Et lui, qui comprit mon parler couvert, répondit: «J'étais nouveau en ce lieu, lorsque j'y vis venir un Puissant, couronné du signe de la victoire. Il en tira l'ombre du premier père, d'Abel son fils, celle de Noé et celle de Moïse, législateur et obéissant; Le patriarche Abraham et le roi David; Israël, et son père et ses enfants, et Rachel pour qui tant il fit; Et beaucoup d'autres, et ils fit heureux; et je veux que tu saches qu'auparavant les âmes humaines n'étaient pas sauvées.»*»), son Péché reste, évidemment, central: voir les Chants du "*Paradis*":
Chant VII «*En né supportant pas que, pour son bien, la vertu qui veut, eût un frein, cet homme qui point ne naquit, se perdant, perdit toute sa race: d'où infirme l'humaine espèce demeurera, durant beaucoup de siècles, gisante dans une grande erreur, jusqu'à ce qu'il plut au Verbe de Dieu de descendre, il unit à soi personnellement la nature qui de son Créateur s'était éloignée par l'acte seul de son éternel amour.*»
Chant XIII «*Tu crois que, dans la poitrine d'où fut tirée la côte pour former la belle bouche dont le palais au monde entier coûta si cher, et dans celle qui, percée de la lance, et avant et après tant satisfit,que dans la balance elle pesa plus qu'aucune faute, tout ce qu'à l'humaine nature il est permis de posséder de lumière, fut infus par cette puissance qui forma l'une et l'autre; [...]*»
Chant XXVI «*[...] plein d'étonnement, je demandai ce qu'était une quatrième lumière que je vis avec nous. Et ma Dame: «Au dedans de ces rayons contemple avec amour son créateur la première âme que créa jamais la première vertu.*»»
Chant XXVII «*Devant mes yeux se tenaient les quatre flambeaux allumés, et celui qui le premier était venu commença à se faire plus brillant; et en sa semblance il devint tel que deviendrait Jupiter, si lui et Mars étaient des oiseaux, et qu'ils échangeassent leurs pennes.*»
Chant XXXII «*[...] près de l'autre, ce chef sous qui vécut de manne le peuplé ingrat, mobile et contredisant. Devant Pierre vois Anne assise, si heureuse de contempler sa fille qu'elle ne meut pas les yeux pour chanter hosanna. Et, devant l'antique père de famille, est assise Lucia, que mut la Dame, quand pour descendre tu abaissas les yeux.*»
[722]Pietro Selvatico, "*Visita di Dante a Giotto nell'Oratorio degli Scrovegni*", *Dante e Padova, studj storico-critici*, Padoue, Saccheto, 1865, pp. 101-192.
[723]Anne Larue. "*A rebours, roman de la chute acédiaste?*", *Joris-Karl Huysmans - CRIN 42-2003*, Amsterdam, 2003, Rodopi, p. 43.

l'endormissement généralisé (dans le tableau de Bosch) ou du démon insidieux (chez Dürer). Sa fonction, comme celle de la femem au crucifix dans l'oeuvre de Bosch, face au paresseux, est donc d'éveiller, conformément aux indications de Saint Antoine-Marie Claret (1807-1870):

"*«Je me dis souvent:*
il est de foi qu'il y a un ciel pour les bons et un enfer pour les mauvais;
il est de foi que les peines de l'enfer sont éternelles;
il est de foi qu'il suffit d'un seul péché mortel pour offenser un Dieu infini.
Me rendant compte que ces principes sont très sûrs,
voyant la facilité avec laquelle on pèche - aussi facilement que si l'on buvait un verre d'eau, comme pour rire ou par diversion -
voyant la multitude qui est continuellement en état de péché mortel
et va ainsi à la mort et en enfer,
je ne puis rester en repos, je sens que je dois courir et crier et je me dis:
Si je voyais quelqu'un tomber dans un puits ou dans un brasier, je courrais certainement et je crierais pour l'avertir et l'empêcher de tomber?
Pourquoi n'en ferais-je pas autant pour empêcher quelqu'un de tomber dans le puits et le brasier de l'enfer?
Je ne puis comprendre comment les autres prêtres qui croient aux mêmes vérités que moi - vérités que tous doivent croire - ne font ni prêches ni exhortations pour empêcher les gens de tomber en enfer.
Je m'étonne même que les laïcs, hommes et femmes, qui ont la foi ne crient pas, et je me dis : si une maison se mettait à brûler de nuit, ses habitants et les autres habitants du quartier étant endormis et ne voyant pas le péril, le premier qui s'en apercevrait ne courrait-il pas dans les rues en criant : au feu ! au feu ! dans telle maison ? Alors, pourquoi ne pas crier au feu de l'enfer pour réveiller tant de dormeurs assoupis dans le sommeil du péché et qui, au réveil, se trouveront dans les fflammes du feu éternel?» Cf. Autobiographia, II, 11, 2-3-4"[724]

II. La figure féminine dans la gravure de Dürer, Sainte Catherine d'Alexandrie et la question de la bague

II.1. La figure féminine dans la gravure de Dürer et ses motifs iconographiques partagés avec Sainte Catherine

Si, à présent, nous faisons un exercice logique, et renvoyons dans l'ordre de la théologie (comme, on l'a dit, nous l'avons fait pour Bruegel ou Bosch) l'ensemble de la gravure de Dürer, et dans un sens de lecture mystique, déjà prévu par Panofsky, lorsqu'il considère *Le Songe du Docteur* comme une représentation de l'*Acedia*, en ne considérant plus, comme le fait Panofsky, le personnage féminin comme une Vénus tentatrice, mais comme une possible évocation de la Foi ou de la Vraie Doctrine, par opposition au songeur, comme mauvais croyant ou croyant paresseux, voire même, comme étaient considérés les Juifs au Moyen Âge, comme l'hérétique aveuglé (au sens littéral) par la Fausse Doctrine (par opposition donc à la Vraie), nous devrons nous poser une question fondamentale: qui est le personnage féminin de l'oeuvre?

Un point encore s'ajoute pour donner raison à cette autre version alternative du problème, que c'est bien Béatrice (symbole de l'amour divin) qui, chez Dante, critique les hérétiques: pourquoi donc ne pas considérer qu'ici pareillement c'est la Vraie Doctrine qui montre du doigt la Paresse? Un autre indice nous pousse dans cette voie: le fait que, si l'on y regarde bien, la figure féminine n'indique pas la pomme (symbole du Péché originel, dont la forme est identique à celle des panneaux d'*Adam et Ève* de 1507 par le même Dürer), mais l'espace au-dessus de celle-ci, son intervention en ce sens, iconographiquement parlant, n'est plus vers une katabase (personnification du rêve luxurieux du songe du Docteur), mais anagogique (nous le redisons de nouveau, pour être bien clair: elle indique un espace au-dessus de la pomme du Péché, donc un espace postérieur, supérieur, de salvation, au-delà du songe et du péché). Dans cette même perspective, elle montre un espace géométrique, lequel est, pour l'époque, comme l'écrit de manière répétée Luca Pacioli dans sa *Divine Proportion*[725] comme l'indique le titre et en justification de son propos, l'expression de la Divinité en soi (ce qui explique la répétition systématique par les peintres, inclus Dürer dans sa *Melencolia I*, du symbole du polyèdre).

Or, pour répondre à la question que nous venons de nous poser, la seule sainte que nous connaissons dont on peut évoquer l'association constante à l'anneau matrimonial (symbole iconographique qui fait doublon avec sa roue), de fait pour ses noces avec Jésus, dont elle reprend l'action face aux savants, comme

---
[724]http://jesusmarie.free.fr/elus_f_x_godts.html
[725]Voir Luca Pacioli, *La divina proporción*, Madrid, AKAL, 1991.

le rappelle le tableau de Gendron pour l'église de Saint-Gervais à Paris, est bien Sainte Catherine d'Alexandrie[726]. Dans cet office d'épouse divine, a parfois été confondue avec elle, ce qui renforce le cadre symbolique de l'importance idéologique de son mariage pour l'époque, Sainte Catherine de Sienne[727].

[726nn]*Catherine d'Alexandrie (SAINTE), tableau de B. Luini, à la pinacothèque de Munich. La sainte, représentée de face, à mi-corps, accoudée sur la roue, instrument de son martyre, est richement costumée à la mode milanaise du XVIe siècle. Son visage charmant, qu'anime un délicieux sourire dont Luini semble avoir dérobé le secret à la Joconde de Léonard de Vinci, est encadré par une chevelure soyeuse, divisée en boucles légères dont deux se joignent et se nouent sous le menton. Sa robe, décolletée et échancrée sur la poitrine, est bordée, autour du col et aux manches, de perles et de pierreries. Sa main droite tient une palme; la gauche est levée et montre le ciel. Cette gracieuse figure se détache sur un fond de paysage accidenté où l'on distingue quelques fabriques. Le tableau, sur bois, a été lithographié dans la Galerie de Munich publiée pur M. Piloty.*
Catherine d'Alexandrie (REPRÉSENTATIONS DIVERSES DU MARIAGE DE SAINTE). Il est peu de sujets qui aient eu plus souvent les honneurs de la peinture que les noces mystiques de sainte Catherine avec l'Enfant Jésus. Sainte Catherine d'Alexandrie pouvant prétendre, par sa naissance, au plus brillant mariage, ne voulut avoir d'autre époux que le Sauveur. Plusieurs peintres ont cru que la légende se rapportait à sainte Catherine de Sienne, et bien des biographes sont de leur avis, affirmant que la sainte se vanta d'être en commerce direct avec Jésus. C'est sainte Catherine de Sienne que Fra Bartolommeo a placée dans son beau tableau du Louvre, que nous décrivons ci-après; l'artiste, qui était dominicain, devait naturellement préférer l'opinion qui attribuait à une religieuse de son ordre l'honneur d'avoir épousé mystiquement le Christ, Le Corrège et la plupart des autres peintres ont pris soin de désigner la fiancée de Jésus par les attributs de son martyre: la roue brisée, l'épée et la palme. Le Calabrese n'a pas manqué de représenter ces fiançailles mystiques dans la série de tableaux qu'il a consacrés à peindre la Vie de sainte Catherine d'Alexandrie, dans l'église de San-Pietro-a-Majella, à Naples. Parmi les innombrables compositions que ce gracieux sujet a inspirées aux artistes des diverses écoles, nous nous contenterons de citer les suivantes:
*Tableaux du Corrége, de Huns Memling, de Paul Véronèse, du Pordenone, de C. Maratte (v. la description ci-après). — Tableau d'Orazio di Domenico Alfani, au Louvre: sainte Catherine d'Alexandrie, appuyée sur un fragment de roue et tenant une palme, est agenouillée au pied du trône occupé par la Vierge et le Bambino. Saint Antoine de Padoue, ainsi qu'une branche de lis d'une main et un cœur de l'autre, et saint François d'Assise, portant un livre et un crucifix, sont debout de chaque côté du trône. — Tableau d'Alexandre Véronèse, au Louvre: la sainte, debout et vue de profil, appuie une main sur la roue et présente l'autre à l'Enfant. Cet ouvrage, qui a fait partie de la collection de Mazarin, a été gravé par Scotin. — Tableau d'un artiste inconnu de l'école siennoise (XIVe siècle), au musée Napoléon III (numéro 51): des anges et des saints entourent le trône de la Vierge; la sainte est agenouillée devant l'Enfant Jésus, qui lui met l'anneau au doigt. - Autre tableau du même musée (numéro 55) et de la même école: **la Madone tient la main de sainte Catherine et la rapproche de celle de Jésus**; plusieurs anges entourent la composition. - Plat en faïence du musée de Cluny, fabriqué à Fuenza, au XVIe siècle: la fiancée est sainte Catherine d'Alexandrie.*
*Tableau d'Alessandro Tiarini, à la pinacothèque de Bologne: **le Bambino montre l'anneau à sa mère**; celle-ci prend la main de la mariée, qui semble fort timide. Le fragment de roue que porte un ange ne laisse pas de doute sur le nom de la sainte. Un autre ange porte la tour de sainte Barbe, le **troisième tire par une chaîne le monstre dompté par sainte Marguerite**; on ne voit de ces deux saintes que les têtes dans l'ombre. Saint Joseph est assis au pied du trône de la Madone, dans une attitude méditative. Au fond, une arcade s'ouvre sur un paysage. - Tableau de Pompeo Battoni, au Quirinal: figures très gracieuses. - Tableau de Scipione Pulzone, au palais Doria, à Rome. - Tableau de Beltrafilo, au musée de Turin: têtes charmantes; joli effet de lumière. - Tableau de Filippino Lippi, dans l'église de Saint-Dominique, à Bologne: auprès de la sainte, on voit saint Paul, saint Sébastien, saint Jean-Baptiste et un autre saint. Cette peinture, qui, au dire de Vasari, mérite les plus grands éloges, porte l'inscription suivante:*
OPVS PHILIPPINI FLOR. ICT. A. D. MCCCCI.
Elle a été restaurée avec soin, il y a quelques années. - Tableau de Giovanni Manozzi, au musée des Offices: il n'y a ici que trois personnages, la Vierge, le Bambino et sainte Catherine.
*Tableau d'Abraham van Diepenbeck, au musée de Berlin: Jésus, debout sur sa mère, **met l'anneau au doigt de sainte Catherine**, agenouillée; saint Joseph, saint François et le petit Jean, avec un agneau, sont les témoins du mariage mystique. Ce tableau, exécuté dans le style de Rubens, offre une belle lumière et une grande fraîcheur de coloris; les enfants sont bien modelés; les deux femmes sont des Flamandes. Bonnes draperies; fond d'architecture. - Tableau de Dietrich, au musée de Berlin: près du groupe formé par la Madone, le Bambino et la sainte, **un ange tient le glaive et la roue**, instrument du martyre de Catherine d'Alexandrie, **et deux autres anges** répandent des fleurs. Peinture médiocre. - Tableau de Girolamo Mazzuola, au musée de Berlin: le petit saint Jean, saint Paul, **sainte Barbe** et un saint évêque assistent au mariage; **au fond, trois anges soulèvent un rideau**. - Tableau de Thomas Willeborsds, au musée de Berlin: la sainte a un vêtement de couleur très-sombre. Fond d'architecture, avec échappée sur la campagne. "Bonne peinture, dit M. Waagen." - Tableau de Lorenzo Lotto, au musée de Munich: La Vierge, de face, la tête baissée, nous offre un visage insignifiant, dit M. Lavice; sainte Catherine, à genoux, n'est pas plus attrayante avec ses deux mentons et le profil coupé en deux par les cordons de sa ferronnière; Jésus, debout sur sa mère, se levé d'une façon peu gracieuse **pour poser la bague**; saint Joseph regarde cette scène avec un mouvement de bouche dédaigneux. Coloris vif, dessin lâche, dit M. Viardot dit de cette peinture qu'elle est "très-finement touchée, mais dure et ferme pour un Vénitien," et qu'on y reconnaît le style de Bellini, dont Lotto fut l'élève plutôt que celui du Giorgione, dont il se fit plus tard l'imitateur. - Tableau de Van Dyck, vendu 2,000 livres à la vente de la collection de Vauge, en 1784. - Tableau del Cortone, au Belvédère, à Vienne: trois figures seulement, vues jusqu'aux genoux; le meilleure est celle de l'Enfant Jésus; les têtes des femmes sont rondes et sans caractère. Fond de paysage. - Tableau de Lucas Cranach, au Belvédère: la Vierge, assise sous un arbre, tient sur ses genoux **le Bambino, qui met l'anneau au doigt de la sainte**, assise devant lui. A côté de la Madone est sainte Rosalie, qui embrasse affectueusement Jésus et lui présente une petite corbeille pleine de roses. Derrière elle se tiennent deux autres saintes: l'une, priant; **l'autre, offrant à l'Enfant une grappe de raisin rouge sur un linge blanc**. On aperçoit dans le lointain des rochers escarpés et de hautes montagnes, sur l'une desquelles **est un château fort**. Les figures, vues jusqu'aux genoux, sont d'un style peu élégant; mais elles ont des expressions naïves et vraies. - Tableau de Domenico Feti, au Belvédère: le mariage a lieu en présence de saint Pierre le dominicain, et de saint Dominique, tenant un lis; tous deux debout. Figures de grandeur naturelle, peintes avec beaucoup de vigueur, dans le style du Caravage. - Petit tableau sur cuivre de Mathieu Gondolach (1614), au Belvédère: la Vierge, assise sur un trône élevé, tient sur ses genoux le Bambino, **qui montre une bague d'or à sainte Catherine**, agenouillée devant lui, et prête à lui baiser le pied. De chaque côté du trône sont saint Mathias, ayant un livre à la main, et sainte Hélène, portant une croix; ce sont les portraits de l'empereur Mathias et de l'impératrice Anne, sa femme. En arrière, d'autres saints sont debout; au ciel est une gloire d'anges. La peinture a poussé au noir. - Tableau de Giovanni-Giacomo Sepoenti, au Belvédère: Marie tient par les épaules la sainte, agenouillée, derrière laquelle un grand séraphin est debout. De jolis petits anges regardent la scène du haut du ciel. Peinture d'un effet gracieux. -Tableau de Giulio Cesare Procaccini, galerie Lichtenstein, à Vienne: la sainte fiancée est jolie, baisse la tête en souriant; **deux grands anges assistent au mariage.**
*Tableau du Parmesan, dans la maison de campagne de lord Stafford, à Londres: **la sainte présente une de ses mains à l'Enfant, qui lui met au doigt l'anneau nuptial**, et elle appuie l'autre sur une table, près de laquelle est la roue garnie de dents de fer, instrument de son supplice. Saint Joseph est placé près de la Vierge. Ce tableau, qui a fait partie de la galerie Borghèse, a été gravé par Agar, dans le recueil intitulé: British Gallery. Il existe des compositions semblables du Parmesan, dans la galerie de lord Grosvenor, à Londres, et au musée de l'Ermitage, à Saint-Pétersbourg. Le Louvre en a une qui a été attribuée à Niccolo del Abate, mais que M. Villot croit être une copie du Parmesan exécutée par un élève de ce maître. - Tableau de l'Ortolano, au musée de Dresde: les personnages sont les mêmes que dans la composition du Parmesan. - Tableau de Polydore Lanzani, au musée de Dresde: **qui lui tend une couronne de mariée**; derrière le trône de la Vierge, un ange soulève un rideau. Fond de paysage. Saint Joseph présente à Jésus un enfant que tient un personnage agenouillé, sans doute le donateur du tableau. - Tableau d'Andréa del Sarto, au musée de Dresde: les mêmes personnages sont présents au mariage mystique sont sainte Marguerite, **qui a pour attribut le monstre qu'elle a subjugué**, et le petit saint Jean, tenant son agneau par le cou.*
*Tableau de Murillo placé au-dessus du maître-autel de l'église des Capucins, à Cadix: sainte Catherine d'Alexandrie, ayant derrière elle deux grands anges, est agenouillée devant le divin Bambino, qui s'apprête à lui **mettre au doigt l'anneau nuptial**. **Trois autres séraphins** se tiennent derrière la Madone, qui se penche un peu en avant pour regarder la jolie sainte. **Deux chérubins folâtrent un peu plus bas**; **deux autres, dans les airs**, tiennent l'un la couronne, l'autre la palme du martyre de la sainte. "Cette grande toile serait un magnifique effet, dit M. Lavice, si le temps ne lui avait point enlevé une partie de son coloris. Ainsi, une place plus blanche sur le front de Marie détruit l'illusion qu'a dû produire son beau visage." - Tableau de Matteo Cerezo, au musée de Madrid: les figures, au nombre desquelles se trouve **le petit saint Jean**, sont sur mouton, manquent de noblesse. - Tableau de Coello, au musée de Madrid: Jésus, debout sur les genoux de sa mère, se penche vers sainte Catherine, qui lui baise un pied; la Madone porte une grande couronne d'or; **les anges qui assistent à l'union mystique** ressemblent à de jeunes filles. Cette peinture est exécutée sur liège. - Tableau de Jordaens, au musée de Madrid: la tête de la sainte est magnifique.*

Tableau de Palma le jeune, même musée: la scène se passe dans un riant paysage, sous un arbre. Jésus, appuyé sur l'épaule ***du petit saint Jean****, se tourne en souriant vers sainte Catherine et* ***lui tend l'anneau mystique****; son corps est gracieusement posé et bien modelé; sa tête, offrant un léger raccourci, est délicieuse. La Madone et la sainte sont de jolies blondes, dont la fraîcheur et la jeunesse ont pour contraste la figure décrépite de sainte Elisabeth. A droite, saint Joseph regarde la belle fiancée. - Tableau de Sébastien Bourdon, au musée d'Amsterdam. - Compositions diverses, gravées par Daniel Hopfer, par Badalocchio; par Michel-Ange del Moro, d'après le Parmesan; par Michel Natalis et par Sandrardt, d'après Séb. Bourdon; par Pierre de Jode, d'après le Titien; par Ang. Kauffmann, d'après le Corrège; par Lasinio, d'après Simone Pignone: par H.-S. Lautensack; par Robert Nanteuil et N. Regnesson; par Michel Corneille, d'après Louis Carrache; par Cornelis Cort, d'après le Corrège; par le Biscaino, etc.*

Catherine d'Alexandrie (MARIAGE MYSTIQUE DE SAINTE), chef-d'œuvre du CorrÈge; musée du Louvre. La sainte, les yeux timidement baissés, s'appuie de la main gauche sur la roue brisée, dans laquelle est passée une épée, et ***elle tend la main droite à l'Enfant Jésus****. Celui-ci, assis sur les genoux de sa mère et* ***tenant l'anneau mystique****, touche et examine avec une attention naïve le doigt que lui présente sa fiancée. La Vierge, aussi jeune et aussi jolie que Catherine, prend la main de cette dernière et semble diriger l'action de son fils. Debout derrière Catherine, saint Sébastien, une flèche a la main, contemple d'un air de joie et de complaisance les divines fiançailles. Dans le fond se déroule un vaste paysage: a gauche, près d'un édifice antique, saint Sébastien est percé de flèches par des soldats; plus loin, à droite, sainte Catherine est agenouillée à côté d'un bûcher. On ne sait ce qu'il faut le plus admirer, dans ce tableau, de la grâce exquise des figures, de la suavité de l'expression, de la richesse et de l'harmonie de la couleur. On croit que c'est de ce chef-d'œuvre que parle Vasari dons la Vie de Girolamo Carpi; «Ce dernier, dit-il, étant arrivé à Modène, resta émerveillé a la vue des tableaux du Corrège: l'un d'eux surtout le frappa; ce fut ce grand tableau, ouvrage divin, qui représente la Vierge avec l'Enfant Jésus s'unissant à sainte Catherine, saint Sébastien et d'autres figures avec des airs de tête si admirables qu'elles semblent faites dans le paradis. Il est impossible de voir de plus beaux cheveux, de plus belles mains et un coloris plus charmant, plus naturel. Ce tableau était en la possession du docteur Grilenzoni, grand ami du Corrège. Girolamo Carpi, ayant obtenu la permission de le copier, s'acquitta de cette tâche avec tout le soin et toute l'habileté possibles.» L'ouvrage passa ensuite, par l'entremise du cardinal Luigi d'Esté, des mains de Grilenzoni dans celles de la comtesse Santa-Fiora, qui le laissa a sa famille. En 1614, il se trouvait chez le cardinal Sforza, à Rome, comme nous l'apprend une note marginale de l'exemplaire de Vasari qui est dans la bibliothèque Corsini. Vers 1650, il fut apporté en France par le cardinal Antonio Barberini, qui le donna à Mazarin. Il figure sur l'inventaire de ce dernier avec l'estimation de 15,000 livres, et il fut acquis des héritiers par Louis XIV. Il existe, d'ailleurs, plusieurs répétitions ou copies de cette peinture. Une des plus célèbres, que quelques connaisseurs considèrent même comme l'œuvre originale, se voit au musée de Naples: la composition offre toutefois de notables différences; on n'y retrouve pas la figure de saint Sébastien; la sainte a pour attribut la palme, outre la roue brisée et l'épée; le Bambino, au Lieu d'examiner la main de sa fiancée, lève ses yeux vers la Madone, comme pour lui demander son adhésion. L'exécution vaut, d'ailleurs, celle du tableau du Louvre. On cite encore un Mariage de sainte Catherine, du Corrège, au musée de l'Ermitage; un autre au palais de Buckingham, à Londres, provenant de la collection de Charles Ier. Il est question dans Lanzi de deux compositions entièrement conformes sur le même sujet, dont l'une se trouvait, du temps de cet écrivain, à Capomonte (Italie), et l'autre dans la collection du comte de Brulh: Lanzi ajoute qu'on lisait sur ce dernier ouvrage la date de 1517. Il a été fait, du reste, d'innombrables copies du tableau de Naples et de celui du Louvre; celui-ci a été gravé plusieurs fois, notamment par Etienne Picart, par Giovanni Folo, dans le Musée royal, par Lorichon. et tout récemment, d'une façon très-remarquable, par M. Henriquel-Dupont.*

Catherine (LE MARIAGE DE SAINTE), tableau de Paul Véronèse, au musée du Belvédère, à Vienne. Paul Véronèse a traité plusieurs fois ce sujet mystique. La composition du Belvédère représente la Vierge assise sur un trône, tenant l'Enfant Jésus, ***qui met l'anneau nuptial au doigt de sainte Catherine*** *agenouillée devant lui. L'ange Gabriel, un lis à la main, soutient la sainte par le bras. A gauche, sainte Agnès à genoux tient une branche de palmier; son agneau est couché près d'elle. Cette toile, qui n a pas plus de 0m.80 de largeur sur 0m.70 environ de hauteur, est peinte avec beaucoup de vigueur; les draperies sont fort belles; quelques parties ont malheureusement noirci. La galerie Lichtenstein, à Vienne, possède aussi un Mariage de sainte Catherine, peint en petites proportions par le Véronèse: Jésus et la sainte se penchent l'un vers l'autre de façon que leurs bouches se touchent presque. "Le visage levé de l'Enfant, dit M. Lavice, et celui baissé et à demi éclairé de la Vierge sont charmants." Sainte Anne et saint Joseph se tiennent par derrière dans l'ombre. A gauche, une gloire d'anges se détache sur un tond jaune. - Une jolie petite esquisse du musée de Francfort nous montre la Vierge et l'Enfant sur un trône élevé, adossé à une colonne; neuf grands anges les entourent, et d'autres plus petits volent dans l'espace. La sainte a son costume de reine. La galerie Durazzo, à Gênes, et la National Gallery de Londres possèdent des compositions analogues à celles que nous venons de décrire. Un chef-d'œuvre du Véronèse est le tableau du musée des Offices (Florence): il représente la sainte debout, regardant avec amour celui à qui elle vient de s'unir par un mariage mystique, ce qu'indique l'anneau passé à son doigt. Le petit saint Jean baise un pied du Bambino, qui est placé sur les genoux de Marie. Saint Joseph est à gauche dans l'ombre; on ne distingue plus que sa tête chauve.*

Catherine d'Alexandrie (LE MARIAGE MYSTIQUE De SAINTE), chef-d'œuvre de Memling; à l'hôpital Saint-Jean, à Bruges. Ce tableau est en forme de triptyque. Dans la composition centrale, la Vierge, tenant dans ses bras l'Enfant Jésus, est assise sous un dais orné d'une riche tapisserie. Deux anges soutiennent gracieusement une couronne au-dessus de sa tête. A droite, sainte Catherine, en costume de princesse, est agenouillée: son visage, d'une douceur infinie, a une admirable expression de chasteté et d'humilité. L'Enfant Jésus se penche vers elle et ***lui met au doigt l'anneau nuptial****. Derrière la sainte,* ***un ange, d'une physionomie charmante****, touche de l'orgue et célèbre les fiançailles par des chants de joie; plus loin se tient saint Jean-Baptiste avec son agneau. A la gauche de la Vierge, sainte Barbe est à genoux,* ***lisant avec une grande attention; derrière elle, un ange tient un livre ouvert****; plus au fond, on voit saint Jean l'Evangéliste, jeune et d'une physionomie douce et pensive. A travers les arcades ogivales qui s'ouvrent aux deux côtés du trône, on découvre un ravissant paysage où s'élèvent plusieurs édifices, parmi lesquels un amphithéâtre, et où sont représentées d'une façon très-pittoresque quelques scènes de la vie des deux saints Jean. Memling a fait figurer deux fois dans ce tableau son ami le frère Jean Floreins, jaugeur public de Bruges, qui, à ce que l'on croit, lui avait commandé cet ouvrage; il nous le montre une première fois, dans son costume de frère, derrière sainte Barbe, et il l'a représenté un peu plus loin la jauge à la main, entouré de tonneaux, près d'une grue qui a servi à les décharger. Le volet de droite représente divers épisodes de la vie de saint Jean-Baptiste: la prédication dans le désert, la décollation, Salomé recevant la tête du saint dans un plat, le festin d'Hérode et d'Hérodiade, etc. Dans le volet de gauche sont retracées les principales scènes de la vie de saint Jean l'Evangéliste: la vision dans l'île de Pathmos, le martyre, etc.; toute cette composition est merveilleuse, autant par la délicatesse de l'exécution que par la grandeur et la poésie fantastique du sujet. A l'extérieur des volets sont peints les portraits de Jacques de Keuninck et d'Antoine Seghers, l'un maître directeur, l'autre boursier de l'hospice, contemplant leurs patrons respectifs, saint Jacques de Compostelle et saint Antoine l'Ermite. On y voit aussi les portraits d'Agnès Cazembrood, supérieure, et de Claire van Hultem, avec leurs patronnes, sainte Agnès et sainte Claire; ces figures de religieux et de religieuses, peintes avec une naïveté exquise, respirent la ferveur, la piété la plus tendre, et contrastent par leur réalité avec les figures idéales des saints patrons. D'après la place qu'elles occupent dans le triptyque, il y a tout lieu de croire que Memling peignit ce chef-d'œuvre à la demande de la communauté entière de l'hospice, et non pas seulement, comme on l'a dit, pour le frère Floreins. Le tableau est signé: Opus Johannis Memling anno MCCCCLXXIX; mais cette signature est apocryphe. M. Waagen pense que l'ouvrage a dû être exécuté vers 1486. Voici, sur ce chef-d'œuvre, le jugement porté par MM. Crowe et Cavalcaselle (les Anciens peintres flamands): "Le Mariage mystique a peut-être le défaut d'être trop symétrique. Le groupe de la Vierge et de l'Enfant est ravissant, et la figure de Jésus la plus belle qu'ait jamais peinte Memling. La douce résignation des deux saints Jean contribue à donner au tableau tout entier un effet vraiment admirable. Cependant, on ne peut s'empêcher de remarquer la forme trop allongée du col et du visage de la Vierge et des saints qui l'entourent, ainsi qu'une sorte de roideur dans quelques-unes des figures. Il est a regretter que l'ange jouant de l'orgue ait été retouché, depuis l'époque de Memling, car si l'on n'y apercevait quelques fautes modernes, on pourrait dire que cette figure atteint la perfection, tant les traits en sont expressifs et extraordinairement beaux. La magnifique tête de saint Jean-Baptiste est un exemple de l'attention et du soin que mettait le peintre à suivre la nature. Il est fâcheux cependant que l'effet général de son attitude grave et pensive soit un peu gâté par les épisodes nombreux qui remplissent l'espace derrière lui. Néanmoins, si l'on examine ces sujets isolément, ils prouvent combien le peintre était habile et heureux dans le fini qu'il savait donner aux petites figures. Hérodias, dansant devant Hérode, l'un de ces épisodes, est un charmant tableau par lui-même; mais, à l'endroit qu'il occupe, il nuit a l'intérêt général et fatigue l'œil. Dans le volet sur lequel est représentée la Vision de Pathmos, la faute dont nous parlons est moins sensible, mais de maladroites restaurations ont détruit l'avant-plan, l'eau et une partie du ciel. Les peintres d'aujourd'hui pourraient étudier avec avantage le ton harmonieux, doux et vrai que Memling a su donner à son coloris. On oublie presque le défaut inhérent au maître, le manque de clair-obscur et le trop peu d'épaisseur de la couleur." Les réparations faites a la surface intérieure de ce tableau ne sont rien en comparaison de ce qu'a souffert l'extérieur. Non seulement le cadre a été repeint en noir, avec addition d'une signature apocryphe, mais les figures des donateurs et de leurs saints patrons ont été nettoyées et retouchées d'une manière déplorable.*

Catherine d'Alexandrie (LE MARIAGE DE SAINTE), tableau de Memling, collection de M. Gatteaux (Paris). La Vierge, vêtue de bleu, cheveux blonds flottant sur le cou, tient sur ses genoux le Bambino, entièrement nu, qui passe un anneau au doigt de sainte Catherine. Celle-ci a un costume de la plus grande richesse, comme il convient à la fiancée mystique d'un Dieu: corsage rouge fourré d'hermine, jupe de brocart jaune a grands ramages noirs. Cinq autres saintes entourent la Madone: à gauche, derrière sainte Catherine, sainte Agnès avec son agneau et sainte Cécile jouant de la harpe; à droite, sainte Barbe tenant un livre ouvert, sainte Marguerite avec le dragon et sainte Agathe ayant à la main un bassin où sont les seins que lui ont arrachés les bourreaux. Trois anges contemplent, du haut du ciel, la sainte assemblée, derrière laquelle s'étend un riant paysage terminé par des montagnes bleuâtres. "Toute cette œuvre, d'une délicatesse d'exécution et d'une vigueur de coloris extraordinaires, respire une poésie profonde, a dit M. Chaumelin (Revue moderne); les figures ont une noblesse et une grâce exquises." Ce délicieux petit tableau, dont quelques connaisseurs contestent l'attribution à Memling, a figuré à l'exposition rétrospective de 1866, au palais de l'Industrie.

Catherine (LE MARIAGE DE SAINTE), tableau de Carie Maratte, au Louvre. La sainte, vue de profil, richement parée et la tête coiffée d'une couronne royale, est agenouillée sur les nuages; elle présente sa main au divin Bambino, qui se dispose **à lui mettre au doigt l'anneau nuptial** et qui la regarde avec un charmant sourire. La Vierge, par un mouvement plein de grâce, appuie sa main sur l'épaule de sainte Catherine, qu'elle semble vouloir encourager à s'approcher de son époux mystique. **Deux anges et deux chérubins** contemplent joyeusement cette scène. Ce tableau, qui de la collection du prince de Carignan est passé dans celle de Louis XV, a été gravé par Vendrami dans le Musée français et par M. Pirodon dans L'Histoire des peintres; il a été reproduit également dans les ouvrages de Landon et de Filhol.

Catherine (LE MARIAGE DE SAINTE), fresque du Pordenone, dans l'église de Santa-Maria di Campagna, à Plaisance. L'Enfant Jésus se penche vers la sainte, avec une grâce inexprimable, **pour lui offrir d'une main l'anneau nuptial et la ceinture dorée**, tandis que de l'autre main il semble se retenir à un voile qui tombe des épaules de sa mère. Saint Pierre et saint Paul sont les témoins de l'union mystique. Au bas du tableau sont groupés trois enfants qui soutiennent un violoncelle. "Toutes ces figures, dit M. Charles Blanc, s'enlèvent sur le fond d'une manière si prestigieuse qu'elles semblent ne pas tenir à la muraille. Le temps a respecté cette peinture digne des grands maîtres. Malheureusement, il a été permis à un vandale de mutiler une des figures pour faire place à une pierre sépulcrale." Le Pordenone exécuta cette belle fresque en 1519; on croit qu'il a peint le portrait de sa seconde femme dans la personne de la Vierge, et qu'il s'est peint lui-même sous les traits de saint Paul. Canova, dit-on, ne pouvait se lasser de contempler le Mariage de sainte Catherine, quand il venait à Plaisance.

Catherine d'Alexandrie confessant la foi chrétienne (SAINTE), tableau de M. Gendron; église de Saint-Gervais, à Paris. La scène se passe dans un temple de Jupiter. **La sainte, vêtue de blanc et ayant à la main une croix qu'elle montre à ses juges, se tient debout à 1'extrémité d'une table autour de laquelle sont réunis les philosophes ou docteurs païens**. L'empereur Maximin, assis à gauche, préside à l'interrogatoire; près de lui est nonchalamment étendu à terre un jeune nègre agitant un éventail de plumes. Le jour vient d'en haut. On aperçoit, dans le fond du temple, la statue du dieu, à demi cachée par une barrière. Les différents personnages sont habilement groupés, et il y a de la vérité dans leurs attitudes. **Les philosophes écoutent avec recueillement la jeune vierge**. Celle-ci parle avec une noble assurance, et elle a dans sa tournure la grâce et la simplicité d'une statue. La peinture est sobre de détails, largement et vigoureusement accusée. C'est une des meilleures productions de M. Gendron.

Catherine (LE MARTYRE DE SAINTE), tableau de Gaudenzio Ferrari, au musée Brera, à Milan. La sainte est nue jusqu'à la ceinture; ses longs cheveux couvrent en partie sa poitrine, et un manteau rouge cache le bas de son corps. Les yeux levés vers le ciel, les mains tendues dans l'attitude de la prière, elle est agenouillée entre deux roues armées de pointes, que deux bourreaux s'apprêtent à faire mouvoir au moyen d'une manivelle. D'autres bourreaux et des soldats sont placés au deuxième plan, au bas d'une estrade sur laquelle siège le proconsul, entouré de ses officiers et de ses licteurs. Ces divers personnages regardent avec stupeur un ange qui se précipite du haut du ciel, un glaive à la main, pour dégager la sainte. Les bourreaux sont saisis d'effroi, et deux soldats lèvent leur bouclier au-dessus de leur tête pour se protéger contre les coups du glaive. Tout à fait au fond, trois charmantes femmes, placées dans une espèce de tribune supportée par des colonnes, se penchent pour voir le supplice. "Tout ce tableau, dit M. Charles Blanc, est d'une étonnante exécution; c'est une peinture serrée, précise, violente: une fanfare de tons éclatants. Pas de perspective: les fonds sont aussi faits que les devants. Le tableau semble peint d'hier, et peint à l'emporte-pièce. Gaudenzio a fait de la couleur à outrance: si c'était un chanteur, on dirait qu'il a donné son ut de poitrine." Selon M. Lavice [Musées d'Italie), "il y aurait bien quelque chose à dire quant a la disposition trop symétrique des acteurs et a la surélévation des derniers plans; mais si l'ensemble laisse à désirer, chaque figure, prise isolément, est bien traitée. La sainte à genoux, l'ange et le magistrat romain sont surtout fort beaux et bien éclairés." Cette composition, qui est certainement une des meilleures de Gaudenzio Ferrari, a été gravée par M. Delangle dans L'Histoire des peintres de toutes les écoles." (Pierre Larousse, *Grand dictionnaire universel du XIXe siècle*, 1867, T. III, pp. 584-585) Les gras sont nôtres.

[727]Voir la note antérieure, et encore: "*Elle* (Ste Catherine de Sienne) *guérit une prostituée atteinte d'une maladie honteuse (fœdo apostemate seu cancro laborantem); 15° Le Christ, son époux, lui apparaît, l'embrasse et lui présente son flanc ouvert pour qu'elle s'y désaltère (virginem complexus labi aperto laterisuo amabiliter admovet...); 16° Le Christ lui retire le vieux cœur qu'elle a dans la poitrine et lui en remet un neuf (divellit ab ejus pectore cor vetus novumque restituit); 17° Le Christ lui offre deux couronnes, une d'or, une d'épines; elle choisit celle-ci; il lui donne les deux; 18° Justement affligée de songer que sa mère était morte dans l'impénitence, elle la ressuscite pour lui donner le loisir de se repentir; 19° Elle rend visite aux reliques de la bienheureuse Agnès de Montepulciano, religieuse dominicaine, morte depuis longtemps déjà; pour faire honneur à la visiteuse, Agnès ne trouve rien de mieux que de remuer un pied et de l'élever vers Catherine (a virgine pedem elevante mirabiliter honoratur)!... Le légendaire ajoute: «On conserve encore dans un petit vase une partie de la manne qui tomba du ciel à ce moment et couvrit les deux saintes.» Qu'est devenue cette précieuse relique?... 20° Catherine guérit une femme à demi écrasée par la chute d'un édifice; 21° Elle accompagne en esprit deux brigands au supplice et obtient de son divin époux qu'il leur apparaisse et les encourage a bien mourir; 22° Elle guérit une possédée; 23° Après avoir communié, elle tombe en extase, selon sa coutume (de more in extasim rapta), et reçoit les stigmates; 24° Elle réconcilie les Florentins avec Grégoire XI; 25° Le B. Raymond étant un peu trop lent a dire sa messe, le Christ descend du ciel, prend un morceau de l'hostie et le donne à son épouse affamée (sponsæ esurienti); 26° Catherine décide Nicolas de Pérouse à se convertir, au moment où il va avoir la tête tranchée par le bourreau; 27° Elle est couchée et gravement malade; elle en profite pour faire à son confesseur Raymond des révélations surnaturelles que celui-ci a l'audace de n'accepter qu'avec réserve; elle prend alors la figure d'un homme barbu et répond a Raymond, qui lui demande avec effroi a qui il a affaire: "Je suis celui qui est." 28° Les Romains se révoltent contre le pape; Catherine s'offre à Dieu comme victime expiatoire. Le Christ lui prend alors le cœur, le presse comme une éponge au-dessus de la cité rebelle et se calme, après en avoir exprimé le sang le plus pur (Christus purissimo sanguine e corde virginis expresso Bornant adspergens justissimum furorem ponit); 29° Par ses mérites et par ses prières, elle aide le pape Urbain VI à reconquérir le fort Saint-Ange; 30° En un temps de disette, la Vierge Marie vient trouver Catherine, et, aidée par deux anges, fait avec de la farine gâtée du pain excellent que la sainte distribue aux pauvres; 31° Catherine meurt; 32° et 33° Une pieuse veuve de Sienne et Th. Penna, protonotaire apostolique, voient la sainte enlevée au ciel par des anges et reçue dans l'empyrée par le Christ et par Marie.*

Afin qu'on ne puisse pas croire que nous avions exagéré à plaisir les bizarreries de cette légende, nous avons cité, pour les passages les plus délicats, le texte même de l'hagiographe latin. Les trentre-trois compositions, avec le frontispice que nous venons de décrire, ont été gravées en 34 planches petit in-4°, par Cornelis Galle et publiées à Anvers par J. Boel, en 1628, sous le titre de: B. Catharinæ Senensis virginis SS. ordinis prædicatorum vita ac miracula selectiora, etc. M. Charles Le Blanc mentionne un autre recueil, comprennant également 34 planches, édité, en 1603, par Philippe Galle. - Une grande estampe, publiée à Rome en 1601, par Dionysius de Cavaleriis, représente le portrait en pied de la sainte entouré de treize petites scènes où sont reproduits dix des sujets traités dans les compositions précédemment décrites (n° 2, 3, 4, 5, 6, 7, 12, 15, 23, 25); voici les sujets des trois autres scènes: Catherine donne à un pauvre une croix d'argent, le seul objet qu'elle ait eu sa possession; la Vierge Marie lui apparaît et lui permet de boire à la mamelle qui a nourri l'Enfant Jésus; après sa mort, la sainte est portée dans l'église de Saint-Dominique, où elle opère de nombreux miracles. Cette église, une des plus remarquables de Sienne, renferme plusieurs belles peintures consacrées à sainte Catherine, entre autres: l'Extase, un Miracle et l'Evanouissement de la sainte, par le Sodoma, chefs-d'œuvre d'un sentiment raphaélesque; le portrait déjà cité, par Andréa di Vanni, artiste du XIVe siècle; Sainte Catherine recevant la communion des mains du Christ, tableau de Fr. Brizzio, gravé parTraballesi, etc. L'oratoire, construit a Sienne sur l'emplacement de la maison où naquit sainte Catherine et de la boutique de teinturier de son père, est orné de fresques exécutées par le Pacchiaroto et représentant divers épisodes de la vie de la sainte, notamment son Pèlerinage au tombeau de sainte Agnès de Montepulciano. On voit dans ce même oratoire une peinture de Ventura Salimbeni, dont le sujet est: Sainte Catherine persécutée par les Florentins et une Sainte Catherine recevant les stigmates, du Sodoma. Un tableau d'Alexandre Tiarini, qui est à la pinacothèque de Bologne, nous fait voir la sainte en extase, assistée par deux anges; elle tend les bras vers un crucifix posé sur une table d'autel et qui représente le Christ en chair et comme vivant, quoique de petite dimension. Nous retrouvons encore l'Extase ou l'Evanouissement mystique de sainte Catherine dans un tableau de Tiepolo, du musée de Vienne; dans une composition de Francesco Vanni, gravée par Th. Thomas; dans une estampe d'Alberti (1574), etc. Un tableau de l'école italienne de la fin du XVe siècle, appartenant au musée Napoléon III, représente la sainte agenouillée devant un crucifix qui s'incline pour lui parler. Elle figure avec saint François d'Assise et présente des pénitents à la Vierge, sur une grande bannière, du même musée, peinte par Niccolo Alunno. Pietro Sorri a peint Sainte Catherine délivrant une possédée, le Christ prenant le coeur de sainte Catherine et la Canonisation de sainte Catherine. Une peinture sur bois, du musée Napoléon III, exécutée par un anonyme italien du XVe siècle, représente la Mort de sainte Catherine; la sainte est étendue sur un lit qu'entourent plusieurs personnages éplorés; son âme, sous la forme d'une petite figure environnée d'une auréole, monte au ciel. Quant au Mariage mystique de sainte Catherine de Sienne, il a été retracé conformément à la légende, par Sallaerts, dans une grande composition gravée par P. de

II.2. Sainte Catherine contre les Docteurs et la Fausse Doctrine s'affrontant au Diable, souvenir de ses adjuvantes iconographiques (Sainte Barbe et Sainte Marguerite)

Plusieurs éléments sont alors importants et révélateurs de l'iconographie de celle-ci: tout d'abord, elle est souvent représentée portant l'anneau, mais aussi accompagnée, comme la figure féminine de Dürer, d'anges[728], et il n'est pas inhabituel qu'elle soit représentée nue (ainsi la voit-on dans la représentation de son Martyre, dans les *Belles Heures* des Frères Limbourg (1406-1409, fol. 17r. New York, The Metropolitan Museum of Art, The Cloisters Collection, 54.1.1) [729], dans les oeuvres de Fernando Gallego, c. 1440-1507; Giampetrino, 1495–1549; Gaudenzio Ferrari, 1ère moitié du XVIème siècle; le Tintoret, pour le Cycle de l'Église Sainte Catherine de Venise, 1582-1585, actuellement conservé au Palazzo Patriarcale: on pense à *Sainte Catherine dans le Donjon, Sainte Catherine souffrant le supplice de la Roue,* et *Sainte Catherine flagellée*; Mattia Preti, 1613-1699; Simon Vouet, 1590-1649, repris par Claude Mellan, 1625; ou encore dans l'école suisse, 1473)[730], comme son modèle Hypatia[731], et, comme celle-ci encore ou Jésus lui-même

---

*Bailliu (cette pièce, assez rare, se voit au cabinet des estampes, à la Bibliothèque impériale); la sainte est agenouillée devant le Christ assis sur les nuages avec la Vierge, les anges, saint Paul, saint Jean l'Évangéliste, saint Dominique, le roi David, qui joue de la harpe, etc. Quelques artistes, confondant la légende de sainte Catherine de Sienne avec celle de sainte Catherine d'Alexandrie, **ont représenté la première de ces saintes s'unissant mystiquement avec l'Enfant Jésus, au lieu d'épouser le Christ devenu homme**; cette erreur a été commise par Fra Bartolommeo. - D'ordinaire, lorsque les artistes représentent sainte Catherine de Sienne isolément, ils nous la montrent en costume de dominicaine, le front ceint d'une couronne d'épines, les mains décorées des stigmates et tenant un crucifix, le visage amaigri, les yeux noyés dans l'extase. Elle a été figurée à peu près ainsi par Ghirlandaïo (volet d'un triptyque, au musée de Munich); par Annibal Carrache (gravé par Bartsch); par Fra Bartolomineo et le Sodoma (tableaux de l'Institut des beaux-arts, à Sienne); par N. Bazin, d'après Elisabeth Sirani; par Théodore von Merlen (1651); par Luca Bertelii, d'apn s P.V. Vanni; par Jean Boulanger; par T. Lobeck, d'après Baumgartner; par F. Jollain; par Coflaert, d'après N. de Vos; par P. de Bailliu, d'après Diepenbeek; par Sadeler; par Bolswert, etc.*
***Catherine de Sienne (LE MARIAGE DE SAINTE),** tableau de Gherardo le miniaturiste, au Louvre. La madone est assise sur un trône placé dans une vaste niche, dont les rideaux sont relevés **par trois charmants petits anges**; elle tient, de la main gauche, un livre fermé et appuie la main droite sur le front du divin Bambino, debout devant elle. Celui-ci **présente l'anneau des fiançailles mystiques** à sainte Catherine, vêtue du costume des dominicaines, agenouillée à gauche, au pied du trône, et dont on ne voit que le profil perdu. Huit saints assistent à la cérémonie: à gauche, saint Pierre et deux saints martyrs tenant des palmes à la main; à droite, saint Barthélémy, saint Vincent, une jeune et jolie sainte qui n'est désignée par aucun attribut, et, tout à fait au fond, derrière la Vierge, saint Dominique et saint François d'Assise, qui s'embrassent. "On retrouve dans ce tableau, dit M. Paul Mantz, cette symétrie savante et libre, ce balancement des groupes, cette ampleur dans les draperies, cette recherche du type généralisé et aussi, mais dans certaines parties seulement, cette richesse de coloration qui sont les caractères principaux du peintre dominicain. La grandeur sereine des attitudes et le bon goût du dessin montrent à quel point le Frate avait été touché du génie de Raphaël, ou plutôt quelle étroite parenté les unissait dans la recherche de l'idéal; mais, dois-je le dire? La partie faible dans ce tableau, si puissant d'ailleurs, c'est L'émotion. Comparé à une œuvre d'André del Sarto, le Mariage de sainte Catherine paraîtrait froid. Faut-il croire que le cœur était demeuré moins ardent chez le moine enfermé dans son cloître silencieux, et qu'il avait au contraire gardé la poésie et le don des larmes chez le grand artiste qui, mêlé aux agitations du monde, savait, pour les avoir éprouvées, toutes les tristesses de la vie?" M. Viardot, de son côté, comparant le tableau de Fra Bartolommeo à celui que le Corrège a fait sur le même sujet, s'est exprimé ainsi: "Pour rester chrétien, le Frate reste austère; pour sa faire gracieux, Corrège se fait presque païen. Dans l'un, l'action est grave et solennelle; **c'est bien l'union mystique.** Dans l'autre, tout sourit, tout émeut, tout charme; c'est vraiment l'amour." Un ancien catalogue des ouvrages de Fra Bartolommeo, rédigé par le syndic du couvent de San-Marco et qui a été publié par le F. Marchese, nous fournit, au sujet du Mariage de sainte Catherine les indications suivantes: "Item, un tableau de quatre brasses et demie environ de hauteur (la hauteur exacte est de 2m.57 sur 2m.28 de large), où sont représentés la Vierge, sainte Catherine de Sienne et beaucoup d'autres saints. La seigneurie de Florence en fit présent à deux cents grands ducats d'or, bien qu'il valût davantage, ainsi qu'il est constaté sur le livre des débiteurs et des créanciers du couvent, à la page 123, et sur le livre de Fra Bartolommeo." Ce monseigneur d'Otton n'était autre que l'évêque d'Autun, Jacques Hurault, que Louis XII avait envoyé en ambassade à Florence. Avant d'être placé au Louvre, le tableau figura dans la sacristie d'Autun, et la bordure du cadre portait l'inscription suivante, rapportée par les auteurs du Voyage littéraire: "Jacobo Huraldo Heduorum episcopo, Ludovici XII Francorum régis legato fidissimo sanctus populus que Florentinus dono dedit anno MDXII." Ces documents authentiques montrent que Vasari s'est trompé en disant que le tableau, exécuté pour l'église San-Marco, n'y resta exposé que quelques mois avant d'être envoyé au roi de France, Louis XII. Nous ne savons à quelle époque cette belle peinture quitta la cathédrale d'Autun; d'après le catalogue du Louvre, elle aurait fait partie de la collection de François 1er. Elle a été gravée dans l'Histoire de toutes les écoles et, au trait, dans l'ouvrage de Landon.*
***Catherine de Sienne (LE MARIAGE DE SAINTE),** tableau de Gherardo le miniaturiste, artiste du XVe siècle, à la pinacothèque de Bologne: la sainte représentée ici a un costume de religieuse et paraît être sainte Catherine de Sienne; elle est agenouillée à droite et baisse modestement les yeux, en tendant la main à Jésus, qui lui présente la bague. Parmi les personnages qui assistent au mariage mystique, on distingue le roi David et saint Dominique Gusman. Les figures sont généralement belles. Jésus, vêtu d'un manteau rouge et tenant une longue croix, est le personnage le moins réussi. Peinture d'autant plus précieuse, que les œuvres de Gherardo sont fort rares." (Ibid., pp. 586-587)*
[728]Se reporter aux deux notes antérieures.
[729]Hall, p. 107, fig. 49.
[730]http://commons.wikimedia.org/wiki/File:Gaudenzio_Ferrari_-_The_Martyrdom_of_St_Catherine_of_Alexandria_-_WGA7813.jpg, http://commons.wikimedia.org/wiki/File:Mattia_Preti_-_Martyrdom_of_St_Catherine_of_Alexandria.jpg, http://imgc.artprintimages.com/images/art-print/the-martyrdom-of-saint-catherine-swiss-school-1473_i-G-14-1423-177R000Z.jpg, http://www.1st-art-gallery.com/thumbnail/89288/1/The-Martyrdom-Of-Saint-Catherine.jpg, http://www.metmuseum.org/collection/the-collection-online/search/393754, http://www.the-great-masters.com/km/file/press/the_martyrdom_of_saint_catherine.jpg, http://publishing.cdlib.org/ucpressebooks/data/13030/d9/ft1d5nb0d9/figures/ft1d5nb0d9_00048.jpg, http://www.myartprints.co.uk/kunst/jacopo_robusti/saint_catherine_alexandria_wh_hi.jpg, http://www.jacopotintoretto.org/St.-Catherine-endures-the-torture-of-the-wheel.html, http://www.repro-tableaux.com/kunst/noartist/t/tintorettost_catherine_in_the.jpg
[731]Par Giampietrino (1495-1540), https://conchigliadivenere.wordpress.com/category/giampietrino/; Giovanni Bilivert, *Saint Catherine d'Alexandria avec deux anges* (Galerie Canesso, Paris, 2002, https://artsy.net/artwork/giovanni-bilivert-saint-catherine-of-alexandria-with-two-angels); Scènes de la Vie de Sainte Catherine d'Alexandrie (ca. 1430-1450), http://andrewhopkinsart.blogspot.com/2012/04/walters-art-museum-gothic-byzantine.html; ce qui n'est pas illogique, si l'on considère que l'histoire de Sainte Catherine serait la christianisation de celle d'Hypatia (Christine Walsh, *The Cult of St Katherine of Alexandria in Early Medieval Europe*, Burlington, Ashgate Publishing,, 2007, p. 10; Margaret Parker, *The Story of a Story Across Cultures: The Case of the Doncella Teodor*, Londres, Tamesis, 1996, p. 106, thèse soutenue dès 1926 par Vasilios Myrslides, http://www.johnsanidopoulos.com/2012/11/was-saint-katherine-really-hypatia-of.html), telle que la décrira Charles Kingsley, *Hypatia: or, new foes with an old face*, Boston, Crosby, Nichols and Company, 1857, p. 455: *"She shook herself free from her tormentors, and springing back, rose for one moment to her full height, naked, snow-white against the dusky mass around—shame and indignation in those wide clear eyes, but not a stain of fear. With one hand she clasped her golden locks around her; the other long white arm was stretched upward toward*

(son divin époux), elle s'affronte aux docteurs et à l'Hérésie. C'est ainsi d'ailleurs que comprennent sa figure les Espagnols, qui, concrètement l'opposent aux Docteurs, et au Diable lui-même, principe très intéressant pour notre démonstration, puisqu'il en confirme le sens général, en expliquant la possible présence de la Sainte dans l'oeuvre de Dürer:

"*Catherine Docteur (SAINTE), pièce de théâtre espagnole. Les Espagnols, dit La Place dans ses Pièces intéressantes, croient fermement que sainte Catherine a professé la théologie dans l'université d'Alcala, et ils ont fait à ce propos une pièce intitulée: Sainte Catherine Docteur. Le premier acte est rempli par les funérailles d'un professeur d'Alcala; on y voit, entre autres curiosités, un ballet pantomime entre les Vertus et les Vices. Le second acte commence par une scène entre sainte Catherine et le Sauveur du monde. Jésus-Christ paraît dans le cintre avec tous les instruments de sa passion. «**Catherine, lui dit-il, je vous ai choisie pour être un vivant témoignage de ma grandeur; c'est dans la faiblesse même de votre sexe que je veux faire éclater ma puissance.**»* Aussitôt, il lui place sur la tête un bonnet qui lui donne la science infuse de la théologie; il la met au fait de toutes les subtilités scolastiques, lui apprend à disputer catégoriquement et lui donne l'assurance qu'elle peut terrasser le docteur le plus subtil et le philosophe le plus opiniâtre, puis il disparaît. Catherine, remplie de courage par ces paroles du divin Maître, va demander la chaire de théologie de la ville. Au dernier acte de la pièce, Catherine est au milieu de son école et dispute vivement avec tous les docteurs, le bonnet a opéré son effet, et il n'est pas un seul argumentateur qui puisse résister à Catherine. Mais un adversaire redoutable s'avance: c'est un vieux docteur, dont le visage pâle et le dos voûté ramènent l'espérance dans le cœur des vaincus. Tous les regards se portent sur le nouvel arrivant, qui n'est autre que le diable, venu exprès pour contrecarrer les desseins de Dieu. Il approche à pas lents, avec d'immenses lunettes sur le nez, témoignage irrécusable de sa grande capacité; il balaye la salle avec une longue robe noire, qui ne peut pourtant dissimuler entièrement la queue énorme qu'il traîne après lui. Tout le monde le reconnaît à ce signe, et l'assemblée attend avec autant d'impatience que de crainte l'issue d'un combat redoutable pour sainte Catherine. Le Malin s'avance; on lui présente la thèse, qui roule sur l'immortalité de l'âme. Il sonde d'abord le terrain par des arguments captieux, et finit par nier formellement que l'âme soit immortelle. Catherine le laisse longtemps dérouler ses preuves, puis elle le terrasse par le raisonnement suivant: "Orphée est descendu aux enfers: ergo, l'âme est immortelle." Le diable est confondu, il s'en va au milieu des huées, tandis que Catherine triomphe et est nommée professeur de théologie a l'université. La pièce se termine par un ballet général des citoyens et des citoyennes d'Alcala.*"[732]

Notre pièce est bien une représentation de la psychomachie entre les Vices et les Vertus, comme s'en souvient Mademoiselle Claude Alexandre De Bonneval dans ses *Mémoires* (1738):

"*Extrait d'une Pièce Espagnole.
Les Espagnols croyent fermement que Sainte Catherine a professé la Théologie dans leur Université d'Alcala; & douter d'un fait aussi authentique, c'est s'exposer à se brouiller avec le Saint Office; Tribunal trop éclairé, pour ne pas donner le tort à quiconque auroit la temerité de vouloir en courir les risques. L'on est trop crédule en ce pays-là, pour appeller à la raison des opinions les plus extravagantes, & tout jusqu'à la Legende, y passe pour article de foi. Les Espagnols ont bâti sur le compte de Sainte Catherine une Tragédie charmante (Je parle pour nous, car elle est très édifiante pour eux;) on y voit un mélange de sornettes naïves,& de sentimens Catholiques & Payens, qui font une bigarrure tout-à-fait réjouissante. Le titre, c'est "Sainte Catherine Docteur, Le premier Acte est rempli par les funerailles du défunt Professeur de Théologie. Le pedantesque Corps de l'Université d'Alcala vient donner des témoignages publics de fa douleur; on prononce gravement l'Oraison funebre du défunt; on dit force sottises à ià louange; vient ensuite une cavalcade d'Ecoliers telle qu'on la voit décrite dans les nouvelles Avantures de Dom Quichotte. Ces Ecoliers forment un ballet pantomime, où l'on voit figurer les vertus & les vices. personnifiez. Le Lecteur va rire; mais <me di roit-il , s'il voyoit danser sur les Théâtres d'Espagnes, les douze Pairs de France & le grand Saint Charlemagne, les Cardinaux du Sacré College, & sa sainteté quelquefois. Mais honni soit qui mal y pense. Les Espagnols sont édifiez de ces sortes de farces que l'on donne toujours aux bonnes Fêtes, & d'ailleurs ils sont trop bons Catholiqnes, pour scandaliser d'y voir jouer les Ministres de la Religion, & qu'étoit-ce vû nôtre Théâtre, il n' y a pas deux siècles?
De Pèlerins, dit-on, une Troupe grossiere,
En public a Paris y monta la première,
Et fotement zelée en sa simplicité,
Joua les Saints, la Vierge, & Dieu par piété.
Ainsi trêve de ris; un sujet aussi grave mérite bien qu'on le lise avec gravité. Le second Acte commence par une Scène entre Sainte Catherine & le Sauveur du monde. Jesus-Christ paroît dans le cintre avec toutes les marques de sa Passion, Catherine, dit-il, en adressant la parole à la Sainte; Catherine, ma fille, me reconnoissez-vous? Ah! Seigneur, répond-elle, quand mes yeux pourroient ne vous pas reconnoître, mon cœur ne vous méconnoîtroit pas. Oui mon Sauveur, je vous ai choisie pour être un témoignage autentique de ma grandeur; c'est dans la foiblesse de vôtre Sexe, que je veux faire éclater ma puissance. Aussi-tôt par la vertu d'un bonnet Divin qu'il lui met sur la tête, il lui infuse la connoissance de la Théologie; il la met au fait de toutes les petites subtilitez scolastiques; lui donne l'art de disputer categoriquement, avec assurance qu'elle va terrasser le Docteur la plus opiniâtre, & le Philosophe le plus subtil. Jesus-Christ disparoit, Catherine pleine du courage que la Présence & les discours du Sauveur viennent de verser dans son cœur, & brûlant d'envie de se voir aux prises avec tous les Docteurs de l'Université, va demander la Chaire au Gouverneur. Voilà sans doute des Scenes qui jettent un intérêt merveilleux dans le cœur de l'assistance admirative. Mais comme ce détail pourroit ne pas produire le même effet dans l'esprit d'un Lecteur Français, je passe avec chagrin deux Actes qui répondent parfaitement à ce que l'on a déja vû, pour me trouver plûtôt au dernier. Le Lieu de la Scene représente une Ecole; on voit dans le*

---

the great still Christ appealing—and who dare say in vain?—from man to God", et que la représenteront Charles William Mitchell en 1885 en peinture ou Francis John Williamson (1833-1920) en sculpture, http://www.victorianweb.org/sculpture/williamson/8.html.
[732]Larousse, pp. 585-586. Les gras son nôtres.

milieu une Chaire de Professeur, où Catherine dispute vivement envers & contre tous. Le bonnet opere; autour d'elle est une bande de Docteurs, dont l'orgueil démontée, fait place avec regret à une admiration jalouse: mais Catherine n'est pas encore au bout. On voit venir un vieux Docteur, dont le visage pâle & le dos voûté, ramènent l'esperance dans le cœur des Docteurs vaincus, & projettent bien du fil à retordre à la sçavante fille. Tous les yeux se fixent sur ce nouveau champion, mais on ne le connoît pas. Quel est il? c'est le Diable? oui le Diable lui-même qui enrage de vouloir contrequarrer en tout les ouvrages du Seigneur, Mais laissons-le venir; il s'en ira bientôt avec sa courte honte. Le malin s'approche en équipage Doctoral; d'immenses lunettes sur le nez, témoignage autentique de sa profonde capacité; il balaye la Salle d'une robe à longs plis, trop courte cependant pour dérober à la vue une queue énorme qu'il affecte de vouloir cacher. On reconnoît le Pelerin, & l'on attend avec impatience l'évenement d'un combat; dont on n' ose se promettre que Catherine sortira à son honneur. Le sournois s'avance, on lui présente une Thèse; la question est sur l'immortalité de l'ame: il fonde d'abord le terrein par des argumens captieux, puis nie formellement que l'ame soit immortelle. Catherine le terrasse bientôt, & voici son argument. Orphée est descendu aux Enfers, donc l'ame est immortelle. Voilà le Diable à quia? Que peut-il répondre à un raisonnement aussi pertinent? Il s'élève aussitôt de grandes huées de toutes parts; on crie, Il est confondu, il est confondu. Le pauvre Diable honni, vilipendé, berné, a bien de la peine à se sauver des mains d'une populace curieuse, qui le poursuit jusqu'à extinction de forces. On procede aussitôt à l'installation de la triomphante Catherine dans la glorieuse fonction de Professeur en Théologie."[733]

La différence avec la gravure de Dürer, mais par réaffirmation du sens que prête clairement l'iconographie à la *disputatio* de Sainte Catherine, c'est qu'ici les Docteurs sont, non seulement vaincus et confondus par le pouvoir venu du Christ, mais encore que le dernier Docteur est en même temps le Diable lui-même. Alors que dans la gravure de Dürer, le Docteur, en tant qu'idolâtre, n'est qu'induit par le démon à cette passivité propre de ceux-ci, puisqu'ils s'éloignent de Dieu, conformément à ce que nous représente, également, l'iconographie des livres d'emblèmes.

On notera alors deux correspondances iconographiques, entre la gravure de Dürer et la *Sainte Catherine avec deux anges* de Giovanni Bilivert (Florence 1585-1644): dans les deux oeuvres - et sans prétendre une relation volontaire ou thématique en soi entre les deux oeuvres (mais en cherchant à vérifier la connexion de la figure féminine de la gravure de Dürer dans l'iconographie générale de Sainte Catherine) -, la figure féminine ne cache que sa partie la plus intime, et les anges de Biliver, à l'instar du Cupidon de Dürer, complétement désintéressés du spectateur (auquel le Cupidon de Dürer tourne simplement le dos), sont occupés à des niaiseries avec la Sainte (similaires à celles des enfants de *La Vierge aux rochers* de 1483-1486 de Léonard, qui sans doute l'inspire).

Similairement à notre figure féminine chez Dürer, qui indique au-dessus de la pomme, *Sainte Catherine d'Alexandrie en discussion avec les Docteurs*[734] de Bicci di Lorenzo (1375-1452) indique le Ciel dans un geste propre des Saints et du Christ, évocation ici de son discours sur Dieu comme le sont de l'égalité des forces entre les savants juifs et l'enfant Jésus les doigts entrelacés de ceux-ci dans *Jésus parmi les Docteurs* (1494-1497) chez Dürer.

On peut donc doublement assumer, comme le fait Panofsky pour *L'Amour sacré et l'amour profane* (1514) du Titien, que la nudité de la figure chez Dürer ne fait plus tant référence à l'acte sexuel du péché (suggéré au Docteur comme tout bon saint tenté de l'iconographie basse-médiévale), mais à la pureté non entachée de ce même péché et donc à la virginité, nombre de fois notée, de Sainte Catherine, pour cela iconographiquement souvent associée à la Vierge autant qu'au Christ, accompagné de sa mère en son mariage divin avec la Sainte illuminée.

La présence de la Sainte dans l'oeuvre de Dürer, si notre lecture en est correcte, exprime une valeur identique à celle du contemporain *Ars moriendi* (1415 et 1540), où les Saints viennent aider le chrétien face aux démons. De fait, il est ainsi intéressant de noter que la roue de Sainte Catherine est un objet qui sert de "*watermak*" aux copies Mariette de l'édition allemande de l'*Ars* ainsi que de l'*Apocalypse*[735], ce qui renforce encore, par conséquent, le sens iconographique de l'intervention de la Sainte dans une représentation théologisée.

---

[733] *Memoires De Mademoiselle De Bonneval*, Paris, Chez Ganneau, 1738,pp. 132-137; passage qui sera intégralement reproduit dans *L'esprit des journaux français et étrangers*, de Mai 1786, Société de gens de lettres, Paris, Chez la veuve Valade, T. V, Quinzième année, pp. 33-36.

[734] http://www.reprodart.com/a/di-lorenzo-bicci/stcatherineofalexandriain.html
[735] Samuel Leigh Sotheby, *Principia Typographica: Paper-marks*, Londres, Imprimerie Walter McDowald pour S.L. Sotheby, T. III, p. 81.

Dans le même sens, est notable l'association de Sainte Catherine, dans ses représentations, non seulement avec Sainte Barbe, "*Lys-tres-pur parmi les espines du Paganisme,/... Protectrice des Agonizans,/ Efperance des abandonnez,/ Arc-en-ciel, signe d'un Dieu reconcilié,...*"[736], mais, plus spécifiquement encore, comme dans le tableau d'Alessandro Tiarini de la pinacothèque de Bologne ou celui d'Andréa del Sarto au musée de Dresde[737], avec Sainte Marguerite terrassant le dragon tentateur, qui, selon *La Vie* de la Sainte[738], la harcèle dans sa cellule, alors que, comme Sainte Catherine, ce que raconte *La Légende dorée*[739], dans laquelle n'apparaît pas le monstre, elle s'affronte au paganisme de ses juges.

Confirmant notre interprétation, Giorgione reprend, pour sa *Judith* (1504)[740], le modèle de la figure féminine de la gravure de Dürer:

"*Selon Jaynie Anderson, pour le modèle de sa Judith, Giorgione se réfère au répertoire de la statuaire lombarde ou même hellénistique avec la Vénus le pied posé sur une tortue, dite Aphrodite Ourania, de Phidias.*
Toutefois, de toute évidence, c'est à Albrecht Dürer et à sa Vénus tentatrice, dans la gravure Le Songe du docteur, que Giorgione emprunte le corps de l'héroïne.
Cette jambe découverte, massive et nue, met en évidence la séduction déployée par Judith à l'égard d'Holopherne afin de rendre possible son meurtre."[741]

Il serait imprudent de considérer cependant cette jambe dénudée comme un symbole de luxure; il suffira, pour s'en convaincre, de reposer l'opposition que décrit Panofsky, comme cas d'école, dans son introduction aux *Essais d'iconologie*, entre l'iconographie de Judith, seule capable de recevoir l'épée, car sainte par excellence, puisqu'elle sauve le peuple juif, et celle de Salomé, qui n'aurait jamais pu se la voir attribuée, pour être le paradigme de la pécheresse, ayant provoqué la mort du plus grand saint, préfigurateur du Christ.

Ainsi, par rebond, pour nous, à choisir, si l'on s'en tient à l'opinion donc de Jan Bialostocki, Giorgione comme modèle féminin de sa Judith la figure de la gravure de Dürer, il en découlera, automatiquement, que celle-ci ne peut pas, pour l'époque, représenter une figure pécheresse. Cela serait idéologiquement illogique avec l'ensemble des procédés formels de la période (nous nous reportons en cela à la magistrale interprétation panofskienne du cas que nous venons de citer).

II.3. La bague: symbole d'union divine ou d'offrande démoniaque?

Pour sa part, le symbole de la bague comme lien divin, plus que comme offrande démoniaque, est bien attesté dans l'histoire du clergé, comme on le voit dans les débats sur l'hérésie des diverses factions qui s'y combattirent toujours:

"*Entre lesquels on range mefme le bon fainct Bernard, qui a vescu du temps que l'on faisoir la guerre à ces pauures Albigeois; car bien que comme moine & Abbé de Clervaux, il fust emporté auec les autres à tenir ces pauures gens pour hereriques, puis qu'il recognoissoit le Pape pour chef de l'Eglise, si est-ce que parmi ces espaiffes ténèbres, il ne laissa pas d'enseigner en beaucoup de points la vérité de l'Euangile: si bien qu'il seruit à fon siècle comme d'vne lampe, pour efclairer plusieurs qui aspiroyent à la pasture de la doctrine celeste. Car il ne flatta gueres le*

---

[736] Selon ses épiclèses, voir l'*Abrégé de la vie et miracles de Sainte Barbe, vierge et martyre: pour être préservé de la mort subite et imprévue*, Douai, Chez Jacques-François Willervai, 1725, p. 20.
[737] Cités par Larousse, voir notes ci-dessus.
[738] "*Sa priere ne fut pas acheuée, qu'un horrible dragon se presenta à Marguerite, qui vòuloit l'engloutir tout d'un coup, mais en s'estant armée du signe de la Croix elle en fut délivrée & ce dragon creva devant ses yeux.*
Elle aperceut en suite en un des coins de ce cachot un autre monstre qui portoit la figure d'un homme fort affreux. Marguerite pleine de courage se doutant bien que c'estoit le Demon, le prit par les cheveux, le jetta contre terre, luy mit le pied fur la teste, & l'obligea de dire qui il étoit.
Ce monstre confessa qu'il estoit l'un de ces esprits malheureux quiavoiët esté foudroies dans le fonds des Enfers; que c'estoit luy qui faisoit tourmenter tous les pauures Chrestiens, &: qu'il necesseroit jamais par l'envie qu'il avoit du bonheur des hommes, de les tenter & les porter au mal, afin de les damner. A ces paroles la sainte Vierge Marguerite le frappa, & en levant le pied ce monstre disparut.
A ce moment cet horrible cachot fut remply d'une lumiere celeste, qui luy sit voir une croix miraculeuse où l'on voyoit une colombe plus blanche que la neige, Symbole du S. Esprit qui consoloit la sainte Vierge, & qui l'encourageoit au martyre." (, La vie de sainte Marguerite vierge et martyre, et des reflexions morales sur sa vie, Paris, Chez Pierre de Bresche, 1672, pp. 12-14)
[739] Jacques de Voragine, *La Légende dorée*, Paris, Perrin et Cie, 1910, pp. 334-337.
[740] http://commons.wikimedia.org/wiki/File:Giorgione_-_Judith.jpg?uselang=fr
[741] Selon Jan Bialostocki, "La gamba sinistra della Giuditta: Il quadro di Giorgione nella storia del tema", *Giorgione e l'umanesimo veneziano*, Florence, Leo S. Olschki, 1981, cité dans http://fr.wikipedia.org/wiki/Judith_(Giorgione)

Pape &: son clergé,disant, qu'en lieu des Prélats ils eftoyent Pilates, &en lieu de minifires de Chrift,ils feruoyent a l'Antechrift; Et mesmes il efcriuit de la predestination, & de la grace de Iesus Christ, contre les mérites des oeuures & du franc arbitre, non autrement que s'il eust puisé sa doctrine de la source de Luther ou de Caluin: Qui plus est, enfcriuant du sacrement de l'Eucharistie, il ofa dire, que c'est vn signe qui en soimesme n'est rien, mais représente le corps de Christ, tout ainsi qu'vne bague qui se donne, non pas au regard de la valeur de la bague en soimesine, ains seulement pour gage & tefmoignage de quelque inuestiture, ou autre chose que l'on veut signifier. On y range pareillement Iean de Sarisburi, Anglois, qui vescut enuiron l'an 1157 & efcriuit vn liure nommé Obiurgatorium Clericorum, & vn aurre nommé Polycraticus, efquels il estrille tout le clergé, les appellant Scribes, Pharisiens, faux Docteurs, & disent que le Pape est du tout intolerable. Il est précédé d'Arnould Euefque de Bresse, qui enuiron l'an 1127 auoit galé les prestres & leurs couronnes, disant que le glaiue du Magistrat ne leur appartenoit en façon quelconques bien que le Pape Adrian le chassa de Rome, comme hérétique. Et Pierre de Blois, qui de ce mefme temps descouurit aussi le pot aux roses, escriuant, que Rome estoit la vraye Babylon, de laquelle S. Iean auoit prophetizé, que les officiers de la cour Papale n'estoyent que harpies infernales, les prestres veaux de Bethel, prestres de Baal, &: idoles d'Egypte. Ils y adioustent aussi vn Nicolas Gaulois de Narbonne, qui fut quelque temps moine de l'ordre des Carmelites: pource qu'en fin ayant descouuert les abominations de ces cloistres, il publia à tout le monde leurs feinctetez, escriuant au liure qu'il appelle la Sagette de feu, qu'ils estoyent enfans rcprouuez, citoyens de Sodome, contempteurs du Tcstament, seducteurs:& la queue du dragon mentionné en l'Apocalypse."[742]

Ce qui retombe dans le cadre laïque, auquel le symbolisme associé de la bague et de l'amour se répand:

"*... j'applaudis et je reconnais là la vraie doctrine de Platon transfigurée par le christianisme; et je me souviens de S. Louis disant à propos de sa bague où étaient gravés ces trois mots: Dieu, France et Marguerite: Hors cet annel n'ay point d'amour; et je songe a Ste Elisabeth, trouvant un aliment à ses vertus de sainte dans son ardente tendresse d'épouse pour le bon duc Louis de Thuringe; et je relis le Récit d'une sœur.*"[743]

II.4. Sainte Catherine, parèdre du Christ

Le thème de la *Dispute de Sainte Catherine* (qu'il faut sans doute comprendre comme le pendant de Jésus au Temple, en référence au mariage mystique de la Sainte et donc de son équivalence féminine dans le ministère de son divin époux) est répandu, et son iconographie peut nous donner un élément de vérification de notre proposition.

Dans sa version de 1775, Johann Lucas Kracker[744], deux personnages de premier plan débatent entre eux, l'un étant par terre, et désintéressé, l'autre lui montrant la scène au centre de laquelle Saint Catherine au centre de la lumière, indiquant le ciel, et le visage levé vers les anges, dans son office d'évangélisation.

---

[742] Jean Crespin, *Histoire des martyrs persécutez et mis à mort pour la vérité de l'Evanghelie depuis le temps des Apotres jusqu'à présent*, Genève, Pierre Aubert, 1619, p. 24.
[743] M.A. Mézière, "*Pétrarque*", "*Revue Littéraire*" dans *Le Contemporain - Revue d'économie chrétienne*, Nlle Série - Neuvième Année, T. XIV, Paris, Adrien Leclere et Cie, 1868, p. 361. Voir aussi, à mi-chemin entre les deux options, religieuse et laïque, de la question: "*Arnold, appelle par aucuns Reinolde, tenoit toujours bon pour les puritains, disant perpetuellement que cest ordre papistique faisoit déchoir de la grâce, et sur cela on tomba au propos de la prédestination; mais l'evesque de Londres résista, et demonstra que la vraye doctrine de prédestination estoit ascendendo, et non pas descendendo, qu'il exposa en cette manière: «Je vis en l'obeyssance de Dieu, en amour avec mon prochain, je suis ma vocation, partant je crois que Dieu m'a esleu.»* Mais non pas au contraire: *«Dieu m'a prédestiné; partant, quoy que je pèche, je serai sauvé.»* Le Roy approuva le dire de l'evesque.
Arnold se debatit fort et ferme là dessus, alléguant qu'il n'entendoit pas approuver l'authorité du Pape; à quoy le Roy respondit: Cela n'est à propos, et vous me faites voir que le dire de Bather de Cambrige est véritable, à scavoir «qu'vn puritain est vn protestant sans cervelle.»
Il fut aussi question de certaines assertions de Cambrige, que le Roy rejetta comme inutiles en ce faict.
La plainte du catéchisme fut faicte, à ce qu'il fust tout général et uniforme, ce que le Roy leur accorda.
Pour la profanation du sabbath, fut aussi ordonné qu'on feroit les remonstrances nécessaires.
Pour la Bible et versions d'icelle, le Roy déclara que la pire version estoit celle de Genève, et ordonna qu'il en fust faict une bien correcte au jugement de tous, et condamna apertement les notes marginales et qu'elles estoient fort partiales, faulses, séditieuses et ressentant par trop les desseins d'une ame dangereuse et très perverse, comme [disoit-il], par exemple, Exod. 1, 19, la note marginale approuve la désobéissance aux roys; et 2, Cor. 15, 16, la note taxe seulement Asa d'avoir déposé sa mère.
Il fut encore parlé de garder l'ordre des magistrats et n'aller pas incontinent faire leurs plaintes au Roy.
Il fut encore dire du bonnet carré: les puritains dirent qu'ils n'en vouloient point user. Le Roy approuva le dire de l'evesque.
Les chanceliers laïcs qu'ils ont en Angleterre furent interdicts des censures ecclésiastiques; surquoy le Roy déclara que le desordre d'Escosse, selon leur puritain estat, n'avoit non plus de rapport avec la monarchie que le diable avec Dieu. Il fit récit des fraudes que John Knox avoit faictes à la Royne régente sa grand'mere, et déplora en cest article de sa propre mère, disant: «Geste pauvre dame ma mère, chacun le sait, et m'en ressouvient avec ennuy.» C'est le sommaire de la seconde journée.
La troisiesme journée il fut fort debatu de la forme des censures; surquoy le Roy ordonna que ce fust sans aucun scandale et non comme les ministres d'Escosse, lesquels il condamnoit. Surquoy l'archevesque de Cantorbery dit tout haut que le Roy parloit par inspiration divine, et l'evesque de Londres, se mettant de genoux, en rendit grâces à Dieu.
Il se trouva finalement que les puritains, se trouvants perplex, dirent qu'au mariage c'estoit mal faict de dire:de mon corps je t'honore, en baillant une bague ou anneau; le Roy approuva cela, disant que saint Pierre déclare qu'il faut honorer celle qui a la puissance sur le corps de l'homme." (Joseph Fr. Michaud et Jean-Joseph-François Poujoulat, *Nouvelle Collection Des Mémoires Pour Servir À L'histoire de France: Depuis Le XIIIe Siècle Jusqu'à La Fin Du XVIIIe; Précédés de Notices Pour Caractériser Chaque Auteur Des Mémoires Et Son Époque; Suivi De L'analyse Des Documents Historiques Qui S'y Rapportent*, Lyon & Paris, Guyot Frères, 1853, "Première Partie du Tome Douxième. Chronologie Novenaire, contenant L'Histoire de la Guerre sous le Règne du Très-Chrétien Roy de France et de Navarre Henry IV" par Pierre-Victor Cayet, p. 304)
[744] https://www.artrenewal.org/pages/artwork.php?artworkid=24464&size=large

Une gravure[745] de la *disputatio* de Leipzig[746] reproduit ce schéma, lequel est commun des représentations de celle de Sainte Catherine, et de celle de *La Dispute du Saint-Sacrement* de Raphaël[747] et, en particulier, dans l'Étude par le peintre pour *La Dispute du Saint-Sacrement* (1508-1511)[748]. OEuvre intéressante dans notre *corpus*, car, faisant face à l'*École d'Athènes*, ses deux registres montrent le lien étroit entre l'apologie de la Vraie Église (le Triomphe de la Vérité Eucharistique comme on en a vu les représentations) et celle de la dispute théologique qui permet de la fonder.

> "C'est le peintre Vasari qui donne à cette œuvre son nom, un peu improprement puisque s'il peut être question d'une dispute théologique, c'est-à-dire une intense discussion, dans le registre inférieur, en revanche le registre supérieur fonctionne plus comme une glorification de l'Église céleste triomphante. Le titre de l'œuvre aurait donc tout aussi bien pu être Le Triomphe de l'Église."[749]

Les participants, dans les illustrations de ces disputes, perdus dans leurs fausses croyances, se répandent au sol (presque vaincus par la Vrai Foi) et ouvrent tout grands leurs livres pour voir s'ils y trouvent une réponse à la vérité révélée qui les perturbe.

On notera que, comme souvent[750] Saint Catherine (comme dans les *Heures du Maréchal de Boucicaut* 1410-1415[751]; ou chez Masaccio à la Basilique Saint Clément à Rome, 1425-1431[752]; Masolino Da Panicale, 1428-1431, également à Saint Clément[753]; Pinturicchio, 1492-1494, pour l'Appartement Borgia[754]; Raphaël, 1507[755]; le Caravage, 1595-1596[756]), la Vraie Doctrine (Francesco della Rovere duc d'Urbino, qui sera le Pape Sixte IV[757] [neveu de Jules II[758], assassin du Cardinal Francesco Alidosi, après sa rencontre probable avec Érasme à Bologne, en 1507[759]; *"The young man in blue - actually a picture of Francesco Maria della Rovere, a relative of the pope - represents the spirit of of the new, invigorated Catholic Church which Julius II hoped to create. In the distance, we actually see a new church structure rising — a probable reference to the construction of St. Peter's."*[760]; de fait, Sixte IV *"embellit significativement Rome"*[761]], lequel réapparaît en blanc dans le groupe d'Averroès dans *L'École d'Athènes*[762]), face aux docteurs, dans la partie basse de l'oeuvre de la Salle de la Signature de Raphaël, est vêtue de bleue[763], couleur, on l'a vu de la Théorie.

Toujours Saint Catherine montre le Ciel du doigt.

Le personnage de premier plan chez Kracker devient dans d'autres représentations, soit un personnage de second plan à droite comme un Roi Mage devant le Christ s'agenouillant en signe de reddition et d'offrande de soi[764], soit chez le Tintoret[765] (Palazzo Patriarcale de Venise, 1585, une des six oeuvres originellement réalisées pour l'Église Sainte Catherine[766]) un personnage renversé sur ses livres au premier plan à droite, répété au second plan.

---

[745]http://upload.wikimedia.org/wikipedia/commons/4/4f/Leipziger_Disputation.jpg
[746]http://fr.wikipedia.org/wiki/Disputatio_de_Leipzig
[747]http://upload.wikimedia.org/wikipedia/commons/6/61/Disputa_del_Sacramento_%28Rafael%29.jpg
[748]http://www.artliste.com/raphael/etude-dispute-saint-sacrement-477.html et http://jocondelab.iri-research.org/jocondelab/notice/122256/
[749]http://fr.wikipedia.org/wiki/La_Dispute_du_Saint-Sacrement
[750]Voir https://www.pinterest.com/ataraxia2501/st-catherine-of-alexandria/
[751]http://upload.wikimedia.org/wikipedia/commons/thumb/2/2a/Meister_des_Mar%C3%A9chal_de_Boucicaut_002.jpg/250px-Meister_des_Mar%C3%A9chal_de_Boucicaut_002.jpg
[752]http://www.wga.hu/art/m/masolino/clemente/05clemen.jpg
[753]http://www.gettyimages.com/detail/photo/dispute-of-st-catherine-1428-1431-detail-high-res-stock-photography/159618175 et http://imgc.allpostersimages.com/images/P-473-488-90/74/7409/2TNP100Z/posters/tommaso-da-panicale-the-dispute-of-saint-catherine.jpg
[754]http://upload.wikimedia.org/wikipedia/commons/e/e9/Borgia_Apartment_002.jpg
[755]http://www.nationalgallery.org.uk/paintings/raphael-saint-catherine-of-alexandria
[756]http://commons.wikimedia.org/wiki/File:Michelangelo_Caravaggio_060.jpg
[757]http://fr.wikipedia.org/wiki/La_Dispute_du_Saint-Sacrement#Le_registre_terrestre
[758]*Le magasin pittoresque*, 1839, p. 177.
[759]*Erasmus: Letters 142-297 (1501-1514)*, University of Toronto Press, 1974, note 109 p. 297.
[760]Bard Thompson, Humanists and Reformers: A History of the Renaissance and Reformation, Cambridge, Wm. B. Eerdmans Publishing,1996, p. 270.
[761]http://fr.wikipedia.org/wiki/La_Dispute_du_Saint-Sacrement
[762]*Platon a les traits de Léonard, Heraclite ceux de Michel-Ange, Euclide ceux de Bramante, l'enfant derrière Epicure est Federico Gonzagua, le jeune homme vêtu de blanc est Francesco della Rovere, Zoaoatre est peut-être Pietro Bombo. Raphaël lui-même s'est représenté à côté de Sodoma dans le jeune homme au béret noir à l'extrême droite.*" (http://www.cineclubdecaen.com/peinture/peintres/raphael/ecoledathenes.htm)
[763]http://www.raphaelsanzio.org/Disputation-of-the-Holy-Sacrament-(La-Disputa)-[detail--10a].html
[764]OEuvre sans référence sur le site http://www.enricodavenezia.it/Mazzorbo/paginemazzorbo/SantaCaterinaBIS.htm
[765]http://www.patriarcatovenezia.it/s2ewdiocesivenezia/allegati/1128/S.%20Caterina%20la%20disputa%20con%20i%20dottori-MEDIA.pdf
[766]http://it.wikipedia.org/wiki/Storie_di_santa_Caterina

On notera que ces personnages en poses de renversement se reproduisent, chez le Tintoret dans ses *Cènes* pour la Chiesa di San Polo[767] et pour la Chiesa di San Trovaso[768].

Ils ne laissent pas non plus, dans l'ensemble des oeuvres citées, ou encore chez Pordenone à Plaisance[769] (chez qui la robe de Sainte Catherine est verte, comme chez Francesco Granacci, 1530[770], ou pour celle de la figure du droit chemin du Tarot dans l'Arcane VI), de rappeler le renversement de *La conversion de Saint Paul* ou, du Tintoret *L'enlèvement du corps de saint Marc* (1562)[771]. Ce qui renvoie aussi bien au renversement de l'Hérésie des oeuvres antérieurement présentées qu'au sommet de la gravure de Dürer, notamment par rapport au symbolisme de celui-ci dans les livres d'emblèmes.

De fait, la *Dispute de Sainte Catherine* par Lodovico Cardi Cigoli (1559-1613)[772] montre bien, au premier plan, l'agenouillement des docteurs devant la Sainte.

Chez Prospero Fontana (1551)[773], le personnage allongé, en pose lascive du premier plan, la main reposant sur le ventre, c'est un type et une position identiques à ceux du pestiféré ou lépreux de la *Tentation de Saint Antoine* du retable d'Isenheim par Grünewald (1512-1516)[774], pestiféré/lépreux qui, tenant, non pas comme les Docteurs de Sainte Catherine, leurs livres inutiles ouverts, mais le Livre dans un sac, représente l'ignorante Fausse Doctrine, ce que sa maladie révèle, en tant que châtiment divin. Gros reprendra le motif dans les *Pestiférés de Jaffa* (1804)[775], cette fois pour évoquer le caractère divin, de curateur, de Napoléon, non pour réfléchir sur le péché.

À présent, on notera que, de même que le programme iconographique du retable d'Isenheim est relativement clair (*l'Annonciation - la Résurrection - l'Incarnation du Fils de Dieu - La visite de saint Antoine à saint Paul l'ermite - la Tentation de saint Antoine - la mise au tombeau - saint Sébastien et saint Antoine*)[776], en particulier dans le sens de parèdre christique du Saint, il en va de même dans le programme des Appartements Borgia au Vatican, peinte par le Pinturicchio (1492-1494), qui représentent: *la Résurrection, l'Arithmétique, la Musique, Susanne et les Vieillards* (dont on a déjà vu dans notre *corpus* qu'en sens moral, son iconographie peut se confondre avec ou déterminer celle d'Églé), *La dispute de Sainte Catherine*[777]. Ici aussi, le programme, par sa condensation, propose une conception typologique, entre la Foi (le Christ, Catherine, Susanne) et l'Impiété (la Crucifixion, les Savants, les Vieillards). Entre le voir (Susanne) et la cécité morale (les Docteurs de Sainte Catherine), le peuple qui participe (en le regardant, mais en ayant son coeur fermé à la vérité de la doctrine) au sacrifice du Christ et en rit, chez Bosch, ou plus tard chez James Ensor, étant coupable.

On l'a dit, le mythe de Sainte Catherine reprend celui du Christ, mais en le condensant; comme lui, elle s'affronte aux démons (dans *Sainte Catherine Docteur*, mais aussi par la confusion avec Sainte Catherine de Sienne) et aux savants; comme lui elle s'oppose aux savants et à un interrogatoire, mais les deux épisodes, qui divisent pour Jésus le début et la fin de son ministère humain (au Temple et devant Pilate), n'est qu'un seul moment dans la vie de la Sainte:

"*Catherine serait née vers 290 dans une famille noble d'Alexandrie, en Égypte. Elle acquiert rapidement des connaissances qui la placent au niveau des plus grands poètes et philosophes du moment: «Catherine, fille du roi Costus, fut instruite dans tous les arts libéraux» Un jour, elle voit une séance d'apostasie de chrétiens organisée par l'empereur Maxence; elle s'adresse à lui et «dispute longuement avec lui, en utilisant diverses démonstrations des syllogismes, l'allégorie, la métonymie et en parlant de claire et mystique façon». Après un deuxième entretien, où*

---

[767] http://www.arte.it/guida-arte/venezia/da-vedere/opera/ultima-cena-1042
[768] http://www.arte.it/guida-arte/venezia/da-vedere/opera/ultima-cena-1054
[769] http://www.atlantedellarteitaliana.it/immagine/00022/15033OP558AU24051.jpg
[770] http://www.polomuseale.firenze.it/inv1890/scheda.asp?position=1&ninv=8691
[771] http://www.lib-art.com/artgallery/17364-the-stealing-of-the-dead-body-of-st-tintoretto.html et http://www.lapanse.com/venise/peintures/peintres/le_tintoret/le_tintoret_enlevement_du_corps_de_saint_marc.jpg
[772] http://www.feelbyte.com/Lodovico-Cardi-Cigoli/The-Dispute-Of-Saint-Catherine-With-Emperor-Maxentius-136703.html
[773] http://commons.wikimedia.org/wiki/File:Prospero_Fontana_-_The_Dispute_of_Saint_Catherine_-_Google_Art_Project.jpg
[774] http://www.encyclopedie.bseditions.fr/image/article/vignette/ALLRENPEIGRUN0101.jpg et http://herve.delboy.perso.sfr.fr/st_antoine.JPG
[775] http://upload.wikimedia.org/wikipedia/commons/1/19/Antoine-Jean_Gros_-_Bonaparte_visitant_les_pestif%C3%A9r%C3%A9s_de_Jaffa.jpg
[776] http://herve.delboy.perso.sfr.fr/retable_baroque.html#FIGURE%20I et http://fr.wikipedia.org/wiki/Retable_d'Issenheim#.E2.80.99.C5.93uvre_dans_toutes_ses_configurations
[777] http://www.wga.hu/frames-e.html?/html/p/pinturic/vatican/index.html

Catherine tente de convaincre l'empereur de l'existence du dieu unique des chrétiens, celui-ci «constatant qu'il ne pourrait trouver de parade à la sagesse de Catherine,» convoque une assemblée de cinquante doctes grammairiens et rhéteurs, et leur promet d'«immenses récompenses s'ils triomphaient par leurs raisonnement de la vierge argumentatrice».
Les orateurs, amenés de diverses provinces, demandent pourquoi ils avaient été appelés de lieux aussi éloignés.
«L'empereur leur dit: «Il y a auprès de nous une jeune fille incomparable de bon sens et de sagesse, qui réfute tous les savants et affirme que nos dieux sont des démons. Si vous arrivez à l'emporter sur elle, vous rentrerez chez vous avec de grands honneurs.» En entendant cela, l'un d'eux, indigné, répond d'une voix pleine de colère: «Belle décision pour un empereur! Pour un différend avec une seule fille, il fait venir de pays lointains les savants de ce monde, alors qu'un seul de nos jeunes élèves pourrait très certainement la confondre !».»
La vierge, encouragée par un ange du Seigneur lui recommandant de résister avec constance, s'adresse à l'empereur devant les orateurs: «Par quelle décision peux-tu placer une seule jeune fille devant cinquante orateurs à qui, en outre, tu as promis salaire en cas de victoire, alors que tu m'obliges à combattre sans espoir de récompense?». Puis elle réussit à faire taire les orateurs par la pertinence de son argumentation, et à les convertir. L'empereur les fait aussitôt brûler au milieu de la cité.
L'empereur, séduit par sa jeunesse et son «incroyable beauté» s'adresse ensuite à Catherine et lui propose une place dans son palais, en second rang après la reine. Elle répond: «Cesse de tenir de tels propos [...] Je me suis donnée comme épouse au Christ [...] Rien ne pourra m'éloigner de l'amour que j'ai pour lui.». L'empereur la fait alors dévêtir, frapper à coups de croc de fer, et jeter dans une prison obscure sans alimentation pendant douze jours.
La reine et Porphyre, général des armées, qui est aussi son amant, se rendent dans la prison où ils voient des anges pansant les plaies de la vierge dans une lumière éclatante. Ils sont convertis avec les soldats de leur suite. Pendant les douze jours, le Christ envoie une colombe blanche qui nourrit la prisonnière «d'un aliment céleste». À son retour, l'empereur constate qu'elle est toute florissante, lui propose une nouvelle fois d'être sa compagne, ce qu'elle refuse à nouveau car «Le Christ est mon Dieu, mon amour, mon berger et mon époux unique.»
Un préfet conseille alors au roi un supplice féroce pour la vierge, afin que l'exemple de cette mort effraye les autres chrétiens. Quatre roues entourées de scies de fer et de clous doivent lui déchirer et broyer le corps. Alors la vierge pria le Seigneur de détruire cette machine. «Et voilà qu'un ange du Seigneur frappa et brisa cette meule avec tant de force qu'il tua quatre mille païens.»
La reine, son amant Porphyre, et un nombre important de soldats, ayant avoué leur conversion, sont tous tués. L'empereur propose une dernière fois à Catherine de devenir son épouse, cette fois-ci impératrice. Elle refuse et l'empereur la condamne à être décapitée. Quand elle est conduite au lieu d'exécution, elle prie Dieu et une voix se fait entendre «Viens, ma bien-aimée, ma belle! Voilà: la porte du ciel t'est ouverte». Puis, quand elle est décapitée, du lait jaillit de son cou en guise de sang.
Alors des anges prennent son corps, l'emportent jusqu'au mont Sinaï, à plus de vingt journées de voyage, et l'ensevelissent avec beaucoup d'honneurs. «De ses ossements s'écoule sans cesse de l'huile qui guérit les corps de tous les malades8»."[778]

    L'affrontement aux docteurs de la loi rappelle aussi bien Jésus que Moïse face aux prêtres d'Égypte. L'insistance de l'empereur pour en faire son épouse et son rejet pour être celle du Christ l'élèvent au rang d'une Judith, raison pour laquelle elle pourra porter, dans son iconographie, l'épée de la Vertu (et de l'Ange destructeur de la roue de son supplice). Comme par exemple chez Roger van der Weyden (XVème siècle)[779] ou à l'église Notre-Dame de Sournia (Pyrénnées)[780].

    Or l'avachissement des docteurs face à Sainte Catherine préfigure celui des bourreaux face à la roue brisée, comme chez Giuliano Burgiardini (1530-1540)[781], Jacopo Bassano (1544)[782], Francisco Ribalta (1600-1602)[783], ou Vincente Castelló (c. 1617)[784].

    Est si forte l'influence de l'iconographie de la Sainte face aux docteurs qu'elle resurgit dans ses représentations individuelles, livre en main et lisant (tel son parangon, Saint Jérôme), comme chez Onorio Marinari (1627-1715)[785], ou du *Mariage Mystique*, comme chez Véronèse (c. 1575)[786], où, au premier plan à gauche, deux anges lisent les *Écritures*, comme les Savants leurs livres dans la *Dispute*.

    De fait, cette influence est si forte que Saint Jérôme même, dont on a dit qu'il est souvent le compagnon de la Sainte, acquiert la pose lascive des Docteurs dans les représentations de groupe, comme dans le *Mariage Mystique* de Pietro Faccini (1595-1599)[787] ou dans le *Mariage Mystique de Sainte Catherine d'Alexandrie et de Sainte Catherine de Sienne* (1524) de Lorenzo Lotto[788] (on retrouve

---

[778] http://fr.wikipedia.org/wiki/Catherine_d'Alexandrie
[779] http://i73.servimg.com/u/f73/11/53/59/59/sainte23.jpg
[780] http://www.cg66.fr/uploads/Image/53/25228_862_Sournia-Ste-Catherine.jpg
[781] https://www.tumblr.com/search/giuliano%20bugiardini
[782] https://www.tumblr.com/search/giuliano%20bugiardini
[783] http://commons.wikimedia.org/wiki/File:Francisco_Ribalta_-_Martyrdom_of_St_Catherine_-_WGA19351.jpg
[784] http://www.wga.hu/art/c/castell/martyrdo.jpg
[785] http://www.wikigallery.org/wiki/painting_255803/Onorio-Marinari/St-Catherine-of-Alexandria
[786] http://www.wga.hu/art/v/veronese/04_1570s/4cather2.jpg
[787] http://commons.wikimedia.org/wiki/File:Pietro_Faccini_-_Mystic_marriage_of_Saint_Catherine_-_Google_Art_Project.jpg
[788] http://www.wikiart.org/en/lorenzo-lotto/mystic-marriage-of-saint-catherine-of-alexandria-and-saint-catherine-of-siena-1524

l'association d'équivalence entre les deux Saintes). La posture de Saint Jérôme est plus évidente chez Faccini.

Cette superposition iconographique ne doit d'ailleurs pas surprendre, dès lors qu'on sait que c'est lors de son interrogatoire et de son supplice que la Sainte rappelle avec insistance son mariage divin.

Un autre élément, pour nous central, puisqu'il explique le final de la trame de *Sainte Catherine Docteur*, du récit de sa dispute avec la Docteurs est que l'empereur les appelle car, dit-il, dans *La Légende Dorée*[789]: "*Il y a auprès de nous une jeune fille incomparable de bon sens et de sagesse, qui réfute tous les savants et affirme que nos dieux sont des démons.*"

Ce caractère d'idolâtrie s'exprime avec une parfaite clarté dans la représentation de la *Dispute* par Federico Zuccaro (c. 1570)[790] où, devant des personnages enchaînés, chrétiens martyrisés ou païens détenus par l'injustice de l'empereur ou la cécité de leur foi (puisqu'un personnage qui semble un rabbin barbu les accompagne), et, conformément aux images similaires des livres d'emblèmes que nous avons précédemment étudiées, Sainte Catherine se présente devant l'empereur, alors que, derrière elle, sur le parterre devant le pronaos du temple où l'empereur s'élève, assis comme un Zeus grec, fait pendant au monarque imbu de lui-même (l'orgueil de la propre généalogie, comme on l'a vu), s'érige une idole sculptée en pied, autour de laquelle jouent des trompettes à la gloire du dirigeant et de son faux dieu (les fausses trompettes de la Renommée des livres d'emblèmes). On se souvient que nous avons rencontré dans les livres d'emblèmes, notamment dans *La doctrine des moeurs*, cette presque exacte mise en page.

Outre dans *La conversion de Saint Paul*, dont celle du Caravage (c. 1604)[791] est la plus belle et la plus nette sans doute, on retrouve l'évanouissement moral des figures de premier plan dans la partie centrale de l'*Autel de la Légende de la Croix* d'Adam Elsheimer (1578 - 1610)[792] et dans *Dispute de Saint Stéphane avec les Juifs* (cercle de Ferrer et Arnau Bassa, c. 1340-1360)[793], avec, le personnage de droite, archétype du rabbin (qui préfigure celui de Zuccaro), assis et en position mélancolique (vaincu par les preuves de la Vraie Foi).

III. Une hypothèse de plus: le cadre architectural et son sens possible, une voie alternative d'analyse
III.1. Le meuble du dormeur
III.1.a. Le meuble comme scriptorium

Partant de l'ensemble des déductions antérieures, un autre élément qui a toujours été évoqué est le meuble où repose le dormeur.

S'il fallait le décrire, on peut en dire qu'il s'agit, *visuellement parlant*, d'une haute chaise à reposoir, en forme de boîte, derrière laquelle (angle droit de la gravure) se trouve un coffret, et qui, sur la partie qui est devant nous comme spectateurs, c'est-à-dire à gauche de la gravure, se termine par une structure fractale cubique, sur laquelle reposent une pomme et un autre objet (un fruit?), indéfini par l'iconographie jusqu'à ce jour.

On a parlé d'un four ou "*poêle*"[794] pour ce meuble, et effectivement il reproduit bien la forme des "*Kachelofen*" de céramique[795] ou "*poêle de masse*", dans lequel "*Toute la quantité de bois nécessaire (de 6 à 40 kg suivant la taille du foyer) pour chauffer l'habitat est brûlée en une seule fois, ce qui induit des*

---
[789]Jacques de Voragine, *La Légende Dorée*, Paris, Gallimard, 2004, p. 978.
[790]https://artsy.net/artwork/federico-zuccaro-disputation-of-saint-catherine-of-alexandria
[791]Par exemple http://www.devoir-de-philosophie.com/images_dissertations/178707.jpg
[792]http://www.myartprints.co.uk/kunst/adam_elsheimer_750/hausaltar_kreuzlegende_mittel_hi.jpg
[793]http://commons.wikimedia.org/wiki/File:Circle_of_Ferrer_and_Arnau_Bassa_-_Saint_Stephen's_Dispute_with_the_Jews_-_Google_Art_Project.jpg
[794]http://www.culture.gouv.fr/public/mistral/joconde_fr?ACTION=RETROUVER&FIELD_3=AUTR&VALUE_3=DURER%20ALBRECHT&FIELD_8=LOCA&VALUE_8=STRASBOURG&FIELD_9=DMIS&VALUE_9=2013%2F06%2F10&NUMBER=69&GRP=0&REQ=((DURER%20ALBRECHT)%20%3AAUTR%20%20ET%20%20((STRASBOURG)%20%3ALOCA%20%20ET%20%20((2013%2F06%2F10)%20%3AADMIS%20)))&USRNAME=nobody&USRPWD=4%24%2534P&SPEC=5&SYN=1&IMLY=&MAX1=1&MAX2=1&MAX3=100&DOM=All: "*assoupi à la douce chaleur d'un Kachelofen, le traditionnel poêle en céramique des pays germaniques... Déjà suggérées en filigrane par la pomme sur le poêle*".
[795]En particulier, par exemple, de ceux, exactement aux typiques décors fractals cubiques, reproduits sur les sites http://smallhousesister.wordpress.com/kachelofen/, http://www.hark.de/produkte/kachelofen.html, ou http://www.leutschacher.de/

températures élevées dans le foyer et permet d'obtenir une combustion complète et peu polluante"[796], mais il nous semble que, si cela explique la forme du meuble sur la partie gauche[797], cela n'explique pas celle de la structure entière dans laquelle se trouve le personnage du dormeur, c'est-à-dire la partie de la chaise haute et au large dossier de bois, intégrée à une structure surélevée en forme d'estrade.

Or l'on sait que l'iconographie représente souvent les *scriptoria* comme des lieux [798]

L'enluminure[799] représentant *Sedechias avec ses disciples* dans *Les diz moraulx des philosophes* (traduit en français par Messire Guillemme de Tignonville, ca 1418-1420, Atelier du maître de l'Hannibal d'Harvard, USA, Cambridge, Houghton library, Harvard university TYP 207 folio 1) montre parfaitement le scriptorium comme un meuble long, et d'usage multiple, intégrant, de gauche à droite: un meuble suspendu pour le rangement des livres, avec, au-dessous, une table de rangement des plumes et d'ablutions; la chaise-pupitre, avec son écritoire giratoire; un banc où peuvent s'asseoir plusieurs compagnons de lecture et de débats. On notera que le fond et le carrelage de cette enluminure présente une fractalisation de la forme carrée, qui fait écho à celle de la partie du meuble correspondant à celle de rangement des livres et des plumes.

III.1.b. Du lien traditionnel entre les scriptoria et les pyrales

Or, si notre analyse est correcte, l'on sait la proximité, dans les monastères, entre les scriptoria[800] et les "*hypocaustum conventiale*"[801], comme cela est le cas à Saint-Gall:

---

[796]Voir http://fr.wikipedia.org/wiki/Po%C3%AAle_de_masse et http://de.wikipedia.org/wiki/Kachelofen; "*During the Renaissance period, the builders of kachelofens were part of a distinct trade and were called hafnermeisters. A kachelofen uses a maze-like passage created out of firebrick to release gases and smoke from the wood fire slowly, allowing the firebrick to retain as much heat as possible from the gases and smoke. The ceramic tile surrounding the kachelofen also acts as insulation to retain heat. Kachelofens were carefully designed so that the minimum amount of heat would escape, only as much as needed to warm the flue to maintain a proper air draught. The firebrick used in kachelofen construction holds 80% more heat than ferrous metals such as cast iron, while its heat conductivity is 1/45 that of iron or steel. A kachelofen is efficient enough to warm a house for up to 6 to 12 hours after the fire has stopped burning*", http://en.wikipedia.org/wiki/Masonry_heater
[797]Dont on trouve encore l'image dans l'iconographie du XIXème siècle, voir la gravure "*Das Bratwurstglöckle*" *in Nürnberg*" de 1878 par Georg Nestel, reproduite sur le site http://de.wikisource.org/wiki/Das_Bratwurstgl%C3%B6ckle_in_N%C3%BCrnberg
[798]http://www.livebinders.com/play/play?id=1229198, http://www.chrisnoessel.com/freerangelearning/whenmobile.htm, http://www.encyclopedie-universelle.com/abbaye-scriptorium.html, http://mediaevalmusings.wordpress.com/2012/05/19/hands-in-the-service-of-god-life-in-a-monastic-scriptorium/, http://en.wikipedia.org/wiki/Scriptorium, http://commons.wikimedia.org/wiki/File:Master_of_Parral_-_St_Jerome_in_the_scriptorium_-_Google_Art_Project.jpg, http://www.allposters.com/-sp/Abelard-and-Heloise-French-Scholar-and-Nun-Embracing-in-the-Scriptorium-Posters_i1861451_.htm, http://www.pinterest.com/?attachment_id=885, http://mesnie.enguerran.forumprod.com/mobilier-de-scriptorium-armarium-etc-t70.html, http://fumettisto.deviantart.com/art/Scriptorium-200776992, http://www.1st-art-gallery.com/Jean-I-Le-Tavernier/The-Copyist-Jean-Miclot-Fl.1448-68-Working-In-His-Scriptorium.html, http://www.google.com.ni/imgres?imgurl=http%3A%2F%2Fbpressminiaturebooks.com%2Fblog%2Fwp-content%2Fuploads%2F2012%2F10%2Fthree5.jpg&imgrefurl=http%3A%2F%2Fbpressminiaturebooks.com%2Fblog%2F2012%2F10%2F25%2Fa-medieval-library-desk%2F&h=1000&w=986&tbnid=U3JvBC7wR5RUEM%3A&zoom=1&docid=Q9mB19w4X5xAqM&ei=3GhuVPnHI4epgwTiiIPABw&tbm=isch&ved=0CCMQMygHMAc&iact=rc&uact=3&dur=312&page=1&start=0&ndsp=16,
http://www.google.com.ni/imgres?imgurl=http%3A%2F%2Fbpressminiaturebooks.com%2Fblog%2Fwp-content%2Fuploads%2F2013%2F09%2Fvictorian-books-and-desk.jpg&imgrefurl=http%3A%2F%2Fbpressminiaturebooks.com%2Fblog%2Fcategory%2Fbo-press-in-the-news%2F&h=746&w=1000&tbnid=JYPdVod94kec7M%3A&zoom=1&docid=945XQbMYWB9XyM&ei=3GhuVPnHI4epgwTiiIPABw&tbm=isch&ved=0CCIQMygGMAY&iact=rc&uact=3&dur=368&page=1&start=0&ndsp=16, http://www.encyclopedie-universelle.com/abbaye-scriptorium5.html, http://voyageurs-du-temps.fr/location-monastere-chapelle-prieure-couvent-avec-scriptorium-bibliotheque-pharmacopee-medicale_344.html, http://www.pinterest.com/corgizoogirl/medieval-tables/, http://www.pinterest.com/pin/428616089510792194/, http://www.pinterest.com/ccolivet/scriptorium-xv/, http://jfbradu.free.fr/mosaiques/germigny/09manuscrits.htm, http://ateliordecatherine.over-blog.com/article-13388610.html, http://lewebpedagogique.com/musicarte/2012/04/03/5eme-le-moyen-age-dans-les-arts/, http://www.encyclopedie-universelle.com/abbaye-scriptorium2.html, http://blog.pecia.fr/page/24, http://www.zazzle.com/interior_de_un_scriptorium_escuela_de_segovia_tarjeta_postal-239211619920089574?lang=es
[799]L'ensemble des exemples d'enluminures cités à continuation, dans cette partie III.1 sont consultables sur le site http://arhpee.typepad.com/

[800]"*Pyrale*" (par C. du Cange, 1678), dans du Cange, et al., *Glossarium mediae et infimae latinitatis*, éd. augm., Niort: L. Favre, 1883-1887, t. 6, col. 579b.
PYRALE, Hypocaustum conventuale, Estuve, in quo Capitulum celebrabatur: unde flagellum disciplinarum in eo appensum observat Eckehardus junior de Casibus S. Galli cap. 3:Rapto flagello fratrum, quod pendet in Pyrali, deforis accurre.
Cap. 10:Quidam ipsorum re agnita, rapto de Pyrali flagello, scelestum illum incurrens, clamitat, et nisi animis saniores ei erecto ad istum brachio occurrissent, grandes incussisset.
Cap. 11:Veniunt in Pyrale, et inde in lavatorium, nec non et proximum Pyrali scriptorium: et has tres regularissimas præ omnibus, quas unquam viderint, asserebant esse officinas.
Cap. 16:Ille ad columnam Pyralis ligatus acerrime virgis cæditur.*" (http://ducange.enc.sorbonne.fr/PYRALE)
[801]*Stupa) Stuba Germ. Stube, Sax. Stuve, Ital. Stufa, Gall. étuve, hypocaustum. Vide Glossographos.
Birle) vox corrupta ex pyrale, hypocaustum conventuale, gynecaeum, vaporarium, calefactorium. Radix ejus est Graecum πύς, ignis. A medii aevi auctoribus deinde corrupte scripta est pysale, pisale, pisle. In Libro Sacramentorum Ecclesiae Remensis vetustissimo n. 162, repetito Oratio in Pisle; et hoc pisle etiam legi in Indice, qui Libro praepointur, Mabillonius testatur. Oratio ipso haec est: Omnipotens, sempiterne Deus, cujus sapientia hominem docuit, ut domus haec careat aliquando frigore a vicinitate ignis, ita nunc quaesumus, ficut omnes habitantes vel convenientes in ea careant in corde infidelitatis frigore a fervore ignis Spiritus Sancti; Per Dom. etc. Adalardus Lib. II. Statutor. Corbejens. c.6. Haec inter pluxima caetera, quae in dormitorio servanta sunt, breviter dicta,... in pisele vero, tempore quando ilit necesse est, eadem pene in omnibus, excepto quod ad dormiendum pertinet, cautela et honesta servanda est, etc. Apud Ughellum in Episc. Veronensibus in Charta anni 803. legitur: De vestimentis quae de pisle veniunt vel gyneceo, decimam partem. Acta Monasterii Murensis p.9. Aedificavit primum dormitorium, subtus autem pisalem, congruaque alia habitacula fratribus conflixuit. Edictum Rotharis Tit. LXXXVIII. leg. II. de libera muliere fervo nupta punienda: Tunc, inquit, liceat Gastaldium aut Sculdahis Regis ducere in in pisele inter ancillas stuture; ut nempe ibi pro Rege pensa*

"*Cet appartement inférieur était aussi appelé pisalis, car sa porte sud est désignée ainsi sur le plan, egressus de pisale. On trouve dans Ducange diverses définitions du mot pisalis, entr'autres celles-ci:*
• *Conclave vaporario vel fornacula calefuctum (Guerardo in Glossar. Polypt.). - Cœpit unde vir venerabilis Reginboldus cellam ordinare et construere aedificavitque primum dormitorium, subtus autem pisalum, etc. (Acta Morensii Monasterii, p. 9.)*
Ces définitions et citations s'appliquent bien au pisalis de notre monastère. C'est un appartement chauffé par un poêle et situé sous le dortoir.
Dans les chroniques de l'abbaye, il est désigné sous le nom de pyrale, et il semble que, sur ce point, la disposition des bâtiments différait de celle qui est indiquée sur le plan, car le scriptorium, le pyrale et le lavatorium étaient contigus les uns aux autres. « Veniunt in pyrale et in eo lavatorium nec non et proximum pyiali scripf torium, et has très regularissimas prœ omnibus quas unquam viderint asserebant esse officinas."
(G., p. 92. Ekkehardi Hist. S. Galli, cap. xi.) V. aussi le chap. m de la même Chronique, G., p. 53."[802]

Si le problème de la sexualité s'applique bien à ces lieux d'"*étuves*" médiévaux, pour leur caractère collectif (voir leur représentation, par exemple, dans *Le livre de Valère Maxime*)[803], il se dirige plus concrètement, dans le cadre des monastères, comme le cité Saint-Gall, à l'aspect d'"*endormissement*", dont on retrouve bien en ce sens l'illustration chez Dürer, de l'âme du croyant par "*refroidissement*", comme l'exprime la prière "*Oratio in Pisle*" du *Libro Sacramentorum Ecclesiae Remensis vetustissimo* (n. 162):

"*et hoc pisle etiam legi in Indice, qui Libro praeponitur, Mabillonius testatur. Oratio ipso haec est: Omnipotens, sempiterne Deus, cujus sapientia hominem docuit, ut domus haec careat aliquando frigore a vicinitate ignis, ita nunc quaesumus, ficut omnes habitantes vel convenientes in ea careant in corde infidelitatis frigore a fervore ignis Spiritus Sancti; Per Dom. etc.*"[804]

III.1.c. De la fractalisation visuelle du polygone dans les représentations des scriptoria

De là, il convient de noter que dans l'enluminure représentant *Vulfage écrivant* de la *Vie de saint Amand* (Abbaye de saint Amand, entre 1066 et 1107, Valenciennes, Bibliothèque municipale 502 folio 117v), le contexte iconographique est ainsi un ensemble d'édifices ou un ensemble architectural complexe, dans lequel s'inscrit le scriptorium du scribe, alors que dans celle de La Haye, KB 76 F2 folio 255, celui de l'apôtre, représenté par son animal (le boeuf), apparaît comme l'anticipation de nos contemporaines modulations de divisions symboliques, comme un cube d'étude, dont les murs et les décors sont marqués par ces formes cubiques.

La même organisation d'accumulation architecturale se répète pour les représentations de *Saint Mathieu* et de *Saint Marc* dans l'exemplaire de 1170-1180, Freising (Tergensee?) de Munich (Bayersches staatsbibliothek Clm 21580 folios 48 et 130), ou dans celle de *Saint Jean* (2ᵉ quart du XIIe siècle, Salzburg Oxford, Bodleian library, Canon Bibl. Lat. 60 folio 109v.). Et, pareillement encore, dans celle de *Donatus écrivant sa grammaire* (2ème moitié du XIIe siècle, Allemagne, Londres, British library Arundel 43 folio 80v.). Se divisant parfaitement l'espace du meuble-écritoire et de l'architecture qui lui est adossée comme édifice-tour dans l'enluminure du IXe siècle de Cambrai (bibliothèque municipale 386 folio 40).

Fait intéressant, et iconographiquement révélateur, dans la représentation de *Saint Luc* de Tours (2ème moitié du IXe siècle, Paris BNF latin 269 folio 150v.), la chaire-édifice qui tient lieu d'écritoire au Saint intègre en elle les arcatures dérivées des architectures externes au meuble et qui, au contraire, l'entourent dans les images précédemment citées. Le fronton et les rectangles qui représentent l'élévation architecturale qui enferme l'écritoire de *Saint Luc* dans la *Bible de Souvigny* (Bourbonnais, fin XIIe siècle, Moulins, BM 1 folio 342), dérivent une nouvelle fois le modèle, du dedans (comme élément du meuble) vers l'extérieur (en tant qu'écrin visuel pour le spectateur du scriptorium).

---

expediat. Kilianus in Dictionario Belgico notat, pÿsel Frisiis culinam, et pÿleel Zelandis vestiarium dici. Galli ex pisle tandem poisle et poêlle, pro calefactorio et vaporario, secerunt. Neque inem haec vox ex pensile, ut Cangius et Menagius putant, fed ex pisle, pirle, pyrale corrupta est.
Birle, pheral) Theotiscum pheral etiam ex pyrale depravatum esse videns est." (Ioanne Georgio Eckhart, *Commentarii de Rebvs Franciae Orientalis et Episcopatvs Vvircebvrgensis*, Wurzburg, Heinrich Engmann, 1729, T. I, pp. 858-859)
[802]"Description d'un ancien plan du monastère de St-Gall, au IXe siècle par M***", *Bulletin monumental*, Société française d'archéologie, Musée des monuments français, 1868, 4e Séire T. 4 Vol.34, note 2 p. 384.
[803]Reproduit *in* http://bibliodyssey.blogspot.com/2006/10/cooking-books.html. Voir aussi: "*Mais il serait injuste d'attribuer aux mœurs du Moyen Âge l'abandon de la baignoire! Les gens allaient souvent aux étuves pour prendre des bains publics et ce n'est que par la suite que ces endroits sont devenus des lieux de débauche et de pauvres.*" , http://dona-rodrigue.eklablog.net/accueil-c737478
[804]Eckhart, p. 858.

Le scriptorium devient un meuble fermé dans lequel est installé le scribe dans l'enluminure de Jacques de Cessoles (Amberg 1458, Rome, Vatican, Biblioteca apostolica Pal.lat.961 folio 13v.). Dans l'enluminure de New York, Pierpont Morgan library ms M105 folio 35, alors que l'écritoire se réduit à sa plus simple expression, d'une chaise et un pupitre pour lire, c'est le fond, multicolore, le sol, et le mur de briques qui reproduit la fractalisation architecturale de l'ensemble. Plus symbolique et abstrait est encore le fond bleu de polygones sur lequel se présente l'écritoire de Saint Mathieu ailé dans l'enluminure du XIVe siècle (1332, La Haye, Musée Meermanno, Koninklijke bibliotheek 10 B 21 folio117v), préfigurée à l'identique dans celle du XIIIe siècle (entre 1275 et 1299) représentant *Baruch écrivant* (Paris, bibliothèque Mazarine 29 folio 323). Et qui se répète encore dans celle de Londres (British library, Harley 2897, folio 186v, Paris, 1410-1419). Ou dans celle de *Saint Marc* (Utrecht 1332, La Haye 10B21 folio 117v.). Le motif en est ridiculement simplifié dans l'enluminure de *Saint Luc* (Londres, British library, Harley 2820 folio 120, Cologne, dernier quart du XIe siècle).

III.1.d. Du coffret et de l'usage des arcatures du scriptorium comme dépôts pour les encriers et les autres outils du scribe

La construction des scriptoria, marquée, précisément, par la possibilité de poser les outils du scribe dans les cubes vides du meuble, permet la représentation de cornes-encriers remplies d'encre bleue, verte, rouge et rangées dans l'enluminure de Bern (burgerbibliothek-Mss-hh-I.16 f41 Berne 1484/85).

Les mêmes cornes-encriers remplies d'encre jaune, rouge et verte se retrouvent chez Martin Lefranc (XVe siècle, Collection privée), mais ici avec un élément supplémentaire: le fait que le meuble du scriptorium, qui fait face à une ample fenêtre, s'allonge, vers l'arrière, par un divan, qui s'étend, à son tour, jusqu'à la porte d'entrée de la pièce.

Dans l'enluminure représentant *Saint Jérôme* (Angleterre ou Hollande, 3e quart du XVe siècle, Oxford, Bodleian library, Bodlley Auct.D.inf.2.13 folio 209v.), le meuble-écritoire est accolé à un mur qui s'ouvre sur un meuble de bibliothèque suspendu. Seul le sol de carrelage y évoque, de loin, les répétitions fractales des autres exemplaires cités.

Or ce modèle de *Saint Jérôme*, commun, et qui est aussi celui de *Saint Luc écrivant* (Sud de la Hollande, c.1450, La Haye, KB 76 G 22 folio 8), se reproduit dans l'atelier de Van Eyck, 1442 (Detroit, Institute of Art) où le Saint apparaît le menton posé dans sa main, en attitude pensive.

Dans *Saint Luc peintre* (début XVIe siècle, Ecole de Simon Bening ou suiveur or d'Horenbout travaillant en Angleterre?, British library, Royal 1EV folio 3), le meuble-bibliothèque reste intégré au mur, alors que l'écritoire devient une pièce indépendante, simple pupitre, comme souvent dans les représentations des scribes ou saints peintres (voir, par exemple, le *Saint Luc peignant la Vierge* de Niklaus Manuel, 1515, Kunst museum of Bern, où le carrelage de polygones reproduit l'antérieurement dite figuration fractale déjà rencontrée dans les représentations de *scriptoria*).

Valentin Boltz[805] (Bâle, 1549), dans son réceptaire sur l'enluminure présente identiquement l'image d'un scriptorium-écritoire au centre de la pièce où le peintre grec antique Apelle, maître de l'art pour la Renaissance, est assis, alors que derrière, sur le mur, se trouve le meuble de bois contenant les instruments de l'écrivain, notamment ses pots d'encre.

Quant au scriptorium de la représentation de *Saint Mathieu* des *Heures Rothschild* (*Heures de Jeanne de Castille*, c. 1500, Londres, British library Add 35313 folio 14v de Londres), il présente la répétition de rectangles, aussi bien dans la partie de l'écritoire que dans celle du meuble fermé qui y est joint, ici, à l'inverse de la gravure de Dürer, non pas devant, mais derrière le scribe.

---

[805]*Illuminier Buoch, wie man allerley farben bereitten, mischen, schattieren unnd ufftragen soll: Allen jungen angehnden Molern unnd Illuministen, nutzlich und fürderlich: Mit flysz und arbeit ersuocht, geuebt und zuosammen bracht* / Durch Valentinum Boltz von Ruffach, Gott zuo Ehren, und dem nechsten menschen nutzlich. Gedruckt zuo Basel: by Jacob Kündig, Jm jar 1549, p. 129.

Les objets du scribe, sur un écritoire qui n'est plus qu'une table basse, près d'une chaise à estrade, typique des représentations classiques, mais associé à un lit, indépendant, où repose le dormeur peut se voir dans l'enluminure du *Rêve de l'amant* (entourage de l'enlumineur Jean Semont, Tournai vers 1400, Lot 12 de la vente Christie's qui a eu lieu à Londres le 9 juillet 2001, invendu).

Le scriptorium devient un meuble complexe, s'allongeant, non plus en divan ou en lit, comme on l'a vu, mais en un coffre fermé, comme celui apparaissant derrière le dormeur de Dürer, dans le représentation de *Saint Mathieu* des *Heures à l'usage de Rome* dites *Heures du Maître aux Fleurs* (Maître du livre de prières de Dresde, 4ème quart du XVe siècle, Bruges ou Gand, Maître aux Fleurs, Paris, Arsenal, ms 638). Le coffre, cette fois derrière le Saint, apparaît dans le *Saint Jérôme* d'Antonello de Messine (1474-1475, Londres, National Gallery), et à son côté dans l'enluminure de Savoie (?, 3ème quart du XVe siècle, Dijon, Bibliothèque municipale 8 folio 1v.), dans laquelle le meuble d'écritoire, ajouré dans sa partie basse, sert de reposoir aux instruments de l'écrivain. C'est sur la table de *Saint Luc* (XVe siècle, Briançon) de l'Église des Cordeliers que repose le coffret qui sert à les ranger. Le coffret est intégré comme partie du siège où s'assoie le *Saint écrivant* dans l'enluminure de Paris de 1410-1419 (British library, Harley 2897 folio 186v.).

Le scriptorium réapparaît clairement comme meuble pour ranger les instruments du scribe dans les représentations de *Saint Marc* et de *Saint Luc* du *Livre de prières d'Alphonse V d'Aragon* (Londres, British library Additionnal 28962, respectivement folios 32r. et 34v.).

Sa partie associée de meuble carré s'ouvrant dans la partie supérieure sert déjà à ranger les parchemins et la corne-encrier, fiché sur la capsa, dans l'enluminure représentant *Saint Marc* de Hidlesheim (970-1030, Hildesheim, Domschatz 34 folio 66v.) ou dans la représentation des *Évangélistes* de la *Bible de Vivien* (Tours, 846, Paris, BNF latin 1 folio 329v.). ou dans celles de *Saint Marc* de Saint-Gall (IXe-Xe siècle, Munich Bayerische staatsbibliothek Clm 22311 folio 97) et des *Evangiles de Loisel* (Reims, 800-850, Paris, BNF latin 17968 folio 55v.). l'antécédent, qui le modélise, de ce coffre - dont la conséquence sera celui derrière le dormeur chez Dürer - se trouve, on ne peut plus clairement, dans le *Portrait de Virgine* (Ve siècle, Rome, Biblioteca Apostolicat Vaticana, Vat. Lat 3867 folio 3v.).

Dans la représentation de *Saint Luc* dudit *Livre de prières d'Alphonse V d'Aragon*, sont conservés dans les arcatures la burette d'encre noire et une pierre ponce servant à la préparation du parchemin pour l'écriture, et, en-dessous, un pot à deux anses, décoré de deux lignes bleues surmontées de points de la même couleur, qui contient des plumes baignant dans un liquide. Or ce même usage des arcatures comme lieu de rangement se rencontre aussi dans la représentation de l'auteur Bruneto Latini en frontispice du *Livre du Trésor* (réalisé à Lille? après 1418, et conservé à Bruxelles, Bibliothèque Albert Ier ms 10386 folio 39).

III.2. Le personnage du dormeur comme religieux
III.2.a. De l'*Acedia* médiévale à l'iconographie de la Renaissance: le dormeur et le Saint, deux images opposées

L'ensemble des éléments antérieurs converge donc, historiquement et iconographiquement, pour nous induire à voir dans le personnage endormi de Dürer, plus qu'un simple paresseux, le religieux, propre d'ailleurs de l'iconographie de l'*Acedia*.

Deux autres éléments nous y incitent: la permanence de l'opposition entre le "*Docteur*" ou savant du *Faust* médiéval à celui de Goethe; et le fait que, conformément à l'iconographie courante du scribe ou du Saint assis à son écritoire (par exemple: *Saint Mathieu*, Saint-Martin de Tours, entre 849 et 851, Paris, BNF latin 266 folio 22v.; *Saint Luc*, fin IXe siècle, Cologne, Historisches Archiv der Stadt, HAStK 7010 147 folio 66v.; *Saint Marc*, Allemagne du nord, Magdeburg?, ca 1100, New York, Pierpont Morgan library M0889 folio 174v., *Saint Luc*, folio 184v., *Saint Jean*, folio 200; *Saint Mathieu*, Bourgogne, Premier tiers du XIIe siècle, Dijon, BM 641 folio 57; etc.), référence directe au statut mystique et divin de son office, le personnage de Dürer n'ait pas les pieds au sol, mais sur l'estrade de sa chaise, dont l'imagerie même (par exemple: *Saint Luc*, Mayence IXe siècle, Munich, Bayerische staatsbibliothek Clm 4451 folio 176; *Salomon* écrivant les Proverbes, Picardie?, vers 1220-1230, Paris, bibliothèque Mazarine 36 folio 240v.; *Bible d'Hambourg*, GKS 4, 2°; *Titus*, Universitäts und Landesbibliothek, Düsseldorf ms A 14 fol 119v.; *Saint Grégoire*, après 1154, Oxford, Bodley, Canon.Liturg. 297 folio 110v.; *Baruch*, Catalogne?, XIIIe siècle, Dijon 3 folio 169; le déjà cité Jacques de Cessoles, Amberg 1458, Rome, Vatican, Biblioteca apostolica Pal.lat.961 folio 13v.; etc.; parfois, comme dans le cas de Cessoles, on l'a vu, et d'autres images encore, le meuble enfermant littéralement le personnage, ce qui n'est autre qu'une variation de l'imagerie d'enfermement architectural originel du scribe et/ou du scriptorium dans des ensembles plus vastes) renvoie directement à celle des *scriptoria* de l'enluminure médiévale.

Le meilleur exemple du moine - ou du Saint - écrivain dans ce type d'éléments est encore Saint Jérôme[806], dont, non seulement les architectures fractales (les étoiles du *Coelum Stellatum Christianum* avec Saint Jérôme ne laissant pas de rappeler l'image, simplifiée, des fractalisations habituelles, de *Saint Luc*, Londres, British library, Harley 2820 folio 120, Cologne, dernier quart du XIe siècle) et les scriptoria-écritoires-bibliothèques contenant ses livres rapprochent son iconographie de celle plus générale des scribe à leur étude, mais, comme on l'a également vu, comme chez Ghirlandaio (1480), il peut être représenté pensif, la tête appuyé sur sa main ou sur son poing fermé. Ce caractère méditatif du Saint le rapproche sans nul doute du dormeur de Dürer.

Or, fait notable, sont souvent associés Saint Jérôme et Sainte Catherine, comme dans les oeuvres de Girolamo da Treviso, Jacopo d'Antonio Negretti, Orazio Samacchini, Innocenzo Da Imola, le Corrège ou le Maître de la Légende de Sainte Marie Madeleine[807], souvent autout de la Vierge à l'enfant, en tant que "*saint patrons de l'apprentissage théologique*"[808]. Non pas que nous induisions que le dormeur de Dürer soit un Saint Jérôme, loin de là, mais si qu'aussi bien l'association théologique entre les deux figures d'une part, et le format de l'*Acedia* comme phénomène en premier lieu religieux, auquel renvoie la configuration du meuble comme scriptorium tel que le définit l'iconographie classique, notamment en sa partie fractale, par Dürer, sont deux éléments qui ne peuvent plus nous laisser aucun doute sur quant à la personnalité non laïque, mais religieuse, du dormeur de la gravure, nous confirmant, indirectement notre première hypothèse sur l'identité de la femme nue à Sainte Catherine, et la seconde quant à la présence, plus que de la reprise d'une modélisation médiévale, de l'apparition nouvelle d'un discours de la renaissance, intellectuel, intertextuel et, donc, avant tout littéraire, dans l'oeuvre et la gravure du Maître allemand.

En ce sens, l'identité du dormeur à un religieux, conformément au discours et à l'iconographie bas-médiévaux, renvoie dans un système d'opposition le Saint, tenté mais impavide (parce qu'en harmonie avec Dieu[809]), et le moine, dormeur (car en absence, ou oublieux de Dieu).

III.2.b. L'encrier, le sceau, la toupie, le ponchon, le second objet dans la gravure, le globe et le monde

---

[806] Par exemple dans les reproductions: http://en.wikipedia.org/wiki/Saint_Jerome_in_His_Study_(after_van_Eyck), http://www.pinterest.com/julienjoly/st-jerome-in-his-study/, http://commons.wikimedia.org/wiki/File:Saint-jerome-in-his-study-910.jpg, http://commons.wikimedia.org/wiki/File:Reymerswale_(workshop)_Saint_Jerome_in_his_study.jpg, http://www.lexscripta.com/links/cultural/jerome.html, http://www.robots.ox.ac.uk/~vgg/projects/SingleView/example_sjerome.html, http://www.poderesantapia.com/art/antonellodamessina/saintjerome.htm, http://www.wikigallery.org/wiki/painting_265974/Hendrick-Van-Steenwijck-II/Saint-Jerome-in-his-study, http://hoocher.com/Domenico_Ghirlandaio/Domenico_Ghirlandaio.htm, http://www.wga.hu/html_m/c/cranach/lucas_e/03/, https://www.flickr.com/photos/medmss/7166591489/?rb=1, http://academic.evergreen.edu/archives/wikis/digmovements/index-63047.php.html, http://commons.wikimedia.org/wiki/File:Jaume_Ferrer_-_Saint_Jerome_in_his_Study_-_Google_Art_Project.jpg, http://commons.wikimedia.org/wiki/Category:Saint_Jerome, https://whitemarkarts.wordpress.com/2012/03/06/railing-against-it-waiting-at-the-station-home-and-st-jerome/, http://rijksmuseumamsterdam.blogspot.com/2010/10/marinus-van-reymerswale-attributed.html, http://pennrare.wordpress.com/2012/11/19/for-the-love-of-reading-st-jerome-in-his-study/, https://www.flickr.com/photos/28433765@N07/sets/72157622796000541/, http://en.wikipedia.org/wiki/Jerome, http://www.thebigidea.co.nz/news/whats-on-show-reviews/2010/jan/63628-bringing-modernism-home, http://alphaom.tripod.com/tmp/imagesJ.htm
[807] http://www.1st-art-gallery.com/Jacopo-D'antonio-Negretti-(see-Palma-Giovane)/Virgin-And-Child-Surrounded-By-Saints-Jerome,-Elizabeth,-John-The-Baptist,-Francis-And-Catherine.html, http://www.wikigallery.org/wiki/painting_267982/(after)-Orazio-Samacchini/Madonna-and-Child-with-Saint-Jerome-and-Saint-Catherine, http://www.arcadja.com/auctions/en/innocenzo_da_imola/artist/44300/, http://www.christies.com/lotfinder/paintings/the-master-of-the-legend-of-saint-5460715-details.aspx, http://berkshirereview.net/drawn-to-excellence-renaissance-romantic-drawings-private-collection-smith-college-museum-of-art/, http://www.catholictradition.org/Saints/saints11-16.htm
[808] *The Virgin, with St. Jerome and St. Catherine, the patron saints of theological learning, is a frequent group in all monasteries,but particularly in the churches and houses of the Jeronimites.*" (Mrs. Anna Jameson, *Legends of the Madonna: as represented in the fine arts. Forming the third series of Sacred and legendary art*, Londres, Longman, Brown, Green, and Longmans, & Roberts, 1857, p. 88)
[809] Voir notre thèse de Maîtrise: *Les Tentations de Saint Antoine aux XIVème-XVIème siècles*, Paris X-Nanterre, 1991, et notre premier article, qui en découla: "*Introduction à l'étude des "Tentations de Saint Antoine"*", *Revue de la Bibliothèque Nationale de France*, No 4, Hiver 1994, pp. 10-15.

Si l'on accepte notre prémisse de rapprochement entre les deux figures saintes dans l'iconographie, et que celle-ci peut avoir influencé Dürer pour sa gravure, il convient alors de constater que, chez Ghirlandaio, Saint Jérôme dans son étude a, autour de lui, entre de nombreux autres objets, les outils du scribe, dont (accroché à une pièce de tissu verte) le sceau pour marquer ses écrits, une toupie (sur la table, à côté des ciseaux), objets dont la forme oblongue, par opposition à celle ronde de la pomme, nous rappelle le second objet, bien que celui-ci soit plus petit, dans la gravure.

L'inscription en latin sur la corniche cannelée: «REDDE NOS CLAROS LAMPAS RADIO(SA)/ SINE QUA TERRA TOTA EST UMBRO[SA]» («*Éclaire nos lanternes, ô lumière rayonnante/ Sans quoi la terre toute entière est plongée dans l'ombre*»[810] renvoie ainsi au cadre de notre étude: l'opposition entre la conscience et l'absence de Dieu, entre l'ombre et la lumière, entre le songe et la vérité.

Le second objet de la gravure, en outre de la pomme, devient alors un peu plus évident en sa possible définition, puisqu'on voit bien qu'il a une sorte de ficelle double (qui pourrait aussi bien être les poils d'un quelconque fruit) qui s'en décroche: il ne semble cependant pas improbable d'y reconnaître un très petit ponchon de sandaraque, qui s'utilise pour tapoter la surface du parchemin pour que l'encre y pénètre mieux, et que l'on trouve déjà rangé dans les arcatures de l'enluminure citée représentant *Saint Luc* du *Livre de prières d'Alphonse V d'Aragon*, et qui, cette fois pendue à un fil, se retrouve dans celle du *Saint Mathieu* du même ouvrage[811]. Si cette identification est correcte, elle confirme doublement le statut du dormeur comme religieux, à la fois en tant que scribe (son instrument étant rangé dans l'arcature de son scriptorium), en en tant qu'assis sur ce qui pourrait alors s'interpréter avec toute sûreté comme un poêle certes, mais aux caractéristiques des *scriptoria* de l'iconographie de l'époque: propre à conserver les objets pour l'écriture.

Certes, nous pouvons bien nous tromper, car l'objet au fond est privé de toute spécificité réellement reconnaissable, mais peut-être un point parallèle, reprenant notre analyse par la figure de Saint Jérôme de nouveau, pourrait nous la confirmer, au moins partiellement: le *Saint Jérôme dans son étude* (1541) de Marinus van Reymerswaele[812], dans l'une de ses versions[813], a, posé sur la fenêtre de son scriptorium, une pomme. L'intérêt du fait pour nous peut venir de ce que, dans les autres versions, le Saint désigne invariablement du doigt le crâne qu'il a dans les mains, alors que dans celle-ci, bien que conservant une main sur le crâne, il fait avec l'autre le signe de croix, propre, entre autres, du Christ du *Noli me tangere*, la pomme semblant avoir substitué, par sa présence, la nécessité du geste. Ainsi, le crâne, non seulement du *Memento mori*, de l'iconographie de l'époque, mais, plus spécifiquement encore, d'Adam: dans toutes les variantes le Saint étudie une *Bible* enluminée ouverte à la page du Christ en gloire (donc de Résurrection), qui marque l'éphémérité terrestre et promet la salvation divine, dans cette version spécifique est accentué par la pomme du Péché, comme l'est l'invocation de la femme nue chez Dürer par la présence du même fruit.

À présent, si l'on veut s'y attarder un peu, que la femme nue indique, chez Dürer, le feu (l'"*ignis*" du "*Kachelofen*"), ou la forme cubique du fractal du poêle (le polygone "*qui correspond à Dieu lui-même... et la Sainte Trinité...*" défini par "*quatre correspondances*" selon les termes exacts de Pacioli au début du Chapitre V de son ouvrage[814], pour qui "*notre sainte proportion confère l'être formel, selon l'ancien Platon dans son Timée, au ciel même, lui attribuant le corps appelé dodécaèdre ou, dit autrement, corps de douze pentagones, lequel, comme sera démontré plus loin, ne peut se former sans notre proportion*"[815]), comme le Saint Jérôme de Reymerswaele dans la version citée, elle ne montre pas la pomme, mais bien, nous l'avons dit dès le début, au-delà d'elle (la salvation, pour celui qui ne se laisse pas refroidir, conformément à la prière du pyrale du *Libro Sacramentorum Ecclesiae Remensis vetustissimo* - au contraire, le feu commode, qui peut devenir, comme dans l'oeuvre signée Bosch de la Geneva Fine Arts Foundation, celui des flammes

---

[810]http://fr.wikipedia.org/wiki/Saint_J%C3%A9r%C3%B4me_dans_son_%C3%A9tude_(Domenico_Ghirlandaio)
[811]http://arhpee.typepad.com/
[812]http://commons.wikimedia.org/wiki/File:Reymerswale_(workshop)_Saint_Jerome_in_his_study.jpg
[813]Les autres sont: http://www.1st-art-gallery.com/(after)-Marinus-Van-Reymerswaele/Saint-Jerome-In-His-Studio.html, https://www.flickr.com/photos/magika2000/6488401355/, http://blogs.artinfo.com/secrethistoryofart/2011/02/01/inside-the-masterpiece-marinus-van-reymerswaeles-saint-jerome-in-his-study/
[814]Pacioli, p. 41.
[815]*Ibid.*, p. 42.

de l'Enfer pour le dormeur imprudent pécheur de paresse morale -, ou, comme l'époque l'a voulu dans son usage abusif et systématique du polyèdre, notamment dans l'art des intarsia, dont une expression pourrait être la "*Vénérable Mère*", la "*Piété*"[816], mentionnée sur l'inscription du Studiolo de Gubbio de 1479-1482 de Guidobaldo Ier de Montefeltro).

On peut donc dire, sans crainte de se tromper, que la forme carrée fractalisée dans la gravure de Dürer, si on la remet dans l'iconographie de l'époque, moins que proprement dit au meuble qu'il représente (le classique foyer pour le paresseux de l'iconographie médiévale, ici illustré sous la forme allemande du "*Kachelofen*" de céramique), renvoie, en fait, à un exercice de symbolisme visuel autour du polygone, propre de l'art et la pensée de la Renaissance, des intarsia et des trompe-l'oeil où cette forme ressurgit sans cesse, comme représentation d'un principe abscons, dont le sens complet nous est aujourd'hui perdu (pour preuve l'absence d'explication du rocher de la *Melancolia I*), mais est probablement lié à la figure divine.

En ce sens, nous verrons un sens cosmique à l'ensemble de la gravure, par l'association entre l'anneau et le globe (qui, en outre, offre un axe visuel de correspondance avec la pomme), redondant comme le sont ceux entre l'anneau et la roue pour Sainte Catherine, et entre le globe et l'hostie pour la Foi de l'iconographie et des gravures (chez Vermeer, Moretto da Brescia [Alessandro Bonvicino], Filippo et Filippino Lippi, Ercole Procaccini le Jeune, ou à Notre Dame de Lorette, etc.)[817]. Cette surdétermination est d'autant plus visible chez Vermeer, qui représente la Foi un pied sur le globe terrestre, et regardant le plafond d'où pend un autre globe, transparent, double allusion aux deux Jérusalem, et à l'éphémérité de notre monde comme les bulles de savon des *Vanités* du XVIIème siècle[818].

IV. Cupidon boîteux et les représentations moralisées des vertus de l'Amour

Il serait peu sage, sans aucun doute, d'essayer d'aborder la question de l'iconographie de l'amour à la Renaissance sans prendre en compte à Otto Van Veen (1556-1629).

Dans ses *Emblemata Amatoria* (1683), l'Amour s'appuyant sur un bâton, jouant dans un cercle, représente "*Il sort avec lenteur*":

"L'Amour comme un éclair pénètre dans un coeur
Un clin d'oeil un soupir le rend maitre d'une ame,
Mais il faut bien du temps pour éteindre la flamme
Il entre avec vitesse, et sort avec lenteur."[819]

"*L'Amour souple*":

"Souple comme un osier sous l'oeil de ta maitresse
Tu dois étudier et suivre les humeurs.
N'épargne ny soupirs, ny larmes, ny langueurs.
L'Amour est tout puissant, conduit par la souplesse."[820]

Dans le même ouvrage, sa relation avec le globe terrestre s'exprime comme celui d'un pouvoir absolu "*Il conserve tout*":

---

[816] Vincenzo Ambrogi et Filippo Mario Stirati, "*The Federico Montefeltro Studiolo replica in the Ducal Palace at Gubbio*", Associazione Maggio Eugubino, p. 12, www.farneti.it/Studiolo_ENG.pdf
[817] http://www.picturalissime.com/g/vermeer_foi_l.htm, https://reproarte.com/fr/peintures/allegorie-de-la-foi-detail, http://elogedelart.canalblog.com/archives/2009/03/24/13101330.html, http://fr.wahooart.com/@@/8XZTXG-Ercole-Procaccini-The-Younger-(Il-Giovane)-All%C3%A9gorie-de-la-Foi, http://vatican2-50ans.fr/page/19/, http://monsieurboudon.blogspot.com/2012/10/le-11-octobre-prochain-ouverture.html
[818] http://enigm-art.blogspot.com/2011/09/vanites-et-bulles-de-savon-dans-la.html et
"*Rejetons la vanité qui éloigne de la vérité et nous fait ressembler à une bulle de savon.*" (Pape François, http://fr.radiovaticana.va/news/2014/09/25/%C2%AB_les_chr%C3%A9tiens_vaniteux_sont_comme_une_bulle_de_savon_%C2%BB_/1107285)
Voir aussi "*La vanité, comme objet, est la bulle de savon: à nos yeux, c'est un corps enrichi des couleurs les plus brillantes; sous nos doigts, ce n'est rien.*
La vanité, comme sentiment, est celui qu'éprouve l'enfant, soit lorsque son souffle enfle cette bulle, soit lorsque, de ce même souffle, il la force à s'élever si haut, c'est-à-dire au-dessus de sa tête, c'est-à-dire à quatre pieds deterre.
C'est une singulière passion que cette vanité! elle semble n'avoir que la grandeur pour objet, et cependant elle rapetisse tout, même ce qui est petit." (Antoine-Vincent Arnault, *OEuvres*, Paris, A. Bossange, T. I "*Critiques philosophiques et littéraires*", p. 5)
[819] Otto Van Veen, *Emblems of love - Emblema d'amore - Emblemas d'amour: in four languages, dedicated to the ladys*, Londres, R. Bently, 1683, pp. 98-99.
[820] *Ibid.*, pp. 130-131.

"L'Amour, par des liens secrets mais tout puissants
Conserve et réunit la machine du monde.
La discorde, sans lui minant les Elements
Reduiroit au caos les cieux, la terre et l'onde."[821]

Dans *L'ame amante de son Dieu* (1717), l'Amour face à l'âme se soutenant pour avancer, emblème que nous avons déjà vu apparaître, correspondant ici au numéro XVIII représente pour celle-ci la nécessité suivante: "*Affermissez mes pas dans vos sentiers, afin que mes pieds ne soient pas ébranlés*"[822], alors qu'à l'Emblème XXXIX, attaché au globe, l'Amour ailé s'exclame: "*Je me trouve pressé des deux côtés: car je désire d'être dégagé des liens du corps, & d'être avec Jésus-Christ*"[823]. De même que dans l'ouvrage précédent, l'emblème qui ouvre sur "*l'Amour divin*" exprime, par la représentation du globe: "*l'Amour pénètre et soutient l'univers*"[824]. Face à la misère en béquilles, "*Il rend très libéral*"[825], et ainsi sous joug est dit doux: "*Qui veut aimer n'est plus libre à sa mode*", dans l'explication de la légende l'âme réduite et soumise paisiblement affirmant: "*Que j'aime vote joug, qu'il est doux & suave,/ Que je le craignois vainement!*"[826]

Pour sa part, l'ouvrage *Les emblemes de l'amour humain* (1667) nous offre les représentations de l'Amour éternel dans le cercle de l'orouboros[827], qui foule au pieds des chiffres dans une marelle car il est fidèle à son unique aimée[828], se supportant l'un l'autre avec ou malgré ses béquilles[829], qui foule au pied les idoles car rien ne l'arrête[830], qui met sous le joug le fort taureau[831], l'instabilité d'Amour sur la roue d'un tambour (le cercle du monde), représente son absence de mesure[832], il supporte le monde, plus fort qu'Atlas[833], il est sourd aux fausses musiques de la populace[834], il se consume par le feu trop entretenu[835] (on pense au foyer de la Paresse dans l'iconographie ou dans la gravure de Dürer), la tortue ici représente l'amour trop tardif et pour cela reproché[836], il chasse l'Envie[837], la Fortune l'aveugle[838], il est lent au départ[839], il fuit le débat avec l'amante[840], le mal d'amour, représenté dans le volume, comme on l'a vu dans les autres livres d'emblèmes, par la récurrente position couchée, marque aussi sa ruse, musique pour l'âme endormie[841]. Une autre étude serait nécessaire pour étudier la récurrence, également dans le volume, de la flagellation de la compagne de l'Amour et de son statut belligérant, représenté par sa bataille, parfois contre un cerf, mais en général contre le médiéval lièvre de la couardise.

On insistera sur les images de l'Amour contre la Renommée[842], de l'amour lent au départ[843], la restructuration de la parabole biblique[844] (*Mat.*, 15,14; *Luc*, 6,39) que l'on retrouve chez Bruegel dans la *Parabole des aveugles* (1568)[845], et le rôle universel, par rapport au globe, de l'Amour[846].

---

[821] *Ibid.*, pp. 138-139.
[822] *L'ame amante de son Dieu, representée dans les emblèmes de Hermannus Hugo sur ses pieux desirs: & dans ceux d'Othon Vaenius sur l'amour divin*, 1717, pp. 90-91.
[823] *Ibid.*, pp. 152-153.
[824] *Ibid.*, pp. 178-179.
[825] *Ibid.*, pp. 52-53.
[826] *Ibid.*, pp. 300-301.
[827] Van Veen, *Les emblemes de l'amour humain*, p. 1.
[828] *Ibid.*, p. 3.
[829] *Ibid.*, p. 15.
[830] *Ibid.*, p. 19. Voir aussi "*Amour sur tout*", p. 65.
[831] *Ibid.*, p. 27.
[832] *Ibid.*, pp. 31-32.
[833] *Ibid.*, pp. 34-37.
[834] *Ibid.*, p. 27.
[835] *Ibid.*, p. 97.
[836] *Ibid.*, p. 91.
[837] *Ibid.*, p. 107.
[838] *Ibid.*, p. 157.
[839] *Ibid.*, p. 165.
[840] *Ibid.*, p.185. Voir aussi p. 181, Hercule contre la Mélancolie.
[841] *Ibid.*, p. 239.
[842] *Ibid.*, p. 47.
[843] *Ibid.*, p. 144.
[844] *Ibid.*, p. 15.

En résumé, on voit, dans les ouvrages cités, que Cupidon, impossibilité ou joueur, illustre son statut de destin contraire, de pouvoir sur le monde, lié à une activité difficile, complexe, à des revirements (ce n'est pas pour rien si Cupidon, la Fortune[847] et la Mort partagent au Moyen Âge leur iconographie: notamment leur caractère aveugle et variable ou injuste).

Van Veen, dans le dernier volume cité: *Les emblemes de l'amour humain*, offre encore une association répétitive, reproduite aussi par l'opposition entre Hercule et l'Amour[848], conforme au pouvoir de Vénus sur Mars (et en général de la femme sur l'homme, sur le modèle comique bas-médiéval de la *Bataille de la culotte*), et l'identique victoire de Cupidon sur la Colère en armure[849]. Toutefois ici, le choix d'Hercule, que l'on a vu, s'exprime comme la victoire de la Vertu (l'Hercule viril) sur l'amour coquet et variable:

"*Amour source de vertu.*
Les grands faits d'Hercules, que tout le monde admire,
Ne fussent exploitez, s'il n'eut esté nauré
De la flesche d'amour: nul dard bien assuré
Au but de la vertu, sans l'Amour on ne tire."[850]

Voir aussi "*Vertu pour guide*":

"*Hercul guidant amour empesche qu'il ne cloche,*
Mais qu'il va seurement au chemin de vertu,
Et à celuy d'Honneur, au sentier peu batu,
Vertu guidant Amour le rend franc de reproche."[851]

Lucas Cranach (1487-1553) présente des Cupidons sur échasses, alors qu'Albrecht Altdorfer (1511) nous propose, plus clairement, une *Fortune avec un cupidon aveugle sur un globe*. William Strang (c. 1893) propose une *Danse macabre* sur échasses, comme, en son temps, Maerten van Heemskerck un *Triomphe de Bacchus* (1537-1538)[852], bien que, dans son cas, dans un sens plus d'exotisme ludique que moral. Une gravure de 1530 signée R.B. [853] reproduit le Cupidon sur échasses de Dürer.

Ainsi, dans l'ordre de notre étude, la présence de Cupidon sur les échasses dans la gravure de Dürer illustre (ce qui s'intègre à notre orientation d'analyse, par typologie, encore une fois, avec les livres d'emblèmes, qui éclairent les oeuvres des artistes, en les présentant dans un système idéologique général de l'époque) deux objets: d'une part, la difficulté de l'amour en tant qu'offrande à Dieu, et les dangers de son parcours; et, d'autre part, le caractère versatile de son action et de son intérêt, qui illustre par comparaison l'état de l'âme oublieuse, joueuse ou simplement divertie, qui tombe facilement devant les difficultés du chemin, ce qui vient à s'associer aux images de l'âme prise au piège ou en cage des autres livres d'emblèmes et qui ne sont pas de Van Veen, précédemment étudiés. Accessoirement, il représente aussi, par conséquent, l'installation, à long terme, de l'amour dans le coeur et dans l'esprit, et la difficulté de changer l'âme bien faite (c'est sa lenteur à partir).

Ainsi le représente bien Victor Hugo dans *Hernani* (1830, Acte III, Scène 1):

"*Dérision! que cet amour boiteux,*
Qui nous remet au cœur tant d'ivresse et de flamme,

---

[845]http://commons.wikimedia.org/wiki/File:Pieter_Bruegel_d._%C3%84._025.jpg?uselang=fr
[846]Van Veen, *Les emblemes de l'amour humain*, p. 34-37.
[847]Sur le lien entre Fortune et l'Amour, voir encore celui-ci prenant l'Opportunité par son unique cheveu *in ibid.*, p. 175.
[848]*Ibid.*, 181.
[849]*Ibid.*, p. 209.
[850]*Ibid.*, pp. 32-33.
[851]*Ibid.*, p. 66-67.
[852]Pour l'ensemble de ces oeuvres, voir http://lj.rossia.org/users/marinni/317969.html
[853]http://www.britishmuseum.org/research/collection_online/collection_object_details.aspx?objectId=1460297&partId=1

Ait oublié le corps en rajeunissant l'âme!"[854]

V. Le problème iconographique de l'objet irreconnaissable à côté de la pomme dans la gravure
V.1. L'objet dans ses interprétations habituelles, ou bien comme tache ou comme tampon

Revenons un instant sur le cas de l'objet à côté de la pomme, posé sur le rebord que jouxte celui où est la fruit reconnaissable.

À côté de la pomme, sans problème iconographique, l'objet, dont nous avons proposé qu'il pourrait être un tampon d'écriture propre des *scriptoria*, et que l'on rencontre dans l'iconographie, mais qui pourrait aussi bien être, simplement, une erreur, une tache, que l'artiste n'a pas voulu ou pas pu récupérer, a été, parfois, considéré comme un morceau de friandise sucrée ou *"Zuckerballen"*[855].

V.2. Autres possibles interprétations
V.2.a. Comme figue

Faisons à présent l'exercice d'en proposer d'autre options interprétatives:

Cet objet pourrait aussi bien être, visuellement, d'un commun accord, croyons-nous, une figue, qui alterne dans les représentations du fruit du Péché originel[856], et dont l'iconographie est souvent peu convaincante, car le fruit est petit, et a cette caractéristique ovoïde de l'objet qui nous intéresse dans la gravure durérienne.

Si tel était le cas, le thème du Péché originel serait doublé par les deux motifs.

V.2.b. Comme gousse d'ail

Si, comme la forme l'indique, petite, indéterminée, avec une excroissance qui semble faite de poils ou de queue sèche, il s'agit d'une gousse d'ail non pelée, il pourrait s'agir alors de cet aliment, attribut associé aux Juifs au Moyen Âge[857], comme on le voit sur une aquarelle du XVIème siècle, représentant un Juif de la ville allemande de Worms[858], lequel apparaît avec la caractéristique rouelle, *"un sac de pièces et de gousses d'ail, autres attributs associés aux Juifs"*[859]. Objet qui nous renverrait alors dans l'ordre de la Fausse Doctrine, que représentent, on l'a dit, les Juifs et la Synagogue pour le bas Moyen Âge et on iconographie, de façon très similaire au symbolisme de l'oignon dans l'Emblème XXVII du *Silenus Alcibiadis*[860]. Ce que

---
[854]*OEuvres illustrées de Victor Hugo - Lucrèce Borgia - Marion Délorme - Marie Tudor - La Esmeralda - Ruy Blas - Hernani - Le roi s'amuse - Les Burgraves - Angelo*, Paris, J. Hetzel, 1855, p. 15.
[855]"*Der Apfel zwar, auf den sie zu zeigen scheint, ist ihrer Hand entglitten und schmort in labiler Position über einer Abschrägung des Ofens, in der Nähe und in gleicher Höhe mit einem kümmerlichen Gebilde, vielleicht einer Frucht oder einem Zuckerballen.*" (http://www.museen-sh.de/Objekt/DE-MUS-076017/lido/1947-SHKV+16)
[856]Hilário Franco Júnior, "Entre la figue et la pomme: l'iconographie romane du fruit défendu", *Revue de l'histoire des religions*, 1, 2006, "*Varia*", pp. 29-70.
[857]http://fr.wikipedia.org/wiki/Rouelle_(Moyen_%C3%82ge)
[858]http://commons.wikimedia.org/wiki/File:Jewish_man_-_worms_-_16th_century.jpg?uselang=fr
[859]http://fr.wikipedia.org/wiki/Rouelle_(Moyen_%C3%82ge)
[860]*Silenus Alcibiadis*, pp. 54-55 de la 1ère Partie: "*Qui me despouille, pleurant se mouille.*
Manie tes amours en chaste reverence,
Si tu ne veux languir de longue repentence.
Tu pourras, sans douleur, tenir en main l'oignon,
Mais, pleureras, si veus oster son cotillon."
Ce qui, en amours, représente les pleurs du pelage, en religion représente, peut-on penser, l'âcreté de la fausse nouvelle, la bouche puante, et son amertume.
De fait, l'association du Juif à l'ail ne peut être que morale, puisque, d'un point de vue culinaire, chez les Juifs de Salonique: "*Les légumes accommodaient tous les plats, tout particulièrement l'oignon; l'ail était a contrario peu utilisé et de ce fait la synagogue des ashkénazes qui en étaient eux de grands consommateurs était surnommée El kal de ajo, «la synagogue de l'ail».*" (http://fr.wikipedia.org/wiki/Histoire_des_Juifs_%C3%A0_Salonique)
"*La couleur de la peau*
En dehors des traits du visage et du corps, la couleur de la peau a été révélée comme signe distinctif. On a dit du Juif que sa peau est noire, donc qu'il est laid. Or, si « en grec et en latin, le noir [...] a suggéré une souillure aussi bien morale que physique [qu'il] a été opposé au blanc, signe lumineux, symbole de la candeur [et] de l'innocence » (Bonniol, 1995, p. 189), malgré tout, cette approche n'a pas été partagée par toutes les cultures. On sait par exemple qu'en Égypte cette couleur a été le signe de la fécondité et que, dans la religion juive, le noir a parfois été associé à la beauté. Néanmoins, comme le montre A. Gott dans son Étude sur les couleurs en vieux français, le noir a été assimilé à ce qui est tsd laid, épouvantable, méchant, coupable, malfaisant (Gott, 1977, p. 19). Un lien a donc été tissé entre la couleur noire, la peau noire et le mal. Prenant appui sur ce symbolisme, Buffon a défendu que l'homme blanc vivant sous un climat tempéré est l'homme le plus beau. On retrouve ce même discours chez Maupertuis, Daubenton, et Cuvier, pour qui « la race blanche [...] nous paraît la plus belle de toutes » (Maupertuis, 1756, p. 98). Si le blanc a été interprété comme signe de beauté, par contre l'homme blanc a voulu en faire le signe de sa beauté, de son intelligence, et même de sa propreté (Bancel, 2008, p. 78). L'homme blanc a voulu être l'incarnation des valeurs positives. Comme si dire « je suis blanc [suffisait à signifier que] j'ai pour moi la beauté et la vertu » (Fanon, 1971, p. 36). Une des injures esthétiques alors été : « ta peau est noire », donc « tu es laid », donc « tu es mauvais ». Ainsi, pour « l'opinion majoritaire dans le monde savant des XVIIIe et XIXe siècles [...] le noirceur du Juif [...] [a exprimé] à la fois une infériorité raciale » et une nature corrompue (Taguieff, 2008, p. 195). De même, par opposition à « l'aryen dont la peau est pure et blanche, et dont le visage aérien semble

~ 311 ~

confirment encore les Emblèmes IIII (IV) et V du même ouvrage, qui associent l'image de Pan face au feu, et des courges qui croissent[861]. Et l'Emblème X, qui, reprenant la même problématique (l'amour comme

---

refléter les harmonies d'une âme qui ne connaît pas le mal » (Pierrard, 1998, p. 30), *il a été affirmé que la pigmentation des Juifs, noire ou du moins noiraude, est relative au fait qu'ils ont transgressé les frontières raciales* (Gilman, 1996, p. 207). *Houston Stewart Chamberlain a même parlé de « race bâtarde »* (Chamberlain, 1913, p. 389). *Quant à Louis-Ferdinand Céline, il a énoncé que le Juif est « le bâtard, l'hybride le plus répugnant du monde »* (Céline, 1938, p. 222), *il est « le produit d'un croisement de nègres et de barbares asiates »* (Céline, 1937, pp. 191-192). *Ainsi, de par ce type de propos et avec la caution de la communauté scientifique, « les prédicats noir, juif, vicié et laid [...] [ont été confondus] inexorablement dans les mentalités »* (Gilman, 1996, p. 207).
L'odeur juive
À cette prétendue laideur de la peau ont également été ajoutées l'odeur nauséabonde et la saleté. Les cinq sens ont ainsi servi « l'objet d'un discours de dénigrement où l'autre a toujours été une offense à la vue, à l'odeur, à l'ouïe, au toucher » (Le Breton, 2008, p. 41). *Comme l'écrit Taguieff, « l'opposition du beau et du laid [...] [a recouvert] celle du propre et du sale – dont l'un des indices est la mauvaise odeur »* (Taguieff, 2008, p. 233). *Les propos de Banazzini, dans son Traité des Artisans, sont traduit cette idée en attribuant « la puanteur des Juifs à leur malpropreté et à leur goût immodéré pour la chair de bouc et la chair de l'oie ». D'autres auteurs ont fait référence à une consommation excessive d'ail* (Drumont, 1886, p. 57). *Un lien évident a alors été fabriqué entre la laideur et la mauvaise odeur. Lien que l'on retrouve d'ailleurs dans la langue espagnole, si l'on en juge par le fait que « sentir mauvais » se dit oler feo, mais que feo caractérise le laid et fealdad la laideur. Toutefois, cette association entre la laideur et la mauvaise odeur n'a pas été le fait d'une particularité propre à une personne dont l'apparence est inesthétique et l'hygiène douteuse. Chez un grand nombre d'auteurs comme Schopenhauer, on la retrouve comme une spécificité de la communauté juive* (Schopenhauer, 1929, p. 222). *Dans cette approche, « le couple parfum/puanteur [...] [a donc tendu] à se superposer aux couples d'opposition pur/impur, propre/sale, sain/délétère »* (Albert, 2007, p. 80). *Notons d'ailleurs qu'au Moyen Âge on a opposé la bonne odeur du corps parfumé du Christ à la mauvaise odeur du corps de Judas. Au XXe siècle, Ernest Desjardins, Radu Rosetti ou Drumont, pour ne citer qu'eux, ont scandé comme une évidence que le Juif sent mauvais. Ainsi la « puanteur juive » est devenue un des signes de l'identité de la « race juive » au même titre que le « nez crochu ». D'ailleurs, « en 1930, le raciologue Hans F. K. Günther a donné l'odor Judaeus pour un caractère héréditaire du peuple juif »* (Taguieff, 2008, p. 213). *On a assisté là au passage d'une origine religieuse à une origine biologique, et certains travaux de médecins ont été jusqu'à prétendre que le Juif produit peu de cholestérine et que « le chimisme des glandes sudoripares [...] [est] particulier chez le Juif, car les cas où ce dernier dégage une odeur rance, qui nous est désagréable, sont trop fréquents pour ne pas représenter autre chose que des circonstances individuelles. [...] Peut-être l'odeur juive est-elle à mettre en relation avec les anciennes connexions négroïdes de la race »*, *ajoute-t-il* (Montandon, 1940, pp. 25-26). *En définitive, ce que l'on retient de ces analyses, c'est que « le Juif est laid et répand une odeur qu'aucun parfum ne peut extirper »* (Philippe, 1997, p. 226), *comme l'illustre d'ailleurs un dessin paru dans le journal Der Stürmer. Le Juif y est caricaturé en gousse d'ail. La légende qui y est associée est ainsi rédigée : « L'ail : tout le monde ne l'apprécie pas, car celui qui l'apprécie, il en dégage l'odeur. [Il pue] »* (Keysers, 2012, p. 59).
La corpulence juive
Il faut également noter que, dans de nombreux dessins ou textes, le Juif est dépeint en homme obèse. L'antisémitisme de Céline, par exemple, « se déploie sur le registre esthétique où le Juif apparaît comme l'exact contraire de la danseuse, incarnation de la grâce et de la beauté. Le Juif comme contretype incarne ici à la fois la laideur et la lourdeur, sa figure est celle d'une apparence repoussante, voire répugnante » (Taguieff, 2008, p. 217). *De même, dans une des caricatures parues dans L'Assiette au beurre, signée Gabriele Galantara, est exhibé un homme hideux qui se sert de sang pour arroser un arbre dont les feuilles sont des pièces de monnaie. Au bas de l'affiche, on peut lire la phrase suivante : « Il faut quelquefois du sang pour arroser la plante de l'or »* (Kotek, 2005, p. 20). *La laideur de l'homme est à la fois relative à sa corpulence excessive, à son rire empli de malice et à son regard maléfique. Dans une seconde caricature du même auteur titrée « Le Capitalisme juif », un homme obèse au visage extrêmement laid serre contre sa joue des sacs remplis d'or. On retrouve là encore un certain nombre de signes de laideur : de petits yeux, de grandes dents traduisant l'avidité et l'appât du gain, des mains potelées et des pieds effilés. Les teintes de ces deux caricatures sont saturées de noir et de rouge, ce qui en renforce l'aspect alarmant, inquiétant et oppressant. Plus proche du monstre, de l'ogre que de l'humain, la caricature se veut choquante et violente en même temps. De manière analogue, dans une carte postale de Thomas David intitulée « La déchristianisation de la France », une femme obèse et hideuse, nue et au nez proéminent, agite une étoile de David. Dans cette « carte postale antisémite [...] la modernité républicaine est présentée ici comme une invention juive : c'est un Juif vampire qui domine une France enjuivée »* (Kotek, 2005, p. 35). *Dans un autre dessin intitulé « Viande kasher... qui rapporte gros et ne coûte pas cher », de Ralph Soupault, paru dans Le Pilori le 27 septembre 1940, le Juif est représenté en boucher pansu* (Kotek, 2005, p. 40). *Dans celui intitulé « Le gouvernement invisible », paru en Espagne en 1930, le visage et le corps du Juif traduisent une corpulence certaine. De manière similaire, dans la vignette intitulée « Traverso delle idee », parue le 15 mai 1938, le Juif assis sur un banc est difforme. Quant au livre d'école d'Elvira Bauer Trau keinem Fuchs auf grüner Heid und keinem Jüd auf seinem Eid, paru en 1935-1936 édité à 100 000 exemplaires par la maison d'édition de Julius Streicher (directeur du journal antisémite Der Stürmer de 1923 à 1945), il présente la juxtaposition de deux paradigmes. L'un montre un Allemand blond doté d'un corps apollinien, svelte et tout en muscle, l'autre un Juif, petit et gras. La laideur le Juif en personne obèse et mal fait a pu faire que, dès le début du XXe siècle, la beauté idéale a été incarnée par un homme jeune, mince et musclé. Comme Georges Vigarello l'a analysé dans son ouvrage Les Métamorphoses du gras, du Moyen Âge à la Renaissance, l'excès de poids n'a pas été un critère inesthétique, par contre à partir du XVIe siècle, « la critique du gros [a] changé »* (Vigarello, 2010, p. 59). *« La grosseur physique [est devenue] laideur globale. Le gros [...] [a commencé] à être assimilé à un « maladroit », un « incapable », un « paresseux », un « fainéant »* (Vigarello, 2010, pp. 62-63). *Plus explicitement encore, à l'époque moderne, le vocabulaire s'est modifié, « les lourds en taille » sont devenus « les grossiers », les « sans malice » ou « sans discernement »* (Vigarello, 2010, p. 63). *Le gros s'est transformé en « lourdaud », « grosse boule », « énorme masse de chair », « gras comme du beurre », « vraie tonne », « aimable ballon », « vieux paillard », « vieux pourceau »* (Vigarello, 2010, p. 66). *Mais c'est surtout au XIXe siècle que l'homme gros a été appréhendé en tant qu'homme « laid » ou « hideux »* (Vigarello, 2010, p. 232). *Derrière la critique du pansu s'est également profilée une critique sociale, le gros incarné le nanti, le fortuné, associé à celui qui « s'engraisse de la substance de la veuve et de l'orphelin »* (Vigarello, 2010, p. 150), *il a matérialisé la laideur morale par son refus de partage et de la redistribution.*
L'antisémitisme a récupéré cette critique du bourgeois en l'attribuant au Juif censé incarner le profiteur, l'usurpateur et le tricheur. La représentation de l'embonpoint du Juif a également servi à l'opposer à l'image de l'Allemand mince et musclé. On sait que la sculpture nazie a repris à son compte les canons esthétiques de l'antiquité [...] [pour traduire] la beauté et l'harmonie du corps » afin *« d'exalter les valeurs raciales du nouveau régime »* (Guyot & Restellini, 1996, p. 137). *C'est sous cet angle qu'Arno Breker, sculpteur officiel du Reich a magnifié dans ses œuvres « la beauté physique, la perfection corporelle, l'athlète et le sport »* (Guyot & Restellini, 1996, p. 155). *L'homme blond, svelte, athlétique et musclé s'est imposé comme l'antithèse même de l'homme adipeux, bedonnant, lourdaud, tout comme de l'homme maigre, chétif, malade. Ainsi donc, « l'esthétique de la laideur [...] [s'est établie] par défaut : la laideur s'est incarnée dans l'exclu en tout point opposé à la beauté »* (Barthe-Deloizy, 2003, p. 54). *Le corps nu, beau, musclé, a ainsi modelé l'étalon de la nouvelle race d'homme. Une race différente de celle censée symboliser la laideur, la puanteur, la saleté et la vermine. On peut dire que la figuration du Juif a puisé dans tous les types possibles de hideur, sans oublier qu'en tant que critère médical, cette laideur associée est devenue « le signe d'un état pathologique permanent [...] relevant de la dégénérescence »* (Taguieff, 2008, p. 196). *Dans cet ordre, « l'image très négative des Juifs, construite à travers leur corps [...] [a été] intimement liée à la triade impureté-maculation-contamination »* (Florin-Platon, 2006, p. 3). *C'est en ce sens même que l'expression « sale Juif » a acquis « un triple sens à la fois somatique et éthique : laideur, maladie et corruption morale »* (ibid.).
L'ensemble de ces conceptions n'ont trouvé sa pleine illustration que dans des dessins de presse. Telle la couverture du numéro La défense de la race (1941) qui arbore des Juifs en vampires assoiffés de sang (Kotek, 2005, p. 30). *On y retrouve toujours les mêmes stigmates : nez proéminents, barbe, visage sombre. La représentation de l'individu symbolisant le Juif contraste avec la pureté du visage de l'enfant allemand dont seules les lignes essentielles sont dessinées. Dans le dessin titré « Le livre de Juda », paru en 1936 dans Der Stürmer, le Juif est représenté de manière caricaturale toujours affublé des mêmes stéréotypes, nez imposant, lèvres charnues. L'association entre le diable et Juda est explicite. Dans tous les dessins, le Juif est brossé comme un être immonde ». L'édition espagnole du Protocole, intitulée Le gouvernement mondial invisible des Juifs et le programme juif pour dominer le monde, parue en 1930, n'en donne pas une autre image* (Kotek, 2005, p. 36). *Le Juif est rouge de visage, rouge comme le sang qui dégouline du globe qu'il tient entre ses mains."* (Claudine Sagaert, "L'utilisation des préjugés esthétiques comme redoutable outil de stigmatisation du juif - La question de l'apparence dans les écrits antisémites du XIXe siècle à la première moitié du XXe siècle", Revue d'anthropologie des connaissances, 2013/4, Vol. 7, No 4, pp. 980-984)

[861]*Silenus Alcibiadis*, pp. 8-11 de la 1ère Partie; avec les respectives légendes:
"*Qui en haste se marie, a loisir se repent.*

dédication[862] - ce qui se conçoit autant d'un point de vue pratique que moral -), représente des pommes tombant de l'arbre.

V.2.c. Comme radis

Il pourrait s'agir d'un petit radis. On sait l'inattendue importance des cucurbitacées à la Loggia (1515-1518) de Cupidon et Psyché (on y induit leur sens amoureux[863] - que l'on retrouve dan *La Nef des Fous*, c. 1500, de Bosch[864] -, puisque l'on sait que "*roots such as turnip and radish are the most frequent of the vegetable (non meat) foods to appear in comic sexual scenes & in the fabliaux*"[865]) par Raphaël (festons peints par Giovanni Martini da Udine) de la Villa Farnésine à Rome[866]. Mais encore:

"*During the Middle Ages, the radish had a predominantly negative symbolic meaning as a symbol of quarrel and strife. Because the radish, like the turnip, was said to be related to evil spirits, radishes and turnips were sometimes consecrated, that is, rendered harmless.*"[867]

C'est ainsi que:

"*Another culinary illustration from Jorgi, der Drachendter allows us to posit a more positive closure to the medieval fairy tale. A bunch of red radishes also features throughout the slim book, drawn as a crest on a knight's helmet. Kept whole until the final illustration, here they are sliced up to add into the meal preparation. It is tempting to see much more than a random piece of cooking in the choice of this ingredient. In the Middle Ages, the radish apparently had a 'predominantly negative symbolic meaning as a symbol of quarrel and strife. Because the radish [...] was said to be related to evil spirits, radishes [...] were sometimes consecrated, that is, rendered harmless'.28 The radish picture can be read linguistically-etymologically, too, and not just as a visual symbol. The word comes from the Latin, 'radicem' or 'radix', meaning root. The related terms 'eradicate' and 'root out' are entirely relevant to the political message of the book, it would seem, at least to this reader-performer: the radishes have been chopped, xenophobia has been eradicated and radicalism (also related) has been deflected.*"[868]

Ce, que tu ne cognois, aymer iamais t'avance:
Il a pris mal a Pan d'aymer sans connoissance.
Qui ose son bouillon humer hastivement,
Sans doubte, il bruslera sa bouche bien souvent."
Et:
"*Quand il est creu, je le vois, Comment il croit, je n'appercois.*
Retournant au Tillet, ou tu estois escrite,
Ma douce Margotton, la lettre n'est petite
Comme un peu cy devant: le passager la voit,
L'Amour s'augmente, helas! sans qu'on s'en apperçoit."
Ainsi, dans l'Emblème IIII comme dans l'Emblème XXVII, la hâte d'amour est mauvaise, alors que l'Emblème V traite de sa diffusion et croissance. Rappelons, encore une fois, que l'ensemble des allégories amoureuses des livres d'emblèmes parlent autant de l'amour humain (charnel et passionnel) que divin (comme on le voit plus clairement, on l'a dit, chez Otto Van Veen). Raison pour laquelle les motifs et attributs de ces allégories peuvent nous servir à comprendre celle de l'association morale entre l'ail et le Juif. Intéressant pour nous, en cela, est la répétition thématique, dans une certaine séquence, qui associe, bien qu'implicitement, et non directement (vingt emblèmes séparent les deux groupes), l'évocation des cucurbitacées et de l'oignon ("*L'oignon, ou ognon (Allium cepa)*", http://fr.wikipedia.org/wiki/Oignon) qui n'est qu'un espèce d'ail ("*L'ail, ail commun ou ail cultivé (Allium sativum)*", http://fr.wikipedia.org/wiki/Ail_cultiv%C3%A9).
[862]*Silenus Alcibiadis*, pp. 20-21 de la 1ère Partie; avec la légende: "*Fruict verdelet, aisement ne chet.*
Amant, si tu ne veus languir de longue flame,
Addresse tes amours a quelque meure Dame.
Ne voit on au vergers que meur fruict suit la main?
Et qu'au trop verdelet souvent on tire en vain?"
[863]L'utilisation du radis comme instrument de punition phallique perdure de l'ancienne Grèce, Eva C. Keuls, *The Reign of the Phallus: Sexual Politics in Ancient Athens*, University of California Press, 1993, p. 291, jusque dans la société zouloue, Terri Hamilton, *Skin Flutes & Velvet Gloves: A Collection of Facts and Fancies, Legends and Oddities About the Body's Private Parts*, Londres, Macmillan, 2007, p. 315, et son symbolisme génératif s'exprime dans la mexicaine Noche de Rábanos (23 décembre) d'Oaxaca (née au XIXème siècle), http://es.wikipedia.org/wiki/Noche_de_r%C3%A1banos
[864]"*La planche posée entre les deux religieux porte une assiette garnie de quelques fruits rouges, cerises, fraises ou radis - fruits printaniers mais aussi symboles érotiques ? La planche et les fruits rappellent les tables qui séparent les couples dans les cuves des étuves telles qu'on en voit sur certaines miniatures.*" (Roger Van Schoute et Monique Verboomen, *Jérôme Bosch*, Renaissance Du Livre, Walter de Gruyter, 2003, p. 35)
[865]Sarah Gordon, "Sausages, Nuts, and Eggs", *Sexuality in the Middle Ages and Early Modern Times: New Approaches to a Fundamental Cultural-Historical and Literary-Anthropological Theme*, Berlin, Walter de Gruyter, 2008, p. 514.
[866]Jules Janick et Harry S. Paris, "*The Cucurbit Images (1515-1518) of the Villa Farnesina, Rome*", Annals of Botany, Oxford University Press, 2005, http://aob.oxfordjournals.org/, 12 pp.
[867]Udo Becker, *The Element Encyclopedia of Symbols*, sans lieu d'édition, Element, 1994, art. "*Radish*", p. 243.
[868]Allison Fiddler, "*A political 'Brief'*", *Aesthetics and Politics in Modern German Culture: Festschrift in Honour of Rhys W. Williams*, Bern, Peter Lang, 2010, p. 190.

De nouveau, le radis est associé aux Juifs, puisqu'il intervient comme symbole de la vie humaine, en recherche de Dieu[869], dans la fable "*Le ver et le radis*" du Rav Yéhouda Ashlag ou Baal HaSoulam (*Introduction au Livre du Zohar*, point 40)[870]:

"*Le même ver qui est né dans le radis, vit et pense que le monte entier n'est qu'amertume, obscurité et petit parce qu'il est né dedans. Cependant dès l'instant où il perse à l'extérieur et regarde ce qui existe en dehors du radis, il s'émerveille et dit: moi qui pensais que le monde était de la taille du radis dans lequel je suis né! Maintenant je vois que le monde est grand, lumineux, fort et beau.*"[871]

V.3. Conclusion sur l'objet irreconnaissable dans la gravure de Dürer

On le voit donc, indéterminés iconographiquement, les aulx, les radis, les figues, les tampons de *scriptorium*, tous nous renvoient, on l'a dit, dans l'ordre de notre interprétation:
1. Le tampon au monde du Docteur, du Savant chrétien;
2. L'ail et le radis aux Juifs, au démon, c'est-à-dire à la Fausse Doctrine, qui nous éloigne de Dieu;
3. La figue au Péché originel, donc, de nouveau, à l'oubli de Dieu, comme le radis encore à la sexualité; par conséquent, les deux en relation dialectique avec la pomme, qui leur fait(/ferait) pendant.

VI. Conclusion générale de méthode

"*Ils sont du peuple, et pour eux de terribles spéculateurs ont bâti récemment ces palais presque somptueux où le billard au rabais et l'alcool vendu an plus juste prix appellent le pauvre.—Et quand le pauvre, laissant ce rêve de lumière et d'ivresse, rentre dans son taudis sombre où sa famille demande du pain, le drame hurle si épouvantablement que la plume s'arrête et n'ose plus...*
Ils sont de la bourgeoisie, qui a d'autres entraînements. Chaque caste, en effet, semble avoir son mirage particulier, sa démence spéciale. Ils laissent chez eux une fraîche et blanche femme, instruite, spirituelle, bonne et jeune, ils franchissent la porte de derrière d'un laid théâtre, et les voilà aux genoux d'une créature vieille, laide, ignorante, grossière et stupide. Là-bas ils sont aimés, ici on se moque d'eux. Et ils jettent à pleines mains l'avenir de leurs enfants dans le giron de cette Armide, qui garde à ses vêtements parfumés l'odeur de pipe empruntée à l'autre amant: l'amant de coeur, celui-là: vilain, sale et qui bat ferme!
Un vainqueur! un héros! une brute!"
(Paul Féval, *La vampire*, cap. "*VII - L'affut*"[872])

Nous élaborerons notre conclusion sur le mode d'une révision de notre processus méthodologique, en deux colonnes, l'une où nous nous reposerons les questions fondamentales qui l'on généré, l'autre qui y répondra le plus concisément et clairement possible:

L'Acédie, dans ses représentations, a-t-elle un démon auprès d'elle?	Apparemment, selon notre *corpus*, non.
Qui, au contraire, en a?	L'Hérésie.
Le démon de l'Hérésie apparaît-il devant ou derrière-elle?	Les deux, indifféremment.
La Femme nue est-elle un symbole du Péché à la Renaissance?	Non.
Le dormeur est-il le symbole de l'Acédie?	Oui; mais aussi, plus généralement, de l'oubli ou de l'éloignement de Dieu, dans les livres d'emblèmes.
S'associe-t-il toujours à une femme?	Non, mais chez Bosch il apparaît dans la version la plus connue des *Sept Péchés Capitaux* avec une

---

[869] Symbolisme qui se retrouve encore dans l'oeuvre, pour la ville de Rennes, intitulée *Nos Racines* d'Ar Furlukin ("*Radis géant de trois mètres de haut et six mètres de diamètre avec des fanes qui se dressent vers le ciel, allant jusqu'à six mètres de haut*"), http://arfurlukin.fr/content/media/agendas/racines.pdf, ou dan l'interprétation des rêves, http://www.dictionnaire-reve.com/interpretation-reve/1512/reve-de-radis.html
[870] Rav Michael Laitman, *La Kabbale en toute Simplicité*, New York, Laitman Kabbalah Publishers, 2008, "*Le sens des fêtes d'après la Kabbale*", pp. 90-92.
[871] *Ibid.*, pp. 90-91.
[872] Féval, p. 63.

| | femme, laquelle, cependant, représente la Foi, puisqu'elle présente la *Bible*; alors que dans la version de Genève, l'Acédie est représentée, comme chez Brueghel, par une femme allongée la tête sur un rocher, avec un démon derrière elle, le four du dormeur étant changé ici, par proximité spatiale dans l'oeuvre, par les flammes de l'Enfer. |

Ce premier groupe de considérations nous confirme ce qu'écrit Panofsky dans l'introduction aux *Essais d'Iconologie*, à savoir que les images se modifient selon les textes, mais aussi selon l'évolution iconographique, comme il le montre dans l'étude de l'exemple de Judith et Salomé.
Continuons notre révision:

La figure féminine dans la gravure de Dürer peut-elle être une représentation de la Luxure?	Selon l'iconographie, difficilement.
Avons-nous suffisamment d'images de l'Hérésie se laissant bercer par le faux chant des démons?	Oui, des illustrations de Dante aux livres d'emblèmes.

À l'inverse, nous avons étudié le chant cosmique de Silène. Mais ici c'est Églé, conformément à la représentation des ouvrages de l'époque et de la Femme symbole de la Sagesse divine qui guide le héros (de l'*Anti-Claudianus*: Fronésie ou Prudentia, et la *Divine Comédie*: Béatrice au *Songe de Poliphile*: Polia; en passant par *Della Transmutatione Metallica: Reale Filosofica*; *Le chevalier errant*: Dame Cognoissance et Dame Fortune; *Roland Furieux*: Logistille; ou même *L'île aux esclaves*: Euphrosine), qui réveille l'ivrogne et permet l'émergence du chant.

Ce qui confirme notre opinion de la représentation de la Vérité face à l'hérétique endormi à Dieu (thème central des livres d'emblèmes étudiés), que le Corrège représente pour Isabelle d'Este depuis la mythologie classique, et Dürer depuis la théologie chrétienne basse médiévale.

Le point suivant nous le confirme encore:

Quel est le type du Docteur de Dürer?	Probablement un savant chrétien, pour trois raisons: le titre de la gravure; l'iconographie du personnage (son couvre-chef entre autres, et l'espèce de *scriptorium* où il se repose); la conformité iconographique du type avec celui du moine paresseux et endormi de l'*Acedia* au Moyen Âge. Mais cela n'est donc pas déterminant en soi (ni pour l'interprétation panofskienne, ni pour la nôtre, pour savoir si la gravure représente une simple illustration de la Paresse, ou un objet plus complexe), mais si pour pouvoir sans crainte la considérer comme une illustration théologique qui renvoie aux livres d'emblèmes.
Avons-nous donc une ligne historique d'images ou de textes qui nous présente de manière suffisamment systématique l'image d'une femme combattant l'Hérésie et les démons?	Oui (notamment, pour les deux idées explicitement associées d'hérésie et de diabolisme, dans la narration de la pièce espagnole de *Sainte Catherine Docteur*), et c'est celle de Sainte Catherine, laquelle porte la bague et est une version féminine de Jésus au Temple.
Avons-nous suffisamment d'images de tripartition associées au motif musical pour renforcer notre interprétation de la gravure de Dürer?	Oui, dans les livres d'emblèmes.

Ce dernier élément, une fois de plus, posant leur importance primordiale pour comprendre l'évolution de la pensée moderne.

Quatrième partie:

Le quotidien comme assomption de l'individu

XI - "ÊTRE OU NE PAS ÊTRE, TELLE EST LA QUESTION"

Curioso es que *"To be or no to be, that is the question"* (*Hamlet*, 1603, III, 1), más famosa frase de la literatura, haya sido tan poco glosada (salvo, pero meramente al nivel de los problemas lingüísticos de conformidad al original en el proceso de pasaje de una lengua a otra, por Marcel Pagnol en la introducción a su propia traducción de 1947 de *Hamlet*), además siempre lo ha sido tan sólo en base al mismo texto y la psicología del personaje. Aunque, en la misma época, tenemos dos preocupaciones similares: Las de Calderón de la Barca, y de Descartes. *La Vida es Sueño* (1635) empieza (Jornada I) con las dudas del príncipe: *"fiera de los hombres"* y *"hombre de las fieras"*, *"monstruo humano"*, *"esqueleto vivo,/ siendo un animado muerto"*, *"monstruo de su laberinto"*, *"monstruo humano"*, *"Sólo quisiera saber,/ para apurar mis desvelos/(dejando a una parte, cielos,/ el delito de nacer),/ qué más os pude ofender,/ para castigarme más./ ¿No nacieron los demás?/ Pues si los demás nacieron,/ ¿qué privilegios tuvieron/ que yo no gocé jamás?"*, enternecido por Rosaura (nombre simbólico, rosa mística medieval), al igual que Hamlet se pregunta por Ofelia, en el mismo final de su monólogo. La Jornada termina con el monólogo de Segismundo: *"Sueña el rey que es rey, y vive/ con este engaño mandando/ disponiendo y gobernando;/ y este aplauso, que recibe/ prestado, en el viento escribe,/ y en cenizas le convierte/ la muerte, ¡desdicha fuerte!/ ¿Que hay quien intente reinar,/ viendo que ha de despertar/ en el sueño de la muerte?/ Sueña el rico en su riqueza,/ que más cuidados le ofrece;/ sueña el pobre que padece/ su miseria y su pobreza;/.../... Yo sueño que estoy aquí,/ destas prisiones cargado,/ y soñé que en otro estado/ más lisonjero me vi./ ¿Qué es la vida? Un frenesí./ ¿Qué es la vida? Una ilusión,/ una sombra, una ficción,/ y el mayor bien es pequeño:/ que toda la vida es sueño,/ y los sueños, sueños son."* Características de la sociedad baja medieval de las Danzas macabras y la barroca de las Vanidades, las reflexiones de Segismundo apuntan la ductilidad de los bienes terrenales, y la verdad del ser en su relación fisiológica con la muerte.

En *Discurso del Método*, IV, (1637) Descarte explica:

"... queriendo yo pensar, de esa suerte, que todo es falso, era necesario que yo, el que pensaba, fuese alguna cosa; y observando que esta verdad: «yo pienso, luego soy», era tan firme y segura que las más extravagantes suposiciones de los escépticos no son capaces de conmoverla, juzgué que podía recibirla sin escrúpulo, como el primer principio de la filosofía que andaba buscando.../... Después de lo cual, hube de reflexionar que, puesto que yo dudaba, no era mi ser enteramente perfecto, pues veía claramente que hay más perfección en conocer que en dudar; y se me ocurrió entonces indagar por dónde había yo aprendido a pensar en algo más perfecto que yo; y conocí evidentemente que debía de ser por alguna naturaleza que fuese efectivamente más perfecta... y como no hay menor repugnancia en pensar que lo más perfecto sea consecuencia y dependencia de lo menos perfecto,... no podía... proceder de mí mismo; de suerte que sólo quedaba que hubiese sido puesta en mí por una naturaleza verdaderamente más perfecta que yo soy, y poseedora inclusive de todas las perfecciones de que yo pudiera tener idea; esto es, para explicarlo en una palabra, por Dios." Lo que es el mismo procedimiento reflexivo que San Agustín en *De Civitate Dei*, XI-26: *"Aunque no iguales a Dios, sino bien infinitamente distantes de Él, por eso puesto que entre sus obras somos la que más se acerca a su naturaleza, reconocemos en nosotros mismos la imagen de Dios,... Ante dichas verdades, no me causan ningún recelo los argumentos de los académicos que dicen "¿y si te engañas?" Si me engaño, quiere decir que soy. No se puede engañar a quien no existe; por lo tanto si me engaño por eso mismo soy. Dado que existo, ya que me engaño,... ni siquiera en el conocer que me conozco me estoy engañando... y aunque fuese falso lo que amo, sería verdad el que amo cosas falsas, pero no sería falso que yo amo."* En *De Trinitate*, XIV, 5, 7, San Agustín escribe: *"nada conoce el hombre que le sea más cercano ni que le sea más inmediato a su mente que su identidad consigo mismo"*, y Descartes (2º de sus *Meditaciones*): *"nada hay que me sea más fácil de conocer que mi propio espíritu."* En *Enchiridion*, XX-7, Agustín escribe: *"no puede errar quien no vive"*, y en *De Vera Religione*, XXXIX, 72: *"No quieras derramarte fuera, entra dentro de ti mismo, porque en el interior del hombre reside la verdad"*. Santa Teresa, asumiendo la misma cárcel que Segismundo, dice: *"Vivo sin vivir en mí,/ y de tal manera espero,/ que muero porque no muero./ Vivo ya fuera de mí/ después que muero de amor;/ porque vivo en el Señor,/... ver a Dios mi prisionero,/ que muero porque no muero./¡Ay, qué larga es esta vida!/ ¡Qué duros estos destierros,/ esta cárcel, estos hierros/ en que el alma está metida!/... que muero porque no muero./ ¡Ay, qué vida tan amarga/ do no se goza el Señor!/ Porque si es dulce el amor,/ no lo es la esperanza larga./... Sólo con la confianza/ vivo de que he de morir,/ porque muriendo, el vivir/ me asegura mi esperanza."*

Así el monólogo de Hamlet prefigura lo del cementerio (V, 2), evocando la dualidad entre vida y muerte, realidad eterna y sueño de la vida. Hamlet dice:

"Morir es dormir. ¿No más? ¿Y por un sueño, diremos, las aflicciones se acabaron y los dolores sin número, patrimonio de nuestra débil naturaleza?... Este es un término que deberíamos solicitar con ansia. Morir es dormir... y tal vez soñar. Sí, y ved aquí el grande obstáculo, porque el considerar que sueños podrán ocurrir en el silencio del sepulcro, cuando hayamos abandonado este despojo mortal, es razón harto poderosa para detenernos. Esta es la consideración que hace nuestra infelicidad tan larga. ¿Quién, si esto no fuese, aguantaría la lentitud de los tribunales, la insolencia de los empleados, las tropelías que recibe pacífico el mérito de los hombres más indignos, las angustias de un mal pagado amor, las injurias y quebrantos de la edad, la violencia de los tiranos, el desprecio de los soberbios?"

La identidad entre por una parte verdad del Ser (relación vida-muerte: Shakespeare-Calderón de la Barca-Santa Teresa), y por otra cualidad ontológica (unidad del ser: San Agustín-Descartes), se halla en Parménides: *"Pues lo mismo es pensar y ser."* El Ser es *"íntegro, inmóvil e infinito... Pues si nació no es, ni tampoco es si va a ser alguna vez. Así el nacimiento se apaga y muda está la destrucción... Por lo cual es ley natural que el ser no sea imperfecto, ya que no carece de nada, y de otro modo carecería de todo. Es lo*

~ 319 ~

mismo pensar y lo que causa el pensamiento. Pues sin el ser, en el cual se haya expresado, no hallarás pensamiento. Pues ninguna otra cosa hay o habrá fuera del ser, puesto que la Moira lo encadenó a ser total e inmóvil. En él están todos los nombres que los humanos le pusieron convencidos de que eran verdaderos, nacer, perecer, ser y no ser,..." (*Textos presocráticos*, Barcelona, Edicomunicación, 1999, pp. 73-76). De esta tradición proviene la cuestión existencialista de lo absurdo, y en Camus (*El mito de Sísifo*, 1942), el que "*Juzgar que la vida vale o no vale la pena*" sea el único "*problema filosófico realmente serio*".

El origen teológico del concepto de muerte en Shakespeare y los demás autores como Calderón, se comprueba por la cercanía entre la exclamación poética del "*morir viviendo*" de Santa Teresa de Ávila (compartida entre toda la época, como comprueba el tema del *memento mori* [y también del *Ars moriendi*], *memento mori* que terminará siendo un género iconográfico aparte, el de las *Vanidades*, con su correspondiente figura del melancólico, representado por María Magdalena) y esta otra, célebre, de Claudio en *Measure for Measure* (Acto III, Escena 1):

"*I humbly thank you.*
To sue to live, I find I seek to die;
And, seeking death, find life: let it come on"

XII - FRANÇOIS BOUCHER

Rousseau con el *"buen salvaje"* que inspirará tanto a *Paul et Virginie* (1806) de Bernardin de Saint-Pierre como al *Atala* (1801) de Chateaubriand, el abad Prévost con *Histoire du chevalier Des Grieux et de Manon Lescaut, tirée des Mémoires d'un homme de qualité* (1728-1731), Choderlos de Laclos con *Les liaisons dangereuses* (1782), y entre Prévost y Laclos: John Cleland con *Fanny Hill or Memoirs of a Woman of Pleasure* (1749), todos tratan de la división entre por una parte la cultura y la moral y por otra la libertad individual y de costumbre y la naturaleza.

Sade, que solemos concebir desde nuestra mentalidad, se inscribe en esta época, en la que la filosofía y el arte rococó, con los desnudos de François Boucher, por ejemplo, lleva una dialéctica similar entre lo púdico y la filosofía. Lo confirma por ejemplo *La Philosophie dans le boudoir* (1795), que, desde el *"Primer Diálogo"* nos ofrece, en un intercambio que no es muy lejos de la temática del libro de Laclos, una reflexión sobre este *"animal amphibie"* evocado por Mme de Saint-Ange (de simbólico apellido) y analizado por su hermano el caballero:

"*Je ne te cacherai point mes extravagances avec lui: tu as trop d'esprit pour les blâmer. Dans le fait, j'aime les femmes, moi, et je ne me livre à ces goûts bizarres que quand un homme aimable m'en presse. Il n'y a rien que je ne fasse alors. Je suis loin de cette morgue ridicule qui faut croire à nos jeunes freluquets qu'il faut répondre par des coups de canne à de semblables propositions; l'homme est-il le maître de ses goûts? Il faut plaindre ceux qui en ont de singuliers, mais ne les insulter jamais: leur tort est celui de la nature; ils n'étaient pas plus les maîtres d'arriver au monde avec des goûts différents que nous ne le sommes de naître ou bancal ou bien fait. Un homme vous dit-il d'ailleurs une chose désagréable en vous témoignant le désir qu'il a de jouir de vous? Non, sans doute; c'est un compliment qu'il vous fait; pourquoi donc y répondre par des injures ou des insultes? Il n'y a que les sots qui puissent penser ainsi; jamais un homme raisonnable ne parlera de cette matière différemment que je ne fais, mais c'est que le monde est peuplé de plats imbéciles qui croient que c'est leur manquer que de leur avouer qu'on les trouve propres à des plaisirs, et qui, gâtés par les femmes, toujours jalouses de ce qui a l'air d'attenter à leurs droits, s'imaginent être les Don Quichotte de leurs droits ordinaires, en brutalisant ceux qui n'en reconnaissent pas toute l'étendue.*"

Moral natural que, como hemos dicho, volvemos a encontrar, entre otros, en las obras de Boucher, y que, comparando las producciones del artista, dejan entrever, en la multiplicidad de los retratos en voluptuosos sofás de mujeres desnudas, como *La Brune* y *La Blonde Odalisque*(s), y su correspondiente expresión, sea como juego erótico casero cuando pinta su esposa, o como contraposición de representación de la sensual imagen de una cortesana intelectual retratando a Mme de Pompadour, en escenas de interior o de exterior.

La *Odalisque blonde* es en realidad Marie-Louise O'Murphy de Boisfailly. En 1752, habiéndose vuelto platónica la relación de Madame de Pompadour con el Rey Louis XV, ésta decide moldear su actitud sobre la de su predecesora, la Marquise de Maintenon, quedándose en la corte. Temiendo ser suplantada por una dama de la corte, Mme de Pompadour decide entregar al rey jóvenes doncelas en la residencia del Parc-aux-Cerfs en Versaille, entre las cuales se destacan particularmente furent Anne Couppier de Romans, de la que el monarca tuvo un hijo llamado Louis Aimé, que reconoció sin embargo sin llegar a legitimarle, y O'Murphy, conocida como Morphyse, de la que tuvo una hija, llamada Agathe Louise. O'Murphy, mujer emprendadora, música, aventurera, voltairiana, quiso desacreditar a Mme de Pompadour, lo que le rey la repudió, y la casa en 1755 con el auvergnat Jacques Beaufranchet, Señor de Ayat, a la que dio un hijo, llamado Louis Charles Antoine de Beaufranchet, que será oficial de la Revolución y se distinguirá durante la guerra de Vendée. En *Mémoires de J. Casanova de Seingalt, écrits par lui-même* (1789-1798, publicado en 1825 en versión censurada), Casanova reivindica el descubrimiento de O'Murphy, al pedir un retrato de ella que fue presentado al rey Louis XV, quien hubiera pedido entonces a ver si el original correspondía al retrato. Escribe:

"*L'habile artiste avait dessiné ses jambes et ses cuisses de façon que l'œil ne pouvait pas désirer de voir davantage. J'y ai fait écrire dessous: O-Morphi, mot qui n'est pas homérique, mais qui n'est pas moins grec. Il signifie Belle.*"

De hecho, la belleza de la niña de 15 años, joven educada de familia aristocrática pero pobre, que había sido educada en un convento, deslumbraba tanto al rey que éste le dio el apodo de "*Sirette*", neologismo femenino de "*Sire*", por lo que se conoce a O'Murphy como "*La petite reine de Louis XV*".

Mientras *La Brune Odalisque*, cuyo atribuido es un cofrecillo de joyas, invita al espectador con la mirada, ofreciendo sus piernas abiertas que dejan ver la entrada del sexo, más púdica se nos presenta *La Blonde Odalisque*, cuyo atributo es una flor tirada en el piso, mirando a lo lejos, los glúteos girados hacia la parte opuesta al espectador. La similitud con la temática de *La Dama con el Unicornio* no puede sino llamarnos la atención. El cofrecillo es objeto de los bienes terrenales, mientras la flor evoca el sentimiento, el espíritu amoroso por sobre la pasión brusca. Por lo que, si comparamos a las dos *Odalscas* en sus

atributos, O'Murphy se define en cierta medida como una seductora, pero, por su porte, y su cierto pudor en la sensualidad, Dama de Corte.
  La permanencia de las flores cortadas regadas en el suelo, como en *La Blonde Odalisque*, los retratos de Mme de Pompadour y también el de *Mme de Bergeret*, nos devuelve a la temática rococó de lo sensual y los juegos amorosos, mientras la oposición por una parte en mujeres sentadas y vestidas, haciéndole frente al espectador y libro en mano, y por otra mujeres acostadas y desnudas, libros olvidados sobre la mesa de noche, dándole la espalda al espectador, el rostro apenas visible de perfil (lo que prefigura las mujeres objeto sin rostro de los surrealistas y de pintores nicaragüenses contemporáneos como Armando Morales o Hugo Palma), y piernas abiertas dejando ver las nalgas como invitación, implica una división exacta de clase social, papel en la representación y significado de la misma. Por un lado, Mme de Pompadour, Mme de Bergeret o Mme Boucher son mujeres de la buena sociedad, sensuales, como revelan los pies pequeños apuntando debajo de la falda larga de Mme de Pompadour, erotizadas a como quería la época y el orgullo de la dama mediante el atributo venusiano de las rosas, pero lectoras, cultas y tomadas en ámbitos si bien equívocos para un espectador de hoy, inequívocos para el siglo XVIII: el espacio interior, aunque remitiendo como en el retrato de Mme Boucher (1743) a la comodidad exquisita del hogar, por comparación con las *Odaliscas*, por la misma posición expectante y coqueta ("*coquine*") de la esposa, sin embargo presenta objetos de otra índole: la tetera, del matrimonio, y en el suelo la rosa reemplazado por el hilo de coser ropa. (En la *Odalisca morena*, la tetera, asociada con el collar de perla desvía el simbolismo del espacio privado hacia la idea de libertinaje cortesano, el collar siendo a la vez objeto venusiano por las perlas y por ende posible regalo galante.) El reloj colgado de la pared recuerda el tiempo matrimonial, y por ende de alguna forma el concepto de fidelidad y perennidad de los lazos que implica. De hecho, Mme Boucher lleva en la cabeza la *coiffe* de esposa, a como Mme Bergeret tiene un sombrero en la mano y el pelo arreglado y floreado, al igual que su vestido, lujoso y así expresión de su estatus social. Mme de Pompadour en ninguno de los retratos hechos por Boucher deja de representar a una dama educada, lectora asidua aunque con la mirada hacia fuera del cuadro, como las *Odalisca*, pero ahí donde el diálogo implícito con una tercera persona invisible en el caso de las *Odaliscas* tiene que ver con la evocación sensualizada del *ménage à tríos* de *El columpio* (1768), en el caso de Mme de Pompadour evoca más bien el espíritu viajero de la lectora llevada, como Proust a inicios de *A la recherche du temps perdu*, por el recuerdo de los mundos literarios abiertos ante ella, aunque también, obviamente, remite a su relación con el Rey (como, en las estatuas de ciertas versiones, el Eros ciego que, alguna vez, intenta agarrarle el pecho a Vénus como versión profana de la *Caridad*), ausente pero sin embargo siempre presente como inmanencia, según un código iconográfico elaborado por Luis XIV y la imagen simbólica pero laica (y no religiosa, a diferencia de lo que ocurre en los libros de emblemas de la misma época) del girasol (y eventualmente la mujer mirándolo), que siempre se torna hacia el astro. Este código religioso-profano nos parece ser el que también rige las numerosas imágenes galantes o simplemente caseras de mujeres ante la ventana de Vermeer.
  El carácter clasista de las obras citadas de Boucher se evidencia con plenitud comparándolas con sus *Venus*, *Diana* o *Leda* que, todas acompañadas por criadas, la dominan por su altivez, asegurada por una posición sobreelevada respecto de ellas, y por las ricas telas en las que reposan sus desnudas nalgas, mientras las sirvientas se quedan en el suelo duro. El pie, elemento obviamente erótico en Boucher, actúa también en estas series mitológicas como revelador, ya que el tema del baño, que retomarán con tanto empeño los impresionistas profanizándolo y haciéndole popular, es en la pintura clásica el tema pretexto por excelencia a presentar y gozar de la redonda escena de cuerpos femeninos, aún cuando la matriz histórica sea que el mirón siempre es castigado (como Acteón o los viejos de Susana). En dicho contexto, el pie, levantado y apuntando a la criada o hasta reposando sobre su rodilla hasta hacerla caer con la irremediable dulzura de la fuerza dominadora aceptada como en *El baño de Diana*, ilustra sin duda posible la supremacía de clase de la diosa sobre su sequito. A la inversa, aunque con mismo propósito y simbología, en *La Toilette*, revelado por la presencia del gato, símbolo habitual de voluptuosidad como más tarde en Baudelaire, el erotismo se expresa por la posición sentada de la ama poniéndose las medias, y enseñando una pierna, gesto de lo más erótico para la época, y todavía objeto de disertación a inicios del siglo XX como en *Le journal d'une femme de chambre* (1900) de Octave Mirbeau, o el análisis de Leonardo por Freud. Mientras está sentada la ama, la criada de pie, la relación de dominación ya no expresándose en esta pintura como en las demás citadas mediante el juego siglo XVIII del sometimiento sensual, sino por la codificación secular de la iconografía religiosa, donde las figuras divinas más importantes están sentadas en cojines de lujo que les impiden tocar directamente el espacio humano demasiado bajo para ellas (a como ocurre en las pinturas mitológicas de Boucher), mientras los humanos que las acompañan se quedan de pie. En *La Toilette*, la

intimidad de la escena se deduce por la presencia, como en el retrato de la esposa del pintor, de la tetera y aquí de la chimenea trabajando, pero la intromisión en el espacio prohibido se expresa, inversamente, por el biombo que divide dos espacios, el privado y el público, y el hecho de que, para ponerle leña al fuego, se quitó la reja protectora de la chimenea, la chimenea siendo el lugar donde, tanto en las *Fioretti* para Francisco como en las *Heures de Laval* para Antonio el santo se protege de los asaltos lujuriosos de una mujer infiel.

A la división vertical de la sociedad corresponde en la obra de Boucher la oposición horizontal entre géneros: pues, mientras en las pinturas mitológicas la diosa siempre es dominadora, hasta con Vulcano, que implora su esposa traicionera en *La Visita de Venus a Vulcano*, y le entrega las armas en *Venus pidiendo las armas para Eneas*, en el mundo humano al contrario las mujeres son siempre sometidas a tenaz pretendientes, sea en *La Poursuite, El sueño interrumpido* o la serie de *Las Cuatro Estaciones*. En *La Toilette de Vénus* o *Vénus consolando Cupido*, es siempre la diosa que domina al *putto*, sea que éste le sirva de camerista, sea que ella lo agarre sin soltarlo.

Vale decir que la obra de Boucher se inscribe, como la de Sade, en la problemática, que se da en todo el siglo XVIII, de la libertad y el gozo versus la norma y la ley.

XIII - GREUZE

El arte del pintor francés Jean-Baptiste Greuze determina formas pictóricas propias del siglo XVIII tanto por su reescritura de modelos clásicos como por la influencia de su obra sobre otros artistas.

El díptico de *La Maldición paterna* sobre el tema del hijo pródigo: *El Hijo ingrato* (1777) y *El Hijo castigado* (1778), cuadros cuyas primeras versiones fueron expuestas en el Salón de 1765 y recibieron una entusiasta crítica de Diderot, narran el abandono violento de la casa familiar por el hijo y su regreso en lágrimas por la muerte del padre. Ahora bien, tanto el ambiente del cuarto donde ocurre la despedida, como el brazo levantado del hijo que significativamente Diderot tacha de *"joven libertino"* (*"tiene aire violento, insolento y fogoso; tiene el brazo derecho levantado al lado del padre, encima de la cabeza de una de sus hermanas, se levanta sobre sus pies; amenaza con la mano; tiene el sombrero en la cabeza; y su gesto y su cara son igualmente insolentes"*) son muy parecidos a otra pintura del siglo: el famoso *Cerrojo* (1778) de Fragonard (que, en la obra del mismo tiene eco en el posterior *Beso robado*, 1787-1789, que invierte los términos, ya que el enamorado se asoma desde la puerta entreabierta, la muchacha, en vez de que su vestido se deslice suavemente, símbolo de entrega, de la cama, agarrando aquí activamente una manta para descubrir, símbolo esta vez de la acción ulterior, el sofá donde potencialmente, como en Boucher, podría succeder lo consecutivo, por su cercanía con la puerta, al igual que el cerrojo con la cama en el epónimo *El Cerrojo*): sólo que en el cuadro de Greuze representando *El Hijo ingrato*, el alboroto de personajes es sustituido por la escasez: sólo están los dos enamorados. Desaparece el *"confesional de cuero negro"* (Diderot) donde iba sentado el padre en Greuze. La cama de la derecha, *"cubierta con cuidado"*, pasa, deshecha, a la izquierda, viéndose las almohadas. Si *"no parece tan mala"* la cama en Greuze, en Fragonard es lujosa, con sábanas de terciopelo rojo colgando. La madre agarrada en Greuze del cuello del hijo, quien con su brazo rechaza el abrazo materno, se transforma en Fragonard, con mismo movimiento, en el brazo que detiene a la enamorada empolvada desmayándose de deseo. El brazo que levanta en hijo en señal de despido en Greuze se vuelve en Fragonard mano levantada para trancar la puerta poniendo el pasador, para imponer cualquier llegada indeseada.

La alegoría bíblica en Greuze se torna entonces metáfora *"libertin*(a)*"* en Fragonard, parodia del evidente modelo original, a tal punto que la pareja madre-hijo no sólo es sustituida por la pareja de amantes sino que la postura que se conserva entre los dos cuadros en Fragonard invierte la posición del grupo respecto del espectador: ahí donde en Greuze la pareja está frente al espectador, en Fragonard le da la espalda. La razón es lógica: el sustrato moral del ejemplo bíblico pretende en Greuze advertir y poner en evidencia, como en una escena de teatro, mientras el principio de *voyeurisme* en Fragonard (que se encuentra paradigmático en su cuadro *El Columpio* de 1767, donde un pretendiente mece a una coqueta, y otro galante escondido entre la hierba se aprovecha del espectáculo ofrecido por las faldas levantadas de la mujer) impone la posición de espalda, la cual evoca para el s. XVIII la idea de libertinaje, en donde el espectador, como en los cuadros de Boucher, descubre desprevenida la mujer en su intimidad sensual o, como aquí y en *El Columpio* en sus juegos amorosos prohibidos. El mismo título *El Cerrojo* recuerda que nos hallamos frente a una representación de amores lujuriosos por remitir dialécticamente (al igual que los posteriores *El Origen del mundo*, pubis desnudo escondido detrás de una cortina, de 1866 de Courbet, y *Dados: 1. La cáscada, 2. El alambrado público*, última obra de 1944-1966 de Duchamp, sobre el mismo tema y principio que el cuadro de Courbet) al jardín cerrado que es la Purísima en la teología cristiana.

El principio educacional de tales propuestas no debe pasar desapercibido: es muy claro en Greuze, tal vez menos en Fragonard, aunque se percibe en la intención de evocación libertaria (otro significado del concepto de libertinaje, como vimos en nuestro artículo del 4/3/2006 sobre Sade). Tan es así que, no sólo Fragonard retoma el ámbito del cuarto en *Visita a la nodriza* (antes de 1784), pequeña escena navideña en que el padre, ahí arrodillado, pero siempre abrazado con la madre, y con sus dos niños en la puerta esta vez abierta (símbolo de pureza del ambiente, al igual que las cortinas, recuerdo bizantino de que estamos ante una teatralización, que dan sobre una ventana invisible iluminando la pareja paterna de luz), visitan el bebé en la cuna, cuidada ésta por la vieja nodriza arrinconada en la oscuridad, el mismo Greuze se dedicó en su obra a representar escenas ambiguas de niñas en sus cuartos, aludiendo a menudo a imágenes clásicas: la Melancolía en *El rezo de la mañana* (1775-1780), *La vieja friendo huevos* (1618) de Velásquez en *El niño mimado* (1765) por la relación entre el niño y el adulto y la organización general del cuadro. Al perrito de *El niño mimado* que escondido chupa la paleta que por malcriado le abandona despreocupado el niño se sustituye en *El espejo quebrado* (1763) el perrito que se asoma al espejo regado en el suelo.

Chardin ya se había dedicado a representar a la niñez burguesa, como en *Acto de Gracias antes de la comida* (1740) o *El niño con el trompo* (1736). En *La lejía*, a semejanza del señor de *Burbujas de jabón* (c.1745), el niño pobre, asemejando una *Vanidad* barroca, con ayuda de un tubo hace burbujas, símbolo de la efimeridad de lo terrenal, mientras en una gran tina lava la ropa su madre, cuya cara desdichada prefigura a la niña asustada de *El espejo quebrado*. Desde la edad media el espejo, símbolo de vanidad, se asocia a la mujer, por lo que dicho atributo tan propio de la crianza femenina para la tradición se vuelve en Greuze objeto por excelencia del cuidado personal y la atención en el aprendizaje. El quebrarlo nos adentra a este mundo del *voyeurisme* libertino que nos hace partícipes del proceso de descomposición y vergüenza de la niña y su mundo tornando juego sensual lo que es evocación educativa en Chardin: el experimentar las fuerzas motrices de la naturaleza para *El niño con el trompo*, atento en su escritorio, rodeado de papeles, pluma y libro, al igual que el otro niño, también a su escritorio (desaparecidos papeles, libro y pluma) de *Casa de naipes* (c.1741), dedicado a organizar su mundo y reducirlo a sus conocimientos aplicándolos como el anterior a enseñanzas prácticas. Al mundo varonil del aprendizaje y los juegos serios, derivados de la iconografía medieval del niño Jesús de los *Apócrifos*, se opone entonces esta vez en Greuze la niña tonta, imagen del descuido, el orgullo, y por ende el libertinaje, que volveremos a encontrar, todavía con metas educativas, en el s. XIX con la pequeña Sofía de los libros de la condesa de Ségur.

XIV - *LA JEUNE FILLE QUI PLEURE SON OISEAU MORT*

En nuestro trabajo sobre Greuze (14/4/2007), planteamos en él una dicotomía hombre-mujer, en el campo de la experimentación y el aprendizaje. Es sintomático *El espejo quebrado* (presentado al Salón de 1763), que reproduce, invertidos, los valores de *El niño con el trompo* (1738) de Chardin. Mientras el niño varón de Chardin, *sagement* sentado a la mesa, rodeado de pluma, papel y libros, experimenta en práctica el mundo físico con el trompo, la niña de *El Espejo*, alejada de la mesa, que es de coser y trabajos domésticos (que recuerda *La blanchisseuse* de 1761), se desespera por haber roto el espejito, mientras un perrito olfatea el desastre. Ahí donde el niño con el trompo dando vuelta se deriva de la iconografía medieval del niño Dios con el molino de viento-crucecita, el rombo teniendo idéntica simbología de las vueltas del mundo (rueda de la fortuna mística advenida objeto de experimento), en la niña resurge la figura, también baja medieval, de la lujuria, mujer dedicada al amor propio.
Greuze se dedicó a representar la piedad filial, como confirma la serie del Hijo pródigo, y pinturas que marcan toda su producción, desde *El paralítico o Los Frutos de la buena educación* (1763) hasta *El Hijo débil castigado* (1778). Además cabe mencionar la *Caridad romana* o *Pero y Cimón, Una mujer leyendo Eloise y Abelardo, Retrato de Esprit de Baculard d'Arnaud* (invierno de 1776, cuando tenía 5 años, según información del modelo en una carta conservada en los Archivos de la Biblioteca de Troyes), *Niña con un perrito*...
Al alboroto de *El espejo quebrado*, con el perrito (símbolo clásico de fidelidad hogareña, como en el *Retrato de los esposos Arnolfini*) que remite al tierno abrazo entre dueña y mascota en *Niña con un perrito* y al gato negro (imagen tradicional de sensualidad) que Esprit tiene en brazos, responde la sobriedad de *El niño con el trompo*.
Idéntica representación que en *El espejo quebrado* de Greuze nos orienta en la evocación de la oposición entre el carácter de narcisismo atribuido clásicamente a la mujer versus su entrada en la sociedad, la oposición entre la experimentación cruda de la realidad versus la ingenuidad femenil en el famoso pasaje de *Los Miserables* (1862, Tome I *Fantine*, París, Émile Testard, 1890, pp. 349-350) de Victor Hugo:

"Fantine jeta son miroir par la fenêtre. Depuis longtemps elle avait quitté sa cellule du second pour une mansarde fermée d'un loquet sous le toit; un de ces galetas dont le plafond fait angle avec le plancher et vous heurte à chaque instant la tête. Le pauvre ne peut aller au fond de sa chambre comme au fond de sa destinée qu'en se courbant de plus en plus. Elle n'avait plus de lit, il lui restait une loque qu'elle appelait de sa couverture, un matelas à terre et une chaise dépaillée. Un petit rosier qu'elle avait s'était desséché dans un coin, oublié. Dans l'autre coin, il y avait un pot à beurre à mettre l'eau qui gelait l'hiver, et où les différents niveaux de l'eau restaient longtemps marqués pas des cercles de glace. Elle avait perdu la honte, elle perdit la coquetterie. Dernier signe. Elle sortait avec des bonnets sales. Soit faute de temps, soit indifférence, elle ne raccommodait plus son linge. A mesure que les talons s'usaient, elle tirait ses bas dans ses souliers. Cela se voyait à de certains plis perpendiculaires. Elle rapiéçait son corset, vieux et usé, avec des morceaux de calicot qui se déchiraient au moindre mouvement. Les gens auxquels elle devait lui faisaient "des scènes", et ne lui laissaient aucun repos, elle les trouvaient dans la rue, elle les retrouvaient dans son escalier. Elle passait des nuits à pleurer et à songer. Elle avait les yeux très brillants, et elle sentait une douleur fixe dans l'épaule vers le haut de l'omoplate gauche. Elle toussait beaucoup. Elle haïssait profondément le père Madeleine, et ne se plaignait pas. Elle cousait dix-sept heures par jour; mais un entrepreneur du travail des prisons, qui faisait travailler les prisonnières au rabais, fit tout à coup baisser les prix, ce qui réduisait la journée des ouvrières libres à neuf sous. Dix-sept heures de travail, et neuf sous par jour! Ses créanciers étaient pus impitoyables que jamais. Le fripier, qui avait repris presque tous les meubles, lui disait sans cesse: Quand me payeras-tu coquine? Que voulait-on d'elle, bon Dieu! Elle se sentait traquée et il se développait en elle quelque chose de la bête farouche. Vers le même temps, le Thénardier lui écrivait que décidément il avait attendu avec beaucoup trop de bonté, et qu'il fallait cent francs, tout de suite, sinon qu'il mettrait à la porte la petite Cosette, toute convalescente de sa grande maladie, par le froid, par les chemins, et qu'elle reviendrait ce qu'elle pourrait, et qu'elle crèverait, si elle voulait.
- Cent francs, songea Fantine! Mais où y a-t-il un état à gagner cent sous par jour?
- Allons! dit-elle, vendons le reste.
L'infortunée se fit fille publique."

En sus pinturas, Greuze presentó variaciones sobre el estudio varonil, como en la obra de L'Hermitage, donde un niño se nos presenta dormido sobre un libro, cabeza apoyada a un lado de una mesa vacía. La seriedad del estudio silencioso y solitario se opone así al alboroto femenil del *Espejo*. Cuando se encuentran los dos mundos: varonil y femenino, es tanto en el grabado *¡Silencio!* como en la pintura *El niño consentido* (1765) de mismo tema, cuando la mujer atiborrada de trabajo, dando el pecho u en oficios de cocina, tiene que lidiar con un hijo molesto. En la pintura aparece el perrito, como en *El Espejo*. En la serie del Hijo pródigo la madre se desespera por el hijo, como en *Pero* la hija se sacrifica por su padre. El Hijo pródigo se muestra altivo ante los lamentos maternos. *Pero* se agacha sobre su padre para darle el pecho salvador, conforme Valerio Máximo en *Facta et dicta memorabilia* (c.30 d.C.). Dialéctica también la figura del viejo *Lot con sus hijas* (1760-1769). En *L'Accordée du Village*, ésta levanta levemente su falda, haciendo del lazo matrimonial un cuidado, idea resforzada por la gallina y sus pollitos justo debajo de la pareja. A los niños turbulentos de *¡Silencio!* y *El niño consentido* (según Diderot, el modelo sería el mismo desde *La blanchisseuse* y la hermana de *L'Accordée du village*, también de 1761, hasta la mujer de *El niño consentido*) responde la niña quebradora de *Los huevos quebrados* (1756), que intenta en vano recorgerlos, mientras una vieja (que recuerda a la *Vieja friendo huevos* de Velázquez, antes de 1622) y un hombre se miran dubitativos, la oca se salió de la canasta, y un niño recupera lo que puede. Al niño dormido sobre el libro de estudios responde la niña leyendo emocionada las aventuras de Eloise y Abelardo. Así, a la templanza, a veces debida al cansancio, de los niños (el niño caído sobre el libro tiene equivalente en el sobrio *Retrato del conde Stroganov niño* de 1778, y el severamente vestido niño pensativo de *Niño con un libro de escuela* de 1757, aparentemente aburrido, en vez de apasionado como la joven de Eloise y Abelardo), responde la sensualidad femenina, acentuada por las mascotas. De lo que consta *La inconsolable viuda* (c. 1763) que, libro en mano, el perrito fiel a sus pies, extiende desde su sofá la mano hacia el busto del difunto cuya frente lleva los laureles de la muerte.

Así toma valor *El ave muerta* (1759, con antecedente en *La fillette à l'oiseau mort*, anónimo, 1er 1/4 del s.XVI, Museos Reales, Bruselas), que tiene otra versión en *Joven niña llorando su ave muerta* (Louvre, 1765), y similitud con *Niña con palomas o Simpatía* (c.1800), que a su vez tuvo otra versión en *Niña con paloma*. Greuze en su obra define el ser femenino como pasional, hogareño (v. *La complainte de la montre ou la Jeune fille abandonnée*, 1775), protector, relacionado con los animales. Ahí donde *El niño con el trompo* presenta la experimentación objetiva del mundo, mediante la matemática y las leyes naturales, es la ley natural empírica, de la muerte, similar a la del desgaste y malogros de huevos o espejo quebrados, que experimenta la heroína de *El ave muerta*. Hecha a llorar en la versión del Louvre, la *inconsolable viuda*, la niña de 1759 se contenta con tocar con el dedo el ave patas arriba en la mesa. En 1759 el ave se murió en la mesa, al lado de un platillo con comida y de la jaula, la niña lo mira, en 1765 desaparece la mesa y es en un *tondo* reducido a la cara de la niña que cierra los ojos y se lleva la mano a la cabeza el ave descansa sobre la propia jaula adornada de flores. Así el cambio se dio, lógico para Greuze, del experimento práctico (vida-muerte, sus condiciones físicas: comida, visión y tacto para comprender) a la posición femenil de susto, desmayo, ceguedad ante el dolor. En 1759 la mano derecha tocando con dos dedos y la otra abierta recuerdan respectivamente la iconografía religiosa de la Magdalena y después Santo Tomás, y el gesto de Cristo: *"Noli me tangere"*. El pelo suelto largo de 1759, recogido en 1765, es de Magdalena imagen de la Melancolía, es decir, de las *Vanidades* barrocas, en Genovese y varios Georges de La Tour. La desesperanza romántica de la mujer mano en la cabeza (1765) se encuentra en *Escuchando a Schumann* (1883) de Fernand Khnopff, asimilable también a la joven lectora de Eloise y Abelardo en Greuze.

La correspondencia es total entre *Emilio o de la Educación* (1762) y Greuze. El rombo de Chardin se sustituye en Rousseau (Libro II) por el barrilete y su sombra. El papel de la mujer-nodriza respecto del niño tierno (Libro I) se expresa en *El niño consentido*. El Libro V dedicado a Sofía afirma que la mujer debe aprender desde la más temprana edad a ser buena esposa, madre e hija. Se explicita en la frase: *"Así, toda la educación de las mujeres debe ser relativa a los hombres"*. Por lo que, a diferencia de los hombres, su educación no debe enfocarse a las materias teóricas. Es tan importante para la mujer dedicarse a las labores caseras que Sofía, declarada *"bien educada"* (746) es la que atiende a su madre como *"femme de chambre"* (747).

La lectura de Eloise y Abelardo por la joven en el cuadro de Greuze denota el papel de amante-esposa que debe tener la mujer para el hombre, al igual que su sensibilidad y amor tierno son valores de *El ave muerta*, la referencia iconográfica a la Resurección, y a los gestos de Magdalena y Cristo, enfoca esta misma correspondencia de subordinación. También *La complainte*, que muestra una mujer, en un ático, viendo hacia atrás del espectador, lo que se supone la puerta, dándole, a diferencia de las mujeres de Vermeer, la espalda a la ventana que provee escasa luz, sentada muy recta y con porte de persona educada en una silla entre una mesa de noche con flores y una cama deshecha donde sobresale un elemento rosado, aparentemente *sa coiffe*, se asemeja a los ambientes de interior de Fragonard (*El cerrojo*, 1778; *El beso robado*, 1787-1789; v. nuestro artículo anterior), salvo que, por ausente la figura del hombre, en concepto lacaniano (v. su estudio de *"La carta robada"* de Poe), sobredeterminada. De hecho, los objetos regados (flores, objeto con toque rosado, cama deshecha) aluden a una doble y contradictoria historia (ya que los dos momentos a la que refiere no son lógica ni obligatoriamente consecutivos) de sumisión femenina ante el varón: el acto sexual consumido (las flores y el color rosado – símbolos que leemos como de secreciones sexuales y virginidad perdida, al igual que las violetas referidas por Freud en *La interpretación de los sueños* -, la obvia cama abierta en la que, casualmente, reposa la *coiffe* de cinta rosada), y el abandono por parte del hombre mientras lo espera en vano la muchacha. Asimismo se entiende la *Mujer leyendo a Eloise y Abelardo* como el momento de pasmo sensual ante el amor (de evocación casi místico ya que, no sólo Abelardo fue un sobresaliente religioso, sino que el equivalente iconográfico más cercano en la postura al modelo de Greuze de cuerpo desvanecido hacia atrás, como hacia delante el de *La inconsolable viuda*, es el *Extasis de Santa Teresa* del Bernini), por lo que espera y entrega son para la época (todavía lo confirma *Las 120 jornadas de Sodoma* de Sade) los papeles de la mujer, sensual y sensible, casera, armoniosa y cuidadosa (hasta con los animales, sean el perro fiel, 'símbolo de esta misma virtud, o el ave), ante, como señor y dueño suyo, el hombre, lógico y racional, sociable, conquistador en amor y emprededor en negocios.

Así, *El ave muerta* es una expresión clara del aprendizaje práctico de la muerte, pero desde una perspectiva no del entendimiento sino de los sentimientos (la naturaleza, la ternura), con gestualidad muy marcada teológicamente (el "*Noli me tangere*" de la mano izquierda, y el gesto de Santo Tomás de la mano derecha, que sería, invertido, el de Cristo y los santos apuntando al Cielo), que evoca el doble proceso de acercamiento a la muerte (la comprobación táctil, de nuevo no intelectual - no se trata de disección -, y el genuino terror o la aprensión ante lo pasajero del tiempo - no es casual que sea un "*ave... del cielo*", que alude para nosotros a *Mateo*, 6, 26, que lo represente -). El rostro de la niña con sus trenzas pegadas al rostro la hacen una evocación de la *Melancolía*, es decir, una Magdalena, reflexionando sobre esta reflexión de origen teológico. *El espejo quebrado* redondea sobre el tema: una muchacha, mayor que la anterior, dentro de la representación medieval clásica de la Lujuria y la Vanidad, se enfrenta a la representación pecaminosa de sí misma, revelada por el castigo: se quebró el espejo, con lo que significa en sentido popular (7 años de desgracia), pequeño infortunio que así adquiere valor determinante (a lo mejor el espejo era de la madre), ambiente familiar e íntimo (propiamente rococó entonces), en el que la muchacha se desenvuelve: lo doméstico siendo su lugar. Lo que acentúa la presencia del casero perrito husmeando despreocupado el espejo que, para la muchacha, representa una posible reprimenda. A la despreocupación inicial y los juegos caseros de las niñas de Greuze, responde *El niño con el trompo* de Chardin, cuyo vestido serio, postura recta en el pulpitro de estudio, mirada atenta, representa no al juego sino al estudio de las leyes matemáticas abstractas puestas en práctica (los libros, el papel y la pluma nos convencen del carácter de experimentación voluntario por parte del niño, a diferencia de lo que ocurre con las niñas de Greuze, envueltas en su imprevisión e inconsciencia - la misma forma en que sus dos manos están puestas en la mesa no sólo connota educación sino tensión hacia el objeto de estudio, así la mano derecha está todavía cerrada en la forma propia para darle vuelta al trompo). El escenario enfocado en plan cercano tanto en *El ave muerta* como en *El niño con el trompo*, a diferencia de *El espejo quebrado*, apuntan hacia la experimentación y la comprobación como valores de aprendizaje y aguda atención que prestan los dos niños a sus respectivas formas (la niña natural y vivencial, el niño intelectual, libresca y espacial) de aprehender y aprender la realidad.

A un siglo de distancia, en 1765, el pintor estadounidense John Singleton Copley retomó la temática del *Enfant au toton* de Chardin y de *El ave muerta* al representar, conjuntamente, sentado en una mesa, que bien podría ser de estudio, un niño con una ardilla que tiene encadenada por el cuello, en un gesto de la mano que recuerda la muchacha de Greuze, en la mesa encontrándose una nuez abierta por la ardilla y una copita de agua. Esta obra le valió mayor reconocimiento a Copley, quien fue alentado por el retratista de moda en Inglaterra Sir Joshua Reynolds. Fue así Reynolds que ayudó a Copley en su viaje a Europa para formarse a los grandes maestros del pasado, poniéndole en contacto con el pintor estadounidense emigrado a Gran Bretaña Benjamin West. La obra *Boy with Squirrel* (conservado actualmente en el Museo de Bellas Artes de Boston) es un retrato del hermanastro de Copley. Podemos leer así también la obra de Copley, resforzando nuestra interpretación de Greuze, como una oposición, por referencia a la dialéctica implícita entre *El ave muerta* y *El niño con el trompo*, como una representación de oposición fenomenológica entre el mundo animal y el humano, entre la América (sensual, salvaje, intrépida) y Europa (civilizada, espiritual) - oposición común entre los autores americanos (pensamos a Enrique Rodó y Rubén Darío por ejemplo) -, en fin entre el conocimiento teórico (no hay libros en la mesa, a pesar de que sea un varón quien está representado) y el práctico, sentimental (la ardilla lo hace un arquetipo juvenil de David Crockett o cualquier otro de estos fundadores de la construcción del Lejano Oeste).

XV - MARQUIS DE SADE

Se considera a menudo Sade como el representante exclusivo de perversiones personales, impropias y violentas. Barthes así deja suponer en el guión que hizo con su coetáneo Maurice Blanchot por el filme *Salò o le 120 giornate di Sodoma* (1976) de Pasolini, ubicado durante el fascismo, los ultrajes sádicos siendo metáforas del salvajismo de la época. Parece evidente que las perversiones de Sade, por su carácter extremo, les son muy personales, y pueden estudiarse desde la perspectiva psicológica como fenómeno aparte. Sin embargo, la disciplina histórica enseña que no hay fenómeno totalmente aislado, el mismo Freud así lo plantea, cuando, al reconocer en sus pacientes síntomas similares, saca normas generales del comportamiento humano. Paradójicamente, es el artículo de Barthes sobre Sade (*Sade - Fourier - Loyola*, 1971) que tiene el mejor enfoque sobre, proponiendo considerarlo como un filósofo libertario de la Ilustración.

Sade ofrece en sus libros, desde el título y las primeras páginas de *La filosofía en el tocador o Los Institutores Inmorales* (1795), una filosofía naturalista, al igual que Rousseau, en la que las atracciones naturales se oponen a las prohibiciones sociales creadas. Es también *La filosofía en el tocador* autoproclamada ilustrada y libertaria, donde Sade, en el "*Diálogo V*", como Voltaire (*Commentaire sur le livre Des Délits et des Peines par un avocat de province*, 1766, cap. X), a diferencia de Rousseau (*Contrato Social*, Lib. II, cap. 5), condena la pena capital. Así los temas de Sade no son tan limitados y personales como se cree. El erotismo abierto y juguetón de pintores rococó como Boucher o Fragonard muestra mujeres desnudas, lascivas, o *parties carrées*, que son antecedentes a *Le déjeuner sur l'herbe* en el s. XIX, o, en forma más sutil, a las sensuales *Odaliscas* de Ingres. Son múltiples las novelas que, en el s. XVIII, presentan historias sugestivas de mujeres, a menudo bajo barniz moral, igual que desde el s. XVII se presentaba a los gozosos monstruos pretextando sacarles una enseñanza moral, cuando se gustaba ante todo de las maravillas de sus historias, las cuales pasan felizmente al ámbito naturalista con *Moby-Dick* (1851) de Melville. Las desdichadas mujeres manipuladas por las circunstancias (*Moll Flanders, Fanny Hill*), o hasta sus propios novios (*Manon Lescaut, Les Liaisons dangereuses*), además de no siempre arrepentirse (*Fanny Hill, Manon Lescaut, Les Liaisons dangereuses*), ofrecen un desenfreno en el mal que provee al lector cierto placer perverso en verlas a veces volverse dominadoras de hombres (*Fanny Hill, Manon Lescaut, Les Liaisons dangereuses*), o ser juguete de un destino social contrario (*Moll Flanders, Fanny Hill*), o de descenso de clase (*Manon Lescaut, Les liaisons dangeureuses*) que prefiguran las perversiones más explícitas de *Belle de Jour* (1967) de Buñuel, a su vez contraparte a la romántica *Belles de Nuit* (1952) de René Clair. Dominando hombres, también evidencian juegos de roles como *Journal d'une femme de chambre* (1900), llevado a la pantalla por el mismo Buñuel en 1964, o *Les Bonnes* (1948) de Jean Genet. El moralismo final del castigo venéreo en *Les liaisons dangereuses*, donde Mme de Merteuil, instigadora del pecado, termina tuerta, tiene eco en *La paysanne pervertie* (1784) de Restif de la Bretonne, novela que combina los rasgos de las otras obras, siendo historia de la ascensión social de una campesina, su caída en la lujuria y la prostitución atraída por una vida fácil, su redención en la fe (como *Moll Flanders*), pero que en Restif no impide el castigo final. Contraparte de *Le paysan perverti* (1775), que es su versión masculina, *La paysanne pervertie* revela que la simbología de estas obras no tiene que ver con los géneros, sino con parodias morales más complejas y generales, siendo asimismo en los libros de Sade no sólo las mujeres sino también los hombres los que se prestan a variaciones e intercambios de los papeles. Tampoco se puede decir que dichas temáticas son propias del s. XVIII. Existen anteriormente (*Mil y Una Noches, Conde Lucanor, Decameron, Cuentos de Canterbury*). Propia es la búsqueda de liberación respecto del discurso simbólico o moral que representan los relatos eróticos, el erotismo viniendo a ser el arquetipo de la cuestión social (*La filosofía en el tocador*, "*Diálogo V*"), por la identificación entre nobleza pervertida y desinterés social con Luis XV y el rococó, arte orientado a juegos amorosos, y, en contraparte, por la influencia irremediable que en literatura, arte culto, tuvieron los dogmas implicados por dicha autoridad real. Confirma nuestro planteamiento el uso casi exclusivo de todas las obras citadas del género epistolar, no sólo como elemento verista (por oposición a la novela tradicional), sino como referencia al gusto de la corte para las cartas (Mme de Séville, Saint-Simon).

Otra pregunta es, por ende, si el discurso de Sade favoreció mayor igualdad fundamental, lo que se puede estudiar, ya no de la responsabilidad del autor, sino por cómo se entendió su legado, mediante las manifestaciones sádicas en arte y literatura. La respuesta es doble: positiva, ya que Jean-Jacques Pauvert fue condenado por editar primero *Juliette* (1947), después *Les cent-vingt Journées de Sodome* (1954), y, en forma de suscripción, las *Obras completas* (15 t., 1963-1968), de Sade, afirmándose así el legado de Sade como vigente y relacionado históricamente con los movimientos de liberación sexuales y sociales, todavía en el s. XX. Negativa, la literatura sadomasoquista presentando los tipos de relatos siguientes: hombre dominado por mujer, hombre dominado por el amante de su propia mujer (lo que ahí remite a *La Venus del abrigo de piel*, 1870, de Sacher-Masoch, padre del masoquismo como Sade del sadismo), mujer dominada por hombre, mujer dominada por la amante de su propio hombre, mujer dominada por mujer. En estas variantes es ausente una: hombre dominado por hombre, revelando el fundamental carácter patriarcal de las obras sadomasoquistas, y su identidad formal con el discurso dominante (el lesbianismo satisfaciendo aquí la fantasía masculina, sin implicar homosexualidad *per se*). Idénticamente se hace comercio de la dominación femenina (*WHAP: "Women Who Administer Punishment",...*), pero no de la masculina, asumiéndose en el sadomasoquismo dos elementos definitorios del "*contrato matrimonial*" tradicional: pago del hombre por un servicio sexual de la mujer, gratuidad del acto masculino hacia la mujer que es su propiedad (*Manon Lescaut, Les liaisons dangereuses*). La no resolución global del problema de género mediante el discurso post-sádico enseña, y confirma por otra vía, que el discurso de Sade se inscribe en/y debe leerse desde la moral de su época. No es objeto atemporal, propio de una neurosis personal.

XVI - GERVAISE

En nuestros trabajos sobre *"Erotismo"* y *"El Marqués de Sade"*, hemos planteado cómo, a partir del siglo XVIII, se desarrolla en la literatura erótica la figura central de la joven mujer de clase media alta y alta y de su educación, llevándola a menudo a situaciones trágicas, su experiencia con el sexo representando uno de los paradigmas del problema de la libertad en la sociedad.

Esta tesis fue la que dio nacimiento a nuestra Antología de relatos eróticos titulada: *Érotisme - Sexe et Sentiments XVIIIème-XXème siècles* (2010).

Nos gustaría, ahora, implementar esta idea, salvando la distancia entre los géneros, o acercándolos, y considerando un fenómeno, paralelo (por lo menos en el siglo XIX) de la figura de la mujer, que, transversalmente, vemos aparecer, no sólo en el género naturalista, sino en conjunto en los distintos géneros, propios del siglo (v. nuestro libro: *Apparition de nouvelles structures narratives: les genres littéraires du XIXème siècle*, también del 2010): así la podemos contemplar, de forma, para nosotros, paradigmática en la Gervaise de *L'Assommoir* (1876) de Emile Zola, planchadora coja pero bonita que, casada con el obrero Coupeau, logrará, con el apoyo financiero de su vecino, el herrero Goujet, abrir su propio negocio de limpieza de ropa, llegando a emplear a tres muchacha (Mme Putois, Clémence, y una aprendiz llamada Augustine), pero, reapareciendo en su vida y la de su esposo su antiguo novio que la había abandonada: el perezoso Lantier (por otra parte padre de sus dos primeros hijos: Claude y Étienne), ella, quien subviene a las necesidades de los dos borrachos (el esposo y el antiguo amante, con el que reanuda su relación, dedicados al alcohol, en particular en el bar llamado L'Assommoir - *"El Demoledor"* - del Père Colombe, nombre irónicamente simbólico de la paz y la armonía, siendo el mismo alcoholismo que provocó la cojera de Gervaise, por culpa de su borracho de padre Antoine Macquart durante un acceso de violencia contra su esposa durante el embarazo), rechazando la oferta de Goujet de irse con él, se ve obligar de vender su negocio, sin embargo próspero si no hubiera sido por ellos dos, a raíz de que su esposo está internado en un hospital psiquiátrico, donde muere, y Gervaise se tiene que mendigar y prostituir, hasta morir de hambre en las escaleras de un edificio, sin que nadie note su fallecimiento hasta que sea el hedor el que advierta, finalmente, a los vecinos. Lantier instalándose en casa de los Poisson, pulpería que se sustituyó al negocio de Gervaise en el mismísimo lugar. La hija de Gervaise con Coupeau, Anna, llamada Nana, será la heroína posterior de la novela (1880) epónima de la serie de *Les Rougon-Macquart*. Ya se sabe que su historia es la de su ascensión como *demi-mondaine*, de prostituta y teatrista hasta volverse la amante de altos funcionarios del Segundo Imperio, pero, llegando a tener la viruela, desaparece y se muere.

No sólo vemos así, de nuevo, esta vez en el género naturalista (con su pretensión de describir la sociedad, como lo postula Zola en la *"Préface"* a *L'Assommoir*) la proyección del tema de la prostitución como símbolo de la sumisión de la mujer en la sociedad, sino que vemos cómo se presenta el motivo dentro de una historia que es similar, y obviamente inspirada, en cuanto al final, de *La Dame aux camélias* (1848) de Alexandre Dumas Fils.

La figura de la prostituta, y el proceso que la lleva a prostituirse viene entonces a ser la modelización, más allá del género erótico, con su morbosidad aparentemente gratuita (aunque, como lo vimos en los trabajos arriba citados, en verdad no lo es, y lo confirmamos aquí), en toda la literatura del s. XIX de la miseria social. La encontramos, anteriormente, aunque no como motor sino como medio del relato, en *Los Miserables* (1862) de Hugo, con una relación madre-hija parecida entre Fantine y Cosette (aunque, en Hugo, ésta logra salvarse, pero mediante el sacrificio de Valjean), y en la inspiración del martirio de Fantine que fue para el autor la figura de Fleur-de-Marie (a quien quita un diente la malvada La Chouette) en *Les Mystères de Paris* (1842-1843) de Eugène Sue.

Es así que, del género de aventuras (Sue), al género policíaco y social (Hugo), para llegar al género naturalista (Zola), la mujer pobre, evolución literaria de la Dama buscada y salvada de la literatura medieval, los cuentos de hadas (*Rapunzel*) y la literatura neo-medieval del s. XIX, se muestra a nosotros en sus vestidos, ya no entonces de Cenicienta o Blanca Nieve esperando ser salvada por un príncipe, sino de mujer del pueblo, salvada, originalmente (dentro del género de aventuras) por un noble disfrazado (el Rodolphe de Sue), después por un antiguo *bagnard au grand coeur* buscando redimirse (el Valjean de Hugo: *"Jean Valjean, c'est le Chourineur, converti par un évêque au lieu de l'être par un prince allemand; c'est encore, si l'on veut, Edmond Dantès captif, séquestré du monde, se jetant dans la mer, passant pour mort, et ressuscité sous les traits du Comte de Monte-Cristo"*, v. sobre este punto y las demás coincidencias entre *Les Misérables* y las novelas contemporánea el mismo texto: Armand de Pontmartin, *"Les Misérables par M. Victor Hugo - Premier article. (Les six premiers volumes.)"*, 5 julio de 1862, en *Le correspondant: recueil périodique: religion, philosophie, politiques, sciences, littérature, beaux-arts*, París, Charles Douniol, 1862, Vol. 56, p. 545 - de hecho, la influencia de la novela de Sue, como también se sabe, ha sido mucho más amplia y variada, v. por ej. en *Le Fils du Diable* de Paul Féval, criticado por E.B. en la revista *La Renaissance*, 2 Año, No 13, 17 de mayo de 1873, Sección *"Théâtres"*, en *La Renaissance Litteraire et Artistique, 1872-1873*, Ginebra, Slatkine, 1973, p. 126 -), y, finalmente, perdida por los de su misma clase (los Lantier y Coupeau de Zola), reasumiendo de esta forma la heroína naturalista el sino de sus numerosos parangones de la literatura erótica desde el s. XVIII (v. nuestros artículos: *"Erotismo"* y *"El Marqués de Sade"*).

Se vuelve entonces notable que el estatuto de la mujer en la sociedad sea, en Marx y Engels, desde el *Manifiesto del Partido Comunista* (1847-1848) uno de sus centros de atención, investigación y reflexión (siendo de nuevo abordado detenidamente, justo después de la muerte de Marx, por Engels en *Origen de la familia, la propiedad privada y el Estado*, 1884):

"*Los obreros, soldados rasos de la industria, trabajan bajo el mando de toda una jerarquía de sargentos, oficiales y jefes. No son sólo siervos de la burguesía y del Estado burgués, sino que están todos los días y a todas horas bajo el yugo esclavizador de la máquina, del contramaestre, y sobre todo, del industrial burgués dueño de la fábrica. Y este despotismo es tanto más mezquino, más execrable, más indignante, cuanta mayor es la franqueza con que proclama que no tiene otro fin que el lucro. Cuanto menores son la habilidad y la fuerza que reclama el trabajo manual, es decir, cuanto mayor es el desarrollo adquirido por la moderna industria, también es mayor la proporción en que el trabajo de la mujer y el niño desplaza al del hombre. Socialmente, ya no rigen para la clase obrera esas diferencias de edad y de sexo. Son todos, hombres, mujeres y niños, meros instrumentos de trabajo, entre los cuales no hay más diferencia que la del coste. Y cuando ya la explotación del obrero por el fabricante ha dado su fruto y aquél recibe el salario, caen sobre él los otros representantes de la burguesía: el casero, el tendero, el prestamista, etc.*

Toda una serie de elementos modestos que venían perteneciendo a la clase media, pequeños industriales, comerciantes y rentistas, artesanos y labriegos, son absorbidos por el proletariado; unos, porque su pequeño caudal no basta para alimentar las exigencias de la gran industria y sucumben arrollados por la competencia de los capitales más fuertes, y otros porque sus aptitudes quedan sepultadas bajo los nuevos progresos de la producción. Todas las clases sociales contribuyen, pues, a nutrir las filas del proletariado." (Sobre la cuestión de la "*Niñez*" en la sociedad y su simbología, v. nuestro artículo epónimo y correspondiente.)

"…/… El proletario carece de bienes. Sus relaciones con la mujer y con los hijos no tienen ya nada de común con las relaciones familiares burguesas; la producción industrial moderna, el moderno yugo del capital, que es el mismo en Inglaterra que en Francia, en Alemania que en Norteamérica, borra en él todo carácter nacional. Las leyes, la moral, la religión, son para él otros tantos prejuicios burgueses tras los que anidan otros tantos intereses de la burguesía.

…/…

¡Pero es que vosotros, los comunistas, nos grita a coro la burguesía entera, pretendéis colectivizar a las mujeres!

El burgués, que no ve en su mujer más que un simple instrumento de producción, al oírnos proclamar la necesidad de que los instrumentos de producción sean explotados colectivamente, no puede por menos de pensar que el régimen colectivo se hará extensivo igualmente a la mujer.

No advierte que de lo que se trata es precisamente de acabar con la situación de la mujer como mero instrumento de producción.

Nada más ridículo, por otra parte, que esos alardes de indignación, henchida de alta moral de nuestros burgueses, al hablar de la tan cacareada colectivización de las mujeres por el comunismo. No; los comunistas no tienen que molestarse en implantar lo que ha existido siempre o casi siempre en la sociedad.

Nuestros burgueses, no bastándoles, por lo visto, con tener a su disposición a las mujeres y a los hijos de sus proletarios -¡y no hablemos de la prostitución oficial!-, sienten una grandísima fruición en seducirse unos a otros sus mujeres.

En realidad, el matrimonio burgués es ya la comunidad de las esposas. A lo sumo, podría reprocharse a los comunistas el pretender sustituir este hipócrita y recatado régimen colectivo de hoy por una colectivización oficial, franca y abierta, de la mujer. Por lo demás, fácil es comprender que, al abolirse el régimen actual de producción, desaparecerá con él el sistema de comunidad de la mujer que engendra, y que se refugia en la prostitución, en la oficial y en la encubierta."

Lo cual nos revela y confirma nuestra primera intuición y análisis, de que el lugar de la mujer en la sociedad, modelizado, ya lo hemos dicho, mediante la figura literaria de la "buena mujer" (sea, en la literatura erótica, la noble o de clase media alta, sea en la literatura naturalista y en otros géneros la mujer del pueblo, la mujer trabajadora y obrera), pervertida por la sociedad, y teniendo, a fin de cuenta, siempre, que prostituirse (sobreponiéndose el discurso moral al discurso social, la prostitución oponiéndose a la virginidad y la pureza matrimonial - de la cual las heroínas de Ibsen y la Madame Bovary de Flaubert son los ejemplos más vividos, en cuanto buscan quebrar dicho modelo -), de que, repitemos, el lugar de la mujer en la sociedad sirvió, dentro de la historia, ya no sólo del erotismo, como lo demostramos en nuestros trabajos anteriores, sino en la historia, mucho más amplia, de los géneros (o *"estilos"*, en términos panofskianos y de Historia del Arte), como asiento para abrir (y/o sustentar), desde la literatura, los discursos de liberación (del individuo, como en Kafka, y, posteriormente, de las minorías, como en la literatura y el pensamiento post-Segunda Guerra Mundial negros dentro y fuera de los Estados Unidos, y latinoamericanos, v. nuestro libro: *Arturo Andrés Roig y el problema epistemológico*, UNAN-Managua, 1997, 1998).

XVII - *VOLTAIRE NU*

El *Voltaire Desnudo* (1776) de Jean-Baptiste Pigalle, por la originalidad de su tema, nos plantea un problema iconográfico notable: sus fuentes, sino iconográficas, se sabe que se inspira de la estatua romana del *Seneca Desnudo*, ideológicas. De hecho, es un caso curioso éste de representar a uno de los principales filósofos y pensadores del siglo desnudo y viejo, lo que, más que homenaje, podría aparecer como burla o, al menos, irrespeto al personaje y su función en la época. Sin embargo, el entusiasmo con el que se evocó y aceptó la propuesta (encargada el 17 de abril de 1770 por suscripción lanzada por diecisiete filósofos, entre los cuales Diderot y el abbad Morellet, reunidos, como recordará Grimm en su reseña del momento, en casa de Mme Suzanne Necker, Dena Goodman, *The Republic of Letters: A Cultural History of the French Enlightenment*, Cornell University Press, 1996, pp. 226-232), como la misma conformidad de Voltaire para este retrato, para el que posó detenidamente (para la cabeza) en Ferney, y del cual dirá, ante el resultado final: "*Tenemos que dejar Monsieur Pigalle dueño absoluto de la estatua. Es un crimen en materia de bellas artes poner trabas al genio*" ("*Il faut laisser Monsieur Pigalle le maître absolu de la statue. C'est un crime en fait de beaux-arts de mettre des entraves au génie*") nos inducen a pensar todo lo contrario: que para la época, y sus representantes, esta desnudez, más que vergonzosa, tenía algo de relevante y trascendental. Lo veremos a continuación.

En primera instancia, pensaremos en Molière y su apología del viejo (Acto II, escena 6: "*On lui voit dans sa chambre quelques tableaux et quelques estampes; mais que pensez-vous que ce soit? Des Adonis, des Céphales, des Pâris, et des Apollons? Non: de beaux portraits de Saturne, du roi Priam, du vieux Nestor, et du bon père Anchise, sur les épaules de son fils.*") en *El Ávaro* (1668), aún con el trato cómico respecto de la situación (Frosine, "*mujer de intriga*", alabando los vicios del viejo que se quiere casar con una muchacha de la que está enamorado su hijo, aunque Harpagon no lo sepa). Las virtudes de la edad ya son una idea tradicional desde la antigüedad y Platón (tanto en *Apología de Sócrates*, como en *República*, Lib. I). Pero, no sólo en el modelo de la antigua Grecia, sino en la misma *Biblia*, encontramos ejemplos que el arte moderno desarrollará, de la cuestión de la edad y la obediencia, de Abraham sacrificando a Isaac, hasta el hijo pródigo del *Nuevo Testamento*, pasando por los hijos de Noé y las hijas de Lot: en todos estos ejemplos se trata el respecto que le debe el hijo u el menor al padre o mayor, y éste a Dios. Hay entonces un proceso de reproducción (de hijo a padre y de padre a Dios) y transmisión que implican estos episodios y la sistematicidad de su reproducción en el arte moderno, que evidencian la forma de pensar de una sociedad. El episodio del Hijo Pródigo fue tratado tanto por El Bosco, en el Renacimiento flamenco, como por Greuze en el siglo XVIII, en representación que le alabó Diderot (v. nuestro artículo sobre "*Greuze*"). El s. XVIII desarrolló representaciones de Catón, Seneca, Sócrates muriendo (Michel Delon, "*Héros de l'Esprit - Le Buffon de Lebrun-Pindare*", *Camenea*, No 4, junio del 2008, p. 9).

Por otra parte, mientras el elemento de la edad madura vista desde su anatomía revela, más que compasión, admiración y sabiduría, la desnudez nos remite a otro símbolo fuerte de la época: la Virtud. La encontramos en David (v. nuestro libro: *Les thèmes du "Radeau de la Méduse" de Théodore Géricault étudiés à travers leur récurrence dans l'oeuvre du peintre, et dans l'art et la littérature du XIXème siècle*, 2001). Recuerda asimismo Michel Delon (op. cit., pp. 1-2) que Pigalle "*decide mostrar el filósofo Voltaire, te que se había representado a Seneca, desnudo a la moda antigua. Por lo demás quedaba abierto saber si la dignidad del viejo crecía o disminuía por esta desnudez*" (trad. N.-B. Barbe). La desnudez representa también la libertad respecto de las normas sociales: es el buen salvaje de Rousseau, el estado de naturaleza que, también, alaba Sade (v. nuestro artículo sobre el "*Marqués de Sade*"). No olvidemos que el *Voltaire Desnudo* se hace durante el período de crecimiento de las insatisfacciones que llevarán a la Revolución. De hecho, más allá del gusto antiguo (revelado por la toga de la que se desprende el cuerpo desnudo del filósofo), se pueden hallar varias interpretaciones del mismo *Seneca Desnudo*, dentro de una perspectiva moderna: su propia posición acerca de la interdependencia social, expresada en sus 7 libros *Sobre los Beneficios* (*De Beneficiis*, 61-63 d.C.), IV, 8: "*El hombre no es rodeado sino de debilidades, escribía*

Seneca: desnudo, sin defensa, la asociación es su escudo" (de hecho, será visto el encargo de la estatua por los miembros de la República de las Letras como el símbolo de su "*unión*" por el abbad Morellet, en sus *Mémoires inédits sur le XVIIIème siècle et sur la Révolution*, París, Baudoin, 1822, t. I, cap. VII, p. 174, lo a que hará eco la consideración de Voltaire que los filósofos deben "*amarse unos a otros*", rechazada, aunque no totalmente, por Galiani, Goodman, op. cit., pp. 229-230); o referencia a su avaricia, según Dion Casio, aunque éste sea desmentido por Juvenal (Jean-François de La Harpe, *Lycée, ou Cours de littérature ancienne et moderne*, París, Etienne Ledoux et Tenré, 1817, t. 4, p. 116). De los beneficios que conlleva la sociedad para el hombre nacen obligaciones que plantearán para la antigüedad controversias morales entre deberes sociales y familiares, entre estos deberes hacia la sociedad y la ayuda mutua entre los hombres y la aceptación de la situación de miseria y esclavitud de muchos hombres que el mismo Seneca apoya (Raymond Thamin, *Un problème moral dans l'Antiquité*, París, Hachette, 1884, pp. 150-153ss.). Todavía en el s. XX utilizó este símbolo Annie Leibovitz para en su famosa fotografía del 8 de diciembre de 1980 para la portada de la revista *Rolling Stone* representando a John Lennon acurrucado contra Yoko Ono, a pocas horas de la muerte del cantante, y recordando el acto-*happening* donde los amantes se hicieron, complaciente y largamente entrevistar por todos los periodistas, en contra de la Guerra de Vietnam, para promover el amor sobre la guerra.

A un nivel más intelectual, el *Voltaire Desnudo* es la representación delgada del ascetismo, por oposición a lo sexual, la carne como continente, no como visualidad sexual. Así el *Voltaire Desnudo* es la contraparte de las obras eróticas de moda del s. XVIII, de Fragonard o Boucher. De hecho, no es casual si su postura recuerda tanto a Job como, más específicamente, al *San Jerónimo penitente*, tan representado en la iconografía moderna, haciendo referencia a los 5 años que pasó el joven Santo en el desierto de Siria, leyendo las obras cristianas, escribiendo la vida de San Pablo y haciendo penitencia. En particular, visto de frente, el *Voltaire Nu* tiene grandes similitudes con la postura del *San Jerónimo penitente* de La Tour (de las confiscaciones revolucionarias de 1799), de El Greco (1610-1614) y hasta del Veronese (c. 1512) o Anthonis Van Dyck. Todos tienen en común la desnudez, a pesar del paño y el manto recogidos, lectores y a la vez escritores, se acompañan del libro, y en sus manos están objetos simbólicos de la oposición entre carne y espíritu (pueden ser la cruz y el látigo como en La Tour, la piedra - que reutilizará Rubén Darío para significar la muerte y la ausencia de dolor y pena - y la calavera en Veronese o Van Dyck, que en el primero se dobla del león, mientras en El Greco la piedra tiene por contraparte el mismo libro).

En la iconografía de San Jerónimo (v. Daniel Russo, "*Saint Jérôme en Italie*", *Etude d'iconographie et de spiritualité XIIIème-XVIème*, Editions de la Découverte/Ecole française de Rome, 1987, y el artículo sobre "*Symboles de la Renaissance*", Vol. III, p. 225, Presse de l'Ecole Normale Supérieure, 1990), la desnudez condensa la autoridad del cardenal, dirigida al concepto de Observancia para los laícos y las comunidades eclesiásticas. La penitencia donde doma sus pasiones representa para el santo el momento en que adquiere poder sobre los seres y las cosas. Al final del s. XV es en Florencia y en Toscana que se desarrolla la iconografía, a finales del siglo, el modelo se establece como el penitente arrodillado ante la Cruz en un paisaje, con los símbolos miniaturizados del sombrero episcopal y del león. Entre finales del s. XV e inicios del s. XVI, la Cruz se vuelve monumental y la atención se porta sobre Cristo, con el que, finalmente, se identificará el Santo en un principio de *Immitatio Christi* por su sufrimiento. Dos modelos dominan: el penitente leyendo en un paisaje, y el penitente en contemplación. Ya no se trata solamente de penitencia, sino de elevación divina, como el propio Santo lo escribe en el *Eustochium*, donde narra su acensión a la Santa Trinidad, al coro de ángeles, los bienaventurados y todos los Santos. Esta variante se autonomiza y sirve de base a una fórmula iconográfica sobre la que se modelizarán los retratos de eclesiásticos y humanistas, la imagen corresponde a después de la penitencia y trata de explicar un programa de apaciguamiento, dominio sobre sí y profunda piedad.

En esta perspectiva, el contraposto que asume, aunque al igual que su modelo, el *Seneca Desnudo*, el *Voltaire Desnudo*, a buscar entonces en la pintura barroca, representa el principio de acción sobre la contemplación, integrando así doble y dialécticamente a Voltaire en una tradición: la del pensador, del asceta, pero oponiéndole a éste, haciéndole pensador de la acción versus los pensadores religiosos del éxtasis y la contemplación. Con la pluma en la mano derecha y un importante rollo de papel que descansa en su pierna en la izquierda, sentado en una roca, asume doblemente el carácter de escritor, conforme su modelo: San Jerónimo, y como melancólico, hijo de Saturno (v. Raymond Klibansky, Erwin Panofsky y Fritz Saxl, *Saturno y la Melancolía*, 1923-1964). Encontramos esta distancia y similitud también con el *San Jerónimo penitente*, cuya penitencia eleva (*Eustochium*), en el *Elogio a Descartes* (1765) de Léonard Thomas (*OEuvres diverses de M. Thomas*, Lyon, chez les frères Perisse, 1767, t. II, p. 37-38):

"*J'aime à le voir debout sur la cime des Alpes, élevé par sa situation au-dessus de l'Europe entière et plus encore par son génie; suivant de l'oeil la course du Pô, du Rhin, du Rhône et du Danube, et de là s'élevant par la pensée vers les cieux qu'il paraît toucher, pénétrant dans les réservoirs destinés à fournir à l'Europe ces amas d'eaux immenses; quelquefois observant à ses pieds les espèces innombrables de végétaux semés par la nature sur le penchant des précipices ou entre les pointes des rochers; quelquefois mesurant la hauteur de ces montagnes éternelles de glace, qui semblent jetées dans le vallon des Alpes pour les combler, ou méditant profondément à la lueur des éclairs et au bruit du tonnerre*"

Sin embargo, no deja la desnudez de Voltaire aquí de representar un *ejemplum* de origen religioso: el intelectual, despojado de los bienes terrenales, lo que, dentro de la época, se expresará dentro de la oposición ya no sólo vertical, cronológica, entre el hombre primitivo y el civilizado (producto del encuentro etnográfico con las sociedades no occidentales), sino horizontal, diacrónica, entre el pueblo y la nobleza: serán los *sans culottes*, el episodio de María Antonieta mandando al pueblo a comprar pastel si no había pan, es el problema de la propiedad y la adquisición (de bienes, de poder), dentro del discurso filosófico y económico (Locke), y, posteriormente político (con Proudhon y Marx). Así el *Voltaire Desnudo* asemeja virtudes puras del patriarca bíblico: de despojo, la cual, a nivel teológico, nos remite también a un moment de plena moral y ausencia de Pecado: la desnudez original, otro tema propio de la iconografía moderna, no sólo en la representación del Paraíso, sino también de las dos Venus, la divina, despojada y desnuda, y la humana, vestida, estudiada por el Maestro Panofsky con detenimiento, tanto en el capítulo sobre la iconografía del Amor de *Ensayos sobre Iconología* (1939) como en su libro sobre *El Tiziano - Problemas de iconografía* (1969).

Desde una perspectiva moral, el *Voltaire Desnudo* nos remite a Diógenes en su tinaja (como todavía lo representará el pintor prerrafaelita John William Waterhouse), y en una perspectiva política a sus varias expatriaciones obligadas de Francia, así como, más generalmente, a los principios de la Ilustración: de igualdad de derechos, sin diferencia entre los hombres, diferencias que se expresan, en primera instancia, por la vestimenta y su riqueza, como se plasmó con suma elegancia y centralidad en las relaciones cortesanas desde la época de Luis XIV. Este principio de diferencia ideológico o social es el mismo que logra plasmar Boucher en sus retratos de desnudos (que estudiamos en nuestro libro sobre *Un ensayo sobre Historia Moderna de la Arquitectura*). Igualdad entre todos y expatriación por la injusticia del monarca que son los temas de *Zadig* (1747), y no tan alejado, en cuanto a la relación entre ingenuidad y aventura alrededor del mundo, del último cuento de Voltaire: *Cándido* (1759); en ambos cuentos, los críticos se han acordado en leer cierto principio de autobiografía novelada.

A nivel artístico, remitiéndonos a la importancia de los estudios anatómicos como muestras de pericia desde Miguel Ángel, y acentúado con los *Écorchés* del anatomista Honoré Fragonard (primo del pintor Jean Honoré Fragonard), contemporáneos del *Voltaire Desnudo*, éste, en cuanto *pieza anatómica*, nos revela valores subyacentes de oposición fisiognomónica, que utilizará la caricatura decimonónica (Daumier en particular) en el gordo burgués y el famélico filósofo (v. nuestro trabajo sobre "*L'iconographie du gros aujourd'hui*" en nuestro libro: *Deux essais pour comprendre la publicité aujourd'hui*, 2004).

XVIII - TURNER

Admirable en primera instancia el libro de Omar Calabrese, *Cómo se lee una obra de arte* (Madrid, Cátedra, 1993), marca en segunda instancia los límites de la aproximación semiótica al arte.

Cada artículo del libro tiene la ventaja de presentar explícitamente los objetos de OC.

Éste en el transcurso de los mismos cita demasiado a los autores de la EHESS de París, cuya pertinencia es siempre sospechosa como demostrado en numerosos trabajos anteriores nuestros (v. *Iconologiae*, 2006). Así, resulta incomprensible para nosotros porque le parece preferible citar a Daniel Arasse (pp. 68-69, 89-104) cuando trata de problemas de perspectiva, si lo que expresa Arasse no es más que lo que planteó Panofsky en *La perspectiva como forma simbólica*, nada más que mal dicho, y mal entendido (v. nuestro libro *Les Rois Nus*, 2001).

De hecho, resulta más curioso aún:
1. Porque OC es mucho más interesante en sus planteamientos que cualquier autor de la EHESS.
2. Porque, a diferencia de ellos, no rechaza a la Escuela de Warburg, citando repetidas veces en el transcurso del libro a Panofsky, y hasta a Edgar Wind (pp. 87ss.).

Ahora, deteniéndonos sobre los textos, el que trata de "*Representación de la muerte y muerte de la representación*" no cumple con la expectativa del título, ya que no menciona la 2a parte. Y si bien da algunas pautas interesantes y notables, en particular: a) la relación entre el *Arte de bien morir* y la representación del sufrimiento en puntura, y b) una posible poética pictórica de la representación de la agonía como teatralización narrativa de los personajes según una lectura abierta del *De Pictura* de Alberti, debemos reconocer un error de partida: la representación de la muerte, a menos de querer tensar el concepto al extremo, lo que no es una visión ni histórica ni iconográfica sino meramente fantasiosa, y si acaso un problema filosófico, no se divide como escribe OC en 2: la muerte como "*punto*" final y como "*acto*" de estarse muriendo (pp. 67-68). Y los 2 ejemplos de esta 2a forma (Cristo en la Cruz y San Sebastián) son elegido a nuestro parecer algo arbitrariamente. De hecho, aún reconociendo que Cristo no muere porque no puede morir, tanto Mantegna (imagen de portada) como todos los artistas que han representado la *Bajada de la Cruz*, reproducen la imagen de la muerte de Cristo como punto terminal de su cuerpo. El mismo Miguel Ángel lo hace de forme sublime con *La Pietá*, al igual que Mantegna con su *Cristo muerto visto en perspectiva* como si fuera un *gisant* de piedra, lo que acentúa el impacto de lo terminante de esta muerte en el espectador.

Además, lo que representa la *Crucifixión* de Cristo y el suplicio (el mismo nombre lo dice, no se trata de la muerte) de San Sebastián no es la muerte, sino el *martirio* de estas 2 figuras sagradas. Basta remitirse a Vovelle (*La mort et l'Occident de 1300 à nos jours*, París, Gallimard, 1983) para recordar la importancia del concepto para la Iglesia baja medieval en cuanto adquisición de poder sobre el cristiano:
1. En sentido de sacrificio para Dios (es en este momento que surge *La Leyenda dorada* de Voragine);
2. Respecto de la extrema unción (*Ars moriendi, Farce du Meunier*), es decir, el no poder (ni deber) morir sin la intervención de la Iglesia.

La representación de los suplicios reales (v. Roland Villeneuve, *Le musée des supplices*, Peumerit, Éditions Du Manoir - Azur - Claude Offenstadt, 1968) que modelizan los del más allá y de las tentaciones de los santos (v. nuestra maestría sobre *Les Tentations de Saint Antoine aux XIVème-XVIème siècles*, Universidad de París X-Nanterre, 1991) son uno de los centros temáticos del arte y la literatura bajo-medievales y renacentistas (Dante, Boccaccio).

El asunto, que OC olvida de presentar estadísticamente (porque no tiene el dato) de la mirada (pp. 77ss.), de si el moribundo (en este caso Cristo) nos mira o no, nada tiene que ver ahí. Pues, no es cierto lo que escribe OC que al no mirarnos nos remite al ámbito del no morir y del "*quer*(er) *ser mirado*" (p. 78), por el espectador, ya que, en cualquier caso, toda obra de arte nos pone en situación de *voyeur*, como nos lo recuerdan las *Suzana con los viejos,* las *Diana al baño* o *con Acteón,* las *Venus con Marte*, y la pintura rococó de Fragonard a Boucher. Lo anterior, que plantea el doble problema de lo ahistórico y de la no comprobación previa en los trabajos semióticos, en particular de OC, nos interesa particularmente ya que es uno de los reproches que OC le hace en el 1o objetivo de su artículo sobre Turner titulado: "*Breve semiótica del infinito*" (p. 57-66): "*a) Crítico. Rechazar una interpretación bastante común según la cual Turner es un "precursor" del arte abstracto, de lo no figurativo; se trata de una valoración aparentemente histórica, pero en realidad metahistórica, que tiene poco que ver con la realidad*" (p. 57).

Aceptamos de buen agrado, con OC, que es anti-histórico hablar con Francesco Arcangeli del "*informalismo*" (p. 58) de Turner, aunque tampoco carece de sentido.

Consta que OC desarrolla y concluye su artículo (pp. 61ss.) alrededor de la apropiación por parte de Turner de un *"desafío de la teoría de la perspectiva"* (p. 65). OC expresa (pp. 65-66):

"La pintura que se hace sobre el modelo perspectivo se encuentra con una dificultad fundamental al afrontar el tema del paisaje. Ante lo que realmente se encuentra es ante el problema de la representación del infinito, que es teóricamente el punto en que coinciden todas las líneas, pero que en la pintura es algo muy complejo de representar debido a la escasez de espacio disponible y a la composición en planos del espacio representado. La pintura del paisaje es un desafío a la teoría de la perspectiva. Ha habido entre quinientas y seiscientas soluciones diferentes a este problema: la censura (muros, setos, obstáculos que se le ponen al horizonte), las líneas oblicuas que corren hacia el fondo (Lorrain), la perspectiva aérea o de los colores (Leonardo), que no es sino otra forma de censurar el problema de la lejanía valiéndose de la vaguedad de la representación. Pero el problema sigue siendo el mismo: cómo "evitar" el problema del infinito, dado que éste es un punto y, por tanto, inmaterial (invisible). En el espíritu de la época de Turner, en cambio, la cuestión se subvierte y se convierte en cómo "dar forma" al infinito, a pesar de que la pintura sea la representación de cuerpos finitos (normalmente manifestados a través de unos contornos).

Pues bien, Turner resuelve el problema con una audaz intuición que es justamente la misma que aparece también en otro campo del saber, el de las matemáticas. Hasta 1800 los matemáticos mantenían una oposición absoluta entre dos ideas ("infinito" vs "indefinido"), que Descartes había diferenciado radicalmente. Pronto se introducirían los llamados "números indefinidos", números que, sometidos a ciertas operaciones, hacen que éstas se prolonguen hasta el infinito. Así pues, el infinito está en lo indefinido, en lo "poco más o menos"". Es precisamente en el plano de la expresión en el que Turner impone con sus cuadros unas nuevas categorías con respecto al pasado, incluso el pasado reciente:
"lineal" versus "no lineal"
"contorneado" vs "expandido"
"policromo" vs "monocromo"
"luminoso" vs "opaco"
"ortogonal" vs "circular"
"fluido" vs "denso"
"inmaterial" vs "matérico"
Hegel, en la Estética, dice que "el infinito pertenece a lo divino, y lo humano no puede llegar a él sino a través de lo indefinido". He aquí la operación: se trata de establecer equivalencias entre "infinito" e "indefinido", de manera que la representación del segundo tenga como significado el primero. Lo indefinido en el nivel de la expresión será portador de lo infinito en el nivel del contenido. Esto es lo que Turner intenta hacer en pintura, por tanto, una nueva "palabra pictórica"."

Es así que, si:
1. Desde las matemáticas
2. y sus ideas filosóficas de la época,
3. Turner pretende representar lo *"infinito"*
4. en cuanto inmaterialidad etérea
5. de la densidad celeste
6. y de la relación de los colores entre sí:
   => es obvio que podemos y debemos considerar a Turner como precursor del arte abstracto, no sólo en la forma, sino también en la intención, en particular en lo que refiere a:
7. la representación de *"lo sublime sin mediación"* kantiano (p. 58), es decir, el deseo de representar el objeto en sí más allá de la técnica, como llegar a la esencia pura del mismo,
8. la búsqueda del color puro, único, no debilitado por la combinación con otro (planteamiento que será el posterior de los impresionistas, ojo: Turner tiene un cuadro titulado: *El sol naciente en la neblina*, p. 62, cuyo título y tema prefigura los del cuadro de Monet, fundador del impresionismo), como cuando Fuseli lo determina en su conferencia de la Royal Academy (p. 64), lo que proviene de un complejo y cabal planteamiento sobre el cromatismo (pp. 60-64) desde los autores de su época, como confirman las referencias explícitas a sus nombres en los títulos de sus obras (*Luz y color (la teoría de Goethe)*, p. 57; *Estudio sobre Watteau según los cánones de de Fresnoy*, p. 60).
9. El deseo de representar y conceptualizar lo indecible (*"el 30 por 100 de los cuadros (el 1,8 por 100 a partir de 1840) llevan títulos abstractos, poco definidos, vagos. En ellos encontramos, por ejemplo, "niebla", "neblina", "lejanía", "vapor", "velocidad", "humo", "bruma", "borrasca que viene", "claro de luna", etc.",* p. 64), desde los títulos que como aclara bien OC, *"*ancla(n) *los significados de lo vago y lo incierto"* (p. 65), lo que, porpio del romanticismo, crea las bases de las vanguardias posteriores y la representación del espacio y la concepción interior del mundo que tiene el pintor.
10. El interés por vapor, velocidad, humo, todas expresiones, como en De Quincey, Monet (hasta en la *Estación Saint Lazare*), Apollinaire en *Les onze mille verges* y Marinetti en el *Manifiesto futurista*, de la contemporaneidad (v. nuestro artículo sobre "*Movimiento*").

Sin embargo, es cierto, y hasta obvio, que, como recuerda OC, Turner no se apropiaba abstracto, y que, al igual que los demás pintores románticos, o después impresionistas, expresionistas o simbolistas, quiere representar un *"auténtico verismo"* (p. 60), basado, como vimos en nuestro artículo sobre *"Fotografía"*, sobre, a diferencia de los academicistas, la representación no mejorada del mundo. La peculiaridad - y complejidad -, que abrirá al arte abstracto a inicios del s. XX, es que pasa dicho verismo (son pintores de la sociedad de su tiempo, los impresionistas, al igual que Zola - v. nuestro artículo sobre "*Realidad*" -, con la *guinguette*, el cabaret y el licor triste, también los expresionistas y futuristas respecto de la ciudad, el disturbio psicológico, del suicidio a las riñas callejeras, la ciudad y la guerra) por la impresión y visión personal del pintor, lo borroso de la vida (como en las las fotos o en el cine de acción de finales de los años 1990 e inicios de los años 2000).

Por otro lado, el hecho de que los títulos de los cuadros sean muy descriptivos (como en el caso, inspirado de Vernet, de *Tormenta de Nieve* de 1842, p. 59, que implica que "*El autor se hallaba en medio de la tormenta la noche en que el Ariel abandonaba Harwich*"), o que evoquen algún episodio bíblico (pp. 57 y 62) como el Diluvio, Exequias o Moíses, define claramente los cuadros:

1. en el estilo de la literatura de la época, con títulos descriptivos, lo que OC analiza bien (sin embargo, sin hacer referencia a la literatura) como proceso de explicación narrativa del cuadro; lo interesante (que tampoco toca OC) es porque la sociedad de la época recibió tan bien tales obras (en clase, siempre da risa a los estudiantes la descripción minuciosa del título ante cuadros donde nada se distingue), respuesta posible: la perfecta adecuación de su obra con la problemática burguesa (representación de lo cotidiano) e individualista (representa lo interior, la visión personal, grandes espacios intuidos como Friedrich) de su época.
2. en la moda de los cuadros historiados con personajes diminutos en grandes espacios vegetales, a los panoramas Turner sustituye lo borroso y a los personajes diminutos personajes casi imperceptibles. El gusto de Turner por lo acuático y por su carácter genesíaco se percibe en *Exequias en el mar* y *La mañana siguiente al Diluvio*. Es curioso entonces que OC rechace el valor moral que Turner le pueda atribuir al color (pp. 60-61).

Así vemos cómo carecen de fundamento muchos de los postulados de OC, a pesar de su atractivo para explicar las obras, y a pesar del título general, muy ambicioso, del libro. Niega a Turner 4 realidades suyas:
1. Ser motor del proceso abstracto en el s. XIX.
2. Tener un temario simbólico de representación, la cual lo integra a su época (no tocado por OC, a pesar que éste se dedique al estudio de las obras y sus títulos!).
3. Corresponder en este doble proceso, complejo, a lo que es, como cualquier artista: seguidor de las normas y planteamientos de su época, y a la vez modificador de ellas.
4. Como expresan los títulos de las obras de carácter bíblico, asociados con la forma visual de las obras, la presencia, como en Blake, y más aún en Friedrich, de un misticismo trascendental, que prefigura y a largo plazo abrirá, exactamente un siglo más tarde (inicios del s. XIX-inicios del s. XX), con las metas paralelas del simbolismo, el parnasianismo y el Arte por el Arte (Huysmans, Nodier, Gautier, Mallarmé), la vía a la búsqueda de la forma (Malevich, Loos) y el color (Kandinsky, después Klein en los años 1960) puros. Así como de la representación de la realidad interior sin intermediación de la narratividad (Pollock y el expresionismo abstracto en general).

Accesoriamente, nos preguntaremos por qué es tan habitual entre los teóricos neo-estructuralistas, que, por otra parte, le niegan a los pintores intelectualidad, y a la obra sentido más que formal, buscar en la matemática elementos para entender obras (en particular del arte contemporáneo) que, al fin y al cabo, hacen un uso muy circunstancial y periférico de la misma. No sólo revela la poca pertinencia de los análisis emprendidos, sino también la apropiación casi infantil por parte de dichos teóricos de herramientas que tampoco dominan para darle un sentido ni siquiera estadístico, sino con aire racional, a planteamientos vagos sobre formas y movimientos de colores que, por incapacidad a ver en ellos más que manchas, buscan interpretar desde la falsa seguridad de lo aparentemente numerisable. La fe ingenua en la matemática, de Lacan a Lyotard, pasando por OC y los lingüistas y semióticos, expresa una incomprensión total del material que les corresponde estudiar: por un lado implica que el artista tenga conocimientos complejos de ecuaciones, cuyo valor depende no de una reproducción de un fórmula por todos asumida, sino de las ideas que *a posteriori se hace el analista sobre la obra*; por otro lado, implica el uso común, que sólo se dio entre algunos artistas conceptuales y minimalistas, de las matemáticas como fundamento de sus obras, los ensayos geométricos del Renacimiento y del op art son casos de problemas perspectivos, relacionados a veces con la realización arquitectónica, es decir, son aplicados al fenómeno visual, eventualmente estructural, nada tienen que ver, por ende, con la matemática pura - así cuando, a similitud de los posteriores postmodernos, y *como los filósofos antiguos en los que hallaban una doble razón de tradición y por ende de razón* por ello, los renacentistas se maravillaban ante las figuras geométricas puras, terminaban usándolas al infinito como *figuras simbólicas* y/o *en sí, no como expresión de una realidad constructiva real, sino como representación de una inmanencia, digamos de la perfección divina y su creación* -, tampoco los problemas de la luz para los impresionistas y los vanguardistas tiene nada que ver con física pura, sino con procesos visuales de impresión desde lo fotográfico hasta lo orgánico (como la retina del espectador transforma los colores juntándolos aún cuando son puntos de colores puros pegados pero no mezclados); implica además una fe ciega en que, ahí donde sería suficiente un cuadro sinóptico, la *imagen del proceso* matemático podrá aclarar, *por arte de magia*, y el uso de signos alfabéticos, *por sustitución*, la falta de demostración y las debilidades o insuficiencias del razonamiento del teórico (Lyotard aclara y justifica tal creencia en la *"Introducción"* a *La condition postmoderne - Informe sobre el saber*, Madrid, Cátedra, 1987, p. 4: *"Simplificando al máximo, se tiene por "postmoderna" la incredulidad con respecto a los metarrelatos. Ésta es, sin duda, un efecto del progreso de las ciencias: pero ese progreso, a su vez, la presupone. Al desuso del dispositivo metanarrativo de legitimación corresponde esencialmente la crisis de la filosofía metafísica, y de la institución universitaria que dependía de ella. La función narrativa pierde sus functores, el gran héroe, los grandes peligros, los grandes periplos y el gran propósito. Se dispersa en nubes de elementos lingüísticos narrativos, etc., cada uno de ellos vehiculando consigo valencias pragmáticas "sui generis". Cada uno de nosotros vive en la encrucijada de muchas de ellas. No formamos combinaciones lingüísticas necesariamente estables, y las propiedades de las que formamos no son necesariamente comunicables."* - apuntemos que la obra de MacLuhan releva de esta imposibilidad de comunicación, por otra parte recordemos que esta imposibilidad, y aún reconociendo la importancia de no validar los discursos en sí *porque siempre tienden a tener todos un valor de dominación*, es propiamente el sentimiento de los teóricos ante su incapacidad metodológica, ya que el cinema y la literatura contemporáneos han continuado imperturbablemente a crear nuevos héros de la misma índole que el s. XIX, con sus *peligros y periplos*, motores proppianos de sus relatos, a la vez que, tenemos que reconocer, que a) el no poder o querer teorizar es una posición bastante *metafísica*, y b) al racionalizar la *no teorización* o la *imposibilidad de teorizar*, y, en *primera instancia*, de *expresar*, Lyotard no está haciendo *nada más sino creando uno de estos metarrelatos* de los que tanto desconfía, *metarrelato* doblemente, ya que por una parte acabamos de decir que es de orden fantasioso, si lo comparamos con la evolución de los hechos *narrativos* posteriores, y segundo, a como lo entiende Lyotard, *metarrelato* porque *todo discurso metateórico es siempre relato*, idea que retomará, en América Latina, el argentino Arturo Andrés Roig -); finalmente da constancia de la idea de los teóricos que la matemática, analizable porque repetitiva y segura, es de mayor calidad que la complejidad del proceso cultural (de apropiación y reescritura producido por los artistas e intelectuales de una época en sus obras).

El libro de OC en general padece en todos sus análisis las mismas debilidades que hemos venido apuntando. Ya vimos el caso de las representaciones de la muerte.

El artículo sobre *Los Embajadores* de Holbein no aclara más que el excelente libro de Jurgis Baltrusaitis, sí citado por OC, el problema de la calavera anamórfica.

El texto sobre naturalezas muertas se dedica a definir el concepto de estilo desde la semiótica! (pp. 17-19, el tercio del artículo, en ez que desde la historia de los estilos (Panofsky). Se pregunta porque las naturalezas muertas son a escala natural, recordamos que las pinturas de historia también, desde Cimabue, Durero, hasta David. Pero la escala natural hace grandes las pinturas de historia con sus caballos y personajes, al igual que el retraro, las escenas de la vida cotidiana, y las vanidades integrando personajes, como las *Magdalenas* (o *Melancolía*), ahí donde la simple naturaleza muerta obviamente será de menor tamaño por el acercamiento que impone sobre los objetos (a diferencia de las perspectivas de interior o vistas de ciudades, propias de los holandeses, entre los cuales Vermeer), éstos no siempre a escala 1:1.

Es obvio que el nombre original de *Vita germata* o *still-life* remite a que las naturalezas muertas son objetos de bodegón, más directamente que como propone OC (p. 21) a que son objetos morales y vanidades. Las cuales, al igual que el concepto de *Naturaleza muerta* (expresado peyorativamente por Félibien en sus *Entretiens* de 1668, p. 20), son propias del s. XVII y su moralismo burgués (desde lo cotidiano) y desde el *"embarras de richesse"* (Simon Schama, *L'embarras de richesses Une interprétation de la culture hollandaise au Siécle d'Or*, París, Gallimard, 1991). Es al contrario de lo que piensa OC (pp. 20-21) el mismo nombre de *Naturaleza muerta* que las conviete mejor aún en recordatorio del *memento mori*.

XIX - CASPAR DAVID FRIEDRICH

Caspar David Friedrich es el máximo exponente en pintura del romanticismo alemán. Sus obras son visiones de montañas, personajes sumergidos en crepúsculos encendidos, ruinas, glaciares, naves perdidas, e inmensos espacios naturales (*Dos hombres mirando la luna*, 1819, *Die Lebensstufen, Mondaufgang am Meer*, 1822, *Mönch*). El carácter moral de éstas se ve en *Las etapas de la vida* (*Die Lebensstufen*, 1834-1835), que asocia en el 1er plano las tres etapas, niñez, edad adulta y vejez, pies en las rocas de una playa de arena (la vida), con barcos que en el ponente se van, mientras otros quedan estancados en los charcos de la marea baja.
Dentro de sus pinturas resaltan dos, ambas de 1818, *El caminante sobre el mar de niebla* (*Der Wanderer über dem Nebelmeer*, 98,4x74,8 cm.), y *Mujer frente al sol poniente* (*Frau vor untergehender Sonne*, 22x30 cm.). La más famosa, *El caminante*, un hombre visto de espalda, llegado en la cima de una montaña, mira las nubes a lo lejos. *Mujer frente al sol poniente* tiene elementos comunes con *Mujer asomada a la ventana* (1822), donde el modelo es la esposa del pintor: Carolina Bommer, la misma presentación del personaje de espalda, asomado hacia una luz que, por ende, aparece mística, el sujeto del cuadro, la composición misma, y por *choc en retour* el espectador tensándose hacia ella. A las altas cimas que contempla el varón responde la planicie de *Mujer frente al sol poniente*, clara división de los sexos. Así se evidencia desde y en Friedrich el pensamiento de su época. Dicho al revés, nos adentramos y entendemos las tesis estéticas del romanticismo, provenientes principalmente del mundo germánico (Baumgarten, Lessing, Goethe, Kant, Hegel), desde la obra de Friedrich, poniendo así de manifiesto el valor de los estudios de historia de las mentalidades, y la iconología, como ciencias fundamentadas en un real valor de experimentación y procedimiento.
Si bien podemos encontrar en *Elogio a Descartes* (1765) de Léonard Thomas (*OEuvres diverses de M. Thoma*s, Lyon, chez les frères Perisse, 1767, t. II, p. 37-38):

"*J'aime à le voir debout sur la cime des Alpes, élevé par sa situation au-dessus de l'Europe entière et plus encore par son génie; suivant de l'oeil la course du Pô, du Rhin, du Rhône et du Danube, et de là s'élevant par la pensée vers les cieux qu'il paraît toucher, pénétrant dans les réservoirs destinés à fournir à l'Europe ces amas d'eaux immenses; quelquefois observant à ses pieds les espèces innombrables de végétaux semés par la nature sur le penchant des précipices ou entre les pointes des rochers; quelquefois mesurant la hauteur de ces montagnes éternelles de glace, qui semblent jetées dans le vallon des Alpes pour les combler, ou méditant profondément à la lueur des éclairs et au bruit du tonnerre.*"

El origen ideológico de *El caminante sobre el mar de niebla* en cuanto éste arquetipo romántico de la elevación intelectual por la contemplación, de origen en el significado iconográfico de la tradición de representación del *San Jerónimo penitente* (como mostramos en nuestro artículo sobre el "*Voltaire Nu*" de Jean-Baptiste Pigalle), es necesario, para entender a cabalidad el cuadro de Friedrich, referir a Kant para entender la obra de Friedrich. En *Observaciones acerca del sentimiento de lo bello y de lo sublime* (1764, Madrid, Alianza, 1990), Kant contempla una doble división entre lo bello y lo sublime: "*La amistad* (al igual que la tragedia) *guarda en sí principalmente el carácter de lo sublime, pero el amor sexual* (como la comedia) *el de lo bello*" (212, p. 39). Lo que se define por sexo se define, platónicamente (v. *La República*), por edad: "*Una edad un tanto avanzada, se aviene antes con las características de lo sublime, pero la juventud con la de lo bello*" (213, p. 41). Estos pasajes siguen, en la "*Sección Segunda*" que Kant dedica a la comprensión de "*las propiedades en general de lo sublime y de lo bello en el hombre*" (211ss., pp. 38ss.), la definición que dio 1ro de estos conceptos en la "*Sección Primera*" (207ss., pp. 29ss.) "*Sobre los diferentes objetos del sentimientos de lo sublime y de lo bello*". La elección de los ejemplos de esta sección es básica para juzgar *El caminante*: "*El sentimiento más delicado, que ahora queremos considerar, es particularmente de dos especies: el sentimiento de lo sublime y el de lo bello. La afección es agradable para ambos, pero de manera muy diferente. La vista de una montaña, cuyas cimas nevadas se yerguen por encima de las nubes, la descripción de una tormenta enfurecida, o la descripción del imperio infernal que hace Milton suscitan complacencia, pero con horror. Por lo contrario, el aspecto de un prado lleno de flores, valles con arroyos serpenteantes, cubiertos por rebaños pastando, la descripción del Elínus o el relato de Homero sobre el cinturón de Venus, originan también una sensación apacible, pero que es alegre y risueña. Para que la primera impresión tenga lugar en nosotros, con intensidad apropiada, hemos de tener un sentimiento de lo sublime y, para disfrutar convenientemente la última, un sentimiento para lo bello.*" (208, p. 31)

Simplificando, la impresión de la montaña corresponde a lo trágico, mientras que el valle a la comedia. Así no es extraño que el 1ro se revierta en Friedrich sobre el hombre, el 2o sobre la mujer, conforme planteamientos clásicos, implícitos, en Kant. Asumiendo en *La República* la soberanía de la vejez sobre la juventud, Platón, a inicios del *Fedro*, planteándose como Kant la cuestión de lo bello, distingue (idea que conserva la estética medieval, Edgar D. Bruyne, *Estudios de estética medieval*, 1958-1959, 3 vol., Madrid, Gredos, 1987, por ej. t.3, pp. 46-53 y 81-86) el amor entre hombres, amistad que permite llegar a lo bello/bueno verdadero, del amor a las mujeres, sólo capaz de llevarnos a un gozo efímero e inmediato, de poca intensidad y veracidad. Cabe entonces, al considerar que los dos cuadros (*El caminante sobre el mar de niebla*, 1817-1818, y *Mujer frente al sol poniente*, de tamaño más pequeño) son del mismo año, y que presentan una estructura idéntica (personaje de espaldas, ante una inmensidad natural), pero con notables variables (hombre-montaña entre las nubes blancas aurorales vs. mujer-valle en el crepúsculo), concluir que, para Friedrich, fueron la manera de ilustrar esos "*sentimientos*" kantianos: lo sublime (masculino, de amistad varonil, trágico) y lo bello (femenil, de amor sexual, cómico). Asimismo las locaciones evocadas por Kant (montaña perdida en las nubes vs. valle) son las de los cuadros de Friedrich. Confirman lo anterior dos obras: *Acantilados blancos en Rügen* (*Kreidefelsen auf Rügen*, también de 1818, y de tamaño: 90,5x71 cm., notablemente similar al de *El caminante*), donde se unen, kantianamente, como en *Las etapas de la vida* las edades, las figuras de hombre y mujer mirando rocas elevadas sobre el mar plano. Y la xilografía (1803, a los cuarenta años de la publicación del ensayo de Kant) *Mujer con tela de araña entre árboles desnudos*, también conocida como *Melancolía*, en la que la mujer, dialécticamente, como en la "*Sección Segunda*" de Kant (212, p. 39), viene a representar dicho carácter melancólico del amor trágico, opuesto a lo casero de *Mujer asomada a la ventana* o lo confortable de los brazos abiertos (vs. los cerrados sobre el bastón del *Caminante*) en posición de orante de la *Mujer frente al sol poniente*, cuyo cuerpo resplandece de los rayos tardíos del astro (felicidad igual burlesco, confianza, en Kant: en la comedia "*el amor no es tan triste, sino alegre y confiado*"). Por esa razón la dureriana *Melancolía* femenina (conforme el modelo clásico, v. Erwin Panofsky) de Friedrich se ubica entre altos árboles, y no en una planicie.

Cinquième partie:
L'ordre laïque et la politisation de l'ordre civil

XX - LA CRITIQUE DE LA RELIGION
DANS LA PREMIERE VERSION DU *FAUST* DE GOETHE

> *"Donc je venais de sortir du collège. J'étais plein de rêves et d'illusions; j'étais naïf autant et peut-être plus qu'une rosière de Salency. Tout heureux de ne plus avoir de "pensums" à faire, je trouvais que tout était pour le mieux dans le meilleur des mondes possibles. Je croyais à une infinité de choses; je croyais à la bergère de M. de Florian, aux moutons peignés et poudrés à blanc; je ne doutais pas un instant du troupeau de Madame Deshoulières. Je pensais qu'il y avait effectivement neuf muses, comme l'affirmait l'"Appendix de Diis et Heroïbus" du père Jouvency. Mes souvenirs de Berquin et de Gessner me créaient un petit monde où tout était rose, bleu de ciel et vert-pomme. O sainte innocence! "sancta simplicitas!" comme dit Méphistophélès."*
>
> (Théophile Gautier, "Omphale - Histoire rococo" , *Récits fantastiques*, Paris, Bookking International, 1993, p. 66)

La première version de *Faust*, commencée en 1773 et terminée en 1808, est moins simple qu'il n'y paraît au premier abord. Goethe n'y reprend pas le mythe de Faust pour illustrer la bataille entre le Bien et le Mal, entre l'homme et le démon. Le *Faust* de Goethe n'est pas un *Ars moriendi* moderne.

Nous étudierons la première version de *Faust*, la seconde, au message beaucoup plus ambigu et panthéiste, ne faisant finalement qu'en développer les thèmes. Le principal apport de cette dernière version à l'analyse faustienne réside dans l'absence de damnation du héros, malgré son pacte avec le Diable (ce qui confirme l'hypothèse d'une orientation anti-religieuse de l'oeuvre). Néanmoins, la version finale de *Faust* reprend des thèmes chrétiens très prégnants, comme celui de l'union mystique par exemple[1].

D'autre part, nous nous baserons sur la traduction de Gérard de Nerval[2], qui soutient parfaitement la comparaison avec les traductions contemporaines[3].

Philosophie et théologie dans Faust: les sources

Suite aux conseils que Schiller donna à Goethe en 1797, la première version de *Faust* est très fortement teintée de philosophie[4]. En effet, Goethe fut profondément influencé par l'enseignement d'Herder, qui entre autres lui fit connaître Hamann et Rousseau[5].

Le début de la première version de *Faust* débute par un *Prologue sur le théâtre*[6]. La forme rimée en relève le caractère génésiaque. Les personnages qui y interviennent sont le directeur, le poète, le bouffon. Ils font pendant à ceux du *Prologue dans le ciel*[7]. Ainsi, la création poétique, identifiée à celle de l'humanité, est relatée dans le processus de sa formation (*"Surtout de nos décors déployez la richesse,/ Qu'un tableau varié dans le cadre se presse,/ Offrez un univers aux spectateurs surpris"*[8] dit le directeur).

---

[1] Au sens où elle est étudiée par André Chastel à propos d'un poème de Laurent de Médicis dans *Fables, Formes, Figures*, Paris, Flammarion, 1978, t. I, pp. 137 à 159. Néanmoins si on la compare à la première version du *Faust*, la seconde peut être comprise comme une divinisation de l'homme, identifié à Dieu. Ainsi, si l'on décide de la voir comme l'expression de la théorie orphique (au sens où Nathalie Mahé, *Le mythe de Bacchus*, Paris, Librairie Arthème Fayard, 1992, p. 28, la définit en l'opposant à la doctrine dionysiaque) - ce qui semble confirmé par l'utilisation des dieux en tant que personnages mythologiques (le héros n'a pas affaire à Yahvé mais aux représentations mystiques de l'antiquité, ce qui peut être conforme au goût romantique casse avec le "*Prologue*", qui comme on le verra est une mise en abîme du mythe de Job) -, elle prend tout son sens dans la continuité de la première version, puisque alors l'homme ne se contente plus de s'élever au niveau des dieux, mais les remplace, en les reléguant de manière comique (bien que les exégètes ne semble pas avoir relevé les ressemblances avec les farces antiques et médiévales) à un rôle de "*dei ex machinae*", on y reviendra.

[2] Goethe, *Faust*, trad. Gérard de Nerval, Paris, Garnier-Flammarion, 1964.

[3] Comparer par ex. avec celle de Jean Malaplate, *Faust I et II*, Paris, Flammarion, 1990.

[4] Cf. Goethe, trad. de Nerval, intro. historique de Jeanne Ancelet-Hustache, p. 23.

[5] *Ibid.*, p. 17.

[6] *Ibid.*, pp. 37 à 41.

[7] *Ibid.*, pp. 43 à 46.

[8] *Ibid.*, p. 38.

~ 345 ~

L'aspect génésiaque du début est accentué par le fait que l'action commence dans "*La nuit*"[9].

Le *Prologue dans le ciel* est un dialogue entre Dieu et Méphisto à propos du train où va le monde, puis de Faust. On peut le comparer au *Prologue* du livre de *Job*, 1, 7, où Yavhé demande à Satan "*D'où viens-tu?*", et celui-ci lui répond "*De rôder sur la terre, et d'y flâner*"[10]. Identiquement, dans le *Prologue dans le ciel* de *Faust*, Méphisto dit "*Maître, puisqu'une fois tu te rapproches de nous, puisqu'une fois tu veux connaître comment les choses vont en bas, et que d'ordinaire tu te plais à mon entretien, je viens vers toi dans cette foule....*"[11].

Dans *Job*, 1, 8, c'est Dieu lui-même qui fait le panégyrique de Job: "*Et Yahvé reprit: "As-tu remarqué mon serviteur Job? Il n'a point son pareil sur la terre: un homme intègre et droit, qui craint Dieu et se garde du mal!*"*"*[12]. Dans *Faust*, c'est Dieu qui amène la question sur Faust, mais Méphisto qui s'en fait le thuriféraire:

"*Le Seigneur: Connais-tu Faust?*
Méphistophélès: Le docteur?
Le Seigneur: Mon serviteur.
Méphistophélès: Sans doute. Celui-là vous sert d'une manière étrange. Chez ce fou rien de terrestre, pas même le boire et le manger..."[13]

On retrouve la même structure: formule interrogative et qualificatif "*serviteur*". Mais plus profondément encore, Dieu reprend ensuite l'apologie de Faust, lorsque Méphisto le met au défi:

"*Le Seigneur: Il me cherche ardemment dans l'obscurité, et je veux bientôt le conduire à la lumière....*
Méphistophélès: Voulez-vous gager que celui-là, vous le perdrez encore? Mais laissez-moi le choix des moyens pour l'entraîner doucement dans mes voies.
Le Seigneur: Aussi longtemps qu'il vivra sur la terre, il t'est permis de l'induire en tentation. Tout homme qui marche peut s'égarer."[14]

Puis Méphisto sort.

On trouve donc ici l'écho de la proposition de Satan à Dieu, dans *Job*, 1, 9 à 12:

"*Et Satan de répliquer: "Est-ce pour rien que Job craint Dieu? Ne l'as-tu pas entouré d'une haie, ainsi que sa maison et son domaine alentour? Tu as béni toutes ses entreprises, ses troupeaux pullulent dans le pays. Mais étends la main et touche à ses biens; je te jure qu'il te maudira en face!" - "Soit! dit Yahvé au Satan, tous ses biens sont en ton pouvoir. Evite seulement de porter la main sur lui." Et le Satan sortit de l'audience de Yahvé.*"[15]

Dans *Job*, Satan le définit comme l'élu de Dieu, alors que dans *Faust*, c'est Dieu qui dit "*bientôt... conduire* (le docteur) *à la lumière*". De même, dans *Faust*, Dieu ne met pas de barrière à ce que Méphisto peut tenter contre Faust, c'est le Diable lui-même qui s'autorise explicitement à en décider seul. Ainsi, bien que la progression du dialogue entre Dieu et Satan soit conservée, le champ discursif de chacun des deux par rapport au texte de *Job* se brouille dans *Faust*, ce qui a pour effet direct de les confondre.

Si l'identification entre Job et Faust est désormais évidente - d'autant que Goethe fait du début de son oeuvre un véritable chant égyptien, tradition de laquelle dépend directement le texte de Job, par la succession de l'invocation des dieux et la lamentation de l'homme (ici Faust dans la nuit[16]) -, elle doit être réétudiée, car Faust est un Job à l'envers. En effet, sa tentation sera celle du pouvoir et de la richesse (il n'a jamais rien eu), alors que Job fut éprouvé par la misère. Mais là encore, Goethe respecte la progression du texte, puisque Faust, comme Job dans la *Bible*, apparaît soudainement, juste après la polémique entre Dieu et le Diable.

---

[9]*Ibid.*, p. 47.
[10]*La Bible de Jérusalem*, Paris, Desclée De Brouwer, 1975, p. 847.
[11]Goethe-Nerval, p. 44.
[12]*La Bible.*
[13]Goethe-Nerval, p. 44.
[14]*Ibid.*, p. 45.
[15]*La Bible*, pp. 847-848.
[16]Goethe-Nerval, p. 47.

Une première clé de cette identification passe donc par l'opposition thématique évidente entre Faust et Job, et l'assimilation "souterraine" entre Dieu et Méphisto dans le texte de Goethe. En effet, la pièce doit plus être vue comme un drame moral (ou philosophique au sens large) que comme une oeuvre religieuse. La problématique casuistique est absente, puisque la *psychomachie* entre le Bien et le Mal n'est pas représentée par l'opposition entre Dieu et le Diable.

En fait, comme on le verra dans le reste du texte, le Diable apparaît comme le représentant direct de l'*ontologique*, voire de la morale cléricale. C'est ainsi que Goethe va opposer de manière récurrente la pensée humaine, c'est-à-dire la science empirique, aux manifestations de la croyance populaire (représentées en partie par Marguerite[17]) et aux marques potentiels de la présence divine. Par exemple, la fin du *Prologue dans le ciel* est un discours narcissique et mégalomaniaque de Dieu, où la seule caractéristique donnée à l'espace divin est qu'il est flou. En effet, après que Méphisto se soit proposé pour aller éprouver Faust, Dieu conclut, un peu hors de propos:

"Tu pourras (Méphisto) toujours te présenter ici librement. Je n'ai jamais haï tes pareils. Entre les esprits qui nient, l'esprit de ruse et de malice me déplaît le moins de tous. L'activité de l'homme se relâche trop souvent; il est enclin à la paresse, et j'aime à lui voir un compagnon actif, inquiet, et qui même peut créer au besoin comme le diable. Mais vous, les vrais enfants du ciel, réjouissez-vous dans la beauté vivante où vous nagez; que la puissance qui vit et opère éternellement vous retienne dans les douces barrières de l'amour, et sachez affermir dans vos pensées durable les tableaux vagues et changeants de la création."[18]

S'il est vrai que le passage se divise en deux, et que la première partie (qui va jusqu'à "*Mais vous*") abonde en références (la paresse renvoie au thème ancien et bien connu de l'*acedia*, et l'amour de Dieu pour Satan fait référence au statut d'ange de ce dernier, qui le garde encore dans *Job*), il est pourtant difficile d'y voir autre chose que la marque flagrante de la sénilité de Dieu, confirmée par l'adjectif qu'emploie Méphisto à propos du Créateur, avant de quitter la scène: "*J'aime à visiter de temps en temps le vieux Seigneur, et je me garde de rompre avec lui*"[19].

Même les démons de la *Nuit de Sabbat* apparaissent comme des *deus ex machina*, et notamment la "*demi-sorcière*"[20]. Dès le *Prologue sur le théâtre*, les dieux sont décrits comme de simples figures mythologiques; d'abord parce que ce *Prologue* a lieu avant la mise en place du décor (qui sera faite dans le *Prologue dans le ciel*). Ensuite parce que les dieux y apparaissent comme une création humaine ("*Qui protège les dieux? qui soutient l'Empyrée?.../ La puissance de l'homme en nous seuls déclarée*"[21]), et le poète comme le dieu-créateur (le cycle génésiaque de la création est d'ailleurs respecté, et le *Prologue dans le ciel* s'ouvrira après que le directeur ait dit au poète de représenter "*l'enfer* (et) *le ciel, le ciel* (et) *la terre*", ce qui correspond exactement à l'ordre qu'utilise Goethe, en commençant par le *Prologue dans le ciel*, puis en revenant sur terre):

---

[17] Si cela peut sembler être une forme de misogynie, il faut plutôt y voir une subtile parodie du thème de l'union mystique comme on le rencontre chez Dante par ex. (il faut noter que cette représentation de l'impossible union fera des émules au XIXème s. tels que Chateaubriand, Poe ou Fromentin). En effet, les conséquences funestes de la croyance amoureuse sont identifiés dans le texte à celles de la simple foi ("*nomme le comme tu voudras, bonheur! coeur! amour! Dieu!*", *ibid.*, p. 136).

[18] *Ibid.*, pp. 45-46.

[19] *Ibid.*, p. 46.

[20] *Ibid.*, p. 152. Peut-être faut-il aussi voir en elle une allusion aux dieux du paganisme, et notamment à Mercure qui, parfois représenté à mi-corps (cf. *Mercure à la Renaissance*, ouvrage collectif sous la dir. de Marie-Madeleine de La Garanderie, Paris, Honoré Champion, 1988), était un des principaux dieux du panthéon celtique et continua à être révéré dans les premiers siècles chrétiens, ce qui lui valut, par contrecoup, d'être un des dieux les plus diabolisés par l'Eglise (cf. par ex. Aline Rousselle, *Croire et guérir - La foi en Gaule dans l'Antiquité tardive*, Paris, Librairie Arthème Fayard, 1990). Ainsi, sa forme celtique d'Ogmios est-elle à l'origine de l'iconographie du Diable d'Argent (cf. Christian-J. Guyonvarc'h et Françoise Le Roux, *La civilisation celtique*, Rennes, Edilarge S.A. - Ouest-France Université, 1990, p. 135), qui se développa à la fin de la Renaissance au XIXème s. (cf. par ex. Maurice de Meyer, "*Le Diable d'argent - Evolution du thème du XVIème au XIXème siècle*", Art et traditions populaires, Juil.-Déc. 1967, pp. 283 à 290). Si cette hypothèse est juste, cela n'aurait pas simplement pour effet de mettre en évidence chez Goethe l'opposition entre la sorcellerie (dont on connaît les liens très étroits avec les cultes païens, cf. Carlo Ginzburg, *Les batailles nocturnes - Sorcellerie et rituels agraires aux XVIème et XVIIème siècles*, Paris, Flammarion, 1984, *Le sabbat des sorcières*, Paris, Gallimard, 1992, et Jean Palou, *La sorcellerie*, Paris, PUF, 1985) - c'est-à-dire les démons infernaux - et le Dieu du Ciel, ni de relever le goût du XIXème s. pour les cultes celtiques, mais plus généralement, de montrer que, jusque dans les plus petits détails, Goethe identifie les dieux et les démons judéo-chrétiens aux divinités païennes, c'est-à-dire, en d'autres termes, que cela aurait pour effet d'attester encore une fois dans le *Faust* de Goethe la critique du caractère idolâtre de la religion, ce qui serait parfaitement en accord avec l'optique philosophique de la fin du XVIIIème s. et du XIXème s.

[21] Goethe-Nerval, p. 40.

"Ainsi, ne m'épargnez machines[22] ni décors,
A tous mes magasins ravissez les trésors,
Semez à pleines mains la lune, les étoiles,
Peuplez-moi tout cela de bêtes et d'oiseaux;
De la création déroulez les tableaux,
Et passez au travers de la nature entière,
Et de l'enfer au ciel, et du ciel à la terre."[23]

Faust lui-même dans sa première intervention, qui a lieu juste après le *Prologue dans le ciel*, dissocie la théologie des autres sciences: *"Philosophie, hélas! jurisprudence, médecine, et toi aussi, triste théologie!"*[24]. L'apostrophe à la philosophie est une exclamation de regret; dans ce premier monologue, Faust se plaint de n'avoir pas pu embrasser la création, malgré toutes ses connaissances. Ainsi, après la philosophie sont appelées les sciences morales (la jurisprudence) et exactes (la médecine); mais curieusement, la théologie n'apparaît ni comme une science morale ni, ce qui est logique, comme une science exacte. L'adjectif *"triste"*, qui la définit, seul contribue à la représenter comme maligne, ou perfide. D'ailleurs, on remarquera qu'elle est apostrophée à part des autres (*"et toi, triste théologie"*).

Ainsi, de nombreux passages dans le texte indiquent cette "déliquescence" de Dieu. L'ontique est comparé à plusieurs reprises avec l'ontologique. La première fois, Faust, perdu dans sa méditation, s'écrie:

"Esprit créateur, qui ondoies autour du vaste univers, combien je me sens près de toi!
L'esprit: Tu es l'égal de l'esprit que tu conçois, mais tu n'es pas égal à moi. (Il disparaît.)
Faust (tombant à la renverse): Pas à toi!... A qui donc?... Moi! l'image de Dieu! pas seulement à toi!"[25]

Ainsi l'égalité entre l'humain et le divin[26] est souvent évoquée de manière polémique dans le texte. On connaît tous les mouvements de pensées anti-cléricaux du XVIIIème siècle, représentés par des penseurs comme Voltaire, Diderot ou Rousseau justement. Un peu plus loin, Faust dit:

"Voici le temps de prouver par des actions que la dignité de l'homme ne le cède point à la grandeur d'un Dieu! Il ne faut pas trembler devant ce gouffre obscur, où l'imagination semble se condamner à ses propres tourments; devant cette étroite avenue où tout l'enfer étincelle!... ose d'un pas hardi aborder ce passage: au risque même d'y rencontrer le néant!"[27]

Non seulement l'homme est l'égal de Dieu, mais Dieu est multiforme, pluriel (*"la grandeur d'un Dieu"*). Ce n'est plus le Dieu suprême du monothéisme mais un simple personnage mythologique, et il est identifié au démon (*"Nous sommes légions"* dit la *Bible*). La vision de l'ontologique est donc celle d'un drame psychotique (*"où l'imagination semble se condamner à ses propres tourments"*) ou, au mieux, d'un étroit conduit (*"gouffre obscur"*, *"étroite avenue"*). Dieu n'est plus immense mais infime; il ne s'apparente plus à une divinité lumineuse, mais à un être chtonien (*"l'enfer étincelle"*), voire même au *"néant"*. La typologie le confirme; la première référence à Dieu est le *Prologue dans le ciel*, qui en soi rappelle beaucoup le monde de l'Olympe, décrit dans des ouvrages d'inspiration païenne comme *Les Travaux et les Jours* d'Hésiode (57-101) ou *Le Débat d'Amour et de Folie* de 1555 de Louise Labé. Or, un personnage du premier *Prologue*, le directeur, réapparaît dans le *Walpurgisnachtstraum*[28], chapitre qui est une référence directe au *songe d'une nuit d'été* (comme le confirme le sous-titre: *Noces d'or d'Obéron et de Titiana*). L'élément ontologique n'apparaît donc décidément que sous sa forme mythologique[29], voire anecdotique dans les descriptions de la *Cuisine de Sorcière* ou de la *Nuit de Sabbat*[30], qui font directement référence aux peintures de Bosch et de Bruegel l'Ancien (la *Cuisine* par exemple s'inspire sans aucun doute possible la pièce souterraine de *Saint Jacques et le magicien Hermogène* de 1564-1565 de Bruegel). L'ordre de la référence tient ici un rôle de destructeur. Si Dieu est un mythe, il n'est pas réalité, la croyance en Dieu est par conséquent un excès. De

---

[22] On peut voir dans ce seul terme une référence au thème du *deus ex machina*.
[23] Goethe-Nerval, p. 41.
[24] *Ibid.*, p. 47.
[25] *Ibid.*, p. 50.
[26] Cf. le thème du *"monsieur Microcosme"*, pp. 79-80.
[27] *Ibid.*, p. 55.
[28] *Ibid.*, pp. 159ss.
[29] Le plus bel exemple en est la citation d'Hélène, *ibid.*, p. 108.
[30] *Ibid.*, pp. 99ss. et 159ss.

plus, la religion et Dieu lui-même sont (comme on l'a vu lors de la comparaison entre *Job* et *Faust*) identifiés au démon, d'abord par l'aspect comique (qui est son trait distinctif depuis le Moyen Age - on peut citer *La farce du cuvier*), et ensuite à cause de leurs effets néfastes pour l'humanité ("*Mais les gens dévots, d'ordinaire,/ Sont mêlés avec les démons*"[31]).

C'est pour cela que Marthe, l'amie de Marguerite, apparaît dès le début comme une fieffée coquine[32], image féminine de Méphisto en laquelle il se reconnaîtra tout de suite. Pendant toute la pièce, Marguerite quant à elle est représentée se débattant avec ses peurs mystiques et infantiles. C'est pourquoi au moment ultime, quand Faust vient la délivrer, aux assauts inopérants de son pragmatisme elle répond par des accès de *delirium* aigu; et quand Méphisto vient les chercher, elle répond par une sorte de folie mystique et auto-destructrice: "*Qui s'élève ainsi de la terre? Lui! lui! chasse-le vite; que vient-il faire dans le saint lieu?... C'est moi qu'il veut*"[33].

Marguerite mourra donc; Méphisto, réaliste, s'écrie "*Elle est jugée!*", alors qu'une voix, dite "*d'en haut*", répond "*Elle est sauvée!*"[34]. Cette fin tragi-comique montre clairement[35] que la manière de sauver de la religion, c'est de provoquer la mort[36].

Si pour Marguerite Méphisto reste un Diable, pour Faust il est un serviteur diligent. Et les rapports qui se nouent entre eux ne sont pas sans rappeler ceux de Figaro à son maître. Ainsi, de nombreuses fois les envolées lyriques de Faust sont coupées par le pragmatisme à toutes épreuves de Méphisto. Le ressort comique joue ici pour faire du Diable une sorte de bon bougre aux pouvoirs limités; quand Faust lui demande qu'il le fasse aimer de Marguerite avant la nuit, Méphisto maugrée sur la complexité de la tache qui lui est impartie[37]. D'ailleurs, Faust ne semble jamais beaucoup se soucier de ce que lui réserve Méphisto; et l'ultime conclusion de la deuxième version lui donnera raison. Son discours est anathème ("*Le dessous ne m'inquiète guère...*"[38]). Son scepticisme fait penser à celui d'un Don Juan, ou mieux à celui du héros de Cazotte.

Etude des similitudes entre Goethe et Cazotte

Le rapprochement va plus loin, jusque dans l'épisode du barbet lors de l'apparition des formes démoniaques. En effet, chez Goethe[39] comme dans *Le Diable amoureux*[40] de 1772, la première fois où le démon apparaît, suite aux rites cabalistiques pratiqués respectivement par Alvare et par Faust, c'est sous la forme d'un chien. Et là aussi, il y a une forte ressemblance entre les situations; chez Cazotte, le chien, appelé par le héros, va devenir son serviteur sous la forme de Bondietta; chez Goethe, le barbet, pris au piège dans la demeure de Faust, suite aux invocations démoniaques de ce dernier, devient son serviteur sous la forme de Méphisto. Le chien de Cazotte devient tout d'abord un jeune valet[41], celui de Goethe un jeune écolier[42].

La fin comique du *Diable amoureux* en fait une fable sur l'impuissance des forces du mal, et plus généralement sur ce que nous appellerions sommairement "la mort de Dieu". Par exemple, le qualificatif

---

[31] *Ibid.*, p. 163.
[32] *Ibid.*, pp. 117ss.
[33] *Ibid.*, p. 173.
[34] *Ibid.*
[35] En réf. à *La Légende dorée* (vers 1250) de Jacques de Voragine dans laquelle la souffrance et la mort sont les principes mêmes de la sainteté, cf. Michel Vovelle, *La mort et l'Occident de 1300 à nos jours*, Paris, Gallimard, 1983, pp. 29 à 36, (ce qui d'ailleurs s'inscrit parfaitement dans la mythologie souffrante la fin du Moyen Age, et plus particulièrement des Ordres mendiants).
[36] Plus profondément, on peut y voir une mise en cause parodique des souffrances que s'infligeaient les flagellants, et surtout de l'extase mystique des religieux de la récente période baroque, comme sainte Thérèse d'Avila notamment, cf. note précédente. La foi apparaît donc comme "mortifère".
[37] Goethe-Nerval, pp. 109 ss; de plus comme on l'a dit, dans ce genre de situations on peut comparer la relation Faust/Méphisto avec celle Faust/Vagner.
[38] *Ibid.*, p. 77.
[39] *Ibid.*, pp. 67 à 69.
[40] Cazotte, *Le Diable amoureux*, Paris, Garnier-Flammarion, 1979, pp. 59-60ss.
[41] *Ibid.*, pp. 62-63.
[42] Goethe-Nerval, p. 69.

"*naturel*" est employé pour signifier "intrinsèque", "propre", et le substantif "*nature*" pour désigner un penchant ou une réalité affective. Ainsi, ces deux mots, récurrents dans le texte, tendent à opposer l'humain (dans ce qui le *caractérise*) à l'ontologique. Chez Goethe, l'opposition se fait par le biais de la science. On a vu qu'il oppose l'ontique et l'ontologique; mais la distinction s'opère de manière plus explicite encore lorsqu'il fait s'affronter le savoir humain à l'obscurantisme de la religion. Le passage où Méphisto prend la place de Faust devant un écolier est sans doute le plus significatif.

L'écolier vient trouver Faust pour, dit-il, "*embrasser tout ce qu'il y a sur la terre et dans le ciel, la science et la nature*"[43]. A cela, Méphisto, qui se fait le chantre de l'obscurantisme religieux, explique tour à tour que chacune des sciences est vaine et amène au malheur et à la destruction. La méthode empirique est d'abord attaquée:

"*Qui veut reconnaître et détruire un être vivant commence par en chasser l'âme: alors il en a entre les mains toutes les parties; mais, hélas! que manque-t-il? rien que le lien intellectuel.*"[44]

En fait, ici, Méphisto explique que la science n'offre au bout du compte qu'un matériau mort à sa propre étude, puisqu'elle tente de comprendre ce qui est indéfinissable: "*l'âme*".

La conclusion vient tout naturellement:

"*Au total... arrêtez-vous aux mots! et vous arriverez par la route la plus sûre au temple de la certitude.*"[45]

Il est intéressant que cette conclusion se fasse à propos de la théologie. En effet, après que Méphisto ait démontré au jeune écolier le danger des sciences, par une suite de sophismes, celui-ci en arrive à la conclusion logique: "*J'ai presque envie d'étudier la théologie*"[46]; et Méphisto, qui le prend au mot, lui explique la meilleure façon de tirer profit de cette science: "*Le mieux est, dans ces leçons-là, si toutefois vous en suivez, de jurer toujours sur la parole du maître. Au total... arrêtez-vous aux mots*".

Ce à quoi l'écolier répond: "*Cependant un mot doit toujours contenir une idée*", et Méphisto, qui ne se laisse pas démonter, répond:

"*Fort bien! mais il ne faut pas trop s'en inquiéter, car, où les idées manquent, un mot peut être substitué à propos; on peut avec des mots discuter fort convenablement, avec des mots bâtir un système; les mots se font croire aisément, on n'en ôterait pas un iota.*"[47]

Thomas a Kempis, dans *L'Imitation de Jésus-Christ* de 1424, écrit:

"*Tout homme éprouve le désir naturel de savoir. Mais qu'importe la science sans la crainte de Dieu? Mieux vaut sans aucun doute, un pauvre rustre qui sert Dieu qu'un orgueilleux philosophe qui, sans souci de lui-même, scrute le cours du ciel. (...) Fais taire le désir immodéré de savoir: on y trouve que distraction et déboire.*"[48]

On reconnaît donc dans Kempis la source d'inspiration directe des paroles de Méphisto:

"*L'esprit de médecine est le plus facile à saisir; vous étudiez bien le grand et le petit monde, pour les laisser aller enfin à la grâce de Dieu. C'est en vain que vous vous élanceriez après la science, chacun apprend ce qu'il peut apprendre; mais celui qui sait profiter du moment, c'est là*

---

[43] *Ibid.*, p. 82.
[44] *Ibid.*, p. 83.
[45] *Ibid.*, p. 84.
[46] *Ibid.*
[47] *Ibid.*, p. 85.
[48] Thomas a Kempis, *L'Imitation de Jésus-Christ*, Paris, Nouvelle Cité, 1983, chap. 2, pp. 23-24.

l'homme avisé"[49].

Le sens du texte est clair. Méphisto est ici une sorte de Knock (avant la lettre) face à l'écolier *crédule*[50], et par sa voix, qui reste celle du malin (du trompeur), Goethe imite le discours de l'Eglise, pour ainsi le stigmatiser.

Religion et politique, critique de l'Eglise-Nation dans Faust
Mais la démonstration va plus loin. Après s'être attaquer à l'Eglise et à la foi, Goethe s'attaque au patriotisme et à la politique. Des passages critiquant l'Eglise et l'Etat alternent donc de manière rigoureuse.

Ainsi, après l'épisode de l'écolier, Faust et Méphisto se transportent dans une taverne de soûlards, qui chantent *"Le très saint empire de Rome/ Comment tient-il encor debout?"*[51]. On peut y voir la marque d'un débat déjà ancien entre Rome et le Saint Empire Romain Germanique. Mais, on est alors étonné de l'exclamation de l'un des soûlards, qui crie *"Vive la liberté! Vive lecrin!"*[52]. En effet, les deux notions paraissent assez éloignées l'une de l'autre et leur rapprochement tend à ridiculiser celle de liberté.

Cette exclamation se comprend néanmoins, car elle suit directement une chanson de Méphisto où il est question d'un roi qui fait décorer une puce qui le gratte et dont la famille est élevée toute entière au rang de seigneurie[53]. La conséquence en fut que *"les gens de cour,/ Sans oser rien dire,/ Se grattaient tout le jour..."*, et la conclusion:

"Cruelle politique!
Quel ennui que cela!...
Quand la puce nous pique,
Amis, écrasons-la!"[54]

Ainsi, c'est le pouvoir royal, et au sens plus large politique, qui est mis en cause et ouvertement raillé. Si c'est Méphisto qui s'en moque, la critique n'en est pas moins réelle. En effet, on a parlé du couple Faust/Méphisto comme d'un couple semblable à celui de Figaro et de son maître[55]. Ainsi, le point de vue de

---

[49] Goethe-Nerval, p. 85. Il en va de même lorsque Méphisto dit à l'écolier, *ibid.*, p. 84: "*Vous avez par jour cinq heures de travail; soyez ici au premier coup de cloche après vous être préparé toutefois, et avoir bien étudié vos paragraphes, afin d'être d'autant plus sûr de ne rien dire que ce qui est dans le livre; et cependant ayez grand soin d'écrire, comme si le Saint-Esprit vous dictait*", et "*Je ne vous en ferais pas un crime* (de se contenter d'étudier le droit): *je sais trop ce que c'est que cette science. Les lois et les droits se succèdent comme une éternelle maladie; ils se traînent de génération en génération, et s'avancent sourdement d'un lieu dans un autre. Raison devient folie, bienfait devient tourment: malheur à toi, fils de tes pères, malheur à toi! car du droit né avec vous, hélas! il n'en est jamais question*". Alors que Kempis écrit, chap. 3, pp. 25-26: "*A quoi bon grande subtilité sur des points cachés et obscurs? Il ne vous sera pas fait grief de les ignorer. C'est folie, de négliger l'utile et le nécessaire pour s'attacher avec excès à des curiosités nuisibles! Nous avons des yeux et nous ne voyons pas!/ Que nous importent les genres et les espèces? Celui à qui parle le Verbe éternel est affranchi de bien des considérations aventureuses. Tout vient d'une seule Parole et tout parle un seul langage: "c'est le Principe qui nous parle" (Jn 8, 25). Personne sans lui ne comprend ou ne juge comme il faut. Celui pour qui tout est un, qui ramène tout à l'unité, qui voit tout dans l'unité, celui-là peut avoir un coeur assuré et demeurer dans la paix de Dieu*", et, pp. 27-28: "*L'humble connaissance de soi est un chemin vers Dieu plus sûr que les investigations profondes du savoir.../... Certes, au jour du jugement, on ne s'enquerra pas de nos lectures mais de nos actes, ni de nos belles paroles, mais de notre vie selon Dieu. Dis-moi: où sont donc à présent tous ces "Messieurs" et ces "Maîtres" que tu as bien connus quand ils vivaient encore et que florissaient leurs recherches? D'autres déjà touchent leur traitement et j'ignore si l'on se souvient d'eux. Leur vie durant, ils avaient l'air importants et, à présent, on fait silence à leur propos./ Que la gloire du monde passe vite! Si encore leur vie avait été accordée à leur savoir, alors études et lectures auraient eu du bon! Combien se perdent en vains savoirs en se souciant peu de servir Dieu! Et parce qu'ils ont préféré la grandeur à l'humilité, "ils s'évanouissent avec leurs pensées" (Rom 1, 21./ Vraiment grand, celui qui a grand amour. Vraiment grand, celui qui se veut petit et tient pour néant le sommet des honneurs. Vraiment prudent, celui qui "tient pour ordures toutes les choses de la terre, afin de gagner le Christ (Phil 3, 8). Vraiment savant comme il faut, celui qui fait la volonté de Dieu et renonce à la sienne*". Le fait que Goethe mette cette apologie casuistique de l'ignorance dans la bouche du démon prouve que son objectif est de critiquer la religion (et nier l'Etre ontologique, on y reviendra), au profit de la science et de l'optique (le deuxième Faust, voyageant, après avoir séduit Méphisto, atteint les plus hautes sphères célestes et est élevé au rang des dieux, représente bien cette victoire de la science et de l'encyclopédisme du XVIIIème siècle sur l'obscurantisme antérieur - et montre aussi, mais cela est secondaire, une sorte de foi crédule en l'homme, qui est propre à l'époque), cf. *infra*.

[50] C'est peut-être justement pour signifier cette crédulité que le terme d'"*écolier*" a été préféré à celui d'"*étudiant*".

[51] Goethe-Nerval, p. 88.

[52] *Ibid.*, p. 93.

[53] *Ibid.*, pp. 92-93.

[54] *Ibid.*, p. 93.

[55] Il faut par ailleurs noter que le rapport maître/valet, dans lequel le bon sens du second va à l'encontre de la vision aristocratique et panthéiste du premier, se retrouve dans le rapport entre Faust et Vagner, *ibid.*, p. 60 à 66. Vagner, irrévérencieux, fait effectivement comprendre à son Faust sa vanité: "*Quelles douces sensations tu dois éprouver, ô grand homme, des honneurs que cette foule te rend! (...) Tu passe, ils se rangent en cercle, les chapeaux volent en l'air, et peu s'en faut qu'ils ne se mettent à genoux, comme si le bon Dieu se présentait*", p. 62. Cette réflexion s'intègre parfaitement dans l'ouvrage à l'ensemble de la critique politique, sur laquelle nous reviendrons.

~ 351 ~

Faust peut être tenu par Méphisto. Par exemple, lorsque Faust devient religieux, ou parle de métaphysique, le rôle de Méphisto, au-delà de sa mauvaise foi de diable, peut être de le ramener à une réalité plus physique, comme dans ce passage:

"Faust: ...je ne puis grandir de l'épaisseur d'un cheveu, ni me rapprocher tant soit peu de l'infini.
Méphistophélès: Mon bon monsieur, c'est que vous voyez tout, justement comme on le voit d'ordinaire; il vaut bien mieux prendre les choses avant que les plaisirs de la vie vous échappent pour jamais"[56].

De même, lorsque l'on sent poindre chez Faust une peur quasi-religieuse face à des événements qui le dépassent, comme dans l'extrait suivant, Méphisto intervient en valet bourru, comique et quelque peu "pamphlétaire":

"Méphistophélès: Il faut donc que la sorcière s'en mêle.
Faust: Mais pourquoi justement cette vieille? ne peux-tu brasser toi-même le breuvage?
Méphistophélès: Ce serait un beau passe-temps! j'aurais plus tôt fait de bâtir mille ponts."[57]

Ainsi donc, la critique de l'Etat est bien réelle. La preuve en est que lorsque Méphisto lancera à Faust *"L'Eglise seule, mes chères dames, peut digérer un bien mal acquis"*, Faust lui répondra: *"C'est son usage le plus commun; juifs* (il faut entendre les usuriers[58]) *et rois le peuvent aussi"*[59].

L'apothéose de la critique politique de Faust se situe lors de la *Nuit de Sabbat*, lorsque interviennent un général, un ministre et un parvenu, soit tous les représentants du pouvoir et de l'économie, à savoir le militaire, le législateur (l'exécutif), et le riche financier[60].

Le général s'exclame: *"Aux nations bien fou qui se fiera!"*, et, après qu'il est parlé de la versatilité populaire, le ministre, qui acquiesce, ajoute: *"Aux temps heureux que nous régnions, vraiment/ C'était l'âge d'or de la terre"*. Et le parvenu de rétorquer:

"Nous n'étions pas sots non plus, Dieu merci,
Et nous menions assez bien notre affaire;
Mais le métier va mal ce temps-ci,
Que tout le monde veut le faire."

De fait, deux notions émergent de cet extrait. Tout d'abord, c'est le plus important, qu'il ne faut pas se fier aux nations[61], ni par conséquent aux Etats; ensuite, que les hommes de pouvoir sont des escrocs avides de pouvoir (*"Aux temps heureux que nous régnions, vraiment/ C'était l'âge d'or de la terre"*; *"Nous n'étions pas sots non plus, Dieu merci,/ Et nous menions assez bien notre affaire"*); et enfin que Dieu laisse faire (*"Dieu merci"*).

Il ne faut pas oublier que Goethe a connu l'occupation française, la révolution, et les changements de pouvoir[62]. De plus, Goethe est un enfant du XVIIIème siècle, siècle de contestation contre l'Eglise et le pouvoir de l'Eglise-Nation. C'est sans doute là qu'il faut chercher la source de la critique combinée de la foi et de la politique.

En effet, lorsque Goethe se moque du *"vieil empire de Rome"*, l'image papale n'est pas loin, et dans des passages comme le dialogue entre Faust et Méphisto, où les rois et l'Eglise sont montrés comme de simples voleurs[63], le lien Eglise-Etat est on ne peut plus évident. Il ne faut donc pas se laisser abuser par la

---

[56] *Ibid.*, p. 80.
[57] *Ibid.*, p. 100.
[58] Malgré tout, l'image des Juifs a toujours été mauvaise, et même si cela est peu probable, on peut voir ici une critique du judaïsme, ou du moins de l'origine judaïque du christianisme.
[59] Goethe-Nerval, p. 114.
[60] *Ibid.*, p. 154.
[61] Qui sont des duperies; il ne faut pas oublier que les problèmes de nationalité et de nationalisme, que l'unification des états indépendants et que les bouleversements politiques les plus importants ont eu lieu à la fin du XVIIIème, époque de la rédaction de la première version de *Faust*.
[62] Goethe-Nerval, cf. l'*Esquisse biographique* par Hustache pp. 7 à 12.
[63] *Ibid.*, p. 114.

terminologie romantique ("*Sublime esprit*"[64]) qui cache soit la critique du romantisme lui-même et de son apologie systématique du sentiment sur la raison, soit une critique ontologique (dans le passage qui commence par "*Sublime esprit*", Goethe parle de "*buisson tranquille*", puis de "*buissons humides*"[65] à propos de l'humanité, ce qui est une parodie visible du thème du buisson ardent, opposé à l'ontique et à la nature désacralisée, comme chez Cazotte), soit qui montre encore plus simplement que Goethe est un enfant de son siècle.

Véritable "musagnoeomachie" (combat du Savoir contre l'Ignorance) dont on trouve les germes dans l'ébauche du *Faust* de Gotthold Ephraïm Lessing[66] (qui nous est parvenu sous la forme d'une scène, publiée le 18 Février 1759 dans la XIXème de ses *Lettres sur la Littérature moderne*, et de fragments du premier acte, découverts dans ses papiers après sa mort), le première version du *Faust* de Goethe (comme d'une certaine façon la deuxième) est donc une critique fine mais véhémente de la crédulité de la foi et des dangers de la politique, dans le plus pur style philosophique du XVIIIème siècle. En fait, cette oeuvre, proche du *Diable amoureux* par le thème, la morale et le recours fréquent au comique, est exactement dans la même ligne de pensée que *Le Barbier de Séville* (1775) de Beaumarchais ou *Candide* (1759)[67]. D'ailleurs dans la conclusion de son *Prométhée* qui, bien que publié de manière posthume en 1878, fut rédigé en 1773 (année où, comme nous l'avons dit, il commence la rédaction du *Faust*), Goethe réaffirme clairement l'indépendance du géant primordial (et donc, plus généralement, de l'homme[68]) devant les dieux, dont il défie ouvertement le pouvoir en riant d'eux, dans un dialogue qui rappelle excessivement celui entre Job et Yahvé dans la *Bible* et, par conséquent, les lamentations du début du *Faust*. En effet seul dans son atelier, Prométhée lance cette apostrophe finale à Jupiter:

"*Moi, t'honorer!... Pourquoi?... As-tu jamais apaisé les douleurs de l'opprimé? As-tu jamais essuyé les larmes de l'affligé? Qui m'a forgé un coeur d'homme? N'est-ce pas le Temps tout puissant et le Destin éternel, mes maîtres et les tiens? Croyais-tu peut-être que je dusse haïr la vie, fuir dans les déserts, parce que toutes les fleurs de mes rêves n'ont pas fructifié?/ Ici je réside, je crée les hommes à mon image, une race qui me soit semblable, pour souffrir, pour pleurer, pour vivre et se réjouir et te dédaigner, comme je fais.*"[69]

Ce Prométhée créateur, qui pourrait facilement être interprété par le biais psychanalytique du mythe de l'auto-engendrement (il représente l'humanité qui s'est *créée sans Dieu*), mortifiant et victorieux, apparaît

---

[64] *Ibid.*, p. 130.

[65] *Ibid.*, pp. 130-131.

[66] *Ibid.*, p. 16. Bien que la conclusion de Gotthold Ephraïm Lessing, dont on voit très bien la vocation anti-obscurantiste au travers de la réf. génésiaque, puisse prêter à confusion, puisqu'elle fait intervenir Dieu ("*Dieu ne peut avoir donné aux hommes le plus noble de ses instincts pour le rendre ensuite éternellement malheureux*", Bompiani-Laffont, *Dictionnaire des oeuvres de tous les temps et de tous les pays*, Paris, S.E.D.E., V. Bompiani et Robert Laffont, t. III, 1990, p. 38), les deux oeuvres font ainsi césure avec les précédentes, dont le contenu à la fois moralisateur et très manichéen, cf. Bompiani-Laffont, *ibid.*, pp. 36 à 39, et Hustache dans Goethe-Nerval, pp. 15-16, s'inspirait visiblement des oeuvres telles que l'*Ars moriendi*. Les oeuvres postérieures, notamment musicales, subiront la même prégnance du mythe psychomachique (citons notamment *Mon Faust (Ebauches)* de Paul Valéry), et s'éloigneront de la pensée de Goethe, cf. Bompiani-Laffont, pp. 48 à 52. On notera par ailleurs, plus généralement, que Lessing et Goethe ne furent pas les seuls penseurs de leur l'époque à entamer une problématique révolutionnaire, l'ensemble du mouvement *Sturm und Drang* ayant connu cette période, on pense en particulier ici à la tragédie, qualifiée par son auteur de "drame bourgeois", *Luise Millerin* de 1784 de Christophe Friedrich Schiller (oeuvre plus connue sous le titre apocryphe *Intrigue et Amour*, qui lui fut donné par Iffland, bien que Giuseppe Verdi ait conservé le titre original dans son adaptation théâtrale pour l'opéra intitulée *Luisa Miller* de 1849).

[67] Comme on l'a dit, la seconde partie de *Faust* a une orientation plus religieuse, puisque notamment le thème de l'union mystique y est montré dans son achèvement (par la relation entre Faust et Marguerite); néanmoins, comme on l'a également dit, la morale finale de cette version reste identique à celle de la première, puisque le pouvoir du Malin (et donc de Dieu) apparaît nul car inactif (comme on s'en rend compte, l'impuissance de l'ontologique signifie plus simplement son inexistence). En outre, le rapport notamment à *Candide* de 1759 de Voltaire (par le rôle initiatique et éducatif du parcours des héros) apparaît permettent si l'on se reporte à ce qu'écrit Goethe dans une ébauche de *Faust* datant de 1800: "*jouissance de la vie, vue du dehors*" de la 1ère partie est remplacée par la "*joie d'une vie active qui se tourne vers le monde extérieur*" de la 2ème partie, cité dans Bompiani-Laffont, p. 45. Goethe utilise d'ailleurs pour exprimer ce dernier état des termes assez similaires à ceux de Leibniz, puisqu'il parle d'une "*jouissance consciente*". Au fond, le 2ème *Faust*, sous les dehors moralisants d'un conte du XVIIIème (Goethe y reprend à l'envers l'opposition habituelle entre Vie active et Vie ascétique), est l'expression même de la victoire de la société moderne et de l'homme libre (à mi-chemin entre le "*bon sauvage*" rousseauiste et le "*surhomme*" nietzschéen) sur le monde classique de la religion et de l'abstinence. Le *Faust* de Goethe se définit donc comme un homme complet, qui sait être à la fois un philosophe critique et un épicurien avide des plaisirs qui lui sont offerts (il devient d'ailleurs une sorte de demi-dieu, c'est en cela qu'il se rapproche indifféremment des stéréotypes sadiens et nietzschéens). Cette double caractéristique du *Faust* de Goethe qui est, comme nous l'avons vu, de présenter une critique des organisations politiques aussi bien que religieuses de son temps au travers d'un type bien particulier de parcours initiatique, que l'on peut aisément rapprocher par exemple des préoccupations non moins rousseauistes de *Emile ou De l'éducation* (1762), se retrouve dans *Vie, exploits et descente aux Enfers de Faust* (1791) de Friedrich Klinger (bien que cet ouvrage semble répondre à des lois de genre et de narration proches de celles de la *Divine Comédie* de 1307-1321 de Dante ou de l'*Hypnerotomachia Polyphili* de 1499 de Francesco Colonna, sa thématique reste en effet très proche de celle du *Faust* de Goethe, une preuve suffisante en serait la lettre que Klinger adressa en 1814 à Goethe expliquant son choix de reprendre le fameux mythe pour en faire une critique des institutions politiques d'Europe), cf. Bompiani-Laffont, p. 48.

[68] Indépendance qui contre les/face aux forces de croyance, que, chose rare il nous semble, l'on retrouve dans la vie de Goethe, après cependant un assez long combat intérieur, cf. Sigmund Freud, *Cinq Psychanalyses*, Paris, PUF, 1954, 2001, p. 232, ce qui offre peut-être la source, ou du moins une explication biographique, à l'itérativé de la thématique faustienne dans l'oeuvre de l'écrivain.

[69] Cf. par ex. dans Bompiani-Laffont, t. V, art. "*Prométhée*", pp. 557-558, citation p. 558.

bien comme le pendant exact au deuxième Faust, insouciant de l'Enfer et se moquant bien des conséquences de son pacte avec Méphistophélès.

Il ne faut donc plus voir le *Faust* de Goethe comme la simple reprise d'un thème traditionnel[70], mais bien plutôt comme une oeuvre éminemment contemporaine, tant dans sa dialectique que dans sa forme[71].

---

[70]Ce qu'est par ex. encore au XXème s. *Tentation* de Vaclav Havel, qui paradoxalement reprend le fonds religieux du mythe de Faust - le pacte avec le démon - (en usant du modèle religieux pour développer une théorie politique, donc ontique, il s'inscrit ainsi dans la lignée de Dostoïevski) pour en faire, en le plaçant à l'époque moderne, une critique de la politique soviétique.

[71]Car en effet, comme on l'a vu, la quête de son héros est moins alchimique, ou spirituelle (religieuse), qu'intellectuelle et culturelle (identitaire - comme par ex. les oeuvres de Georg Büchner, *La Mort héroïque des quatre cents de Pforzheim* de 1830, *Le messager hessois* et *La mort de Danton* de 1834, ou bien encore *Woyzeck* de 1836, cf. Georg Büchner, *OEuvres Complètes*, Paris, Seuil, 1988, et note 62 *supra*).

XXI - *LA MORT DE MARAT* DE DAVID:
UNE INFLEXION VERS LA CRÉATION D'UN DISCOURS NATIONAL
DANS LE CADRE RÉVOLUTIONNAIRE

> "*Tous ceux qui ont reçu l'éducation de nos collèges doivent être embarrassés quand ils deviennent les juges d'une action de ce genre. Le bon sens dit que le vrai nom d'un pareil tournoi est assassinat. Mais l'Université, pendant huit mortelles années, a pris la peine de nous enseigner de tous autres noms, latins ou grecs. Chacun se souvient des classiques admirations de son professeur pour le poignard de Brutus.*
> *«En plein sénat, messieurs! en plein sénat!» nous disait le nôtre, qui pourtant recevait de César un traitement de mille écus par an, ni plus ni moins.*
> *Il ajoutait:*
> *«C'était bien le vir fortis et ubicumque paratus. Le gaillard n'avait pas froid aux yeux! En plein sénat, messieurs, en plein sénat!»*
> *Cassius, le collaborateur, avait aussi sa part d'éloges.*
> *Et l'on partait de là pour dire quelque chose d'aimable à propos de tous les citoyens qui, depuis Harmodius et Aristogiton, jusqu'aux amis de Paul Ier de Russie, engagèrent précisément ce tournoi que Georges Cadoudal proposait au premier consul.*
> *Depuis que César a fait un livre, on prétend, cependant, que le poignard de Brutus est un peu moins préconisé dans nos collèges; mais le livre de César est tout jeune, et nous qui fûmes élevés par l'Université dans le respect amoureux de l'homme et de son instrument, nous éprouvons un certain embarras à renier les admirations qui nous furent imposées:*
> *«En plein sénat, messieurs!»*
> *Et applaudissez, ou gare la retenue!*
> *Un jour viendra peut-être où l'Université, convertie à des sentiments moins féroces, aidera César à corriger les épreuves de son livre. Espérons que, ce jour-là, le poignard de Brutus, définitivement mis à la retraite, se rouillera dans les greniers d'académie. Ainsi soit-il!*"
> (Paul Féval, *La vampire*, cap. "VI - La maison isolée")[873]

1. David et la dualité visuelle

> "*Le procès Corday se situe donc à un moment charnière, où l'on cherche à ajuster les nouvelles institutions à la nation. D'où le respect scrupuleux de la liturgie et l'attente de signes légitimant la justice rendue.*"[874]

L'intérêt de David pour la correspondance iconographique et thématique, pour les diptyques, se ressent, non seulement entre l'évocation des deux morts, de Marat et de Lepeletier[875], tous deux assassinés la

---

[873]Parlant ici de Napoléon au début de sa fulgurante et sanglante ascension, personnage, par le fait, postérieur à Marat, Paul Féval, *La vampire*, Paris, E. Dentu, 1891, pp. 56-57, ici nous renvoie dans la dichotomie Brutus-César que nous allons étudier, et dont une conclusion (dans la nôtre propre) sera celle de Louis Blanc: "*Marat, s'il eût vécu, rendait Hébert impossible*" (voir la citation à la fin du présent travail). L'image dichotomique du Marat que nous présentons est d'ailleurs très proche de celle évoquée, dans le même ouvrage toujours, par Féval, p. 91, lorsqu'il écrit encore: "*Ceux que vous n'avez pas vus sont nombreux. La gloire blesse les envieux tout au fond de leur obscurité, comme les rayons du soleil font saigner les yeux des myopes. Les vengeurs se multiplient par les jaloux. Nous avons, derrière le bataillon sacré de la haine, cette immortelle multitude qui vivait déjà quand Athènes florissait et votait l'exil d'Aristide, parce qu'Aristide heureux éblouissait trop de regards.*
Nous avons du Directoire, regrettant amèrement sa chute et les diamants qui ornaient les doigts de pied de la muse demi-nue, honte orgueilleuse de sa loge à la comédie; nous avons la menue monnaie de Mirabeau bâillonné, la chevalerie ruinée de Coblentz, des épées vendéennes, des couteaux de septembre...
Nous avons tout: le passé en colère, le présent jaloux, l'avenir épouvanté.
La république et la monarchie, la France et l'Europe. Il nous arrive des poignards du nouveau monde et de l'or pour pénétrer jusque dans la maison de Tarquin, où l'on marchande les dévouements qui chancellent.
Ce n'est pas Tarquin, Tarquin était roi: c'est César qui toujours se découvre en mettant le pied sur la première marche du trône.
Le général Bonaparte était peut-être invulnérable, mais c'est sur une tête nue que se pose la couronne, et il n'a point de cuirasse sous son manteau impérial;
La meilleure cuirasse, d'ailleurs, c'était son titre de simple citoyen. Il la dépouille de lui-même. Jupiter trouble l'esprit de ceux qu'il veut tuer: le voilà sans armure!"
[874]Guillaume Mazeau, "*Le procès Corday: retour aux sources*", *Annales historiques de la Révolution française*, N°343, 2006, p. 60.
[875]Sur l'historique des deux tableaux, voir *Notice sur le Marat de Louis David: suivie de la liste de ses tableaux dressée par lui-même*, Paris, Jouaust, 1867, pp. 10-18.

même année[876], dans ses deux tableaux, tous deux installés dans la Salle des Scéances de la Convention Nationale, et retirés en 1795, pour être retournés à l'artiste[877], mais aussi dans *Le Serment des Horaces* (1785)[878] et l'inachevé *Serment du Jeu de Paume* (1790-1794). En effet, alors que le modèle romain rend hommage au sacrifice, déjà immortalisé par Corneille, des Horaces pour sauver la cité de Rome, le serment du Jeu de Paume rappelle l'union des députés des États Généraux en 1789 contre les pressions de Louis XVI pour élaborer une Constitution.

On connaît aussi l'anecdote qui associe *Léonidas aux Thermopyles* (1814) et le *Bonaparte franchissant le Grand-Saint-Bernard* (1803):

"Bonaparte avait quitté l'Egypte, et après le 18 brumaire (1798) an vin, s'était emparé des rênes du gouvernement. Il était premier consul de la république française.
David ne tarda pas à faire acte de soumission entre les mains du nouveau chef de l'Etat. Cependant, pour ne laisser ignorer aucune des oscillations qui agitaient continuellement l'esprit de cet artiste, il faut dire que dans la solitude de son atelier, et l'imagination échauffée par le dévouement des trois cents Spartiates dont il retraçait l'histoire, ses vieilles idées républicaines reprenaient souvent le dessus. « Je veux au moins, disait-il quand il était content de son ouvrage, montrer mon patriotisme sur la toile. » C'était à peu près la disposition d'esprit ou il se trouvait, lorsque la révolution du 18 brumaire s'accomplit.
Ce fut précisément Etienne qui vint lui raconter comment les choses s'étaient passées à Saint-Cloud, la fuite des deux conseils et la réussite du nouveau César. «Allons, dit David, j'avais toujours bien pensé que nous n'étions pas assez vertueux pour être républicains.... Causa.... displacuit.... Comment donc est la fin, Etienne? — Victrix causa diis placuit sed vida Catoni. — C'est ça même, mon bon ami. Sed victa Catoni, répéta-t-il plusieurs fois, en lâchant à chaque reprise une bouffée de fumée de sa pipe, qu'il tenait en ce moment. »
Soit par admiration sincère pour le mérite de David, soit par un instinct prophétique qui lui faisait deviner l'emploi qu'il pourrait faire des talents de cet artiste, Bonaparte lui témoigna toujours de la bienveillance. On n'a pas oublié l'asile qu'il lui offrit à son armée, lors des troubles qui précédèrent la journée du 18 fructidor ; le peintre des Horaces fut également un des personnages célèbres qu'il attira près de lui dès les premiers jours du consulat. C'était ordinairement à l'heure de son déjeuner que le premier consul entretenait David. Lorsqu'on organisa les autorités nationales d'après la nouvelle constitution, Bonaparte dit un jour à l'artiste: « qu'il avait mieux aimé le laisser à ses pinceaux que de lui donner une place. — Je n'en ai point de regret, répondit David, le temps et les événements m'ont appris que ma place est dans mon atelier. J'ai toujours un grand amour pour mon art, je m'en occupe avec passion, je veux m'y livrer exclusivement. D'ailleurs, les places passent, et j'espère que mes ouvrages resteront.»
Le pouvoir du premier consul était trop loin d'être tel que Bonaparte le convoitait, pour que cet homme donnât encore beaucoup de temps à des projets dont il ne devait s'occuper qu'un peu plus tard. Sa popularité et sa puissance ayant été bientôt affermies par la victoire de Marengo, à son retour à Paris, il pensa, sérieusement cette fois, à faire faire son portrait par David. Il fit venir le peintre et l'entretint en présence du ministre de l'intérieur, Lucien Bonaparte, son frère.
« Que faites-vous en ce moment? lui demanda le premier consul.
— Je travaille au tableau du Passage des Thermopyles.
— Tant pis ; vous avez tort, David, de vous fatiguer à peindre des vaincus.
— Mais, citoyen consul, ces vaincus sont autant de héros qui meurent pour la patrie, et, malgré leur défaite, ils ont repoussé pendant plus de cent ans les Perses de la Grèce.
— N'importe, le seul nom de Léonidas est venu jusqu'à nous. Tout le reste est perdu pour l'histoire.
— Tout, interrompit David.... excepté cette noble résistance à une armée innombrable. Tout!.... excepté leur dévouement, auquel leur nom ne saurait ajouter. Tout!.... excepté les usages, les mœurs austères des Lacédémoniens, dont il est utile de rappeler le souvenir à des soldats. »

---

[876]"*Corday affiche plusieurs fois sa volonté initiale de marquer l'opinion par un assassinat spectaculaire au coeur de la République67. Le choix de la victime n'est pas non plus aléatoire. Il vise à la fois à satisfaire les milieux modérés et à choquer les radicaux, en rééditant, contre Marat cette fois, l'attentat contre Lepelletier de Saint-Fargeau, poignardé au Palais Royal le 20 janvier de la même année. Mais contrairement à Paris, qu'elle cite, elle s'assure d'être identifiée. Pendant tout son procès, elle s'attache à justifier l'attentat et à lui donner le maximum de publicité. Consciente de la censure qui va lui être opposée, elle la contourne en exploitant tous les moyens d'expression possibles: les interrogatoires, les lettres écrites en prison, le procès mais aussi l'exécution sont ainsi utilisés pour infléchir le cours de l'histoire en faveur de sa cause et de son image.*" Ibid, pp. 65-66.
[877] Qui les conserva jusqu'à son exil à Bruxelles, où Gros les cacha alors à Paris, jusqu'au décès de David en 1825, moment où ils reviennent dans le patrimoine des enfants du peintre, *La mort de Marat* n'ayant pas d'acheteur, alors que *Les Derniers Moments de Michel Lepelletier* fut acheté par la fille du conventionnel assassiné Louise Suzanne de Mortefontaine, dont on pense qu'elle le détruit pour effacer le passé révolutionnaire de son père.
[878]Bien que de forme anachronique, nous ne pouvons éviter de rappeler que, pour le lecteur contemporain, la correspondance typologique s'accentue encore par le postérieur complot des Horace, "*Nous avons dit dans le Temple que nous retrouverions à la Force Aréna, Ceracchi, et leurs compagnons arrêtés à l'Opéra le 10 octobre 1800, jour où ils avaient formé le complot d'assassiner le premier consul Bonaparte pendant la première représentation des Horace».* (Jules Édouard Alboise du Pujol et Auguste Maquet, *Les prisons de l'Europe: Bicêtre, la Conciergerie, la Force, la Salpêtrière, le For-l'évêque, Saint-Lazare, le Châtelet, la Tournelle, l'Abbaye, Sainte-Pélagie, Pierre en Cize, Poissy, Ham, Fenestrelles, le château d'If, Château Trompette, le Mont Saint-Michel, Clairvaux, les îles Sainte-Marguerite, la Tour de Londres, Pignerolles, le Spielberg, les Plombs de Venise, les mines de Sibérie, les Sept tours, les cachots de l'Inquisition. Histoire des prisonniers d'état, des victimes du fanatisme politique et religieux, intérieur des bagnes, travaux et punitions des forçats, détails inédits sur toutes les prisons élevées par le despotisme*, Paris, Administration de librairie, 1845, T. IV, p. 143), et encore: "*Dès qu'il fut avéré que la révolution avait trouvé son maître, un petit nombre de républicains exaltés songèrent au poignard deBrutus, et pendant que fidèles aux classiques souvenirs, ils ajournaient à la première représentation des Horace» (9novembre 1800) l'exécution de leur complot, les chouans remplis d'une énergie sauvage, se dirigeaient sur Paris pour combiner leurs moyens d'attaque, suivant les instructions de Cadoudal. leur chef.*" (A. Des Étangs, *Études sur la morte volontaire: Du suicide politique en France depuis 1789 jusqu'à nos jours*, Paris, Masson, 1860, pp. 258-259) Événement dont se souviendra Féval pour le mettre en scène, dans son ouvrage cité, *La vampire*, lui provoquant les réflexions mises par nous à manière d'épigraphe au présent travail.

Ce fut à la suite de cet entretien que le premier consul manifesta à David le désir qu'il peignît son portrait. Le peintre attendait depuis longtemps l'occasion de s'occuper de cet ouvrage; il accepta avec empressement, témoigna l'intention de commencer aussitôt, et pria le premier consul de lui indiquer le jour où il viendrait poser. « Poser? dit Bonaparte qui avait déjà laissé voir auparavant combien ce genre de contrainte lui était désagréable, à quoi bon? Croyez-vous que les grands hommes de l'antiquité dont nous avons les images aient posé?
— Mais je vous peins pour votre siècle, pour des hommes qui vous ont vu, qui vous connaissent; ils voudront vous trouver ressemblance.
— Ressemblant? ce n'est pas l'exactitude des traits, un petit pois sur le nez, qui font la ressemblance. C'est le caractère de la physionomie, ce qui l'anime, qu'il faut peindre.
— L'un n'empêche pas l'autre.
— Certainement Alexandre n'a jamais posé devant Apelles. Personne ne s'informe si les portraits des grands hommes sont ressemblants. Il suffit que leur génie y vive.
— Vous m'apprenez l'art de peindre, dit David, après cette observation.
— Vous plaisantez; comment?
— Oui, je n'avais pas encore envisagé la peinture sous ce rapport. Vous avez raison, citoyen premier consul; eh bien! vous ne poserez pas. Laissez-moi faire, je vous peindrai sans cela. »
David sortit du cabinet de Bonaparte avec Lucien son frère, qui revint sur le tableau du Passage des Thermopyles et dit enfin à l'artiste: « Voyez-vous, mon cher, il n'aime que les sujets nationaux, parce qu'il s'y trouve pour quelque chose. C'est son faillie; il n'est pas fiché que l'on parle de lui.»
Plusieurs fois Bonaparte avait trouvé l'occasion, en s'entretenant avec David, de lui dire que s'il le peignait, il voudrait être représenté calme sur un cheval fougueux. Le peintre combina cette idée avec le passage des Alpes par Bonaparte, et arrêta la composition du portrait équestre de ce célèbre personnage."[879]

À présent, la toile de David représentant *La mort de Marat* (1793) a été rapproché, par Thomas Crow par exemple[880], du *Christ mort soutenu par la Vierge* de Girodet, assumant une complexe identification bipartite entre Marat-Jésus et la Vierge-David. Si la position du bras du Christ mort est bien similaire à celle du Marat de David, c'est plus généralement celle des Christ de *Pietà*, dont on citera l'exemple le plus beau et le plus célèbre: celui du Maître Michel-Ange. Ce qui, en tout cas, induit à penser que le geste n'est pas gratuit, et qu'il contient en lui un symbolisme similaire à celui que l'on peut soupçonner des Christ défunts, inverse de celui des Christ au geste indiquant le ciel, auxquels Rudolf Wittkower[881] a dédié un notable article sur l'art du Greco.

En ce sens d'opposition ou de correspondance entre symbolisme chrétien et révolutionnaire, a été noté la superposition entre le nom chrétien de Marie-Anne Charlotte Corday et la date de l'ancien calendrier de sa lettre, et celle d'"*AN DEUX*" apposée au tableau par David[882].

Mais, curieusement, personne ne semble s'être vraiment intéressé au détail de la complexité du tableau[883], commandé à David[884] par les sectionnaires parisiens, pour l'état de putréfaction du cadavre[885], favorisé par l'époque de l'année et "*l'effet des grandes chaleurs*"[886]. Par conséquent, il semble que le visage féminin, de "*baigneuse*", de Marat[887], la pose christique du révolutionnaire ou les oppositions textuelles dans le tableau semblent, à notre sens secondaires, si l'on ne se pose pas, d'abord, la question de pourquoi et comment David arriva à représenter une simple pose dans les conditions difficiles de l'état du cadavre.

Poser cela comme prémisse méthodologique, et associer aux deux éléments précédemment induits: l'équivalence diptyque des oeuvres de David, et le symbolisme iconographique historique du geste, nous obtenons une identiquement double possibilité d'interprétation: l'hypothèse que l'oeuvre de David évoque Marat depuis un autre point de vue (ce que les interprètes ont déjà supposé, en le rapprochant de baigneuses

---

[879]Étienne Jean Delécluze, *Louis David, son école et son temps: souvenirs*, Paris, Didier, 1855, pp. 230-232.
[880]Cité par Rebecca Comay, "*Tabula Rasa: David's Death of Marat and the Trauma of Modernity*", *Impossible Time: Past and Future in the Philosophy of Religion*, Tübingen, Mohr Siebeck, 2013, p. 140.
[881]Article compilé dans *Allegory and the Migration of Symbols*, Boulder, Westview Press, 1977.
[882]Comay, p. 144ss.
[883]Voir cependant, sur la mise en scène et théâtralisation du corps du défunt par impossibilité de le présenter, comme le voulait initialement David, en gloire (ce qui réduit le sens du génie aux limitations de la nature), *La mort de Marat*, Paris, Flammarion, 1986, p. 54; Jacques Guilhaumou, *La mort de Marat, 1793*, Bruxelles, Éditions Complexe, 1989 , p. 52; Pierre Frantz, "*Théâtraliser la Révolution française*", *Corps, littérature, société, 1789-1900*, Université de Saint-Etienne, 2005, pp. 36-37.
[884]Lequel écrit: "*Je me suis assuré, de mes propres yeux, de l'impossibilité de mettre mes premières idées relatives au citoyen Marat à exécution. La putréfaction empêche de le placer debout* ("*David propose* [d'abord] *à la Convention d'exposer son corps dans l'attitude où il l'avait trouvé la veille debout et "écrivant pour le bonheur du peuple"*"). *D'après cela nous avons arrêté de le disposer sur un lit comme Lepeletier, couvert d'un simple drap, ce qui rendra assez bien l'idée de la baignoire (Convention nationale du 16 juillet).*" (Frantz, p. 36)
[885]À tel point que: "*Après la mort de Marat, David fit mouler son masque pour l'exécution de son tableau. C'est ce masque qui a été surmoulé en plâtre et vendu avec celui de Robespierre et de quelques autres. En 1835, la police finit par défendre qu'ils fussent exposés publiquement.*", Delécluze, note 1 p. 154.
[886]Jacques Guilhaumou, *Discours et événement: l'histoire langagière des concepts*, Presses Universitaires de Franche-Comté, 2006, p. 141.
[887]Comay, p. 140.

ou du Christ mort), et celle, rapprochée du cas des deux *Serment*(s) peints par David, d'une origine, non pas tant iconographique (bien qu'elle nous serve), visuelle et chrétienne (puisqu'en même temps, l'on postule son rejet par l'évidence textuelle dans le tableau), sinon textuelle, politique et romaine, dans une autre mort.

De fait, les diverses images de la mort de Marat de l'époque qui ne sont pas de David le représentent comme un corps vide, avec la marque d'un coup de couteau, les bras le long du corps[888].

A été noté que David évite le passage de la lettre de Corday en référence à son époux et leurs cinq enfants[889].

2. La question iconographique et l'assomption d'un mouvement
2.1. La tête de Marat

Le problème historique de la mort de Marat a caché le problème iconographique.

En premier lieu, évidemment, le bras qui pend hors du bain, en outre d'évoquer la tension physique des derniers moments du révolutionnaire (tentant d'échapper aux coups funestes), permet au peintre d'introduire, nous ne saurions dire, comme l'ont exposé d'autres interprètes, David lui-même en Vierge immanente et sustitutive, mais sans aucun doute la figure de la meurtrière, par le biais du mot qu'elle lui remit avant de l'assassiner. Il y a donc bien, implicitement, dans cette toile, deux personnages: Marat mort, et Corday, dénotée[890] à la fois par la conséquence de son geste (l'homme mort dans sa baignoire) et par sa prémisse (la remise de la lettre de recommandation). Dit autrement, ici, par l'intelligence formelle du peintre, le langage iconograpique le plus basique, sans renvoyer à rien d'autre qu'au moment même relaté, exprime son sens, et en présente les protagonistes opposés.

Ainsi nous semble-t-il qu'une explication plus pragmatique, et dogmatique, que juste symbolique et référencielle, peut être trouvée à la beauté androgyne du révolutionnaire (déjà notée en ce sens par Baudelaire[891]) dans la toile de David, comme récit implicite d'opposition aux beautés mystiques de sa meurtrière:

"Chez certains le doute s'insinue sur la légitimité de la sentence: même la presse montagnarde reste un peu perplexe devant le courage serein de Corday49. Plusieurs légendes sont nées de cette disjonction, que l'historiographie n'a pas assez lues sous leur forme allégorique. La question de la beauté de Charlotte Corday, souvent mise en avant, en fait partie. Ces jugements de goût, encore trop pris pour des témoignages fiables d'une « beauté réelle », sont en fait liés au spectacle d'un corps triomphant contre toute attente, alors même que celui de Marat s'était décomposé aux yeux de tous, nécessitant l'abrègement de son apothéose. Autre exemple: dès le soir du 13 juillet, on murmure dans les assemblées de section qu'une épidémie de peste se répand dans Paris50; avec Corday l'aristocrate, c'est tout l'Ancien Régime qui revient, suivi par son cortège de peurs collectives liées aux châtiments divins. De même, un orage aurait éclaté lors de l'exécution51. Outre la référence biblique explicite, il

---

[888]*Corday contre Marat - Deux siècles d'images*, catalogue de l'exposition *Corday contre Marat. Les discordes de l'histoire*, Musée de la Révolution française, Vizille, 26 juin-28 septembre 2009, p. 16.
[889]Comay, p. 145.
[890]Elle ne l'est plus, mais reste une ombre derrière un rideau dans le tableau posthume de 1860 *Charlotte Corday* de Paul Jacques Aimé Baudry, qui conserve l'image du Marat tel que le représente David, mort dans son bain, le bras pendant. Il substitue le socle sur lequel reposent chez David l'encrier et les papiers de Marat par une chaise renversée, renversant lui-même à son tour la vision de face de Marat, que l'on voit ici de dos, la baignoire ne faisant plus face au spectateur, au profit d'un portrait en pied et de face de Corday, qui devient l'âme centrale de cette toile qui lui rend hommage. Ainsi, la lumière, qui baigne Marat solitaire chez David donne corps à la meurtrière chez Baudry, lui rénovant son caractère virginal, par l'association visuelle avec un motif repris des toiles de Vermeer, bien que depuis une fenêtre orientée en sens contraire. La lumière, en illuminant Corday, et en plongeant dans l'ombre Marat, se projette contre les murs, où une carte de France offre un contrepoint intéressant au bras pendant du tyran mort, puisque le "nez" de la Bretagne surgit comme Corday de l'ombre, nous indiquant que la mort de Marat est une renaissance (de vie proprement illuminescent) pour le pays.
[891]*"Le divin Marat, un bras pendant hors de la baignoire et retenant mollement sa dernière plume, la poitrine percée de la blessure sacrilège, vient de rendre le dernier soupir. Sur le pupitre vert placé devant lui sa main tient encore la lettre perfide: «Citoyen, il suffit que je sois bien malheureuse pour avoir droit à votre bienveillance;» L'eau de la baignoire est rougie de sang, le papier est sanglant; à terre gît un grand couteau de cuisine trempé de sang; sur un misérable support de planches qui composait le mobilier de travail de l'infatigable journaliste, on lit: «A Marat, David.» Tous ces détails sont historiques et réels, comme un roman de Balzac; le drame est là, vivant dans toute sa lamentable horreur, et par un tour de force étrange qui fait de cette peinture le chef-d'œuvre de David et une des grandes curiosités de l'art moderne, elle n'a rien d'un trivial ni d'ignoble. Ce qu'il y a de plus étonnant dans ce poème inaccoutumé, c'est qu'il est peint avec une rapidité extrême, et quand on songe à la beauté du dessin, il y a là de quoi confondre l'esprit. Ceci est le pain des forts et le triomphe du spiritualisme; cruel comme la nature, ce tableau a tout le parfum de l'idéal. Quelle était donc cette laideur que la sainte Mort a si vite effacée du bout de son aile? Marat peut désormais défier Apollon, la mort vient de le baiser de ses lèvres amoureuses, et il repose dans le calme de sa métamorphose. Il y a dans cette œuvre quelque chose de tendre et de poignant à la fois; dans l'air froid de cette chambre, sur ces murs froids, autour de cette froide et funèbre baignoire, une âme voltige. Nous permettrez-vous, politiques de tous les partis, et vous-mêmes, farouches libéraux de 1845, de nous attendrir devant le chef-d'œuvre de David? Cette peinture était un don à la patrie éplorée, et nos larmes ne sont pas dangereuses."* (Baudelaire, *Curiosités esthétiques*, 1868, "III - Le Musée classique du Bazar Bonne-Nouvelle", Paris, Michel Lévy Frères, pp. 201-202) Dans un sens, il rapproche, par typologie d'évocation, aussi *La Mort de Marat* de celle de Socrate, également peinte par David (1787), le geste démonstratif de Socrate, pour nous, inversant et prévoyant celui de désignation du Marat. "*Ce tableau avait pour pendant à la Convention la Mort de Lepelletier-Saint-Fargeau. Quant à celui-ci, il a disparu d'une manière mystérieuse; la famille du conventionnel l'a, dit-on, payé 40,000 francs aux héritiers de David; nous n'en disons pas davantage, de peur de calomnier des gens qu'il faut croire innocents.*
La Mort de Socrate est une admirable composition dont tout le monde connaît, mais dont l'aspect a quelque chose de commun qui fait songer à M. Duval-Lecamus (père). Que l'ombre de David nous pardonne!" (*Ibid.*, pp. 203-204)

procède de la sacralité des signes atmosphériques accompagnant les événements historiques. Au Moyen Age, la pluie ou la foudre annonçaient la protection ou le châtiment de Dieu. Eorage du 17 juillet n'est pas une pure invention: il a bien plu ce jour-là, mais au nord de Paris, et non sur la place de la Révolution. Il ne faut donc pas voir dans cette légende une volonté consciente de falsifier l'histoire, mais bien plutôt la nécessité de trouver un sens à la Révolution: les producteurs de ces légendes sont eux-mêmes pris dans un système de représentations dont ils dépendent inconsciemment. Les brochures aussitôt publiées et les journaux, reprennent ici le ton des occasionnels des siècles précédents, consacrés aux événements transgressant les lois naturelles."[892]

Ce qui correspond aussi à une réaction face aux incertitudes soulevées par le procès, et aux deux bandes idéologiques qui s'y retrouvent face à face, d'un côté, celle qui idéalise l'assassine, et de l'autre celle qui défend la victime, dans une opposition de codes iconographiques respectifs[893].

Non seulement Corday demande que soit fait son portrait le jour suivant de son premier interrogatoire, bien que sans succès, mais elle crée certaine connivence avec le portraitise de son procès:

"La demande rejetée, elle facilite la réalisation du portrait le plus fidèle, réalisé par Jean-Jaques Hauer. Mené par la rumeur chez Marat juste après l'assassinat, ce garde national décide d'assister au procès et de dessiner Corday, qui, le remarquant, se serait tournée vers lui. Le peintre a ensuite revendiqué une connivence réciproque. Le tableau en porte l'empreinte, dans la tradition physiognomonique : les traits y sont censés refléter l'âme du modèle.../...
La vraie fausse Lettre à Barbaroux est un autre moyen trouvé par Corday pour détourner la censure. Écrite en prison, habituellement crue comme une confession sincère révélant son inconséquence et sa légèreté d'esprit, elle procède en réalité d'une véritable stratégie. Jouant sur les représentations sociales dominantes qui font du genre épistolaire un apanage féminin, Corday prétexte une correspondance privée pour faire passer sans risque un certain nombre de messages politiques. Ehistoriographie a parfois été déroutée par l'aspect bric-à-brac de la lettre, qui commence par le récit picaresque de son voyage à Paris, ponctué par les vaines tentatives de séduction d'un compagnon de route. Ce passage révèle la culture aristocratique de Corday, qui excelle dans l'art très codifié de la conversation de salon et le recyclage de scènes empruntées à la littérature galante (scène de sérénade sous une fenêtre). Il lui permet aussi de tromper ses censeurs et de leur faire croire à la dimension privée de la missive. Mais il lui fournit aussi l'occasion de se positionner comme femme (c'est sur toute une culture virile qu'elle ironise) et comme révolutionnaire modérée (ses compagnons de route montagnards sont ridiculisés). Enfin, cet épisode en apparence sans intérêt traduit une certaine distanciation ironique vis-à-vis de sa littérature d'édification par la structure narrative et les fonctions symboliques du conte

---
[892]Mazeau, p. 61.
[893]"*Le procès n'ayant pas fourni de véritable preuve juridique du complot, c'est le sens symbolique de l'exécution qui est en jeu: elle doit définitivement disqualifier « la fille Corday » aux yeux de tous et légitimer le pouvoir en place. Le 15 juillet, Billaud-Varenne affirme à la Convention que l'existence du complot girondin est une question de croyance a priori, faute de pouvoir le prouver autrement: « Les traces matérielles manquent presque toujours;[...] il faut s'en tenir [. . .] à la simple conviction morale »40. La façon dont l'exécution a été rapportée dans la presse a entraîné de nombreuses erreurs d'analyse dans une historiographie trop attachée aux discours: certains légitiment la répression en insistant sur le bon déroulement de l'exécution, d'autres insinuent le doute ou la critique en décrivant des anecdotes ayant perturbé la procédure. Le trajet de la charrette ouverte transportant Corday de la Conciergerie à la place de la Révolution témoigne d'une ritualisation (lenteur, parcours codifié) dont le dépouillement contraste avec le faste de la translation du corps-relique de Marat vers l'église des Cordeliers. Le spectacle de la mort publique doit servir une vengeance symbolique et réglementer l'assistance41. Mais l'acculturation prévue n'est pas toujours opératoire, et dans la foule, certains donnent l'impression de participer à des funérailles ante-mortem. Les représentations de Corday, promenée au milieu d'une foule hérissée de piques, sont très vite prises des contre-révolutionnaires qui recyclent toute une iconographie des martyres chrétiennes. La guerre des images n'est pas seulement religieuse: alors que le cortège désacralise le cérémonial du parcours aristocratique de la ville, la propagande royaliste transforme la charrette d'infamie42 en voiture de parade, restituant à la ci-devant Corday son prestige social: « Sur l'arrestation d'un bel Équipage venant une charrette/Cédez, nobles Coursiez, le pas à cette Rosse/Aujourd'hui, la charrette est plus que le carrosse43 ». La foule des exécutions révolutionnaires est donc aussi le lieu d'une opposition politique: de nombreux témoignages montrent que les sympathisants de Corday s'y sont rendus en masse (notamment Adam Lux, député de Mayence), communiquant, se rencontrant peut-être.*
Maints rituels de flétrissure visent à précipiter Charlotte Corday dans la mort ignoble: les injures, les mains liées, l'exposition mobile, la chemise rouge des assassins et l'allongement final, imposant la contrition, prennent une valeur expiatoire. Les cheveux, coupés pour faciliter le passage de la lame, exhibent aussi sa déchéance sexuelle: cette mutilation est un rituel de long terme, infligé au XVIIIe siècle aux maquerelles et aux prostituées genevoises, que l'on retrouve jusqu'aux tonsures de la Libération, pour punir la collaboration horizontale44. Elle enferme Corday dans un genre monstrueux, et lui applique un châtiment corporel alors de plus en plus infligé aux meurtriers, mais aussi aux aristocrates et aux femmes sortant de leur rôle autorisé45. Au-delà, le rituel de l'exécution fait partie d'un système de croyances héritées de la tradition chrétienne: son bon déroulement est censé faire surgir la vérité, comme pendant les ordalies médiévales. Ainsi, la gifle de Legros est non seulement condamnée par les autorités, mais aussi dans un témoignage inédit. Le 18 juillet, il signale l'incident à Montané:
« [...] Le peuple avait vu passer, avait conduit cette femme à l'échafaud pour l'insulter à ses derniers moments; il applaudissait intérieurement au jugement que lui réservait la patrie due à son forfait, et cette haine n'était publiquement forte, plus son attitude, sa clémence tranquille le rendait fier et généreux. [. . .] Pourquoi le citoyen chargé de l'exécution de la loi s'est-il permis de le provoquer à des excès en ajoutant au supplice des outrages qu'on ne peut lui pardonner? [. . .] Il demande au tribunal qu'il répare l'outrage fait à la nature, à la philosophie par l'un des exécuteurs mais forcé d'y consentir. Il a montré au peuple la tête de la fille Corday, mais qui s'est permis de la couvrir de soufflets [...] »46. On connaît les analyses de Michel Foucault sur les exécutions révolutionnaires: la guillotine est décrite comme un intermédiaire entre les supplices collectifs d'Ancien Régime et la mort d'État moderne47. Le témoignage de Sergent s'inscrit bien dans ce registre: la mise à mort légale doit satisfaire la demande populaire de vengeance et légitimer la puissance du pouvoir pour cimenter la paix civile. C'est pourquoi il loue la maturité politique des spectateurs, qui ne cèdent pas à l'impulsion vengeresse: façon calculée de contrer l'image contre-révolutionnaire d'un peuple mu par ses passions et incapable de résoudre les conflits politiques autrement que par la violence. C'est donc la capacité des révolutionnaires à maîtriser l'État de droit qui est en jeu. Legros, en giflant la tête coupée, usurpe la prérogative étatique d'exercice de la violence, risque de flatter les instincts que le pouvoir ne pourrait canaliser. Pire encore: sa main, laissant sa trace sur les joues, rappelle trop la marque d'infamie d'Ancien Régime, et annule le rituel plus égalitaire de la nouvelle économie de la mort légale.
Le procès Corday se situe donc à un moment charnière, où l'on cherche à ajuster les nouvelles institutions à la nation. D'où le respect scrupuleuxd e la liturgie et l'attente de signes légitimant la justice rendue. Plusieurs épisodes censés avoir eu lieu pendant l'exécution, rapportés ensuite tels quels, sont en fait à lire dans cette optique, car ils perturbent la fonction propitiatoire du rituel. À commencer par l'attitude de Corday, qui profite encore de cette mise en scène pour faire passer un certain nombre de messages, en affichant un calme qui a impressionné nombre de témoins. La condamnée ne joue donc pas le jeu des codes corporels attendus par le « bien mourir » des exécutions publiques, qui exige la soumission, et non l'abattement ou l'arrogance. Le pacte tacite, reposant sur un idéal chrétien faisant du corps le miroir de l'âme48, se liant les spectateurs au condamné, est rompu; le rituel risque d'être inopérant et même de se retourner contre ses destinataires. Car certains le doute s'insinue sur la légitimité de la sentence: même la presse montagnarde reste un peu perplexe devant le courage serein de Corday49." Mazeau, pp. 58-61.

(Le Petit Chaperon Rouge, La Belle et la Bête)74, est donc aussi élaboré par Corday elle-même. Dans le reste de la lettre, elle développe son idéologie complexe, proche de celle des Girondins, issue d'une contre-révolution modérée liée à son entourage familial, mais qui a rejoint la révolte girondine par culture du compromis et du légalisme. Plusieurs fois, Corday se présente comme le fer de lance des troupes fédéralistes en marche vers Paris. Le 13 juillet correspond en effet à l'offensive partie de Caen ; par inexpérience, elle n'en devine peut-être pas la faiblesse, et elle n'imagine pas les condamner en assassinant Marat. La question de la naïveté de l'attentat, souvent avancée pour disqualifier Corday comme objet historique, nous paraît téléologique : elle procède d'un jugement a posteriori et souligne la persistance d'une vision positiviste d'un progrès consciemment orienté par les actions de grands hommes, écartant les « perdants » et outsiders."[894]

2.2. Le geste de Marat

La description du XIXème siècle de l'assassinat, à partir des documents de l'époque, notamment de l'acte d'arrestation, met en évidence une série d'éléments, que nous avons par ailleurs déjà notés, comme le sont la disposition du cadavre, hors de la baignoire (pour la question du choix iconographique de David), l'endroit où attend Corday (pour son immanence dans la peinture par la lettre), le geste de la main dans le geste d'écriture de Marat face à Corday (qui renvoie à la relation duelle imposée dans la peinture de David entre le Marat mourant et l'invisible Corday), éléments auxquels s'ajoutent brusquement la caractéristique d'évocation romaine du conflit, aussi bien dans les termes choisis pour opposer la "*Romaine*" au "*tribun*" que dans l'invective de Corday lorsqu'elle cite Voltaire:

"*Le jeudi, 11 juillet, elle arriva à Paris vers midi. On lui avait parlé, à Caen, d'un hôtel de la Providence, rue des Vieux-Augustins; elle s'y fit conduire. Fatiguée du voyage, elle se coucha vers cinq heures, et dormit jusqu'au lendemain, huit heures du matin, du sommeil le plus paisible. Le 12, elle se fit conduire chez Duperret. Ce député était sorti; elle ne trouva que ses filles, auxquelles elle remit le paquet et la lettre de recommandation de Barbaroux. Le soir, elle revint; mais Duperret ne put la conduire que le lendemain au ministère. Le lendemain, elle trouva Duperret indécis, inquiet. La veille au soir, on avait mis les scellés sur ses papiers. Tout annonçait une recrudescence de persécution contre les Girondins encore libres. Duperret fit observer à Charlotte que sa recommandation, en un pareil moment, serait plus nuisible qu'utile; d'ailleurs, Charlotte n'avait pas de procuration de Mme Forbin. Charlotte, après une visite inutile aux bureaux du ministère, renonça à s'occuper plus longtemps des intérêts de son amie. Elle ne pensa plus qu'à son projet.*

Elle avait eu d'abord l'idée de frapper Marat sur les bancs mêmes de la Convention. Elle eût dans ce cas, détruit tout papier qui pût la faire reconnaître, et elle espérait mourir inconnu, déchirée par les Montagnards et par le peuple. Mais Marat boudait alors la Convention, et n'assistait pas aux séances. Il jouait la comédie de l'abstention menaçante; il se contentait de pousser, dans sa feuille, la populace à tous les excès, de prouver sa puissance du fond de sa retraite, et d'écrire à la Convention et aux Jacobins des lettres folles d'orgueil sinistre et de projets sanguinaires.

Charlotte se décida donc à mourir le front haut, proclamant son nom et revendiquant la gloire de son crime. Elle se fit conduire au Palais-Royal, y acheta pour quarante sous, chez un coutelier, un

fort couteau à découper, à manche d'ébène, et mis à la poste la lettre suivante:

« Au citoyen Marat.

« Paris, ta juillet, l'an II de la République. « Citoyen,

a J'arrive de Caen. Votre amour pour la patrie me fait présumer que vous connaîtrez avec plaisir les malheureux événements de cette partie de la République. Je me présenterai chez vous vers une heure. Ayez la bonté de me recevoir et de în'accorder un moment d'entretien: je vous mettrai à même de rendre un grand service à la France. « Je suis, etc..

a Charlotte Corday. »

Vers midi et demi, elle prit une voiture, et se lit conduire rue des Cordeliers, no 20, aujourd'hui rue de l'Ecole de Médecine (1). C'est là qu'habitait Marat.

Charlotte Corday ne fut pas reçue. Elle revint rue des Vieux-Augustins, et écrivit un nouveau billet, qu'elle résolut de porter le soir. Il était ainsi conçu:

« Au citoyen Marat.

« Paris, 12 juillet.

«Je vous ai écrit ce matin, Marat. Avez-vous reçu ma lettre? Je ne puis le croire, puisqu'on m'a refusé votre porte. J'espère que demain vous m'accorderez une entrevue. Je vous le répète, j'arrive de Caen. J'ai à vous révéler les secrets les plus importants pour le salut de la République. D'ailleurs je suis persécutée pour la cause de la liberté; je suis malheureuse: il suffit que je le sois pour avoir droit à votre protection.

a Charlotte Corday. »

Puis, pour occuper ses loisirs, elle écrivit la pièce suivante:

« Adresse aux Français amis des lois et de la Paix.

a Jusqu'à quand, ô malheureux Français, vous plairez-vous dans le trouble et dans les divisions? Assez et trop longtemps des factieux, des scélérats, ont mis l'intérêt de leur ambition à la place de l'intérêt général: pourquoi, victimes de leur fureur, vous anéantir vous-mêmes, pour établir le désir de leur tyrannie sur les ruines de la France?

« Les factions éclatent de toutes parts, la Montagne triomphe par le crime et l'oppression, quelques monstres abreuvés de notre sang conduisent ses détestables complots... Nous travaillons à notre propre perte avec plus de zèle et d'énergie que l'on n'en mit jamais à conquérir la liberté. O Français, encore un peu de temps, et il ne restera de vous que le souvenir de votre existence!

---

[894]*Ibid.*, pp. 66-68.

a Déjà les départements, indignés, marchent sur Paris; déjà le feu de la discorde et de la guerre civile embrase la moitié de ce vaste empire; il est encore un moyen de l'éteindre, mais ce moyen doit être prompt. Déjà le plus vil des scélérats, Marat, dont le nom seul présente l'image de tous les crimes, en tombant sous le fer vengeur, ébranle la Montagne et fait pâlir Danton, Robespierre, ces autres brigands assis sur ce trône sanglant, environnés de la foudre, que les dieux vengeurs de l'humanité ne suspendent sans doute que pour rendre leur chute plus éclatante, et pour effrayer tous ceux qui seraient tentés d'établir leur fortune sur les ruines des peuples abusés!

« Français! Vous connaissez vos ennemis, levez-vous! marchez! que la Montagne anéantie ne laisse plus que des frères, des amis! J'ignore si le ciel nous réserve un gouvernement républicain, mais il ne peut nous donner un Montagnard pour maître que dans l'excès de ses vengeances... Ô France! ton repos dépend de l'exécution des lois: je n'y porte pasatteinte en tuant Marat: condamné par l'univers, il est hors la loi. Quel tribunal me jugera? Si je suis coupable, Alcide l'était donc lorsqu'il détruisait les monstres...

«Ô ma patrie! tes infortunes déchirent mon cœur; je ne puis t'offrir que ma vie! et je rends grâces au ciel de la liberté que j'ai d'en disposer; personne ne perdra par ma mort; je n'imiterai point Paris en me tuant. Je veux que mon dernier soupir soit utile à mes concitoyens, que ma tête, portée dans Paris, soit un signe de ralliement pour tous les amis des lois! Que la Montagne chancelante voie sa perte écrite avec mon sang! Que je sois leur dernière victime, et que l'univers venge déclare que j'ai bien mérité de l'humanité! Au reste, si l'on voyait ma conduite d'un autre œil, je m'en inquiète peu.

Qu'à l'univers surpris cette grande action
Soit un objet d'horreur ou d'admiration.
Mon esprit, peu jaloux de vivre eu la mémoire,
Ne considère point le reproche ou la gloire:
Toujours indépendant et toujours citoyen,
Mon devoir me suffit, tout le reste n'est rien.
Allez, ne songez plus qu'à sortir d'esclavage (NOTE I: Voltaire, la Mort de César,).

«Mes parents et mes amis ne doivent point être inquiétés; personne ne savait mes projets. Je joins mon extrait de baptême à cette adresse pour montrer ce que peut la plus faible main conduite par un entier dévouement. Si je ne réussis pas dans mon entreprise, Français, je vous ai montré le chemin; vous connaissez vos ennemis: levez-vous! Marchez! Frappez! »

Ensuite, Charlotte s'habilla le plus décemment qu'elle put, toujours simplement, selon son habitude. Elle revêtit une robe blanche, couvrit sa poitrine d'un fichu de soie blanc, replié à la ceinture et s'attachant derrière la taille. Elle se coiffa de la coiffe normande, à dentelles flottantes, serrée sur la tête par un large ruban vert, et qui laissait échapper sur son col et sur sa nuque les boucles abondantes de ses beaux cheveux.

Elle arriva rue des Cordeliers vers sept heures et demie. La portière lui refusa l'entrée: elle passa, sans tenir compte de ses protestations. Marat demeurait au premier étage. Dans l'antichambre, Charlotte trouva une fille, Catherine Evrard, connue sous le nom d'Albertine Marat. Le tribun, disait Chaumette, l'avait épousée, par un beau jour de soleil, à l'autel de la nature. La fille Evrard faisait bonne garde autour de la bête fauve dont elle s'était faite la compagnie. Elle repoussa obstinément la jeune femme. Charlotte insista, et comme Marat, du fond d'une pièce voisine, entendit l'altercation et devina, au timbre de la voix, la Normande qui venait, il cria qu'on la laissât entrer. Charlotte entra. Elle traversa une petite pièce pauvrement meublée, comme tout ce galetas, dans lequel l'Ami du Peuple étalait orgueilleusement sa pauvreté. Dans une seconde pièce adjacente, elle vit une baignoire, et, dans cette baignoire, le buste nu d'un nain aux épaules étroites, à la poitrine velue, semée de taches rouges, aux traits hagards, au front fuyant, coiffé d'un mouchoir rouge. C'était Marat. Le monstre cherchait à rafraîchir son corps brûlé de la lèpre: sur la baignoire, était placée une planche raboteuse, sur laquelle sa main de singe écrivait fiévreusement quelque dénonciation nouvelle. A côté de la baignoire, un bloc de bois à peine équarri supportait un encrier de plomb, des plumes, du papier.

Marat jeta un regard sur la belle jeune fille, dont les chastes yeux s'étaient baissés de dégoût et d'horreur. Il l'interrogea rapidement sur les députés proscrits qui se trouvaient alors à Caen, sur les administrateurs du Calvados et de l'Eure, sur les officiers de Wimpffen. Charlotte dit leurs noms, et il les écrivit à la hâte. Elle, cependant, portait la main à son fichu, sous lequel était caché le couteau dans sa gaîne. Quand il eut écrit: — «C'est bien, citoyenne, dit-il de sa voix rauque et sépulcrale; d'ici à peu de jours, je les ferai guillotiner à Paris.»

Cela la décida. Elle tira le couteau, l'arme brilla et s'enfonça vigoureusement dans le cou du tribun, près de la clavicule droite. Le sang jaillit à flots, l'homme s'affaissa, la tête pendante, et sa voix expirante cria ces mots: À moi! ma chère amie, à moi!»

Charlotte n'entendit pas. La Romaine avait fait place à la jeune fille. Ce sang, cette tête hideuse, convulsée par la mort, l'avaient frappée d'une terreur toute physique. Elle se réfugia, pour ne plus voir, dans l'antichambre, derrière un grand rideau de mousseline.

La fille Evrard, cependant, avait entendu l'appel suprême. Elle se précipita, courut à la baignoire, et vit Marat qui, la tête pendante, la bouche ouverte, la regardait de ses yeux mourants, sans proférer une parole. Elle vit le sang, elle vit le couteau. Alors, comme une hyène enragée, elle courut à l'antichambre. Elle se croisa avec Laurent Basse, le commissionnaire de Marat, en ce moment occupé à plier des journaux dans l'antichambre. Elle chercha, et aperçut Charlotte, debout, derrière le rideau transparent. Elle la saisit à la tête, en criant. Basse, de son côté, avait vu aussi. Il sortit du cabinet, criant: Au secours /et, voyant la lutte des deux femmes, il jeta quelques chaises contre la porte de sortie, pour la barricader; puis, prenant une chaise à la main, il en frappa Charlotte à la tête.

La portière, une cuisinière, un dentiste qui demeurait dans la maison, accoururent au bruit, mêlant leurs cris à ceux de Basse et de la fille Evrard. En quelques minutes, la rue des Cordeliers fut pleine de gens qui criaient: On assassine Marat! Quelques gardes nationaux du poste du ThéâtreFrançais accoururent, s'emparèrent des issues, montèrent et saisirent aux mains la jeune femme, qu'ils arrachèrent aux coups et aux menaces de mort. Ils essayèrent d'abord de la conduire au poste; mais les cris furieux du peuple leur firent comprendre qu'elle n'y arriverait pas vivante. Elle, remise de son horreur première, marchait, calme, audevant de la mort. Les gardes nationaux ne voulurent pas être complices de ce sacrifice, et la firent remonter.

Bientôt, le commissaire Guellard-Dumesnil arriva, et dressa procès-verbal. Nous reproduisons, sans y rien changer, ce document, qu'un excellent recueil, la Revue Rétrospective (II "Série, tome 2"), a publié sous le titre de: Procès-verbaux d'arrestation et de premier interrogatoire de Charlotte Corday:

L'an deuxième de la République Française, le samedi 13 juillet, sept heures trois quarts de relevée; nous, Jacques-Philibert Guellard, commissaire de police de la section du Théâtre-Français (1), instruit par la clameur publique qu'il y avait un grand rassemblement dans la rue *des Cordeliers, et que ce qui donnait lieu à ce rassemblement était le bruit de l'assassinat commis sur la personne du citoyen Marat, député à la Convention Nationale, nous sommes surle-champ porté à la maison dudit citoyen Marat, demeurant rue des Cordeliers, n°30 (erreur: c'était 20), où étant monté au premier étage, et entré dans une pièce servant d'antichambre, éclairée d'une croisée ayant vue sur la cour, nous y avons trouvé différents citoyens armés, et une citoyenne dont on tenait les deux mains, et avouait d'avoir porté un coup de couteau' au citoyen Marat, dans l'instant qu'il était au bain, dont on nous a dit que le citoyen Marat était expiré.*

Et à l'instant nous étant transporté dans une petite pièce à gauche, ayant vue aussi sur la cour, nous avons aperçu dans une petite pièce adjacente, et où était une baignoire, une grande quantité de sang sur le carreau, et que l'eau de la baignoire était toute teinte de sang qu'avait perdu ledit citoyen Marat.

Étant de suite entré dans une autre pièce, servant de chambre à coucher, et ayant vue sur la rue par deux croisées à grands verres de Bohême, à gauche de la porte où est un lit, nous y avons trouvé étendu le cadavre dudit Marat, assassiné par un coup de couteau, et auprès du cadavre avons aussi trouvé du sang.

Et par-devant nous est comparu le citoyen Philippe-Jean Pelletan, chirurgien consultant des armees de la République et membre du Comité de Santé, demeurant rue de Touraine, faubourg Saint-Germain."

Lequel nous a dit et fait remarquer que le coup de couteau porté audit Marat a pénétré près la clavicule du côté droit, entre la première et la seconde vraie côte, et cela si profondément, que l'index a fait écart pour pénétrer de toute sa longueur à travers le poumon blessé, et que, d'après la position des organes, il est probable que le tronc des carotides a été ouvert, ce qui indique encore la perte de sang qui a causé la mort, et qui sortait à flots de la plaie, au rapport des assistants. Et a, ledit citoyen Pelletan, signé au présent, à l'effet de constater la véracité dudit rapport.
Pelletan.

Et de suite, nous, commissaire susdit, après avoir donné acte audit Pelletan de ses comparution, dire, rapport et déclaration, avons examiné le cadavre et avons reconnu autant qu'il était en nous la vérité du rapport qui nous avait été fait, et ayant jeté les yeux à côté du cadavre, nous avons trouvé un couteau à manche, en bois d'ébène, dont la lame, toute fraîche remoulue, nous a paru être teinte de sang et avoir été l'instrument avec lequel ledit Marat avait été assassiné dans son bain.

Étant de suite repassé dans la première pièce servant d'antichambre, où nous avions d'abord trouvé la femme prévenue d'avoir commis cet assassinat;..."[895]

Or, iconographiquement, dans un premier temps, l'on peut facilement, du moins à aussi juste titre qu'a été rapproché le bras pendant de Marat de celui du Christ de Girodet, rapprocher le geste de Marat, en partant de cette description, du geste de défense de César contre ses bourreaux dans *La Mort de César*, par Vincenzo Camuccini[896], bien que cette oeuvre soit quelque peu postérieure au Marat, puisque peinte en 1798.

Toutefois, la littérature viendra à notre secours, puisque c'est dans la *Vie des douze Césars* de Suétone (Livre I, LXXXII[897]), lequel tente de toucher le lecteur en l'invitant à prendre part pour César contre les conjurés, que la description du geste permet à Camuccini de le représenter:

"Tandis qu'il s'asseyait, les conjurés l'entourèrent, sous prétexte de lui rendre hommage, et tout de suite Tillius Cimber, qui s'était chargé du premier rôle, s'approcha davantage, comme pour lui demander une faveur; mais César faisant un signe de refus et le renvoyant à un autre moment, Tillius saisit sa toge aux deux épaules ; alors, comme César s'écriait: «Cette fois, c'est de la violence!» l'un des deux Casca le blesse par derrière, un peu au-dessous de la gorge. César, lui ayant saisi le bras, le transperça de son poinçon, et essaya de s'élancer en avant, mais il fut arrêté par une autre blessure. S'apercevant alors que toutes parts on l'attaquait, il enroula sa toge autour de sa tête, tandis que de sa main gauche il en faisait glisser les plis jusqu'au bas de ses jambes, pour tomber avec plus de décence, le corps voilé jusqu'en bas. Il fut ainsi percé de vingt-trois blessures, n'ayant poussé qu'un gémissement au premier coup, sans une parole; pourtant, d'après certains, il aurait dit à Marcus Brutus qui se précipitait sur lui: «Toi aussi, mon fils!» Tous s'enfuyant en désordre, assez longtemps il resta sur le sol, privé de vie, puis on le déposa sur une civière, un bras pendant, et trois simples esclaves le rapportèrent chez lui. Or, parmi tant de blessures, d'après le médecin Antistius, il ne s'en trouva pas de mortelle, excepté celle qu'il avait reçue à la poitrine, en second lieu."[898]

On notera ici que l'épisode, en ce qui concerne le geste de César, se décompose ainsi, dans la perspective de connivence et d'empathie recherchée, en deux: d'abord, le bras tendu en acte de défense, puis le bras pendant, en signe de reddition finale et totale.

---

[895] Fouquier, *Causes célèbres de tous les peuples*, Paris, H. Lebrun, 1861, T. IV, pp. 53-54.
[896] César disparaît complètement sous le nombre des assassins dans la toile de 1859-1867 de Jean-Léon Jérôme, alors que son geste devient de surprise et de défense passive dans celle de 1865 de Karl Theodor von Piloty.
[897] *"Assidentem conspirati specie officii circumsteterunt, ilicoque Cimber Tillius, qui primas partes susceperat, quasi aliquid rogaturus propius accessit renuentique et gestu[m] in aliud tempus differenti ab utroque umero togam adprehendit. Deinde clamantem: « ista quidem vis est! » alter e Cascis aversum vulnerat paulum infra jugulum. Caesar Cascae brachium arreptum graphio trajecit conatusque prosilire alio vulnere tardatus est. Utque animadvertit undique se strictis pugionibus peti, toga caput obvoluit, simul sinistra manu sinum ad ima crura deduxit, quo honestius caderet etiam inferiore corporis parte velata.Atque ita tribus et viginti plagis confossus est uno modo ad primum ictum gemitu sine voce edito, etsi tradiderunt quidam Marco Bruto irruenti dixisse: «kai su teknon». Exanimis diffugientibus cunctis aliquamdiu jacuit, donec lecticae impositum, dependente brachio, tres servoli domum rettulerunt. Nec in tot vulneribus, ut Antistius medicus existimabat, letale ullum repertum est, nisi quod secundo loco in pectore acceperat."*
[898] Suétone, *César - Auguste*, Paris, Les Belles Lettres, 1931, p. 69.

Ce n'est pas la première référence que l'on peut induire à César dans le court temps précédant le meurtre du *"tribun"*. Elle apparaît, en référence à la même pièce de Voltaire, dans le débat autour du pamphlet *C'en est fait de nous*[899] (27 juillet 1790), sous la plume de Camille Desmoulins, tentant de se défendre d'y avoir participé[900]:

"*Un numéro extraordinaire de M. Marat, (c'est-à-dire, publié sous son nom, le 26 juillet) intitulé: C'en est fait de nous, avoit fait du bruit, et non pas de l'effet; car, si je voulois prouver combien est faux le mot que Voltaire a dit si souvent, qu'il n'est pas question chez les Français, de frapper juste, mais de frapper fort, je citerois M. Marat, Ce Marat, vrai ou faux, rouloit sur trois points: 1°. Une exposition de la conjuration Maillebois, ou Savardin ou Guignard, comme on voudra, 2°. Une dénonciation du comité des recherches, et notamment de M. Garran de Coulon, laquelle m'avoit tellement indigné, que je courus sur-le-champ chez Marat, m'exclamer: qu'il gâtoit la bonne cause, qu'il nous perdoit avec son intempérance de patriotisme, que puisqu'il venoit de dénoncer le plus homme de bien que j'eusse rencontré de ma vie, notre Caton, M. Garran, je ne l'appellerois plus de divin Marat. 3°. Une adresse à tous les citoyens. Je me garderai bien de dire mon avis sur le préambule et le vu de dette adresse, où véritablement il y avoit du bon. Voici les conclusions et le ce considéré qui a fait tant de vacarme, et que je dois transcrire pour l'instruction du procès: à ces causes, citoyens, volez à St.Cloud, s'il en est temps encore. Ramenez le Roi et le Dauphin en vos murs. Tenez-les sous bonne et sûre garde; renfermez l'autrichienne et son beau-frère, qu'ils ne puissent plus conspirer. Saisissez-vous de tous les ministres et de leurs commis. Mettez-les aux fers. Assurez-vous du chef de la municipalité et des lieutenans de maire. Gardez à vue le général; arrêtez l'état-major. Enlevez le parc d'artillerie de la rue Verte; emparez-vous de tous les magasins à poudre; que les canons soient répartis entre tous les districts; que tous les districts se rétablissent et soient à jamais permanens; qu'ils fassent révoquer les funestes décrets: courez, courez,, ou bientôt de nombreuses légions fondront sur vous, bientôt vous verrez les ordres privilégiés se relever, le despotisme reparaître plus formidable que jamais. .... cinq à six cens têtes abattues vous auroient assuré repos, liberté et bonheur, etc.*
M. Marat, lui dis-je, en secouant la tête, mon cher Marat, vous vous ferez de mauvaises affaires, et vous serez obligé de mettre une seconde; fois la mer entre le Châtelet et vous. Cinq à six cents têtes abattues! vous m'avouerez que cela est trop fort. Vous êtes le Dramaturge des journalistes. Les Danaïdes, les Barmécides ne sont rien en comparaison de vos tragédies. Vous égorgez tous les personnages de la pièce et jusqu'au souffleur. Vous ignorez donc que le tragique outre devient froid. Vous m'allez dire que cinq à six cents têtes abattues ne sont rien, quand il est question de sauver 26 millions d'hommes, que Durosoy, dans sa Gazette de Paris, crie tous les jours aux ci-devant nobles: liguez-vous, prenez les casques, les cuissarts, les épées fouillées de vos pères, égorgez toute la nation; qu'on ne peut vous considérer tout au plus que comme le Durosoy des patriotes, et que la Gazette de Paris est encore bien plus altérée de sang que l'Ami du Peuple. J'en conviens, et ne vous en improuve pas moins. M. Marat, ne voulez-vous aussi combattre celui que vous appeliez Sylla, que comme Marius? Cinq à six cents têtes abattues!.. c'est vraiment une proscription. Je sais bien que vos tables de proscription n'ôteront pas à un seul aristocrate un cheveu de sa tête; je sais encore qu'il y auroit bien cinq à six cents personnes à pendre légalement; mais je crois que tant de monde bon à pendre, n'est pas également bon à lanterner: du moins devriez-vous faire un appel nominal de ces cinq à six cents coquins, afin de ne point répandre la consternation dans toutes les familles. Pour moi, vous savez qu'il y a long-temps que j'ai donné ma démission de procureur général de la lanterne; je pense que cette grande charge, comme la dictature, ne doit dîner qu'un jour, et quelquefois qu'une heure. Pardonnez, cher Marat, si ma verte jeunesse donne des conseils à une tête aussi saine que la vôtre, et qui est plus mûrie que la mienne, par les années et par l'expérience, mais vous compromettez véritablement vos amis, et vous les forcerez à rompre avec vous. (Cette conversation, c'étoit, si je m'en souviens, le 29 juillet, que je tenois ces propos à M. Marat, n'est point une histoire fabriquée à plaisir, et il y avoit témoins) voyez, ajoutois-je, comme je suis plus circonspect que vous. Depuis que j'ai compris qu'ils avoient juré ma perte, avez-vous remarqué comme j'évite de donner prise sur moi. Ils m'attendoient au numéro de la fédération et d'après les faits et mes principes, le pas étoit glissant. Mais j'ai vu venir Malouet, la clef de meute, qu'on m'a lâché aux jambes; au lieu de me laisser relancer dans le champ-de-Mars, je l'ai dépisté en parlant du triomphe de Paul Emile, et en le promenant de la porte triomphale à la porte Esquiline et à la porte Cœlimontane. Je n'ai fait que traduire mot à mot, Plutarque. Viennent les noirs quand ils voudront. Je les défie de m'assigner au Châtelet, ou bien il faudra qu'ils fassent assigner aussi Plutarque, Amyot et madame Dacier. Quand la despotisme régne, il ne reste plus aux amis de la liberté, qu'à soulager leur cœur en peignant des temps plus heureux. Voltaire écrit la mort de César, Corneille, celle de Pompée; et Fénélon fait son Télémaque; car le despotisme même n'a jamais été jusqu'à défendre au pinceau de l'historien, ou du poète le tableau des temps antérieurs. M. Marat me laissa pérorer, et me réfuta ensuite d'un seul mot: je DÉSAVOUE: l'écrit C'en est fait de nous: alors ne voulant point lui céder en laconisme, je terminerai ma mercuriale, comme un procureur sa requête; et vous ferez bien."[901]

On relèvera, bien sûr, on ne peut moins faire, l'insistance d'une époque à se considérer comme l'héritière d'un temps qui produisit la République, puis l'Empire, comme ce sera, aussi, postérieurement, le cas de la Révolution française. Dans ce destin évoqué, rien de très original à se représenter le moment historique par le biais du principal stratège et coupable de cette dérive totalitaire dans le monde romain: Jules César lui-même, que Napoléon aimera tant qu'il l'annotera[902].

Le fait que passe la référence à l'état de tensions et de conflits de la Rome de César par le biais de la tragédie de Voltaire n'est pas non plus incompréhensible, puisqu'on sait l'importance de celui-ci pour

---
[899] *De l'Imprimerie Marat*, Paris, sans date (179.), 13 p.
[900] Jacques De Cock, *Action politique de Marat pendant la Révolution: (1789-1793)*, Fantasques éditions, 2013, https://sites.google.com/site/fantasqueseditions/, Chapitre 9 "*Chronique d'un scandale annoncé*", pp. 233-269ss.
[901] Camille Desmoulins, *Révolutions de France et de Brabant: ouvrage périodique*, No 37, Paris, Chez Garnéry, 1789-1791, Vol. 3, pp. 601-606.
[902] *Précis des guerres de Jules César par Napoléon, écrit par M. Marchand, à l'île de Sainte-Hélène, sous la dictée de l'empereur*, Paris, Gosselin, 1836.

l'Illustration, le principe du tyran illustré, et que c'est encore dans cette mêmes années que Pigalle réalise, en 1776, par souscription, son *Voltaire nu*, marque de l'importance de l'écrivain pour le siècle, comme penseur et comme éducateur.

Ce qui retient cependant notre attention, c'est que, dans ce cadre, Marat lui-même, dans son *Éloge de Charles de Secondat (Montesquieu)* de 1783[903], évoquera à César comme le coupable de la tyrannie, sa mort en marquant à son tour le début:

> "*Mais la République destinée à périr fut entraînée au précipice par César, et Rome devint la proye d'un de ses citoyens. Après avoir usurpé le pouvoir suprême, César établit l'impunité de tous les crimes publics, il abolit tout ce qui pouvoit arrêter la corruption des mœurs, il renversa les barrières du vice, et il employa les trésors de l'État à faire taire les loix, à faire souffrir sa tyrannie.*
> *Le gouvernement devenu despotique changea bientôt de maximes. Au lieu de ce Sénat, dont les yeux étoient toujours ouverts sur la gloire de l'État, de ce Sénat qui n'avoit point eu de prospérités dont il n'eût profité, ni de malheurs dont il ne se fût servi. On vit quelques favoris à la tête du gouvernement, et toutes les affaires publiques furent traitées dans le cabinet du prince, qui, sacrifiant tout à ses passions, songea beaucoup plus à affermir son autorité qu'à veiller au maintien de l'État.*
> *Rome se soutint quelque temps par la force de ses institutions. Au milieu du luxe, de la mollesse et de la volupté, elle avoit conservé une valeur héroïque. Les vertus guerrières lui restoient encore, lorsqu'elle eut perdu toutes les autres; et comme dans les guerres civiles chaque homme est soldat, elle fut même en état de faire de nouvelles conquêtes; mais le nerf de sa puissance étoit détruit.*
> *Après la mort de César, Auguste usurpa l'Empire, et travailla à maintenir la tranquillité de son gouvernement, à établir une servitude durable. Il rendit les corps de légions éternels, et affecta des fonds pour leur solde: ainsi les armées ne furent plus composées que de mercenaires. Sous lui se perdit la coutume des triomphes. La maxime du Sénat avoit été d'entretenir constamment la guerre. La maxime des Empereurs fut d'entretenir la paix; ils regardoient les victoires comme des sujets d'inquiétudes; ceux qui commandoient n'osèrent pas même entreprendre de grandes choses, crainte de réveiller la jalousie du tyran. Dans les derniers temps de la République, l'amour de la liberté avoit fait place à l'ambition, à la soif de l'or, à l'amour des plaisirs. Sous le nouveau gouvernement, il fut étouffé dans tous les cœurs par la crainte des attentats de la tyrannie: l'État offroit bien encore l'apparence d'un pouvoir formidable, mais ce n'étoit plus qu'un vaste corps sans liens. Rome ne renfermoit plus qu'un maître et des esclaves.*
> *L'ineptie, la lâcheté et les vices de ces monstres qui régnèrent presque sans interruption depuis Tibère jusqu'à Galba, et depuis Commode jusqu'à Constantin, firent mépriser la puissance de Rome, et précipitèrent la ruine de l'Empire.*"[904]

3. Marat, César et la République: de Voltaire à David, un cas complexe d'idéologisation du pouvoir

Si Corday s'en remet à l'autorité d'un Voltaire pour son geste, alors que "*la sympathie de l'auteur*" du "*mélodrame historique*", "*qui eut un énorme succès, jusque sous la Révolution*", "*ne va pas à la farouche vertu républicaine*"[905], l'exaltation de Brutus comme héros républicain va des Révolutions anglaise et américaine à l'identification César-Napoléon[906], qui raviva les débats dans les traductions de Voltaire, entre exégèse de son intention[907] et préoccupation sur le tyrannicide[908], provoque l'apparition d'une passion pour le modèle du régicide voltairien, associé à l'Apothéose de Voltaire du 11 juillet 1791, saluée par Desmoulins, et l'apparition récurrente de "*légions de tyrannicides*", demandées, appuyées et promues par l'ensemble des penseurs de l'époque, et renforcées dans leur concept et leur activité par la fuite à Varennes, qui donne aux Cordeliers l'occasion de prêter serment de tyrannicides en vers librement repris des pièces de Voltaire sobre Brutus et sur la mort de César[909].

Nous avons noté dès le début de ce travail l'importance de l'image de Corday comme mère dans la missive donnée à Marat. On note le même principe dans le Brutus de Voltaire[910], qui exprime, par la bouche

---

[903]"*L'Académie de Bordeaux songe, déjà en 1780, à mettre en concours un Eloge de Montesquieu. Le Mercure de France du 30 décembre 1780 insiste sur cette nécessité, d'autant qu'un article, paru dans ses colonnes, avait attaqué Montesquieu.*
Le concours sera ouvert en 1782 et Marat, qui n'hésite pas à transmettre aussi des écrits politiques, date son manuscrit du 19 mars 1783. Il sera enregistré par le secrétaire de l'Académie, le 28 mars 1785 sous le n°5.", http://www.marat-jean-paul.org/Site/MARAT_ET_LES_ACADEMIES_DE_PROVINCE.html
[904]Marat, *Éloge de Montesquieu*, Libourne, G. Maleville, 1883, pp. 24-26.
[905]Paul M. Martin, *Tuer César!*, Bruxelles, Éditions Complexe, 1988, p. 143.
[906]*Ibid.*, pp. 137-162.
[907]Saskia S. Wiedner, "*Melchiorre Cesarotti Il Fanatismo ossia Maometto profeta*", *Cultural Transfer Through Translation: The Circulation of Enlightened Thought in Europe by Means of Translation*, Amsterdam, Rodopi, 2010, pp. 96-99.
[908]Nathalie Bittoun-Debruyne, "*Le théâtre français: un modèle pour Mariano Luis de Urquijo*", *Imagen de Francia en Espana durante la segunda mitad del siglo XVIII*, Presses Sorbonne Nouvelle, 1996, pp. 141-146.
[909]Raymonde Monnier, "*Les expressions du tyrannicide dans la crise de Varennes*", *La Voix & le Geste - Una approche culturelle de la violence socio-politique*, Presses Universitaires Blaise Pascal, 2005, pp. 33-40ss.
[910]*Ibid.*, pp. 34-35.

de Cassius, dans *La mort de César* (Acte II, Scène IV) qu'"*Un vrai républicain n'a pour père et pour fils,/ Que la vertu, les dieux, les lois et son pays*"[911]. La confusion entre les deux Brutus, l'assassin de César dont il est le fils supposé, et du fondateur légendaire de la République romaine, représenté par David en 1789, dans sa toile *Les licteurs rapportent à Brutus les corps de ses fils*, renforce l'importance de la relation morale chez Voltaire et pour l'époque révolutionnaire[912].

"*Au plus fort de la Révolution le souvenir de Brutus s'associe à celui de Marat dans des gravures conçues pour se faire pendant (Paris, Musée Carnavalet), à ceux de Voltaire et de Rousseau dans un tableau anonyme de 1794 (Voltaire et Rousseau honorant l'Être Suprême, ibid.). Voltaire, Brutus: le rapprochement n'allait pas de soi. Après tout le poète avait créé bien d'autres personnages: c'est David qui l'avait imposé, au second jour de la reprise de la tragédie de 1730, le 19 novembre 1790, en faisant placer sur la scène le buste du héros romain, symétriquement affronté à celui de l'auteur.*"[913]

Si l'on accepte que Brutus, défenseur de Rome et assassin de ses fils, est une figure duelle, sauveur de la nation, mais orgueilleux et trop dur, ambivalence perçue de Tite-Live aux auteurs et dictionnaires du XVIIIème siècle, jusqu'à Diderot qui en ferait l'illustration d'un tyran similaire à celui qu'il se proposerait de critiquer en Frédéric II[914], et en reprenant les lettres de David s'expliquant son sa toile représentant Brutus dans la position du père recevant ses enfants[915], dont le sens peut nous permettre de rapprocher le geste du bras de son Brutus de celui du *Fils prodige* (1777) de Greuze dans la série sur *La Malédiction du père*, alors on peut replacer l'ensemble dans les cycles de David, comme *Le serment des Horaces*: "*d'un côté "la farouche décision d'un homme", de l'autre "la douleur et la tendresse des femmes"*"'[916], comme on le trouve aussi chez Greuze, si l'on oppose la tension, identique visuellement et formellement, du bras de la femme dans *Le fils puni* (1777) de la même série, à celle du *Fils prodige* s'en allant. Cette tranversalité de la représentation renvoie sans doute "*aux grandes vertus que les peintres multipliaient depuis quinze ans au service du Roi*"[917]

Nous retrouvons donc face à un fait iconographique: l'identité formelle entre la mort de César et celle de Marat, mais face à une impossibilité conceptuelle: l'identification entre Marat et le tyran, alors que les indices: la correspondance Brutus-Marat[918] d'une part, Corday-Voltaire de l'autre, et la relation parentale (Corday et ses cinq enfants) ou filiale (Brutus et les siens, vs. Brutus-César), nous renvoient cependant entre les cordes de ce quadrilatère - pour ainsi dire - thématique.

"*La Convention décida qu'elle assisterait aux funérailles de Marat. On choisit pour sa sépulture le jardin des Cordeliers. Il fut déposé sous ces arbres où, pour employer le langage dutemps, il avaitsi souvent enseigné au peuple l'amour de la patrie et des vertus civiques. Son cœur fut remis aux Cordeliers choisis parmi toutes les sections qui avaient sollicité la même faveur. Enfin son buste, avec ceux de Lepeletier et de Brutus, devint la décoration obligée de toute salle servant aux assemblées populaires.*"[919]

Si nous nous reportons au diptyque que forme le Marat avec Lepeletier, nous voyons tout d'abord que la question de cette dualité de la relation État-Nation, tyran-peuple, est présente pour David, qui l'explique d'ailleurs:

"*Mais quoique les travaux de la Convention et ceux du comité d'instruction publique, dont David faisait alors partie, absorbassent presque tous les moments de l'artiste, cependant il trouva le temps de faire le tableau de Michel Lepeletier mort', et le présenta le 29 mars (1793) à la Convention, en s'exprimant ainsi à la tribune:*

---

[911]Cité in *ibid.*, p. 35.
[912]Antoine et Jean Ehrard, "*Brutus et les lecteurs*", *Lumières, utopies, révolutions: espérance de la démocratie: à Bronislaw Baczko*, Paris, Droz, 1989, pp. 103-120.
[913]*Ibid.*, pp. 103-104.
[914]*Ibid.*, pp. 105-109.
[915]*Ibid.*, p. 110.
[916]*Ibid.*
[917]*Ibid.*
[918]Dont des plats montrent encore l'association de noms autour d'un glaive et du bonnet phrygien, entre 1800 et 1850, http://frda.stanford.edu/en/catalog/qd912pp0655
[919]*Notice sur le Marat de Louis David*, p. 9.

«Citoyens représentants,
«Chacun de nous est comptable à la patrie des talents qu'il a reçus de la nature; si la forme est différente, le but doit être le même pour tous. Le vrai patriote doit saisir avec empressement tous les moyens d'éclairer ses concitoyens, et de présenter sans cesse à leurs yeux les traits sublimes d'héroïsme et de vertu.
«C'est ce que j'ai tenté de faire dans l'hommage que j'offre en ce moment à la Convention nationale d'un tableau représentant Michel Lepeletier, assassiné lâchement pour avoir voté la mort du tyran.»[920]

Ainsi:

"La composition du tableau de Michel Lepeletier donne une idée assez juste de ce mélange d'appareil tout à la fois fastueux et sanglant. Le personnage est couché sur un lit. Sa tête est ceinte d'une couronne de laurier, et sa poitrine nue laisse voir une large blessure. Au-dessus du cadavre est une épée dont la forme rappelle celles des gardes du roi, dont Pâris avait fait partie. Cette épée, attachée par un fil, est suspendue sur le sein du mort, et dans la lame est passée une feuille de papier sur laquelle sont écrits ces mots: Je vote la mort du tyran: Au bas du tableau on lit encore: David à Lepeletier, et la date de la mort de ce dernier: 20 janvier 1793."[921]

On voit donc comment la composition des deux tableaux, en particulier en ce qui concerne la dédicace, entre en un jeu de correspondances subtextuelles, dans le cadre d'une référence néo-classique permanente (ici la figure référencée de Pâris).

En outre, alors que l'assassinat de Pelletier relève du meurtre contre Brutus, celui de Marat relève du meurtre contre le gouvernant:

"Mais cet ouvrage (Les Derniers Moments de Michel Lepeletier), malgré son mérite, le cède cependant au tableau de Marat, que David eut bientôt l'occasion de faire. Ce n'est point ici le cas de reproduire les détails de la mort de cet homme, assassiné comme on sait, dans son bain, par Charlotte Corday, le 13 juillet 1793; mais il est nécessaire de revenir sur une circonstance de la carrière législative de David, qui se rattache à ce dernier événement. Dans le mois d'avril de cette même année, du 3 au 121, Marat, dit l'Ami du peuple, ayant excité l'horreur de la Convention, fut décrété d'accusation par cette assemblée, à la majorité de 220 voix contre 92. Au milieu des débats violents auxquels cette affaire donna lieu, Pétion dit, en jetant un regard terrible sur Marat: «Le moment est venu de chasser de cette enceinte ces hommes audacieux et scélérats qui nous agissent et nous menacent sans cesse du poignard des assassins!... — C'est vous! s'écria Marat avec fureur, c'est vous qui êtes des assassins!»
Ces derniers mots furent couverts par les cris d'indignation qu'ils arrachèrent à presque tous les membres de l'assemblée; mais David, prenant la défense de Marat, s'élança avec précipitation au milieu de la salle, et s'écria: «Je vous demande que vous m'assassiniez...; je suis aussi un homme vertueux.... la liberté triomphera!...»
Cette apostrophe frénétique, jointe aux précédentes, excita la plus vive agitation, et il se passa quelques instants avant que Pétion pût se faire entendre et dire: «Qu'est-ce que prouve l'action de David? Rien, si ce n'est le dévouement d'un honnête homme en délire et trompé par des scélérats.... Tu t'en apercevras, David!... — Jamais,» répondit le peintre. En effet, son erreur se prolongea; elle se changea même en une espèce de culte lorsque son idole, cet ignoble Marat, après avoir été acquitté le 24 avril par jugement du tribunal extraordinaire devant lequel il avait été traduit, fut ramené en triomphe par la populace jusque dans la salle de la Convention."[922]

Cette relation de dualité a bien été notée par Charles Blanc dans son *Histoire de la Révolution française*, à propos des figures de Marat et Corday:

"Lorsque, devant le tribunal révolutionnaire, Charlotte Corday avait dit: «J'ai tué un homme pour en sauver cent mille, a elle ne se doutait pas probablement qu'elle ne faisait en cela que professer la doctrine de Marat lui-même; n'avait-il pas dit, lui aussi, et répété sans cesse qu'il demandait cinq cents têtes pour en sauver cinq cent mille? Sa carrière n'avait-elle pas été, d'un bout à l'autre, déterminée et dominée par cette maxime que proclama si follement, sur son cadavre, celle qui le tua: "Tous les moyens sont bons dans certaines circonstances?"
Oui, de tous les disciples de Marat, le plus illustre fut... Charlotte Corday. Et elle poussa la logique du système jusqu'à assassiner le professeur, en vertu des principes qu'il avait professés!
De sorte que Marat périt, victime de la fausseté de ses prétendus axiomes; et, pour que rien ne manquât à ce solennel enseignement, il arriva qu'à son tour, en poignardant Marat, Charlotte Corday, loin d'atteindre son bttt, poussa au but contraire."[923]

4. Conclusion: l'expression subjacente de la dualité pour accentuer les vertus de Marat

---

[920] Delécluze, p. 150.
[921] *Ibid.*, pp. 152-153.
[922] *Ibid.*, pp. 153-154.
[923] Louis Blanc, *Histoire de la Révolution française*, Bruxelles, Meline, Cans et Compagnie, 1856, T. II, pp. 476-477.

Au fond, c'est bien, on l'a dit, cette dualité qui définit l'acte de Corday, et cette consubstantialité (visible comme dans la toile *Charlotte Corday* de 1860 de Baudry) qui crée une réaction contrastée et confuse:

"Quelles furent, en effet, les suites?
D'abord, en ce qui touche Marat, de tribun qu'il était il devint martyr.
Qui ne connaît le tableau de David? La tête appuyée sur le bord de son lit, Marat n'a que la poitrine et le bras hors de la baignoire, tout rouge de son sang. Dans une de ses mains est encore la lettre de Charlotte Corday: «Il suffit que je sois malheureuse pour avoir droit à votre protection." Le bras, tombant avec la rigidité du cadavre, tient une plume. Sur un billot accoté à la baignoire, on voit un encrier, un assignat, et un écrit ainsi conçu: "Vous donnerez cet assignat à cette mère de cinq enfants, dont le mari est mort pour la défense de la patrie." Loin de chercher un effet théâtral dans le jeu des lumières et des ombres, David a peint son tableau d'un ton clair, dans une manière rapide et ferme, légère et discrète, ntais avec une vérité saisissante. La tête, cependant, après avoir été dessinée à la plume d'après nature, est idéalisée et sans hideur. Le tableau est d'une simplicité antique; tout y rappelle la pauvreté stoïque du personnage; pas d'autre accessoire que la plume et le couteau! Il semble que le peintre, en dessinant la victime, ait évoqué les grandes figures de Sénèque et de Coton. u Marat! disait M David, ah! Celui-là, je l'ai peint du cœur."
Eh bien, qu'on se figure l'effet d'une œuvre pareille exposée pendant plusieurs jours dans la cour du Louvre, sur un autel, avec cette inscription au -dessous: «Ne pouvant le corrompre, ils l'ont assassiné!"
De là un enthousiasme funèbre, dont les transports allèrent jusqu'à la superstition. Marat eut des temples, il eut des arcs de triomphe. Son buste, colporté partout, devint, dans beaucoup de maisons, un préservatif pour les suspects. Beaulieu assure avoir eu entre les mains un imprimé en forme de prière, composé par un nommé Brochet, et où se lisaient ces mots: "Cœur de Jésus, cœur de Marat! Ô sacré cœur de Jésus! Ô sacré cœur de Marat!" Et ce cœur, on le renferma dans l'urne la plus précieuse du garde-meuble de la couronne. Le 14 novembre 1795, une loi, rendue sur le rapport de Marie-Joseph Chénier, ordonna que les restes de Marat seraient admis au Panthéon, à la place de ceux de Mirabeau. Que dire encore? On bâtit à sa gloire, en plein Carrousel, une espèce de pyramide dans l'intérieur de laquelle on plaça son buste, sa baignoire, son encrier, sa lampe; et Mercier, à qui nous empruntons ces détails, ajoute : «On y posa une sentinelle qui, une nuit, mourut de froid ou d'horreur."
Telles furent, relativement à Marat, les conséquences de l'attentat de Charlotte Corday. Et l'influence de cet attentat, soit sur le sort des Girondins, soit sur la situation générale, quelle fut-elle?
La Montagne, d'abord disposée à l'indulgence, comme on a pu en juger par le rapport de Saint-Just, fut violemment ramenée à des pensées sombres, et sentit renaître toutes ses haines, quand elle entendit Levasseur crier au côté droit: "Le poignard des assassins est levé sur nous! Doublons, s'il est possible, notre existence politique." A partir de ce moment, une prompte décision sur les députés incarcérés fut ardemment poursuivie, et leur destin parut fixé!
D'un autre côté, le parti de la fureur, qui commençait à se fatiguer, reprit des forces. Marat était sincère, et sa sincérité, en mainte occasion, servait de garantie. Ses folies, qui avaient leur contrepoids dans une sagacité peu commune, étaient une sorte de maximum démocratique, au delà duquel ne pouvaient se flatter d'aller les démagogues sans bonne foi, dont l'ascendant se trouvait de la sorte annulé. Rien de plus profond et de plus vrai que ce mot de Camille Desmoulins: "Tout le temps que je vois Marat dans notre sein, je ne saurais avoir de crainte; car celui-là au moins ne saurait être dépassé.» Marat mort, il n'y eut plus de sauvegarde contre les popularités intéressées et hypocrites, contre les faux tribuns aux gages de l'étranger. Marat fut remplacé par une tourbe de vils plagiaires qui, sans avoir ni sa droiture, ni sa vigilance patriotique, ni son coup d'œil, reprirent son apostolat sanguinaire et exagérèrent ses exagérations. Marat, s'il eût vécu, rendait Hébert impossible.
Qu'il nous soit donc permis de répéter ici, comme conclusion et avec toute l'autorité que donne la gravité d'être exposés, ce que nous avons dit dans un autre ouvrage: L'assassinat est une faute aussi bien qu'un crime; et il le faut laisser aux aristocrates et aux tyrans. Que Henri III attire le duc de Guise dans le château de Blois et l'y fasse égorger par des sicaires d'antichambre; que des séides royalistes essayent contre Napoléon d'une machine infernale, ce sont là forfaits dignes de ceux qui les commirent, et la démocratie défend qu'on la serve ainsi. De tels moyens sont contraires par essence à son génie et à son principe. Eh! qui donc pourrait sans insolence s'attribuer le droit de se mettre. seul, soit comme vengeur de la liberté, soit comme redresseur du destin, à la place de tout un peuple, presque à la place de l'Histoire? Un coup de poignard est une usurpation. Où est d'ailleurs le pouvoir correspondant à ce droit monstrueux? Quoi! il serait donné au premier venu de changer, en avançant le bras, le cours des lois historiques! Cet homme qui passe dans la rue n'aurait qu'à presser la détente d'un pistolet pour donner une secousse au monde! Non, il n'en va pas de la sorte. Le mal, quand il existe au sein d'une société, tient à un vaste ensemble de causes auprès desquelles l'existence d'un individu, quelque puissant qu'on le suppose, ne figure qu'à titre d'accident. A nul homme on ne saurait accorder l'honneur de faire tenir dans sa vie celle d'un peuple. Nous en demandons pardon à l'ombre de Pascal, mais il nous semble avoir amoindri l'humanité jusqu'au scandale, quand on a fait dépendre de la longueur du nez de Cléopâtre les destinées de l'univers. L'occasion est à la surface de la cause, et voilà pourquoi, trop souvent, l'on prend l'une pour l'autre. On s'imagine abattre la tyrannie en abattant le tyran: erreur! Le mal est au fond des choses, quand il est. Il n'existe point parce que quelqu'un le représente; quelqu'un le représente parce qu'il existe. Vous avez poignardé César, malheureux? il va ressusciter, plus terrible, dans Octave! Vous avez forcé Néron a se donner la mort? vous n'échapperez pas à Vitellius! Marat expire, noyé dans son sang? voici venir Hébert! Il ne sert de rien de faire disparaître la personnification, lorsqu'on laisse subsister le principe personnifié, toute chose créant un homme pour son usage.
Sans doute, respect est dû à l'héroïsme, même quand il s'égare. La Grèce antique dressa des autels à Harmodius, a Aristogiton; et nous avons tous été élevés à trouver belles ces paroles que Shakespeare met dans la bouche de Brutus: "As Cæsar loved me, I weep for him; as he was fortunate, I rejoice at it; as he was valiant, I honor him; but, as he was ambitions. I slew him." "César m'aime, je le pleure; il fut heureux, je m'en réjouis; il fut vaillant, je l'honore; mais il était ambitieux, je l'ai tué.» Malheureusement ce sont les erreurs les plus respectables qui, par la séduction qu'elles exercent, sont les plus dangereuses. Où en serait la société, si, l'individualisme y devenant la loi du dévouement, chacun y était admis à n'accepter, de la légitimité de ses actes à l'égard de tous,

d'autre juge que lui-même? Et pourtant tel est le pouvoir du dévouement, jusque dans son délire, que les meurtriers à la manière de Sand et de Stabs déconcertent presque également l'approbation et le blâme. Quand on rencontre leurs noms dans l'histoire, on est mécontent de sa raison si on les absout, et de son coeur si on les condamne."[924]

On comprend d'un coup deux motifs fondamentaux du tableau de David: la pureté visuelle de Marat, pour le purger[925], symboliquement, du péché que révélera, selon le postérieur XIXème siècle, on l'a vu dans certaines citations[926], sa maladie de peau[927], et donc son bain: il devient aussi pur que Jésus (en même temps, sa pureté spartiate, référencée par la lumière crue, simple, notée par Blanc et Baudelaire, crée le nouveau cadre idéologique du modèle latin néo-classique, de la Révolution et de l'Empire, dont David est le maître et le chantre).

Il ne faut pas passer sous silence que la situation de Marat dans sa baignoire, en outre de renvoyer à son problème physiologique et aux circonstances de sa mort, permet à David d'en faire une sorte de contemporain Diogène, symbole de raison et de rejet des biens matériels, tel que le présentent déjà les livres d'emblèmes modernes[928], dans un contexte non politique mais mystique; preuve iconographique encore de ce sens du révolutionnaire dans sa baignoire chez David, le simple billot de bois[929] pour écrire.

Et, plus que tout, l'association de Marat et de César (le jour de la mort du premier, en 1793, le 13 juillet, correspond à celui de la naissance du second, en 100 avant J.C. - bien qu'à celui-ci soit également attribué le 12 juillet comme date de naissance[930] -), à la fois, par le diptyque avec la mort de Lepeletier,

---

[924]*Ibid.*, pp. 477-478.
[925]Frantz, p. 39: "*Marat sort "lavé" du souterrain où il s'est caché (dans la pièce de Mathelin [Marat dans le souterrain des cordeliers ou la journée du 10 août de novembre 1793]). La puanteur cadavérique est rejetée sur les ennemis du peuple...*"
[926]Fouquier, pp. 53-54.
[927]Sur laquelle ont été faites de nombreuses suppositions, entre lesquelles celles du Dr. Cabanès, *Marat inconnu, l'homme privé, le médecin, le savant. D'après des documents nouveaux et inédits*, Paris, Albin Michel, 1920.
[928]*La doctrine des moeurs*, Paris, Louye Sevestre, 1546, p. 121.
[929]"*La veille de la mort de Marat, ajoute David, je me suis rendu chez lui, d'après une mission des jacobins, pour le visiter. Ce député, que la calomnie a dit être soldé, était dans son bain, écrivant là sur un billot de bois, des lignes pour le peuple.*" (*1793: l'esprit des journaux*, Université de Saint-Etienne, 1993, p. 182)
"*David entretient la Convention des derniers jours «de son vertueux ami».*
« *Envoyé la veille, avec Maure, dit-il, par la Société des Jacobins, pour nous informer de la position de Marat depuis quelque temps malade, nous le trouvâmes dans un bain dont il ne sortait presque plus, et que les ulcères rendaient indispensable.*
» *Près de lui se trouvait un billot de bois sur lequel étaient placés de l'encre et du papier, et la main de ce grand patriote, sortie de sa baignoire, écrivait ses dernières pensées au Peuple Français...*
» *Hier, continua David d'une voix émue, le chirurgien qui a embaumé le corps m'a envoyé demander de quelle manière nous l'exposerions aux regards du peuple dans l'église des Cordeliers On ne peut découvrir aucune partie du corps du martyr, vous savez qu'il avait une lèpre et que son sang était brûlé, mais j'ai pensé qu'il serait intéressant de l'offrir dans l'attitude où je l'ai trouvé écrivant pour le bonheur du peuple!*
» *Un drap mouillé représentera la baignoire; ce drap, arrosé de temps à autre, empêchera l'effet de la putréfaction déjà très-avancée.*
» *Il sera inhumé aujourd'hui à 5 heures du soir sous les arbres où il aimait à instruire ses concitoyens*» La Section du Théâtre-Français lui élèvera un tombeau de gazon, emblème de la simplicité de sa vie, et de son vertueux désintéressement!" (Paul Fassy, *Marat, sa mort, ses véritables funérailles: D'après les documents empruntés aux archives de la préfecture de police*, Paris, À la Librairie du Petit Journal, 1867, p. 8)
Ce que les exégètes rapprochent du *Proudhon* de Courbet, y trouvant là une source d'inspiration iconographique: "*Proudhon modèle est à la fois en 1865 et en 1853, alors qu'il est mort, le peintre le fait revivre par la peinture dans une période de sa vie très précise. L'espace, lui aussi, bascule. Proudhon se trouve sur le seuil, assis55, comme Marat dans sa baignoire, sur l'entre-deux, et son regard quitte l'espace de la toile pour se perdre dans le vide, traversant l'espace du spectateur sans même s'y arrêter. L'épitaphe gravée par Courbet et quelques détails du tableau rappellent le Marat de David. Les inscriptions, sur les marches de pierre, «PJP 1 853 » et, en dessous, «Gustave Courbet 1865» évoquent celles de David sur la caisse de bois «A Marat David l'An 2», de même que l'encrier, la plume, les feuilles écrites, tout ce travail entourant le philosophe comme il entourait l'Ami du peuple, des gestes graphiques projetés, jetés, inachevés.*" (Chakè Matossian, *Saturne et le sphinx: Proudhon, Courbet et l'art justicier*, Paris, Droz, 2002, p. 44)
[930]"*There is some dispute over the date of Caesar's birth. The day is sometimes stated to be 12 July when his feast-day was celebrated after deification, but this was because his true birthday clashed with the Ludi Apollinares. Some scholars, based on the dates he held certain magistracies, have made a case for 101 or 102 BC as the year of his birth, but scholarly consensus favors 100 BC. Goldsworthy, 30*" http://en.wikipedia.org/wiki/Julius_Caesar#cite_note-4. En outre, on le sait, mais cela n'apparaît à notre égard que d'une façon de coïncidence, puisque la question vise l'identité pour David entre Marat le tribun juste et César le tyran critiqué par le révolutionnaire lui-même, plus - ou autant au moins - qu'avec Brutus (car, de fait, il n'a tué personne, mais est bien victime du coup d'État, par conséquent la surdétermination des rôles, en sens proprement freudien, aussi bien par David que par l'époque, rend cependant, si, plus symptomatique pour nous le lien, voulu et proclamé par Corday, entre César et Marat, jusque, donc, chez David), d'une part: "*Corday, a tall, attractive and articulate 25-year-old who had traveled from Normandy to strike this daring political blow. A fervent supporter of the moderate Girondin Party, Corday blamed Marat for the carnage consuming the French Revolution, as faction warred against faction. Modeling herself on the heroes of antiquity whom she studied in Plutarch, she had planned to assassinate Marat, like Julius Caesar, in a public forum -- the floor of the National Convention. But when illness made Marat stay home, Corday tracked him to his apartment and, after several tries, won a private audience.*" (http://www.bloomberg.com/news/2012-10-08/murder-in-the-bathtub-a-neoclassical-portrait.html), et de l'autre: "*The story of Julius Caesar goes back for centuries and centuries. Julius Caesar was well on his way to becoming Emperor of Rome when a group of Conspirators selfishly ruined those plans. Led by the Noble Marcus Brutus and Caius Cassius the conspirators plotted the demise of Julius Caesar. They thought that they would easily get away with the conspiracy because they were backed by Brutus who was one of the most noble and respected Romans that there was. And when they committed the heinous act of taking Caesars life things sure looked like they were going to go the way of the conspirators. Yet Brutus made the fatal mistake of allowing Caesars best friend, Marc Antony, to speak at the funeral of Caesar. There, Antony turned the crowd against the conspirators and together they were run out of Rome. Outside of Rome the armies of Brutus and Cassius faced off against the armies of Octavius and Marc Antony. Through all of the turmoil of the battle, Cassius and Brutus ended up taking their own lives. With no more conspirators the death of Caesar had been avenged and the power of Rome was now in the hands of Octavius, Marc Antony and Lepidus.*
The death of Marat and the death of Julius Caesar are very very similar. In both cases the victims were portrayed as being innocent and killed for unjust reasons by people who were their to witness the reality, but with bias opinions. In both cases great action was taken upon their behalf. In Julius Caesar's case, Antony gave a funeral oration that swayed the angry mob in his favor which allowed them to run the conspirators out of Rome all together, not to mention for his own

comme gouvernant assassiné (ou tyrannicide injuste), face au tyrannicide justifié que serait Lepeletier, et, à la fois, en tant que, comme pour le meurtre de César selon Voltaire, en vengeant la Patrie, les assassins la jetèrent vers sa fin. On le voit dans la pensée de David face à un Napoléon grandissant, citant les antiques, mais aussi déjà dans le débat autour du sens de *La mort de César* par Voltaire, où le peuple, finalement, accepte, en suivant Antoine[931], de venger le tyran mort, rétablissant ainsi, comme le peuple face à Corday, l'outrage du sang du tribun par celui de ses vengeurs:

"(ACTE III)
SCÈNE VIII.
LES ACTEURS PRÉCÉDENS, ANTOINE,
DÉCIMUS, LE PEUPLE ROMAIN.

CIMBER.
Mais Antoine paraît: qu'espère-t-il de nous,
Lorsque César lui-même est tombé sous nos coups?

DECIMUS.
D'un lâche courtisan que pourrait l'artifice,
Quand sur le roi du monde a frappé la justice?

ANTOINE.
Romains, César n'est plus....

CASSIUS.
Il mérita son sort.
ANTOINE.

Il meurt assassiné.

CASSIUS.
Rome vit par sa mort.

ANTOINE;
Affreux événement! ô spectacle funeste!
Du plus grand des Romains voilà ce qui vous reste!

CASSIUS.
Du dernier des tyrans les crimes sont punis.

ANTOINE.
Romains, soulevez-vous!

CASSIUS.
Romains, restons unis.

---

good. And in Marat's case a painting was made about his death which made him seem as a completely innocent victim who was brutally murdered in his bath which eventually made Jaques-Louis David famous and rich.
During Marc Antony's funeral oration he portrayed Julius Caesar as completely innocent in the whole situation. He recites, "I thrice presented him a kingly crown,/ Which he did thrice refuse: was this ambition?" (Shakespeare III.II.). However, this was not the real case at all. Julius Caesar was very power hungry. And some people may say that he refused the crown when it was presented to him. Yet he was just playing with the crowd and trying to prove himself not ambitious, while the whole time his motives were to have the crown at all costs. Antony's reason for this is to persuade the common people to run the leaders out of town only so he could then come to power with the help of Octavius. He created a whole mask over the real Caesar for his own selfish ways.
Then, Antony continues to say, "Here is the will, and under Caesar's seal./ To every Roman citizen he gives,/ To every several man, seventy-five drachmas" (Shakespeare III.II. 10). This quote was used to portray Julius Caesar as being a sort of savior. As even though he is no longer living he is still attempting to better the lives of the Roman citizens; on the other hand, Antony could have provided false information only to get the people to support Caesar's revenge on Brutus and Cassius. This is also able to be vaguely connected to Jesus Christ. As when Jesus Christ was murdered he still did everything he could to help aid his followers up to his moment of death. Which brings up the issue of not being able to repeat the past. No one is able to accurately describe the real occurrence, historians are only able to make a combination of recordings.
Both of these examples show how Marc Antony completely manipulated the crowd when he gave his funeral oration. Antony attempted to put out all of the positives that Caesar did and was going to do while he was still alive. Yet it seems as if it somehow slipped his mind when it came to the negatives and the power hungry mindset that Julius Caesar possessed. Essentially, the most prominent comparison between the works is the manipulation of peoples' opinions on those who are not able to be there at the time. The lack of proof made this tactic easy for David in the sense of who Marat was and Antony to persuade the common people to support him after all." (http://76912739566367744 3.weebly.com/caesar.html)
[931]Et, en changeant légèrement le cours réel de l'histoire (comme Quentin Tarantino dans *Inglourious Basterds* de 2009), puisque, plus que de s'en remettre au peuple, Antoine poursuit et vainc en combat les assassins de César et de son frère, après une longue poursuite et suite de combats.

ANTOINE.
Oui, nous devons tous l'être en voyant la victime;
Oui, réunissons-nous, mais c'est contre le crime.
Sachez par quelle main le meurtre s'est commis:
L'assassin de César, Brutus était son fils.

CASSIUS.
Dans Rome un vrai Romain voit sa famille entière.

ANTOINE.
Apprenez de César la volonté dernière.
Si Brutus est son fils, vous tous qui m'écoutez,
Vous étiez ses enfans dans son coeur adoptés.
Pour qui réservait-il le fruit de ses conquêtes?
Des dépouilles du monde il couronnait vos têtes;
Il vous léga ses biens, vous en allez jouir.

CASSIUS.
Arrête, c'est assez vouloir nous avilir.
Voilà comme un despote enrichi de pillage,
Veut même après sa mort nous vendre l'esclavage.
Cesse, ami d'un tyran, tes discours superflus;
Rome est libre aujourd'hui, tout Romain est Brutus.
Va, nous le pénétrons, ce n'est pas la vengeance,
C'est en toi le désir de la toute puissance,
Lâche, qui pour César a pu t'intéresser:
Tu ne pleures sa mort que pour le remplacer.
De tes sombres projets reçois les justes peines;
Tu veux nous asservir, tu dois porter des chaînes.
Licteurs, qu'on le saisisse au nom du souverain.

ANTOINE.
Cassius est-il donc roi du peuple Romain?

CASSIUS.
Roi!... qui?... moi?... Cassius?... Antoine, vois ce glaive,
Qui pour frapper encor malgré moi se soulève;
Le vois-tu tout fumant du sang qu'il a versé?
Eh bien! si je pouvais me croire menacé
De voir un jour mon front souillé du diadême,
Tu le verrais, ce fer tourné contré moi-même:
Heureux, si par ce trait Cassius expirant
Montrait toute l'horreur qu'il a pour un tyran.

DECIMUS.
Vois dans chaque Romain, vois un tyrannicide.

CIMBER.
Que la main de Brutus saintement parricide,
Se retrouvant par-tout où se rencontre un roi,
Porte à tous les tyrans et la mort et l'effroi.

ROMAINS.
Que l'ami de César ainsi que lui périsse.

ANTOINE.
La liberté triomphe.

CASSIUS.
Et voilà ton supplice.

ROMAINS.
Aux vengeurs de l'état nos coeurs sont assurés.

CASSIUS.
Souvenez-vous toujours de ses sermens sacrés;
Mais avant tout, Romains, songez à la patrie,
Estimez vos vengeurs, mais point d'idolâtrie.
Vous rentrez dans vos droits indignement perdus;
César vous les ravit, ils vous sont tous rendus.
Qu'à les défendre, amis, chacun de vous s'apprête;
Il faut la conserver cette grande conquête.
Peut-être avant la fin de ce jour solennel,
Vous aurez à combattre et le trône et l'autel;
César pour le venger, laisse en perdant la vie,
Les suppôts du mensonge et de la tyrannie.
Mais aucune frayeur ne doit nous captiver:
Qui veut rompre ses fers, doit savoir tout braver.
Qu'importé la mort même à l'homme de courage?
L'être libre par elle échappe à l'esclavage;
Et si la liberté pouvait jamais périr,
Cassius ne voudrait que l'honneur de mourir.

CIMBER.
Le même sentiment nous presse, nous anime.

DECIMUS.
Cimber t'annonce, ami, ce que pense Décime.

CASSIUS.
Eh bien! affermissons le règne heureux des loix,
Et ne portons le joug des prêtres ni des rois;
C'en est fait, désormais, ne souffrons rien dans Rome,
Qui puisse dégrader la dignité de l'homme.
Assez et trop long-tems des tyrans odieux
Ont caché leur faiblesse en s'entourant des dieux.
Laissons aux imposteurs le besoin de séduire;
Sur nous, sur l'univers la vérité va luire.
Républicains, voilà votre divinité:
C'est le dieu de Brutus, l'auguste liberté.

SCÈNE DERNIÈRE.

LES ACTEURS PRÉCÉDENS, BRUTUS
aux pieds de la statue de la liberté.

BRUTUS.
Daigne entendre mes voeux, divinité chérie;
Veille sur nos destins, veille sur ma patrie.
Grands dieux! si cette main en s'armant d'un poignard,
N'eût servi qu'aux desseins des rivaux de César!...
Éloigne des terreurs qui r'ouvrent ma blessure.
Je pouvais pour toi seul oublier la nature;
Pour toi seule à César j'ai pu donner la mort,
Pour toi seule aujourd'hui Brutus peut vivre encor,
S'il faut par d'autre sang affermir ton empire,
Ah! que Rome soit libre et que Brutus expire.

CASSIUS.
Formons les mêmes voeux aux pieds de cet autel;
Mourir pour son pays, c'est se rendre immortel.

ROMAINS.
Nous jurons d'imiter son courage héroïque.
VIVE LA LIBERTÉ! VIVE LA RÉPUBLIQUE!"

XXII - LE *CUIRASSIER BLESSE, QUITTANT LE FEU* ET L'APOLOGIE PATRIOTIQUE CHEZ GERICAULT

"La Force qu'autrefois le Poète tenait
En bride, blanc cheval ailé qui rayonnait..."

(Verlaine, *Poèmes saturniens*, "*Prologue*")

I - Questions liminaires à l'étude du *Cuirassier blessé, quittant le feu* de 1814

La question de l'art de Géricault a toujours posé problème. Depuis Michelet, les exégètes le considèrent comme paradigme de la "*chute de la France*". Or cette interprétation est essentiellement basée sur deux oeuvres: le *Cuirassier blessé, quittant le feu* (1814) et le *Radeau de la Méduse* (1817), dans lesquelles Michelet chercha comment faire de Géricault l'épigone de la katabase de la France, le "*peintre-héros*" et martyr, qu'il n'a cessé d'être depuis pour l'ensemble des critiques et des historiens d'art.

Or l'examen de l'oeuvre de Géricault nous révèle au contraire une impressionnante récurrence des tableaux de guerriers et cavaliers napoléoniens, ardents au combat. D'ailleurs si, peut-être poussé par les mauvaises fortunes que lui-même avait pu subir, Géricault représente les fous et, surtout lors de son séjour en Angleterre, la misère du petit peuple, à l'inverse, exception faite d'une série de sept dessins préparatoires[1] à *La retraite de Russie* (toile supposée avoir été réalisée en 1815, mais dont l'attestation est encore douteuse[2]) et d'une autre série de deux dessins préparatoires à *La charrette de blessés* (petit tableau conservé au Fitzwilliam Museum de Cambridge)[3], il ne peint jamais la débâcle. Il ne montre jamais que des charges héroïques ou, pour le moins, de fiers estropiés de guerre[4], tout prêts à moucher un planton trop zélé, comme dans *Le factionnaire suisse au Louvre* de juin 1819:

"*La scène est "une interprétation pittoresque d'un article de 1817 du "Constitutionnel", qui faisait alors de l'opposition bonapartiste. Un factionnaire de la garde royale suisse arrête un ancien soldat avec une jambe de bois, coiffé d'un chapeau rond et d'une redingote, qui se présente pour traverser le Louvre. Le militaire, indigné, déboutonne sa redingote et fait voir sa croix d'honneur en disant: "Sentinelle, portez... arme!" D'autres personnages, au second plan, regardent et applaudissent. Les fonds, qui représentent les Tuileries, ont été, assure-t-on, dessinés par Horace Vernet.*"[5]

De plus à la fin de sa vie (de 1822 à 1824), Géricault illustra *La vie politique et militaire de Napoléon* par Antoine-Vincent Arnault, en s'inspirant de l'iconographie héroïque de l'Empereur, notamment celle des *Pestiférés de Jaffa*[6], ce qui en d'autres termes signifie que, loin d'être un peintre critique ou moral sur les campagnes de Bonaparte, Géricault fait partie d'un courant pictural largement développé, comme on le sait, au début du XIXème siècle et dont la figure emblématique reste David. A savoir la peinture d'histoire, mais la peinture d'histoire relatant, de manière soit allégorique soit simplement apologétique - ou encore les deux à la fois -, les hauts faits (ce que nous serions tenté d'appeler "la geste") des soldats de l'Empire et de leur chef, vu comme une sorte de moderne César.

Notre étude ne se veut pas polémique. Elle essayera au contraire de mettre en place un certain nombre d'éléments qui, par typologie, inciteront peut-être à revoir l'analyse de l'art de Géricault. Nous voulons en effet soutenir ici que son oeuvre est héroïque et patriotique, et non allégorie de la chute de la France comme le pensait Michelet. Pour cela, nous axerons notre démonstration sur le *Cuirassier blessé*, ce qui est logique, puisque, comme nous l'avons dit, l'un des points fort de l'étude de Géricault par Michelet est justement cette toile.

---

[1] *Géricault*, catalogue de l'expo. qui s'est tenue du 10 Oct. 1991 au 6 Janv. 1992 au Grand Palais à Paris, Paris, Réunion des Musées Nationaux, BFCE, 1991, fig. 279 à 285 pp. 173 à 176 et fig. 60 à 66 pp. 346-347.

[2] *Tout l'oeuvre peint de Géricault*, intro. Jacques Grunchec, doc. Philippe Thuillier, Paris, Flammarion, 1991, fig. A 178 pp. 145-146.

[3] *Géricault*, fig. 286-287 p. 177 et 67-68 pp. 347-348. Le tableau est reproduit dans Grunchec et Thuillier, pl. XXXII et fig. 141 p. 109.

[4] Cf. aussi à l'appui de cette interprétation Barbey d'Aurevilly, *Sensations d'Art*, 7ème t. des *Oeuvres et les Hommes*, Genève, Slatkine Reprint, 1968, pp. 88ss.

[5] *Géricault*, p. 401.

[6] Cf. *ibid.*, fig. 305 à 307 pp. 190-191 et 265 à 267 pp. 397-398.

II - *Le Chasseur* et *Le Cuirassier*, du divers au même

Le symbolisme macabre prêté, depuis Michelet, au *Cuirassier*, rejaillit sur *Le Chasseur de la Garde*. Ce qui doit inviter à s'interroger. Les auteurs du catalogue sur *Géricault*, qui se fondent sur la concordance historique et sur le choix du modèle, écrivent:

> "En Juin 1812, la Grande Armée franchit le Niémen. En décembre, une poignée de "spectres" (le mot est de Napoléon) repassent le fleuve en sens inverse. Grandeur et décadence de la geste impériale: Géricault peint le "Chasseur de la Garde" pour le Salon de 1812 quand l'Empire vacille sous le poids des cadavres. On aurait tort de l'oublier: une tradition tenace fait du tableau un exemple éclatant d'épopée guerrière. Par cécité sans doute. Car il suffit de le "lire": l'ouvrage est sombre, sinon critique. L'idée en serait née, si l'on en croit Clément, d'un épisode vécu: la vision d'un cheval sur la route de Saint-Cloud. L'animal, rétif, se cabrait sous le joug d'un omnibus. On ne sait trop ce que vaut l'anecdote. Mais on en voit la thèse: la peinture consiste à "sublimer" le réel. Par où Clément, classique incurable, nie le réalisme de Géricault. L'artiste s'établit, pour peindre sa toile aux dimensions du Salon, dans un magasin vacant du boulevard Montmartre, où son pinceau fit diligence: il aurait mis, nous dit-on, "douze" jours à la tâche, conte pieux qui exalte le "brio" de la touche. Géricault prit pour modèle un lieutenant des Chasseurs de la Garde impériale, Alexandre Dieudonné. On notera le patronyme, qui est, en langue vernaculaire, l'équivalent de Théodore. Cette équation d'état-civil suggère fortement un mécanisme projectif d'identification directe: l'oeuvre est "aussi" un autoportrait. Tragique: officier subalterne, au "cursus" besogneux, qui est, à trente-quatre ans, un vétéran précoce. Dieudonné meurt en décembre, sur une route de Russie. La peinture vaut "requiem" pour un soldat du rang./ La rhétorique du tableau recourt à deux tropes majeurs: la synecdoque et la prosopopée. La première consiste à prendre la partie pour le tout. La bataille se borne au seul cavalier: un militaire suffit à résumer la guerre. De là, deux conséquences narratives. L'une d'ordre plastique: l'effet de "saillie". Le cheval sort du cadre sous la violence du mouvement, et le tableau se dilate aux dimensions du réel. L'hypertrophie du motif sollicite la technique du "gros plan", où s'altère la fonction du récit: plus expressif que mimétique. Le drame l'emporte sur l'illusion. L'autre conséquence est d'ordre syntaxique. Géricault fonde le "micro-récit", où la linéarité le cède au fragment, l'anecdote à la figure. C'est rompre avec l'esthétique du panorama, vision intégrale aux dimensions massives, comme le "Léonidas" de David, dont le spectateur "marche dans la toile", selon le mot fameux de Napoléon. Géricault mue le récit en monologue, et le héros en sujet. La prosopopée, qui consiste à faire parler les morts, est, au sens strict, une épiphanie du visage. Le retournement du cavalier répond à cette exigence ontologique. Non sans paradoxe: l'homme est "muet". Ses lèvres sont closes. Clément seul, qui entend des voix, lui prête l'usage de la parole, manière de rétablir l'ordre rationnel d'un monde logocentrique. Mais le cavalier ne parle pas: il "médite". En plein combat. Et cette effraction imprévue du phénomène cogitatif au coeur même de l'action vaut critique de la guerre. Sinon - voir Maine de Biran - du "cogito" cartésien./... Mais c'est Michelet qui a le mieux compris le "Chasseur de la Garde". "Il se tourne vers nous et pense". L'historien est le seul exégète à relever la nature "pensive" de ce retournement. Mais à quoi pense le cavalier de Géricault? A la mort. "Cette fois, c'est probablement pour mourir". Ce Mars vétéran est un guerrier funèbre emporté par la tempête de la guerre. Le Géricault de Michelet s'affranchit enfin des rengaines bellicistes: il est le peintre de la conscience et de la mort."[7]

Dans cette interprétation, un point reste obscur. Sachant que Géricault s'est attelé à la réalisation du tableau dès septembre 1812 et l'eut fini pour novembre, époque de l'ouverture du Salon, et sachant d'autre part que le lieutenant Dieudonné, intime de Géricault, servit de modèle, au moins *"pour la tête"*[8], on voit mal comment le peintre aurait pu transformer ce tableau en éloge funèbre, alors que son ami ne mourut qu'en décembre, d'autant que Géricault étudia en premier le mouvement général du cheval, pour ne s'intéresser qu'en second lieu au cavalier[9]. De plus:

> "... lorsqu'il entreprend son tableau, avec un sens aigu de l'actualité dont il ne se départira jamais, l'offensive menée par Napoléon contre les Russes semble encore pouvoir connaître une issue favorable et justifier l'élan et le courage fervent du jeune officier./... Dans les premières esquisses, le cheval va à gauche et son mouvement semble directement issu de Gros et du "Napoléon au Saint-Bernard" par David, dont il vivifie le souvenir par des études directes."[10]

La série des *Lanciers* réalisée par Géricault sensiblement en même temps (1812-1815), peut-être même contemporainement[11], reprend une imagerie identique: un cavalier au premier plan sur son cheval cabré, et dans certaines versions un canon détruit gisant sous les sabots de l'animal, pendant qu'au loin la bataille fait rage avec ses feux et ses fumées. On retrouve dans ces toiles le même mutisme et le même visage inexpressif que chez Dieudonné dans le *Chasseur*.

Il semble enfin qu'il faille attribuer à Gustave Planche ("*Géricault*", *Revue des Deux Mondes*, vol. XXI, 1851) l'identification dans le tableau de la campagne de Russie:

---

[7] *Ibid.*, p. 30.

[8] *Ibid.*, p. 269.

[9] Grunchec et Thuillier, p. 90, et que, comme le note Denise Aimé-Azam, *Géricault - L'énigme du peintre de la Méduse*, Paris, Librairie Académique Perrin, 1983, p. 183, à propos du *Mazeppa* de Géricault, "*On se servait toujours, comme modèles, de grognards qui tutoyaient tout le monde, on faisait des armes, de la peinture, de la critique, de la littérature...*", ambiance somme toute bon enfant qui contredit totalement celle que les auteurs du catalogue se plaisent à imaginer pour la réalisation du *Cuirassier*.

[10] Grunchec et Thuillier, p. 90.

[11] Cf. *ibid.*, fig. p. 96.

"Lors même que la date de ce tableau n'aiderait pas le spectateur à deviner le lieu de la scène, le terrain du premier plan, l'aspect glacé du fond sur lequel se détache le cavalier indiqueraient que l'auteur a voulu nous représenter un épisode de la retraite de Russie."[12]

Malgré ce que Planche prétend, rien n'est aussi évident dans le *Chasseur*, et le fond "*sur lequel se détache le cavalier*" n'a rien de particulièrement "*glacé*". au contraire, il est très semblable à ceux du *Cuirassier* ou des autres peintures militaires de Géricault, notamment la série des *Lanciers*.

En ce qui concerne le *Cuirassier*, les problèmes chronologiques ne paraissent plus se poser. L'année 1814 est celle de la campagne de France. Il est donc évident que le *Cuirassier* en est l'illustration. Du moins les exégètes le pensent-ils. D'ailleurs, Géricault avait tout d'abord pensé à représenter le *Cuirassier* assis sur un rocher, un enfant dans les bras, ce qui, en en faisant l'illustration pathétique des défaites napoléoniennes, l'aurait rapproché de la figure du père du *Radeau*[13]. Néanmoins:

"*Le mythe du "Cuirassier blessé" se cristallise vers 1840 sur l'historicité de l'image. Un biographe, qui est La Garenne, précise le premier le nature de l'épisode: "la retraite de Moscou". L'assertion est gratuite. Rien dans le tableau n'évoque l"hiver russe. Mais la thèse fait florès. D'estimables critiques supputent les frimas de la steppe et recherchent les traces de la neige. Purs fantasmes: le décor du tableau se réfère sans doute à la Campagne de France. Mais celle de Russie a de quoi séduire les amateurs de drame. Et de métaphore. Michelet connote le tableau d'un sens "politique". Le cuirassier n'incarne pas seulement les malheurs de la France, mais la chute de l'Empire. Ce héros vaincu est un homme "sur la pente": il retient son cheval dans la course à l'abîme. Et Michelet dote le "bon géant", soldat mais homme, de son aura démocratique quarante-huitarde. Ce troupier ne saurait être que d'extraction populaire: il sera donc la figure pathétique du peuple en marche. Même si la marche est funèbre...*"[14]

Voici donc planté le décor. Un peu plus d'une dizaine d'années avant Planche pour le *Chasseur*, La Garenne fait du *Cuirassier* une représentation de la Campagne de Russie, et Michelet, père de la vision moderne de Géricault, fait de ce *Cuirassier blessé, quittant le feu*, l'image d'un "*bon géant*" "*d'extraction populaire*", comme les auteurs du catalogue le diront de Dieudonné quelques cent cinquante ans plus tard:

... officier subalterne, au "cursus" besogneux, qui est, à trente-quatre ans, un vétéran précoce. Dieudonné meurt en décembre, sur une route de Russie. La peinture vaut "requiem" pour un soldat du rang.

Pourtant à notre connaissance, aucun élément des oeuvres elles-mêmes, si ce n'est un simple rapprochement historique entre leur date d'exécution et celle des campagnes du moment, ne permet d'affirmer que le *Chasseur* soit une image de celle de Russie, ou que le *Cuirassier* illustrât celle de France. De même rien, sinon une stricte obéissance à l'"hagiographie" de Géricault inventée par Michelet, ne permet de faire de l'un ou de l'autre un officier d'"*extraction populaire*", et encore moins une réflexion sur "*la mort*", notamment en ce qui concerne le *Chasseur*. C'est ce que l'étude iconographique va nous confirmer.

III - Premières objections: l'origine iconographique des peintures de chevaux de Géricault

Il faut se demander d'où vient que l'iconographie du *Cuirassier* et le symbolisme qui lui a été attribué furent assez puissants pour rejaillir sur le *Chasseur*.

Quant à la deuxième partie de la question, il est évident, comme nous venons de le dire, que c'est l'importance de l'interprétation du *Cuirassier* par Michelet, "*l'historien*", qui contamina dans le temps la mythologie du *Chasseur*.

Quant à la première partie de la question, il semble qu'il faille se tourner vers la tradition iconographique pour lui trouver sa réponse, en quelque sorte toute naturelle.

En effet, l'étude d'un certain nombre d'ouvrages d'iconographie apportent une réponse immédiate. A quelques exceptions près, le cavalier sur son cheval représente la force militaire victorieuse[15], alors que le cavalier à terre représente soit un vaincu[16], soit plus couramment un serviteur[17]. Cette opposition se retrouve

---

[12] Cité dans Pierre Courthion, *Géricault raconté par lui-même et par ses amis*, Vésenaz-Genève, Pierre Cailler, 1947, p. 155.
[13] Grunchec et Thuillier, p. 97.
[14] *Géricault*, p. 50.
[15] Ce dont on trouve par ex. un écho très net dans la mode des Triomphes, lorsque celle-ci est interprétée par les auteurs de livres d'emblèmes des XVIème-XVIIIème s.
[16] Cf. par ex. Andrea Alciati, *Emblèmes*, éd. de Guillaume Rouillet, Lyon, 1558 (en fr.) et 1564 (en latin), réed. Bibliothèque Interuniversitaire de Lille, et Paris,

~ 375 ~

dans la littérature dès le Moyen Age[18].

Mais cette réponse apparaît provisoire et demande à être précisée, car si l'iconographie victorieuse n'offre pas grand problème d'interprétation (l'exemple du *Chasseur* pouvant être considéré comme un cas d'école), celle du cavalier à terre se subdivise en plusieurs groupes.

Même si tout système serait sans doute dangereux, on peut considérer que l'iconographie du cavalier à terre se répartit en trois grands groupes, de symbolisme assez différent[19] :

1°/ Le cavalier à terre, piétiné par le cheval du vainqueur, il symbolise la défaite (saint Paul lui-même, chutant de cheval, reprend le modèle, puisque par ce biais l'iconographie entend marquer la victoire du Christ sur son esprit);

2°/ Le palefrenier ou le messager, tenant son cheval par la bride (soit pour l'offrir soit par marque de déférence envers celui qu'il visite), mais dans ce groupe il est rare (sauf chez Géricault) que le cheval se cabre[20] ;

3°/ Le cavalier à pied, prêt pour partir à la guerre et maîtrisant son cheval qu'il tient en bride (l'exemple le plus fameux sont les cavaliers de la frise du Parthénon[21]).

Or rien n'indique que le *Cuirassier* réponde ni au premier ni au second groupe, bien qu'il reprenne un thème typique de Géricault, celui du palefrenier maîtrisant un cheval[22]. Le lien entre l'iconographie du *Cuirassier* et celle du palefrenier maîtrisant un cheval est d'autant plus évident chez Géricault que, selon le récit de Clément[23], ce serait une scène de ce genre qui aurait inspiré le peintre pour le *Chasseur*.

Dans le même ordre d'idée, on ne restera pas indifférent à la ressemblance du *Cuirassier* d'une part avec *Le lieutenant Legrand* de Gros[24], dont le modèle fut réutilisé par Géricault au moins pour deux représentations de *Lanciers*[25], et d'autre part avec l'*Enseigne de Maréchal-Ferrant* qu'il réalisa quelque

---

Klincksieck (BIL), 1989, p. 60. Le plus célèbre exemple de ce type est sans doute dans l'iconographie moderne *La conversion de Saint Paul*. Mais la période antique, notamment gréco-romaine, abonde d'images de vaincus piétinés par les vainqueurs, ou, plus souvent encore, par les vainqueurs à cheval, cf. Ernstotto zu Solms-Laubach, *Le cavalier dans l'art*, trad. David Rosset, coll. "*Bibliothèque des Arts*", Munich, Keyersche, 1962. Notons cependant que ce type iconographique, dans lequel le vaincu est terrassé au sens littéral et piétiné par les pieds du vainqueur ou les sabots de sa monture, est clairement distinct de celui du *Cuirassier*, ce qui nous conduit, par conséquent, à ne pas pouvoir considérer ce dernier comme une image traditionnelle ou *évidente* de la défaite. Mais bien sûr, d'autres éléments nous confirment dans cette position.

[17] Cf. par ex. Marie-Josèphe de Balanda et Annie Lorenzo, *Le cheval vu par les peintres*, préférence du colonel de Beauregard, Lausanne, Edito S.A., Vilo et Ferlino-Spiess, 1987; Philippe Barbié de Préaudeau, *Le cheval arabe des origines à nos jours*, Paris, Jaguar, 1987; John Baskett, *Le cheval dans l'art*, avant-propos Paul Mellon, Paris, Seghers, 1980; Mongi Ennaifer, "*Le thème des chevaux vainqueurs à travers la série des mosaïques africaines*", *Mélanges de l'Ecole Française de Rome*, n° 93, 1983, t. II, pp. 817 à 858; Jean-Charles Hachet, *Les bronzes animaliers - De l'Antiquité à nos jours*, Paris, Varia, 1986; Edith et René Huygues, *Léonard de Vinci - Le cheval et la puissance*, Lausanne, Fabre S.A. et Caracole, 1988; Charles Lane, *Sporting aquatints and their engravers*, Leigh-on-Sea (Angleterre), F. Lewis, 1979, 2 t.; Marie-Christine Renault Beaupère, *Alfred de Dreux - Le peintre du cheval*, Lausanne, Caracole, 1988; et Solms-Laubach.

[18] Brigitte Prévot et Bernard Ribémont, *Le cheval en France au Moyen Age*, coll. "*Medievalia*", Orléans, Paradigme, 1994, pp. 203ss.

[19] Cf. notamment les vol. 18 à 24 de la série 4 "*Quadrupèdes - Cheval*" et 106 1-2 "*Armures des chevaux*" de la coll. iconographique Maciet de la bibliothèque du Musée des Arts décoratifs de Paris (CIMAD).

[20] On notera que ce type iconographique a fournit celui, largement répandu aux XVIIIèm-XXème s., des planches de présentations de chevaux (allemand, napolitain, persan, de Croatie, etc.) toujours présentés par un palefrenier tenant l'animal en rênes, cf. par ex. *ibid*, vol. 4-21 à 24, et Ben Broos, Edwin Buijsen et Amy Walsh, *Paulus Potter - Paintings, drawings and etchings*, catalogue de l'expo. *The Pleasures of Paulus Potter's Countryside* qui s'est tenue au Mauritshuis de La Hague du 8 Nov. 1994 au 5 Fév. 1995, La Hague et Zwolle, Mauritshuis et Waanders Publishers, 1995.

[21] Surtout de celles du côté Nord nous semble-t-il, cf. par ex. Solms-Laubach, fig. 7; nous y mettons cependant toutes les réserves nécessaires. On notera à ce propos que Géricault a réalisé un relief visiblement inspiré des cavaliers du Parthénon, reproduit dans Grunchec et Thuillier, fig. S 8 p. 132.

[22] Même s'il a fait école. On trouve ainsi nombre de représentations de chevaux se cabrant maîtrisés par des palefreniers ou, voire même, les jetant à terre. On citera pour exemples la sculpture intitulée *Le dompteur de chevaux* de l'avenue Louise à Bruxelles par le baron Thomas-Jules Vinçotte (1850-1925), ou les gravures du français Victor-Jean Adam (1801-1866), représentant un cuirassier debout tenant encore la bride de son cheval mort, qui vient de tomber à terre, ou un cheval renversant son cavalier, et dont la similitude avec les peintures de Géricault est frappante. Mais on trouve aussi des sculptures vraisemblablement inspirées de Géricault - ou du moins de ses imitateurs -, notamment au pont Anitchkoff de Saint-Pétersbourg, cf. CIMAD, vol. 4-22 et 24.

[23] Cité par ex. par Grunchec et Thuillier, p. 90.

[24] *Géricault*, fig. 24 p. 16.

[25] Cf. Grunchec et Thuillier, fig. 64 et 64 A pp. 95-96.

temps seulement avant le *Cuirassier*[26]. Bien sûr, ces deux archétypes du *Cuirassier* n'illustrent en aucune façon une quelconque défaite.

En fait, plus que dans l'imagerie classique du cheval, notamment issue de la tradition néerlandaise (Albert Cuyp, De Garnier, Johan van Huchtenburg, T. de Keyser, Peter van Laar, Adam Frans van der Meulen, Pieter Meulener, Isaac Ostade, Paul Potter, Peeter Snayers, D. Stoop, Van de Velde, P. Verbeck, Sebastian Vrancx, ou encore Felix Wouwermans)[27], qui n'est pas d'une grande utilité pour comprendre les peintures de chevaux de Géricault, c'est chez son maître, Carle Vernet, qu'il faut chercher l'origine de son inspiration. En effet, Vernet a peint beaucoup de chevaux d'écurie et de cavalerie, se cabrant, étrillés, bouchonnés, effrayés par la foudre, domptés, etc., dont la similitude avec ceux de Géricault est indéniable, notamment en ce qui concerne les chevaux effrayés par la foudre et ceux domptés par un soldat ou un maréchal-ferrant[28]. Identiquement, la série de peintures de la course des barberi par Vernet[29] évoque, évidemment, celle qu'en a donné Géricault.

Cependant c'est aussi, croyons-nous, dans l'opposition, très prisée par l'emblématique flamande des XVIème-XVIIème siècles, entre les différents tempéraments de chevaux, principalement entre le cheval domestiqué au repos et le cheval sauvage se cabrant[30] (qui, on le verra, relève d'une symbolique amoureuse et guerrière sur l'alternance de la Guerre et de la Paix, et la soumission de la première à la seconde), qu'il faut encore chercher l'origine de l'opposition, voulue par Géricault entre le *Chasseur* et le *Cuirassier*, au Salon de 1814.

IV - Le *Chasseur*, le *Cuirassier* et les emblèmes de Cesare Ripa
a) Le "*Chasseur*" et les emblèmes de Ripa

Il faut tout d'abord rappeler, ce qui n'est pas superfétatoire, ce que représente exactement le *Chasseur*, oeuvre tellement célèbre qu'on en oublie de la regarder. Le *Chasseur* nous montre une charge de cavalerie (on voit à l'arrière-plan gauche un autre cheval cabré, pris en pleine course). Au fond à droite on distingue, au milieu du feu de la bataille, un canon, semble-t-il renversé, et d'autres cavaliers se battant à travers la brume épaisse des canonnades. Enfin le *Chasseur* occupe le centre du tableau, dressé sabre au clair sur son cheval cabré, dont les pattes arrières piétinent des roues et un fût de canon.

Certes, on l'a dit, les historiens de l'Art ont souvent noté que le *Chasseur* s'inspirait du *Murat* de Gros et du *Napoléon franchissant les Alpes* de 1800 de David, évocation apologétique de l'Empereur en moderne Hannibal, dont le regard est aussi triste et l'air aussi sombre (mais nous préférerions dire volontaire) que ceux du *Chasseur* de Géricault (ce ne peut donc pas être, comme le croient ses auteurs du catalogue, un élément positif en faveur d'une interprétation macabre du *Chasseur*). Ainsi, le *Chasseur* dérive de toute une tradition représentant des empereurs ou rois victorieux sur leurs montures cabrées[31], dont l'iconographie a d'ailleurs, avant Géricault, été réutilisée dans la propagande napoléonienne, aussi bien par David que par

---

[26] *Ibid.*, fig. 68 bis, 68 A et 68 B p. 97.

[27] Afin d'être le plus complet possible, nous ajouterons à cette liste Joseph et Charles Parrocel, en ce qui concerne le domaine français. Cf. par ex. CIMAD, vol. 4-18 à 24 et 106 1-2; Broos, Buijsen et Walsh; Paul Duque Estrada Guerra, *La peinture d'Histoire à Marly sous Louis XIV*, publ. sous l'égide du Musée Promenade de Marly-le-Roi Louvecienne, 1993, 3 vol.; E. Greindl, M.-L. Hairs, M. Kervyn de Meerendre, M. Klinge, B. Schifflers, Y. Thiery, *Le grand livre de la peinture flamande - XVIIème siècle*, Paris, La Renaissance du Livre et France-Loisirs, 1992; Emile Michel, *Paul Potter*, coll. "*Les Grands artistes - Leur vie - Leurs oeuvres*", Paris, Librairie Renouard et Henri Laurens Ed., sans date; E. Michel, *Les Van de Velde*, coll. "*Les artistes célèbres*", Paris, Librairie de l'Art L. Allison & C°, 1892; Patrick Ramade, *Pieter Wouwerman 1623-1682 - La foire aux chevaux de Valkenburg*, coll. "*L'oeuvre du mois*", n° 4, Rennes, Musée des Beaux Arts, 1980; Laure C. Starcky, *Paris, Mobilier National - Dessins de V. der Meulen et de son atelier, Inventaire des collections publiques françaises*, Paris, Réunion des Musées Nationaux, 1988; *Van der Meulen - Dessins et soies peintes - La Route du Nord*, catalogue de l'expo. qui s'est tenue du 11 Juin au 11 Sept. 1991 à la Galerie Nationale de la Tapisserie de Beauvais, publ. par l'Administration Générale du Mobilier National et de la Manufacture Nationale des Gobelins, des Beaux Arts et de la Savonnerie; *Van der Meulen peintre des Conquêtes de Louis XIV*, catalogue de l'expo. des 18 Juin-15 Oct. 1967, ouvrage collectif sous la dir. de J. Guillouet, conservateur du Musée, Douai, Musée de la Chartreuse, 1967.

[28] CIMAD, vol. 4-22 et 24.

[29] *Ibid.* En outre, Vernet, comme Géricault, représenta le Mazeppa byronien, dans une oeuvre intitulée *Mazeppa aux loups*.

[30] CIMAD, vol. 19-20.

[31] Et souvent montant des côtes, ce qui accentue le caractère magnifique de l'animal et de son cavalier, cf. par ex. les nombreuses représentations de ce type citées par Simone Hoog, *Le Bernin - Louis XIV - Une statue déplacée*, coll. "*1/1*", Paris, Adam Biro, 1989. Cesare Ripa, *Iconologie ou les principales choses qui peuvent tomber dans la pensée touchant les Vices et les Vertus, sont représentées sous diverses figures*, gravures Jacques De Bie, explications I. Baudoin, Paris, 1643, rééd. BIL, do89, donnera d'ailleurs une interprétation patriotique de ce rocher.

Gros.

Pourtant ni dans le tableau de Gros ni dans celui de David les chevaux ne piétinent de trophées, au contraire des montures du *Chasseur* et des *Lanciers* de Géricault, bien que le canon foulé par le cheval du *Chasseur* se trouve déjà sous les sabots de celui du *Napoléon franchissant les Alpes* de David, mais en simple jeu d'optique (dont il est malgré tout à parier que David se sert pour évoquer le caractère victorieux de Napoléon, selon le modèle classique du vainqueur foulant les armes ennemies). On retrouve encore chez Géricault le motif des armes piétinées dans la *Charge de cuirassiers*[32].

Le type du *Chasseur* de Géricault se rencontre aussi antérieurement, par exemple dans un médaillon en relief de la salle de la Guerre du château de Versailles représentant Louis XIV ou l'*Alexandre victorieux* de Pierre Puget[33], sculptures montrant les chevaux respectifs des deux monarques piétinant un vaincu et ses armes. Louis XIV et Alexandre, qui tiennent leurs épées sorties et levées, sont prêts à frapper un nouvel assaillant, non représenté. Cette imagerie du héros victorieux prend donc sa source dans un code iconographique bien établi.

Or en consultant cette fois différents livres d'emblèmes des XVIème-XVIIème siècles, on trouve dans la première partie de l'*Iconologie* (1593) de Cesare Ripa un emblème fort révélateur. Il s'agit de celui d'"*Amour-vers-sa-Patrie*"[34].

Ne serait-ce l'absence du cheval, on y voit déjà les symboles présents dans le *Chasseur*: les trophées piétinés, la colonne de fumée et celle de feu, ainsi que l'attitude victorieuse du soldat casqué. Ripa explique:

"*On le représente* (l'amour de la patrie) *par un vigoureux & jeune Guerrier, qui se tient debout entre une grande flamme de feu, & une épaisse exhalaison de fumée, vers laquelle il tourne les yeux avec une mine résolue, & une assurance inesbranlable. En la main droite il porte une Couronne d'Herbe; & en la gauche il en tient une autre de Chêne. Il est armé à l'antique, pour les raisons que nous dirons ci après; & bien qu'il doive appréhender apparemment, étant sur le bord d'un précipice profond, si est-ce qu'avec le même courage qu'il témoigne avoir à mépriser ce danger, il marche sur les piques, & foule aux pieds les épées mues.*"[35]

On reconnaît dans cette description et dans l'emblème qui l'accompagne l'attitude du *Chasseur* de Géricault se retournant vers la colonne de fumée, pendant que devant lui brûle une autre colonne, de feu celle-ci.

b) Le "Cuirassier" et les emblèmes de Ripa

Plus intéressant encore, Ripa fait suivre son commentaire d'un long passage sur l'amour de la patrie, puis conclut:

"*Le précipice qui se voit ouvert aux pieds du Soldat que nous dépeignons, avec lesquels il foule sans crainte toute sorte d'armes, nous avertit qu'un vrai Citoyen n'appréhende jamais aucun danger pour l'amour de sa patrie; En cela semblable au renommé Curtius, Chevalier Romain, & au valeureux Anchur, fils de Midas Roi de Phrygie, qui pour sauver leur pays des contagieuses exhalaisons qui sortaient d'un gouffre épouvantable, s'y précipitèrent volontairement; Ce qui montre assez combien doit être recommandable aux courages nobles le Service de leur Patrie: & qu'avec beaucoup de raison Nestor dans Homère, pour mieux encourager les Troyens à combattre les Grecs, leur dit ces paroles,/ "Courage, compagnons, suivez votre destin;/ Attaquez les vaisseaux de ce peuple mutin,/ Et que pas un de vous lâchement ne s'étonne/ Des atteintes de Mars, ni des traits de Bellonne:/ Sauvez votre pays par un dernier effort,/ Vous ne sauriez mourir d'une plus belle mort."/ Le sage Lycurgue, grand législateur & grand Roi tout ensemble, ordonna pour cet effet, Qu'on n'eut à graver sur les tombeaux les noms d'aucuns Citoyens, que de ceux-là seulement qui seraient morts pour la défense de leur pays: Ce qu'il fit sans doute, pour apprendre aux autres à les imiter; comme s'il eût voulu dire, que dans un Etat bien policé, les valeureux et fidèles Compatriotes étaient seuls dignes de la mémoire des hommes./ Par ces exemples il est aisé de juger, que l'habit de soldat est fort convenable au bon Citoyen, puisque pour défendre le lieu de sa naissance, il fait toujours gloire de mourir courageusement, & les armes à la main. Cette vérité ne se peut cacher, étant visible dans l'Histoire; où tant par les belles actions auront lieu, on remarquera par-dessus les plus grands Noms ceux des braves Romains, Decius, Horace, Fabius, & ainsi des autres; Et parmi les Grecs celui de Grillus, fils de Xénophon, Philosophe Athénien, qui durant un Sacrifice, où il prédit, ayant appris que ce valeureux jeune homme qu'il croyait lui devoir survivre, était mort en combattant pour son pays, se remit à l'heure même la Couronne sur la tête, & se tournant vers le messager qui lui avait apporté de si funestes nouvelles: "Voilà, dit-il, mes voeux exhaussés: Je viens d'obtenir ce que j'ai toujours demandé aux Dieux, à savoir qu'ils me donnassent un fils qui mourut pour sa Patrie, & non qui vécut de longues*

---

[32] Grunchec et Thuillier, fig. 249 p. 123 et 126.
[33] Reproduit dans Gina Pischel, *Histoire mondiale de l'Art*, Paris, Solar, 1976, p. 544.
[34] Ripa, Ière partie, fig. X p. 12.
[35] *Ibid.*, p. 12.

années, vu qu'on ne sait s'il est bon ou mauvais de vivre longtemps."[36]

L'exemple du cavalier a une certaine récurrence dans l'explication de cet emblème. En outre, comme le héros piétinant des trophées décrit par Ripa, le *Chasseur*, sabre au clair et foulant des débris de canon, est le symbole même du vainqueur héroïque. On notera aussi, dans le tableau de Géricault, en bas à gauche, la présence d'un petit rocher, sorte de sur-éminence que l'on retrouve dans le *Napoléon franchissant les Alpes* de David. Peut-être faut-il y voir une allusion au *"précipice"* dans lequel le héros patriotique doit se jeter, à l'exemple des modèles de sacrifice antiques.

Or le *Cuirassier*, descendant le précipice qui s'offre à lui, ne peut-il identiquement être vu comme une autre image, parallèle à celle, apparemment plus classique, du *Chasseur*[37] ? D'autant qu'il est iconographiquement assez proche de Marcus[38] Curtius.

De fait, si dans l'emblème que nous venons d'étudier, Ripa insiste beaucoup sur l'aspect combatif et patriotique du bon citoyen-soldat, il reprend la démonstration dans la deuxième partie de son *Iconologie*, à propos de l'emblème intitulé *"Amour de la Patrie"*[39], mais deux divergences apparaissent.

La première est iconographique, bien que la figure soit à peu près la même que dans la première partie, la principale différence est que le personnage n'a pas de casque.

L'autre différence est textuelle. Plus courte, l'explication de cet emblème met moins l'accent sur l'aspect victorieux de la gloire militaire, pour s'intéresser plus particulièrement à l'amour de la terre natale. Il ne s'agit pas, bien sûr, d'une différence aussi évidente que cela. La structure et les exemples des deux explications sont les mêmes. Ripa commence par faire une courte description de l'emblème, puis continue sur l'amour du pays natal qui doit être plus fort que celui de n'importe quel autre pays. Enfin, il fait l'apologie du sacrifice patriotique. Pourtant dans le deuxième emblème cette apologie du sacrifice prend presque la moitié de l'explication. Une telle importance s'explique par le fait qu'ayant déjà développé les principaux thèmes de sa démonstration dans la première partie, Ripa ne trouve pas nécessaire de la reprendre en intégralité. Mais l'intérêt qu'il accorde à la notion de sacrifice est d'autant plus marqué qu'il occupe une grande partie de l'explication et la conclut:

"De l'Amour du Pays est le vrai symbole de la Couronne de Gramen, faite de la même herbe qui se trouvait dans l'enclos d'une Ville que les ennemis tenaient assiégée, & qui était ordinairement le prix de celui qui leur avait fait lever le siège. A raison de quoi le grand Fabius la reçut à bon droit du Sénat Romain, comme il eut délivré Rome des violences que lui faisaient les Carthaginois; Et à vrai dire, cette récompense quelque petite qu'elle semble, était d'autant plus grande, que celui qu'on en jugeait digne, se pouvait vanter qu'en sauvant tout le corps de l'Etat, il en sauvait aussi particulièrement tous les membres./ Les précipices ouverts près de ce Guerrier, qui foule aux pieds courageusement diverses armes, signifient que les plus grands dangers semblent petits aux courages nobles, quand il s'agit de la conservation & de la défense de leur Patrie. De quoi les Anciens nous ont donné des preuves certaines en la personne d'Ancur, fils d'Emidas Roi de Phrygie, & de M. Curse Romain, qui pour sauver leurs patries, se précipitèrent volontairement dans un gouffre d'où s'exhalaient les contagieuses vapeurs de la peste."[40]

Certes, on ne peut pas dire que l'emblème ou sa légende se distinguent particulièrement de ceux de la première partie. Reste cependant que les deux, ainsi que la différence dans les images d'une part du soldat en armure et casqué, et d'autre part du soldat sans casque, semblent bien fonctionner sur le mode binaire (comme d'ailleurs tous les emblèmes de l'ouvrage). En effet, dans le premier emblème Ripa insiste plutôt sur la vertu héroïque, et dans l'autre plutôt sur le désir des soldats de rentrer dans leur patrie même si elle est la plus déshéritée et *"stérile"* de la terre (dans les deux emblèmes, le symbole de cet amour irraisonné est Ulysse parcourant les mers pour rejoindre Ithaque), et sur la notion de sacrifice dont le symbole final est le *"précipice"*.

---

[36] *Ibid.*, pp. 18-19.

[37] En effet Reynolds dès 1782 mêle les deux images, celle de la Victoire guerrière et celle de la Paix acquise par les armes dont nous discuterons par la suite, dans son portrait du *Colonel Tarleton* qu'il représente pour une part foulant aux pieds un canon et d'autre part en compagnie d'un second qui derrière lui retient un cheval par la bride. On s'en doute bien sûr, pas plus que dans le cas du *Napoléon franchissant les Alpes* de David ou dans celui du *Cuirassier blessé* de Géricault, le regard pensif de l'officier anglais n'exprime le mélancolie de la défaite, étant tout au contraire la parfaite émanation de la force paisible d'un Mars patriotique.

[38] Ou Metius, comme l'écrit Ripa.

[39] Ripa, IIème partie, p. 96 (sans n° de fig.).

[40] *Ibid.*, p. 100.

Or cette référence au "*précipice*" dans les deux emblèmes fait immédiatement penser au *Cuirassier blessé, quittant le feu*, surtout sachant que Géricault s'est directement inspiré de Ripa pour le *Chasseur*, qu'il a voulu comme pendant du *Cuirassier* à l'exposition de 1814.

On ne peut opposer à cette comparaison avec Ripa le fait que "*Géricault lui-même ne fut jamais qu'un médiocre lettré*", dans la mesure où, conformément à l'étude des maîtres et de l'Italie qu'il préconisait explicitement dans *Des écoles de peinture et de sculpture et du Prix de Rome*[41], "*L'inventaire posthume de son atelier recense plus de "soixante" copies en tous genres*" de maîtres, surtout transalpins[42].

La récurrence des motifs identiques dans les deux tableaux devient donc symptomatique si on la rapproche des descriptions de Ripa. Les deux officiers regardent en arrière (comme les deux figures de Ripa), une colonne de fumée s'échappe derrière eux et dans les deux oeuvres un rocher rappelle le "*précipice*", symbole du sacrifice patriotique[43] (là encore, *exactement* comme dans les emblèmes de Ripa). Il ne peut plus rester de doute sur l'origine commune de ces toiles que Géricault a, encore une fois, conçues comme devant se faire pendant au Salon de 1814.

A l'arrière-plan du *Cuirassier*, comme dans le *Chasseur*, s'échappe une épaisse fumée, pendant que brûle au loin le feu de la bataille évoqué par Ripa. Cependant, alors que le *Chasseur* avance vers le feu qui embrase littéralement la moitié droite du tableau (toute l'action semble être tendue vers lui, comme elle l'est vers la trouée crépusculaire du ciel, également à droite du spectateur, dans le *Radeau*), le *Cuirassier* est entouré par une épaisse et noire colonne de fumée. Le feu apparaît à peine, caché par le rocher que descendent l'officier et son cheval[44]. Cette quasi-inexistence, voire cette absence du feu qu'il faut chercher dans un recoin de la toile, accentue dans le *Cuirassier* l'importance accordée à la colonne de fumée qui prend ici presque toute la place, confirmant ainsi sans équivoque possible la volonté de Géricault d'insister sur le désir de retour au foyer du soldat, conformément à l'emblème de la deuxième partie de l'*Iconologie* de Ripa:

"*Aussi est-il vrai, que nous n'aimons notre pays qu'à cause que nous y sommes nés, d'où vient que pour stérile & pauvre qu'il soit, nous en faisons plus d'état que de tous les autres lieux, que leurs richesses & leurs fertilité rendent recommandables. C'est de là qu'est venu le proverbe, que la fumée de notre patrie nous semble plus luisante, que n'est le feu de celle d'autrui. A quoi se rapporte le bon mot d'Homère au commencement de son Odyssée, où il dit du même Ulysse dont nous venons de parler, qu'après tant de longs voyages qu'il avait fait,/ "L'Amour de son Pays dans son âme allumée,/ Lui faisait désirer d'en revoir la fumée.*"[45]

La deuxième partie du titre du *Cuirassier blessé, quittant le feu*, pourrait ainsi faire référence à l'opposition de Ripa entre "*la fumée de notre patrie*" que ne peut faire oublier "*le feu de celle d'autrui*" (dans le *Cuirassier*, comme implicitement chez Ripa, il s'agit des feux de la guerre). Le fait que le *Cuirassier* soit "*blessé*" renverrait quant à lui à son sacrifice héroïque pour la Patrie (le thème du sacrifice patriotique étant explicitement lié, chez Ripa comme dans toute la tradition antique et moderne, à l'idée de courage, c'est-à-dire de *Virtus*, et non de défaite).

V - Le *Cuirassier*, ses modèles iconographiques du sacrifice patriotique et l'allégorie de la Paix dans les autres recueils de l'emblématique classique et baroque

---

[41] Géricault, *Des écoles...*, pp. 8 à 11 de l'éd. de l'Echoppe. Même s'il semble s'être ennuyé lors de son voyage à Rome, cf. Barbey d'Aurevilly, p. 92.
[42] Régis Michel, *Le petit Journal des grandes Expositions - Géricault*, n° 226, Paris, Réunion des Musées Nationaux, 1991, p. 1.
[43] On se rend donc parfaitement compte que la combinaison de tous ces éléments ne peut faire douter de leur source commune. Ainsi, si la fumée qui s'échappe du champ de bataille n'est peut-être pas la seule révélatrice, puisqu'elle peut être une simple évocation métaphorique de la guerre (selon le principe, déjà cité, de "*synecdoque*" relevé par les auteurs du catalogue sur *Géricault*, p. 30) qui, bien que ne se retrouvant pas *obligatoirement* dans tous les portraits de militaires en combat (même contemporains de Géricault) ou de scènes de batailles (notamment du XVIIème siècle hollandais, mais là, bien sûr, il ne s'agit déjà plus de portraiture), est néanmoins fréquente, le fait que le *Chasseur* comme le *Cuirassier* tournent la tête en arrière, et que par conséquent ce geste *ne peut pas leur servir à faire face aux spectateurs* (selon le principe habituel de l'*antiposto*), est donc par contre indéniablement révélateur de la reprise de l'emblématique de Ripa (puisqu'on ne peut l'expliquer par aucune autre nécessité ou convention de représentation iconographique).
[44] En cela aussi, donc, le *Cuirassier* fait pendant au *Chasseur*. En effet, non seulement l'un est construit selon une perspective ascendante, l'autre descendante (selon l'opposition iconographique classique entre les Dioscures), mais par exemple encore, si dans les deux sont représentés les feux de la bataille et la fumée du retour, l'importance accordée à chacun n'est pas la même. Dans le second plan du *Chasseur* semble rempli par les rougeoiements d'un véritable brasier, alors que celui du *Cuirassier* est enveloppé par d'étouffantes "*exhalaison*(s)" (selon le terme de Ripa, 1ère partie, p. 12) de fumée.
[45] Ripa, IIème partie, p. 100. On notera que cette opposition entre le feu et la fumée est déjà évoquée dans l'emblème de la première partie, et qu'on y trouve une allusion très nette dans le *Chasseur*, ainsi que nous l'avons dit.

a) Les iconographies du "Chasseur", du "Cuirassier", de "Marcus Curtius" et les "Hiéroglyphes" de Valeriano

Cette insistance du *Cuirassier* sur le symbolisme du retour au foyer est, comme on l'a vu, contaminée par un autre motif. Le "*précipice*" profond dans lequel s'engage le *Cuirassier* est doublé par ce qui semble bien être un rocher, entre la patte avant du cheval posée au sol et la jambe tendue du *Cuirassier*. Ainsi, le principal élément, emblématique chez Ripa du sacrifice patriotique, est-il accentué par deux fois dans le *Cuirassier*, ce qui ne saurait être dû au hasard :

> "*Les précipices ouverts près de ce Guerrier, qui foule aux pieds courageusement diverses armes, signifient que les plus grands dangers semblent petits aux courages nobles, quand il s'agit de la conservation & de la défense de leur Patrie. De quoi les Anciens nous ont donné des preuves certaines en la personne d'Ancur, fils d'Emidas Roi de Phrygie, & de M. Curse Romain, qui pour sauver leurs patries, se précipitèrent volontairement dans un gouffre d'où s'exhalaient les contagieuses vapeurs de la peste.*"[46]

Nous avons dit que le type du *Cuirassier* pouvait évoquer celui de Marcus Curtius[47], le thème du précipice étant étroitement lié à celui du sacrifice patriotique dont les parangons sont les héros romains classiques, comme on le voit clairement chez Ripa qui ne fait que rendre compte d'une réalité iconographique[48].

Mais il faudrait aussi rapprocher le *Cuirassier* de l'imagerie de la Paix. En effet, dans ses *Images des Dieux de l'Antiquité* (1556), Vincenzo Cartari[49] fait de Mercure domptant un cheval l'emblème de la Paix (ce qui peut facilement se concevoir[50], si l'on considère que le dieu à cheval était, pour les Thraces notamment,

---

[46] *Ibid.*

[47] On notera à cet égard que Géricault, qui par ailleurs a reproduit *Horatius Coclès défendant le pont Sublicius*, cf. *Géricault*, fig. 142 p. 84 et 78 p. 350, d'après Le Brun, cf. Aghion, Barbillon et Lissarrague, art. "*Horatius Coclès*", fig. de la p. 160, semble bien s'être inspiré du célèbre relief romain de la Villa Borghèse représentant Marcus Curtius (souvent reproduit, cf. Aghion, Barbillon et Lissarrague, *ibid.*, art. "*Marcus Curtius*", fig. de la p. 181, et Hoog, fig. de la p. 13) pour la tête du cheval du *Cuirassier*, aux yeux exorbités et à la bouche ouverte laissant voir sa langue tirée. On notera cependant que certaines têtes de *Chevaux effrayés par l'orage* de Vernet ont pu également servir de modèles au cheval du *Cuirassier* de Géricault, cf. CIMAD, vol. 4-23.

[48] Cf. par ex. Irène Aghion, Claire Barbillon et François Lissarrague, *Héros et Dieux de l'Antiquité - Guide iconographique*, coll. "*Tout l'Art - Encyclopédie*", Paris, Flammarion, 1994, art. "*Caton d'Utique*", "*César*", "*Horatius Coclès*", "*Manlius Torquatus*", "*Marcus Curtius*", "*Mucius Scaevola*", "*Pompée*" et "*Scipion l'Africain*", pp. 77-78, 83-84, 160 180 à 182, 194-195, 244 et 267-268. On notera ainsi avec intérêt qu'Aghion, Barbillon et Lissarrague, *ibid.*, p. 182, rappellent que les "*Attributs*" de Marcus Curtius sont le "*Cheval cabré*" et le "*Feu*", éléments présents aussi bien chez Ripa que chez Géricault dans le *Chasseur* et le *Cuirassier* pour sous-tendre l'allégorie patriotique et militaire.

[49] Vincenzo Cartari, *Imagini delli Dei de gl'Antichi*, Gênes, Nuova Stile Regina Editrice, 1987, pp. 170-171. En effet, Cartari rappelle que "*Les Princes et Capitaines*" "*à cheval & à pied, estendant la main*" droite, paume ouverte, symbolisent traditionnellement la Paix, et fait de Mercure domptant un cheval l'illustration de ce motif. On notera que l'édition française de Cartari, *Les Images des Dieux*, Lyon, Paul Frellon, 1629, p. 413, bien que reproduisant fidèlement la définition de la Paix de l'original italien, ne reproduit pas l'emblème correspondant, qui montre Mercure en train de brider un cheval. Cette absence peut s'expliquer dans la mesure où la longue digression de Cartari sur l'iconographie de la Paix prend place dans son article sur Mercure, dieu civilisateur et pacificateur de la prospérité civile et agricole à la Renaissance. Or l'édition italienne intègre l'emblème montrant Mercure domptant un cheval, censé illustrer l'iconographie de la Paix, non pas dans les planches la concernant, mais en médaillon d'une de celles sur Mercure. L'éditeur français a donc vraisemblablement décidé d'éradiquer le médaillon (les autres représentations de la planche ayant été conservées), d'autant que la mention dont Cartari décrit l'iconographie traditionnelle de la Paix, représentée soit par un personnage domptant un cheval soit par un personnage à pied main droite tendue et paume ouverte, n'est pas des plus claires par rapport à l'emblème, puisqu'en définitif, c'est avec cette explication de la Paix qu'il faut mettre en relation le médaillon, au premier abord paradoxalement placé dans une planche sur Mercure, alors que l'autre, symbole traditionnel de la Paix, le serrement de mains (équivalent plus évocateur de la Concorde que la main tendue), est, pour toutes les éditions, représenté (aussi en médaillon) dans l'emblème de la Paix proprement dit. On notera ce à propos que, en ce qui concerne le rapport entre la description du personnage à cheval main tendue paume ouverte et le médaillon représentant Mercure domptant un cheval (Pégase?), Cartari confond deux représentations distinctes de la Paix, d'une part celle décrite par le texte, classique des monnaies carolingiennes, et d'autre part celle de l'emblème, de tout autre personnage) domptant un cheval (symbole de force, de vélocité et, par conséquent, de *Virtus*). Quoiqu'il en soit du problème typologique dans l'ouvrage de Cartari, il ne fait aucun doute que Mercure s'associe à la Paix en la forme précise que nous décrivons. En témoignant parfaitement l'*Inventio* de Chriarian Schiebling (fig. 6 *infra*) où apparaît clairement le dieu, entre les premiers vers sur les "*sanos consejos.../ y los que componen en guerra las paces*" de la "*Segunda Orden: De Mercurio*" de *El Labyrintho* (1444) de Juan de Mena, *Obras completas*, Madrid, Fundación Antonio de Castro et Turner Libros S.A., 1994, p. 58.

[50] Néanmoins cette iconographie de la Paix domptant un cheval, dont on verra qu'elle est très développée à la période moderne et contemporaine, ne semble pas être connue de l'Antiquité. Peut-être son origine est-elle à chercher dans un épisode de la vie de saint Benoît, symbolisant traditionnellement la "*paix de Dieu*". Un Goth avait fait prisonnier un paysan, dont il avait attaché les mains puis de sorte qu'il avait obligé à avancer ainsi devant son cheval afin de l'humilier. Face à saint Benoît, les mains du paysan furent miraculeusement libérées, ce qui provoqua la perte du Goth. L'iconographie, notamment un chapiteau du transept central de l'abbatiale de Saint-Benoît-sur-Loire (XIème s.), à réinterprété cet acte de la vie du saint en montrant le paysan levant les mains bien haut, dans la position de l'Orant (mais aussi de la Paix, paumes ouvertes), le Goth à terre (image du Vice vaincu) et le cheval au repos prêt à rentrer, dos tourné au groupe central formé par les trois personnages, cf. Y. Labande-Mailfert, "*Pauvreté et Paix dans l'iconographie romane (XIème-XIIème siècle)*", Etudes sur l'histoire de la pauvreté (Moyen Age-XVIème siècle), ouvrage collectif sous la dir. de Michel Mollat, Paris, Publications de la Sorbonne et Centre de Recherches d'Histoire Médiévale, 1974, pp. 319 à 343, notamment pp. 334-335ss. et fig. 14 (sur la transformation de cette notion religieuse de "*paix de Dieu*" en celle, patriotique, de "*paix du roi*" - ce qui permet de comprendre son utilisation politique par Géricault ainsi que, plus généralement, dans les illustrations de la fin du XVIIIème siècle au début du XXème siècle -, cf. Aryeh Grabois, "*De la trêve de Dieu à la paix du roi - Etude sur les transformations du mouvement de la paix au XIIème siècle*", *Mélanges offerts à René Crozet*, éd. par Pierre Gallais et Yves-Jean Riou, Poitiers, Société d'Etudes Médiévales, 1966, pp. 585 à 596). Implicitement, cette iconographie semble mélanger celles de la Paix (cheval au repos, cavalier à son côté), celle de la défaite (cavalier à terre, foulé par les sabots du cheval du vainqueur), et celle de la

la manifestation guerrière du Soleil[51]). De même, dans la première partie de l'*Iconologie*, Ripa donne le caducée pour emblème à la Paix[52]. Il y adjoint, comme Andrea Alciati (1531), l'épée ou la lance, car la Paix ne s'acquiert que par la guerre et "*les armes*"[53].

Ceci implique en ce qui nous concerne que, si le *Chasseur de la garde* est une image victorieuse qui ne pose *a priori* aucun problème d'interprétation, le *Cuirassier blessé*, image plus complexe, pourrait, en tant que pendant de la première, être une allégorie de la Paix. Bien sûr, il serait possible d'en conclure, en reprenant l'interprétation de Michelet, que le *Cuirassier* est une allégorie critique des défaites napoléoniennes et une manière d'évoquer le retour souhaitable des soldats dans leurs foyers.

Mais deux autres facteurs sont à prendre en compte. D'abord, Ripa écrit que les soldats ne doivent pas appréhender les dangers symbolisés par le fameux "*précipice*", leur gloire éternelle étant de sauver leur Patrie, comme l'a fait Marcus Curtius:

"*Le précipice qui se voit ouvert aux pieds du Soldat que nous dépeignons, avec lesquels il foule sans crainte toute sorte d'armes, nous avertit qu'un vrai Citoyen n'appréhende jamais aucun danger pour l'amour de sa patrie; En cela semblable au renommé Curtius, Chevalier Romain, & au valeureux Anchur, fils de Midas Roi de Phrygie, qui pour sauver leur pays des contagieuses exhalaisons qui sortaient d'un gouffre épouvantable, s'y précipitèrent volontairement; Ce qui montre assez combien doit être recommandable aux courages nobles le Service de leur Patrie...*"

Le texte de Ripa doit donc nous inciter à *clairement distinguer* la notion *explicitement glorieuse* du *sacrifice patriotique* ("*... nous avertit qu'un vrai Citoyen n'appréhende jamais aucun danger pour l'amour de sa patrie; En cela semblable au renommé Curtius, Chevalier Romain, & au valeureux Anchur...*" - nous soulignons les deux qualificatifs -), et celle de la *défaite*, avec laquelle les critiques voudraient confondre le *Cuirassier*[54].

D'autre part, Giovanni Pierio Valeriano, dans le quatrième livre de ses *Hieroglyphica*, consacré au cheval, fait de l'animal, "*race belliqueuse*" (chapitre I)[55], le symbole de la "*celerite ou Vitesse*" (chapitre III)[56], et du cheval tenu en mors celui de la "*Ferocite reprimee*", du "*jougs de concorde*", et du "*courage invincible, mais maniable par raison*"[57], car "*toute ferocite s'amollit une fois domptée*" (chapitre VIII)[58]:

"*Ne voyez-vous pas (dit-il* (Themistocle)*) que les poulains indomptés et neufs deviennent en fin bons chevaux?" C'est donc prudemment que Prudence descrivant l'orgueil de fierte de courage, dit:/ "Par les Scadrons espars l'Areogance à hault train/ D'adventure trottoit comme un cheval sans frain.*" (chap. XX)[59]

Valeriano ajoute que le cheval était l'emblème de l'Italie et de la force (de la puissance) de l'Empire[60],

---

conversion de saint Paul qui aura tant de succès à l'ère baroque (Vice vaincu et se soumettant symboliquement à la Loi du Christ, on a vu que cette représentation trouvait justement son origine dans celle du cavalier défait).

[51] Attendu que dans beaucoup de religions antiques, comme on le sait, Mercure était, à l'instar notamment de Mithra pour le mithriacisme, la manifestation sensible du dieu solaire suprême (que l'on peut plus ou moins identifié à Jupiter). On retrouve d'ailleurs le type en Egypte dans l'iconographie d'Horus à cheval tuant Seth.

[52] Ripa, Ière partie, fig. CXV, pp. 138 à 140. Et plus généralement sur Mercure comme dieu de la Paix (quelque soit sa représentation), cf. Cartari-Frellon, pp. 404ss., ainsi que *Mercure à la Renaissance*, ouvrage collectif sous la dir. de Marie-Madeleine de La Garanderie, Paris, Honoré Champion, 1988.

[53] Ripa, Ière partie, p. 140; et Alciati, par ex. pp. 222 à 225.

[54] D'autant qu'identifier le *Cuirassier* à une image de la défaite, cela revient en fait à l'identifier à celle de la *fuite*. De plus, Alciati, Ière partie, p. 60, fait du cavalier mis à terre par son cheval l'image même du mauvais prince (au contraire de celui qui tient en laisse des lions, symbole de *Virtus* et de *Fides* selon Jean Baudoin, *Recueil d'emblèmes divers avec des discours moraux, philosophiques, et politiques, tirez de divers Autheurs, Anciens & Modernes*, Paris, Jacques Villery, 1659, rééd. BIL, 1989, IIème partie, pp. 250 à 267). Quant à Georgette de Montenay, *Livre d'armoiries en signe de fraternité*, 1619, rééd. BIL, 1989, pp. 362 à 365, elle considère que ne pas tenir contre l'ennemi revient à abdiquer devant Satan. Une telle controverse nous paraît donc d'autant moins probable, sachant que son oeuvre est caractéristique d'un peintre davidien, ainsi que il se définit lui-même. Comment dans ces conditions peut-on imaginer qu'un artiste patriote comme l'était Géricault fasse des soldats français en train de subir la défaite (et pour lesquels, selon les auteurs du catalogue sur *Géricault*, le peintre n'aurait eu que compassion - ce dont, toujours selon eux, témoignerait le *Cuirassier* -) une peinture qui reviendrait ni plus ni moins à les identifier à des *lâches* subvertis *par le démon*, c'est-à-dire en termes plus modernes à *la solde de l'ennemi*.

[55] Giovanni Pierio Valeriano Bolzani, *Hieroglyphica seu de sacris aegyptiorum aliarumque gentium literis commentarii hieroglyphicorum libri duo Ceolii Augustini Curionis*, trad. fr. J. de Montlyard, Lyon, F. Frellon, 1615, p. 45.

[56] *Ibid.*, pp. 46-47.

[57] *Ibid.*, p. 48.

[58] *Ibid.*, p. 49.

[59] *Ibid.*, pp. 52-53.

[60] *Ibid.*, pp. 49-50.

et qu'en Mauretanie il était guidé par une femme (chapitre XII)[61].

Ainsi, peut-on voir dans le cheval, symbole d'"*Autorite*" (chapitre XXVI)[62], lorsqu'il est bridé la représentation de la tempérance menée par la sagesse. Cette division se retrouve dans l'emblème du "*double chef*"[63] dans lequel doivent se combiner, selon Valeriano, la "*Vertu feminine*"[64] et "*Mars vangeur*"[65].

L'image de Mercure bridant un cheval comme symbole de Paix chez Cartari se comprend parfaitement dans cette grille de lecture, puisque, comme l'écrit Edgar Wind dans *Pagan Mysteries in the Renaissance* (1958), le dieu, "*divin "mystagogue"*", "*rappelle*" "*l'esprit aux choses célestes par la force de la raison*"[66]. Pareillement, on peut rapprocher la figure du "*double chef*" de Valeriano de "*la servitude de Mars, dont Vénus* (elle-même "*déesse de la concorde*, (qui) *aime la lutte*", selon le principe des "*dei ambigui*" de l'*Hypnerotomachia Poliphilii* de 1499, attribuée à Francesco Colonna[67]) *a endormi la férocité*" dans les représentations de "*Vénus victorieuse, qui a subjugué par l'amour le redoutable Mars*"[68].

Cela veut dire en d'autres termes que si le *Cuirassier* s'inspire doublement de l'imagerie de Marcus Curtius et de celle, mercurienne, de la Paix dans les livres d'emblèmes, il n'est pas pour autant, au contraire de *La traite des nègres* ou de l'*Ouverture des portes du pénitencier*, l'expression pertinente d'une critique sociale qui reviendrait en l'occurrence à une mise en accusation de la guerre, mais bien la représentation graphique de l'idée d'Alciati, Cartari, Valeriano ou Ripa, que la paix naît de la guerre. Ce qui est évident si l'on se reporte à la tradition iconographique dont le *Cuirassier* est issu, et à son association avec le *Chasseur*.

D'ailleurs en postulant que la paix découle de la guerre (ou du moins est favorisée et mise en place par elle), Alciati, Cartari, Ripa, Valeriano et Géricault ne font que reprendre une idée philosophique parfaitement établie, au moins depuis son exposé par Hugo Grotius dans le célèbre *Droit de la guerre et de la paix* (1625). Nombreux ont été les philosophes à la reprendre et à la développer. Les plus connus furent, on le sait, Fichte, Rousseau et Kant.

Panofsky, qui s'est à plusieurs reprises intéressé à la symbolique du cheval[69], nous en fournit la preuve, en se fondant sur Valeriano:

"*On trouve une allégorie de ce type, particulièrement complexe - et d'un intérêt particulier car elle est presque contemporaine de "l'Amour sacré et l'amour profane" du Titien et se présente sous la forme d'un bas-relief antique - dans un portrait de donateur au Detroit Institute of Art qui porte l'inscription falsifiée RAPHAEL VRBINAS PINXIT A. D. MDVI, mais qui est en réalité un fragment découpé d'un retable exécuté par un disciple provincial de Raphaël (Girolamo Nardini?);... Il représente trois jeunes gens nus qui, en présence de quatre dignitaires d'un certain âge, repoussent trois chevaux débridés dans le dessein d'obtenir un trophée similaire à celui de l'illustration de l'emblème IVSTA VINDICTA*

---

[61] *Ibid.*, p. 50.
[62] *Ibid.*, pp. 55-56.
[63] *Ibid.*, p. 402.
[64] *Ibid.*, pp. 398 et 553.
[65] *Ibid.*, p. 113. Cf. aussi à ce propos le symbolisme de *Mars et Vénus*, ainsi que celui du caducée de Mercure, selon Cartari, cf. Cartari-Frellon, p. 405, qui propose en effet de voir dans l'enroulement des deux serpents, dont selon lui l'un serait mâle et l'autre femelle, une allégorie de la Paix.
[66] Edgar Wind, *Mystères païens de la Renaissance*, Paris, Gallimard, 1992, pp. 137ss.
[67] *Ibid.*, notamment pp. 210, 214-215 et 217.
[68] *Ibid.*, p. 103. On retrouve cette symbolique du rapport entre Vénus, Mars et Cupidon dans le *Combat à la barrière fait en covr de Lorraine le 14 Febvrier, l'année presente 1627*, illustré par Callot, dédié à Mme de Chevreuse, Nancy, Sébastien Philippe Imprimeur, 1627. C'est sans doute ce rapprochement du motif avec l'allégorie de la tempérance guidée par la sagesse des livres d'emblèmes qui permet de l'expliquer, et répond à la question que Wind se pose, note 27 p. 103: "L'allégorie (de *Mars et Vénus* de Paul Véronèse) est fort compliquée. Tandis que Mars se courbe en signe d'adoration et de soumission, sa "*fortezza*" apparaît telle une "*virtù*" modératrice car c'est lui qui tient le vêtement de chasteté qui couvre Vénus; quant à elle, en touchant son sein d'où coule le lait, elle incarne la "*castità*" transformée en "*carità*" (motif qui rappelle la "*Caritas Romana*"). Le Cupidon qui, sur la droite, brandit l'épée de Mars pour retenir un cheval, déjà tenu par sa bride, est une plaisante imitation des contraintes qu'une noble "*fortezza*" impose à l'amour. Une curieuse toile de Véronèse (Turin, jadis collection Gualino, aujourd'hui Galleria Sabauda), les amants, surpris, se tournent vers l'apparition d'une tête de cheval qu'un amour tient en bride. Sur le bridage des chevaux en signe de châtiment de la passion animale, voir" *ibid.*, p. 161 et note 24 p. 163, Erwin Panofsky, *Le Titien - Questions d'iconologie*, Paris, Hazan, 1989, note 22 p. 292, et Valeriano, pp. 46ss. Sur *Vénus dominant Mars*, cf. aussi Platon, *Diálogos socráticos*, coll. "*Los Clásicos*", Mexico, New York et Panama, W.M. Jackson Inc., 1963, 1976, p. 291.
[69] Panofsky, *La Vie & l'art d'Albrecht Dürer*, Paris, Hazan, 1987, pp. 129ss., 140 à 144, 165-166 et 237 à 241; *Le Titien*, pp. 178-179; et Dora et E. Panofsky, *Etude iconographique de la Galerie François Ier à Fontainebleau*, Brionne, Gérard Monfort, 1992, par ex. p. 65.

*dans la première édition de l'*Emblemata *d'Andrea Alciati (Augsbourg, Steyner, 1531, fol. B. 7v, modifié dans les éditions ultérieures). Celui-ci consiste en un casque et une massue suspendus à un arbre sec. Dans l'"*Iconologia*" de Ripa, le casque - un attribut de Minerve, la* Dea Roma*, etc. - indique des qualités désirables, comme "Ingegno", "Intelleto", "Prudenza" et, par-dessus tout, "Fortezza"; et la massue et le gourdin, qui rappelle Hercule, dénote "Fortezza" ainsi que "Libertà". La morale est que la jeunesse ne peut atteindre qu'en domptant ses appétits effrénés la force du corps et de l'esprit qui assure la liberté et recueille l'approbation d'une génération plus âgée et plus sage."*[70]

Il écrit de manière plus précise encore, à propos d'un groupe de deux reliefs de la Galerie François Ier à Fontainebleau, et toujours à partir de Valeriano:

"*L'iconographie de ces deux reliefs est absolument incompatible avec celle de la peinture qui se trouve de nos jours au-dessus d'eux. C'est une très fidèle copie, due à Jean Alaux (1788-1864), et dont la taille seule a été modifiée pour correspondre à l'espace imparti, d'une composition de Rosso connue par les gravures de Fantuzzi... et de Boyvin... et représentant la Dispute d'Athéna et de Poséidon. Le format, le thème et l'esprit de cette composition seraient tout à fait en accord avec les autres fresques: la rivalité entre deux divinités, aboutissant à la création du cheval, symbole de l'emportement guerrier, et à celle de l'olivier, symbole de paix et de prospérité, aurait résumé l'idéal de François Ier en "ex utroque Caesar".*"[71]

La référence à la dispute entre Neptune et Athéna est clairement évoquée par Ripa dans son emblème de la Paix:

"*C'est à raison de cela* (la prospérité économique et la stabilité du pouvoir qu'amène la paix) *que dans les Fables des Poëtes la Deesse Minerue est loüée par Iupiter, pour auoir inuenté l'Oliuier; comme Neptune l'est aussi, à cause que ce fut luy qui le premier de tous apprit aux Hommes l'art de dompter les cheuaux: l'vn pour l'vsage de la Paix; & l'autre pour le soustien de la Guerre, qui se la propose pour but ordinairement.*"[72]

Dans ses nombreux travaux, Georges Dumézil a parfaitement démontré que, du point de vue mythologique, le thème de l'alternance d'une royauté guerrière et d'une royauté pacifique et prospère ne se concevait jamais dans les récits classiques que dans le sens où la première était nécessaire et indispensable à l'établissement à la seconde.

b) Le "Chasseur", le "Cuirassier" et l'"Iconologie" de Gravelot et Cochin

La confrontation des motifs du *Chasseur* et du *Cuirassier* avec le plus célèbre livre d'emblèmes du XVIIIème siècle français confirme notre analyse de Cartari, Ripa et Valeriano.

Ainsi le premier tome de l'*Iconologie* de Gravelot et Cochin[73] montre l'"*Art militaire*" tenant un bouclier et une épée à la main, et marchant sur les armes ennemies[74]. Identiquement, la "*Valeur*" tient un bouclier et une haste[75]. Sur le même modèle iconographique, le troisième tome montre la "*Liberté acquise par valeur*"[76], et le quatrième la "*Vigilance*" casquée[77]. Le deuxième tome enfin montre, en référence à Hercule, la "*Force*" portant une peau de lion[78] (symbole de valeur et de courage).

Il est évident donc, si l'on rapproche ces emblèmes du *Chasseur*, casqué, sa peau de tigre, et l'épée à la main, qu'il s'inspire directement de cette tradition.

Or si l'on poursuit la comparaison, en tenant compte du fait que le *Chasseur* comme le *Cuirassier* portent leur épée tournée vers le bas (celle du *Cuirassier* étant dans son fourreau), on trouve dans Gravelot et Cochin deux autres éléments, à notre sens déterminants. D'abord, une représentation de la paix acquise par la guerre, et d'autre part une opposition significative entre la prudence et la témérité.

Ainsi, le deuxième tome oppose, ou plutôt associe l'image de la "*Guerre*", toujours représentée sur le modèle iconographique de l'"*Art militaire*", de la "*Valeur*" ou de la "*Liberté acquise par valeur*", à celle de

---
[70] Panofsky, *Le Titien*, note 22 p. 292.
[71] D. et E. Panofsky, *Etude iconographique de la Galerie François Ier à Fontainebleau*, note 112 pp. 92-93.
[72] Ripa, Ière partie, p. 139.
[73] Charles-Nicolas Cochin et Hubert-François Bourguignon dit Gravelot, *Iconologie ou Traité des Allégories - Emblèmes*, Bordeaux et Paris, Lattré (graveur), sans date, 4 vol.
[74] *Ibid.*, t. I, p. 35.
[75] *Ibid.*, p. 75.
[76] *Ibid.*, t. III, p. 33.
[77] *Ibid.*, t. IV, p. 119.
[78] *Ibid.*, t. II, p. 55.

la "*Trêve*", la main gauche posée sur son coeur, "*en signe de confiance & de bonnefoi*", pendant que "*de la main droite elle tient une épée, dont la pointe est baissée; emblème de la suspension d'arme*"[79]. Ainsi, s'inspirant de Cartari, pour qui "*Les latins l'appellent* (la "*verge*" ou le bâton de Mercure) "*caduceres*", parce qu'en l'apparition d'iceluy il faisoit cheoit toute discorde*"[80], Ripa fait dériver la présence du caducée dans l'iconographie de la Paix (qui fait référence au pouvoir pacificateur et civilisateur de Mercure, comme nous l'avons vu):

> "... *du verbe Latin, "cadere", qui signifie tomber,* (car) *cette enseigne de Paix ne paroissoit pas plustost, qu'elle abatoit toutes sortes de discordes & de diuisions, de quelques natures qu'elles fussent;* (et) *si elle se voile les yeux, c'est pour monstrer que la Guerre, qui est figurée par le Serpent* (du caducée), *a des objets si tragiques, qu'ils font horreur la pluspart du temps à quiconque sçait bien considerer: ce qui fait que le plus illustre de tous les Poëtes s'escrie à bon droit,/ "Vien nous donner sur la terre/ La Paix que nous demandons;/ S'il est vray que de la Guerre/ Rien de bon nous n'attendrons.'*"[81]

De même, que le troisième tome de Gravelot et Cochin associe les représentations de la "*Guerre*" et de la "*Trêve*", le quatrième tome associe celle de la "*Prudence*" casquée[82] (différente de la "*Prudence chrétienne*"[93]) à celle de la "*Témérité*", qui avance, les yeux fermés sur un précipice, devant lequel sont tendues face à elle des pics[84]. Il faut remarquer que les auteurs distinguent la "*Témérité*" de l'"*Imprudence*"[85] qui, bien que marchant aussi sur un précipice, n'affronte pas de pics car, expliquent Gravelot et Cochin, on peut être téméraire sans être imprudent. La "*Témérité*" apparaît donc comme un emblème du courage et de la valeur, d'essence guerrière (ce dont témoignent les pics), et non uniquement comme une représentation de l'étourderie. Ripa permet à nouveau d'interpréter ce symbolisme, puisqu'il insiste déjà sur l'image du héros patriotique avançant sans peur vers le danger:

> "*Il* (le héros patriotique de l'emblème X) *est armé à l'antique, pour les raisons que nous dirons cy-apres; & bien qu'il doiue apprehender apparemment, estant sur le bord d'vn precipice profond, est-ce qu'auecqce le mesme courage qu'il tesmoigne auoir à mespriser ce danger, il marche sur les picques, & foule aux pieds les espées nuës.*"[86]

Dans la deuxième partie, ces "*picques, &... espées nuës*" s'épanouissent en "*des Hallebardes, des Picques, & autres armes semblables*"[87]. On comprend pourquoi Gravelot et Cochin distinguent clairement la "*Témérité*" (qui est une vertu) de l'"*Imprudence*" (qui est un défaut), le symbole du précipice, au centre de la définition de l'amour de la Patrie chez Ripa, surdéterminant chez lui le courage (ou, si l'on préfère, la témérité) de "*ceux-là seulement qui seroient morts pour la défence de leur païs*" car:

> "*Le precipice qui se void ouuert aux pieds du Soldat que nous dépeignons, auec lesquels il foule sans crainte toute sorte d'armes* (les "*Picques, &... espées nuës*"), *nous aduertit qu'vn vray Citoyen n'apprehende iamais aucun danger pour l'amour de sa Patrie; En cela semblable au renommé Curtius, Cheualier Romain, & au valeureux Anchur, fils de Mydas Roy de Phrigie, qui pour sauuer leur païs des contagieuses exhalaisons qui sortoient d'vn gouffre espouuantable, s'y precipiterent volontairement; Ce qui monstre assez combien doit estre recommandable aux courages nobles le seruice de leur Patrie...*"[88]

Et encore:

> "*Les precipices ouuerts près ce Guerrier, qui foulle aux pieds courageusement diuerses armes, signifient que les plus grands dangers semblent petits aux courages nobles, quand il s'agit de la conseruation & de la deffense de leur Patrie. Dequoy les Anciens nous ont donné des preuues certaines en la personne d'Ancur, fils d'Emidas Roy de Phrygie, & de M. Curse Romain, qui pour sauuer leurs patries, se precipiterent volontairement dans vn gouffre d'où s'exhaloient les contagieuses vapeurs de la peste.*"[89]

---

[79] *Ibid.*, p. 95.
[80] Cartari-Frellon, p. 405. Il semble que ce soit pour cette raison que les parlementaires romains aient porté le caducée. On notera en outre plus généralement que les principales citations utilisées par Ripa dans l'explication de ses emblèmes sur l'Amour de la Patrie des Ière et IIème parties de l'*Iconologie* sont empruntées à Cartari, cf. par ex. Cartari-Frellon, pp. 408-409.
[81] Ripa, Ière partie, p. 140.
[82] Cochin et Gravelot, t. IV, p. 43.
[93] *Ibid.*, p. 95.
[84] *Ibid.*, p. 43.
[85] *Ibid.*, p. 44.
[86] Ripa, Ière partie, p. 16.
[87] *Ibid.*, IIème partie, p. 99.
[88] *Ibid.*, Ière partie, pp. 17 à 19.
[89] *Ibid.*, IIème partie, p. 100.

C'est dans ce cadre originel qu'il faut comprendre l'association, autrement assez obscure, de Gravelot et Cochin entre la "*Prudence*" et la "*Témérité*", du fait que celle-ci se distingue de l'"*Imprudence*" et, par contrecoup, s'associe plus qu'elle ne s'oppose réellement à la "*Prudence*". La "*Témérité*" est implicitement ce qui protège la Patrie[90].

Selon le même principe que pour la "*Prudence*" et la "*Témérité*", le quatrième tome de Gravelot et Cochin met en regard la "*Sureté*" et le "*Péril*", représenté par un précipice, et le "*Danger*" avec la "*Faveur*"[91].

Le quatrième tome combine ces éléments dès la première page (l'ensemble des quatre tomes de l'*Iconologie* présente les emblèmes selon un classement alphabétique), par la représentation de la "*Paix*"[92]. Elle foule des armes aux pieds, et tient à la main un flambeau renversé, ce qui ne fait pas référence ici à l'iconographie traditionnelle (issue de l'Antiquité) de la Mort ou du Sommeil[93], mais à celle de la "*Trêve*" du même ouvrage[94], dont nous venons de parler.

Le *Cuirassier* de Géricault, descendant le précipice et la main sur son épée au fourreau, s'explique donc parfaitement en tant que figure de la prudence guidant la témérité, c'est-à-dire encore de la paix acquise par les armes selon le rapport rencontré chez Gravelot et Cochin entre la "*Guerre*" et la "*Trêve*", ou la "*Prudence*" et la "*Témérité*". En effet, le quatrième tome représente bien la "*Raison*" et la "*Raison chrétienne*" casquées, tenant un lion bridé, pour montrer que "*L'annonce que le fruit de cette victoire* (sur "*les passions*") *est la paix de l'âme*"[95]. D'autant que s'oppose à cette représentation celle de la "*Démence*"[96], vieillard à cheval sur un bâton, jouant au petit moulin à carte, comme les enfants (ainsi que l'écrivent les auteurs). Pareillement, la "*Tempérance*" tient une bride[97].

La même allégorie se retrouve d'ailleurs, de façon là aussi bipartite, dans la décoration peinte de la Salle de la Consécration (de Napoléon) du château de Versailles. Là en effet, les deux panneaux d'entrée au-dessus des portes montrent respectivement pour l'un Vercingétorix, épée en main et s'appuyant sur une dénivellation de terrain, prêt à attaquer les soldats romains qu'on devine derrière les lances enfonçant les barricades gauloises, l'arrière-plan étant rempli par le rougeoiement des feux de la bataille, et pour l'autre un

---

[90] C'est ainsi par exemple qu'à la Renaissance, Giraldi voit dans la généalogie à la fois chthonienne et céleste de Mercure (fils de Jupiter et de Maïa) l'image même de l'intelligence et de sa manifestation, la prudence. Giraldi fait du coq (animal traditionnel de Mercure) le symbole de la vigilance, Valeriano du caducée celui de la sagesse, et Cartari, pour qui le baiser de Mercure à Minerve est l'alliance de l'éloquence et de la prudence, fait du caducée le symbole de la dialectique, et des serpents qui le composent celui de l'Amour et de la Nécessité, *Mercure à la Renaissance*, p. 10. Autrement dit, le baiser du dieu de la prospérité civile et agricole à la déesse de la guerre (qui, dans sa dispute avec Neptune devient celle de la paix) représente pour Cartari, et selon un symbolisme traditionnel aux mythes antiques, ainsi que le montre Georges Dumézil, on l'a dit, l'action militaire qui favorise l'arrivée de la paix et de ses bienfaits. De fait on trouve chez Alciati, qui suit Gallien (sauf pour la morale), l'association de Fortune et de Mercure. Alciati associe ainsi Mercure au cube et Fortune à la sphère, et le caducée à la corne d'Amalthée. Reusner associera de même Mercure à Bacchus, opposant semble-t-il la sagesse au plaisir. Jean Mercier associe Mercure à Vénus, et fait même de Mercure un agriculteur. Gabriel Rollenhagen l'associe à Minerve, à la Fortune et au labeur, *ibid.*, pp. 65-66, et Rollenhagen, *Emblemata selectissorum*, 1611, rééd. BIL, 1989, I, 76 et II, 8. Pour lui, comme pour Alciati par exemple, la Fortune et Mercure sont liés à la Virtus, à l'"*Industria*" (elle-même opposée à la Nature, l'une étant considérée comme complémentaire de l'autre, cf. l'emblème "*Industria naturam corrigit*" de Sambucus, cité dans *Mercure à la Renaissance*, p. 65) et à l'Abondance, symboles de l'union nationale, *ibid.*, p. 64; et sur cette importance de telle figures dans la dialectique de la conscience patriotique et de la construction de la Cité, en tant qu'elles sont civilisatrices, cf. aussi par ex. Pierre Boyancé, *Études sur la religion romaine*, Paris, E. De Boccard, 1973, pp. 98 à 147ss., Pierre Pouthier, *Ops et la conception divine de l'abondance dans la religion romaine jusqu'à la mort d'Auguste*, Paris, E. De Boccard, 1981. Ces attributions de telles figures divines de l'Abondance avaient dans l'Antiquité perduré au Moyen Age et à la Renaissance. Dans son célèbre recueil, Baudoin, t. II, p. 456, associe la corne d'Amalthée au caducée mercurien, leur réunion symbolisant "*une Ville bien policée, & qui est fleurissante en bonnes Loix, par le moyen desquelles ceux qui l'habitent sont civilisez, les Sciences cultivees, les Vertus cheries, & les sources de l'Indigence, qui sont la Mollesse, & la Faineantise, tout à fait taries*". Du Choul, à l'instar de Jean Baudoin et de nombreux d'autres auteurs de livres d'emblèmes, donne ainsi à la déesse Félicité le caducée et la corne d'abondance "*pour montrer que la félicité publique procède de la paix*", *Mercure à la Renaissance*, p. 64. Pour Boccace, l'éloquence excite les passions collectives tout en favorisant la cohésion civile, *ibid.*, p. 9. Pour Cartari, l'éloquence est le ciment de la Cité.
[91] Cochin et Gravelot, t. IV, pp. 101-102.
[92] *Ibid.*, p. 1.
[93] Cf. notamment Gothold Ephraïm Lessing, "*Comment les Anciens représentaient la Mort*", dans *Laocoon*, pp. 201 à 227; Panofsky, *Essais d'iconologie*, chap. IV "*L'Amour aveugle*", pp. 151 à 202; et Wind, chap. X "*L'Amour en dieu de la mort*", pp. 167 à 184.
[94] Cochin et Gravelot, t. II, p. 95.
[95] *Ibid.*, t. IV, pp. 42 et 49 à 51.
[96] *Ibid.*, p. 51.
[97] *Ibid.*, p. 105.

personnage casqué, allégorie évidente de la Paix, tenant un rameau d'olivier dans sa main levée et accompagné par un lion (qu'il ne bride pas). Ainsi, conformément aux descriptions de l'*Iconologie* de Gravelot et Cochin, la Paix fait pendant à la Guerre, représentée par la figure emblématique de Vercingétorix qui, comme la "*Témérité*" de Gravelot et Cochin, fait face aux lances de ses ennemis. Le fait que la Paix ne tienne pas le lion en bride dans la décoration du château laisse clairement voir que son iconographie n'est pas figée et supporte un certain nombre de modifications. Le caractère particulier du *Cuirassier*, à la fois personnification d'un guerrier blessé et emblème de la Paix, ne doit donc pas être considéré comme irréductible à l'interprétation que nous en donnons.

Comme Gravelot et Cochin, Gio Pietro Bellori[98] (1680) fait, mais ici en référence au mythe d'Antinoüs, du cheval freiné le symbole de l'âme humaine transportée au ciel et extatique, heureuse, car vainqueur des sentiments.

On trouve confirmation de ce symbolisme chez Guy de Tervarent[99] (1958). Il rappelle que le cheval est l'attribut de Mercure (dieu du commerce, mais aussi de la paix chez Cartari), de la renommée, du courage, de l'abondance et du commerce (la prospérité civile était traditionnellement considérée depuis l'Antiquité comme due à la paix, ainsi que l'atteste la notion de *Fides*[100]). Il rappelle aussi que le "*Mors avec rênes*" est l'attribut de la tempérance, de Némésis, de la Fortune et de la Vertu[101] (toujours selon le même symbolisme de la *Fides*, prospérité civile et divinité agricole dépendante de la paix, et donc selon la triade classique *Spes-Fides-Fortuna*, reprise par Ripa[102]). Comme l'écrit Ripa:

"*C'est en la Paix que toutes choses/ Succedent selon nos desirs;* (notion d'Espoir donc)/ *Comme au printemps naissent les roses,/ En la Paix naissent les plaisirs./ Elle met les pompes aux villes,/ Donne aux champs les moissons fertiles;/ Et de la majesté des Loix/ Appuyant les pouvoirs suprêmes,/ Fait demeurer les Diadèmes/ Fermes sur la teste des Rois."* (notion de Fidélité qui, comme on le sait, désigne dans le milieu romain, contrairement à ce qui se passera dans sa réutilisation chrétienne, la fidélité patriotique autant, sinon plus, que religieuse[103])/*... ce qui fait le plus illustre de tous les Poëtes s'escrie à bon droit,/ "Viens nous donner sur terre* (notion de Fortune, autrement dit de prospérité civile et agricole)/ *La Paix que nous demandons;/ S'il est vray que de la Guerre/ Rien de bon nous n'attendons.*"[104]

Enfin il serait peu crédible de faire du *Cuirassier* une image de la défaite, dans la mesure où, que ce soit chez Gravelot et Cochin[105], Ripa[106], ou chez Guillaume Coustou qui s'en inspire[107], le cheval, associé au bouquet d'armes et aux lances, est le symbole de la "*monarchie*", de la "*vraie religion*", et de la "*vertu guerrière*" supérieure à toutes de l'Europe[108]. L'iconographie du cheval de l'Europe, derrière la personnification du continent, de Gravelot et Cochin se retrouve très clairement dans une ébauche de Géricault pour le *Cuirassier* méditant et dans l'esquisse du Brooklyn Museum[109], ainsi que, dans une moindre mesure, dans la version définitive du tableau.

---

[98] Gio Pietro Bellori, *Le pitture antiche del sepolcro de nasoni nella via Flamina*, Rome, Gio Battista Bussotti, 1680, fig. IX-X pp. 40 à 43 et XIX-XX pp. 49-50.
[99] Guy de Tervarent, *Attributs et Symboles dans l'Art profane 1450-1600 - Dictionnaire d'un langage perdu*, Genève, Librairie Droz, 1958, 3 vol., t. I, art. "*Cheval*" et "*Cheval ailé*", pp. 91-92.
[100] Cf. notamment Boyancé; Jacqueline Champeaux, *Fortuna - Le culte de la Fortune dans le monde romain*, Paris, E. De Boccard, 2 vol., 1982 et 1987; Pouthier. Cartari-Frellon, pp. 410-411, met parfaitement en évidence cette relation entre la Paix et la Foi (*Fides*).
[101] De Tervarent, t. II, art. "*Mors avec rênes*", p. 59. Cf. aussi p. 278.
[102] Ripa, Ière partie, p. 140, écrit ainsi que "*La troisiesme* (représentation classique de la Paix) *est celle de Vespasien, où elle se fait remarquer par vn Caducée, & par vne Corne d'Abondance./ La quatriesme est celle de Titus, qui la represente en Femme guerriere, tenant d'vne main vne Palme, pour recompenser les vertueux; Et de l'autns vne Hache d'armes, pour en punir les coupables; Aussi est-il vray que l'Esperance & la Crainte font les deux choses du monde qui peuuent le mieux establir la Paix, & la conseruer parmy les hommes*". Cf. aussi par ex. Cartari-Frellon, pp. 408-409, sur le rapport entre Cérès, Plutus (dieu de la richesse), Concorde et Paix.
[103] Cf. notamment Boyancé.
[104] Ripa, Ière partie, pp. 139-140.
[105] Cochin et Gravelot, t. II, p. 29.
[106] Ripa, Ière partie, fig. CXV p. 138 et pp. 138 à 140, et IIème partie fig. p. 6 et pp. 8-9.
[107] Cf. Françoise de la Moureyre et François Souchal, *Les Frères Coustou, Nicolas (1658-1733), Guillaume (1677-1746) et l'évolution de la sculpture française du Dôme des Invalides aux Chevaux de Marly*, Paris, E. De Boccard, 1980, p. 81 et pl. 33-a.
[108] Sur la permanence de cette notion implicite de la supériorité de l'Europe (qui, on le voit, au niveau réduit, sous-tend celle, directement patriotique, de la France sur les autres pays) dans l'oeuvre de Géricault.
[109] *Géricault*, fig. 91 p. 53 et 95 p. 57.

Les ébauches de Géricault pour le *Cuirassier* ne peuvent donc plus être considérées comme des preuves suffisantes pour en faire une image de la défaite. En effet, ces esquisses montrent indifféremment le *Cuirassier* debout la main sur son épée au fourreau, dans la pose classique du portrait militaire, ou appuyé contre un rocher, parfois méditatif, parfois se reposant simplement, une fois enfin un enfant dans les bras[110]. En ce qui concerne les portraits debout, ils ne sont, bien sûr, pas des images de défaite. Quant à ceux du *Cuirassier* méditant sur un rocher, ils font référence, dans l'image du père pleurant son fils au premier plan du *Radeau*, au thème filial héroïque, présent aussi bien dans la *Relation du naufrage de la frégate la Méduse* (1817) par Corréard et Savigny que dans les oeuvres contemporaines, telle notamment l'*OEdipe à Colone* de 1796 de Fulchran Jean Harriet, qui fut élève de David. Dans ces conditions, on peut aussi bien considérer ces images, classiques du mélancolique, comme une *cogitatio mori*, ainsi que le font les auteurs du catalogue, ou comme une autre forme d'illustration du thème du sacrifice patriotique héroïque, autrement dit voir le *Cuirassier* méditant sur son rocher, ou sauvant un nourrisson, comme la représentation d'un "enfant de la France" (pour paraphraser Michelet), protecteur, selon la formule consacrée, de la veuve et de l'orphelin, ce d'autant plus que les croquis pour le *Cuirassier* le montrent toujours casqué, comme d'ailleurs la version définitive, symbole traditionnel, ainsi qu'on l'a vu chez Gravelot et Cochin, de la "*vigilance*" et, plus généralement, de la vaillance guerrière.

c) Le "Chasseur", le "Cuirassier" et les catalogues de la collection iconographique Maciet de la Bibliothèque du Musée des Arts décoratifs de Paris
c-1) Le "Cuirassier" méditant sur un rocher ou bridant son cheval et les différentes images de la Paix
Si l'on se reporte maintenant à l'impressionnante collection d'ouvrages d'iconographie de la Bibliothèque du Musée des Arts décoratifs de Paris, on s'aperçoit que le modèle de la Paix, repris par Géricault dans son *Cuirassier blessé, quittant le feu*, n'est pas réduit aux livres d'emblèmes, mais a été largement utilisé par les artistes des périodes moderne et contemporaine, au moins jusqu'au début du XXème siècle.

Le volume 1-58 de la série "*Allégorie - Mythologie*" reproduit nombre de figures de la Paix. Nous venons de nous interroger sur l'hésitation de Géricault entre la représentation du *Cuirassier* méditant sur un rocher, ou à pied et bridant son cheval. Or une allégorie de la Paix du XVème siècle italien la représente allongée. Dans une image du XVIème siècle italien, elle tient un flambeau renversé, dont on a vu chez Gravelot et Cochin qu'il symbolisait justement l'acquisition de la paix par l'abandon des armes. Dans ce cadre le rôle de Mercure, dieu pacificateur, est central. Une figure des Flandres (XVIIème siècle) le montre conduisant le cortège de la Paix.

Le volume 1-43 de la même série recense les diverses représentations de Mars. On a vu que le cheval dompté pouvait symboliser la victoire de Vénus, déesse de la Concorde, sur Mars, le dieu de la guerre. On le trouve ainsi dans beaucoup de *Mars et Vénus*, que ce soient celles de Paul Véronèse (Metropolitan Museum of Art, New York), de Rubens[111], ou de Mantegna[112] (Louvre, Paris). Si dans cette dernière oeuvre c'est bien Mercure (par ailleurs "*... protecteur avec Apollon de l'intrigue de Vénus et de Mars*"[113]), reconnaissable à son caducée et à son chapeau ailé, qui bride le cheval de Mars, chez Véronèse c'est un Cupidon qui le retient, et chez Poussin le même *putto* freine le chien de Mars[114], chien qui ailleurs tire le char de Mars[115] comme traditionnellement les colombes celui de Vénus[116]. Or justement chez Mignard, le cheval (ou le chien) bridé est remplacé par les colombes de la paix[117]. Certaines caricatures françaises du XIXème siècle

---
[110]*Ibid.*, fig. 88 à 95 pp. 52 à 57, et Grunchec et Thuillier, pl. XII à XV et fig. 70 à 74 pp. 97-98.
[111]CIMAD, vol. 1-43.
[112]Par ex. reproduit en couverture d'Aghion, Barbillon et Lissarrague.
[113]Cf. *Tout l'oeuvre peint de Mantegna*, intro. Yves Bonnefoy, doc. Niny Garavaglia, Milan, Rizzoli, 1967, trad. Simone Darses, coll. "*Les Classiques de l'Art*", Paris, Flammarion, 1978, par ex. p. 117, et *Andrea Mantegna peintre, dessinateur et graveur à la Renaissance italienne*, catalogue de l'expo. qui s'est tenue du 17 Juin au 5 Av. 1992 à la Royal Academy of Arts de Londres et du 9 Mai au 12 Juil. 1992 du Metropolitan Museum of Art de New York, ouvrage collectif sous la dir. de Jane Martineau, Londres, Royal Academy of Arts, New York, Metropolitan Museum of Art, et Paris, Gallimard/Electa, 1992, p. 432.
[114]CIMAD, vol. 1-43.
[115]*Ibid.*
[116]Cf. par ex. Gwendolyn Trottein, *Les enfants de Vénus - Art et astrologie à la Renaissance*, Paris, Ed. de La Lagune, 1993.
[117]CIMAD, vol. 1-43.

rendront cette dépendance de Mars à Vénus soit par Vénus fouettant Mars[118] sur le modèle classique d'Aristote et Campaspé (Phyllis), soit par Mars au labour[119].

Panofsky et Wind[120], en référence ainsi que nous l'avons dit à Valeriano, interprètent le cheval bridé dans les illustrations de *Mars et Vénus* comme la "*Fortezza*" vaincue par la "*Carità*". Cependant, on peut rapprocher ces illustrations de l'étude que Panofsky a faite de la travée de "*Vénus frustrée*" de la *Galerie François Ier à Fontainebleau*[121] (1958) qui, comme l'écrivait Tervarent, serait une "*allusion à François Ier, à son goût des femmes, qui ne l'empêche pas de leur préférer, quand il le faut, les combats*"[122], "*la clef de l'allégorie* (étant) *fournie par un personnage qui n'apparaît pas: un héros du genre Mars, qui a quitté la scène pour partir à la guerre, comme en témoigne ses armes, qu'emportent à sa suite des "putti" affairés, et son cheval, qui attend à l'arrière-plan*", ne laissant plus voir au spectateur que Vénus seule[123]. Dès lors, il serait possible d'émettre l'hypothèse que, toujours en référence à Valeriano (qui identifie explicitement le cheval bridé à la "*Ferocite reprimee*" par le "*jougs de concorde*") et par extension de l'allégorie amoureuse (Ripa assimile la Paix à l'arrivée du "*printemps*"[124], alors que celui-ci, qui ici symbolise les fleurs nouvelles de la prospérité agricole, fait en principe référence à la naissance de Vénus, aussi bien dans la mythologie antique que chez les néo-platoniciens ou chez Sandro Botticelli, qui s'en inspire), l'"*Amovr-vers-sa-Patrie*" (comme l'appelle Ripa) serait montré sous les traits d'un cheval indompté, pendant que l'aboutissement du travail de pacification par les armes, autrement dit l'arrivée de la paix et de la prospérité, seraient, quant à eux, caractérisés par le cheval freiné (Ripa oppose ainsi, dans son explication de l'emblème de la Paix, l'action pacificatrice de Minerve à celle, équestre et guerrière, de Neptune[125]). Cela expliquerait alors non seulement la récurrence de la présence du cheval tenu en rênes (par Mercure ou des *putti*) dans les nombreux *Mars et Vénus* de la période moderne, mais aussi l'hésitation de Géricault entre deux représentations du *Cuirassier blessé, quittant le feu*, soit méditant sur un rocher soit domptant son cheval, et les caricatures de Mars au labour du XIXème siècle.

On a dit que la présence répétée du cheval dans les tableaux montrant *Mars et Vénus* est une référence à la suprématie militaire de l'Europe sur le monde, comme c'est le cas de celui du *Trophée d'Europe*, inspiré des livres d'emblèmes, et qu'on trouve par exemple dans la décoration du grand vestibule carré de la chapelle du château de Versailles:

"Il s'agit d'une décoration surtout non figurative, le décor des chambranles des deux portes et de la niche qui se creusait au milieu et qui ne reçut qu'en 1730 une statue qui ne lui était pas destinée, la "Magnanimité" de Bousseau. Plus intéressant est le trophée en bas-relief qui orne le piédestal et évoque l'"Europe". On y voit que Coustou a respecté les attributs préconisés par Ripa. Sur un grand cartouche central suspendu à un noeud enrubanné est sculpté un cheval cabré, préfiguration en réduction des chevaux de Marly: le cheval signifie que l'Europe "a toujours emporté le prix en matière des plus nobles connaissances et des exercices de guerre". Un étendard et un caducée s'entrecroisent avec le cartouche. De part et d'autre sont représentées les symboles des valeurs spirituelles de l'Europe par lesquelles elle triomphe dans le monde des arts et des sciences: une lyre, une portée musicale, une trompette, une viole, une palette et des pinceaux, une mappemonde, un compas et un rapporteur. Enfin des rameaux d'oliviers assurent que ce patrimoine de civilisation est garanti par la paix. En face, Poirier évoque l'"Asie.""[126]

c-2) Interprétation du "Cuirassier" méditant sur un rocher dans les ébauches de Géricault comme "Arès au repos"

Beaucoup d'oeuvres montrent *Mars et Vénus* allongés sur un rocher, ce qui reprend clairement l'imagerie classique (qui se rencontre jusque chez Velázquez) d'*Arès au repos* méditant, dans la position du mélancolique[127], sur ce même rocher[128]. Il est donc évident que, dès l'origine, Géricault a conçu son

---

[118] *Ibid.*
[119] *Ibid.*
[120] Panofsky, *Le Titien*, note 22 p. 292, et Wind, p. 103 et note 27, et fig. 76.
[121] D. et E. Panofsky, *Etude iconographique de la Galerie François Ier à Fontainebleau*, pp. 62 à 67.
[122] Cité *in ibid.*, p. 63.
[123] *Ibid.*
[124] Ripa, Ière partie, p. 140.
[125] *Ibid.* On pensera aussi, dans le même esprit, à Hercule dompté par Omphale, et, dans le milieu biblique, à Samson et Dalila, ou Saint Jean-Baptiste et Salomé.
[126] Moureyre et Souchal, *Les Frères Coustou*, p. 81.
[127] Probablement méditant sur les "*objets si tragiques, qu'ils font horreur la pluspart du temps à quiconque sçait bien considerer.../... "S'il est vray que de la Guerre/ Rien de bon nous n'attendrons.*"", Ripa, Ière partie, p. 140, selon l'opposition classique entre "*La Paix*" et la Guerre ou "*La Discorde*", cf. P. Commelin,

Cuirassier comme un *Arès au repos*. La vision complémentaire qu'il a voulu donner du *Cuirassier* et du *Chasseur* n'est compréhensible qu'ainsi; parmi les multiples représentations d'*Arès au repos*, nous avons trouvé, dans une oeuvre du XVIème siècle italien portant la devise "*Memorie Bresciane*", un Mars armé et un Mars bridant des lions mis en regard l'un de l'autre. Les lions retenus remplacent le cheval ou le chien dans certains *Triomphes de Mars* du XVIIIème siècle français[129]. Le symbole pacifique du cheval bridé est donc indubitable si on compare sa fréquence dans les images de la Paix aux représentations de la Guerre, qui reprennent exactement le même modèle, le cheval allant même jusqu'à tenir sa place habituelle dans les images de la Paix (au deuxième plan à gauche pour le spectateur). La seule différence est, bien sûr, que dans les allégories de la Guerre, l'animal n'est plus bridé par son cavalier à pied à côté de lui, mais monté par des soldats en armes[130].

C'est dans la mythologie antique de la déesse sabine Vacuna, assimilée à Victoria par les Romains, qu'il faut chercher l'origine de la représentation d'*Arès au repos* méditant sur un rocher:

"Il est impensable que les éléments guerriers aient été surimposés à une déesse campagnarde: la protectrice des "agricolae prisci" d'Horace ou du "genus acre uirum" de Virgile ne s'est pas militarisée au contact d'une "propagande nationale" qui exalte la Sabine héroïque. Les monnaies de Plaetorius montrent que l'intégration est ancienne. Vacuna conjugue la Minerve guerrière que Varron croit sabine, qui est action méthodique, et une "Bellone-Duellona" liée au "Mamers" sabin: malgré son iconographie redoutable, elle représente moins la frénésie guerrière que l'issue rassurante de la guerre, "celle qui fait sortir au mieux les Romains de la guerre". Dès lors, et surtout chez un peuple de soldats-paysans, l'insertion de Victoria dans la triade militaire est parfaitement normale. La meilleure issue de la guerre réside dans la victoire, suite d'une guerre "juste" et fondement d'une "pax" stipulée et sécurisante - le code de paix et de guerre que le sabin Numa a apporté au "furor" guerrier de l'ère romuléenne. Au plus profond de la mentalité italique et romaine, en raison des périls mortels que les voisins turbulents ont fait courir aux Sept Collines, se discerne un besoin de sécurité garanti par la victoire, la "parta uictoriis pax" qui domine l'épigraphie officielle des "tituli", l'analystique patriotique et les tirades nationalistes de la "Palliata". Les analyses de H. Fuchs n'ont rien perdu de leur valeur, sur le sens profond de la "Pax Romana" en particulier; nous avons noté, en approfondissant l'analyse de la mentalité primitive, ""pax" traduit l'idée de garanties juridiques qui crée l'ambiance de tranquillité, "otium"" et que cette paix est toujours conçue comme une fin victorieuse de la guerre. L'"otium" romain primitif, concept de soldats-paysans, implique la liberté privée du combattant, lié au silence des armes, avec le droit de reprendre les tâches professionnelles de la campagne."[131]

Sans vouloir faire oeuvre positiviste, on notera qu'identiquement l'armée napoléonienne, formée par les troupes républicaines de la Révolution, elles aussi entourées comme les romaines par leurs ennemis ("*voisins turbulents*"), était essentiellement constituée de ce qu'on pourrait appeler des "*soldats-paysans*". Cela veut dire que, d'une part, des circonstances historiques identiques favorisent l'émergence (ou la résurgence) des mêmes mythes, et que, d'autre part, des mythologies profondément ancrées dans la mentalité populaire sont toujours prêtes à renaître. Or:

"La parenté (de Vacuna-Victoria) avec les déités belliqueuses s'insère parfaitement dans ce cadre d'interprétation: elle doit être un phénomène assez ancien si l'on réfère aux légendes monétaires. Elle se prolonge avec le culte de "Vacuna-Victoria" au lac Cutilius, dont Vespasien, restaurateur du "fanum" de Rocca Giovane et constructeur du Forum de la Paix, devait être le protecteur attentif, sinon le dévot assidu./... Déesse du foyer pastoral dont la Sabine de la vaine pâture, Vesta, avec ses promesses d'intimité sécurisante, s'apparente aux déités du foyer construit et de la maison./ On objecterait à première vue que le naturalisme pastoral se distingue radicalement du naturalisme rural. C'est

---

Mythologie grecque et romaine, Paris, Club France-Loisirs, 1986, art. "*La Discorde*", pp. 431-432, opposition dont on a vu qu'on la retrouvait aussi bien chez Cochin et Gravelot que chez Géricault qui, d'évidence, s'en inspire. Or c'est justement en référence au caractère néfaste de Mars et de la Guerre que s'explique le lien entre Vénus et Mars comme épigone de la représentation de la Paix, comme nous le montrons *infra*. Ficin est sans doute le plus éclairant à ce propos, lorsqu'il écrit que "*les sages de l'Antiquité racontent, avec toute raison, sur Saturne et Jupiter, sur Mars et Vénus. Bien entendu, Mars est attaché par Vénus, et Saturne par Jupiter. Eh bien cela signifie, sans plus, que la bienveillance de Jupiter et de Vénus contient la malveillance de Saturne et de Mars*", cité dans Raymond Klibansky, E. Panofsky et Fritz Saxl, *Saturne et la Mélancolie - Etudes historiques et philosophiques: nature, religion, médecine et art*, Paris, Gallimard, 1989 et 1990, note 100 pp. 427-428. Ceci approfondit pas que, comme Ripa le précise à plusieurs reprises, la Guerre est nécessaire à la conquête de la Paix, ce qui est conforme au postulat de toutes les mythologies classiques, dont on retrouve un avatar dans la théorie kantienne de l'évolution de l'humanité. Ainsi Commelin, p. 432, rappelle que les Anciens représentaient la Discorde sous les traits d'une figure "*tenant à la main des rouleaux et des mots:s Guerre, confusion, querelle*". Mais sous cette image on pourrait plutôt reconnaître la "*Chicane*", dont le temple est le Palais de Justice, dont les ministres *fidèles sont les procureurs, les notaires et les avocats*". C'est-à-dire en d'autres termes qu'elle évoque la figure indo-européenne qui selon toute vraisemblance lui a servi de modèle, celle du Roi de Justice, main meurtresse du Roi des dieux qui, même temps que protecteur du *status quo* entre les hommes, le souverains et, par extension, les royaumes, par conséquent expression même de la Guerre dont l'action, ainsi qu'on vient de le dire, permet la pacification, mais aussi l'acquisition de la prospérité agricole consécutive à une Paix gagnée par le travail des armes, cf. notamment I. Armelin, "*Le Roi détenteur de la Roue Cosmique en Révolution (Cakravartin) selon le Brahmanisme et selon le Bouddhisme*", *Cahiers et Notices Philologiques Grammaticales et Bibliographiques*, Paris, Librairie Paul Geuthner, 1975. Dans un domaine parallèle, les meurtres perpétrés par Bacchus sont contemporains et indissociables de son action civilisatrice. Ce sont donc eux seuls les éléments déterminants qui font de lui le principal dieu civilisateur de l'humanité.

[128] CIMAD, vol. 1-43.

[129] *Ibid.*

[130] *Ibid.*, vol. 1-32.

[131] Jean-Marie André, "*Autour de Vacuna - Ethiologie religieuse et philosophique*", *Hommages à Robert Schilling*, éd. par Hubert Zehnacker et Gustave Hentz, "*Collection d'études latines*", Paris, Société d'Editions Les Belles Lettres, 1983, pp. 36-37.

oublier que dans le Latium primitif, malgré la distinction entre les Latins éleveurs et les Sabins agriculteurs, malgré la primauté théorique de la "uita pastorica" l'âge d'or primordial est à la fois rural et pastoral.../... Le "nemus", forêt peut-être plus sauvage et mystérieuse à l'origine, suggère les images de vacuité heureuse. Il n'est que d''évoquer, chez Lucrèce, le tableau de l'éden primitif lié à la "pastoricia uita" des savants. Dans le chant V du "De rerum natura", le poète nous fait assister à la naissance de la poésie/ "... auia per nemora ax siluas".altusque reperta/ per loca pastorum deserta atque otia dia..."../... Sous ce dynamisme complexe il n'est pas interdit de subsumer les linéaments d'une morale rustico-agraire liée à l'"otium" primordial, paix victorieuse née de la "pax deum" et qui ouvre à la "pacata iuuentus" le bonheur simple et le travail heureux. L'"interpretatio" philosophique ultérieure, exploitant cette intuition, a créé une entité allégorique: la "dea uacationis".../... Le lien sémantique entre "uacuus" et l'"otium" n'est plus à démontrer, non plus cette fois au sens naturaliste, mais au sens éthique: "... si quid uacui sub umbra lusimus...", dit une ode d'Horace; une satire, évoquant les loisirs du "colonus", contient l'expression "operum uacuo (mihi)"./ La "dea uacationis" recèle la riche amphibologie du verbe "uacare", l'aspect apparemment négatif, et issu de la vacuité primitive, l'aspect positif, plus élaboré, impliquant la conversion à l'"otium" à la sagesse. Sous l'amphibologie, on serait tenté de souligner une divergence philosophique, "uacare curis" impliquant une lecture épicurienne, "uacare sapientiae", une lecture stoïcienne, dans le premier cas l'ataraxie, dans le second, l'ascèse active qui mène à la "sapientia perfecta". Pour la dévotion à la sagesse, finalité à laquelle aboutit toute critique du loisir chez Sénèque, des Dialogues aux Lettres, il suffirait de citer, dans le "De Breuitate Vitae", XIV, 1, l'axiome de la "conversion" "... soli omnium otiosi sunt qui sapientiae uacant". N'oublions toutefois pas que la rupture spirituelle du dialogue s'inscrit dans un contexte sociologique assumé et dépassé, celui des "negotia publica" antérieurs. La "uacatio sapientiae" mène à la vertu, elle confère aussi la "tranquillitas animi": or cette "tranquillitas animi", qui transcrit aussi bien l'apathie stoïcienne que l'ataraxie épicurienne, triomphe dans l'idéal du "uacare curis".../... Dans les deux gloses, complémentaires et non antithétiques, l'idéal de sérénité se trouve subordonné aux exigences sociologiques d'action, à ce "civisme" romain qui place tout loisir sous l'égide de la paix victorieuse."[132]

Le caractère saturnien du *Cuirassier* méditant des premières ébauches faites par Géricault se comprend donc comme l'expression, bien connue, de l'ataraxie épicurienne[133] issue de l'adéquation à un idéal de pureté tiré de la conception de l'Age d'Or ("*uacare sapientiae*", "*sapientia perfecta*"), et non comme celle d'une "*cogitatio mori*" (ainsi que le proposent les auteurs du catalogue sur *Géricault*). Au XIXème siècle, une preuve directe nous en est apportée par l'*Allégorie de la Paix* de P. Puvis de Chavannes (Musée d'Amiens, Picardie), tableau plusieurs fois reproduit en gravure, et où une multitude de personnages allongés et alanguis est entourée à l'arrière-plan par plusieurs chevaux au repos et que brident leur cavaliers à pied[134].

c-3) Le "Cuirassier" maîtrisant son cheval et la représentation classique de la Paix victorieuse, productrice de prospérité, dans l'iconographie moderne et contemporaine

Déjà au XVIIème siècle en France, le graveur Gérard Audran (1640-1703) figura l'*Alliance de la Victoire et de la Paix sous Louis XIV*, autant dire celle de la Victoire et de la prospérité agricole - la Vacuna des Romains déesse du foyer domestique, et par extension national, vantée par Ripa et mis en exergue par Géricault dans le *Cuirassier* -. De fait en France toujours, on trouve au XVIIème siècle des représentations de la Paix amenant l'abondance, et au XIXème siècle des gravures montrant des soldats blessés revenant de la guerre de 1870 (reconnaissables à leurs uniformes), portant les lauriers de la victoire à la main ou au bout de leurs étendards[135] (on voit que l'allusion ne dépend pas de la victoire effective mais sert plutôt, comme chez les Romains, à vanter l'héroïsme des bons patriotes). La Paix, qui domine la scène comme la Liberté de Delacroix guidant le peuple sur les barricades, mais ici très nettement disproportionnée par rapport aux autres personnages, tient à la main le flambeau renversé (symbole de la fin de la guerre) et les épis (symboles du retour de la prospérité agricole, acquise par la guerre donc); pendant que derrière la Paix, une autre allégorie, plus petite, seins nus (la Patrie peut-être ou la Charité, dont le thème serait en ce cas emprunté au symbolisme des représentations de *Mars et Vénus* si on suit l'interprétation de Panofsky et de Wind), tient à la main ce qui semble être la croix christique, référence transparente à la "*vrai religion*" qui, avec la force guerrière et la monarchie, définit l'Europe selon Gravelot et Cochin, mais est en l'occurrence

---

[132] *Ibid.*, pp. 38 à 43.

[133] V. aussi par ex. *Encyclopaedia Universalis*, éd. de 1968, t. 2, art. "*Art*" 2ème partie "*La contemplation esthétique*", pp. 487 à 489, t. 6, art. "*Epicure*", pp. 349 à 352, t. 11, art. "*Nietzsche (Friedrich)*", pp. 803 à 808, et t. 15, art. "*Stoïcisme*", pp. 394 à 398. Notre supposition n'est d'ailleurs pas totalement gratuite, dans la mesure où Barbey d'Aurevilly, op. pp. 87-88, définit l'art de Géricault comme davidien et byronien, mais dans la tradition grecque, et plus précisément encore de la pureté de la conception épicurienne: "*L'idéal! il* (Géricault) *le garde pour l'homme et le cheval, et il peint alors des types d'une correction, d'une vigueur et d'une beauté qui rappellent Phidias, sans le copier et sans l'imiter... Quoi de plus beau, en effet, et dans le sens le plus idéal, que le "Chasseur de la garde" et le "Cuirassier blessé"? Otez-leur le costume militaire, dont la beauté est toute moderne; ôtez le caleçon aux "Boxeurs" et aux conducteurs de chevaux de la campagne de Rome, dans les "Courses de chevaux en liberté", et vous avez la beauté humaine telle que l'art grec l'a comprise et réalisée, la beauté humaine qui faisait dire aux Epicuriens que c'était la forme des Dieux. Il n'y a que David qui ait eu cet idéal de la beauté virile ou juvénile, cette splendeur de formes et de musculature. Par ce côté, Géricault, comme David qui ne l'avait pas lu, touchait à Byron, le peintre, dans les poèmes, de jeunes hommes comme Selim, Hugo et l'adorable Juan, cet Espagnol qui est un Grec de la mer Egée! Le rapport, la ressemblance, l'identité dans la conception esthétique, sautent aux yeux et forcent à conclure que le génie de Géricault, comme celui de Byron, est un génie grec, malgré tous les milieux dans lesquels il s'est placé et tous les costumes qu'il a revêtus*".

[134] CIMAD, vol. 1-58.

[135] Les traditionnelles "*Couronne(s) d'Herbe* (ou "*de Gramen*"); &... *de Chesne*", citées par Ripa, 1ère partie, p. 16, et IIème partie, p. 99. Cartari-Frellon, pp. 406-407, est encore plus précis en faisant de ces "*herbes*", dont il dit qu'il s'agit en réalité de "*verveine*", des symboles de la Paix au même titre que le caducée, auquel il les confond. Il fait de même pour l'olivier, *ibid.*, pp. 404ss., et pour le laurier, *ibid.*, p. 409.

~ 391 ~

attribuée, avec les deux autres propriétés, à la France uniquement. La prospérité acquise par le combat et le sacrifice patriotiques sont très clairement représentés par certains blessés qui, au lieu de porter leurs armes, tiennent la faucille à la main, et par un soldat, au premier plan, maîtrisant par les cornes une vache, animal-métaphore de la fertilité nationale[136] qui remplace le traditionnel cheval[137]. Enfin le foyer dont l'évocation est toujours latente dans les allégories de la Paix, on l'a vu chez Ripa ou dans la sphère romaine déjà, est explicitement mis en scène dans la gravure par un soldat embrassant fougueusement sa compagne qu'il vient de retrouver[138].

Les représentations parodiques du XIXème siècle de Mars au labour prennent dès lors tout leur sens, mises en rapport avec les oeuvres précédentes. Ainsi par exemple le programme du *Concert des Ambassadeurs* (XIXème siècle), qui porte en exergue la sentence "*Hominibus Voluntatis*", montre la Paix avançant devant une haie de militaires levant les armes. Elle tient les épis d'une main et de l'autre le mors d'un cheval de labour traînant un soc de charrue, qui creuse de profonds sillons dans la terre (évocation du caractère agricole de la Paix), pendant qu'au loin on distingue un clocher[139] (symbole de la Patrie et du foyer, que représente également la Paix, depuis l'antique Vacuna-Victoria jusque dans les emblèmes de Ripa).

On voit, par contrecoup, que la présence du cheval dans les différents *Mars et Vénus*, n'illustre pas tant l'Amour physique maîtrisé, ce qui n'aurait d'ailleurs guère de sens dans la relation entre l'impétueux dieu de la guerre et la lascive déesse de la prostitution, mais plutôt la fin des combats et les fruits que la Patrie y gagne, c'est-à-dire aussi bien une nombreuse et vigoureuse descendance que la prospérité agricole[140] (Vénus étant à la fois une déesse maternelle et agraire). D'ailleurs, Ripa met déjà en relation l'amour de la patrie et celui "*qu'vn Cavalier a pour vne Dame, ou vn Courtisan pour sa fortune, ou vn Capitaine pour la gloire, ou vn Marchand pour les biens du monde*" car "*tant plus l'Amour de la Patrie vieillit, tant plus il deuient fort & robuste, au lieu que tous les autres Amours sont affoiblis par le temps, & cessent enfin*"[141]. Dans le quatrième et dernier volume de ses *Esquisses de mythologie* (publié à titre posthume en 1994), Dumézil note également la liaison, dans les récits rituels antiques, entre l'avènement de la Paix et l'amour chaste ou licite, comme "*maîtrise de la haute magie et... souveraineté universelle,... (de) troisième fonction - prospérité pour la terre et par là même paix -*"[142].

Cette interprétation est confirmée aussi bien par le fait que le cheval bridé peut être, comme on l'a vu, remplacé par les colombes de la paix ou par des lions, que par le fait que Gravelot et Cochin font explicitement des lions retenus en laisse une allégorie de la fin des conflits. De plus, nous avons cité les toiles des maîtres célèbres dans lesquelles *Mars et Vénus* étaient accompagnés par le cheval en bride, mais

---

[136] Classique dans le milieu indo-européen, cf. notamment Dumézil, *Le roman des jumeaux - Esquisses de mythologie*, Paris, Gallimard, 1994, par ex. pp. 90, 95 et 155; et *Servius et la Fortune - Essais sur la fonction sociale de louange et de blâme et sur les éléments indo-européens du "cens" romain*, Paris, Gallimard, 19" .

[137] On rencontre ainsi d là la présence d'un bovin par ex. dans *Les Porteurs de Trophées* de Mantegna, cf. *Andrea Mantegna peintre, dessinateur et graveur à la Renaissance*, fig. 112 pp. 376-377 et 116 pp. 384-385, sans doute parce qu'il est une offrande de paix servant à souhaiter la prospérité civile et la fertilité agricole. Le boeuf, identifié à la Paix et associé à une figure féminine de grande beauté, se rencontre encore dans "*Paz y Paciencia*" (1893) de Rubén Darío, *Cuentos completos*, Managua, Nueva Nicaragua, 1990, pp. 343 à 345. Les autres oeuvres de la même série (vers 1486-1500 et antérieures à cette dernière date), cf. *Andrea Mantegna peintre, dessinateur et graveur à la Renaissance*, chap. VII "*Le Triomphe de César*", fig. 98 à 127 pp. 360 à 403, montrent des chevaux parmi d'autres trophées, mais comme dans *Les Porteurs de Trophées* il est difficile de savoir si ce très grand don, il est ardu ici à de définir s'ils apparaissent comme présents de paix ou motifs traditionnels des *Triomphes* (puisqu'ils tirent des chars); probablement les deux.

[138] CIMAD, vol. 1-58.

[139] *Ibid*. On notera qu'au XXème siècle, Ian Kellas, *La Paix pour débutants*, Montréal, Boréal Express, copyright I. Kellas, 1983, Paris, La Découverte, 1984, fait une parodie politique de cette image de la Paix, en la montrant en train de courir après son cheval, nommé "*LABOUR*", qui s'enfuit. Il atteste, par conséquent, le caractère habituel de cette iconographie de la Paix guidant un cheval (de labour, comme ici dans le programme du *Concert des Ambassadeurs*, ou de guerre, comme dans les images antérieures d'Andrea Mantegna, Véronèse, ou Rubens,...). D'ailleurs, le fait que dans certaines ébauches pour le *Cuirassier blessé*, celui-ci tienne un nouveau-né dans les bras, nous renvoyant ainsi à l'iconographie de la *Charité romaine* du premier plan du *Radeau de la Méduse*, ne sert-il pas justement à exprimer, par la référence à la brave Pero allaitant son père, et à l'instar de la vache laitière des images traditionnelles de la Paix citées, le caractère à la fois hautement patriotique et fructifère de l'oeuvre de guerre que menèrent les troupes napoléoniens aux bons enfants de la Patrie qu'ils étaient, afin de nous amener la liberté nationale?

[140] Sur le couple de Mars et Vénus symbole de la Paix, opposé aux dyades Mars-Minerve et Janus-Bellona, elles mêmes symboles de la Guerre dans l'iconographie moderne, cf. Lise Lotte Möller, "*Krieg und Frieden - Über zwei Barockbildwerke in Hamburg*", *Intuition und Kunstwissenschaft - Festschrift Hanns Swarzenski*, Berlin, Gebr. Mann Verlag, 1973, pp. 467 à 483.

[141] Ripa, Ière partie, p. 16, et IIème partie, p. 99.

[142] Dumézil, *Le roman des jumeaux*, par ex. pp. 26, 34 et 50.

ce dernier est, nous l'avons évoqué, aussi présent dans les *Allégories de la Paix* de la période moderne.

Avant de les étudier il convient de nous attarder un instant sur l'*Inventio* de Christian Schiebling[143], représentant la conquête de la Paix par la Guerre, qui nous fournit un élément décisif pour notre interprétation. En effet on y voit, à la gauche du spectateur, le cheval bridé par une figure féminine (la Paix?). Or le tableau de Schiebling illustre un passage de l'*Iconologie* (Widmung, 1680) de Joachim von Sandrart, dans lequel l'auteur explique pourquoi la guerre est nécessaire afin d'établir une paix durable, ce qui justifie la présentation dans l'*Inventio* du cheval mené par la Paix, devant laquelle la Guerre brandit son épée, significativement tournée vers le haut. Il s'agit d'une référence transparente au geste habituel de la Paix, qui dans les livres d'emblèmes tourne ses armes vers le bas, symbole comme on l'a vu de la fin des combats. La proximité des deux allégories dans le dessin (qui permet, par comparaison, de comprendre l'association du *Chasseur* et du *Cuirassier* chez Géricault) forme une véritable procession du type des Triomphes, dirigée par la Guerre. L'ensemble de ces motifs (la succession formelle entre la Paix et la Guerre - l'oeuvre se lisant de la gauche vers la droite -, la procession guidée par la Guerre, et le fait que celle-ci brandisse son épée vers le haut) permettent donc ici de reconnaître un véritable "Triomphe de la Guerre" en confirmant l'imminence en même temps que la nécessité des combats prochains, défendus par Sandrart:

"*Der Krieg/ ist des Friedens Vatter. Das Krieger-Eisen muß den güldnen Zepter aufstützen/ wann er soll stehen bleiben. Wer in Ruhe sitzen will/ der muß seinen Nachbaren zeigen/ daß er siegen könne. Es kan auch niemand länger Frieden haben/ als sein Nachbar will. Wirft der den Frieden über haufen: der Krieg muß ihn wieder aufrichten/ und den Feind ruhen lehren.*"[144]

Ce texte de Sandrart, comme l'image déjà citée des soldats de 1870 revenant de guerre et guidés par deux allégories féminines (imitations à peine déguisées de *La Liberté guidant le peuple sur les barricades* de Delacroix), montrent explicitement que la Paix est étroitement liée, comme chez Ripa ou Géricault, à ces modèles de héros patriotiques dont le sacrifice la procure de façon stable. Le fait que le cheval bridé, monture de guerre, soit représenté dans l'*Inventio* de Schiebling est donc tout à fait significatif. Dans le retour des soldats de 1870, on l'a vu, la présence de la vache tenue par les cornes, figure classique des fruits de la Paix que sont la fertilité agricole et la prospérité civile, est tout aussi révélatrice. Dans un cas, la vache tenue par les cornes symbolise *l'heureux épilogue* de la guerre, dans l'autre le cheval bridé *la fin* de la guerre *elle-même* selon le modèle *plusieurs fois décrit* par Gravelot et Cochin.

C'est donc dans les *Allégories de la Paix* proprement dites que le cheval dompté est le plus fréquent, puisqu'il en est le paradigme. Citons une représentation du XVIIème siècle français où *Louis XIII donne la Paix aux religionnaires devant Montpellier*, ou *The Peace of Ghent & Triumph of America* d'Alexis Chataigner (1772-1817), oeuvre contemporaine du *Cuirassier*, puisqu'elle date de 1814, et inspirée du *Temple de la Paix* de 1783 (France)[145]. On y voit au premier plan à droite (pour le spectateur) plusieurs chevaux bridés par des soldats portant, symptomatiquement, leurs armes au poing abaissées, ainsi qu'un autre cheval (unique, il se définit sans ambiguïté possible comme un emblème) dompté au second plan à gauche, et également la Renommée, Mercure, dieu du commerce et par là même de la prospérité des Etats-Unis, Hercule, symbole de la Force (qui remplace ici Mars), et Minerve, déesse de la victoire au combat. Ces différentes figures sont expliquées par la légende de la gravure. On trouve encore le cheval dompté comme symbole de la cessation des combats dans le coin droit (pour le spectateur) de la peinture représentant la victoire de Bouvines de la salle des Combats du château de Versailles, mais il semble qu'ici il soit présenté en offrande à Philippe Auguste. Velázquez lui même utilisa le modèle du cheval bridé dans la fameuse *Rendención de Breda* de 1635.

Comme Géricault, les artistes du XXème siècle réutiliseront ce type classique, on le voit, de la Paix victorieuse. C'est le cas dans la couverture du numéro 48 de 1904 de la revue *Jugend*, qui montre un personnage retenant par le mors un cheval se cabrant[146], héroïsation de la force et de la jeunesse de la Patrie ("*paix victorieuse née de la "pax deum" et qui ouvre à la "pacata iuuentus" le bonheur simple et le travail*

---

[143] Reproduit dans Möller, fig. 9 p. 479.
[144] Cité *in ibid.*, p. 481, à propos de la fig. 9 p. 479.
[145] CIMAD, vol. 1-58. Les deux oeuvres sont reproduites sur la même page.
[146] *Ibid.*, vol. 4-24.

heureux").

VI - Conclusion: Michelet en question ou Le piège de l'Histoire
a) Le "Cuirassier" et la victoire de la paix par la guerre ou Eloge du métier de soldat impérial

Mais on le voit, le *Chasseur* est sans conteste une image victorieuse[147]. Son rapport au *Cuirassier* se situe donc dès l'abord dans cette perspective. On pourrait supposer que Géricault voulut opposer dans ses deux figures se faisant pendant au Salon de 1814 la victoire guerrière et la défaite. Mais, par rapport à l'ensemble de son oeuvre, et notamment à la récurrence du thème des chevaux domptés, cela n'aurait pas vraiment de sens[148], surtout si l'on considère les dimensions des deux toiles (3,49 m sur 2,66 m pour le *Chasseur*, et 3,58 m sur 2,94 m pour le *Cuirassier*[149]), qui héroïsent littéralement leur sujet, à l'instar des tableaux d'histoire (auxquels, depuis David, ce type de dimensions est emprunté, pour vanter les mérites des patriotes - alors que dans les siècles précédents, il servait exclusivement à identifier la personne royale aux dieux et héros antiques[150], comme David le fait souvent pour Napoléon -).

Par contre, si l'on considère que le *Cuirassier* est une reprise caractéristique des allégories de la Paix des livres d'emblèmes, son rapport au *Chasseur* prend toute sa mesure. Dès lors en effet, leur relation s'opère sur le même mode que celle existant entre les Dioscures, l'un étant guerrier, l'autre pacifique. Cette correspondance allégorise parfaitement "la geste" de la guerre dans ses deux mouvements: la défense (ou l'attaque), puis le retour à la paix grâce au combat. Cette interprétation est d'autant plus intéressante qu'elle trouve, on l'a vu, un écho à la fois dans les théories philosophiques classiques et dans les livres d'emblèmes aussi bien d'Alciati, que de Cartari, de Ripa, de Valeriano ou de Gravelot et Cochin.

Si l'on observe enfin que le *Cuirassier* s'inspire aussi de l'iconographie des héros romains qui se sont sacrifiés pour leur Patrie, alors l'ensemble devient clair. Le *Cuirassier* est une allégorie héroïque des soldats français, par laquelle Géricault entend montrer que, par leur sacrifice, ceux-ci protègent la Patrie contre ses ennemis, qu'ils sont, pour prendre une terminologie qui nous est peut-être plus familière[151], un bastion, qu'ils forment un "mur" protégeant le pays contre ses envahisseurs éventuels. Une telle vision se conçoit bien chez un artiste du début du XIXème siècle, alors que les soldats de l'Empire sont ceux là mêmes qui, lors de la Révolution, se sont battus pour protéger la jeune démocratie contre les attaques royalistes venant des autres nations de l'Europe (les campagnes napoléoniennes n'étant que la continuation de ce combat pour la liberté, au moins chronologiquement - même si l'ambition personnelle de Bonaparte a ensuite pu l'emporter -).

Ainsi le *Chasseur* est une illustration du courage (la *Virtus*), et le *Cuirassier* celle du sacrifice patriotique, les deux types étant directement empruntés, comme on l'a vu, à l'emblématique flamande des XVIème-XVIIème siècles sur les tempéraments des chevaux, et à Ripa, selon l'alternance qu'il décrit dans ce passage, déjà cité, de la première partie de l'*Iconologie*:

"*C'est à raison de cela* (la prospérité économique et la stabilité du pouvoir qu'amène la paix) *que dans les Fables des Poëtes la Deesse Minerue est loüée par Iupiter, pour auoir inuenté l'Oliuier; comme Neptune l'est aussi, à cause que ce fut luy qui le premier de tous apprit aux Hommes*

---

[147] L'iconographie cultuelle d'origine hispanique de Santiago à cheval et piétinant le démon, encore très vénérée de nos jours en Amérique Latine, le confirme également.

[148] Ainsi, on notera, comme nous l'avons déjà évoqué, le peu de récurrence des représentations "*agonistiques*" - pour reprendre le terme des auteurs du catalogue sur *Géricault*, p. 172 - dans l'ensemble des oeuvres qu'il consacra pourtant aux "*malheurs de la guerre*", cf. *ibid.*, texte et fig. pp. 172 à 191. La plupart de ses croquis, dessins et toiles réservées au sujet montrent soit encore des charges, soit Napoléon selon le modèle des *Pestiférés de Jaffa* (modèle christologique). Même la représentation des estropiés de guerre est prétexte à une héroïsation des soldats de l'Empire, sur un mode bon enfant qui sous-tend cependant une prétention de didactique patriotique (qui vante à la fois la *Virtus*, le sacrifice et l'honneur nationaux - dont l'époque napoléonienne apparaît toujours comme le paradigme chez Géricault et la plupart des artistes et auteurs de l'époque -), cf. *ibid.*, fig. pp. 178-179 et interprétation pp. 400-401.

[149] Les dimensions (2,92 m de hauteur sur 2,27 m de largeur) données à ce dernier dans le catalogue Villot de 1855 étant erronées, bien que souvent recopiées (par Clément en 1867, par Sterling et Adhémar en 1959, et par Eitner en 1983), cf. *Géricault*, p. 345.

[150] Cf. par ex. D. et E. Panofsky, *Etude iconographique de la galerie François Ier à Fontainebleau*; et *La boîte de Pandore*, Paris, Hazan, 1990, pp. 36 à 41, où ils reprennent justement l'étude qu'ils avaient ébauchée quatre ans plus tôt dans l'"*Appendice - Pandora - Ignorantia*" de l'*Etude iconographique de la galerie François Ier à Fontainebleau*, pp. 67 à 71.

[151] Car récurrente dans les films américains. Ainsi la question cruciale qu'elle soulève se trouve-t-elle notamment être le prétexte et le point d'ancrage thématique de l'excellent film *Des hommes d'honneur* (1991) de Rob Reiner, inspiré d'une pièce à succès (ce qui témoigne de l'importance symbolique de son sujet dans la conscience collective, pas seulement américaine si l'on en croit le succès qu'a de même eu le film en France).

l'art de dompter les cheuaux: l'vn pour l'vsage de la Paix; & l'autre pour le soustien de la Guerre, qui se la propose pour but ordinairement."[152]

L'inspiration directe de Ripa dans le *Chasseur* et le *Cuirassier* est attestée par la récurrence de certains motifs dans les deux tableaux, tels que la fumée ou le fait que les protagonistes tournent la tête en arrière. Dans le premier tableau, le spectateur se trouve face à l'image emblématique de la victoire, et dans le second face à celle, non moins exemplaire, du don de soi qui, par son offrande même, assure une pérennité à la paix nationale, comme l'écrit explicitement Ripa en se basant justement sur l'exemple du sacrifice du romain Marcus Curtius qui plongea dans le "*précipice*". Le *Cuirassier* ne se jette certes pas dans un gouffre, mais quitte le champ de bataille, glorieux d'avoir été blessé pour son pays, et pouvant ainsi se retourner, conscient du devoir accompli et l'âme en paix, vers le désir du retour bien mérité dans sa maison (il se détourne du "*feu*" de la bataille, qui n'apparaît plus sur l'image, et s'avance vers la "*fumée*" bienveillante du foyer national).

On comprend alors pourquoi, ayant voulu ce programme thuriféraire envers les soldats de la France au moment même où le Destin leur était contraire, mais se trouvant en butte à la critique négative de son tableau, à la fois parce que cette iconographie savante de la pacification par la guerre n'était pas familière aux esprits[153] (au contraire de celle, victorieuse, du *Chasseur*, qui fut, comme on le sait, parfaitement bien accueilli par la critique), et parce que la situation dramatique de l'armée française sur le front avait largement échauffé les esprits, Géricault, déçu et incompris, ait pu douter de son art, jusqu'à ne plus voir en son *Cuirassier* qu'un "*grand oeil bête*" dans "*une tête de veau*"[154].

Le thème patriotique et son héroïsation sont donc très nettement présents dans la série du *Chasseur* et du *Cuirassier*, deux tableaux qui ont toujours été au coeur de la théorie mise en place par Michelet et qui voudrait que l'oeuvre de Géricault symbolisât la défaite. L'étude iconographique, tant du *Chasseur* que du *Cuirassier*, le prouve. Il n'y a donc plus aucune raison de penser que dans le *Cuirassier*, le peintre se soit désolidarisé de la tradition emblématique qui s'était développée dans les trois siècles précédents, alors qu'il la suit fidèlement dans le *Chasseur*, clairement conçu par lui comme le pendant du *Cuirassier* dont on a justement pu noter les nombreuses et symptomatiques correspondances iconographiques avec les recueils d'emblèmes.

C'est pourquoi il nous semble totalement impossible de continuer à entretenir la conception macabre de l'art de Géricault, sauf à ignorer sciemment les recoupements iconographiques entre les peintures de Géricault et ses modèles, notamment issus pour le *Cuirassier* de l'emblématique moderne la plus répandue et la plus largement diffusée entre le XVIème siècle et le XVIIIème siècles. Tout au plus peut-on prétendre que Géricault, en tant qu'artiste romantique par excellence, lorsqu'il se délecte à mêler dans ses oeuvres la souffrance et la mort, semble voir en elles le moyen de transcender l'ego individuel dans et par la conscience collective, comme le feront par exemple plus tard Kierkegaard ou Weil.

b) Propaganda - Michelet revisité

La meilleure preuve à notre argumentation sera pour finir Michelet lui-même, "*l'historien*" comme le nomment avec une belle innocence les auteurs du catalogue.

De fait, s'il est vrai que Michelet était historien, et fut sans doute le plus célèbre du siècle, le qualificatif que lui attribuent les auteurs du catalogue lui est directement emprunté, lorsqu'il parle de Géricault, "*l'artiste-historien*"[155]. De même, s'ils voient dans le *Cuirassier* un "*bon géant*", c'est après Michelet qui le nommait le "*géant si pâle, géant de taille*"[156]. Enfin, lorsqu'ils prétendent aller contre l'opinion commune en voyant dans le *Chasseur* et dans le *Cuirassier* des symboles de la défaite, ils semblent oublier que Michelet les a précédé (bien qu'ils se "ressoudent" explicitement - et continuellement - à sa

---

[152] Ripa, Ière partie, p. 139.
[153] D'autant que Géricault l'avait de plus extraite de son contexte habituel, c'est-à-dire de la représentation du *Triomphe* ou de l'*Allégorie de la Paix*.
[154] Cité par ex. dans *Géricault*, p. 50.
[155] Michelet, *Géricault*, Caen, L'Echoppe, 1991, p. 38.
[156] *Ibid.*

tradition[157]). Mais Michelet, "*l'historien*" donc, impartial selon eux, ne l'est sans doute pas tant qu'ils veulent bien le dire.

Lui qui se plait à rappeler ses souvenirs avec son ami Géricault[158], lorsqu'il en étudie l'oeuvre ne fait pas un travail d'historien, ni même de souvenir ou de critique, mais bien de propagandiste. C'est bien parce qu'il y fait oeuvre politique et idéologique que son texte sur Géricault lui a valut d'être renvoyé du Collège de France.

Nous avons vu l'importance de la thaumaturgie christologique dans la propagande napoléonienne de Gros. Pourtant Michelet, afin de mieux servir sa démonstration, va jusqu'à faire de ce dernier un peintre du désastre[159], ce qui lui permet d'introduire son étude de ce qu'il considère comme la "trilogie" de Géricault[160] : le *Chasseur*, le *Cuirassier* et le *Radeau*. Dans ce groupe, le *Cuirassier* apparaît comme "*l'image de tout un peuple qui descend à l'abîme*"[161]. En associant de manière récurrente les images du "*rocher*" et des propres insuccès de Géricault, auxquels il identifie (comme l'ensemble de la critique le fera après lui) le symbolisme macabre de l'art du peintre[162], Michelet pose le cadre de son analyse.

L'oeuvre de Géricault sera interprétée comme une sorte de prémonition de la mort de la France. Mais pour cela, et c'est ce qui nous intéresse tout particulièrement, Michelet insiste sur un certain nombre de points. Du *Chasseur*, il écrit:

"*Le "Chasseur au Départ" date de 1812, Géricault avait alors vingt et un ans./ A vrai dire, c'est l'élan et non le départ, car le riche costume est déjà fatigué. Ta culotte de peau est déjà bien tannée, mon brave... Le cheval, qui est vrai, est pourtant fantastique par le raccourci, qui en fait un griffon./ Toutefois, ce n'est pas le cheval pâle, apocalyptique... C'est un vrai limousin, vivant, très fin, de race pure. Il est vrai aussi, dans son violent écart manque ici, je le répète, un canon déjà presque enterré... la bataille par-dessus les ruines de la bataille, car celles-ci durent souvent trois jours./ Le cavalier est mûr, non fatigué, mais tanné lui-même par la guerre... Le cheval, bien plus jeune, a un feu terrible; il pince la terre des deux pointes des sabots; la queue est flamboyante../ L'homme, admirablement ferme en selle sur son cheval cabré. Il est si guerrier, qu'il n'a plus même la "furie" de la guerre, parfaitement nerveux, ayant tant sué, le bras mince en comparaison de la cuisse - partie inactive du guerrier -, mais ce bras doit imprimer une rotation vive et brève au petit sabre courbe./ Il se tourne vers nous... Est-ce un adieu? Il sait qu'il ne reviendra pas. Cette fois, il part pour mourir... Pourquoi pas? Ni ostentation, ni résignation; c'est tout bonnement un homme ferme et de bronze, comme s'il était mort déjà plusieurs fois./ Au fond tourbillonne la tempête de la guerre. A gauche, de noirs profils de chevaux, les naseaux rougis... A droite, un volcan d'artillerie, des batteries foudroyées../ Et pourtant, sous cette destruction fleurit la nature; la terre est verte et belle. D'un pauvre petit ruisseau auquel on a tant puisé, tant bu, qu'il en est presque tari, reste encore une flaque sur laquelle l'herbe pousse drue, vigoureuse. Tout avertit que dans la fumée de la poudre, nous verrions peut-être un beau ciel, car il y a une terre et un ciel encore.*"[163]

Michelet, on le voit, hésite à choisir. Faisant mine de ne pas reconnaître la formule iconographique du guerrier vainqueur, pourtant courante (et reconnue par la critique de l'époque, comme le prouve l'accueil

---

[157] Cf. *Géricault*, par ex. pp. 30 et 50.

[158] Michelet, pp. 34ss.

[159] Michelet, pp. 25 à 28: "*La loi des contrastes, qui oppose souvent à un maître timide un élève fougueux, est l'affirmation de la liberté chez les êtres puissants. Ils rompent avec les obstacles, s'affranchissent. Ainsi Géricault échappe à Guérin. Delacroix à Scheffer, Gros à David. Toutefois, celui-ci ne s'émancipe pas si complètement, qu'il ne rappelle dans telles de ses oeuvres les défauts que j'ai reprochés à son maître, en parlant du portrait de Marat./ Je ne citerai à l'appui qu'un dessin de Gros qui est au Louvre, et qui représente l'empereur sortant de Moscou en flammes./ Eh bien! tout y est mol, vague, faible, comme dans tel roman historique. Rien n'est caractérisé d'un trait spécifique. Le Kremlin n'est pas un Kremlin; on le cherche, on voudrait revoir, en ce jour de fatalité, la sublimité fantasque et terrible de ses minarets barbares, de ses kiosques de pierre, cette Asie pétrifiée qui nous a fait frissonner tous, devant le panorama de Moscou./ Et l'empereur, non plus, n'est pas l'empereur, c'est un maigre Bonaparte, de Brienne, et non l'homme déjà fatigué, gras, blanc, d'une pâleur mate, qu'il était en 1812. Tout ce qui manque ici, je le répète, c'est la spécification, le trait précis, vif et fort, que ni l'objet seul du tableau, ni l'étude du spectateur, n'éveillent, saisit son imagination, sa mémoire, pour toujours./ Mais ce qu'eut en propre Gros, ceci à l'inverse de David, ce fut, comme Géricault, de sentir la France. Pris par la réquisition, et retenu en Italie, à Gênes, au milieu des officiers de l'état-major, il ébauche quelques portraits qui attirent l'attention de Joséphine. Elle le signale à Bonaparte. Il est frappé de leur valeur, veut avoir aussi le sien, et se fait dessiner après Arcole./ Mais les fumées de la poudre bientôt enivrent l'artiste, et voilà le soldat passé peintre de batailles! Par lui, nous avons nos batailles d'Orient. Les "Pestiférés de Jaffa", s. premier chef-d'oeuvre, montre les malades étendus ou assis sur leur couche de douleur. Hâves, déjà avancés dans la mort, de tout leur corps s'exhale une terrible odeur de cadavre... Mais Bonaparte apparaît, et le miracle s'opère. Il suffit qu'il les touche, ils sont guéris!... C'est le demi-dieu, déjà guérissant la France. Ici, Gros, autant que les malades, a subi la fascination du magicien./ Sa "Bataille d'Eylau" est autre chose. Rien de plus funèbre. On se rappelle qu'un voyant devant lui - autant que pouvait s'étendre le regard -, la neige rouge de sang, un vaste linceul, tant de membres épars, des bras, des jambes, des têtes arrachées, dont les yeux, dilatés par la stupeur, restaient fixés sur cette scène de carnage, l'empereur ne put se contenir. Le premier cri humain s'échappa de la poitrine de cet impitoyable destructeur d'hommes... "Quel fléau que la guerre!"/ C'est ce cri d'horreur que Gros a essayé de rendre. N'est-ce pas aussi un cri d'alarme? Le vainqueur, on le sent, a déjà la terreur de l'inconnu des glaces, et la prévision de Moscou.*"

[160] *Ibid.*, par ex. pp. 22 et 38.

[161] *Ibid.*, p. 22.

[162] *Ibid.*, par ex. pp. 31 et 35.

[163] Michelet, pp. 36-37.

très favorable que reçu le *Chasseur* au Salon de 1812), Michelet minaude encore sur "*le violent écart* (du cheval) *pour éviter un canon presque enterré*". Mais plus encore par petites touches et par association d'idées, il arrive à faire du *Chasseur*, figure héroïque s'il en est, l'image de la défaite. Il y parvient en disant que "*Le riche costume est déjà fatigué*", que le cheval, "*un vrai limousin*" n'est pas "*le cheval pâle, apocalyptique*", mais cela valait tout de même la peine de la noter laisse-t-il entendre au lecteur (sinon pourquoi en parler?), que le cavalier "*non fatigué*" est cependant "*mûr,... tanné lui-même par la guerre*", cette guerre qui "*souvent (dure) trois jours*" (chiffre christique par excellence). Enfin, cet "*homme ferme et de bronze*" cacherait un message sous son armure, que Michelet nous impose de regarder comme usée: le *Chasseur* nous dit "*adieu*". Subtil donc, Michelet ne force pas le trait, comme le font les auteurs du catalogue, assurés par un siècle de toute puissance de l'interprétation "micheletienne" de Géricault. Michelet se contente de suggérer. Il sait parfaitement que ses contemporains ne seraient pas dupes s'il déclarait tout de go que le *Chasseur* est une figure macabre. C'est pourquoi il ne fait que proposer, par une suite d'oxymorons, nous venons de le voir, de considérer le *Chasseur* comme un révélateur de la lassitude de la guerre, dans ce décor trompeur (la terre "*verte et belle*" et le ciel qui *pourrait* briller).

Mais Michelet, visiblement au fait (comme la suite nous le prouvera) de la mort de l'officier peu de temps après la réalisation du tableau, a beau jeu de faire du *Chasseur* un hommage funèbre, alors même qu'en 1812, lorsque Géricault le peignit, Dieudonné était encore bel et bien en vie. Les auteurs du catalogue, on le voit, ne font que reprendre la théorie macabre de Michelet.

Pourtant, le lecteur attentif discernera certains éléments qui, dans le texte, laissent clairement voir que Michelet lui-même n'était pas victime de son propre jeu. En effet, comme il veut nous faire voir en Gros un peintre de la défaite, il veut nous forcer à considérer le *Chasseur* comme une figure mélancolique et "*agonistique*" (pour reprendre le mot des auteurs du catalogue[164]). Cependant, il relève la présence de la "*culotte de peau*" du *Chasseur*, ainsi que celle du canon brisé et enfin la position caractéristique du cheval cabré.

Ces trois éléments ne sont pas innocents. Ils prouvent que Michelet a compris le sens du tableau: le cheval cabré piétinant le canon brisé forme l'image traditionnelle du vainqueur; la culotte de peau est peut-être une référence aux Dioscures, ou du moins aux *Chevaux de Marly*. Michelet semble en tout cas le penser puisque, s'il croit bon de mentionner cet élément, c'est qu'il revêt une symbolique particulière dans son esprit. En effet, quel lecteur sera encore dupe de Michelet, lorsqu'il nous parle de ce cavalier qui, sans être las, est fatigué, de ce cheval qui, sans être apocalyptique, revêt pourtant une symbolique liée à l'évocation de la mort du Christ (le chiffre trois), de cette terre qui, bien que verdoyante, subi la guerre,...? N'est-il pas évident qu'il veut ici sciemment induire ses auditeurs en erreur? Son cours apparaît donc bel et bien comme un mensonge orchestré afin de se servir de la figure de Géricault comme fer de lance de sa propre bataille et, si l'on en croit son influence sur la critique contemporaine du peintre, on peut dire qu'il y a réussi.

Voyons à présent ce qu'il écrit du *Cuirassier*:

"Le second tableau ouvre l'ère des défaites. Vient-il annoncer ce "Cuirassier" grandiose, qui a tant de peine à retenir sa monture sur la pente où tout à l'heure va s'abîmer l'Empire?/ On voit la chute, la déroute, le soldat, le peuple, ont touché bien autrement le coeur de l'artiste-historien, que l'officier des guides, le terrible cavalier, le brillant capitaine, séché, tanné, bronzé./ Ici, il fait comme l'épitaphe du soldat en 1814. Ce bon géant si pâle, géant de taille, et pourtant si homme et si touchant! Un soldat, mais un homme encore; la guerre, on le sent bien, ne l'a pas endurci. Blessé, démonté, il concentre en vain ce qui lui reste de force, et se raidit, pour arrêter son coursier colossal sur la pente rapide, glissante... Il n'échappera pas.../ Derrière plane un noir tourbillon d'hiver et de Russie, l'ombre du soir et de la mort; il n'y aura pas de matin.../ Tout le reste semble un paysage de France, la terre de la patrie... Il y revient, après le tour du globe; il y rentre... pour mourir./ Mais nous voici au dernier acte de la tragédie sanglante. C'est la fin pour l'empire; on le dirait, même pour la France... C'est elle, c'est la société toute entière du siècle, que Géricault embarque avec lui./ Rien d'une improvisation fantaisiste. Le radeau qui l'emporte vers l'infini de la grande mer où elle va s'engloutir, est bien un véritable radeau. Il l'a fait construire en bois, selon les règles, pour qu'il puisse naviguer. Et, tous ces morts qui le couvrent, sont aussi, pour la plupart, de réels portraits."[165]

Ainsi, pour Michelet, non seulement le *Cuirassier* (dont la description est étrangement similaire à celle du *Chasseur*, ce qui laisse entrevoir son peu de fondement scientifique) introduit au *Radeau*, mais en plus les deux oeuvres ont en commun qu'elles embarquent avec elles "*le siècle*" dans la mort. Michelet en

---
[164] *Géricault*, p. 50.
[165] Michelet, pp. 37 à 39.

veut pour preuve, un peu mince cependant, que le *Radeau* offre plusieurs portraits. Peu importe, nous sommes ici en face de la grande idée de Michelet: Géricault est l'Histoire. Non seulement il la raconte, mais son oeuvre en est la mise en exergue en même temps que, par conséquent, le paradigme.

Pourtant, là encore, plusieurs points doivent attirer notre attention. Tout d'abord, bien sûr, le fait que Michelet, en faisant mine d'opposer le *Chasseur* ("*l'officier des guides, le terrible cavalier, le brillant capitaine*") au *Cuirassier* qui en serait l'"*épitaphe*" (notons que Michelet en faisant du *Cuirassier* l'épitaphe de Dieudonné a plus le sens de la chronologie que les auteurs du catalogue, qui voient dans le *Chasseur* une "*prosopopée*" en l'honneur de cet officier, alors qu'il n'était pas encore mort à l'époque de la réalisation de la toile), contredit l'interprétation macabre qu'il vient juste de donner du *Chasseur*.

Mais ce n'est pas cela qui nous paraît le plus symptomatique. En fait, c'est l'insistance de Michelet d'une part sur l'"*abîme*" et d'autre part sur l'opposition qu'il voit entre la représentation de la Russie et celle de la France, dans le même tableau. Si ce passage de Michelet explique (puisqu'il paraît très nettement en être à l'origine), comme nous l'avons dit, les hypothèses contemporaines, à notre sens aussi peu fondées les unes que les autres, qui situent le *Chasseur* et le *Cuirassier* soit durant la campagne de Russie soit pendant celle de France, il permet aussi et surtout de relever que, là encore, Michelet, érudit et homme de lettres aussi bien que de science, connaissait parfaitement l'origine emblématique du *Cuirassier*. Comment rendre compte autrement qu'il abuse à ce point de la géographie pour, en un seul et même tableau, faire se côtoyer la France et la Russie? En effet, on ne peut considérer que Michelet rend compte là d'une simple hésitation. Il ne demande pas au lecteur un avis, en proposant deux identifications différentes de lieux, mais très clairement il divise le tableau en deux, d'un côté la représentation de la Russie, et de l'autre, pour "*Tout le reste*", celle de la France, "*la terre de la patrie*"[166].

Mais subtil en cela aussi, il ajoute que, si le *Cuirassier* revient à cette "*terre de la patrie*", c'est "*pour mourir*". Michelet veut véritablement faire de Géricault le peintre-symbole de la chute de la France.

Il est donc évident que Michelet n'a jamais été abusé. Bien qu'il en veuille, il savait parfaitement que le *Cuirassier* était une image apologétique et héroïque du sacrifice pour la patrie, sur le modèle de l'*Iconologie* de Ripa. C'est pourquoi, afin de servir sa propre démonstration, Michelet, le "*prédicateur révolutionnaire*" qui rêvait de "*fonder, sous le nom de République, cette Eglise nouvelle que tant d'âme romantiques, déçues par la théologie traditionnelle, appelaient de leurs voeux*", Michelet, si prompt à interpréter abusivement la vie des Rois pour y trouver les causes de leurs égarements, Michelet donc, "*l'évangéliste de la Révolution*"[167], qui ressentait si fortement le besoin urgent de créer à la République ses martyrs, se devait de transformer les thèmes du *Cuirassier* en en proposant une lecture inverse de celle qu'avait voulue Géricault[168]. Ainsi, il fait du "*précipice*" l'image de la katabase du *Cuirassier*, et du retour à "*la terre de la patrie*" le symbole d'une mort prochaine. Mais le fait que Michelet relève ses deux motifs, si on le met en parallèle avec le fait qu'il n'est visiblement pas plus dupe de la signification de l'oeuvre de Gros que de celle du *Chasseur* (qu'il s'ingénie pourtant à interpréter comme des symboles macabres), nous permet d'affirmer sans aucun doute possible qu'il est moins, comme on l'a cru longtemps, le thuriféraire de Géricault que Géricault ne servit à sa propagande anti-royaliste.

Deux constatations s'imposent alors. D'abord le fait que l'action de Michelet sur Géricault a été bénéfique en cela qu'elle a permis à son oeuvre d'atteindre à la postérité; et ensuite le fait que l'interprétation par Michelet de l'oeuvre de Géricault lui a été néfaste en cela qu'elle a faussé et perverti, depuis un siècle, la vision qu'on aurait pu en avoir, en laissant croire que Géricault était un peintre de la défaite alors qu'il était en réalité un émule de David et le clamait haut et fort dans *Des écoles de peinture et de sculpture et du prix*

---

[166] De même, on peut se demander jusqu'à quel point les auteurs du catalogue sont eux-mêmes dupes, lorsqu'il font du *Mazeppa* une "*métaphore diaphane du retour au pays natal*", *Géricault*, p. 192.
[167] *Encyclopaedia Universalis*, t. 10, art. "Michelet (Jules)", pp. 1044-1045.
[168] Même si, comme nous l'avons dit, il est assez évident que les défaites napoléoniennes des années 1812-1814 ont fourni à Géricault l'idée de faire une allégorie de la Paix comme pendant au *Chasseur*, qui devint ainsi une métaphore de la Guerre, ce qui *a contrario* n'avait probablement pas été sa première vocation, Géricault ayant dû le peindre en 1812 comme un simple portrait de cavalier victorieux, dans la veine de l'époque, ainsi que nous l'avons également montré.

de Rome. (dans un passage où il y déplorait même la perte de vigueur des successeurs du grand maître)[169] :

"David, le premier de nos artistes, le régénérateur de l'école, n'a dû qu'à son génie les succès qui lui ont attiré l'attention du monde entier. Il n'a rien emprunté aux écoles, qui, au contraire, auraient pu lui être funestes si de bonne heure son goût ne l'avait rattaché à leur influence et porté à réformer entièrement le système absurde et monstrueux des Vanloo, des Boucher, des Restout et de tant d'autres peintres alors en possession d'un art qu'ils n'ont fait que profaner. L'étude des grands maîtres et la vue de l'Italie lui inspirèrent ce grand caractère qu'il a toujours su donner aux compositions historiques, et il est devenu le modèle et le chef d'une école nouvelle. Ses principes ont rapidement développé de nouveaux talents dont le germe n'attendait que d'être fécondé, et plusieurs noms célèbres sont bientôt venus proclamer la gloire de leur maître et partager avec lui les triomphes et les couronnes./ Après ce premier essor, cet élan vers le style noble et pur, l'enthousiasme n'a pu que s'affaiblir, quoique les excellentes leçons déjà reçues ne pussent être entièrement perdues pour le jugement, et que tous les efforts du gouvernement tendissent à prolonger autant que possible cette favorable impulsion. Mais le feu sacré, qui peut seul produire les grandes choses, va chaque jour s'éteignant, et les expositions, quoique nombreuses, trop nombreuses, deviennent chaque année moins intéressantes. On n'y voit plus de ces nobles talents qui excitaient un enthousiasme général, et qu'un public toujours appréciateur du beau, du grand, s'empressaient de couronner. Les Gros, les Gérard, les Guérin, les Girodet, ne voyaient point encore s'élever de dignes rivaux de leurs talents, et, quoique chargés d'enseigner une jeunesse toute pleine d'une généreuse émulation, il est à craindre qu'ils n'emportent à la fin de leur longue et honorable carrière le regret de ne point se voir dignement remplacés. Nous ne pourrions cependant sans injustice les accuser de ne point prodiguer tous leurs soins à ceux qui viennent suivre leurs leçons. D'où vient donc cette aridité, cette disette, malgré les distributions de médailles, les prix de Rome et les concours de l'Académie? J'ai toujours pensé qu'une bonne éducation devait être une base indispensable pour toutes les professions, et qu'elle seule pouvait assurer une véritable distinction dans quelque carrière qu'on embrassât. Elle sert à mûrir l'esprit et le rend plus capable, en l'éclairant, de bien discerner le but vers lequel il doit tendre. On ne peut faire le choix d'un état avant d'avoir pu en balancer les avantages et les inconvénients, et, à l'exception de quelques tempéraments précoces, on ne voit guère les goûts se prononcer avant seize ans: alors on peut réellement savoir ce que l'on veut faire, et l'on a encore toute l'aptitude nécessaire à l'étude d'une profession que l'on choisit par convenance, ou vers laquelle une passion impérieuse vous entraîne[170]*. Je voudrais que l'Académie de dessin ne fût ouverte qu'à ceux qui auraient au moins atteint cet âge. Ce n'est point de créer une race toute de peintres que la nation doit avoir vue dans cet établissement, mais seulement elle veut offrir au vrai génie les moyens de se développer, et, au lieu de cela, c'est une population entière d'artistes que l'on a récemment obtenue. L'appât du prix de Rome et les facilités de l'Académieetnt attiré une foule de concurrents que l'amour seul n'eût point fait peintres, et qui eussent pu s'honorer infiniment dans d'autres professions. Ils perdent ainsi leur jeunesse et leur temps à poursuivre un succès qui doit leur échapper, tandis qu'ils l'eussent employé utilement pour eux et pour leur pays."*[171]

En conclusion, étant donné que l'oeuvre de Géricault aurait sans nul doute survécu à l'épreuve du temps, même sans l'intervention de Michelet, le fait que celui-ci ait empêché pendant aussi longtemps d'entendre la voix de l'artiste qui se proclamait peintre davidien et, par là même, peintre de l'épopée (et non de la défaite), a été pour lui et son oeuvre une sorte de seconde mort, dont notre prétention est de les libérer, car comme l'écrivait déjà Barbey d'Aurevilly[172] :

"Géricault, en peignant "Le Chasseur", n'a pensé nullement à symboliser la guerre stupide (...) En peignant "Le Cuirassier", il n'a nullement pensé exprimer la douleur d'un peuple (...). O magicien, remportez votre baguette (...) Michelet, le professeur, l'allumeur d'hommes, n'était pas un critique (entendons ici un interprète objectif). *Il a fait à sa façon un Géricault, avec cet admirable talent qui est une magie. Ce n'est pas là le Géricault réel. Ce n'est pas là de la critique, c'est une incantation!"*[173]

---

[169] Cf. aussi Barbey d'Aurevilly, pp. 87 à 89, qui, comme nous le proposons, voit plus dans l'utilisation d'un certain réalisme par Géricault la marque d'un *"mâle"* romantisme que celle d'une véritable volonté critique. Cette vision de Géricault est donc tout à fait moderne, car très originale de la part de Barbey, qui s'inscrit ainsi en faux par rapport à l'ensemble de la critique issue de Michelet, qu'il critique d'ailleurs personnellement, cf. *ibid.*, pp. 92-93, sans pour autant vouloir éluder le problème du réalisme du peintre, qui va parfois jusqu'au misérabilisme.

[170] On voit poindre là toute une conception néo-rousseauiste, fort en vogue à l'époque, de l'éducation, qui, en ce qui nous concerne plus particulièrement, nous offre un attestation de l'influence également possible de la pensée rousseauiste sur la guerre et la paix dans le *Cuirassier* de Géricault, comme nous l'avons proposé.

[171] Géricault, *Des écoles de peinture et de sculpture et du prix de Rome*, Caen, L'Echoppe, 1986, pp. 8 à 11.

[172] Même si son interprétation du *Chasseur* et du *Cuirassier* est plus ou moins identique à celle de Michelet, qu'il réfute constamment, cf. Barbey d'Aurevilly, pp. 87ss.

[173] Cité par P. Malandain, "Michelet et Géricault - L'Histoire d'un mythe - Un mythe dans l'histoire", *Revue d'Histoire Littéraire de la France* n° 6, Nov.-Déc. 1969, p. 992.

www.ingramcontent.com/pod-product-compliance
Lightning Source LLC
Chambersburg PA
CBHW031604210526
45464CB00004B/1428